KB134104

E U R O P E

1 9 5 0 - 2 0 1 7

R o l l e r

C o a s t e r

유럽 1950-2017

롤러코스터를 타다

이언 커쇼 지음 | 김남섭 옮김

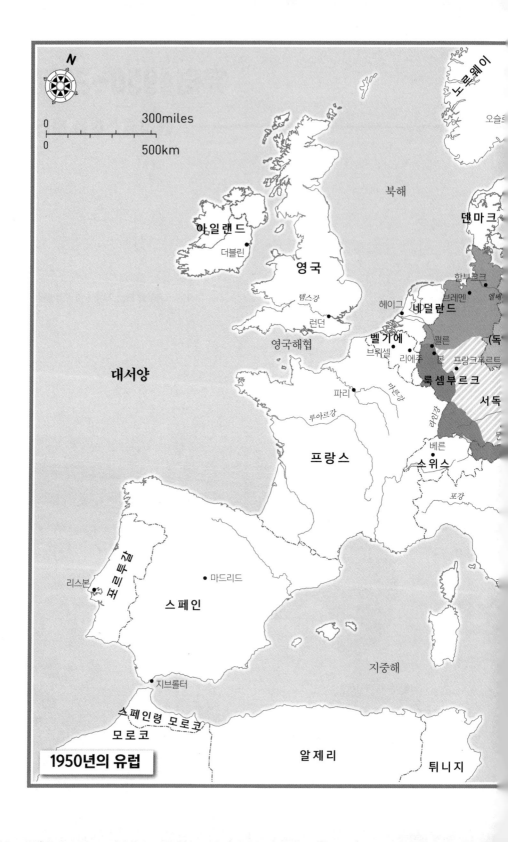

300miles

0

0

500km

노르웨이

오슬로

북해

덴마크

아일랜드

더블린

영국

함부르크

브레멘

엘베

헤이그

네덜란드

텔스강

런던

쾰른

본

프랑크푸르트

(독

영국해협

벨기에

브뤼셀

리에주

룩셈부르크

서독

대서양

파리

마른강

본

루아르강

라인강

베른

포강

프랑스

소위스

포르투갈

리스본

마드리드

스페인

지중해

지브롤터

스페인령 모로코

모로코

알제리

튀니지

1950년의 유럽

독일과 오스트리아의
연합국 점령지(1945-55)

영국
미국
프랑스
소련

스 헤 덴

핀 란 드
헬싱키

레닌그라드

스톡홀름

에 스 토 니 아

모스크바

라 트 비 아

발트해

리 투 아 니 아

러 시 아

펜하겐

칼리닌그라드

네만강

돈강

린

폴 란 드

바르샤바

키예프

하리코프

도네츠강

화국)

비스와강

드네프르강

프라하

우 크 라 이 나

체 코 슬 로 바 키 아

빈

부다페스트

오데사

크 림 반 도

스 트 리 아

헝 가 리

루 마 니 아

세바스토폴

자그레브

부쿠레슈티

흑해

트리에스테

유 고 슬 라 비 아

불 가 리 아

아 드 리 아 해

소피아

탈 리 아

이스탄불

앙카라

터

키

다 뉴 브

그 리 스

에게해

아테네

몰타

키 프 로 스

2018년의 유럽연합

핀란드

스웨덴

에스토니아

라트비아

리투아니아

발트해

독일민주
공화국
1990년
독일과
통합하면서
가입)

폴란드

비스와강

체코공화국

리투아니아

오스트리아

헝가리

슬로베니아

크로아티아

루마니아

불가리아

아드리아해

그리스

에게해

흑해

몰타

키프로스

네만강

드네프르강

도네츠강

돈강

일러두기

- 이 책은 *Roller-Coaster: Europe, 1950–2017*, Ian Kershaw, 2018을 한글로 옮긴 것이다.
- 이 책에 나오는 외래어는 표준국어대사전과 국립국어원 '용례찾기'를 기준으로 했으며, 그 밖의 것은 외래어 표기법에 따랐다.
- 본문의 아래에 번호를 매겨 넣은 주는 옮긴이주이며, ●로 표시하여 넣은 주는 원주다.

《유럽 1914-1949: 죽다 겨우 살아나다》의 서문에서 그 책은 내가 지금까지 집필한 책 중에서 가장 힘들었다고 썼다. 이 책을 쓸 때까지는 그랬다. 1914년부터 바로 우리 시대까지의 유럽 역사를 다루는 저서의 둘째 권인 이 책에서는 해석과 구성 양쪽에서 훨씬 큰 문제가 드러났다. 이렇게 된 데는 1950년부터 현재까지의 유럽사에는 1914년부터 1949년까지를 다룬 앞 권에서 분명하게 중심이 된 세계대전과 같은 단일하고 압도적인 주제가 없다는 점이 어느 정도 작용했다. 《유럽 1914-1949》에서는 전쟁에 돌입했다가 빠져나오고 그 후 다시 전쟁에 돌입했다가 빠져나오는 선형 진행을 따랐다. 어떤 지선적 발전도 1950년 이래 복잡하게 전개된 유럽 역사를 적절하게 묘사하지 못한다. 이 유럽사는 어느 쪽인가 하면 곡절과 기복, 끊임없는 변화, 점점 빨라지는 엄청난 변모의 이야기다. 1950년 이래 유럽은 스릴과 공포로 가득 찬 롤러코스터를 탔다. 이 책에서 나는 거대한 불안의 시대에서 또 다른 불안의 시대로 이어진 수십 년 동안 유럽이 어떻게, 그리고 왜 휘청거렸는지를 보여주고자 했다.

　롤러코스터 비유가 완벽하지는 않으나, 어쨌든 롤러코스터는 스릴과 흥분이 넘치지만 정해진 순환 노선을 따라 달리다가 이미 알고 있는 지점에서 끝난다. 또한 롤러코스터의 장소 이미지는 전후 유럽 역사가 겪었던 심각함과 무거움, 그리고 유럽 역사에서 실제로 종종 벌어지곤 했던 비극에 비해 너무 사소하고 편해 보이기도 한다. 그러나 롤러코스터 비유는 평탄하지 않은 경로와 숨이 멎는 듯한 순간을 잘 담아낸다. 또한 지난 수십 년 동안 (방식은 상이하지만) 사실상 모든 유럽인에게 영향을 미친, 통제할 수 없는 힘들에 휩쓸려 버린 경험도 정확히 포착한다.

이 시기의 유럽 역사가 너무나도 복잡했던 탓에 책의 '구성'에 중대한 문제들이 나타난다. 이 문제들은 철의 장막으로 40여 년 동안 유럽이 분단되면서 더욱 심각해졌다. 문화적 정체성의 공유(비록 그 정체성은 종교적·민족적·인종적·계급적 차이로 산산이 부서졌지만)라는 **아이디어**로서의 유럽이라는 것 외에는 이 수십 년 동안 유럽은 존재하지 않았다. 유럽의 두 절반(서유럽과 동유럽)은 순전히 정치적인 구조물이었다. 이 시기 동안 대륙의 각 절반이 경험한 내적 발전은 너무나 상이해서 1989년과 1991년 사이에 공산주의가 몰락할 때까지 양쪽을 응집력 있게 통합하는 것은 불가능했다. 그 후에도 동유럽과 서유럽은 여전히 매우 다르지만, 급속히 진행하는 지구화(이 책의 핵심 주제다)의 충격 덕분에 이 두 유럽을 따로 다루지 않고 함께 다룰 수 있게 되었다.

이처럼 작업 영역이 광범위하다 보니 《유럽 1914-1949》에서 그러했듯이 다른 사람들의 연구와 글에 과도하게, 실제로는 훨씬 더 심하게 의존해야 했다. 왜냐하면 나는 이 시기의 어떤 측면에 대해서도 깊이 연구한 적이 없기 때문이다. 이 시기를 죽 살았다고 그 경험이 연구를 대체할 수는 없다. 이 책을 쓰기 시작할 때 누군가가 다루는 시기가 나의 생애와 많은 부분 겹치기 때문에 그리 어렵지 않을 거라고 말했다. 그러나 살면서 역사를 경험한다는 것은 유용할 수도 있는 기억뿐 아니라 왜곡되고 부정확할 수 있는 기억도 낳는다. 나는 아주 드물게 각주에서 개인적 회고를 덧붙였을 뿐 본문에는 포함하지 않았다. 개인적 일화와 역사적 평가는 내가 보기에는 멀찍이 떨어뜨려 놓는 것이 가장 좋다. 기억의 취약성은 제쳐 두더라도 날마다 스쳐 지나가는 일은 대부분 순식간에 사라져 버리는 울림만이 있을 뿐이다. 주요한 사건의 중요성을 평가하는 데는 거의 항상 상세한 지식뿐만 아니라 그것을 소화할 시간도 필요하다.

그러므로 다른 이들의 학문적 저술은 필수 불가결하다. 그중 상당수는 전문적 단행본이거나 학술지의 논문이다. 나는 《유럽 1914-1949》의 서문에서 20세기의 유럽 역사에 관한 뛰어난 역사 개설서 몇 권을 언급했는데, 이제 콘라트 야라우슈Konrad Jarausch의 《잿더미로부터Out of Ashes》를 덧붙일 수 있을 것이다. 특히 토니 주트Tony Judt의 《전후 유럽 1945-2005Postwar》는 20세기 후반에 관하여 개설槪說한 연구로, 눈을 뗄 수 없을 정도로 흥미롭다. 양질의 저널리즘과 현대의 역사적 안목을 멋지게 결합한 티머시 가턴 애시Timothy Garton Ash의 책들은 특히 중부 유럽에 관해 매우 가치 있는 저작이었다. 독일의 역사가들, 예컨대 하인리히 아우구스트 빙클러Heinrich August Winkler, 안드레아스 비르싱Andreas Wirsching, 하르무트 켈블레Harmut Kaelble, 안드레아스 뢰더Andreas Röder, 필리프 테어Philipp Ther가 쓴 몇몇 책도 크게 도움이 되었다. 이 책들은 내가 특히 유용하다고 여긴 다른 저술들과 함께 정선된 참고문헌 목록에 포함되어 있다. 그것들은 매우 큰 빙산의 일각에 불과하다. 《유럽 1914-1949》처럼, 그리고 펭귄 유럽사 시리즈의 방침에 맞춰 이 책에도 미주가 없다. 늘 그러했듯이 나는 직접 인용한 저술은 참고문헌에 별표(*)로 표시했다.

《유럽 1914-1949》의 접근법을 여기에서도 그대로 따랐는데, 그 책에서 나는 종종 사건에 대한 당대의 견해들을 뒤섞음으로써 역사 전개의 드라마와 때로는 불확실성을 기술하려고 애썼다. 그래서 나는 책을 연대순으로 구성하여 비교적 짧은 시기를 다루는 장으로 나누고, 각각의 장을 다시 주제별로 세분했다. 간략한 서문에서는 해석의 성격을 개괄한다. 첫 세 장은 제2차 세계대전 후 유럽이 겪은 불안의 첫 시기로 시작하는데, 1960년대 중반까지를 다룬다. 이 기간에 유럽은 냉전의 긴장으로부터 서유럽과 동유럽이라는 2개의 적대적인 블록을 구축하는 쪽으로 움직였다. 4장과 5장에서는 먼저 경이롭고 오랫동안 지속된 전후의 경제적 호황과 그 사회적 함의를 다뤘다. 그런 다음 한편에서는 최근의 침울한 유산이 계속 이어지고 다른 한편에서는 새롭고 현대적이며 신나는 분위기가 의식적으로 환기되는 문화의 분기分岐로 넘어간다. 이것이 1960년대 말에 어떻게 청년들의 저항으로 분출하는지, 그리고 학생 반란의 시기로부터 남겨진 사회적·문화적 가치가 어떻게 변해 가는지를 6장에서 탐구한다. 1970년대와 1980년대 초에 근본적인 변화가 나타났다. 7장에서는 매우 중요한 이 10년에 초점을 맞춘다. 비록 철의 장막 동쪽에서 1980년대까지 공산주의 국가들의 지도자들이 우려할 정도로 문제들이 늘어나고 있었지만, 8장에서는 뜻하지는 않았으나 치명적으로 소련 통치를 훼손하는 데 미하일 고르바초프Mikhail Gorbachev가 수행했던 개인적 역할을 강조한다. 한편 9장에서는 1989~1991년 유럽의 '벨벳 혁명'에서 아래로부터의 변화 압력이 수행한 역할을 집중 조명한다. 동유럽 국가들에 다원주의적 민주주의와 자본주의 경제로 이행하는 과정이 얼마나 힘들고 종종 환멸을 불러일으켰는지, 유고슬라비아가 어떻게 인종 전쟁이라는 대참사를 맞이하게 되었는지가 10장의 주요 주제다. 11장에서는 2001년 미국에서 발생한 테러 공격과 그 후 아프가니스탄과 이라크에서 진행된 전쟁의 결과 유럽 내부에 어떤 변화가 일어났는지를 검토한다. 마지막으로, 12장에서는 2008년 이래 유럽을 괴롭혀왔던 연속적인 위기들을 탐구한다. 이 위기들은 점점 쌓이면서 유럽 대륙의 심각한 전반적 위기로 발전했다. 후기에서는 과거로부터 유럽의 미래로 시선을 돌려 새로운 불안의 시대에 대륙이 직면할 단기적인 전망과 장기적인 문제들을 다룬다.

《유럽 1914-1949》는 긍정적인 어조로 끝을 맺었다. 유럽이 1945년부터 1949년 사이에 두 차례의 세계대전이라는 이중 참회로부터 모습을 드러냈을 때, 비록 두 초강대국이 가진 핵폭탄의 구름 아래에서이긴 하지만, 밝은 미래로 가는 이정표가 똑똑히 눈에 보였다. 이 책의 대단원은 좀 더 모호한데, 유럽의 장기적인 미래에 관해서는 특히 더 모호하다.

사태는 급변할 수 있다. 역사 연구도 마찬가지다. 에릭 홉스봄Eric Hobsbaum은 1990년대 초에 쓴 저서에서 유럽을 에워싼 듯한 장기적인 위기들을 침울하게 바라보았고, 비관적인 결론에서 자본주의의 파괴력을 강조했다. 그러나 대부분의 분석가들은 유럽의 최근 역사에 대해 훨씬 낙관적이었다. 밀레니엄 전후에 씌어진 20세기 유럽에 관한 몇몇 탁월한 연구서는 뚜렷하게 긍정적인 어조를 유지했다. 마크 마조워Mark Mazower는 "국제적 전망이 어느 때보다도 더 평화적"인 것처럼 보인다고 생각했다. 리처드 비넨Richard Vinen은 "건전 화폐의 시대era of sound money"에 관해 말했다. 해럴드 제임스Harold James는 "민주주의와 자본주의의 거의 완벽한 지배"에 관해 썼고(비록 이 지배에 대한 환멸이 확산되고 있다고 단서를 달긴 했지만), 지구화를 "국제 사회·문화·경제의 회복"이라고 매우 긍정적으로 여겼다. 여전히 21세기가 시작된 지 얼마 되지 않은 지금 사태의 전개를 바라보고 있노라면, 이와 같은 긍정적 견해에 의문을 제기할 수도 있을 것이다.

밀레니엄 5년 후에 발간된 토니 주트의 대작도 대체로 낙관적인 어조로 끝을 맺었다. 주트는 유럽에서 "민족주의는 왔다가 사라졌다"고 판단했다. 책을 마무리하면서 그는 이렇게 말했다. "21세기는 아직 유럽의 세상일 것이다." 2008년 이래 유럽이 겪고 있는 혼란, 많은 나라에서 눈에 띄는 민족주의적 정당과 외국인 혐오 정당의 대두, 대륙이 직면한 장기적 도전들, 세계 강대국으로서 엄청난 영향력을 지닌 중국의 억제할 길 없는 발흥이라는 견지에 비추어, 이러한 견해들은 매우 의심스러운 추정처럼 보인다.

물론 단기적 변화는 대체로 예측 불가능하다. 여전히 롤러코스터를 타고 있는 유럽의 미래는 죽 올라갔다가 바로 급강하할 수 있다. 수정구슬이 흐릿한 채로 계속 남아 있긴 하지만, 지금(2017년 가을)의 복점은 불과 몇 달 전보다 길조다. 장기적 변화는 다른 문제다. 여기서는 유럽(과 세계의 나머지 지역)이 직면한 문제들을 감당하기가 만만

찮다. 기후변화, 인구 변동, 에너지 공급, 대규모 이주, 다문화주의의 긴장, 자동화, 소득 격차 확대, 국제 안보, 지구적 갈등의 위험 등 이 모든 문제는 앞으로 수십 년에 걸쳐 중대한 도전을 제기할 것이다. 유럽이 이 문제들에 얼마나 잘 준비하고 있는지는 말하기 어렵다. 이 도전들에 어떻게 맞서고 대륙의 미래를 어떻게 만들어 나갈지는, 전 적으로는 아니더라도 상당한 정도는 유럽인 자신들의 손에 달려 있 다. 위험한 바다에서는 배가 따로 떠돌기보다 가까이 함께 있는 편이 낫다. 이것은 불완전하긴 하지만 전쟁 이래로 점차 구축되어 온 통합, 협력, 합의에 의지하면서 그 수준을 강화하는 것을 의미한다. 항해에 능숙해지면, 모든 사람이 위험한 해협을 건너 안전한 해안에 다다를 수 있을 것이다.

　우리 시대의 역사를 쓰는 일은 엄청나게 도전적인 작업이었다. 그 러나 나는 그것이 보람 있는 일이라는 것을 알았다. 나는 내 삶을 형 성한 사건과 변화들에 관해 이전보다 말할 수 없을 정도로 더 많이 알게 되었다. 결국, 나는 내 자신의 대륙이 이렇게 현재에 이르게 되 었는지를 이전보다 더 잘 이해하게 되었다. 그 자체만으로도 내게는 충분히 가치가 있다. 미래에 관해 말하자면, 미래에 대한 역사가의 예측은 다른 어떤 사람의 예측보다도 나을 것이 없다.

2017년 11월 맨체스터에서,

이언 커쇼

흥미진진한 토론을 나누고, 전문적 문헌에 관해 조언하고, 별쇄본이나 책을 제공하고, 내 작업에 관심을 보여주었을 뿐 아니라 다양한 방식으로 도움을 준 패트릭 아전트Patrick Argent, 조 버진Joe Bergin, 존 브루이John Breuilly, 아치 브라운Archie Brown, 프란츠 브뤼게마이어Franz Brügge-meier, 데틀레프 펠켄Detlef Felken, 크리스티안 괴셸Christian Göschel, 밀케 한나Milke Hannah, 제프리 호스킹Geoffrey Hosking, 토마스 카를라우프Thomas Karlauf, 토마스 킬링거Thomas Kielinger, 프랜시스 린치Francis Lynch, 프랭크 오고먼Frank O'Gorman, 폴 프레스턴Paul Preston, 콜린 스틸Colin Steele, 앨런 스타인와이스Alan Steinweis, 프랭크 트렌트만Frank Trentmann, 하인리히 아우구스트 빙클러Heinrich August Winkler, 샬럿 우드퍼드Charlotte Woodford, 베냐민 치만Benja-min Ziemann에게 감사드린다. 나는 또 관련된 사람들을 개인적으로 알지는 못하지만, 영국과 독일, 미국 주요 신문의 일류 기자들에게도 감사를 표하고 싶다. 특히 이 책의 마지막 장을 쓸 때 그들이 작성한 정치, 경제, 외교에 관한 뛰어난 르포와 분석에 광범하게 의존할 수 있었다. 《가디언》의 저명한 칼럼니스트인 마틴 케틀Martin Kettle에게도 큰 빚을 졌다. 케틀은 친절하게도 원문을 읽고 몇몇 엉뚱한 사실관계 오류로부터 나를 구해 주었다.

그 누구보다도 트라우데 스패트Traude Spät와 그녀의 남편인 울리히Ul-rich에게 감사드린다. 그들은 내가 뮌헨에 머물 때 한결같이 따뜻이 나를 맞아 주었다. 또한 그들이 독일 신문에서 오려낸 기사들을 자주 보내 주어 유럽 문제에 관해 영국 언론에서 정기적으로 보곤 했던 시각과는 다른 시각을 계속 의식할 수 있었다. 특히, 지난 70년 동안 유럽 역사의 예측 불가능한 변화를 적절하게 나타낼 수 있는 이미지를 찾으려 애쓸 때 트라우데가 '아흐터반Achterbahn(롤러코스터)'이라는 제목을 내놓은 데 대해 감사드린다. 다른 친구들도 마땅히 해야 할 의무 이상으로 도움을 주었다. 로런스 리스Laurence Rees, 니콜라스 스타가르트Nicholas Stargardt, 데이비드 캐너딘David Cannadine은 아낌없이 시간을 내어 원고를 읽고 논평을 하면서 많은 통찰력과 수정과 제안을 주었다. 텔레비전 프로그램 제작 문제로 함께 일할 때부터 멋진 친구인 로런스와 주기적으로 토론하면서 나는 언제나 자극을 받았다. 아내 베티와 장남 데이비드도 원고를 읽고, 세세한 의문을 수도 없이 제기하며 원문을 개신하는 데 도움을 주었다.

사이먼 와인더Simon Winder는 언제나 그렇듯 최고의 편집인이었다. 그는 절대 나를 성가시게 하지 않았고, 요청을 받으면 내 곁에서 항상 쾌활하게 격려를 아끼지 않으면서 매우 유용한 제안을 해주었다. 와인더는 사진을 선별하는 데도 큰 도움을 주었다. 또 이전에 책들을 발간할 때도 그랬지만 다른 방식으로 책의 출간에 기여한 펭귄사의 멋진 팀 구성원 모두에게도 감사의 마음을 전한다. 특히 엘런 데이비스Ellen Davies는 편집상의 도움을 주었고, 리처드 두구드Richard Duguid는 지도 작업을 했다. 나는 또 리처드 메이슨Richard Mason에게도 심심한 감사를 표한다. 그는 원문의 교열과 편집 작업을 훌륭하게 수행하면서 또다시 숙련된 기술과 지식, 정확성을 보여주었다. 나는 다시 한번 뉴욕의 앤드루 와일리Andrew Wylie와 런던에 있는 와일리 에이전시의 제임스 풀런James Pullen의 지속적인 지원에 의지할 수 있었다. 나는 그들의 도움을 매우 높이 평가한다.

늘 그렇듯이 누구보다도 먼저 나의 가족 베티, 데이비드(와 한나), 스티븐, 베키와 사랑스러운 손주 소피(와 폴), 조, 엘라, 올리비아, 헨리에게 애정 어린 감사를 전한다. 우리 손주들과 그들의 세대를 위해 내가 품고 있는 최대의 희망은 유럽의 미래가, 전후 세대가 아무리 불충분했다 하더라도 건설하려고 분투했던 평화와 자유, 번영에 여전히 기반을 둘 것이라는 사실이다.

2018년 1월 맨체스터에서,

이언 커쇼

유럽의 두 불안 시대

과거든 현재든 미래든 다음 사실은, 자연이나 모든 심오한 문제에서
그렇듯 역사에도 똑같이 나타난다.
즉 문제를 더 깊이 진지하게 파고들수록 새로 생겨나는 문제들은
더욱더 어렵다는 것이다.

요한 볼프강 폰 괴테

1950년에 유럽은 역사상 최악의 전쟁이라는 암울한 시절로부터 다시 깨어나고 있었다. 대륙 전체에 걸쳐 폭격으로 박살난 건물의 폐허 속에서 물리적 상흔을 볼 수 있었다. 도시 재건보다 정신적·도덕적 상흔을 치유하는 데 훨씬 오랜 시간이 걸릴 터였다. 실제로 최근 자행된 비인간적 행위는 그 후 수십 년에 걸쳐 유럽에 짙은 그림자를 드리울 것이었다. 1945년 전쟁이 끝난 이후 새로운 유럽을 만들기 위해 중요한 조치들이 취해졌다. 그러나 전쟁이 전쟁 직후의 세계에 남긴 가장 놀라운 유산은 두 가지였다. 한 가지는 유럽이 이제 철의 장막으로 양분된 대륙이 되었다는 사실이었고, 또 한 가지는 새로운 시대가 두 초강대국이 초강력 대량 살상 무기를 소유하는 핵시대라는 사실이었다.

유럽은 더 이상 전쟁 상태에 있지 않았다. 그러나 가능성이 결코

멀리 있지 않아 보였던 핵전쟁이 문명으로서 대륙의 생존 능력 기반 전체를 위협했다. 그리고 다모클레스의 칼[1]처럼 유럽 위에 대롱거리던 핵전쟁의 위험은 유럽에서 발생한 사건들에만 전적으로 달려 있지 않았다. 왜냐하면 이제 유럽은 핵 초강대국 사이의 지구적 대결에 완전히 노출되어 있었기 때문이다. 유럽의 해안으로부터 멀리 떨어진 곳에서 일어난 사건들, 즉 1950년 한국전쟁의 발발과 1962년 쿠바 미사일 위기는 유럽에 가장 위험한 냉전 단계의 시작과 끝을 나타낸다 (비록 1980년대 초에 위험이 고조된 좀 더 짧은 두 번째 시기가 있었지만).

전후 '베이비붐'의 산물로서 이 새로운 시대에 태어난 아이들은 부모들이 상상할 수 없었을 변화를 살면서 보게 될 터였다. 또 아이들은 이전의 평화로운 시기에 알려졌던 어떤 속도도 뛰어넘는 정치적·경제적·사회적·문화적 변화의 가속화도 경험할 것이었다. 아이들은 그 대부분이 전쟁의 직접적 결과인 혹독한 긴축의 시기에 태어났다. 대륙의 대부분 지역, 특히 중부 유럽과 동유럽에서 쫓겨나고 폭격당한 수백만 가족들에게 집을 제공하기 위해 주택 공급 계획이 시행되었다. 그러나 이렇게 마련된 거처는 임시로 지어진 시설에 불과한 경

---

1)   Sword of Damocles. 다모클레스는 기원전 4세기 전반 시칠리아 시라쿠사의 참주 디오니시오스 2세의 측근이었던 인물이다. 그가 참주의 행복을 찬양하는 아첨을 하자 디오니시오스는 다모클레스를 호화로운 연회에 초대하여 한 올의 말총에 매달린 칼 아래에 앉혔다. 참주의 권좌가 '언제 떨어져 내릴지 모르는 칼 밑에 있는 것처럼 항상 위기와 불안 속에 유지되고 있다'는 것을 가르쳐주기 위해서였다. 이 일화는 로마의 명연설가 키케로가 인용하면서 유명해졌고, 그 후 위기일발의 상황을 강조할 때 '다모클레스의 칼'이라는 말을 속담처럼 사용하기 시작했다.

우가 많았다. 전쟁이 끝난 뒤 용케 무너지지 않았던 집들도 보통 수리 상태가 엉망이었다. 대다수 주민들의 위생 상태는 원시적이었다. 식량과 의복은 가는 곳마다 부족했다. 오직 부유한 가족들만이 세탁기처럼 고된 정기적 가사 노동에서 여성을 해방한 매우 중요한 가정용품이나 전화기, 냉장고, 자동차를 소유했다. 그렇지만 텔레비전이 있는 집은 거의 없었을 것이다.

전후의 베이비붐 세대는 평생 경이로운 의학적 진보의 혜택을 입었다. 그들은 고도의 경제성장으로 가능해진 복지국가의 수립과 확대로부터 이루 헤아릴 수 없는 도움을 받았다. 비록 철의 장막 뒤에 있는 나라들의 생활수준이 곧 서유럽의 생활수준보다 훨씬 뒤처지게 되었음에도 불구하고, 광범위한 사회복지와 지원 시스템은 공산주의 체제에 고유한 것이었다(보통 그 실제는 부패했지만). 이는 유럽의 두 절반 모두에서 이전 세대가 알지 못했던 수준의 사회보장을 제공하는 최초의 결정적인 돌파구였다. 어떤 점에서 적어도 서유럽에서는 장기간의 전후 경제적 호황, 그 호황을 족진한 사회적 진보, 그리고 미래에 대한 낙관주의도 고취한 소비주의의 이른 번창은 핵전쟁의 가능성으로 위험해진 대륙을 휘감고 있는 불안을 얼마간 잊게 해주었다.

이때부터 진행된 물질적 진전은 실로 눈부셨다. 오늘날 유럽 국가 어디를 가더라도 슈퍼마켓은 먹거리로 차고 넘치지만, 1950년 이전에는 이 광경이 전혀 믿기지 않았을 것이다. 오늘날의 가족들은 욕실이 없는 집이나 마당 바깥에 변소(종종 다른 가족과 함께 사용하는)가 있는 집을 끔찍한 마음으로 바라볼 것이다. 극소수의 사람들만 이용할 수 있었던 최고급 사치품은 이제 흔해 빠진 물건이 되었다. 대부분의 가정에는 차가 있다. 차가 두 대 있는 가정도 드물지 않다. 식품을 서늘하게 보관하는 냉장고도 당연하게 여긴다. 1950년에는 부자들의 전유물이었던 외국 여행도 지금은 수많은 사람이 할 수 있다. 거의 모든 집에 텔레비전이 있다. 우주에 떠 있는 인공위성 덕분에 사람들은 텔레비전 뉴스를 볼 수 있고, 지구 반대편에서 진행되는 스포츠 경기도 생방송으로 시청할 수 있다. 비교적 근래까지만 해도 상상할 수 없던 텔레비전은 지금은 심지어 휴대폰으로도 볼 수 있다. 외국 여행을 가서 집으로 전화를 하려면 공중전화 부스나 우체국을 이용할 수밖에 없었지만, 지금은 휴대폰으로 간단히 전화를 걸거나 세계 전역으로 인스턴트 메시지를 보낼 수 있다. 심지어 휴대폰을 소형 컴퓨터로 쓰면서 다양한 서비스를 제공받기도 한다. 휴대폰으로 뉴스에 언제라도 접근할 수 있고, 수천 킬로미터 떨어져 사는 친구나 친척들에게 말을 할 뿐 아니라 실제로 화면으로 그들의 모습을 볼 수도 있다. 점점 더 작아지고 손쉽게 이용할 수 있게 된 컴퓨터는 1950년에는 물론이고 얼마 전까지만 해도 상상할 수 없던 방식으로 사람들의 삶을 바꿔 놓았다.

물질적 소유뿐만 아니라 태도나 사고방식도 급격하게 변했다. 1950년에 유럽에 살았던 사람들은 대부분 70년 후에는 혐오스러운 것으로 배척당할 견해를 갖고 있었다. (제2차 세계대전 동안 저질러진 재앙과도 같은 인권 침해로부터 생겨난) '세계인권선언'이 얼마 전인 1948년 12월 유엔에서 채택되었지만, 사람들은 그것이 실제로 무엇을 의미하는지 거의 이해하지 못했다. 인종주의적 견해와 노골적인 인종차별이 광범위하게 용인되었고, 결코 놀라운 일로 여겨지지도 않았다. 유색 인종은 유럽 국가들에 거의 살지 않았다. 사형이 아직 존재했고, 악랄한 범죄로 유죄판결을 받은 사람들이 일상적으로 처형되었다. 동성애는 여전히 범죄였다. 낙태는 불법이었다. 기독교 교회의 영향력은 막대했고, 교회 예배 참석률은 여전히 상대적으로 높았다. 전후에 태어난 아이들이 노령에 접어들면서, 인종주의적인 생각을 갖는 것은 최악의 사회적 수치가 되었고(동유럽과 남유럽은 서유럽보다 덜했다), 인권이 당연시되었다(실제는 아무리 불완전하더라도). 다문화 사회가 표준이 되었고, 사형이 유럽에서 사라졌으며, 동성 결혼과 낙태가 점점 더 많은 곳에서 합법화되었다. 기독교 교회의 역할은 크게 축소되었다(1950년에는 상상할 수도 없었던 근대 유럽 도시들의 모습인 모스크의 확산이 소수파 이슬람교도들 사이에 종교가 중요하다는 사실을 입증하고 있지만).

이와 같은 변화(그리고 다른 많은 변화)의 패턴은 '지구화'라고 불리게 될 과정의 일부로 볼 수 있다. 이 지구화는 자본, 기술, 정보가 자유롭게 움직인 결과 경제적으로 통합되는 현상뿐 아니라 사회적·문화적 진전의 패턴들이 국경을 가로지르고 세계의 개발 도상 지역을 두루 포괄하면서 서로 뒤얽히는 현상도 가리킨다. 지구화는 단순히 물질적 공급이 점점 더 풍요로워지는 긍정적 궤적과는 거리가 멀었다. 지구화에는 분명히 어두운 면이 있었다. 예를 들어 지구화는 환경에 엄청난 타격을 가했고, 부자와 가난한 사람들 사이의 격차를 벌렸다. 또 지구화로 대규모 이주(대체로 통제할 수 없는)가 증가했고, 기술적 진보로 가능해진 자동화 때문에 일자리도 줄어들었다. 이러한 현상은 지금도 계속되고 있다. 지구화가 일으킨 변화는 다음 각 장들을 관통하는 한 줄기 가닥이다. 이는 명백한 성공 이야기와는 거리가 멀다. 유럽의 새로운 불안 시대는 깊어가는 지구화와 불가분하게 얽혀 있다.

●○●

이 책에서는 불안의 시대로부터 또 다른 불안의 시대로—핵전쟁의 위협으로부터 오늘날의 만연한 다층적 불안감으로—이끈 곡절과 부침을 탐구한다. 또한 1950년과 현재 사이에 유럽에서 일어난 복잡하고 다면적인 변화의 패턴들을 설명하고자 한다. 획기적인 전환점들(1973년, 1989년, 2001년, 2008년)이 길을 나타낸다. 진전, 진보, 개선이 후퇴와 실망, 그리고 때로는 환멸과 나란히 존재한다.

1950년 이래 70년에 걸쳐 유럽의 변모를 지속적으로 관통한 것은 독일의 중심적 중요성이었다. 20세기 전반기 동안 대륙을 파괴하는 데 어떤 나라보다도 많은 일을 했던 이곳 독일에서 변화는 특히 깊었다. 하나의 국민국가였던 독일은 제2차 세계대전이 끝나면서 파괴되었는데도 여전히 유럽의 발전에서 핵심을 차지하는 나라—전후 경제 부흥과 냉전, 냉전의 종언, 유럽 통합의 확대, 유로화 도입, 유로존의 위기, 이주 위기, 그리고 최근의 심각한 진통 끝에 유럽연합을 개혁하려는, 여전히 초기 단계에 불과한 발걸음에서 가장 중요한 나라—였다. 그사이에 독일은 안정된 자유민주주의 체제의 필수적인 기둥이 되었으며, 유럽에서 가장 강력한 경제를 관장하고 있다. 또 독일은 40년 동안의 분단을 극복하고 민족 통일을 성취했으며, 유럽 리더십의 책임을 억지로나마 떠맡았다. 독일의 변모는 유럽의 전후 역사에서 핵심적인 역할을 했으며, 나름대로 성공적인 부분이기도 하다.

단순한 설명으로 유럽의 변모를 충분히 설명하기는 어렵다. 정치적·경제적·문화적 동력은 너무나 긴밀하게 물려 있어서 변화의 동인을 깔끔하게 나눌 수가 없었다. 변모의 많은 부분은 뿌리 깊은 사회적·경제적 변화를 반영하는데, '지구화'라는 용어가 압축적으로 요약하는 이 변화는 유럽에 국한되지 않는다. 제2차 세계대전 후 유럽의 재건은 20년에 걸쳐 유럽만이 아니라 전 지구적으로 진행된 전례 없는 경제성장의 충격 속에서 이루어졌다. 1970년대에 성장이 중단되자 사태는 전환점을 맞게 되었고, 이는 20세기의 나머지 기간에 큰 영향을 미쳤다.

전쟁 직후 몇 십 년 동안 유럽이 보여준 경이로운 부흥은 1914년부터 오늘날까지의 유럽 역사에 관한 이 저서의 제1권인 《유럽 1914-1949》의 결론부에서 이미 개괄한 대로, 이른바 '부활의 매트릭스'에 좌우되었다. 이 매트릭스는 강대국 독일의 야심이 끝장난 일, 중부 유럽과 동유럽이 지정학적으로 재편된 일, 여러 국가의 이익이 두 초강대국의 이익에 종속된 일, 경제가 전례 없이 급성장한 일, 그리고 핵무기의 위협으로 전쟁이 억지된 일 등의 요소로 구성되었다. 1970년 무렵에는 이 매트릭스의 모든 요소가 제2차 세계대전 직후보다 훨씬 덜 두드러지게 되었다. 그러나 가장 결정적인 변화는 경제성장이 눈에 띄게 느려지고 있다는 사실이었다. 장기 호황은 끝났다. 전후의 경제 질서가 근본적으로 바뀌려 하고 있었다. 이 패러다임의 전환은

서문   **25**

돌이켜보면, 그 후 20년에 걸쳐 점진적으로만 형성되었을 뿐인 새로운 매트릭스의 맹아로 여길 수 있는 것이 시작되었음을 의미했다. 궁극적으로 '새로운 불안의 매트릭스'가 된 이것은 경제의 자유화와 규제 철폐, 멈출 수 없는 지구화, 극적인 정보기술 혁명, 그리고 1990년 이후에는 다극적인 국제 권력 기반들의 성장으로 이루어졌다. 시간이 흐르면서 이 구성 요소들은 서로 뒤섞였고, 이 영향을 받아 유럽은 많은 점에서 긍정적으로 변모했다. 그러나 이 요소들의 결합은 또한 1950년대와 60년대 초에 핵전쟁의 위협이 일으킨 존재론적 불안과는 성격이 판이한 종류의 불안도 낳았다.

'철의 장막'이 와해된 뒤 지구화의 속도는 눈에 띄게 빨라졌다. 이는 상당 부분 특히 (1989년에 발명된) 월드와이드웹을 1991년부터 계속 널리 이용할 수 있게 된 뒤 기술이 가파르게 발전하고 인터넷이 급속하게 확산한 결과였다. 이미 그전에 주요한 문화적 변화는 한창 진행 중이었다. 이 변화의 핵심은 사회적 자유를 위한 투쟁, 개인주의에 대한 강조, 정체성 정치의 개시였다. 1960년대 중반부터 가치 체계와 생활양식은 여러모로 바뀌고 있었다. 덕분에 유럽의 세계관은 더 관용적이고 자유주의적이며 국제주의적으로 변모했다. 그러나 이전에 존재하던 많은 확실성과 규범은 소멸하고 있었다.

이 광범한 비인격적 동력에다 개인의 역할과 단기적인 정치적 의사결정을 더해야 한다. 소수의 핵심 인물(그중에서도 미하일 고르바초프[2]와

---

2) Mikhail Gorbachev(1931~). 소련의 정치가. 1985년부터 1991년까지 소련 공산당 총서기, 1988~1990년 소련 최고회의 의장, 1990~1991년 소련 대통령을 역

헬무트 콜[3]이 특히 중요하다)의 행위는 변화의 구조적 결정 요소를 반영하는 것으로 단순히 환원될 수 없다. 결정적인 국면에서 이 개인들은 **직접** 유럽의 변모에 중대한 역할을 했다.

1950년 이래 70년에 걸쳐 이루어진 유럽 변모의 대차대조표가 이 책의 각 장에 등장할 것이다. 그것은 결코 완전무결한 성공담이 아니다. 유럽의 최근 역사는 순전히 꽃길만은 아니었다. 엄청나게 긍정적인 발전이 일부 있었지만, 지나온 길은 파란만장했다.

그리고 예사롭지 않은 문제들이 기다리고 있다.

임했다. 소련 최고지도자로 재임 중 개방 정책인 페레스트로이카를 추진했고, 이는 소련을 비롯한 중부 유럽과 동유럽 공산주의 국가들의 개혁과 개방에 큰 영향을 미쳤다. 소련 붕괴 이후 냉전을 종식한 인물로 평가받는다.

3)　Helmut Kohl(1930~2017). 독일의 정치가. 1973년부터 1998년까지 독일 기독민주연합 총재를 맡았고, 그사이 1982~1998년 독일연방공화국 총리를 지냈다. 냉전 시대의 종언과 독일 통일을 이끌었으며, 또한 프랑수아 미테랑 프랑스 대통령과 함께 마스트리흐트 조약의 초석을 다져 유럽연합을 만든 인물로 평가된다.

1

긴장된 분열

(···) 대규모 전쟁들에 종지부를 찍는 대가로 '평화 없는 평화'가 무한정 연장될 것 같다.

조지 오웰,[4] **핵폭탄에 관해, 1945년**

제2차 세계대전의 직접적 여파가 가라앉으면서, 1950년 즈음에는 이념적·정치적·사회경제적으로 둘로 갈라진 새로운 유럽이 등장했다. 대륙의 역사에서 완전히 변화된 시대, 전례 없는 불안의 시대가 시작되었다. 이 시대는 본질적으로 전쟁이 가장 중요한 유산으로 남겨 놓은 분열과 핵 절멸의 끔찍한 위협으로 형성되었다.

냉전은 40년 이상 유럽의 두 절반을 서로 떨어트려 놓을 것이었다. 양쪽에서는 대체로 사태가 따로 전개되었으나 한 가지 중차대한 공통점이 있었다. 그것은 군사력의 절대적 우위였다. 철의 장막 양측에서 전후 유럽의 두드러진 모습이 된 이 군사력에 대해서 이제 오직 두 국가, 즉 미국과 소련만 통제권을 발휘했다. 양국은 안보에 몰두했고, 적국이 유럽을 지배하지 못하게 하겠다고 굳게 결심했다. 그들의 긴장된 관계에서 새로운 점은 어느 편도 감히 사용할 생각을 하지 못하는 무시무시한 파괴력을 지닌 무기에 궁극적으로 의존한다는 사실이었다. 겨우 몇 년 만에 그것은 완벽한 파괴력을 지닌 무기가 되

---

4)　George Orwell(1903~1950). 영국의 소설가이자 비평가. 대표작으로《1984》와《동물농장》등이 있다.

었다. 미국과 소련 둘 다(한 나라는 이미 초강대국이었고, 다른 한 나라는 초강대국이 되기 직전이었다) 1949년까지는 핵폭탄을 개발했다. 4년 뒤 미국과 소련 둘 다 훨씬 더 강력한 수소폭탄을 갖게 되었고, 곧 지구 상의 문명화된 삶을 몇 번이고 파괴할 수 있는 핵무기를 소유하게 되었다.

1950년부터 1962년 사이에 냉전은 가장 격렬하고 위험했다. 비록 핵시대를 맞아 지구의 어디에서라도 초강대국 간의 대결이 벌어지면 유럽 대륙이 매우 심각한 영향을 받았을 테지만, 유럽은 이 시기의 대부분 동안 냉전의 중심점이었다.

냉전의 열기

전쟁 직후 몇 년 동안 미국과 소련 사이에 진행된 갈등은 때때로 위협적이긴 했으나 끔찍한 재앙만은 피했다. 그러나 새로운 10년이 시작되자마자 위험천만한 위기가 닥치면서 심각한 결과가 초래될 것 같았다. 이 위기가 멀리 떨어진 한국을 둘러싸고 발생했다는 것은 유럽이 초강대국들 사이에 벌어지는 지구적 갈등의 일부라는 사실을 피할 수 없음을 매우 분명히 보여주는 지표였다. 1945년 이전에 미국은 두 번의 세계대전에 마지못해 끌려 들어와 싸우게 되었지만, 이제 서유럽은 본질적으로 미국 대외 정책의 부속물(중요한 부속물이긴 하지만)이 되었다. 한편 동구 블록(전쟁의 여파 속에서 모스크바로부터 독립을 성공적으로 표명했던 유고슬라비아는 제외하고)은 세계적 차원에서 진행되는 미국과 소련의 대결에서 소련을 지지하는 데 훨씬 더 직접적으로 몰두하게 되었다.

한국은 1910년 일본에 합병되어 제2차 세계대전이 종결될 때까지 그들의 통치를 받았다. 그 후 한반도는 미국과 소련이 일시적으로 나라의 행정을 분할하기로 합의함으로써 38도선을 경계로 대략 이등분되었다. 1948년까지 재통일된 한국에 대한 기대가 사라졌다. 이 분할로 북한에는 사실상 모스크바가 소련 세력권[5]의 일부로 여긴 위성국으로서 공산주의 공화국이 수립되었고, 남한에서는 미국의 이해가 지배하는 철저하게 반공산주의적인 공화국이 수립되었다.

그러나 장제스[6]의 국민당과 20년 이상 격렬한 내전(1937년부터 1945년 사이에 일본의 침략에 맞선 피비린내 나는 전쟁과 나란히 진행되었다)을 치른 끝에 1949년 9월 중국에서 공산주의가 승리하자 한반도는 위험에 노출되었다. 남한은 공산주의가 지배하는 거대한 지역에서 고립된 비공산주의의 섬으로 남았다. 1950년 6월 25일, 북한이 경계선을 넘어 분단국의 남쪽을 공격하자 초강대국 간의 대결이 위험할 정도로 고조되었다. 소련의 힘을 견제하는 데 전념하고 유럽뿐 아니라 동남아시아에서도 공산주의의 추가 팽창 가능성에 신경이 곤두섰던 미국은 남한의 상실과 그 후 일본이 봉착할 명백한 위협을 두고 볼 수 없었다.

---

5)   sphere of influence. 국제 관계에서 열강들의 이해관계에 맞춰, 한 국가가 자신의 국경을 넘어 정치적·경제적·군사적·문화적 배타성을 발휘하는 지역을 일컫는다.
6)   蔣介石(1887~1975). 군인이자 정치가로서 중화민국의 최고지도자였다. 황푸군관학교 교장, 국민혁명군 사령관, 중화민국 국민정부 총통(재임 1925~1975) 등을 역임했다.

이오시프 비사리오노비치 스탈린[7]의 재가가 없다면 북한이 공격하지 않았을 것이라는 미국의 추정은 옳았다. 소련 독재자는 필요하면 중국이 군사적 지원을 제공할 것을 기대하면서 전투부대를 파병하려고 하지는 않았지만, 실제로 몇 주 전에 북한의 공격을 허락했다. 미국 지도부는 도미노 효과를 막으려면 즉각 공산주의 팽창을 중단시켜야 한다고 보았다. 해리 트루먼[8] 대통령은 한국의 붕괴를 막지 못하면 소련이 "아시아를 야금야금 집어삼킬" 것이라고 주장했다. 그리고 "아시아를 포기하게 되면 근동이 무너질 것이고, 유럽에서 무슨 일이 벌어질지 도무지 알 수 없다." 전후의 유럽에서는 군사행동을 취해야 할 동기를 언급하면서 1930년대의 실패한 유화정책을 거듭 예로 들었다. 유화론자들은 히틀러를 막는 데 실패했다. 공산주의의 전진을 지금 당장 저지하지 않는다면 제3차 세계대전이 일어날 것이었다.

미국은 1945년 10월에 설립된 국제연합United Nations, UN(이하 유엔)의 지지를 얻어 공격받는 회원국을 방어하기 위해 무력을 사용했다. 한국전쟁은 그 첫 사례였고, 소련의 실수 때문에 가능했다. 1945년 2월 얄타회담에서 유엔을 창설하기로 합의했을 때, 스탈린과 미국 지도부

---

7) Iosif Vissarionovich Stalin(1879~1953). 러시아의 정치가, 공산주의자. 1922~1952년 소련 공산당 총서기, 1941~1953년 소련 각료회의 의장 등을 맡은 소련의 최고지도자였다.

8) Harry S. Truman(1884~1972). 미국의 제33대 대통령(재임 1945~1953). 루스벨트 대통령의 갑작스러운 죽음으로 부통령이 된 지 82일 만에 대통령직을 승계했다. 제2차 세계대전과 태평양전쟁에서 독일과 일본의 항복을 받았으며, 한국전쟁 당시 미국의 대통령이었다. 1947년 3월 12일, 미국 상하 양원 합동회의에서 '트루먼 독트린'을 선언함으로써 전후 냉전 시대를 연 인물로 평가된다.

는 그들 외에 영국·프랑스·중국이 5개 상임이사국으로 참여할 안전보장이사회에서 이루어지는 모든 표결에 거부권을 갖는 데 만족했다. 강대국이 통제하는 안전보장이사회를 통해 유엔을 국제연맹보다 훨씬 효과적으로 작동시킬 수 있을 것이라고 생각했다. 이와 같은 추정의 오류는 한 강대국이 거부권을 행사하면 거의 변함없이 안전보장이사회에서 교착상태가 발생했던 냉전 시기에 거듭 드러날 것이었다. 다만 공산주의 중국에 이사국 지위를 부여하는 것을 거부한 데 항의하여 소련이 일시적으로 안전보장이사회를 보이콧함으로써 남한에 대한 침공을 격퇴하고 평화와 안보를 다시 확고히 하는 데 필수적인 지원을 승인할 수 있었던 1950년은 예외였다. 스탈린은 자신의 실수를 얼른 깨달았고, 소련은 안전보장이사회의 제자리로 복귀했다. 그러나 미국이 지배하는 유엔 사령부가 남한 군부를 지원하기 위해 파견되는 것을 막기에는 너무 때가 늦었다. 전쟁이 끝날 무렵, 남한 군대도 통합했던 유엔군 사령부는 전체 병력이 거의 93만 3000명에 이르렀다. 그들 중 대다수는 남한군(59만 1000명)과 미군(30만 2000명)이었다. 몇몇 유럽 국가(영국과 훨씬 적은 병력을 파견한 프랑스, 벨기에, 그리스, 네덜란드, 그리고 아주 적은 기여를 한 룩셈부르크)는 전투부대를 파병했다.

미군은 시종일관 주도권을ㅋ야 잡고 북한군을 남한에서 쫓아냈으며, 그런 다음 군사분계선 너머 북한으로 밀어냈다. 미국과의 전면전을 우려한 스탈린은 소련군을 보내 달라는 북한의 요구를 거절했다. 그러나 중국 지도자 마오쩌둥[9]은 한국이 완전히 미국의 통제하에 들

---

9)　毛沢東(1893~1976). 중화인민공화국의 군인, 정치가. 1945~1976년 중국 공

어가 언젠가는 중국 자체(이미 소련과의 관계가 별로 좋지 않았다)를 공격하는 길을 내줄 수도 있는 상황을 맞이할 준비가 되어 있지 않았다. 패배한 장제스의 국민당 군대가 타이완으로 도주하면서 미국이 중국을 떠난 것은 최근에 벌어진 일이었다. 1950년 가을에 마오쩌둥은 최종적으로 약 30만 명을 헤아리는 대규모 부대를 파병했고, 미 제8군은 전전긍긍하며 후퇴할 수밖에 없었다. 그것은 서방이 중국을 군사 강대국으로 여기게 될 거라는 점을 처음으로 보여주는 조짐이었다. 두 달 안에 북한 전체가 다시 공산주의 통제하에 들어갔고, 남한의 수도인 서울이 함락되었다. 깜짝 놀란 워싱턴은 핵폭탄 투하를 고려했다.

미국은 사용 가능한 핵폭탄이 소련보다 압도적으로 많았다. 몇몇 추산에 따르면, 74배나 많았다. 그러나 정확히 무엇을 표적으로 삼을 것인가? 거의 대부분 한국의 농촌 지역에서 전투가 벌어지는 전쟁에서 그것은 분명하지 않았다. 그리고 국지전이 소련의 서유럽 침공이나 심지어 유럽 도시에 핵폭탄을 떨어뜨리는 대규모 보복전으로 확대될 가능성도 생각해야 했다. 1950년 말에 갈등이 확대되면서 제3차 세계대전으로 비화할 가능성이 매우 현실화되었다. 미군 지도부는 표적으로 러시아와 중국 도시들의 목록을 작성하고 중국에게 압록강 너머로 물러나라는 최후통첩을 전달할 것을 고려했다. 필요하다면 "핵폭탄을 즉각 사용"할 작정이었다.

좀 더 현명한 조언이 이겼다. 그리고 수많은 희생 속에 중공군의

산당의 중앙위원회 초대 주석을 지냈다.

공세가 저지되었던 1951년 봄까지 미군은 다시 주도권을 쥐었고, 유엔군 사령부는 결국 공산군을 격퇴했다. 다음 2년 동안 양측은 끔찍한 소모전의 늪에 빠져 있었다. 1953년 7월에 체결된 휴전협정으로 한국전쟁은 양측이 38도 분계선 뒤에 각각 자리 잡았던 개전 당시의 모습에서 별로 달라지지 않은 채 끝났다. 3년간의 격렬한 전쟁은 거의 300만 명의 사상자를 낳았는데, 이들의 대부분은 분계선 양측의 한국인들이었다. 미군 사상자는 5만 명 이상의 전사자를 포함해 거의 17만 명을 헤아렸다. 유럽 파견군 사상자는 8000여 명이었는데, 그 대다수가 영국군이었다.

멀리 떨어져 있고, 기본적으로 유럽인들이 참전하지 않았는데도 한국전쟁은 유럽에 중요한 결과를 낳았다. 그것은 미국 국방비가 극적으로 증가한 데서 비롯했다. 한국전쟁 전인 1949년 8월, 지금의 카자흐스탄에 있는 세미팔라틴스크 시험장에서 소련이 핵폭탄을 처음 시험했다. 이에 미국은 소련에 계속 앞서기 위해 핵 기술을 더욱 발전시켜야 한다는 생각에 온통 정신이 팔렸다. 트루먼 대통령은 핵폭탄 생산의 가속화뿐만 아니라, 1950년 1월 31일 '슈퍼 폭탄'의 개발도 주문했다. 군사비는 이미 증액될 예정이었는데, 이즈음 한국전쟁이 발발하면서 하늘 높이 치솟았다. 1년 만에 미국 국방 예산은 4배 이상 늘어났다. 1952년에 군사비는 미국 국내총생산의 거의 5분의 1 가까이를 차지했다. 겨우 3년 전만 하더라도 군사비는 국내총생산의 20분의 1도 되지 않았다. 그해 11월 1일, 미국은 '슈퍼 폭탄'을 처음 시험했다. 그것은 "수평선 전체를 완전히 덮어버렸고," 폭발이 있었던 태평양상의 섬(에니웨톡 환초)을 지워 버린 수소폭탄이었다. 소련도 그 뒤를 따라 겨우 9개월 뒤인 1953년 8월 12일, 중앙아시아 사막에서 자체 시험을 진행했다. 윈스턴 처칠[10]은 나중에 "절멸의 평등"을 가져온 "새로운 공포"에 대해 언급했는데, 이는 적절했다.

아니나 다를까, 미국은 소련의 위협을 급속히 커지는 위험으로 인식하고 지구적 봉쇄라는 차원에서 자신들의 지출뿐 아니라 해외 전략도 검토해야 한다고 느꼈다. 이것은 확실히 유럽에 영향을 미쳤다. 미국은 점차 군사적인 면에서 유럽을 지원하는 문제를 생각하게 되었다. 4년에 걸쳐 약 1300만 달러를 제공함으로써 전후 유럽의 경제 회복을 자극하기 위해 1947년에 시행된 마셜 플랜[11]이 서서히 종료되었다. 그러나 1951년 말에 유럽에 대한 미국의 군사적 지원은 거의 50억 달러에 달했다. 1952년경에는 한국전쟁의 여파 속에서 군비가 증강됨에 따라 서유럽에 대한 미국 원조의 80퍼센트가 민간 재건보다는 군사적 목적을 지향했다.

1949년 4월 북대서양조약기구(이하 나토)[12]가 처음에는 12개국—

---

10) Winston Churchill(1874~1965). 영국의 정치가. 1940~1945년, 1951~1955년 두 차례에 걸쳐 영국 총리를 지냈다.

11) Marshall Plan. 정식 명칭은 유럽 부흥 계획이다. 제2차 세계대전 후 유럽의 황폐해진 동맹국을 위해 미국이 계획한 재건·원조 계획이다. 미국의 국무장관 조지 마셜이 제창했기 때문에 마셜 플랜이라고 불리며, 공산주의의 확산을 막는 것이 목적이었다. 마셜 플랜은 1947년 6월에 있었던 서유럽·미국 회의에서 조직되었다. 미국은 소련과 그 동맹국에도 "정치적 개혁과 외부 감독을 받는 조건하에" 동일한 원조 계획을 제시했고, 당연히 소련은 이 제안을 거절했다.

12) North Atlantic Treaty Organization, NATO. 1949년 4월에 유럽의 여러 국가와 미국 및 캐나다 사이에 체결된 북대서양조약에 의거하여 설립된, 북아메리카와 서유럽을 연결하는 집단 안전 보장 기구다. 나토는 1989년까지 소련 및 중부

미국, 캐나다, 영국, 프랑스, 이탈리아, 덴마크, 노르웨이, 네덜란드, 벨기에, 룩셈부르크, 포르투갈, 아이슬란드(1952년에는 그리스와 터키를 포함하게 되었다)—을 서유럽 방어에 묶어 두는 협정으로서 설립되었다. 그러나 나토의 군사력이 부적절하다는 것은 처음부터 미국 지도자들에게 분명했다. 그리고 미국 지도자들은 유럽 국가들이 그들 자신의 방어 비용을 더 많이 분담할 필요가 있으며, 스스로를 세계 경찰로 여기기 시작한 미국이 유럽 방어의 엄청나게 큰 부담을 계속 질 수는 없다고 생각했다. 따라서 나토의 유럽 파트너 각국은 국방비를 증액했다. 무기 제작은 금지되어 있었지만 군사용 장비, 공구, 차량을 점점 더 많이 생산한 서독은 강철 수요로 크게 이득을 보았다. 강철 생산은 1945년부터 1953년 사이에 60퍼센트 이상 늘어났는데, 이는 눈부신 '경제 기적'을 떠받치는 힘이었다. 지출은 군사력으로 전환되어야 했다. 그래서 1952년 리스본에서 열린 나토 회의에서 회원국들은 2년 안에 적어도 96개의 새로운 사단을 창설하기로 결정했다.

그러나 모두가 잘 알지만 말하지 않고 있는 문제를 마냥 회피할 수만은 없는 노릇이었다. 서독을 재무장시키지 않고서 나토를 강화하는 일은 거의 진전을 이룰 수가 없었다. 독일의 군사력을 분쇄하기 위해 강력한 동맹이 필요했던 상황이 끝난 지 얼마 되지 않은 터라 독일 군사주의의 부활 가능성은 놀랄 것도 없이 유럽 인접국들에 거의

유럽 공산주의 국가들의 방위 체제인 바르샤바조약기구와 군사적·정치적 균형을 이루는 데 기여한 것으로 평가된다. 냉전 종식 후 1990년대 말부터 폴란드, 체코, 헝가리, 루마니아, 불가리아, 슬로베니아, 에스토니아, 알바니아 등 중부 유럽과 북유럽 등지의 12개국이 추가로 회원국이 되었다.

호소력이 없다(당연히 소련을 기겁하게 할 뿐만 아니라)고 최종적으로 결론 내렸다. 미국인들은 한국전쟁 발발 직후인 1950년에 이미 서독의 재무장 문제를 들고나왔다. 미국은 계속 압박을 가했고, 서유럽의 나토 회원국들은 그들의 주장에 타당성이 있음을 인정하지 않을 수 없었다. 유럽인들이 유럽 방어를 위해 아주 적은 비용만 준비하는데, 미국인들이 왜 가장 큰 몫을 계속 지급해야 하는가? 유럽의 시각에서는, 미국이 1918년 이후 유럽에서 철수했고 제2차 세계대전이 끝난 뒤 처음에는 철수할 것으로 보였기 때문에 유럽에서 발을 뺄 수도 있다는 두려움이 항상 남아 있었다. 또 서독이 계속 서방 동맹에 묶여 있도록 보장할 필요도 있었다. 스탈린은 1952년에 독일인들의 눈앞에서 통일된 중립국 독일이라는 유인책을 보란 듯이 흔들어 보임으로써 이를 시험했고, 서방 지도자들은 즉각 거부했다. 서방에서는 스탈린의 계획을 미국인들에게 유럽을 떠나라고 압박을 가하려는 시도로 해석했다. 그 계획에는 또 연방공화국이 서방 동맹에 좀더 가까이 통합되는 것(서독 정부가 콘라트 아데나워[13] 총리 치하에서 간절히 원했던)을 방지하려는 목적도 분명히 있었다. 그것은 이제 서독 군사력 문제와 긴밀하게 관련되었다.

서독을 군사 강국으로 만드는 데 격렬하게 반대하는 유럽 국가들을 소외시키지 않으면서도 그런 조치를 취할 방법을 고안한다는 것

---

13) Konrad Adenauer(1876~1967). 독일연방공화국(서독)의 총리. 1949~1963년 초대 총리를 역임했으며, 1950~1966년에는 독일 기독민주연합의 총재를 지냈다. 1951~1955년에는 외무장관을 겸하기도 했다. 유럽경제공동체(EEC)를 창설하여 그 실현에 노력했다.

은 쉽지 않은 문제였다. 이 문제를 해결하는 데 그럴듯한 돌파구가 될 것으로 보이는 제안이 놀랍게도 이미 1950년에 프랑스에서 나왔다. 1950년 10월 르네 플레벵[14] 총리가 내놓은 제안은 독일의 참여를 포함하나 그것을 통제할 유럽 방어 기구를 결성함으로써 미국인들이 도모한 조치인 서독의 나토 가입을 피하고자 했다. 플레벵 총리의 제안은 독일 사령부가 아니라 유럽 사령부하에 (사실상 프랑스의 감독을 보장하면서) 서독군을 포함하는 유럽군을 상정했다. 이 제안은 1952년 5월에 체결된 유럽방위공동체[15]를 설립하기 위한 조약의 기초가 되었다.

유럽방위공동체라는 이름은 잘못된 것이었다. 구상된 유럽방위공동체는 심지어 서유럽의 모든 나라를 포함하지도 않았다. 처음부터 유럽방위공동체는 그 후 수십 년에 걸쳐 유럽 통합을 향한 모든 발걸음을 괴롭힐 근본적인 문제에 봉착했다. 어떻게 개별 국가들의 주

---

14) René Pleven(1901~1993). 프랑스의 정치가. 제2차 세계대전 동안 드골이 이끄는 자유프랑스에 가담했으며, 전후 1950~1951년, 1951~1952년 두 차례 프랑스 총리를 지냈다.

15) European Defence Community, EDC. 1952년 5월 파리에서 프랑스·서독·이탈리아·벨기에·룩셈부르크·네덜란드 6개국이 서유럽 방위를 목적으로 체결한 유럽방위공동체 조약에 따라 설립이 추진된 초국가적 성격의 군사 공동체다. 서유럽 방위를 도모하기 위해 초국가적인 '유럽 통합군'을 창설하고, 서독의 재군비를 허용하여 통합군에 편입시키는 것을 골자로 했던 유럽방위공동체 조약은 같은 달 북대서양조약기구의 정식 승인을 받았다. 하지만 유럽방위공동체 계획은 1954년 8월 프랑스 의회가 서독의 재군비를 인정하지 않고 조약 비준을 거부함으로써 무산되었고, 이에 따라 브뤼셀 조약의 강화·확대가 다시 논의되어 1955년 5월 파리 협정에 따라 브뤼셀조약기구가 설립되었다.

권을 유지하면서도 초국적 기구를 창설하느냐는 것이었다. 1950년의 쉬망 플랜[16](프랑스 외무장관 로베르 쉬망[17]의 이름을 땄다)은 이듬해 설립될 유럽석탄철강공동체[18]의 기반을 이루었는데, 이 유럽석탄철강공동체는 공동시장Common Market과 그 후의 유럽경제공동체[19]의 싹으로 등장한다. 유럽석탄철강공동체의 회원국은 프랑스, 서독, 이탈리아,

---

16) Schuman Plan. 1950년에 프랑스의 외무장관 로베르 쉬망이 제창한 프랑스와 서독의 석탄·철강 공동 운영 계획. 이 계획에 따라 1951년 유럽석탄철강공동체(ECSC) 조약이 체결되고, 이듬해 정식 발족했다. 실제 입안자인 장 모네(Jean Monnet)의 이름을 따서 '모네·쉬망 플랜'이라고도 한다.

17) Robert Schuman(1886~1963). 룩셈부르크 태생의 프랑스 정치가. 유럽연합의 창시자 중 한 사람으로 꼽힌다. 1919년 하원의원이 된 후, 제2차 세계대전에서 프랑스가 항복하자 대독 저항 운동에 참가했다. 제2차 세계대전 전후 프랑스, 서독, 이탈리아 등 서유럽의 중요 자원을 공동 관리하는 '쉬망 플랜'을 제창했고, 그의 주장에 따라 1951년 유럽연합의 뿌리인 유럽석탄철강공동체가 출범하기에 이르렀다.

18) European Coal and Steel Community, ECSC. 유럽 국가들의 석탄과 철강 자원 공동 관리를 위해 설립된 국제기구. 1951년 4월 18일 프랑스 파리에서 프랑스, 서독, 이탈리아, 벨기에, 네덜란드, 룩셈부르크 6개국이 석탄과 철강 자원의 공동 관리에 관한 파리 조약에 서명했으며, 이 조약은 1952년 7월 23일 발효되었다. 유럽석탄철강공동체는 나중에 유럽경제공동체와 유럽공동체(EC)를 거쳐 유럽연합(EU)으로까지 발전했으며, 2002년 7월 23일 공식 해체되었다.

19) European Economic Community, EEC. 1957년 3월 25일 벨기에, 프랑스, 독일(서독), 이탈리아, 룩셈부르크, 네덜란드 6개국이 경제 통합을 실현하기 위한 목적으로 설립한 국제기구를 일컫는다. 1967년 이후 다른 6개국(영국, 아일랜드, 덴마크, 그리스, 스페인, 포르투갈)이 합류하면서 유럽석탄철강공동체, 유럽원자력공동체와 함께 통합되어 유럽공동체로 불리는 체제로 이행했다. 1993년 유럽연합이 발족했을 때 유럽경제공동체는 유럽연합의 세 기둥 중 제1의 기둥인 유럽공동체로 여겨졌다. 2009년 12월 1일 리스본 조약이 발효되면서 해체되었다.

네덜란드, 벨기에, 룩셈부르크였다. 그러나 영국은 거리를 두는 쪽을 선택했다. 유럽방위공동체도 똑같은 회원국을 가지고 유사한 모델 위에 설립되었다. 그러나 프랑스와 함께 유럽에서 가장 큰 군대를 보유한 영국은 유럽방위공동체를 환영하고 나토 회원국으로서 아주 긴밀한 협력을 다짐하면서도 참가하지는 않았다. 영국 외무장관 앤서니 이든[20]에 따르면, 1952년에 그 목표가 "유럽 연방으로 가는 길을 닦는 데" 있는 프로젝트에 참여할 준비가 되어 있지 않았다. 초국적 유럽방위공동체의 회원국이 되면 국가 주권이 축소될 텐데, 이런 일은 고려할 수 없는 것이었다. 나토의 스칸디나비아 회원국들도 비슷한 생각을 가졌다. 그래서 유럽방위공동체는 실제로 처음에 의도된 대로 경제정책에 대한 관심으로 모여들기 시작한 나라들에 국한되었다. 그러나 조약은 비준되어야 했다. 하지만 조약을 처음 제안했던 나라인 프랑스에서 비준은 완전히 실패했다. 여기서도 국가 주권 문제가 결정적이었다. 1954년 8월 30일, 프랑스 하원인 국민의회에 상정된 유럽방위공동체 비준 안건은 보기 좋게 거부되었다. 이 거부로 유럽방위공동체는 숨을 멈췄다.

그러나 독일 재무장은 그렇지 않았다. 아데나워는 서유럽 통합을 향한 중요한 발걸음으로 여겼던 유럽방위공동체의 소멸에 깊이 상심했다. 그는 처음에 프랑스 국민의회 표결을 독일 주권을 되찾고자 하

---

20)   Anthony Eden(1897~1977). 영국의 정치가. 1923년 하원의원으로 당선하여 의회에 진출했다. 1935년 이후 세 번 외무장관을 역임했으며, 처칠의 뒤를 이어 보수당을 이끌고 총리를 지냈다. 1957년 이집트 침공의 실책으로 사임했다.

는 자신의 희망을 파괴하는 것으로 보았다. 그러나 실제로는 비준이 실패로 돌아가 아데나워가(영국인과 미국인들도) 내내 원했던 바를 실현할 가능성이 열렸다. 그것은 완전한 나토 회원국으로서 서독을 군사화하고 자신의 나라를 주권국가로 인정받는 것이었다. 이제 그런 조치를 취하기에 좋은 때가 왔다. 1953년 3월, 스탈린이 사망했다. 한국전쟁이 끝났다. 서독은 서방 동맹에 확고하게 묶였다. 서독의 중립과 재통일이라는 오랫동안 지속된 생각(독일 여론의 상당한 지지를 받으며 야당인 사회민주당 지도부가 계속 품고 있던 생각)은 더는 거의 거론되지 않았다. 1954년 9월과 10월에 런던에서 열리고 그 후 파리에서 열린 회담에서 나토 회원국들은 독일 점령을 끝내고(독일의 동의로 연합국 병력은 잔류하지만), 서독을 주권국가로 인정하며 연방공화국을 나토에 편입하기로 합의했다. 1955년 5월 5일, 서독은 주권을 회복했다. 나흘 뒤 서독은 나토에 정식으로 가입했다. 연방공화국은 이제 핵무기 보유는 완전히 금지되었지만, 육군(50만 명을 넘지 않는 선에서)·공군·해군이 허용되었다.

소련의 시각에서 보면, 서방의 사태 전개는 심히 우려스러웠다. 미국은 전쟁에서 실제로 핵폭탄을 사용한 유일한 나라였다. 미국은 수소폭탄을 처음 개발했다. 미국은 한국에 군사적으로 개입했다. 미국은 군비경쟁에서 앞서 있었다. 미국은 이제 재무장한 독일을 포함하여 서유럽에서 반소 동맹을 확고히 했다. 소련은 이런 일이 벌어지는 것을 막기 위해 전력을 다했다. 부활한 '독일 군국주의'의 가능성에 깜짝 놀란 소련은 1954년에 동맹의 의지를 약화하거나 분열시키려는 헛된 노력의 일환으로 나토에 기꺼이 참여하겠다고 서방 열강에 제안하기까지 했다. 서방은 이 제안을 단박에 거부했다.

  소련의 제안이 예상대로 원하던 결과를 얻지 못한 데다 나토가 소
련을 겨냥한 공격적 동맹이고 미국 지도부 내의 매파에 의해 지배
되고 있는 상황에서, 서독의 나토 편입에 대해 불과 열흘 뒤인 1955
년 5월 14일 바르샤바협정[21]이라는 반격이 신속히 가해진 것은 별로
놀랄 일이 아니었다. 그것은 폴란드, 체코슬로바키아, 헝가리, 루마니
아, 불가리아, 알바니아, 독일민주공화국(GDR)을 군사동맹으로 소련
에 묶었다. 그와 동시에 소련은 전략적으로 중요한 '유동적인' 유럽 국
가들, 특히 유고슬라비아와 오스트리아가 서방 동맹에 절대 포함되
지 않도록 이들 나라와 관계를 개선하는 조치를 취했다. 1948년 스
탈린과 요시프 브로즈 티토[22]의 결별 이래 개선되지 않았던 유고슬
라비아와의 분열은 1955년 6월 2일 베오그라드에서 독립과 영토 통
합에 대한 상호 존중을 선언하고 내정 불간섭을 약속하면서 적어도

---

21)　Warsaw Pact. 바르샤바조약기구라고도 한다. 1955년 5월 14일 폴란드 바르
샤바에 모인 동구권 8개국이 니키타 흐루쇼프의 제안으로 결성한 군사동맹 조
약 기구로, 정식 명칭은 우호·협력·상호원조 조약이다. 바르샤바조약기구가 창설되
기 전 서유럽 국가와 미국, 캐나다가 나토를 창설하자, 소련이 이에 대응하여 동구
권 국가들과 집단 군사동맹 기구를 창설했다. 1985년 4월 조약의 유효 기간을 20
년 연장했으나, 1990년 10월 독일이 통일하면서 동독이 탈퇴했고, 1991년에 중심
적인 국가인 소련이 해체되어 조약이 유명무실해지면서 그해 7월 1일 프라하에서
열린 회의에서 공식 해체가 선언되었다.
22)　Josip Broz Tito(1892~1980). 유고슬라비아의 독립운동가, 노동운동가, 공산
주의 혁명가. 제2차 세계대전 동안 유고슬라비아를 침공한 나치 독일에 맞서 파르
티잔 운동을 이끌었다. 1953~1980년 유고슬라비아 사회주의공화국 연방의 초대
대통령을 지냈으며, 비동맹운동의 의장을 역임했다.

공식적으로는 끝났다. 바르샤바협정이 성립한 다음 날인 5월 15일에 벌써 전시 4개국(미국, 소련, 영국, 프랑스)에 의해 오스트리아 국가조약[23] 이 조인됨으로써 오스트리아 점령은 종결되었고, 오스트리아는 독립 주권국가가 되었다. 소련은 오스트리아가 자신의 영토에 어떤 군사 기지의 설치도 허용하지 않고 어떤 동맹에도 참여하지 않겠다고 약속하면 이 조치를 가능케 할 자세가 이미 되어 있는 상태였다. 오스트리아의 중립은 점령국이 오스트리아를 떠난 다음 날인 1955년 10월 26일 공식적으로 선언되었다. 그리고 지난달에는 헬싱키 인근의 소련 해군기지를 폐쇄함으로써, 소련은 핀란드로 하여금 인접한 강대국으로부터 진정으로 독립되어 있지만 나토와 동맹을 맺지 않는 중립 정책을 더욱 확고히 할 수 있게 해줄 준비가 되어 있음을 보여주었다.

상상할 수 없는 파괴력을 지닌 무기를 소유한 두 초강대국이 각각 관장하는 가운데 철의 장막을 가로질러 서로 대치하는 2개의 군사동맹이 공식적으로 출현하자, 냉전을 둘러싸고 형성되고 있던 얼음이 녹기 시작한 것은 아니지만 적어도 두꺼워지지는 않는 짧은 순

---

23)　제2차 세계대전 후 분할 점령된 오스트리아에 관해 점령국인 미국, 영국, 프랑스, 소련 4개국과 오스트리아 사이에 맺은 조약을 가리킨다. 정식 명칭은 '독립적이고 민주적인 오스트리아 재건을 위한 국가조약'이다. 이 조약은 1955년 5월 15일 빈에서 제2차 세계대전의 연합국이었던 미국, 영국, 프랑스, 소련 대표와 오스트리아 정부 대표가 서명했으며 1955년 7월 27일을 기해 효력이 발생했다. 서방 국가들은 오스트리아를 나토에 가입시키려 했지만 소련의 반대로 무산되었다. 1955년 10월 26일, 오스트리아 의회는 오스트리아가 영세 중립국임을 선언했다.

간이 찾아왔다. 소련 지도부도, 미국 지도부도 긴장을 완화할 준비가 되어 있는 것 같았다. 1955년 7월 18일, 미국·소련·영국·프랑스의 정부 수반들이 제네바에서 만났다. 그들이 함께 모인 것은 10년 만에 처음이었다. 마지막 회동은 유럽에서 제2차 세계대전이 종결된 직후 개최된 포츠담 회담[24] 동안에 있었다. 정상회담(그와 같은 모임을 그런 명칭으로 부르기 시작했다)은 특히 안보에 영향을 미치는 문제를 광범하게 다루었다. 정상회담은 평화 공존의 기반 같은 것을 확보할 희미한 희망을 밝혀 주는 듯이 보였다. 적어도 초강대국의 지도자들은 앉아서 서로 이야기를 나눌 자세가 되어 있었다. 그것은 회담에서 움켜잡아야 할 지푸라기였다. 그러나 가치 있는 것은 아무것도 구체화되지 않았다. 드와이트 아이젠하워[25] 대통령은 '항공 자유화' 정책을 제안했는데, 그것은 미국과 소련에 서로의 영토 상공에서 항공 정찰을 수행하는 것을 허용하는 데 목적이 있었다. 미국이 자신들의 핵 시설을 들여다보게 되지 않을까, 또 자신들의 장거리 폭격 능력이

---

24)   Potsdam Conference. 1945년 7월 17일부터 8월 2일까지 독일 포츠담의 빌헬름 왕세자의 저택인 체칠리엔호프 궁전에서 개최된 연합국 지도자들의 회담. 소련의 스탈린 공산당 총서기, 영국의 처칠 총리(뒤에 애틀리 총리로 교체되었다), 그리고 미국의 트루먼 대통령이 각국 대표로 회담에 참가했다. 회담에서는 5월 8일에 항복한 독일에 대한 통치 문제와 함께 전후 질서, 평화 조약, 전쟁의 영향에 대한 대응 등을 논의했다.

25)   Dwight Eisenhower(1890~1969). 미국의 군인이자 정치가. 미국 육군 원수였고, 1953~1961년에 미국의 제34대 대통령을 지냈다. 제2차 세계대전 동안에는 유럽에서 연합군 최고사령관으로 일했으며, 1951년에 나토 초대 사령관이 되었다. 전임인 민주당 트루먼 대통령 재임 중에 일어난 한국전쟁을 끝냈다.

얼마나 제한적인지 알게 되지 않을까 조심스러워했던 소련은 이 제안을 즉각 거부했다. (미국에 이것은 거의 문제가 되지 않았다. 그들은 곧 소련 상공으로 U-2 첩보기들을 날려 보냈고, 마침내 그중 한 대가 1960년 5월 격추당해 조종사인 게리 파워스[26]가 체포되면서 국제적 사건으로 비화했다.) '제네바 정신'은 재빨리 사라져 버렸다. 1년도 지나지 않아 냉전은 다시 격화되었다. 소련 통치에 반대하여 일어난 헝가리 봉기[27]가 야만적으로 진압되고, 그와 동시에 11월 초에 수에즈 위기[28]가 절정에 이르면서(거기에는 영국과 프랑스에 대해 '로켓 무기'를 사용하겠다는 소련 지도

---

26)   Francis Gary Powers(1929~1977). 미국 중앙정보국 소속 U-2 첩보기 조종사로, 1960년 5월 1일 소련 영공 정찰 중 소련군 미사일에 격추되어 포로가 되었다. 1962년 2월 10일, 소련 첩보원 루돌프 아벨과 교환되어 미국으로 돌아왔다.

27)   1956년 10월 23일 헝가리 수도 부다페스트에서 발생한 반소 헝가리 혁명을 가리킨다. 헝가리의 학생·노동자·시민은 스탈린주의 관료 집단과 공포정치에 반대해 복수정당제에 의한 총선거, 헝가리 주둔 소련군의 철수, 표현과 사상의 자유, 정치범의 석방 등 16개 항목을 요구하며 억압적인 체제에 억눌려왔던 불만을 한꺼번에 폭발시켰다. 헝가리 공산당은 10월 24일 개혁파 인사 임레 너지(Imre Nagy)를 총리로 지명했고, 너지는 일당제 폐지, 소련군의 철군, 헝가리의 바르샤바조약기구와 코메콘(COMECON) 탈퇴를 골자로 한 개혁 정책을 발표했다. 그러나 흐루쇼프는 이를 거부하고 11월 4일 소련군을 투입해 너지 정권을 무력으로 무너뜨렸다. 그 후 다시 친소 정권이 세워지고, 너지는 1958년 6월 비밀리에 처형되었다.

28)   Suez crisis. 제2차 중동전쟁을 일컫는다. 수에즈 운하를 둘러싸고 이집트와 이스라엘, 영국, 프랑스 사이에 일어난 전쟁이다. 1956년 7월 나세르가 수에즈 운하 회사와 운하 통행료의 국유화를 선언하자, 같은 해 10월 29일 이스라엘군이 시나이반도를 침공하면서 시작되었다. 1957년 5월까지 계속되었고, 영국과 프랑스는 전쟁에서 이겼으나 결과적으로 수에즈 운하를 잃게 되었다.

자 니키타 흐루쇼프[29]의 위협도 포함된다) 국제 관계가 또다시 끔찍한 긴
장 상태에 돌입했다.

철의 장막 양측에 있는 대부분의 보통 사람으로서는 무기 비축 규
모에 대해 전혀 짐작도 하지 못했지만, 이 무렵 핵무기 경쟁은 실로
엄청난 차원에 도달했다. 영국은 1947년에 이미 핵폭탄(국제 외교의
'주빈 테이블'에서 한자리를 보장하는 것으로 여겨진)을 자체 개발해야 한
다고 결정했다. 노동당 총리 클레멘트 애틀리[30]는 미국이 히로시마와
나가사키에 핵폭탄을 투하한 직후인 1945년 8월에 이미 이러한 움직
임을 강력히 옹호했다. 전후 노동당 정부의 주요 구성원이었던 애틀
리의 외무장관 어니스트 베빈[31]은, 이듬해 애틀리 자신을 포함해 다
른 이들이 망설이고 있을 때 영국이 핵폭탄을 가져야 한다고 단호히

---

29) Nikita Khrushchev(1894~1971). 러시아의 혁명가이자 정치가. 1953년부터
1964년까지 소련 공산당 제1서기, 1958년부터는 소련 각료회의 의장을 역임했다.
스탈린주의를 비판했고, 대외적으로는 미국을 비롯한 서방 국가와 공존을 모색했
다. 그의 탈스탈린화 정책과 반스탈린주의 정책은 공산주의 국가들에 폭넓은 충
격과 반향을 불러일으켰다.

30) Clement Attlee(1883~1967). 영국의 정치가. 1924년 제1차 노동당 내각의
육군차관, 세2차 노동당 내각의 체신장관 등을 지냈고, 1935년 당수가 되었다. 제
2차 세계대전 후인 1945년 선거에서 대승하고 노동당 내각을 성립시켜 총리가 되
었다. 애틀리 노동당 정부는 국민에게 내핍을 호소하고 영국은행, 철도, 석탄, 가
스, 전신전화 등 기간산업의 국유화를 추진했다. 1951년 선거에서 패배하고 1955년
에 은퇴했다.

31) Ernest Bevin(1881~1951). 영국의 노동조합 지도자이자 노동당 정치가. 운
수일반노동자연합을 설립하여 1922~1940년 총서기를 지냈다. 1940~1945년 노
동장관, 1945~1951년 외무장관을 역임했다. 미국의 재정 지원을 끌어오고 공산
주의에 강력히 반대했으며, 나토 창설을 도왔다.

주장했다. 베빈은 비용이 얼마가 들든 "우리는 이것을 가져야 **합니다**"라고 선언했다. "우리는 그 위에 피 묻은 유니언잭[32]을 휘날려야 합니다." 영국은 1952년 10월 서부 오스트레일리아 해상의 몬테벨로 군도에서 최초의 시험을 단행하면서 정식으로 세 번째 핵 강국이 되었다. 이 시험이 있은 지 2년 만에 영국 정부는 수소폭탄을 제작하기로 결정했다. 1957년에 영국 폭탄이 커져가는 열핵무기고에 더해졌다. 애틀리의 후임 총리인 윈스턴 처칠은 그것은 세계 지도자들의 "주빈 테이블에 앉기 위해 치르는 대가"라고 주장했다. 영국처럼 프랑스도 독자적인 핵폭탄(그 후 수소폭탄) 소유를 강대국 지위의 불가결한 요소로 간주했다. 프랑스는 1962년 2월 알제리 사하라사막의 레가네 인근에서 최초의 핵폭탄을 시험하고, 1968년에는 열핵무기를 생산하면서 다음 회원국으로서 '핵 클럽'에 가입했다. 이러한 움직임들은 여전히 제2차 세계대전의 승전국들에게 국한되긴 했지만, 핵무기 확산에 대한 우려를 낳았다. 그러나 결정적으로 중요한 사태는 점점 더 큰 파괴력을 찾아 두 초강대국이 벌이는 경쟁이었다.

1954년 3월, 마셜 군도의 비키니 환초에서 미국은 히로시마를 황폐화했던 핵폭탄보다 750배 강력한 수소폭탄을 폭발시켰다. 폭발로 생긴 낙진은 130킬로미터 떨어진 곳에서도 방사선 피폭으로 말미암은 죽음을 초래했다. 이에 뒤질세라 소련은 우랄 남부 지방의 오렌부르크주에 있는 토츠코예 마을 인근에서 그해 9월 훨씬 큰 폭탄을 폭발시켰고, 이듬해에는 그들의 첫 공중 수송 수소폭탄도 터뜨렸다.

---

32) Union Jack. 영국 국기.

이 폭탄은 그들의 첫 폭탄보다 100배나 강했다. 미국은 이즈음 미사일의 탄두에 장착할 수 있는 작은 '전술' 핵무기를 제작하고 있었다. 1953년 가을부터 미국은 유럽에서 상당한 양의 전술 핵무기를 비축하기 시작했다. 미국에서는 장교 훈련생들에게 곧 핵무기로 황폐해진 전장으로서 유럽이라는 시나리오가 제시되고 있었다. 미국의 매파 국무장관 존 포스터 덜레스[33](새로운 발상의 정책, 즉 소련 공산주의의 '봉쇄'[34]가 아니라 '롤백'[35]을 구상했다)는 이듬해 나토 지도자들에게 이제 핵무기는 서방 동맹 방어력의 재래식 무기로서 간주되어야 한다고 말했다. 유럽을 전장으로 하는 제한된 핵전쟁이 정말 현실화될 수 있을 것 같았다. 미국은 소련에 대해 신속하게 치명적 공격을 가할 생각을 했다. 1954년 3월 미국 군 대표자들의 브리핑 자리에서 전략공군사령부의 수장(이자 제2차 세계대전이 끝나갈 무렵 일본 도시들을 겨냥한 폭격을 감독했던) 커티스 르메이[36]는 대규모 공습 계획의 윤곽을 보

---

33)   John Foster Dulles(1888~1959). 미국의 외교관, 정치가. 1949년 뉴욕주 상원의원, 1953~1959년 미국 국무장관을 지냈다.

34)   containment. 미국 국무부 외교관 조지 캐넌이 1947년에 창안한 냉전 정책의 하나로서 공산주의의 확장을 적극적으로 봉쇄하는 것을 말한다. 이 봉쇄 정책은 억지 정책(deterrence policy)과 함께 냉전 시대 미국 대외 정책의 기조로 자리 잡았으며, 소련이 붕괴할 때까지 계속 유지되었다.

35)   rollback. 1950년대에 아이젠하워 행정부가 채택한 미국의 반소 외교 정책. 소극적인 방어에서 적극적인 공세로 전환하는 것을 주요 내용으로 하며, 이 때문에 냉전이 더욱 격화되었다.

36)   Curtis LeMay(1906~1990). 미국 공군 장성. 1968년에는 무소속 대통령 후보로 출마한 조지 월러스의 부통령 러닝메이트이기도 했다. 호전적인 성격으로 제2차 세계대전 태평양 전장에서 저고도 전략폭격으로 일본을 초토화한 것으로 유

여주면서, "사실상 러시아 전역이 2시간 만에 그냥 연기를 내뿜으며 빨갛게 달아오른 폐허로 변할 것"이라고 예상했다. 르메이는 "30일이면 제3차 세계대전을 끝내는 데 충분하다고 확신했다."

핵 화력의 단계적 확대는 숨이 막힐 지경이었다. 1950년에 미군은 298기의 핵폭탄을 보유했다. 1962년에는 최소한 2만 7100기의 핵무기와 장거리 공격을 수행할 수 있는 2500대 이상의 폭격기가 있었다. 소련은 미국의 목표물에 도달할 수 있는 장거리 폭격기를 어느 정도 갖고 있었지만, 수량과 전력 면에서 미국에 한참 뒤졌다. 그러나 1957년 소련이 군비경쟁에서 이중 성공을 거두면서 불안감이 되살아났다. 8월에 소련은 세계 최초로 대륙간 탄도미사일을 발사했다. 무엇보다 극적이었던 것은 10월 5일 새벽(모스크바 시간)에 소련이 이 미사일을 이용해 스푸트니크라고 불리는 최초의 우주위성을 쏘아올렸다는 사실이다. 스푸트니크는 '길동무'라는 뜻이다. 유럽인들은 대부분 자신들이 본 것을 우주 탐험을 향한 최초의 발걸음으로서 엄청난 성취라고 크게 기뻐했지만, 미국의 과학자와 정치인들은 스푸트니크가 무엇을 의미하는지 머지않아 깨닫게 되었다. 소련은 곧 우주에서 미국에 핵 공격을 가할 수 있게 될 것이다. 미국의 보고서에서는 소련의 기술에 걱정스러울 정도로 뒤져 있다고 지적하면서, 미국의 미사일 전력을 크게 증강해야 한다고 주장했다. 물론 여기에는 군사비의 급격한 증액이 필요하다. 1959년에 군사비 지출은 미국 연방 예

명하다. 냉전 시대에 들어서는 서베를린 공수작전을 지휘했으며, 쿠바 미사일 위기 때는 소련과 쿠바에 대한 핵공격을 포함한 전면전을 주장했다.

산의 절반을 차지했다. 이미 지난해에 미국은 익스플로러 로켓과 (초기의 당혹스러운 실패를 맛본 뒤) 뱅가드 로켓을 이용해 자신들의 위성을 궤도에 올려놓음으로써 소련의 뒤를 따랐다. 우주 공간을 과학적으로 탐험하기 위해 미국 항공우주국National Aeronautics and Space Administration, NASA이 같은 해인 1958년 7월에 설립되었는데, 이 기관은 급속히 확대되는 프로그램의 군사적 중요성을 강조하면서 그 재정의 일부를 펜타곤(미국 국방부)에서 조달해 미사일 연구에 썼다. 사실 미국의 정치 및 군사 지도자들은 소련과의 '미사일 경쟁'에서 자신들이 뒤처져 있다고 믿으면서 거의 편집병적인 태도를 계속 보여왔다. 그럼에도 존 F. 케네디[37]가 1960년 11월 미국 대통령으로 선출되었던 무렵, 미국은 아마도 사용 가능한 핵무기를 소련보다 17배나 많이 가지고 있었을 것이다.

그러나 초강대국 중 어느 쪽이 더 많은 핵병기를 갖고 있었는지는 이제 대체로 무의미해졌다. 왜냐하면 1960년대 초에 핵 군비경쟁은 오래전에, 적절하게 이름 붙여진 대로 상호확증파괴[38]의 수준에 도달

---

37)   John F. Kennedy(1917~1963). 미국의 제35대 대통령(재임 1961~1963). 1960년 대통령 선거에 민주당 후보로 출마해 공화당 닉슨 후보에게 승리했다. 내정에서는 그다지 업적이 없었다. 외교 면에서는 쿠바 침공을 시도했다가 실패했으나, 1962년 10월 쿠바 미사일 위기 때 흐루쇼프와 대결하여 쿠바 불침공을 조건으로 미사일과 폭격기 철수를 수락받았다. 1963년 11월에 암살당했다.

38)   Mutually Assured Destruction, MAD. 핵전략의 개념이자 이론. 핵무기를 보유하고 대립하는 2개국이 있을 때, 둘 중 어느 한쪽이 상대방에게 선제 핵 공격을 가해도 상대방이 핵 전력을 보존하여 보복 핵 공격을 할 수 있는 경우 핵무기의 선제적 사용이 쌍방 모두 파괴되는 상호 파괴를 확증하는 상황이 되므로 이론적

했기 때문이다. 대륙간 탄도미사일은 수 분 내에 파괴적인 탄두를 실어 나를 수 있었다. 폭격기 기단과 잠수 함대는 명령이 떨어지면 발사할 태세가 되어 있는 핵무기로 무장했다. 세계는 위기가 버튼을 누를 정도까지 확대되거나 핵폭탄이 우연히 참화(1957년 미군 폭격기 한 대가 핵폭탄 3기를 보관하고 있던 저장소와 충돌하면서 이스트 앵글리아를 거의 쓸어버렸을 때와 같은 사고)를 일으킬 가능성과 함께 살아야 했다. 1961년 10월 30일 북극권 한계선 북쪽, 북극해에 있는 노바야 제믈랴Novaya Zemlya 제도 상공에서 소련이 냉전 시대의 가장 크고 강력한 폭탄으로 밝혀질 폭탄을 터뜨렸을 때 사람들은 핵전쟁이 가져올 상상 밖의 재앙을 떠올렸다. 버섯구름은 60킬로미터 이상 뻗어 나가 대기권에 이르렀다. 폭발할 때 생긴 섬광은 1000킬로미터 떨어진 곳에서도 볼 수 있었다. 50메가톤 규모의 이 괴물 폭탄이 지닌 상상 불가능한 파괴력은 히로시마와 나가사키에 떨어진 핵폭탄을 합친 것보다 1400배나 위력적이고, 제2차 세계대전 동안 모든 교전국이 사용한 폭발물보다 훨씬 컸다고 한다.

여기까지 이르는 3년 동안 초강대국 사이의 긴장이 다시 한번 베를린 문제를 둘러싸고 전개되었다. 스탈린이 서방 동맹국들을 베를린에서 축출하려고 시도했던 1948년에 이미 심각한 베를린 위기가 있었다. 베를린은 4개국 점령하에 있었지만, 소련이 통제하는 점령지 내 약 160킬로미터 지점에 위치해 있었다. 소련 독재자는 서방 연합

으로 상호확증파괴가 성립된 2개국 사이에는 핵전쟁이 발생하지 않게 된다. 역사적으로는 냉전기 미국과 소련 사이에 상호확증파괴가 실제로 성립되었다.

국들이 그가 실시했던 봉쇄를 무력화하려고 거의 1년 동안 '베를린 공수작전'을 수행한 뒤 1949년 봄에 마침내 물러섰다. 1958년에 스탈린의 후임자인 흐루쇼프는 베를린을 두고 서방 연합국에 새로운 압력을 가할 때가 왔다고 판단했다. 그것은 서독 정부의 부추김을 받으며 서독에 중거리 핵무기를 배치하고자 하는 미국의 계획에 대한 반응이었다. 미국의 이 계획도 소련의 우주위성 발사와 핵전력에 대한 흐루쇼프의 과시에 대응한 것이었다.

니키타 흐루쇼프는 1953년 스탈린이 죽고 2년 넘게 계속된 크레믈 내의 권력투쟁을 뚫고 소련 지도자로 등장했다. 각료회의 의장이자 공산당 제1서기로서(국가수반의 지위와 지극히 중요한 당 리더십을 효과적으로 결합했다) 흐루쇼프는 소련 체제에서 완전한 지배권을 가졌다. 가난하고 교육을 제대로 받지 못했으며, 한때 스탈린의 피후견인(이자 스탈린 숙청의 협력자)이었던 흐루쇼프는 거칠었지만 영민한 사람이었다. 흐루쇼프에게 외견상 보이던 온화함은 짜증과 노골적인 위협에 재빨리 자리를 내주었다. 1950년대 중반에 서방은 흐루쇼프의 리더십하에서 소련과 좀 더 양호하고 덜 긴장된 관계를 맺을 수 있다고 잠시 희망한 적이 있었다. 그러나 흐루쇼프는 성격이 변덕스러웠고, 외교 문제에서 스탈린보다 예측하기가 힘들었다. 이것은 초강대국 간의 갈등이 재빨리 통제 불가능한 상태에 빠질 수 있는 위험을 고조시켰다.

베를린의 지위는 동독 지도부와 그들의 소련 지배자들 양편 모두에게 여전히 날카로운 가시로 남아 있었다. 서베를린은 소련이 통제하는 바다에서 서방이 관리하는 조그만 섬이었다. 그러나 서방 점령군 구성원들은 동베를린을 드나들 권리를 가지고 있었다(도시 전체가 기술적으로 여전히 4개 점령국 통제하에 있었기 때문에 소련군 순찰대가 서베를린에 여전히 가끔 들어간 것과 마찬가지로). 그리고 동베를린 시민들도 좀 더 부유한 서방의 전시장 역할을 한 서베를린으로 어려움 없이 건너갈 수 있었다. 그들은 그냥 서베를린을 드나든 것만은 아니었다. 동베를린 시민 가운데 많은 이들이 그곳에 머무르면서 일자리를 찾았고, 눌러앉아 서독의 더 높은 생활수준을 향유했다. 1953년부터 1956년 말 사이에 150만 명 이상의 동독인들이 체제에 반대해 나라를 떠났다. 1957~1958년에는 거의 50만 명이 더 그들의 뒤를 따랐다. 이와 같은 탈동독 규모는 동독 지도부의 경제적·정치적 계획, 즉 동독을 자본주의 서방에 맞선 성채로 유지하려는 계획과 양립할 수 없었다. 경제적 고려 너머에는 서독이 재무장해 나토의 일부가 되고, 미국 핵무기를 자기 땅에 배치하는 최근의 사태 전개가 있었다. 게다가 서베를린은 서방의 스파이 활동과 선전의 온상이었다(동베를린 시민들은 서베를린에서 송출되는 텔레비전을 통해 점점 더 일상적으로 이 선전에 노출되었다). 흐루쇼프는 현재의 상황에 도전할 때가 왔다고 생각했다. 그리고 베를린의 지위 문제를 다시 거론하는 것은 독일 문제 자체를 다시 논의한다는 것을 의미했다.

1958년 10월 27일, 동독 지도자 발터 울브리히트[39]는 주요 연설에

---

39)   Walter Ulbricht(1893~1973). 동독의 정치가. 1929년 독일 제국의회 의원에 당선했으나 1933년 나치스 정권이 수립되면서 모스크바로 망명했다. 제2차 세계대전이 끝난 뒤 1945년 사회민주당과 공산당을 통합한 독일 사회주의 통일당(SED)을 창당했다. 그 후 1950~1953년 총서기, 1953~1971년 제1서기,

서 "베를린 전체는 독일민주공화국의 영토 위에 있으며"그 주권이 미치는 영역 안에 존재한다고 선언했다. 이는 4개 점령국 통제하에 있는 도시라는 베를린의 지위를 단호하게 부정하는 것이었다. 그는 사전에 이 연설에 대해 흐루쇼프의 허락을 받은 것이 분명했다. 겨우 2주 후인 11월 10일 모스크바에서 소련 수장이 베를린 점령을 끝낼 때가 왔다고 말했기 때문이다. 이에 덧붙여 흐루쇼프는 11월 27일 서방 열강(미국, 영국, 프랑스)에 6개월 내에 서베를린을 비무장화하여 '점령 체제'의 종식을 받아들이라고 최후통첩을 보냈다. 그렇게 하지 않으면, 소련과 독일민주공화국은 이 목표를 이루기 위해 일방적인 행동을 취할 것이었다. 이 경우 점령의 근거가 되었던 전시의 합의는 무효로 간주될 터였다.

확실히 최후통첩의 수용은 서방 열강의 심각한 약화를 의미했을 것이다. 이는 베를린에서만 그런 게 아니었을 것이다. 그러나 서방 열강 쪽에서 반非타협적 사세로 외교에 임하고(실제로는 어떤 것도 양보하지 않고), 아이젠하워 대통령이 1959년 흐루쇼프에게 미국을 방문해 달라고 초청하면서 대결 가능성은 사라졌다. 최초의 최후통첩 기한이 다가왔지만 아무 사건도 일어나지 않았다. 1959년 9월 15일, 흐루쇼프는 12일간의 미국 방문길에 나섰다. 거기서 아무 중요한 성과도 내지는 못했지만, 초강대국의 두 지도자들이 얼굴을 맞댈 기회를 갖고 얼어붙은 분위기가 일시적이나마 훈훈해졌다.

1949~1960년 부총리를 지냈다. 1960년 국가평의회 의장에 취임했으나, 1971년 호네커가 당 제1서기에 피선되면서 실권을 잃었다.

끓어오르던 위기는 일시적으로 수그러들었다. 중국과의 관계 악화 (흐루쇼프를 그다지 존중하지 않는 마오쩌둥의 태도에서 잘 드러난다)는 소련이 중부 유럽에서 긴장을 기꺼이 줄이려고 한 여러 이유 가운데 하나였다. 그러나 이 긴장은 저변에 깔린 문제(동독 주민들이 경계를 넘어 서베를린으로 이주하는 일)가 완화되지 않고 계속되었기 때문에 재발할 수밖에 없었다. 서방으로 주민들이 지속적으로 빠져나가자, 동독 정권은 이미 1952년에 연방공화국과의 분계선을 봉쇄하는 조치를 취했다. 그러나 베를린 내 경계는 폐쇄되지 않았고, 그것은 서방으로 들어가기를 원하는 동독 사람들에게 탈출구로 남아 있었다.

이제 수백 명의 동독인들이 매일 국경을 건너갔다. 난민들의 탈출이 최고조에 이르렀을 때, 1961년 4월 6일 단 하루 동안 무려 2305명이 동베를린에서 서베를린으로 향했다. 떠나는 사람들은 대부분 젊은이였다. 그중 많은 사람이 농부였는데, 이들은 이 이주를 1958년 6월에 실시된 농업 생산의 집단화에서 벗어나는 탈출구로 선택했다. 숙련 노동자, 대학생, 젊은 전문가들(이들 모두가 동독 국가가 잃으면 안 되는 부류의 사람들이었다)도 서독에서 더 나은 삶을 찾으려는 무리에서 두드러졌다. 1960년에 약 20만 명의 동독인이 나라를 떠났다. 그 수는 1961년에는 훨씬 커질 기세였다. 그해 4월에만 3만 명이 국경을 영구히 넘어갔다. 독일민주공화국이 수립된 1949년 10월부터 1961년 8월까지 최소한 270만 명의 동독인이 동독의 사회주의 체제에 대한 자체 판단을 내리고 서독으로 이주했다.

흐루쇼프와 케네디가 1961년 6월 3~4일 빈에서 처음 만났을 때 베를린 문제는 그들의 불편한 논의의 중심에 있었다. 흐루쇼프는 경험 없는 새 미국 지도자를 거의 얕잡아 보았다. 케네디는 4월에 '피그스만'[40]에서 큰 낭패를 보고 몹시 의기소침해 있었다. '피그스만' 사건은 쿠바의 공산주의 정부를 무너뜨릴 목적으로 미국 중앙정보국 Central Intelligence Agency, CIA이 후원했지만 실패로 끝난 침공이었다. 회담에서 주도권을 잡은 흐루쇼프는 새로운 최후통첩을 제시했다. 서방 열강이 베를린을 '자유국가'로 만들고 그들의 접근 권리를 포기하는 데 동의하지 않는다면 흐루쇼프는 서베를린과 독일연방공화국 사이에 항공기가 오갈 때 사용하는 공중회랑air corridor에 대한 소련의 모든 권한을 독일민주공화국에 넘길 것이었다. 이렇게 되면 서방 비행기는 동독 영토에 착륙할 수밖에 없게 될 터였다. 소련 지도자의 엄포에 겁먹지 않은 케네디는 흐루쇼프가 그의 요구를 고집한다면 전쟁을 불사할 수도 있음을 내비쳤다.

몇 주 뒤 나토 이사회가 서베를린으로 가는 접근 루트의 봉쇄를 막기 위해 군사 조치를 취하는 데 합의했다는 보도가 나오자 흐루쇼프는 심각한 전쟁 위협은 없다는 생각을 수정해야 했다. 바로 그제야 비로소 흐루쇼프는 울브리히트가 3월에 모스크바에서 열린 바르샤바협정국 대표자들의 회담에서 이미 제기했던, 서베를린과 독일민주공화국 영토 사이의 국경을 봉쇄해 달라는 요청에 동의했던 것이다(서독을 오가는 일을 막기 위해 서베를린을 장벽으로 차단한다는 계획은 사실 멀리 1952년까지 거슬러 올라간다). 1961년 7월 24일, 사회주의통일당Socialist Unity Party, SED(독일민주공화국의 공산당)의 정치국(통치기관)은 적

---

40)   Bay of Pigs. 쿠바에서는 코치노스만이라고 부른다.

절한 준비를 하기로 결정했다. 바르샤바협정국들은 8월 초에 이 조치를 지지했고, 8월 12일 울브리히트는 자정부터 국경을 폐쇄하라는 명령을 내렸다. 이튿날인 8월 13일 동베를린과 서베를린 사이의 국경이 봉쇄되었다. 먼저 철조망이 급히 설치되었지만, 곧 높이 3.6미터, 길이 160킬로미터에 이르는 콘크리트 장벽이 세워졌다. 이 장벽은 경비 초소와 지뢰밭, 경찰견으로 지켜졌으며, 장벽의 어느 쪽에서든 '죽음의 띠'[41]를 건너는 사람에게 발포하라는 명령도 하달되었다. 장벽은 다음 28년 동안 계속 그런 상태로 있을 것이었다.

서방에서는 반응이 거의 없었다. 사실 위기를 진정시키는 것은 모든 서방 열강이 바라던 바였다. 과도하게 확장된 제국이었던 영국은 독일에서 점령 비용을 삭감하기를 원했다. 마찬가지로, 과도하게 확장된 프랑스는 자신들의 알제리 식민지에서 발생한 심각한 위기[42]에 온통 마음을 빼앗긴 상태였기 때문에 "베를린을 위해 죽을"(그들의 국방장관이 언급했듯이) 생각이 더더욱 없었다. 그리고 명백히 지배적인 서방 열강이었던 미국은 베를린을 둘러싼 전쟁에 관심이 없었다. 그

---

41)　death strip(Todesstreifen). 동독과 서독 간의 경계선을 따라 동독 쪽에 설치된 폭 15~150미터 정도의 띠 모양의 땅.

42)　여기서는 1954년부터 1962년까지 진행된 '알제리 전쟁'을 가리킨다. 이는 프랑스와 알제리의 독립운동 세력이 벌인 전쟁으로, 결국 알제리는 프랑스로부터 독립하는 데 성공했다. 이 전쟁은 제2차 세계대전 후 벌어진 전 세계적인 탈식민지화 과정의 중요한 일부였고 게릴라전, 민간인에 대한 테러, 양측의 고문 자행, 프랑스 군대의 대테러 작전 등 복잡한 성격을 띠었다. 6명의 알제리 민족해방전선(FLN) 구성원이 1954년 11월 1일 '붉은 제성인의 날(Toussaint Rouge)'에 일으켰으며, 프랑스 제4공화국의 기반에 타격을 주어 정권이 무너지는 계기가 되었다.

리하여 서방은 항의했지만 예상대로 말뿐이었고, 국경 폐쇄 며칠 후 린든 B. 존슨[43] 부통령과 공수작전의 영웅이었던 루셔스 D. 클레이[44] 장군이 베를린을 방문함으로써 연대를 상징적으로 보여주는 행위를 넘어서는 다른 행동은 거의 없었다. 마찬가지로 상징적이었던 것은 1500명의 미군 전투 병력을 베를린에 파병한 일이었다. 그들은 주요 대로인 쿠르퓌르스텐담을 따라 행진할 때 서베를린 시민들에게 열렬한 환영을 받았다.

사실 워싱턴에서 보내오는 신호에는 **서**베를린의 지위를 변경하려는 소련의 움직임이 없는 한 미국이 **동**베를린의 차단을 방해하지는 않겠다는 뜻이 암시되어 있었다. 1961년 7월 말, 케네디 대통령은 텔레비전에서 베를린에 관한 중요한 규정들(서방 연합국의 베를린 주둔권, 자유로운 접근권, 서베를린 시민들의 자결권)에 대해 미국민들에게 연설하면서, 동베를린이나 그 주민들을 언급하지 않았다. 케네디는 중부 유럽과 동유럽에서 소련의 안보 우려가 나름 근거가 있다는 점을 인정했다(비록 그가 주로 재래식 전력을 위해 32억 5000만 달러의 군사비를 더 지출할 필요가 있으며, 이를 위해 의회의 승인을 구할 것이라고 언급하여

---

43)   Lyndon B. Johnson(1908~1973). 미국의 제36대 대통령(재임 1963~1969). 민주당 대통령 후보 경선에서 케네디 후보에게 패배했으나 케네디 정부의 부통령이 되었다. 1963년 케네디가 피살되자 제36대 대통령직을 승계했다. 1964년 선거에서 공화당의 배리 골드워터(Barry Goldwater) 후보를 꺾고 재선되었으나 국내에서 반베트남전 운동이 격화하면서 인기를 잃었고 임기 종료와 함께 퇴임했다.
44)   Lucius D. Clay(1898~1978). 미군 장성. 1947~1949년 독일 미국 점령지의 군정장관을 지냈다. 1948~1949년 소련이 서베를린을 봉쇄했을 때 베를린 공수작전을 지휘했다.

흐루쇼프의 분노를 샀지만). 케네디 대통령은 최측근 조력자에게 서베를린을 지키기 위해 서방 동맹을 유지할 수 있으나, "동베를린을 계속 개방시키기 위해 행동할 수는 없다"고 말했다. 그리고 7월 30일에 미국 상원 외교위원회 위원장 윌리엄 풀브라이트[45]는 텔레비전 인터뷰에서 동독인들이 국경을 봉쇄할 권리가 있다는 믿음을 내비침으로써 마치 그들에게 국경을 폐쇄하라고 요구하는 것 같았다. 서방 열강만큼이나 전쟁을 가급적 원하지 않았던 흐루쇼프는 자신이 시작한 위기에서 빠져나올 길을 찾았다.

1961년 8월 13일에 있었던 국경 폐쇄는 시의적절했다. 일요일 아침, 잠에서 깨어난 베를린 시민들은 동독 노동자들이 무장 경비병의 호위를 받으며 밤새 도시 전역에 걸쳐 철조망 울타리를 세웠음을 알았다. 케네디는 아침나절에야(베를린에서는 오후 늦게) 그 사실을 들었다. 케네디와 그의 주요 자문관들은 장벽은 비열하지만 전쟁보다 낫다고 판단했다. 미국 국무장관 데이비드 딘 러스크[46]는 사석에서 국경을 폐쇄하면 "베를린 합의가 더 쉬워질 것"이라고 인정했다.

다른 서방 열강이 좀 더 공격적인 태도를 보일 것으로 기대할 수도 없었다. 베를린 주재 영국 대사 크리스토퍼 스틸[47] 경은 동독인들

---

45) J. William Fulbright(1905~1995). 미국의 정치가. 1942~1944년 미국 하원의원, 1945~1974년 상원의원을 지냈다. 특히 1959~1974년에 상원 외교위원회 위원장을 맡았다.

46) David Dean Rusk(1909~1994). 미국의 정치가. 1961~1968년 케네디 대통령과 존슨 대통령 아래에서 국무장관을 지냈다.

47) Christopher Steel(1903~1973). 영국의 외교관. 1953~1957년 나토 주재 영

이 국경을 봉쇄하는 데 그렇게 오랜 시간이 걸렸다는 사실에 놀라움을 표명했다. 베를린의 프랑스 사령관은 파리의 지시를 기다려야 했지만, 당장 기대할 수는 없었다. 외무부 직원 대부분은 휴가 중이었다. 프랑스 대통령 샤를 드골[48]은 콜롱베레되제글리즈의 시골 별장에서 여전히 태연하게 지냈고, 8월 17일에야 파리로 돌아왔다. 영국에서 베를린 국경이 봉쇄되기 전날은 '영광의 12일'이었다. 해마다 8월 12일은 영국의 상류계급이 열광하는 뇌조 사냥 시즌이 시작되는 날이었다. 해럴드 맥밀런[49] 총리는 조카인 데본셔 공작의 요커서 영지에서 벌어진 이 즐거운 놀이에서 다른 데로 주의를 돌릴 수가 없었다.

두 달 뒤인 1961년 10월 베를린을 둘러싸고 또 한 번 일촉즉발의 상황이 조성되었다. 사소한 사건이 불필요하게 확대되어 위험한 지경으로까지 치달았다. 이 사건은 미국 외교관과 그의 부인이 동독의 국경 경비병들에게 여권을 보여주기를 거부하자 경비병들이 동베를린의 극장에 가려는 그들을 막아서면서 발생했다. 미국은 1개 분대를

국 대사, 1957~1963년 서독 주재 영국 대사, 1966~1973년 영국·독일협회 회장을 지냈다.
48)　Charles de Gaulle(1890~1970). 프랑스의 레지스탕스 운동가, 군사 지도자, 정치가, 작가. 1945년 6월부터 1946년 1월까지 임시정부 주석, 1958년 6월 1일부터 6개월 동안 총리로서 전권을 행사했고, 1959년 1월 제18대 프랑스 대통령으로 취임했다. 1965년 대선에서 재선했으나 1969년 지방 제도 및 상원 개혁에 관한 국민투표에서 패하고 대통령직에서 물러났다.
49)　Harold Macmillan(1894~1986). 영국의 정치가. 제2차 세계대전 이후 영국 보수당 내각에서 국방장관, 외무장관, 재무장관을 역임했고, 1957년부터 1963년까지 총리를 지냈다.

보내 이 외교관을 호위하여 동베를린에 들어가게 하는 것으로 대응했다. 그리고 다음 며칠 동안 들고 있는 소총으로 언제라도 사격을 가할 준비가 된 병사들이 지프차를 타고 민간인들을 수행하여 국경을 넘었는데, 이는 거의 도발 행위나 마찬가지였다. 그 후 매파였던 클레이 장군은 미군 탱크 10대를 찰리 검문소의 횡단 지점에 갖다놓았다. 소련도 그들의 탱크를 가져와 그중 10대를 국경에서 100미터 떨어진 곳에 일렬로 세우는 것으로 이에 대응했다. 이 팽팽한 대치 상태에서는 아무리 사소한 도발 행위도 세계 평화를 위태롭게 할수 있었을 것이다. 그러나 어느 누구도 사소한 일로 핵전쟁이라는 대재앙이 일어나는 것을 원하지 않았다. 그것은 해럴드 맥밀런의 말을 빌리면 "말도 안 되는 유치한 짓"이었다. 긴장을 완화해야 한다는 것은 양편 지도부 모두에게 분명했다. 케네디 대통령은 사태를 계속 이대로 둘 수만은 없다고 이미 결정했다. 케네디는 흐루쇼프(마찬가지로 사태의 확대에 거의 관심이 없었다)에게 메시지를 보내 소련이 철수하면 미국도 상응하는 조치를 취할 거라고 보장했다. 16시간의 대치 끝에 양쪽은 물러났다. 탱크는 처음에 서서히 퇴각했지만, 어쨌든 위기는 끝났다.

이것으로 베를린뿐 아니라 독일과 유럽도 더는 냉전의 진원지가 아니게 되었다. 앞으로 거의 30년 동안 유럽에서 초강대국 간의 균형 상태를 이루는 데 대해 대가를 치러야 했던 사람들은 동유럽인과 특히 동독인이었다. 장벽은 서베를린을 둘러쌌지만 실제로 벽에 갇힌 사람은 독일민주공화국의 주민들이었다. 그들은 대륙을 여행할 자유도 박탈당했고, 교통·통신 수단도 제한되었으며, 종종 친척과 친구로부터도 고립되었다. 또 고도의 제약과 끊임없는 감시에 시달렸다. 더 나아가 서독 시민들은 생활수준이 급속히 높아졌지만(동독인들은 서방 텔레비전에서 이를 똑똑히 지켜볼 수 있었다), 동독인들은 그 혜택을 나눠 가질 수 없었다.

더 이상 서독으로 주민들이 빠져나가는 일은 없었다. 떠나려고 시도하는 동독인들은 이제 국경을 넘다 죽을 위험이 매우 컸다. 장벽 건설 1주년 행사 직후에도 사망 사고가 일어나면서 서베를린에서 심각한 소요가 발생했다. 1962년 8월 18일, 찰리 검문소 근처에서 서베를린으로 도피하려던 페터 페히터[50]라는 열여덟 살의 젊은이가 서베를린에 가려고 마지막 철조망 울타리를 재빨리 타고 넘다 자유의 몸이 되기 직전 총탄 세례를 받고 쓰러졌다. 장벽에서 다큐멘터리를 찍던 서독 방송국 팀이 우연히 현장에 있었다. 그들은 페히터가 고통으로 비명을 지르는데도 근무지에 있던 동독 국경 경비병들이 아무것도 하지 않는 바람에 소년이 몸부림치며 죽어가는 광경을 촬영했다. 공식적으로(다른 추산에 따르면 훨씬 많지만) 장벽이 존재했던 28년 동안 사망한 사람은 모두 139명에 달했다(장벽이 구축된 첫 주에 첫 번째 사망자가 나왔고, 장벽이 무너지기 6개월 전에 마지막 사망자가 나왔다).

이들은 장벽의 가장 끔찍한 인적 비용이었다. 정치적으로 장벽은 진정 효과가 있었다. 핵 재앙으로 비화할 가능성이 있는 베를린 위기

---

50)   Peter Fechter(1944~1962). 독일의 벽돌공. 베를린장벽에서 스물일곱 번째로 죽은 사람으로 알려졌다. 1962년 8월, 베를린장벽을 넘어 서베를린으로 탈출하다 동독 경비병의 총격을 받고 숨졌다.

의 지속은 모든 주요 당사자에게 참을 수 없는 일이었다. 어느 누구도 전쟁을 원하지 않았다. 장벽은 소련식 사회주의에 대한 통렬한 고발이었다. 그러나 장벽이 없었더라면 동독 경제의 고갈은 견디기 힘들었을 것이고, 독일민주공화국의 정치체제를 훼손했을 것이다. 그리고 동독이 없었더라면 소련 위성국들의 동구 블록 전체가 위험에 빠졌을 것이다. 소련 지도부가 가만히 있었을 것 같지는 않다. 장벽은 그 자체로 부정적이고 비인간적이지만 독일뿐 아니라 중부 유럽 전체에 평온을 가져다주었다.

그러나 극도로 긴장된 하나의 순간이 여전히 존재했다. 그 순간은 실제로 40여 년에 걸친 냉전 기간 중 유일하게 세계가 핵전쟁의 벼랑 끝에 서 있던 때였다. 그 순간이 수천 킬로미터나 떨어진 쿠바로 접근하는 해상에서 발생했지만 유럽을 핵 대학살로 감쌌을 수도 있었다는 사실은 초강대국 간의 갈등이 이제 얼마만큼이나 세계적 차원의 대결이 되었는지를 보여준다.

위기는 1962년 10월 흐루쇼프가 쿠바에 중거리 및 준중거리 미사일[51]을 배치하기로 결심했을 때 나타났다. 미국 지도부는 위기 동안

---

51) 미사일은 사정거리에 따라 다음과 같이 분류된다. 단거리 탄도미사일(SRBM): 사정거리 1000km 이하, 준중거리 탄도미사일(MRBM): 사정거리 1000~2500km, 중거리 탄도미사일(IRBM): 사정거리 2500~3500km, 준대륙간 탄도미사일(SCBM): 사정거리 3500~5500km, 대륙간 탄도미사일(ICBM): 사정거리 5500km 이상. 그리고 잠수함에서 발사하는 탄도미사일(SLBM)이 있으며, 대륙간 탄도미사일은 장거리 미사일(LRBM, LRICBM. 사정거리 5500~8000km)과 최장거리 대륙간 탄도탄(FRICBM. 사정거리 8000~1만 2000km)으로 나뉜다.

쿠바가 베를린 문제와도 관련되어 있다고 계속 생각했다. 즉 그것은 미국에게 서베를린에 대해 양보하라고 압력을 가하는 한 가지 방법이라는 것이었다. 이것은 실제로 흐루쇼프가 위험한 계획을 준비한 간접적인 이유였던 것처럼 보인다. 흐루쇼프는 베를린장벽이 실제로는 사회주의 동구권의 패배이며, 세계가 보기에 마르크스·레닌주의의 치욕이 되었음을 깨닫고 독일 문제에 여전히 집착했다. 그러나 흐루쇼프에게는 또 다른 동기도 있었다. 충동적인 크레믈 수장은 소련이 장거리 미사일 전력에서 미국에 한참 뒤처져 있음을 절감하고 있었다. 그리고 미국의 중거리 미사일이 영국, 이탈리아, 터키의 기지에서 소련을 겨냥하고 있다는 사실에 매우 민감했다. 그는 한편으로는 미국인들에게 똑같이 되돌려주고자 했다. 즉 미국인들을 미국 연안 근처의 기지에서 그들을 겨냥하고 있는 미사일의 공포에 노출시킴으로써 "같은 수법으로 보복"하고자 했다. 그러나 또 한편으로는 자신의 생각에 쿠바(공산주의 지도자 피델 카스트로[52]를 전복하려는 미국의 두 번째 기도가 예상되었던 곳)에서 소련의 위신을 보존하고 라틴아메리카에서 좀 더 광범한 혁명을 자극할 필요가 있다는 동기도 있었던 것 같다.

---

52) Fidel Castro(1926~2016). 쿠바의 혁명가이자 정치가. 1953년 7월 바티스타 독재정권을 무너뜨리기 위해 쿠바의 몬카다 병영을 습격했다. 습격 작전이 실패하면서 투옥되었지만 석방된 뒤 1956년 말 다시 쿠바를 침공하여 1959년 1월 마침내 바티스타 정권을 타도하고 혁명을 성공시켰다. 그해 2월 총리에 취임하여 1976년까지 재임했으며, 1976년부터는 국가평의회 의장을 지내다가 2008년 2월에 동생 라울 카스트로에게 의장직을 승계하고 2선으로 물러났다.

중거리 핵미사일 42기가 쿠바로 오고 있다는 충격적 소식을 들은 케네디 행정부가 10월 21일 소련 선박들을 가로막겠다고 위협하는 동시에 미군을 전쟁 선포에 가까운 최고 단계의 핵 경계 태세에 두는 것으로 대응하자, 세계는 지구 종말을 초래할 아마겟돈에 직면했다. 케네디와 흐루쇼프 사이의 이판사판식 벼랑 끝 전술은 1주일 동안 계속되었다. 견디기 힘든 긴장의 날들이 지난 뒤 10월 28일 마침내 물러선 흐루쇼프는 미사일을 소련으로 복귀시키라고 명령했다. 전 세계가 안도의 한숨을 쉬었다. 미국은 승리를 주장할 수 있었다(비록 펜타곤의 일부 성급한 사람들은 군사행동에 들어가지 않은 것을 후회했지만). 그러나 소련도 완전히 빈손으로 나타나지는 않았다. 케네디는 공개적으로 다시는 쿠바를 침공하지 않겠다고 약속했다. 케네디는 또 터키의 미사일 기지들을 제거하는 데도 동의했다. 이 조치는 이것들이 기술적으로는 미국이 일방적으로 해체할 준비를 하고 있던 나토 기지들이었기 때문에 당시에는 비밀에 부쳐졌던 거래의 일부였다. 미사일들은 이듬해 터키에서 제거되었는데, 이 행동이 쿠바 위기와 관련 있다는 사실에 대해서는 조금도 인정하지 않았다.

냉전 시기에 핵전쟁이 그렇게 가까이 다가온 적이 그전에는 없었다. 핵전쟁이 또다시 그렇게 가까이 다가오지 않을 거라고 누구도 장담할 수 없었다. 워싱턴과 모스크바에서 이런 사실을 깨닫게 되자, 미국과 소련의 지도자들은 정신 나간 군비경쟁을 끝내야(적어도 제한이라도 해야) 한다고 확신하게 되었다. 1963년 백악관과 크레믈 사이에 '핫라인'을 설치한 것은 핵 충돌로까지 확전할 위험을 무릅쓰기보다는 기꺼이 긴장을 완화하겠다는 의지의 표현이었다. 그리고 1963년

8월 5일 모스크바에서 미국, 소련, 영국은 지하 실험을 제외하고 핵실험을 금지하는 제한된 '핵실험금지조약'을 맺는 데 동의했다(프랑스는 서명하지 않았다). 이는 대단한 조치는 아니었지만 적어도 더 나은 합의를 위한 출발이라는 의미는 있었다.

1년이 조금 지난 1964년 10월, 흐루쇼프가 크레믈의 '궁정 쿠데타'로 권좌에서 쫓겨났다. 쿠바 미사일 위기를 도발하면서 흐루쇼프가 보인 행동은 소련의 국제적 위상에 타격을 가했다고 여겨졌고, 이것이 그가 물러난 이유 가운데 하나였다. 베를린장벽 건설을 인가한 것도 한 가지 이유였다. 흐루쇼프의 퇴임과 함께 냉전은 변덕과 엄포, 예측 불가능이라는 요소를 잃었다. 새 소련 지도자 두 사람이 흐루쇼프를 대신했다. 공산당 총서기인 레오니트 일리치 브레즈네프[53]와 각료회의 의장(총리) 알렉세이 니콜라이예비치 코시긴[54]이었다. 크레믈에서 권력이 이동하자 냉전의 새로운 단계가 시작됐다. 앞으로도 확실히 긴장의 순간들이 있을 테지만, 베를린장벽 구축과 쿠바 위기 해

---

53)　Leonid Il'ich Brezhnev(1906~1982). 소련의 정치가. 1960~1982년 소련 최고소비에트간부회 의장, 1964~1966년 소련 공산당 제1서기, 1966~1982년 소련 공산당 총서기를 역임하면서 소련의 최고지도자로 활동했다.

54)　Aleksei Nikolaevich Kosygin(1904~1980). 소련의 정치가. 1943~1946년 러시아연방 인민위원회의 의장, 1953~1960년 소련 각료회의 부의장, 1960~1964년 소련 각료회의 제1부의장, 1964~1980년 소련 각료회의 의장을 역임했다. 각료회의 의장으로서 이윤 방식 도입을 통한 경제개혁과 소비 물자 증산, 1966년 인도-파키스탄 분쟁 조정, 1967년 미국 존슨 대통령과의 회담, 1969년 저우언라이 중국 총리와의 회담 등으로 국제 긴장 완화에 노력했다. 말년에는 소련의 경제성장률 저하, 미·소 관계의 악화, 브레즈네프의 권력 강화 등으로 빛을 잃었다.

소, 흐루쇼프 실각이 이어지면서 냉전의 현장에서 뜨겁게 달아올랐던 열기가 빠져나갔다. 한동안 국제 문제에서 유럽은 조용히 지냈다.

폭탄과 함께 살기: 공포인가, 체념인가?

유럽의 위대한 역사가 에릭 홉스봄[55]은 거의 50년 후 "버섯구름의 검은 그림자"를 되돌아보면서 "우리 모두는 일종의 신경과민성 히스테리 속에 살고 있었다"고 회고했다. 이는 한 지식인의 생각이었다. 그러나 이 일반화는 평범한 유럽 대중에 어느 정도나 적용될 수 있었을까? 거의 모든 사람이 끊임없이 두려움을 경험하고 '신경과민성 히스테리' 속에 살았을까? 쉽게 답할 수 있는 질문이 아니다.

전쟁, 유혈 사태, 고통, 황폐화의 한 세대가 지나간 뒤 동유럽이든 서유럽이든 유럽에 사는 사람들 대부분이 다른 무엇보다도 평화와 '정상 상태'를 열망했다. 비록 그때까지 수십 년 동안 이렇다 할 만한 '정상 상태'는 거의 없었지만 그것은 본질적으로 가족과 일터를 중심으로 돌아가고, 괜찮은 물질적 환경 속에서 지내며, 최악의 빈곤과 불안의 내습으로부터 보호되는 삶으로의 복귀를 의미했다. 제2차 세계대전의 공포가 점차 잦아들고 파괴의 잔해로부터 새로운 유럽의 윤곽이 나타나기 시작하자 대부분의 사람들에게 문제가 된 것은 안

---

55) Eric Hobsbawm(1917~2012). 영국의 마르크스주의 역사가. 영국 공산당 당원으로 런던 대학교 버크벡 칼리지의 학장을 지냈다. 저서로《산업과 제국》,《혁명의 시대》,《자본의 시대》,《극단의 시대》,《폭력의 시대》 등이 있다.

전과 안정, 그리고 번영이었다. 그들은 더 나은 시절을 꿈꾸기 시작했다. 그러나 이제 유럽을 통제하고 대륙을 분할한 철의 장막 위에서 서로를 노려보던 새로운 강대국들 사이에 핵전쟁이 벌어질 가능성이 긴 그림자를 드리웠다. 총체적인 파괴를 안겨 줄 핵무기의 능력은 유럽의 시민들을 무력하게 만들었다. 유럽 전역에서(그리고 유럽을 넘어) 모든 사람이 폭탄과 함께 사는 법을 배워야 했다. 공포와 체념이 나란히 존재했다. 공포와 체념 둘 다 충분한 이유가 있었다.

사람들이 생존 자체를 위협하는 새로운 현실에 어떻게 적응했는가는 물론 개인적인 상황, 믿음, 신념, 사회계급, 국적, 지리를 비롯한 수많은 요인에 따라 달랐다. 그것은 특히 정당과 그 지도자들, 대중매체, 사회평론가 그리고 다양한 수준의 유력한 개인들에게서 취한 정보로부터 큰 영향을 받았다. 일반화에 도달하기가 아무리 어렵다 하더라도 1950년부터 1962년 사이 냉전 대결이 가장 위험한 상태에 있었을 때, 반핵 여론이 비교적 잠잠했던 것은 역설적이게도 사실이었던 것으로 보인다.

반핵운동은 냉전이 가장 뜨거웠던 시기에는 태동기에 있었고, 광범위한 반향을 얻을 수 없었다. 서유럽의 정부들은 국민들에게 깊은 반소련적 시각과 함께 그와는 대조적인 태도, 즉 서유럽의 구세주이자 앞으로 자신들의 안녕을 보장할 국가로서 널리 여겨진 미국이 제공하는 안보에 대한 믿음을 주입하는 데 대체로 성공했다. 또한 떠오르는 다른 핵 강대국 영국과 프랑스에서는 독자적으로 소유한 핵무기의 억지 효과를 기꺼이 수용하려는 태도도 폭넓게 존재했다. 따라서 서유럽에서는 핵무기에 대한 공포가 약간 과장하자면 대체로 일방적이었다고 할 수 있었다. 소련의 무기는 공포의 원천이었던 반면 실제로는 미국(과 영국, 프랑스)의 무기를 의미하는 나토의 무기는 안보의 원천이었다. 1960년대부터 죽 계속되고 베트남전쟁에 대한 반발에 큰 영향을 받은, 점점 확대되어가는 반핵 저항운동에 반영될 반미주의는 1950년대에는 훨씬 작은 역할을 했다.

1950년대 초 영국에서 핵전쟁의 가능성에 대한 반응이 어떠했는지는 당시 60대였던 넬라 라스트Nella Last의 일기에서 엿볼 수 있다. 하위 중간계급의 기혼 여성이었던 넬라는 잉글랜드 북부의 배로인퍼니스의 근교에서 조용히 살던 보수당 지지자였다. 1950년 새해 첫날, 그녀는 앞으로 벌어질 일에 암울한 기분이 들었다. 그녀는 몇몇 친구들이 건네준 미국 잡지에 실린 기사를 읽었다. 그 기사에서는 1951년 이후 전쟁이 필연적이라고 하면서 "러시아가 심혈을 기울이고 있는 세균 폭탄에 비하면" 핵폭탄은 하찮은 문제에 불과하다고 주장했다. 그녀는 신문과 잡지를 읽고, 라디오를 듣고, 친구들과 대화를 나누면서 심화해가는 냉전에 대한 견해를 분명하게 형성하고 확고히 했다. 5월에 넬라는 핵무기의 위협에 대해 우려를 금치 못하는 가운데 20여 미터에 이르는 핵 대피소들이 스톡홀름에 건설되고 있다는 소식을 들었다. 그러고는 새로운 전쟁의 가능성을 걱정하며 지하 깊숙한 곳에서 근근이 살아가는 인간의 모습에 대해 곰곰이 생각해 보았다. 1950년 6월 말에 한국전쟁이 발발하자 그녀는 그곳에서 일어난 사태가 "우리가 알고 있는 문명을 파괴"할지도 모른다는 "역겨운 느낌"이 들었고, 러시아가 철의 장막 뒤에서 무슨 일을 벌이고 있는지 궁금해했다. 넬라는 "공산주의 운동과 충동을 중지시키려는" 서방의

74

행동에 찬성했다. 그달 말에 민방위 교육에 참석하여 사람들이 방독면을 착용해 보는 광경을 지켜본 그녀는 핵폭탄의 폭발이 배로에 치명적인 결과를 가져올 것이라는 예감과 함께 옆자리에 앉은 남성의 비관적인 말을 듣고 우울해졌다. 그 남자는 "빨리 끝나면 끝날수록 빨리 잘 수 있을 거요"라고 말했다. 넬라는 "평범한 사람들은 할 수 있는 일이 거의 없고, 그냥 기도만 할 뿐이다"라고 결론 내렸다.

7월이 끝날 즈음 그녀는 "이 가공할 수소폭탄"의 시험에 불길한 예감을 드러냈고, 미국이 한국에 핵폭탄을 떨어뜨릴 것인지(그녀가 덧붙이길, 그럼으로써 스탈린에게 서방이 "죽음과 불구"를 용납한다고 주장할 수 있는 정당한 원인을 제공할 것인지) 궁금해했다. 그녀는 약한 영국은 그런 결정에 영향을 미칠 수 없다고 생각했다. "그리고 만일 그런 무서운 일이 **발생한다면**(그녀는 계속했다)—그리고 러시아가 그것(핵폭탄)을 **가진다면**—순식간에 틀림없이 아수라장으로 변할 것이다. 정말 끔찍한 예상이다." 그녀는 "또 다른 핵폭탄이 떨어질까 봐 깊은 두려움"을 계속 품었고, "그런 막강한 폭탄에 맞설 다른 무기가 없는 상태에서는" 이 두려움이 커질 가능성이 있다고 생각했다. 그해가 끝나갈 무렵 그녀는 "유럽, 더 나아가 세계 전체를 집어삼키겠다는 스탈린의 은밀하고도 확실한 계획에 비춰 볼 때 사람들이나 국가들이 직면한 상황이 그렇게 힘든 적이 세계사에서 이전에는 없었다고 느꼈다." 소련에 대한 그녀의 두려움과 근심은 한이 없었다. "스탈린의 옆에서 히틀러는 보이스카우트 같다. **그는** 히틀러가 아니라 적그리스도다."

그러나 1950년에 그토록 자주 드러냈던 핵폭탄에 대한 넬라 라스트의 우려는 매우 격렬했던 한국전쟁이 지나가자 소멸되어 버린 것처럼 보인다. 한국전쟁의 발발이 새로운 근심을 불러일으켰기 때문에 아마도 그녀 세대와 사회계급은 대체로 생각이 비슷했겠지만, 그녀는 많은 영국인 동시대인들보다 정치적으로 좀 더 각성된 사람이었을 것이다. 그러나 그녀의 뚜렷한 두려움이 좀 더 광범위한 주민들의 견해를 대표했는지는 의심스럽다. 확실히 좌파 쪽에서는 재무장에 대해 격한 감정이 존재했다. 1952년 3월, 노동당 야당 의원 57명이 당 지도부에 반기를 들고 영국의 재무장 프로그램을 비난했다. 그해 가을 영국은 최초의 핵폭탄을 시험했고, 영국의 핵무기 소유에 대한 노동당 좌파의 격렬한 비난이 급격히 고조되기 시작했다. 영국이 훨씬 파괴적인 수소폭탄을 시험한 1957년까지 노동당은 이 문제를 두고 거의 분열되어가는 것 같았다. 1957년 연례 전당대회에서는 군축을 요구하는 발의가 무려 127건이나 되었고, 좌파 선동가 어나이린 베번[56]의 주도로 당대표 휴 게이츠컬[57]과 독자적인 핵 억지 지지에 대한 격렬한 공격이 진행되었다. 그러나 당원 대다수의 지지를 받은 당지도부는 여전히 영국의 일방적 핵 군축에 결연히 반대했다.

영국 성공회 성직자들 중 일부도 영국의 핵전력에 대해 반대 목소

56) Aneurin Bevan(1897~1960). 영국의 정치가, 노동당 좌파 지도자. 1947~1951년 보건장관, 1959~1960년 노동당 부대표 등을 지냈다.
57) Hugh Gaitskell(1906~1963). 영국의 정치가. 애틀리 내각에서 재무장관을 비롯해 여러 공직을 맡았으며, 1955년 경선에서 어나이린 베번과 허버트 모리슨을 꺾고 노동당 대표로 선출되었다. 1959년 총선에서 노동당이 패배했는데도 유임되었으며, 그 후 여론조사에서 노동당 지지율을 크게 올려 차기 총리 물망에 올랐다. 그러나 갑작스럽게 사망하면서 당대표와 뒷날 총리직은 해럴드 윌슨에게 넘어갔다.

리를 냈다. 그러나 성직자 51명이 청원서에 서명하여 영국민들에게 영국의 핵폭탄 소유를 거부하라고 촉구했을 때 사람들은 눈길을 주지 않았다. 영국이 핵 강국이 되는 것에 대한 반대는 소수의 사람들에게 국한되었다. 전직 노동당 각료는 대부분의 사람들이 전반적으로 관심이 없다는 사실을 인정했다. 사회적·경제적 문제가 그들의 관심사였다. 핵폭탄에 대해서는 "모두 어깨를 으쓱해 보일" 뿐이었다.

사람들은 의심할 여지 없이 폭탄이 끔찍하다고 생각했다. 그러나 없는 것보다는 있는 편이 나았고, 어쨌든 평범한 사람들은 이 문제에 대해 할 수 있는 일이 거의 없었다. 그러나 1950년대 후반까지는 폭탄에 대한 두려움과 영국이 핵무기 보유를 끝내야 한다는 요구가 커지고 있었다. 불안감이 다양한 문학작품과 영화에서 직·간접적으로 표현되었다. 심지어 BBC 방송사는 영국에 대한 핵 공격의 충격을 매우 암울하게 묘사한 〈워 게임The War Game〉(1965)이 시청자가 보기에 너무 섬뜩하다고 판단해 방송을 금지하기까지 했다.

핵무기에 대한 공포는 1950년대 말에 처음으로 조직적 형태의 대중 저항을 불러왔다. 1958년 2월 결성된 핵군축운동[58]은 몇몇 저명한 좌파 지식인과 공인들의 지지를 받았다. 그들 중에는 걸출한 철학자이자 오랜 반전 활동가인 버트런드 아서 윌리엄 러셀[59]과 유명

---

58)　Campaign for Nuclear Disarmament, CND. 1957년에 창설된 영국의 반핵 시민 단체. 모든 대량 살상 무기와 영국의 원전 건설에 반대한다. 비핵화 단일 이슈 시민 단체로는 유럽 최대 규모이며, 유럽의 평화운동을 주도하고 있다.
59)　Bertrand Arthur William Russell(1872-1970). 영국의 수학자, 철학자, 수리 논리학자, 역사가, 사회비평가. 20세기를 대표하는 영국의 지성인으로 손꼽힌다.

한 영국 국교회 성직자이자 런던의 세인트폴대성당 참사회 회원이며 열렬한 평화주의자였던 루이스 존 콜린스[60]가 있었다. 이듬해 런던에서 핵군축운동이 창립총회를 개최했고, 주로 노동당 지지자들로 이루어진 5000명의 사람들이 참석하여 영국의 일방적 핵군축을 요구했다. 1959년까지 핵군축운동은 영국 전역에서 270개소 이상 지부를 설치했다. 점점 더 많은 사람(1962년에는 15만 명으로 추산된다)이 1958년부터 시작되어 매년 계속된 부활절 행진에 참여했다. 첫 번째 행진은 런던에서 24킬로미터 떨어진 올더마스턴의 핵연구소까지 가는 것이었으며, 그 후의 행진들은 역방향으로 이루어졌다. 행진 참가자들은 압도적으로 중간계급이었고 교육을 잘 받았으며, 대다수가 노동당 지지자였다. 참가자의 나이는 전 연령대에 걸쳐 있었다. 그들 가운데 3분의 2는 남성이었고, 거의 절반이 기독교 신앙을 갖고 있었으며, 비슷한 정도로 확고한 평화주의자였다.

일부는 순수한 이상주의자였다. 열렬한 페미니스트이자 저명한 사회운동가로서 러시아혁명으로부터 지울 수 없는 영향을 받았던 도라 카운티스 러셀[61](버트런드 러셀의 둘째 부인)은 자신의 낡아빠진 캠페인용 마차 뒤칸에서 행진 참가자들에게 차를 나눠 주었다. 도라 러

1950년 노벨 문학상을 받았다.

60)   Lewis John Collins(1905~1982). 영국 국교회의 사제. 반핵운동 등 영국의 급진 운동에 적극적으로 참여했다.

61)   Dora Countess Russell(1894~1986). 영국의 작가, 페미니스트, 사회주의 운동가. 1916년 버트런드 러셀과 처음 만나 1921년 결혼하고 슬하에 1남 1녀를 두었다.

셸은 1958년 올더마스턴 행진을 진행하면서 공동 평화운동으로 동유럽 및 소련의 여성들과 연계를 맺는다는 아이디어를 갖게 되었다. 그녀가 예순네 살에 조직했던, 19명의 여성으로 구성된 '평화를 위한 여성 카라반'(실제로는 그녀의 낡은 마차와 포드 트럭으로 이루어졌다)은 중부 유럽과 동유럽의 상당 지역을 거쳐 모스크바에서 끝나는 14주간의 기이한 여행을 단행했다. 모스크바에서 그들은 '소련평화위원회'를 만났고, 소련 당국의 안내로 농업협동조합을 방문했다. 그들은 기차로 영국으로 돌아갔다. 그러나 런던에서는 그들이 말하려고 했던 이 장엄한 이야기에 관심을 갖는 사람이 거의 없었다.

임박한 핵전쟁에 대한 공포는 1962년 10월의 쿠바 미사일 위기[62] 동안에 느꼈던 공포만큼 심각하지는 않았다.● 쿠바 미사일 위기는 거의 20년 동안 핵군축운동 저항의 정점을 보여주었다. 이듬해 체결된 핵실험금지조약[63]으로 핵군축운동에 대한 지지는 급감했다. 핵군

---

62) Cuban missile crisis. 1962년 10월 14일, 미국의 U-2 첩보기가 쿠바에서 건설 중이던 소련의 SS-4 준중거리 탄도미사일 기지와 건설 현장으로 부품을 운반하던 선박을 촬영하면서 시작된 미국과 소련의 대립을 일컫는다. 미소 간의 대결은 그 후 일촉즉발의 상황까지 이르렀으나, 2주 뒤 소련이 미사일 기지 건설을 중단하고, 그에 대한 대가로 미국이 더 이상 쿠바를 침공하지 않고 터키에 있던 미국의 대륙간 탄도탄 기지를 철수한다는 조건하에 사태가 종결되었다. 이로써 전면 핵전쟁의 위기에서 벗어날 수 있게 되었다.

● 쿠바 미사일 위기는 냉전 시기를 통틀어 내가 개인적으로 유일하게 이러한 공포를 느꼈던 순간이다. 나는 대학에 막 입학했지만 영국이 핵공격을 당할 수도 있다는 전망에 너무 걱정되어 집으로 돌아가 가족과 함께 있어야 하지 않을까 생각했다. 며칠 뒤 그 위험은 사라졌고, 그와 함께 내가 느꼈던 공포도 사라졌다.

63) 정확한 명칭은 '부분적 핵실험금지조약'이다. 대기권 내, 우주 공간 및 수중

축운동은 언제나 소수자 운동이었다. 그것은 확실히 중요했지만, 심지어 노동당 내에서도 결코 다수파의 지지를 얻지 못했다. 대부분의 사람들은 영국이 핵폭탄을 보유하면 핵전쟁에 관한 한 미국으로부터 진정한 자율성을 얻을 수 있다는 관념이 틀렸다는 것을 인정했다. 쿠바 미사일 위기 때 불안감이 만연하면서 핵전쟁이 일어나면 영국은 폭탄이 있든 없든 분명히 공격을 당할 것 같았다. 따라서 영국의 핵전력 반대자들은 핵폭탄을 갖는 것은 의미가 없다고 주장했다. 그러나 그것은 대다수 사람들의 반응과는 달랐다. 국민의 대다수는 영국이 독자적인 핵무기 보유를 포기하는 데 찬성하지 않았다. 핵폭탄은 공격에 대한 안전장치, 억지력으로 여겨졌으며, 거의 모두가 그 공격은 확실히 소련으로부터 비롯될 것 같다고 믿었다. 만일 핵폭탄이 사용된다면 언제 사용될 수 있는지, 그리고 핵폭탄의 배치에 관한 결정은 미국과는 상관없이 이루어질 수 있는지와 같은 질문은 거의 제기되지 않았다. 영국이 승리한 전시 동맹국인 미국에 의지할 수 있다는 믿음은 실제로 어느 정도의 자신감, 심지어 자족감마저 불러일으켰을 것이다.

그렇다고 영국에서 핵무기에 대한 열광적인 지지가 있었다고는 할 수 없었다. 그 대신 사람들은 대체로 자신들이 바꿀 수 없는 것에 대한 숙명론적 수용과 미래에 대한 조심스러운 낙관주의를 결합했다.

에서 핵무기 실험을 금지하는 조약이다. 지하 실험을 제외한 모든 핵폭발을 금지함으로써 핵무기 경쟁을 억제하고, 핵폭발에 따른 방사능 강하물의 환경오염을 방지하기 위해 미국, 소련, 영국 3개국이 1963년 8월 5일 모스크바에서 조인했다.

1959년 실시한 여론조사에서는 수정구슬을 응시하며 1980년에 무슨 일이 벌어질지 상상해 보라는 요청을 받고 겨우 6퍼센트만이 핵전쟁이 일어날 것 같다고 생각했고, 41퍼센트는 소련과 서방이 그때쯤에는 "함께 평화롭게 살" 것 같다고 생각했다. 5년 뒤인 1964년의 총선거에서는 단 7퍼센트만이 방위 문제를 자신들의 가장 중요한 관심사로 강조했다. 핵 아마겟돈에 대한 걱정이 아니라 먹고사는 일상의 문제가 대다수 사람들의 삶을 형성한 문제였다.

영국과 서독은 1950년대와 1960년대 초에 냉전이 제기한 위협에 대한 대응 스펙트럼에서 여러모로 대척점에 있었다. 영국은 스스로를 유럽 대륙과 대체로 거리를 두고 있는 나라이며, 제2차 세계대전의 승전국으로서 여전히 세계제국을 소유하고 있고, 1952년부터는 자체 핵무기를 갖고 있는 강대국으로 생각했다. 서독은 제2차 세계대전의 완전한 패배가 남긴 물질적 상흔은 물론이고 심리적 상흔도 고스란히 지녔다. 그 밖에도 분단되어 있는 데다 (1955년까지는) 여전히 피점령 상태에 있고 무장 해제되어 있던 서독은 냉전 대결의 확실한 최전선이었으며, 초강대국 사이의 적대 행위가 현실화되면 명백하게 전쟁이 벌어질 장소였다. 더 나아가 대결이 억제되지 않으면 서독은 핵 대재앙이 발생할 가능성이 가장 높은 나라이기도 했다. 두 국가의 국민이 핵전쟁의 위험에 대응하는 방식은 일부 비슷한 점이 있긴 했지만 차이점 또한 상당히 존재했다.

전후에 매우 자주 폭풍의 눈 속으로 들어갔던 서독인들은 국제적 위기가 가져온 세계 평화에 대한 위협에 특히 민감했다. 예를 들어 1956년 10월 헝가리에서 발생한 인민 봉기와 영국과 프랑스의 불운하게 끝난 수에즈 운하 모험을 둘러싼 이중 위기는 영국에서는 폭넓게 느껴지지 않았던 전쟁에 대한 공포를 서독에서 촉발했다. 소련이 자행한 유혈 사태와 억압을 겪었던 헝가리인들에 대해 영국에서 일었던 광범위한 동정 분위기는 봉기가 전쟁을 초래할지도 모른다는 근심과 일반적으로 결부되지 않았다. 그리고 영국·프랑스군과 이스라엘군의 이집트 침공은 날카롭게 의견이 갈리긴 했지만, 사건이 진행되면서 국민 대다수의 지지를 받았다(침공이 참담하게 실패로 끝나자, 그것은 또 다른 문제가 되었다). 이와는 달리 서독에서는 1956년 11월에 절반을 훨씬 넘는 국민들이 또다시 전쟁이 터질까 봐 두려워했다. 거의 비슷한 비율의 국민이 수에즈에서 휴전이 없었더라면 소련이 영국과 프랑스에 대해 로켓 공격을 가하겠다는 그들의 위협을 실행에 옮겼을 거라고 생각했다. 1950년대 초에 서독인 대다수는 서방 민주주의 체제와 동구권의 공산주의 체제가 결국 평화롭게 함께 살 수는 없을 것이라고 생각했다. 1951년과 1963년 사이에 질문을 받은 사람들의 거의 절반은 또 다른 전쟁의 발발 가능성에 대해 우려했고, 또한 차례의 세계대전을 대비해야 한다고 느꼈다. 그리고 국민의 3분의 1은 미래의 전쟁에는 핵무기가 사용될 것이라고 생각했다.

이것들은 확실히 프란츠 괼Franz Göll이라는 서베를린의 하위 중간계급 노인이 느꼈던 공포였다. 괼은 혼자 살면서 자신의 성찰적 분석을 오직 일기장에만 털어놓았다. 1958년에 괼은 "우리는 '시간 단위로' 전쟁을 대비해야 할 만큼 이미 제3차 세계대전에 가까이 다가섰다"고 생각했다. 그는 독일 땅에 핵무기를 배치하는 것을 결사코 반대했다. 왜냐하면 그것은 미래의 전쟁에서 독일을 표적으로 만들 뿐 아니라 초강대국 간의 대결에서 나라의 선택지도 제한하기 때문이었다. 굇은 서독의 나토 편입을 납득하지 못했고, 어떤 예측 불가능한 사고가 미국의 핵 대응을 유발할 수 있다고 우려했다. 무기 비축량이 많을수록 그가 보기에 임박한 위협이 더욱더 "버튼 누르는 사람들을 유혹할"것 같았다. 따라서 재무장과 핵무기는 독일의 안보를 보장한다기보다는 오히려 위협한다고 그는 결론 내렸다.

이와 같은 명백한 우려에도 불구하고 반핵 저항운동은 냉전의 가장 위험한 국면 동안 서독에서 그다지 진전을 보지 못했다. 카를프리드리히 폰 바이츠제커,[64] 오토 한,[65] 베르너 카를 하이젠베르크[66]를 비롯하여 국제적으로 저명한 18명의 서독 핵물리학자들이 1957년에 최근 창설된 '연방군'의 전술적 핵무기 사용(연방정부도 고려하고 있었다)에 반대하는 호소문에 서명했을 때, 세계적인 반응을 일으켰으나 유독 서독에서만 반향이 거의 없었다. 그럼에도 이 저항과 영국의 핵

---

64)   Carl-Friedrich von Weizsäcker(1912~2007). 독일의 물리학자, 철학자. 항성 내부에서의 핵융합에 대한 중요한 연구를 진행했다. 베르너 하이젠베르크 아래에서 나치 독일의 핵무기 개발 연구에 큰 역할을 했다. 1957년에 함부르크 대학교 철학 교수가 되었으며, 같은 해 괴팅겐 18인의 일원으로 서독의 핵무기 사용에 반대하는 선언에 서명했다.

65)   Otto Hahn(1879~1968). 독일의 화학자. 1938년 프리츠 슈트라스만과 함께 원자핵에 중성자를 충돌시키면 원자핵이 두 조각으로 깨지는 원자핵 분열을 처음으로 발견했다. 1928년 괴팅겐의 카이저 빌헬름 화학 연구소장이 되었으며, 1944년 노벨 화학상을 받았다.

66)   Werner Karl Heisenberg(1901~1976). 독일의 물리학자. 행렬역학과 불확정성 원리를 발견하여 20세기 초 양자역학의 발전에 절대적인 공헌을 했다. 또한 난류의 유체역학, 원자핵, 강자성, 우주선, 소립자의 연구에도 지대한 공헌을 했다.

군축운동에 자극을 받아 핵무기에 대한 서독의 반대를 주도할 조직
이 독일 사회민주당의 몇몇 분파와 일부 유명한 지식인들, 약간의 공
인들과 일부 개신교 신학자들의 지지를 받으며 1958년 초에 설립되
었다. 이 단체는 스스로를 '핵 죽음에 맞선 투쟁'이라고 불렀다. 조직
을 주도하는 대표로는 개신교 신학자 마르틴 니묄러,[67] 가톨릭 지식
인 오이겐 코곤[68](둘 다 나치 집단 수용소에 구금된 경험이 있었다), 서독
의 저명한 작가 하인리히 뵐,[69] 개신교 교회의 중요한 목소리이자 권
위 있는 정치가였던 구스타프 발터 하이네만[70](한때 아데나워 1기 정부
에서 기독민주연합의 각료였으나 그 후 사회민주당 당원이 되었다가 나중에
서독 대통령이 되었다)이 포함되었다.

　개신교 교회가 비록 이 문제를 두고 심하게 분열되어 있긴 했지만

---

67)　Martin Niemöller(1892~1984). 독일의 루터교 목사이자 반나치 운동가. 처
음에는 아돌프 히틀러의 지지자였으나 그 후 나치에 반대하는 고백교회의 설립자
중 한 명이 되었고, 나치에 물든 독일의 개신교를 비판했다. 1937~1945년 다하우
강제수용소에 구금되었으며, 나치 독일이 패전한 뒤 평화주의자이자 반전주의자
로 활동하면서 비핵화 운동에도 앞장섰다.
68)　Eugen Kogon(1903~1987). 독일의 역사학자, 사회학자, 정치학자, 작가, 언
론인, 정치가. 나치 반대자로서 부헨발트 집단수용소에 6년 동안 구금되었다.
69)　Heinrich Böll(1917~1985). 독일의 소설가. 1967년 독일의 최고 문학상인
'게오르크 뷔흐너 상'을 받았으며, 1972년 노벨 문학상을 받았다. 작품으로《열차
는 정확했다》,《그리고 아무 말도 하지 않았다》,《카타리나 블룸의 잃어버린 명예》,
《여인과 군상》 등이 있다.
70)　Gustav Walter Heinemann(1899~1976). 서독의 제3대 대통령(재임 1969~
1974). 에센 시장(1946~1949), 내무장관(1949~1950), 법무장관(1966~1969)을
지내기도 했다.

핵무기를 둘러싼 논쟁에 깊이 참여했던 반면, 서독의 가톨릭교회는 공식적으로 거리를 유지했다. 가톨릭교회는 1950년 쾰른 대주교인 요제프 프링스[71] 추기경이 표명했던 태도, 즉 전체주의에 맞서 무기를 드는 것은 도덕적 의무라는 태도를 취해왔다. 핵무기 사용도 불사하는 '정의의 전쟁'의 가능성을 용인하는 것이 여전히 가톨릭교회의 태도였다. 이것은 나치즘의 경험에서 비롯했지만, 지금은 악으로 인식되는 소련 공산주의 체제로 옮겨간 입장이었다. 1959년 예수회 신학자였던 구스타프 군트라흐[72]가 표명한(그리고 다른 가톨릭 작가들에게 비난받은) 한 가지 극단적인(완전히 엉뚱한 것은 아니지만) 견해는 핵전쟁으로 세계가 파멸하는 쪽이 전체주의 통치라는 악보다 낫다는 것이었다.

'핵 죽음에 맞선 투쟁'은 새로 창설된 연방군이 핵무기를 갖게 될 가능성에 일반인들이 느끼는 반감을 동원해서 서독으로부터 연합국의 핵무기를 제거하고자 했다. 올더마스턴 사례를 기반으로 한 반핵 시위자들의 부활절 행진이 1960년, 그전 겨울에 독일군이 핵무기를 시험했다는 언론 보도가 있은 후 시작되었다. 행진은 그다음 해부터 점점 규모가 커졌다. 1964년에는 거의 모든 독일 대도시에서 행진이 벌어졌으며, 총 10만 명으로 추산되는 시민이 참여했다. 그중에서

---

71) Josef Richard Frings(1887~1978). 독일의 가톨릭교회 추기경. 1942~1949년 쾰른 대주교를 지냈다. 가톨릭의 반나치즘 저항에서 중요한 인물로, 1946년 비오 12세에 의해 추기경이 되었다.
72) Gustav Gundlach(1892~1963). 독일의 예수회 신부, 가톨릭 사회윤리학자, 사회철학자. 20세기 초 독일 가톨릭 사회교리의 대표자로 간주된다.

도 지식인, 성직자, 작가, 예술가, 법률가, 노동조합원들이 두드러졌다. 참가자 가운데 상당수는 젊은이였다. 그러나 주요 정당들(기독민주당, 자유민주당, 사회민주당)과 대부분의 언론은 반핵운동에 여전히 적대적이었다.

여론에 대해 이들이 가진 그토록 강력한 영향력을 고려하면, 시위자들이 대다수 독일 국민에게 거의 호소력이 없었던 것은 놀랄 일이 아니었다. 이른바 공산주의 위협이 가까이 있는 상황은 군축 제안에 대한 지지를 얻을 가능성에 큰 문제를 제기했다. 그리고 저항운동의 시작은 시기적으로 흐루쇼프가 부추긴 베를린 위기의 개시와 우연히 일치했다. 대부분의 사람들에게는 갈등의 확대에 대한 걱정이 핵무기에 대한 반대로 전환되지 않았다. 군축의 위험을 무릅쓸 적절한 때가 아닌 것 같았다. 그리고 서베를린에서 '핵 죽음에 맞선 투쟁'의 지도부를 공산당이 접수한 것은(비록 공식적인 서독 공산당은 1956년에 금지되었지만) 거의 도움이 되지 않았다. '핵 죽음에 맞선 투쟁' 운동은 매우 제한된 성공만을 거뒀고, 오래가지 못했다. 이제 서독에서 반핵운동이 새로운 힘을 얻기까지는 20년 이상을 기다려야 할 터였다.

서유럽에서 두 번째로 핵폭탄을 독자적으로 개발한 나라인 프랑스에서도 반핵 저항운동은 큰 난관에 부딪혔다. 1959년, 프랑스가 폭탄을 자체 제작하는 문제를 두고 여론은 반으로 갈라졌다. 보수 언론은 찬성했고, 좌파 언론은 반대했다. 다음 몇 년에 걸쳐 실시된 여론조사에서는 점점 더 많은 사람이 다국간 핵군축에 찬성했다. 그러나 **프랑스** 폭탄은 위신의 상징, 프랑스가 강대국이라는 징표로 여겨졌다. 중요한 목소리들이 프랑스 폭탄에 반대했다. 그러나 그들은 대다수 국민의 지지를 받지 못했다. 국민들은 프랑스가 핵 강국이 될 가능성보다는 격렬한 알제리 전쟁에 더 관심이 있었다. 수백 명의 작가와 공인들(장폴 사르트르[73]와 시몬 드 보부아르[74]를 비롯해), 학자, 과학자, 종교 지도자들은 1959년, 그전 해에 새로운 프랑스 제5공화국의 대통령이 된 샤를 드골에게 핵 시험을 포기하라고 호소했다. 그러나 1960년 2월 13일 프랑스의 첫 핵실험이 진행되었고, 다음 달 실시된 여론조사에 따르면 국민의 광범위한 승인을 받았다. 응답자의 약 67퍼센트는 프랑스가 핵폭탄을 보유함으로써 국제적으로 더 높은 지위를 얻게 되었다는 생각을 밝혔다. 그러나 부분적 핵실험금지조약(프랑스는 서명하지 않았다)이 조인된 지 1년 뒤인 1964년에는 프랑스 핵 방어 전력을 지지하는 사람보다 반대하는 사람이 더 많았다. 이러한 분열은 이 문제는 물론 다른 문제들을 둘러싸고 프랑스에서 벌어졌던 날카로운 정치적 분열을 반영했다. 비非드골 정당들은 1960년대 중반에 프랑스의 핵폭탄에 반대했고, 보수주의자들은 찬성했다.

서유럽의 대부분에서 꽤 공통된 패턴이 나타났다. 반핵운동은 특히 교육을 잘 받은 중간계급과 극좌파 사이에서 지지를 얻었으나 정계, 군부, 대다수 언론의 저항에 부딪혔다. 네덜란드처럼 주요 정당

---

73)   Jean-Paul Sartre(1905~1980). 프랑스의 철학자, 작가. 제2차 세계대전 후에 무신론적 실존주의와 마르크스주의의 종합을 시도하여 전 세계에 영향을 끼쳤다. 대표적 저작으로《존재와 무》,《변증법적 이성 비판》등이 있다.
74)   Simone de Beauvoir(1908~1986). 프랑스의 철학자, 작가. 소설뿐 아니라 철학, 정치, 사회 이슈 등에 관한 논문과 에세이, 전기, 자서전 등을 썼다. 작품으로 《초대받은 여자》,《레 망다랭》,《제2의 성》등이 있다.

중 어느 곳도 반핵운동을 지지하지 않는 일이 흔했다. 네덜란드에서는 네덜란드 노동당이 보수주의자들과 함께 나토의 핵무기 배치를 지지했다. 가톨릭 국가들에서는 반핵 저항운동이 교회의 반대와 싸워야 했다. 예를 들어, 가톨릭교회가 권력을 장악한 기독민주당의 친핵 정책을 지지했던 이탈리아에서 그러했다(비록 교황 요한 23세[75]가 1963년 전쟁과 평화에 관한 가톨릭의 사고에 국제적으로 강력한 영향을 미친 회칙 〈지상의 평화Pacem in Terris〉를 발표한 후 이런 분위기가 바뀌기 시작했지만).

이렇듯 반핵운동은 모든 곳에서 대다수 주민들의 지지를 얻는 데 실패했다. 여론조사는 **모든** 나라의 완전한 핵군축에 대한 광범위하고 점증하는 지지와 중간 단계로서 핵무기 시험의 금지에 대한 승인을 보여주었다. 그러나 일방적인 군축은 전혀 다른 문제였다.

영국과 서독 밖에서 반핵운동을 가장 강력하게 지지하는 이들이 일부 그리스에 있었다(그리스에는 강력한 평화주의 전통이 없었기 때문에 다소 기이했다). 그러나 그곳에서도 반핵운동은 정계와 군부의 강력한 반발에 부딪혔다. 핵군축운동의 올더마스턴 행진은 다시 한번 중요한 영감을 주었다. 그리고 쿠바 미사일 위기가 유발한 공포는 특히

---

75)　Joannes XXIII(1881~1963). 제261대 교황(재위 1958~1963). 본명은 안젤로 주세페 론칼리다. 추기경, 베네치아의 총대주교를 거쳐 1958년 교황에 선출되었다. 재위 기간에 로마 가톨릭교회에 대변혁을 불러일으키게 되는 제2차 바티칸 공의회(1962~1965)를 소집했으며, 1963년 4월 11일 가톨릭 신자들에게만이 아니라 선의의 모든 사람에게 보낸 회칙 〈지상의 평화〉를 반포했다. 세계 평화, 빈부 격차, 노동문제 등 현대 인류 사회의 여러 현안 해결에 기여하려 했고, 특히 당시 미국과 소련 사이에 고조되었던 핵전쟁의 기운을 차단하고 분쟁을 조절하는 데 애쓴 점이 높이 평가된다.

학생들 사이에서 활동가들의 대열을 팽창시켰다. 또 반핵운동에 대한 지지는 1940년대 말에 벌어진 내전 이래로 정당 활동이 금지되었던 공산주의자들에게서 오기도 했다. 보수주의 정부는 반핵 저항운동에서 혁명적 경향을 보았고, 가혹하게 억압했다. 정부는 1963년 마라톤에서 아테네까지의 행진(올더마스턴의 복사판이었다)을 금지했을 뿐 아니라, 2000명의 시위자를 체포하고 수백 명을 다치게 했다. 이 전술은 역풍을 낳았다. 지지는 줄어들기는커녕 늘어났다. 1963년 금지된 마라톤 행진을 (국회의원의 면책 특권 덕분에) 유일하게 끝까지 해낸 그리스의 무소속 의원 그리고리스 람브라키스[76]가 그 후 우익 불법 무장단체에 암살당하자, 최소 50만 명 이상이 그의 장례 행렬에 참가했다. 이듬해 마라톤 행진이 허용되었고, 25만 명으로 추산되는 사람들이 마지막 단계에 참가했다. 그러나 반핵운동은 여전히 다소 비체계적이었고 정치적 목표가 불분명했다. 또한 공산주의자들의 지지에 의존하다 보니 많은 그리스인이 멀어졌으며, 정계와 군부의 끊임없는 반대에 시달렸다. 마라톤 행진에 인상적인 수의 사람들이 동원되기는 했지만, 그리스의 반핵운동 지지를 과장해서는 안 될 것이다. 서유럽의 어느 나라에서나 그렇듯이 그리스인들의 여론은 가공할 신무기를 놓고 양분되었으며, 대부분은 이 무기들을 제거하는 것이 소련 공산주의의 지배에 대한 노출을 의미한다면 그 무기들을 보

---

76)　　Grigoris Lambrakis(1912~1963). 그리스의 정치가, 물리학자, 운동선수. 아테네 대학교 의과대학 교수를 지냈다. 1961년 민주좌파연합의 무소속 의원으로 당선하였고, 반전 활동에 적극 가담했다. 1963년 우익 무장단체에 암살당했는데, 그의 죽음은 대규모 시위를 촉발하면서 정치적 위기를 낳았다.

유하는 데 찬성했다.

중립국인 스위스에서조차 폭탄에 대한 공포는 반핵 저항운동에 대한 지지로 쉽게 전환되지 못했다. 여론은 정계와 군부의 친핵 입장을 반영하는 언론에 의해 다시 한번 크게 형성되었다. 스위스군의 전술 핵무기 무장을 저지하는 풀뿌리 운동이 이 문제에 관한 국민투표로 이어졌을 때, 투표자의 3분의 2가 이 제안에 반대했다. 그러나 국민투표에서 승리했는데도, 그런 논쟁적인 문제로 반대파가 발끈해서 나라가 분열하는 일이 벌어지지 않기를 바란 정부는 군대를 핵무기로 무장하는 조치를 취하지 않았다.

덴마크와 노르웨이에서만 반핵운동이 정부 정책과 대결하기보다는 일치했다. 반핵 시위는 정부가 핵무기를 개발하거나 핵무기를 자국에 배치하는 것을 막는 데 목표를 두었다. 그러나 덴마크 시위자들은 주요 정당 중 어느 정당도 덴마크에 핵무기를 배치하는 데 찬성하지 않았으므로 대체로 쉽게 일을 추진할 수 있었다. 노르웨이도 크게 다르지 않았는데, 의회가 핵무기 배치를 거부했다. 이러한 움직임은 광범위한 대중적 지지를 얻었으나, 그 밖의 노르웨이 반핵운동은 분명한 실제적 목표가 부족해 폭넓은 지지를 얻지 못했다. 초강대국 사이의 군비경쟁이 확대되면서 핵무장에 대한 반대도 커져갔다. 이러한 저항은 스웨덴에서 일정한 성공을 거뒀다. 스웨덴에서 핵폭탄 제작에 대한 지지는 1957년 핵 토론이 시작된 후 급격하게 감소했다. 처음에 국민의 40퍼센트가 폭탄 제작을 지지했으나 10년쯤 뒤에는 69퍼센트가 반대했다. 1960년대 중반까지 스웨덴 정부는 비핵 방어에 전념했다.

서유럽의 모든 나라가 흔히 처음에는 영국의 핵군축운동에 고무되어 핵무장에 반대하는 자체 운동을 발전시켰다. 때때로, 영국에서도 그러했듯이, 일방적 핵군축에 역점을 두었지만 대부분의 경우 목표는 세계적 차원에서 핵무기를 종식하고 핵실험을 즉각 금지하는 것이었다. 이러한 분위기는 평화주의를 훨씬 넘어서는 것이었지만 평화주의와 어우러졌고, 1963년 핵실험금지조약이 조인된 뒤 긴장이 완화되면서 수그러들기 전인 1957년과 1963년 사이에 정점에 달했다. 핵군축운동의 광범위한 영향은 평화운동의 국제적 성격을 잘 보여준다. 그렇지만 해당 국가의 상황이 더 중요한 고려 사항이었다. 한 나라의 배경과 문화적 전통이 '강대국'으로서 존재했는지, 혹은 전반적으로 중립과 비동맹에 뿌리박혀 있었는지가 태도에 강하게 영향을 미쳤다. 기독교 교회들의 영향, 좌파 정당들에 대한 인민의 지지 정도, 교육 수준, 그리고 공산주의에 대한 공포를 조장하고 여당 정책에 대한 지지를 통해 저항운동을 훼손하는 데 대중매체가 수행하는 역할도 각각 상대적인 비중이 어느 정도인지에 따라 큰 영향을 미쳤다.

이 기간에 서유럽에서 공포·체념·반핵의 수준이 어떠했는지를 측정하기도 힘들지만, 동유럽 국민들 사이에서 진정한 여론이 무엇이었는지 명확하게 이해한다는 것도 절대 불가능하다. 핵무기, 냉전, 서방에 관한 소련의 견해에 반대하는 목소리는 공개적으로 표명될 수 없었다. 여론은 소련과 그 위성국들의 지도부가 결정했고, 체제의 정책을 최대한 한목소리로 지지하도록 조정했다. 반대 목소리는 공개적으로 들을 수가 없었고, 있다 하더라도 소수였다. 소련과 다른 사회주의 국가들의 평화, 민주주의, 사회주의를 위협하는 서방 '제국주의자', '전쟁광', '파시스트들'을 겨냥한 흉악한 선전이 끊임없이 행해졌다. "핵폭탄을 과시하는" 미국인들을 비난하기 위해 끔찍한 문구가 동원되었던 반면, 소련은 "평화를 지키기 위해 경계 태세에 있었다."

1940년대 후반에 냉전이 격화됨에 따라 소련 블록에서 이러한 태도는 더욱더 굳어졌다. 1950년까지 소련을 '서방 제국주의자들'의 수중에 있는 핵무기의 전횡으로부터 평화와 자유를 모색하는 평범한 사람들의 거대한 국제적 운동의 지도자로 자체 묘사하는 일이 구체적인 형태를 갖췄다. 그해 3월에는 무엇보다도 미국과 전쟁을 치르게 될까 봐 두려워한 나머지 친소련 운동가들의 국제조직인 '평화의 파르티잔 상설위원회Permanent Committee of the Partisans of Peace'가 프로그램을 창안하기 위해 스톡홀름에서 회의를 열었다. 이 회의에서 "핵폭탄의 무조건적 금지"를 요구하는 '스톡홀름 평화 호소Stockholm Peace Appeal'가 나타났다. 그런 다음 소련 블록과 블록 너머 세계 전역에 걸쳐 이 호소를 지지하는 청원에 서명을 받기 위해 꼼꼼하게 조직된 대규모 캠페인이 시작되었다. 이 캠페인에는 공장, 작업장, 가정에서 진행된 대중 집회, 시위, 선전을 통해 일사불란하게 동원된 주민들이 참가했다.

이 청원에는 79개국에서 5억 명 이상의 시민이 서명했다고 하는데, 그중 4억 명은 공산국가 출신 사람들이고, 나머지는 대체로 다른 지역에 거주하는 소련 동조자들이었다. 1950년 말까지 1억 1500만 명의 소련 시민이 서명했는데, 이는 대략 소련 성인 인구 전체와 맞먹는다. 헝가리에서는 전 인구 920만 명(어린이까지 포함해) 가운데 총 750만 명이 서명했다고 발표했는데, 이것은 믿기 어렵다. 폴란드에서는 1800만 명이 서명했다. 서명하지 못한 19만 명(몸이 아프거나 정상적으로 움직일 수 없어서 서명하지 못했다고 주장하곤 했다)은 "부농, 도시 투기꾼 (…) 반동적인 종파의 성직자, 여호와의 증인"이라고 매도되었다. 1948년 불화 이후 끊임없이 소련의 공격을 받았던 유고슬라비아만이 다른 길을 걸었다. 유고슬라비아의 독자적인 평화운동은 서방 열강의 침략뿐 아니라 '소련 제국주의'도 세계 평화에 대한 위협이라고 공격했다.

일탈적 견해에 대한 최악의 억압은 1953년 스탈린의 사망과 함께 끝났지만, 체제의 핵무기 정책에 대한 솔직한 반대는 여전히 공개적으로 입 밖에 낼 수 없었다. 때때로 서방의 반핵 저항운동에 참여한 과학자들과 접촉하면서 용기를 얻은 몇몇 중요한 과학자들은 막후에서 핵무기 통제와 군축을 주장했다. 그러나 고위급 인사조차 이런 주장을 펼치면 신변의 위험이 없는 것은 아니었다. 핵물리학자 안드레이 사하로프[77]는 소련의 수소폭탄 개발에서 중요한 역할을 했으나, 1970년대에 소련에서 인권과 자유를 탄압한 데 대해 솔직한 견해를

---

77)   Andrei Sakharov(1921~1989). 소련의 반체제 물리학자. 1942년 모스크바 대학을 졸업한 뒤 1945년 레베데프 물리연구소에 들어가 수소폭탄 개발에 이바지했다. 그러나 1958년 핵실험에 의한 방사능 오염 등을 이유로 흐루쇼프에게 핵실험 중지를 요청하고, 소련 체제에 대한 비판적 활동을 시작했다. 1968년 소련의 민주화와 인권 확립 등을 주장한 논문 때문에 당국으로부터 반소적이라는 격렬한 비난을 받았으며, 1980년 소련의 아프가니스탄 침공에 항의하여 고리키(현 니즈니노브고로드)로 강제 유배되었다. 1986년 12월 고르바초프에 의해 유배 생활이 끝났지만, 모스크바로 돌아온 뒤에도 고르바초프에게 개혁을 촉구하고 인권 활동을 계속했다.

표명했다는 이유로 박해를 받았다. 흐루쇼프는 사하로프가 1961년 모스크바에서 열린 정부 지도자와 과학자들의 회의에서 핵실험 재개 계획에 반대하자, 전체 총회에서 30분 동안 계속 그를 장황하게 비난했다.

물론 비공개 회의에서 표명된 반대가 일반인들에게 새어 나오지는 않았다. 체제의 공식 입장이 핵무기에 관한 일반인들의 견해와 완전히 일치하지 않는다는 징후는 1961년 31명의 평화운동가들이 보기 드문 행진을 했을 때 많은 도시와 마을에서 수백 명의 행인이 그들을 따뜻하게 맞이했다는 사실에서 엿볼 수 있다. 그들은 샌프란시스코에서 모스크바까지 걸었고, 8000킬로미터에 이르는 여행의 마지막 단계에서 소련을 통과하는 것이 허용되었다. 그러나 인민이 핵무기 경쟁의 확대에 대해 개인적으로 어떻게 생각했는지, 그들의 공포가 얼마나 광범위했는지는 오로지 추측만 할 수 있을 뿐이다.

대다수 인민의 견해가 사실상 소련에 대한 서방의 공포를 그대로 보여주는 거울 이미지와 마찬가지였다고 가정하는 것이 합리적일 것이다. 서방 '제국주의자들'에 대한 헛소문, 미국과 나토의 핵 위험에 대한 강조(항상 정당하지 않았던 것은 아니다), 핵 공격의 위협에 대해 주의를 끌게 한 민방위 선전 때문에 아마도 평범한 시민들의 근심은 더욱 깊어졌을 것이다. 그와 동시에 대부분의 사람들이 냉전에 대해 들었던 것(서유럽 인민들의 생각과는 정확하게 정반대였다)을 대체로 믿었고, 소련의 힘이 나토가 주도하는 침공에 대한 가장 훌륭한 보호 장치임을 확신했다는 것을 의심할 이유는 없다. 따라서 아마도 소련 블록의 인민들은 소련의 군사 장비와 핵 능력의 과시를 서방, 특히 미국이 제기하는 위험에 대해 그들 자신의 안전을 보장하는 수단으로서 환영했을 것이다.

그리하여 철의 장막을 가로지르는 대분수령은 다른 많은 것이 그렇듯 핵 위협에 대한 태도도 서로 갈라놓았다. 그러나 핵 재앙의 위협은 대륙의 두 절반에 공통된 것이었다. 이는 주민들(혹은 그들의 대표자들)이 서로 다른 식으로 반응했지만 인민들의 삶에 지속적으로 영향을 미친 배경이었다. 그리고 어떤 결정적인 국면에, 가장 극심하게는 1962년의 쿠바 미사일 위기 동안 핵 재앙의 위협은 대체로 단기간이었지만 날카롭게 일반인들의 생활을 침해했다. 증거는 수집하고 해석하기 힘들지만, 인민들이 핵폭탄에 대해 '일종의 신경과민성 히스테리' 속에 살았다는 (앞에서 언급한) 에릭 홉스봄의 생각을 뒷받침하는 경향이 있다.

군비경쟁을 제한해야 한다는 것, 되도록이면 완전히 중단해야 한다는 것을 거의 모두가 지지했다는 데는 의문의 여지가 없다. 또한 대부분의 사람들은, 일방적인 핵군축은 완전히 다른 문제이기는 했지만, 모든 열강에 의한 핵군축도 선호했다. 반핵운동은 수소폭탄의 가공할 파괴적 잠재력이 매우 분명해지고 유럽이 베를린을 둘러싼 위기에 직면함에 따라, 영국에서 시작하여 1950년대 말에는 사실상 모든 서유럽 국가에서 탄력이 붙었다. 그러나 반핵운동은 어느 곳에서도 다수 주민의 지지를 얻지는 못했다. 반소련 선전과 이른바 소련의 위협은 서유럽 국가들에서 대다수 주민이 자신들의 정부가 취한 냉전적 태도를 확실히 지지하게 하는 데 충분했다. 소련 블록에서 체제의 여론 통제는 핵 정책에 대한 도전 가능성을 제거하고, 그와 동시에 평화에 대한 거의 총체적인 공식적 헌신을 보장하는 데 훨씬 더 성공적이었다. 평화에 대한 이 공식적 헌신은 미국과 나토의 위험하고 호전적인 야심이라는, 끊임없이 강조되는 이미지를 통해 한층 강화되었다.

추적할 수 있는 한도 내에서 살펴보면, 동구권에서도 주민들은 이상적으로 세계적 차원의 핵군축과 어쨌든 핵무기 제한을 원했다. 동유럽과 서유럽 두 지역 모두 상이한 구조를 가진 평화운동 이면에 상당한 현실주의가 존재했다. 핵무기로부터 완전히 자유로운 세계가 대다수 사람들의 이상이었다. 그러나 핵무기는 일단 제조되면 없어지기를 바랄 수가 없다는 인식 또한 존재했다. 핵무기는 피할 수 없는 현실, 만일 사람들의 마음을 사로잡게 된다면 끔찍하기 짝이 없는 현실이었다. 그러므로 핵 아마겟돈의 가능성을 숙고해 보는 경향은 거의 없었다. 사람들은 그 가능성을 자신들의 마음에 못 들어오게 했다. 사람들은 버섯구름의 위협을 깨닫고는 있었지만, 버섯구름이 자신들을 히스테리 상태로 만들기는커녕 자신들의 존재를 지배하지 못하도록 하면서 그저 자신들의 삶을 살았을 뿐이다. 사람들은 공포에 익숙해졌다. 핵을 둘러싼 갈등에 대한 두려움은 (일시적인 사건들은 별도로 하고) 임박한 위험이라기보다는 잠재하는 실재였다. 그 덕분에 사람들은 공포와 더불어 살 수 있었다. 그것 때문에 대체로 사람들은 핵전쟁 없이 계속 존재할 것 같은 세계에서 자신들의 생존에 대해 숙명론자처럼 되었다. (얼마나 많을지 계산할 수는 없지만) 일부는 냉전 분계선의 양편에 핵무기가 배치되어 있기 때문에 제3차 세계대전을 피할 수 있다고 보면서, 의심할 여지 없이 환영하기까지 했다. 그리고 적어도 서유럽에서 인민들은 다른 것들을 마음에 두고 있었다. 그중 가장 분명한 것은 그들의 생활수준을 극적으로 높이고 있는 경제적 전망의 괄목할 만한 호전을 어떻게 최대한 활용할 것인가였다.

2

서유럽의 형성

전쟁이 끝난 뒤 강대국들 사이의 정치적·경제적 단합 대신에,
소련과 위성국들을 한편으로 하고 나머지 세계를 다른 한편으로 하는
두 진영 사이의 완전한 분열이 발생했다.
요컨대 하나의 세계가 아니라 2개의 세계가 존재한다.

외교관, 소련 전문가, 트루먼 대통령의 자문관
찰스 E. 볼런,[78] 1947년 8월

Roller Coaster

```
┌─────┐
│     │
│  2  │
│     │
└─────┘
```

       1950년대 초부터 한국을 둘러싼 초강대국 간의 대결과 핵 파괴력의 무시무시한 확대로 악화된 유럽의 정치적 동맥은 더욱 딱딱하게 굳었다. 1945년 이래 거침없이 커지던 동유럽 정치체제와 서유럽 정치체제 사이의 분열은 점점 넓어져 메울 수 없는 깊은 틈이 되고 말았다.

  전근대의 여행객들은 보통 정교회에 대한 충성이 시작되는 선을 중심으로 북쪽에서 남쪽으로 유럽을 통과하는 경계선을 보았다. 그리고 제2차 세계대전 한참 전에는, 하나의 명확한 단층선이 존재해서 좀 더 부유하고 산업화된 유럽의 북부 및 서부와 훨씬 가난하고 농업이 압도적인 남부 및 동부가 서로 구분되었다. 그러나 1945년 이후 등장한 경계선은 성격이 완전히 달랐다. 종전 직후 드리웠던 철의 장막으로 이제 동과 서는 양립할 수 없을 정도로 대립되는 정치체제들에 의해 확실히 나뉘게 되었다. 서로 적대적인 이념은 이 대립되는

---

78)   Charles E. Bohlen(1904~1974). 미국의 외교관으로, 소련 전문가였다. 1953~1957년 소련 주재, 1957~1959년 필리핀 주재, 1962~1968년 프랑스 주재 미국 대사를 역임했다.

정치체제들을 몰아세웠고 이에 따라 경제, 사회, 시민들의 심리도 완전히 다른 길을 따라 발전하게 되었다.

그 시대가 더욱더 먼 과거로 물러가면서, 이 분열은 점점 더 초현실적으로 되어가는 것 같다. 냉전 종결 이후의 유럽에만 익숙한 세대에게는 서유럽인들이 바르샤바, 프라하, 부다페스트 같은 거대 수도들과 단절되거나, 동유럽과 중부 유럽의 시민들이 파리나 로마, 런던으로 여행할 수 없다는 것이 어떤 것인지를 '느끼기'(추상적으로는 이해될 수 있다 하더라도) 힘들다. 유럽의 두 절반은 물리적으로 서로 분리된 것만은 아니었다. 사람들은 이쪽으로든 저쪽으로든 철의 장막을 건너면서 완전히 다른 세계를, 이상할 뿐만 아니라 위협적인 환경에서 불안과 고립이 뒤섞인 소외감을 경험했다.

냉전은 새로운 지리를 결정했다. 중립국들은 비록 공식적으로는 초강대국들이 지배하는 방어 기구(나토와 바르샤바협정) 중 어느 기구에 대해서도 '비동맹'이었지만, 실제로는 (오스트리아나 핀란드처럼) '서방'이나 (유고슬라비아처럼) '동구 블록'의 일부로 보이는 것을 피할 수 없었다. 그리스와 터키는 그들의 지리적 위치에도 불구하고 '서방'의 일부로 간주된 반면, 그들의 발칸 인접국들은 '동구권'에 속했다. 스페인과 포르투갈은 독재 체제가 시간 왜곡 현상에 빠져 있는 듯했지만, 그들의 맹렬한 반공주의와 대서양과 지중해를 잇는 다리로서의 전략적 중요성 때문에 역시 '서방'에 편입되었다.

철의 장막으로 분리된 양 블록은 결코 단일하지 않았다. 블록 내에서 유럽은 서유럽이든 동유럽이든 모두 여전히 국민국가들의 대륙이었다. 국민국가는 정치적 조직화와 정체성의 일반적으로 인정된 기반이었다. 이런 의미에서 제2차 세계대전은 유례없는 파괴적 성격에도 불구하고 새로운 시대가 시작될 때 바꿔 놓은 것이 아무것도 없었다. 그러나 중요한 차이가 있었다. 동쪽의 국민국가 대부분은 제1차 세계대전이 끝날 때 새로 만들어졌다. 그들은 자신들의 정치적 영감을 서쪽에서 찾았다. 서쪽의 대다수 국민국가는 그들 뒤에 더 긴(때로는 극히 긴) 발전의 역사를 가졌다. 국민국가들의 대륙을 형성한 국민적 정체성, 역사, 전통, 문화, 정치 발전은 너무 깊어서 초국적 기구에 의해 쉽게 금방 희석될 수 없었다. 소련 공산주의는 단 한 세대밖에 되지 않은 국민국가인 유고슬라비아로 하여금 보조를 맞추게 할 수가 없었다. 그리고 특히 폴란드와 헝가리가 곧 보여주었듯이 동구 블록의 다른 국가들도 국가 이익을 지키고 모스크바의 요구를 따르라는 압력에 저항할 태세가 되어 있었다. 그러나 그들은 힘이 결국 소련 탱크의 포탑에서 나온다는 사실을 깨달아야 했다. 이 군사력은 소련 지배에 대한 도전이 승리할 수 없다는 것을 확실히 했다. 1953년과 1956년 사이에 느슨해지는 듯했던 동유럽에 대한 소련의 장악력은 그 후 가차 없이 다시 강화되었고, 30년 넘게 깨지지 않을 것이었다.

서유럽의 국민국가들이 지닌 다양한 성격과 그들의 최근 역사, 정치·문화의 주요 특징 등 이 모든 것이 정치 발전에서 서유럽이 철의 장막 동쪽보다 획일성이 훨씬 적어지는 결과를 낳았다. 그럼에도 몇몇 특징은 국가 경계선을 넘었다. 불안을 일으키던 전간기戰間期의 압력이 더는 존재하지 않았다. 파시즘과 국가사회주의는 이제 신뢰를 잃은 소수의 잔재들만 지지할 뿐이었다. 공산주의는 냉전이 개시되면서 인기를 잃었고, 자유민주주의에 대한 공산주의의 혁명적 대안은 소수를 제외하고는(이탈리아, 프랑스, 핀란드에서는 상당한 규모였으나 그 밖의 나라에서는 무시해도 될 정도였다) 사람들에게 매력이 없었다.

정치적 제약은 소련 블록에서보다 덜 공공연했지만 그럼에도 불구하고 존재했는데, 그것은 주로 냉전에 의해 결정되었다. 무엇보다도 서유럽을 공산주의에 대한 군건한 성채로 확고히 할 필요에 따라 형성된 미국의 영향이 가장 중요한 통합 요인이었다. 나토(상당 정도는 유럽에서 미국의 대외 정책이 발휘하는 힘)의 서방 방어 동맹은 국제적 유대를 구축하고 강화했다. 서유럽 정치체제들이 아무리 다양하더라도 반공산주의는 그들을 하나로 통합하는 이념적 힘을 제공했다.

서유럽 국가들 사이에서 진행된 일정한 수준의 정치적 수렴은 급성장하는 시장경제의 요구들에 의해서도 이루어졌다(4장을 보라). 서유럽에서는 개별 국민국가들의 특정한 이해관계가 초국적 정치를 막는 큰 장애물을 동유럽보다 더 높이 쌓은 것이 사실이다. 초국적 정치는 국가 주권을 건드리는 문제들에 우선하기는커녕 그 문제들과 겨룰 조짐을 보였다. 전쟁 전의 '강대국'이자 전쟁의 승전국이었던 영국과 프랑스는 이른바 국익을 침해할 수 있는 그와 같은 위협에 특히 민감했다. 그럼에도 서유럽에서도 개별 국가들의 정부는 유사한 압력에 직면했고, 그들의 목표와 정책에서 공통점이 많았다. 이 정부들 중 일부는 처음에는 적어도 그들 경제의 통합을 확대하는 쪽으로 밀고 나가기 시작했고, 이러한 노력은 1957년 로마조약으로 프랑스·이탈리아·서독, 베네룩스 3국으로 구성된 유럽경제공동체[79]를 창설함

---

79)   European Economic Community, EEC. 1957년 3월 25일 벨기에, 프랑스, 독

으로써 정식 승인을 얻을 터였다.

국제적·경제적 압력은 서로 결합하여 전후 첫 수십 년 동안 국가적 차이가 무엇이든 서유럽을 하나의 식별 가능한 정치적 실체로 만들었다. 이 정치적 실체는 확립된 자유민주주의 원리들을 공유하고, 점점 서로 뒤얽히는 자본주의 경제에 바탕을 두었으며, 전쟁 전보다도 미국과 훨씬 더 긴밀한 유대를 맺었다.

당시 또 하나의 매우 극적인 변화가 대륙의 이 절반에 들이닥쳤다. 이 지역의 국민국가들(아직 잠깐이기는 하지만 포르투갈은 제외하고)은 이제 더는 식민 열강이 아니었다. 전쟁으로 유럽 제국주의는 방어 태세를 취하게 되었지만, 그대로 모습을 유지했다. 한때 강대국이었던 영국과 프랑스는 자신들의 거대한 식민지 속령을 포기할 생각이 없었다.

그러나 전쟁이 끝난 지 20년 뒤 약간의 사소한 잔재들 외에 식민지 속령은 없어지고 말았다. 제국의 붕괴 속도는 놀라웠고, 이는 신생 독립 국가들뿐 아니라 이전 식민 열강의 정치의식과 그들의 국제적 위상에도 심대한 결과를 가져왔다. 그것은 또 장기적으로는 서유럽이 독자적인 정치적·경제적·문화적 정체성의 공고화를 본격적으

일(서독), 이탈리아, 룩셈부르크, 네덜란드 6개국이 경제통합을 실현하기 위한 목적으로 설립한 국제기구를 일컫는다. 1967년 이후 다른 6개국(영국, 아일랜드, 덴마크, 그리스, 스페인, 포르투갈)이 합류하면서 유럽석탄철강공동체, 유럽원자력공동체와 통합되어 유럽공동체(EC)로 불리는 체제로 이행했다. 1993년 유럽연합(EU)이 발족했을 때 유럽경제공동체는 유럽연합의 세 기둥 중 제1의 기둥인 유럽공동체로 여겨졌다. 2009년 12월 1일 리스본 조약이 발효되면서 해체되었다.

로 고려해 보는 것을 의미하기도 했다. 해외에서든 유럽 내에서든 어떠한 팽창주의적 관념도 이제 과거지사가 되었다.

민주주의의 공고화

1950년대에 유럽 대륙의 서쪽 절반은 7개의 입헌군주국(영국, 벨기에, 네덜란드, 덴마크, 노르웨이, 스웨덴, 그리스), 1개의 대공국(룩셈부르크), 10개의 공화국(오스트리아, 핀란드, 프랑스, 아일랜드, 이탈리아, 스위스, 터키, 서독, 포르투갈, 스페인. 이들 중 마지막 두 국가는 1970년대 중반까지 계속 권위주의 국가였다)으로 이루어졌다. 이에 덧붙여 봉건시대로부터 넘어온 공국인 매우 작은 독립국가가 몇 곳 있었다. 안도라, 리히텐슈타인, 모나코, 고대의 작은 산마리노 공화국(여기서는 공산당이 1945년부터 1957년 사이에 정부에 참여했다), 바티칸시국(1929년 라테란조약[80]으로 독립이 확인되었다)이다. 몰타는 1964년에야 영국으로부터 독립할 것이었다. 지브롤터는 지금까지 비정상적으로 영국 보호령으로 남아있다.

---

80) Lateran Treaty(Patti lateranensi). 1929년 2월 11일, 이탈리아 왕국과 바티칸시국 양측이 라테란궁에서 체결한 조약. 교황 비오 11세가 파견한 로마 교황청 대표 피에트로 가스피리와 이탈리아 수상 베니토 무솔리니가 교섭에 나선 이후 양국 사이에 조약이 체결되었다. 이 조약으로 로마 가톨릭교회의 이탈리아 국교화와 교황청에 절대적 주권을 부여한 바티칸시의 완전한 독립이 확인되었으며, 또 자유로운 교권 행사를 통해 로마 가톨릭교회에 교육·결혼·자산·과세·주교 임명 등의 여러 가지 특권이 인정되었다.

심지어 지리적으로도 국민국가들의 느슨한 복합체일 뿐인 서유럽은 냉전 전에는 정치적 개념으로 존재하지 않았다. 서유럽의 형성은 점진적이고 단편적인 과정이었으나, 1949년경에는 법치와 국제적 협력을 바탕으로 특히 방위 문제에서 공통의 이해를 통해 제도적으로 묶여 있는 자유민주주의 체제들의 그룹으로 모습을 드러내고 있었다. 서유럽은 무엇보다도 먼저 미국이 주도하는 반소련 동맹에 대한 헌신으로 주조되었는데, 이 동맹은 1949년 4월 나토 창설의 토대가 되었다.

그해 10개국(벨기에, 덴마크, 프랑스, 아일랜드, 이탈리아, 룩셈부르크, 네덜란드, 노르웨이, 스웨덴, 영국. 스웨덴을 제외하고 모두 나토의 창립 회원국이다)은 민주주의, 인권, 법치를 고취하기 위해 설립된 '유럽평의회'[81](1948년 12월 유엔이 채택한 '세계인권선언'[82]에 기반을 두었다)로 함께 모였다. 1년 남짓 안에 그리스, 터키, 아이슬란드, 서독이 가입했다.

---

81)   Council of Europe. 1949년에 설립된 유럽의 국제기구다. 유럽의 경제적·사회적 발전을 촉진하기 위해 가맹국의 긴밀한 협조에 의한 공동의 이상과 원칙을 지지하고 있으며, 군사 분야를 제외한 모든 분야에서 점진적인 유럽 통합을 지향한다. 산하에 회원국 외무장관으로 구성된 각료위원회와 자문위원회, 회원국 의원으로 구성된 의원회의, 유럽인권위원회, 유럽인권재판소, 사무국 등의 기구를 두고 있다. 사무국은 프랑스 스트라스부르에 있다.

82)   Universal Declaration of Human Rights. 1948년 12월 10일 유엔 총회에서 당시 가입한 58개 국가 중 50개 국가가 찬성하여 채택된 인권에 관한 세계 선언문이다. 1946년의 인권장전 초안과 1948년의 세계인권선언 그리고 1966년의 국제인권규약을 합쳐 국제인권장전이라고 부르기도 한다. 세계인권선언은 유엔의 결의로서 직접적인 법적 구속력은 없으나 오늘날 대부분의 국가 헌법 또는 기본법에 그 내용이 반영되어 실효성이 매우 큰 것으로 인정된다.

1960년대 중반까지 오스트리아(1956), 키프로스(1961), 스위스(1963), 몰타(1965)를 포함하게 되었다. 유럽평의회가 취한 첫 주요 조치는 1950년에 '인권과 기본적 자유의 보호를 위한 협약'[83]을 맺은(1953년에 비준했다) 것이었고, 이 협약에 따라 그해 회원국의 협약 위반 혐의에 대해 개인들에게 도움을 주기 위해 '유럽 인권재판소'[84]가 설립되었다. 이 협약은 제2차 세계대전 동안 발생했던 인권에 대한 기괴한 공격이 되풀이되는 것을 막는 기반을 확립하고, 소련이 지배하는 동유럽에서 전개되는 사회적·정치적 발전을 위한 틀과는 다른 틀을 제공하고자 했다.

1950년대와 1960년대 전반기 동안 결정적인 발전은 직접적이든 간접적이든 미국의 군사적·재정적 지원을 받아 대부분의 서유럽에서 자유민주주의 체제를 확고하게 수립한 것이었다. 이 토대가 없었다면 1950~1960년대의 비상한 지속적 경제성장으로부터 이내 혜택을 본 자유는 꽃을 피우지 못했을 것이다. 그것은 정치가 최고 우위에 있음을 보여준 분명한 사례였다.

그러나 서유럽의 남쪽 가장자리 지역 대부분에서는 민주주의가

---

83)　Convention for the Protection of Human Rights and Fundamental Freedoms. 유럽에서의 인권과 정치적 자유를 보호하기 위한 국제적 협약을 일컫는다. 1950년 유럽평의회에 의해 작성되어 1953년 9월 3일부터 효력이 발생했다.

84)　European Court of Human Rights. '인권과 기본적 자유의 보호를 위한 협약'에 따라 1959년 1월 21일 설립된 국제재판소를 일컫는다. 현재 총 47개국이 가입했으며, 회원국은 판결을 이행할 의무가 있다. 재판소는 프랑스의 스트라스부르에 있다.

존재하지 않거나 그것을 확립하려고 몸부림치지 않았다. 그럼에도 대對공산주의 방어가 무엇보다 중요했기 때문에 여기서도 미국(과 다른 서방)은 부득이 지지를 보낼 수밖에 없었다. 이는 민주주의를 실제로 추구하지 않고 입으로만 옹호하는 억압적 정권이나 나라들을 후원하는 결과를 빚었다.

남유럽 민주주의의 취약성은 그 뿌리가 깊었다. 터키, 그리스, 포르투갈, 그리고 정도가 덜하지만 산업화가 상당히 진전된 스페인은 제2차 세계대전 전에 유럽에서 가장 가난한 나라에 속했다. 부는 소수의 강력한 엘리트들의 수중에 집중되었던(그리고 계속 집중되고 있는) 반면, 여전히 농업 생산에 크게 의존하던 인구의 대부분은 지독한 가난 속에서 생활했다. 다원적인 정치가 존재했지만, 그것은 후견주의Clientelism적이었다. 화해가 불가능할 정도로 적대적인, 이념적으로 분열된 사회 분파들이 서로 경쟁하는 정치체제에서는 보통 군부가 가장 주요한 역할을 하는 것으로 드러났다. 정치적 폭력이 만연했다. 이런저런 종류의 권위주의가 우위를 차지하거나 적어도 수면 아래로 깊이 잠복한 적이 결코 없었다. 포르투갈과 스페인에서는 가톨릭 교회 역시 억압적인 우익 권위주의를 지지하는 데 큰 영향력을 발휘했다.

전쟁 동안 그리스에서는 독일 점령하에서 엄청난 파괴와 대규모 인적 고통을 겪었고, 독일의 점령이 끝나자마자 1946년과 1949년 사이에 파멸적이고 끔찍한 폭력적 내전이 발생했다. 터키, 포르투갈, 스페인은 제2차 세계대전 동안 중립을 지켜 참사를 피했다. 그러나 이 세 나라는 모두 오래전부터 권위주의 통치하에 있었다. 터키는 무스타파 케말 파샤(아타튀르크)[85]가 국민국가를 수립한 후 1925년 이래로 일당 체제였고, 포르투갈은 1926년 군사 쿠데타 후에, 스페인은 파괴적인 내전을 겪은 뒤 1939년 민족주의가 승리를 거둔 이래로 그랬다.

프란시스코 프랑코[86] 장군의 격세유전적인 독재 체제에도 불구하고 미국은 스페인을 서방의 반공산주의 방위 우산의 일부로 환영했다. 내전 동안 사회주의·공산주의 반대파들에 대해 프랑코가 저질렀던 최악의 야만적인 보복은 1940년대 중반 무렵에는 실질적으로 수그러들었다. 그러나 스페인은 여전히 절망적으로 가난했다. 내전 전에 자신이 살던 나라로 귀국한 제럴드 브레넌[87]은 1949년에 가는 곳마다 주민들을 괴롭히는 극심한 빈곤을 보고 큰 충격을 받았다. 브

---

85)　Mustafa Kemal Pasha(Atatürk)(1881~1938). 터키의 육군 장교이자 혁명가. 터키 공화국의 초대 대통령이다(재임 1923~1938). 아타튀르크는 '터키의 아버지'라는 뜻이다. 제1차 세계대전 당시 육군 장교였고, 오스만제국의 패배 이후 터키 국민운동 소속으로 독립전쟁을 주도했다. 대통령으로 재임 중이던 1938년에 사망했다.

86)　Francisco Franco(1892~1975). 스페인의 군인이자 정치가. 톨레도의 사관학교를 졸업하고 1910년 임관되었다. 1935년 육군참모총장이 되었으며 1936년 인민전선 정부가 수립되자 반정부 군사 쿠데타를 일으켜 반란군의 총사령관 겸 정부 주석에 올랐다. 1939년 내전에서 승리한 후 팔랑헤당의 당수 및 국가주석(총통)이 되어 파시즘 국가를 수립하고, 1947년 '국가원수계승법'을 발표하여 종신 원수에 취임했다. 1960년대 후반 경제성장과 정치적 안정을 이루어 파시즘 체제를 조금씩 완화했으나 권위주의 정치체제는 계속 유지했다.

87)　Gerald Brenan(1894~1987). 영국의 작가. 스페인 내전을 배경으로 하는《스페인의 미궁》(1943)으로 잘 알려져 있다.

레닌은 나라가 "부패하고 썩은" 것을 알게 되었다. "상황이 너무 나빠 소수의 암거래상만 빼고 변화를 원한다. 그러나 혁명이 일어날 가능성은 없다. 경찰과 군대는 혁명을 주시하고 있으며, 앞으로도 계속 그럴 것이다. 그들은 쓰러져가는 체제에서 단 하나의 탄탄하고 믿을 수 있는 집단이다." 국민 통합이라는 겉치장 아래에는 여전히 깊이 분열되어 있는 나라가 있었다. 특히 카탈루냐, 아스투리아스, 바스크 지방의 산업 지대에서 패배한 좌익분자들은 소수의 지배 카스트, 경제 엘리트, 가톨릭교회, 수적으로 비대해진 군장교들의 지지를 받는 반동적이고 억압적인 독재 체제의 요구를 마지못해 따를 수밖에 없었다. 다른 유럽 나라들에는 스페인의 나토 가입을 막기에 충분한 좌익 반대파가 존재했다. 그러나 미국은 1953년 스페인에 해군기지와 공군기지를 설치했고, 스페인은 그 대가로 미국의 군사적 지원을 받는 협정을 체결했다. 1950년대 말에 이제는 세계은행,[88] 국제통화기금,[89] 관세 및 무역에 관한 일반 협정[90] 등 무역 조약의 회원국으로 인

---

88)   World Bank. 개발도상국에 대부금을 제공하는 국제 금융기관으로 1946년 8월에 발족했다. 1944년 7월 브레턴우즈 협정에 기초하여 설립되었다.

89)   International Monetary Fund, IMF. 환율과 국제수지를 감시함으로써 국제금융 체계를 감독하는 일을 위임받은 국제기구다. 회원국의 요청이 있으면 기술 및 금융 지원을 직접 제공한다. 1944년 브레턴우즈 협정에 따라 전후 부흥책의 일환으로서 국제부흥개발은행(IBRD)과 함께 설립되었다.

90)   General Agreement on Tariffs and Trade, GATT. 1947년 10월 30일 제네바에서 미국 등 23개국에 의해 조인되어 1948년부터 실시된 국제무역 협정이다. 자유·무차별의 원칙하에 관세나 수출입 제한 등 무역상의 장애를 경감·철폐함으로써 세계무역과 고용을 확대하는 것을 목적으로 했다. 1995년 세계무역기구(WTO)로 대체되었다.

정된 스페인은 경제를 자유화하고, 북유럽 시민들로 하여금 스페인의 태양 아래에서 휴가를 보내며 늘어난 부의 일부를 소비하도록 유인하는 관광업의 잠재력을 인식하기 시작했다.

점점 시대착오가 된 체제는 당분간 급속한 경제적 근대화와 나란히 공존하면서 그 혜택을 누릴 수 있었다. 그러나 체제는 의외로 오래 유지되고 있었다. 1960년대 후반에 경제성장률이 치솟으면서 노동력이 도시와 경제의 좀 더 번성하는 부문으로 유출됨에 따라, 전통적으로 체제의 심장이었던 농촌 지역의 지지가 감소했다. 그리고 억압적 상황에서도 자신들의 협상력이 커졌음을 알아차리면서 새로운 전투력으로 무장한 산업노동자들은 권위주의 국가의 엄격한 통제에 도전하기 시작했다.

서유럽에서 가장 가난하고 후진적인 나라 중 하나였던 포르투갈은 1932년 이래 코임브라 대학교의 전임 경제학 교수 안토니우 드 올리베이라 살라자르[91]의 통치를 받아왔다. 살라자르 정권의 이념적 기반은 포르투갈 국민에 대한 믿음, 강력한 반공산주의, 전통적인 가톨릭 가치에 대한 열렬한 헌신, 해외 제국의 유지(제국 열강 중 가장 오래되었다) 같은 것으로 이루어졌다. 철권으로 통치하던 제국에 대한 살라자르 정권의 헌신은 미국의 지지를 방해하는 장애물이었다. 그러나 냉전 전략이 결함보다 중요했다. 포르투갈은 마셜 원조의 수령국이자 1949년 나토의 창설 회원국이었다. 포르투갈의 나토 가입을 가

---

91) António de Oliveira Salazar(1889~1970). 포르투갈의 정치가. 1932년부터 1968년까지 36년간 총리로 재임하며 독재 체제를 구축했다.

능케 했던 열쇠는 새로 시작되는 냉전에서 아소르스 제도가 미국에 전략적으로 중요했다는 점이었다. 1960년대 초에 아소르스 기지의 중요성은 미국이 원칙적으로는 아프리카의 반식민 운동을 지지했는데도 포르투갈이 앙골라 반군을 탄압하는 것을 묵과할 준비가 되어 있었음을 의미했다.

1947년 공산주의에 맞서 '자유국가들'을 방어하겠다고 선포한 '트루먼 독트린'[92]에서 해리 트루먼 대통령이 발표한, 그리스와 터키를 군사적·재정적으로 지원하겠다는 미국의 약속은 터키 엘리트들에게 민주주의와 경제의 자유화로 나아가도록 하는 강력한 유인책이었다. 1950년까지 터키는 마셜 원조에서 혜택을 받으면서 유럽경제협력기구[93]에 가입했고, 유럽평의회의 회원국이 되었다. 터키군은 1950년 한국전쟁 유엔 파견군에 일찌감치 참여했으며, 이는 나토 가입으로 가는 길을 닦는 데 도움을 주었다. 나토 가입은 소련의 침공에 맞선 서방의 군사적 지원의 보장책이자 2년 뒤 미국의 재정적 원조의 원천으로서 국가적으로 크게 기뻐할 이유가 되었다.

---

92)　Truman Doctrine. 1947년 3월, 미국 대통령 해리 S. 트루먼이 의회에서 선언한 미국 외교정책에 관한 원칙이다. 그 내용은 공산주의 확대를 저지하기 위해 자유와 독립의 유지에 노력하며, 소수의 정부 지배를 거부하는 의사를 가진 세계 여러 나라에 대하여 군사적·경제적 도움을 제공한다는 것이었다. 당시 이 원칙에 따라 미국은 그리스와 터키의 반공 정부를 군사적·경제적으로 원조했다.

93)　Organization for European Economic Cooperation, OEEC. 1948년 제2차 세계대전으로 피폐해진 유럽 경제를 활성화하기 위해 미국이 진행했던 유럽 부흥 계획의 일환으로 유럽 16개국이 참가하여 결성한 국제기구다. 1961년 '경제협력개발기구(OECD)'로 대체되었다.

1946년 터키에 도입된 다원주의 정치체제는 겉으로만 민주주의적이었다. 1950년대 말에 나라가 갈수록 심각한 경제적 어려움에 시달리는 가운데 정부는 1961년 군사 쿠데타로 무너질 때까지 점점 더 비자유주의적이고 억압적으로 변해갔다. 다원주의 정치로의 복귀가 곧 뒤따랐지만, 군부의 영향력은 상시적 위협으로 잠복해 있었고, 10년 뒤 더욱 우익적이고 강력하게 반공산주의적인 두 번째 쿠데타가 뒤를 이었다. 터키의 민주주의 수준이 자격에 부합하는지 의심스러웠지만, 그 전략적 위치 때문에 미국은 터키를 강력히 지지했다.

터키처럼 (극심하게 양극화되고 가난에 찌든) 그리스도 나토의 냉전 방위 전략에서 중추적 위치에 있었다. 그리스는 광범위한 미국의 원조에 크게 의존했고, CIA는 반공산주의적인 군부와 보안기관을 강력하게 지지했다. 복잡한 국내 정치는 사회주의 좌파(공산당은 금지되었다)와 보수주의 우파 사이의 깊은 분열, 역사적으로 유구한 터키와의 반목(1950년대 동안 관계가 얼마간 개선되었지만), 인구의 대다수가 그리스와의 합병에 찬성하지만 소수의 터키인들이 분리를 원하는 영국 식민지 키프로스에서의 계속되는 긴장에 강하게 영향을 받았다. 그리스 정치 지도자들의 극렬한 반공주의는 종종 수상쩍고 부패한 의회 체제에 대한 미국의 지지를 보장하는 데 도움을 주었다. 이 의회 체제는 1960년대 중반까지 정부를 크게 불안하게 했고, 종국적으로는 1967년 그해 예정된 선거가 좌파로 경도되어 공산주의에 영향력을 발휘할 기회를 줄 것을 우려한 군사 지도자들의 쿠데타를 낳고 말았다.

그러나 정치적·사회경제적으로 후진적인 서유럽의 남부 가장자리

지역 너머에서 자유민주주의 정부 형태는 1950년대 동안 어느 때보다도 사회의 승인된 틀로서 자리 잡을 수 있었다. 필연적으로, 민주주의의 특징은 나라마다 달랐다. 특히 영국 제도,[94] 프랑스, 스칸디나비아, 저지대,[95] 스위스에서 몇몇 민주주의 체제는 그 일부가 독일 점령 동안 어떤 급격한 중단을 겪었든 간에 장기간 생존하는 뿌리를 확고히 내릴 수 있었다. 그러나 유럽의 미래를 위해 필수적이었던 것은 무엇보다 1950년대 동안, 일찍이 유럽의 평화를 파괴했던 옛 추축국들(이탈리아, 오스트리아, 그리고 무엇보다도 서독)에서 민주주의가 공고하게 자리 잡은 사실이었다.

이것은 불안했던 전간기뿐 아니라 필연적으로 지속적인 정치적 대격변을 목도할 수밖에 없었던 전쟁 후의 첫 몇 년에 비해 큰 진전을 이룬 것이었다. 어떻게 정당들을 개혁하고 다원주의 정치를 회복할 수 있을지는 당시 불확실했다. 처음에 좌파가 전시의 저항이라는 명예로부터 이익을 얻을 것처럼 보였다. 그러나 보수 정당들은 철의 장막이 느리우면서 전반적으로 입지를 확보했고, 1960년대 중반까지 보수주의는 서유럽 대부분 지역에서 승리를 거뒀다.

보수의 지배라는 일반적인 패턴에서 주요한 예외는 스칸디나비아였다. 이 지역에서는 전쟁 전부터 시작되었던 독특한 사회적·정치적 발전 형태가 심화했는데, 전쟁은 이 과정을 근본적으로 단절시키기

---

94) British Isles. 그레이트 브리턴(잉글랜드, 웨일스, 스코틀랜드를 합쳐서 일컫는 말), 아일랜드 및 주변의 섬들로 구성되었다.
95) Low Countries. 유럽 북해 연안의 벨기에, 네덜란드, 룩셈부르크로 구성된 지역을 가리킨다.

보다는 중단시켰을 뿐이었다. 전쟁 전의 기조는 노동과 자본 사이의, 그리고 노동의 정치적 대표들과 농업 정당들 사이의 협력의 기반에 기꺼이 다가가려는, 이른바 공통의 이해라는 것으로부터 비롯된 자세였다. 전후 수십 년 동안 비교적 높은 수준의 합의 정치가 계속되었다. 유럽 대륙의 대부분과 지리적으로 멀리 떨어져 있는 상황은 스칸디나비아 예외주의를 문화적으로 뒷받침하는 데 아마도 일정한 역할을 했을 것이다. 비교적 적은 인구(1950년에 스칸디나비아 전체에서 시민은 약 2000만 명에 지나지 않았다)와 소수의 대도시 및 산업 중심지는 사회적 응집을 고무하는 데 유리한 환경을 제공했다. 그러나 무엇보다도 모델이 작동했다. 비록 스웨덴·노르웨이·덴마크의 내부 발전이 각기 달랐다 하더라도, 합의 정치의 저변에 깔린 타협은 스칸디나비아 국가들을 유럽의 비교적 가난한 부분에서 유럽에서 가장 번영하는 지역 중 하나로 변신시키는 데 도움을 주었다. 그 과정에서 1952년의 '북유럽이사회'[96] 설립이 디딤돌 역할을 했는데, 이 지역 협력체는 시민들이 여권 없이 자유롭게 이동하는 것을 허용하고 공동의 노동시장을 위한 틀을 제공했다(1955년 핀란드가 합류했다). 다른 지역과 마찬가지로, 스칸디나비아의 번영도 전후에 유럽 전역에서 있었던 비상한 경제성장으로부터 도움을 얻었다. 그러나 스칸디나비아 발전의

---

96)   Nordic Council. 북유럽 국가들의 지역 협력체. 1952년에 창설되었다. 현재 5개 국가(아이슬란드, 노르웨이, 덴마크, 스웨덴, 핀란드)와 3개 속령(올란드 제도, 페로 제도, 그린란드), 옵서버 자격의 3개 국가(에스토니아, 라트비아, 리투아니아)가 가입돼 있다. 각 회원국의 의회에서 선출한 87명의 의원으로 구성된다. 본부는 덴마크 코펜하겐에 있고, 덴마크어·스웨덴어·노르웨이어를 공식 언어로 사용한다.

특징(국가별로 조금씩 달랐다)은 광범위한 사회 서비스와 복지 급여 네트워크였다. 이는 고율의 과세를 통해 비용이 마련되었고, 전후 유럽에서 좀 더 흔히 그랬듯이 보수주의자들이 아니라 사회민주주의자들이 지배하는 안정된 정부들에 의해 시행되었다.

핀란드는 어느 정도 예외였다. 핀란드는 소련과 지리적으로 가까워서 신중한 행보를 할 수밖에 없었고, 중립을 지키며(스웨덴처럼) 서방 블록의 일부가 되는 것을 피하면서 다른 스칸디나비아 국가들과 협력했다(핀란드는 나토에 가입하지 않았고, 1989년에야 유럽평의회의 일원이 되었다). 핀란드는 전후 첫 수십 년 동안 스칸디나비아의 가장 가난한 지역으로 남았다. 유권자는 대체로 4개의 블록(사회민주주의자, 농본주의자,[97] 공산주의자, 자유·보수주의자)으로 나뉘어 있었고, 정부는 불안정했으며(1945년부터 1966년 사이에 25개의 정부가 들어섰다), 공

---

97)　북유럽 농본주의(Nordic agrarianism) 또는 북유럽 중도주의(Nordic centrism). 북유럽 특유의 정치 성향이다. 정치적 스펙트럼에서 중도를, 이념적으로 농본주의를 표방하나 북유럽의 지역적 특성이 강하게 반영되어 세계 보편적인 이념 지형으로는 분류하기가 힘들다. 이 정당들은 사회주의를 부정하면서 중소기업, 지방분권, 환경주의를 옹호한다. 또한 유럽연합에 대해 회의적이다. 자유시장에 관해서는 각 나라별로 농본주의 정당들의 입장이 다양하다. 국제적으로는 대개 유럽 자유민주동맹 또는 자유주의 인터내셔널에 가맹해 있다. 본래 이름 그대로 농민의 이익을 대변했으나, 제2차 세계대전 이후 농민 인구가 감소하면서 사회의 다른 문제들에도 관여하게 되었으며, 이름도 농민당(농업당)에서 중앙당(중도당)으로 개칭했다. 마지막 개칭은 1965년 농업동맹에서 중앙당으로 개칭한 핀란드의 경우다. 현재 북유럽의 농본주의 정당으로는 스웨덴의 중앙당, 덴마크의 좌파당, 핀란드의 중앙당, 노르웨이의 중앙당, 아이슬란드의 진보당 등이 있다. 이 정당들은 모두 네잎 클로버를 상징으로 사용한다.

산주의에 대한 지지는 유권자의 약 20퍼센트로 상당히 높았다. 이는 스웨덴과 극명하게 대비된다. 이 나라에서는 공산주의자들이 무시해도 좋을 정도인, 투표의 5퍼센트에 지나지 않았다. 약 45퍼센트를 차지하는 사회민주주의자들이 전후 시기 전체에 걸쳐 지배적인 정치 세력으로 남았다. 소련의 압력은 핀란드의 사회민주주의자들이 1960년대 중반 이전에 정부에서 거의 역할을 하지 못하도록 하는 데 일조했다. 그렇지만 핀란드는 점점 서방의 궤도 안으로 거침없이 움직였다. 사회·경제체제는 다른 스칸디나비아 나라들의 체제에 가까워졌고, 가난한 농업국가에서 높은 생활수준을 자랑하고 기술적으로 선진적인 나라로 탈바꿈하기 시작했다.

유럽 서쪽 끝에 있는 아일랜드도 어떤 면에서는 좀 더 전형적인 정치 발전의 바깥에 있었다. 통상 그런 것과는 달리, 계급은 정치적 충성에서 결정적 요인이 아니었다. 특히 남부에서 정치는 1922~1923년 내전[98]의 유산이 스며들어 있다. 이념적으로 지배 여당인 피어너 팔[99]

---

98)   아일랜드 내전(Irish Civil War). 1921년 아일랜드 자유국을 건국하고 아일랜드를 북아일랜드와 남아일랜드로 나누는 대신 영국 지배하에서 아일랜드의 자치를 공식적으로 인정받게 한 '영국·아일랜드 조약'을 지지하는 세력과 반대하는 세력 사이에 1922년 7월부터 1923년 5월까지 벌어진 전쟁을 가리킨다. 전쟁은 결국 조약 반대파의 승리로 끝났다.

99)   Fianna Fáil. 피네 게일과 함께 아일랜드 공화국의 양대 정당을 이루는 아일랜드 공화당을 일컫는다. 1926년 에이먼 데 발레라가 창당했으며 초기에는 급진적 성향을 보였으나, 점진적으로 중도 우파 성향의 정당으로 바뀌었다. 1930년부터 아일랜드 정치계에 막강한 영향력을 행사하기 시작했으며, 1932년 총선거를 통해 아일랜드 의회에서 최다 의석을 보유하게 되어 집권 정당이 되었다. 아일랜드 독립 이후 새 정부와 내각 체제를 일곱 차례 수립한 아일랜드의 최대 정당이다.

은 주요 야당인 피네 게일[100](소규모 정당들과의 연립을 통해서만 짧은 기간 몇 차례 집권했다)과 거의 구별되지 않는다. 보통 독특한 정치적 비전보다는 지역적 보호 관계와 가족 관계가 정치권력의 열쇠였다. 노동당이 존재했으나, 신페인당[101]—아일랜드 통일 투쟁에서 가장 비타협적인 목소리—처럼 소수의 지지만을 받았을 뿐이었다. 아일랜드 공화국에서 가장 눈에 띄었던 것은 가톨릭교회—인구(그들의 미사 참가 비율은 서유럽의 다른 어떤 나라보다 높았다)의 압도적 다수의 환영을 받은—의 정치적·사회적 우세였다. 가톨릭교회는 여전히 대체로 농업이 지배적인 나라의 사회복지와 교육, 공중도덕에 큰 각인을 남겨 놓았다. 심지어 경제성장을 자극하기 위해 새로운 계획이 채택되기 시작한 1950년대 중반 이후에도 공화국은 유럽의 변두리로 남았다.

북아일랜드에서도 분할은 정치적·사회적 생활의 중대한 결정 요인이었다. 얼스터주의 6개 카운티에서 주민은 영국 정부에 대한 태도

---

100)　Fine Gael. 아일랜드 공화국의 우파 정당인 통일아일랜드당을 일컫는다. 1933년 9월 8일 쿠먼 너 응엘(Cumann na nGaedheal)과 중앙당 그리고 블루셔츠라고 불렸던 국민방위군이 통합해서 창당했다. 아일랜드 독립운동과 마이클 콜린스 같은 아일랜드 내전 당시의 조약 찬성파에 뿌리를 두고 있다. 스스로는 진보적 중도 정당이라고 밝히고 있으나, 유럽 대륙의 기독민주당 모델을 지향하고 있으며, 유럽 통합을 지지하는 입장을 취한다.

101)　Sinn Féin. 아일랜드와 북아일랜드 모두에서 활동 중인 정당. 1905년 아서 그리피스가 창당했으며, 현재 당대표는 게리 애덤스다. 1970년 북아일랜드 통일 운동에 대한 의견 차이로 기존의 신페인당이 분리될 때, 무장투쟁 지속을 주장한 아일랜드 공화국군 임시파(PIRA)를 지지한 측이 지금의 신페인당으로 재창당했다. 반면 무장투쟁 중단을 주장한 아일랜드 공화국군 공식파(OIRA)를 지지한 측은 신페인노동자당으로 분리되었으며, 현재의 아일랜드 노동자당으로 계승되었다.

가 확고한 충성에서 광적인 충성으로 바뀐 개신교 다수파와, 주택·교육·직장을 비롯한 대부분의 생활에서 차별을 받아 정체성을 찾고 생활을 개선하고픈 희망으로 국경 너머 아일랜드 공화국을 자주 바라보던 가톨릭 소수파로 거의 인종 분리처럼 엄격하게 나뉘었다. 얼스터 통일당[102]은 선거에서 도전을 허락하지 않는 막강한 정당이었다. 그들은 선거 때마다 투표의 3분의 2 이상을 얻었고, 그럼으로써 얼스터주에서 계속된 개신교의 지배를 보장했다. 이 지배는 1960년대 중반부터 상황이 급변하면서 점점 더 격렬해지자 비로소 약해지기 시작했다.

하지만 서유럽의 대부분에서 민주주의는 사회주의와 보수주의 사이의 좀 더 재래적인 구분선에 기초해 공고해졌다. 이 구분선은 전쟁 직후 시기에 이미 확고히 자리 잡은 상태였다. 1940년대 말 냉전의 충격 속에서 공산당들이 입지를 잃자, 사회주의는 사실상 주로 산업 노동계급에 뿌리를 내리고 있고 다원주의적 민주주의를 지지하는 사회민주당을 의미하게 되었다. 보수주의는 흔히 기독민주주의로 표현되었다. 보수주의는 구체적인 형태는 서로 달랐지만 전통적인 종교적 가치에 상당한 중요성을 부여했다. 서독에서 보수주의는 두 전쟁 사이에 너무나 악영향을 미쳤던 협소한 교파적 정치를 의식적으로 초월하고자 했다. 한편 네덜란드에서는 전쟁 전에 사회 그룹 각자가 개별적으로 갖고 있던 '독립적인pillarized' 하위문화들(가톨릭, 프로테

---

102) Ulster Unionist Party, UUP. 영국 북아일랜드의 보수 정당으로, 북아일랜드와 영국의 통합을 주장한다.

스탄트, 사회주의)이 지속되면서, '가톨릭인민당'의 형태를 띠고 있던 기독민주주의는 자신의 교파적 지지를 넘어 더 넓게 확장되지 못했다. 이탈리아 기독민주주의는 또 달랐다. 주요한 교파적 분열이 없는 이탈리아에서 기독민주주의는 상당 정도는 가톨릭적인 사회적·정치적 가치에 호소하고 공산주의를 철저하게 반대함으로써(또한 정치적 보호 관계를 제공함으로써) 가톨릭의 조직적 네트워크에 침투하고 농촌과 도시 중간계급 사이에서 견고한 지지 기반을 구축했다. 그전에 보여주었던 일부 이념적 성향과는 달리 기독민주주의는 형태와 상관없이 민주주의의 원리에 분명하게 헌신했으며, 사회 변화에 저항하기보다는 사회 변화를 수용할(그리고 능숙하게 조작할) 태세가 되어 있었다. 선거에서 좌파의 지지 수준과 우파의 지지 수준 사이에는 작은 격차밖에 없었지만, 이런저런 종류의 보수주의 정당들은 전후 부흥의 초기 시절에 수립했던 강령에 근거해 1950년과 1960년대 중반 사이에 우위를 차지하는 경향이 있었다.

이처럼 보수주의에 크게 의지하게 된 것은 전쟁과 그 직후의 여파로 거대한 격변과 엄청난 혼란, 극심한 고통을 겪은 뒤에 '정상 상태', 평화와 안녕, 상황의 안정을 바라는 분위기가 사람들 사이에 만연했기 때문이다. 안정은 대부분의 사람들에게 다른 무엇보다도 중요했다. 냉전으로 정세가 얼어붙자 서유럽의 모든 나라가 국내 안정을 특히 중요하게 여겼다. 각국 정부는 국내 안정을 자신들의 핵심 목표로 보았고, 그것을 유지하는 데 필수적인 전제 조건으로 여겼던 복지 개혁을 지지할 준비가 되어 있었다.

그것은 선순환이었다. 안정은 사람들에게 추가 안정(계속된 보수주의의 성공)의 가능성을 뒷받침하는 안전감을 부여했다. 독일 점령과 독일 점령이 불러일으킨 깊은 내부적 반목의 뒤를 이어 전쟁 후 정치 체제가 새로 수립되거나 완전히 개편된 곳에서는 안정이 안정을 낳는 이러한 선순환을 이룩하려면 일정한 수준의 집단적 기억상실, 즉 현재의 안정과 번영을 고무하기 위해 고통스러운 과거에 대한 숙고를 기꺼이 피하려는 태도가 필요했다.

'정상 상태'에 대한 강렬한 욕구는 이때가 전대미문의 번영을 창출한 유례없는 경제성장의 시기(4장에서 살펴볼 것이다)였다는 사실이 없었더라면 아마도 그 자체만으로는 충분하지 않았을 것이다. 생활수준에서 물질적 개선이 급속히 이루어지자 대부분의 사람들은 매우 잘 작동하고 있는 것처럼 보이는 것을 기꺼이 고수하려는 태도를 취했다. 급진적 대안을 제안하는 정당들은 힘겨운 과제에 직면했다. 이러한 분위기는 특히 종전 후 태어난 새로운 세대 사이에서 권위에 대한 존경심이 줄어들고, 기독민주주의의 뒤를 확고하게 떠받치고 있던 교회의 영향력이 줄어드는 데 힘입어 1960년대 중반쯤에는 바뀌기 시작할 것이었다.

서유럽에서 자유민주주의가 공고해지는 가운데 보수주의의 성공을 떠받친 것은 냉전이었다. 1950년대 초까지 공산주의에 대한 지지가 모든 곳에서 다소 줄어들면서 냉전은 정치의 안정화에 크게 기여하고 있었다. 동유럽에서 스탈린주의가 얼마나 무자비한지를 알게 되고 또 공산주의 팽창에 대한 우려가 커지자, 미국으로부터 상당한 후원을 받는 서방의 반공산주의 선전은 이를 쉽게 이용했다. 비록 어느 곳도 미국만큼 피해망상적이지는 않았지만(미국에서는 상원의원 조지프 레이먼드 매카시[103]가 벌인 마녀사냥을 동반한 '침대 밑의 빨갱이' 소동이 1950년대 동안 절정에 달했다), 격렬한 반소련 감정은 서방 자유민주주의를 확고히 하는 데 도움을 주었다. 1950년대 초의 한국전쟁은 반공주의를 강화하고 그것의 주요 수혜자였던 (온갖 종류의) 보수주의 정당들을 고무했으며, 좀 더 온건한 좌익 쪽의 사회민주당들은 소련식 공산주의를 전면적으로 거부하는 데 합류했다.

영국은 보수주의로의 선회라는 면에서 유럽의 공통된 패턴을 따랐다. 영국은 1951년부터 1964년 사이에 보수당 정부가 집권했다. 그럼에도 영국은 많은 점에서 서유럽 국가들 중에서 예외였다. 영국은 강대국 중에서 적국의 점령을 피한 유일한 유럽의 교전국이었다. 탈진하고 거의 파산한 상태였지만, 정치적·경제적·사회적 제도가 전혀 손상되지 않은 채 승전국으로서 전쟁에서 벗어났다. 전쟁으로 전례 없는 수준의 국민적 연대가 이루어지면서 일시적으로나마 최소한 깊은 계급적 분열이 중단되었고, 나치즘에 승리를 거뒀다는 국민적 자부심이 존재했다. 왕실은 큰 인기를 누렸다. 영국의 의회민주주의는 거의 모든 국민의 지지를 받았다. 서유럽의 대다수 국가들이 시행하는 비례대표제와는 달리 '최다 득표자를 당선시키는' 선거제도는 소규모 정당들에 몹시 불리했고, 상당한 다수파를 가진 안정된 정부를 창출하는 경향이 있었다.

---

103)   Joseph Raymond McCarthy(1908~1957). 미국의 정치가. 위스콘신주의 연방 상원의원을 지냈다. 1950~1954년 동안 미국 역사상 유례없는 극단적인 반공산주의 사상을 표명하며, 공산주의 색채를 의심받은 미국 유명 인사에 대한 청문·고발·추방 활동을 벌인 일로 악명 높다.

실제로는 유권자들이 보수당과 노동당 사이에서 거의 똑같이 나뉘었지만, 분명한 선거 승자들이 등장했다. 1950년부터 1964년 사이에 치러진 다섯 차례의 총선에서 보수당의 득표는 총투표의 43.4~49.7퍼센트였고, 노동당의 득표는 43.9~48.8퍼센트였다. 나머지는 대부분 한때 강력한 당이었지만 득표율이 겨우 9퍼센트가량(실제로 1951년에는 2.6퍼센트까지 떨어졌다)으로 쪼그라든 자유당에 투표했다.

극단적인 정당들은 선거에서 전혀 관심을 끌지 못했다. 심지어 1930년대에도 영국에서 단 하나의 의석조차 가져 본 적이 없던 파시즘은 보잘것없는 세력으로 철저한 불신의 대상이었다. 공산당은 선거에서 거의 지지를 받지 못했다. 1950년 선거에서 100명의 공산당 후보는 평균 2퍼센트밖에 득표하지 못했다. 이 모든 요인은 대대적인 변화보다는 높은 수준의 지속적인 안정과 정책 조정을 확실히 하는 데 큰 도움이 되었다.

1951년 투표에서 일흔 살에 가까운 전쟁 영웅 윈스턴 처칠을 총리직으로 복귀시킨 보수당의 승리는 영국의 많은 이들에게 불안감을 없애 주었다. 사실, 전임 노동당 정부 정책과의 급격한 단절은 없었다. 사회적 평화를 매우 중요시했던 보수당은 강력한 노동조합(거의 1000만 명에 가까운 조합원들의 지지를 받던)에 대해 유화적이었다. 보수당은 1953년에 철강과 도로 화물 수송을 민영화하는 것 외에는 노동당 전임자들이 시행했던 산업의 국유화를 번복하려 하지 않았다. 복지국가는 유지되었다. 국민건강보험을 위한 지출은 늘어났다. 주택 건설 프로그램이 확대되었다. 심지어 전임 노동당 재무장관 휴 게이츠컬과 그의 후임자인 보수당의 리처드 오스틴 버틀러[104] 사이의 경제정책이 수렴된 것을 지적하기 위해 1954년에 기자들이 고안한 '버츠켈리즘Butskellism'이라는 새로운 용어도 등장했다. 외교정책과 국방정책에서도 연속성이 뚜렷했다. 노동당 아래에서 시작되었던 제국의 종언은 아프리카와 아시아에서 자치적인 자유영연방으로의 이동이 진전되면서 본격화되었다. 한국전쟁, 나토, '독자적인 핵 억지력 구축', 대미 관계에 대한 헌신에는 변화가 없었다. 또한 보수당은 유럽 대륙으로의 통합을 향한 초기의 시험적인 조치로부터 거리를 두는 데서도 노동당의 정책을 직접적으로 계승했다. 영국은 여전히 자신을 세계 정세에서 중요한 역할을 하는 강대국으로 여겼다. 대서양을 가로지르는 다리가 영국 해협을 가로지르는 다리보다 훨씬 더 중요했다.

사실 영국의 보수당 정부는, 인정할 생각은 없었지만, 전후 노동당 행정부가 감내할 수밖에 없었던 긴축의 수혜자였다. 1950년대 초까지 경제 상황은 뚜렷하게 개선되고 있었다. 교역 조건도 영국에 유리하게 전개되고 있었다. 수입 대금을 치르는 데 수출이 더 적게 필요했다. 1955년에 국민소득은 1950년보다 40퍼센트나 많아졌다. 배급제가 마침내 끝났다. 표준세율로 소득세는 42.5퍼센트로 줄어들었고, 이는 사반세기 동안 계속 그렇게 유지될 터였다. 경제 활황, 그리고 이용 가능한 소비재의 확대와 함께 활기찬 '낙관적 분위기'가

---

104)　　Richard Austin Butler(1902~1982). 영국의 저명한 보수당 정치가. 보통 R. A. Butler로 알려져 있으며, 이름의 머리글자를 따 Rab이라고도 친숙하게 불린다. 1941~1945년 교육장관, 1951~1955년 재무장관, 1962~1963년 부총리, 1963~1964년 외무장관 등을 역임했다.

1950년대의 나머지 기간 내내 유지되었다. 그 덕분에 보수당은 1955년과 1959년 선거에서 연이어 승리를 거뒀다. 해럴드 맥밀런 총리는 1959년 선거 석 달 전에 대중의 긍정적인 분위기를 적절하게 포착했다. 맥밀런은 번영의 수준이 영국 역사에서 존재했던 어떤 번영도 뛰어넘었다고 주장했다. 그는 1959년 7월의 연설에서 다음과 같이 선언했다. "우리 솔직해집시다. 우리 국민의 대부분이 이렇게 좋았던 적은 결코 없었습니다."

그러나 1960년대 초에 경제문제가 제기되기 시작했고, 인기 없는 임금 통제가 도입되었으며, 정부는 육군장관 존 프러퓨모[105]의 성 스캔들에 시달렸다. 또한 피로하고 파탄 상태에 이른 정부의 이미지는 1963년 1월 영국의 뒤늦은 유럽경제공동체 가입 시도에 대한 드골 대통령의 거부로 더욱 악화되었다. 1964년에 노동당은 나라를 과거가 아니라 미래로 이끌 것 같은, 대중적 감성을 지닌 수완 좋은 지도자 제임스 해럴드 윌슨[106] 아래에서 가까스로 다수파를 획득했다. 13년간의 보수당 정부는 끝났다. 영국은 곧 밝혀지겠지만, 훨씬 덜 안정된 새로운 국면으로 접어들었다.

뿌리 깊은 영국의 보수주의는 대륙의 많은 부분에서 보수당을 뒷받침하던 공공연한 종교적 이상과는 달랐다. 이 대륙의 보수당 가운

---

105)　John Profumo(1915~2006). 영국의 정치가. 1960~1963년 육군장관을 지냈다. 1963년 19세 모델과의 성관계로 추문을 일으켜, 해럴드 맥밀런의 보수당 정권에 큰 타격을 주었다.
106)　James Harold Wilson(1916~1995). 영국의 노동당 소속 정치가. 1964~1970년, 1974~1976년 총리를 지냈다.

데 중요한 정당들은 '기독민주주의'를 확실하게 표방했다. 기독민주당들의 성공적인 출현은 사실 전쟁 직후 서유럽의 내부 정치에서 가장 중요한 발전이었다. 1950년대의 좀 더 안정된 상태는 이 최초의 성공을 공고화하는 틀을 제공할 것이었다.

비록 패턴은 달랐지만, 벨기에·룩셈부르크·네덜란드·스위스·오스트리아에서 기독민주당(항상 그 이름은 아니지만 기조에서)은 1950년대와 1960년대 초에 정치에서 중요하고 종종 지배적인 역할을 했다. 그들의 두드러진 모습은 1960년대 중반이 되어서야 전반적으로 약화되었다. 스위스에서는 주州에 대한 강한 충성과 인민들의 빈번한 국민투표 직접 참여(이는 일반적으로 실제로는 보수주의에 유리하게 작용하면서 정당들 사이의 정치적 타협과 협력에 기여한다)로 정부가 더욱 복잡한 양상을 띠었다.

이들 나라에서는 비례대표제에 기반을 둔 선거제도 덕분에 연정이 일반적인 현상이 되었다. 가톨릭 하위문화, 사회민주주의 하위문화, 자유주의·보수주의 하위문화의 전통적인 '기둥들'이 1960년대 중반에 쇠퇴할 때까지 계속 병존했던 네덜란드에서처럼, 안정과 효율적인 정부를 보장하기 위해 경쟁 정당들과 기꺼이 협력하려는 태도가 존재했다.

벨기에에서는 '독립적인' 하위문화들이 복잡하게 뒤얽힌 상황이, 나라가 언어적으로 플라망어를 말하는 지역과 프랑스어를 말하는 지역으로 분할되어 있는 상태 때문에 더욱 심각해졌다. 이로써 주요 정당인 사회당과 기독사회당 사이의 타협이 한층 어려워졌고, 격렬한 갈등이 지속적으로 일어났다. 군주정은 적어도 전후 초기에는 국민들을 단합하는 요소가 아니었다. 국왕 레오폴트 3세[107]의 다채로운 전시 전력(그는 독일 점령군에게 너무 우호적이었으며, 심지어 반역죄를 저질렀다고 비난받았다) 때문에 그를 좋지 않게 생각하는 국민이 많았다. 1951년 레오폴트 3세가 망명지 스위스에서 귀국하자 이에 항의하는 파업이 대대적으로 벌어졌다. 그는 국민투표에서 근소한 차이로 이긴 뒤, 아들 보두앵[108]에게 왕위를 물려주었다. 여기서도 역시 지역적 분열이 있었다. 사회당이 우세한 왈로니에서는 투표자의 42퍼센트만이 군주를 지지한 반면, 기독사회당의 근거지가 자리 잡은 플랑드르에서는 70퍼센트의 지지를 보여주었다. 1993년 사망할 때까지 벨기에를 통치한 보두앵은 아버지가 해내지 못한 단합의 상징이 되었다. 그럭저럭 나라는 붕괴를 모면했다. 벨기에의 두 절반은 나라의 언어적 대립이 앞으로 수십 년 동안 계속 정치를 괴롭히겠지만, 특히 번영이 확산되자 갈라서는 것보다는 함께 함으로써 얻은 것이 더 많았다.

기꺼이 타협과 협력을 모색하려는 자세는 오스트리아에서 히틀러

---

107) Leopold III(1901~1983). 벨기에의 국왕(재위 1934~1951). 제2차 세계대전 동안 벨기에군의 최고사령관이 되었으나 독일군이 침입했던 1940년 5월 28일 자신의 군대에 항복 명령을 내렸다. 그 후 브뤼셀 근처에서 독일군의 포로로 잡혔으며, 전쟁이 끝날 때까지 오스트리아에 감금되어 있었다. 그의 형 샤를이 1944년 섭정에 임명된 후 레오폴트 3세는 1945년부터 5년 동안 스위스에 머물렀는데, 1950년 3월 12일 실시된 국민투표에서 58퍼센트가 왕의 귀국을 찬성했다. 하지만 사회주의자들과 왈론족의 반발로 레오폴트 3세는 1951년에 왕좌에서 물러났고 장남 보두앵이 그의 뒤를 이어 국왕이 되었다.

108) Baudouin(1930~1993). 벨기에의 제5대 국왕(재위 1951~1993). 1960년 벨기에의 식민지였던 콩고의 독립을 승인했다. 1993년 심장마비로 사망했으며, 동생 알베르 2세가 뒤를 이어 왕위에 올랐다.

를 위해 길을 닦아 준 극심한 분열을 되풀이하지 않게 하는 데 특히 중요했다. 1950년대와 1960년대 초에 선거 지지율은 기독민주 오스트리아 인민당(전쟁 전 기독사회당의 보수적 후예)과 사회당이 거의 똑같이 나눠 가졌다. 공산당(아주 적은 지지만 받았다)을 비롯한 다른 정당들은 별로 중요하지 않았다. 수많았던 나치는 침묵을 지켰고, 나치 시대의 최악의 범죄를 제외하고 모든 것을 사면받았던 덕분에 자신들의 수상쩍은 과거를 숨길 수 있었다. 이것은 특히 오스트리아가 편리하게도 국제적으로 히틀러의 '최초의 희생국'으로 여겨지고, 그럼으로써 1938년 오스트리아 병합 당시 히틀러가 따뜻하게 환영받고 그 후 완전히 그의 체제로 흡수된 사실을 못 본 체했기 때문에 더욱 더 가능했다. 그러나 여하튼 나치당은 더 이상 존재하지 않았다. 전후 세계의 오스트리아 정치에서 결정적으로 중요했던 것은 1934년의 짧은 내전을 불러오고 의사 파시즘적 권위주의 국가(1938년 독일 침공과 함께 종식되었다)의 수립을 초래한 1930년대의 격렬한 반목이 이제 극복되었다는 사실이다.

1947년부터 1966년 사이에 오스트리아에서 정부는 두 주요 정당의 '대연정'으로 운영되었다. 이 양당정치에서 우파 기독민주당과 좌파 사회민주당이 지지율(거의 똑같았다)에 따라 직책을 배분함으로써 정부 내각과 공공 행정을 분점했다. 이것은 필연적으로 보호 관계 시스템을 낳았고, 이 관계에서는 당에 대한 충성이 지위와 승진, 주택, 직업, 사업 허가 등을 얻을 수 있는 티켓을 제공했다. 그러나 그것은 작동했다. 경제가 성장하고 번영이 확산하면서 그와 함께 평지풍파를 일으킬 수 있는 노동 분규를 기꺼이 회피하고자 하는 태도도 생겨났다. 오스트리아가 지리적으로 공산주의 동구 블록에 근접해 있다는 사실(그리고 1955년까지 나라의 일부가 소련 점령 아래 있었던 기억)은 정신을 집중하는 데 나름의 역할을 했다. 오스트리아는 1930년대 중부 유럽에서 불안과 격변의 중심이었지만, 이제 견고한 민주주의의 기둥으로 변모했다.

기독민주주의는 1940년대 말에 이탈리아 정치에서 가장 큰 세력으로 등장했고, 1950년대와 1960년대 초에 선거에서 약 40퍼센트의 지지를 받았다. 사회주의와 공산주의 좌파는 더 잘 조직돼 있고 사회적으로 더 급진적인 공산당이 특히 북부 산업 벨트에서 분열된 사회당의 표를 깎아먹으면서 지지율을 높일 수 있었지만, 둘을 합쳐 봐야 보통 35퍼센트 정도의 지지를 얻을 수 있을 뿐이었다. 1960년대 초에 기독민주주의의 주요 반대자는 공산당이었다. 공산당은 유권자의 약 4분의 1에게 지지를 받았으며, 북부의 산업 대도시에서 지지의 보루를 관리했다. 나머지 유권자는 일련의 작은 정당(자유주의자, 공화주의자, 군주주의자, 네오파시스트)에 투표했다. 기독민주당과 좌익 정당들 사이의 정치적 분할은 나라의 깊은 사회적·이념적 분열을 반영했다. 그 결과 등장한 것은 정치적 충성(가입한 당원 수는 서유럽 나라 중에서 가장 많았다)이 직업과 개인적 출세의 필수적 열쇠가 되는 개별 하위문화들이었다.

이탈리아는 1945~1970년에 정부가 계속 바뀌었는데, 각 정부의 존속 기간은 평균 1년이 채 되지 않았다. 기독민주주의 형성기의 위대한 인물이었던 알치데 데가스페리[109]가 1953년 축출된 뒤에는(그

---

109)   Alcide De Gasperi(1881~1954). 이탈리아의 정치가. 제2차 세계대전 후 이

는 이듬해 사망한다), 후임자 주세페 펠라[110]를 필두로 1960년대 말까지 12명이 총리직을 맡았다. 데가스페리는 그 자신이 직접 8개의 행정부를 관장했다. 펠라 정부는 채 다섯 달도 지속되지 못했고, 그의 후임인 아민토레 판파니[111] 내각은 겨우 12일을 유지했다. 그러나 표면상의 변화 아래에서는 직원과 정책 모두 많은 연속성이 있었다. 각료들은 제1차 세계대전 전만큼이나 돌아가며 감투를 썼다. 판파니는 전부 다섯 차례 총리직을 맡았고, 안토니오 세니[112]와 조반니 레오네[113]는 각각 두 차례 총리직을 맡았다. 기독민주당은 여전히 모든 행정부의 중추였다. 극심하게 파벌화된 당에서 이념은 권력 유지에 부차적

탈리아 왕국의 마지막 총리였으며, 뒤이어 이탈리아 공화국의 초대 총리를 지냈다. 1919년 루이지 스투르초와 함께 기독교 정당인 이탈리아 인민당(훗날 기독민주당) 창당에 참여했으며, 1945년부터 1953년까지 8년간 총리로 재임하면서 이탈리아 발전의 기틀을 닦았다.

110)   Giuseppe Pella(1902~1981). 이탈리아의 기독민주당 정치가. 1953년부터 1954년까지 총리를 지냈다. 또한 알지데 데가스페리 사망 후 1954년부터 1956년까지 유럽의회 의장을 맡기도 했다. 그 외에도 1952~1953년 재무장관, 1957~1960년 외무장관을 역임했다.

111)   Amintore Fanfani(1908~1999). 이탈리아의 기독민주당 정치가. 노동장관, 농업장관, 외무장관, 내무장관을 역임하고, 1954~1987년 사이에 다섯 차례에 걸쳐 총리를 지냈다.

112)   Antonio Segni(1891~1972). 이탈리아의 기독민주당 정치가. 1955~1957년, 1959~1960년 두 차례에 걸쳐 총리를 지냈으며, 1962년부터 1964년까지 제4대 대통령을 지냈다. 기독민주당의 중도파 정치가로서 최초의 사르디니아인 총리이자 재직 중 사임한 대통령이다.

113)   Giovanni Leone(1908~2001). 이탈리아의 기독민주당 정치가. 1963년 6월~12월, 1968년 6월~12월 두 차례에 걸쳐 총리를 지냈으며, 1971년부터 1978년까지 제6대 대통령을 지냈다.

이었고, 그보다 결정적인 것은 보호 관계—이탈리아인들이 소토고베르노sottogoverno(글자 그대로 '제2의 정부')라고 부르는 대체로 부패한—를 유지하는 것이었다. 가난한 남부, 메초조르노Mezzogiorno에서 기독민주당이 성공을 거둔 것은 국가 재원의 분배를 통해 단단히 박혀 있는 후견주의를 장악할 수 있었던 덕분이 컸다. 그리고 최대의 보루 중 일부를 갖고 있던 북부에서는 기독민주당이 큰 가톨릭 단체들의 광범한 네트워크를 이용해 그들의 지지와 가톨릭교회의 중요한 뒷받침을 굳힐 수 있었다.

1950년대에 일련의 취약하고 단명한 중도주의 연정의 비효율성이 계속 문제가 되면서 1960년 정부에 네오파시스트 우파를 포함하려는 짧은 시도가 있었다. 그러나 이러한 시도는 광범위한 항의를 불러일으켰고, 그 과정에서 경찰이 시위 참여자 몇 명을 살해했다. 이에 기독민주당은 완전히 방향을 바꿔 반공산주의 중도 좌파와 교섭을 개시했다. 이는 궁극적으로 1963년에 알도 모로[114] 아래에서 심지어 사회당도 포함하는 연정을 낳았다. 그러나 그 결과 많은 노동조합원을 비롯해 상당수의 사회당 좌파가 기독민주당과의 협력 가능성이 참을 수 없다는 것을 알았을 때, 사회당은 분열했다.

세 차례에 걸쳐 모로 행정부가 5년 동안 지속되었으나 약속한 사회 개혁은 대부분 무위로 끝났다. 1948년부터 1969년 사이에 크기

---

114) Aldo Moro(1916~1978). 이탈리아의 정치가. 1963~1968년, 1974~1976년 총리로 재임했다. 이탈리아 공산당의 엔리코 베를링구에르 당수와 협의하여 공산당이 정치에 참여하는 길을 열었다. 1978년 3월 16일, 극좌 테러 조직인 '붉은 여단'에 납치당했으며, 5월 9일 시체로 발견되었다.

가 2배로 늘어나 터질 듯이 부푼 공무원 집단은 개혁되지 않은 채 고질적으로 비효율적인 상태로 남았다. 괴로울 정도로 굼뜨게 작동하고 법률가 공급을 남부 이탈리아의 법과 대학들에 지나치게 의존하는 법률제도를 관장하는 사법부는 반좌파 편향을 지니고 직업적 전망과 정부 간섭으로부터의 독립을 지키는 데 무엇보다도 관심이 있던 매우 보수적인 폐쇄적 계급이었다. 재정 지원이 풍부했던 대규모 군대는 할 일이 거의 없었지만 군함 한 척마다 2명의 제독을, 그리고 유고슬라비아와 맞댄 국경 200미터마다 장군 1명을 유지했다. 이는 사회적·제도적 정체停滯였다. 그러나 기독민주당에는 권력을 계속 보유하는 것 자체가 목적이었다.

이탈리아 정치와 사회에서 급진적 변화를 가로막는 장애물은 크고 많았다. 그러나 그와 같은 변화를 일으키려는 기독민주당의 노력은 사실 그다지 대단하지 않았다. 그와 동시에 기독민주당은 왼쪽의 개혁주의 세력을 차단할 능력이 있는 것으로 밝혀졌다. 이탈리아는 여전히 깊이 분열된 나라였고, 그 분열과 내부 문제들은 기독민주당이 지배했던 오랜 시절 내내 극복되기보다는 그저 관리되어왔을 뿐이었다. 기독민주당의 지도자들에게는 그것으로 충분했다. 그리고 이탈리아 정치의 특징이긴 했지만, 정부의 불안정은 사실 체제 자체의 안정과 완전히 양립 가능했다.

서유럽 정치의 안정화와 민주화에서 중심적인 나라는 의문의 여지 없이 서독이었다(독일연방공화국과 서베를린을 의미한다. 서베를린은 여전히 이전 수도의 4개국 점령 상태 그대로 있었고, 공식적으로는 독일연방공화국의 일부가 아니었다). 1949년 연방공화국을 건국했을 때 안정은 결코 보장되지 않았다. 새 국가는 패전과 분열의 산물이었다. 외교 문제에서 주권이 부여된 1952년까지 이 국가는 기술적으로는 여전히 피점령국이었고, 1955년에야 주권국으로서 완전한 인정을 받았을 뿐이었다. 연방공화국은 군대가 없었다. 어떤 확립된 정치 시스템도 없었다. 연방공화국의 이념적 분열은 깊었다. 최근의 나치 과거는 연방공화국에 극심한 도덕적 손상을 남겼고, 연방공화국은 (미국과 소련뿐만 아니라) 유럽 인접국들로부터 강한 불신을 받았다. 또한 반인륜 범죄에 직접 연루된 사람들을 비롯해 한때 히틀러 독재를 열렬히 지지했던 많은 시민들뿐 아니라 수백만 명의 난민과 추방민들(이들의 압력집단들은 정부에 상당한 영향력을 미칠 수 있었다)을 새로운 민주주의로 통합하는 문제에도 직면했다.

무엇보다도 서독은 국경이 해결되지 않았기 때문에 핵심적인 국가였다. 1950년대 초에 국경 문제는 독일 일반인들을 분열시켰고, 그중 많은 이들은 (주요 야당인 사회민주당이 주장하는 대로) 나라가 무기한 분단을 겪고 서방에서 실행된 냉전 정치의 궤도로 편입되는 것보다는 조기 재통일과 정치적 중립을 선호했다.

1949년 8월 첫 연방 선거에 참여한 정당들의 다양성은 이제 대부분 새로운 당명을 쓰고 있었지만 많은 점에서 바이마르[115] 시대의 다

---

115) Weimar Republik. 제1차 세계대전이 끝난 뒤 1919년부터 1939년까지 존재했던 '독일제국(Deutsches Reich)'을 가리킨다. 바이마르공화국은 출범 직후부터 초인플레이션과 극좌·극우 세력의 저항, 제1차 세계대전 이후 외교 관계의 논란 등 많은 문제에 직면하며 혼란에 빠졌다. 1930년대에 들어 대공황의 여파로 경제가 붕괴하고 실업률이 폭등하면서 결국 1933년 나치가 집권했다.

양성을 닮았다. 고작 유권자의 31퍼센트 지지밖에 받지 못한 콘라트 아데나워의 기독민주연합CDU은 29.2퍼센트를 얻은 주요 경쟁 정당인 독일 사회민주당SPD을 가까스로 앞서면서 제1당으로 등장했다. 바이마르공화국 시절에 쾰른 시장이었고 이미 일흔세 살이 된 아데나워는 역시 작은 정당들도 끌어들이긴 했지만, 강압과 빡빡한 협상을 통해 특히 친기업적인 자유민주당FDP에 의존하는 연정을 그럭저럭 꾸릴 수 있었다. 좀 더 확실시되었던 프랑크푸르트암마인이 아니라 라인 강변의 조그만 도시인 본이 연방공화국의 수도로 선택되었다. 본은 비꼬는 투로 '수도 마을'이라고 불렸다. 아데나워로서는 본이 자신의 라인란트 집에 아주 가까워서 뚜렷한 이점이 있었다. 아데나워는 단 한 표(그 자신의 표) 차의 다수 득표로 연방 총리로 선출되었다. 그러나 아데나워가 마침내 총리직을 사임했던 1963년 무렵에 대부분의 서독인들은 그가 비스마르크보다 위대한 정치인이었다고 생각했다.

바이마르공화국의 14년은 히틀러의 집권으로 마감했다. 본 공화국의 14년 동안 자유민주주의가 공고해졌다. 첫 번째 독일 민주주의가 파멸적으로 실패했던 반면 두 번째 독일 민주주의는 왜 그렇게 완벽하게 성공을 거두었는가?

헌법 개정이 도움이 되었다. 하지만 그 변화는 주된 이유가 아니었다. 기본법[116]을 입안한 사람들은 확실히 바이마르 헌법의 결함을 의

---

116)   독일연방공화국 기본법(Grundgesetz für die Bundesrepublik Deutsch-land). 독일연방공화국의 헌법을 가리킨다. 1949년 당시 서독에서 제정해 동독과 통일하기 전까지의 임시 헌법이라는 의미에서 '기본법'이라는 명칭을 사용했다. 하지만 1990년 통일 이후에도 '헌법'으로 명칭을 바꾸지 않아 지금까지 이 이름이

식했고, 성공적으로 그것을 극복하고자 했다. 연방대통령에게는 이제 주로 대표 기능만 주어졌다. 불신임 투표를 통해 기존 정부를 전복하기가 훨씬 어려워졌다. 그리고 작은 정당들이 부적절한 영향력을 행사하는 것을 막는 아마도 가장 중요한 조치로서, 5퍼센트 이상 득표한(처음에는 지역 차원에서, 1953년부터는 연방 차원에서) 정당에만 연방의회에서 대의권이 허용되었다.

무엇보다도 서독에서 민주주의가 성공적으로 안착한 데는 두 가지 요인이 결정적인 역할을 했다. 첫 번째 요인은 '경제 기적'이라고 불린, 이례적으로 급속하고 강력한 경제성장이었다. 이 덕분에 독일인들은 연방공화국 건국 때 가능하리라고 상상했던 수준 이상으로 생활수준을 개선할 수 있었다. 그 결과 평범한 사람들도 새로운 정치 시스템에 큰 관심을 갖게 되었다. 그것은 민주주의가 자신들에게 물질적으로 유리하게 작용한다는 것을 국민들에게 보여주었다. 이는 바이마르공화국이 결코 이루지 못했던 것이다.

서독은 서유럽의 다른 국가가 모두 그렇듯이 운 좋게도 제2차 세계대전을 뒤이은 세계적 규모의 호황으로부터 혜택을 보았다. 서독은 또 몇 가지 성장에 유리한 독특한 조건을 갖고 있었다. 서독은 종종 자격이 충분한 난민들의 유입 덕을 보았다. 쏟아져 들어온 1000만 명 이상의 난민은 매우 의욕적이었고 삶을 개선하려는 마음이 간절했으며, 저임금을 받고도 기꺼이 일할 의사가 있었다. 물론 나라의 재건이라는 엄청난 과제가 막대한 고용 기회를 제공했기 때문에 그들에

그대로 사용되고 있으며, 2014년 12월 23일에 마지막으로 개정되었다.

대한 수요는 컸다. 독일의 강력한 산업 역량은 전쟁으로 심하게 훼손되긴 했지만 완전히 파괴되지는 않았다. 실제로는 일부 현대화되기도 했으며, 재빨리 반등할 능력이 있었다. 한국전쟁은 경제에 뜻밖의 선물을 가져다주었다. 군비 생산이 금지되었기 때문에 서독 산업은 소비재로 선회했다. 이 소비재는 급속히 커져가는 국내 수요를 만족시켰을 뿐 아니라 해외에 준비된 시장이 있었던 덕분에 괄목할 만한 수출 붐도 일으켰다. 또 전쟁과 난민의 유입으로 나타난 심각한 주택난을 해결하기 위해 새로운 집을 건설해야 하는 상황은 경제성장에 더욱 박차를 가했다. 거의 500만 채에 이르는 집이 1950년대 동안 건설되었다. 이는 건축업에 자재를 공급하는 수많은 보조 산업을 자극했다.

1944년 뉴햄프셔의 브레턴우즈에서 합의된 협정과 3년 뒤에 체결된 GATT 체제에서 자유화되고 규제된 세계무역의 부흥은 활성화되는 서독 경제가 번영을 구가할 수 있는 국제적 틀을 제공했다. 철저하게 관리할 수 있는 낮은 이자율로 1988년까지 30년 이상 총액 150억 달러(전쟁 전부터 그리고 전쟁 동안 외부 채권자들, 주로 미국 기업들에 진 빛)를 변제하기 위해 1953년 런던에서 합의된 서독의 상업 부채에 대한 규제는 나라의 부채 가치를 확실히 설정하는 데 중요한 추가 회복 조치였다. 사실 부채는 경제성장의 규모 덕분에 이미 1950년대 말까지는 대체로 변제된 상태였다. 그러나 압도적으로 동유럽 공산주의 국가들에 있는 나치 희생자들에 대한 배상금 지급 문제는 평화조약을 맺을 때까지 연기되었다(이스라엘 등지의 유대인들에게 보상금으로 총 34억 5000만 마르크를 지급하는 조약이 별도로 체결되었다).

1960년대 중반까지 서독에서 민주주의가 확고하게 정착할 수 있었던 두 번째 요인은 냉전이었다. 새로운 세계대전에 대한 두려움을 다시 일으킨 한국전쟁은 서유럽의 다른 이들에게도 그러했지만, 많은 서독인에게 공산주의의 심각한 위험을 확인해 주는 듯 보였다. 그리고 '다른 독일'의 존재는 이념적 접착제를 제공했다. 심지어 아데나워와 기독민주연합의 반대자들에게도, 그들 모두가 거의 하나같이 대단히 매력 없는 대안 모델로 여기는 체제(대중매체에 의해 끊임없이 강화된 이미지)가 집에서 매우 가까운 공산주의 동독에 존재한다는 사실은 나치가 쉬지 않고 주입한 반공주의를 더욱 확대·재생산하는 역할을 했다.

냉전은 미국에 대한 긴밀한 의존을 강화했고, 다른 유럽 국가들, 그중에서도 특히 (오랜 세월에 걸쳐 쌓인 격렬한 적대감을 제쳐 두고) 프랑스와 여러 형태의 통합을 모색하는 아데나워의 결정을 재촉했다. 라인란트 사람인 아데나워에게 이것은 필요한 움직임이었을 뿐 아니라 마음에 드는 움직임이기도 했다. 하지만 서방 쪽으로의 선회는 다음과 같은 직접적인 필연적 결과를 낳았기 때문에 심한 논란을 일으켰다. 앞으로 무기한 서방 쪽으로 향하게 되면 동독과 서독의 통합을 전혀 기대할 수 없다는 것이었다. 이것은 어쩔 수 없이 받아들여야 하는 쓰라린 사실이었다. 독일 사회민주당 지도자 쿠르트 슈마허[117](그

---

117) Kurt Schumacher(1895~1952). 독일의 정치가. 제2차 세계대전 후 독일 사회민주당을 재건해 당을 이끌며 국회의원으로 활동했다. 서독의 초대 총리 선거에서 기독민주연합의 콘라트 아데나워에게 근소한 차이로 뒤져 낙선했다. 그 후 야당 대표로 활동하면서 아데나워의 정치적 호적수로 활약했다.

는 10년 동안 나치 집단 수용소에 구금되었다는 점을 바탕으로 입지를 다졌다)는 자유가 절대적으로 보장되는 한에서만 재통일을 이룰 수 있다는 시각을 공유하고 있었지만, 재통일을 우선시하는 태도를 버리지 않으려 했다. 슈마허와 그의 당을 지지하는 국민의 3분의 1쯤에게 재통일된 중립국 독일은 연방공화국을 미국이 지배하는 자본주의적(그리고 무장된) 서방에 묶어 두는 것보다 훨씬 더 매력적인 제안이었다.

1952년 3월 10일, 소련을 겨냥하는 서방 군사동맹에 서독을 통합시킬 가능성에 깜짝 놀라서, 그리고 서독 주권의 상당 부분을 회복하는 데 목표가 있는 서방 열강과 연방공화국 간의 기본 조약이 체결되기(1955년에 완전한 효력을 발휘하게 된다) 직전에, 스탈린은 서방 열강에 통일된 중립국 독일의 창건을 꾀하는 제안을 내놓았다. 스탈린은 평화조약과 "민주적인 정당 및 단체들의 자유로운 활동"을 상정했다. 미국은 영국 및 독일과 상의한 뒤 제안을 완전히 무시하지는 않았지만 냉담한 답변을 주었다. 그 후 스탈린은 4월 9일자 두 번째 '각서'를 통해 나라의 방어를 위해 "자체 국군을 가질" 통일독일에서 자유로운 선거를 치르자고 구체적으로 제안했다.

아데나워는 서방 통합(그에게는 최우선 사항이었다)에 대한 자신의 희망에 가해질 위험을 즉시 인식했고, 내각의 지지를 받아(처음에는 약간 주저하다가) 이 계획을 즉각 거부했다. 그러나 많은 서독 국민에게 스탈린의 제안은 독특한 매력이 있었다. 서방 통합을 재통일 앞에 두는 것은 필연적으로 극심한 논란을 낳을 수밖에 없었다. 아데나워는 신중하게 발걸음을 내디뎌야 했다. 그러나 아데나워는 생각을 굽히지 않았다. 그는 서방의 힘을 통해서만 재통일을 이룰 수 있다고 주장했다. 서방 열강은 그의 주장을 받아들였고, 두 번째 '스탈린 각서'에 응답하지 않았다. 5월 26일, 연방공화국과 서방 열강 사이에 맺어진 '독일 조약'은 가까운 미래를 위한 그들의 관계를 강화했다. 그 즈음에 '스탈린 각서'는 이미 과거지사에 지나지 않았다.

당시, 그리고 그 후로도 그것이 기회를 놓친 것은 아닌가 하는 질문이 제기되어왔다. 그렇지 않았다. '스탈린 각서'의 조건을 수용했더라면 자유민주주의가 실제로 확립되고 공고해질 수 있었다 하더라도 그 과정이 훨씬 더 힘들게 진행되었을 개연성이 있다. 제시된 조건이 진정으로 지켜진다고 가정하더라도(의심스러운 가정이지만), 나라 전체가 점차 소련 세력권으로 흡수될 위험은 무릅쓸 가치가 없었다. 어쨌든 당시 상황에서 서독은 서방으로의 통합, 무엇보다도 미국의 방어망에 완전히 편입된 채로 남았다. 서독은 분담금을 지급했다. 1954년, 마침내 유럽방위공동체 제안이 제일 먼저 그 안을 제출했던 프랑스에 의해 좌절되었는데도, 결과적으로(1장에서 언급한 대로) 처음에 극심한 논란을 불러일으켰지만 나토의 필수 불가결한 일부를 구성하게 된 서독군, 즉 연방군Bundeswehr이 창설되고 아데나워의 목표였던 연방공화국의 완전한 주권이 달성되었다.

놀랄 것도 없이 재통일은 많은 국민에게 정서적 호소력을 지녔다. 서독인들의 3분의 2는 1960년대 중반에도 여론조사에서 독일 통일이 자신들의 핵심적인 정치적 목표라고 계속 말했다. 그럼에도 불구하고 대부분의 사람들은 통일이 앞으로 오랫동안 비현실적인 기대로 남을 것이라고 생각했다. 아데나워 정부는 국가 통일을 궁극적인 목표로 계속 고수했고, 독일민주공화국을 주권국가로 인정하기를 거부했다. 그러나 실제로 재통일은 1961년 8월에 베를린장벽이 구축되기 시작하면서 독일 분단이 그야말로 문자 그대로 구체화되기 오래전에 이미 사문화되었다.

그즈음 아데나워는 1953년과 1957년 두 번의 선거에서 확실한 승리를 거뒀다. 1949년에는 근소한 차이로 이겼지만, 이번에는 그의 당에 대한 지지가 엄청나게 늘어났다. 1957년 연방의회 선거에서 기독민주연합과 바이에른주의 자매 정당인 기독사회연합은 절대다수(투표의 50.2퍼센트)를 얻었는데, 연방공화국 역사에서 어느 정당이든 선거에 참여한 정당이 그와 같은 전면적인 승리를 거둔 것은 이때가 유일했다. 아데나워의 구호인 '실험은 없다'는 사람들의 분위기와 완벽하게 조화되었다. 이것은 '경제 기적'의 결과 점점 풍요로워지는 삶에 대한 만족감을 반영했다. 비상한 성장 덕분에 총리는 자신이 승리하는 데 중요한 요인으로 밝혀진 사회보장을 상당히 확대할 수 있었다. 연금의 보장은 생계비와 연동되었다. 이제 노인도 풍요로운 삶을 누릴 수 있었다.

풍요가 확산되는 시대에 계급 전쟁이라는 오랜 어휘는 크게 의미를 잃었다. 독일 사회민주당 지도부는 결론을 내렸고, 본에 가까운 라인 강변의 바트 고데스베르크에서 열린 당대회에서 지금까지 기껏해야 산업 지역의 소수 핵심 지지층에 호소력을 발휘했던 마르크스주의 수사(실제로 그것은 말 그대로 수사에 지나지 않았다)를 포기했다. 중간계급의 환심을 사고 중도 정치 영역을 끌어들일 목적으로, 독일 사회민주당은 자본주의에 대한 적대에서 벗어나 생산수단의 국가 소유라는 궁극적인 목표를 거부했다. 당은 재통일을 지향하는 대외 정

책을 고수하는 태도를 이미 버린 상태였다. 이듬해인 1960년에 사회
민주당은 서방 통합, 독일(서독)의 재무장, 나토 가입을 수용한다고
확인했다. 독일 사회민주당의 강령에서 근본적으로 변한 점은 서독
이 그 역사와 냉전의 분단에서 비롯한 독특함에도 불구하고 유럽의
다른 국가들과 본질적으로 비슷한 당과 정치 체제를 가진 근대적 민
주주의 체제로 바뀌었다는 조짐을 보인 것이었다. 정책은 이제 대체
로 대안 체제를 옹호하는 것이라기보다는 어떻게 적응할 것인가 하
는 문제가 되었다.

　1960년대 초에 이제 80대 중반이 된 연로한 총리의 권위는 약해
지기 시작했다. 1961년 선거에서 기독민주연합/기독사회연합의 선거
지지율이 처음으로 약간 하락했다. 이듬해 10월　시사 잡지《슈피겔
Der Spiegel》이 국방장관 프란츠요제프 슈트라우스[118]를 공격하고 서독
의 부적절한 재래식 방어 능력을 조명하는 기사를 게재한 뒤, 정부가
나치를 연상케 하는 방식으로 잡지 사무실을 기습한 사건이 반향을
일으키면서 아데나워의 입지는 크게 손상되었다. 대중 시위에 동원
된 많은 사람들은 아데나워가 민주주의의 확고함에 대한 의심과 독
단적인 국가권력으로의 복귀에 대한 두려움을 불러일으킨 고압적 행
동을 지지하면서 적법성을 짓밟을 준비가 되어 있다고 여겼다. '슈피
겔 사건'은 아데나워의 오랜 총리직 수행이 마침내 종언을 고할 때가

---

118)　Franz-Josef Strauss(1915~1988). 독일의 정치가. 1961~1988년, 바이에른
기독사회연합 총재를 지냈다. 1956~1962년 서독 국방장관, 1966~1969년 재무장
관, 1978~1988년 바이에른 주지사를 역임했다.

왔다는 사실을 보여주었다. 이미 여든일곱 살의 고령인데도 아데나워는 자진해서 총리직을 그만두지 않았다. 그러나 그는 정부에 너무 오래 있었다. 아데나워는 1963년 10월에 사실상 자신의 당에 의해 쫓겨났다. 이를 계기로 정치와 사회가 좀 더 불안정한 시대로 접어들었다. 오랜 보수당의 지배는 끝났다.

많은 서독인들, 특히 자유주의 좌파 지식인들은 자신들이 아데나워 시대의 답답하고 둔중한 지방주의라고 얼마간 근거 있게 여긴 상황을 두고 비판할 점이 많다는 것을 알았다. 그들은 자신들이 보기에 예술적 창의성, 혁신, 역동성이 부족하다고 자주 개탄했다. 바이마르공화국은 이러한 창의성과 역동성을 풍부하게 제공했다. 그러나 바이마르공화국의 만성적인 불안정은 결국 히틀러로 귀결되고 말았다. 본 공화국은 문화적 자극이라는 면에서 확실히 흐릿한 그림자에 불과했다. 그러나 그것은 지속적인 안정과 번영을 창출했다.

몇몇 문인들은 지식인들의 비판이 너무 심하다고 생각했다. 작가 요하네스 가이타니데스[119]는 1959년에 "연방공화국의 약점, 실수, 결함"을 인정했지만, 연방공화국의 괄목할 만한 성과를 무시하는 것은 실수라고 주장했다. 그는 다음과 같이 물었다. "만약 연방공화국이 경제 기적, 완전고용, 노동자들의 사회적 지위 개선, 동부에서 온 추방민과 중부 독일(독일민주공화국이 된 지역을 의미했다)에서 온 피난민

---

119)　Johannes Gaitanides(1909~1988). 독일의 작가이자 언론인. 《그리스 군도》, 《유럽: 문화들 중의 루시퍼》, 《마지막 다리: 유엔의 영욕》, 《열정 유럽》 등의 저서를 남겼다.

통합, 사회적 안전의 확대, 노동시간 단축, 중공업 부문 노동자들의 공동 결정, 나치즘 희생자에 대한 배상을 이루지 못했다면, 연방공화국에 대한 이러한 비판은 어떻게 보일 것인가?" 가이타니데스는 (너무나 오랫동안 최대의 적이었던) 프랑스와의 화해, 서독의 유럽 통합 증진, 서방과의 지적·예술적 상호 교류 확대, 가톨릭과 개신교 사이의 장벽 파괴 등을 포함해 이미 진행된 진전을 무시하는 비판에 대해서는 대수롭지 않게 생각했다. 또 다른 작가 카시미르 에드슈미트[120]도 1960년 1월 그와 비슷한 지적을 했다. "만일 당신이 1948년에, 지금 자기 차를 타고 돌아다니는 수많은 이 가여운 녀석들 중 한 명에게 '너는 잘살고 멋진 모습을 하고 있고 주머니에 경화인 독일마르크화를 넣은 채 외국 여행을 다니는, 전반적으로 꽤 괜찮은 사람(거리에서 점령군의 담배꽁초를 주운 때가 엊그제인데)으로 여겨질 거야'라고 말했다면, 그는 놀라 눈을 비비고는 이 사람이 돌았나 하고 생각했을 것이다."

국내외에서 아데나워가 거둔 성공, 무엇보다도 서독에 안정적인 민주주의를 안착시킨 일은 주목할 만하다. 그러나 아데나워의 성공에는 큰 대가가 따랐다. 이것은 비단 고통스러운 독일 분단(그리고 오데르·나이세 국경선 너머의 이전 동부 주들—서프로이센과 동프로이센, 슐레지엔의 대부분, 포메른의 상당 부분, 브란덴부르크의 일부분—의 지속적이고 영구적일 것 같은 상실)의 문제만은 아니었다. 도덕적인 대가도 있었

---

120) Kasimir Edschmid(1890~1966). 독일의 작가. 대표적인 저서로 《문학과 새로운 시에서의 표현주의에 대하여》가 있다.

다. 그것은 나치가 얼마 전에 저지른 범죄를 감추고 심지어 적극적인 나치 출신들을 연방정부로 기꺼이 받아들이는 것이었다. 민족주의적 권위주의 정부로 회귀하는 희망을 여전히 품고 있는 사람들의 정치 활동은 엄격히 억제되었다. 약 4만 명의 당원을 헤아리는 사회주의국가당[121]은 1952년에 금지되었다. 그러나 제한적으로 이루어졌는데도 불구하고, 연합국의 탈나치화 조치 대부분이 파기되었다. 1949년부터 1954년 사이에 있었던 몇 차례의 사면으로 나치 시대에 저질러진 가장 심각한 범죄로 유죄판결을 받은 아주 소수의 공무원을 제외하고 모든 공무원이 복권되어 연금을 받을 수 있게 되었다. 과거가 의심스러운 많은 판사와 법률가들이 계속 업무를 볼 수 있었다. 아데나워의 최측근 보좌관 한스 글롭케[122]는 히틀러 정권에서 내무장관을 지냈고, 1935년 뉘른베르크에서 도입된 인종법에 관해 주해서를 쓴 주요 저자였다. 나치 출신으로서 1953년부터 1960년 사이에 아데나워 정부에서 전쟁 추방민·피난민·희생자 장관을 맡았던 테오도어 오버랜더[123]도 전쟁 전 나치 치하에서 미래의 동유럽을 위한 인종적 계획을 입안하는 데 참여한 바 있었다. 전쟁 과부에게 지급된 연금을 받

---

121)   Sozialistische Reichspartei. 독일 사회주의국가당(Sozialistische Reichspartei Deutschlands)이라고도 한다. 1949년 독일에서 제2차 세계대전이 끝난 뒤 옛 나치 당원들이 모여 나치즘을 다시 부활시키기 위해 결성한 정당이다. 1952년 독일 연방정부에서 위헌 판결을 받아 해산되었다.
122)   Hans Globke(1898~1973). 독일의 법률가, 정치가. 1953~1963년 아데나워 총리 수석 보좌관을 지냈다.
123)   Theodor Oberländer(1905~1998). 독일의 정치가. 1950~1953년 바이에른 주의원, 1953~1961년, 1963~1965년 연방의회 의원을 지냈다.

은 사람 중에는 리나 하이드리히[124]가 있었다. 영국 특수작전부대에서 훈련받은 체코슬로바키아 레지스탕스 그룹에 의해 1942년 6월 암살된 그녀의 남편 라인하르트 하이드리히[125]는 국가보안본부 수장을 지냈다. 나치 과거와의 연속성은 외무부 직원들의 특징이기도 했다. 일부가 전쟁 전과 특히 전쟁 동안에 저질렀던 극악한 행동으로 유죄판결을 받은 많은 나치 출신들은 전후에 그럭저럭 다시 경력을 쌓았고, 끝내는 자기 침대에서 조용히 눈을 감았다.

도덕적으로는 나치 출신들—심지어 동유럽에서 저질러진 최악의 반인류 범죄에 보안경찰 구성원으로서 참여했던 일부 사람도 포함하여—의 재빠른 복권은 부끄러운 일이었다. 정치적으로는 그런 조처가 가치가 있었거나 심지어 필수적이었는가? 연합국의 탈나치화 조치는 전반적으로 인기가 없었다. 사람들은 모두 자신들도 희생자라고 여기는 대재앙에 대해 너무 쉽게 히틀러를 비롯한 나치 지도자들 때문이라고 그들 탓을 했다. 여론조사에 따르면, 놀랄 것도 없이 대부분의 사람들은 서독 경영에 나치 관리들이 참가하는 것을 환영하지 않았다. 그러나 독재 시절에 있었던 평범한 사람들의 행동을 너무

---

124)   Lina Heydrich(1911~1985). 나치 독일의 친위대 소속 국가보안본부의 수장 라인하르트 하이드리히의 부인. 1956년과 1959년 서독 정부에 대한 일련의 소송을 벌인 결과 연금을 받을 권리를 획득했다.

125)   Reinhard Heydrich(1904~1942). 나치 독일의 친위대 소속 국가보안본부의 수장. 1942년 6월 4일, 영국에서 훈련받은 체코슬로바키아 레지스탕스의 공격을 받고 사망했다. 생전에 '프라하의 도살자', '피에 젖은 사형 집행인' 등의 별명으로 불렸으며, 유대인 문제에 대한 '최종 해결' 방안을 모색한 1942년의 반제 회의를 주관했다.

깊숙이 파고드는 것은 이미 발생한 일은 더 이상 논의하지 말고 현재와 미래에 집중하고자 하는 수많은 독일인들의 의향을 거스르는 것이었다. 국민의 대다수에게는 최근에 벌어진 일에 대해 지나치게 집착함으로써 평지풍파를 일으키기보다는 '경제 기적'의 혜택을 극대화하는 것이 중요했다. 그러므로 아데나워의 사면과 복권은 기억상실의 시대에 사람들이 가졌던 심리와 상당 정도 부합했다. 그들은 예를 들어 글롭케를 두고 벌어진 격렬한 논쟁에 아데나워를 끌어들였다. 그러나 선거 결과가 보여주었듯이, 사람들은 아데나워의 인기에 찬물을 끼얹지 않았다. 나치 출신을 재통합한 일은 아마도 비민주적 세력을 무력화하는 데도 기여했을 것이다. 반면에 좀 더 공격적으로 추구된 탈나치화와 나치 범죄자에 대한 고발은 최근의 과거를 둘러싼 분열과 고통을 계속 강화했을 것이고, 어쩌면 민주주의의 작동을 재빨리 안착시키는 것을 더욱 어렵게 했을 수도 있다. 목적이 수단을 정당화할 수 있다고 여겨지면, 서독 민주주의의 공고화라는 귀중한 정치적 성과를 얻기 위해 값비싼 도덕적 대가를 치를 만하다고 주장할 수 있었을 것이다. 그러나 연방공화국은 앞으로 수십 년 동안 계속 따라다닐 오점을 지니게 되었다.

어쩌면 놀라운 것은 1950년대 동안 서유럽에서 정부 시스템이 유일하게 실패한 나라가 프랑스라는 사실이었다. 독일의 점령과 전시 비시 정권[126]이라는 쓰라린 유산에도 불구하고, 이는 1946년 10월 제

---

126)   Vichy regime. 제2차 세계대전 중에 나치 독일의 점령하에 있던 남부 프랑스를 1940년부터 1944년까지 통치한 정권이다. 프랑스에서는 '비시 정부'라고 부

4공화국을 수립할 때 예견하기 힘들었을 것이다. 그러나 고질적인 정부 불안정과 고조되는 국가 위기 속에서 12년 만에 제4공화국은 붕괴했다.

적어도 똑같이 만성적인 정부 불안정에 시달렸는데도, 이탈리아 공화국이 비틀거리긴 했으나 유지된 것은 어떻게 설명할 수 있는가? 제2차 세계대전의 최종 단계에 벌어진 내전으로부터 등장한 패전국으로서, 이탈리아의 정치 구조가 승전 연합국 사이에 자리 잡은 해방된 프랑스의 정치 구조보다 더 오래 존속하는 것은 거의 불가능해 보였다. 그러나 이탈리아의 정치 구조는 살아남았다.

확실히 프랑스 제4공화국의 헌법이 큰 장애였다. 정치적 불안정은 정부가 손쉽게 붕괴될 수 있다는 사실(순조롭게 기능하는 공무원 조직이 상당 정도의 경제적 안정을 보장했지만)에 의해 담보되었다. 행정부보다 입법부에 더 많은 권력이 주어진 것은 취약한 제3공화국의 권력 구조를 다소 반영했는데, 이는 국민의회 의원들 사이에서 파벌주의와 당 규율의 결여를 조장했다. 오히려 그런 경향은 실제로는 제4공화국에서 훨씬 더 두드러졌다. 1936년 인민전선 정부에서 총리를 지냈던 레옹 블룸[127]은 1949년에 제4공화국이 "마치 프랑스 역사가 노

르고 있으며 정식 명칭은 프랑스국이다. 파리 남쪽에 있는 비시를 수도로 했으며, 정부 수반은 제1차 세계대전 당시 프랑스의 영웅이었던 필리프 페탱 원수였다. 공식적으로는 전쟁에 대해 중립임을 내세웠고, 나치 독일에서 독립적인 외교 관계를 구축했으나 1942년 횃불 작전에 대한 보복으로 독일군이 남부 프랑스까지 진주하면서 사실상 멸망해 그 통제권이 프랑스 군정청으로 넘어갔다. 그 후 비시 프랑스는 이름뿐인 상태로 2년을 더 유지하다가 소멸했다.

망든 노인처럼 새로운 것을 배우기를 거부하고 옛날 생각들을 더듬 더듬 말하기 시작했듯이"제3공화국을 되풀이하는 것이었다고 상기 했다. 하지만 이탈리아의 헌법 역시 극심한 의회 내 파벌주의와 프랑 스와 유사한 정부 붕괴의 용이함(비교적 안정된 국가 시스템 내에서)을 조장했다. 이탈리아 정치체제와 프랑스 정치체제의 운명을 갈라놓은 주요 요인은 기본적으로 헌법 문제가 아니었다.

그 요인은 먼저 두 나라에서 보수주의 우파의 상대적인 응집력(혹 은 응집력의 결여)에 있었다. 프랑스에서는 분열된 우파가 이탈리아에 서 기독민주당이 획득한 보수 우파의 지배력과 조금이라도 닮은 지 배력을 발휘할 수가 없었다. 1951년 선거에서 기독민주당과 가장 비 슷한 프랑스의 정당으로서 가톨릭의 이해를 대표한다고 여겨진 인민 공화운동Mouvement Républicain Populaire, MRP은 투표의 13.4퍼센트만 얻을 수 있었다. 이는 여러 소규모 보수 정당들이 얻은 총투표보다는 약간 적 고, 21.7퍼센트를 얻은 주요 경쟁 세력 드골주의자들보다는 꽤 적은 것이었다. 중도파와 좌파 역시 10퍼센트의 지지를 받은 급진주의자 들(소기업과 농촌의 정당), 15퍼센트의 지지를 받은 사회주의자들, 26 퍼센트의 지지를 받으면서 모스크바와 손을 잡은 (모든 동맹의 바깥에 있던) 공산주의자들로 분열되었다(이탈리아에서처럼 초기 전후 공산주의

---

127)   Léon Blum(1872~1950). 프랑스의 정치가. 1919년 하원의원으로 선출되 었고, 1920년 새로 출현한 사회당 지도자로 등장했다. 1936년 총선거에서 승리하 여 인민전선 내각의 총리를 맡았으나, 불황을 극복하지 못하고 1년 남짓 후에 퇴 진했다. 비시 정권 시대에는 페탱 정부에 의해 독일로 압송되었고, 전쟁이 끝난 뒤 귀국해 1946~1947년 다시 총리를 지냈다.

의 힘은 상당 부분 전쟁 말기 해방 투쟁 과정에서 강화되었던 사회적·이념적 분열이 심화된 덕분이었다). 어떤 당도 국민의회 의석의 5분의 1을 얻지 못했고, 모든 연립정부 합의는 깨지기 쉬웠다. 그 결과 정치적 풍경은 어찌해 볼 도리가 없을 정도로 산산조각 났다.

두 번째 요인은 프랑스에서 우파의 분열과 밀접하게 관련되어 있다. 그것은 샤를 드골이라는 인물의 독특성이다. 전쟁은 드골을 민족 영웅, 나치 통치에 대한 프랑스 저항운동의 상징으로 만들었다. 전쟁은 또 프랑스가 위대한 국가로 복귀하는 데 자신이 꼭 필요하다는 드골의 의식을 고양했다. 그 자신을, 혐오해 마지않는 의회정치의 사소한 말싸움 위에 있는 것으로 간주하는 드골의 자화상은 프랑스 국민들이 대망해온 민족 구세주의 이미지였다. 드골은 1946년 임시정부 수반을 사임하고, 1947년 '프랑스 인민연합Rassemblement du Peuple Française' 이라는 새로운 정치 운동을 창립했다. 그러나 6년 뒤 이 당의 운세가 기울고 선거에서 참패하자, 드골은 당을 포기하고 1955년 7월 정치 일선에서 다시 한번 물러나 표면적으로는 회고록 집필에 열중했다. 그때부터 드골은 콜롱베레되제글리즈의 자택에서 음울한 칩거 생활에 들어갔고, 제4공화국을 경멸하며 프랑스가 다시 자신을 필요로 할 때가 올 거라고 확신했다.

실제로 드골을 권좌에 복귀시킨 위기는 식민지 문제, 특히 알제리 문제(이에 대해서는 곧 다시 논의할 것이다)였다. 이는 제4공화국을 훼손한 모든 요인 가운데 가장 중요한 요인이 표출된 것이었다. 만약 이탈리아가 이처럼 중차대한 국외 문제에 직면했다면, 이탈리아의 정치 시스템은 큰 압박을 받고 붕괴되었을 것이다. 프랑스에서 알제리 문제는 국내 정치의 고름이 질질 흐르는 상처였다. 이 문제가 점점 심각해지면서 결국 나라는 분열되고, 궁극적으로 제4공화국은 파괴되었다.

　제4공화국의 프랑스는 거의 관리가 되지 않는 나라였다. '해방'에 뒤이은 이상주의는 이미 저 멀리 수십 광년 떨어져 있는 것 같았다. 부동Immobilisme은 정체를 묘사하는 데 사용되는 용어였다. 이탈리아처럼 정부들이 나타났다 사라졌다 했지만(드골 전에 총 20개의 정부가 들어섰다 무너졌다), 어떤 뚜렷한 효과도 없었다. 단기간이라도 생존할 수 있는 정부를 건설하는 일은 어려운 과정이었다. 가끔 프랑스는 정부 없이 거의 마비 상태로 몇 주 동안 내버려지기도 했다. 급등하는 물가에 직면하여 나라가 대규모 파업에 시달리고 있던 1951년 초에는 9일이나 정부가 존재하지 않았다. 8월에는 정부들 사이에 32일 간의 공백이 발생했다. 1953년 봄에 프랑스는 파리에서 오랫동안 거주했던, 정보에 밝은 미국인 관찰자 재닛 플래너[128]가 정부 없는 "기록적인 5주간의 정치적 위기"라고 묘사한 위기를 통과했다. 1957년 가을, 국가는 다시 5주 넘도록 정부가 없는 상태가 되었다. 산업은 번영하고 부자들은 소비 호황을 누리고 있는데도 급등하는 물가를 따라잡지 못하는 봉급에 항의하는 공공 부문 직원들의 파업 물결이 재개되었다.

　가장 인상적이었던 제4공화국의 총리로서 급진당의 좌경 당원이

---

128)　Janet Flanner(1892~1978). 미국의 작가이자 언론인. 1925년부터 은퇴한 1975년까지《뉴요커》의 파리 통신원으로 근무했다.

었던 피에르 망데스 프랑스[129]는, 우파 정적들이 그를 끌어내리기 전까지 과감한 결단과 탁월한 전술적 기량을 동원해 1954~1955년에 8개월 동안 내각을 유지할 수 있었다. 그즈음 프랑스는 향후 몇 년 동안 나라를 괴롭힐 알제리 내전을 둘러싸고 날로 심화되는 위기에 휘말려 있었다. 1956년 1월의 국민의회 선거는 또 하나의 무력한 의회를 낳았다. 그리고 이제 우파의 새로운 파괴 세력인 푸자드주의자들(남부 프랑스의 상점주인 피에르 푸자드[130]가 만든 정당으로서 처음에는 조세 저항으로 시작하여 그 후 소사업체들의 지지를 급속히 끌어모았다)—투표의 12.9퍼센트를 얻어 52개의 의석을 획득한 유사 파시즘 운동—이 그들의 이념적 적인 공산주의자 및 드골주의자들과 나란히 끊임

---

129) Pierre Mendès France(1907~1982). 프랑스의 정치가. 1954~1955년 8개월 동안 프랑스 총리를 지냈다. 급진당을 대표했으며, 그의 정부는 공산당의 지지를 받았다.

130) Pierre Poujade(1920~2003). 프랑스의 생세레에서 태어난 포퓰리즘 정치가다. 푸자드주의 혹은 푸자드 운동은 그의 이름을 딴 것이다. 푸자드주의는 경제적·사회적 변화에 직면한 중소 기업인과 상인의 이익을 대변하여 낮은 세금과 협동조합주의를 옹호했고, 정치인과 미디어를 비난했다. 그 후 점점 민족주의적이고 반유대주의적·배외주의적인 경향을 드러냈고, 기존 의회제도에 매우 비판적이었다. 푸자드 운동은 상공인옹호조합(Union de défense des commerçants et artisans, UDCA)을 중심으로 활동했는데, 프랑스 제4공화국 말기에 크게 번창하여 1956년에는 의회 선거에서 52석을 얻었다. 그러나 프랑스 제5공화국이 출현한 뒤 빠르게 몰락했다. 오늘날 프랑스에서 일반적으로 푸자드주의라는 용어는 기성 제도의 문제를 비난하고 경제적·사회적 변화에 직면한 국민의 일부를 옹호하는 사상을 가리키는 데 쓰인다. 예를 들어 르펜(Marine Le Pen)의 국민전선은 푸자드주의적 경향을 지니고 있으며, 제3의 길과 같은 극우 정당은 자신을 푸자드주의의 후계자라고 주장한다.

없는 저항 블록을 형성하여 의회의 교착과 계속되는 정치적 혼란을 일으켰다.

1958년 5월, 4년 동안 진행된 알제리 내전이 식민지 백인 정착민들의 봉기로 폭발했다. 이 봉기는 드골 장군이 새 거국일치 정부의 수반으로 권좌에 복귀하지 않는다면 반란을 일으키겠다고 노골적으로 위협한 프랑스군 장성들이 이끌었다. 드골은 오랫동안 부름을 기다렸다. 이제 때가 왔다. 그달에 드골은 의기양양하게 정치로 복귀했다.

심각한 위기 상황에서 국민들이 대망해온 구세주는 스스로 신성한 운명이라고 여긴 과업을 수행하는 데 동의했다. 그해 말 드골은 국민투표로 새 헌법에 대한 광범한 지지를 얻었고, 제5공화국을 사실상 대통령 체제로 수립했다. 특히 외교와 국방은 대통령의 권한이었다. 1962년에 개정된 헌법은 드골에게 훨씬 넓은 권한을 부여하여 이제 그의 권한은 많은 영역의 국내 정책에도 다다르게 되었다. 이와는 대조적으로 의회의 권한은 크게 줄어들었다. 국민의회는 어쨌든 길들여진 대통령의 추종자들인 드골주의자들에 의해 지배되면서 드골의 완벽한 통제를 보장한 반면, 좌파의 통제는 시들어갔다. 그것은 위로부터의 보수 혁명이었다.

엄청난 알제리 문제는 그대로 남았다. 드골이 도달한 놀라운 해법은 그가 거둔 최대의 업적 중 하나였다. 그러나 1950년대에 프랑스 정치를 해쳤던 알제리 문제는 제국으로부터의 분리라는 좀 더 광범위한 문제의 일부였다. 이 문제 또한 몇몇 유럽 국가, 특히 영국에 갖가지 방식으로 문제를 일으켰다.

제국의 후퇴

제2차 세계대전은 유럽 제국주의의 종말이 시작되었음을 나타냈다. 독일이 동유럽에서 보여주었던 야만적인 제국주의적 야심은 엄청난 희생을 치르고 완전히 끝났다. 이탈리아는 1947년 9월 연합국과 맺은 평화조약에서 식민지에 대한 권리를 공식적으로 포기했다. 그러나 5개 서유럽 국가(벨기에, 프랑스, 영국, 네덜란드, 포르투갈)는 전쟁이 끝났을 때 여전히 엄청난 해외 속령을 가지고 있었다. 그리고 그들은 이 속령을 단념할 생각이 없었다. 그러나 전쟁이 끝나고 2년 안에 이 속령들은 거의 전부 사라졌다. 예외가 있다면 점점 시대착오적으로 되어가는 포르투갈의 식민지들(1970년대 중반에야 청산된다)과 한때 강력했던 대영제국과 프랑스 제국의 일부 잔재뿐이었다.

민족주의적 독립운동은 유엔 헌장에서 구체화된 보편적 인권 사상으로부터 더욱 용기를 얻었다. 제국주의 통치가 의존하던 이념적 기반인 인종적 우월주의는 타당성을 완전히 잃었다. 그리고 약해져 가는 식민 열강의 위상은 점점 더 감당할 수 없게 된 제국의 비용 때문에 더욱 악화되었다. 지구화가 진전되고 반식민 세력이 세를 얻어 가면서(그리고 나란히 진행된 독립운동들의 성공에 용기를 얻으면서), 제국주의 열강은 점차 독립의 압박에 굴복하게 되었다.

네덜란드 제국이 제일 먼저 사라졌다. 일본의 정복은 동아시아에서 서구 식민 열강의 절대적인 허약함을 드러냈고, 점령이 끝나자마자 나중에 인도네시아가 될 네덜란드령 동인도 제도[131]에서 무장 독립투쟁을 벌인 민족주의 운동의 성장을 자극했다. 민족주의적 게릴라 운동은 4년 동안 반식민 투쟁을 지속했다. 네덜란드인들은 고무를 비롯한 자원의 풍부한 공급처였던 그들의 식민지를 다시 건설하려고 했으나, 그들의 군대는 너무 약해서 1949년에 독립을 획득하는 데 성공한 민족주의 반란자들을 막을 수가 없었다. 그러나 네덜란드인들은 자신들이 1962년까지 네덜란드령 뉴기니라고 부른 2개의 동부 주를 그럭저럭 계속 보유할 수 있었다.

벨기에의 콩고 식민지는 제2차 세계대전 동안 갈등에 직접 연루되지는 않았다. 제2차 세계대전은 동아시아, 남아시아, 북아프리카의 독립운동과 비교하여 콩고의 독립운동을 지체시켰던 것 같다. 어려움이 가중되면서, 지난 수십 년 동안 매우 야만적으로 그들의 속령을 다뤄오다가 뒤늦게야 좀 더 유순하고 가부장적인 정책을 실시했던 벨기에인들은 1959년 무장투쟁이 발발할 때까지 그들의 식민지를 계속 유지할 수 있었다. 그즈음 유엔의 지지를 받는 반식민주의 물결이 갈수록 거세지고 있었다. 자신들이 취약하다는 사실을 인식하고 식민 통치를 유지하려고 해봤자 소용이 없다는 것을 자각한 벨기에인들은, 곧 내전으로 비화할 내부 분열에 시달리는 부서지기 쉬운 국가를 남겨 두긴 했지만 1년 후에 콩고에 독립을 허락했다.

대영제국은 규모가 크고 지리적으로 범위가 넓어 탈식민화가 네덜란드나 벨기에보다 복잡할 수밖에 없었다. 영국의 대리자들은 그들

---

131)   East Indies. 16세기 이후 현재의 인도 아대륙, 동남아시아, 오세아니아 제도, 그리고 동남아 해양 지역을 구분하기 위해 유럽인들이 사용한 용어다. 네덜란드 식민지 시대에 지금의 인도네시아는 네덜란드령 동인도 또는 네덜란드령 동인도 제도라고 불렸다.

의 제국을 건설할 때 그랬듯이, 보통 민족주의 지도자들과 지역의 유력 인사들을 제국 통치를 해체하는 과정 속에 끌어들이려 했다. 그것은 때로 이행의 과정을 원활하게 하고 식민지 전쟁으로 비화하는 사태를 피하는 데 도움이 되었지만, 결코 변함없이 성공한 것은 아니었다. 그러나 독립운동이 점점 불타오르는 데다가 1950년대 중반부터 제국에 대한 욕구가 급격히 감소하면서 사태는 결정적으로 되었다.

그와 같은 엄청난 해외 제국의 해체가 영국민들과, 드물긴 하지만 독립을 위해 싸운 사람들, 그리고 새로 성립한 후계 국가들의 주민들에게 비교적 고통 없이 이루어졌다는 사실은 어떤 면에서 놀라웠다. 이는 아마 적어도 부분적으로는 거의 모든 영국 시민이 개인적인 경험이나 직접적인 경험을 제외하면 이전 식민지들에 대해 어떤 세세한 지식도 없었기 때문일 것이다. 비록 많은 가족이 오스트레일리아, 캐나다, 남아프리카, 뉴질랜드의 백인 자치령에 친지들이 있었지만, 제국은 뭔가 실재적인 의미에서 훗날 식민지의 공직에 임명된다든지, 군대의 장교로 임관된다든지, 금융과 통상을 비롯한 해외 속령과의 무역에서 경력을 쌓는다든지 하는 목적을 갖고 영국의 사립 중·고등학교에서 교육을 받은 엘리트들의 삶을 주로 건드렸다. 어쨌든 1960년대까지 영연방 자치령은 영국과의 관계가 느슨해지고 있었고, 제국에 대한 인민의 지지는 빠르게 줄어들고 있었다. 영국이 한때 세계의 얼마나 많은 부분을 지배했는지를 보여주는 교실 지도를 떠올릴 때, 특히 전성기의 제국을 기억할 만큼 나이가 든 국민들 사이에서 자부심이 매우 광범하게 남아 있었다는 점에는 의심의 여지가 없었다. 그러나 전후에 성장한 젊은 세대 사이에서 많은 사람들, 아마도 대부분의 사람들에게 제국은 바로 역사적 유물, 종종 우표첩에 들어 있는 알록달록한 우표로만 알려진, 이상한 이름을 가진 이국적인 먼 장소들의 집합에 지나지 않았다.

제국의 해체가 국내에서 거의 트라우마를 일으키지 않았다는 사실은 또한 제국이 결코 획일적인 단일체가 아니며, 연방commonwealth 속에서의 좀 더 자유로운 민족들의 결합으로 점진적으로 변모한 과정의 결과이기도 했다. '민족들의 영국 연방British Commonwealth of Nations'이라는 용어는 일찍이 1917년부터 사용되었다. 그때에도 이 용어는 1880년대까지 거슬러 올라가는 '민족들의 연방'이라는 훨씬 더 이전의 표현을 고쳐 쓴 것이었다. 1931년에 자치령들의 공식적인 평등이 확립되었다. 1947년 인도의 독립은 또 다른 명칭의 변경을 가져왔다. 1949년에 '영국'이라는 단어가 삭제되었고, 이제 명칭은 '민족들의 연방'이 되었다. 그해 영국의 군주는 연방의 수장으로 인정되었으나, 연방의 구성 국가들은 자유로운 결합을 하고 있는 것으로 간주되었고 (인도처럼) 공화국의 정체를 가지는 독립적 민족국가들을 포함할 수 있었다. 비록 영국의 해외 속령이 전부 구성국이 되기를 선택한 것은 아니지만, 독립을 획득하게 된 대부분의 속령은 구성국이 되었다. 속령들의 조각보가 조금씩 종속국의 지위를 잃고 연방을 통한 영국과의 결합을 채택한 것은 대부분의 영국민들에게 비교적 매끄러운 이행이 이루어졌음을 의미했다. 이는 특히 프랑스와 대조적으로 상당히 수동적으로, 국내의 정치적인 소요가 거의 없이 수용된 결과임이 확실했다.

영국 정부에 제국의 청산은 대체로 손해되는 일에서 손을 떼는 것을 의미했다. 이것은 영국이 불가피함을 받아들여 인도, 파키스탄, 버마(그리고 이듬해에는 실론)에 독립을 부여했던 1947년에 이미 정책으로 시행되었다. 인도는 오래전부터 상투적으로 써왔던 표현을 빌리면 더는 '왕관의 보석'이 아니었다. 영국의 대對인도 수출은 인도의 국내 산업, 특히 섬유 산업이 팽창함에 따라 이미 전쟁 전에 빠르게 감소하고 있었다. 더군다나 한때 주요한 채권국이었던 영국은 전쟁이 끝나면서 인도에 엄청난 부채를 진 것으로 드러났다. 특히 힌두교도와 이슬람교도 사이에 대중적 소요가 만연하고 내부 폭력이 악화하는 상황에 직면하여 재정적으로 고갈되고 통치 유지 비용을 감당할 수 없던 영국은 전쟁 동안은 물론이고 전쟁 전에도 이미 매우 높았던 독립 요구에 굴복했다.

통일되고 평화적인 나라를 이양하고자 하는 시도는 가망이 없었다. 통제할 수 없는 종교적 폭력 사태와 끔직한 잔혹 행위는 1947년 초에 무슨 일이 있어도 다가올 여름까지는 철수하겠다는 영국의 선언을 촉발했다. 폭력 사태를 진정시킬 수 없게 되자 급기야 주민들이 거의 이슬람교도인 파키스탄 독립국가를 건설하기 위해 남아시아 아대륙을 분할하는 결정이 내려졌다. 인도와 파키스탄은 1947년 8월 15일 각자 독립국가가 되었다(동부 파키스탄은 1971년 3월에 별도의 국가인 방글라데시가 될 것이었다).

영국은 끔직한 혼란 속에 인도를 떠났다. 역사가 피어스 브렌던Piers Brendon은 "명예와 품위를 갖고" 떠나기는커녕 "영국인들은 살인의 소란과 죽음의 악취 속에서 떠났다"고 평했다. 영국인이 떠나기 전에도 심각했던 종교적 폭력 사태는 그 후에도 수그러들기는커녕 걷잡을 수 없이 확대되었다.

폭력 사태는 인도의 넓은 지역으로 확산되었으나 특히 인구가 조밀한 동부의 벵골주와 북부의 펀자브주에서 극심했다. 이슬람교도, 힌두교도, 펀자브의 시크교도는 그곳에서 오랜 세월 함께 살아왔으나 이제 새 국경이 바로 그들의 주를 관통할 것임을 알았다. 사람들이 새 국가들의 국경 너머로 도피하거나 내쫓기는 아수라장이 벌어졌고, 공포와 폭력이 꼬리를 물며 난무했다. 학살된 사람들은 100만 명 정도로 추산되며, 약 1300만 명의 난민이 엄청난 '종교 청소' 과정에서 양 방향으로 새 국경을 넘어 좀 더 안전한 피난처로 도피했다. 수많은 여성이 강간당했다. 마을들이 불탔다. 인도와 파키스탄 사이의 관계는 수십 년 동안 계속 긴장 상태로 남았다. 그러나 인도인들과 파키스탄인들의 비극, 2세기 동안 영국 해외 속령의 기초라고 여겨져 왔던 영토의 상실은 전후의 긴축 경제에 시달리고 주로 그 자신들의 고통과 문제를 걱정하던 영국의 일반인들 사이에서 별다른 동요를 일으키지 못했다.

통제할 수 없는 폭력 사태에 직면하여 손해되는 일에서 손을 떼고 철수하는 것은 1947년 팔레스타인 위임통치령에서 영국이 물러설 때도 마찬가지였다. 옛 오스만제국이 해체되면서 제1차 세계대전 말에 국제연맹에 의해 확립된 '위임통치'는 자치로 이행하는 동안 기술적으로 식민 열강들이 현상을 유지하는 방책이었다. 영국은 팔레스타인, 트란스요르단(나중에는 요르단), 이라크에서 위임통치를 했고, 프랑스는 시리아와 레바논에서 위임통치를 했다. 1917년 영국은 밸푸어 선언[132]을 통해 팔레스타인에 "유대인들의 민족적 고향"을 건설하고자 하는 시온주의[133] 대의를 지지했다. 밸푸어 선언의 주된 동기는 인도주의적인 것이 아니었다. 그보다는 전쟁에서 미국의 연합국 지원을 위해 미국 내 유대인들의 지지를 얻고 유대계 러시아인들을 고무해 독일과의 별도 강화라는 생각을 품지 않게 하는 데 있었다. 그러나 얼마간 이기적이고 또 순진했던 이 동기는 몇 세대 뒤에도 여전히 어떤 제거의 징후도 보여주지 못한 지뢰밭을 까는 것이었다.

밸푸어 선언은 유대인 국가를 분명하게 언급하지 않았고, 당시 영국 외무장관이었던 아서 밸푸어[134]는 팔레스타인 비유대인 공동체들의 권한에 대해 어떤 침해도 없을 것이라고 명확히 지적했다. 그러나 그것은 희망 사항에 불과했다. 아랍의 적대감은 1930년대에 유럽 유대인들의 박해에 뒤이어 유대인 정착민들의 수가 급증하면서 크게 확대되었다. 영국의 통치자들은 1936년부터 1939년 사이에 전면적

---

132)　Balfour Declaration. 1917년 11월 2일, 외무장관이었던 아서 밸푸어의 영국 외무부가 당시 유대인을 대표하는 월터 로스차일드에게 보낸 공식적인 서신에서 향후 영국 정부의 외교정책 방향을 밝혔다. 이 서신에서 밸푸어는 팔레스타인에 민족적 고향을 건설하겠다는 유대인들의 희망을 사실상 지지했다. 서신에서 드러난 영국의 태도는 이미 1915년 10월에 영국의 외교관이었던 헨리 맥마흔이 전후 아랍인의 독립국가 건설을 지지하기로 약속한 바 있어 결과적으로 전후 유대인 세력과 아랍 세력의 분쟁을 초래하는 빌미가 되었다.

133)　Zionism. 팔레스타인 지역에 유대인 국가를 건설하는 것이 목적인 민족주의 운동. 19세기 말 시작되어 1948년 세계에서 유일한 현대 유대인 국가인 이스라엘을 건국하는 데 성공했다.

134)　Arthur Balfour(1848~1930). 1902년부터 1905년까지 영국의 총리를 지낸 보수당 정치가. 외무장관으로서 유대인을 팔레스타인에 정착시키는 것을 허용하는 밸푸어 선언에 서명한 것으로 유명하다.

인 아랍인들의 봉기로 발전한 소요 사태를 야만적으로 진압했다. 그들은 처음에는 분할안을 제의하고 다음에는 제한된 유대인 이주민들을 포함한 단일국가안을 제의했으나, 이 제안들은 아랍인들도 유대인들도 만족시키지 못했다. 그들이 제2차 세계대전 후에도 낮은 이민 할당 정책을 계속 시행하자—세계 여론의 지지를 받은 미국인들은 수많은 홀로코스트 생존자들이 팔레스타인에서 안전한 피난처를 찾는 것을 허용하라고 압박을 가했다—영국인들은 시온주의자들의 테러 공격 물결과 씨름하지 않으면 안 되었다. 그러나 영국의 통치자들은 진퇴양난에 빠져 있다는 것을 알았다. 미국이 요구하는 더욱 높은 수준의 유대인 이주를 수용하면 거의 확실히 새로운 아랍인들의 봉기가 촉발될 것이었다. 더구나 팔레스타인에서 위임통치를 유지하는 데 드는 비용—팔레스타인에 10만 병력을 주둔시키는 데 드는 연 4000만 파운드—은 전후 긴축 경제의 영국이 감당하기에는 너무 많았다. 1947년 초 재무장관 휴 돌턴[135]은 노동당 정부에 "팔레스타인에서 우리 군대를 한꺼번에 빼야 할 때가 임박했다"고 충고했다.

막다른 골목에서 빠져나갈 길을 찾지 못하고 영국 내에서 위임통치가 점점 인기를 잃자, 영국 정부는 위임통치를 접고 1947년 유엔에 이 문제를 맡겨 최선을 다해 해결책을 찾게 했다. 그러나 유엔이 팔레스타인을 유대 국가와 아랍 국가로 분할하는 데 합의하자, 영국은

---

135)　Edward Hugh John Neale Dalton(1887~1962). 영국의 노동당 경제학자이자 정치가. 1940~1942년 경제전쟁부 장관, 1945~1947년 재무장관 등을 역임했다.

아랍인들의 거센 반감 때문에 이 계획을 시행하기를 거부하고 1948년 5월 14일 위임통치를 끝낼 것이라고 통보했다. 바로 이 시점에 다비드 벤구리온[136]이 이끄는 유대인 지도부는 이스라엘 국가 수립을 선포했다. 미국과 소련을 비롯해 많은 국가가 즉시 이 신생 국가를 인정했다.

나치 독일이 저지른 집단 학살로 유럽 유대인들이 겪은 고통은 많은 세계인들의 눈에는 이스라엘에 유대인들의 모국을 건설해야 한다는 긴급한 도덕적 명령과도 같았다. 그러나 아랍 국가들로서는 팔레스타인 땅을 노골적으로 합병하는 이 상황을 절대 받아들일 수가 없었다. 이는 이스라엘과 아랍 인접국들 사이의 첫 전쟁인 1948~1949년의 아랍·이스라엘 전쟁[137]의 배경이 되었다.

----

136)　David Ben-Gurion(1886~1973). 이스라엘의 정치가. 1948~1953년 이스라엘의 초대 총리를 지냈다. 어릴 때부터 열정적으로 시온주의를 지지했으며, 영국의 팔레스타인 통치가 끝난 뒤 이스라엘을 건국하는 데 큰 영향을 끼쳤다.

137)　제1차 중동전쟁(또는 1948년 아랍·이스라엘 전쟁)을 가리킨다. 1947년 11월 29일 유엔의 팔레스타인 분할안 이후 팔레스타인에서 내전이 발생했다. 이 분할안은 영국의 위임통치령인 팔레스타인을 유대인 지구와 아랍인 지구, 그리고 베들레헴과 예루살렘을 포함한 국제연합 통치령으로 분할한다는 것이었다. 1948년 5월 15일 지속되던 내전은 이스라엘과 아랍 국가 간 전면전으로 확대되었고, 이집트 왕국, 요르단, 시리아 공화국이 연합군을 결성해 이라크 왕국의 해외 원정군과 함께 팔레스타인에 진입했다. 침공군은 아랍 지역에 대한 통제권을 확보하고 유대인 정착지와 이스라엘군을 즉각적으로 공격했다. 이 외에도 레바논, 앵글로·이집트 수단, 사우디아라비아, 파키스탄, 예멘 왕국, 모로코 등이 전쟁에 참전했다. 10개월간의 전쟁 결과 이스라엘은 유대인 지구 전체와 아랍인 지구의 60퍼센트를 점령했으며, 나머지 지역은 요르단이 요르단강 서안 지구를 병합하고, 이집트 왕국이 가자 지구를 정복했다. 팔레스타인 아랍인들은 어떤 국가도 수립하지 못했다.

아랍 군대들의 분열로 이스라엘은 1949년 2월 휴전이 조인되었을 때 유엔의 최초 분할안에서 상정되었던 땅 이상으로 영토를 확대할 수 있었다. 이스라엘은 무력으로 자신의 생존을 확고히 했다. 그러나 이스라엘은 요르단(옛 트란스요르단), 시리아, 레바논, 가자 지구에서 피난민이 된 75만 명의 팔레스타인인뿐 아니라 그 인접국들 사이에서 억누를 수 없는 깊은 증오감을 불러일으켰다. 1949년의 휴전은 아무것도 해결하지 못했다. 그것은 사실 영구적인 교전의 재개를 보장했을 뿐이다.

영국과 유럽 전체에(세계의 대부분 지역에서처럼) 그 후 팔레스타인 문제가 일으킨 파문은 실제로 매우 심대할 것이었다. 그러나 한때 식민 열강이었던 영국에서는 당시 그처럼 다루기 힘든 문제에서 벗어났다는 안도감이 존재했다. 영국인들은 대부분 이해하지도 못하고 관심도 없는 중동 문제에서 해방된 것을 기뻐하며 삶을 계속 살아나갔다.

영국이 인도와 팔레스타인에서 철수했다는 것은 다른 해외 속령들을 급속히 포기했음을 나타내지는 않았다. 영국군은 (당분간이긴 하지만) 귀중한 달러벌이 고무 자원을 가진 말라야에서 1948년 6월 비상사태를 선포하고 공산주의 반란자들에 맞서 군사력을 동원해 민족주의 운동을 저지했다. 그리고 영국군은 1952년부터 1956년 사이에 케냐에서, 반식민 투쟁 과정에서 끔찍한 잔혹 행위를 저질렀던 포악한 마우마우단[138]을 수천 명 살해하는 등 야만적인 탄압에 나섰

---

138)   Mau Mau. 아프리카 케냐에서 1952년부터 1960년까지 영국의 식민 통치

다. 그러나 식민주의의 댐은 아직 무너지지 않았다. 하지만 곧 무너질 것 같았다. 그리고 기묘하게도 종국적으로 영국의 옛 식민지들을 휩쓸어 버릴 큰 파도를 가져온 사건은 이미 독립되었고 공식적으로는 제국의 일부가 된 적이 없었던 나라, 이집트에서 발생했다.

1952년 7월 일단의 이집트군 장교들이 낭비벽이 심한 생활 때문에 더욱더 쓸모없는 통치자가 되어 버린 플레이보이 군주 파루크[139] 왕을 무너뜨렸다. 장교들 중 한 명인 가말 압델 나세르[140] 대령은 새로 선포된 공화국에서 가장 주요한 인물로 재빨리 자리 잡았다. 2년 뒤 나세르는 대통령이 되었고, 이집트를 넘어서 아랍 반식민주의의 투사로 간주되었다. 나세르의 반서방 자세와 소련 블록과의 친선 제안(미국이 거부한 무기를 그에게 제공해 주었다)은 영국과 프랑스뿐 아니라 미국에서 점점 더 적대감을 자극했다. 나세르는 이처럼 불안정한 지역

에 대항해 무장투쟁을 벌인 전투적인 민족주의 운동을 가리킨다.

139)　Farouk I(1920~1965). 이집트의 실질적인 마지막 왕(재위 1936~1952). 영국 울리치의 군사학교를 졸업했고, 1936년 4월 28일 푸아드 1세가 사망하자 왕이 되었다. 1952년 가말 압델 나세르와 무함마드 나기브의 군부 쿠데타가 성공해 나기브가 대통령이 되자 이탈리아로 망명했으며, 1965년 3월 18일 로마에서 죽었다.

140)　Gamal Abdel Nasser(1918~1970). 이집트의 군인, 혁명가, 정치가. 1956년부터 1970년까지 이집트의 제2대 대통령을 지냈다. 무함마드 나기브와 더불어, 1952년 이집트 쿠데타를 주도했으며, 이집트를 왕정에서 공화국으로 바꾸고 산업화를 일으켰다. 1964년 팔레스타인해방기구 설립과 비동맹 운동에 지대한 역할을 했다. 알제리, 리비아, 이라크, 예멘 등에서 반식민주의와 범아랍주의 혁명을 일으키도록 아랍 민족을 고취했다. 나세르주의라고도 불리는 그의 범아랍주의와 사회주의, 세속주의, 민족주의 성향의 정책은 1950~1960년대에 걸쳐 아랍 세계로부터 많은 지지를 얻었다.

에서 서방의 영향력에 대한 심각한 위험으로 여겨졌고, 서방 경제에 너무나 긴요했던 풍부한 석유 자원을 위태롭게 했다.

1955년 4월 늙고 병약한 윈스턴 처칠을 뒤이은 영국 총리 앤서니 이든은, 1930년대에 히틀러와 무솔리니의 침략을 다루기 위해 시행했던 유화정책이 실패하는 것을 직접 목격했다. 이는 나세르에 대한 이든의 판단에 악영향을 미쳤다. 이든은 약간 신경질적으로 나세르를 이번에는 반드시 제동을 걸어야 할 독재자로 묘사했다. 나세르의 범아랍주의가 북아프리카 프랑스 속령의 이슬람 주민들에게 미칠 영향을 걱정한 프랑스의 사회당 총리 기 몰레[141]도 진심으로 이에 동의했다. 기 몰레는 나세르의 의도가 히틀러가 《나의 투쟁》에서 내걸었던 목표를 연상시킨다고 말했다. 재닛 플래너는 프랑스인들은 '뮌헨 콤플렉스'[142]로 하나가 되었고, 나세르를 '아랍의 히틀러'로 여겼으며,

---

141)　Guy Mollet(1905~1975). 프랑스의 정치가. 노동운동과 프랑스 레지스탕스 출신으로 정계에 입문했다. 1946년부터 1969년까지 노동자인터내셔널 프랑스 지부 총서기를 지냈다. 1950~1951년 유럽관계부 장관, 1951년 부총리, 1956~1957년 총리를 역임했다.

142)　여기서는 1938년 9월 30일 영국, 프랑스, 독일, 이탈리아 사이에서 체결되었던 뮌헨 협정으로 히틀러에게 제2차 세계대전으로 가는 길을 열어 준 서방 열강의 외교적 실패를 가리킨다. 제1차 세계대전 종전 이후 국제연맹은 오스트리아·헝가리 제국을 민족자결주의에 따라 다수의 국민국가로 분할하여 중부 유럽 문제를 해결하고자 했으나, 히틀러는 이를 역이용해 독일 민족의 자결과 독일인의 '생활 공간' 확보를 요구했다. 이에 따라 1938년 3월 독일계 국가인 오스트리아를 합병한 독일은 이어 체코슬로바키아에 독일인 다수 거주 지역인 주데텐란트 할양을 요구했다. 이에 양국 사이에 군사적 긴장이 커지자, 또 다른 세계대전의 발발을 피하고자 했던 영국과 프랑스는 뮌헨 회담을 열어 히틀러의 요구대로 독일이 주데텐

'범아랍주의'로 촉발될 큰 전쟁을 막기 위해 "작은 전쟁을 각오할" 태세가 되어 있다고 보도했다.

1936년까지 거슬러 올라가는 협정에서 영국군은 값싼 석유를 공급하는 데 결정적으로 중요한 통로였던 수에즈 운하를 보호하기 위해 이집트 주둔을 허락받았다. 그러나 1954년에 영국은 이집트인들이 식민지 점령군으로밖에 보지 않았던 자신의 군대를 철수하는 데 동의했고, 영국군은 1956년 6월 수에즈 운하를 떠났다. 7월 19일, 자신들을 소련인들과 싸움 붙여 이득을 보려는 나세르의 시도에 점점 화가 난 미국인들은 나일강에 아스완댐을 건설하는 데 필요한 자금을 철회했다. 아스완댐은 이집트에 국가적 위신을 위해 중요하고 또 용수 공급에도 필수적인 댐으로서, 미국인들이 영국과 함께 이 댐 건설에 들어가는 비용을 제공할 가능성이 매우 컸던 대규모 건설 프로젝트였다. 다음 주에 나세르는 수에즈 운하를 국유화했다.

나세르의 마음을 바꾸려는 외교적 노력이 실패로 돌아가자 영국과 프랑스는 이 문제를 유엔으로 가져가기로 결정했다. 놀랄 것도 없이, 유엔에서는 소련이 거부권을 행사하면서 해결의 희망이 사라졌다. 어쨌든 영국과 프랑스의 지도자들은 이미 막후에서 유엔을 무시할 태세가 되어 있었고, 군사적 해결을 계획 중이었다. 놀랍게도 그들은 미국 정부에 그들이 염두에 두고 있는 것을 알리지도 않고 행

란트를 합병하도록 승인했다. 그 후 독일은 6개월 후 체코슬로바키아를 완전 병합하여 협정을 파기하고, 1939년 9월에는 폴란드까지 침공하여 유럽을 수중에 넣으려는 욕망을 노골화했다.

동할 수 있다고 생각했다. 이는 식민 열강이 대외 정책 문제에서 오만함을 보여준 마지막 사건이었다. 이스라엘이 참가한 극비 음모가 꾸며졌다. 이스라엘군은 제안이 거부될 것이라는 확신 속에 양측의 철군을 요구한 뒤, 영국과 프랑스에 앞서 시나이반도를 점령할 것이었다. 그리고 공중과 해상 공격을 개시하고 "질서를 회복시켜서" 수에즈 운하에 대한 통제권을 다시 확보할 것이었다.

1956년 10월 29일, 이스라엘의 침공이 개시되었다. 이틀 후 나세르는 수에즈 운하를 폐쇄해 해상 운송을 중단시켰다. 수에즈 운하는 이듬해 초까지 다시 열리지 않을 것이었다. 11월 5일, 영국군과 프랑스군은 이집트에 공수 강하 작전을 개시했다. 하지만 그들이 초기에 거둔 군사적 성공(나중에 이 성공이 하루나 이틀만 더 계속되었더라면 수에즈 운하를 탈환했을 것이라고 평가되었다)은 강력한 국제 여론의 압력으로 곧 중단되었다. 소련은 침략자들에게 로켓 공격을 가할 수도 있으며, 위기가 핵전쟁으로 비화할 수도 있다는 가능성을 내비쳤다. 진지했든 진지하지 않았든, 이것은 미국으로 하여금 위기를 급히 종결시키도록 부추겼다. 미국의 지도자들은 침공 계획에 대해 아무것도 몰랐다는 사실에 격분했다. 휴전이 이루어지지 않으면 영국 파운드화의 가치를 떨어뜨리겠다는 그들의 위협이 결정적이었다. 영국의 통화 준비금 손실이 위험 수준으로까지 늘어나자(수에즈 작전 첫 이틀 동안 이미 엄청났다), 영국인들은 도리가 없다고 단념하고 프랑스인들과 상의도 하지 않은 채 휴전에 동의했다. 유엔 평화유지군이 이집트에 파견되었다. 12월 22일까지 영국군과 프랑스군의 철수가 적절하게 이루어졌다. 외교적 참사가 마무리되었다.

영국의 좌파는 포함砲艦에 기댄 이 식민 모험주의로의 복귀에 격분했다. 우파는 수에즈 대실패에서 정부가 보여준 매우 서툰 일 처리를 더 끔찍해했다. 이든은 공식적으로는 건강 악화를 이유로 총리직을 사임했다. 그는 처칠이 권력을 쥐고 있는 동안 예상 후계자로서 수년 동안 대기했다. 전쟁 전과 후에 노련하고 매우 존경받는 외무장관이었던 이든이 대외 정책 문제에서 그처럼 심대하고 심각한 실책을 저지른 것은 더더욱 아이러니했다.

그러나 국내 정치에서 수에즈는 이 정책을 너무나 형편없이 실행했던 보수당 정부에 별반 피해를 주지 않았다. 앤서니 이든의 후임자인 해럴드 맥밀런은 1959년 선거에서 승리를 거뒀고, 반면 수에즈를 두고 정부를 격렬하게 공격했던 노동당은 계속 부진했다. 평범한 사람들의 삶에서 수에즈는 우선순위가 낮았다. 수에즈는 영국의 전후 역사에서 결정적인 순간이었다. 그것은 최근까지만 해도 '3대 강대국'이었던 나라의 국민적 자부심과 세계적 위상에 지속적으로 타격을 가했다.

대미 관계는 곧 회복되었다. 크게 과시되었던 '특별한 관계'가 거듭 강조되곤 했고, 1960년대 초에 서로 대조되는 지도자들(귀족적 보수주의를 체현한 영국의 맥밀런과 젊고 역동적인 미국 리더십의 얼굴인 존 F. 케네디)은 영국과 미국 간의 우호 관계를 널리 선전했다. 그러나 그것은 심하게 불균형적인 '특별한 관계'였다. 영국이 '엉클 샘'의 지지 없이는 국제 문제에서 어떤 중요한 움직임도 취할 수 없다는 사실이 수에즈 이후 그 어느 때보다도 분명해졌다.

영국 정부는 게임이 끝났다는 사실을 깨달았다. 영국은 지구의 그토록 많은 지역에서 더는 군사적 주둔을 유지할 수가 없었다. 영국은 식민주의가 지나간 과거의 일이고 미래를 위해 무엇보다 중요한 것은 제국주의 시대가 종언을 고하면서 나타날 새로운 독립국가들과 우호적인 관계를 맺는 것임을 받아들여야 했다. 이와 같은 근본적인 재평가가 이루어지자마자 제국의 종언이 급속히 진행되었고, 영국 내에서는 이러한 사태를 한탄하는 목소리가 거의 들리지 않았다. 사실 수에즈에 앞서 1956년 1월에 수단이 독립했다. 가나(옛 골드코스트)는 1957년 3월에 독립했다. 남은 식민지 중에서 경제적으로 가장 가치 있는 식민지였던 말라야는 1957년 7월에 독립했다. 1960년 8월에는 그리스계 키프로스인들과 터키계 키프로스인들 사이에 폭력적이고 표면적으로 결연했던 내부투쟁이 벌어진 이후이기는 했지만 키프로스에서 (영국이 군사기지를 계속 유지하는 가운데) 독립이 선포되었다. 1960년부터 1966년 사이에 19개의 옛 식민지(나이지리아, 시에라리온, 탕가니카, 잔지바르, 우간다, 케냐, 니아살란드, 북로디지아, 베추아날란드, 바수톨란드, 서사모아, 자메이카, 바베이도스, 트리니다드 토바고, 몰타, 싱가포르, 감비아, 몰디브, 영국령 기아나)가 추가로 독립했다.

해럴드 맥밀런은 1960년 케이프타운에서 한 연설에서 아프리카 대륙 전역에 '변화의 바람'이 불고 있다고 말했을 때 명확한 사실을 언급했을 뿐 아니라 그 분위기도 포착했다. 주요한 저항은 영국이 아니라 남아프리카연합 그리고 인접한 남로디지아의 백인 정착민들로부터 왔다. 인종주의적 아파르트헤이트[143] 체제 포기를 거부한 남아

---

143)   Apartheid. 과거 남아프리카공화국의 백인 정권이 1948년에 법률로 공식

프리카는 1961년에 영연방을 떠났다. 로디지아 정부는 1965년 11월 독립을 선포했다. 영국은 영연방의 나머지 지역에서 비난이 쏟아졌는데도 소수파 백인들의 지배를 유지하려고 독립에 반대했다. 그 후 이는 15년 동안의 야만적인 내전을 초래했지만, 단지 피할 수 없는 일을 지연시켰을 뿐이었다. 로디지아는 최종적으로 1980년 4월 짐바브웨라는 새로운 국가로서 독립할 것이었다.

그 무렵 대영제국은 (쉬이 사라지지 않는 사소한 잔재를 빼고는) 오래전에 사라지고 없었고, 1968년 정부가 '수에즈 운하 이동以東'[144] 지역의 기지들로부터 영국군을 철수한 일은 사실상 그 장례식을 선언하는 것이었다. 영국은 더는 값비싸고 불필요한 지구적 책무를 감당할 수 없었다. 그리고 1960년대 초까지 이미 영연방과의 교역은 급속히 줄어들고 있었다. 자치령들은 한때 긴밀했던 영국과의 관계를 느슨하게 하면서 각자 점점 제 갈 길을 갔다. 많은 정치 지도자와 실업계 지도자는 영국이 자신의 이해관계를 재조정하고 미래의 번영을 위해 이전 식민지 속령이 아니라 경제가 호황을 맞고 있던 유럽 인접국들을 바라볼 필요가 있다는 사실을 점차 깨달아가고 있었다. 지구적

화한 인종 분리, 즉 남아프리카공화국 백인 정권의 유색인종에 대한 차별 정책을 말한다. 1990년부터 1993년까지 벌인 남아공 백인 정부와 흑인 대표인 아프리카민족회의, 넬슨 만델라 간의 협상 끝에 급속히 해체되기 시작해, 민주적 선거를 거쳐 남아프리카공화국 대통령으로 당선한 넬슨 만델라가 1994년 4월 27일 완전 폐지를 선언했다.

144)　East of Suez. 대영제국이 군사적·정치적 논의에서 유럽 무대 너머의 이해관계를 가리킬 때 사용한 용어. 싱가포르의 군사기지를 비롯한 수에즈 운하 이동지역은 중동 지역을 포함할 때도 있고 포함하지 않을 때도 있었다.

제국주의 국가였던 영국은 이제 유럽 강대국에 지나지 않는 국가가 되어가고 있었다. 1962년에 전 미 국무장관 딘 애치슨[145]은 "대영제국은 제국을 상실한 뒤, 아직 나름의 역할을 찾지 못했다"고 언급했다. 수십 년 뒤에도 이 말은 여전히 매우 적절한 언급이었다.

수에즈는 프랑스인들에게는 영국인들에게만큼 중요하지 않았다. 영국의 정치 계층을 사로잡은, 지구적 역할을 둘러싼 격렬한 정치적 토론과 자기 성찰은 프랑스에서는 볼 수 없는 광경이었다. 이집트에서의 작전에 대한 광범위한 지지가 존재했고, 작전 실패에 대한 비난의 상당 부분은 프랑스 정부가 아니라 미국과 유엔을 향했다. 주장에 따르면, 미국과 유엔은 승리가 코앞에 있는데도 공격을 중지시켰다는 것이었다. 이든과는 달리 기 몰레는 진지한 사임 요구를 거의 받지 않았고, 프랑스 의회는 그에게 큰 표 차로 신임 의사를 밝혔다. 수에즈가 아니라 인도차이나, 그리고 무엇보다 알제리는 프랑스가 제국으로부터 후퇴했음을 상징적으로 보여주었다. 영국인들은 놀랍게도 제국의 책무로부터 후퇴할 필요에 수월하게 적응했던 반면, 프랑스 제국의 해체는 하나의 트라우마였다.

프랑스의 식민 제국(규모로는 영국의 식민 제국 다음이었다)은 전쟁으로 큰 압박을 받았다. 프랑스 식민지들의 정치적 충성심은 처음에는 1940년 프랑스가 참패를 당한 뒤 대체로 비시 정권을 선호했으나, 종종 격렬한 갈등 이후 전쟁 중반까지는 주로 샤를 드골의 '자유프

---

145)   Dean Acheson(1893~1971). 미국의 정치가. 1945년 국무차관을 거쳐 1949~1953년 국무장관을 지냈다.

랑스'[146]로 향했다. 그와 동시에 프랑스의 군사적 굴욕은 중동 지역의 속령과 아프리카의 속령에서 반식민 감정을 강화했다. 레바논과 시리아의 위임통치령은 전쟁에서 빠져나오면서 독립국이 되었다. 반식민 운동이 특히 북아프리카에서 더욱 강해졌고, 그 지역의 알제리에서 일어난 무장봉기는 1945년에 무력으로 진압되었다. 적도아프리카와 서아프리카의 프랑스 속령은 계속 조용했다. 그러나 1947년 지리적으로 고립된 마다가스카르 식민지에서 프랑스 통치에 반대하는 봉기가 일어났다. 이 봉기는 결국 매우 잔혹하게 진압되었다. 일부 추산에 따르면, 이듬해 반란이 분쇄되기 전에 무려 10만 명의 마다가스카르인이 살해되었다고 한다. 불안정한 프랑스의 식민 지배가 재개되었고, 이 지배는 마침내 마다가스카르가 1960년 6월에 독립할 때까지 계속되었다.

해방 이후 프랑스 임시정부는 아프리카 식민지들에 몇몇 사소한 정치적·시민적 권리를 양보하여, 제한적이나마 투표권을 확대하고 프랑스 의회로 그들의 대표를 보낼 수 있는 권한을 부여했다. 1946년의 새 헌법에서는 영국이 해외 영토에서의 종속 의식을 완화하기 위해 '연방commonwealth'에 강조점을 두려고 했던 것처럼, '제국' 대신에 '프랑스 연합French Union'이라는 명칭을 선택했다. 최악의 식민 횡포는 크게 줄어들었다. 그러나 겉보기에 프랑스 식민 제국은 대체로 온전한

---

146) La France Libre. 제2차 세계대전에서 프랑스가 나치 독일에 패배한 뒤 1940년 샤를 드골이 런던에 수립한 프랑스 망명정부를 가리킨다. 프랑스 본토에서 활약한 프랑스 레지스탕스 일부는 드골을 지도자로 인정하고 따랐지만, 공산당계는 드골을 보수 반동주의자로 간주하여 반대했다.

모습을 유지했다. 그리고 어떤 사소한 변화도 프랑스 본국의 여론에 큰 흔적을 남기지 못했다. 프랑스인들은 일반적으로 그런 변화를 받아들였지만, 거의 누구도 해외 속령에 독립을 부여할 생각은 하지 못했다. 식민 개혁에 찬성하는 많은 자유주의적 감정과 식민주의 자체에 대한 좌파의 반대가 존재한 것은 확실했다. 그러나 대부분의 프랑스인들에게 제국은 국가 위신의 문제로 남아 있었다.

이것은 인도차이나에서 막 격렬하게 시험될 참이었다. 프랑스의 비시 당국은 전쟁 말기까지 사실상 일본의 꼭두각시인 (지금의 베트남, 태국, 라오스 국가들로 이루어진) 인도차이나를 계속 경영했다. 1945년 3월에 드골에게로 충성을 옮길 것을 우려한 일본인들은 직접 통치로 전환하면서 제국주의 열강에 맞선 무기로서 민족 독립운동을 부추겼다. 프랑스인들을 괴롭힐 문제가 자신들의 식민 패권을 회복하려는 전후의 시도로부터 생겨났다. 바오다이[147] 황제가 물러나고, 제1차 세계대전 직후 파리에 체류하는 동안 반식민주의를 강력히 표방한 공산주의 지도자 호찌민[148]이 1945년 8월 일본 패배 며칠 후 공화

147)   Bao-Dai(1913~1997). 베트남 응우옌 왕조의 마지막 제13대 황제(재위 1925~1945), 베트남 제국의 황제(재위 1945년 3월 11일~1945년 8월 23일), 베트남국(공화국)의 국가원수(재임 1949~1955). 재위 기간 중 프랑스와 일본의 식민 통치하에서 형식적으로 제위를 유지했다. 제2차 세계대전 후 바오다이는 베트남에서 패권의 회복을 원한 프랑스의 지원으로 남베트남의 베트남국 국가원수가 되었다. 1949년 프랑스와 조약을 맺고 통치권을 인정받았지만, 1955년 미국의 지원을 받은 총리 응오딘지엠이 국민투표를 통해 왕정을 폐지하자 프랑스로 망명했다.
148)   胡志明(1890~1969). 베트남의 정치가. 민족해방 최고지도자로서 베트남의 독립을 위해 일생을 바쳤다. 베트남 공산당, 베트남 독립동맹회 등을 창건했으

국을 선포했던 베트남에서 큰 어려움이 발생했다(호찌민이 전쟁 마지막 몇 달 동안 일본에 맞서 싸우면서 전략사무국[149]이 지원하는 미제 무기와 게릴라를 위한 군사 훈련으로 자신의 세력 기반을 수립하는 데 크게 도움을 받은 사실은 주목할 만하다). 국내 여론의 지지를 받은 프랑스는 자신들의 통치를 종결하기를 거부하고 호찌민의 결의에 찬 농민군인 베트민[150]을 격퇴하기 위해 3만여 명의 병력을 보냈다. 그리고 베트남 남부(당시에는 코친차이나로 알려졌다)에 꼭두각시 정부를 세웠다. 프랑스의 완고함은 베트민 게릴라 세력에 대한 장기적이고 야만적이지만 이길 수 없는 전쟁으로 변모하게 될 확전을 야기했다.

점점 더 많은 식민지 군대가 전투에 투입되었다. 1952년 그 수가 56만 명에 이르렀는데, 그중 7만 명만이 프랑스 의용군이었고 나머지는 식민지, 주로 베트남 자체에서 충원되었다. 그 무렵 인도차이나전쟁은 전체 국방 예산의 40퍼센트를 차지할 정도로 프랑스에는 견딜 수 없을 만큼 값비쌌고, 미국으로부터 점점 더 많은 재정적 지원을 받고서야 지속할 수 있었다. 미국에서는 1949년 중국에서 마오쩌둥

며, 1945년 베트남 민주공화국을 선포하고 초대 국가주석(1945~1969)을 지냈다.

149)   Office of Strategic Service, OSS. 미국의 첩보기관으로, 제2차 세계대전 동안 만들어졌다. CIA의 원형이었다.

150)   Viêt Minh(越盟). 베트남 독립동맹회(越南独立同盟会)의 약칭이다. 1941년 호찌민을 중심으로 인도차이나 공산당과 베트남의 여러 민족주의 계열 정당이 동맹하여 결성되었다. 당면 목표는 프랑스로부터 베트남의 독립을 쟁취하고 일본 제국에 저항하는 것이었다. 베트민은 1945년 일본 패망 후 프랑스가 다시 꼭두각시로 세워 놓은 바오다이 황제의 베트남국을 무너뜨리고, 베트남 북부 지역을 빠르게 점령하여 베트남 민주공화국(북베트남)을 세웠다.

이 승리하고 한국전쟁이 발발한 뒤, 동남아시아에서 공산주의가 '도미노'처럼 확산되지 않을까 깊이 우려했다.

한편, 베트남전쟁은 프랑스에서 거의 인기가 없었다. 사상자가 급증하고 있었다. 베트남의 프랑스 식민군 전사자는 최종적으로 9만 2000명에 이를 것이었다. 1947년 여론조사에서 국민의 52퍼센트가 인도차이나를 식민지로 유지하기 위한 전쟁에 찬성했던 반면, 1954년 2월에는 찬성 비율이 겨우 7퍼센트에 지나지 않았다. 이것은 심지어 1954년 5월 7일, 베트민이 80일 동안의 포위 이후 북서 베트남의 디엔비엔푸 프랑스군에 안긴, 프랑스 식민 역사상 가장 큰 재앙이 있기 전에 조사된 것이었다. 프랑스군은 포위 작전으로 1500명을 잃었고, 1만 명이 포로가 되었다. 디엔비엔푸는 국가적 수치로 여겨졌다.

프랑스인들은 이미 이것만으로도 충분했다. 정부는 예상대로 붕괴했다. 새 총리 피에르 망데스 프랑스는 한 달 내에 베트남에서 평화 합의를 이루지 못하면 사임하겠다고 약속했다. 놀랍게도 그는 목표를 달성했다. 1954년 7월 21일 제네바에서 휴전이 합의되었고, 국민의회에서 엄청난 다수의 표결로 승인되었다. 국민의회는 총리에게 '우레와 같은 박수'를 보냈다. 망데스 프랑스는 오직 소수의 프랑스 시민들만 직접 알고 있는 세계의 먼 곳에서 터무니없이 많은 비용이 드는 갈등이 계속 진행되는 데 싫증난 프랑스 일반인들의 눈에 '사실상 국민적 영웅'이 되었다. 그것은 프랑스가 인도차이나에서 빠르게 철수하는 과정에 돌입했음을 보여주는 신호였다. 이 지역에 프랑스군의 주둔을 연장할 마음이 없었다. 1956년까지 프랑스군은 철수했다. 프랑스 정부는 미국에 기꺼이 독배를 건네 베트남의 난국亂局에 대한 책임을 지게 했다.

　제네바에서 타결된 임시 협정에 따라 베트남은 17도선을 중심으로 분할되었다. 2년 후 나라를 통일시키기 위해 선거를 치르기로 했다. 선거는 치러지지 않았다. 미국이 자신들이 보기에 호찌민에게 결정적인 승리를 가져다줄 거래에 반대했기 때문이다. 미국은 소련과 중국의 후원자들이 호찌민에게 원조를 제공한 것보다 프랑스에 10배나 많은 원조를 제공했다. 그러나 워싱턴은 이와 같은 막대한 지출은 결국 공산주의가 베트남에서 승리한다면 헛수고에 불과할 것이라고 믿었다. 그래서 미국은 베트남 남부의 꼭두각시 정부를 계속 지지했고, 이 꼭두각시 정부도 거의 확실히 베트남 전체가 호찌민 통치하의 공산주의 국가가 되는 결과가 나올 선거를 허용하는 데 미국만큼이나 관심이 없었다. 프랑스의 비타협적 태도는 그들이 실패한 목표라고 알게 된 것을 재빨리 취소하기 전에 미국의 근시안적 태도에 의해 대체되었다. 미국인들은 목표가 실패했음을 뻔히 보면서도 목표를 달성할 수 없다는 사실을 인정하지 못했다. 어쨌든 이는 베트남 인민이 겪어야 할 최악의 고통이 아직 오지 않았음을 의미했다. 비극은 훨씬 더 심해질 것이고, 또 다른 20년 동안 지속될 터였다.

　프랑스인들에게 하나의 식민 전쟁이 끝나자 또 다른 식민 전쟁이 시작되었다. 인도차이나는 멀리 떨어져 있었지만, 1954년 알제리에서 시작된 새로운 전쟁은 본국에 가까웠다. 어떤 의미에서 사실 알제리는 **본국이었다.** 왜냐하면 알제리(1830년부터 식민화되었다)는 1848년부터 프랑스의 필수 불가결한 일부로서 관리되었고, 프랑스 제국의 다른 부분과는 달리 유럽인(프랑스인만은 아니었다) 정착민colon이나 피에

누아르pied-noir(검은 발이라는 뜻의 피에누아르로 알려진 것은 아마도 초기 이주민들이 신었던 검은 부츠 때문일 것이라고 추정되었다) 이주민들을 수십만 명씩 끌어들였기 때문이다. 이 이주민들이 이슬람 다수민들에게 가한 정치적·경제적 차별은 이미 1930년대에 식민 통치에 맞선 저항과 막 발생하기 시작한 민족주의 운동에 대한 억압을 불러일으켰다. 전쟁 중반에 다시 개혁 요구가 제기되었다. 개혁 요구에 프랑스가 제한적으로 양보하자, 이에 대한 분노가 전쟁 종반에 격렬한 저항을 발생시켰다. 군과 경찰은 저항을 무자비하게 진압하면서 수천 명의 이슬람교도를 살해했다. 그 여파로 프랑스는 비록 이슬람 다수민들에게는 심하게 제한된 선거권만 부여하긴 했으나 알제리 의회를 설치했다.

표면 바로 아래에서는 긴장 상태가 고조되고 있었다. 어느 순간 폭발은 필연적이었다. 그것은 알제리 민족해방전선[151]이 몇몇 식민 당국의 목표들을 공격하면서 이슬람 원리에 기반을 둔 독립국가 알제리를 위한 8년 동안의 전쟁을 시작했던 1954년 11월 1일에 발생했다. 인도차이나전쟁을 마무리 지으면서 막 대중적 성공을 거두었던 망데스 프랑스는 이 경우에서는 어떤 양보도 하지 않을 각오가 되어 있었다. 그는 프랑스의 1개 주département인 알제리가 독립할 수 있다는 관념을 단칼에 일축했다. 그것은 대중적인 입장이었다.

---

151) Front de Libération Nationale, FLN. 알제리의 사회주의 정당. 1954년 프랑스로부터의 독립을 목표로 설립되었다. 1962년 독립을 쟁취한 뒤 1989년 다른 정당들이 합법화될 때까지 알제리 국가의 유일한 합법적 집권 정당이었다.

사실 망데스 프랑스는 1954년에 1956년까지는 튀니지와 모로코를 독립시킬 조처를 준비했다. 이 나라들에서 독립운동은 식민 폭력에 봉착했고, 반식민 투쟁은 유혈 사태와 잔혹 행위를 수반했다. 그러나 역시 국제적 압력을 받고 있던 프랑스 정부는 종국적으로 악화 일로에 있는 상황에서 빠져나올 합리적인 방법을 취했다. 그러나 튀니지와 모로코는 식민지로 간주되었다. 알제리는 식민성이 아니라 내무부의 관리를 받는 프랑스의 필수적인 일부로 여겨졌다. 프랑스인들의 눈에(알제리인들의 눈에는 아니었지만), 알제리에서 깊어가는 갈등은 식민 전쟁이 아니라 **내전**이었다. 이것은 알제리에 대한 프랑스의 경직된 태도를 결정하고 너무나 많은 알제리 주민들에게 오랜 세월 고통을 안겼던 근본적인 차이였다.

폭력과 극단적인 보복성 대응 폭력이 확대되는 양상이 시작되었다. 1955년 8월 일촉즉발의 상황에서 알제리 민족해방전선의 조직적 작전으로 100명 이상의 민간인 이주민이 살해되었고, 이에 촉발된 야만적인 보복 행동으로 1000명을 크게 웃도는(일부 추산에 따르면 이보다 훨씬 많다) 이슬람교도가 사망했다. 테러 공격과 국지적인 잔혹 행위가 벌어지고 이에 체제의 섬뜩한 보복이 뒤따르는 것은 참극이 계속되는 악순환을 불러일으키는 방식이었다. 프랑스 총리 기 몰레는 1956년 잠시 화해 정책을 시도했으나 정착민들의 격렬한 반대에 부딪혀 재빨리 봉기를 분쇄하는 쪽으로 후퇴했다. 병력 수는 2배로 늘어났다. 알제리 민족해방전선 혐의자들에 대해 고문이 광범위하게 자행되었다. 그러나 알제리 민족해방전선은 추가 테러 공격으로 대응했다. 여론은 야만적인 전쟁에 등을 돌렸고, 유명한 좌파 지식인들(그

중 가장 저명한 사람은 피에르 비달나케[152]와 장폴 사르트르였다)의 주도로 알제리에서 프랑스군이 저지르는 비인도적 행위에 대한 강력한 항의가 있었다.

그러나 프랑스 여론은 전쟁 종결을 절박하게 원하면서도 알제리 독립에는 찬성하지 않았다. 여하튼 독립을 허용하려는 어떤 시도도 가로막는 엄청난 장애물은 그와 같은 결과를 고려하지 않으려는 이 주민들의 노골적이고 폭력적인 태도였다. 1958년 초에 프랑스 정부뿐 아니라 국가 자체의 위기가 끓어오르고 있었다. 1958년 5월 14일, 피에르 플림렝[153]이 총리가 되었을 때 위기가 시작되었다. 플림렝은 알제리 민족해방전선과의 협상에 찬성했다. 피에누아르들에게 이것은 파리로부터 배신의 냄새가 풍겨 나오는 것이었다. 그들은 알제리의 정부 건물을 점거하고, 지난 해 무자비한 대응 테러 활동을 이끌었던 낙하산부대 지도자 자크 에밀 마슈[154] 장군을 뽑아 프랑스 정부에 맞선 반란을 주도하게 했다. 군이 반란을 지지한 것이 분명했다. 이것이 드골에게 집권을 요구한 배경이었다. 총리로 갓 취임한 플림렝은 그달 말에 총리직에서 쫓겨나고 말았다. 이것이 바로 앞서 기술

---

152) Pierre Vidal-Naquet(1930~2006). 프랑스의 역사가. 고대 그리스 전문가였으나, 현대사에도 관심을 갖고 깊이 참여했다. 특히 알제리전쟁 동안 프랑스군의 고문에 반대했고, 미셸 푸코, 장마리 도메니크 등과 함께 프랑스 신사회 운동의 하나인 '감옥정보그룹'을 창립했다.

153) Pierre Pflimlin(1907~2000). 프랑스의 정치가. 1958년 5월 14일부터 6월 1일까지 제97대 프랑스 총리를 지냈고, 1984~1987년 유럽의회 의장을 맡았다.

154) Jacques Émile Massu(1908~2002). 제2차 세계대전, 제1차 인도차이나전쟁, 알제리전쟁, 수에즈 위기에 참전한 프랑스의 장군.

한, 제5공화국 수립의 서곡이었다.

정착민들은 드골이 자신들의 사람이라고 생각했고, 그의 명성 덕분에 그들이 흡족하게 알제리전쟁을 끝내는 데 성공할 거라고 기대했다. 그러나 문제가 얼마나 다루기 힘든지를 금방 깨달은 드골이 합의를 협상할 생각이 있다는 의사를 내비치자 정착민들은 곧 몹시 실망하고 격분했다. 이렇게 독립 요구를 굽히지 않는 알제리 민족해방전선과 그 요구에 대해 무장 저항을 일으킬 태세가 되어 있는 피에누아르들의 양극단 사이에서 드골 대통령은 기우뚱거렸다. 불만을 품은 장군들은 한때 드골의 지지자였던 라울 살랑[155] 장군의 지도하에 비밀군사조직[156]을 결성했다. 그들은 정부에 맞서 설익은 쿠데타를 한 번 이상 계획했고, 프랑스에서 일련의 폭탄 투척을 실행했으며, 드골 암살을 기도했다. 비밀군사조직은 모두 합쳐 약 2700명의 사망에 책임이 있었는데, 사망자는 거의 모두 알제리의 이슬람교도였다.

알제리전쟁은 엄청난 폭력 속에 1960년과 1961년 내내 계속되었다. 그러나 드골은 승리했다. 그는 알제리 독립을 통해서만 궁극적인 평화가 이루어질 수 있음을 알 만큼 현실주의자였고, 점차 그 결과

---

155)   Raoul Salan(1899~1984). 프랑스의 육군 장성. 제1차 인도차이나전쟁에서 프랑스 사령관으로 일했다. 1961년 알제리 쿠데타를 조직한 네 장군 중 한 사람이었다.

156)   Organisation Armée Secrète, OAS. 알제리전쟁 막바지인 1961~1962년에 활동한 우익 프랑스 반체제 준군사 조직. 알제리 독립을 저지할 목적으로 폭탄 투척, 암살 등을 비롯한 테러 공격을 실행했다. 조직의 모토는 "알제리는 프랑스이고, 계속 그럴 것이다"였다.

를 수용하는 쪽으로 움직였다. 드골은 자신의 막강한 입지와 권위를 이용해 1962년 3월 18일에 조인된 휴전에 대해 프랑스 유권자 90퍼센트의 지지를 얻었고, 이 휴전을 바탕으로 7월 5일 알제리 독립이 선언되었다.

분격한 피에누아르의 대부분에 해당하는 80여 만 명이 알제리에 미래가 없다는 것을 깨닫고 알제리 유대인 공동체처럼 남부 프랑스로 이주했다. 보통 하급 공무원이나 경찰, 병사로 식민 체제를 위해 모종의 일을 했던, 하르키[157]라고 알려진 알제리인들은 전쟁이 끝날 즈음에 알제리 민족해방전선의 끔찍한 보복에 직면했다. 그중 소수는 주로 남부 프랑스로 용케 도피할 수 있었지만, 그곳에서도 프랑스 당국으로부터 혹독한 대우를 받았고 사회적 차별 속에 다수파 주민들에게 기피와 경멸의 대상이 되었다.

8년간의 잔혹한 갈등으로 희생당한 사람들의 수는 여전히 뜨거운 논쟁이 계속되고 있지만, 최소한 약 17만 명에 이르렀다. 희생자 수가 이를 훨씬 상회하는 것은 거의 확실하다. 살해당한 사람들의 대다수는 알제리의 이슬람교도였다. 어느 프랑스인도 살인 혐의로 프랑스 법정에 회부되지 않았다. 프랑스의 '문명화 사명'(다른 민족을 통치하기 위한 이념적 정당화)은 결국 야만 행위로 귀결되었다.

---

157) harki. 1954~1962년 알제리 독립전쟁 동안 프랑스 군대에서 보조원으로 일했던 토착 알제리 이슬람교도를 가리키는 말이다. 때로는 알제리전쟁 동안 프랑스령 알제리를 지지한 알제리 이슬람교도 전부를 가리키기도 한다. 하르키는 알제리에서 반역자로 여겨졌고, 전쟁이 끝난 뒤 에비앙 휴전협정과 사면 규정에도 불구하고 보복으로 수천 명이 살해되었다.

놀랍게도 알제리에서 더러운 전쟁이 한창일 때 드골은 아프리카의 거의 나머지 전역에서 프랑스 식민주의를 청산하고 있었다. 1958년 제5공화국 헌법에서는 '프랑스 연합'을 '프랑스 공동체French Community'로 대체했고, 해외 영토에 완전한 독립까지는 아니었지만 광범한 자치권을 주었다. 처음에는 단지 프랑스령 기니만이 프랑스 공동체에 남아 있기를 거부했다. 그러나 이것은 본보기가 되었고, 하나의 옛 식민지가 거부하자 다른 옛 식민지가 재빠르게 뒤를 이었다. 1950년대 말까지 반식민주의의 거센 바람이 불었고, 알제리는 프랑스 식민 통치의 모범 사례가 될 수 없었다. 드골은 해외 영토에 선택권을 주었다. 그들은 선택했다. 1958년부터 1960년 말 사이에 무려 15개의 옛 프랑스 식민지(마다가스카르, 프랑스령 수단, 세네갈, 차드, 중앙콩고, 가봉, 모리타니아, 우방기샤리, 카메룬, 토고, 말리, 다호메이, 니제르, 오트볼타, 코트디부아르)가 기니를 따라 독립했다. 1961년까지 프랑스 공동체는 쪼그라들면서 거의 없어져 버렸다. 오랜 전쟁으로 엄청난 유혈 사태를 겪은 뒤에야 알제리에서 불가피한 것을 고통스럽게 수용한 것, 그리고 명백히 제지할 수 없는 독립에 대한 열망을 인정하여 그 밖의 지역에서 제국을 신속히 해체한 것 사이의 대비가 뚜렷하다. 알제리의 독특한 지위가 본질적인 차이였다. 공식적으로는 부인했지만, 실제로는 내내 100만 명의 이주민이 900만 명의 토착민에게 가하는 차별에 의존한 식민지였던 지역이 프랑스에 대체로 명목상으로 통합되어 있던 상황을 끝내는 데는 드골의 정치력과 현실감각이 필요했다.

　1960년대 중반까지 한때 강력했던 프랑스 제국과 대영제국의 파편들만 남았다. 제국의 시대는 끝났다.

1965년 1월 30일에 거행된 윈스턴 처칠 경—'세 거두' 전시 지도자 중 마지막 생존자—의 국장은 국민국가, 제국주의 지배, 유럽 강대국 정치라는 확실한 것들과 결합된 한 세대가 끝났음을 상징적으로 보여주었다. 나치 독일에 맞선 싸움에서 처칠과 어깨를 나란히 했던 프랑스 대통령 드골 장군과 전 미국 대통령 드와이트 아이젠하워 장군이 예사롭지 않게 장엄한 의식의 장례식에 참석한 112개국의 대표들 중에 있었다. 그들은 20년 전 전쟁을 빠져나왔던 유럽과는 거의 닮은 점이 없는 유럽을 보았다.

가장 명확한 것은 이 유럽이 화해 불가능한 2개의 절반으로 나뉜 유럽이라는 사실이었다. 이미 전쟁 직후 몇 년 동안 거침없이 형성되고 있던 이 분할은 공식적 외교 말고는 대륙의 동쪽 부분과 서쪽 부분 사이에 거의, 아니 전혀 접촉이 없는 정도로까지 확대되었다. 그사이 동구 블록과 서구 블록이라는 2개의 블록이 확고해졌다. 1945년에 하나의 개념으로조차 존재하지 않았던 서유럽은 이제 정의할 수 있는 실체가 되었다. 위에서 검토한 두 가지 사태 전개가 서유럽 형성에 결정적으로 중요했다.

무엇보다 중요한 것은 다원주의적 자유민주주의의 공고화였다. 이것은 나라마다 형태가 달랐지만 어디서나 법, 인권, 개인적 자유라는 원리 위에서 구축되었다. 그것은 또 모든 시민에게 사회적 안전의 기반을 보장했던 경제성장, 번영, 복지제도를 제공한 재편된 자본주의 경제에 의존했다. 냉전은 서유럽 민주주의의 안정을 위한 이념적 추동력을 제공했다. 미군 주둔은 민주주의의 발전을 위한 안보 기반을 제공했다. 서유럽 민주주의는 분명 그 발현된 모습이 결코 완벽하지는 않았다. 그러나 전간기 시절의 만성적인 불안과 분열 정치, 사회적 궁핍과 비교하면, 그 뒤를 따랐던 모든 것의 필수 불가결한 토대였던 민주주의가 더욱 공고하게 자리 잡게 된 것은 정말 경이로운 일이었다.

두 번째 주요한 변화는 제국의 종식이었다. 이것은 서유럽을 본질적으로 비슷한 위상을 가진 국민국가들로 전환시켰다. 특히 국가적 위엄이라는 관념에 여전히 집착하는 영국과 프랑스는 자신들이 더는 강대국이 아니라는 사실에 쉽게 적응하지 못할 것이었다. 그들은 여전히 서유럽에서 가장 군사화된 국가, 핵무기를 보유한 나라이자 유엔 안보리에 자리를 갖고 있는 나라였다. 그러나 실제로 영국과 프랑스는 이제 유럽 열강에 지나지 않았다. 제국의 꿈은 점점 작아져가는 소수파의 희미해지고 종종 뒤틀리곤 하는 향수에 지나지 않게 되었다.

세 번째 발전은 여전히 검토 대상으로 남아 있다. 경제적으로, 그리고 초기 형태이지만 정치적으로도 서유럽은 전후 초기 시절에 예견할 수 없었던 것은 아니지만 예견하기가 어려웠던 방향으로 나아가고 있었다. 서유럽은 국민국가와 공존하지만 어느 정도는 그것을 뛰어넘는 제도들로 합쳐지기 시작했다. 이것은 고유한 긴장과 갈등이 시종 수반되었으나 그와 동시에 제2차 세계대전 전에는 생각도 할 수 없었을 듯한 수준의 협력과 통합을 제공하는, 장기적이고 파란만장한 미완의 과정으로 밝혀질 것이었다. 그것은 지속적 평화의 토대를 건설하는 데 있어 큰 진전을 나타냈다.

　동유럽은 이러한 근본적 변화의 양상에서 완전히 동떨어져 있었다. 동유럽에도 훨씬 덜했지만 변화가 있었다. 동유럽 국가들에게 변모의 여지는 매우 제한적이었다. 그것의 한계는 소련 지배의 쇠사슬에 의해 단단히 통제되었다.

EUROPE 1950-2017

3

죔쇠

우리는 바르샤바 협정군 사령관인 코네프[158] 원수에게 물었다.
"우리가 당신에게 헝가리에서 질서를 회복시키고 반혁명 세력을
분쇄하라고 지시한다면 얼마나 시간이 걸릴 것 같습니까?"
그는 잠깐 생각하더니 대답했다. "사흘입니다. 더 길지는 않습니다."
"그러면 준비를 시작하죠. 당신은 언제 시작해야 하는지 우리한테서 듣게 될 겁니다."
그리하여 결정이 내려졌다.

니키타 흐루쇼프의 회고록, 1971년

3

　　서유럽이 미국의 후원을 받으며 정치적 실체로서 모습을 빚어가는 사이에, 소련은 철의 장막 저편 자신의 '세력권' 안에 있는 나라들에 대한 지배를 공고화하고 있었다. 한때 독립국이었던 발트 국가들(에스토니아, 라트비아, 리투아니아)은 1940년부터 소련의 일부가 되었다. 알바니아, 불가리아, 체코슬로바키아, 독일민주공화국, 헝가리, 폴란드, 루마니아는 모스크바의 후원을 받았다. 그러나 유고슬라비아는 1948년 티토 원수가 모스크바와 결별한 뒤 별도의 길을 따라 계속 발전했다.

　1953년 3월 스탈린의 죽음과 함께 동유럽('서유럽'과 마찬가지로 정확한 지리적 묘사라기보다는 정치적 구조물이다)에서 큰 단절이 발생했다. 대폭군의 사망으로 흔히 '해빙'이라고 이름 붙여진 시기가 시작되

---

158)　　Ivan Konev(1897~1973). 소련의 군인. 제2차 세계대전에서 독일군에 맞서 소련군의 여러 반격을 지휘하여 동유럽의 나라들을 해방했으며, 독일의 수도 베를린을 점령하는 데 공훈을 세웠다. 전후 동독 소련 점령군 수장을 지냈고, 1946~1950년, 1953~1956 소련 국방 제1차관을 지냈다. 1956년 바르샤바 협정군 총사령관이 되어 헝가리 봉기를 진압하고, 1960년까지 총사령관직을 유지했다.

었다. 해빙은 1954년에 일리야 그리고리예비치 예렌부르크[159]가 발표한 소설의 제목에서 나온 하나의 비유였다. 해빙은 탈스탈린화(스탈린 체제와의 분명한 결별)를 가리켰다. 그러나 이 비유에는 한계가 있었다. 스탈린 체제 자체는 '해빙'이 함축하는 바와는 달리 '얼지' 않았고 세월이 흐르면서 몇몇 국면에서 변화를 겪었다. 실제로 '해빙' 동안에 나타난 일부 변화는 스탈린 말기에 더욱 강력해진 압력으로부터 흘러나왔거나 이전 사상을 활용한 것이었다. 예렌부르크 자신은 '해빙'을 비영구성, 불안정성, 그리고 단순히 날씨가 무엇을 가져올지 알 수 없는 불확실성을 암시하는 것으로 해석했다. 해빙은 봄이 오는 것일 수도 있지만, 땅이 다시 한번 얼어붙으면서 새로운 결빙을 가져올 수 있다. 그러나 글자 그대로의 의미에서 '해빙'은 결국 날씨를 완전히 변화시킨다. 해빙은 이전의 얼음과 눈을, 궁극적으로 물이 되어 빠져나가는 형체 없는 진창으로 만든다. 그러나 니키타 흐루쇼프 치하의 변화는 실제적이고 상당했지만 소련 체제 **내부**에서 진행되었으며, 이 얼음과 눈을 거의 없어져 버리는 물로는커녕 완전히 다른 형태로도 녹이지 못했다. 이와는 반대로 1964년 10월 흐루쇼프가 권좌에서 제거된 뒤 체제는 그의 후임자인 레오니트 브레즈네프 아래에서 안정되고 강화되었으며, 1985~1990년의 변화 때까지 거의 같은 형태로 지속되었다(정체되긴 했지만). 마지막으로, 해빙은 인간의 힘이 개입

---

159)　Il'ya Grigorevich Erenburg(1891~1967). 러시아의 작가, 시인, 언론인. 1908~1917년, 1921~1940년에 외국에서 망명 생활을 했으며, 1940년에 소련으로 귀국했다. 작품으로 《해빙》, 《파리 함락》, 《폭풍》 등이 있다.

되지 않은 자연 현상이다. 그러나 스탈린 사후 소련에서 일어난 변화에 '자연적'인 것은 거의 없었다.

그러므로 어쩌면 '죔쇠'나 '바이스' 같은 다른 비유가 '해빙'보다 나을 수 있다. 죔쇠는 헐거워지거나 조여질 수 있다. 그러나 죔쇠가 적용되는 물체는 여전히 똑같다. 흐루쇼프 치하에서 일어났던 일은 스탈린이 소련에 부과했던 극도로 꽉 조인 죔쇠를 헐겁게 한 것과 마찬가지였다. 그러나 체제는 본질적으로 온전하게 남았다. 게다가 소련의 스탈린주의와 동유럽 국민국가들의 스탈린주의 사이에는 상당한 차이가 있었다.

소련에서 체제 변화의 가능성은, 1917년 혁명 이후 정치 조직의 대안적 형태와 최근 전통이 결여된 거대한 나라에서 30년 이상 공산주의 통치가 확고히 자리 잡은 것을 감안하면, 존재하지 않는 것이나 다름없었다. 이와는 대조적으로 동유럽 대부분의 나라에서 스탈린주의는 1944~1945년에 붉은 군대가 승리하고 그 결과 오직 모스크바의 후견 속에서 외부로부터 최근에 강제된 것이었다. 여기서는 근본적인 변화가 실제로 가능했다. 소련의 강력한 죔쇠만이 변화를 막았다. 소련 '세력권'에 있던 각국은 전쟁 전에 종종 허울뿐인 민주주의에 불과하긴 했지만 다원주의 정치체제의 경험이 있었다. 때로는 (가장 두드러진 나라는 동독과 체코슬로바키아였다) 억압되기도 했지만 여전히 잠재해 있는 오랜 민주주의 전통이 존재했다. 무엇보다도 가장 명백한 것은 위성국 각국이 자율적인 국민국가로서 정체성을 지속적으로 갖고 있었다는 사실이다. 이것은 특히 폴란드와 헝가리에서 뚜렷했다.

그러므로 스탈린 사망 후 처음으로 죔쇠가 헐거워지자 소련의 동유럽 위성국 일부에서 공산주의 체제 자체를 개선하는 데 그치지 않고 전복할 가능성이 있는 심각한 소요가 발생한 것은 놀라운 일이 아니었다. 또 소련이 초조하기도 하고 고압적이기도 한 대응을 보이고, 죔쇠를 다시 급격히 조이며 궁극적으로 무력 사용에 의지한 것도 놀라운 일이 아니었다.

죔쇠를 헐겁게 하기: 소련

스탈린 말기는 대부분의 소련 시민들에게 비참한 시기였다. 나치즘을 상대로 붉은 군대가 거둔 승리의 영광이 나라 전역에 울려 퍼졌다. 인명 희생(2500만 명이 넘는 소련 시민이 살해당했다)은 상상을 초월했다. 선전을 위해 얼마나 윤색되었든, 살아남은 사람들 사이에는 잔인한 침략자들을 격퇴하고 파괴하기 위해 소련이 보여주었던 비상한 용기와 용맹의 위업에 대해 진정한 애국적 자긍심이 광범하게 존재했다. 그러나 애국적 자긍심은 배를 채워 주지도, 괜찮은 집을 주지도 못했다. 그리고 애국적 자긍심은 법적 보호가 없는 강압적 경찰국가에서 삶의 불안에 대한 보장책도 아니었다.

전쟁이 소련 서부 지역에 남긴 물리적 파괴의 정도는 아무리 과장해도 지나치지 않다. 이 지역 전체가 황폐해졌다. 전투의 참화, 또는 후퇴하는 독일 국방군의 고의적인 말살로 1710개의 도시와 최소한 7만 개의 마을이 파괴되었다. 약 2500만 명이 집을 잃었다. 곡물 생산은 3분의 2가 줄어들었고, 민간에 필요한 산업 생산은 족히 3분의 1 이상 감소했다. 이러한 폐허에서 회복하는 데는 비상한 재건의 노력이 필요했다.

회복은 실제로 인상적이었다. 그럼에도 그것은 전전 경제와 전시 경제의 본질적 일부였던 엄격함과 가혹함, 잔인함을 수반했다. 의심할 여지 없이 이상주의자가 여전히 많이 존재했고, 평범한 시민들은 서유럽에서처럼 회복을 돕고 물질적 상황의 개선을 이루기 위해 기꺼이 열심히 일하고 고통을 감내하고자 했다. 그러나 그들에게 요구된 것은 극심한 강압으로만 성취될 수 있었다. 지각이나 경범죄마저 가혹하게 처벌하는 전시의 노동 규제가 여전히 시행 중이었다. 명령 경제는 다양한 통제를 구사했다. 노동은 국가가 알맞다고 생각하는 곳에 동원되었다. 순전히 경제적인 면에서 그 결과는 엇갈렸다. 그러나 인적 희생은 엄청났으며, 그것은 소련의 거의 모든 가족에 영향을 미친 전쟁 동안의 죽음과 고통에 설상가상으로 더해진 것이었다.

1950년까지는 철강, 석탄, 석유, 전기, 시멘트 생산이 전쟁 전보다 많아졌으며, 10년 전보다 3배나 많은 트랙터가 생산되고 있었다 (목표가 초과 달성되었음을 보여주기 위해 목표를 낮게 설정하는 경영자들의 낡은 수법은 제쳐 두고라도 모든 소련 생산 통계는 주의해야 하지만). 그러나 1952년에 실질임금은 1928년 수준에 도달하기 시작했을 뿐이었다. 소비재 생산과 주택 공급은 중공업의 개선에 훨씬 뒤처져 있었다. 생활수준은 극도로 낮았다. 주택은 불결했고, 보통 공동아파트[160]

---

160) communal apartment. 러시아어로는 콤무날카(kommunalka)라고 한다. 소련의 스탈린 시대에 도시민들의 주요 주거 형태였다. 한 아파트 안에 여러 가구가

의 형태를 띠곤 했던 거주지는 엄청나게 과밀했다. 국민의 다수는 계속 지독한 가난 속에 살았다. 1945년부터 1950년 사이에 산출이 83퍼센트 증가했던 자본재(많은 재화가 여전히 군비를 위한 것이었다)를 우선적으로 생산하는 일이 그대로 유지되었다. 1952년에는 1950년에 비해 군사용 생산을 45퍼센트 증가시키는 것이 예산에 포함되었다. 1930년대처럼 특히 농촌이 산업 회복 과정에서 가장 큰 타격을 받았다. 농업 생산은 1950년대 초에 전쟁 전보다 낮았으며, 1헥타르당 생산성은 제1차 세계대전 전보다 훨씬 낮았다. 토양이 비옥했는데도 1932~1933년처럼[161] 1946년에 또다시 지독한 기근에 시달린 우크라이나로부터 식인 사례들이 보고되었다. 이 기근은 가뭄이 수확에 악영향을 미치는 등 어느 정도는 자연적 원인에서 비롯했다. 그러나 훨씬 치명적인 손실은 국가가 입혔다. 국가는 농민들에게서 비축 식량을 빼앗았고, 그 때문에 농민들은 굶주릴 수밖에 없었다.

불만과 동요는 전후 시기에 다시 심해진 대규모 억압으로 통제되었다. 노예노동 시절이 시작되는 시점에 수십만 명의 새로운 죄수가 수용소로 쏟아져 들어오면서 굴라그[162]가 다시 팽창했다. 이들은 황

대개 방 한 칸씩을 차지하면서 부엌이나 변기, 욕실, 현관, 복도 등은 공유한다.

161) 1932년~1933년에 주로 소련의 우크라이나 지역에서 발생한 대기근을 가리킨다. 이 재해로 적어도 수백만 명의 사망자가 발생한 것으로 추정된다. 우크라이나에서는 이 재앙을 홀로도모르라고 부르며 스탈린에 의한 집단 학살로 규정한다. 우크라이나 정부는 희생자들을 기려 매년 11월 넷째 주 토요일을 추모 기념일로 지정했다.

162) Gualg. 러시아어 Glavnoe upravlenie ispravitelno-trudovykh lagerii i kolonii(교정 노동수용소 및 집단 거주지 총국)의 머리글자에서 따온 고유명사로,

폐해진 나라의 재건을 돕고 군비 생산(곧 핵무기 제조까지 포함하게 된다)을 유지하는 데 동원되었다. 전쟁 동안 줄어들었던 죄수는 약 500만 명으로 또다시 불어났다. 이들 중 매우 많은 죄수가, 그 주민들의 충성심이 여전히 깊이 의심받고 있는 소련의 서부 국경 지역이나 이전 발트 국가들로부터 추방된 사람들이었다. 독일 국방군에게 사로잡혔거나 독일에서 참혹한 상황 속에 수년을 보냈던 100만 명을 훌쩍 넘는 붉은 군대 병사들이 고국으로 돌아왔지만 반역자로 취급되어 굴라그에 다시 감금되었다.

비록 사소한 것이었지만 전쟁 동안 이루어졌던 표현에 대한 규제의 완화와 당의 개입에 대한 제한도 그 후 없어졌다. 예술은 공산당의 문화 분야 수장인 안드레이 알렉산드로비치 즈다노프[163]가 정한 엄격한 이념적 지침을 따르지 않으면 어떤 것도 억압당했다. 과학계 역시 방침을 따라야 했다. 약간의 일탈 조짐도 최소한 체제의 극단적인 비난을 야기했다. 동물원을 탈출하여 하루 동안 소련의 삶을 관찰한 뒤

일반적으로 소련의 강제노동 수용소를 가리킨다. 러시아혁명 직후인 1918년에 처음 설치된 뒤 1930년대 이후 스탈린 치하에서 크게 확대되어 1940년대 말~1950년대 초에 그 규모가 최고조에 이르렀다. 하지만 1953년 스탈린의 죽음과 함께 본격적으로 해체되기 시작했다.

163)   Andrei Aleksandrovich Zhdanov(1896~1948). 소련의 정치가. 1939~1940년 소련 공산당 중앙위원회 선전선동부 부장, 1946~1947년 소련 최고소비에트연방회의 의장을 역임했다. 1930년대부터 이념 및 문화 면을 담당했고 당의 정통 노선 확립을 도모했는데, 특히 제2차 세계대전 후의 이념 부문 억압 정책은 '즈다노프 비판'으로서 유명하다. 1947년의 코민포름 창설 및 그 활동에도 영향력을 발휘하면서 스탈린, 말렌코프 다음가는 지위에 있었다.

다시 동물원의 감금 생활로 되돌아가기를 원한 원숭이에 관한 풍자적 이야기를 썼던 미하일 미하일로비치 조센코[164]는 "썩은 이념적 허무주의"로 국가에 대한 태도를 타락시키려 하고 있다고 고발당했다.

스탈린 말기에 소련 생활의 표면에 너무나 가까이 있던 억압은 그것을 실행할 준비가 되어 있는 거대한 기구가 필요했다. 스탈린은 당과 군대, 보안경찰에게 특권과 권력이 충분히 주어지도록 확실히 보장했다. 많은 국민이 최소한의 생필품으로 근근이 살아가고 있었지만, 지배 엘리트들은 여전히 다차[165]와 크림반도에서 보내는 휴가, 특별상점, 훌륭한 의료, 자녀들을 위한 교육적 특혜를 누리고 있었다. 그리고 이런 유의 정치적 뇌물이 하급 관리, 당과 국가에 고용된 관료, 군 인사와 보안기관의 요원들에게도 얼마간 흘러 들어갔다. 당근과 채찍 시스템(실패라고 여겨지는 어떤 행위에 대해서도 징벌을 받을 수 있다는 두려움, 물질적 혜택, 승진, 지위, 타인에 대한 지배)은 최고위층뿐 아니라 밑바닥에서 체제를 돌아가게 하는 수백만 명의 하급자와 '작은 스탈린들'에게도 동기로서 작용했다.

서로를 깊이 의심하고 독재자의 눈에 들기 위해 경쟁하는 부하들을 '분할해 통치하는' 스탈린의 노회한 기술은 그가 사망할 때까지 계속되었다. 어느 누구도 이 체제에서는 안전하지 않았다. 그러나 스탈린의 변덕에 가장 심하게 노출된 지배 엘리트들은 특히 자신들이

---

164)　　Mikhail Mikhailovich Zoshchenko(1895~1958). 소련의 유명한 풍자작가. 〈인간은 벼룩이 아니다〉, 〈초조한 사람들〉 등 소련 사회를 날카롭게 풍자한 다수의 단편이 있다.
165)　　dacha. 별장을 뜻하는 러시아어.

가진 그 모든 권력에도 불구하고 지위의 보장이 불안정하다는 것을 알았다. 독재자의 심기를 건드린 주제넘은 한마디나 좋은 뜻에서 한 행동이 엄청난 결과를 낳을 수도 있었다. 1930년대의 대숙청[166]이 되풀이되지 않은 것은 사실이다. 그러나 1949년에 레닌그라드와 1951년에 그루지야[167] 일부 지역에서 당 간부에 대한 선별적 숙청이 이루어졌다. 1952년 10월, 제18차 당대회 이후 13년 만에 제19차 당대회를 소집하는 스탈린의 결정은 그의 부하들에게 스탈린이 다시 한번 최고 지도부를 숙청하려 한다는 불길한 징조로 여겨졌다. 흐루쇼프는 또 다른 큰 숙청을 스탈린의 죽음으로 피하게 되었다고 생각했다.

실제로 독재자의 피해망상증이 다시 마구 날뛰고 있었다. 흐루쇼프는 스탈린이 "난 누구도 믿지 않아. 심지어 나 자신도"라고 1951년에 말한 것을 기억한다고 주장했다. 1년 뒤 스탈린은 가장 오래되고 충직한 부관인 뱌체슬라프 미하일로비치 몰로토프[168]와 아나스타스

---

166) Great Purge. 1930년대, 좀 더 협소하게는 1936~1938년에 소련에서 스탈린이 자행한 정치적 억압 사건을 가리킨다. 이 기간에 반혁명분자나 인민의 적, 파괴분자 등의 혐의로 공산당원, 경영자, 관리, 노동자, 농민, 소수민족들에 대한 광범한 체포와 추방, 처형이 이루어졌으며, 그 과정에서 적어도 약 70만 명이 살해된 것으로 밝혀졌다.
167) 조지아의 전 이름.
168) Vyacheslav Mihailovich Molotov(1890~1986). 소련의 혁명가이자 정치가. 1930~1941년 소련 인민위원회의 의장, 1939~1946년, 1946~1956년 외무인민위원 및 외무장관을 지냈다. 1939년 독소 불가침 조약을 체결하고 제2차 세계대전 동안 스탈린의 오른팔로서 소련의 외교정책을 주도했다. 스탈린 사망 후 탈스탈린화를 추진했던 흐루쇼프와 대립하다 좌천되고, 후에 당적을 박탈당했다.

이바노비치 미코얀[169]이 해외 열강의 앞잡이라고 터무니없이 의심하고 있었다. 그 후 1953년 1월에는 대부분이 유대인 이름처럼 들리는 이름을 갖고 있는 일단의 크레믈 의사들이 소련 지도부를 말살하려는 음모를 꾸몄다는 혐의로 갑자기 체포되었다. 스탈린의 반유대주의는 뿌리 깊었으며, 이는 자신의 부하들에게도 예외가 없었다. 그리고 반유대주의에 대한 공개적인 비난에도 불구하고 유대인들에 대한 편견은 소련 사회에 광범하게 퍼져 있었다. 1948년부터 1953년 사이에 수만 명의 유대인이 직장에서 해고당한 것은 물론 다양한 형태의 차별에 직면했다. 스탈린이 살았더라면 수많은 유대인의 체포를 촉발한 '의사들의 음모' 사건은 유대계 소련인들에게 심각한 새로운 위험을 가져다주었을 것이다. 스탈린 사망 직후 의사들은 풀려났고, '음모'는 날조로 인정되었다.

1953년 3월 1일, 꽤 오래전부터 건강이 좋지 않았던(이 사실은 기밀이었다) 스탈린이 뇌출혈로 쓰러졌다. 어느 누구도 치료를 위해 달려가지 않았다. 아마도 달려갔다 하더라도 달라진 것이 없었을 터였다. 국가 안보를 책임진 라브렌티 파블로비치 베리야[170]는 스탈린이 회

---

169) Anastas Ivanovich Mikoyan(1895~1978). 아르메니아 출신의 볼셰비키이자 소련의 정치가. 1920년대부터 주로 국내 상업과 해외 무역 관련 고위 관직을 역임했다. 1935~1966년 소련 공산당 정치국원이었으며, 1964~1965년 소련 최고소비에트간부회 의장을 지냈다.

170) Lavrenti Pavlovich Beria(1899~1953). 소련의 정치가. 1931년 그루지야(지금의 조지아) 공산당의 제1서기가 되었다가, 1938년 말 내무인민위원이 되어 대숙청 뒤의 치안 기관을 맡았다. 1941년 인민위원회의 부의장이 되었고, 제2차 세계대전 중에는 원수로 임명되었다. 전쟁이 끝난 뒤 정치국원, 수용소의 최고책임자

복되지 않기를 특히 간절히 바라는 것 같았다. 심지어 죽어가고 있을 때에도 쓰러진 독재자에 대한 두려움은 상호 의심 및 권력에 대한 야심과 결합하여 그의 이너 서클(게오르기 막시밀리야노비치 말렌코프,[171] 니키타 흐루쇼프, 니콜라이 알렉산드로비치 불가닌,[172] 베리야로 좁혀졌으며, 몰로토프와 미코얀은 대체로 열외로 취급되었다)을 마비시키면서 무기력하게 만들었다. 스탈린이 3월 5일 죽기 전에 나흘간 사경을 헤매는 동안 그의 부하들은 권력의 전리품을 놓고 서로 싸웠다.

즉시 뒤따른 필연적인 권력투쟁에서 말렌코프가 승리자인 듯 보였다. 말렌코프는 자신이 여러 고위 직책, 특히 당 서기국의 운영을 이용해 이너 서클에서 동등한 사람 중 제1인자(사실상 스탈린의 예상 후계자)가 되었다. 그의 주요 동맹은 베리야였다(정략적인 동맹 그 이상

가 되었다. 군사기술, 특히 로켓과 핵폭탄 개발에 힘썼다. 또한 동유럽권 치안 조직까지 장악했고, 1953년 스탈린이 죽은 뒤 말렌코프, 몰로토프와 함께 집단 지도를 실행했다. 일정한 자유화를 내세웠으나, 권력투쟁에 패해 1953년 6월 스탈린에 대한 지나친 '개인숭배'의 책임을 물어 체포되었으며, 같은 해 말 총살되었다.

171) Georgi Maksimil'yanovich Malenkov(1902~1988). 소련의 정치가. 1939년 당 중앙위원에 선출되어 서기, 조직국원, 인사부장이 되었다. 1946년 정치국원으로 승진하여 당 중앙위원회 서기와 소련 각료회의 부의장(부총리)도 겸했으며, 1953년 3월 5일 스탈린 사망 후 총리가 되었으나 1955년 2월 스탈린 비판에 직면하여 총리직도 사임했다. 그 후 1957년 6월에 흐루쇼프 당 제1서기의 추방을 꾀하려다 실패하여 반당 분자로 비판받고 실각했다.

172) Nikolai Aleksandrovich Bulganin(1895~1975). 소련 정치가. 1937~1938년 러시아연방 인민위원회의 의장, 1950~1955년 각료회의 제1부의장, 1953~1955년 국방장관, 1955~1958년 각료회의 의장을 역임했다. 군 경력은 없었으나 독소전쟁 중 소련 정부의 행정을 책임져서 소련의 승리에 기여했고, 원수 계급을 받았다.

은 아니었다). 스탈린이 사망하자마자 말렌코프는 베리야의 제의로 이 너 서클에 의해 각료회의 의장이자 당 중앙위원회 서기로 임명되었 다. 그 후 말렌코프는 베리야를 자신의 수석 부관으로 지명했다. 이 에 더하여 베리야에게는 국가 안보에 대한 광범위한 통제권도 부여 되었다. 지도부의 다른 사람들은 처음에 이런 조정을 수용하지 않으 면 안 된다고 생각했다. 그러나 여전히 깊은 의심이 남았다. 한 가지 위험은 말렌코프의 수중에 국가와 당의 권력이 집중되는 것이었다. 실제로 이 위험은 이미 3월 14일에 말렌코프가 중앙위원회 서기(사 실상 당의 우두머리)직에서 내려와야 했을 때 재빨리 경감되었다. 이것 은 점점 떠오르는 인물이 되어가고 있던 흐루쇼프에게 소련에서 가 장 중요한 지위에 접근할 수 있는 문을 열어 주는 것이었다.

이너 그룹이 깨닫고 있었듯이, 말렌코프의 위협보다 더 큰 위협은 야심을 거의 숨길 수 없었던 베리야에 의해 제기되었다. 그들은 모두 베리야를 두려워했는데, 그럴 만한 이유가 있었다. 베리야는 막강한 안보와 감시망을 감독했고, 아무 혐의나 조작해 내부의 적으로 묘사 될 수 있는 사람은 누구나 무자비하게 죽여 버리는 오랜 전력을 갖고 있었다. 그럼에도 이 보안 책임자 역시 군 내의 중요한 인사들(특히 전 쟁 영웅 게오르기 콘스탄티노비치 주코프[173] 원수) 사이에서 자신만의 강 력한 적들을 만들었다. 마침내 일이 닥쳤을 때 베리야는 혼자였다.

---

173)   Georgii Konstantinovich Zhukov(1896~1974). 소련의 군인이자 정치가. 제 2차 세계대전에서 크게 활약해 1943년 소련군 원수로 승진했다. 1955~1957년 국 방장관을 지냈다.

흐루쇼프는 당 간부회(1952년에 정치국을 대체했다)의 다른 지도자들에게 베리야를 쓰러뜨리는 자신의 음모에 가담하라고 곧바로 설득에 들어갔다. 스탈린이 사망한 지 겨우 석 달밖에 안 된 1953년 6월 26일, 아무것도 모른 채 간부회의에 참석한 베리야는 동지들로부터 비난을 받고 주코프를 비롯한 몇몇 장군들에게 체포된 뒤 잠시 군 시설에 억류되었다. 그런 후 12월에 영국 첩자라는 터무니없는 혐의로 비밀재판에 부쳐져 유죄 선고를 받고(이 보안 책임자는 제 손으로 무덤을 팠다) 즉각 총살당했다. 1954년 3월, 그의 보안 제국은 두 조직으로 분할되어 하나는 평범한 범죄를 다루고 다른 하나는 보안 문제를 다루게 되었다.

다음 몇 달 동안 흐루쇼프는 당 제1서기라는 지위를 이용해 권력을 확고히 했다. 그는 지역과 지구 수준에서 수많은 자리에 새로운 인물을 임명했고, 이는 그에게 신세를 진 사람들 사이에서 중요한 지지 기반을 만들어 주었다. 그리고 카자흐스탄과 시베리아의 '처녀지'를 경작지로 개척하는 과감한 정책[174]이 대성공을 거두었다고 떠들썩하게 치켜세워졌다(실제로는 1954년과 1955년의 풍작에 별로 기여한 바

---

174) Virgin Lands Campaign. 여기서는 소련 총리 니키타 흐루쇼프가 1954년부터 북부 카자흐스탄과 알타이 지역의 초원 지대를 경작지로 만들기 위해 대대적으로 벌인 처녀지 개간 운동을 가리킨다. 개간 운동의 결과 1954~1955년 러시아인과 우크라이나인을 비롯해 약 30만 명의 소련 주민이 농사를 짓기 위해 이곳으로 이주했으며, 초기에는 수확량이 크게 늘어나는 등 큰 성공을 거두었다. 하지만 곧 강우량과 제초제의 부족, 부적절한 토질, 저장 및 운송 시설의 미비 때문에 수확량이 급감하여 운동은 궁극적으로 실패로 돌아갔다.

가 없었지만). 말렌코프의 별은 이제 희미해져가고 있었고, 이는 흐루쇼프가 1948~1949년의 레닌그라드 숙청 때 말렌코프가 한 역할을 포함해 1930년대와 1940년대의 범죄를 조사하는 위원회를 설치했을 때 더더욱 그랬다. 1955년 2월, 말렌코프는 각료회의 의장(총리에 해당)직을 잃었다. 그를 대체한 불가닌은 곧 분명히 드러났듯이, 이제 소련을 경영하는 양두 체제의 좀 더 약한 구성 부분이 되었다.

스탈린의 쥠쇠가 헐거워진 극적인 순간은 1956년 2월 25일 제20차 소련 공산당 대회 때 다가왔다. 흐루쇼프는 2주 전에 '개인숭배와 그 결과'를 집중적으로 언급하는 연설이 있어야 한다고 주장했다. 철저한 스탈린주의자였던 몰로토프는 이에 반대했다. 스탈린의 오랜 충직한 지지자였던 라자리 카가노비치[175]와 클리멘트 예프로모비치 보로실로프[176]도 반대했다. 그러나 흐루쇼프는 제 갈 길을 갔다. 그를 지지한 간부회 사람들은 흐루쇼프 자신처럼 모두 스탈린 치하에서 소름 끼치는 억압을 시행하는 데 가담했다. 그들은 이미 활동 중인 위원회가 적어도 발생한 사건의 일부나마 밝혀낼 것임을 깨달았다. 감옥과 수용소의 오랜 구금 생활에서 돌아올 많은 이들이 질문하리

---

175) Lazar' Kaganovich(1893~1991). 소련의 정치가이자 행정가. 스탈린의 주요 친구였다. 1935~1944년 교통인민위원, 1925~1928년, 1947년 우크라이나 공산당 제1서기, 1953~1957년 각료회의 제1부의장을 역임했다.

176) Kliment Efremovich Voroshilov(1881~1969). 소련의 육군 원수이자 정치가. 1934년 국방인민위원, 1935년 소련 최초의 원수가 되었다. 1946년 부총리, 1953년 최고소비에트간부회 의장이 되었으나 1960년 해임되었다. 1961년 제22차 당대회에서 1957년에 '반당 그룹'에 참여했다는 비난을 받았으나 자기비판을 하여 제명을 모면했다.

란 것을 예상하면서 그들은 모든 비난을 독재자에게 돌리고자 했다. 그래서 그들은 위험한 모험을 지지했다.

대회 폐막 회기에 흐루쇼프가 한 4시간짜리 연설은 폭탄선언이었다. 핵심 전략은 스탈린의 권력 남용으로부터 레닌의 유산을 떼어 놓는 것이었다. 레닌은 그와 후임자 사이의 깊은 틈을 강조하기 위해 존경의 대상이 되었다. 연설 초반에 흐루쇼프는 레닌이 1922년에 한 스탈린에 관한 경고를 인용했다. 즉 스탈린은 당의 총서기라는 유력한 직책을 맡기에 적합하지 않다는 것이었다. 이것은 스탈린이 자신의 절대 권력과 개인숭배, 테러 통치를 굳건히 하는 과정에서 레닌의 계율을 완전히 저버렸고, "레닌주의적 집단 당 지도 원리를 짓밟았음"을 보여주려는 한결같은 시도의 일환이었다. 흐루쇼프는 스탈린이 1930년대부터 계속 저지른 범죄를 맹렬하게 공격했다(그전 것은 은폐했다). 그리고는 완전히 날조된 혐의로 충직한 당원들을 '인민의 적'으로 낙인찍어 테러적 억압을 가하고 대규모 처형을 실시했다고, 오직 스탈린만을 개인적으로—스탈린의 분명한 지시하에 행동하는 자발적 부하들인 보안기관의 수장들(니콜라이 이바노비치 예조프[177]와 베리야)이 도와주긴 했지만—비난했다. 흐루쇼프는 "모든 것이 한 사람의 자의에 달려 있었다"고 단언했다.

---

[177] Nikolai Ivanovich Yezhov(1895~1940). 스탈린 '대테러' 동안 내무인민위원부(NKVD, 비밀경찰)의 총수였다. 그의 시대는 보통 예조프시나(Yezhovshchina, 예조프 시대)로 불린다. 스탈린의 명령을 받고 대숙청을 실질적으로 주도했으나 1938년 내무인민위원부에서 물러난 후 자신이 숙청의 대상이 되어 1940년 처형되었다.

이 말이 함축하는 바는 하위 당 지도자들은 죄가 없다는 것이었다. 그들은 "이 문제들에서 사정을" 몰랐고, "그러므로 개입할 수 없었다"고 흐루쇼프는 (레닌그라드 숙청과 관련하여) 덧붙였다. 스탈린은 테러 숙청으로 당 간부들만 말살한 것이 아니었다. 그의 사유화된 권력은 나라의 존재 자체를 위협했다. 흐루쇼프는 스탈린이 임박한 독일의 침공에 대한 경고를 무시함으로써 1941년 대재앙을 초래한 실수에 직접 책임이 있다고 언명했다. 흐루쇼프는 스탈린의 평판에 대한 공격을 스탈린이 사망하기 직전에 자행한 권력 남용(이른바 '의사들의 음모' 사건을 비롯하여)으로까지 확대했다. 흐루쇼프는 "마르크스·레닌주의에 이질적인 개인숭배"에 대한 비난으로 자신의 장황한 연설을 끝내면서, 동지들에게 "소비에트 사회주의 민주주의의 레닌주의적 원리를 철저히 회복시키고" "권력을 남용하는 사람들의 자의와 싸울 것"을 촉구했다.

따라서 스탈린에 대한 고발은 레닌이 확립한 소련 체제의 이데올로기적 순수성과 조직적 원리를 강조하는 데 도움을 주었다. 달리 말해, 폭군은 죽었고 이 범죄들에 대해서는 더 이상 논의할 필요가 없다는 것이었다. 그러나 이제 새로운 힘을 받은 체제는 계속될 터였다. 흐루쇼프가 연설을 마쳤을 때 "강당은 쥐 죽은 듯이 조용했다"고 회의에 참석한 한 대표가 훗날 회고했다. 사람들은 "방금 일어난 일을 예상치 못해 그랬든 아니면 초조하거나 두려워서 그랬든" 머리를 숙이고 서로 눈길을 피하면서 강당을 나왔다.

해외로 유출되어 곧 공개된 이 연설은 센세이션을 일으켰다. 폴란드와 헝가리에서 이 폭로는 가을에 소련 지배에 대한 전면적인 도전을 제기할 정도로 소요의 확대에 크게 기여했다. 소련에서는 언론이 단지 연설의 간략한 요약만을 게재했다. 그러나 당 중앙위원회는 소련에서도 언론에 발표하기 오래전에 미리 연설문을 인쇄·배포하여 당원들에게 낭독하게 했는데, 이는 아마도 흐루쇼프의 지시를 받아 그렇게 했을 것이다.

불과 3년 전에 있었던 스탈린의 죽음은 소련 시민들 사이에서 거의 히스테리에 가까운, 비통한 감정의 대규모 분출을 낳았다. "모두가 눈물을 흘렸다"고 한 여성은 회고했다. "우리는 앞으로 무슨 일이 벌어질지 몰랐다. 이 사실 말고는 다른 어떤 것도 알지 못했다." 이 슬픔이 얼마나 진실했는지는 확인할 수 없다. 카자흐스탄의 한 여성은 그냥 "스탈린이 죽었네. 좋은 일이야"라고 말했는데, 이런 개인적 반응을 공개적으로 표출하지 않는 것이 현명했다. 그렇지만 너무나 오랜 세월 가꿔온 위대한 지도자에 대한 개인숭배가 효과가 없는 것은 아니었다. 수많은 사람이 스탈린을 거의 맹목적으로 숭배하게 되었다. 이제 그들은 자신의 최근 우상을 완전히 부인하도록 요구받았다. 그러므로 많은 이들이 연설의 내용을 알고 충격을 받은 것은 놀랍지 않았다. 또한 큰 혼란도 일었다.

반응은 엇갈렸다. 스탈린의 초상화와 흉상이 소련 곳곳에서 파괴되고 제거되고 훼손되었다. 크레믈 영묘에 방부 처리해 보존한 레닌의 유해 옆 명예의 장소에서 스탈린의 시신을 제거하라는 요구가 있었다(이것은 사실 1961년에야 이루어졌다). 그러나 많은 이들은 흐루쇼프가 자신들의 우상을 대좌에서 끌어내린 일을 절대 용서하지 않았다. 그들은 스탈린을 변호했고 그의 초상화를 철거하려는 시도에 저항했으며, 자신들을 억압한 사람들을 스탈린이 숙청했다고 찬양했다. 스탈린 숭배가 그의 고향 그루지야에서보다 더 열렬하게 옹호된 곳은 없었는데, 그루지야에서는 전 독재자에 대한 흐루쇼프의 고발에 대해 그의 죽음 3주기 때 나흘 동안 항의가 이어졌다. 약 5만 명의 사람들이 3월 5일 그에게 경의를 표하기 위해 고리에 있는 그의 생가에 모여들었다. 6만 명 이상의 군중이 3월 7일 시위에 참여하여 트빌리시에 있는 스탈린의 기념비에 헌화했다. 다음 며칠 동안 수백 명의 사람들이 징발한 차량에 '위대한 스탈린'의 초상화를 싣고 다니면서 "흐루쇼프를 타도하자!", "스탈린 만세!"를 외쳤다. 갈수록 심각해지는 소동을 진압하기 위해 군 병력이 파견되었다. 이 사건으로 20명이 사망했고 60명이 부상당했으며, 많은 사람이 투옥되었다.

얼마 전까지만 해도 위험을 각오해야 했던 공개적인 비판보다도 훨씬 더 공개적인 비판이 소련 전역에서 이루어진 것이 확실했다. 굴라그에서 돌아온 이들을 포함해 사람들은 침묵을 깨고 발언해야겠다는 용기가 생겨났다. 당원들은 다른 간부회 위원들이 스탈린이 무엇을 하고 있었는지 몰랐다는 주장에 의문을 제기했다. 그들은 스탈린의 범죄에 대해 말하는 데 왜 그렇게 오랜 시간이 걸렸는지를 물었다. 붉은 군대의 퇴역 대령인 한 스탈린 찬양자는 이렇게 물었다. "흐루쇼프 자신은 어디에 있었습니까? 그는 왜 그때는 조용하다가 스탈린이 죽은 지금 그에게 온갖 오물을 쏟아붓기 시작했나요?" 혹자는 왜 흐루쇼프는 당원이 아닌 많은 희생자에 대해서는 언급하지 않았는지를 물었고, 체제 자체를 비난해야 하는 것은 아닌지 의문을 표했다. 그러나 그러한 예리한 비판은 예외적이었다. 비판하는 사람들은 소련 체제 자체가 아니라 레닌주의 이상의 남용을 더 일반적으로 공격했다. 혁명이 일어난 지 거의 40년이 지난 지금, 아무리 결함이 있다 하더라도 전쟁에서 승리를 거둔 체제에 대해 대안을 생각해내는 일은 거의 불가능했다. 어쨌든 대부분의 사람들은 너무 큰 소리로 자신들의 의견을 표명하기가 조심스러웠다. 그렇지만 중앙위원회는 1956년 6월 비판을 억누르기 위해 엄격한 조치를 요구하는 회람을 보낼 만큼 상황이 위중하다고 생각했다.

그것은 판도라의 상자 뚜껑을 못질하려고 하는 짓이나 마찬가지였다. 흐루쇼프의 연설은 특히 학생을 비롯한 청년 그룹들 사이에서 개혁에 대한 희망과 열정을 일깨웠다. 1956년과 1957년에 정치적 반체제가 현저하게 증가했는데, 이런 현상이 가장 두드러지게 나타난 곳은 소련의 몇몇 지역에 있는 대학과 그 주변이었다. 반소련을 표방하는 전단이 대량으로 배포되었다. 모스크바의 노동계급 지구 주택의 편지함에 놓인 일부 전단은 "제20차 대회의 정신으로" 개혁을 실시하고 진정한 "노동자 소비에트"를 구성하며, 또 공장 파업에 들어가고 스탈린의 범죄에 연루된 자들을 재판에 회부할 것을 요구했다. 익명으로 반소 편지를 보내고 불온한 문헌을 소지하며, 가장 흔하게는 개인적으로 체제를 구두 공격하는 것이 1957년에 거의 2000건에 달했던 반소 활동에 대한 판결의 사법 심사에 상세하게 기술된 흔한 반체제 형태였다. 그해 7월 130개국에서 온 약 3만 명에게 소련을 잠시 개방한 2주간의 모스크바 세계청년축전[178]은 일부 젊은 소련 시민

---

178) World Festival of Youth and Students. 세계민주청년연맹(World Federation

들이 그들 자신의 정치체제에 대해 더욱 의문을 갖게 만드는 데 일조했다(자신들의 정치체제를 개선하기 위해 서방 민주주의를 수용하려 한 것이 아님은 거의 확실하지만).

400만 명의 죄수가 1953년부터 1958년 사이에 시행된 일련의 법령과 사면 덕분에 정치범 및 포로 수용소와 특별 거주지에서 돌아오면서, 흐루쇼프의 연설로 그렇게 되었듯이 스탈린 시대의 범죄와 극심한 불의가 다시 주목을 받게 되자 소련 사회는 더욱 동요했다. 거의 누구도 따뜻한 환영을 받지 못했다. 대부분은 사회의 주류 밖으로 쫓겨났고, 사람들은 그들에게 의혹의 눈길을 보냈다. 많은 사람은 그들이 투옥될 이유가 없었다는 것을 믿기 어렵다고 느꼈다. 그들은 사회의 위험한 부분으로 여겨졌고, 흔히 범죄율 증가에 책임이 있다고 비난받곤 했다. 스탈린 치하에서 대규모 체포에 직접 영향을 받지 않은 사람들은 희생자들에 대해 무관심했다. 그런 그들이 지금 희생자들에게 많은 관심을 보여줄 것 같지도 않았다. 그러나 희생자들은 자신들이 겪었던 고난에 대해 말하고 자신들의 트라우마를 직시할

---

of Democratic Youth, WFDY)의 주도로 주로 진보 성향이나 좌익 계열의 청년과 학생이 참가하는 축전이다. 1947년 7월 25일 체코슬로바키아의 수도 프라하에서 처음으로 개최되었다. 1957년 소련에서 개최되었던 제6차 모스크바 축전은 축전 역사상 가장 많은 인원인 3만 4000명이 참가해 그 규모를 자랑했다. 1989년 제13차 축전은 조선민주주의인민공화국의 평양에서 열렸는데, 177개 국가 2만 2000명이 참가하여 성황을 이루었고, 가장 많은 나라가 참여한 대회였다. 하지만 그 후 냉전의 해체와 공산권의 몰락으로 대회 참가 인원과 국가가 크게 줄어들기 시작했다. 가장 최근에 거행된 축전은 2013년 에콰도르의 키토에서 열린 제18차 축전이었다.

준비가 되어 있었다. 1956년 추방지에서 레닌그라드로 돌아온 한 여성은 흐루쇼프의 연설 이후 처음으로 자신의 경험을 말하기 시작했다고, 그녀의 딸이 회상했다. "그리고 우리는 이야기를 나누면 나눌수록 생각이 더욱더 바뀌었다. 우리는 더욱 회의적이 되었다." 그러나 희생자들과 그들의 가족들에게 새로운 자유는 엄격한 단서가 달려 있었다. 그들은 억압이 멀어져갔던 만큼이나 재빨리 되돌아올 수도 있다고 우려했다. 대부분은 여전히 조심스러웠다. 그것은 체제가 스탈린의 '개인숭배'에 대한 비판은 허용할 자세가 되어 있었지만 소련 시스템 자체에 대한 비판은 허용할 자세가 되어 있지 않은 것이 분명했기 때문에 당연했다.

　소련 사회 내의 불안의 규모를 과장하지 않는 것이 좋을 것이다. 그것은 소수자들의 경험이었다. 그러나 그것은 노장 소련 지도자들을 걱정시켜서 그들로 하여금 흐루쇼프에 대한 비판의 목소리를 더욱 높이도록 만들기에 충분했다. 노장 지도자들은 훨씬 더 나빴던 스탈린의 리더십에 익숙해져 있었지만, 흐루쇼프의 충동적이고 군림하려는 리더십 스타일은 싫어했다. 그들은 특히 소련의 위대한 전시 영웅으로서 섬겼고 지금도 여전히 경외해 마지않는 지도자를 흐루쇼프가 노골적으로 공격하는 데 적대감을 느꼈다. 최소한 노장 지도자들은 흐루쇼프가 자신들도 참여했던 과거의 일을 공개하여 일반인들의 정밀한 조사 대상이 되게 함으로써 심각한 오류를 저질렀다고 생각했다. 그들은 흐루쇼프가 버림받은 인물인 티토와의 관계를 재수립하고 서방과의 '평화 공존'을 모색할 준비가 되어 있다고 공언함으로써 스탈린의 대외 정책에서 이탈한 것도 좋아하지 않았다. 1956년 가을 소련의 지배를 훼손할 것 같았던 폴란드의 파업 사태와 헝가리 봉기는 흐루쇼프가 스탈린의 유산을 완전히 잘못 다루고 있다는 것을 그들에게 보여주는 또 하나의 심각한 지표였다.

모두 스탈린의 충직한 측근이었던 노련한 몰로토프와 말렌코프, 카가노비치는 1957년 6월 18일 간부회 회의 석상에서 흐루쇼프의 권력 기반이었던 공산당 제1서기직을 폐지할 것을 제안하여 그를 무너뜨리려는 음모를 꾸몄다. 하지만 흐루쇼프는 중앙위원회의 결정에 호소해 자신의 운명을 중앙위원회 위원들의 수중에 맡길 수 있었다. 대부분의 위원들은 지방에서 권위 있는 자리로 승진하는 혜택을 본 흐루쇼프의 관리들이었다. 6월 21일, 특별 회의에 급히 모여든 그들은 흐루쇼프를 지지했다. 음모를 꾸민 사람들은 패배했고, 간부회에서 쫓겨났다. 적어도 스탈린 시절의 관행으로 회귀하는 일은 없었다. 실각한 지도자들은 스탈린 시절 때 그랬던 것처럼 연출재판演出裁判[179]에 회부되고, 그런 다음 처형되는 운명을 겪지는 않았다. 그 대신 그들은 더는 해를 끼칠 수 없는 소련의 멀리 떨어진 지역으로 좌천되었다. 몰로토프는 몽골 주재 대사로 보내졌다. 말렌코프는 카자흐스탄의 발전소 소장이 되었다. 카가노비치는 우랄 지방의 스베르들롭스크에 있는 시멘트 공장의 책임자가 되었다. 불가닌 역시 음모에 연루되

---

179) show trial. 사법 당국이 미리 피고의 유죄를 결정해 놓은 공개재판. 재판의 주된 목적은 일반인들에게 피고의 혐의와 평결을 보여줌으로써 반체제의 가능성이 있는 사람들에게 사례를 제시하고 경고를 주는 데 있다. 연출재판은 교정보다는 보복의 성격을 띠는 경향이 있으며, 선전의 목적도 있다. 이 용어는 1930년대에 소련에서 처음 사용된 것으로 알려져 있다.

어 각료회의 의장직에서 해임되었다. 흐루쇼프는 스탈린의 1941년 선례를 따라 공산당 제1서기로서의 자신의 직위와 통합함으로써 1958년에 그 직책을 인계받았다. 집단 지도부 실험은 끝났다. 이제부터 다음 6년가량 당과 국가 전체를 이끄는 흐루쇼프는 어느 누구의 도전도 받지 않는 소련 지도자가 되었다.

흐루쇼프의 재임 기간에 작성된 대차대조표는 다채롭다. 그가 소련 지도자로 있는 동안 국민총소득은 58퍼센트, 산업 생산은 84퍼센트, 소비재는 60퍼센트 증가했다. 자본재와 중공업, (핵무기 개발을 포함한) 군사 분야에 계속 중점을 두었는데도 높은 경제성장률이 유지됨에 따라 대다수 소련 시민의 생활수준이 개선되었다(서유럽과 비교하면 여전히 초라했지만). 육류 소비가 55퍼센트 늘어난 것, 그리고 점점 더 많은 사람이(여전히 소련 시민들 중 아주 낮은 비율이긴 하지만) 냉장고·텔레비전·세탁기를 이제 구입할 형편이 되었다는 사실이 이를 보여주는 지표였다. 농촌의 매우 끔찍한 빈곤을 얼마간 줄이려는 시도들이 있었다. 생산물을 조달하기 위해 집단농장원들에게 더 높은 대금이 지급되었고, 그들에게 사적 부속지에서 더 큰 이익을 얻는 것이 허용되었다. 농업 투자는 크게 증가했다. 스탈린 치하에서 만연했던, 사소한 비행에 대한 가혹한 처벌은 더는 없었다. 사회보장 수혜가 확대되었다. 대대적인 주택 건설 프로그램이 적절한 주거지의 참담한 부족을 개선하는 데 얼마간 도움이 되었다. 대도시에서는 아파트 단지가 솟아올랐다. 난방비는 매우 적게 들었고, 교육과 의료는 무료였다. 대학생 수를 3배로 늘리는 등 교육을 개선하려는 실질적인 조치가 취해졌다. 그리고 비록 법이 궁극적으로는 정치적 필요에 여전히 종속되긴 했지만, 사법 개혁이 이루어지면서 이전에 존재했던 최악의 전횡이 제거되었다. 이것들은 확실히 주목할 만한 개선이었다. 그러나 흐루쇼프는 소련 시민들에게서 거의 박수를 받지 못했다. 생활 조건은 여전히 형편없었다. 체제의 권위주의와 전횡은 얼마간 줄어들기는 했지만 제거되지는 않았다.

흐루쇼프는 또 엄청난 실수도 했다. 가장 값비싼 실수는 농업 생산성을 개선하는 운동을 벌이다가 저질러졌다. 떠들썩하게 치켜세워진 그의 '처녀지' 정책은 처음 거둔 성공이었다. 수십만 명의 젊은 소련 시민이 당의 청년 운동 조직인 콤소몰[180]에 의해 동원되어 수확을 돕기 위해 카자흐스탄이나 시베리아로 갔다. 수천 대의 트랙터가 불모의 땅이었던 광활한 농촌 지역을 새로이 일구었고, 이 지역은 1956년에는 1953년보다 3배나 많이 생산했다. 그러나 최대한 빠른 속도로 생산을 극대화하는 일은 곧 토양 침식이라는 손실을 야기했고, 이 때문에 수백만 헥타르의 땅이 심각하게 훼손되었다. 또한 농촌의 끔찍한 생활 조건 때문에 이상을 품고 일찍이 농촌을 찾은 수많은 사람이 결국 집으로 돌아가는 쪽을 택했다. '처녀지' 운동은 요란했지

---

180) Komsomol(Kommunisticheskii soiuz molodezhi). 공산주의청년동맹. 1918년에 창설된 소련의 공산주의 청년 조직을 가리킨다. 공산당의 지도하에 청년들에게 공산주의 교육을 실시하고 공산당과 국가의 기관에 적극 참여시키는 것을 목적으로 한 공산당원 양성 단체. 대상은 주로 15~28세의 남녀이며 가입할 때 사회적 출신·학업·노동과 일상의 규율성 등에 걸쳐 엄격한 심사를 받았고,《콤소몰스카야 프라우다(Komsomolskaia pravda)》등의 기관지도 발행했다. 1991년 소련이 붕괴하고 소련 공산당이 몰락하면서 해체되었다.

만, 실패한 것으로 드러났다. 소련 전역에서 농업 생산은 1958년부터 1963년 사이에 실제로 감소했다.

흐루쇼프는 옥수수를 재배하기에 매우 부적합한 조건의 건초 목초지에서 옥수수를 생산하게 하는 일에 엄청난 열정을 갖고 1959년 미국 방문에서 돌아왔을 때, 마찬가지로 치명적인 잘못을 범했다. 일류 농업 전문가들의 충고에도 불구하고 실험은 참담하게 실패했다. 이에 수반하여 축산물 생산에서 미국을 추월하겠다며 벌인 운동도 똑같이 실패했다. 1962년에 식품 값을 올려야 했고(이 때문에 일부 도시에서 폭동이 발생했다), 오래전부터 소련의 곡창지대라고 여겨져온 우크라이나에서도 식량을 구하려는 줄이 길게 늘어섰다. 모스크바와 레닌그라드 같은 대도시에서는 암시장이 번성했고, 보유한 경화를 사용해 외국에서 곡물을 수입할 수밖에 없었다. 1961~1962년의 물가 인상, 부족 사태 및 여타 경제적 곤란은 국민들의 분위기를 악화시켰다. 일부 도시에서 소요가 발생했다. 러시아 남부 로스토프 인근의 노보체르카스크에서는 1962년 6월 초에 물가 인상과 임금 삭감에 격분한 파업 노동자들이 일으킨 심각한 폭동을 진압하기 위해 군대가 동원되었다. 병사들은 비무장 노동자들에게 심지어 기관총을 사용했으며, 26명이 사망하고 87명이 부상당했다.

당내의 흐루쇼프의 적들이 다시 칼을 갈고 있었던 것은 별로 놀랄 일이 아니었다. 계획의 실패, 심각한 경제적 문제들, 대중적 분노의 표출은 흐루쇼프가 겨우 1년 전인 1961년 10월 18일 직접 고안한 수정된 당 강령을 제22차 당대회에 선보이며 표방했던 무한한 낙관주의 및 비상한 약속들(확실히 미래의 성공을 운에 맡기는 것이었다)과

확연히 대비되었다. 흐루쇼프는 두 차례 연설을 했으며 전부 10시간 동안이나 계속했는데, 이는 소련 기준으로 보더라도 엄청나게 긴 것이었다. 흐루쇼프는 대회에 모인 5000명의 대의원에게, 10년 안에 전 국민이 "물질적으로 부양받을" 것이고 그때까지 주택 부족이 사라질 것이며, 소비재가 곧 풍부해져서 모든 이들이 "양질의 식사"를 보장받을 것이라고 말했다. 1년도 지나지 않아 이미지와 현실 사이에 너무나 노골적으로 극심한 차이가 드러났고, 이는 흐루쇼프의 인기뿐 아니라 권위까지 훼손했다.

당대회의 승리주의[181]는 한 가지 대조적인 요소를 지녔다. 스탈린 숭배와의 최종 대결이 그것이다. 5년 전인 1956년에 있었던 흐루쇼프의 연설은 당원들의 비공개 회의 석상에서 이루어졌다. 비록 그 내용이 재빨리 알려지긴 했지만, 당시에도 그 후에도 스탈린에 대한 공식적인 공개적 고발은 없었다. 하지만 그때는 전 독재자를 마음대로 비판할 수 있는 때였다. 그리고 이제는 또한 스탈린의 전 심복들인 몰로토프, 말렌코프, 카가노비치도 마음대로 비판할 수 있었다. 이들은 1957년 흐루쇼프에 반대하여 '반당 음모'를 꾸민 자들로서 공식 신문인《프라우다Pravda》에서 "점액과 오물에 익숙해진 늪에 사는 생물들"로 묘사되었다. 대회가 끝날 무렵, 1902년에 볼셰비키에 가담한 나이 든 여성이 연단으로 나가 전날 밤 꾸었던 꿈을 자세히 이야기했

---

181) triumphalism. 특정 교리나 종교, 문화, 혹은 사회 시스템이 다른 어떤 것들보다 뛰어나서 그것들에 대해 당연히 승리를 거둘 것이라는 신념이나 태도를 가리킨다. 특히 패배시킨 사람들을 속상하게 할 요량으로 큰 승리나 성공을 축하하는 행동을 일컫기도 한다.

다. 꿈에서 레닌이 그녀에게 다음과 같이 말했다는 것이다. "나는 스탈린 옆에 누워 있기 싫습니다. 스탈린은 너무나 많은 불행을 우리 당에 가져다주었어요." 이렇게 "영묘 안에 스탈린의 관을 계속 놓아두는 것이 부적절하다"고 여기는 결의안이 만장일치로 승인되었다. 바로 그날 밤 스탈린의 시신은 영묘에서 제거되어 크레믈 뒤편 구덩이에 던져졌다. 트럭 몇 대 분의 콘크리트를 구덩이에 쏟아붓고 맨 위에 화강암 판을 덮었다고 전해진다. 소련 실권자들은 마치 요행수를 바라지 않고 완전히 스탈린이라는 괴수로부터 무조건 확실히 벗어나고 싶었던 것 같았다.

흐루쇼프는 스탈린 숭배를 파괴했다. 그러나 흐루쇼프는 스탈린 숭배를, 개인적 지배에 대한 동일한 수준의 헌신에 근접하는 어떤 것으로도 대체하지 않았다. 정책 실패와 대중들의 불만 정도가 뚜렷해지면서 흐루쇼프의 입지는 곧 쇠퇴했다. 1963년에 발생한 또 한 번의 흉작은 그의 위상을 악화시켰다. 흐루쇼프의 농업정책은 손실이 큰 실수였다. 그의 당과 국가기구 재편은 뚜렷한 개선을 가져오지 못했다. '탈스탈린화'가 너무 멀리 나갔다는 우려가 있었다. 소련 군 지도부는 군비 지출과 장교 감축을 흔쾌히 받아들이지 않았다. 그리고 국제무대에서 흐루쇼프의 행동—1960년 그가 유엔에서 마음에 들지 않은 연설을 방해하기 위해 구두로 테이블을 내려친 일과 1962년 쿠바 위기를 잘못 처리한 일—은 소련에 악평을 가져다주었다고 생각되었다. 흐루쇼프는 모든 주요 권력 블록(당, 군부, 경제 부처, 보안경찰)의 중요한 부문들을 소원하게 만드는 데 성공했다.

1964년 10월, 흐루쇼프는 표면상으로는 농업 문제를 논의하는 당

간부회 회의에 참석하기 위해 흑해 연안의 휴양지에서 돌아오라는 요청을 받았다. 그는 이 회의가 자신을 물러나게 하기 위해 소집되었다는 사실을 태평스럽게도 마지막 순간까지 몰랐다. 사실 그의 후임자는 이미 지명되었고, 넘겨받을 준비가 되어 있었다. 한때 흐루쇼프의 피후견인이었던 레오니트 브레즈네프를 다음 공산당 제1서기로 앉히기로 미리 합의된 상태였다. 브레즈네프는 우선 흐루쇼프의 경력을 끝낼 회의를 주재해야 했다. 회의에서는 흐루쇼프가 자신의 개인숭배를 도모하려 하고 무의미한 행정적 간섭을 했으며 평판이 나쁜 외교를 수행했다고 비난하면서, 그의 리더십이 보여준 결함을 과감하게 공격했다(당 기관지《프라우다》는 사설에서 그 후 곧 "경망한 책동, 현실과 동떨어진 설익은 결론과 조급한 결정 및 행동, 허풍과 허세, 명령으로 통치하려는 경향"을 크게 질책했다). 1957년에 그를 구했던 지지 기반은 그사이 사라지고 없었다. 어느 누구도 그에게 유리하게 이야기하지 않았다. 흐루쇼프는 자신의 운명을 순순히 받아들였다. 흐루쇼프는 "제가 뭐라고 할 수 있겠습니까? 받을 만한 것을 받았습니다"라고 동지들에게 말했다. 그러나 스탈린식 보복은 없었다. 흐루쇼프는 공식적으로는 건강 악화를 이유로 크레믈을 떠나 세상에 묻혀 지내는 안락한 퇴임 생활에 들어갔고, 그의 이름은 1971년 9월 사망할 때까지 거의 들을 수 없게 되었다.

흐루쇼프가 파면되면서 소련에서는 역동적인 독재 체제가 종언을 고하고(활기 없는 독재 체제로 대체되었다) 이제 집단지도체제가 시작되었다. 이미 1964년 10월에 누구도 동시에 당과 국가의 수반이 될 수 없다고 결정되었다. 또 브레즈네프는 모든 권력의 고삐를 수중에 모으려는 시도도 하지 않았다. 그래서 브레즈네프보다 기껏해야 훨씬 덜 활력 있는 알렉세이 코시긴이 각료회의 의장(총리)이 되었고, 둔감함에서 그들 둘에 못지않은 니콜라이 빅토로비치 포드고르니[182]가 최고소비에트간부회 의장(국가수반)이 되었다. 이 집단지도부에서 동등한 사람들 중 제1인자로서 브레즈네프의 지위는 10여 년에 걸쳐 점진적으로만 절대적인 우위로 변형되었을 뿐이다.

수십 년 동안의 스탈린의 전제적 통치가 끝나고 흐루쇼프의 격변이 있은 후, 브레즈네프는 안정을 가져왔다. 브레즈네프의 활기 없는 개성은 흐루쇼프의 변덕스러운 격정과 뚜렷이 대비되었다. 그것은 '카리스마적' 통치 같은 것에 대한 완벽한 해독제였다. 체제는 보수적인 억압적 권위주의로 자리를 잡았다. 원대한(그러나 위험한) 실험의 시간은 끝났다. 당의 새 수장은 '총서기'라고 다시 불리기 시작했는데, 이 직함은 흐루쇼프가 그것을 '제1서기'라고 변경할 때까지 스탈린 시대 때부터 사용된 것이었다. 정치국(1952년에 간부회로 변경되었다) 역시 옛 명칭을 되찾았다. 당내에 팽배했던 오랜 불안감은 사라졌다. 새 안정은 규칙을 지키는 한 대체로 자신들의 권세 있는 지위와

---

182)   Nikolai Viktorovich Podgorny(1903~1983). 소련의 정치가. 1939년 우크라이나의 식료품 공장 관리자, 1950년 카아르고프 지방공산당 제1서기가 되어 중공업에 관한 일을 맡았다. 그 후 흐루쇼프가 구축하고 있던 우크라이나 공산당 지도부에 접근하면서 우크라이나 공산당에서 급속도로 진급했다. 흐루쇼프가 실각한 뒤에도 지도자로서 지위를 유지하여 브레즈네프, 코시긴과 함께 3두 체제를 형성했고, 1965~1977년 최고소비에트간부회 의장을 지냈다. 장기간에 걸친 산업 분야의 경험을 통해 경제개혁에 대한 관심이 컸으며 외교정책에 융통성을 보였다. 중·소 대립 때는 소련의 세력 강화를 위해 아프리카 여러 나라를 순방했다.

안락한 부패를 누리도록 허용된 기관원들의 무리에 의존했다. 관료들은 더는 중간에 직장에서 쫓겨나거나 심지어 생명을 잃을 수도 있다는 우려를 하지 않아도 되었다. 엄격한 노동 규율이 어느 정도 완화되었다. 여전히 기본 생필품마저 부족했지만 소비재의 이용 가능성이 약간 개선되었다. 사람들은 식료품을 구하기 위해 줄을 서는 데 익숙해졌다. 그러나 흐루쇼프가 조금 열었던 변화의 창문은 이제 다시 단단히 닫혀 버렸다.

집단지도하의 새 체제는 지난 시절의 테러적 억압을 모방하려 하지 않았다. 하지만 공산주의 체제는 지도 면에서 어떤 변화가 있든 본질적으로 온전히 남았고, 여전히 도전 불가능한 것이 분명했다. 지금은 국가보안위원회Komitet Gosudarstvennoy Bezopasnosti, KGB라고 불리는 국가안보 기구가 체제 통제의 결정적인 수단으로서 자리를 지키고 있었다. 일종의 '충성스러운 반대파'—개혁된 공산주의를 파괴하기를 원하지는 않지만 전횡에 대해서는 도전하는—를 위한 체제 내 공간이 있다고 생각했던 지식인들은 개혁주의 희망의 미망에서 깨어났다. 흐루쇼프 치하에서 소련 역사 서술의 자유와 객관성을 확대하는 쪽으로 취해졌던 잠정적인 조치들은 중단되거나 심지어 뒤집혔다. 알렉산드르 이사예비치 솔제니친[183]은 1962년 11월 흐루쇼프가 개인적으로 승인한, 굴라그의 공포를 충격적으로 폭로한 소설《이반 데니소비

---

183)   Aleksandr Isayevich Solzhenitsyn(1918~2008). 러시아의 작가. 소련 시절에 반체제 문필가이자 사상가로 이름을 떨쳤다. 대표작으로《암병동》,《수용소 군도》,《이반 데니소비치의 하루》등이 있다.

치의 하루》의 출판으로 국제적인 명성을 얻었다. 그러나 3년 뒤 솔제니친은 스탈린 치하의 삶에 관한 소설인《연옥 1번지》와《암병동》의 출간은 허가받지 못했다(솔제니친은 그 후 소련에서 추방되고 시민권이 무효화된다). 물리학자 안드레이 사하로프는 어떤 비판도 공개적으로 표명할 수 없었고, 그런 다음 특권이 박탈되었다. 사하로프는 그 후 국내 유형을 당한다. 풍자작가 안드레이 시냅스키[184]와 율리 마르코비치 다니엘[185]은 '반소 선전'을 퍼뜨렸다고 굴라그로 보내졌다. 정치범이나 또는 종교적 표현의 자유를 요구했으나 소용없었던 사람들의 수는 다음 수년 동안 약 1만 명으로 늘어났다. 정보원들의 거대한 네트워크에 의존하는 감시는 어디에나 존재했다.

그것은 전혀 스탈린 시절로 되돌아가는 것이 아니었다. 자의적인 체포, 투옥, 처형은 더 이상 없었다. 조용히 지내면 상대적으로 안전했다. 그러나 공공연한 비판이나 정치적 일탈은 보복을 불러일으켰다. 억압은 체제에 내재했다. 죔쇠는 흐루쇼프 치하에서 그랬듯이 얼마간 헐거워질 수 있었다. 그러나 제거될 수는 없었다.

184)   Andrei Sinyavsky(1925~1997). 러시아의 작가이자 반체제 인사. 1965년 율리 다니엘과 함께 체포되어 '반소 활동' 죄목으로 7년형을 선고받았다. 1971년 석방된 뒤 1973년에 프랑스로 망명했다.

185)   Yuli Markovich Daniel(1925~1988). 소련의 반체제 작가, 시인, 번역가. 1956년 안드레이 시냡스키와 함께 체포되어 '반소 활동' 혐의로 5년 중노동형을 선고받았다. 석방 후 망명을 거부하고 소련에서 계속 살았다.

유고슬라비아의 '이단'

소련 블록에 속한 동유럽 국가들 중에서도 유독 두드러진 공산주의 국가가 있다. 1948년 티토 원수가 스탈린과 증오에 찬 분열을 일으킨 뒤 유고슬라비아는 소련 위성국의 길과는 다른 별도의 길을 걸었다. 이 소련 위성국들에서는 미묘하게 이름 붙여진 이른바 '티토주의 일탈'이 나라를 오염시킬지도 모른다고 우려했기 때문에, 티토주의 지지의 혐의가 있다고 비난받은 자는 누구든지(보통은 정적들) 체포되어서 연출재판에 넘겨져 끔찍한 처벌을 받았다. 스탈린은 처음에 티토를 끝장내기 위해 전력을 기울였다. 소련의 선전 활동에서 독설에 찬 공격이 쉼 없이 전개되었고, 이는 암살 기도를 수반했다. 하지만 티토는 위협을 받는다고 겁을 먹을 인물이 아니었다. 스탈린이 죽은 뒤 그의 책상에서 발견된 메모에는 다음과 같은 글이 적혀 있었다. "암살자들을 보내는 일을 멈추지 않는다면 내가 모스크바로 암살자를 보내겠소. 나는 두 번째 암살자를 보내지 않아도 될 거요." 흐루쇼프는 1955년 티토와 관계를 개선하는 쪽으로 조금 움직였다. 그 무렵 흐루쇼프는 유고슬라비아가 소련에 대한 복종을 계속 거부하면서 공산주의 양 떼 안의 검은 양으로 남을 것임을 인정할 수밖에 없었다.

스탈린은 자신의 우위에 고개를 숙이려 하지 않는 것이 티토의 주요 범죄라고 여겼다. 이념적으로 티토의 '이단'은 소련 통치의 중심적 교의에 정반대되는 '사회주의' 형태를 추구하는 것이었다. 유고슬라비아 공산주의에서 권력은 분산되어 고도로 관료화된 당-국가에 의해 운영되는 것이 아니었다. 산업 생산은 중앙 계획의 절대적 명령을 강요하는 가혹한 경영자 통치가 아니라 6000여 개의 선출된 노동자 평의회들의 '자주 관리'를 통해 이끌어졌다. 그리고 유고슬라비아는 대외 정책에서 소련의 명령에 대한 복종보다는 '비동맹'—사실상 초강대국의 어느 편에도 공식적으로 헌신하는 것을 피함으로써 냉전에서 중립을 지키는 일—을 추구했다.

위로부터 아래로가 아니라 아래로부터 위로 발전한, 유고슬라비아의 제한된 민주적 공산주의 형태는 당연히 당의 역할에 대한 극히 중요한 문제들을 제기했다. 소련 체제에서 이 이론은 분명했다. 즉 당은 '프롤레타리아 독재'의 전위였고, 바로 그 전위로서 국가를 통제하고 지도했다. 유고슬라비아에서 그것은 덜 명확했다. 하지만 티토는 당의 역할을 거의 무의미할 정도로까지 희석하기를 원하는 사람들에 단호히 반대했다. 티토는 1954년에 당 조직들은 노동자 평의회 아래에 있는 공장들의 기술적 경영에 간섭하지 말라고 명시했다. 하지만 그는 당 조직들은 "어떤 일반 정책이 기업에서 추구되고 있는지 지켜보아야 하며," "노동자 평의회의 업무에 전반적인 기조를 부여한다"고 말했다. 구분선의 모호함은 당의 궁극적 통제를 숨기지 않았다.

체제는 기능했다. 1953년부터 1960년 사이에 산업 생산은 매년 13퍼센트 이상 증가했고, 그 덕분에 소득은 거의 6퍼센트 늘어날 수 있었으며, 초반 이후로는 소련 블록에서보다 소비 지출 쪽으로 더 큰 변화가 일어났다. 이 인상적인 경제성장은 많은 부분이 국가가 통제하는 금융 시스템을 통해 유입된 투자에서 비롯했다. 그것은 특히 미국이 유고슬라비아를 공산주의를 훨씬 더 깊이 갈라놓을 수 있는 쐐기로 바라봄에 따라, 해외에서 오는 재정 지원—1950년부터 1953년 사이에 5억 5380만 달러—에 의해 전적으로 야기된 것은 아니더라도 일정 정도는 그 지원 덕분이었다. 1960년대에는 유럽에서 대중적 해외 관광이 시작됨에 따라 유고슬라비아의 국고가 더욱 살쪄갔고, 체제의 자유화가 더욱 확대되면서 이 나라는 서방이 보기에 가장 매력적인 형태의 공산주의 국가가 되었다. 하지만 이미 1960년대 초에 경제성장은 둔화하고 있었으며, 1960년대 중반께에는 인플레이션이 고조되고 실업과 무역 적자가 늘어나기 시작했다. 이는 1970년대에 문제들이 더욱 악화되는 전조였다.

1950년대에 유고슬라비아 공산주의에 대한 대중의 지지는 아마도 어느 소련 위성국에 대한 지지보다 높았을 것이다. 조금 더 민주적인 정부 형태에서 비롯된 더욱 높은 수준의 헌신적 태도와는 별도로, 두 가지 독특한 요인이 유고슬라비아 공산주의의 상대적인 성공을 좌우했다. 확실히 초기에 그랬던 한 가지는 스탈린의 위협이 가한 충격이었는데, 이것은 유고슬라비아 내부를 단합시키는 데 기여했다. 침공에 대한 두려움은 유고슬라비아의 상이한 민족들 사이에 '부정적 통합'을 만들어내면서 응집력을 촉진했다. 더욱 긍정적인 것은 요시프 브로즈 티토라는 인물 주위에 정체성 의식이 구축되었다는 사실이었다. 티토 숭배를 부추기는 창작물에서 이 지도자는 새로운 사회주의 유고슬라비아의 체현자이자 나라를 만든 파르티잔 영웅주의의 구현자로 묘사되었다. 티토의 대중적 입지와 위신은 그가 당내의 어떤 분파주의도 뛰어넘는다는 것을 의미했다. 티토가 크로아티아계 아버지와 슬로베니아계 어머니를 가졌다는 사실은 그가 일찍이 나라에 해를 끼쳤던 인종적 분열을 초월하는 데도 도움을 주었다. 권세 있는 지위, 승진, 특권, 물질적 혜택, 부패의 과실이 아낌없이 제공되자 당 활동가와 보안경찰들은 계속 충성을 바쳤다. 무엇보다도 우선 티토는 군대—재원이 충분하고 풍족한 급여와 밝은 전망, 국영 주택을 제공하는—가 반드시 항상 자신을 후원하도록 조처했다. 유고슬라비아 공산주의는 티토(당, 국가, 군의 수장)가 아주 오래 살아 1980년에야 사망할 만큼 운이 좋았다. 티토의 개인적 자질, 숙련된 정치적 기술, '카리스마적' 지도 스타일은 체제의 성공과 안정에 필수 불가결했다. 티토가 없었더라면 그가 사망한 후 얼마 지나지 않아 나라를 갈가리 찢어 버렸던 분열이 당연히 훨씬 더 일찍 나타났을 것이다.

티토의 통치가 소련 블록에 대비되는 것으로서 얼마나 매력적이었는지 몰라도, 그럼에도 불구하고 거기에는 어두운 면이 있었다. 모스크바에 충직한 공산주의자들은 1948년 이후 가혹한 박해를 받았다. 그중 약 1만 6000명이 야만적인 '재교육' 수용소에 구금되었다. 그 가운데 최다 3000명이 그곳에서 사망했는데, 많은 경우 고문으로 말미암은 것이었다. 당내의 숙청이 스탈린 체제의 수준에 조금이라도 다가선 적은 없었지만, 선을 넘어 체제를 폄하하는 지식인들과 다른 사람들이 그랬듯이, 반대자들은 추방당했고(가장 저명한 인물은 티토의 주요 비판자였던 밀로반 질라스[186]였다) 장기간 투옥되었다. 그리고

---

186) Milovan Djilas(1911~1995). 유고슬라비아의 정치가이자 문필가. 1938년에 공산당 중앙위원, 1940년에 정치국원이 되었고, 대(對)독일 파르티잔 전쟁에서는

소련 블록 내에서처럼 (강력한 산업화 추진을 뒷받침하는) 농업집단화가 1950년 한 지역에서 (전 파르티잔들과 당원들을 포함한) 전면적인 반란을 촉발하는 등 농민층으로부터 격렬한 저항을 받자 체제는 무력에 호소했다. 수백 명의 농민이 체포되었고, 반란의 지도자들은 사형을 선고받았다. 체제는 교훈을 배웠다. 1953년 집단화 운동이 중단되었고, 비생산적 협동조합으로 넘어갔던 땅이 농민들에게 반환되었다.

티토의 유고슬라비아에서 공산주의는 유연성이 좀 더 큰 데다 민족적 뿌리를 가진 덕분에 소련 위성국들보다 곤경을 훨씬 잘 해결할 수 있었다. 또한 1960년대에는 문화 활동뿐 아니라 경제 부문에서도 자유화를 확대할 수 있었다. 영화관에서는 할리우드 작품(미국이 장려금을 지급하여 수입을 도왔다)을 비롯한 일부 서방 영화를 상영했다. 젊은이들은 비틀스, 롤링 스톤스, 지미 헨드릭스의 음악을 즐길 수 있었다. 유고슬라비아는 개인적 자유를 위한 공간을 창출하는 데 어떤 동유럽 국가보다 더 멀리 나아갔다. 그러나 행동에 대한 한계는 명백했다. 체제에 대한 도전도 심지어 글로든 말로든 근본적인 비판은 있을 수 없었다. 궁극적으로 소련 체제와 마찬가지로 강압(공공연하든 암시적이든)이 그 뒤에 도사리고 있었다.

―――――――――――

중장 자격으로 티토의 사령부에서 지휘했다. 1953년에 부총리, 이어 국회의장이 되었으나, 그해 《신사상》지에 당 고위 관료들의 부패를 고발하여 티토의 신임을 잃고 1954년 1월 모든 지위를 박탈당했다. 1956년 실형 3년의 판결을 받았으나 《새로운 계급》을 국외에서 발표하여 형량이 7년 가산되었다. 1961년 가석방되었으나 《스탈린과의 대화》를 미국에서 출판하여 1962년 다시 7년형을 선고받았다. 1966년 석방된 뒤에도 자택에서 '자유공개대학'을 열어 사회주의 체제를 비판했다.

1. '핵폭탄 금지'를 원하는 '핵군축 운동' 시위대가 1958년 4월 7일 약 80킬로미터 떨어져 있는 올더마스턴의 핵 연구 기지로 가는 길에 런던을 통과하고 있다. 행진은 연례행사가 되었고, '핵군축 운동'은 급속히 인기를 모아 서유럽의 다른 지역들에서 핵무기에 반대하는 시위를 고무하는 데 일조했다.

2. 1953년 6월 17일 서베를린에서 일단의 구경꾼이 찰리 검문소의 소련 탱크들을 지켜보고 있다. 그날 공산주의 통치에 손상을 가할 조짐이 있는, 동독 체제에 반대하는 민중 봉기를 진압하기 위해 소련 군사력이 전개되었던 것 같다.

3. 전후 서유럽의 주요 설계자 중 두 사람인 프랑스 외무장관 로베르 쉬망(오른쪽)과 서독 총리 콘라트 아데나워가 1951년 11월 21일 파리에서 만나고 있다. 프랑스-독일 친선은 유럽경제공동체(그리고 궁극적으로 유럽연합)로 모습을 갖출 제도의 기반이었다.

4. (위) 1953년 3월 9일 모스크바에서 열린 스탈린 장례식에서 눈물을 흘리는 여성들. 매우 추운날씨에도 엄청난 수의 시민이 그들의 이전 지도자를 애도하기 위해 모습을 드러냈다. 무수한 소련 시민들에게 스탈린은 잔인한 독재자가 아니라 위대한 전쟁 영웅이었다.

5. 소련 지도자 니키타 흐루쇼프가 1953년 베오그라드에 도착하자 유고슬라비아 대통령인 요시프 브로즈 티토가 그를 환영하고 있다. 1948년 이후 지속되어온 유고슬라비아와 소련 간의 불화는 1955년 공식적으로 무마되었다.

6. 1956년 헝가리 봉기 동안 격렬한 싸움으로 파괴된 부다페스트의 소련 탱크와 건물. 소련의 야만적인 시위 진압은 서방에 큰 충격을 주었고, 이전 찬양자들 사이의 소련 이미지를 크게 손상했는데, 찬양자 중 많은 이들이 이 사건을 계기로 서방의 공산당에서 탈퇴했다.

7. 1962년 9월 16일 프랑스 남부 리브잘트의 난민 수용소에 도착한 알제리인 하르키들. 그들은 프랑스 식민지 체제를 위해 일을 한 전력 때문에 독립한 알제리를 떠날 수밖에 없었다.

8. 로마를 방문 중인, 당시 프랑스에서 가장 저명한 지식인이었던 실존주의 철학자 장폴 사르트르와 초기 페미니즘 운동에 큰 영향을 미친 그의 파트너 시몬 드 보부아르. 1963년 10월 22일.

죔쇠를 단단히 죄기: 소련 블록

소련 블록의 국가들은 서유럽의 자유민주주의 국가들보다 더 단단하게 결합되어 있었다. 그럼에도 그 국가들은 단일한 암석 덩어리는 아니었다. 민족적 전통과 문화는 마르크스·레닌주의 이념이라는 전반적인 획일성 아래에서 다양한 발전의 길을 걷기 시작했다. 소련이라는 대군주의 지배에 대한 소련 블록 국가들의 적응은 또한 어떻게 공산주의 통치가 수립되어 확고해졌는지 그 방식에 의해서도 좌우되었다. 따라서 그 국가들은 스탈린 사후 변화된 환경에 획일적인 형태로 대응하지 않았다.

발칸 지역의 루마니아, 불가리아, 알바니아 국가들에서는 사실 죔쇠가 거의 느슨해지지 않았다. 체코슬로바키아에서도 죔쇠는 여전히 단단하게 죄어져 있었다. 하지만 1953년 독일민주공화국에서, 그 후 1956년 폴란드와 특히 헝가리에서는 이야기가 완전히 달랐다. 그곳에서는 대중 항의의 규모가 소련 지도자들을 뒤흔들었고, 그들은 자신들의 권위에 대한 심각한 위협을 진압하기 위해 무력으로 대응했다. 소련 블록 내의 이 차이들은 어떻게 설명할 수 있는가?

근본적으로 중요한 것은 각국의 공산주의 지도부가 권력 기구에 대한 절대적인 통제권을 보유하고 내부 도전이나 모스크바로부터의 '교정' 없이 정책을 감독할 수 있느냐 여부였다. 체제 지도부의 권력은 시스템 내에서 물질적 혜택의 확대에 의해 그 충성심이 '매수'된 비밀경찰의 지지에 크게 달려 있었다. 그다음으로 극단적인 수준의 억압이 저항 활동을 억제하는 데 도움을 주었다. 억압이 덜 극단

적인 곳에서는, 그리고 체제의 지도부가 바뀔 수 있거나 정책이 크게
변할 수 있다는 인식이 존재하는 곳에서는 정치적 불복종이 심각하
게 표출될 가능성이 상당히 커졌다. 이는 심지어 억압적 체제하에서
도 (예컨대 노동조합을 통해서) 여러 형태의 저항을 조직할 능력을 제공
했던 잘 확립된 사회적·정치적 하부구조가 존재하는 곳에서는 더욱
개연성이 있는 일이었다. 폴란드와 헝가리에서처럼 특히 강력한 민족
의식(이 민족의식 때문에 러시아에 대해 오랫동안 견지되어온 혐오가 발전했
는데, 소련과의 이념적 '우애'는 이 혐오를 표면적으로만 눈가림했다)이 존재
하는 곳에서는 저항이 확산되고 광범한 지지를 얻을 가능성이 있었
다. 조직 능력은 많은 농촌 인구와 비교적 적은 산업 노동계급에 의
존하는 전통적인 사회적·정치적 하부구조가 지속하는 가운데, 경제
적으로 덜 발달한 발칸 국가들에서는 더 떨어졌다.

구질서의 유지

가장 광신적이고 무자비한 공산주의자들 중 루마니아 독재자 게오
르게 게오르기우데지[187]가 있다. 그는 권력 경쟁자들인 루크레치우

---

187) Gheorghe Gheorghiu-Dej(1901~1965). 루마니아의 노동운동가이자 정
치가. 열여덟 살에 혁명운동에 뛰어들었고, 제2차 세계대전 말기에 나치 점령군
과 파시스트 정권에 대한 투쟁을 전개했다. 전후에 공산당 중앙위원회 총서기를,
1948년에 제1부총리를 역임했으며, 반티토주의 투쟁의 선봉에 섰다. 1952~1955년,
총리를 지냈다.

퍼트러슈카누,[188] 바실레 루카,[189] 아나 파우케르[190]를 책략으로 눌렀고, 스탈린 사망 무렵에는 국가총리이자 당 수장으로서 완벽한 통제력을 발휘하게 되었다. 게오르게 게오르기우데지는 스탈린 치하 최악 시기의 소련 굴라그를 연상케 하는 수용소 체제를 운영한 극도로 야만적인 거대한 보안 기구를 관장했다. 사회의 각계각층, 특히 (1949~1950년에 개시된) 농업집단화 운동 동안 농민층 출신의 루마니아인 수만 명이 구금되었고, 그들 중 많은 이들이 고문당했다. 또 다른 수만 명은 거대한 건설 프로젝트인 '도나우-흑해 운하'를 축조하는 데 동원되어 노예노동을 했다. 이 노예제는 매우 비인도적이었을 뿐만 아니라 의미 없는 것이기도 했다. 소련의 경제적 지원이 감축되면서 1953년 공사가 중단되었고, 운하는 미완공 상태로 방치되었다. 20년 뒤에야 작업이 재개되었다.

권력에 대한 도전이 없는 가공할 경찰국가를 통제한 데지는 흐루쇼프가 소련에 도입한 개혁 조치들에 저항할 좋은 위치에 있었다. 집

---

188) Lucreţiu Pătrăşcanu(1900~1954). 루마니아의 공산주의 정치가, 법률가, 사회학자, 경제학자. 부쿠레슈티 대학교 교수 출신으로 1944~1948년 루마니아 법무장관을 지냈다. 게오르게 게오르기우데지와의 권력투쟁에서 패배하여 처형당했다.
189) Vasile Luca(1898~1963). 본명 라슬로 루커(László Luka). 오스트리아·헝가리 제국 태생의 루마니아인으로 소련 공산주의 정치가이자 1945년부터 1950년대까지 루마니아 공산당의 지도자였다.
190) Ana Pauker(1893~1960). 루마니아의 공산주의 지도자로 1940년대 말과 1950년대 초에 루마니아 외무장관을 지냈다. 제2차 세계대전 후 루마니아 공산당의 비공식적 지도자였다.

단지도에 대한 승낙으로서 데지는 1954년 당 지도자직을 사임했으나 이듬해 다시 그 직책을 차지했고 자신의 부하인 키부 스토이카[191]를 총리로 지명했다. 그리고 데지는 정책 실패에 희생양을 찾아 이전 정적들인 퍼트러슈카누, 루카, 파우케르를 '스탈린주의자'라고 비난했다. 이는 숯이 검정을 나무라는 전형적인 예였다. 당과 보안 기구에 대한 통제가 데지의 권력 기반이었다. 국내 소요는 억제되었다. 1940년대 말 집단화에 대한 항의로 시작된 농민들의 저항은 무자비한 억압에도 불구하고 완전히 꺼지지는 않았으나 언덕과 숲에서 진행된 대체로 산발적인 게릴라 활동은 체제의 생존을 위협할 능력이 없었다. 그리고 1956년 가을 폴란드와 헝가리에서 일어난 사건들에 용기를 얻어 대학에서 학생들의 저항이 시작되었지만, 그것은 동유럽에서 가장 규모가 크고 야만적인 억압 기구 중 하나인 악명 높은 비밀경찰 '세쿠리타테'[192]에 의해 폭력적으로 진압되었다. 10월에 일어난 소련의 헝가리 봉기 진압에 대한 데지의 강력한 지지는 흐루쇼프와의 협상에서 그에게 힘을 실어 주었다. 그리고 데지의 권력 장악력은 온전히 유지되었다. 루마니아에서 스탈린주의의 죔쇠는 헐거워지기는커녕 더욱 단단히 죄어졌다.

1950년대 후반에 루마니아는 대체로 개편되지 않은 스탈린 체제

191)　Chivu Stoica(1908~1975). 루마니아의 정치가. 1955~1961년 루마니아 총리, 1965~1967년 국가평의회 의장(대통령)을 역임했다.
192)　Securitate. 루마니아의 공산주의 정권이 1948년에 설립한 비밀경찰. 정식 명칭은 국가안전부(Departamentul Securității Statului)였다. 1989년 독재자 차우셰스쿠가 총살된 이후 해체되었다.

를 유지하고 있었을 뿐 아니라 어떤 점에서는 일종의 민족적 공산주의를 발전시키고 있었다. 이것은 소련이 위성국들에서 경제적으로 '사회주의 노동 분업'을 요구하는 것과 맞지 않았다. 특히 루마니아 지도부의 경제적 우선 사항(나라의 산업화를 강행하는 것)은 소련의 기대에 부합하지 않았다. 경제상호원조회의[193] 기구(1949년 소련 블록 국가들의 경제를 조율하기 위해 설립되었다)를 통해 추구한 것은 루마니아를 농업 국가이자 농산물과 원자재의 단순한 공급국으로 영구히 유지하는 것이었다. 하지만 특히 중요했던 것은 다른 국가들의 내정에 대한 소련의 개입이라는 좀 더 폭넓은 문제였다. 루마니아 지도부는 헝가리에서 발생했던 사태와 같은 대결을 피하려는 소련의 염려에 도움을 받긴 했지만, 신중하게 길을 가야 했다. 그리하여 소련과 루마니아의 반쯤 소원한 관계가 계속되었다. 공산당 블록 내에서 유사 독립의 추구는 1965년 데지가 사망하고 마찬가지로 야만적인 그의 후임자 니콜라에 차우셰스쿠[194]가 뒤를 이었을 때, 여전히 초기 단계

---

193)　Council for Mutual Economic Assistance, COMECON(CMEA). 1949년 소련의 주도 아래 동유럽 국가들을 중심으로 공산주의 국가의 경제 협력 기구로서 결성되었다. 이 기구는 제2차 세계대전 이후 미국이 실시한 마셜 플랜에 대항하기 위해 설립되었다. 처음에 가맹국은 소련, 폴란드, 체코슬로바키아, 헝가리, 루마니아, 불가리아 6개국이었으나 한 달 뒤 알바니아가 가입했다. 그 후 1950년 독일민주공화국(동독), 1962년 몽골, 1972년 쿠바, 1978년 베트남이 가입하고, 알바니아가 1962년에 탈퇴하면서 최종적으로 가맹국은 10개국이 되었다. 냉전의 종결과 함께 1991년 6월에 해체되었다.

194)　Nikolae Ceauşescu(1918~1989). 루마니아의 정치가. 1936년 공산당에 입당한 후 1950년 국방차관, 1954년 당 서기, 1955년 정치국원이 되었다. 1965년 국가평의회 의장 게오르기우데지가 사망하자 당 제1서기가 되어 그가 시작한 자주

에 있었다.

불가리아에서도 스탈린주의 죔쇠는 단단히 죄어 있는 상태였다. 국민들 사이에 오래전에 뿌리내린 반러시아 감정이 공산주의 통치의 시행으로 대충 얼버무려졌을 뿐인(그리고 1940년 베사라비아와 북부 코비나의 소련 병합이 여전히 가슴에 맺혀 있던) 루마니아와는 달리, 불가리아는 친러시아와 범슬라브 감정의 오랜 전통을 지녔고 전쟁 후에는 소련의 모든 동유럽 위성국들 중 가장 맹목적으로 충성스러운 나라가 되었다. 불가리아 지도자 불코 체르벤코프[195]는 1950년까지는 총리이자 당의 총서기를 겸직한 또 하나의 스탈린 복제인간이었다. 하지만 루마니아의 데지와는 달리 체르벤코프는 스탈린 사망 후 자신의 권력을 많이 잃었다. 체르벤코프가 농민들의 소규모 농지를 파괴하고 생산성을 급격히 떨어뜨렸던 비효율적인 집단농장을 강제함으로써 나라의 농업 기반을 황폐화하는 데 크게 기여하기 전에는 그렇지 않았다. 체르벤코프는 가장 엄중한 통제의 일부를 완화하고 주

노선을 더욱 발전시켰다. 그는 권한을 최대한 집중시켜 대통령뿐 아니라 통일전선 등 주요 기관의 의장직도 겸임했다. 통치 기간 중 수만 명의 민중을 학살하는 등 철권으로 루마니아를 다스리다가 1989년 12월 민중 봉기로 처형되었다.

195)   Vulko(혹은 Valko) Chervenkov(1900~1980). 불가리아의 정치가. 1919년 공산당에 입당하고, 1925년 소련으로 망명하여 G. M. 디미트로프의 보좌관으로서 중앙 코민테른에서 활동했다. 1944년 귀국하여 당 정치국원이 되었고 1949년 당 총서기에 취임했으며, 1950년에는 총리를 겸임했다. 스탈린이 죽은 뒤인 1954년 총리에 전임하고, 당 제1서기 직책은 토도르 집코프에게 넘겨주었다. 1956년 '개인숭배'를 비판받아 총리직을 사임했고, 1961년 당 정치국으로부터 추방된 뒤 1962년 당에서도 제명되었다. 그 후 1969년에 복권되었다.

택과 소비재 생산을 개선함으로써 스탈린 직후 시기의 소련의 요구를 따랐다. 하지만 불가리아는 생활수준이 비참하고 소련에 경제적으로 심하게 의존하는 극도로 가난하고 후진적인 나라로 남았다.

체르벤코프는 또한 지도부의 당 직위와 국가 직위를 분리하라는 소련의 주장에 순응하여 1954년 토도르 집코프[196]를 지지하면서 당 서기직을 내려놓았다. 집코프는 1911년 농민 가족에서 태어나 당의 편제를 따라 승진한 후 당시 유럽의 가장 젊은 공산주의자가 된 인물이었다. 2년 뒤 스탈린 개인숭배에 대한 흐루쇼프의 비난이 있은 후 체르벤코프는 추가적으로 총리직도 사임하지 않으면 안 되었다. 하지만 루마니아가 그렇듯 불가리아도 흐루쇼프의 해로운 연설을 공개하지 않았다. 죔쇠가 다시 단단히 죄어지기 전에 제한적이나마 문학적 표현의 자유가 주어졌던 아주 짧은 막간이 있었다. 불온한 언론인들이 추방되었고, 출판 제약이 가해졌다. 소련의 헝가리 봉기 진압은 국가가 다시 엄격하게 통제할 수 있는 기회로서 큰 환영을 받았

196)   Todor Zhivkov(1911~1998). 불가리아의 정치가. 1932년 공산당에 가입했고, 1939년 당 상임위원이 되었다. 제2차 세계대전 중 소피아 지역 파르티잔 여단장이 되었고, 1944년 반추축 군사 봉기를 일으켰다. 1949년 소피아시 당 제1서기에 취임했다. 1949년 '파르티잔파'의 고스토프가 티토주의자로 몰려 처형당하고 1950년 모스크바에서 돌아온 체르벤코프가 권력을 잡자 그의 환심을 사서 1950년 당 서기, 1951년 정치국원으로 승진했다. 1954년 체르벤코프는 총리직만에 전념하고, 당 제1서기를 집코프에게 물려주었다. 1956년 스탈린에 대한 비판이 일자 체르벤코프 비판을 감행하고, 자기 권력을 확고히 했다. 그 후에도 계속 지도자의 지위를 지키는 등 권력을 더욱 강화했으나 1989년 11월 국민의 민주화 요구에 굴복하여 당 총서기직을 사임했고, 이어 1971년 7월 이래 맡고 있던 국가평의회 의장직에서도 해임되었다.

다. 스탈린주의는 결코 사라지지 않았고, 이제 다시 강화되었다.

당 최고위층 사이에서 정파 간 내분이 몇 년 동안 계속되었고, 그 결과 흐루쇼프가 1961년 당대회에서 스탈린주의에 대해 두 번째로 심한 공격을 가한 후 체르벤코프가 정치국에서 제거되었다. 이 무렵 집코프는 이론의 여지가 없는 불가리아의 지도자가 되었고, 당 서기뿐 아니라 총리도 겸직했다. 집코프의 지지자들이 당의 핵심 최고위 자리에 임명되었다. 경제적으로 소련에 의존했던 불가리아는 스탈린주의적 종속국으로서 사실상 또 하나의 소련 공화국으로 남았다. 1962년 흐루쇼프가 불가리아를 방문한 후 집코프가 말했듯이, 불가리아의 시계는 모스크바 시간에 맞춰져 있었다.

소련 블록에서 최빈국은 가장 작은 나라인 알바니아였다. 알바니아는 전간기의 대부분 동안 군주독재하에 있었고, 그 후 전쟁 동안에는 처음에는 이탈리아에, 다음에는 독일에 점령되었다. 루마니아나 불가리아와는 달리 붉은 군대가 아니라 유고슬라비아의 파르티잔들이 알바니아에서 공산주의 체제 수립에 책임이 있었다. 그러나 1948년 티토가 스탈린과 결별했을 때, 점차 유고슬라비아의 경제적 착취에 대해 적대적으로 되었던 공산주의 지도부는 돌연 소련에 충성을 다하는 쪽으로 돌아섰고 그 보답으로 광범한 경제적 지원을 얻었다. 1946년부터 당과 국가의 수반이자 열렬한 스탈린 찬양자였던 엔베르 호자[197]는 무자비한 숙청으로 국내 반대파를 모두 파멸시켰다. 또한

---

197)   Enver Hoxha(1908~1985). 알바니아의 정치가이자 군인. 프랑스와 벨기에에서 유학하고 1936년 귀국하여 교사 및 외교관을 지냈다. 독일이 알바니아를

정실에 바탕을 둔 아주 긴밀한 지배 집단의 지지를 받아 1985년 사망할 때까지 지속될 알바니아에 대한 절대적 지배를 확보했다.

인접국인 유고슬라비아의 위협이 크면 클수록(진짜 위협이든 그렇게 인식된 위협이든), 호자는 더욱더 혹독하게 통치한 자신의 나라를 방어하는 국민적 지도자인 척할 수 있었다. 수천 명의 진짜 반대자들이나 반대자라고 생각되는 사람들을 처형하는 등 가혹한 억압은 호자 체제의 특징이었다. 유고슬라비아와 단교하고 뒤이은 숙청에서 당원들의 4분의 1을 추방하거나 체포했다. 다른 나라들과 마찬가지로 농민들 사이에서 매우 인기가 없었던, 1950년대 중반부터 실시된 농업 집단화는 또다시 격렬한 억압을 수반했다. 완전히 발달한 스탈린 체제가 계속 유지되었다. 하지만 숭배받던 스탈린의 죽음 이후 소련과의 문제들이 불거지기 시작했다. 호자는 스탈린 이후의 개혁을 고려하지 않으려 했고, 1956년 흐루쇼프의 스탈린 비난에 소름이 끼쳤다. 그는 헝가리 봉기의 진압에 십분 찬성했는데, 티토의 수정주의에 봉기의 뿌리가 있다고 보았다. 그러나 소련이 알바니아의 미래를 농

침공하자 나치에 저항했고, 1943년 민족해방군을 조직하여 사령관이 되었다. 이 듬해 알바니아가 소련군에 의해 해방되자 총리에 취임했고, 1946년 인민공화국으로 발족한 뒤에는 외무장관을 겸했다. 1954년부터 노동당 중앙위원회 제1서기로 일했다. 1961년 소련과의 갈등으로 단교했으며, 1968년 바르샤바 조약군의 체코슬로바키아 침입에 반발하여 조약에서 탈퇴했다. 엄격한 스탈린주의에 의거하여 공산주의 국가 중에서도 유례없는 폐쇄적인 정치를 행했으며, 서방은 물론 유고슬라비아·소련·중국 등 다른 사회주의 국가들과 차례차례 관계가 단절되면서 경제적으로 어려움을 겪었다. 1967년에는 세계 최초로 무신론 국가를 선언하기도 했다.

산물 공급국으로 한정 지으면서 산업화 프로그램을 무시하고, 또 흐루쇼프가 최대의 적인 티토와 화해하자 소원함을 느꼈다.

호자는 이 소원함 때문에 다시 한번 충성을 다른 데로 옮기게 되었다. 1960~1961년 중국이 소련과 갈라서자, 호자는 모스크바에서는 받지 못한 경제적 지원을 해주고 그 자신의 개인숭배를 더 잘 받아주는 리더십을 보인 마오쩌둥의 중국을 지지하는 쪽으로 방향을 틀었다. 알바니아는 점차 그 자신의 길을 갔는데, 동유럽이든 서유럽이든 유럽의 나머지 국가들로부터 고립되면서 알바니아 국민들에게 비참한 생활수준밖에 줄 것이 없는 경제적 낙후 지역으로 더욱더 쇠락했다. 하지만 그렇다고 더욱 심해진 억압과 모든 권력의 지렛대에 대한 통제로 유지되는, 지도자로서 호자의 견고한 지위는 훼손되지 않았다. 알바니아는 동유럽의 다른 공산주의 국가들과는 달리 스탈린주의에 충실한 국가로 남았다. 알바니아에서 죔쇠는 헐거워진 적이 전혀 없었다.

겉으로 보기에 체코슬로바키아는 조용했던 발칸 지역의 체제들보다는 심각한 소요가 소련의 지배를 위협했던 국가들(동독, 폴란드, 헝가리)과 더 공통점이 있었다. 특히 체코 지역에서 민족 독립의 전통은 뿌리가 오래되었다. 민주적인 다원주의 정치 문화가 히틀러에 의해 파괴되기 전에 잘 확립되어 있었다. 슬로바키아에서는 덜 발달되었지만 근대화된 산업 경제가 강력한 노동계급, 그리고 농업 위주인 발칸 국가들의 보호-피보호 관계에 의존하는 사회와 닮은 점이 거의 없는 사회구조를 만들어냈다. 많은 지식인과 상당한 규모의 학생 집단이 존재했다. 그렇다면 왜 체코슬로바키아는 스탈린 사후 소련에 이렇다 할 골칫거리를 안겨 주지 않았는가?

다른 나라에서와 마찬가지로, 1956년 헝가리 반란자들에 대한 소련의 공격은 체코슬로바키아에서 강력한 억지 효과를 발휘했다. 그러나 소련은 왜 그전에 체코인들과 슬로바키아인들로부터 중대한 문제에 직면하지 않았는가? 사실, 1953년 5월에 체코슬로바키아에서 심각한 파업의 물결이 **있었다.** 파업을 촉발한 것은 통화의 대폭적인 평가절하를 다음 달에 시행하겠다는 발표('대사기 행각'이라고 널리 불렸다)와 그 후 몇 달 동안의 물가 급등 및 생활수준의 하락이었다. 플젠의 슈코다 공장 파업 노동자들은 자신들이 점거한 시청의 창문 밖으로 레닌, 스탈린, 클레멘트 고트발트[198](스탈린이 사망한 지 며칠 뒤에 죽은 체코 공산주의 지도자)의 흉상을 내던지기까지 했다. 그러나 이 소동은 경찰에 의해 야만적으로 진압되었으며, 그 직후 독일민주공화국에서 폭발하게 될 체제에 대한 전면적인 도전과 유사하게 심각한 사태로는 발전하지 못했다.

억압의 수준 자체가 체코슬로바키아의 소요를 비교적 쉽게 억누를 수 있었던 주된 이유 중 하나였다. 하지만 억압만으로는 완벽하게 설명하지 못한다. 또 다른 실마리는 체코슬로바키아 내에서 공산

---

198)　Klement Gottwald(1896~1953). 체코슬로바키아의 정치가. 1921년 체코슬로바키아 공산당을 창당했다. 1945~1953년 체코슬로바키아 공산당 대표가 되었으며, 부총리(1945~1946), 총리(1946~1948), 대통령(1948~1953)을 역임했다. 고트발트 정부는 농업과 공업의 국유화를 적극 추진했으며, 정부 내 반소련 세력을 제거하기 위해 공산주의자가 아닌 정치인을 배제하는 한편 공산주의자들도 숙청했다.

주의가 누린 인기에 있다. 소련 블록의 일부 국가에서와는 달리 공산주의는 외부 세력이 강제한 이질적 이념이 아니었다. 실제로 공산주의는 토착적인 폭넓은 대중적 지지 기반을 가졌다. 공산당은 이미 1925년에 다른 어떤 정당보다도 많은 의석을 차지했다. 공산당에 대한 지지는 제2차 세계대전의 직접적 영향 속에 크게 늘어나 1946년의 자유선거에서는 투표의 거의 5분의 2를 공산당에 가져다주었다. 1948년 쿠데타 이후 대기업을 국유화하고 대토지 소유를 근절하려는 초기 조치들은 인기가 좋았다. 당에는 출세 경로가 많았다.

그리고 당은 여론을 조작할 수 있었다. 당은 정적들을 제거할 수 있었을 뿐 아니라, 예를 들어 청년 조직과 스포츠 조직을 장악하고 선전을 독점하며 매스미디어를 세심하게 조정함으로써 자신의 통제와 영향력을 확대할 수 있었다. 그렇지만 억압은 결코 저 멀리 있지 않았다. 그것은 공산주의의 사회 침투를 가능케 하는 확실한 배경이었다.

사실 5년간의 공산주의 통치는 야만적인 억압이 특징이었다. 지도부는 진짜 반대자들과 상상 속의 반대자들을 숙청하고, 클레멘트 고트발트가 사망한 뒤 당 제1서기로서 그의 후임자인 안토닌 노보트니[199]

199) Antonín Novotný(1904~1975). 체코슬로바키아의 정치가. 기계공 출신으로 1921년 공산당에 가입했다. 1941~1945년에는 나치의 마우트하우젠 수용소에 있었으며, 1946년부터 프라하시 당 서기, 1951년 당 중앙위원회 서기에 취임했다. 1953년 고트발트가 죽은 뒤 당 제1서기가 되고, 1957년 대통령을 겸임했다. 1967년 가을 무렵부터 개혁파의 비판을 받고 1968년 1월 당 제1서기를, 3월에 대통령직을 사임했고 1971년에는 당원 자격도 정지되었다.

에게 매끄럽게 넘어간 권력을 확고히 장악하는 데 그야말로 무자비함을 거듭 보여주었다. 날조된 반역과 반소련 활동 혐의로 이전 정적들을 대상으로 진행된 연출재판이 1949년에 시작되어 필연적으로 사형선고나 장기 투옥으로 마무리되었다. 체코 지도자와 슬로바키아 지도자들이 외국 정보기관과 관계가 있거나 유고슬라비아의 파문당한 티토주의자들과 연결되어 있다는 스탈린의 의심이 점점 커져가는 그의 편집증적 반유대주의와 함께 숙청의 뒤에 도사리고 있었다.

이 의심은 1952년 체코슬로바키아 공산당 전 총서기 루돌프 슬란스키[200]와 다른 11명의 공산주의 지도자들을 반역자와 '인민의 적'으로 체포하고 연출재판에 회부하여 허위 자백을 강요하고(1930년대 스탈린 숙청을 상기시킨다) 처형하는 데서 정점에 올랐다. 불길하게도 그들은 '유대인 출신'이라고 묘사되었다. 체코슬로바키아에서의 숙청과 함께 당 지도부의 인종주의적 비방으로 촉발된 반유대주의가 급격하게 다시 부상했다. 그녀 자신이 유대인으로서 아우슈비츠에 수감된 적이 있고 유대인과 결혼한 헤다 마르골리우스 코발리[201]는 훗날 다음과 같이 회상했다. "체포가 처음 시작되었을 때 피고인들은 뭔가 죄가 있다고 일반적으로 추정되었다." 이것은 그녀의 남편 루돌프

---

200) Rudolf Slánský(1901~1952). 체코의 공산주의 정치가. 제2차 세계대전 후 체코슬로바키아 공산당 총서기를 지냈다. 1952년 스탈린이 주도한 연출재판에 반역 혐의로 회부되어 처형당했다.

201) Heda Margolius Kovály(1919~2010). 체코의 작가이자 번역가. 아우슈비츠 수용소에 수감되었으며, 1968년 프라하의 봄 때 미국으로 이주했다가 1996년 귀국했다.

Rudolf가 상상 속에서만 존재한 슬란스키 음모에 가담한 혐의로 체포되어 재판을 받고 처형되기 전의 일이었다.

화려한 구경거리가 된 연출재판은 체코슬로바키아에서 진행된 억압의 빙산의 일각에 불과했다. 수천 명의 시민이 반국가 범죄 혐의로 고발되어 투옥되거나 혹은 더 나쁜 일을 겪었다. 하지만 동유럽의 다른 나라들에서도 그러했듯이, 1953년 12월 무서운 라브렌티 베리야의 처형은 소련에서 새로운 바람이 불고 있다는 신호를 보내는 것이었다.

체코슬로바키아 역시 변화한 분위기에 적응해야 했다. 스탈린의 죽음과 1956년 2월 그의 기억에 대한 흐루쇼프의 공격 사이의 몇 년 동안 체코슬로바키아에서 많은 죄수가 풀려났다. 비록 소련과 여타 나라에서 풀려난 죄수들과 마찬가지로 이들은 감금에서 돌아왔을 때 불확실하고 종종 적대적이기도 한 사람들의 시선에 직면하긴 했지만 말이다. 검열에 대한 통제가 제한적으로 완화되어 소련 통치의 여러 측면에 대해 얼마간 미약한 비판이 허용되었다. 그리고 숙청을 야기했던 분위기는 사라졌다. 이 숙청은 소련과 유고슬라비아 사이에 일찍이 형성되었던 적대감이 조장한 것이었다. 그러나 억압은 나름대로 할 일을 했다. 억압은 확실히 대중의 지지 기반이 없는 것은 아니었다. 그리고 숙청에 대한 지지로 단결한 당 지도자들은 최소한의 변화만 허용했다.

스탈린이 사망한 지 2년 후인 1955년에 농민, 노동자, 지식인들이 옆에 서 있는 거대한 스탈린 동상이 프라하에 세워졌다. 블타바강 위로 높이 치솟은 이 동상은 폭이 12미터, 길이가 22미터, 높이가 15미터로서 도시의 어느 곳에서나 볼 수 있었다. 평범한 시민들은 이 동상이 부족한 고기를 구하려는 줄처럼 생겼다고 쑥덕거렸다. 그러나 그것은 스탈린의 유산이 의문시되던 바로 그 순간 지속성을 보여주는 뚜렷한 표시였다.

1956년, 흐루쇼프의 스탈린 비난은 체코 지도부에 곤경을 안겼다. 결국 그들 자신의 숙청과 연출재판이 소련의 명령에 따라 수행되었다. 노보트니를 비롯한 체코 지도자들은 주요 개혁은 회피하면서도 흐루쇼프하의 신노선에 대해 입에 발린 말을 하지 않으면 안 되는 처지에 놓였다. 하급 당원들 사이에 스탈린주의에 대해 얼마간 조심스러운 비판이 있었다. 개혁에 대한 더욱 단호한 요구가 프라하와 브라티슬라바의 학생들, 그다음에는 전국의 다른 대학 학생들로부터 나왔다. 그중에는 "심문 동안 불법적 절차를 수행한" 사람들을 처벌하고, 그와 함께 슬란스키 등의 재판을 조사하라는 요구가 있었다.

학생들의 저항은 1956년 5월에 절정에 올랐다가 그 후 부글부글 끓어올랐지만, 폴란드 사태와 그 후의 헝가리 사태가 반체제 행동을 분명히 억제하기 전에 이미 더 확대되지는 않는 상태였다. 문화적 반체제는 격렬하게 공격당했고, 체코 지식인들의 강력한 목소리는 비판에 대한 제한을 지지하기까지 했다. 당이 1956년 중공업 생산을 극대화하는 통상적인 노선과 농업집단화의 확대에 의존하는 새로운 5개년 계획을 실시하는 등 자신의 지배를 유지함에 따라, 어떤 자유화 조치도 이루어지지 않았다.

당 지도자들은 똘똘 뭉쳤다. 가을에 분위기가 변한 것도 그들에게 숙청에 관한 불리한 보도를 억누르고 그들 자신의 엄격한 통제를 다시 가할 기회를 주었다. 노보트니의 위상은 안토닌 자포토츠키[202](슬란스키를 보안기관의 깊은 자비에 맡겨 버린 데 책임이 있던)가 사망하면서 자신이 당의 제1서기일 뿐 아니라 공화국의 대통령(국가수반)이 되었던 1957년 11월에 강화되었다. 1960년에 제정된 새로운 헌법은 슬로바키아의 자치를 크게 축소했고, 당과 소련의 '형제적 협력'에 대한 통제가 명확히 강조되었다. 그와 함께 1953년에, 그리고 그 뒤 1956년에 다시 구체화되었던 당의 권력에 대한 위협이 사라졌다. 근본적인 위협은 계속되었지만, 1950년대 초와 같은 방식의 테러적 억압은 더는 필수적이지 않았다. 대다수 국민에게 중대한 변화의 가능성은 희박한 것 같았다. 그래서 대부분의 체코 시민과 슬로바키아 시민들은 순응했다. 시민들은 흔히 열정도 없이, 때로는 분노를 느끼며 체제를 따랐다. 그러나 정치적 안정을 유지하는 데 더 많은 것이 필요하지는 않았다. 이제 체제는 확고히 자리를 잡았다.

구질서가 위협받다

독일민주공화국GDR(서방에서는 통상 동독이라고 부른다)은 모스크바의 가장 중요한 동맹국으로 여겨지게 되었다. 그러나 1953년에 독일민주

---

202)　Antonín Zápotocký(1884~1957). 체코슬로바키아의 정치가. 1921년에 체코슬로바키아 공산당을 창당했으며, 1922년부터 1925년까지 공산당 총서기를 지냈다. 제2차 세계대전 중이던 1940년부터 1945년까지 작센하우젠 강제수용소에 수감되었고, 종전 후 1948년부터 1953년까지 총리를 지냈다. 1953년 클레멘트 고트발트가 죽은 뒤 대통령에 취임했으며, 1957년 프라하에서 사망했다.

공화국은 철의 장막 동쪽에서 소련이 봉기를 진압해야 했던 첫 번째 나라였다. 1953년에 특이하게도 동구 블록에서는 왜 그토록 충격적으로 분규가 불타올랐을까? 이와는 대조적으로 독일민주공화국은 3년 뒤 처음에는 폴란드가, 다음에는 헝가리가 소련의 지배에 맞서 반란을 일으켰을 때는 왜 조용했는가? 그리고 분쟁 다발 국가였던 독일민주공화국은 어떻게 소련 블록에서 가장 의존적인 종속국으로 그렇게 갑자기 바뀌었는가?

1950년대 초에 동독에는 명백한 아킬레스건이 있었다. 동독은 군사적 점령과 전前 국민국가의 해체로부터 만들어진, 유일하게 완전히 새로운 국가인 소련 위성국이었다. 겨우 좁다란 국경만이 이념적으로 적대적인 서독의 정치체제와 급속히 발전하는 경제로부터 동독을 분리시켰다. 이 국경은 구멍이 숭숭 뚫려 있었다. 국경 전체가 봉쇄되었던 1952년 이후에도 4개 강대국의 통제를 받는 베를린의 특별한 지위는 결정적인 구멍을 남겼다. 베를린에서는 어렵긴 했지만 서방으로, 그리고 다른 (많은 이들에게 너무 매력적인) 생활방식으로 건너가는 것이 여전히 가능했다. 바로 그 사실이 동독 지도부를 얼마간 압박했는데, 왜냐하면 늘어나는 탈출자들(1952년과 1953년 초에 36만 명 이상)을 막을 수가 없었기 때문이다. 탈출 자체는 낮은 생활수준을 반영하는 것이었는데, 이것은 스탈린 노선을 따라 소비재 생산의 희생으로 중공업 성장을 지향하는 경제의 결과였다.

동독 체제는 또 다른 취약점과도 씨름해야 했다. 모스크바가 보기에 동독은 좀 더 큰 목표(재통일되었지만 중립적이고 무장 해제된 독일)를 달성하기 위해 치러야 할 대가로서 필수 불가결한 것이었다. 이 목표는 1950년대 초까지 포기되지 않았다. 스탈린은 1952년에 그 목표를 받아들이도록 서방을 유인하려 했지만 즉시 거절당했다. 스탈린 사망 후 이 구상은 다시 살아났다. 그것이 성공한다면 동독 지도부는 자신의 권력 기반이 사라지는 것을 보게 될 판이었다. 그러나 스탈린이 죽은 뒤 소련 지도자들(실질적으로 말렌코프, 몰로토프, 베리야로 이루어진 단명한 집단)이 자유선거와 재통일된 국가의 중립화를 포함하는 독일 평화조약을 논의하기 위해 4개국 회담을 소집하자는 처칠의 제안에 긍정적으로 반응하자, 동독 지도자들 사이에 분열이 일어났다. 독일 사회주의통일당SED(1946년 공산당과 사회민주당의 강제 합당으로 결성되었으나 전적으로 공산주의자들의 지배를 받았다)의 총서기로서 완고한 스탈린주의자인 발터 울브리히트가 지배하는 주요 정파는 결사 반대했다. 하지만 루돌프 헤른슈타트[203](독일 사회주의통일당의 주요 신문인 《노이에스 도이칠란트Neues Deutschland》의 편집인)와 빌헬름 차이서[204]가 이끄는 동독 내의 또 다른 정파는 국민의 생활수준을 개선하는(그리고 소련 모델에 대한 의존을 줄이는) 데 목표가 있는 경제개혁을 선호했다. 그들은 처음에 모스크바의 지지를 받는 것처럼 보였다. 소련 지도자들은 울브리히트를 퇴임시키는 문제를 숙고했다. 그의 리

---

203) Rudolf Herrnstadt(1903~1966). 독일의 언론인이자 공산주의 정치가. 제2차 세계대전 동안 나치 독일을 피해 소련으로 망명했고, 전후 1950년대에는 동독에서 빌헬름 차이서와 함께 독일 사회주의통일당의 반(反)울브리히트 정파를 이끌었다.
204) Wilhelm Zaisser(1893~1958). 독일의 공산주의 정치가. 1950~1953년 독일민주공화국의 국가안전부 장관을 지냈다.

더십은 불안정한 기반 위에 서 있었다.

스탈린 사망의 즉각적인 영향 속에서 어떤 면에서 모스크바의 불확실성을 반영하는, 지도부 내의 정파적 분쟁과 분열은 독일민주공화국의 통제된 언론에서조차 드러났다. 이는 1953년 6월 봉기로 발전한 불안을 조성하는 데 매우 중요한 역할을 했다. 6월 9일, 소련의 '신노선'을 따르라는 압력에 굴복한(울브리히트를 비롯한 최고위 지도자들이 모스크바로 소환되어 무엇이 필요한지를 분명하게 들은 뒤) 정치국은 생활수준을 개선하기 위해 제한된 경제개혁을 시행하는 데 동의했다. 이틀 후 공개된 이 결정은 변화의 이유에 대한 터무니없는 소문들을 촉발했다. 당 지도부에 대한 전복 시도가 있었고, 울브리히트는 체포되거나 총살당했으며, 독일 사회주의통일당은 바야흐로 해체되려 하고 있고, 국경은 개방될 것이라는 추측이 나돌았다. 놀랍게도 이전 정책의 돌연한 폐기(비록 인기 없는 조치였지만 필요하다고 충직하게 지지했던 당 활동가들을 매우 동요하게 만들었다)는 실수를 저질렀다는 통렬한 인정을 수반하는 것이었다. 훨씬 더 주목할 만한 사실은 농민, 화이트칼라 노동자, 자영업자들은 약간 이득을 보았지만 산업노동자들(마르크스·레닌주의 이념의 바로 그 기반)은 생활수준의 하락에 직면했다는 사실이다. 5월 28일, 이미 체제는 나라의 심각한 경제 문제에 대처하는 데 필수적이라고 여기고 생산수준('노동 기준량')의 10퍼센트 인상을 규정하는 법령을 선포했다. 따라서 노동자들은 동일한 임금으로 더 많이 일을 해야 할 판이었는데, 이는 사실상 임금을 낮추는 조치였다. 놀랍게도 6월 9일의 공식 발표는 노동 기준량의 인상에 대해서는 전혀 언급하지 않았다.

지도부의 분열이 곧 명백해졌다. 6월 14일, 《노이에스 도이칠란트》의 기사에서는 노동 기준량의 인상을 직접 비판했다. 그러나 이틀 뒤 노동조합의 공식 신문인 《트리뷔네Tribüne》가 정반대 입장을 개진하여 인상을 지지했다. 지도부가 자신들의 근본적인 의견 불일치를 공개적으로 밝히는 것은 전례가 없는 일이었다. 그것은 허점과 혼란을 광고하는 데 도움을 줄 뿐이었다. 《트리뷔네》의 그 기사가 들끓고 있던 불만을 공개적 항의로 전환시키는 데 촉발 역할을 했다고 훗날 인정되었다. 그리고 공개적 항의를 처음 표출한 사람들은 동베를린의 건설 노동자들이었다.

자발적으로 모인 집회에서 노동자들은 인상된 생산성 기준을 철회하라고 요구했다. 저항은 확대되었고, 6월 16일 1만여 명의 성난 군중이 중앙정부 청사인 '각료 회관' 바깥에 모여들었다. 다시 한번 지도부는 한 목소리로는 인상된 노동 기준량을 백지화할 거라고 암시하고, 다른 목소리로는 단지 인상된 노동 기준량을 재고하겠다고 암시하는 등 혼란스러운 신호를 보냈다. 군중은 더욱 과격해지기 시작했다. 일부는 정부의 해산을 요구했다. 시위는 지도부에 대한 이런저런 추측과 변화가 진행 중이라는 기대 속에서 며칠 동안 쌓여가던 상당한 불안을 반영했다. 사전 계획도 없고 조직된 지도부나 기구도 없이 자생적인 저항이 분출했다. 그러나 한 노동자가 확성기를 붙잡고 다음 날 총파업을 하자고 선언하자 광범위한 지지가 즉각적으로 표명되었다. 6월 17일, 파업이 동독 전역의 373개 도시로 확산되었다. 186개 공장의 50만 명이 파업에 참여했다. 저항은 파업에만 국한되지 않았다. 다른 사회 부문들도 가담했다. 다음 5일 동안 700여 곳에서 100만 명 이상이 동참했다. 약 250곳의 당 사무실을 비롯한 공공 건물이 공격을 받았다. 대략 1400명의 정치범이 감옥에서 풀려나왔다(대부분은 곧 다시 체포되었지만). 노동 기준량에 대한 항의로 시작된 사태는 체제에 반대하는 대중 봉기로 발전했다.

독일 사회주의통일당 지도자들은 충격에 빠졌다. 저항은 재빠르게 예기치 않은 탄력을 얻었다. 그리고 경찰이 파업 노동자들에 동조할지도 모른다는 우려가 있었다. 베를린의 소련군 사령관은 6월 16일 지원 요구를 거절했다. 하지만 하루 뒤 아마도 저항이 통제 불능에 빠지기 시작하는 것을 보고 또 독일민주공화국 경찰의 질서 회복 능력을 믿지 못하게 되면서, 소련 당국은 마음을 바꿨다. 정오에 경고 사격을 했다. 12시 30분, 소련 탱크가 동베를린 거리를 우르릉 소리를 내며 지나가기 시작했다. 그 직후 소련 군정청은 동베를린에 비상사태를 선포하고 곧 독일민주공화국의 대부분 지역으로 확대하여 7월 11일까지 이를 유지했다. 처음에 소련 탱크들은 천천히 나아가면서 겁을 줘 시위대를 진정시키려 했다. 심지어 탱크 승무원들은 군중에 손을 흔들기까지 했는데, 이에 군중은 도발을 피하면서 자신들의 분노를 동독 체제에다 두었다. 그러나 불편한 균형 상태는 오래가지 못했다. 곧 총격이 발생했다. 시위대는 뿔뿔이 흩어져 살기 위해 도주했다. 남은 사람들 중 일부는 소련 점령군들에게 욕설을 퍼부으면서 탱크를 향해 돌을 던졌다.

6월 17일 저녁때까지 소련의 위력 과시는 나름의 역할을 했다. 몇몇 동독 도시에서, 특히 베를린 외곽과 라이프치히, 할레, 마그데부르크, 비터펠트에서 경찰 및 소련군과 시위대의 격렬한 충돌이 있었지만 소련군의 전투력까지는 필요 없다는 사실이 재빨리 대다수 시위자들에게 명백해졌다. 당시 마그데부르크에서 발생한 사건을 목격한 남학생은 소련 탱크들이 시위대에 발포하자 "자유의 느낌이 짧은 경험에 불과했다는 사실이 모든 사람에게 분명해졌다"고 회상했다. 좀체 사라지지 않는 불안의 조짐들이 몇 주 동안 이어졌지만 봉기는 끝났다.

이질적인 시위자 그룹들이 무엇을 원했는지는 즉각적인 경제적 불만의 해소를 제쳐 두면 아주 분명한 것은 아니었다. 대다수가 서방의 자본주의적 자유민주주의를 선호했는지, 아니면 어떤 특정한 대안적 정치 모델을 염두에 두었는지는 전혀 확실하지 않다. 많은 이들이 여전히 사회주의를 믿었다. 그들은 단순히 진정한 사회주의로 가는 더 나은 길을 희망했을 뿐이며, 이 희망은 유토피아 방식으로 여전히 이루어질 것이었다. 그럼에도 요구들—'독일 사회주의통일당 타도', '정부 해산', '자유선거', '재통일', '독일에서 점령군의 철수' 같은 외침을 포함하는—은 독일민주공화국의 생존 자체에 근본적으로 도전했다. 정치적 프로그램은 고사하고 반대파 입장을 분명하게 표방할 가능성도 없었던 저항은 이제 막 시작된 미성숙한 단계에 있을 수밖에 없었다. 저항은 미리 생각된, 체제의 근본적 변화에 대한 명확한 요구라기보다는 분노와 깊은 불만의 원초적 분출이었다. 그럼에도 봉기는 독일 사회주의통일당 체제를 뿌리부터 뒤흔들었다.

수십 명의 시위자들(60명에서 80명 사이로 추산된다)이 10명에서 15명의 당 관리 및 보안군과 함께 충돌 과정에서 사망했다. 반란에 대한 보복은 무자비했다. 봉기에 참여한 6000명 이상의 사람들이 6월 말까지 체포되고, 그 후 7000명이 더 체포되어 장기 투옥형을 선고 받았다. 주모자로 지목된 사람 중 몇 명은 어떤 공식적 사법절차도 거치지 않고 처형되었다. 소란을 일으킨 것으로 여겨진 당내의 인사들이 가차 없이 숙청되었다. 다음 몇 달에 걸쳐 수만 명의 관리와 평범한 당원이 '선동가'로 비난받아 직책에서 해임되었다. 그리고 체제가 다시는 통제력을 상실하는 일이 없도록 평범한 시민들을 감시하기 위해 구축된 정교한 정보원 네트워크의 도움을 받아 경찰과 국가안전부(슈타지)[205]가 크게 강화되었다.

체제에 도전하면서 느꼈던 희열은 단 몇 시간 동안만 시위대를 사로잡았을 뿐이었다. 그러나 소련 탱크가 동독 거리에서 시위대를 향해 발포한 광경과 봉기를 진압하는 과정에서 저질러진 야만적인 방식에 대한 기억은 오래 지속되었다. 반란은 유혈 사태와 억압을 가져왔다. 일부 사람들이 서방 열강의 간섭에 걸었던 희망은 환상에 불과했다(독일민주공화국 지도부는 봉기의 책임을 터무니없게도 "미국과 서독의 사보타주 조직과 파시스트들"에게 돌렸다). 당대인들이 끌어냈던 분명한 교훈은 압도적인 군사력에 대한 저항은 의미가 없고 독일 사회주의통일당 체제는 소련의 지지를 받는 한 전복될 수 없다는 것이었다. 그들은 1953년의 이 실패한 실험을 되풀이할 마음이 없었다. 이러한 기본적인 감정은 1956년에 폴란드와 헝가리가 들고 일어났을 때 동

---

205) 국가안전부(Ministerium für Staatssicherheit, MfS), 또는 국가안전원 (Staatssicherheitsdienst, SSD, Stasi). 1950년부터 1990년까지 존재했던 독일민주공화국(동독)의 정보기관. 반체제 인사의 감시와 탄압, 국경 경비, 해외 정보 수집, 대외 공작 등을 주 임무로 하여 활동한 기관이다.

독을 잠자코 있게 하기에 충분했다.

억압은 봉기에 대한 반응의 한 측면에 불과했다. 봉기는 양보도 수반했다. 수일 내에 독일 사회주의통일당의 중앙위원회는 소동의 직접적 원인이었던 인기 없던 임금 기준의 인상을 철회했다. 대단하지 않지만 가시적인 다른 생활수준 개선이 이어졌다. (1951~1955년에 걸쳐 시행되는) 5개년 계획하의 산업 생산 목표는 중공업에 대한 지출을 줄이고 소비재에 대한 지출을 얼마간 더 늘리는 쪽으로 조정되었다. 또 초등학교부터 대학에 이르는 교육개혁을 통해 노동계급 출신 자녀들의 사회 진출을 넓히려고 했다. 태어날 때부터 체제의 가치로 사회화되고 끊임없는 반서방 선전에 영향을 받은 새로운 세대는 1953년에 존재했던 것보다 더 견고한 미래의 정치적 지지 기반을 점차 형성했다.

대부분의 사람들은 체제의 요구를 따랐다. 그러나 따르는 것은 합의가 아니다. 순응은 장려될 뿐 아니라 강제되는 것이기도 했다. 체제의 제약, 강요된 획일성, 서독에 비해 열등한 생활수준, 보안경찰의 존재, 만연한 밀고의 위협에 대한 분노는 엄청났다. 고발·감시·밀고가 사회 전반에 스며들어 있었고, 체제에 대한 사회적 통제의 본질적인 기반을 이루었다. 순응하지 않는 사람들은 최소한 자신과 가족들의 생활수준에 영향을 미치는 중요한 불이익(예를 들어 주택과 직업, 교육 면에서)을 당했다. 일부는 비순응주의적 행동에 대한 좀 더 심한 억제에 직면했다. 여전히 자신들의 불만을 공개적으로 표출한 소수의 사람들에게는 큰 몽둥이가 결코 멀리 있지 않았다. 체제의 좁은 제한을 벗어나면 자유가 기본적으로 결여되어 있다는 사실은 궁극적으로 체제가 통제와 억압의 기제에 의존한다는 것을 의미했다. 체제 자체를 제거하지 않는 한 이것은 바뀔 수가 없었다.

아이러니하게도 1953년 6월의 봉기는 발터 울브리히트를 구했다. 그의 리더십은 대규모 저항 앞에서 흔들리고 있었다. 봉기 직후에 있었던 베리야의 체포는 독일민주공화국에서 노선의 변화를 선호한 사람들을 겨냥하여 모스크바에서 주사위가 던져졌다는 신호를 보낸 것이었다. 체제를 떠받칠 모스크바의 필요 덕분에, 내부 숙청이 반대자들을 제거하고 독일 사회주의통일당이 국가 정부에 대한 통제를 더욱 강화하면서 울브리히트는 훨씬 더 강력한 위치에 있게 되었다. 울브리히트의 제거는 나약함으로 간주되었을 것이고, 이는 더욱 많은 요구를 야기했을 터였다. 소련 지도부는 베를린의 충성스러운 강경파를 제거하여 자신들의 골칫거리를 추가하고 싶지 않았다. 1956년 흐루쇼프의 스탈린 비난과 그 뒤 특히 그해 가을에 발생한 헝가리 봉기에 뒤이은 동구 블록의 불안정은 울브리히트를 한 번 더 구했다. 그것은 죔쇠가 헐거워지면 무슨 일이 벌어질 수 있는지를 다시 보여주었다. 그러므로 울브리히트는 비판자들을 침묵시키고 자신의 권력 위상을 다시 한번 강화할 수 있었다.

또 서독이 재무장하고 그 후 국가주권을 획득하면서, 모스크바가 중립국 통일독일에 대한 추구를 사실상 포기하고 독일민주공화국의 존재를 인정한 사실도 울브리히트에게 도움이 되었다. 소련이 독일민주공화국으로부터 경제에 막대한 손해를 입히던 배상금을 더 받기를 포기한 것이 이를 보여준다. 소련 융자의 확대와 독일민주공화국 주둔 소련군 지원 비용에 대한 제한 역시 이를 보여준다. 국제적으로도 독일민주공화국은 소련에 더욱 긴밀하게 묶였다. 1953년 6월의 사태가 보여주었듯이, 독일민주공화국의 운명은 전적으로 소련의 지지에 달려 있었다. 1955년 5월 독일민주공화국은 새로 구성된 바르샤바협정의 회원국이 되었고, 향후 수십 년에 걸쳐 대외 문제에서 소련의 가장 믿음직하고 충직한 지지자로 남았다.

1961년 8월에 시작된 베를린장벽 건설은 독일민주공화국에 대한 소련의 태도 변화와 1953년 봉기의 충격에 뒤이은 나라의 내부 변동이 절정에 오른 결과였다. 소련과 동독 체제에 장벽은 지속적인 안정을 가져다주었다. 동독 국민들에게 장벽은 그들이 변경시킬 수 없는 것을 받아들이는 것을 의미했다.

독일민주공화국에서 벌어진 극적인 사태 이후 소련은 1956년 2월 세상을 떠들썩하게 한 흐루쇼프의 연설이 영향을 미칠 때까지는 동유럽의 위성국들에서 어떤 소란도 추가로 겪지 않았다. 그사이 시기에는 공산주의 지도자들이 소련의 '신노선'에 서로 다른 방식으로 적응하려고 함에 따라 동구 블록 전역이 불안정했다. 그러나 흐루쇼프는 지도자로서 자신의 우위를 확립하자마자 동구 블록의 나라들을 좀 더 긴밀하게 결합하고자 했다. 1955년 5월 바르샤바협정의 결성(서독의 재무장에 대한 직접적 반응)은 중요한 조처였다. 소련 공산당과 유고슬라비아 공산당의 관계를 회복시킨 1956년 티토와의 화해도 그랬다. 하지만 이것은 흐루쇼프 연설이 있은 지 몇 달 후 소련이 동유럽에서 자신의 권위에 대한 전례 없는 도전에 직면했던 바로 그때 진행되었다. 이 도전은 1953년 여름에 발생했던 독일민주공화국의 봉기를 무색케 할 정도로 심각했다.

폴란드와 헝가리에서 발생한 문제는 별개의 일이지만 (확실히 소련의 눈에는) 서로 연관되었다. 폴란드의 소요는 1956년 가을에 훨씬 큰 위협을 제기하는 헝가리의 반란으로 확대되었다. 소요를 야기한 공통된 요소가 일부 있긴 했지만 두 나라 사이에는 상당한 차이가 존재했다. 두 나라 모두 당 지도부에 대한 도전은 불만을 품은 사람들에게 변화를 계속 요구할 기회를 제공하면서 (독일민주공화국에서 그랬던 것처럼) 각각의 체제를 취약하게 만들었다. 두 나라 모두 오랜 반러시아(그리고 반소련) 감정이 매우 강력한 민족적 정체성 의식과 함께 공산주의 통치라는 담요 아래에서 지속되었다. 두 나라 모두에서 지식인들과 상당한 규모의 학생 집단은 표현의 자유에 대한 제약에 숨이 막히는 것을 느꼈다. 그리고 두 나라 모두 소비재를 희생하고 중공업과 자본재에 우선적으로 자금을 지출하는 정책은 특히 노동계급 사이에서 큰 불만을 낳았다. 최종적으로 개혁에 대한 압박은 각각의 나라에서 특히 1956년 2월 흐루쇼프의 연설 뒤 스탈린 사후의 소련에서 변화의 분위기가 조성되고 있음을 깨달음으로써 더욱 선명해졌다.

폴란드는 1944~1945년 붉은 군대가 히틀러 군대에 승리함으로써 사실상 공산주의의 통제로 넘겨졌다. 다음 10년에 걸쳐 나라는 철저히 '스탈린화'되어 엄청난 관료적 통제 기구와 대규모 국가 보안 체제를 창출했다. 1954년에 공공안전부는 성인 인구의 거의 3분의 1을 포함하는 '범죄 및 의심 분자들'에 관한 카드 색인을 갖고 있었다. 그리고 이들에 대한 정보의 많은 부분은 사회의 모든 수준에 산재되어 있던 8만 5000명의 정보원이 하는 밀고를 통해 수집되었다. 저명한 폴란드 작가 마리아 동브로프스카[206]는 일기에서 나라의 "큰 쓴 잔"과 "놓쳐 버린 사회주의의 기회"에 대해 탄식했다.

하지만 스탈린은 "폴란드에 공산주의를 도입하는 것은 암소에 안장을 얹는 것과 같다"고 언급했다. 스탈린주의의 꼭두각시 지도자로서 대통령 겸 당 총서기인 볼레스와프 비에루트[207]와 부총리이자 국방장관인 콘스탄틴 로코숍스키[208] 원수(폴란드에서 소련 통제를 보장할 수 있었던 인물)하에서 폴란드인들은 모스크바의 장단에 놀아나는 것이 결코 즐겁지 않았다. 스탈린이 사망한 후 못마땅해하는 태도가 더욱 분명해졌다. 새로운 시대에 적응하려는 몇몇 시도가 이루어졌다. 당의 명령으로 농업을 집단화하려는 움직임이 느려졌다. 검열이 완화되었다. 그리고 1954년 후반에 전 공산주의 지도자이자 비에루트의 주된 정적으로서 공산주의로 가는 좀 더 독자적인 폴란드의 길

---

206)   Maria Dąbrowska(1889~1965). 폴란드의 작가. 네 차례 노벨 문학상 후보로 지명되었다. 대표작으로 1932~1934년에 쓴 《밤과 낮》(전 4권)이 있다.

207)   Bolesław Bierut(1892~1956). 폴란드의 공산주의 지도자. 제2차 세계대전에서 소련이 폴란드를 점령한 후 폴란드 대통령(재임 1945~1952)과 총리(재임 1952~1954)를 지냈다.

208)   Konstanty Rokossowski(1896~1968). 러시아어로는 Konstantin Rokossovsky. 소련의 군인. 제2차 세계대전 동안 게오르기 주코프와 함께 붉은 군대에서 가장 유능했던 지휘관으로 평가된다. 전후에는 폴란드 인민공화국의 국방장관을 지냈다. 하지만 1956년 폴란드에서 반소 봉기가 일어나고 소련의 영향력을 배제하려는 민족주의적인 공산주의자 브와디스와프 고무우카가 집권하자, 폴란드군에 복무하던 폴란드계 소련인들이 대부분 소련으로 돌아가면서 로코숍스키도 폴란드 정치 무대에서 은퇴하고 소련으로 귀국했다. 그 후 소련 국방장관이었던 주코프가 해임된 뒤 1957년 7월 소련 국방차관에 임명되어 1958년까지 근무했다.

을 옹호한 후 오랫동안 가택 연금을 당하고 있던 브와디스와프 고무우카[209]가 풀려났다. 그 후 1955년에는 114개국에서 온 약 3만 명의 젊은이들이 참석한 바르샤바 청년 축전이 폴란드인들에게 좀 더 공개적이고 덜 엄격한 외부 세계를 엿보게 해주었다. 비에루트가 사망한 뒤(비에루트는 흐루쇼프의 연설에 참석한 후 갑자기 죽었는데, 아마도 스탈린 비난에 충격을 받아 심장마비나 뇌출혈을 일으켰기 때문인 것 같다), 그의 후임자인 에드바르트 오하프[210]는 제한된 탈스탈린화를 계속 진행해 4월에 약 9000명의 정치범을 석방하고 사면했다. 그는 또 같은 달에, 올라간 기대치를 만족시킬 구체적인 조치는 거의 이루어지지 않았지만 "우리 정치생활과 경제생활의 새로운 민주화" 가능성에 대해 이야기했다.

6월에 상응하는 임금 인상 없이 생산성의 25퍼센트 증가를 독단적으로 요구하는 데 분격한 포즈난 공장 노동자들의 불만이 소귀에 경 읽기가 되었을 때(3년 전 동독을 연상시킨다), 개혁과 민주주의로 여

---

209)　Władysław Gomułka(1905~1982). 폴란드의 공산주의 지도자. 1956년 공산당 총서기가 되어 소련을 배경으로 하는 당 수뇌들을 추방하고 민족주의적인 독자적 사회주의를 지향했다. 자유주의적 개혁을 단행했으며, 농업집단화를 철폐하고 문화적 자유와 언론의 자유를 허용했다. 1970년 경제정책 등의 실패로 사임했다.

210)　Edward Ochab(1906~1989). 1929년 폴란드 공산당(KPP)에 가입했으나 1933년부터 1938년까지 투옥되었다. 1939년 소련으로 망명해 1941년 소련군에 입대했고, 그 후 친소 폴란드군 1사단 정치위원으로 근무했다. 제2차 세계대전이 끝난 뒤 1957년 폴란드 통일노동당(PUWP) 제1서기에 임명되었으나, 7개월 만에 물러났다. 1961~1964년 폴란드 국가의회의 부의장, 1964~1968년 국가의회 의장을 역임했으며, 1968년 반유대인 캠페인에 항의하여 정계에서 은퇴했다.

겨질 만한 것은 거의 없었다. 그것은 같은 달 말에 포즈난과 그 주위에서 노동자 수만 명의 파업을 촉발했고, 동독에서처럼 처음의 경제적 요구는 곧 정치적 요구로 변했다. "빵과 자유"에 대한 요구는 "러시아인들은 철수하라"라는 요구로 변했다. 노동자들은 죄수들을 지역의 감옥에서 풀어 주었고, 경비병들의 무기가 탈취당했으며, 당과 경찰 본부가 공격당했다. 체제는 소요가 다른 도시들로 확산될 조짐을 보이자 소동을 진압하기 위해 폴란드군에서 1만 명의 병력과 400대의 탱크를 동원했다. 병사들은 파업 노동자들에게 총격을 가했고, 그 결과 73명이 사망하고 수백 명이 다쳤다. 그들은 폭동 이면에 있는 불만을 완전히 제거할 수는 없었지만 이틀 만에 폭동을 진압했다. 국방장관 로코솝스키(소련 시민이었지만 폴란드계였다)와 파업 노동자들에게 발포 명령을 내린 군 지도부 내의 몇몇 다른 소련 시민들에게 대체로 비난이 쏟아졌다. 그 결과 소련의 군대 개입을 끝내라는 압력(특히 로코솝스키의 퇴임)이 높아졌다. 또 폴란드에서 공산주의 통치를 민주화(예를 들어, 노동자들의 자주 관리와 의회 및 지역 평의회의 부활을 포함하는)하고, 필수적 개혁의 간판으로 간주된 고무우카의 귀환을 허용하라는 요구도 있었다.

보수주의 정파는 그런 조치에 대해 강한 내부 반대를 제기했다. 이들은 폴란드 군부와 보안기관들에서 영향력이 있었다. 보수주의 정파는 소련과의 유대를 약화하는 행동은 어떻게든 저지하려 했고, 강경한 태도를 취하도록 모스크바를 부추겼다. 소련은 고무우카가 폴란드를 더욱 독립적인 길로 데려갈까 봐 걱정했는데, 그가 로코솝스키를 해임하라고 요구하자 수심이 더욱 깊어졌다. 그리하여 이러한 우려를 불식하고자 흐루쇼프는 군부의 최고위층을 비롯한 중량감 있는 소련 지도자들과 함께 대표단을 꾸려 10월 19일 바르샤바를 직접 방문했다. 흐루쇼프와 고무우카를 중심으로 양측 사이에 날카로운 토의가 뒤따랐다. 소련 측은 두 나라의 연계를 강화하자고 압박했다. 고무우카는 로코숍스키와 폴란드군으로 파견된 50명의 소련군 '고문들'을 제거하라는 요구를 되풀이했다. 협상이 진행되는 동안 고무우카는 소련 탱크와 군부대가 바르샤바로 진격하고 있다는 말을 들었다. 폴란드 전투부대는 바르샤바를 보호하기 위해 방어 태세를 취하라는 명령을 받았다. 폴란드와 소련 사이에 곧 무력 충돌이 벌어질 것 같았다. 흐루쇼프는 처음에는 깜짝 놀라 군의 이동을 중단하라는 고무우카의 요구를 받아들였다. 당장의 위험은 지나갔다. 10월 21일, 고무우카는 제1 당서기로 정식으로 복직되었다. 모스크바로 돌아온 흐루쇼프는 다음과 같이 불길하게 말한 것으로 전해진다. 그럼에도 불구하고 "오식 한 가지 출구만 있을 뿐입니다. 폴란드 안에서 일어나고 있는 일에 종지부를 찍는 것입니다."

수일 뒤에 흐루쇼프는 무력 충돌의 이유를 발견하기는 쉬울 것이지만 "나중에 그런 충돌에 종지부를 찍는 길을 발견하기는 매우 힘들 것"이라고 말하면서 직접적인 군사적 개입에서 물러섰다. 소련 지도자들은 폴란드인들이 소련의 개입에 강력히 무장 저항할 것이며, 그러기 위해 노동자 민병대를 동원할 것이라고 믿었다. 소련이 "군사적 개입을 삼가고" 당분간 "인내심을 보여주어야 한다"는 합의가 있었다. 그 대신 흐루쇼프는 정치적 해결책을 모색하여 마지못해 로코숍스키의 제거에 동의했고, 이에 로코숍스키는 10월 29일 국방장관직에서 물러났다. 모스크바가 폴란드의 상황을 진정시키려 애쓰고 있다는 또 하나의 표시는 10월 28일 폴란드 가톨릭교회의 수장인 스테판 비신스키[211] 추기경을 1953년에 시작되었던 구금 상태에서 풀어 준 것이었다.

거대한 집회들에서 고무우카에 대한 일반인들의 지지가 대규모로 과시된 것(몇몇 대도시에서 10만 명 이상, 바르샤바에서는 50만 명)은 아마도 흐루쇼프로 하여금 전면적인 대결에서 물러서게 했을 것이다. 고무우카 자신으로서는 흐루쇼프에게 폴란드가 바르샤바협정의 충직한 회원국으로 남아 있겠다고 확언했고, 이것에 반대를 표명한 사람들을 공개적으로 비난했다. 고무우카는 시민들에게 시위를 끝내고 일터로 돌아가라고 촉구했다. 하지만 의심할 바 없이 소련의 관심을 가장 집중시키고 흐루쇼프로 하여금 군사적 개입을 명령하기보다는 화해를 모색하게 한 것은 악화 일로에 있던 헝가리의 상황이었다. 헝가리는 1956년 10월 26일까지는 폴란드보다도 위기가 훨씬 더 위험한 상황으로 이미 끓어오른 상태였다. 그리고 소련은 이 문제를 다루기 위해 폴란드가 조용하기를, 더 나아가 폴란드 지도부의 지지를 얻기를 확실히 원했다.

---

211)   Stefan Wyszyński(1901~1981). 폴란드 가톨릭교회의 고위 성직자. 루블린 교구장 주교(재임 1946~1948)와 바르샤바 대교구장 주교 및 그니에즈노 대교구장 주교(재임 1948~1981)를 지냈다. 1953년 1월 12일 교황 비오 12세에 의해 추기경에 서임되었다. 폴란드와 교회의 자유와 독립을 위해 나치즘과 공산주의에 맞서 싸운 공로로 오늘날 교황 요한 바오로 2세와 더불어 폴란드의 국민적 영웅으로 추앙받고 있다.

폴란드에서의 날카로운 갈등은 곧 본격적인 혁명으로 비화할 사태를 촉발하는 직접적 배경에서 일정한 역할을 했다. 헝가리는 오랫동안 소련 블록의 불편한 구성 요소였다. 이 나라는 강력한 억압으로 통제되고 있었는데, 스탈린주의적 지도부에 대한 광범한 불만이 막 표면화하려 하고 있었다. 마차시 라코시[212]는 전쟁 동안 망명 생활을 하던 모스크바에서 귀국하여 헝가리 공산당의 지배로 가는 길에 스탈린주의 방식으로 자신의 권위를 각인했다. 그는 장기간의 격렬한 투쟁 속에서 훨씬 더 인기 있던 소자작농당Smallholders' Party을 파괴하고 자신의 완전한 통제를 확고히 했다. 그 후 1949년에 라코시는 모스크바 노선에 대해 사대주의적으로 복종하며 전 내무장관 라슬로 러이크[213]를 연출재판에 회부해 처형하는 데('티토주의 일탈'을 지지하고 이른바 서방 정보기관과 관련된 혐의로) 동의했을 때, 헝가리의 '소小스탈린'으로서 자신의 자격을 유감없이 보여주었다. 그러나 스탈린이 사망한 뒤 소련의 '신新노선'이 도입되면서 라코시의 날은 얼마 남지 않게

---

212) Mátyás Rákosi(1892~1971). 헝가리의 정치가. 1919년 헝가리 혁명 때 인민 정치위원으로 활동했고, 정권이 붕괴한 뒤 소련으로 망명했다. 1924년 귀국하여 공산당 재건을 시도하다가 1925년 이후 장기간 투옥되었다. 1940년 석방되자 소련으로 갔으며, 1945년 귀국하여 당 총서기에 취임했다. 1952~1953년에는 총리를 겸임하고, '소스탈린'으로서 전권을 행사했다. 1955년 이후 당 내외에서 숙청의 책임을 추궁하는 목소리가 높아지자 이를 억압하려 했으나, 사태가 험악해지는 것을 두려워한 소련의 권고로 1956년 7월 총서기에서 물러났다. 같은 해 가을 헝가리 사건 때 소련으로 도피했다. 1962년에 당에서 제명되었고, 1971년 고리키시에서 사망했다.
213) László Rajk(1909~1949). 헝가리의 공산주의 정치가. 1946~1948년 내무장관, 1948~1949년 외무장관을 역임했다.

되었다.

경제가 위기에 빠지고, 농민들이 집단화에 저항하고, 임금 하락 때문에 노동자들이 파업에 돌입하고, 감옥이 죄수들로 가득 차자 라코시를 비롯한 당 지도자들은 1953년 6월 모스크바로 소환되어 처신을 잘하라는 분명한 경고를 들었다. 소련 지도자는 라코시에게 그의 "고압적이고 군림하는 태도"가 "실수와 범죄"를 야기했고, 헝가리를 "대재앙 직전으로까지" 몰아넣었다고 말했다. 그러한 비난을 듣긴 했지만 라코시는 비록 임레 너지²¹⁴⁾에게 정부 수반직은 물려줄 수밖에 없었으나, 당 지도자 자리는 계속 유지할 수 있었다. 임레 너지는 국민들이 매우 좋아하는 인물이자 환멸에 찬 공산주의자들의 희망으로 1949년에 집단화의 속도에 반대한 죄로 정치국에서 추방된 상태였다.

그리하여 공산주의 지도부 내에 존재하는 중대한 분열이 표면화되었다. 이것은 나라에서 점점 더 깊어가는 불안을 더욱 부추기고 라코시에 대한 모스크바의 불신을 드러내며, 좀 더 매력적인 형태의 대

---

214)　Imre Nagy(1896~1958). 헝가리의 정치가. 제1차 세계대전 때 러시아군의 포로가 되어 공산당에 입당하고 혁명군으로 활동했다. 1921년 귀국하여 노동운동을 지도하다가, 1928년 국외로 망명했다. 제2차 세계대전 중에는 모스크바에서 국내 항전 운동을 지도하고, 1944년 귀국하여 임시 인민정부의 농무장관, 1945년 내무장관, 1947년 국회의장, 1952년 부총리, 1953년 총리가 되었으나, 사회주의 건설의 문제로 경공업의 우선적 발전을 주장하고, 우익 유화주의적 오류를 범했다는 이유로 1955년 총리직에서 물러났다. 1956년 1월 23일 헝가리 혁명 후 총리로 추대되었으나, 소련군 침공 때 붙잡혀 루마니아로 이송되었으며, 1958년 처형되었다.

안적 리더십을 보여주는 데 적지 않은 역할을 했다. 너지는 소비재 공급을 개선하기 위해 때를 놓치지 않고 경제적 변화를 옹호했다. 그는 일반 대중의 수준에서 민주화를 진전시킴으로써 공산주의를 재활성화하자고 좀 더 급진적으로 제안했다. 너지는 민족적 감정을 민주주의적 사회주의와 혼합할 애국인민당Patriotic People's Party이라는 새로운 인민전선으로 조직된 대중적 지지 기반을 상상했다. 공산당은 너지의 계획에서 지도적 역할을 할 터였지만, 단순히 위로부터 통치하지는 않을 것이었다. 라코시와 당 강경파는 당연히 이것을 결사 반대했다. 1955년 초에 너지에 대한 라코시의 공작이 성공을 거둔 것으로 판명되었다. 너지는 이념적 '일탈'로 비난받고 당 정치국에서, 그리고 그해 말에는 당에서도 쫓겨났다.

그러므로 헝가리의 상황은 심지어 1956년 2월 흐루쇼프의 연설로 매우 뒤숭숭한 분위기가 새롭게 만들어지기 전에도 이미 불안정했다. 너지가 열어젖혔던 공산주의로 가는 좀 더 민주적인 경로의 가능성에 동요되고 억압과 검열에 분노한 지식인과 학생들은 헝가리의 미래를 두고 격렬한 정치적 토론을 벌였다. 이른바 '노동자 국가'에서 자신들이 받는 대우에 격분한 노동자들은 '흡혈 정부'에 착취되고 있다고 느꼈다. 노동자 그룹들은 심지어 젊은 지식인들을 만나 토론에도 참가했는데, 여기에는 점점 더 많은 사람이 합류했다. 토론의 상당 부분을 페퇴피[215] 서클(1848년 헝가리 독립을 위해 싸운 혁명가의 이름

---

215) Petőfi Sándor(1823~1849). 헝가리의 국민 시인. 헝가리의 소도시 키슈쾨뢰시에서 소상인의 아들로 태어났다. 국립극장의 단역배우가 되었다가 군대에 자

을 땄다)이 조직했다. 1956년 6월 부다페스트의 한 저녁 집회에 무려 6000명이 모인 페퇴피 서클은 라코시를 축출하고 너지로 대체하라는 요구를 제기했다. 모스크바는 이에 반응했다. 라코시는 7월에 (공식적으로는 건강상의 이유로) 적절한 절차를 거쳐 사임했다. 하지만 그의 후임은 너지가 아니라 이념적으로 라코시와 거의 동일한 부류였던 불운한 에르뇌 게뢰[216]였다.

곧 심각한 소요 사태가 발생했다. 1956년 10월 6일 복권된 라슬로 러이크(보안기관의 전 수장으로서 지금은 믿기 어렵게도 바라던 자유화의 상징이 되었다)의 엄숙한 재매장(마지못한 게뢰의 허락을 받고)을 위해 모여든 수만 명의 시위대가 체제에 공격을 가했을 때, '부다페스트의 가을'이 시작되었다. 10월 23일, 폴란드에서 벌어진 사태에 용기를 얻어 부다페스트와 여타 도시에서 학생들이 시위를 주도하며 급진적 요구를 제기했다. 거기에는 너지의 총리 복직(그는 열흘 전 당에 재가입했다), 소련군 철수, 테러적 억압에 책임 있는 자들의 처벌, 공산주의 통치 독점을 종결하기 위한 자유선거 실시가 포함되었다. 부다페스트의 한 공원에 서 있던 엄청난 크기의 스탈린 동상을 끌어내려 트

원 입대하여 군대 생활을 마친 후 귀국했다. 파퍼시의 친구 집에서 가정교사를 하면서 대학에 진학했다. 1844년 이래 잇달아 발표한 많은 시집이 당시 헝가리 사회에 팽배했던 민족주의와 결합되면서 단시일 내에 전국적으로 유명해졌다. 헝가리 독립전쟁의 서곡이 된 1848년의 페슈트시 봉기 때 직접 지은 〈궐기하라, 마자르 사람들이여〉라는 시를 민중 앞에서 낭독하고 민족의 자유 투쟁에 자진해서 투신했으며, 이듬해 전사했다.
216)   Ernő Gerő(1898~1980). 헝가리의 공산당 지도자. 1956년 7월부터 10월까지 헝가리 노동인민당(공산당)의 총서기를 잠깐 지냈다.

럭에 매달고는 도시의 거리를 끌고 다녔다. 동상에는 소련군에게 집으로 돌아가라고 책망하는 현수막이 붙어 있었다. "나를 데리고 가는 것을 잊지 말아요"라는 현수막이 추가로 걸렸다. 그날 저녁 보안군이 비무장 시위대에 발포하자 점점 커져가던 반란이 불타올랐다. 게뢰는 라디오 방송에 직접 출연하여 적대적인 선전에 자극받은 시위대의 맹목적 애국주의와 민족주의를 비난했다. 정부는 이즈음 거의 공황 상태에 빠졌다.

게뢰는 이미 몇 시간 전에 소련 대사관에 군사적 지원을 긴급히 요청했으나 부다페스트의 소련 관리들은 모스크바의 인가 없이는 허락할 마음이 없었다. 그날 저녁 소련 당 간부회는 지원을 허락했다. 이튿날까지 수천 명의 소련군 병력이 벌써 부다페스트에 진입했다. 그날 오후까지 적어도 25명의 시위자가 죽고 200명 이상이 다쳤다.

하지만 군사력 과시가 소요를 평정하는 데는 효과가 없는 것으로 밝혀진 듯했다. 비상사태가 선포되었다. 당사가 공격당하고 소련의 상징들이 파괴되었으며, 부다페스트는 대중 파업으로 마비되었다. 접근하는 탱크들은 부다페스트의 거리에 세워진 바리케이드를 겨우 헤쳐 나가는 동안 '화염병'과 수류탄, 그리고 심지어 군 병기고에서 빼낸 대전차포 두 문의 손쉬운 표적이 되었다. 무기를 내려놓으면 반란자들을 사면하겠다는 너지(소련군 개입 요청을 지지했고, 10월 24일 총리로 복직했다)의 제안은 아무 소용이 없었다. 게뢰 대신에 이전에 라코시의 희생자였던 야노시 카다르[217]가 당 수장을 맡았지만, 이 역시

---

217)　János Kádár(1912~1989). 헝가리의 정치가. 1930년 노동운동에 참가하고,

상황을 진정시키지 못했다. 10월 25일, 경찰과 당 관리들이 시위대에 총격을 가하고 이에 시위대가 경찰 요원들을 살해하는 등 격렬한 소요가 계속되었다. 노동자 평의회와 혁명위원회들이 중앙 조직 없이 지역에서 권력을 인수했다. 당은 무용지물이나 다름없어진 것 같았다.

너지(10월 27일, 개혁가들을 내각에 임명했다)가 자신이 '민족 민주 운동'이라고 불렀던 운동의 주요 요구들을 받아들인다고 선언했던 10월 28일에야 (어느 정도) 평온한 분위기가 다시 찾아왔다. 너지는 소련군 철수, 정치경찰 해산, 일반 사면, 농업 개혁에 대해 이야기했다. 다음 날인 10월 29일 소련군이 실제로 부다페스트를 떠나기 시작했다. 혁명은 승리했다. 아니, 그런 것 같았다.

모스크바에서는 머뭇거리는 소련 지도부가 너지의 태도에 실망했지만, 그럼에도 10월 30일 부다페스트에서 군대를 철수하여 대규모 군사적 개입을 통한 대결을 피하기로 결정했다. 하지만 부다페스트로 파견된 그들의 특사인 미하일 안드레예비치 수슬로프[218]와 아나

독일 점령 아래에서는 티토와 접촉을 꾀하다 체포되었다. 전후 사회당과의 연합으로 근로자당을 창립한 1948년 8월 내무장관에 취임했다. 바로 뒤이어 반티토 운동이 일어났고, 반라코시파의 숙청도 시작되어 체포되었으나 1954년 다시 당의 요직에 올랐다. 1956년 2월 헝가리 사회주의노동자당 제1서기가 되었고, 10월 헝가리의 '자유화' 사건 때 소련의 군사 개입에 호응하여 너지의 곁을 떠나 친소 정권을 조직했고, 한때 총리도 겸임했다. 1960년대 이후로는 실용적인 정책을 추진하며 공산주의 국가로서는 폭넓은 개혁을 인정했으며, 부분적인 자본주의 도입으로 경제 발전을 시도했다. 그러나 1980년대에 들어서면서 극심한 불황에 시달리고 또 국민들의 민주화 요구가 높아지면서, 결국 1988년 5월 총서기직에서 해임되었다.

218)   Mikhail Andreevich Suslov(1902~1982). 소련의 정치가. 1947~1948년 공

스타스 미코얀의 보고는 점점 비관적으로 되어갔다. 그들은 부다페스트의 당 관리들에 대한 폭력적 공격이 이어지고 있다고 보고했고, 헝가리군이 반란자들을 편들까 봐 두려워했다. 그들이 보기에 상황은 소련의 이해와 양립 가능한 방식으로는 절대 정치적으로 해결될 수 없었다. 그들은 "평화적으로 이 온상을 말살하는 것은 불가능하다"고 결론 내렸다. 10월 30일 헝가리 지도부가 '중립국 헝가리'를 요청하고, 또 그날 너지 자신이 미코얀과 수슬로프에게 모든 소련군의 철수와 헝가리의 바르샤바협정 탈퇴를 승인한다고 표명하자, 상황이 얼마나 심각한지 확실해졌다. 흐루쇼프는 군사적 개입의 재개에 반대하는 결정이 올바른 것이었는지 밤새 고민했다. 부다페스트의 상황이 악화되고 있다는 사실 외에도 개입에 찬성하게 된 이유가 있다. 바로 소련이 조금이라도 나약함을 보이면 제국주의 서방 열강이 이를 이용할 것이라는 우려였다(10월 29일에 서방 열강은 수에즈 위기의 와중에 중동의 모스크바 동맹국인 이집트에 대한 공격을 개시했다). 훨씬 더 진지하게 고려된 문제는 소련이 나약함을 보이면 동유럽의 다른 국가들로 소요가 확산될 수 있다는 것이었다(이미 인접한 루마니아와 체코슬로바키아에서 보고되고 있었다). 소련 지도자들이 분명하게 깨닫고 있었듯이, 전염의 위험은 심각했다. 그것은 결정적으로 중요한 요인이었다. 그리하여 흐루쇼프가 이끄는 소련 지도자들은 기존 입장을 파

산당 중앙위원회 선전선동부 부장, 1949~1950년《프라우다》편집장, 1953~1954년 중앙위원회 외국공산당관계부 부장을 역임했다. 1965년부터 1982년 사망할 때까지 공산당 제2서기로서 당의 비공식적 이념가였으며, 완강한 반개혁주의 보수주의자로 평가된다.

기하고 10월 31일 "반혁명을 격퇴하기" 위해 헝가리에 전면적인 군사력을 전개하는 데 만장일치로 동의했다.

그날 소련 군부대가 추가로 헝가리에 진입했다. 11월 1일, 너지는 헝가리가 바르샤바협정을 탈퇴할 것이라고 선언하고 국가의 중립을 선포했다. 저녁에 소련 군용기가 카다르를 모스크바로 실어 날았다. 며칠 후 카다르가 부다페스트로 귀국했을 때 소련이 출범시킨 새로운 '임시 혁명 노동자·농민 정부'의 최우선 과제는 '파시스트 반동'을 분쇄하고 사회주의를 방어하는 것이었다. 너지는 11월 4일, 유고슬라비아 대사관으로 피신했다. 그사이 흐루쇼프는 말렌코프 및 몰로토프와 함께 서둘러 중국과 유고슬라비아를 비롯한 다른 공산주의 국가들의 개입 지지를 확인했다.

행동하기 좋은 순간이었다. 서방 열강은 때마침 수에즈 위기에 빠져 허우적거리고 있었다. 서방 열강은 헝가리 반란자들에 대해 아무리 공감을 하더라도 소련 세력권에 개입함으로써 세계대전의 가능성을 무릅쓸 의향이 없음이 분명했다. 소련이 보기에 수에즈는 다행스러운 소동일 뿐이었다. 그것은 헝가리 봉기를 분쇄하겠다고 결정하는 과정에서 결정적인 역할을 하지 않았다. 하지만 수에즈는 흐루쇼프가 표현했듯이, 서방 열강이 "이집트에서 진짜 곤경에 빠져" 있을 때 기꺼이 행동에 들어가도록 부추겼다.

이제 사태가 빠르게 종결되었다. 1956년 11월 4일 이른 아침, 소련군 병력은 부다페스트 공격을 개시했다. 소련군은 이번에는 10월보다도 개입 준비를 더 잘했다. 부다페스트에 있던 프랑스 기자는 다음과 같이 표현했다. "거리는 소련 탱크와 무기로 가득 차 있다. 경비병들이 교차로에 배치되었다." 사방에서 사격이 가해졌다. 헝가리군은 참가하지 않았다. 병사들은 막사에 갇혔고, 소련군에게 무장을 해제당했다. 다음 사흘 동안 부다페스트와 여타 도시에서 전투가 치열하게 전개되었으나, 11월 8일께는 대체로 끝났다. 사흘에 걸쳐 사상자(사망자와 부상자) 수는 헝가리인 2만 2000명, 소련군 병사 2300명을 헤아렸다. 이는 혁명의 규모를 잘 보여준다. 보복은 신속하게 수행되었다. 10만 명 이상이 체포되었고, 3만 5000명이 '반혁명 행위' 혐의로 재판에 회부되었다. 거의 2만 6000명이 징역형을 받았고, 600명이 처형당했다. 20만 명으로 추산되는 헝가리인들이 해외로 도피하여 긴 망명 생활로 들어갔다. 너지 자신은 허위 안전 약속에 속아 유고슬라비아 대사관에서 나왔다가 소련군에 포로로 잡혀 처음에는 루마니아로 추방되었고, 그 후 재판에 부쳐져 1958년 6월 교수형에 처해졌다.

외교적인 대가는 치러야 했다. 비동맹 국가들에서 소련의 위신은 적어도 단기간에는 하락했다. 그리고 많은 서유럽 공산주의자들의 눈에서 비늘 같은 것이 떨어져 나갔다. 그때까지 소련을 자신들의 북극성으로 바라보던 그들은 이제 떼를 지어 공산당을 버렸다. 이것은 공산주의 국가들의 동구 블록이 해체되는 것을 막는 중차대한 일이 걸려 있을 때, 소련 지도자들의 평정심에 별로 영향을 미치지 못했다. 소련 블록의 응집력은 비록 무력에 기대긴 했지만, 유지되어 왔다. 바로 그것이 결정적인 요인이었다. 헝가리 봉기의 분쇄는 소련 권력을 전복하려는 어떤 시도도 헛수고라는 사실을 잠재적인 반체제 인사들에게 보여준 극히 중요한 순간이었다. 그와 같은 행동은 무엇이든 가차 없이 분쇄될 터였다.

모스크바에서는 소동이 되풀이되는 것을 막기 위해 오랫동안 동구 블록에서 생활수준을 후퇴시켰던 정책을 바꿔야 한다는 인식이 있었다. 그 결과 자본재 지출과 소비재 지출의 터무니없는 불균형이 어느 정도나마 수정되었다. 생활수준은 다음 몇 년 동안 소련 블록 전체에서 조금 올라갔다. 하지만 1956년 폭풍의 한복판에 있었던 두 나라인 폴란드와 헝가리의 궤적은 동일하지 않았다.

'폴란드의 10월'이 좀 더 자유주의적인 사회주의로 인도할 거라는 꿈을 갖고 있는 사람들에게 브와디스와프 고무우카는 심한 좌절로 판명되었다. 처음에는 조짐이 좋았다. 고무우카는 흐루쇼프와 타협을 보고 얼마간의 재량을 갖게 되었다. 처음에 그는 평지풍파를 일으키지 않고 최대한 이를 이용했다. 고무우카 정부는 전임 정부보다 덜 엄격하고 덜 억압적이었으며, 애초에는 훨씬 큰 인기를 누렸다. 보안경찰은 규모가 축소되었으며, 결코 하찮은 지경으로까지는 아니지만 권력이 줄었다. 폴란드의 지식인과 학생들은 더 자유로운 분위기를 경험했다. 농업집단화에 제동이 걸렸고, 농부들에게는 자신들의 땅뙈기에 작물을 재배할 수 있는 얼마간 더 큰 자유가 주어졌다. 또 다른 경우에는 제한된 사적 기업도 허용되었다. 전반적으로 생활수준이 올랐듯이, 임금도 올랐다. 그리고 폴란드 체제는 현명하게도 가톨릭교회에 대해 더 너그러운 자세를 취했다.

하지만 고무우카는 민주주의자가 아니었다. 그는 당 제1서기로서 자신의 권력을 굳건히 하기를 열망했다. 그리고 표현의 자유가 가진 위험에 대해 경계했다. 어쨌든 모스크바와 우호 관계를 지속할 필요는 자유화에 엄격한 제한이 있다는 것을 의미했다. 예술과 문학에서 표현의 자유에 대한 통제는 1957년까지는 다시 강화되었다. 가톨릭교회에 대한 국가의 비판이 비록 가톨릭교회가 국민들 대다수에게 가진 입지나 반대파 하위문화로서 점점 등장하는 것을 훼손하지는 않았지만, 그 후 곧 다시 시작되었다. 그리고 1960년대 초쯤에는 농업의 자급자족 운동이 실패하고, 또 당 지배자들이 두드러지게 사치스러운 생활을 누린 반면 국민들의 생활수준은 여전히 뒤처져 있었다. 따라서 고무우카와 그의 체제에 대한 환멸이 커졌다. 전후 10년간의 스탈린 체제로 되돌아가지는 않았다. 탄탄하고 지속적인 개선이 이루어졌다.

그러나 강압이 여전히 체제를 뒷받침했다. 허용된 비판의 좁은 경계를 넘어서면 누구든지 그것을 느꼈다. 예를 들어, 1946년 자유화된 문화 정책의 확대와 검열 완화를 요구하는 서한에 서명한 34명의 작가는 글을 발표하거나 나라를 떠나는 것이 금지되었다. 그리고 다양한 당근 정책을 시행한 덕분에 여느 때처럼 관리, 경찰, 보안기관, 군대가 계속 충성스러운 집단으로 남아 있었다. 체제의 장악력은 매우 강력했다. 사람들은 대체로 체제의 요구에 적응했고, 그에 맞춰 자신들의 삶을 조절했다. 늘 그렇듯, 그것은 바뀔 수 없는 것을 참고 받아들이는 것을 의미했다.

헝가리에서는 봉기의 규모, 뒤이은 야만적 억압, 엄격한 통제를 유지하고자 하는 모스크바의 결의가 처음에는 카다르의 꼭두각시 정부에 의미 있는 변화의 가능성을 거의 남겨 놓지 않았다. 그럼에도 생활수준을 개선할 필요는 궁극적으로 카다르에게 유리하게 작용했다. 공업과 농업 모두에서 행정적 통제를 분산함으로써 생산수준의 고도화가 진행되었다. 경제는 또 보크사이트와 우라늄의 수출을 통해서도 성장했다. 체제는 안정을 찾았다. 생활수준은 향상되었고, 이러한 개선은 불과 몇 년 전만 하더라도 공산주의 통치를 훼손할 것 같았던 사회적 불만을 희석했다. 1960년대 초에 카다르는 제한된 형태의 자유화를 도입할 수 있었다. 정치범들이 석방되었고, 광범위한 사면이 발표되었다. 문화 활동과 표현의 자유에 대한 엄격한 제한이 어느 정도 완화되었고, 서방 라디오를 청취할 수 있게 되었다. 지식인들은 서방과 제한된 접촉을 꾀할 수 있었고, 공공연한 경찰 억압이 억제되었다. (소련 블록의 나머지 국가들보다도 더 소비재에 주의를 기울이는 것을 묘사하는 용어인) '굴라시[219] 공산주의'는 제한된 시장경제를 허용하기까지 했다(비록 경제적 문제들이 곧 제기되기 시작했지만). 그러나 보안 기구는 당의 통제하에서 여전히 작동 중이었다. 아마도 1955년과 1970년 사이에 연간 자살률이 거의 2배가 되었다는 사실은 카다르의 헝가리에서 결코 만족스럽지 않은 현상이었을 것이다. 그렇지만 헝가리는 서방의 눈에 소련 블록 중에서 가장 괜찮은 모습이 되어가고 있었다.

---

219) goulash. 양파를 볶아서 파프리카로 양념한 쇠고기 스튜로, 헝가리의 대표적인 요리다.

그리하여 폴란드와 헝가리는 얼마간 서로 다른 길을 갔다. 폴란드
는 죔쇠가 헐거워졌다가 점차 다시 죄어졌고, 헝가리는 죔쇠가 급격
히 죄어졌다가 얼마간 헐거워졌다. 그러나 두 경우 모두 죔쇠는 완전
히 풀리지 않았다. 두 나라와 블록의 나머지 국가들을 함께 묶은 것
은—수십 년 전 프리드리히 엥겔스Friedrich Engels가 경제에 대해 말했던
것을 바꿔 표현하면—"최종 심급에서" 소련 권력이 문제를 결정했다
는 사실이었다. 일부 네오스탈린주의의 특성이 모든 곳에서 지속하
긴 했지만, 1953년 이전에 일반적이었던 완전히 발달한 스탈린주의
로의 복귀는 없었던 것이 사실이다.

유럽 전역에서 공산주의는 실제로 이전의 혁명적 존재 이유를 상
실했다. 제국주의적 서방 자본주의사회보다 매우 우월한 사회를 건
설하겠다고 어떤 비비 꼬인 선전을 퍼부었든, 소련과 그 동맹국들은
실제 목표가 사실상 체제를 유지하는 데 그치고 혁명적 활력이나 유
토피아적 야심이 결여된 단순히 보수적인 권위주의 국가로 변모했을
뿐이다. 체제로부터 이득을 얻은 기관원들과 열렬한 지지자 및 진정
한 신봉자 세력을 제외하고는, 대부분의 평범한 사람들은 바뀔 수 없
을 것 같은 정치적 상황에 무관심하거나 그냥 체념하면서 자신들의
삶을 영위했다. 선택의 기회가 주어졌더라면 대부분은 거의 확실히
결국 소련군에 의해 유지되었던 '현존 사회주의' 이외의 다른 무언가
를 골랐을 것이다. 현실에서 그들에게는 그런 선택의 기회가 없었다.
공산주의 통치는 다양한 위성국들의 민족적 요구에 맞춰 가장 거친

모서리를 무디게 하고 어느 정도 수정할 수 있었다. 하지만 체제에 대한 근본적인 변화는 불가능했다.

1968년 체코슬로바키아에서 소련 지배에 대한 또 한 번의 거대한 도전이 있을 것이었다. 그것을 차치하면 1956년 이후 동유럽에서 소련 권력은 여전히 온전하게 남아 있을 터였고, 30년 넘게 거의 훼손되지 않을 것이었다.

4

좋은 시절

(…) 당신이 놀라운 시대—**호황**의 시대—에 살았다는 사실을 깨닫게 되는 데는
몇 년 씩이나 기다릴 것도 없다.

《퀸》, 1959년 9월 15일

유럽 민족들이 통합하려면 프랑스와 독일의 해묵은 반목을 제거할 필요가 있다.
어떤 조치를 취하든 무엇보다도 먼저 이 두 나라들과 관련되어야 한다.

쉬망 선언, 1950년 5월 9일

Roller Coaster

4

　서유럽에서 새로운 시대의 특징이 된 번영은 1973년 석유 위기[220]에 따른 충격의 여파로 경제가 휘청댈 때까지 계속된 전례 없는 경제성장률 때문에 가능했다. 종전 무렵이나 전후 '베이비붐' 때 태어난 세대는 정말 운이 좋았다. 처음에 제2차 세계대전의 신체적·심리적 상처가 여전한 전후의 긴축기에 성장했지만 그들은 대공황[221]의 빈곤도, 전쟁의 공포도 경험하지 않았다. 그리고 그들은 평화스러운 유럽에서 부모와 조부모들이 거의 상상할 수 없었던 물질적 풍요로움을 계속 누렸다. 복지국가의 안전망, 주택 개선, 완전고용 속

---

220)　oil crisis. 원유 값이 급등하여 세계 각국에 경제적 타격을 준 경제 위기를 말한다. 1973년 10월 제4차 중동전쟁 발발 이후 페르시아만의 6개 산유국이 가격 인상과 감산에 돌입하면서 1배럴당 2.9달러였던 원유(두바이유) 고시 가격이 4달러를 돌파했다. 1974년 1월에는 11.6달러까지 올라 2~3개월 만에 무려 4배나 폭등했다. 이 파동으로 1974년 주요 선진국들은 두 자릿수 물가상승과 마이너스 성장이 겹치는 전형적인 스태그플레이션을 겪어야 했다.
221)　Great Depression. 1928년에 일부 국가에서 야기된 경제적 불안이 1929년 10월 24일 뉴욕 주식시장의 대폭락, 즉 '검은 목요일'로 촉발되어 전 세계로 확대된 경제공황을 뜻한다. 미국의 경우 도시 지역의 실업률은 거의 40퍼센트에 육박했고, 국민소득은 1929년 이래 30퍼센트 이상 감소했다.

의 안정된 직업, 교육으로부터 더 나은 혜택을 받을 기회, 그리고 점진적으로는 다른 나라로 여행할 기회의 확대뿐 아니라 소비 필수품을 넘어 사치품에 사용할 수 있는 돈이 그런 것들이었다. 이 세대는 낙관적으로 미래를 바라볼 수 있었다. 그들은 좋은 시절에 살고 있었다.

서독인들에게 이 시절은 믿기 힘든 '경제 기적'의 시기였다. 그러나 이 '기적'은 결코 한 나라에 국한되지 않았다. 이탈리아인들 역시 전후에 거의 기적이나 다름없는 경제 회복을 경험했다. 프랑스인들은 1946년부터 1975년 사이의 시기를, 비록 이 시절 중 일부 시기는 경제적 의미 말고는 다른 어떤 의미에서도 결코 영광스럽지 않았지만, '영광의 30년les trentes glorieuses'으로 되돌아보았다. 해럴드 맥밀런 총리에게서 "그렇게 좋았던 적이 결코 없었다"는 말을 들은 영국인들은, 그 모든 개선에도 불구하고 '풍요'가 영국 국민 대다수의 생활 조건을 절대 포괄하지는 못했는데도, '풍요로운 사회'에 대해 이야기했다. 국민의 삶에서 이루어진 물질적 개선은 물론 앞으로 다가올 것과 비교하면 여전히 수수했다. 하지만 지나간 것과 비교해 이 물질적 개선은 엄청났다. 당연히 1950~1973년의 시기는 '황금시대golden age'로 불리게 되었다.

유럽의 남부 지역에서는 이야기가 달랐다. 스페인과 포르투갈은 권위주의 체제의 매우 제한적이고 사실상 폐쇄적인 경제(지난 시절의 정치적 유물) 때문에 북서부 유럽의 물질적 진보에서 충분한 혜택을 받지 못했다. 북유럽의 평균보다 여전히 크게 낮았던 스페인과 포르투갈의 생활수준은 뒤늦게 자신들의 경제를 자유화하는 조치를 취하고 스페인이 국제 관광으로 이득을 얻기 시작하던 1960년대에야 눈에 띄게 개선되었다(스페인을 방문한 관광객 수는 1959년부터 1973년 사이에 8배 늘어났고, 그들이 소비한 돈은 20배 증가했다). 내전에서 서서히 회복 중이고 스페인과 포르투갈처럼 인구의 거의 절반이 여전히 땅을 일구며 살고 있던 그리스 역시, 비록 높고 지속적인 경제성장 덕분에 1973년까지 얼마간의 근대화와 생활수준의 수수한 개선이 이루어지긴 했지만, 전반적으로 후진 상태를 면치 못했다. 낙후된 경제를 극복하기 위해 무모하게 돌진하고 외국 투자와 미국의 차관에 과도하게 의존하던 터키는 형편없는 계획과 급증하는 국가 채무 때문에 제대로 전진하지 못했다.

동유럽과 중부 유럽에서는 소련과 그 위성국들의 이념적 결정 요인들이 대륙의 서부 지역에 번영과 소비사회의 출현을 가져다준 발전을 심각하게 저해했다. 공산주의 경제학과 엄격한 국가 감독 및 계획은 경제가 기반시설 건설과 군사 지출 쪽으로 과도하게 기울어지도록 강제했다. 그 결과 동유럽과 소련의 국민들은 서유럽 국가들의 국민들이 누렸던 물질적 삶의 급속한 개선 가운데 많은 부분을 누릴 기회가 없었다.

그럼에도 불구하고 여기서도—억압적 체제하에서 개인의 자유 상실은 가격을 매길 수 없을 정도로 값비싸다는 사실을 충분히 염두에 두고—생활 조건은 서유럽보다 뒤떨어지긴 했지만, 공포와 대량 파괴의 시기인 전쟁 동안은 물론이고 전쟁 전보다 훨씬 나았다. 서유럽이 누렸던 '황금시대'는 아니지만 경제학자들은 동유럽의 이 시기를 적어도 '백은시대silver age'로 묘사할 수 있다고 생각했다. 생활수준은 서유럽에 비해 수수하긴 하지만 개선되었다. 부유한 사람과 가난한 사람들 사이의 격차는 크게 감소했다. 사회복지(서방의 사회복지와는 다르다)는 전쟁 전에는 국민 대다수에게 알려지지 않은 수준의 보장을 가져다주었다. 주택 시설을 이용할 수 있게 되었고(비록 질적으로 보통이거나 형편없었고, 선택할 수 있는 것이 아니라 배당된 것이긴 했지만), 완전고용이 이루어졌으며(직업의 장소와 유형에서 선택권이 거의 없거나 전혀 없었다), 교육의 기회(내용이 협소했고, 이념적 올바름과 정치적 후원에 의해 늘어났다)가 있었다. 서방의 대다수 사람들에게, 거의 전적으로 명령 경제의 요구에 의해 형성된 생활양식에서 부러워할 것은 아무것도 없었다. 동유럽의 젊은이들 역시 순전히 선택권이 없었기에 커져가는 불만을 자주 터뜨리곤 하면서도 이를 용인할 뿐이었다. 그렇지만 구세대의 많은 이들은 그 모든 명백한 결함과 헤아릴 수 없는 제한에도 불구하고 공산주의 체제하의 삶이 순전히 물질적인 의미에서 자신들이 이전에 알고 있던 생활보다 낫다는 사실을 인정했다.

과거의 프리즘을 통해 보든 이후에 닥쳐올 미래의 관점으로 보든, 사실 대부분의 유럽인들에게 이 시기는 미증유의 '좋은 시절'이었다. 1950년대와 1960년대에 가속화한 물질적 생활의 거대한 변화 뒤에는 늘 놀라운 경제성장률이 놓여 있었다. 예전에는 오직 고통과 빈곤만을 알고 있던 많은 사람들은 당연히 이것을 '기적'으로 간주했다.

'경제 기적'

서유럽이 구가한 놀라운 번영은 경제 관리를 담당한 정치 지도자들의 천재성이 주요 원인이 아니었다. 여하튼 경제정책은 나라마다 달랐다. 전후 경제의 괄목할 만한 성장은 사실 전 지구적 현상이었다. (동유럽의 소련 블록을 포함한) 세계의 모든 지역은, 일부 지역이 다른 지역보다 더 많이 혜택을 보긴 했지만, 이득을 얻었다. 일본의 성장은 유럽의 모든 나라를 앞질렀다. 미국과 캐나다 역시 유럽보다 조금 낮긴 했지만 고도성장을 경험했다. 놀라운 경제성장으로 유럽은 처참했던 지난 수십 년 동안 미국에게 빼앗겼던 입지를 어느 정도 만회할 수 있게 되었다. 세계 무역에서 유럽이 차지한 몫이 증가했다. 1963년에 프랑스, 서독, 이탈리아, 영국은 모두 합쳐 세계 공산품 수출의 거의 5분의 2를 차지했고, 미국은 5분의 1 이하였다. 유럽과 나머지 산업화된 서방은 또 개발도상국에서 수입하는 식량과 원자재 비용이 하락한 것에서도 이득을 볼 수 있었던 반면 그들이 수출하는 공산품은 가격이 계속 올랐다.

이와 같은 비상한 경제성장은 전 지구적 전쟁 이후 번영과 사회적 이익을 촉진하는 선순환을 촉발한 독특한 상황에서 비롯했다. 부분적으로 성장은 두 차례의 세계대전과 대공황 동안 상실했던 지반으로부터 자연스럽게 이루어진 경기회복이었다. 그러나 그것은 '정상적인' 회복이 아니었고, 관례적인 경기순환도 아니었다. 수많은 요인이 그것을 설명하는 데 도움을 준다. 축적된 수요의 방출, 저비용으로 이용 가능한 엄청난 노동력의 비축, 그리고 특히 전쟁 동안에 이루어져 이제 민간인들이 사용할 수 있게 된 거대한 기술적 진보 등이 폭발적 성장의 원인 중 큰 부분을 차지했다. 파괴된 도시의 불가피한 재건은 성장의 촉진제 역할을 했다. 그리고 예를 들어 서독처럼 매우 중요한 제조업 부문에서 기술과 노동에 대한 높은 수준의 투자가 있었던 곳에서는 높은 경제성장률이 뒤따르는 경향이 있었다. 영국처럼 제조업에 대한 투자가 부진한 곳에서는 성장률이 고질적으로 낮았다. 처음에는 그 대부분이 대규모 기반시설 건설에 대한 공공 지출에서 비롯한 투자는 성장을 가져왔고, 이 성장은 확신을 고취해 추가 투자를 유발하면서 플러스 성장을 더욱 부채질했다. 이러한 과정에서 국가의 역할은 대공황의 교훈과 케인스[222] 경제학의 전개가 상당한 경제적 자극을 가져옴에 따라 특히 경제 회복의 초기 단계에서 중요한 일부를 담당했다. 일반적으로 경제의 공공 부문과 민간 부문은 서로 갈등 관계에 있다기보다는 협력 관계에 있는 것으로 여겨졌다.

지속적 성장에 기여한 주요 요인은 국제무역의 대대적인 확대였다. 가치로 측정된 세계 수출은 1953년부터 1963년 사이에 2배가 되었고, 그 후 다음 10년 동안 특히 공산품이 크게 증가하면서 3배 이상 늘어났다. 서유럽의 성장은 초기 단계에서는 마셜 원조의 채택을 수반한 무역 자유화와 국제시장의 회복으로 급격히 이루어졌다. 전후 첫 몇 년 동안 물가 통제와 교역 제한이 해제되고 통화가 안정을 찾으면서 시장경제가 기능할 수 있게 됨에 따라(자유 시장의 최악의 효과가 국가 계획과 개입으로 조정되긴 했지만), 서유럽 국가들은 팽창하는 해외시장으로 수출을 꾀하기 시작했다. 서독이 앞장을 섰다. 서독의

---

222)　John Maynard Keynes(1883~1946). 영국의 경제학자. '케인스 경제학'이라는 독창적인 이론을 창시해 경기 후퇴와 불황을 극복하기 위해 재정 정책을 사용할 것을 강력하게 주장했다. 대표적인 저서로 1936년에 발간한 《고용·이자 및 화폐의 일반 이론》이 있다.

대외 무역은 1948년부터 1962년 사이에 평균 16퍼센트라는 놀라운 속도로 증가했다. 그리고 1950년대 동안 점점 더, 특히 1957년에 유럽경제공동체가 로마조약에 따라 설립되면서 훨씬 더 빠르게, 대륙의 서유럽 국가들은 서로를 향해 수출하기 시작했다. 그 결과 1950년대 동안 유럽 내부의 무역은 2배 이상 늘어났다.

중간에 사소한 이유로 잠시 중단된 적이 몇 차례 있긴 했지만 (1973년 아랍·이스라엘 전쟁[223] 이후 아랍의 산유국들이 서방에 강요한, 갑작스러운 석유 가격의 가파른 상승이 있기 전에 경제 상황이 변하면서 성장률이 점점 갈수록 떨어졌던) 1960년대 말까지 지속된 이 고도성장은 기이했을 뿐 아니라 역사적으로 특이하기도 했다. 자본주의 발전에서 이 시기는 완전히 예외적인 시대였다. 서유럽 국가들은 사회복지를 희생하면서 이윤 극대화를 추구한 것이 아니었다(비록 개발도상국들의 낮은 원자재 가격을 이용하긴 했지만). 지속적인 고도성장으로 이윤이 크게 오를 수 있었고(투자를 늘릴 수 있게 되면서), 임금과 급료가 실질적으로 증가하여 생활수준이 개선되었다. 그와 동시에 각국 정부는 그러한 높은 성장률에 뒤이은 완전고용으로 이득을 보았고, 추가 세수

---

223)   1973년에 벌어진 제4차 중동전쟁을 일컫는다. 욤 키푸르 전쟁(Yom Kippur War), 라마단 전쟁, 10월 전쟁이라고도 한다. 이 전쟁은 1973년 10월 6일부터 10월 25일까지 이스라엘과 (이집트와 시리아가 주축이 된) 아랍 연합군 사이에 벌어졌다. 전쟁은 욤 키푸르(유대교의 속죄일) 때 이집트군과 시리아군이 이스라엘 점령지역인 시나이반도와 골란고원을 기습하면서 시작되었다. 처음에는 아랍 측이 우세했으나 곧 이스라엘의 반격으로 이집트와 시리아의 수도가 위협받는 상황에 이르게 되었다. 이에 미국과 소련의 중재로 10월 22일 정전이 선언되었고, 사흘 후인 10월 25일 전투는 완전히 중지되었다.

를 확보하여 사회복지 프로그램에 비용을 댈 수 있었다. 그리고 이 고도성장은 다양한 종류의 정치적·경제적 구조를 가로지르는 전반적인 것이었다. 서유럽의 경제는 이 기간에 매년 평균 4.7퍼센트 성장했다. 이는 1820년 이래의 평균 성장률 2.2퍼센트보다 2배 이상 높은 것이었다. 남유럽(그리스, 스페인, 포르투갈, 터키)은 (낮은 기저에서 시작하긴 했지만) 훨씬 빠른 속도(연 평균 6.3퍼센트)로 성장했다. 동유럽과 소련의 국가 계획경제는 1인당 국내총생산의 평균성장률이 자본주의 서유럽 국가들보다 겨우 조금 낮을 뿐이었는데, 이는 고만고만했던 지난날의 성장률을 실제로 크게 상회하는 것이었다. 그들이 이렇게 할 수 있었던 것은 낮은 기저 때문이기도 했지만, 여하튼 이 덕분에 그들은 경제학자들이 '따라잡기'라고 일컫는 것을 실행할 기회를 잡을 수 있었다.

물론 성장은 균등하게 확산되지 않았다. 서유럽에서는 성장이 서독(그 '경제 기적'은 국경을 훨씬 넘어 서유럽 전체가 재기하는 데 결정적으로 중요했다)과 인접한 오스트리아, 그리고 이탈리아(특히 북부)에서 가장 컸다(연평균 약 5퍼센트). 영국에서는 매년 약 2.5퍼센트로 가장 낮았다. 아일랜드의 성장은 조금 더 높았을 뿐이었다. 장기 평균성장률보다 3배 높았는데도 아일랜드의 경제는 여전히 후진적이었다. 터키는 남유럽의 그리스와 이베리아반도보다 뒤처진 반면, 불가리아·루마니아·유고슬라비아는 동유럽 경제 중에서 가장 성적이 좋았다(역시 출발 지점이 낮긴 했지만).

위에서 언급했듯이, 소련 블록에서 성장은 중공업에 집중되었다. 그 덕분에 생산량이 급등했지만, 이는 서방의 경제성장과는 달리 생활수준의 뚜렷한 향상을 가져오지는 못했다. 대체로 급증하는 국제 무역에서 차단된 철의 장막 너머의 나라들은 어떤 소비 호황도 경험하지 못했다. 그렇지만 1950년대 중반부터 인구 대다수의 생활수준은 조금씩 개선되기 시작했다. 1953년과 1960년 사이에 특히 도시에서 만성적인 주택 부족과 심각한 인구 과밀을 극복하려는 시도의 일환으로 소련에서 새로운 주거지 건설이 거의 3배로 늘어났다. 비록 소련 블록 어디서나 주택이 서유럽의 수준보다 훨씬 뒤떨어졌지만, 동유럽의 위성국들에서 사정은 얼마간 더 나았다.

성장은 어디서든 농업보다 제조업에서 더 극적이었다. 그러나 번영이 지속되면서 농업 역시 변모했다. 농업 생산성은 처음에 공업 생산성보다 전반적으로 훨씬 낮았다. 그러나 1950년대와 1960년대에 공업에서 좀 더 높은 소득을 얻으려고 대륙 전역의 노동력이 농촌으로부터 대대적으로 빠져나가면서 생산성의 급등을 가져온 혁신인 기계화와 집약적인 농경 방식, 고수확 작물의 재배가 촉진되었다. 유럽은 더 작은 경작지와 더 적은 농업 노동력으로 더 많은 식량을 산출하고 있었다.

점점 더 대도시에 집중되는 인구를 먹여 살리려면 그렇게 할 필요가 있었다. 인구 감소에 대한 전쟁 전의 끔찍한 우려는 유럽이 전후의 '베이비붐'—'따라잡기'의 또 하나의 측면으로서, 전쟁과 경제 침체기에 떨어지던 출산율에 대한 반동—을 경험함에 따라 하나의 악몽에 불과한 것 같았다. 인구 감소가 되돌릴 수 없는 것처럼 보였던 프랑스에서는 전후 몇 십 년 동안 거의 30퍼센트가 증가했다. 서유럽뿐 아니라 동유럽에서도 대규모 증가가 있었다. 그리스, 포르투갈, 아일랜드 같은 좀 더 가난한 나라만이 예외였다. 이 국가들에서는 특히 농업 노동자들이 더 높은 임금을 찾아 다른 나라의 급속히 발전하는 공업 분야로 떠났기 때문에 실제적으로 인구가 줄어들었다. 비록 좀 더 가난한 남유럽과 동유럽의 많은 지역에서 출생률이 떨어졌지만, 대륙의 좀 더 번영하는 서반부에서는 출생률이 전쟁 전의 감소 추세를 뒤집으면서 1950년대 중반까지 증가했다. 아동 사망률은 동유럽과 서유럽의 사실상 모든 국가에서 뚜렷하게 감소했다.

이미 전쟁 전부터 광범위했던 농촌의 인구 유출이 가속화되었다. 서유럽에서는 인구의 3분의 1 이상이 전쟁 직전에 농업이나 그와 관련된 직업을 여전히 영위하고 있었고, 동유럽과 남유럽에서는 보통 절반이 훨씬 넘었다. 당시 영국과 벨기에에서만 무시해도 될 정도의 인구가 기본적으로 농업에 종사하고 있었을 뿐이었다. 1950년대와 1960년대 동안 이런 사정은 극적으로 변했다. 예를 들어 이탈리아에서는 1950년부터 1973년 사이에 41퍼센트였던 농업 고용이 17.4퍼센트로 떨어졌고, 프랑스에서는 33퍼센트에서 12.2퍼센트로 떨어졌다. 훨씬 더 극적으로 감소한 것은 아니었지만, 똑같은 감소가 대륙 전역에서 진행되었다. 농촌이 비어가면서 도시화가 심화되었다. 도시는 거의 모든 곳에서 크기가 커졌지만, 이전에 상대적으로 저개발되었던 유럽의 주변 지역에서 특히 그랬다. 예를 들어, 베오그라드는 전후 첫 수십 년 동안 주민이 4배 이상 늘어났다. 키예프의 인구는 3배 증가했다. 이스탄불도 그랬다. 그 시기에 소피아, 부쿠레슈티, 바르샤바는 인구가 2배 늘었다. 레닌그라드의 인구는 290만 명에서 430만 명으로, 모스크바는 530만 명에서 760만 명으로 증가했다. 유럽 전체를 보면 1950년에 인구의 45퍼센트가 75만 명 이상의 도시에 살았던 데 비해 1970년에는 그 비율이 58퍼센트에 이르렀다. 그동안 비율이 가장 많이 증가한 지역은 남유럽과 동유럽이었다.

공업 지역의 자석이 농촌 지역으로부터 노동력을 끌어들이는 것 못지않게, 국경을 넘나드는 노동력 이동이 전전戰前 시대에 비해 매우 큰 폭으로 증가했다. 전쟁 직후에는 대부분의 이주가 정치적인 이유 때문에 발생했다. 전쟁은 약 4000만 명의 난민을 낳았고, 동유럽에서 엄청난 인종 청소를 불러왔다. 폴란드, 체코슬로바키아, 루마니아에서 다른 나라로 추방되는 주요 대상이 된 독일인 수백만 명이 서쪽으로 향했다. 1945년부터 1950년까지 1230만 명으로 추산되는 독일인이 쫓겨났는데, 이 수치는 당시 서독 인구의 거의 5분의 1에 해당한다. 그 후에는 경제가 급속히 발전하는 서유럽 국가에서 일자리와 물질적 보상을 구하는 것이 이주의 핵심적인 요소였다.

1961년 베를린장벽 건설이 철의 장막을 통과하는 마지막 출구를 닫아 버릴 때까지, 서독은 동독에서 대대적으로 유출되는 노동력으로 이득을 볼 수 있었다. 이러한 유출은 동독 경제에 매우 치명적이었다. 1961년부터는 노동력의 또 다른 원천이 필요했다. 1960년대 초 경제 호황이 정점에 올랐을 때 해마다 30만 명 이상의 이주민이 서독으로 움직였고, 비슷한 수의 사람들이 프랑스로 건너갔다. 이탈리아, 스페인, 포르투갈, 그리스, 아일랜드에서 일자리와 더 나은 생활 조건을 찾아 이주하는 사람이 가장 많았다. 그러나 곧 터키, 유고슬라비아, 북아프리카, 특히 알제리와 모로코가 값싼 외국인 노동력의 주요 원천이 되었다. 1973년에 약 750만 명의 이주민이 서유럽에, 그

중 250만 명이 서독에, 230만 명이 프랑스에 고용되어 있었다. 도착했을 때 따뜻한 환영을 받은 사람은 거의 없었다. 당시 대부분은 아니지만, 많은 이들이 궁핍과 이런저런 종류의 차별에 직면했다. 이른바 서독의 '초빙 노동자들'은 일시적인 거주민으로 여겨져 시민권이 주어지지 않았다. 서베를린의 하위 중간계급 연금 생활자인 한스 푈 Hans Göll 같은 독일 노인들은 "독일 노동자들이 더는 받아들이지 않을 저임금 일자리를 접수한" 터키인과 유고슬라비아인들을 보고, 전쟁 동안 약간의 적대감을 갖고 대했던 '외국인 노동자들'을 종종 떠올리곤 했다. '초빙 노동자' 자신들은 처음에는 결국 고국으로 돌아갈 것이라고 상상했고, 소득의 상당 부분을 고국의 가족들을 부양하기 위해 집으로 송금했다. 그들은 이런 식으로 자신들이 두고 온 가난한 나라들에 크게 필요한 국외 소득을 간접적으로 제공했다.

영국은 영연방의 옛 식민지에서 값싼 미숙련 노동자들을 충원하는 다른 경로를 취했다. 종국적으로 나라를 떠날 것으로 예상된 서독의 '초빙 노동자들'과 달리 영연방의 시민들은 영주권이 있었고, 영국 시민이 될 수 있는 길이 있었다. 이는 이민이 중요한 정치적 문제로 떠오르게 된 한 가지 요인이었다. 1950년대 초에 이주민의 수는 극소수에 불과했다. 1948년부터 1953년까지 겨우 2만 8000명이 영국에 도착했는데, 그중 절반은 서인도제도에서 왔다. 1950년대 동안 가장 많았던 연간 총수는 1956년에 기록한 4만 6850명이었다. 당시 더 많은 사람이 실제로 영국에 들어가기보다는 영국을 떠나고 있었는데, 이들은 주로 오스트레일리아·뉴질랜드·캐나다의 이전 백인 자치령에 정착했다. 1950년대 초에 5만 명 이상의 영국인이 오스트레일리아로 향하고 있었고, 1965년에 그 수는 무려 8만 명에 달했다. 1959년에 이주민 수는 총 2만 1600명이었다(그중 약 1만 6000명이 카리브해 지역에서 왔고 3000여 명이 인도 아대륙에서 왔는데, 인도 아대륙에서 오는 이주민 수는 1960년대 동안 크게 증가하게 된다). 그 후 총 이민은 1961년에 13만 6400명으로 급격하게 늘어났다. 1960년대 동안 매년 신영국연방[224]에서 평균 약 7만 5000명이 영국으로 왔는데, 이는 예컨대 프랑스와 서독으로 들어오는 이민자 수보다 훨씬 적었다.

점점 성장하는 경제의 필요에 부응하기 위해 영국 입국을 권고받은 이주민들은 총인구의 작은 부분만을 구성했다. 영국 내의 외국 출생 인구는 1961년에 전부 약 250만 명이었다. 프랑스, 벨기에, 스위스는 그들의 인구 중에서 상당히 높은 비율의 외국 출생 거주민을 갖고 있었다. 이들 중 대부분은 해외에서 온 사람들이 아니라 유럽인들이었다. 비록 프랑스의 경우에는 프랑스에 사는 알제리인의 수가 1952년부터 1975년 사이에 대충 2배가 되어 약 70만 명에 이르긴 했지만 말이다. 1962년에 지난 18개월 동안 옛 영국 식민지에서 약 23만 명에 이르는 이주민이 도착한 후, 행동에 나서라는 압력을 점점 더 크게 받은 영국 정부는 '영연방 이민법'을 통해 영국에 정착하는 것을 허용받는 인원을 제한하는 법률을 제정하고 그 후 추가적인 제한 조치를 단행했다.

이민 수준을 둘러싼 객관적인 현실은 뿌리 깊은 인종적 편견과 맞

---

224)　New Commonwealth. 제2차 세계대전 이후에 독립하여 영국연방에 가입한 나라들의 총칭.

부딪혔다. 북서 잉글랜드, 미들랜드, 런던과 그 주변의 산업 지역에서 가장 만연한, 영연방 출신 이민자에 대한 점증하는 적대감은 압도적으로 비백인 이민자들을 향했다. 이는 단순히 인종주의의 표출에 불과했다. 1958년 8월에 노팅엄과 런던의 노팅힐 지구에서 심각한 인종 폭동이 있었다. 특히 노팅힐에서는 수백 명의 백인 청년이 1958년 8월 29일부터 9월 5일까지 며칠 밤 동안 서인도제도 이민자들의 집을 공격했다. 6년 뒤 미들랜드의 버밍엄 광역도시권의 일부인 스메디크는 1964년 총선거에서 보수당 후보 피터 그리피스[225]의 수치스러운 인종주의 운동으로 악명이 높아졌다. 노동당이 의석을 차지하고 있었으나, 이 지구의 백인 노동계급은 공장 폐쇄와 주택 부족으로 고통을 받고 있었고, 소수의 시크교도들은 악랄한 인종주의에 직면했다. 이 인종차별 속에서 극우 집단들은 경제적·사회적 분노를 이용할 수 있었다. 그리피스는 나중에 노동당 총리 해럴드 윌슨에 의해 "의회의 나병환자"라고 불리긴 했지만 보수당 의석을 차지했다. 노동당은 1966년 선거에서 이 의석을 되찾았다. 그사이에 지역 시의회는 인종차별에 기반을 둔 주택정책을 공공연하게 추구했다.

1968년 야당 그림자 내각의 국방 대변인이었던 이닉 파월[226]이 매우 감정적이고 도발적인 말로 이민 문제를 제기했을 때, 인종주의가

---

225)   Peter Griffiths(1928~2013). 영국의 보수당 정치가. 1964~1966년, 1979~1997년 영국 하원의원을 지냈다.
226)   Enoch Powell(1912~1998). 영국의 정치가, 고전학자, 언어학자, 시인. 1950~1987년 보수당과 얼스터 연합주의자당 소속 의원을 지냈고, 1960~1963년 보건장관으로 일했다.

다시 발화점이 되었다. 파월은 대단히 독단적인 관점을 지닌 보수당원으로서, 한때 1934년 스물두 살이라는 몹시 이른 나이에 케임브리지 트리니티 칼리지의 특별연구원으로 선출되었을 정도로 영민한 고전학자였다. 그러나 독불장군 정치인으로서 평판이 자자한 시대착오적인 영국의 민족주의자이자 제국주의자이기도 했다. 1968년 4월 20일 버밍엄의 한 보수당 협회[227] 회의에서 파월이 한 연설은 실제로 주택문제에서 인종차별을 금지하는 데 목표가 있었던 노동당 정부의 '인종관계법Race Relations Act'을 겨냥했다. 과장된 수사법을 구사하는 것으로 유명한 파월은 다가올 몇 년 동안 폭력적 인종 갈등이 벌어질 가능성을 열어젖혔다. 파월은 "이를 드러내고 크게 웃는 흑인 아이들"에 대해 말했고, 전 고전학자답게 "낭자한 피로 거품을 일으키고 있는" 고대 로마의 티베르강에 대한 시인 베르길리우스[228]의 언급을 인용하면서 영국의 미래도 그렇게 될 거라고 암시했다. 파월은 야당인 보수당의 그림자 내각의 자리에서 즉각 해임되었다. 그의 정치경력은 다시는 회복되지 못했다. 그러나 그 직후에 실시된 여론조사는 영국 국민의 4분의 3이 파월에 동의한다는 것을 보여주었다. 런던의 항만 노동자들은 그의 그림자 내각 재입각을 요구하기 위해 의회로 행진했다. 공식적으로는 비난받는 인종적 편견이 물론 계속되었지만, 외면적 표현이라는 면에서 이제부터 그것은 정치적으로 비주류

---

227)   Conservative Association. 영국 보수당의 지역 조직.
228)   Publius Vergilius Maro(영어로는 Vergil 또는 Virgil, B.C. 70~B.C. 19). 로마의 시인. 작품집으로《농경시》,《목가》,《아이네이스》등이 있다.

인종주의 운동과 네오파시즘 운동—그들이 나아가는 길에 있는 사람들에게는 위협적이지만, 추종자들이 거의 없고 조직화된 반파시즘 그룹은 물론 모든 정당의 주류 정치인으로부터도 격렬한 반대에 직면한—의 영역이 되었다. 파월이 일으켰던 흥분된 분위기는 노동당 정부가 인종관계법을 제정한 결과 신영국연방으로부터 추가 이민이 감소한 데(파월이 '피의 강' 연설을 했을 때 이미 진행 중이었다) 힘입어 매우 빠르게 수그러들었다.

(전후의 긴축과 국가 채무에도 불구하고) 이즈음 유럽에서 경제를 주도하는 국가로 1950년대를 시작했던 영국은 초라한 경제 실적 때문에 '유럽의 병자'로서 1970년대에 얻었던 부러워할 것 없는 명성을 향해 순조롭게 나아가고 있었다. 전후 수십 년 동안 영국의 성장 수준은 국제적으로 비교하면 (실제로는 19세기에 영국의 산업적 우위가 정점에 올랐을 때의 성장률보다 2배 이상 높았지만) 보통밖에 되지 않았다. 영국은 1957년에 유럽경제공동체를 구성하게 된 6개국 그룹(프랑스, 서독, 이탈리아, 벨기에, 네덜란드, 룩셈부르크)의 경제적 잠재력이 급속히 팽창함에 따라 점점 무방비가 되었다.

영국의 상대적으로 낮은 성장률은 역설적이게도 어느 정도는 나라가 전시에 거뒀던 성공의 결과였다. 전시에 입었던 손실이 광범위했고(독일, 오스트리아, 이탈리아, 그리고 유럽 밖에서는 일본), 따라서 거대한 기반 시설의 수리가 시급히 필요했던 나라들이 특히 높은 성장률을 기록한 것은 어쩌면 놀랄 일도 아니었다. 하지만 유럽 대륙의 대다수 국가와 비교해서 전쟁은 영국에 훨씬 적은 물리적 손실을 입혔고, 정치적 구조뿐 아니라 경제적 구조도 대체로 온전하게 남겨 놓았다. 그리고 영국은 여전히 (1931년 이래 '영연방'으로 명명된) 식민제국을 (거의 그대로) 소유한 채 전쟁을 빠져나왔다. 세계 강대국으로서 잔여 위상을 계속 보유하고(실제로는 위상이 크게 축소되었지만) 비교적 높은 수준의 군사 지출이 여전히 이루어지고 있었을 뿐 아니라, 영국의 경제 엘리트들은 자신들의 우위가 지속되는 데 안도감을 느끼기도 했다. 그러나 거대한 국가 채무(수십 년 뒤에야 마침내 상환하게 된다)에 더하여 전쟁에서의 승리는 낡은 생산방식, 혁신의 위험을 무릅쓸 마음 없이 현실에 안주하는 경영, 경제적 효율에 점점 짐이 된 복수의 노동조합도 남겨 놓았다. 결정적으로 영국은 주요 경쟁국들보다 투자를 적게 했다. 그리고 영국의 산업 관계는 권위주의적 경영 및 전투적인 노동조합의 전통과 함께, 점점 경쟁이 치열해지는 시장에서 요구하는 혁신적 생산방식에 도움이 되지 않았다. 그 결과 영국의 수출이 꾸준히 감소했다. 영국의 쇠락과 서독(전쟁에서는 패배했으나 전후 경제성장 면에서는 승리한 나라)의 흥기 사이에 드러난 대비는 뚜렷했다.

서독에서는 '경제 기적'의 패러다임, 즉 나라를 재건하려는 노력이 고용주와 피고용인 간의 갈등을 회피하려는 시도를 수반했다. 나치즘, 전쟁, 전후 값싼 노동력의 엄청난 유입은 전쟁 전 계급투쟁의 구조뿐 아니라 심리도 파괴했다. 제3제국 동안 '독일노동전선'은 야만적으로 파괴된 독립 노동조합들을 단 하나의 나치화된 거대 복합체로 대체했다. 이것은 강압이라는 알약에다 휴양 시설의 개선과 '민족 공동체' 내 노동자 지위의 제고라는 달달한 설탕을 뿌리면서, 작업장의 가짜 연대를 강제로 수립했다. 진정한 노동조합주의의 파괴와 12년간의 부재는 극심한 인적·정치적 희생을 초래하긴 했지만, 전쟁이 끝난 뒤 산업 관계의 새로운 출발을 위한 기반을 낳았다. 폐허로부터 나라를 시급히 재건하는 일은 작업장에서 나치 선전이 이룬 것보다도 더 굳건한 단합을 고무했다. 그리고 노동력 자체는 전쟁으로 손실을 보고 피난민 및 피추방민들이 대규모로 유입된 결과 급격하게 변했다. 팽창하는 경제에서 인상된 임금과 더 나은 생활수준, 안정된 고용에 대체로 만족하는, 좀 더 고분고분하고 개인주의적인 노동자들이 등장했다. 노동조합들은 개편되지 않은 영국의 수많은 직능별 조합보다 더 합리적인 노선에 따라 재편되었다. 바이마르공화국의 사례를 좇아 노동자 평의회들이 산업 관계에서 노동자들에게 목소리를 부여했고, 1951년 한 법률 조항에 따라 대기업의 이사회는 경영 사항의 공동 결정Mitbestimmung에 노동자들의 대표를 참여시키지 않으면 안 되었다. 경제학자들은 산업 관계의 개선과 숙련 노동력을 배출하기 위한 직업 훈련에 대한 투자가 서독과 영국 간에 경제 성과의 격차가 벌어지는 데 크게 기여했다고 생각한다.

영국의 상대적 쇠퇴는 또한 나라의 제국주의 전통, 예전의 경제적 우위, 대륙적 관계보다는 범대서양주의적 관계 및 영연방 관계의 선호에 의해 대체로 형성된 정치적 판단의 결과이기도 했다. 황폐화된 대륙이 전시의 파괴로부터 회복을 기대하며 경제협력을 촉진하는 초기 조치가 내려졌을 때, 영국은 다른 나라들을 응원하는 한편으로 동시에 스스로 초연한 자세를 취하기를 결정했다. 정치적 우선 사항을 완전히 별개의 문제로 하면, 영국의 정책 결정자들은 전후의 긴축에도 불구하고 경제적 고려 사항 때문에 거리를 유지하는 쪽으로 움직였다. 예를 들어 전후 첫 몇 년 동안 강철과 석탄 생산은 다른 어떤 유럽 국가도 크게 앞질렀다. 유럽 협력에 참여하기보다는 초연하게 떨어져 있는 것이 일리가 있는 것 같았다.

영국Britain은 영연방(1956년 나라의 수출 중 4분의 3을 차지했던)에 대한 애착 때문에 유럽 대륙을 외면했지만, 결과적으로 쇠락하는 시장에다 자신을 고정해 버렸다. 1960년대 중반 무렵 연합왕국[229]의 상이한 4개 구성국이 다른 유럽 국가들, 일본, 미국과 더욱 긴밀한 관계를 발전시킴에 따라, 연합왕국의 전체 무역 중에서 겨우 4분의 1만이 영연방을 대상으로 이루어지고 있었다. 하지만 영국은 확대되는 유럽 내 무역에서 충분히 이득을 볼 수 없었다. 대외 무역을 자유화하는 데 굼뜨고 이제 경제가 점점 경쟁력을 잃어가던 영국이 자신이 선택한 경로의 약점을 깨닫고 결국 유럽경제공동체에 가입하기를 원한다고 판단했을 때는, 이미 기회를 놓쳐 버린 뒤였다.

이 깨지지 않는 경제성장의 패턴은 1960년대 중반에 처음으로 작동하지 않을 조짐을 보였다. 이 패턴은 획일적이지 않았고, 각국의 경제는 다양한 방식으로 움직였다. 예를 들어, 이탈리아는 어떤 경제적 침체도 없었다. 수출 급증과 관광산업 확대는 이탈리아의 '경제 기적'이 지속되는 데 기여했다. 하지만 그럼에도 불구하고 어려움을 가리키는 지표들이 서유럽의 많은 지역에서 분명하게 나타났다. 노동력 부족, 임금 인플레이션, 물가 등귀가 그림자를 드리우기 시작했다. 임

---

229)　United Kingdom(of Great Britain and Northern Ireland). 그레이트브리튼 섬의 잉글랜드, 스코틀랜드, 웨일스, 그리고 아일랜드 섬 북부에 위치한 북아일랜드의 4개 구성국이 연합해 형성한 단일 국가. 수도는 런던이고 스코틀랜드, 웨일스, 북아일랜드의 수도는 각각 에든버러, 카디프, 벨파스트다.

금은 급격히 인상되었는데, 1950년대 동안 주로 노동생산성의 증가에 힘입어 물가보다 더 빨리 올랐다. 그러나 1960년대 초에 지난 10년 동안 상대적으로 안정되어 조금밖에 오르지 않았던 물가가 서유럽에서 평균 약 20퍼센트 상승했다.

완전고용을 달성한 경제들에서 노동력 수요는 높았다. 전후 수십년 동안 그 회원 수가 정점에 달했던 노동조합은 자신의 힘을 과시할 수 있었다. 산업 분규는 더욱 흔해졌다. 덴마크, 스웨덴, 벨기에, 프랑스, 그리고 (가장 만성적으로) 영국은 전투적인 노동 세력이라는 문제를 경험하게 되었다. 노동관계의 악화가 종종 과열된 경제의 인플레이션 압력을 억제하려는 정부의 시도를 뒤잇거나 동반하곤 했다. 유럽 경제 회복의 엔진인 서독은 1962년 이후 성장이 둔화했지만 인플레이션을 걱정하여 대출을 줄이고 노동시장을 단단하게 조였는데, 이 조치는 1966~1967년에 일시적이긴 하지만 급격하게 경기가 후퇴하는 데 기여했다. 인플레이션의 심화와 경제의 과열을 막기 위한 조치를 시행한 다른 유럽 국가로는 스위스, 스웨덴, 덴마크가 있었다. 프랑스는 1964년에 규제 조치를 도입했다. 이는 1965~1966년 팽창이 재개되기 전에 일시적인 경기후퇴를 가져왔다.

서유럽 전역에 걸쳐 1960년대 중반의 경기하강은 1948년 이래 존재해왔던 성장 패턴의 근본적인 단절이라기보다는 지나가는 막간이었다. 하지만 그것은 1973년에 시작된 석유 위기가 장기적인 전후 호황을 갑자기 끝내기 전인 1960년대 말에 겪었던 좀 더 힘든 시기의 전조였다.

'경제 기적'은 서유럽의 주민들에게 실로. 엄청난 이득을, 또 대륙의 남부와 동부 지역에는 개선을 낳았다. 조사에 따르면, 사람들은 1950년대보다 1970년대 초에 전반적으로 더 만족스럽고 행복하며 낙관적이었다고 한다. 하지만 고도의 경제성장은 당시 많은 사람이 인식하지 못했던 한 가지 지속적인 약점을 갖고 있었다. 그것은 성장이 환경의 희생으로 이루어졌다는 사실이다. 환경은 산업혁명 이래 그랬듯이 생산성을 개선하고자 하는 운동, 특히 제조업의 엄청난 성장으로 말미암아 되돌릴 수 없을 만큼 악화되었다. 이 시점에는 오직 소수의 사람들만이 장기적인 손상에 주의를 기울이고 있을 뿐이었다. '황금시대'는 유럽인들의 생활수준을 크게 개선했지만, 환경 훼손의 심각한 악화에 책임이 있었다. 영농이 더 집약적으로 이루어지면서 제초제를 비롯한 화학 물질 사용량이 급속히 늘어났고, 그 덕분에 작물 수확이 개선되었으나 환경도 손상되었다. 하지만 사람들은 이 훼손을 서서히 널리 인식하게 되었을 뿐이었다. 1950년대부터 계속된 에너지 소비의 엄청난 증가는 예를 들어 차를 소유하고 여행을 할 가능성이 커져간 데서 볼 수 있듯이 점점 더 나라가 번창해간다는 사실을 반영했다. 그러나 그것은 유해한 탄소 배출의 새로운 기록도 낳았으며(예컨대 독일에서는 1948년부터 1957년 사이에 2배가 되었다), 이것이 가져온 손상의 규모는 이후 세대들에게 비로소 분명해질 터였다. 1970년대부터서야 환경은 중요한 정치적 주제가 될 것인데, 심지어 그때도 대다수 인구의 관심을 불러일으키는 데는 어려움이 있었다.

복지국가

경제성장이 가져온 선순환의 일부는 세수가 점점 더 많이 정부에 흘러들어 갔다는 사실인데, 각국은 이를 이용해 복지 급여에 훨씬 많은 돈을 쓸 수 있었다. 조세 수입은 전례 없는 속도로 늘어났고, 이는 완전고용을 달성하고 소비 지출을 대대적으로 확대하는 데 다시 쓰였다. 서유럽의 국가 예산은 1970년대에는 1950년보다 거의 20배나 증가했다. 그 결과 각국 정부는 그 어느 때보다 복지 프로그램에 훨씬 많은 돈을 쓸 수 있게 되었다. 복지 급여와 완전고용은 새로운 사회의 압도적인 요구였다. 그것은 대공황의 명백한 교훈이었으며, 전후 모든 정부가 인정하는 바였다. 전후 수십 년 동안 모든 정당은 복지 급여를 확대할 필요가 있다는 데 동의했다. 비상한 경제성장은 두 목표를 모두 완수할 수 있게 해주었다. 공산주의 체제하의 동부에서는 정치적 대가가 크긴 했지만 그 어느 때보다 평등한 사회를 강제로 창출했고, 국가의 복지 급여도 크게 늘렸다. 자유 자본주의하의 서유럽에서도 사회적 불평등을 줄였고(동부보다 훨씬 적은 정도이긴 했지만), 시장의 힘을 다양한 형태의 복지국가와 결합했다.

전쟁 전에 이루어진 사회보장의 진전은 많은 격차를 남겼다. 스칸디나비아, 독일, 영국은 국가보험제도가 가장 크게 진전되었으나 여전히 제한적이었던 반면, 대다수 유럽 나라에서 인구의 대부분은 업무상 재해·실업·질병을 위한 최소한의 보험을 갖고 있거나 조금도 없었으며, 노령연금 급여는 거의 없거나 전혀 없었다. 그 후 전쟁이 일어나면서 국가가 과부, 고아, 난민, 그리고 처음에는 여전히 많았던 실업자들을 부양할 필요성이 엄청나게 높아졌다. 그래서 훨씬 더 포괄적인 사회보장제도를 전반적으로 개발해야 했다. 이것은 과감하게 개선된 사회복지의 필요에 대한 일반적인 믿음, 그리고 모든 나라에서 더 좋고 공정한 사회를 창출하려는 운동과 뒤섞였다. 이 모든 일이 전적으로 이타심에서 비롯한 것은 아니었다. 복지 급여가 근대 경제를 위해 효율적인 노동력을 보장하는 데 긴요하다는 인식이 광범하게 퍼져 있었다.

영국에서 노동당 정부가 도입한 포괄적인 사회보장 개혁의 기반을 형성한 베버리지 계획[230]은 영국 해안을 넘어 널리 찬양되었다. 스웨덴 역시 1930년대에 평등의 원리에 바탕을 두고 개발한 국가 사회보장제도를 성공적으로 확대함으로써 세계의 주목을 끌었다. 스웨덴은 1946년에 모든 사람에게 동일한 수준의 국가 연금을, 1947년에는 아동수당을 도입했다. 1950년에는 균등한 포괄적 교육제도를 향해 나아가기 시작했다. 다음 몇 년에 걸쳐 거의 모든 서유럽 나라가 국가

---

230)   Beveridge Plan. 영국의 노동부 차관이었던 윌리엄 헨리 베버리지(William Henry Beveridge)가 사회보장제도의 확대를 위해 입안한 계획으로, 제2차 세계대전 후 영국이 가야 할 복지국가의 토대가 되었다. 제2차 세계대전이 진행 중이던 1941년, 영국 노동조합총연맹의 청원을 계기로 부처 간 위원회가 조직되어 국민건강보험제도에 관한 검토를 시작했다. 이를 바탕으로 1942년 11월에 제시된 것이 베버리지 보고서로 건강보험, 실업보험, 연금 등 모든 국민을 대상으로 하는 복지제도를 정비하는 것을 주 내용으로 했다. 전쟁이 끝난 후 1945년 7월에 있었던 선거에서 노동당이 대승을 거두면서 클레멘트 애틀리가 이끄는 내각이 출범해 베버리지 보고서의 구상을 실현하기 시작했다. 1946년에는 국민보험법·국민보건서비스법·국민부조법 등이 제정되었으며, 영국은 이 법률들을 토대로 이른바 '요람에서 무덤까지'로 일컬어지는 복지국가로 향한 길을 본격적으로 걷기 시작했다.

제도를 도입했다. 이 제도들은 세부적으로는 다양했지만, 제도 각각은 차별 없이 모든 사람에게 기본적인 물질적 복리를 보장할 폭넓은 사회보장 틀을 시민들에게 제공하기 시작했다. 1960년에 대부분의 국가가 국내총생산의 10~20퍼센트를 복지에 썼고, 오직 권위주의적인 포르투갈과 스페인만이 5퍼센트 이하를 썼다.

기본적으로 사람들은 소득의 일부를 국가가 관리하는 보험기금에 직접 분담금으로 납입하거나 일반적인 과세를 통해 분담금을 납입하면서 분담금 액수에 따라 적절한 혜택을 받았다. 사람들은 그러한 제도하에서 실업이나 업무 중 사고로 인한 거동 불가, 혹은 노령의 가난이 초래하는 최악의 고통으로부터 법적 보호를 받았고, 아동 복지는 가족수당을 통해 뒷받침되었다. 1970년에 서유럽 시민들 중 압도적인 다수가 건강보험과 연금제도의 적용 대상이었다. 노인, 젊은이, 병자, 장애인들에게 노동인구의 분담금으로 재정이 충당되는 사회보장 안전망이 제공된다는 원리는 가장 취약한 사람들을 부양하는 데뿐 아니라 강자가 약자를 돕는 사회의 틀을 세우는 데도 결정적으로 중요했다. 전쟁 전의 10년에 비해 엄청난 진전이 있었다. 벨기에는 1957년에 1930년보다 인구 1인당 사회보장에 12배를 더 지출했다. 이탈리아는 11배, 프랑스는 8배, 네덜란드는 5배였다. 이미 1930년대에 사회보장에 비교적 많은 비용을 들이던 나라들조차 이제 훨씬 더 많은 돈을 썼다. 스웨덴은 6배, 스위스는 4배, 독일은 2.5배, 영국(상대적으로 1930년에 지출이 가장 많았던 나라)은 3분의 1을 더 썼다. 그러므로 복지국가는 모든 곳에서 국가 지출의 주요한(그리고 확대되어가는) 구성 요소였다. 경제성장이 계속되고 세수로부터 수입이 유지되며 사회보장의 기대치가 상대적으로 여전히 크게 높지 않은 한, 복지국가는 전후 서유럽 사회의 더없는 영광으로서 융성할 수 있었다.

유럽의 철의 장막 뒤에서는 전쟁 전에 덜 발전된 것이긴 하지만 서유럽의 제도와 닮은 사회보장제도가 비록 실제에 있어서 완전히 단일한 것은 아니나 공산주의 이념에 의해 이제 그 모습을 갖췄다. 국가는 사회복지를 철저히 통제했다. 서유럽에서처럼 사적인 보험제도나 자선 기관들을 위한 자리는 없었다. 노동인구를 부양하는 것이 결정적인 기준이었다. 완전고용은 복지의 공리로 간주되었다. 실업이 공식적으로는 존재하지 않았기 때문에 실업보험이 없었다. 비생산적인 것으로 간주된 사람들(연금생활자, 장애인, 주부)은 일을 하는 사람들보다 지원 수준이 낮았다. 국가가 경영하는 기업에 고용되어 있지 않은 사람은 누구나 불이익을 받았다. 그리고 평등의 원리는 급증하는 관료들과 타락한 정치 엘리트들에게 지급되는 더 많은 혜택 때문에 실제로는 훼손되었다. 그렇지만 전쟁 전 동유럽의 엄청난 불평등 및 극단적인 빈곤과 비교하면, 전후 시대의 공산주의 체제는 국가 통제와 개인적 자유의 제한이 아무리 엄격했다 하더라도 인구 대다수의 복지 급여를 개선하는 데 성공했다.

소비사회

'혼합경제'가 창출한 번영―자유 시장 경쟁이 정부의 개입으로 완화되는 개혁된 자본주의(서독 사람들이 '사회적 시장경제'라고 불렀던 경

제)—은 포괄적인 사회적 변화로 가는 문을 열었다. 이례적인 경제성
장은 전쟁 전에 유럽을 괴롭히던 계급 갈등의 칼날을 무디게 했다.
대공황 시기를 괴롭히던 대량 실업의 유령은 영원히 사라진 것 같았
다. 완전고용은 무한히 계속될 운명인 것 같았다. 노동조합은 계급
전쟁의 의사 혁명 세력에서 점차 국가 경제 계획을 지배하게 된 정부,
자본, 노동 대표로 이루어진 삼자 협의체의 선임된 한 부분으로 바
뀌었다. 명목임금과 실질임금이 (즉 상대적인 구매력이라는 면에서) 모두
증가했다. 나라의 '경제 기적'에서 혜택을 본 서독 노동자들은 1950
년대와 1960년대에 걸쳐 자신들의 실질소득이 4배 늘어나는 것을
보았다. 그것은 극단적인 사례였다. 그러나 서유럽의 모든 곳에서 대
다수 사람들은 형편이 나아졌다.

대부분의 나라에서 누진과세는 약간의 소득 재분배 효과를 가져
왔다. 물론 소득과 부 모두에서 큰 격차가 여전히 존재했지만, 최상
위 10퍼센트의 소득 몫은 약간 감소했고(스칸디나비아 국가들, 핀란드,
영국에서 가장 뚜렷했다), 최하위 소득 그룹의 몫은 미미하게 증가했다.
부의 분배라는 면에서, 불평등은 훨씬 더 현저했다. 1950년대에 영국
에서 가장 부유한 1퍼센트가 여전히 나라 전체 부의 45퍼센트를 소
유했고, 스웨덴에서는 가장 부유한 1퍼센트가 부의 약 33퍼센트를
소유했다. 비록 이 추세가—높은 경제성장률이 유지되고 각국 정부
가 여전히 온건한 재분배 정책을 추구했던 한에서—1960년대에 영
국에서는 31퍼센트로, 스웨덴에서는 24퍼센트로 하락했지만 말이다.
큰 차이가 있을 것 같지는 않지만 통계상의 비교는 다른 나라들은
불가능하다. 스위스에서 가장 부유한 1퍼센트는 1960년대에 나라 부

의 43퍼센트를 소유했다. 서독에서는 1960년대 초에 부의 35퍼센트가 인구 중 가장 부유한 1.7퍼센트의 수중에 있었다. 동유럽에서 이와 같은 부와 소득의 터무니없는 불균형은 비록 새로운 정치 엘리트들이 공산주의의 모든 기본 원리가 거짓임을 보여줄 만큼 충분한 부와 특권을 축적할 수 있었지만, 가혹한 수탈에 의해 사실상 해결되었다.

(확실히 균등하게 경험되지는 않았지만) 번영이 사회 전역에 확산되면서 각 가정은 자신들의 소득을 필수품에 덜 소비할 필요가 있었다. 그들은 자신들의 돈이 남아도는 것을 알았고, 어쨌든 서유럽에서는 급속히 많아지는 물건들을 구입할 수 있었다. 근대 소비사회가 탄생했다.

유럽은(동유럽뿐 아니라 서유럽도) 1950년에 가난한 대륙이었다. 주택은 대부분 수준이 형편없어 종종 온수나 욕실, 실내 화장실이 없곤 했다. 가족들은 사치품을 살 여유가 거의 없었다. 식량은 배급제가 실시되는 곳이 아직도 많았고, 대부분의 남성은 여전히 힘든 육체노동을 하는 직업을 갖고 있었다. (패턴이 똑같지는 않았지만, 비교적 소수의 여성이 유급 직장에서 일했다. 예를 들어, 쇠퇴하고 있긴 했으나 섬유 산업은 여전히 많은 여성을 고용했다.) 점점 기세를 올리던 소비 호황은 서유럽을 대륙의 동부 지역과 분리시켰다. 대륙의 동쪽에서는 생활수준이 조금 나아졌지만, 그와 동시에 서유럽에서는 곧 당연시될 다양한 가정용품의 이용에 대해 이념적 우선 사항이 부과한 제약이 동반되었다. 보통은 질이 나쁜 규격품들을 저렴한 가격으로 이용할 수 있었다. 그러나 서유럽이 경험하기 시작한 것과 같은 소비 호황은 동부의 폐쇄된 경제에서는 이념적으로 불가능했다.

서유럽에서 소비주의는 여러 상이한 나라의 국민들을 생활양식, 취향, 여가 활동 면에서 더욱 가깝게 해주었다. 이것은 점점 똑같아지는 물건들 덕분에 더욱 수월해졌다. 소비주의는 비용을 줄여서 구매자에게 가격을 내려주는 제품의 대량 생산과 생산물의 표준화를 고무했다. 소생산자들은 거대 제조업자들에 맞서 경쟁하는 것이 힘든 투쟁임을 점점 알게 되었다. 지방마다 혹은 지역마다 다른 취향과 변이는 점점 덜 부각되었다. 1970년대부터 비로소 그 지배가 광범위해질 새로운 현상인 슈퍼마켓이 작은 상점들을 대체하면서, 대량으로 구입하고(공급자들의 가격을 끌어내리는 협상력을 갖고) 광범위한 제품들을 제공할 수 있었다. 한편 식량 생산은 너무 빠르게 확대되어 몇 년 지나지 않아 잉여 식량이 쌓이기 시작했다. 식량을 사는 데 점점 더 돈이 적게 들었다(동유럽 국가에서는 서유럽보다 여전히 훨씬 높은 비율의 소득이 식량에 쓰이긴 했지만). 심각한 영양실조는 옛일이 되었다. 그것은 새로운 형태의 나쁜 식사, 즉 과도한 설탕과 지방으로 점차 대체될 것이었다. 광고는 확대되어가는 광범위한 소비재 시장을 활용하는 데 잘 맞춰진 새로운 산업이 되었다. 서유럽 전역에서 코카콜라가 거둔 성공은 새로운 마케팅 기법의 영향을 잘 보여주는 하나의 지표에 불과했다. 담배회사들은 세계 어디서나 흔하게 자신들의 생산물을 광고했고, 담배가 건강에 미치는 심각한 위험은 이제 막 인정되기 시작했을 뿐이다.

번영과 함께, 국가가 보조금을 지급하고 1950년대 동안 지어진 주택의 수가 2배로 늘어나는 데 힘입어 더 좋은 주거 시설이 더욱 값싸게 공급되었다. 주택의 질은 처음에는 낮았다. 전후의 절망적이었던 주택 부족을 감안하면 질보다는 양이 더 중요했다. 새로운 주거지(주택과 아파트)가 서독에서는 매년 약 50만 채, 이탈리아와 프랑스에서는 40만 채, 그리고 영국에서는 이탈리아 및 프랑스와 거의 같은 수준으로 지어지고 있었다. 사실상 북서 유럽의 모든 건물에 이제 전기와 상수도가 공급될 터였다. 하지만 바로 1960년대에도 포르투갈, 그리스, 발칸 국가들 가정의 약 절반만이 전기를 이용할 수 있었다. 각국은 보통 국민총생산의 6~7퍼센트를 주택 건설에 쓰고 있었다. 그리고 주거 시설은 점점 더 좋아지고 있었다. 주거 시설은 더 넓어지고 덜 북적이며 더 안락했으며, 욕실과 화장실은 이제 점점 마당이 아니라 집 안에 있게 되었다. 이것이 개인적 품위에서 의미하는 바를 1969년 로마 남부에 살던 이탈리아 농민은 다음과 같이 선명하게 표현했다. 들판으로 나갈 수밖에 없었던 그는 내부 화장실을 갖게 되면서, "이제 내가 동물이 아니라 다른 사람들과 마찬가지로 인간임을 느낀다."

1960년대 초까지 슬럼이 대도시에서 일소되고 있었다. 도시계획가들은 늘어나는 노동력과 급증하는 교통량을 수용하기 위해 전쟁 동안 상당수가 종종 심하게 파괴되었던 도시들을 다시 디자인할 새로운 기회가 왔다고 생각했다. 교외 지역이 확대되었고 새로운 간선 도로가 건설되었으며, 때로 완전히 새로운 도시들이 생겨났다. 낡은 것을 버리고 최대한 빨리 근대화하려는 갈망은 일부 도시계획가들을 사로잡았다. 그 결과 대체로 건축 디자인이 조잡해졌고, 주택 프로젝트가 머지않아 새로운 슬럼으로 변질되었으며, 일부 도시에서는 시민들이 언제라도 곧바로 공공 기물 파괴 행위를 할 수 있게 되었다. 산업 우선주의가 동유럽 국가들에서만 끔찍한 도시 디자인을 양산한 것은 아니었다(동유럽 국가들에서는 사회주의 리얼리즘에 기반을 두고 건설된 40개의 새로운 도시가 1950년대에 생겨났고, 그중에는 폴란드의 노바후타와 독일민주공화국의 아이젠휘텐슈타트가 있었다). 그러나 다행히도 전쟁 동안 파괴되지 않았던 프라하의 유서 깊은 도심은 보존된 반면, 완전히 황폐화되었던 바르샤바와 그단스크(이전의 단치히)의 중심부는 아름답게 복구되었다.

고용 패턴이 바뀌기 시작했다. 노동시간은 전반적으로 줄어들었다(여가 활동에 더 많은 시간을 쓸 수 있게 되었다). 농업 부문에서 일하는 사람은 급격히 줄어들었고, 대단히 힘든 산업 노동에 종사하는 사람은 이보다 약간 느리게 감소한 반면, 화이트칼라 노동의 '제3부문'은 크게 증가했다. 또한 1960년대까지 훨씬 많은 여성이 노동시장에 진입하고 있었다. 1970년에 서유럽 국가들의 피고용인 중 약 3분의 1이 여성이었는데, 덴마크가 거의 5분의 2로 선두에 섰다. 하지만 여성 피고용인의 약 3분의 1이 시간제 일을 했다. 스칸디나비아 국가들과 핀란드만이 1960년대에 동유럽의 공산주의 국가들, 특히 폴란드와 독일민주공화국의 여성 고용 수준에 근접했다. 그리고 동구 블록에서 시간제 일자리는 남성과 마찬가지로 여성에게도 거의 존재하지 않았다.

1950년에 차를 가진 사람은 거의 없었고 관광은 여전히 부자들의 전유물이었으며, 이후 세대들이 당연히 여겼던 가정의 필수품(전화, 세탁기, 냉장고, 텔레비전)은 여전히 찾아보기 힘들었다. 1950년대 동안 번영이 확산되면서 평범한 가족들은 이러한 물건들을 손쉽게 구하기 시작했고, 계속된 경제성장과 급속한 기술혁신(예컨대 전자 부문에서)에 크게 힘입어 그 이용 가능성은 다음 10년 동안 더욱 커졌다. 1950년대 말에 이전의 심각한 부족을 거의 혹은 전혀 경험하지 못한 전쟁 직후의 '베이비붐' 자녀들이 10대 시절에 막 진입하기 시작했다. 아이들 대부분은 곧 직장에 다녔고 자신들의 소비 수요를 발전시키기 시작함으로써, 예를 들어 의류 산업과 음반 산업의 급속한 팽창에 기여했다. 한편 가장 덜 풍족한 사회 부문들—급속히 성장하는 도시들로 쏟아져 들어온 경제 이민자들과 해외의 이전 식민지에서 온 이주 노동자들 혹은 '초빙 노동자들'—조차 팽창하는 소비 호황에 기여할(그리고 소비 호황으로부터 혜택을 볼) 정도로 충분히 벌고 있었다.

가전제품 지출은 가계 예산의 다른 어느 부문보다 빨리 증가했다. 냉장고와 세탁기는 중간계급 가정에서 점점 흔해졌고, 가격이 떨어지면서 20년 내에 노동계급 가족도 비치할 수 있게 되었다. 1970년대 초까지 대부분의 가정은 냉장고를 갖게 되었고, 처음으로 나중에 사용하려고 비축용으로 식품을 대량 구매할 수 있었다. 그즈음 가구의 3분의 2는 세탁기가 있어서, 여성들은 대부분 고된 집안일의 상당 부분에서 해방되었다. 1950년대에 텔레비전은 신분의 큰 상징이었다. 영국이 앞장서기 시작했지만, 텔레비전이 1946년 영국에 출범했을 때 서비스 이용자 수는 1760명에 불과했다. 1960년대 중반에 영국에는 1300만 대의 텔레비전이 있었고, 서독에는 거의 1000만 대, 프랑스와 이탈리아에는 500만 대, 네덜란드와 스웨덴에는 약 200만 대가 있었다. 1960년대 말에 서유럽의 거의 모든 가정에 텔레비전이 있었다. 가족이 즐기는 오락거리로서 텔레비전이 라디오를 대체했다. 그러나 소형 트랜지스터 라디오의 발명과 저렴한 가격의 대량 생산으로 1960년대 동안 거의 모든 사람이 라디오를 가질 수 있게 되었으며, 이로써 라디오는 대다수 10대들이 선택하는 매체가 되었다. 라디오 청취는 가족적 오락 형태가 아니라 개인적 오락 형태로 바뀌고 있었다.

다른 무엇보다도 자동차는 새로운 시대의 증표였다. 단지 소수의 사람들만이 가질 수 있는 사치품이었던 차는 심지어 상대적으로 수수한 소득수준의 가족들도 이용할 수 있는 대량 생산물이 되었다. 1950년에 영국은 유럽 국가들 중에서 상대적으로 가장 많은 승용차가 있었다(1000명당 42대). 스페인은 당시 서유럽 국가들 중 최하위였고(1000명 당 3대), 폴란드와 헝가리도 같은 수준이었다. 1970년에 영국은 차 소유에서 위와 동일한 잣대로 잴 경우 프랑스·벨기에·서독·스웨덴·덴마크에 따라잡혔고, 이탈리아·네덜란드·노르웨이가 영국의 뒤를 바짝 쫓았다. 스페인은 이 점에서 폴란드와 체코슬로바키아에만 앞섰을 뿐, 서유럽 국가들 사이에서는 여전히 시들했다.

1950년 이후 자동차 산업의 성장은 경이로웠다. 히틀러는 1930년대에 독일인들에게 '국민차_{Volkswagen}'를 약속했다. 그러나 1950년대에야 비로소 폭스바겐은 독일 '경제 기적'의 상징이 될 수 있었다. 차는 마침내 위험한 독재 체제가 아니라 성공적인 민주주의 체제하에서 인구의 다수가 이용할 수 있게 되었다. 1960년대에 서독은 매년 거의 300만 대에 이르는 승용차를 생산하고, 그중 약 100만 대를 수출하는 등 유럽에서 가장 큰 자동차 생산국이 되었다. 한편 폭스바겐은 급속히 팽창하는 수요에 대응하기 위해 이탈리아와 프랑스에서 자동차 생산이 급증하면서, 특히 피아트 및 르노와의 경쟁에 직면하여 자신의 시장점유율이 감소하는 것을 보았다. 1950년대 말에는 이탈리아 중부에 사는 촌락민들이 교통수단으로 여전히 당나귀를 주로 사용했지만, 10년 뒤에는 많은 이들이 피아트 자가용을 몰았다. 주요 산업국 중에서 오직 영국만이 노동이 날로 전투성을 강화하자 이를 핑계로 혁신과 투자를 게을리함으로써 한때 번창하던 자동차 산업을 거의 손쓸 수 없는 구제 불능의 산업으로 변모시키고 있었다. 영국의 차가 불신과 스타일의 결여라는 부러울 것 없는 명성을 얻으면서, 초기에 현명하게도 혁신적이었던 미니와 시장의 최고급 제품인 롤스로이스·벤틀리·재규어·애스턴마틴만이 전반적인 하강 추세를 간신히 돌파할 수 있었다. 1965년까지 차가 급속하게 보급되어 프랑스에서 거의 1000만 명(1948년의 150만 명에서 증가했다), 서독에서 900만 명(1948년에는 20만 명이었다), 영국에서 900만 명(1948년에는 200만 명이었다), 이탈리아에서는 540만 명(1948년에는 20만 명이었다)이 소유했다.

차의 소유가 크게 확산되면서 관광산업도 엄청나게 성장했다. 또한 전세 항공기와 패키지 휴가 여행을 이용할 수 있게 되었고, 이는 처음으로 비교적 수수한 가격으로 해외 관광을 할 기회를 대중 시장에 제공했다. 전쟁 전에 외국 여행은 부자들의 전유물이었다. 이제 모든 사람이 외국 여행을 갈 수 있게 되었다. 1950년대 중반에 3000만 명의 관광객이 유럽의 국경들을 건넜다. 10년 뒤에는 3배 이상 늘어났다. 여름마다 주요 관광 루트에서 벌어지는 교통 체증과 기차역 및 공항의 인파는 이제부터 유럽의 달력에서 변하지 않는 한 부분이 되었다. 관광은 프랑코 장군의 독재가 끝난 뒤에도 여전히 침체에 빠져 있던 스페인의 낙후된 경제를 구제하기 시작했다. 1960년대 말에 1700만 명의 외국인 관광객이 스페인을 방문하여 매우 긴요했던 15억 달러(외환 수입의 약 40퍼센트)를 국고에 보태 주었다. 이탈리아는 2700만 명의 방문객을 끌어들이는 유럽의 주요 관광국이었다. 프랑스는 1200만 명, 스위스·독일·오스트리아는 약 700만 명의 방문객을 맞았다. 물론 모든 사람이 외국으로 나간 것은 아니었다. 국내 관광도 번창했다. 해안 휴양지에서 운영되는 호텔, 야영지, 캐러밴 제작소, 수많은 사업체가 번성하면서 완전히 발달한 관광산업이 등장했다.

비교적 소수의 관광객이 동유럽으로 갔다. 이런 식으로도 동유럽은 서유럽 자금의 유입으로부터 차단되었다. 유고슬라비아의 달마티아식 해안[231]이 서유럽의 방문객을 끌어모으기 시작한 것은 사실이며, 헝가리와 체코슬로바키아도 방문객이 조금씩 있었다. 하지만 대체로 소련 블록은 자체 관광객에 의존해야 했다. 이들은 서유럽의 관광객에 비해 쓸 돈이 거의 없었고, 이동에 대한 규제도 더 컸다.

외국 관광, 좀 더 일반적으로 소비주의가 확산되면서 서유럽 국가들 사이의 차이가 줄어들었다. 여행은 사람들(그중 많은 이들이 젊은 세대)을 다른 문화, 관습, 식품, 생활양식에 노출했다. 상이한 나라에서 '자매' 도시들 간 협력 관계가 수립되었고, 이 도시들은 해마다 서

---

231) Dalmatian coast. 해안선에 평행으로 놓였던 산골짜기들이 내려앉아 바다에 잠기면서 이루어진 해안. 해안선이 직선을 이루고 반도, 곶, 섬들이 해안에 평행으로 놓이는 것이 특징이다. 아드리아해의 해안이 대표적이다.

로 상대 도시를 조직적으로 방문했다. 대학생들이나 초·중등학교 학생들의 교류가 자주 이루어졌다. 더 많은 사람이 외국어를 배웠다. 일부는 다른 나라의 펜팔 친구를 사귀었다. 젊은이들이 전반적으로 쉽게 외국으로 여행할 수 있게 되면서 부모 세대는 넘을 수 없을 것 같았던 장벽이 무너지기 시작했다. 그들은 흔히 다른 나라에서 온 유럽인들과 음악, 복장, 여가 활동 면에서 취향이 비슷하다는 것을 알게 되었다. 유럽의 국경은 의미가 덜해지기 시작했다. 그리고 어디서나 흔하던 편견의 기반인 무지가 줄어들었다. 이 모든 것은 1950년대에 서서히 개시되었으나 그 후 1960년대 말에 큰 활기를 띠면서 급속히 진행된, 광범한 문화 규범 변화의 일부를 이루었다.

통합을 향한 디딤돌

전쟁의 폐허와 긴축의 유산으로부터 번영의 '황금시대'까지, 그처럼 짧은 기간에 서유럽이 이룩한 놀라운 회복 덕분에 처음으로 통합을 향한 시험적 발걸음이 시작되었다. 유럽연합을 향한 끝없이 계속되는 구불구불한 오랜 여행에서 발걸음을 내디딜 때마다 온갖 우여곡절이 드러날 것이었다. 움푹 패인 곳은 피하고 장애물은 뛰어넘으며, 길은 둘러 가야 할 터였다. 무엇보다도 그리고 바로 그 시작부터, 처음에는 작지만 어떤 발걸음을 내딛더라도 초국적 조직들을 조율하는 데 어려움이 분명히 존재했다. 이 초국적 조직들은 심지어 제한된 경제 협력을 도모하는 데도 필수적이었으나, 국민국가들은 주권을 보존하려 하면서 입지를 양보하기를 주저했다 서유럽 통합은 애초부터 경제적 프로젝트인 만큼이나 적어도 정치적 프로젝트이기도 했다. 제2차 세계대전의 대재앙을 가져왔던 전간기의 파멸적인 국가적 경제보호주의와 극단적인 민족주의를 극복할 필요성이 사방에서 감지되었다. 이 전반적 정서를 다소 머뭇거리긴 했지만 통합을 향한 초기의 실제적인 발걸음으로 바꾼 것은 전략적 관심, 국가적 이해, 미래를 내다보는 이상주의라는 세 가지 성좌였다.

전쟁 중의 가장 암울한 시절에도 그 일부가 레지스탕스 운동에 참여했던 소수의 이상주의자들은 모종의 유럽 통합을 생각했다. 그러한 구상은 전쟁 직후에 더욱 강해졌다. 윈스턴 처칠은 1946년 취리히에서 한 유명한 연설에서 미래의 '유럽합중국'(영국은 포함하지 않았지만)을 생각하며 무너진 대륙의 통합을 옹호했다. 1948년 5월, 유럽 16개국에서 헤이그로 온 750명의 대표들(그리고 미국과 캐나다에서 온 참가자들)이 유럽 협력에 관한 구상을 표명한 '유럽 대회'에 참석했다. 가시적인 성과는 없었지만 그중 일부 대표들이 정치·경제·통화 통합을 요구했다.

1940년대 말에 유럽의 정치적·경제적 협력 쪽으로 나아가는 몇몇 중요한 움직임이 있었지만, 이상주의자들이 바란 통합의 목표를 크게 진전시키지는 못했다. 당시 나타나고 있던 냉전이 배경을 형성했다. 처음에는 독일의 위협이 다시 대두할 가능성을 경계하는 것이 추동력이었다면, 이것은 곧 이른바 새로운 소련의 위협에 대한 방어 기제로 변형되었다. 여전히 독일을 겨냥한 1948년의 브뤼셀조약[232]은

---

232) Brussels Treaty. 1948년 3월 브뤼셀에서 영국·프랑스·벨기에·룩셈부르크·

영국, 프랑스, 베네룩스 3국 사이의 경제적·사회적·문화적 협력도 준비했지만 기본적으로 군사적 협력을 예상했다. 1949년까지 스탈린이 명확한 위험으로 여겨지고, 서유럽의 방어 준비가 미국을 포함한 것으로 확대되면서 나토의 결성으로 이어졌다.

경제 영역에서는 1947년의 유럽 부흥 계획하에서 마셜 원조를 배분할 필요가 생겨 이듬해 유럽 16개국과 독일의 서방 점령지들이 참여하는 유럽경제협력기구가 창설되었다. 이는 경제체제들의 상호 의존이라는 구상을 촉진하는 데 도움을 주었다(1961년에 이것은 이제 몇몇 비유럽 국가들로 확장되어 경제협력개발기구[233]라는 훨씬 폭넓은 기구가

네덜란드 5개국이 지역적 집단 안전 보장 기구 설립을 목적으로 체결한 조약으로, '서유럽연합(Western European Union, WEU)'의 기원이 되었다. 정식 명칭은 '경제적·사회적·문화적 협력 및 집단적 지위를 위한 조약'이며 체약국 1개국 또는 다수 국가에 가해지는 무력 공격에 대해 체약국 전체가 공동으로 대처(군사 또는 기타 원조)하는 것을 골자로 했다. 독일의 침략 정책 부활을 억제하기 위해서라는 표면상의 명분과는 달리 동구권 공산화의 파급을 견제하려는 데 목적이 있었다. 그 후 북대서양 조약이 체결되자 일시적으로 의의가 퇴색되었다가, 프랑스 의회가 유럽방위공동조약 비준을 거부함으로써 다시 강화되었다. 그 결과 1954년 12월 서독·이탈리아가 추가된 파리협정이 체결되었으며, 그 조약에 의해 1955년 5월 브뤼셀조약기구가 설립되었다.

233) Organization for Economic Cooperation and Development, OECD. 세계적인 국제기구로, 대부분 정치적으로 대의제(자유민주주의), 경제적으로 자유 시장(자본주의) 원칙을 받아들인 선진국들이 회원으로 참여한다. 기구의 목적은 경제성장, 개발도상국 원조, 무역 확대 등이고 활동은 경제정책의 조정, 무역 문제 및 산업 정책의 검토, 환경과 개발도상국의 원조 문제 논의 등을 포함한다. 1948년 미국의 마셜 플랜 관련 지원을 받은 유럽경제협력기구에서 시작하여, 1961년 가맹국 18개국과 함께 미국, 캐나다가 합쳐져 만들어지게 되었다. 대한민국은 1996년 12월 12일 회원국으로 가입했으며, 회원국은 현재 총 36개국이다.

될 것이었다). 1949년의 유럽평의회 설립은 몇몇 분야에서 협력을 위한 틀을 추가로 제공했다. 그중 가장 중요한 분야는 법률적 문제였으며, 이로부터 1950년에 중요한 유럽인권보호조약[234]이 등장했다. 적어도 유럽평의회에서는 국가적인 가치 의식뿐 아니라 **유럽적인** 가치 의식에도 제도적 형식이 주어졌다. 그러나 그것은 통합에 훨씬 못 미쳤다. 사실 이러한 발전들은 매우 환영을 받긴 했으나 어느 것도 상이한 협력 수준을 넘어서지는 못했다. 초국적 기구들을 설립했지만, 어느 발전도 국민국가들의 특권을 초월하지 못했다. 실제로 각각의 단계에서 국민국가들의 주권은 명확하게 옹호되었다. 미국은 소련 공산주의에 맞선 보루로서 통합되고 단결한 유럽을 강력히 지지했고, 마셜 원조를 그 길로 가는 중요한 단계로 보았다. 그러나 정치적·사법적 주권을 조금이라도 넘어서기는커녕 유럽 경제들의 통합 문제에 전혀 상관하지 않으려는 영국의 단호한 태도는 그 목표 달성에 극복할 수 없는 장애물인 것으로 드러났다.

1947년부터 1949년 사이에 냉전이 확고히 굳어지고 복수심에 불타는 독일이 아니라 소련이 유럽 평화에 대한 위험으로 여겨지면서 미국의 전략적 우선순위 때문에 프랑스의 대외 정책은 바뀌지 않으면 안 되었다. 회생한 서독 경제는 이제 유럽 재건에 필수적으로 되

---

234)　European Convention on Human Rights, ECHR. 유럽의 인권과 본질적 자유를 보호하기 위한 국제조약이다. 줄여서 유럽인권조약이라고도 하며, 공식 명칭은 '인권과 기본적 자유의 보호를 위한 협약(Convention for the Protection of Human Rights and Fundamental Freedoms)'이다. 1949년에 결성된 유럽평의회에서 1950년에 초안이 작성되었고, 1953년 9월 3일을 기해 효력이 발생했다.

었고, 1948~1949년 독일연방공화국을 창건하기 위해 급히 취해진 조치들은 소련에 맞선 결정적인 보루로서 이 새로운 국가가 서유럽 안보에서 차지하는 중심적 지위를 반영했다. 당연하게도 어느 국가보다도 자국의 안보에 대한 관심 때문에 여전히 경계를 풀지 않았던 프랑스로부터 새 서독 국가의 창건에 대한 지지를 얻기 위해, 1949년 연합국은 '국제루르관리청International Authority for the Ruhr'을 설립해 루르 지방의 석탄과 철강 생산을 통제하게 했다.

국제루르관리청에는 프랑스, 베네룩스 3국, 영국, 미국, 서독 대표로 이루어진 이사회가 있었다(이사회에서 독일의 투표는 연합국의 승인에 달려 있었지만). 당연히 서독인들은 독일 산업 생산에 대한 연합국의 통제를 몹시 싫어했다. 한국전쟁으로 철강 수요가 늘었을 때 국제루르관리청은 잘 작동하지 않았고, 1952년 5월에 문을 닫았다. 그것은 새로운 조직인 유럽석탄철강공동체[235]로 대체되었는데, 이 기구는 석탄과 철강의 통제 문제를 이용해 좀 더 광범위한 유럽 통합의 맹아를 창출할 것이었다. 유럽석탄철강공동체는 2년 전 프랑스 외무장관 로베르 쉬망이 1950년 5월 9일에 한 연설에서 비롯했다. 쉬망의 제안은 실제적인 국가적 이해와 전략적 우선 사항(프랑스 철강 산업을 확대

---

235)   European Coal and Steel Community, ECSC. 유럽 국가의 석탄과 철강 자원 공동 관리를 위해 설립된 국제기구. 1951년 4월 18일 프랑스 파리에서 프랑스, 서독, 이탈리아, 벨기에, 네덜란드, 룩셈부르크 6개국이 석탄과 철강 자원의 공동 관리에 관한 파리조약에 서명함으로써 발족되었다. 유럽석탄철강공동체는 나중에 유럽경제공동체와 유럽공동체를 거쳐 유럽연합으로까지 발전하게 된다. 2002년 7월 23일, 공식적으로 해체되었다.

하고 서유럽에서 경쟁력 있게 만드는 것)을 꿈같은 이상주의와 뒤섞은 것
이었다. 그것은 유럽 통합으로 가는 파란만장한 길의 중요한 이정표
였다.

쉬망은 "평화 유지에 필수 불가결한 유럽 연방의 구체적인 기초를
처음으로 현실화할" 야심 찬 새로운 초국적 계획을 제시했다. '통합된
유럽'—궁극적인 목표—은 애초부터 프랑스와 독일의 유구한 적대
감이 제거될 때에만 출현할 수 있다고 쉬망은 말했다. 쉬망은 석탄과
철강 생산의 공동 관리를 출발점으로 생각했다. 그러나 석탄과 철강
생산의 기술적인 문제는 훨씬 원대한 이상의 일부에 불과했다. 쉬망
은 공동시장에 다른 나라들이 참여할 가능성을 열어 놓았다. 이 공
동시장은 다른 생산 분야로 확대될 수 있고, 평화적 공존뿐만 아니
라 유럽의 번영도 고무할 터였다.

쉬망이 제시한 구상은 무엇보다도 같은 프랑스인으로서 프랑스 기
획원 원장이었던 장 모네[236]의 구상이기도 했다. 모네는 전직 은행가
이자 사업가로서 중국 정부(1930년대)와 미국 행정부(전쟁 동안)에서
일하며 자신의 역량을 발휘했고, 1945년 이후에는 프랑스 경제 재건
의 초기 단계에서 주요한 역할을 한 인물이었다. 그는 '쉬망 플랜'이라
고 불리게 된 구상에 이상주의적 영감의 대부분을 제공했다. 확신에
찬 오랜 연방주의자였으며, 민주주의적인 초국적 연방을 상상했다.

---

236)   Jean Monet(1888~1979). 프랑스의 경제학자이자 외교관. 유럽공동체를 설
계한 사람으로서 '유럽공동체의 아버지'로 불린다. 대서양 연안 국가들의 주요 정
재계 인물들과 친분이 두터웠던 그는 두 차례에 걸친 세계대전 후 프랑스 재건을
위해 드골의 민족주의적 경향에 맞서 세계주의자로서의 역할을 자임했다.

그것은 점진적으로, 서서히, 오랜 시간에 걸쳐, 지속적인 개혁 과정을 통해 형성될 터였다. 일찍이 1943년 10월에 알제에서 샤를 드골(모네는 그의 독재적 경향을 우려했다)과 사실상의 프랑스 차기 정부가 이끈 '프랑스 민족해방위원회'에 참가했던 모네는, 앞으로 유럽이 사회 발전과 번영을 누리려면 자유무역으로 통합된 유럽이 필요하다고 선언한 바 있었다. 1944년에 모네는 "모종의 중앙 연합체"로 "진정한 주권 양도"와 민족주의의 재기를 막기 위한 관세 장벽이 없는 유럽 시장을 통해 전후 유럽을 재건해야 한다고 이야기했다. 모네는 영국인들이 기꺼이 참가할 것인지 분명히 의심한 듯했지만, 영국과 프랑스가 앞장서기를 희망했다. 4년 뒤 워싱턴을 방문하는 동안 쉬망에게 쓴 편지에서, 모네는 유럽과 미국의 관계를 공고히 하고 서방을 위협하는 위험에 대응하기 위해 해야 할 일이 무엇인지에 대해 "깊이 뿌리박힌 확신"을 다음과 같이 언급했다. "서유럽 국가들의 노력은 진정한 유럽의 노력이 되어야 합니다. 그리고 서방 **연방**만이 이것을 달성할 수 있습니다."

그러나 모네는 공동 관리하는 주권을 프랑스의 국가적 지위를 퇴색시키는 것으로 여기지 않았다. 거꾸로 모네는 유럽 통합을 유럽 대륙에서 프랑스의 정치적·경제적 우위를 회복시키는 수단으로 보았다. 전쟁이 끝난 후 모네는 프랑스의 이익을 우선하여, 매우 중요한 독일의 자를란트 탄전과 훨씬 더 중대한 루르의 석탄 및 철강을 프랑스가 인수할 것을 제안했다. 프랑스 경제를 크게 강화하면서도 또한 독일을 영원히 허약하게 하는 것이 목적이었다.

그러므로 의심할 여지가 없는 이상주의의 이면에는 실제적인 국가적 요구들이 있었다. 핵심적인 결정 요인—그것은 유럽공동체[237](그리고 이후 유럽연합[238])의 지속적인 기반으로 판명될 것이다—은 프랑스와 독일의 관계였다. 프랑스의 우선적 목표는 서독인들이 큰 힘을 다시 획득하기 전에 프랑스가 통제하는 유럽 틀 내에 그들을 통합하고, 그와 동시에 가장 중요한 산업 기반인 루르 지방의 석탄과 철강을 생산하고 분배하는 문제에서 프랑스의 역할을 강화하는(그리고 그것을 영국의 통제로부터 해방하는) 것이었다. 주요 파트너인 서독 역시 통합에 대해 국가적 이해관계가 명백히 걸려 있었다. 콘라트 아데나워 총리는 연방공화국을 소련 공산주의의 위협에 맞선 보루이자 기회가 나자마자 완전한 영토적 주권을 획득하는 발판으로서 서방에 (경제적·정치적·전략적으로) 묶어 두기를 열망했다. 서독에게 그것은 루르의 석탄과 철강 생산에 대한 연합국의 통제를 없애고, 산업 시설을 해체할 생각을 더 이상 하지 않게 하며, 독일이 다른 나라들과 동등한 권리를 가진다는 사실을 분명히 하고, 궁극적으로 독일이 자르 (1947년부터 프랑스 점령하의 '보호령'이었다)의 주요 산업 지역을 완전히

237) European Community, EC. 1992년의 마스트리흐트 조약으로 도입된 유럽연합의 3개 기둥 가운데 제1의 기둥을 구성하는, 정책이나 정책의 실현을 위해 설치되어 있던 국가 간의 공동체. 그 기원은 유럽연합의 전신인 유럽경제공동체다. 2009년 리스본 조약이 발효되면서 3개의 기둥 구조는 폐지되었고, 유럽공동체와 나머지 2개의 기둥은 통합되어 소멸했다.

238) European Union, EU. 1993년 마스트리흐트 조약이 발효되면서 설립된 29개 유럽 국가들의 정치와 경제 통합체. 사람, 상품, 자본, 서비스가 국내시장에서 자유롭게 이동하는 것을 목표로 하고 있다. 1999년 유로존이 설립되어 2002년 발효되었으며, 19개 회원국이 현재 유로를 통화로 채택하고 있다.

돌려받을(1955년 주민투표로 마침내 실현되었다) 기회였다. 이미 1948년에 실제로 관세를 없애고 공동의 역외 관세를 부과한 베네룩스 3국(벨기에, 네덜란드, 룩셈부르크)은 쉬망의 제안에 함축된 시장의 확대와 무역 자유화에서 국가적 이점을 보는 데 구구한 설명이 거의 필요 없었다. 또 한 명의 유럽 이상주의자인 이탈리아 총리 알치데 데가스페리는 이탈리아의 오랜 경제적 취약성과 후진성(특히 남부, 즉 메초조르노의)을 극복할 기회라고 생각했다. 이탈리아는 새 기구에 참가할 6개국 중에서 가장 가난한 나라였으나, 데가스페리는 자국 철강 기업들의 강력한 저항에도 불구하고 전통적인 보호주의를 끝내는 것이 유리하다고 보았다. 데가스페리가 옳았다. 1961년까지 이탈리아의 '경제 기적'은 나라를 경제적으로 후진적인 국가에서 유럽의 선진 산업국으로 탈바꿈시켰다.

쉬망 플랜의 가동은 내부 저항에 직면했다. 내부 저항은 서독에서 가장 격렬했는데, 사회민주당이 서유럽으로의 통합이 국가 통일을 가로막는 장애물이라고 여겼기 때문이다. 프랑스에서는 드골주의자들(쉬망 플랜이 국가 주권을 제한한다고 보았다)과 공산주의자들(그것을 '자본주의 클럽'으로 간주했다)의 반발이 가장 극심했다. 그럼에도 1951년 4월 18일 서명되고 1952년 7월 23일 효력을 발휘한 조약에 따라, 6개국에 국한된 유럽석탄철강공동체가 설립되었다. 유럽석탄철강공동체는 프랑스, 서독, 이탈리아, 네덜란드, 벨기에, 룩셈부르크의 매우 중요한 석탄과 철강 산업을 단일한 '고등관리청High Authority' 아래 두었다. 장 모네에게 이는 "탄생하고 있는 유럽이 처음으로 표현된" 것이었다. 여전히 철강과 석탄 생산의 우위를 자신하고 초국적 관리의 구속을 받고 싶지 않았던 영국은 참가 요청을 거절했다.

모든 회원국의 대표 9명으로 이루어진 고등관리청은 정책 결정 기구였다. 그것은 관세 철폐와 공동시장 수립(다른 영역으로도 확대되겠지만 처음에는 석탄과 철강에 국한되었다)에 목표가 있는 프로그램을 관장할 것이었다. 고등관리청의 권한은 국가 이익 유지를 보장하기 위해 각국 정부 인사들로 구성된 '특별각료이사회Special Council of Ministers'에 의해 제한되었다. 고등관리청의 행동에서 비롯한 분쟁에 대해 판결을 내리기 위해 '사법재판소Court of Justice'도 설치되었다. 그러나 고등관리청은 일부러 '톱다운' 방식의 기구로 설계되었다. 입법 기구도 없었고, 제대로 된 의회도 없었다. 각국 의회의 대표로 구성된 '공동의회Common Assembly'는 입법 권한은 없고 단지 감독 권한만 있었다. 실제로 공동의회는 고등관리청을 구속하기는커녕 경제를 초국적 방향으로 가게 하는 관리청의 움직임을 고무했다. 이 점에서 진척은 빠르게 이루어지지 않았고 벨기에, 이탈리아, 특히 프랑스의 국가적 보호주의는 무역 장벽이 점차 제거되기 시작하긴 했지만 진척을 방해했다. 쉬망이 상상한 정치적 통합이라는 좀 더 폭넓은 목표 면에서는, 점점 뒤섞여가는 경제들을 관리하는 일이 명시적이지는 않더라도 암시적인 정치적 함의를 가진 제도와 법률을 필연적으로 요구한다는 깨달음이 확대된 것 말고는 거의 이루어진 것이 없었다.

1950년대 중반에 경제적 통합을 향한 더디지만 조금은 실질적인 진전이 있었다. 하지만 정치적으로 모네와 쉬망이 상상했던 유럽 프로젝트는 중단되었다. 이것은 대체로 (독일의 재무장을 저지하고자 했던) 프랑스인들이 1952년에 제안했으나 1954년에 스스로 부결해 버린 프로젝트인 유럽방위공동체의 실패 때문이었다. 유럽의 방위를 통합하려 한다면 공동의 대외 정책이 필수적일 것이다. 하지만 그때로서는 유럽군을 창설하고, 그것을 뒷받침할 대외 정책을 입안하고, 변함없이 뒤따를 제도적 조정을 수행할 수 없었기에 이미 '유럽정치공동체'[239]라는 이름이 붙은 기구의 핵심은 여전히 사산 상태에 있을 수밖에 없었다. 불운한 유럽방위공동체는 제대로 걷지도 못하면서 뛰어가려고 한 격이었다. 그것은 프랑스(그리고 처음에 참여하면 좋겠다고 생각됐던 영국 역시)처럼 강력한 군사적 전통을 가진 국민국가에 지나치게 급히 그와 같은 주권의 핵심 부분을 검증되지 않은 미지의 실체에 넘겨주라고 너무 많이 요구했다. 유럽방위공동체의 실패는 유럽 통합을 향해 아무런 방해도 받지 않고 나아갈 수 있을 것이라고 희망했던 사람들에게는 심각한 후퇴나 마찬가지라는 사실을 숨길 수가 없었다.

유럽석탄철강공동체가 그것을 설립했던 파리조약이 2002년 만료될 때까지 그럭저럭 버틴 것은 사실이다. 유럽석탄철강공동체는 서서히 죽음에 이르렀으며, 사람들은 그 죽음을 거의 눈치채지 못했다. 실제로 그것은 유럽방위공동체의 붕괴로 그 동력을 상실했다. 유럽석탄철강공동체의 중요성이 쇠퇴하는 것을 보여준 징후는 그 주요 설계자인 장 모네가 고등관리청의 의장직 재선을 모색하지 않기로 결정한 사실이었다. 서유럽은 실제로 통합을 향해 나아가기보다는 통

---

239) European Political Community, EPC. 1952년에 기존의 유럽석탄철강공동체와 유럽방위공동체를 합친 기구로 계획된 유럽의 초국적 기구. 1954년 유럽방위공동체가 프랑스 의회의 비준 거부로 무산되면서 실현되지 못했다.

합으로부터 후퇴하고 있는 것 같았다. 서독의 군사적 재무장, 그 후 영국과 프랑스가 지난 시절의 제국주의 열강처럼 행동했던 수에즈의 대실패는 유럽 국가들 사이의 공통의 목표를 방해하는 주요한 장애물처럼 보였다. 하지만 흥미롭게도 수에즈, 두 냉전 초강대국의 자명한 지배, 또 아프리카와 아시아의 점증하는 반식민 운동은 유럽 국민국가들의 국제적 입지가 줄어들었음을 보여주는 너무나 분명한 표식이어서 그들이 개별 국가의 길보다는 좀 더 긴밀한 통합으로부터 명백히 혜택을 볼 수 있는 한 가지 분야, 즉 경제가 새로운 동력을 얻었다. 미국인들이 영국에 심각한 재정적 위협을 가했을 뿐인데도 영국·프랑스의 침공이 실패해 버렸던 수에즈의 결과, 프랑스 총리 기 몰레는 미국의 지배에 대한 유일한 평형추는 유럽 통합에서 찾을 수 있다는 아데나워의 주장에 마음을 열게 되었다. 그 후 몰레와 아데나워는 각자의 정부 내 의혹을 무시하고 프랑스 상품과 독일 상품이 서로의 시장에 자유롭게 들어가는 문제에 관해 합의에 도달했다. 그것은 유럽석탄철강공동체를 구성했던 '작은 유럽' 6개국 사이에서 공동시장을 창출하는 문제에 관해 이미 형성되어가고 있던 좀 더 광범위한 합의의 중심축이었다.

1950년대 초에 어떤 정치적 고역이 서유럽을 괴롭혔든, 모든 나라의 경제는 호황을 누리고 있었다. 유럽석탄철강공동체가 제한적이긴 하지만 경제 영역에서 성공을 거두고 초기의 유럽경제협력기구의 틀이 너무 거추장스러운 것으로 드러나자, 무엇보다도 특히 유럽 무역을 위한 공동시장을 창출하는 데 새로운 계획이 필요하다는 점이 분명해졌다. 모네는 더 이상 고등관리청의 수장은 아니었지만, 이 구상을 고취하는 데 중요한 역할을 했다. 그러나 이 프로세스를 밀고 나가는 데 핵심적인 인물은 전 벨기에 사회주의자 총리이자 유럽석탄철강공동체 공동의회 의장이었던 폴 앙리 스파크[240]였다.

영국은 제안된 공동시장과 아무 관계가 없기를 원했다. 그리고 스칸디나비아 국가들은 1952년에 결성된 북유럽이사회에서 더욱 긴밀한 자체 협력 관계를 수립했다. 그리하여 미래의 더욱 긴밀한 유럽 통합으로 향하는 발걸음은 처음부터 유럽석탄철강공동체의 원래 6개 회원국에 국한되었다. 각 회원국의 외무장관들은 1955년 "유럽 건설을 향한 새로운 전진"을 고취할 목적으로 메시나에서 회동했다. 그들은 구체적으로 공동시장, 그리고 원자력의 사용에 관한 통합 정책으로 이어질 관세동맹 수립을 제안했다. 메시나 이후 1957년 3월 로마에서 6개 회원국 총리들이 유럽경제공동체와 유럽원자력공동체[241]를 설립하는 두 조약에 서명했던 결정적인 순간까지 진전은 놀랍도록 급속도로 이루어졌다. 3년 전 유럽방위공동체를 창설하려는 시도가 실패하면서 유럽 통합은 성공하지 못한 것처럼 보였다. 1957년에 유

---

240)　Paul Henri Spaak(1899~1972). 벨기에의 사회당 정치인. 1939년부터 1966년 사이에 18년 동안 외무장관이었고, 세 차례 총리(1938~1939, 1946, 1947~1949)를 역임했다. 국제적으로는 유엔 총회의 초대 의장(1946~1947), 유럽석탄철강공동체 공동의회 의장(1952~1954), 나토 사무총장(1957~1961)을 지냈다.

241)　European Atomic Energy Community, EURATOM. 원자력 시장을 위한 전문가 육성과 원자력의 분배, 원자력의 개발 및 비공동체 국가들에 대한 잉여 원자력 판매를 목적으로 1957년 3월 25일 로마 조약에 따라 설립된 국제기구. 1965년에 체결된 합병 조약으로 1967년 유럽원자력공동체와 유럽경제공동체, 그리고 지금은 사라진 유럽석탄철강공동체의 조직적 구조가 통합되었다.

럽 통합은 전 속력으로 앞으로 나아가고 있었다. 새로운 기구의 명칭이 시사하듯이 경제적 통합이 먼저였다. 그러나 그것은 출발이지 끝이 아닐 것이었다. 장기적인 정치적 목표는 로마조약 자체에 내재되어 있었다. 그것은 "유럽 국민들 사이에 점점 더 긴밀해지는 단합의 기초를 세우는 것"이었다.

1958년 1월 1일에 발효된 로마조약의 중·단기 목표는 충분히 야심 찼다. 조약의 목표는 경제성장을 통해 생활수준의 상승을 확고히 하고 촉진하는 것이었다. 노동과 자본은 자유롭게 이동할 것이고, 무역 규제는 철폐될 것이다. 이와 함께 사회복지 정책들이 조율될 것이고, '유럽투자은행'이 설립될 것이다. 역내 관세로부터 자유로운 공동시장을 창설하는 것이 목적이었다. 역외 관세는 전반적으로 줄어들긴 했지만 유지되었다. 특히, 난관에 부딪힌 농업은 보호되었다. 유럽석탄철강공동체를 변경하여 제도를 정비했다. 9명으로 이루어진 위원회가 집행부를 구성했다. 하지만 집행부의 권한은 각국 정부에서 파견된 '각료이사회Council of Ministers'와 '의회회의Parliamentary Assembly'—여전히 완전히 성숙한 의회는 아니다—에 의해 제한되었는데, 의회회의는 권고는 할 수 있으나 법률을 제정할 수는 없었다. 회원국 간의 분쟁에 대해 판결을 내리기 위해 '사법재판소'가 설치되었다. 유럽원자력공동체를 위해 별도의 위원회와 이사회가 설립되었고, 이것들은 1965년에 유럽경제공동체의 위원회 및 이사회와 최종적으로 합쳐졌다. 이 기구들을 위해 1962년에 약 3000명의 공무원(규모가 점점 커져갔다)이 관료로 근무했다.

1960년 무렵 1억 6500만 명의 인구를 포괄하는 유럽경제공동체는 인상적인 진전을 이루었다. 유럽경제공동체는 세계무역에서 기여도를 높였고, 산업총생산은 이전 10년 동안 약 70퍼센트 증가했다. 유럽원자력공동체의 진전은 덜 인상적이었다. 유럽원자력공동체는 프랑스가 서독이 핵 능력을 확보하는 한 그와 같은 민감한 분야에서는 국가적 안보 이해를 유지하기로 결정하면서 사태를 좌시하지 않으려 했기 때문에, 시작부터 명백한 난관에 부딪혔다. 그것은 1958년 드골이 집권하자 훨씬 더 커졌다.

첫 몇 년 동안 유럽경제공동체가 이미 성공을 거두자 그것에 속하지 않은 국민국가들은 자체 기구를 조직할 수밖에 없었다. 1959년 11월 20일에 설립되고 1960년 5월 3일 발효된 유럽자유무역연합[242]은 유럽의 두 번째 경제 지역에 있는 '외부 7개국'—영국, 덴마크, 노르웨이, 오스트리아, 포르투갈, 스웨덴, 스위스(핀란드는 나중에 합류한다)—을 서로 연결했다. 하지만 유럽자유무역연합은 유럽경제공동체에 비해 훨씬 느슨한 기구였으며, 순전히 (이름에서 알 수 있듯이) 국가 주권의 약화를 요구하지 않고 궁극적인 정치적 통합의 목표도 없는 무역 조직에 불과했다. 그것은 또 처음부터 가장 중요한 회원국인 영국의 경제 실적이 신통치 않았기 때문에 더욱 힘이 빠졌다.

영국 경제는 이 무렵 전후의 첫 몇 년 동안 잠시 누렸던 유럽에서의 경제적 우월을 상실했을 뿐 아니라 급속히 성장하는 대륙의 경제

---

242)   European Free Trade Association, EFTA. 유럽경제공동체(EEC, 현재의 유럽연합)에 가입하지 않았던 유럽의 7개 국가가 유럽경제공동체에 대항하기 위해 영국이 중심이 되어 1960년에 설립한 국제기구. 현재는 일부 국가가 탈퇴하여 아이슬란드, 노르웨이, 스위스, 리히텐슈타인의 4개 국가만으로 유지되고 있다.

들에 추월당하고 있었다. 영국 경제가 지니고 있던 교역의 힘은 줄어들고 있었고, 영연방과의 관계는 쇠퇴하고 있었으며, 미국과의 '특별한 관계'는 대체로 일방적이었다. 그러므로 1961년에 영국이 태도를 바꿔 유럽경제공동체 가입을 신청하기로 결정한 것은 놀랍지 않다. 기존 회원국들에게는 주로 두 가지가 걱정이었다. 첫째는 영국이 영연방과 맺은 교역 협정 문제였는데, 이 협정은 조정될 수가 없는 것이었다. 둘째는 자유무역에 대한 거의 배타적인 영국의 몰두가 유럽경제공동체의 장기적인 정치적 목표를 방해하고, 어쩌면 해칠 수도 있을 것 같다는 두려움이었다. 영국의 가입 신청은 실제로 부대조건이 따라왔다. 첫째, 영국 농업 및 영연방의 관계를 위한 안전장치, 둘째, 유럽경제공동체에 가입하기를 원하는 유럽자유무역연합 국가들과의 합의였다. 이는 상당한 장애물이었다. 하지만 영국의 가입 신청은 직접적으로는 서로 대립하는 프랑스의 국가 이익이라는 암초에 부딪혀 실패할 것이었다. 1963년에 가입 신청은 프랑스 대통령 샤를 드골의 철저한 '거부'에 봉착했다. 드골은 1967년 영국이 두 번째 신청을 했을 때 영국의 가입에 대한 거부를 되풀이할 터였다.

드골은 기본적으로 영국이 유럽경제공동체에서 프랑스의 우위를 빼앗고, 공동체의 프랑스·독일 기초에 타격을 주게 될 가능성을 방지하는 데 관심이 있었다. 드골은 또 영국과 미국 사이의 긴밀한 관계를 불신했는데, 그가 보기에 이것은 프랑스의 유럽 리더십과 강대국으로서의 위신에 대한 주요 위협이었다. 하지만 영국의 참가에 대한 부정적인 자세를 차치한다면, 드골은 기껏해야 상반된 감정이 서로 병존하는 유럽인이었고, 그의 대통령 재임기는 유럽 통합의 대의에는 힘든 시기였다. 미국의 우위에 맞서 프랑스의 옛 영광을 회복하고 프랑스의 강대국 야심을 유지해야 한다는 데 온통 시선이 쏠려 있는 전통적인 프랑스 민족주의자였던 드골은 제한된 형태의 유럽 통합이 자신의 나라에 가져다준 혜택을 실용적으로 받아들일 태세가 되어 있었다. 하지만 그가 원한 것은 초국적 권력이 아니라 '조국들의 유럽'이었다. 드골판 유럽연합은 프랑스가 지배적인 반면 독일인들은 자발적이긴 하지만 종속적인 파트너이고, 영국과 미국의 영향이 차단되는 연합이었다. 드골은 프랑스의 국가 주권을 잠식하는 것이라면 무엇이든 단호하게 반대했고, 유럽경제공동체 위원회의 강화에 저항했으며, 유럽경제공동체의 이익보다 프랑스의 이익을 일관되게 앞세웠다.

그 결과 긴장이 조성되면서 1965년에 공공연한 갈등이 발생했다. 위원회의 권한을 둘러싼 문제가 불거진 것이었다. 계기는 복잡한 농업 문제였다. 지루한 협상 끝에 1962년 고정된 가격의 농산물을 위한 단일한 시장을 마련하고 농부들에게 보조금을 지급하는 '공동 농업 정책Common Agricultural Policy, CAP'을 수립하자는 합의가 이루어졌다. 하지만 공동 농업 정책에 재정을 지원하는 문제가, 위원회의 권한을 확대하여 그들에게 역외 관세의 세수에 대한 통제권을 부여하자는 제안, 그리고 유럽의회[243]에 입법권이 주어져야 한다는 주장과 뒤얽히

243)　　European Parliament, EP. 유럽연합의 입법기관. 유럽석탄철강공동체가 1952년 공동의회를 창설하고 6개 회원국 의회에서 78명의 의원을 선출했다. 1958년 이것이 확장되어서 유럽경제공동체와 유럽원자력기구를 포괄하게 되었고, 명칭도 '유럽의회회의(European Parliamentary Assembly)'로 변경되었다. 이 유럽의회회의

게 되었다. 아마도 이는 유럽경제공동체의 초국적 권위를 확대하는 것을 의미했을 것이다. 이것이 농업 합의의 조건이 되었을 때 드골은 (공동 농업 정책이 프랑스 농부들에게 혜택을 주었겠지만) 그 자신의 조건을 제시했다. 프랑스에 자신이 만족하는 해결책과 유럽경제공동체에서 초국적 권력의 강화에 대한 거부권이 주어지지 않는다면, 프랑스는 유럽의 기구들을 보이콧하리라는 것이었다.

드골이 프랑스 대표들에게 위원회의 협상에서 철수하라고 지시를 내린 후, 프랑스는 7개월 동안 그렇게 했다. 그 결과 발생한 이른바 '공석 위기'는 1966년의 어색한 '뤽상부르 타협'으로 마침내 해결되었다. 이것은 "매우 중요한 국가 이익"(정의되지 않았다)이 달린 문제에 관한 거부권과 농업에 관한 조건부 다수결 표결, 그리고 위원회의 약화를 허용했는데, 이제 위원회는 일부 영역에서 자신의 특권에 대해 (회원국들을 대표하는) 이사회의 승인을 받아야 할 것이었다. 국가 이익과 초국적 기구를 조화시킨다는 근본적인 문제는 해결을 향해 나아가기는커녕 더욱 확대되었다. 드골이 프랑스에 여전히 집권하고 있는 한 이것은 바뀔 것 같지 않았다.

이 무렵 '유럽 프로젝트'는 얼마간의 성공을 가리킬 수 있었다. 1965년 유럽경제공동체, 유럽원자력공동체, 유럽석탄철강공동체를 합하기로 결정했을 때 제도적·행정적으로 얼마간의 간소화가 이루

가 1962년에 '유럽의회'가 되었다. 현재 28개 유럽연합 회원국의 시민들에 의해 5년에 한 번씩 직접선거로 선출되며, 프랑스 스트라스부르에 본부가 있다. 주요한 입법 기능은 각료 이사회가 주로 행사하지만, 마스트리흐트 조약 이후로는 입법기능과 정치적 영향력이 점차 강화되고 있다.

어졌다. 그리고 때때로 빌빌거리긴 했지만, 특히 무역 자유화에서 확실히 경제적 진전이 있었다. 1968년 마지막 역내 관세가 제거되었고, 통합 역외 관세가 도입되었다. 투자와 기술 이전의 확대와 더불어 무역 자유화 때문에 경쟁이 가중되었고, 규모의 경제는 유럽 성장률에 1퍼센트로 추산되는 성장을 추가했다.

그러나 좋지 않은 점으로는 공동 농업 정책이 여전히 두통거리로 남아 있었고, 1969년 화폐동맹으로 나아가기 위한 심의는 각국 통화의 힘이 (특히 프랑스 프랑화와 독일마르크화 사이에) 동등하지 못한 상황에서 실패한 것으로 드러났다. 하지만 정치적으로 연합은 어느 때보다 멀리 있는 목표 같았다. 모든 방면에서 통합은 1950년 이래 일종의 유럽 폭스트롯[244] 춤처럼 전진했다. 두 스텝 앞으로, 한 스텝 옆으로, 한 스텝 뒤로. 사실, 시작부터 통합을 향한 움직임은 압도적으로 **국가적** 동기에 의해 추진되었다. 처음에는 프랑스의 우위를 보장하는 것이었고, 그다음에는 독일 국민국가를 재수립하는 하나의 발판이 되는 것이었다. 점점 더 긴밀해지는 연합의 목표는 실제로는 유럽 국민국가 체제를 뒷받침했다.

유럽경제공동체의 핵심 6개 창립국은 1973년까지 확대되지 않았다. 그전에 그리스(1962년)와 터키(1964년)에 준회원국 지위가 주어졌

---

244)   foxtrot. 4분의 4박자의 기본 4비트 리듬을 깔고 진행되는 춤이자 춤곡으로, 줄여서 폭스라고도 한다. 1914년에 미국 보드빌 쇼의 유명 연예인이었던 해리 폭스(Harry Fox)가 고안했다고 해서 이런 이름이 붙은 것으로 알려져 있다. 그 후 미국을 중심으로 빠르게 확산되었고 재즈, 블루스, 왈츠, 탱고 등과 영향을 주고받으며 다양하게 분화되었다.

다. 그러나 그리스의 지위는 1967년 4월 군사 쿠데타로 민주주의가 갑자기 (일시적으로) 끝장났을 때 정지되었다. 몰타(1971년)와 키프로스(1973년) 역시 준회원국 지위를 얻었고, 다양한 공산품 수입에 대해 아프리카의 몇몇 개발도상국에 호혜적 조건이 부여되었다. 그러나 드골이 두 차례에 걸쳐 영국의 가입에 거부권을 행사한 것은 유럽경제공동체가 1957년에 창설된 원래의 6개국 '클럽'으로 여전히 남아 있음을 의미했다. 하지만 프랑스를 제외하고 나머지 5개국은 영국의 회원 가입에 훨씬 우호적이었다. 1969년 4월 드골이 퇴임하고 1970년 유럽 통합을 강력히 옹호하는 보수주의자 에드워드 히스[245]가 선거에서 예상을 뒤엎고 승리한 후 영국 총리가 되자, 유럽공동체(1967년부터 이 명칭으로 불렸다)를 확대하여 영국을 포함할 가능성이 크게 증가했다.

신임 프랑스 대통령 조르주 장 레몽 퐁피두[246]는 고집스러운 전임자보다 영국의 유럽공동체 가입에 개방적이었다. 이것은 어느 정도는 퐁피두가 서독의 위상에 대해 균형을 잡을 필요가 있다고 보았기 때

---

245)　Edward Heath(1916~2005). 영국의 군인이자 정치가. 1970~1974년 총리를 지냈다.

246)　Georges Jean Raymond Pompidou(1911~1974). 프랑스의 정치가. 1969~1974년 국민연합 소속으로 프랑스 대통령을 지냈다. 제2차 세계대전 중에 대독 레지스탕스 운동에 가담했으며, 샤를 드골 정부에서는 총리를 역임했고, 그의 뒤를 이어 대통령이 되었다. 기본적으로 드골의 후계자로서 등장했으나, 드골의 노선을 견지하면서도 더 실용주의적인 경향을 띠었다. 외교적으로는 영국의 유럽공동체 가입을 이끌었으며, 산업화 계획과 유럽 공동의 로켓 발사 계획을 적극적으로 추진했다.

문이다. 당시 번영하는 경제와 강한 통화 덕분에 서독은 의심할 여지가 없는 경제적 유력 국가로 탈바꿈했고, 프랑스는 처음에 당연하게 여겼던 자국의 우위가 약화된 상태였다. 게다가 연방공화국의 사회민주당 총리(1969년 10월부터) 빌리 브란트[247]는 동방정책Ostpolitik이라는 이름으로 동유럽과 새로운 관계를 형성하기 시작했는데, 이 동방정책은 유럽공동체와 프랑스에 알 수 없는 결과를 낳았다. 영국 측에서는 유럽공동체에 가입하려는 시도를 마지막으로 할 때였다. 비교적 미국에 냉담했던 히스는 신념이 유럽주의였다. 히스는 노르망디 상륙 이후 영국군에서 복무하는 동안 목격했던 대대적 파괴에 너무나도 마음이 아팠다. 유럽 통합은 그의 세대의 다른 이상주의자들과 마찬가지로 그에게도 지속적인 평화를 보장할 유일한 길이었다. 그리고 국가 이익이라는 관점에서 유럽공동체에 가입하는 것은 매력적인 선택지인 것 같았다. 영연방과의 교역이 급감하고 있을 때 유럽공동체에 가입하는 것은 (상태가 좋지 못하고 높은 인플레이션에 시달리며 산업 소요로 괴로웠던) 영국 경제에 서유럽에서 발전한 훨씬 더 성공적인 공동시장으로부터 혜택을 볼 기회를 제공할 터였다. 1971년 5월 파리에서 퐁피두와 히스가 가진 회의 이후 브뤼셀에서 있었던 세세한

247)   Willy Brandt(1913~1992). 독일의 정치가. 1969년부터 1974년까지 독일연방공화국의 제4대 총리를 맡았으며, 1961년부터 1988년까지 독일 사회민주당을 이끌었다. 1971년 동독 및 공산주의 국가들과의 동방정책으로 노벨 평화상을 받았다. 동방정책으로 동독과 폴란드, 소련과의 관계를 평화적으로 이끌어 독일 통일의 기틀을 마련했다는 평가를 받고 있으며, 기욤 사건으로 총리직에서 물러난 뒤에도 왕성하게 정치 활동을 했다.

협상은 영국이 1973년 1월 1일 자로 유럽공동체의 회원국이 되는 길을 닦았다. 아일랜드와 덴마크도 그때 가입했다. 그러나 노르웨이는 가입 신청으로 나라가 격렬하게 분열했다. 1971년 국민투표가 실시되었고, 53퍼센트의 유권자가 가입을 거부하자 노르웨이의 유럽공동체 참여에 대한 기대는 끝났다.

유럽 공동체가 이제 9개국으로 확대되자 앞으로 밝혀지듯이 지속적인 어려움이 새로 생겨났다. 영국의 반쯤은 무심한 듯한 태도가 그것이었다. 히스는 영국에서 유럽 이상주의자들의 작은 소수파 그룹에 속해 있었다. 그의 당(그리고 그 너머)에는 제국이 끝났다는 것, 그리고 영국의 위상이 사실상 유럽의 중간급 강국의 지위로 축소되었다는 사실을 받아들일 수 없는, 특히 구세대의 많은 이들이 있었다. 영국 국민의 대다수는 기껏해야 유럽공동체에 무관심했고, 좌파는 '부자 클럽'으로 인식된 이 기구에 반대했다. 유럽공동체에 찬성한 사람들은 일반적으로 경제적 이점이 있을 거라고 생각했기 때문에 그랬지, 다른 이유가 있는 것은 아니었다. '유럽'은 손익계산서였다. 유럽공동체는 그 후 시기에는 '공동시장'이라고 분명히 일컬어졌다. 영국은 유럽공동체 내부에서 형편이 더 좋아질 것인가, 아니면 계속 밖에 머물러 있을 것인가? 그것이 대부분의 사람들이 유일하게 궁금해하는 질문이었다.

그들은 영국을 유럽의 일부로 보지 않았다. 그리고 실제로 몇몇 중요한 점에서 영국의 역사적 발전은 영국을 유럽 대륙과 구별시켰다. 수세기 동안 이어져온 영국의 의회주권, 전통, 고래의 제도와 사법 체계는 침략과 점령으로 중단된 적이 없었다. 영국의 근대사는 유럽과의 유대 관계보다는 해외 제국에 의존해왔다(최근의 기억으로는 두 차례의 유럽 전쟁에서 싸울 수밖에 없었던 경우를 제외하고). 12진법 통화와 측정법(1971년 많은 사람에게 유감스럽게도 유럽 무역을 촉진하기 위해 10진법으로 바뀌었다)은 사람들에게 일상적인 측면에서 자신들이 유럽 대륙의 나라들과 다르다는 것을 상기시켰다. 구별 의식은 대륙의 가장자리에 자리 잡아서 영국해협 못지않게 대서양도 건너다보는 섬이라는 영국의 지리적 위치에 의해 더욱 강화되었다. 이 모든 것은 다른 무엇보다도 자신의 완전한 독립이 외부로부터 어떤 침투도 허용하지 않을 국민국가로서 영국의 오랜 주권과 빈틈없이 보호되는 권력 속에 포함되어 있었다. 그러므로 정치가들(보수당과 노동당)과 대다수 평범한 시민들은 자신들의 섬나라 기질을 극복하고 유럽공동체의 일부임을 마지못해가 아니라 기꺼이 받아들이기 위해서는 상당한 설득이 필요했다. 이 섬나라 기질은 뿌리 깊은 편견을 낳았다. 영국의 남부 해안에서 불과 30여 킬로미터밖에 떨어져 있지 않은 프랑스는 '외국'으로 여겨졌고, 반면에 2만 킬로미터나 떨어져 있는 오스트레일리아는 외국으로 여겨지지 않았다.

물론 세월이 흐르면서, 특히 젊은 세대 사이에서 그러한 태도는 바뀌었다. 그러나 영국이 이때까지 매우 당연하게도 핵심 회원국에 적합한 식으로 진화해왔던 유럽공동체에 뒤늦게 가입할 것이라는 사실은 피할 길이 없었다. 공동 농업 정책은 소비자들이 이제 경쟁력이 없는 대륙(특히 프랑스)의 농부들에게 보조금을 지급하기 위해 높은 식품 값을 치러야 하는 영국에서 분노를 일으킬 수밖에 없는 분야였다. 이미 능률적인 영국 농부들도 상당히 이득을 볼 것이라는 사실은 마구 날뛰는 인플레이션으로 진작에 큰 타격을 받은 영국 소비자들에게 위안을 주지 못했다. 그리하여 '공동시장'은 다소 불길하게 영국에서 시작되었다. 그러나 재계와 정부는 공동시장에 속하지 않는 데 따르는 불리한 점을 강조했다. 이 주장은 아무리 의심되더라도 설득력이 있는 것 같았다. 1975년 국민투표에 부쳐졌을 때, 3분의 2에 이르는 다수 국민은 영국이 유럽공동체 내에 있는 데 찬성했다. 많은 이들이 '유럽'에 머무르는 데 투표했다. 왜냐하면 그들은 1957년 로마조약에서 정식으로 기술되었던 "점점 긴밀해지는 연합"이라는 기본적인 정치적 목표는 무시하면서(혹은 의식하지 못하면서), 이것이 확대된 자유무역 지역에 속하는 것을 의미하고 따라서 경제적 혜택을 받을 것이라고 생각했기 때문이다. 그럼에도 그것은 대부분의 영국인이 나라의 장래는 유럽 인접국들과 더욱 긴밀한 관계를 맺음으로써 가장 잘 보장된다는 것을 인정했음을 보여주는 인상적인 결과였다. 영국이 유럽의 일부라는 의식은 특히 교육을 더 잘 받고 더 부유한 사회 부문에서 매우 강력했다. 하지만 (유럽공동체 위원회가 있는) '브뤼셀'에서 비롯하고 '브뤼셀'과 관련된 모든 것에 대한 적대감이 여전히 남아 있었고, 이 적대감은 경제적 통합을 좀 더 긴밀한 정치적 연합으로 전환한다는 목표를 계속 복잡하게 만들고 약화할 것이었다.

1973년경에 유럽공동체는 미래에 있을지도 모르는 어떤 어려움보다도 영국의 배타주의적 이해를 조정하는 문제에 대해 걱정할 것이 훨씬 더 많았다. 미국 경제의 문제들, 특히 국제수지 적자는 유럽의 통화 안정에 영향을 미치고 있었다. 영국은 1967년에, 프랑스는 1969년에 자신들의 통화를 평가절하했던 반면, 독일마르크화의 비상한 강세는 자신들 사이에서 고정환율을 유지하는 데 점점 어려움이 있던 유럽 국가들 간의 명백한 경제적 불균형을 반영했다. 1971년에 1944년 7월의 국제조약으로까지 거슬러 올라가는, 태환 고정환율 통화의 브레턴우즈 체제[248]가 포기되었고, 그 대신 좀 더 탄력적인 변동환율제가 채택되었다. 실제로 이는 유럽공동체의 국가들 사이에서 서독의 재정적 우위를 더욱 확고히 했다.

● ○ ●

하지만 서유럽 경제들에 대한 진정한 타격은 1973년의 석유 위기와 함께 찾아왔다. 이것은 네 번째이자 제일 규모가 컸던 아랍·이스라엘 전쟁―1948년, 1956년(수에즈의 대실패)의 전쟁과 영토 면에서 이스라엘에 큰 이득을 주었던 1967년의 육일전쟁[249] 이후―에 뒤이어

---

248) Bretton Woods system. 국제적인 통화제도 협정에 따라 구축된 체제로, 제2차 세계대전 종전 직전인 1944년 미국 뉴햄프셔주 브레턴우즈에서 44개국이 참가한 연합국 통화 금융 회의에서 탄생했다. 이 협정을 '브레턴우즈 협정'이라 부른다. 협정에 따라 IMF와 세계은행(World Bank) 그룹의 하나인 국제부흥개발은행(IBRD)이 설립되었다. 달러화를 기축으로 하는 금본위제 바탕의 통화 가치 안정, 무역 진흥, 개발도상국 지원을 통해 환율을 안정시키는 것이 주요한 목표였다.

249) Six-Day War. 1967년에 아랍 연맹과 이스라엘 사이에 벌어진 제3차 중동 전쟁을 가리킨다. 6월 5일부터 6월 10일까지 단 6일 동안 진행되었기 때문에 육일전쟁이라고도 한다. 수에즈전쟁 이후 중동 분쟁은 1964년 5월 '팔레스타인해방기구(PLO)'가 결성되어 아랍 국가들이 그 대표권을 승인함으로써 새로운 양상으로 확대되었다. 팔레스타인해방기구는 그 헌장에서 이스라엘 말살과 팔레스타인 국가 건국을 규정하고 이집트와 시리아 등 아랍 국가의 지원하에 알파타(Al-Fatah)

발생했다. 당연히 아랍 국가들은 1967년 6월 이스라엘의 선제공격으로 빼앗긴 영토를 받아들이기를 거부했다. 이 전쟁으로 그전에 아랍인들이 소유했던 엄청난 넓이의 땅이 축소되었고, 반면 이스라엘은 예루살렘 전역을 통치하는 한편 골란고원과 시나이반도를 합병하여 영토가 3배 이상 확대되었다. 아랍 국가들은 조용히 복수를 계획했다. 1973년 10월 6일, 유대인의 축일인 욤 키푸르(속죄일) 때 이집트와 시리아가 이스라엘에 대해 대대적인 군사 공격을 개시했는데 처음에는 매우 성공적이었다. 하지만 이스라엘인들은 강력하게 반격을 가했고, 초강대국들의 개입(크게 훼손된 이스라엘 경제의 재건을 돕기 위해 미국의 원조도 엄청나게 증가했다)으로 그달 말 어색한 휴전이 성사되기 전에 주도권을 상당 부분 되찾았다.

아랍 국가들은 서방에 맞서 사용할 준비가 되어 있는 강력한 신무기로서 석유에 눈을 돌렸다. 중동은 1945년에 세계 석유의 불과 7퍼센트만을 생산했다. 1973년경 이 비율은 거의 5분의 2가 되었다. 전쟁의 와중에서 석유수출국기구[250]라는 카르텔을 통해 활동하던 아랍

와 팔레스타인해방군(PLA) 등의 무장 조직을 동원하여 이스라엘에 대한 무차별 테러 공격을 감행했다. 이에 1967년 6월 5일 이스라엘은 항공기를 통한 공중 기습 공격과 시나이반도에 대한 대공세를 전개해 개전 4일 만에 시나이반도, 요르단강 서안 지구, 골란고원 등을 점령했다. 6월 6일 국제연합 안전보장이사회의 정전 결의안을 양측이 수락하여 6월 10일 전쟁이 중지되었다.

250) Organization of Petroleum Exporting Countries, OPEC. 석유 정책을 조정하기 위해 1960년 9월 14일에 결성된 범국가 단체다. 오스트리아의 빈에 본부가 있다. 현재 이란, 이라크, 쿠웨이트, 사우디아라비아, 리비아, 카타르, 나이지리아 등 총 12개 국가가 회원국으로 활동하고 있다.

석유장관들은 서방 석유 기업들에 유가를 70퍼센트 인상하고 25퍼센트 생산을 감축하며 미국을 비롯한 이스라엘 지지국들에 석유 금수 조치를 취하는 데 동의했다. 이는 국제적인 갈등에서 새로운 출발을 나타냈으며, 석유 소비에 지나치게 의존하던 서방 경제에 엄청난 문제를 초래했다. 서방이 후원하고 엄청나게 득을 보았던 석유 체제는 이제 자신의 이익을 스스로 방어할 수 있고 또 방어할 준비가 되어 있었는데, 그 효과는 극적이었다. 유가 4배 인상은 거의 모든 경제적 계산과 추정에 파괴적인 영향을 미쳤다. 뒤이은 공황 상태에 가까운 극심한 충격으로 (외부의 국가들뿐 아니라) 유럽공동체의 개별 국가들은 각자 자체 해결책을 모색함에 따라 또다시 통합의 진전이 제한되었다.

석유 위기는 혹독한 경기 후퇴를 가져왔는데, 이는 제2차 세계대전 이래로 처음 겪은 심각한 후퇴였다. 좀 더 넓은 의미에서 그것은 유럽에 새로운 시대의 개시를 알리는 것이었다. 전후 호황의 시기는 끝났다. 좋은 시절은 종언을 고했다.

5

파국 이후의 문화

나는 더는 어떤 것도 확신하지 않는다.

장폴 사르트르, 1951년

어-웝-밥-어-루-밥-어-웝-밤-붐!

'투티 프루티,' 리틀 리처드, [251] 1955년

문화는 사회의 영혼을 들여다보는 창문을 제공한다. 그것은 유리가 많은 창문이며, 각각의 유리는 색깔이 다르다. 몇몇 유리는 불투명하다. 너무 불투명해서 그것들을 통해 아무것도 볼 수가 없다. 바로 그런 것이 자유 사회의 문화적 표현이 보여주는 다양성이라서 간단명료한 요약은 거의 불가능하고, 공통의 분명한 해석 방식을 찾는 것은 극히 어렵다. 그러나 문화는 매우 다른 방식으로 전후 초기 몇 십 년 동안의 유럽의 성격을 이해하는 실마리를 던져 준다. 철의 장막과 동유럽 및 서유럽의 문화적 발전의 다양성—주로 상이한 수준의 정치적 통제의 반영—에도 불구하고, 그리고 국민국가들의 시대에 문화에 대한 의심의 여지 없는 민족적 영향에도 불구하고, 공유된 문화는 많은 점에서 유럽 대륙을 규정하는 주요 실체였다.

　1950년부터 1973년 사이 거의 끊임없이 경제가 성장하고 번영이

---

251)　Little Richard(1932~2020). 미국의 가수이자 배우. 본명은 리처드 웨인 페니먼(Richard Wayne Penniman)이다. 1950년대 중반 역동적인 음악과 카리스마 있는 쇼맨십으로 로큰롤의 기초를 놓았으며, 소울과 펑크를 비롯한 다른 대중음악 장르의 형성에도 중요한 역할을 했다고 평가된다.

확산한 '좋은 시절' 동안 유럽 문화는 대체로 미래를 생각했다. 이는 단순히 전례 없는 속도로 경제가 가파르게 발전했다는 사실을 반영하는 것만은 아니었다. 그것은 민족주의 과거의 깊은 상처를 극복하기 위한 초기의 정치적 발걸음에 부응하는 것이기도 했다. 인류는 자신이 원하는 것은 무엇이든 실질적으로 이룰 수 있다는 낙관주의가 확산하고 있었다. 이것은 과학이 성취할 수 있는 것에 대한 거의 종교적인 믿음을 수반했다. 소련과 미국이 개척한 우주여행은 그와 같은 신념을 뒷받침하는 것 같았다. 더욱 밝은 미래에 대한 위대한 약속을 보여준 과학, 특히 의학 분야에서 이루어진 다른 진보들도 마찬가지였다. 무엇보다도 1960년대 말에 맹렬하게 표출된 젊음에 대한 예찬과 세대 반란은 과거와의 의식적 단절을 체현했다. 팝 뮤직은 어디서나 흔히 볼 수 있는 그것의 표현 수단이었다. 서유럽 전역에서, 심지어 철의 장막을 넘어서 1950년대 중반의 엘비스 프레슬리[252]와 거의 10년 뒤의 비틀스나 롤링 스톤스 같은 우상은 새로운 시대, 젊은이들의 차지인 미래를 나타냈다. 민중 문화는 바로 지금에 초점을 맞췄고, 그것을 넘어 더 좋은 세계가 올 것이라는 확신에 찬 기대 속에 살아가는 일은 역사상 그 어느 때보다도 빠른 속도로 바뀌기 시작했을 사회 가치의 변화를 촉구하는 데 도움을 주었다.

그러나 유럽은 자신감 있게 미래를 내다보았지만 과거를 잊을 수

---

252)   Elvis Aaron Presley(1935~1977). 미국의 가수, 작곡가, 음악가, 배우. 역사상 가장 많은 음반을 판매한 아티스트로서 20세기의 가장 영향력 있는 음악가로 평가된다. 팝, 컨트리, 블루스, 복음성가 등 많은 장르에서 작품을 생산했고, 흔히 '로큰롤의 제왕'으로 불린다.

는 없었다. 과학자들의 낙관주의는 동전의 일면이었다. 동전의 다른 면은 전후 초기에 문인들 사이에 팽배했던(그리고 이해할 만한) 비관주의 의식이었다. 조지 오웰은 특히나 암울한 까닭을 제공했다. "대략 1930년 이래 세계는 낙관주의를 품을 이유를 조금도 주지 못했다. 엄청난 양의 거짓말과 잔인함, 증오, 무지 말고는 아무것도 눈에 보이지 않았다." 오웰이 영국의 지식인이 아니라 훨씬 더 유럽 대륙의 지식인다웠는데도 불구하고 그가 느낀 이러한 간단없는 절망감은 경제 회복이 가속하면서 점차 줄어들긴 했다. 하지만 그 절망감은 새로운 유형의 사회적 비판으로 대체되었는데, 이 사회적 비판의 많은 부분은 우울한 과거가 아니라 현재의 물질주의적 소비사회의 얄팍함을 겨냥했다. 그러나 유럽이 통과했던 공포는 다른 방식으로 계속 되돌아왔다. 그것은 문화적 표현의 피할 수 없는 구성 요소였다. 독일 철학자 테오도어 비젠그룬트 아도르노[253](나치 시대에 주로 망명지인 미국에서 시간을 보냈다)는 1949년에 "아우슈비츠 이후 시를 쓰는 것은 야만적이다"라고 언급했다. 이것을 글자 그대로 받아들일 수는 없었다. 실제로 루마니아 태생의 유대인 파울 첼란[254]이 쓴 강렬한 시 〈죽

253)   Theodor Wiesengrund Adorno(1903~1969). 독일의 사회학자, 철학자, 피아니스트, 음악학자, 작곡가. 막스 호르크하이머와 더불어 프랑크푸르트학파 혹은 비판이론의 1세대를 대표하는 학자다. 그 밖에 프랑크푸르트학파에 속하는 학자로는 발터 베냐민, 허버트 마르쿠제 등이 있으며 위르겐 하버마스는 2세대 연구자다. 대표적인 저서로 미국 망명 중에 호르크하이머와 공동으로 집필한 《계몽의 변증법》을 비롯하여 《부정 변증법》, 《미니마 모랄리아》, 《신음악의 철학》, 《미학이론》 등이 있다.
254)   Paul Celan(1920~1970). 루마니아 출생의 독일어 시인. 처음에는 의학을

음의 푸가(Die Todesfuge)는 이것이 허위임을 보여주었다. 첼란의 부모는 추방되어 죽었고, 그 자신은 전쟁 끝 무렵에 노동수용소에서 시간을 보냈다. 1952년 독일어로 출판된 후 널리 알려지게 된 〈죽음의 푸가〉는 집단수용소에서 생을 끝내가는 몹시 수척한 죽음의 이미지를 분명하게 묘사했다. 첼란은 자신의 시를 비명이자 무덤으로 여기면서 아도르노가 제시한 성찰의 본질을 전형적으로 보여주었다. 그는 추방과 부모의 죽음에서 결코 완벽하게 회복되지 못했고, 우울증을 반복해서 겪었으며, 오랜 세월이 지난 1970년 4월에 파리 외곽의 센강에서 시신이 발견되었다. 아도르노는 유럽이 최근 비인간성의 심연 속으로 참담하게 돌진했던 그 의미를 전후 시기에 파악하고자 노력한 지식인이나 창작 예술인들의 곤혹감을 포착했다.

대부분의 사람들은 각자 자신의 시각으로 세상을 바라보았다. 전쟁 동안이나 전쟁 후에 태어난 사람들은 멋진 신세계의 즐거움과 경험을 원하면서 전후의 긴축과 고통을 빠져나왔다. 비통한 운명을 겪은 수백만 명을 비롯해 두 차례의 세계대전을 치르고 그 속에서 싸웠던 사람 중 많은 사람, 아마도 대부분은 끔찍한 과거를 깊이 생각하고 싶지 않았다. 헤아릴 수 없이 많은 그들 역시 과거의 고통을 어

공부했으나 전쟁으로 중단하고 소련군 점령 후에는 빈으로 피신하여, 그곳에서 첫 시집을 발표했다(1947). 1948년에 프랑스 시민권을 얻어 파리에서 살며 프랑스어·러시아어 어학 교사 겸 번역가로 일하면서 시인으로 활약했다. 시집 《기이함과 기억》(1952), 《문지방에서 문지방으로》(1955), 《말의 울타리》(1959) 등이 있다. 아우슈비츠 이후 프랑스 시인 에드몽 자베스와 더불어 가장 돋보인 유대계 시인으로 손꼽힌다.

쩔 수 없이 되새기지 않기를 바라면서 좀 더 밝은 미래를 원했다. 실제로 두 차례의 세계대전과 홀로코스트에 관한 관심은 20세기의 마지막 사반세기 때보다도 1950년대와 1960년대에 더 낮았다. 그럼에도 최근의 과거의 그림자는 전후 초기 몇 십 년 동안 쉽게 떨쳐지지 않았다. 문화와 지적 흐름, 사람들의 사고방식에서 최근의 과거는 언제나 현재였다. 그것은 없어지기를 바랄 수가 없는 것이었다.

과거의 그림자

제2차 세계대전의 충격은 철학이나 역사보다 창작 예술에서 덜 분명했다. 그렇지만 창작 예술에서도 충격은 있었다. 리하르트 바그너[255]의 음악에 대한 전후의 태도 변화가 좋은 예다. 리하르트 바그너의 이념적 반유대주의, 바그너 가족과 히틀러의 긴밀한 관계, 나치 문화의 성지로서 바이로이트(바그너 연례 축제의 고향)의 활용은 홀로코스트를 목격했던 세계에서 이 작곡가의 작품을 수용하는 데 주요한 걸림돌이 되었다. 바그너는 다른 작곡가와는 달리 감정을 양극화했다. 바그너의 음악극을 천재성과 위엄의 유례없는 작품으로 찬미하는

255)　Wilhelm Richard Wagner(1813~1883). 독일의 피아노 연주자, 작곡가, 지휘자, 음악이론가. 독일 낭만주의 오페라를 완성했고, 후기 작품에서 사용된 화성 어법을 통해 고전주의 조성을 해체하려 했다. 또한 저술 활동을 통해 음악극이 사회 개혁에 도움이 될 수 있다고 믿었으며, 예술이 이익을 추구해서는 안 된다고 주장했다. 더 나아가 철학적 민족주의자로서 독일 음악은 피상적인 이탈리아나 프랑스 음악과 달리 순수하고 영적이며 심오하다고 역설했다.

사람들의 반대편에는 바그너와 그의 음악에서 독일 민족주의, 반유대주의, 그리고 궁극적으로는 나치즘과 전쟁과 제노사이드의 결정적인 문화적 지주를 본 사람들이 있었다. 바그너의 바이로이트 극장인 '축제공연극장Festspielhaus'이 다른 작곡가들의 콘서트와 오페라를 공연하는 데 사용된 지 5년이 지난 후 1951년 바이로이트 축제는 부활했고, 곧 바그너의 손자들, 처음에는 빌란트Wieland, 그 후에는 볼프강Wolfgang의 감독 아래 곧 다시 성대하게 진행되었다. 예술 상연에서 빌란트가 보인 단호한 결별은 전전에 있었던 나치즘과의 관계를 분명히 끊어 버리는 것이었다. 그렇지만 바그너와 나치즘 간의 강력한 연관의 오점은 결코 완전히 제거될 수는 없었다.

드미트리 드미트리예비치 쇼스타코비치[256]의 작품 역시 고전음악에서 과거가 현재 정치와 어떻게 공공연히 밀접하게 관련될 수 있었는지를 명확히 보여준다. 1941년부터 1943년 사이에 끔찍한 독일군의 포위 작전이 전개되는 동안 굶주림에 시달리던 레닌그라드시 현장에서 처음으로 공연된 쇼스타코비치의 장대한 제7번 교향곡 〈레닌그라드Leningrad〉는 소련에서 주민들의 엄청난 고통에 바치는 기념비라는 신성한 지위를 얻었다. 그것을 넘어 〈레닌그라드〉는 '대조국전쟁'에서 파시즘에 대한 승리를 통해 획득된 소련 인민들의 희망을

---

256) Dmitry Dmitrievich Shostakovich(1906~1975). 소련의 작곡가. 주로 낭만파의 작품을 썼으며, 특히 구스타프 말러의 영향을 많이 받았다. 무조주의 형식을 도입했고, 종종 12음렬 기법을 사용하기도 했다. 주요 작품으로는 교향곡과 현악 사중주 각각 열다섯 곡이 있으며, 오페라와 6개의 협주곡, 영화 음악도 널리 알려져 있다.

나타냈다. 그러나 쇼스타코비치 음악의 실험적 형식은 전쟁 전에도, 전쟁 후에도 소련 체제의 신랄한 비판을 받았다. 실제로 작곡가는 1930년대 말에 아마도 오로지 자신의 명성 덕분에 스탈린 숙청의 또 다른 희생자가 되는 것을 모면했을 것이다. 쇼스타코비치는 소련 체제의 불만을 각오하는 행동을 계속했다. 심지어 흐루쇼프의 '문화적 해빙' 아래에서도 쇼스타코비치는 아슬아슬한 삶을 살았다. 1945년에 있었던 드레스덴 폭격을 기념하기 위해 1960년에 작곡한 그의 현악 4중주 8번 〈파시즘과 전쟁의 희생자들을 추모하며In Memory of the Victims of Fascism and War〉는 '부르주아 형식주의'라고 비난받았던 이전 작품들의 주제들을 되풀이했다. 그리고 1941년 키예프 인근에서 3만 3771명 (이 수치는 바로 나치 학살자들의 기록에서 나온 것이다)의 유대인을 대량 학살한 사건을 회고한 예브게니 알렉산드로비치 옙투센코[257]의 시에 바탕을 둔 그의 제13번 교향곡 〈바비 야르Babi Yar〉(1962)는 유대인들에 대한 박해를 선정하여 소련 자신의 반유대주의를 에둘러 비판함으로써 논란을 자초했다.

이와 대조적으로 서유럽의 전후 고전음악계에서는 전시의 재앙에 대한 성찰이 거의 보이지 않았다. 여기서 과거는 다른 의미를 지녔다.

---

257) Yevgeny Aleksandrovich Yevtushenko(1933~2017). 러시아의 시인. 1954년 고리키 문학대학을 졸업했다. 1949년부터 시를 발표했다. 1952년 이후 스탈린 개인숭배에 의해 일그러진 소련의 사회와 문화에 대한 통렬한 고발과 신선한 자기 표현이 충만한 시로 유명해졌다. 대표작으로는 〈지마역〉(1956), 〈나를 공산주의자로 간주하라〉(1960), 〈바비 야르〉(1962), 〈스탈린의 후계자들〉(1962), 〈카잔 대학〉(1970, 연작시), 〈노래하는 댐〉(1972) 등이 있다.

사람들은 참사 이후 그것을 상기하기보다는 정상으로 복귀하기를 원했다. 1962년 신축된 코번트리 대성당(1940년 11월 독일군의 코번트리 폭격으로 파괴되었다)의 축성식에서 초연된 에드워드 벤저민 브리튼[258]의 1962년 작품 〈전쟁 레퀴엠War Requiem〉의 인기는 예외였다. 청중은 대체로 올리비에 메시앙,[259] 피에르 불레즈,[260] 카를하인츠 슈토크하우

---

258)   Edward Benjamin Britten(1913~1976). 영국의 작곡가. 어린 시절부터 음악적 재능을 드러냈으며, 다섯 살 때부터 작곡과 피아노와 비올라를 배웠다. 영국 '왕립음악대학'을 다녔으며, 1939년 영국을 떠나 북아메리카를 여행하던 중 전쟁이 일어나자 영국으로 돌아와 활동했다. 1945년에 발표한 오페라 〈피터 그라임스〉로 국제적인 명성을 얻었으며, 1946년에 '잉글랜드 오페라 그룹'을 결성했고, 1948년에는 '올드버러 음악제(Aldeburgh Festival)'를 조직했다.

259)   Olivier Messiaen(1908~1992). 프랑스의 작곡가, 오르가니스트, 조류학자다. 파리음악원에서 마르셀 뒤프레, 폴 뒤카스에게 사사하고 1936년 '젊은 프랑스'를 결성했다. 당시 성행하던 신고전주의적인 추상미를 추구하는 경향에 반대하여 '살아 있는 음악'을 창조하고, 음악을 인간과의 깊은 관계 속에서 추구하려 했다. 제2차 세계대전 후에는 이교적 엑조티시즘을 소재로 한 가곡집《아라위, 사랑과 죽음의 노래》(12곡, 1945) 〈교향곡 1번 투랑갈릴라〉(1948), 합창곡 〈5개의 르샹〉(1948) 등 실험적인 작품을 창작하고, 새소리를 악보에 채택한 피아노의 오케스트라 〈새들의 눈뜸〉(1952), 관현악곡 〈이국의 새들〉(1955~1956), 피아노곡 〈새의 카탈로그〉(1956~1958) 등을 작곡했다.

260)   Pierre Boulez(1925~2016). 프랑스의 작곡가, 지휘자, 음악이론가. 1943년 파리음악원에서 공부했으며, 1944년 이후 앙드레 보라부르, 올리비에 메시앙에게서 많은 영향을 받았다. 1946년부터 '르노-바로 극단'에서 음악감독으로 활동했으며, 1955~1967년에 다름슈타트 국제 '신음악' 하기 강좌를 위한 실내 앙상블의 지휘자와 강사로 일했다. 1966년 빌란트 바그너의 요청을 받고 바이로이트 축제에 처음 등장하여 리하르트 바그너의 파르지팔을 지휘했다. 1970년 클리블랜드 오케스트라 음악 고문을 지낸 데 이어, 1971년 레너드 번스타인의 후임으로 뉴욕 필하모닉 음악감독에 임명되었다. 또한 그해 BBC 교향악단 수석 지휘자로 취임해

젠[261]의 실험적 작품 같은 아방가르드 고전음악도 좋아하지 않았다. 청중은 주로 근대음악이 아니라 전통음악을 원했다. 일반적으로 청중은 바흐, 모차르트, 베토벤, 브람스, 혹은 도니체티,[262] 베르디,[263] 푸치니,[264] 심지어 바그너(나치와의 연관 때문에 더럽혀졌지만)의 오페라 같은 18세기와 19세기의 고전적 연주를 다시 한번 듣기 위해 모여들었다. 청중은 아르투로 토스카니니,[265] 오토 클렘퍼러,[266] 브루노 발터,[267]

1975년까지 활동했다.

261)   Karlheinz Stockhausen(1928~2007). 독일의 작곡가. 현대 전위 작곡가의 한 사람으로 전자음악의 발전에 크게 기여한 인물로 잘 알려져 있다. 파리에서 유학했으며, 1953년 쾰른 방송국에서 전자 음악을 담당하면서 〈습작 1·2〉를 발표했다. 1960년 전자음악의 최고 걸작이라 일컬어지는 〈접촉〉을 발표하여 전자음악의 새로운 길을 개척했다. 1963년 쾰른 방송국 전자음악 실장이 되었으며, 프랑스의 피에르 불레즈, 이탈리아의 루이지 노노와 함께 유럽 현대 음악의 3대 작곡가로 불린다. 2001년 폴라음악상을 받았다.

262)   Gaetano Donizetti(1797~1848). 이탈리아의 오페라 작곡가. 가장 유명한 작품으로는 〈람메르무어의 루치아〉, 〈사랑의 묘약〉이 있다. 빈첸초 벨리니, 조아키노 로시니와 함께 19세기 전반 벨칸토 오페라를 주도했다.

263)   Giuseppe Verdi(1813~1901). 이탈리아의 오페라 작곡가. 주요 작품으로 〈운명의 힘〉, 〈아이다〉 등이 있으며, 종교곡으로 〈진혼 미사곡〉, 실내악곡으로 〈현악4중주 E단조〉 등도 잘 알려져 있다.

264)   Giacomo Puccini(1858~1924). 이탈리아의 오페라 작곡가. 주세페 베르디 이후 이탈리아가 낳은 최고의 오페라 작곡가로서 세계적인 명성을 얻었다. 대표작으로 〈라 보엠〉, 〈토스카〉, 〈나비 부인〉 등이 있다.

265)   Arturo Toscanini(1867~1957). 이탈리아의 지휘자, 첼리스트, 작곡가. 20세기 최고의 클래식 음악 지휘자로 평가받고 있다.

266)   Otto Klemperer(1885~1973). 독일 출신의 지휘자, 작곡가. 로스앤젤레스, 베를린, 런던 등지를 중심으로 활동했다.

267)   Bruno Walter(1876~1962). 독일에서 태어난 유대인 지휘자이며 작곡가.

카를 뵘,[268] 툴리오 세라핀[269] 같은 저명한 지휘자들의 귀환을 환영했
으며, 헤르베르트 폰 카라얀[270]과 게오르그 솔티[271] 같은 새로운 유명
인들을 좋아했다. 그리고 청중들은 마리아 칼라스,[272] 조앤 올스턴 서
덜랜드,[273] 유시 비욜링,[274] 티토 고비,[275] 주세페 디 스테파노[276]—이전
시대에 매우 인기 있던 곡들을 불렀던 비범한 가수들—처럼 기라성
같은 오페라 스타들의 공연에 열광했다. 1960년대 중반 뛰어난 미국

빈, 뮌헨, 베를린, 라이프치히, 파리, 런던, 뉴욕 등지에서 활동했다.

268) Karl Böhm(1894~1981). 오스트리아의 법학자 출신 지휘자. 종종 헤르베
르트 폰 카라얀의 경쟁자로도 지목된다. 빈 필하모닉 오케스트라의 상임 지휘자
는 아니었으나 브루노 발터의 초청으로 주로 빈 필하모닉에서 활동했다.

269) Tullio Serafin(1878~1968). 이탈리아의 지휘자. 1935~1943년 로마 왕립
오페라의 수석 지휘자로 활동했다.

270) Herbert von Karajan(1908~1989). 오스트리아의 지휘자. 1955~1989년 베
를린 필하모니 오케스트라의 상임지휘자로 재직했다.

271) Georg Solti(1912~1997). 헝가리 태생의 영국 지휘자. 헝가리인으로서 썼
던 이름은 슈테른 죄르지다. 그래미 어워드를 총 31회 받아, 그래미 역대 최다 수
상자로 기록되어 있다.

272) Maria Callas(1923~1977). 그리스계 미국·이탈리아의 오페라 가수이자 뮤
지컬 배우, 피아니스트, 교육자.

273) Joan Alston Sutherland(1926~2010). 오스트레일리아 시드니 태생의 소프
라노 가수. 1950년대 말부터 1980년대까지 벨 칸토 창법의 부흥에 기여했다.

274) Jussi Johan Jonatan Björling(1911~1960). 스웨덴의 테너 가수. 주로 뉴욕의
메트로폴리탄 오페라 극장에서 활약했다.

275) Tito Gobbi(1913~1984). 이탈리아의 오페라 바리톤 가수.

276) Giuseppe Di Stefano(1921~2008). 이탈리아의 테너 가수. 〈토스카〉를 비롯
하여 많은 오페라에 출연했으며, 라 스칼라 극장을 비롯하여 이탈리아 각지 및 국
립 가극장 등에서 활약했다.

의 작곡가이자 지휘자인 레너드 번스타인[277]조차 고전음악이 매력적인 독창성을 잃어버렸음을 넌지시 비추었다. 번스타인은 "팝 음악은 거침없는 활력과 창조의 재미, 신선한 공기의 감정이 발견될 수 있는 유일한 영역인 것 같다"고 말했다.

창작 예술의 다른 형식 역시 과거와 미래, 전통적인 것(적어도 익숙한 것)과 이전 재현 형식과 결별하고자 한 근대적 아방가르드 사이의 긴장을 반영했다. 유럽이 잿더미 속으로 가라앉으면서 회화에서 주요한 혁신적 추동력은 뉴욕으로 옮겨갔다. (잭슨 폴록[278]의 작품이 전형적으로 보여준) 미국의 영향은 급진적인 추상표현주의[279] 형식으로의 이동에서 두드러지게 드러났다. 이것은 유럽 대륙보다 영국에서 더 환영받았다. 그렇지만 미국은 전후 유럽에서 지배적으로 된 추상예술이 갈피를 잡지 못할 정도로 다양하게 확산하는 과정에 일정한 영향을 미쳤다. 1950년대 말에 등장한 새로운 실험적 예술 형식은 종종 전통적인 감성에 충격을 가하는 것을 목표로 했다. 그와 같은 형식은

---

277)　Leonard Bernstein(1918~1990). 미국의 지휘자, 작곡가, 작가, 음악 강연자, 피아니스트.

278)　Jackson Pollock(1912~1956). 미국의 화가로서 추상표현주의 운동의 기수였다. 로스앤젤레스와 뉴욕에서 공부했으며, 1930년대부터 표현주의에서 초현실주의로 선회했다. 1947년 마룻바닥에 편 화포 위에 공업용 페인트를 떨어뜨리는 기법을 창안해 하루아침에 유명해졌다. 대표작으로 〈가을의 리듬〉이 있다.

279)　Abstract Expressionism. 1940년대 후반부터 1950년대까지 미국의 미술계에서 주목받은 예술 사조. 미국이 처음으로 세계에 영향을 미친 미술 운동으로 파리 대신 뉴욕이 예술의 중심지가 되는 계기가 되었다.

도시의 불결한 이미지를 창작하는 파리 그룹 누보레알리슴[280]을 포함
했는데, 앤디 워홀[281]과 가장 밀접하게 관계된, 독자적으로 발전한 미
국의 팝아트[282]와 유사점을 지녔다.

혁신 자체는 전쟁 전의 예술 운동에 의존했다. 더구나 파블로 피
카소,[283] 앙리 마티스,[284] 마르크 샤갈[285]을 비롯한 전전 시대의 거장들
이 여전히 왕성하게 활동하면서 급진적인 젊은 예술가들보다도 자신

---

280) Nouveau Réalisme. 1960년대 초 유럽과 미국의 지배적인 조류였던 추상
표현주의, 서정적 추상, 타시슴 등 일련의 앵포르멜 미술에 대응해서 일어난 운동.
공업 제품의 단편이나 일상적인 오브제를 거의 그대로 전시함으로써 '현실의 직
접적인 제시'라는 새롭고 적극적인 방법을 추구했던 미술이다. 중심 인물로는 피
에르 레스타니, 이브 클랭, 다니엘 스포에리, 장 팅겔리, 자크 드 라 빌르글레, 레몽
앵스 등이 있다.

281) Andy Warhol(1928~1987). 미국의 미술가이자, 출력물 제작자, 영화 제작
자. 시각주의 예술 운동의 선구자로, 팝아트로 잘 알려진 인물이다. 산업 일러스
트로 성공적인 경력을 쌓은 후에 화가, 아방가르드 영화 제작자, 레코드 프로듀서,
작가로서 세계적으로 유명해졌다.

282) Pop Art. 1960년대 초에 뉴욕을 중심으로 출현한 미술의 한 장르. 릭턴스
타인, 워홀, 올덴버그 등이 대표적인 작가로 알려져 있다. 1950년대 중반 영국과
1950년대 말 미국에서 등장한 예술 사조이며, 당시 주류를 이루었던 추상표현주
의의 반작용 혹은 확장으로 등장했다고 평가되기도 한다.

283) Pablo Picasso(1881~1973). 스페인 말라가에서 출생했다. 주로 프랑스에서
활동한 20세기의 대표적인 서양화가이자 조각가다. 큐비즘 작품으로 널리 알려져
있으며, 평생 1만 3500여 점의 그림과 700여 점의 조각품을 창작했다. 주요 작품
으로 〈아비뇽의 처녀들〉, 〈게르니카〉 등이 있다.

284) Henri Matisse(1869~1954). 20세기 프랑스의 야수파 화가. 대표작으로 〈춤〉,
〈젊은 선원〉 등이 있다.

285) Marc Chagall(1887~1985). 러시아 제국(벨라루스)에서 태어난 프랑스의
화가. 대표작으로 〈탄생〉, 〈모델〉, 〈도시 위로〉, 〈한여름 밤의 꿈〉 등이 있다.

들의 전시회에 훨씬 많은 관람객을 끌어모으고 있었다. 여느 때처럼 예술적 혁신은 스스로를 전통적인 표현 형식—이제 전쟁 전에 혁명적인 것으로 간주되었던 표현 형식의 상당 부분을 포함한 것으로 여겨졌다—에 대한 반란으로 생각했다. 그러나 가장 급진적인 추상예술 형식은 폭넓은 관람객들의 관심을 끌려고 발버둥을 쳤지만, 관람객들은 그 대신 노대가[286]들의 작품을 보기 위해 계속 모여들었다. 그리하여 전쟁은 결코 과거와의 완전한 단절은 아니었으나, 예술적 변화를 나타냈다.

건축 분야에서는 과거의 그림자가 유럽 대도시들의 폐허와 파괴속에서 너무나 뚜렷이 드러났다. 전쟁은 명백한 단절을 나타냈다. 재건은 시급한 필수 과제였다. 그러나 경제가 피폐한데 너무 많은 돈을 재건에 쓸 수는 없었다. 특히 주택이나 쇼핑 단지, 정부 건물, 그리고 새로운 대학의 캠퍼스에 채용된 스타일 중 가장 특징적인 것은 기본 재료, 즉 가공되지 않은 콘크리트를 가리키는 프랑스 용어(béton brut)로부터 파생된 브루탈리즘[287]이었다. 이 스타일은 이전 스타일을 새롭게 극단으로까지 밀고 나간 것이긴 하지만 1930년대의 합리주의와 기능주의에 의존했다. 그것은 '진보적인' 것으로 여겨졌고, 위대한 스

---

286) Old Master. 특히 13~17세기 유럽의 대화가나 그가 그린 그림을 가리킨다.
287) 20세기 초의 모더니즘 건축을 이어 1950년대부터 1970년대 초반까지 융성했던 건축 양식. 이름은 르코르뷔지에가 사용한 프랑스어 용어인 'béton brut'(가공되지 않은 콘크리트)에서 유래했으며, 건축물은 콘크리트가 노출되어 요새처럼 보이곤 한다.

위스의 디자이너이자 도시계획가였던 르코르뷔지에[288]를 비롯하여 몇몇 저명한 건축가와 연관되었다. 그리고 그것은 국제적인 것으로 세계 전역으로 급속히 퍼져 나갔다. 서유럽에서 이 스타일의 충격은 다양했다. 이탈리아의 공공 건축은 어느 나라보다도 훌륭했다. 전후 초기에 예외적으로 남아 있던 루이지 모레티[289]의 비상한 캔틸레버[290] 식 디자인에서 볼 수 있듯이, 대담한 건축이 시도되었다.

브루탈리즘은 이탈리아에 거의 진출하지 못했다. 다른 지역에서도 주요한 예외가 있었다. 하나는 르코르뷔지에의 멋진 모더니즘적 순례 성당인 노트르담 뒤 오Notre Dame du Haut였다. 프랑스 동부의 롱샹에 위치한 이 성당은 1953년부터 1955년 사이에 가톨릭교회를 위해 지어졌다. 니콜라우스 펩스너[291]는 이 건축물을 "새로운 비합리주의의 기념비"로 묘사했다. 또 다른 예외는 루트비히 미스 반데어로에[292]의 마지막 작품인 서베를린의 '신국립미술관Neue Nationalgalerie'이었다. 1968년

---

288) Le Corbusier(1887~1965). 스위스 태생의 프랑스 건축가, 도시계획가, 작가, 가구 디자이너. 모더니즘 건축의 아버지라 불리는 인물로서 현대건축의 기초를 다졌다고 평가된다.
289) Luigi Moretti(1907~1973). 이탈리아의 건축가. 워터게이트 복합단지를 설계했으며, 베니토 무솔리니의 주요 지지자였다.
290) cantilever. 외팔보라고 번역된다. 한쪽 끝은 고정되고 다른 쪽 끝은 자유로운 들보이며, 고정단에 발생하는 휨 모멘트와 전단력을 통해 하중을 지지한다. 교량, 탑 등의 고정 구조물 외에도 항공기 날개 등에 대표적으로 사용된다.
291) Nikolaus Pevsner(1902~1983). 독일 태생의 영국 예술사가. 주요 저서로 46권으로 이루어진 《잉글랜드의 건물들》(1951~1974)이 있다.
292) Ludwig Mies van der Rohe(1886~1969). 독일의 건축가. 발터 그로피우스, 르코르뷔지에와 함께 현대건축의 개척자로 손꼽힌다.

에 완공된 이 건물은 빛과 공간의 창출에서 유리와 강철의 미적 효과를 극대화했다. 다른 한편으로 영국에서는 브루탈리즘을 피할 수 없게 되었다. 그것은 시각적으로 삭막하고 으스스했다. 외관은 어떤 장식도 없이 맨 콘크리트와 유리, 강철로 이루어졌다. 그 스타일은 전후 내핍 생활의 분위기를 물씬 풍겼다(돈이 덜 문제가 되었을 때도 이 스타일은 계속 전개되었지만). 그것은 근대적이고 견고하며 불필요한 장식이 없는 집단 사회를 재현하는 것 같았다. 이 스타일은 특히 그 후 수십 년 동안 보통 '브루탈리즘적' 건축물에서 거주하거나 일할 필요가 없는 사람들 사이에서 찬미자들을 발견했다. 그러나 많은 사람에게 그 건물들은 처음부터 미적으로 모욕을 가하는 것이었다. 그리고 이후의 세대들에게 그들 도시의 중심부에 있는 중요한 건물들의 다 허물어져 가는 콘크리트는 대체로 명소가 아니라 흉물로 여겨졌다.

철의 장막 동쪽에서도 일종의 브루탈리즘(명칭은 없었다)은 도시계획에서 노동인구들을 위한 저렴하고 단순한 아파트 건설에 집중하는 빈부르주아 '사회주의' 건축으로서 환영받았다. 주거지의 극심한 부족에 대처하기 위해 단조롭고 대량 생산되고 저렴하고 순전히 기능적인 주택을 제공하는 일은 사회주의 건축의 일면이었다. 또 다른 일면은 노동자 국가의 위대성을 과시하고자 하는 기념비적인 대표 건축물들의 '사회적 고전주의'였다. 바르샤바의 '문화·과학궁전'(1955년에 완공되었고, 훨씬 덜 돋보이는 명칭으로서 지역민들이 '웨딩 케이크'라고 부르는 건물)이나 길이 2킬로미터 폭 90미터의 인상적인 대로인 동베를린의 '스탈린알레Stalinallee'(나중에는 카를마르크스알레Karl-Marx-Allee로 불렸다)가 그런 것이었다.

연극 분야에서 전쟁은 철저한 단절이라기보다는 중단을 나타냈다. 그러나 과거는 전후 연극의 부흥에서 피할 수 없는 부분이었다. 반파시즘과 부르주아사회에 대한 신랄한 비판은 위대한 마르크스주의 극작가 베르톨트 브레히트[293]의 작품 전체를 관통했다. 브레히트는 자신의 극단 '베를린 앙상블'을 설립해 주겠다는 약속에 이끌려 망명지에서 동베를린(그는 1956년 8월 사망할 때까지 이곳에 거주했다)으로 돌아왔다. 그는 전쟁이 일어나기 오래전부터 이미 나치가 파괴하기 전의 바이마르 베를린의 하늘에서 가장 빛나는 별 중 하나로 이름을 날리고 있었다. 브레히트의 중요한 작품 중 상당수는 그의 '서사극' 이론이 개발되었던 바이마르 시대 동안 완성되었다. '서사극'은 브레히트가 명칭도 개념도 고안하지 않았지만, 과거와 의식적으로 단절한 것이나 마찬가지였다. 자신의 새로운 개념화 속에서 브레히트는 등장인물과 관객의 동일시를 자극하고, 관객이 현실을 경험하고 있다는 환각을 창조하는 '환상극'을 거부하며 무대 위의 연기로부터 관객을 떨어지게 하거나 '멀어지게 함'으로써 합리적 숙고를 유도하고자 했다.

전쟁이 끝난 후 브레히트는 작가보다는 연극연출가로 활약했다. 그러나 그의 연극은 서독에서 엄청난 인기를 모았고(1960년대 동안 공연 횟수로 보면 셰익스피어 다음으로 많았고, 요한 크리스토프 프리드리히 폰

---

293)   Bertolt Brecht(1898~1956). 독일의 극작가, 시인, 연출가. 주로 사회주의적 성향의 작품을 연출했으며, '낯설게 하기'라는 개념을 연극 연출에 사용한 것으로 유명하다. 표현주의를 거친 신즉물주의적 스타일로 현실에 대한 가차 없는 비판과 풍자를 극화한 니힐리스트이기도 했다.

실러[294]를 앞섰다), 동유럽이든 서유럽이든 유럽 전역에서(그리고 유럽을 넘어 특히 미국에서) 유명해졌다. 동독에서 브레히트는 독일민주공화국에 거주하기로 한 국제적으로 저명한 작가로서 격찬을 받았다. 그러나 이 소중한 시민이 문제가 없는 것은 아니었다. 동독 지도자들은 공산주의 현실에 대한 그의 열광이 제한되어 있음을 알아차리고— 비록 그가 1953년 봉기를 분쇄한 것을 (다소 모호하긴 하지만) 공개적으로 지지하고, 이듬해 스탈린 평화상(그는 약 30만 스위스프랑에 달하는 상금을 자신이 보유한 스위스 은행 계좌에 예금했다)을 받았음에도— 언론에서 그를 너무 많이 다루지 않도록 조심했다.

1950년대와 1960년대에 서유럽 연극에서 가장 혁신적인 흐름은 '부조리극'이었다. 이것은 둘 다 파리에서 거주하며 글을 썼던 아일랜드인 사뮈엘 베케트[295]와 루마니아인 에우제네 이오네스코[296]의 이름과 동의어가 되었다. 그들 작품의 근본적인 철학은 삶이 의미도 목적도 없다는 것이었다. 삶은 부조리했다. 베케트의 《고도를 기다리며》(1953)와 《엔드게임》(1957) 같은 연극의 대화는 동작이 전혀 없는 연기를 하면서 인간 존재를 패러디한 인물들이 의미 없는 듯이 보이는

---

294)   Johann Christoph Friedrich von Schiller(1759~1805). 독일 고전주의 극작가, 시인, 철학자, 역사가, 문학이론가. 괴테와 함께 독일 고전주의의 양대 문호로 일컬어진다.
295)   Samuel Beckett(1906~1989). 아일랜드 태생의 프랑스의 소설가이자 극작가. 대표작으로 〈고도를 기다리며〉 등이 있다. 1969년 노벨 문학상을 받았다.
296)   Eugène Ionesco(1909~1994). 루마니아 태생의 프랑스의 시인, 소설가, 극작가. 주요 작품으로 《수업》, 《무소》, 《빈사의 왕》 등이 있다.

말을 나누는 것으로 이루어졌다. 부조리극이 큰 적대감을 일으킨 것은 놀라운 일이 아니었다. 그러나 이 연극들은 또한 널리 공연되었고, 의미 없는 것에 무슨 의미가 내포되어 있는지를 둘러싸고 역설적이지만 불가피한 토론뿐만 아니라 많은 상찬도 불러일으켰다. 부조리극은 제1차 세계대전 이후의 다다이즘[297]과 초현실주의[298]로까지 거슬러 올라가는 예술적 계보에 의존했다. 부조리극의 많은 부분은 시각예술에서의 오랜 발전을 연극적으로 재현한 것이었다. 그러나 부조리극의 이면에 있는 사고방식 역시 좀 더 근래의 과거와 관련이 있었다.

그것은 1957년 노벨 문학상을 받은 전후문학의 걸출한 인물, 위대한 프랑스 작가 알베르 카뮈[299]의 사고방식에 가까웠다. 독일 점령기에 카뮈는 지하 레지스탕스 신문인 《콩바Combat》에 논설을 썼고, 1948년 폐간될 때까지 이 신문에 계속 글을 썼다. 전쟁 후 카뮈는 나치즘과 홀로코스트를 에둘러 언급하는 그의 가장 중요한 소설 중 일

---

297) dadaism. 제1차 세계대전 중인 1915년 스위스 취리히에서 시작해 1924년까지 유럽과 미국에서 유행한 반이성, 반도덕, 반예술을 표방한 예술 사조. 그 후 독일을 거쳐 중부 유럽으로 퍼져 나갔으며, 1920~1923년에 파리에서 전성기를 맞이했다.

298) surrealism. 1920년대 초 프랑스를 중심으로 전 세계에 퍼진 문예·예술 사조. 제1차 세계대전 후 다다이즘의 예술형식 파괴 운동을 수정하고 발전시키고, 비합리적인 잠재의식과 꿈의 세계를 탐구하여 표현의 혁신을 꾀했다. 파리 다다라는 이름에서 알 수 있듯이 양차 대전 사이에 취리히 다다에 참여했거나 영향을 받은 사람들이 주축이 되었다.

299) Albert Camus(1913~1960). 프랑스의 피에누아르 작가, 저널리스트, 철학자. 주요 작품으로 《이방인》, 《페스트》, 《전락》 등이 있다.

부(1947년의《페스트La Peste》와 1956년의《전락La Chute》)를 출간했다. 카뮈의 글쓰기를 통해 부조리극은 직전의 끔찍한 과거와 연결을 갖게 되었다.《페스트》(여기서 프랑스령 알제리의 오랑 시민들은 어느 정도는 체념하는 것으로, 또 어느 정도는 상황을 기회주의적으로 이용하는 것으로, 그러나 또 한편으로는 전염병의 출현에 적극적으로 싸우려고 하는 것으로 대응한다)는 보통 나치 점령하의 프랑스 경험에 대한 알레고리로 해석된다. 페스트의 임의적인 영향과 죽음에 무작위로 노출되는 상황은 삶의 부조리를 강조한다. 그러나 '실존주의자'로 불리는 것에 저항한 카뮈는 자신의 가장 동정적인 등장인물들을 통해 외부로부터의 고통과 죽음의 도래를 받아들일 뿐 아니라, 그것들에 저항할(혼자가 아니라 공동체의 선을 위해 다른 시민들과 연대하여) 필요를 강조할 때 의미 없는 존재에 대한 믿음을 간직하려 안간힘을 쓴다.

문학은 회화나 연극보다 최근의 과거에 겪은 재앙과도 같은 사건에서 의미를 구해야 할 필요를 더 반영했다. 이것이 특히 서독에서 두드러졌던 사정은 어쩌면 놀랄 일도 아닐 것이다(독일민주공화국에서 공식 교의는 반파시즘이라는, 구석구석 스며들어 있는 교의를 실현하는 수단으로서의 문학을 위해 꽉 조이는 구속복을 제공했다). 평범한 독일 시민 대부분이 고통스러운 기억을 차단하려고 했을 때, 유력한 작가들은 그 기억과 맞붙어 싸우려 했다. 가장 먼저 그렇게 한 작가는 볼프강 아르투어 라인홀트 쾨펜[300]이었다. '의식의 흐름'이라는 스타일로

---

300) Wolfgang Arthur Reinhold Koeppen(1906~1996). 독일의 소설가. 제2차 세계대전이 끝난 뒤 가장 잘 알려진 독일 작가 중 한 명이었다. 대표작으로《온

쓰인 쾨펜의 소설《풀밭 위의 비둘기들Tauben im Gras》(1951)은 동서 갈등에 대한 우려가 미래에 대한 희망과 폐허 속에서 의미를 찾으려는 시도와 뒤섞여 있는 어느 도시에서의 하루를 묘사했다. 나치 과거와의 연속성은 은폐되어 있지 않고 더욱 개방적이며 다원주의적인 사회로 향하는 길과 나란히 존재한다. 그리고《로마에서의 죽음Der Tod in Rom》(1954)으로, 제3제국 시절 동안 적어도 겉으로는 순응주의자였던 쾨펜은 다시 홀로코스트와 관련된 독일의 죄책감 문제를 탐구한 최초의 작가들 가운데 한 명이 되었다.

곧 저명한 문학인으로 자리 잡게 될 몇몇 젊은 서독 작가는 자의식적으로 불확실한 새로운 민주주의 체제에서 과거와 반드시 문화적·미적으로 단절하고자 하는 탐색의 일부로서 최근의 독일 과거를 직접적으로 다루기도 하고 암시적으로 다루기도 했다. 그들의 작품에서, 그리고 다른 이들의 작품에서도 새로운 시작과 최근의 과거는 긴밀히 얽혀 있었다. 독일 국방군Wehrmacht에서 복무한 알프레트 안더슈[301]는 가장 유명한 그의 작품,《잔지바르 또는 마지막 이유》(1957년, 나중에 '먼 곳으로의 비행'이라는 제목으로 영역되었다)에서 공산주의자들의 저항, 탈영, 유대인들과 '퇴폐 예술'(나치는 아방가르드 예술 형식을 이렇게 불렀다)에 대한 박해라는 주제를 건드렸다. 안더슈는 그와 동시에 양날의 도덕적 의무—박해받는 자들의 도피를 도와주지만 또한 자유

실》,《풀밭 위의 비둘기들》등이 있다.

301)   Alfred Andersch(1914~1980). 독일의 작가, 출판업자, 라디오 편집인. 작품으로《잔지바르 또는 마지막 이유》,《살인자의 아버지》, 소설집으로《프로비던스에서의 나의 실종》,《망령과 사람들》등이 있다.

로운 선택으로 박해자들의 땅인 독일로 귀환하는 것—를 시사했다. 안더슈보다 세 살 어린 하인리히 뵐[302]은 1940년 12월에 '새로운 정신' 이 유럽에 존재해야 하며, "기독교를 퍼뜨리는 것'이 확실히 우리의 과업이다"라고 쓰면서 열렬한 가톨릭 신앙의 눈으로 자신의 전쟁 복무를 바라보았다. 그러나 뵐은 나치의 비인도적 행위와 군사주의는 격렬하게 반대했다. 《9시 30분의 당구Billard um halb zehn》(1959)에서는 나치 박해와 파괴를 정면으로 응시하는 반면 훨씬 이전 소설인《그리고 아무 말도 하지 않았다Und sagte kein einziges Wort》(1953)에서는 경제적 우선권에 의해서만 형성된 새로 발전하는 사회의 문명의 가치에 대해서 몹시 비관적이다. 국제적으로 칭송된(서독의 보수주의 집단에서는 심하게 비판받긴 했지만)《어느 어릿광대의 견해Ansichten eines Clowns》(1963) 에서는 이러한 주제들을 발전시켜 아데나워 독일에서의 전후 도덕과 나치 과거의 유산, 위선적인 보수적 가치, 그리고 가장 특별하게는 가톨릭교회의 편협한 역할에 초점을 맞췄다.

서독 국경을 넘어 가장 잘 알려진 전후 작가 귄터 그라스[303]는 특히 소설《양철북Die Blechtrommel》(1959)이 1979년에 영화화되면서 세계적으로 유명해졌다. 그의 첫 소설인《양철북》의 독창성은 이중의 시

---

302)　Heinrich Böll(1917~1985). 독일의 소설가. 주요 작품으로《그리고 아무 말도 하지 않았다》,《카타리나 블룸의 잃어버린 명예》,《여인과 군상》 등이 있다. 1972년 노벨 문학상을 받았다.
303)　Günter Grass(1927~2015). 독일의 소설가이자 극작가. 1999년 노벨 문학상을 받았다. 주요 작품으로《양철북》,《고양이와 쥐》,《개들의 세월》,《광야》 등이 있다.

선에 있었다. 세 살 먹은 오스카 마체라트의 명료한 눈과 이제는 정신병원에 구금된 서른 살 성인 오스카의 명료한 눈을 통해 단치히(그라스가 어린 시절을 보냈던 곳이다)의 나치 시대를 그렸다. 신통력을 갖게 되면서 정신적 발달이 멈춘 아이인 오스카는 자신의 소중한 양철북을 이용해, 결국 자신이 설정한 박자에 맞추어 진행하게 되는 나치 행진에 참여할 때처럼 성인들의 사건에 개입한다. 이 복잡한 구성을 통해 그라스는 자신의 고향이 어떻게 비인도적 행위와 파괴의 현장으로 추락하는지 묘사한다. 이중 시선이라는 장치는 그 유해한 현실을 성인이 되었을 때 비로소 완전히 포착할 수 있는 세계에 대한 한 아이의 의미심장할 정도로 순진한 인식을 허용한다. 양철북 자체는 대중 집회와 도그마적 이념을 통한 통제를 관찰하고 그것에 반대하지만 정치적 저항으로 여겨질 일이라면 어떤 것에도 참여하지 않는 개인에 주의를 돌리는 하나의 방식이다. 이 작품은 대체로 그 지배적인 가치가 숨 막힐 정도로 보수적이고 매우 종교적인 사회에서는 반응이 매우 논쟁적이었지만, 젊은 세대에게는 현재의 질문의 일부인 최근의 과거에 대한 비판적인 접근을 상징하는 것이었다.

긴 삶을 살아가며(그는 2015년 4월에 죽었다), 그리고 문학 활동으로 명성을 날리는 동안 그라스는 자신의 작품과 정치 참여(사회민주당의 유명한 지지자였다)를 통해 나치 과거에 대한 독일의 자기성찰을 체현했다. 특히 나치 시대를 살았던 사람들에게 이 과거와의 관계가 얼마나 복잡한지는 2006년이 되어서야 그라스가 1944년 열여섯 살 때 무장 친위대에 가입해 전차 포수로서 6개월 동안 복무했다고 자서전에서 밝혔을 때 드러났다.

서독은 문학적 자기성찰의 정도와 깊이에서 예외적이었다. 그 밖의 어느 곳도 서독에 필적하지 못했다. 그럼에도 이탈리아의 중요한 작품들은 파시즘 통치와 전쟁의 유산을 반영했다. 카를로 레비[304]의《그리스도는 에볼리에 머물렀다Cristo si è fermato a Eboli》(1945)—나중에 영화로 만들어졌다—는 무솔리니 독재 치하에서 겪은 정치적 망명에 대한 회고였는데, 그는 말라리아가 창궐하고 '신이 버린' 낙후된 남부 이탈리아 오지에서 망명 생활을 했다. 파시스트였으나 나중에 무솔리니 체제에 대한 비판 때문에 박해받은 쿠르초 말라파르테[305]는《카푸트Kaputt》(1944)에서 문학적 형식을 이용해 종군 기자로서 동부전선을 누빈 경험을 묘사한 반면,《피부La pelle》(1949)에서는 연합군이 1943년 이후 북쪽으로 싸우며 헤쳐나갈 때 나폴리에서 겪었던 물리적 파괴뿐 아니라 도덕적 파괴에도 초점을 맞췄다. 살바토레 콰시모도[306]의 일부 시는 파시즘 시대의 불의 및 전쟁의 고통과 관련되었다. 한때 어느 정도 무솔리니의 정치를 지지했던 공산주의자 지식인 엘리오 비토리니[307]는 소설《인간과 비인간Uomini e no》(1945)에서 저항을 강조했다.

---

304)　Carlo Levi(1902~1975). 유대계 이탈리아의 화가, 작가, 의사.

305)　Curzio Malaparte(1898~1957). 이탈리아의 작가, 영화 제작자, 종군기자, 외교관.

306)　Salvatore Quasimodo(1901~1968). 이탈리아의 시인. 1930년 처녀 시집《물과 흙》을 비롯하여 10여 권의 시집을 냈고, 1959년에는 고전적 정열로서 현대 생활을 묘사한 서정시로 노벨 문학상을 받았다. 작품으로 〈인생은 꿈이 아니다〉와 번역 시집《그리스 서정시》등이 있다.

307)　Elio Vittorini(1908~1966). 이탈리아의 소설가. 제2차 세계대전 후에《포리테크니코》,《메나보아》등의 주필이 되어 사르트르, 헤밍웨이 등과 긴밀히 연락

그리고 조르조 바사니[308]는《핀치-콘티니 가의 정원Finzi-Contini》(1962년, 나중에 영화화되어 성공을 거뒀다)에서 페라라의 유대인 공동체가 파시즘하에서 차별과 박해에 직면하며 겪은 경험에 관해 썼다. 그러나 전쟁이 끝난 후 대부분의 이탈리아인은 과거의 파시즘을 떠올리기를 원하지 않았다. 프리모 미셸 레비[309]는 아우슈비츠에서 겪은 자신의 생존 경험을 담은 책으로서 나중에 자신을 세계적으로 유명하게 만들《이것이 인간인가Se questo è un uomo》를 발간해 줄 출판사를 찾으려 무진 애를 썼다. 마침내 레비가 출판사를 찾았을 때 1947년의 출판물은 고작 2000부밖에 찍지 않았는데, 이것도 전부 팔리지 못했다. 이 책은 10년 넘게 지나서야 이탈리아의 큰 출판사인 에이나우디가 인수하고 영어 번역에 크게 힘입어 홀로코스트 회고록 중에서 주요 고전이 되는 길을 걸어갔다.

유럽 대륙의 문학에서 마주치는 절망감이나 운명론적 니힐리즘이 영국에는 거의 없었다. 나라가 비참할 정도로 궁핍한 지경까지 몰렸지만, 어쨌든 전쟁에서 승리했다. 나치즘이라는 악에 맞서 도덕적으로 승리했다는 의식은 전시의 희생이 더 좋은 사회의 창출을 이

을 취하면서 이탈리아 문학계의 지도적 위치를 차지했다. 대표작으로《인간과 비인간》,《붉은 카네이션》등이 있다.

308) Giorgio Bassani(1916~2000). 이탈리아의 소설가, 시인, 에세이 작가, 편집인. 작품으로《핀치-콘티니 가의 정원》,《페라라의 다섯 가지 이야기들》,《문 뒤에서》등이 있다.

309) Primo Michele Levi(1919~1987). 이탈리아의 유대계 화학자이자 작가. 아우슈비츠 생존자로서 자신의 경험을 쓴《이것이 인간인가》가 대표작이다.

끌 것이라는 기대와 결합하면서 정치적·경제적 생활처럼 문화적 생활에서도 뚜렷한 고립을 수반했다. 전쟁은 아마도 키스 더글러스[310]의 시, 특히 〈물망초Vergissmeinnicht〉를 빼고는 제1차 세계대전 무렵 시들의 신랄함에 어울리는 시를 거의 아니, 전혀 생산해내지 못했다. 또한 전쟁은 자기성찰도 그리 많이 이끌어내지 못했다. 문명의 파산에 관한 추상적이고 철학적인 사유도 거의 없었다. 지식인들을 포함하여 사람들은 전시를 되돌아보는 것이 아니라 앞을 바라보기를 원했다. 전시의 경험을 거의 유일하게 정면으로 응시한 주요 문학작품은 에벌린 워[311]의 얼마간 유머러스한 3부작으로, 1952년부터 1961년 사이에 출간된《명예의 검Sword of Honour》이었다. 이는 범용과 공허의 세계에서 전통적인 제도적·사회적 가치가 어떻게 퇴락하는지를 그린 작품으로, 문화적으로 비관주의적인 풍자였다. 워에게 전쟁은 불명예의 승리, 이상주의의 배신이었다. 전쟁은 인간성에 대한 공격으로서 그의 회상 이면에 놓여 있었다.

전쟁 직후에 정치적·사회적 글쓰기가 불러일으킨 국제적 반향이라는 면에서 영국의 가장 중요한 작가는 영국의 윤리적 사회주의의 목소리인 조지 오웰이었다. 오웰은 영국 보수주의 주류의 가치와 결

---

310)   Keith Douglas(1920~1944). 영국의 시인. 제2차 세계대전에 참전하여 1944년 노르망디 상륙 작전에서 전사하기 전, 회고록《알라메인에서 젬젬으로》를 남겼다. 회고록은 전쟁이 끝난 후 1946년에 출간되었다.
311)   Evelyn Waugh(1903~1966). 영국의 소설가. 주요 작품으로《쇠퇴와 타락》, 《한 줌의 먼지》, 그리고《무장한 사람들》·《사관과 신사》·《무조건 항복》으로 이루어진 3부작《명예의 검》등이 있다.

함을 비난했다. 그러나 그는 평등, 정의, 자유의 오랜 전통에 뿌리박힌 강력한 영국 애국주의를 간직했다. 그는 전시의 경험을 거대하고 급진적인 사회적 변화로 가는 길을 닦는 것으로 생각했다. 그러나 궁극적으로 오웰은 최근의 과거에 대해 자신이 보았던 것에 비추어 미래에 대해 매우 비관적이었다. 파시즘은 패배했다. 그러나 무엇이 파시즘을 대체할 것인가? 오웰은 공산주의 유토피아라는 비전을 철저히 거부했다. 스페인 내전[312] 중에 겪은 경험을 통해 그는 소련 공산주의에 본질적으로 내재해 있는 억압과 무자비함에 눈을 떴다. 오웰을 세계적으로 유명하게 만든 디스토피아 소설들인 풍자문학《동물농장Animal Farm》(1945)과 특히《1984》(제목은 단순히 집필을 끝낸 해인 1948년을 바꿔 말한 것이며, 소설은 이듬해에 출간되었다)는 개인이 전지전능한 통치자들의 정치적·사회적 지배에 완전히 종속된 미래의 전체주의 사회를 그렸다. 최고지도자의 절대 권력을 나타내는 "빅브라더가 당신을 감시하고 있다"는 일상적 언어 속으로 진입한 구호였다. 그것은 언어 자체가 거짓을 진실로 바꾸고, 부정적인 것이 긍정적인 것이 되며, 부자유가 자유라고 알려지도록 허용된 것으로 전환되는 세계였다. 전체주의는 서방이 냉전을 분석할 때 탁월한 이념적 원리가 될 것이었다. 작가로서 능력이 걸출했던 오웰은 문학적 장치로서 전체주의를 완벽하게 묘사했다.

---

312)   Spanish Civil War. 마누엘 아사냐가 이끄는 좌파 인민전선 공화국 정부와 프란시스코 프랑코를 중심으로 한 우파 반란군 사이에 있었던 스페인의 내전. 1936년 7월 17일 모로코에서 프랑코 장군이 쿠데타를 일으켜 내전이 시작되었고, 1939년 4월 1일에 공화파 정부가 마드리드에서 항복해 프랑코 측의 승리로 끝났다.

경쟁하는 정치체제와 이념으로 분열된 대륙에서 문학적·지적 노력이 냉전의 도그마들과 매우 자주 겹치게 되는 것은 필연적이었다. 소련인들은 서유럽의 지식인들(과 다른 사람들) 사이에 반미 감정을 고취하는 노력을 지원하기 위해 돈과 에너지를 많이 쏟아부었다. 유럽 좌파 진영, 특히 프랑스에 만연한 반미주의의 수준을 고려하면 이 노력이 성공하지 못한 것은 아니었다.

미국은 그 자신의 선전 계획으로 이에 대항했다. 지적 영향력이라는 면에서 가장 중요한 것은 1950년에 설립되어 곧 서유럽 전역에 반공산주의 사상을 유포한 '문화적 자유를 위한 회의Congress for Cultural Freedom'였다. 미국 중앙정보국Central Intelligence Agency, CIA에서 비밀리에 자금을 지원받은 이 회의는 다수의 중요한 반공산주의적 지식인들의 지지를 받았다. 이 지식인들 중에는 철학자 버트런드 러셀, 베네데토 크로체,[313] 카를 야스퍼스,[314] 앨프리드 줄스 에이어,[315] (1940년 발간된 훌륭

---

313)   Benedetto Croce(1866~1952). 이탈리아의 철학자. 나폴리 대학교에서 교수로 재직했다. 1910년 이후 상원의원, 1920~1921년 문화장관으로 일했다. 무솔리니가 파시즘 정권을 수립한 뒤에도 반(反)파시스트적 언론 활동을 지속했다. 제2차 세계대전 말기에는 바돌리오 정권을 도왔고, 1944년 이 정권의 문화장관으로 취임했다. 전후에는 왕정에 반대하고 자유당을 지도했다. 주저로《미학》,《논리학》,《실천철학》,《역사서술의 이론과 역사》가 있다.

314)   Karl Jaspers(1883~1969). 독일의 철학자. 하이데거와 함께 독일 실존철학을 창시했다. 칸트, 니체, 키르케고르 등의 영향을 받았으며, 현대 문명에 의해 잃어버린 인간 본래의 모습을 되찾고자 했다. 저서로《현대의 정신적 상황》,《철학》,《이성과 실존》,《실존철학》등이 있다.

315)   Alfred Jules Ayer(1910~1989). 영국의 대표적 논리실증주의 철학자. 1946년 런던 대학교 교수, 1959년부터 옥스퍼드 대학교 교수를 역임했다.

한 반소련 소설《한낮의 어둠Darkness at Noon》으로 유명한) 아서 케스틀러,[316] 프랑스의 걸출한 정치 작가 레몽 아롱,[317] 옥스퍼드 대학교의 역사가 휴 트레버로퍼[318]가 있었다.

한때 공산주의자였으나 이제는 전향자의 열정으로 불타오른 케스틀러는 베를린에서 열린 창립 대회에서 주도적인 연사였다. 그러나 출범이 순탄하지만은 않았다. 둘 다 전쟁 중에 영국 첩보 기관에서 일했던 트레버로퍼와 에이어는 공산주의에 대한 케스틀러의 강박적인 증오가 내뿜는 날카로운 어조에 거리감을 느꼈다. 그럼에도 대회에 대해 처음에 영국인들이 느꼈던 불안감은 곧 없어졌고, 문화 냉전에서 반공산주의는 말하자면 소련에 여전히 헌신하는 소수파를 제외하고 지식인들(과 다른 사람들) 사이에서 최고의 이념으로 자리 잡았다.

그렇지만 제2차 세계대전 전에도 그랬듯이, 1956년 2월 흐루쇼프의 공격에서 스탈린 체제의 범죄에 관하여 새로운 사실들이 드러나고 그해 말에 있었던 헝가리 봉기가 분쇄되었는데도 일부 주요한 지

---

316)   Arthur Koestler(1905~1983). 헝가리 출생 영국의 작가. 1931년 독일 공산당에 참가해 활동하다가 1938년 환멸 속에 탈퇴했다. 1940년《한낮의 어둠》을 발표해 스탈린 치하의 소련 공산주의 체제를 예리하게 고발했다.
317)   Raymond Aron(1905~1983) 프랑스의 사회학자, 정치학자, 언론인. 제2차 세계대전 중에는 드골에 협력하여 잡지 편집을 맡았다. 대표적인 저서로《지식인의 아편》,《사회학적 사고의 단계들》등이 있다.
318)   Hugh Trevor-Roper(1914~2003). 영국의 역사가. 옥스퍼드 대학교 교수를 지냈다. 대표적인 저서로《기독교 유럽의 대두》,《17세기의 위기》,《역사와 상상력》,《유럽의 황금시대》등이 있다.

식인들에게 마르크스주의는 더 좋은 사회로 가는 유일하게 확실한 길이었다. 바이마르 베를린의 영광과 함께 중부 유럽의 아득한 기억과 풍요로운 문화가 홀로코스트로 파괴되고, 이주에 의해 흩어지고, 소련의 지배에 억압되면서 파리가 유럽의 지성계와 문화계에서 자신의 우월성을 재천명했다. 이러한 전후의 분위기에서 사르트르의 실존주의 철학—전쟁 때 완성된 그의 주저《존재와 무L'Être et le néant》(1943)와 전후에 간략하게 작성된 짧은 책《실존주의와 휴머니즘L'existentialisme est un humanisme》(1946)에서 폭넓게 설명된—이 열렬하게 받아들여진 것이 우연만은 아니었다.

이미 전쟁 전에 독일의 실존주의자(이자 히틀러 찬양자)인 마르틴 하이데거[319]의 사상에 크게 영향을 받은(정치적 경향에서는 아니지만) 사르트르는 인간의 유일하게 두드러진 특징은 "존재의 무를 자각하는 것"이라고 주장했다. 존재는 부조리하고 의미가 없었다. 오직 개인만이 자신의 삶에 대한 의미를 선택할 수 있었다. 선택은 결정적이었고 이 철학의 결점을 보완할 만한 장점이었다. 외견상의 절망적인 암울함은 자유와 선택으로 제거될 수 있었고, 개인은 이 자유와 선택으로 자신의 가치를 창조했다.

하지만 전쟁은 여러 면에서 사르트르의 실존주의 사상을 개조했다. 개인주의(그리고 비정치적) 철학으로 시작했던 것이 개인적 자유가

---

319)　Martin Heidegger(1889~1976). 독일의 철학자. 흔히 실존주의 철학자로 알려져 있으나 정작 그 자신은 그렇게 불리기를 거부했다. 마르부르크 대학교와 프라이부르크 대학교 교수를 지냈다. 주요 저작으로《존재와 시간》,《형이상학이란 무엇인가》,《휴머니즘에 관하여》 등이 있다.

만인의 자유를 위해 노력할 책임을 의미하는 행동주의자의 힘으로 다시 태어났다. 이는 다름 아닌 사회의 급진적 변혁을 일으키기 위해 힘껏 노력하는 것을 의미했다. 사르트르의 사고는 이제 사회 변화와 부르주아사회에 대한 투쟁의 정치철학인 마르크스주의 쪽으로 그를 이끌었다. 사르트르는 (가입하지는 않았지만) 프랑스 공산당과 소련을 강력하게 지지했다. 그리고 자유를 궁극적으로 보장하는 방안으로 생각한 부르주아사회의 혁명적 전복이라는 목표를 위해 공산주의 정치 폭력을 정당화했다(비록 소련의 인권침해를 공격하고 1956년 헝가리 봉기의 진압을 비난했지만).

사르트르는 자신의 사고에 내재한 긴장을 알아차렸다. 존재 자체가 부조리하고 '무'인데, 그런데도 더 나은 새로운 사회(사회가 존재하긴 했는가?)를 위해 투쟁하는 것을 목표로 한다고 언명하는 것은 명백한 모순이었다. 그리고 이러한 더 나은 사회는 이성과 불변의 역사 법칙에 의지한다고 주장하는 정치철학의 지도를 받는 대중정당에 의해 창출될(혹은 강제될?) 것이었다.

그러나 많은 이들에게 사르트르는 인류의 본성과 운명에 대해 절망과 낙관 사이를 왔다 갔다 하는 전후의 분위기를 포착한 듯이 보였다. 1950년대 말에 실존주의는 매력을 잃어버리기 시작했다. 그러나 프랑스의 탁월한 사회 참여 지식인이었던 사르트르는 특히 젊은 이들을 매료하고 그들의 반주류 혁명적 시각에 계속 영향을 미쳤다. 1980년 4월, 그의 장례식 때 수만 명이 파리의 거리에 늘어섰다.

전후 초기에는 프랑스에서만 마르크스주의가 성공한 대對파시즘 투쟁을 미래의 희망과 연결한 것이 아니었다. 마르크스주의는 헌신적 추종자들에게 마치 트리엔트 공의회[320]의 신앙 고백이 추종자들에게 그러했듯이 모든 것을 포괄하는 신념 체계를 제공했다. 그러나 헝가리 침공으로 스탈린 체제의 범죄와 소련 통치의 억압적 성격을 묵과하거나 변명할 자신감이 거의 사라져 버렸다. 그 결과 많은 주요 마르크스주의 지식인들이 공산당을 떠났다. 그리고 1960년대에 마르크스주의가 새로 지적 영향력을 발휘하고 대학에 유포되면서 학생들을 자극하기 시작했을 때, 소련은 전반적으로 더 이상 주요한 모델이 아니었다(6장을 보라).

철의 장막을 넘어 반파시즘은 과거와 미래를 묶어 주는 이념적 접착제였다. 중부 유럽과 동유럽의 시민들에게 나치즘과 대체로 같은 체제로서 자신들을 너무나 심하게 오랫동안 고생시켰던 파시즘은 '대조국전쟁' 동안 소련군에 패배했다. 나치의 야만적인 정복욕 이면에 있는 힘은 사회주의사회가 창출되면 분쇄될 수밖에 없다는 불굴의 신념이 승리를 뒷받침했다. 이 믿음은 다시 1933년에 고안되고 2년 뒤 게오르기 미하일로비치 디미트로프[321](전쟁 전에는 소련이 운영하는

---

320)   Concilium Tridentinum. 1545년부터 1563년까지 이탈리아 북부 트렌토(트리엔트)와 볼로냐에서 소집된 로마 가톨릭교회의 세계 공의회. 트리엔트 공의회는 흔히 종교개혁으로 말미암은 개신교의 출현에 자극받아 대항 종교개혁을 통해 가톨릭교회의 쇄신을 도모할 목적으로 소집된 것으로 평가된다. 공의회는 개신교를 이단으로 규정하고 공식적으로 규탄했으며, 로마 가톨릭교회의 교리와 가르침에 대한 주요 성명을 천명했다.

321)   Georgi Mikhailovich Dimitrov(1882~1949). 불가리아의 공산주의 정치가. 1935~1943년 코민테른 총서기, 1943~1945년 소련 공산당 국제 정책부 부장, 1946~1949년 불가리아 각료회의 의장, 1946~1949년 불가리아 공산당 총서기를

국제 조직인 코민테른[322]의 수장이었고, 전쟁 후 1946년 12월부터 1949년 7월 사망할 때까지는 불가리아의 지도자였다)에 의해 다듬어진 파시즘의 정의에 의존했다. 이것은 파시즘을 "금융자본의 가장 제국주의적인 요소들의 (…) 노골적 테러 독재"라고 규정했다. 함의는 분명했다. 히틀러의 야만적 행위에 맞선 투쟁은 승리했으나, 파시즘을 낳은 것은 서방의 제국주의적 자본주의에 여전히 내재해 있다는 것이었다. 미래에 대한 비전(공산주의 유토피아)은 서방 자본주의에 맞선 투쟁을 지속함으로써 실현될 수 있을 뿐이었다. 그러므로 과거와 미래는 이 비전에 의해 접합되었다.

제3제국 동안 나라를 떠날 수밖에 없었던 몇몇 유명한 독일 작가들은 자본주의 서독이 아니라 독일민주공화국으로 돌아가는 쪽을 택했다. 앞에서 언급한 베르톨트 브레히트와 그의 부인 헬레네 바이겔[323]도 그들 사이에 있었다. 《제3제국의 공포와 참상Furcht und Elend des Dritten Reiches》(1938)과 히틀러의 집권에 관한 통렬한 풍자인 《저지할 수 있었던 아우투로 우이의 출세Der aufhaltsame Aufstieg des Arturo Ui》(1941)를 비

역임했다.

322) Comintern. 공산주의 인터내셔널, 제3인터내셔널로도 불린다. 1919년 3월 레닌의 주도로 설립되어 1943년 스탈린에 의해 해체되었다. 코민테른의 목적은 자본주의 체제를 타도하고 프롤레타리아 독재를 통해 사회주의와 공산주의를 실현하기 위해, 각국 공산당들 사이의 연계를 강화하고 그들의 활동을 통일적으로 지도하는 데 있었다.

323) Helene Weigel(1900~1971). 저명한 독일의 배우, 예술감독. 베르톨트 브레히트의 두 번째 부인으로, 1930년 혼인하여 1956년 브레히트가 사망할 때까지 결혼 생활을 유지했다. 슬하에 자녀 둘을 두었다.

롯해 브레히트의 작품들은 반파시즘과 마르크스주의의 해방 사상을 멋지게 압축함으로써 동독에서 공산주의 대안 국가를 정당화하는 데 일조하는 동시에 서방에서 자신의 작품들을 대중화하는 데 성공했다. 슈테판 하임[324]은 전쟁 중에 미군에서 복무하고 저항과 박해에 관해 글을 쓴 후 자신이 "더 나은 독일"이라고 불렀던 나라에 살기로 한 또 다른 작가였다. 하임은 점차 독일민주공화국의 엄격한 통제와 억압에 환멸을 느끼게 되었지만, 초기 독일민주공화국 체제에는 선전하기 좋은 또 한 명의 거물이었다. 초기 독일민주공화국에 훨씬 큰 사건은 헌신적인 공산주의자였던 안나 제거스[325]가 망명지에서 돌아온 것이었다. 그녀는 1939년에 집필하고 1944년에 할리우드 영화로 만들어진 집단수용소에 관한 소설《제7의 십자가 Das siebte Kreuz》로 세계적인 명성을 얻었다.

처음의 열정이야 어떠했든 간에 그 이름에 걸맞은 지식인들은 누구도 정치적 실제에서는 단지 검열과 제한, 편협한 순응만을 낳은 이

---

324)　Stefan Heym(1913~2001). 독일의 작가이자 언론인. 젊은 시절부터 사회주의적 성향을 보이며 나치에 비판적이었고, 나치 집권 후 미국으로 망명했다. 1953년 고국으로 돌아가 동독에 정착한 뒤에는 억압적 동독 체제에 끊임없이 비판적인 태도를 취해 당국의 탄압을 받았다. 통일 후 독일 연방의회 의원으로 활동했고, 은퇴한 뒤에도 작품 활동이나 반핵평화 운동 등을 통해 활발하게 사회주의 운동을 계속했다. 주요 작품으로《6월의 닷새간》,《콜린》,《유랑의 유대인》,《불만의 겨울》등이 있다.
325)　Anna Seghers(1900~1983). 독일의 작가. 주요 작품으로《성 바르바라 마을 어부들의 봉기》,《제7의 십자가》,《죽은 자들은 영원히 젊다》,《약자들의 힘》,《기이한 만남》,《아이티의 세 여인》등이 있다.

념에 오랫동안 자신을 속박하는 것을 용납할 수 없었다. 소련에서는 예렌부르크의 단편소설 〈해빙The Thaw〉(소설의 주요 인물 중 한 명이 '소스 탈린' 유형이었다)이 1954년 발표되었을 때 새로운 지적 자유를 나타 내는 선구적 작품인 것 같았다. 그러나 스탈린 체제의 '얼어붙은' 과 거와 스탈린의 전후 문화 통제관인 즈다노프가 강요한 질식할 것 같 은 구속과의 단절을 너무 지나치게 밀어붙일 수는 없었다. 제2차 세 계대전 중에 한 소련 가족이 겪은 경험을 묘사하면서 스탈린 체제를 날카롭게 비판한 바실리 세묘노비치 그로스만[326]의 대작《삶과 운명》 (1960)은 1961년 KGB에 의해 몰수되었다. 그로스만은 3년 뒤 위암으 로 세상을 떴다. 그러므로 그 후 서방에서 소설이 출간되어 격찬받는 것을 살아서 볼 수 없었다. 그의 책의 '체포'(그로스만의 표현이다)는 소 련에서 문학적 표현의 범위가 너무 좁다는 표시였다. 중심적인 반파 시즘 수사가 과거와 미래에 관한 모든 사고의 틀을 계속 제공했다.

그렇지만 소련 밖에서는 1950년대에 지적 불복종이 얼굴을 내밀 기 시작했다. 한때 스탈린의 지지자였던 폴란드 작가 아담 바지크[327] 는 1955년에 사라져 버린 폴란드에 대한 타는 듯이 고통스러운 비평 이자 애가인 〈어른들을 위한 시Poem for Adults〉에서 스탈린주의적 폴란 드에 환멸을 표명하고 2년 뒤 공산당을 떠났다. 1951년에 지나치게 스탈린을 찬양하고 연극을 당 이념에 종속시킬 것을 옹호했던 폴란

---

326)　　Vasily Semyonovich Grossman(1905~1964). 소련의 작가이자 기자.《삶과 운명》,《모든 것은 흐른다》로 잘 알려져 있다.
327)　　Adam Ważyk(1905~1982). 폴란드의 시인, 작가. 1955년에 발표한 〈어른들 을 위한 시〉로 유명하다.

드 작가이자 연극비평가 얀 코트[328]도 1950년대 중반에 자신의 태도를 번복하고 1957년 바지크처럼 공산당을 탈당했다. 그럼에도 여전히 전반적으로 순응적 태도가 지배적이었으며, 현실 상황에 대한 비판이 아무리 가혹하더라도 대부분의 지식인은 마르크스주의 이념을 거부하지 않았다. 그들은 마르크스주의 자체가 아니라 마르크스주의로부터의 일탈이 왜곡과 그 결과 나타난 억압을 낳았다고 주장했다.

과거의 이용과 남용

문화 냉전은 어느 곳보다도 역사적 신화, 기억, 해석의 전장에서 치열한 전투를 벌였다. 과거의 그림자는 이 영역에서 가장 뚜렷하게 눈에 띄었다. 그것은 어느 정도는 철의 장막 양측 사이에서 벌어진 충돌이었다. 좀 더 크게는 서유럽 내부의 대조적인 태도들(그 자체로 전쟁에 대한 민족적 경험과 신화를 되비추는)을 반영했다.

디미트로프의 파시즘 정의는 최근의 과거에 대한 동유럽의 이해가 여전히 상대적으로 경직되고 획일적이라는 것을 의미했다. 그것은 명확한 정치적 메시지와 함께 파멸적이었던 최근의 역사 경로(소련 공산주의의 승리로 완전히 바뀌었다)에 대한 불변의 직선적 해석을 제공했다. 파시즘은 자본주의의 이익에 봉사했고, 그 지도자들은 대기업

---

328)   Jan Kott(1914~2001). 폴란드의 비평가이자 정치 활동가. 폴란드의 스탈린 체제를 열렬하게 옹호했으나, 1957년 공산당을 버리고 1965년 미국으로 망명했다.

의 도구였다는 것이었다. 그리고 자본주의가 여전히 서방에서 번성하고 있기 때문에 정치적 메시지(과거가 현재와 미래에 봉사하는 방식)는 쉽게 읽혔다. 과거는 경고였다. 그것은 미래의 투쟁에 대한 지침을 주었다.

이 메시지는 사실상 나치 지배에 대한 다른 모든 저항 형태는 배제하고 영웅적인 공산주의 저항의 이미지만 미화했다. 당연히 파시스트 침략자들을 격퇴하고 그런 다음 파괴하는 데 붉은 군대와 소련 인민들이 거둔 영광스러운 위업이 모든 역사 서술에 선명하게 그려졌고, 서방 연합국의 전쟁 수행 노력에 대해서는 거의 주의를 기울이지 않았다. 1939년의 히틀러-스탈린 협정[329]과 그 후 소련의 발트 국가 및 동부 폴란드 병합 같은 불편한 사실은 간단히 무시되거나, 아니면 히틀러에 대한 서방 열강의 유화정책의 실패로 말미암은 전략적 필요로 변명되었다. 특히 인종주의, 그리고 가장 특별하게는 반유대주의는 이후의 세대들이 인정하는 것처럼 나치 신조의 이념

---

329) 1939년에 나치 독일과 소련이 맺은 상호 불가침 조약을 가리킨다. 조약에 서명한 인물의 이름을 따서 몰로토프-리벤트로프 조약이라고도 부른다. 그러나 2년 뒤인 1941년에 나치 독일이 소련을 침공하여 독소전쟁이 벌어지면서 이 조약은 파기되었다. 이 조약에서는 중부 유럽을 독일과 소련이 각각 분할하기로 하는 비밀 의정서도 작성했다. 폴란드 동부, 라트비아, 에스토니아, 핀란드, 루마니아 북부의 베사라비아는 소련의 영향권에 두기로 인정받았고, 1939년 9월 두 번째 밀약에서 리투아니아도 소련의 몫으로 추가되었다. 이 비밀 의정서에 근거해 1939년 9월 17일 폴란드를 침공한 소련군은 폴란드의 동부 지역을 점령하고 1940년 6월 발트해의 에스토니아, 라트비아, 리투아니아 세 나라와 루마니아의 부코비나와 베사라비아를 점령하여 소련의 영토로 만들었다.

적 중심이 아니라 마구 날뛰는 자본주의적 제국주의의 움직일 수 없는 결과로 여겨졌다. 물론 유대인들은 엄청난 박해를 받았다. 그러나 나치 군홧발 아래에서 무수한 다른 사람들, 주로 슬라브인들도 마찬가지로 박해를 받았다. 왜곡은 다양했다(그리고 그 후 역사가들은 이 왜곡들을 밝혀냈다). 그러나 동유럽에서는 어떤 대안적 해석도 용납하지 않고 권력을 독점한 당과 국가권력의 지지를 받는 이념에 포함된 이 해석은 이론을 제기할 수 없는 것이었다. 그것은 무수한 역사 서적에서 재현되었다. 그러나 가장 엄격한 형태로, 그 해석은 1952년 동베를린에 설립된 '독일사박물관Museum für Deutsche Geschichte'에서 일반인들의 '계몽'을 위해 널리 전시되었다.

하지만 서유럽에는 직전의 과거에 대해 자체 신화가 있었다. 소련판보다 미묘하고 다양했지만, 서유럽에도 왜곡은 있었다. 예를 들어 프랑스는 전시의 저항을 전후 정치적 정당성의 토대로 이용했다. 저항의 영웅주의와 순교는 모든 지점에서 강조되었고, 저항의 제한된 효과와 내부 경쟁, 이념적 갈등은 경시되었다. 저항은 민족적 정체성을 대표하는 것으로, 비시는 참된 프랑스를 배신한 것으로 그려졌다. 드골 자신은 저항의 정신을 체현한 인물로 간주되었다. 이러한 설명은 1950년대에 드골의 전시 회고록(저항에 대한 숭배와 특히 그가 프랑스의 구세주라는 이미지에 크게 기여했다)이 출간되면서 미화되었다. 1970년에도 드골은 여전히 프랑스에서 제5공화국의 창건자라기보다는 1940년 패배 이후 지속된 전투와 4년 뒤의 해방의 상징으로서 훨씬 더 크게 여겨졌다.

이와는 대조적으로 파시즘 체제에 얼마나 협력했는지에 대해서는 침묵의 베일이 드리웠다. 프랑스에서 '비시 신드롬'이 정면으로 제기되기까지는 수십 년이 걸릴 것이었다. 1969년 마르셀 오퓔스[330]의 영화 〈슬픔과 동정Le Chagrin et la Pitié〉이 출시되기 전에는 진지한 출발이 이루어지지 않았다. 중부 프랑스의 클레르몽페랑시에 초점을 맞추고 있는 이 2부작 장편 다큐멘터리는 처음으로 독일군 점령기의 일상적 협력 문제를 들여다보는 창문을 열었다. 이 주제가 얼마나 민감했는가 하면, 드골의 대통령 재직 마지막 해인 이해에 전국 텔레비전 방송이 이 영화의 방영을 허용하지 않았을 정도였다. 그렇다고 이 영화가 프랑스에서 센세이션을 일으키는 것을 막지는 못했지만, 여하튼 텔레비전 방영 '금지령'은 1981년까지 계속되었다. 그리고 1972년이 되어서야 《비시 프랑스: 노장들과 새로운 질서, 1940-1944 Vichy France: Old Guard and New Order》에서 유대인들을 추방해 죽음에 이르게 하는 데 비시 정권이 얼마나 주도적으로 행동했는지를 처음 탐구한 사람은 프랑스의 역사가가 아니라 미국의 역사가 로버트 팩스턴[331]이었다.

이탈리아에서 반파시즘은 전후 이탈리아 국가와 그 공화국 헌법의 본질적 기반이었다. 반파시즘은 다른 점에서는 날카롭게 정치적 분열을 겪었던 사회를 가로지르는 공통의 유대 관계를 형성했다. 무솔리니가 북부 이탈리아의 독일 점령군들에 의해 다시 권좌로 복귀

---

330)   Marcel Ophüls(1927~). 독일 태생 프랑스 및 미국의 영화 제작자, 배우. 주요 작품으로 〈슬픔과 동정〉, 〈테르미누스 호텔: 클라우스 바비의 생애와 시대〉 등이 있다.
331)   Robert Paxton(1932~). 미국의 정치학자이자 역사가. 비시 프랑스, 파시즘, 제2차 세계대전기의 유럽에 관한 책과 글을 발표했다.

한 뒤 전쟁의 마지막 2년 동안 파시스트 테러에 맞선 용감한 저항은 새로운 이탈리아 공화국에서 민족 정체성을 형성하려는 전후 초기의 시도들을 떠받쳐 주는 초석이었다. 널리 읽힌 역사가 로베르토 바타글리아[332]는 1953년 《이탈리아 저항의 역사_Storia della resistenza italiana_》에서 민족의 핵심인 이탈리아의 "진짜 사람들"을 표현하고, 1945년의 "민족 봉기"에서 "파시스트들에 의해 너무나 불쾌하게 더럽혀진 이탈리아의 명예를 되찾았다"고 말했다.

하지만 공산주의자들이 저항에서 수행한 결정적 역할은 경시되었다. 새로운 이탈리아의 주요한 이념적 버팀목이 반공주의였기 때문이다. 냉전이 시작된 후 이탈리아는 마셜 원조를 받았고 나토에 가입했으며, 미국에서 많은 자금을 받았다. 그리고 기독민주당이 대체로 통제하는(그리고 가톨릭교회가 강력하게 뒷받침하는) 국가에서 지배적인 이념으로 좀 더 분열적인 반공주의가 통합적인 반파시즘을 주로 대체했다. 파시즘의 과거는 이제 대체로 지워졌다. 1954년에 송출하기 시작한 국영 텔레비전은 현대사를 거의 건드리지 않았다.

여하튼 폭넓은 공공 의식에 영향을 미치는 한에서는, 파시즘에 관한 역사가들의 저술은 주로 1922년 파시즘이 권력을 인수하게 된 원인, 파시즘의 억압적 성격, 파시즘의 전쟁 준비에 집중했다. 파시즘이 통치하는 이탈리아 사회의 역사와 무솔리니 체제에 대한 지지의 정

---

332) Roberto Battaglia(1913~1963). 이탈리아의 역사학자. 제2차 세계대전 중에 저항운동에 가담하고, 1946년 이탈리아 공산당에 입당했다. 이탈리아 근현대사에 관한 책들을 썼다.

도는 여전히 탐구되지 않은 주제로 남아 있었다. 이는 렌초 데 펠리체[333]가 네 권짜리 방대한 무솔리니 전기(1965~1996년에 출간되었다)의 제3권 《동의의 시기》에서 대다수 이탈리아인들은 파시즘 체제의 목표와 정책을 지지했다고 주장했던 1970년대 중반까지 대체로 사실이었을 것이다. 이것은 극심한 논쟁을 불러일으키는 가운데 이탈리아의 파시즘에 대한 지지라는 문제 전체를 제기했다. 논쟁의 가치가 무엇이든 그것은 반파시즘을 중심으로 건설된 민족 정체성이라는 편리한 신화를 깨부수었다.

이탈리아와 마찬가지로 서독에서도 저항의 역사는 새로운 민주주의를 정당화하는 데 도움을 주었다. 독일민주공화국에서 히틀러 체제에 대한 저항은 거의 전적으로 공산주의자들의 공으로 돌려진 반면, 연방공화국에서는—거의 정확한 거울 이미지 속에서—보수적 저항, 특히 군대의 애국주의가 강조되고 공산주의자들의 애국주의는 경시되었다. 최고의 자리는 히틀러 암살을 모의했다가 아슬아슬하게 실패하여 끔찍한 대가를 치렀던 '1944년 7월 20일의 사람들'—특히 클라우스 솅크 폰 슈타우펜베르크[334] 대령이 선봉에 선 군 장교들—

---

333) Renzo De Felice(1929~1996). 이탈리아의 역사가로 파시즘 시대를 전문적으로 연구했다. 6000쪽에 이르는 유명한 무솔리니 전기에서 그는 무솔리니가 국내 문제에서는 혁명적 근대화론자였지만, 대외 정책에서는 1861~1922년의 이탈리아의 현실정치(Realpolitik) 정책을 계승한 실용주의자였다고 주장하는 수정주의 견해를 제시했다.

334) Claus Schenk von Stauffenberg(1907~1944). 나치 독일의 대령. 북아프리카 전선에서 육군 참모로, 베를린 육군 본부에서 예비군 참모로 복무했다. 한때 히틀러를 '독일 민족을 구할 진정한 지도자'로 존경하기도 했지만, 제2차 세계대전에서

에게 주어졌다. 개인의 양심, 윤리적 고결, 폭정을 타도해야 한다는 도덕적 의무에 이끌려 그들은 범죄 정권을 파멸시키고 독일에서 법적 질서와 자유, 민주주의를 회복하기 위해 목숨을 걸었다. 이런 관점에서 나치즘에 대한 저항은 '다른 독일'(히틀러의 억압 체제가 나라를 전체주의적 부자유에 예속하기 전에 있었던 '진정한 독일')을 나타내는 것이었다. 이 메시지에서 나치즘은 독일 역사의 긍정적인 경로를 가로막은 사악한 방해물이었다.

일부 출판물은 보수적인 지적 주류의 바깥에 있었다. 그러나 전문가들 말고는 대체로 카를 디트리히 브라허[335]가 쓴 바이마르공화국의 구조적 취약성에 대한 분석을 읽지 않았고, 역사학계는 그의 저술을 정치학자의 저술로 무시했다. 나치 시대에 관한 일부 뛰어난 선구적 연구는 특별히 그 목적으로 설립되고 놀랍게도 베를린의 벙커에서 히틀러가 자살한 지 겨우 7년이 지난 1952년에 이미 활동하고 있던 '현대사연구소Institut für Zeitgeschichte'에서 수행되었다. 그러나 다시 한번 이 연구는 공공 의식이나 심지어 대학 교과과정(가장 최근의 과거는 중요하지 않았다)에도 거의 뚫고 들어가지 못했다. 더구나 심지어 여기서

유대인 학살 등의 만행을 목격하면서 '반나치주의'로 돌아섰다. 루트비히 베크를 중심으로 비밀리에 결성한 반히틀러 조직에 가담하여 히틀러 암살 계획을 실행에 옮기려다 실패하고 1944년 7월 21일 총살당했다.

335) Karl Dietrich Bracher(1922~2016). 독일의 정치학자이자 역사가. 주로 바이마르공화국과 나치 독일을 연구했다. 주요 저서로《바이마르공화국의 해체: 민주주의에서의 권력 쇠퇴 문제에 관한 연구》,《아돌프 히틀러》,《전체주의 경험》등이 있다.

도 나치 이전 과거와의 연속성에 관한 강조가 어려움에 부딪힐 수 있었다. 1950년대 말, 현대사연구소의 연구원이었던 쿠르트 존타이머[336]는 바이마르공화국에 있었던 수많은 반민주주의적 견해를 밝혀냈다. 이것들은 나치를 넘어 훨씬 멀리까지 뻗어 있고, 보수적 사고방식을 포괄하는 것이었다. 그가 찾아낸 사실들에 불편함을 느꼈던 현대사연구소는 자체 단행본 시리즈에 그의 책을 넣어 출판하기를 거부했다. 그것은 나중에 따로 출간되었으며, 좀 더 호의적인 분위기에서 표준적인 교재가 되었다.

서독 역사학계에서 보수파가 득세한 것은 제3제국에서 살아남은 사람과 사고의 연속성뿐 아니라 아데나워 시대의 분위기에도 어울렸다. 과거를 탐구하고, 불편한 기억을 재검토하고, 잊어버리는 것이 가장 좋았을 주제들을 공개적으로 말하고자 하는 사람은 거의 없었다. 나치의 과거는 그냥 너무 최근의 일이었고, 상처는 여전히 쓰라렸으며, 전쟁의 막바지에 겪은 고통(독일인들에게 **자신들이** 범죄적 정권의 주요 희생자였다는 의식을 남겨 놓았다)은 너무 극심했다. 그리고 당과 국가 운용에 공모하고 협력한 사람들이 너무 광범위해서 일반인들에게는 침묵의 공모, 과거를 지워 버리고자 하는 욕망을 실현하는 것 말고는 어떤 것도 하라고 고무할 수가 없었다.

전면적인 침묵이 없는 곳에서는 암묵적인, 아니 심지어 명시적인

---

336) Kurt Sontheimer(1928~2005). 독일의 정치학자. 베를린 자유대학교, 뮌헨대학교 등에서 교수로 재직했다. 주요 저서로 《토마스 만과 독일인들》, 《민주주의와 반민주주의 사이의 독일》, 《독일연방공화국 정치체제의 기초》, 《독일의 정치 문화》 등이 있다.

변명이 있었다. 독일인들은 선전에 유혹되어 히틀러와 나치 도당에 의해 파멸을 맞았다. 대부분의 주민은 체제에 반대했으나 전체주의적 경찰국가에서 어떤 행동도 할 수 없었다. 나치 지도자들 말고는 누구도 전쟁을 원하지 않았다. 독일군은 명예롭게 싸웠고, 끝까지 애국적 의무를 다했다(이 견해는 수십 년 뒤에나 결정적으로 수정되었다). 동유럽에서 저지른 야만적인 행동은 나치 친위대 범죄자들의 행동이었다. 평범한 독일인들은 연루되지 않았고, 유대인의 절멸에 대해서는 아무것도 몰랐다. 홀로코스트(이 용어로 알려졌다)는 공공 토론에서 거의 완전하게 제외되었고, 역사 연구에서나 명맥을 유지했다. 1980년대에야 비로소 홀로코스트는 이 시대에 관한 민중적·학문적 해석에서 중심적 역할을 차지하게 될 것이었다. 독일민주공화국에서 유대인에 대한 집단 학살은 단순히 파시스트 제국주의의 좀 더 폭넓은 절멸적 야만 행위에 포함되었던 반면, 서독에서 (어쨌든 논의되는 한에서는) 집단 학살은 단지 히틀러와 친위대 지도부의 사악한 계획 탓으로만 놀려졌다. 심리학자 알렉산더 미처리히[337]와 마르가레테 미처리히 닐센[338]은 훗날 자신들의 책《애도할 수 없음Die Unfähigkeit zu trauern》에서 집단적 반응을 압축적으로 보여주었다. 이 책은 1967년 처음 출간되어 그 후 베스트셀러가 되었을 때 나치 과거의 분석에서 새로운 시대

---

337)   Alexander Mitscherlich(1908~1982). 독일의 정신분석학자. 주요 저서로 《아버지가 없는 사회: 사회심리학에 대한 하나의 기여》, 《애도할 수 없음》(공저) 등이 있다.

338)   Margarete Mitscherlich-Nielsen(1917~2012). 덴마크 태생 독일의 정신분석학자. 주로 페미니즘, 여성 섹슈얼리티, 전후 독일의 민족 심리 등을 연구했다.

의 시작을 상징했다.

대부분의 서독인은 '경제 기적'의 혜택을 누리고 과거에 대해 깊이 생각하지 않기를 바랐지만, 과거를 완전히 떨쳐 버릴 수는 없었다. 1961년에 **제1차** 세계대전 전의 독일 외교 기록을 분석한, 얼핏 보기에 성공할 것 같지 않은 수백 쪽짜리 책—프리츠 피셔[339]의《세계 강대국을 향한 노력》(영어로는《제1차 세계대전에서의 독일의 목표》라고 번역했다)—이 엄청나게 격렬한 논쟁을 불러일으켰다. 피셔는 종래의 역사적 해석을 뒤집었다. 그때까지 피셔는 전문 학자 집단 바깥에는 거의 알려지지 않았다. 그는 보수적인 인물로서 심지어 한동안 나치 당원이기도 했다. 그러나 그의 책은 보수적인 주류를 뒤흔들었다. 피셔는 제1차 세계대전의 서막에서 독일 엘리트들이 보여준 계획, 믿음, 행동에 관한 자신의 연구를 바탕으로 그들이 독일을 세계 강대국으로 확고히 자리 잡게 하기 위해 그야말로 정복을 목표로 했다고 주장했다. 달리 말해, 피셔는 히틀러가 19세기까지 거슬러 올라가는 독일 역사의 연속성의 산물이라는 것을 보여주고자 했던 것이다. 피셔의 연구는 많은 독일인에게 받아들이기 힘든 해석을 제시했다. 그동안 독일인들은 자신들의 나라가 제2차 세계대전에 책임이 있다고 인정하게 되었지만, 이제 독일이 **제1차 세계대전**에 대해서도 책임이 있다는 말을 들었다. 그것은 연합국이 베르사유에서 주장했고 독일이

---

339)　Fritz Fischer(1908~1999). 독일의 역사가. 제1차 세계대전의 원인에 관한 분석으로 잘 알려져 있다. 1960년대 초에 제1차 세계대전 발발의 책임이 순전히 독일 제국에 있다는 테제를 제출하여 격렬한 논쟁을 불러일으켰다.

그때와 그 후로 격렬하게 부인해왔던 것이었다. 피셔의 저작에 비추어, 독일은 1914년 이전 오래전부터 유럽 국가들 사이에서 '특별한 길Sonderweg'을 걸었던 것처럼 보였다. 그 길은 히틀러와 전쟁, 집단 학살, 그리고 민족적 재앙으로 이어졌다.

그것은 즉각적인 논쟁이 잦아든 뒤 수십 년 동안 자신들의 과거에 대한 독일인들의 견해에 영향을 미친 해석이었다. 어떤 면에서 그것은 1960년대부터 독일 과거의 가장 어두운 구석을 탐구하고자 하는 움직임이 더욱더 확대되는 과정이 개시되었음을 알렸다. 이전 세대가 과거를 직시하는 데 실패함으로써 소외감과 거부감이 커졌고, 이는 1968년의 학생 봉기로 나타났다. 그러나 대다수 주민이 나치 통치에 일상적으로 어떻게 연루되어 있는지, 그 무수한 형태에 관해 진지한 연구가 시작되기까지는 이러한 소요가 끝난 지 10년이 더 지나야 했을 것이고, 홀로코스트 자체가 독일 과거에 대한 재평가에서 중심 무대를 차지하기까지는 훨씬 더 많은 시간이 경과해야 할 터였다. 그렇지만 1960년대 초에 독일인들이 유럽의 유대인들을 학살하고자 한 시도에 완전히 눈을 감을 수는 없게 되었다. 1960년 5월 나치가 '유대인 문제의 최종 해결'이라고 부른 사건의 주요 조직자였던 카를 아돌프 아이히만[340]이 이스라엘 요원들에게 체포되어 이듬해 예루살렘에서 재판에 부쳐진 뒤 1962년 6월에 교수형을 당했다. 또 그

---

340)   Karl Adolf Eichmann(1906~1962). 제2차 세계대전 홀로코스트(유대인 대학살)의 전범. 독일의 친위대 중령으로서 유대인 문제의 '최종 해결'의 실무 책임자였다. 1960년 5월 이스라엘 정보기관 모사드에 체포되어 이스라엘에서 공개재판을 받은 후 1962년 6월 1일 교수형에 처해졌다.

후 1963년부터 1965년 사이에 프랑크푸르트암마인에서 가장 큰 나치 절멸 수용소인 아우슈비츠에서 근무했던 인사들의 재판이 진행되었다. 이러한 일들은 독일의 전쟁에서 불가분한 일부였던 집단 학살에 대한 일반인들의 관심을 한동안 불러일으켰다. 파울 첼란은 다음과 같이 썼다. "죽음은 독일이 낳은 명인이다." 이러한 생각을 공공의식에서 배제하는 것은 점점 더 힘들어져가고 있었다.

영국의 공공 의식에서 최근의 과거가 차지한 자리는 유럽 대륙의 다른 어느 나라와도 달랐다. 영국은 정복되지 않았고 점령되지 않았으며, 승전국으로 나타났다. 영국의 전시 역사는 전시 영웅주의 위에 세워진 민족적 자화상의 창출을 고무했다. 이것은 영국이 예외적이기도 하고 유럽 본토로부터 떨어져 있기도 하다는 의식(그 역사적 전통과 제도들로부터 이미 파생된 의식)을 미화했다. 역사, 기억, 신화 모두 '우리 섬 이야기'에서 영광의 일화, 영웅주의와 승리의 일화, 악을 격파하는 선의 일화를 밝히기 위해 동원되기 시작했다. 영국은 이미 독일에 맞선 하나의 세계전쟁에서 싸워야 했고, 이겨야 했다. 영국은 마지못해 그것을 다시 한번 할 수밖에 없었다. 게다가 서방 동맹국인 미국과 "서로 어깨를 맞대고" 싸움으로써 얻은 나치 악에 대한 승리는 대서양 너머의 형제국과 "특별한 관계"를 맺고 있다는 인식을 미화했다. 정반대로 대부분의 사람들은 영국해협 맞은편에서 진행된 사태에 거의 관심을 보이지 않았다. 너무 자주 들은 진부한 문구인 "해협 위의 안개, 영국으로부터 차단된 대륙"은 농담으로 여겨졌다. 그렇지만 그것은 영국의 고립주의에 대한 자기 풍자에서 일말의 진실을 담고 있었다.

영국은 전후에 자신들의 가장 위대한 영웅인 윈스턴 처칠과 관련된 전쟁 버전을 주입받았다. 1948년부터 1953년 사이에 출간된 처칠의 16권짜리 전쟁사《제2차 세계대전The Second World War》은 해석의 체계를 세웠다. 유화정책은 나라를 재앙의 벼랑으로 몰고 갔다. '최고의 시기'였던 1940년에 영국은 나치의 폭정에 맞선 싸움에서 독보적이었다. 독일의 침공은 역경을 무릅쓰고 1940년 여름 '영국 전투'[341]에서 승리한 젊은 전투기 조종사들의 용기로 저지되었다. 그때 영국인들은 독일군의 '전격' 작전 동안 자신들의 집이 끊임없이 폭격당하는 가운데 매일 밤을 버텼다. 가장 어두운 밤이 지나고 서서히 날이 밝아왔다. '사막 전쟁'[342]에서 대승리를 거두고, 엄청난 희생 속에 '대서

341)   Battle of Britain. 영국 본토 항공전 또는 영국 공중전이라고도 한다. 제2차 세계대전 중인 1940년 6월 말 영국 공군이 독일 공군 루프트바페에 맞서 조국을 지킨 공중전을 가리킨다. 역사상 모든 병력이 공군만으로 이루어진 첫 주요 전투로 알려져 있다.

342)   Desert War. 서부 사막 전역(Western Desert Campaign)이라고도 한다. 이집트 서부와 리비아 전체에서 일어난 제2차 세계대전의 북아프리카 전역의 일부다. 1940년 이탈리아 군단의 이집트 침공으로 사막 전쟁이 시작되었다. 이탈리아 군단은 리비아에서 이집트를 방어하는 영국군과 충돌했는데, 보급품 문제로 영국군에 반격당하여 이집트를 정벌하는 데 실패했다. 이 무렵 영국군은 몰타와 알렉산드리아 공항에서 이탈리아를 공습했고, 무솔리니는 히틀러에게 독일군 기갑사단을 달라고 요청했다. 이에 따라 에르빈 롬멜이 북아프리카에 파견되었고, 1942년까지 영국군은 롬멜의 아프리카 군단과 밀고 밀리는 공방전을 지속했다. 영국군은 이집트 국경까지 밀려났으나, 버나드 몽고메리의 등장으로 전세가 역전되었다. 독일군은 제2차 엘 알라메인 전투에서 영국군에 격파당하고, 리비아를 빼앗긴 후 튀니지까지 밀리게 된다.

양 전투'[343]에서 이김으로써, 그리고 밤마다 독일 전투기들의 집중 공격을 받으면서도 적에게 계속 타격을 가한 폭격기 승무원들의 용맹스러운 행동 덕분에 마침내 고비를 넘겼다. 1944년 6월 6일 D-데이는 용맹과 승리의 정점이었다. 그것은 우리의 믿음직한 미국 동맹군들과 나란히 싸우면서, 승리를 확정하고 나치즘의 최종적 분쇄로 가는 길을 닦은 순간이었다.

영웅담은 가공의 설명과 전시 회고록에 나오는 영국군들의, 그리고 〈잔인한 바다The Cruel Sea〉(1953), 〈댐 파괴 폭격기들The Dambusters〉(1955), 〈비스마르크 호를 격침하라Sink the Bismarck〉(1960) 같은 대중 영화의 무수한 '대담한 행동'의 이야기들을 통해 일반인의 의식 속에 강화되고 깊숙이 내재되었다. 한편, 연재만화는 수많은 젊은이에게 영국 영웅주의와 독일 '악당들'의 이미지를 주입했다.

하지만 1960년대까지 제2차 세계대전의 역사에 대해 진지한 관심은 거의 없었다. 중고등학교와 대학에서 역사 교과목 개요는 여전히 통상 1914년에서 끝났다. 그리고 상대적으로 적은 '외국 역사'(옥스퍼드 대학교의 교과목 개요에서 이렇게 이름 붙였다)를 공부했다. 소수의 중요한 예외—그중 트레버로퍼의 《히틀러의 마지막 날들Last Days of Hitler》

---

343) Battle of the Atlantic. 제2차 세계대전 당시 가장 오래 지속된 군사 전역 중 하나. 전역은 1939년부터 시작되어 1945년 나치 독일이 패배할 때까지 지속되었다. 연합국의 독일 해상 봉쇄가 중심이 되었으며, 독일의 봉쇄 반격전으로 이어졌다. U-보트와 다른 전함들, 독일 공군의 항공기가 캐나다 해군, 영국 왕립 해군, 미국 해군과 연합국 상선에 맞서 싸웠고, 1940년 중반부터 1943년까지 가장 치열하게 전개되었다.

(1947)과 앨런 불럭[344]의《히틀러: 폭정의 연구Hitler: A Study in Tyranny》(1952)가 탁월했다─를 제외하면 나치 시대에 관한 주요 저술 작업도 별로 이루어지지 못했다.

이런 상황은 1960년대 초에 비로소 바뀌기 시작했다. 심지어 그때도 반독일 고정관념은 영국의 가장 대중적인 역사가 앨런 존 퍼시벌 테일러[345]가 쓴 논쟁적인 책《제2차 세계대전의 기원Origins of the Second World War》에서 그대로 유지되었다. 늘 그렇듯이, 기지에 넘친 문장을 날카롭게 구사하고 재치 있는 논평을 냉소적으로 곁들인 그의 저작은 의식적으로 수정주의적이었다.

그것은 전쟁에 대해 나치 침략자들이 아니라 영국의 유화론자들을 비난하는 지경에 이르게 되었다. 이 책은 제1차 세계대전의 독일의 목적에 관한 프리츠 피셔의 놀라운 해석의 수정이 나온 해와 같은 해인 1961년에 등장했다. 테일러는 피셔의 연구 결과를 이용해 "국제 문제에서 히틀러가 독일인이라는 사실 말고는 그에게 잘못된 것은 아무것도 없었다"(오스트리아에서 태어난 히틀러는 1932년에야 독일 시민권을 획득했다)라는 자신의 반독일 해석─그는 이미 1944년에 짧

---

344) Alan Bullock(1914~2014). 영국의 역사가. 1952년에 출간된 최초의 종합적 히틀러 전기인《히틀러: 폭정의 연구》로 가장 잘 알려져 있다. 이 책은 그 후 다른 많은 히틀러 전기에도 영향을 미쳤다. 그 밖에도《어니스트 베빈의 생애와 시대》,《서양의 휴머니즘 전통》등을 집필했다.

345) Alan John Percivale Taylor(1906~1990). 영국의 역사가. 19~20세기 유럽의 외교를 주로 연구했다. 언론인이자 방송인으로 활동하면서 특히 텔레비전 강연을 통해 많은 이들에게 잘 알려졌다. 주요 저서로《유럽 외교에서의 이탈리아 문제. 1847-49》,《비스마르크: 인간과 정치인》,《영국사 1914-1945》등이 있다.

지만 강력한 반독일 저술인 《독일사의 경로The Course of German History》를 출간했다—을 뒷받침했다.

그러므로 과거는 현저히 상이한 방식으로이긴 하지만 유럽 대륙에 진한 그림자를 계속해 드리우고 있었다. 1960년대부터 거의 모든 곳에서 고등교육이 확대된 데 고무되어 유럽을 전쟁의 참화와 집단 학살로 이끈 이념과 정치 운동들에 관한 연구가 속도를 올리기 시작했다. 하지만 확연하게도 제2차 세계대전과 홀로코스트가 유럽의 공공 의식에서 중심적 일부가 되는 것은 연구가 시기적으로 비로소 점점 더 먼 지점으로 물러나고 있던 1980년대부터일 터였다.

과거와의 절연

과거는 의식적으로든 아니든 전후의 현재를 형성했다. 그러나 1955년부터 1965년 사이에 민중 문화에서 과거와의 큰 절연에 해당하는 변화가 발생했다. 그전에 민중 문화는 전전 시대부터 확인될 수 있는 패턴을 따랐다. 1955~1965년의 10년이 지난 후 민중 문화는 마치 혁명이 발생한 것처럼 느껴졌다.

대부분의 사람들은 과거에 신경 쓰지 않았다. 그들은 더 좋아진 시대를 즐기기를 원했다. 전쟁 끝 무렵이나 직후에 태어난 젊은 세대는 특히 현재를 위해 살면서 먼일을 생각했다. '오늘을 즐겨라'는 그들의 맹목적인 구호였다. 1960년대에—이 과정은 이미 앞선 10년 동안 시작되었지만—젊은 세대는 민중 문화의 변모에서 지울 수 없는 흔적을 새겼다. 사회 계급뿐 아니라 세대가 아마도 어느 시대보다도 더 중요한 사회적 분열선이 되었다. 점진적으로, 그러나 영구적으로 변화는 사회적 가치와 삶의 패턴을 바꿨다. 역시 점진적으로 '고급' 문화와 '민중' 문화 사이의 격차도 줄어들었다. 10대들이 오페라 팬이 되었다거나 연금 생활자들이 하드록을 숭배하는 것은 아니었다. 하지만 취향이 겹칠 기회는 20세기 초보다 컸다. 자녀의 취향에 영향을 받은(혹은 자녀의 취향으로부터 배제되지 않기를 간절히 바라는) 중간계급 부모들은 고전음악뿐 아니라 팝도 즐겼다. 대학 교수들이 (그전에는 주로 산업 노동계급의 전유물이었던) 축구 경기를 보러 갈 수도 있었다.

그렇지만 변화의 규모나 속도를 과장하지 않는 편이 좋을 것이다. 변화가 대륙 전역에서 균일하게 일어난 것도 아니었다. 베를린장벽이 총천연색의 서쪽과 회색의 동쪽 사이를 가르는 대비를 명료하게 보여준다고 거의 과장 없이 언급되어왔다. 동쪽에서는 철의 장막 너머의 모든 나라에서 국가 통제가 '퇴폐적인' 서방 문화의 이용 가능성을 제한하려 했고, 이는 상당 정도 성공을 거뒀다. 서유럽 내에서 문화적 변모는 가톨릭교회의 영향이 매우 강한 곳에서는 가장 느리게 진행되었다. 그럼에도 변화의 과정은 일단 개시되자 20세기의 나머지 기간과 그 후에 어느새 스며들며 발전하고 확산하면서 가차 없이 계속될 것이었다. 그러나 변화는 결정적으로 1950년대 중반부터 1960년대 중반까지의 10년 동안 시작되었다.

젊은이들의 보편적인 언어는 음악, 즉 대중음악이다. 그리고 여기서는 과거와의 주요 단절을 정확히 집어내는 데 어려움이 없다. 1954년에 영국에서 팝 음반 인기 순위표의 꼭대기를 차지한 노래는 베라린[346]의 '아들아, 아들아_My Son, My Son_'였다. 이 노래는 전쟁 중에 '병사들의 연인'으로 알려졌던 가수가 부른 발라드였다. 1년 후 최고 자리는 '빌 헤일리[347]와 혜성들'의 '밤낮으로 록을_Rock Around the Clock_'이 차지했다. 그것은 로큰롤의 도래를 나타냈다. 로큰롤은 대서양을 건너 미국에서 들어온 새로운 스타일의 센세이셔널한 음악이었고, 10대들에게 즉각 엄청난 매력을 발휘했다. 한때 조용한 퀵스텝[348]과 폭스트롯의 장소였던 댄스홀은 즉시 광적인 자이브[349] 춤에 빠졌다. 1956년 헤일리의 스핀오프 영화[350]가 등장했을 때 반응은 놀라웠다. 그의 팬들은 영화관에서 괴성을 질렀고, 복도에서 로큰롤을 추었다. 로큰롤의 매력을 본 후 성공을 거둔 댄스 밴드 매니저의 진부한 이야기는 청년 반란의 정신을 사로잡으며 서유럽 전역의 도시에서 10대들의 소요와 공공 기물 파괴 행위를 촉발했다. 이 영화는 영국에서 80개의 시의회에 의해 금지되었다. 헤일리는 곧 무대에서 사라졌다. 그의 밴드인 '혜성들'도 하늘을 가로질러 사라져 버렸다. 그러나 그때 엘비스 프레

---

346)   Vera Lynn(1917~2020). 영국의 가수, 배우. 제2차 세계대전 동안 엄청난 인기를 끌었다.

347)   William John Clifton Haley(1925~1981). 미국의 로큰롤 음악가. 밴드 '빌 헤일리와 혜성들(Bill Haley and His Comets)'을 결성하여 '밤낮으로 록을', '다음에 보자, 악어야', '로켓 88' 등의 노래로 1950년대에 선풍적인 인기를 끌었다.

348)   quickstep. 두 사람이 추는 빠른 춤. 또는 그 춤곡. 1920년대 사우스캐롤라이나주의 흑인들 사이에서 유행하던 '찰스턴 춤'에서 시작된 것으로 알려져 있다.

349)   jive. 1950년대에 유행한 빠른 비트의 춤곡. 1930년대 초 미국의 흑인들이 추던 춤에서 기원했다고 알려져 있다.

350)   spin-off film. 다른 영화의 개념이나 일부 소재를 차용하여 만든 영화. 대개 흥행에 성공한 작품에 자극을 받아 만든다. 모조 영화라고 번역하기도 한다.

슬리가 나타났다.

1950년대부터 엘비스는 미국의 젊은 세대에게 사실상 신이 되었고, 유럽에서도 점차 그렇게 되었다(미군과 음악 프로그램인 '미군방송망 American Forces Network, AFN'의 도움을 받아). 일련의 음반—그중에서도 〈슬픔의 호텔Heartbreak Hotel〉, 〈하운드 도그Hound Dog〉, 〈푸른 스웨이드 신발Blue Suede Shoes〉, 〈교도소 록Jailhouse Rock〉, 〈어느 날 밤One Night〉—이 히트하면서 그는 로큰롤의 첫 초대형 슈퍼스타로 떠올랐다. 머리칼을 반지르르하게 넘기고 관능적인 표정을 지으며 엉덩이를 도발적으로 돌리는 잘생긴 엘비스는 수많은 10대에게 섹스 심벌이 되었고, 나이 든 사람들의 눈에는 도덕에 대한 위협으로 보였다. 나이 든 유럽인들이 흔히 이 현상을 참된 문화를 위험스럽게도 더욱 저열하게 만든다고 보았던 반면, 10대들은 엘비스의 신전뿐 아니라 다른 중요한 미국의 로큰롤 아티스트들의 신전에서도 예배를 보았다. 일단의 그러한 아티스트들은—제리 리 루이스,[351] 리틀 리처드,[352] 척 베리,[353] 에디 코크런,[354] 버

---

351)　Jerry Lee Lewis(1935~). 미국의 싱어송라이터, 음악가, 피아노 연주자. 흔히 '킬러(The Killer)'라는 별명으로 불린다.

352)　Little Richard(1932~2020). 미국의 가수, 작곡가, 피아니스트. 본명은 리처드 웨인 페니먼(Richard Wayne Penniman)이다.

353)　Chuck Berry(1926~2017). 미국의 가수이자 작곡가. 본명은 찰스 에드워드 앤더슨 베리(Charles Edward Anderson Berry)다. 리듬앤블루스의 핵심 요소를 정제하여 로큰롤로 전화시켰다. 또 청소년의 삶, 소비주의를 주제로 가사를 쓰고 기타 솔로 등의 음악 양식을 개발하여 다음 세대 록에 크게 영향을 미쳤다.

354)　Eddie Cochran(1938~1960). 미국의 음악인. 본명은 에드워드 레이먼드 코크런(Edward Raymond Cochran)이다. 로커빌리 스타일의 노래로 1950년대 중반부터 1960년대 초기까지 청소년의 불만과 갈망을 예리하게 포착했다.

디 홀리[355] 같은 걸출한 인물들을 비롯해—미국뿐 아니라 유럽에서도 엄청난 인기를 누렸다. 젊은 세대에 로큰롤이 가한 충격은 폭발적이었다. 아일랜드 서부의 가톨릭 수도원 학교에서 질식할 정도는 아니지만 보호시설의 교육을 경험한 찰스 화이트Charles White에게 "리틀 리처드의 '길고 키 큰 샐리'(1956년 발표)를 듣는 것은 40년 만에 바스티유 감옥에서 풀려나는 것 같은 느낌을 주었다. **자유, 자유, 자유!**" 화이트와 다른 많은 사람들에게 로큰롤은 다름 아닌 문화혁명에 해당하는 것이었다.

1962년에 이 음악 문화혁명의 중심이 영국으로 건너갔다. 처음으로 성공을 거둔 노래 '러브 미 두Love Me Do'는 비틀스의 도래를 알렸다. 홍안의 더벅머리 리버풀 젊은이—존 레넌John Lennon, 폴 매카트니Paul McCartney, 조지 해리슨George Harrison, 링고 스타Ringo Star—넷은 이듬해 봄에는 이미 하나의 현상이 되었다. '비틀스 열풍'은 영국을 휩쓸었다. 1964년에 황홀해하는 군중이 비틀스의 미국 순회 내내 따라다녔다. 그들의 음악은 초기의 록에 대한 강조에서 좀 더 세련된 음으로 발전했다. 이는 1967년 5월에 그들의 '사이키델릭'[356]한 단계 동안 〈페퍼

---

355) Buddy Holly(1936~1959). 미국의 가수, 작곡가, 프로듀서. 본명은 찰스 하딘 홀리(Charles Hardin Holley)다. 짧은 경력에도 불구하고 기타 두 대, 베이스, 드럼 각각 한 대라는, 전형적 로큰롤 라인업을 정의 내린 음악인으로 평가된다.

356) psychedelic rock. 록 음악의 한 종류. 애시드 록, 드럭 록 또는 사이키델릭이라고도 한다. 이름에서 볼 수 있듯이 현란한 조명효과에 마약을 한 상태에서 연주하는 것 같은 환각적인 분위기가 특징이다. 1960년대 중반 영국과 미국에서 비틀스와 버즈 등의 밴드들이 처음 시도했으며, 비틀스의 'Rain, I'm Only Sleeping', 'Tomorrow Never Knows', 버즈의 'Eight Miles High' 같은 곡들이 시초다.

병장의 론리 하츠 클럽 밴드Sgt. Pepper's Lonely Hearts Club Band〉 앨범이 출시되면서 최고의 독창성에 도달했다. 약물에 대한 그들의 실험은 젊은이들 사이에 퍼져 있던 기분 전환용 약물 사용의 확산과 잘 어울렸다. 바로 그해 비틀스의 노래 '올 유 니드 이즈 러브All You Need is Love'의 공연 모습이 위성을 통해 전 세계의 텔레비전으로 방송되었다. 3억 5000만 ~4억 명으로 추정되는 사람들이 이를 보았다. 이 노래는 베트남전쟁에 맞선 '꽃의 힘' 평화운동과 국제 저항의 주제곡이 되었다. 비틀스는 이제 젊은이들 사이에서 재래의 가치에 대한 거부와 반주류 저항을 구체적으로 표현하고 있었다.

다른 영국 밴드들이 비틀스에 의해 활활 타오른 길을 따라가면서 이전에 미국이 지배하던 대중음악계를 뒤흔들었다. 그중에는 애니멀스,[357] 킹크스,[358] 데이브 클라크 파이브[359]가 있었다. 하지만 단연코 가장 중요한(그리고 지속적인) 밴드는 롤링 스톤스였다. 그들의 인기는 1960년대 중반에는 비틀스의 인기에 그리 뒤지지 않았다. 그들의 세련된 '나쁜 소년bad boy' 이미지, 저속한 스타일의 록과 블루스의 혼합,

---

357) The Animals. 영국의 리듬앤드블루스, 록 밴드. 1960년 초 뉴캐슬어폰타인에서 결성하여 1964년 런던으로 활동 무대를 옮긴 뒤 유명해졌다.
358) The Kinks. 1964년 북런던 머스웰힐에서 레이 데이비스와 데이브 데이비스 형제가 결성한 영국의 록 밴드. 영국 리듬앤드블루스와 머지비트의 전성기에 부상하여, 1965년 미국에서 순회공연이 금지당하기 전까지 이른바 '영국의 침공'의 한 축이었다.
359) The Dave Clark Five. 영국의 로큰롤 밴드. 1957년 토트넘에서 결성되었다. 비틀스에 이어 1964년 3월 미국의 '에드 설리번 쇼'에 등장한 '영국의 침공'의 두 번째 밴드였다.

그리고 외모—긴 머리칼과 간편한 옷차림(당시 비틀스와 대부분의 다른 밴드들이 처음에 보였던 획일적인 외모와 대비되는)—는 그들에게 1960년 대의 청년 문화에 잘 들어맞는 반권위주의적 매력을 부여했다.

이 문화는 국제적인 것이어서, 미국과 유럽을 휩쓸고 심지어 국가 당국의 반감에도 불구하고 철의 장막 너머까지 침투했다. 젊은이들 이 똑같이 모습을 하기 시작했다. 그들은 비슷한 유형의 옷을 입었 다. 1950년대 말 록 열풍이 부는 동안 영국의 젊은 반란자들은—때 때로 말런 브랜도[360](1953년 영화 〈위험한 질주The Wild One〉에서 오토바이 갱단 두목이었다)와 1955년 영화 〈이유 없는 반항Rebel Without a Cause〉의 스 타로 10대들 사이에서 우상이 되었지만 같은 해 겨우 스물네 살의 나이에 자동차 사고로 요절한 미국의 젊은 배우 제임스 딘[361]을 모방 하여—가죽 재킷과 홀태바지를 입으면서 자신들을 구별 지었다. 서 독과 프랑스를 비롯한 다른 나라에도 변이가 있었다. '테디보이스The Teddy Boys', '할프슈타르켄Halbstarken', '블루종 누아르blousons noir'는 사회의 다른 사람들과 의식적으로 다르게 보이고자 했다. 하지만 그들은 반 항적인(때로는 폭력적인) 소수였다. 1960년대 초에 젊은이들의 스타일 은 여전히 일반적으로 보수적이었는데, 부모들의 스타일과 대체로 비

---

360)   Marlon Brando(1924~2004). 미국의 영화배우. 〈워터프런트〉(1953)에서 테리 맬로이 역할로, 《대부》(1971)에서 비토 코를레오네 역할로 두 차례 아카데미 남우주연상을 받았다.

361)   James Dean(1931~1955). 미국의 배우. 영화 〈자이언트〉, 〈에덴의 동쪽〉, 〈이 유 없는 반항〉에 출연했다. 짧은 활동 기간에 남긴 강렬한 이미지는 그 후 현대 청 년 문화의 상징이 되었다.

슷했다. 그러나 1960년대 말에 그들은 나이 든 사람들과 달라 보였다. 그들은 종종 장발을 하곤 했다. 복장은 보통 평상복이었다. 직관적이었지만 탁월한 마케팅을 통해 원래 미국의 작업복이었던 청바지가 젊은이들의 유니폼이 되었고, 이전과는 완전히 사정이 뒤바뀌어 심지어 좀 더 유행을 따르는 일부 부모들도 청바지를 입었다. 미국에서 시작되어 유럽을 사로잡은 '히피'[362]의 외모는 보통 약물과 성해방을 포함한 '대항문화'에 대한 집착을 보여주었다.

모든 젊은이가 '히피'로 보이기를 원한 것은 아니었다. 특히 부모들이 감당할 수 있는 수준보다 의복을 사는 데 쓸 수 있는 돈이 더 많았던 젊은이들을(여성뿐만 아니라 남성도) 겨냥한 패션 디자인은 매력적이고 독특한 스타일을 널리 광고했다. '젊음'은 큰 사업이 되었다. 남녀에게 최신 유행하는 '옷gear'을 판매하는 부티크 패션 상점들이 늘어선 런던의 쇼핑가 카너비 거리는 '경쾌한 영국Swinging Britain'의 상징이 되었다. 영국의 패션 디자이너 메리 퀸트[363]는 패션에 민감한 이탈

---

362) Hippie 또는 Hippy. 1960년대 미국의 샌프란시스코, LA 등지의 청년층에서 시작되었다. 기성의 사회 통념, 제도, 가치관을 부정하고 인간성의 회복, 자연으로의 귀의 등을 주장하며 탈사회적으로 행동하는 사람들을 가리킨다. 이들은 자신의 가치와 의미에 따라 개성의 표현을 추구하고, 기성 사회의 성적 억압과 관습적 도덕을 해체함으로써 개방적인 성의 표현을 통해 친밀성과 이를 통한 새로운 공동체의 건설을 성취하려고 했다.

363) Mary Quant(1934~). 영국의 패션 디자이너. 1960년대 런던을 중심으로 일어난 '모드(Mod)'와 '유스 패션 운동(Youth fashion movements)'을 이끈 주요 인물로, 영국의 패션 아이콘으로 손꼽힌다. 미니스커트와 핫팬츠를 개발하고 대중화하는 데 공헌한 인물로도 평가된다. 특히 패션을 게임처럼 사람들에게 기쁨을 주는 수단으로 인식하게끔 하는 '펀 패션(Fun fashion)'을 이끌기도 했다.

리아에서 "세계에서 유행을 가장 잘 아는 창작자로서 (…) 그녀는 미니스커트를 발명했다"라고 환호를 받았다. 진 슈림프턴[364]과 '트위기 Twiggy'로 더 잘 알려진 (이탈리아 잡지에서 '주근깨 인형'으로 묘사된) 비쩍 마른 레슬리 혼비[365]는 '슈퍼 모델', 여성복 분야에서 국제적인 유행을 선도하는 사람이 되었다. 패션에서 한 가지 특이한 현상은 전쟁이 끝나고 오랜 시간이 지난 뒤에도 대부분의 성인 남성이 여전히 쓰고 있던 모자가 사라졌다는 것이었다. 이 사소한 의복상의 미스터리에 대한 답의 일부는 아마도 1950년대에 젊은 남자들이 엘비스 프레슬리처럼 앞머리를 뒤로 넘겨 기름을 바른 헤어스타일에 더욱 공을 들였다는 데 있었을 것이다.

1960년대 대중문화의 변화에 가장 크게 영향을 미친 단일한 요소는 의심의 여지 없이 텔레비전이었다. 이것은 젊은이들(첫 텔레비전 세대)의 문화에 주요한 충격을 가했다. 그러나 텔레비전은 모든 나라에서 사회의 모든 부문에 영향을 미쳤다. 텔레비전은 실제로는 멀리 1920년대에 삶을 시작했다. 그러나 텔레비전이 대중문화의 미디어로

---

364)   Jean Shrimpton(1942~). 영국의 모델. '경쾌한 런던'의 대명사로, 세계적인 패션모델이었다. 2012년《타임》에서 역사상 가장 영향력 있는 패션 아이콘 100명 중 1명으로 선정했다.

365)   Lesley Hornby(1949~). 영국의 모델, 배우, 가수. 몸무게가 40킬로그램 정도밖에 나가지 않아 트위기(Twiggy, 잔가지처럼 연약하다는 뜻)라는 별명을 얻었다. 1960년대의 새로운 사회 분위기에 완벽하게 부합하면서《타임》의 표지 모델이 되기도 했다. '1966년의 얼굴'이라 불린 그녀는 개성 있는 화장, 의상, 양말 영역을 개척했으며, 그녀의 이름을 딴 인형도 생겼다. 1960년대 최초의 슈퍼 모델로도 언급된다.

서 완전한 우위를 차지하는 승리의 행진이 시작된 것은 30년 뒤 유럽에서였다. 영국은 이러한 진전에서 가장 앞서 있었다. 텔레비전 소유를 촉진하는 주요한 힘은 1953년 6월 2일 웨스트민스터 성당에서 여왕 엘리자베스 2세의 대관식을 준비하면서 처음 찾아왔다. 수많은 가족이 선명하지 못한 흑백 화면으로 런던의 이 장엄한 행사를 보려고 가구家具에 딸린 이 새롭고 흥미진진한 부착물(작은 스크린을 가진 큼직하고 우아한 캐비닛) 주위로 모여들었다.•

대관식은 영국뿐 아니라 유럽 전역과 더 먼 지역에서도 처음으로 텔레비전으로 방송된 큰 행사였다. 16개의 유럽 방송 기구가 참가했다. 심지어 공화국인 프랑스에서도 100만 명이 대관식을 시청한 것으로 전해졌다. 그러나 유럽에서 텔레비전은 여전히 걸음마 단계에 있었다. 1953년에 네덜란드 텔레비전은 겨우 1만 명의 시청자에게 일주일에 3시간 동안 프로그램을 내보냈다. 1955년 무렵 미국 가구의 3분의 2가 텔레비전을 갖고 있었지만, 이탈리아에서는 텔레비전 방송 가입자가 여전히 10만 명을 밑돌았다. 하지만 그때부터 급속하게 확대되었다. 1963년 무렵 텔레비전은 영국에 1250만 대, 독일에 800만 대, 프랑스에 300만 대, 이탈리아에 100만 대 정도 있었다(1960년에

• 우리 가족은 대관식을 보기 위해서가 아니라 한 달 전인 1953년 5월 2일 웸블리에서 열린 컵 결승전을 보기 위해 텔레비전을 구매했다는 점에서 색달랐다. 이 긴장감 넘치는 시합에서 블랙풀은 볼턴 원더러스를 4대 3으로 꺾었고, 마침내 당시 가장 유명한 영국 선수였던 스탠리 매슈스(Stanley Matthews)가 서른여덟 살의 나이에 컵 우승팀 메달을 받았다. 거리의 사람들 대다수가 이 경기를 보려고 올덤의 우리 테라스 하우스의 작은 거실에 모인 것 같았다.

스페인 사람의 1퍼센트만이 텔레비전을 소유했고, 그리스에서는 1969년에야 비로소 텔레비전 방송이 시작되었을 뿐이지만). 그러나 텔레비전의 확산은 심지어 엄격하게 통제하는 공산주의 국가들로서도 멈출 수가 없었다. 예를 들어, 1964년에 동독과 서독의 텔레비전 소유 격차는 42퍼센트 대 50퍼센트로 상당히 작았다. 1970년 무렵 스웨덴은 유럽 나라들 중에서 인구 대비 가장 많은 수의 텔레비전을 가졌으나(1000명당 312대), 헝가리(171대)는 아일랜드, 이탈리아, 오스트리아에 그리 뒤지지 않았다.

1969년 7월 20일, 위성을 통해 어느 때보다 많은 텔레비전 시청자에게 놀라운 광경이 중계되었다. 지구 전역에서 5억 3000만 명으로 추산되는 사람이 아폴로 11호 우주선이 달에 착륙하고 달 표면에서 닐 암스트롱[366]과 버즈 올드린[367]이 인간의 첫 발걸음을 내딛는 모습을 지켜보았다. 이즈음 텔레비전으로 중계되는 스포츠는 대중문화의 필수적인 부분이 되어가고 있었다. 이제 세계 전역에서 올림픽 게임을 위성을 통해 지켜볼 수 있었다. 축구가 최고의 스포츠인 유럽에서는 1955년에 시작된 유럽컵, 유럽 챔피언십, 월드컵이 대륙 전역에서 점차 엄청난 시청자들을 끌어들였다. 또 항공 여행이 더 쉽고 저렴해

---

366) Neil Alden Armstrong(1930~2012). 미국의 우주비행사, 시험 비행사, 대학 교수, 해군 비행사. 1969년 7월 버즈 올드린과 함께 인류 최초로 달에 발을 내디뎠다.
367) Buzz Aldrin(1930~). 미국의 우주비행사, 본명은 에드윈 유진 올드린 2세(Edwin Eugene Aldrin, Jr.)다. 1969년 아폴로 11호에 탑승해 닐 암스트롱 다음으로 달에 착륙했다.

지면서 축구 팬들이 다른 나라로 이동하기 시작했다. 이는 틀에 박힌 민족적 이미지를 무너뜨리는(때로는 강화하는) 데 도움을 주었다.

미국의 상업 텔레비전과는 달리 방송 수신료로 재정을 마련하는 (때로 광고 수입으로 보완되는) 국영 텔레비전 방송망이 초기에는 표준이었다. 예를 들어 이탈리아, 프랑스, 서독에는 1950년대 말에 그러한 시스템이 있었다. 영국의 BBC는 수신료로만 유지되었다. 모든 곳에서 텔레비전은 (라디오처럼) 공공 서비스로 여겨졌다. 전적으로 광고로 후원되는 상업 텔레비전은 '독립 텔레비전 방송사Independent Television, ITV'가 국가 독점을 깨트렸던 1955년 영국에서 시작되었다. 하지만 상업 텔레비전은 1980년대 이전에는 유럽 대륙에서 국가 부문에 심각한 도전을 거의 제기하지 못했다. 철의 장막 동쪽에서는 물론 국가가 텔레비전을 엄격하게 통제했다. 국가 당국은 교회로부터 공공 도덕의 수호자 역할을 인계받았고, 그와 동시에 서방의 어떤 영향도 차단하려 했다. 서유럽에서도 국영 텔레비전은 다큐멘터리와 '교육적' 프로그램으로 오락 프로그램과 균형을 맞추고자 했다. 처음에는 단 하나의 채널만이 있다가 1980년대에 채널이 약간 더 추가되었을 뿐이어서, 시청자들에게는 선택권이 거의 주어지지 않았다. 그러나 오락 프로그램은 시청자들이 원한 것이었음이 처음부터 분명했다.

텔레비전은 이제 가족들이 주로 즐기는 오락 형식으로서 라디오를 대체하고 있었다. 코미디, 모험, 가벼운 드라마, 퀴즈, 스포츠는 수많은 사람이 무엇보다도 보고 싶어 한 것이었다. 텔레비전 시청은 가족생활과 여가 활동에 영향을 미쳤다. 가족은 저녁이 되면 텔레비전 주위에 모여들곤 했다. 일부 프로그램은 놓치지 말아야 할 최우선 사항이었다. 이에 맞춰 식사 시간도 조정되었다. 영화관, 카페, 레스토랑에 가는 일 혹은 그냥 친구나 친척들을 찾아보는 일도 시청 패턴에 맞춰져야 했다. 여가는 라디오 시대보다 훨씬 더 가정으로 들어왔다. 텔레비전은 새로운 신이었다.

텔레비전이 확산하면서 영화관에 가는 횟수도 줄었다. 1950년대 말에 영화 관람객은 이미 줄어들고 있었다. 1970년대 중반에 영화 관람객은 프랑스·이탈리아·네덜란드에서 1955년의 약 3분의 1로, 노르웨이에서도 거의 그만큼 가파르게 떨어졌다. 영국에서는 12분의 1을 조금 더 웃도는 수준으로 가장 급격하게 떨어졌다. 1957년부터 1963년 사이에 영국 영화관의 3분이 1이 문을 닫았다. 많은 영화관이 볼링장이나 빙고 게임장으로 바뀌었고, 나머지는 지난 시절의 저물어가는 꿈의 궁전으로 남겨졌다. 철의 장막 동쪽에서는 패턴이 얼마간 달랐고, 여하튼 균일하지는 않았다. 폴란드에서는 영화 관람객이 절반으로 떨어졌지만, 소련에서는 약간 늘었고 불가리아에서는 크게 늘었다. 텔레비전의 상대적 부재가 가장 그럴싸한 이유일 것이다. 1960년에도 소련에는 텔레비전이 480만 대 있었을 뿐이다. 영화는 (독서 및 음주와 나란히) 여전히 생기 없는 일상생활에서 벗어나기 위해 널리 이용할 수 있는 몇 안 되는 기분 전환 활동이었다.

자본이 부족한 상황에서 전후 초기에 유럽 영화관을 미국이 지배한 것은 필연적이었다. 심지어 1960년대 초에도 미국 수입 영화는 여전히, 프랑스와 이탈리아가 이 공통의 추세에 저항하긴 했지만, 유럽의 영화관에서 볼 수 있었던 영화의 주요 부분을 차지했다. 프랑스 사람들은 특히 자신들의 영화를 좋아했고, 프랑스 영화의 시장점유율은 상승하기 시작했다. 이것은 1956년 브리지트 바르도[368]가 새로운 관능적 여배우라는 커리어를 시작한 로제 바딤[369]의 〈그리고 신은 여자를 창조했다Et Dieu... créa la femme〉 같은 국제적인 성공작으로 뒷받침되었다. 서독은 당연히 미군이 주둔하고 있어 미국에서 수입한 영화에 더 개방적이었다. 그럼에도 10대 갱에 관한 〈할프슈타르켄Die Halbstarken〉(1956, 영어본에서는 〈십대 패거리Teenage Wolfpack〉)이나 합스부르크 황제 프란츠 요제프[370]의 부인의 비극적 삶을 묘사한 로미 슈나이더[371] 주연의 〈시시Sissi〉(1955)[372] 같은 1950년대에 가장 인기 있던 일부 영화는 독일에서 제작되었다.

영국은 미국과 같은 언어를 쓰고 있는 까닭에 항상 할리우드의 지배에 유별나게 노출되어 왔다. 그러나 영국에서는 전후 초기에도 영화가 계속 활발하게 제작되었다. 당시 영국의 걸작 영화는 캐럴 리드[373]

---

368) Brigitte Bardot(1934~). 프랑스의 배우, 가수, 모델. 1950~1960년대를 풍미한 섹스 심벌이었다. 1970년대에 은퇴한 뒤에는 동물 권익 보호 운동가로 변신했고, 마린 르펜이 당수로 있는 극우 정당 국민전선의 지지자로 알려져 있다.

369) Roger Vadim(1928~2000). 프랑스의 영화감독, 영화 제작자, 극작가, 작가, 배우, 언론인.

370) Franz Joseph I(1830~1916). 오스트리아 제국(재위 1848~1867), 오스트리아·헝가리 제국(재위 1867~1916)의 황제.

371) Romy Schneider(1938~1982). 오스트리아의 빈에서 태어난 배우로 독일과 프랑스 국적을 모두 갖고 있다. 〈시시〉 3부작(1955~1957)에서 오스트리아의 엘리자베스 황비 역을 맡았다.

372) Sissi. 한국에서는 〈아름다운 공주, 시씨〉로 개봉되었다.

373) Carol Reed(1906~1976). 영국의 영화감독. 〈심야의 탈출〉(1947), 〈몰락한 우상〉(1948), 〈제3의 사나이〉(1949)가 대표작으로 꼽히며, 〈올리버〉(1968)로 아카

의 〈제3의 사나이The Third Man〉(1949)였다. 이 영화는 전쟁에 찢긴 빈을 멋지게 떠올리게 하는 이미지와 가짜 페니실린 약으로 돈벌이를 하는 반反영웅[374] 주인공 해리 라임 역을 맡은 미국의 스타 오슨 웰스[375]의 연기가 특히 인상적이었다. 영국은 이례적으로 (전쟁 소설, 전쟁 회고록, 전쟁 만화책과 함께) 전쟁 영화를 좋아했다. 지난날의 영웅적 행동에 대한 찬양 속에서 국가적 쇠퇴 의식이 은폐되었다. 1945년부터 1960년 사이에 100편 이상의 영화가 제작되었다. 약 850만 명이 1955년에 출시된 〈댐 파괴 폭격기들〉을 보았고, 1200만 명 이상이 2년 후 개봉된 〈콰이강의 다리The Bridge on the River Kwai〉(영국 전쟁 포로들을 대하는 일본의 잔혹성을 묘사했다)를 보았다. 유럽의 다른 어떤 나라도 영화에서 전쟁을 미화할 수 없었다. 전쟁 영화는 유럽 대륙의 모든 나라에서 만들어졌지만, 저항이나 무고한 희생자들의 고통에 집중하는 경향이 있었다. 그러나 복잡하고 모호한 전시 역사를 가진 나라들에서는 그런 영화들이 엄청난 인기를 끌 것이라고 기대할 수 없었다. 사람들은 대체로 전쟁의 공포를 떠올리기보다는 전쟁이라는 현실에서 도피하기를 원했다.

데미 감독상을 받았다.

374) anti-hero. 일반인과 다를 바 없거나 도덕적으로 나빠 전통적인 영웅답지 않은 소설이나 영화 속 주인공.

375) Orson Welles(1915~1985). 미국의 영화감독, 제작자, 배우, 각본가. 1941년 자신이 감독·제작·각본·주연을 한 〈시민 케인〉, 영국에서 배우로 출연한 〈제3의 사나이〉, 1938년에 머큐리 극단을 이끌고 제작한 라디오 드라마 〈우주 전쟁〉으로 유명하다.

전쟁 직후 이탈리아 영화관은 미국 작품들에 완전히 지배당했다. 1957년에 이탈리아에서 최고 수익을 올린 영화 10편 중 5편이 여전히 미국 영화였다. 하지만 1960년대 말에는 상황이 변했다. 비록 영화 취향은 이탈리아 서부극[376]과 코미디로 옮겨갔지만, 3편의 미국 작품(2편의 서부극과 1편의 디즈니 코미디)만이 10편의 가장 인기 있는 영화 중에 있었다. 하지만 그것은 결코 일방통행이 아니었다. 프랑스의 섹스 심벌 브리지트 바르도처럼 지나 롤로브리지다[377]와 소피아 로렌[378]은 유럽 전역에서, 그리고 대서양을 가로질러 누구나 아는 이름이 되었다. 그리고 몇몇 이탈리아 영화감독은 이탈리아에서도, 외국에서도 매우 인기 있는 질 높은 작품들을 제작했다. 그중에서도 페데리코 펠리니[379]의 1960년 영화 〈달콤한 인생La Dolce Vita〉이 유명했다. 이 영화는

---

376) Italian Western. 'Spaghetti Western' 혹은 'Macaroni Western'이라고도 한다. 1960년대 중반 세르조 레오네의 영화 제작 스타일과 국제적인 흥행 성공을 좇아 등장한 서부극 영화의 하위 장르다. 주로 미국의 비평가들이 이 서부극의 대부분을 이탈리아인들이 제작·감독했다는 이유로 이렇게 불렸다.

377) Gina Lollobrigida(1927~). 이탈리아의 배우, 포토 저널리스트, 건축가. 1950년대부터 1960년대 초까지 전 세계적으로 유명한 유럽의 섹스 심벌 배우였다. 그 후 포토 저널리스트와 건축가로도 활동하기 시작했고, 1970년대에는 피델 카스트로와 독점 인터뷰를 따내는 특종을 거머쥐기도 했다.

378) Sophia Loren(1934~). 이탈리아의 배우. 베니토 무솔리니의 손녀인 알레산드라 무솔리니의 이모로 알려져 있다. 1996년 이탈리아 공화국 공로 훈장 1등급을 받기도 했다.

379) Federico Fellini(1920~1993). 이탈리아의 영화감독. 20세기의 가장 영향력 있는 영화감독 중 한 명으로 꼽힌다. 아카데미상을 5회 받았으며, 외국어 영화상 부문에서 역대 최다 수상 기록을 보유하고 있다. 〈청춘군상〉, 〈길〉, 〈벼랑〉, 〈카비리아의 밤〉, 〈달콤한 인생〉, 〈8과 1/2〉 등이 대표작이다.

공허하고 의미 없고 누추한 '좋은 삶'을 묘사했다. 그것은 당대의 도덕과 힘 있고 부패한 이탈리아 상류계급에 대한 비판이었다. 스웨덴의 스타 아니타 엑베리[380]가 주연한(영화가 성공을 거둔 주요한 요인이었다) 이 영화는 여전히 가톨릭교회의 도덕에 극심한 영향을 받고 있던 이탈리아 텔레비전이 회피한 일부 외설스러운 장면을 포함했다. 영화를 둘러싼 논쟁은 이탈리아에서 영화가 사람들의 마음을 끄는 것을 도울 뿐이었고, 외국에서는 훨씬 더 그랬다. 영화가 국제적으로 엄청나게 성공을 거둔 덕분에 파시즘 이후의 로마는 우아한 관광 명소로 탈바꿈했다. 그리고 이 영화는 등장인물 중 파파라초Paparazzo의 이름에서 파생된 파파라치paparazzi(거슬리고 성가신 사진사들)라는 단어를 영어를 비롯한 다른 언어들에 선사했다.

현대사회의 감정적 불안을 탐구한 미켈란젤로 안토니오니[381]의 수상작 〈모험L'Avventura〉(1960), 〈밤La Notte〉(1961), 〈태양은 외로워L'Eclisse〉(1962)는 세계적으로 갈채를 받았다. '경쾌한 런던'에서 활동하는 패션 사진작가의 하루를 그린 영어 영화 〈욕망Blow-Up〉(1966)은 예술적으로 성공했을 뿐 아니라 엄청난 인기도 모았다. 그것은 특히 영화에 (당시로서는) 노골적인 섹스 장면이 있었기 때문이기도 했다. 국제적으로 크게 인정받은 다른 이탈리아 감독으로는 루키노 비스콘티[382]

---

380) Anita Ekberg(1931~2015). 스웨덴 태생의 이탈리아 배우. 페데리코 펠레니의 〈달콤한 인생〉에서 실비아 역을 맡은 것으로 잘 알려졌다.

381) Michelangelo Antonioni(1912~2007). 이탈리아의 영화감독, 각본가, 제작자.

382) Luchino Visconti(1906~1976). 이탈리아의 영화·연극감독. 1943년 개봉한 〈강박관념〉을 시작으로 〈흔들리는 대지〉, 〈로코와 그 형제들〉 등 여러 편의 네오레

도 있었다. 히틀러 정권과 산업가 가족의 관계를 다룬 그의 〈저주받은 자들The Damned〉(1969)은 세계적으로 찬사를 받았다. 한편 프랑코 제피렐리[383]는 셰익스피어의 희곡, 즉 리처드 버턴[384]과 엘리자베스 테일러[385]가 주연한 〈말괄량이 길들이기The Taming of the Shrew〉(1967)와 〈로미오와 줄리엣Romeo and Juliet〉(1968)을 영화로 제작하여 큰 인기를 얻었다.

그럼에도 이탈리아 영화는 몇 가지 점에서 예외적이었다. 이탈리아는 유럽에서 영화관이 가장 많았고, 텔레비전은 늦게 자리를 잡았다. 이탈리아인들은 1960년대 중반에도 여전히 연극이나 스포츠 행사보다는 영화에 훨씬 많은 돈을 썼다. 심지어 지식인 취향의 아방가르드 영화도 많은 관람객을 모을 수 있었다. 대부분의 다른 유럽 나

알리스모 영화를 감독했다. 1954년 개봉한 〈여름의 폭풍〉부터 점차 유미주의 성향이 짙은 작품들을 감독하기도 했다. 1963년 개봉한 〈표범〉으로 칸 영화제 황금종려상을 받았다. 귀족 출신이면서도 공산주의자였기 때문에 '붉은 백작'이라는 별명이 있었다. 연극감독으로도 활약해 1950년대부터 마리아 칼라스가 출연하는 여러 오페라를 연출했다.

383)   Franco Zeffirelli(1923~2019). 이탈리아의 영화감독, 오페라 감독, 정치가. 1994년부터 2001년까지 중도 우파 성향의 정당인 '포르차 이탈리아(Forza Italia)' 소속 상원의원을 지냈다.

384)   Richard Burton(1925~1984). 영국의 배우. 영국 영화계를 대표하는 배우로 꼽힌다. 대표적인 출연작으로 〈나의 사촌 레이첼〉, 〈에쿠스〉, 〈말괄량이 길들이기〉, 〈성난 얼굴로 돌아보라〉 등이 있다.

385)   Elizabeth Taylor(1932~2011). 영국과 미국의 배우. 리즈 테일러(Liz Taylor)라는 애칭으로도 불린다. 아역 배우로 시작해 성인기까지 원숙한 연기력과 관능적인 외모로 대중을 사로잡았다. 아카데미 여우주연상을 2회 받았으며, 할리우드 황금기의 가장 위대한 영화 스타로 손꼽힌다. 대표적인 출연작으로 〈제인 에어〉, 〈작은 아씨들〉, 〈젊은이의 양지〉, 〈천일의 앤〉 등이 있다.

라에서는 그렇지 않았다. 하지만 때때로, 십자군 전쟁에서 돌아온 한 기사가 검은 복장을 한 죽음의 사자와 생사를 건 체스 게임을 하는, 스웨덴 감독 잉마르 베리만[386]의 〈제7의 봉인Det sjunde inseglet〉(1956) 같은 예술영화도 상궤를 벗어나 고전이자 세계적 성공작이 될 수 있었다.

전후 회복의 기세가 뚜렷해지고 번영이 본격화하면서 영화, 연극, 문학은 서유럽 전체에서 점차 사회적 비판으로 돌아섰다. 많은 예술가의 눈에 번영과 안정은 물질주의, 위선, 답답한 보수적 가치와 동의어가 되었다. 중간계급 사회의 관습적인 생활방식과 가치 혹은 계급에 바탕을 둔 불공정과 기회의 결여가 흔한 표적이었다. 사회적 비판은 과거에 맞서 반란을 일으키기 위해 과거로 눈을 돌렸다. 영국과 서독은 종종 그렇듯이 사회적·문화적 변화에 서로 대조적인 반응을 내놓았다.

1950년대 말 영국에서 문학, 연극, 영화의 '뉴웨이브'는 영국 산업 노동계급의 빈곤, 공격성, 분노, 성적 가치에 초점을 맞췄다. 런던 무대에서, 그런 다음 텔레비전에서, 그리고 3년 뒤 성공적인 영화에서 엄청난 히트를 했던 존 제임스 오즈번[387]의 〈성난 얼굴로 돌아보라Look

---

386) Ingmar Bergman(1918~2007). 스웨덴의 영화·연극·오페라 감독이다. 대부분을 자신이 직접 쓴 총 62편의 영화와 170편이 넘는 연극을 감독했다. 대표작으로 〈제7의 봉인〉, 〈외침과 속삭임〉, 〈처녀의 샘〉, 〈산딸기〉, 〈페르소나〉, 〈화니와 알렉산더〉 등이 있다.

387) John James Osborne(1929~1994). 영국의 극작가. 런던에서 태어났으며, 스물여섯 살 때 〈성난 얼굴로 돌아보라〉(1953)로 정체된 연극계에 선풍을 일으켰다. 작품으로 〈루터〉(1961), 〈인정받을 수 없는 증언〉(1964), 〈나를 위한 애국자〉(1965), 〈현재의 시간〉(1968), 〈암스테르담의 호텔〉(1968) 등이 있고, 시나리오로

Back in Anger⟩(1956)는 실제로 이 장르의 개시를 알렸고, '분노한 젊은이 들angry young men'(그들이 어떻게 상황을 개선할 생각인지는 고사하고 무엇에 대해 분노하는지 누구도 확신하지 못한 채)이라는 일반적인 명칭을 낳았 다. 곧 '부엌-싱크대 드라마Kitchen-sink drama'라고 불리게 된 장르가 재빠 르게 일련의 소설과 연극을 낳았다. 이것들은 ⟨꼭대기 방Room at the Top⟩ (1959), ⟨토요일 밤과 일요일 아침Saturday Night and Sunday Morning⟩(1960), ⟨꿀 맛A Taste of Honey⟩(1961), ⟨사랑의 유형A Kind of Loving⟩(1962), ⟨거짓말쟁이 빌 리Billy Liar⟩(1963) 같은 영화로 제작되어 엄청나게 인기를 끌면서 일반 대중에게 다가갔다(특히 세속적인 성적 내용이 당시로서는 대담했기 때문 이다). 이 영화들은 상실되는 과정에 있던 '진정한' 북부 잉글랜드 노 동계급 생활에 대한 향수를 전달했다. 이것은 리처드 호가트[388]의《교 양의 효용The Uses of Literacy》(1957)의 요지였는데, 이 책은 학술서로는 이 례적으로 광범한 독자층을 끌어들였다. 호가트는 "자유가 매출을 가 장 잘 올릴 수단을 제공하는 방종과 동일한" 사회에서 나타나는 쾌 락주의와 젊음의 숭배를 비판했다. 호가트는 "우리는 대중문화의 창 조를 향해 움직이고 있다"고 주장하면서, 이 대중문화는 근대적 소 비주의와 상업화되고 선정적인 오락이라는 면에서 "그것이 대체하고 있는 종종 조악한 문화보다 덜 건강하다"고 여겼다. 호가트가 보기에 그것은 "'민중들의' 도시 문화"를 결과적으로 파괴하는 것이었다.

⟨톰 존스⟩(1964), ⟨경장 여단의 임무⟩(1968) 등이 있다.

388) Herbert Richard Hoggart(1918~2014). 영국의 학자. 영국 대중문화에 초점 을 맞추면서 사회학, 영국 문학, 문화 연구 등 여러 방면에서 연구 활동을 진행했다.

1960년대에 풍자는 연극과 언론, 텔레비전에서 점차 정치적 주류와 견고한 계급 시스템을 비꼬는 쪽으로 전개되었다. 물론 정치 풍자는 저널리즘이나 연극 작품에서 새로운 것이 아니었다. 그러나 그 전 어느 때보다 훨씬 많은 텔레비전 시청자들이, 널리 시청된 주간 텔레비전 프로그램으로서 1962~1963년에 방영된 〈바로 이것이 지난 주간이었다That Was the Week That Was〉에서처럼, 이제 주류 인사와 제도들을 겨냥한 종종 신랄했던 위트에 노출되었다. 존중은 확실히 쇠퇴하고 있었다.

서독에서 문화적 창조성은 여전히 나치 과거에 대한 의식과 연결되곤 했다. 롤프 호흐후트[389]의 연극 〈신의 대리자Der Stellvertreter〉(1963)는 홀로코스트 동안 교황 비오 12세[390]가 침묵을 지켰다는 사실을 공격함으로써 엄청난 논쟁을 불러일으켰다. 문학적 비판은 보통 좀 더 미묘했다. 예를 들어 한스 마그누스 엔첸스베르거[391]는 1960년대 독일의 사고방식을 비판하며, 1963년에 발표한 시 〈중간계급 블루스

---

389) Rolf Hochhuth(1931~2020). 독일의 극작가. 교황 비오 12세의 유대인 학살에 대한 침묵을 소재로 한《신의 대리자》라는 희곡을 쓴 것으로 유명하다. 그 밖의 작품으로《병사들》,《게릴라》등이 있다.

390) Pius XII(1876~1958). 제260대 교황(재위 1939~1958). 본명은 에우제니오 마리아 주세페 조반니 파첼리(Eugenio Maria Giuseppe Giovanni Pacelli)다. 제2차 세계대전 동안 세계 평화 회복과 자선 사업에 노력했으며, 전쟁이 끝난 뒤에는 평화와 화해를 외치며 유럽 재건에 힘썼다.

391) Hans Magnus Enzensberger(1929~). 독일의 저명한 작가로《수학 귀신》,《로베르트 너 어디 있었니?》,《달과 달팽이》,《타이타닉의 침몰》등 여러 편의 작품을 썼다.

_{Middle-Class Blues}〉(독일이 아니라 미국의 음악 전통을 떠올리게 하는 형식을 선택하면서)에서 최근의 과거를 넌지시 언급했다. "우리는 불평할 수 없어요./ 우리는 실직하지 않았어요./ 우리는 굶주리지 않아요./ 우리는 먹어요." 그런 다음 과거를 에둘러 언급한다. "풀은 자라고,/ 사회적 소산,/ (…) 우리는 과거를 먹어요."

'제어되지 않은 과거'—대체로 의식으로부터 지워지고 번창하는 소비사회의 물질주의적 가치에 의해 대체되었던, 너무나 많은 시민의 공모를 바탕으로 한 대재앙—는 예외적인 수준의 문화적 혼미와 그와 동시에 모든 예술형식에서 '새로운 것', 아방가르드적인 것의 광적인 실험을 낳았다. 서독 지식인들이 과거를 지워 버리려 하는, 잘난 체하는 천박한 사회라고 종종 매도했던 사회로부터 자신들이 소외되었다는 의식은 유럽의 어느 곳보다도 더 날카로웠다. 알렉산더 클루게[392]나 에드가르 라이츠[393](그리고 나중에는 에른스트 빌헬름 벤더스[394])의 '새로운 영화_{new cinema}'는 상투적인 서사적 형식에 철저히 등을 돌리고 영화에 관한 좀 더 성찰적 에세이 같은 것을 창작한 프랑스의

---

392)   Alexander Kluge(1932~). 독일의 작가, 영화감독, 교육자, 문화이론가. 독일의 1960~1970년대 영화 운동인 '새로운 독일 영화(New German Cinema)'를 주도한 인물이다. 주요 작품으로 〈어제와의 이별〉, 〈서커스단의 예술가〉, 〈독일의 가을〉, 〈감정의 힘〉 등이 있다.
393)   Edgar Reitz(1932~). 독일의 영화감독. 작품으로 〈사랑의 욕망〉, 〈빈으로의 여행〉, 〈고향〉 등이 있다.
394)   Ernst Wilhelm Wenders(1945~). 독일의 영화감독. 대표작으로는 〈파리 텍사스〉, 〈베를린 천사의 시〉, 〈부에나 비스타 소셜 클럽〉등이 있다.

프랑수아 트뤼포,[395] 장뤼크 고다르[396] 등의 '누벨 바그la nouvelle vague' 영화에 필적했다. 고의로 도발적인 실험적 연극과 회화에서 문화, 정치와 사회에 대한 기존 가치들이 도전을 받았다.

하지만 문화적 아방가르드의 영향을 과장하기는 쉬울 것이다. '코카콜라 식민화Coca-colonization'(미국의 상업적 생산물의 영향력이 구석구석 스며들어 있는 현상을 일컫는다)부터 비틀스와 여타 주요 밴드들의 음악에 이르기까지 대중문화에서 국제적 영향력은 사회 가치의 조용한 변모에서 거의 확실히 더 중요했다. 그럼에도 문화적 아방가르드는 젊은 세대 중 고등교육을 받은 부문에 매우 큰 영향을 미쳤다. '대안 문화'라는 개념이 확산되었는데, 그것은 더 민주주의적이고, 더 공동체적이며, 전통적 형식을 덜 존중하고, 더 의식적으로 혁명적인 문화였다.

과거 가치와의 단절

다양한 형식의 예술과 문학을 비롯한 창조적 표현에서 문화는 사회

---

395) François Truffaut(1932~1984). 프랑스의 영화감독. '누벨 바그'를 이끌었던 영화인이며 영화 각본가, 배우, 평론가이기도 했다. 주요 작품으로 〈마지막 지하철〉, 〈400번의 구타〉, 〈쥘과 짐〉 등이 있다.
396) Jean-Luc Godard(1930~). 스위스계 프랑스의 영화감독, 각본가, 비평가. 1960년대 프랑스 영화 운동인 '누벨 바그'를 이끌었던 대표적인 인물이다. 주요 작품으로 〈네 멋대로 해라〉, 〈주말〉, 〈남성, 여성〉, 〈중국 여인〉, 〈필름 소셜리즘〉 등이 있다.

의 가치와 사고방식을 반영하고, 그것에 도전하며, 그것을 형성한다. 1960년대에 특히 젊은 세대 사이에서 이 가치와 사고방식은 지속적이고 점점 강화되는 변모의 초기 단계에 있었다. 사회적 태도와 행태에 결정적으로 영향을 미치는 것들(그중 군대, 노동, 교육, 종교, 가족이 현저했다)의 역할은 바뀌고 있었으며, 보통 줄어들고 있었다.

1960년대까지 유럽 사회는 대체로 탈군사화했다. 군대는 사회의 중심적 기관으로서 영향력을 잃어버렸다. 군사주의적 가치는 더는 그리 지배적이지 않았다. 국가는 돈을 국방에 덜 쓰고 복지에 더 썼다. 학교와 기독교 교회는 젊은이들에게 군사주의적·민족주의적 가치를 주입하는 능력이 이전보다 덜했다. 조국을 위해 싸우고 죽는 것이 신성한 의무라는, 제2차 세계대전이 끝날 때까지 젊은이들에게 주입된 믿음은 맹렬히 시들고 있었다. 사실 대부분의 젊은이는 여전히 2년여 동안 의무적으로 군 복무를 해야 했다. 하지만 그렇게 열정적으로 복무하는 이들은 거의 없었고, 흔히 복무에 분노를 느끼는 것이 사실이었다. 군 복무는 대중적으로 징병된 군대가 큰 전쟁을 치르는 데 필수적이었던 때의 잔재였다. 핵무기의 시대에 그런 군대는 점점 시대에 뒤떨어졌다. 비록 대부분의 국가가 이러한 현실을 받아들이는 데 오랜 시간이 걸리긴 했지만 말이다. 마지못해 들어온 신병들로 이루어진 대규모 징집 군대는 곧 자유로워질 식민 지역의 해방 운동에 맞선, 점점 인기가 시들해진 전쟁에서도 대체로 쓸모가 없었다. 징병에 대한 일반인들의 저항을 인정하게 된 대부분의 정부는 1960년대 말 무렵에는 군 복무에 대한 대안(예를 들어, 병원이나 학교에서 하는 대체 복무)을 내놓기 시작했다. 그런 노동을 하든지 아니면 2년간의 의미

없는 군사훈련과 열병을 참아내든지, '국가 의무'를 수행하지 않으면 안 되었던 대부분의 젊은이는 민간 생활로 돌아가기를 손꼽아 기다렸다. 군대가 아니라 민간 세계가 이제 그들의 가치 체계를 형성했다.

노동의 세계 역시 크게 바뀌고 있었다. 사실상 완전고용의 시대에 조합은 늘어난 조합원들을 위한 조건을 개선할 강력한 협상력을 갖고 있었다. 큰 공장의 조립라인 생산은 노동자가 주도권을 더욱 활용하여 노동자들에게 덜 단조롭고 더 인간적이지만 능률을 높여 주는 좀 더 유연한 작업 패턴의 조직화로 대체되기 시작했지만, 1950년대와 1960년대에도 여전히 어디서나 흔히 볼 수 있었다. 심지어 노동자와 경영자 사이의 구분선조차 더는 옛날처럼 확실하지 않았다. 스웨덴의 자동차 공장은 이 구분을 줄여서 생산을 좀 더 공동의 사업으로 만들려는 실험에 앞장섰다. 이러한 변화는 1960년대 말까지는 그리 심원하게 진행되지 않았다. 그러나 작업장에서도 고전적 자본주의 생산의 오랜 철의 규율이 약화하고 있었다.

계급 구분은 일반적으로 덜 엄격해지고 있었다. 1960년대 말에 서독 중간계급의 3분의 1이 노동계급 출신이었다. 5분의 1은 중상층 계급에서 내려앉았다. 노동계급의 연대는 도시 중심부의 불결한 슬럼들이 정리되고 오랜 공동체들이 해체되면서 약해졌다. 또 사회적으로 덜 응집적인 공동주택 단지나 공공 지원 주택[397] 지역이 새로운 지역, 때로는 작업장에서 멀리 떨어진 도시 근교에 건설된 것도 그들

---

397)   social housing. 영국에서 저렴한 가격에 구매·임차할 수 있도록 지역개발위원회 등에서 제공하는 주택.

의 연대를 잠식했다. "이 크고 깨끗한 새 계단에서는 어떤 동료 의식도 없었다. (…) 이 멋지고 반질반질한 새 문은 항상 닫혀 있었다." 어느 영국 여성은 그렇게 회고했다(대부분의 노동계급 주택이 실제로는 끔찍해 훨씬 깨끗하고 건강한 새로운 단지로 대체되어야 했던 이전 시절을 은근히 낭만화하고 있긴 하지만). 한때 정치적 급진주의로 이끌렸던, 더 많은 임금을 받는 숙련 노동자들은 "행복을 개인적으로 추구"하는 과정에서 자신들의 협상력을 이용하여, 독일의 사회학자 랄프 구스타프 다렌도르프[398]가 표현했듯이, "부르주아화"하고 있었다. "동등해진 중간계급 사회"로 향한 경향은 쉽게 과장될 수 있다. 어쨌든 그 경향은 유럽 대부분의 지역보다는 번창하는 (이 용어가 고안된 곳인) 서독에서 더 강했으며, 철의 장막 너머에는 전혀 적용되지 않았다. 그러나 그것은 좀 더 폭넓게 무슨 일이 벌어지고 있는지를 암시했다. '서비스 부문'이 한때 행정직과 사무직을 구해 산업노동으로 향했을 사람들을 끌어들임에 따라 노동계급의 상층부와 화이트칼라 중하위 계급 사이에 사고방식의 격차가 좁혀졌다.

1주당 노동시간이 짧아지면서 여가 활동을 위한 시간이 늘어났다.

---

398)   Ralf Gustav Dahrendorf(1929~2009). 독일 태생의 영국 사회학자, 철학자, 정치학자, 정치가. 함부르크 대학교를 졸업한 뒤 런던 정경대학에서 수학했다. 1960년대부터 함부르크 대학교, 컬럼비아 대학교, 콘스탄츠 대학교, 옥스퍼드 대학교에서 교수로 재직했다. 1974년부터 10년간 런던 정경대학 학장을 역임했다. 1970년대에는 독일의 자유주의 정당인 자민당 당원으로 국회의원, 외무차관을 지내기도 했으나 1988년 탈당했다. 주요 저서로 《산업사회의 계급 갈등》, 《독일의 사회와 민주주의》 등이 있다.

여가 활동은 주요 관심사가 되어가고 있었다. 1973년 서독에서 실시한 조사에서 사람들의 3분의 2 이상이 여가와 가족을 일보다 더 중요한 것으로 평가했다. 대부분의 사람들은 그 어느 때보다도 휴가를 (이제 흔히 외국에서) 즐길 수 있었다. 집에서도 (더 많은 사람이 가정의 텃밭, 즉 주말농장을 갖게 됨에 따라) 가족과 함께 정원에서 시간을 보내거나 따분한 직장에서 벗어나 다양한 기분 전환 활동을 하는 등 시간을 소비할 수 있는 선택지가 늘어났다. 많은 여가 활동이 집단적이기보다는 개인적이었는데, 이는 여전히 초기 단계에 있고 그 후 수십 년 동안 더욱 진전될 일반적인 경향의 일부였다. 그러나 우리가 주목해 왔듯이 대중오락의 중요한 영역들(음악, 영화, 텔레비전)은 국경선을 넘어 대부분의 젊은이를 통합하고, 심지어 철의 장막 너머의 나라들에도 침투하여 유럽 변경 지역으로까지 공통의 관심사와 사고방식을 형성한 여가 형식들을 제공했다.

제2차 세계대전 후 중등교육이 대부분의 유럽 국가에서 급속히 확대되며 그전에는 사회 엘리트층에 국한되었던 출셋길을 열어젖혔다. 서유럽에서는 평균 10~19세의 학생들이 1950년 무렵보다 1970년에 2.5배 더 많이 학교에 다녔다. 국가적(때로는 지역적) 차이가 지속되었지만 더 높은 비율의 인구를 좀 더 복잡한 형태의 노동에 진입할 수 있도록 준비시키거나 고등교육을 받게 할 필요가 있다고 전반적으로 인정되었다. 동유럽에서 전후 교육은 전쟁 전의 교육과도 근본적으로 다르고, 서유럽의 발전과도 근본적으로 달랐다. 사립학교와 종교 학교를 폐지했고, 러시아 어학·문학·역사에 좀 더 주의를 기울였으며, 과학과 기술에 더 많은 강조점을 두었다. 그리고 모든 것이 노동운동의 역사와 사회적·정치적 발전의 마르크스·레닌주의적 해석에 대한 설명으로 덧입혀졌다.

대학 교육의 기회 역시 1960년대에 넓어지기 시작했다. 새로운 대학과 기술 전문 학교가 세워졌다. 1950년에 20~24세의 겨우 약 3~5퍼센트가 대학에 다녔던 반면, 1970년 무렵에는 이 수치가 일반적으로 12퍼센트에서 18퍼센트 사이에 있었다. 특히 스웨덴과 네덜란드는 20퍼센트를 넘었다. 이 추세는 조금 낮기는 했지만 철의 장막 너머에서도 비슷했다. 알바니아는 8퍼센트, 독일민주공화국은 14퍼센트, 그리고 유고슬라비아는 16퍼센트를 기록했다. 고등교육은 여전히 대체로 남성의 전유물이었는데, 동유럽보다 서유럽에서 더 그러했다. 예를 들어, 1965년에 맨체스터 대학교 졸업생의 4분의 1만이 여성이었다(그중 극소수의 여성이 과학과 의학을 전공했다). 그러나 그 어느 때보다 많은 젊은이가 대학 교육을 통해 새롭거나 다른 사고방식을 접했다. 그 결과 사회의 매우 지성적인 부문은 기존의 사회적 관습과 정치적 결정이 제2차 세계대전 이래 그 어느 때보다 유동적이고 심각한 비판에 노출되었던 바로 그때, 이 관습과 결정에 도전할 수 있었다.

유럽 문화는 대체로 거의 2000년에 이르는 기독교 교리와 18세기 이후 계몽주의 가치의 산물이었다. 하지만 사회의 여러 문제에 대한 합리적 해결책을 발견할 가능성에서 낙관론이 더욱 커지고 이와 더불어 과학적·의학적 지식이 확산하자, 초자연적인 것에 대한 믿음이 훼손되었다. 더구나 교회에 대한 충성은 제멋대로 뻗어나가는 복합 도시들과 산업 노동계급보다 농촌의 좀 더 긴밀하게 맺어진 공동체에서 전통적으로 더 강력했다. 그런데 농촌으로부터 좀 더 무정형한 도시 사회로 인구가 지속적으로 유출되다 보니 교회의 직접적인 사회적 영향력은 한층 더 약해졌다. 도시에서도 계속 증가하는 각종 여가 활동이 제공하는 종교에 대한 반대 견인력이 분명했다. 심지어 부활절이라는 기독교 전례력典禮曆의 가장 경건한 날들에도 젊은이들은 종종 교회보다 놀이공원이나 영화관, 스포츠 경기장에 가는 것을 더 좋아했다. 종교적 의식의 쇠퇴는 다른 제도가 모두 그렇듯 교회에 영향을 미치는 좀 더 폭넓은 사회적 변화의 원인이 아니라 결과였다. 그러나 그것은 종교적 교리뿐 아니라 교회의 전통적 영역이었던 도덕적 가치의 영향도 줄어들었다는 것을 의미했다.

철의 장막 너머 공산주의 국가들에서 종교의식과 고백 신앙의 급격한 감소는 대부분 정치적으로 추동된 것이었다. 실천적으로 활동하는 기독교도(혹은 유대교도나 이슬람교도)라는 사실은 심각하게 불리한 점으로 작용할 수 있었다. 교회 자체는 정치적 억압을 견뎌야 했다. 소련에서 정교 성직자들의 수는 1959년과 1965년 사이 6년 동안 거의 절반으로 감소했다. 교회, 이슬람 사원, 유대교 회당 대부분이 문을 닫았고 모든 종교 기구가 국가 당국의 긴밀한 감시를 받았다. 얼마나 되는 주민이 종교적 믿음을 계속 지니고 있는지는 알 수 없지만, 사적으로 간직한 신앙이 겉으로 드러나지 않게 지속되었다. 중부 유럽과 동유럽에서 이 추세는 균일하지는 않았지만, 전반적으로 비슷했다. 알바니아는 종교에 가장 적대적인 국가였다. 자국의 주요 종교들 사이의 차이가 무엇이냐는 질문에 알바니아인들은 다음과 같은 답변을 내놓았다. "기독교도들은 일요일마다 교회에 가지 않고, 유대교도들은 토요일마다 회당에 가지 않으며, 이슬람교도들은 금요일마다 사원에 가지 않는다." 폴란드는 이 스펙트럼의 반대편 끝에 있었다. 가톨릭교회는 점차 폴란드 민족 정체성을 대표하게 되었고, 공식적 국가 이념에 대한 대안 신념 체계를 제시했다. 그 결과 대중의 신앙심은 물론 종교의식도 쇠퇴하기는커녕 더 증가했다. 1960년내에는 일요일마다 70퍼센트가 미사에 참석했다. 1980년대까지 정기적으로 교회에 다니는 사람은 특히 노동계급 교구에서 주민의 90~95퍼센트에 이를 정도로 놀랍도록 증가할 터였다. 이것은 아무리 따져 보더라도 공산주의 당국에는 재앙이었다.

서유럽에서 종교의식의 장기적인 쇠퇴(가톨릭교회보다 다양한 형태의 개신교에서 더 뚜렷했다)는 충격적인 전쟁 시절과 그것이 즉각적으로 영향을 미치는 동안 일시적으로 중단되었다. 그러나 1960년대에 교회와의 연결은 뚜렷하게 느슨해졌다. 이 추세는 20세기의 나머지, 그리고 그 후에도 계속되고 가속될 것이었다.

종교적 헌신은 경제적 근대화가 가장 앞서 있고, 주민들이 상대적으로 교육을 잘 받았으며, 자유주의적 정치체제가 가장 잘 발달했고, 문화적 규범이 가장 큰 변화를 겪고 있던 유럽 북서부에서 가장 빨리 희석되었다. 개신교가 압도적인 유럽 북부 지역보다 종교가 주민을 더 강력하게 장악하고 있는 대륙 남쪽의 가톨릭 지역에서 더 느리게 쇠퇴했다. 경제적으로 비교적 후진적인 나라로서, 1937년 헌법에서 가톨릭교회의 '특별한 지위'를 정식으로 명기하고 가톨릭교가 민족 정체성에 내재한 아일랜드 공화국은 북서부 유럽에서 하나의 예외를 제시했다. 인구의 90퍼센트 이상은 1960년에도 여전히 정기적으로 미사를 보았다. 이에 버금가는 곳은 있다 해도 유럽의 몇 몇 지역뿐이었다. 그러나 바이에른같이 좀 더 부유하고 근대화된 지역에서도 교회에 대한 충성은 여전히 상대적으로 강했다. 그리고 프랑스의 루르드, 포르투갈의 파티마, 아일랜드의 노크, 또는 폴란드의 쳉스토호바(국민의 상징인 '검은 성모' 성화가 있는 곳)와 같은 가톨릭 성지를 여전히 순례하는 수많은 여행자들은 가톨릭 신앙의 활력이 계속되고 있음을 보여주었다.

일반적으로 유럽 전역에서 개신교도들보다 가톨릭교도들이 비록 그 수가 줄어들고 있긴 했지만 여전히 정기적으로 교회 의식에 참석했다. 조사에 따르면, 대부분의 사람들은 여전히 신에 대한 믿음을 고백했다. 대부분의 주민들은 또 명목상으로라도 종교적 충성을 계속 언명했다. 교회 사무실에는 여전히 통상적으로 세례, 결혼, 장례 요청이 들어왔다. 그럼에도 지표를 보면 그렇게 하는 사람들은 계속 점점 더 줄어들고 종교적 믿음 자체가 위축되고 있었다. 예를 들어 조사에 따르면, 내세를 믿는 유럽인의 수는 줄어들고 있었다. 교회, 특히 가톨릭교회는 공공의 도덕을 유지하는 데에서 계속 주요한 역할을 했다. 그러나 그것은 힘겨운 싸움이었다.

교회는 급속한 사회적 변화에 적응하려 했다. 기독교 통합을 추구하면서 다른 신앙에 개방적인 태도를 취하는 에큐메니즘[399] 운동이

---

399)   Ecumenism. 개신교회와 정교회의 협력으로 시작된 교회 일치 운동. 기독교의 다양한 교파를 초월하여 모든 교회의 보편적 일치 결속을 도모하는 신학적 운동이다. 1948년 네덜란드 암스테르담 총회에서 세계교회협의회(WCC)가 결성되었고, 개신교(루터교회, 개혁교회, 감리교회, 장로교회, 회중교회, 성공회 등)와 동

진전을 보기 시작했다. 1960년 성공회의 대주교인 캔터베리 대주교와 교황의 만남은 종교개혁이 있기 오래 전에 그런 만남이 있은 이후 처음 일어난 일이었다. 그리고 덴마크(이미 1948년에)와 그 후 스웨덴(1960년), 노르웨이(1961년)의 루터교 교회들은 유럽에서 최초의 여성 목사들을 임명했다. 이는 앞으로 다가올 사태를 보여주는 조짐이었다. 일부 개신교 신학자들은 새로운 방식으로 신앙을 규정하려 했다. 파울 요하네스 틸리히[400]는 신앙은 이성과 대립하는 것이 아니라 초월한다고 주장했다. 울리치의 성공회 주교 존 로빈슨[401]은 인간의 상상력 밖의 객관적 신이라는 관념을 거부했다. 이 신학자들의 복잡한 글은 개신교 교회 내부에서 토론을 불러일으키는 데 중요했다. 그러나 교회에 다니는 보통 사람들은 존재론적 신학 문제에 거의 관심이 없었고, 대부분 신은 순전히 주관적인 존재라는 아이디어에 끌리지 않았다. 또한 교회로부터 멀어져 간 사람들은 여하튼 신학적 토론이 격렬해졌다고 해서 빌길을 돌린 것 같지는 않았다.

가톨릭교회 역시 바야흐로 획기적인 변화를 겪으려 하고 있었다.

방정교회가 참여했다. 가톨릭교회도 제2차 바티칸 공의회의 결정에 따라 1970년 대부터 '참관 자격'을 갖게 되었다. 우리나라에서는 장로교 계열 일부, 감리교, 성결교, 오순절 계열 일부, 루터교, 성공회 등과 정교회가 세계교회협의회를 지지하고 협력하는 한국기독교교회협의회 회원으로 참가한다.

400)   Paul Johannes Tillich(1886~1965). 독일의 신학자, 루터교 목사. 주요 저서로 《새로운 존재》, 《신앙의 역동성》, 《기독교와 세계 종교의 만남》, 《절대적인 것을 찾아서》, 《기독교 사상의 역사》 등이 있다.

401)   John Robinson(1919~1983). 영국의 성경학자, 작가, 성공회 울리치 주교. 자유주의 기독교 신학을 정립하는 데 큰 역할을 한 것으로 평가된다.

1958년 교황 요한 23세[402]의 선출은 전임 교황이었던 비오 12세의 초연한 교황 군주제와 중요한 단절을 개시했고, 어쩌면 근대의 가장 변혁적이었을 교황의 임기를 시작했다. 요한 23세의 결정적으로 중요한 결정—극단적으로 보수적인 바티칸 교황청Vatican Curia(교황의 통치 기구)의 환영을 받지 못한—은 1870년 이래 처음이자 16세기 이래 오직 두 번째인 전체 공의회를 소집하는 것이었다. 교황은 교회가 추종자들의 심각한 감소를 막기 위해서는 개혁과 근대화가 필요하다는, 새로운 세대의 주교들과 그들 아래의 일반 성직자 및 평신도들 사이의 강력한 감정에 대응하고 있었다. 이미 1950년대 말에 서독 주교들은 "사목의 문제"로서 "일요 미사의 습관적인 무시"와 활동적인 가톨릭 신자들의 감소에 대한 많은 성직자의 "심각한 우려"를 날카롭게 깨닫고 있었다. 사목 개혁과 아래로부터의 쇄신에 관한 토론은, 비록 이 사상이 매우 보수적인 교회가 변화에 가장 심하게 저항하던 아일랜드, 영국, 이베리아반도에서는 거의 진전을 보지 못했지만, 프랑스에서 가장 앞서 있었고, 네덜란드·벨기에·서독·이탈리아로 확산하고 있었다.

제2차 바티칸 공의회Vatican II(보통 이렇게 불렀다)는 비록 교황의 수위

---

402)　Pope John XXIII(1881~1963). 제261대 교황(재위 1958~1963). 로마 가톨릭의 성인이다. 재위 중에 로마 가톨릭교회에 대변혁을 불러일으키게 되는 제2차 바티칸 공의회(1962~1965)를 소집했으며, 1963년 4월 11일 최초로 가톨릭 신자들에게만이 아니라 선의(善義)의 모든 사람에게 보낸 회칙 〈지상의 평화(Pacem in Terris)〉를 반포했다. 세계 평화, 빈부 격차, 노동문제 등 현대 인류 사회의 여러 가지 현안 해결에 기여하려 노력한 점이 높이 평가된다.

권首位權을 축소하려는 어떤 시도도 교황 무오류성 교리의 재확인으로 반박당했지만 교황(로마의 주교)과 나란히 주교들에게 더 많은 '합의제collegial' 권한을 부여했다. 공의회는 다른 교회들과의 화해를 옹호하면서 교회로 하여금 에큐메니즘에 상당히 열린 마음을 갖게 했다. 유대인들이 기독교도들에게 고통을 받은 데 대한 사과(성금요일 미사에서 그리스도의 죽음을 유대인들의 탓으로 돌리면서 모욕을 가하는 일이 없어졌다)와 유대인들과 대화할 것을 촉구하는 요청, 그리고 반유대주의에 대한 비난이 있었다. 1965년에 동방정교회와의 오랜 분열이 치유되었다. 교회를 다니는 평범한 가톨릭 신자들에게 공의회에서 비롯한 가장 명백한, 그리고 전통주의자들에게 매우 불쾌한 변화는 미사를 집전할 때 고대 이래로 서유럽에서 교회의 언어였던 라틴어를 각국의 자국어로 대체한 것이었다. 이는 교회가 사람들에게 좀 더 가깝게 다가가기 위해 취해진 조치였다.

변화는 크고 지속적이었다. 변화는 교회 내의 성직자뿐 아니라 평신도들 사이에서 토론을 활성화했고, 독실한 신자들 사이에서 새로운 형태의 사목 활동 참여에 열정을 불러일으켰으며, 유럽 외부 특히 라틴아메리카의 사회적 박탈에 대해 좀 더 널리 깨닫도록 시야를 넓혀 주었다. 그러나 역사가 데머드 매클로크[403]는 공의회의 결과를 "절반의 혁명"으로 올바르게 묘사했다. 판도라의 상자는 열렸으나 주교들은 곧 다시 뚜껑을 닫으려 했다. 교회를 정치적 급진주의 및 라틴

---

403)   Diarmaid MacCulloch(1951~). 영국의 역사가로 교회사를 전공했다. 1995년부터 옥스퍼드 대학교의 크로스 칼리지에서 연구교수로 재직하고 있다.

아메리카의 '해방신학'[404]과 연결하려는 움직임은 차단되었다. 평신도의 참여는 성직자들이 확고한 통제권을 쥐고 있는 한에서 환영받았다. 주교들의 '합의체college'는 교황 수위권이 재확인되었기에 거의 쓸데없는 수다나 마찬가지였다. 스위스 신학자 한스 큉[405](바티칸 공의회에 자문역으로 참여했다)은 교황의 무오류성 교리를 공개적으로 부인한 후 결국 가톨릭 신학을 가르치는 일(그는 서독 튀빙겐 대학교의 교수였다)을 금지당했다.

제2차 바티칸 공의회에서 비롯한 개혁이 사회 변화의 중대한 흐름에 적응하는 데 가장 두드러지게 실패한 곳은 성적 행동 영역이었다. 공의회에 참석한 많은 이들은 적어도 성직자의 결혼을 금지하는 규칙이 완화되기를 희망했다. 그러나 성직자의 독신주의는 자신이 소집한 공의회가 일을 마무리하기 오래 전인 1963년에 사망한 요한 23세의 좀 더 보수적인 후계자 교황 바오로 6세[406]에 의해 재확인되었다.

---

404)   liberation theology. 제2차 바티칸 공의회와 메데인 회의(1968년 콜롬비아 메데인에서 열린 가톨릭 주교회의) 후 라틴아메리카에서 시작된 진보적인 기독교의 신학 운동. 신정통주의, 기독교 사회주의, 생태신학, 여성신학, 민중신학 등과 더불어 현대신학의 전통을 형성했다.

405)   Hans Küng(1928~). 스위스의 로마 가톨릭교회 사제이자 저명한 기독교 신학자. 제2차 바티칸 공의회 때 전문위원으로 활동했다. 기존의 가톨릭교회는 항상 개혁되어야 한다고 주장하고, 자신의 저서 《과연 무오류인가?》에서 교황 무오류성 교리를 비판하는 등 교회의 교도권과 계속 마찰을 빚다가 1979년 12월 15일 교황청 신앙교리성에서 공표문을 발표하면서 공식적으로 가톨릭 신학을 가르칠 수 없게 되었다. 가톨릭 교수직을 박탈당했지만, 튀빙겐 대학교에서 여전히 교회 일치 신학 교수로 재직하고 1996년부터는 명예 교수가 되었다.

406)   Pope Paul VI(1897~1978). 제262대 교황(재위 1963~1978)이며 로마 가

이것은 사제직에 들어서고자 하는 사람이 감소하고, 사제직을 떠나 결혼하고자 하는 사람이 증가하는 데 확실히 기여했다. 훨씬 큰 문제는 1968년 바오로 교황이 회칙 〈인간의 생명에 관하여Humanae Vitae〉에서 선언한 피임 금지의 계속이었다. 이것은 평신도와 가톨릭 성직자들 사이에서만 거센 항의를 불러일으킨 것이 아니었다. 교황의 금지는 사실상 널리 무시되었다. 그것은 교황의 권위에 가한 타격은 완전히 별개로 하고서도 세속화의 진전과 가톨릭 의식의 쇠퇴를 상당 정도 바로잡을 수 있도록 가톨릭교를 변화시킨다는 제2차 바티칸 공의회의 한계를 보여주었다. 산아제한 금지와 함께 교황의 권한은 교회가 전혀 멈출 수 없었던 섹슈얼리티 및 가족의 변화와 공공연히 충돌했다.

결혼, 이혼, 동거, 혼외 출산에 대한 태도가 바뀌고 있었다. 전후의 '베이비붐'은 끝났다. 젊은이들은 생식을 결혼의 최고 목적으로 보는 교회를 더 이상 따르지 않았다. 그들은 전쟁 후 늘 그랬던 것보다 더 늦게 결혼했다. 고용 기회가 확대되자 사람들은 기본적으로 그들 자신의 삶, 욕망, 물질적 형편에 따라 자녀 양육을 준비하고자 했다(그 반대로가 아니라). 이제 더 많은 여성이 유급 노동을 구했고, 그들 자신의 삶을 통제하기를 원했다. 그들은 자신들의 자리가 아이들을 낳

톨릭의 성인이다. 교황 요한 23세의 유지를 이어받아 제2차 바티칸 공의회를 재개하여 교회의 쇄신을 성공적으로 마무리했다. 또 교황 비오 12세 이래 시작된 교회의 국제화를 계속 이어가도록 기초를 다졌으며, 동방정교회와 개신교 등 다른 노선의 기독교 지도자들과 역사적인 만남을 갖고 협정을 맺음으로써 기독교 교파 간의 일치와 관계 개선을 도모했다.

고 가정을 운영하는 데 있다는 전통적인 견해에 점점 더 이의를 제기했다. 서유럽에서 그들의 진전은 스칸디나비아에서 가장 빨랐고, 사회 교리가 가정에서 아내와 어머니의 의무를 직접 강조한 가톨릭 국가들에서 가장 느렸다. 아일랜드는 심지어 헌법에 "어머니들은 가정의 의무를 소홀히 하면서 경제적 필요에 따라 노동에 종사해서는 안 된다"고 못을 박기까지 했다. 늦은 결혼과 출산율 저하라는 패턴은, 어느 정도는 다른 이유 때문이긴 하지만 동유럽에서도 전개되었다. 여성들에게 정규직을 허용하는 출산 지원 시스템은 서방보다도 훨씬 광범위했다. 그러나 풍족하지 못하고 알맞은 아파트가 나오기를 기다려야 했기 때문에, 그들은 빨리 결혼해서 아이를 갖는 일을 스스로 제한했다.

무엇보다도 피임 방법이 개선되고 낙태에 관한 법률이 바뀌면서 여성들은 그 어느 때보다도 더 자신들이 결혼 생활의 안팎에서 언제 아이들을 가질지, 혹은 아이들을 가질지 말지를 결정할 수 있었다. 1960년 미국에서 곧 그냥 간단하게 '알약Pill'으로 알려지게 될 피임약이 발명되면서 여성의 삶은 근본적으로 바뀌었다. 여성들은 이제 처음으로 스스로 믿을 수 있는 방법으로 생식을 통제할 수 있게 되었다. 피임약은 성적 행동을 변화시켰다. 그것은 1960년대 말부터 남성과 여성 모두가 누리게 된 성적 자유로 가는 길을 열었다.

성해방으로 결혼이 쇠퇴하기 시작했다. 이는 20세기의 마지막 몇십 년 동안 가속될 터였다. 이혼율은 20세기 말만큼이나 빠르지 않았지만 눈에 띄게 증가하기 시작했다. 이미 1970년 무렵에 스웨덴과 덴마크에서는 결혼의 4분의 1 이상이 이혼으로 끝났다. 그때까지 스웨덴과 덴마크의 20대 초반대 부부의 거의 3분의 1이 결혼하지 않고 함께 사는 쪽을 택하고 있었고, 스웨덴에서는 출산의 거의 5분의 1이 결혼 밖에서 이루어졌다. 이 비율은 서유럽의 다른 나라들을 크게 앞질렀다. 그럼에도 이러한 추세는 동유럽에서 그런 것처럼 같은 방향을 가리켰다. 하지만 가톨릭 국가들은 훨씬 뒤처져 있었다. 예를 들어, 이혼은 이탈리아에서 1970년 12월까지 불법이었다. 포르투갈에서는 1975년까지, 프랑코 이후의 스페인에서는 1982년에도, 아일랜드에서는 무려 1997년에도, 그리고 몰타에서는 심지어 20세기인 2011년까지도 불법이었다.

이 추세 뒤에는 사실상 섹슈얼리티에 관한 모든 관례에 도전하고 1960년대 말 무렵에는 청년 대항문화의 중심이었던 성혁명이 놓여 있었다. 페미니즘 해방운동—장폴 사르트르의 파트너인 시몬 드 보부아르Simone de Beauvoir가 초기의 개척자였고, 그녀의 저서 《제2의 성Le deuxième Sexe》(1949)은 극히 중요한 이념적 영향력을 발휘했다—은 여성의 성적 독립을 촉진하는 데 중대한 역할을 했다. 페미니즘 운동의 주요한 지속적 성과로서 여성의 평등을 (적어도 이론적으로나마) 점점 인정하는 현상은 그 후 수십 년 동안의 가장 중요한 사회적 변화 중 하나였고, 상당 정도는 피임약의 발명으로 가능해졌다. 피임약을 이용할 수 있게 됨으로써 남성과 여성은 임신의 위험 없이 가볍게 섹스를 즐길 수 있게 되었다. '자유연애'—복수의 파트너를 서로 교환할 수 있는 성적 자유—는 샌프란시스코의 히피 문화로부터 대서양을 건넜다. 동성애 역시 1950년대에도 여전히 백안시되고 범죄시되었지만, 사회에서 점점 인정을 받는 쪽으로 나아가기 시작했다. 비록 깊이 뿌리내린 편견의 바위 부스러기가 천천히 밟혀 다져짐에 따라 그 길은 돌투성이의 긴 길이 될 터였지만 말이다.

급속히 확대되는 대중매체는 성에 대한 새로운 태도가 사회에 수용되는 데 크게 기여했다. 책과 영화가 곧 전통적인 금기들에 도전했다. 1960년에 데이비드 허버트 로런스[407]의 《채털리 부인의 연인Lady Chatterley's Lover》(성행위 장면을 생생하고 대중적인 언어로 명확히 묘사했다)의 무삭제판 출판물이 '외설 출판물 법' 위반으로 고발되어 런던 법정에 섰다. 청렴한 주류 사회의 기둥인 기소자 측 변호사 머빈 그리피스존스[408]가 배심원단에게 그 책이 "당신의 부인이나 하녀들이 읽기를 원할" 책인지 아닌지를 물었을 때, 그는 과거에서 온 사람처럼 말하고 있는 것 같았다. 문학 전문가들이 증인으로 책을 변호하기 위해 줄을 섰다. 약간은 괴이하게도, 논쟁을 몰고 다니는 울리치 주교 존 로빈슨은 로런스가 충격적으로 묘사한 성교는 '영성체 행위'라고 주장했다. 그 책을 출판한 펭귄북스는 최종적으로 모든 기소에 대해 무죄를 선고받았다. 이 충격적인 사건은 예상대로 책이 폭발적으로 판매되는 데 기여했다. 영국의 이 사례는 사회적 가치가 매우 빨리

---

407)　David Herbert Lawrence(1885~1930). 영국의 소설가, 시인, 문학평론가. 1911년 첫 작품 《흰 공작》을 발표한 이후 성(性)에 대한 소설을 여러 편 써서 비난을 받았다. 주요 작품으로 소설 《채털리 부인의 연인》, 《아들과 연인》, 《무지개》, 여행기 《이탈리아의 황혼》, 《멕시코의 아침》, 수필 《묵시록》 등이 있다.

408)　John Mervyn Guthrie Griffith-Jones(1909~1979). 영국의 법정 변호사이자 법관. 1960년 D. H. 로런스의 《채털리 부인의 연인》이 출판된 후 외설 재판에서 기소를 주도한 것으로 잘 알려져 있다.

변하고 있는 와중에 성적 표현에 대한 이전의 엄격한 검열을 유지하는 것이 더는 불가능하다는 사실을 보여주었다. 문학, 영화, 신문, 잡지에서(초기 단계에 있던 텔레비전은 아직 공공의 도덕을 보호하려 했다) 성이 큰 사업이라는 것은 분명했다.

각국 정부는 환경 변화에 적응하지 않으면 안 되었다. 스웨덴과 덴마크가 다시 피임법에 대한 접근에서 앞장을 섰다. 영국은 1961년부터 의사가 결혼한 부부에게 피임약을 처방하게 하여 자유롭게 이용할 수 있게 했고, 1968년부터는 결혼 여부와 무관하게 모든 여성이 이용할 수 있게 했다. 페미니스트들의 압력을 받고 프랑스는 1965년에 산아제한 금지를 철폐했다. 가톨릭 국가들은 교회의 공식 입장에 맞춰 피임 제한을 완화하는 데 저항했다. 이탈리아에서 피임 제한은 1970년에야 해제되었고, 아일랜드에서는 10년 넘게 더 계속되었다. 낙태는 1950년대부터 소련과 동맹국들에서는 합법적이었다. 그러나 (보통은 여전히 엄격히 통제된 조건하에서) 낙태를 허용하는 법률은 1960년대 말과 1970년대 초가 되어서야 서유럽 내부에서 확산했다. 보통 열띤 논쟁 이후에 법률이 통과되고, 특히 가톨릭교회가 반대하고 나섰다. 그러나 대부분의 가톨릭 국가들도, 비록 몰타 같은 일부 국가들이 이러한 추세에 계속 반대해 버티고 여전히 낙태 금지를 다음 세기에도 강제할 것이었지만, 점차 낙태를 합법화하는 쪽으로 움직였다.

사회적 태도의 변화는 동성애 관행에 관한 법률에도 반영되었다. 동성애에 대한 유럽 정부들의 태도는 역사적으로 다양했다. 공산주의 국가에서는 대부분(전부는 아니지만) 공식적으로 금지되었고, 서방 민주주의 체제에서도 대부분 동성애를 법률로 금지했다. 하지만 프랑스에서는 대혁명 이래로 동성애가 합법적이었고(비록 비시 정권은 다른 파시즘 정권들과 마찬가지로 동성애를 금지했지만), 덴마크·스웨덴·아이슬란드(노르웨이나 핀란드는 아니었지만)에서는 20~30년 전부터 합법적이었다. 그러나 1960년대 말부터 현행 법률에 대한 반대가 거세지는 데 대응해 유럽 전역의 정부들은 동성애에 관한 법률을 완화하기 시작했다. 미국에서 시작된 '게이 권리 운동Gay Rights Movement'은 압력을 더했다. 비록 그 과정이 1990년대까지 이어질 것이지만, 합의한 성인들 사이의 동성애 행위 불법화는 서유럽과 소련 해체 이후의 동유럽 전역에서 점차 종지부를 찍었다. 그럼에도 동성애에 대한 광범위한 차별은 계속되었는데, 이는 러시아에서 가장 심했다.

●○●

전쟁 이래 유럽에서는 사회적 가치가 헤아릴 수 없을 정도로 바뀌었다. 서유럽 사회는 1960년대 말까지는 일반적으로 1950년보다도 더 자유주의적이고 관용적으로 되었다. 물론 이러한 일반화에는 역류가 있었다. 인종주의적 태도가 종종 바로 수면 아래 있긴 했지만 여전히 널리 지속되었다. 성차별적 태도는 매우 흔했다. 여성들은 각계각층에서 높은 권력을 이용해 불쾌한 성적 접근을 시도하는 남성들과 씨름해야 했다. 페미니즘은 여성에 대한 남성의 편견을 바꾸고 교육, 직업 기회, 작업장에서 여성들에 대한 오랜 차별을 바꾸기 위한 힘겨운 싸움에 직면했다.

젊은 세대 중 일부에게 자유화는 어쨌든 너무 느렸고, 결코 충분

히 급진적이지 않았다. 그들은 훨씬 급속하고 포괄적인 변화를 추구
했다. 1960년대 말까지 그들은 철의 장막 서쪽뿐 아니라 동쪽에서도
사회적·정치적 질서에 도전하고 있었다.

EUROPE 1950-2017

6

도전

금지하는 것은 금지된다. 자유는 한 가지 금지로 시작한다.
타인의 자유에 대해 해를 끼치는 것에 대한 금지가 그것이다.

파리의 거리 낙서, 1968년 5월

불타는 시신이 미래의 등불을 들고
앞으로 나아간 그날에 무관심하지 마시오.

소련군의 체코슬로바키아 점령에 항의하여 얀 팔라흐[409]가 분신한 뒤
1969년 1월 프라하의 벤체슬라스 동상에 쓰인 글귀

Roller Coaster

6

　1960년대 후반기 동안 서유럽과 동유럽은 제2차 세계 대전의 즉각적인 여파 이래 어느 때보다도 큰 정치적 격동의 시기를 경험했다. 철의 장막 양편은 전혀 다른 방식으로 자신들의 통치 체제에 대한 도전에 직면했다. 서유럽에서는 1968년 학생 저항에서 도전이 정점에 달했다. 동유럽에서는 같은 해에 있었던 '프라하의 봄'[410]이 소련 블록 전역에 충격파를 보냈다. 1970년대 초까지 그 유산은 다면적이고 장기적이었지만 다시 잠잠해지고 있었다.

---

409)　Jan Palach(1948~1969). 체코의 학생으로, 1969년 1월 16일 소련의 침략에 대한 저항의 뜻으로 프라하의 '바츨라프 광장'의 위쪽 국립박물관 앞에서 분신하여 스스로 목숨을 끊었다. 그의 죽음은 계속되는 소련군 점령에 대한 더 큰 저항을 불러일으켰다. 한 달 후인 1969년 2월 25일 같은 장소에서 또 다른 학생 얀 자이츠가 자신을 불살랐고, 1969년 4월 이흘라바에서 에브젠 플로체크가 뒤를 따랐다. 공산주의가 무너진 후 얀 팔라흐가 분신한 자리에 청동상이 세워졌고, 그를 기리는 뜻에서 루돌피눔과 카를 대학교 철학부 앞 광장의 이름을 '얀 팔라흐 광장'으로 바꿨다.

410)　Prague Spring. 제2차 세계대전 이후 소련이 간섭하던 체코슬로바키아에서 일어난 민주화 운동을 일컫는다. 1968년 1월 5일 슬로바키아의 개혁파 알렉산드르 둡체크가 집권하면서 시작되었고, 8월 21일 소련과 바르샤바조약 회원국들이 체코슬로바키아를 침공하여 개혁을 중단시키면서 막을 내렸다.

일시적인 것으로 밝혀졌지만, 이 격동은 당시 갓 성인이 되었던 전후 '베이비붐' 세대 사이에 가장 뚜렷하게 나타났던 사회적·문화적 가치의 심오한 변화를 반영했다. 세계대전 중의 삶에 강제된 규율로 교육받은 구세대의 가치와 행동 패턴은 1960년대 중반쯤에는 근본적인 도전을 받고 있었다. 권위, 복종, 의무, 이것들은 젊은이들에게 과거를 상기시키는 가치였다. 종종 고루하기까지 한 선배들의 순응과 권위를 받아들일 준비가 덜 되어 있는 젊은이들은 특히 외모와 습관, 생활양식에서 더욱 개인주의적으로 되었다.

저항과 폭력

세대 반란

1960년에 미국의 사회학자 대니얼 벨[411]은 '서방에서 이념은 끝났다'고 선언했다. 벨의 주장에 따르면, 19세기에 발전하고 20세기 전반을 지배했던 거대 이념, 특히 마르크스주의는 끝났으며 다가오는 기술관료 사회에서는 어떤 주요 역할도 하지 못할 것이었다. 1950년대는 정치사상의 '고갈'(벨이 표현하는 대로)과 근본주의적 이념들의 불필요한 과잉을 보았다. 유럽 국가들이 역사적으로 흔치 않은 비교적 높은 수준의 정치적 합의를 이루어온 사정을 고려하더라도, 이것은 독특

---

411)　Daniel Bell(1919~2011). 미국의 사회학자, 작가, 편집자. 하버드 대학교 교수를 지냈으며, 포스트 산업주의 연구로 잘 알려져 있다. 주저로 《이념의 종언》, 《포스트 산업 사회의 도래》, 《자본주의의 문화적 모순들》이 있다.

하게 미국적인 평가였다. 그리고 5년 내에 그것은 이미 이상한 오판으로 드러나고 있었다.

왜냐하면 1960년대 중반 무렵에 비교적 조용하던 이전의 국내 상황이 마르크스주의와 자본주의 사이의 이념적 충돌이 중요한 역할을 하는 좀 더 어지러운 정치 시대로 바뀌고 있었기 때문이다. 또 이 충돌은 철의 장막 맞은편의 정반대되는 사회적·정치적 체제들에 전적으로든, 심지어 대체로든 관련된 것도 아니었다. 사실 그것은 주로 서방 사회 **내부의**, 마르크스주의와 자본주의적 자유민주주의의 서방 형태들 사이의 이념적 갈등이었다. 그것은 1960년대 중반 이후 더욱 확산된, 젊은 세대 대부분이 느끼는 광범위한 소외감을 반영하며 정치적 저항에서 명확한 표현을 찾았다. 많은 참여자들에게 그것은 확실히 세대 반란이었다. 당시 적극적으로 행동했던 한 활동가는 그 시절의 격렬한 분위기(와 분위기에 내재된 환상)를 되돌아보며 다음과 같이 묘사했다. "우리는 권력을 잡아가고 있던 새로운 세대였다." 일부는 1960년대의 미국 민권운동에 크게 영향을 미친 시위와 저항에서 영감을 찾았다. 미국뿐 아니라 유럽에서도 미국 가수 밥 딜런[412]의 시적이고 서정적인 음악, 특히 '바람만이 아는 대답Blowin' in the Wind', '시대

---

412)   Bob Dylan(1941~). 미국의 작곡가, 가수, 화가, 작가. 가장 유명한 작품은 1960년대에 지은 '바람만이 아는 대답', '시대가 바뀌고 있네' 등이다. 이들 곡은 당시 격렬하게 진행되던 민권운동과 반전운동을 대표하는 노래로 널리 사용되었다. 그의 음반 활동은 50년 넘게 지속되었다. 그는 블루스, 컨트리, 가스펠, 로큰롤과 로커빌리부터 영국, 스코틀랜드, 아일랜드의 포크 음악까지 다양한 장르를 매우 폭넓게 포섭했다. 2016년 노벨 문학상을 받았다.

가 바뀌고 있네The Times They Are a-Changin', '전쟁광Masters of War'은 젊은이들에게 대표적인 저항의 노래가 되었다. 무엇보다도 점점 격심해지는 베트남전쟁(텔레비전 화면으로 계속 지켜볼 수 있게 된 최초의 전쟁)의 공포는 국경선을 초월하여 고삐 풀린 물질주의, 제국주의, 식민주의, 미국의 패권, 서방 자본주의에 대한 격렬한 비난을 네오마르크스주의적 무계급 노선에 따라 사회를 재건한다는 이상주의적 관념과 결합하는 대의를 제공했다. 저항은 또한 정치적 폭력의 새로운 표출에도, 정치적 기득권으로 간주된 체제를 종종 미숙하게 겨냥한 소외의 극단적인 발현에도 반영되었다.

저항은 1968년에 극적으로 폭발했다. 그러나 소요는 비등점에 도달하기 전에 몇 년 동안 부글부글 끓고 있었다. '1968'은 그해를 아울렀던 현상의 상징이고, 당시의 근본적 가치들에 대한 거부와 전복의 상징이다. 교육의 혜택을 누리고 점점 더 외국과 접촉하며 자신들이 흡수한 급진적 사상을 집단적 행동의 형태로 전환할 기회를 가졌던 학생들이 세대 반란의 선봉에 섰다. '전 지구적 저항' 운동이라고 묘사된 소요는 미국과 일본, 서유럽의 여러 지역에서(심지어 프랑코의 권위주의 체제하에 있는 스페인 지역에서도) 표출되었고, 또 어떤 면에서는(그러나 서방에서 발현된 형태와는 달랐지만) 동구 블록의 지역들, 특히 폴란드와 체코슬로바키아에서도 반향을 불러일으켰다. 서유럽에서 저항운동은 이탈리아, 서독, 프랑스에서 가장 날카롭고 극적이었다. 각각의 경우마다 비록 공통의 모습도 있긴 했지만 그들만의 구체적인 특성이 있었다.

가장 기본적인 점에서 저항은 대학 내 상황에 대해 학생들의 불만이 분출한 것이었다. 1960년대에 학생 수가 급속히 증가하면서 강의실과 세미나실이 극도로 붐비게 되었다. 대학 강사들도 충분치 않았다. 교수들은 냉담하고 무심하고 권위주의적이었다. 그들이 이탈리아에서 봉건영주barone라고 불린 데는 이유가 없지 않았다. 이탈리아에서는 학생 수가 2배로 늘어나 1960년대에 거의 50만 명이 되었다. 5000명의 학생을 위해 설계된 로마 대학교에는 1968년에 5만 명의 학생이 있었다. 많은 학생이 무조건 대학을 떠났다. 졸업을 한다고 해도 직장을 얻기가 쉽지만은 않았다. 이것은 대다수 서유럽 국가가 겪는 일반적인 패턴의 극단적인 사례일 뿐이었다. 서독에서는 1950년보다 거의 4배나 많은 학생이 있었으나, 대학 강사들과 이용 가능한 시설은 그 증가 속도를 전혀 따라잡지 못했다. 많은 학생이 보기에 대학 당국은 반동적이고 구속적이었다. 새 대학 캠퍼스의 영혼 없는 콘크리트 정글은 이 아노미 상태를 더욱 심화했다. 사회적 불만은 고질적이었다. 일부 사람들에게 그것은 기존 사회를 총체적으로 거부하는 것이 되었다. 1968년에 한 이탈리아 학생은 다음과 같이 견해를 밝혔다. "우리는 이 사회에서 자리를 찾고 싶지 않다. 우리는 자리를 찾을 가치가 있는 사회를 창조하기를 원한다."

비록 저항이 발현되는 양상은 특정 국가의 상황에 따라 달랐지만, 통신과 여행이 점점 수월해지면서 불만이 국경을 넘어 더 쉽고 급속하게 전달되었다. 분노와 적의가 학생 집단 내에서 서서히 타올랐다. 불씨는 프랑스의 다니엘 콩방디[413]('빨갱이 대니')와 서독의 루디 두치

---

413) Daniel Cohn-Bendit(1945~). 독일어로는 다니엘 콘벤디트라고 불린다. 프

케[414] 같은 학생 선동가들에 의해 점화될 준비가 되어 있었다. 이들은 학생들의 구체적인 불만을 '부르주아 국가'에서 모든 형태의 권위에 대한 도전으로 바꾸는 데 능숙했다. 최근의 과거는 이탈리아와 서독에서 가장 분명하게 이전 파시즘 체제와 현재의 자본주의 사회 사이의 연속성을 환기하는 데 당장 이용할 수 있는 근거를 제공했다. 자본주의에 대해 말하고 싶지 않은 사람이라면 누구든 파시즘에 대해서도 침묵을 지켜야 한다는 막스 호르크하이머[415]의 금언이 빈번하게 인용됐다.

반파시즘은 서독에서 저항의 분위기를 구성하는 중심 요소이자 이탈리아에서도 중요한 요소였다. 그러므로 1930년대처럼 저항을 대중적 파시즘 운동으로 돌리는 것은 확실히 배제되었다. 파시즘은 혐오 대상이었다. 이것은 공공연하게 좌파의 반란이었다. 마르크스주의는 지적인 영감을 제공했다. 하지만 열렬한 신봉자들이 스스로를 일컬었듯이, '신좌파'는 모스크바와 소련 모델(1956년 말 헝가리 봉기를 폭력적으로 진압한 뒤 이미지가 돌이킬 수 없이 더럽혀졌다)을 거의 쳐다보지도 않았다. 그 대신 그들은 극동과 라틴아메리카의 농민 혁명과 게

랑스의 1968년 5월 혁명 때 학생 지도자였다. 정치적 이념과 머리칼 때문에 '빨갱이 대니(Dany le Rouge)'라고도 불렸다. 2004~2014년에는 유럽의회 내 유럽 녹색당·유럽 자유동맹의 공동 의장을 지냈다.

414)   'Rudi' Dutschke(1940~1979). 1960년대 독일 학생운동의 주요 지도자. 1968년 요제프 바흐만의 암살 기도에서 살아남았으나 뇌 손상으로 인한 발작으로 11년 뒤 사망했다.

415)   Max Horkheimer(1895~1973). 유대계 독일의 철학자, 사회학자. 프랑크푸르트학파의 대표적인 학자다. 주요 저서로 《계몽의 변증법》, 《이성의 상실》 등이 있다.

릴라 투쟁의 지도자들 속에서 다소 어울리지 않게도 산업화한 서유럽의 젊은 시민들을 위해 자신들의 영웅을 발견했다. 그들은 마오쩌둥(엄청난 반인류 범죄에 그가 책임이 있다는 점은 깨닫지 못했거나 아니면 못 본 체할 준비가 되어 있었다), 북베트남 지도자 호찌민, 쿠바 정부 수반 피델 카스트로(미 제국주의에 맞서는 저항의 간판), 그리고 가장 특별하게는 1967년 10월 볼리비아군에게 총살당한 쿠바 혁명가이자 낭만의 화신 체 게바라[416]를 감탄하며 바라보았다.

신좌파는 마르크스의 초기 저작을 탐구했고, 정통 레닌주의 명부로부터 제외되고 이 신념으로부터 파문당한 로자 룩셈부르크[417]와

---

416)   Ché Guevara(1928~1967). 아르헨티나 출신의 쿠바혁명 지도자. 1959년 카스트로와 함께 바티스타 정권을 무너뜨린 뒤 쿠바의 시민이 되어 국가농업개혁연구소이 산업부장, 쿠바 국립은행 총재, 공업장관을 역임했다. 1965년 4월 쿠바의 전사들과 함께 콩고로 가 내전에 참전하고 있는 루뭄바 부대의 조직을 도왔다. 1966년 볼리비아로 잠입해 산타크루스 지역에서 게릴라 부대를 조직하고 통솔하던 중 1967년 10월 정부군에 체포되어 총살당했다.

417)   Rosa Luxemburg(1870~1919). 폴란드 출생의 독일 사회주의자. 1894년 폴란드 왕국 사회민주당을 결성했으며, 1898년 베를린으로 이주해 독일 사회민주당에 가입했다. 1905년 러시아혁명이 일어나자 관료주의화한 당과 노동조합 간부를 비판하고 카우츠키와도 결정적으로 대립했다. 1907년 이후 당 학교의 강사로 활동했으며, 그 성과는 주저인 《자본축적론》(1913)으로 열매를 맺었다. 제1차 세계대전 중에는 대부분을 옥중에서 보냈는데 그동안 《러시아혁명론》(1918)을 집필하고, 러시아혁명의 의의를 높이 평가하면서도 볼셰비키 독재를 날카롭게 비판했다. 1918년 11월 독일혁명이 일어난 후에 석방되자 독일 공산당을 결성했는데, 1919년 1월 혁명파가 베를린에서 봉기했을 때 카를 리프크네히트와 함께 정부군에 학살당했다.

가장 특별하게는 레프 트로츠키[418] 같은 사람을 찬양했다. 무솔리니의 감옥에 수감된 후 감형으로 석방되었다가 곧 사망한 마르크스주의 파시즘 이론가 안토니오 그람시[419]의 저작이 각별한 숭배를 받았다. 그들은 유럽 안팎의 마르크스주의 지식인 권위자들과 접촉함으로써 영감을 받았다. 이 권위자에는 프랑스 철학자 장폴 사르트르, 루이 알튀세르[420](점점 기이해지고 정신적으로 불안해진 인물로서 마르크

---

418)   Lev Trotsky(1879~1940). 러시아의 혁명가이자 소련의 외교관, 정치가, 사상가. 초기에는 멘셰비키였다가 볼셰비키로 전환했다. 10월혁명에서 레닌과 함께 볼셰비키 당의 지도자 중 한 명으로서 소련을 건설했다. 소련의 초대 외무 인민위원을 맡았으며, 붉은 군대의 창립자다. 레닌 사후 스탈린과의 권력투쟁에서 밀려나 종국적으로 멕시코로 망명했으나, 스탈린이 사주했다고 여겨지는 암살자에게 살해당했다.

419)   Antonio Gramsci(1891~1937). 이탈리아의 혁명가이자 사상가. 1913년 이탈리아 사회당에 가입하여 사회주의 운동의 좌익 진영에서 톨리아티, 타스카 등과 신문《전위》와《신체제》의 편집을 맡았다. 토리노의 노동자들과 함께 공장평의회 운동에 가담하여 1920년 4월 총파업을 벌이고, 그해 가을 공장 점거 투쟁을 추진했다. 1921년 1월, 이탈리아 공산당 결성에 참여했다. 1924년 4월 국회의원에 당선하고, 당 총서기로 선출되었으며, 혁명운동에 힘썼다. 1926년 11월, 파시즘 정권에 체포되어 남부 이탈리아의 투리 감옥에 투옥되었다. 감옥에서는 병으로 괴로워하면서도《옥중수고》를 계속 집필했다. 1937년에 감형으로 석방되었으나 병이 악화하여 사망했다.

420)   Louis Althusser(1918~1990). 알제리 출생의 프랑스 철학자. 파리의 에콜 노르말(고등사범학교)에서 바슐라르의 가르침으로 헤겔 철학을 연구했으며, 뒤에 모교에서 철학을 강의했다. 마르크스의 사상을 초기의 인간론과 소외론으로 환원하는 것을 거부하고, 그 사상의 특질이 이데올로기에서 나오는 '인식론적 단절'에 있다는 점을 역설했다. 한편으로는 마르크스의 저서《자본론》을 단순한 경제적 기구 분석의 글로서 읽는 경향에 반대하고, 그것을 자본제적 생산양식의 구조론 및 여러 사회 계급이 대항하는 글로서 읽을 필요성을 강조했다. 주요 저서

스주의를 휴머니즘과 연결하려는 시도에 반대했다), 자신의 저작을 통해 사회 제도와 기관의 억압적 힘과 통제적 규율을 강조한 미셸 푸코[421]가 있었다. 급진주의적인 학생들에게 가장 뚜렷한 영향을 미친 사람으로는 허버트 마르쿠제[422]가 있었다. 독일 태생의 미국 철학자로 '후기자본주의'를 천착한 마르쿠제는 현대사회를 비인간화된 사회로 보면서 혁명을 옹호하고 서방 소비주의 문화의 가짜 신들을 총체적으로 거부하라고 역설했다. 다른 모습을 한 마르크스주의 사상들은 더 나은 사회를 창조하고 더욱 공정하고 평등한 사회를 창출하고자 하는 충동에 쫓기면서, 비교적 좋은 교육을 받고 분명하게 의사를 표명하는 사회집단이 제기한 세대 반란의 상상력에 불을 지피는 데 도움

로《되살아나는 마르크스》(1965),《자본론을 읽는다》(1965),《국가와 이데올로기》(1970),《자기비판》(1974) 등이 있다.

421)   Michel Foucault(1926~1984). 프랑스의 철학자. 후기구조주의를 대표하는 철학자로서 소르본에서 1948년까지 철학을, 1950년까지 심리학을 공부했고, 1952년 정신병리학 학위를 받았다. 1970년 이후 콜레주 드 프랑스의 사상사 교수를 지냈다. 다양한 사회적 기구에 대한 비판, 특히 정신의학과 감옥의 체계에 대한 비판과 성의 역사에 대한 연구, 권력과 지식의 관계에 대한 이론 등을 통해 널리 알려졌다. 주요 저서로《광기의 역사》,《말과 사물》,《지식의 고고학》,《감시와 처벌》등이 있다.

422)   Herbert Marcuse(1898~1979). 유대인 가정에서 태어나 베를린 대학교와 프라이부르크 대학교에서 공부했다. 나치스가 대두하자 1933년 스위스로 망명했다. 이듬해에는 미국으로 망명했으며, 1940년에 귀화했다. 컬럼비아 대학교와 하버드 대학교 연구원을 거쳐 1965년 캘리포니아 대학교 교수가 되었고, 베를린 자유대학교 명예 교수로 있었다. 많은 저서를 통해 관료 사회를 고발했으며, 1960년대 말의 신좌파 운동에 큰 영향을 주었다. 주요 저서로《이성과 혁명》,《에로스와 문명》,《억압적 관용》,《유토피아의 종언》등이 있다.

을 주었다. 그들의 눈에는 정치혁명으로는 충분하지 않았다. 그들이 떠받쳤던 신념 체계와 사회구조 전체가 파괴되고, 사회는 새롭게 창조되어야 했다.

국경을 가로질러 젊은이들을(그리고 그들만이 아니라) 가장 크게 사로잡았던 문제는 악화하고 있던 베트남전쟁이었다. 이는 정치적·이념적 차이를 양극화했고, 감정을 불타오르게 했다. 많은 젊은이가 제2차 세계대전 이래 언제나 민주주의적 가치, 자유, 번영의 모델로 손꼽혔던 미국에 반대해 등을 돌렸다.

미국인들은 프랑스인들이 1954~1955년에 철수하기 시작한 이후 (베트남, 라오스, 캄보디아로 이루어진) 인도차이나에서 점점 다루기 힘들고 확대되어가는 갈등으로 빠져들어 갔다. 미국의 목적은 인도차이나 전역에서 공산주의의 확산을 봉쇄하는 것이었다. 이런 목적으로 워싱턴은 남베트남의 수도인 사이공의 부패한 꼭두각시 정부에 의존하게 되었다. 1960년대 초까지 미국은 베트남에 점점 더 많은 무기를 쏟아붓기 시작했지만, 남부에서 게릴라 작전을 강화하고 있던 호찌민의 북베트남군이 벌이는 국가 독립을 위한 전투를 격퇴하는 데 한 발자국도 더 나아가지 못했다. 패전의 위험이 점점 커지면서 존 F. 케네디(1963년 11월 암살당했다)의 후임자인 린든 B. 존슨 대통령은 1965년 미국 지상군을 베트남 전투에 투입하는 운명적인 결정을 내렸다.

그해 말에 베트남에는 18만 4000명의 미군 병사가 있었다. 2년 후 그 수는 48만 5000명으로 증가했다. 미국의 베트남 개입에 대한 항의가 1964년 캘리포니아 대학교 버클리 캠퍼스에서 이미 시작했고, 다가올 몇 년 동안 신좌파의 사상에 영감을 받은 조직인 '민주사회학생회'⁴²³⁾가 주도하면서 급속히 확대되었다. 1967년 4월 뉴욕에서 20만 명이 모여 전쟁에 반대했다. 다음 몇 개월에 걸쳐 전쟁은 단계적으로 확대되었고, 미군이 끔찍한 네이팜탄을 점차 더 많이 사용하는 것은 전쟁의 공포를 전형적으로 보여주었다. 점점 더 많은 젊은 미국인이 이길 수 없어 보이는—그리고 **이길 수 없는**—전쟁에 징집되면서(그리고 죽어가면서), 미국의 여론은 전쟁을 반대하는 쪽으로 돌아섰다. 부자거나 연줄이 든든한 집은 보통 아들이 징집되는 것을 어떻게든 피하는 것 같았다. 항의는 규모와 강도 면에서 한층 커졌다. 그들의 메시지는 대서양을 건넜다. 미국의 베트남 개입에 반대하는 대규모 시위가 곧 서독, 프랑스, 이탈리아와 그 밖의 서유럽 국가에서 발생했다.

베트남전쟁에 반대하는 목소리가 커지지 않았더라면, 대학 상황에 항의하는 학생 소요는 아무리 옳은 것이라 할지라도 당연히 그냥 그랬을 것이다. 하지만 사실상 베트남이 이 불만을 때로는 경찰과의 폭력적 충돌을 포함하며 훨씬 더 폭넓게 나타난 정치적·사회적 항의로 바꿔 놓았다. 그것은 불만에 찬 학생들(여하튼 그중 일부)을 혁명가 지망생으로 변신시켰다.

---

423)　Students for a Democratic Society, SDS. 미국의 학생운동으로, 미국 신좌파의 주요 갈래 중 하나였다. 참여민주주의, 직접 행동, 급진주의 등을 표방하면서 1960년대 중반에 급격히 확대되었다가 1969년 해산되었다.

그러나 이 역할에서 학생들은 진짜 혁명가가 아니라 아마추어 호사가에 불과했다. 오직 잠깐 동안만, 그리고 약 1000만 명의 노동자가 드골주의 국가에 반대하는 항의의 표시로서 파업과 공장 점거에 나섰던 1968년 5월의 프랑스에서만 기성 질서는 심각하게 위협을 받는 것 같았다. 프랑스에서 자발적인 파업의 물결이 잦아들고 열띤 분위기가 식자마자 학생들의 항의에서 격렬함이 빠져나갔다. 대학 관리 면에서 약간 개선된 것이 그나마 유일한 실제적 성과였을 뿐, 항의는 점점 흐지부지되었다. 그러나 많은 참가자에게 아드레날린 분비와 행동의 흥분은 그들을 감동시키는 한편 지울 수 없는 기억을 남겼다.

'68 사람들'은 자신들을 '특별한' 세대로 보았다. 그러나 많은 주민은 저항운동을 못마땅하게 생각하거나 그것에 무관심했다. 유럽 국가들의 대다수 젊은이는 학생이 아니었다. 사실 이미 저임금의 힘든 육체노동에 종사하는 많은 젊은이는 학생들을 특권 엘리트층으로 여겼다. 이는 진실에서 동떨어진 것은 아니었다. 그리고 학생들은 대부분 기본적으로 자신들에게 직접 영향을 미치는 것에 관심이 있었다. 많은 학생은 좌익 시위대의 좀 더 폭넓은 목표에 반대했다. 이를테면, 서독의 보수적 학생들의 조직인 '기독민주학생연맹'은 좌익 기구인 '사회주의독일학생연맹'보다 아주 조금 작았을 뿐이었다. 1967년의 여론조사에서 서독 학생 대다수는 정부가 도입하기를 원하고 좌익 학생 활동가들이 격렬하게 반대하는 (비상사태 선포로 개인적 자유를 제한하기 위한) 비상사태법에 찬성했다. 그리고 보수주의자들이 이끄는 연립정부에 관한 학생들의 시각은 비판하는 사람들과 인정하는 사람들 사이에서 양분되었다. 여하튼 자본주의를 파괴하겠다는 유토피아적 혁명 사상을 품은 소수파는 잘 확립되고 안정된 민주주의 체제에 근본적으로 도전할 수 있는 능력도, 그리고 완전고용과 전례 없는 번영의 시절을 경험하고 마르크스주의에 격렬하게 반대하는 폭넓은 사회 부문을 동원할 수 있는 능력도 완전히 결여했다.

저항의 폭발

학생 저항은 1967년에 대학의 시위와 파업의 물결 속에서 이탈리아 전역으로 확산했다. 대학의 상황에 대한 폭발 직전의 불만은 건축을 전공하는 학생 파올로 로시Paolo Rossi가 1966년 4월 로마에서 벌어진 네오파시스트 학생들과의 싸움에서 살해당한 뒤 "파시즘의 새로운 희생자"로 발표되었을 때 한층 고조되었다. 또한 정부의 고등교육 개혁 계획(나중에 포기했다)에 대한 저항도 컸는데, 학생들은 이 계획이 학습을 자본주의 경제의 요구에 종속시킨다고 비판했다. 1968년 초까지 저항의 분위기는 더욱 강해졌다. 2월 말에 경찰은 로마 대학교 건물들을 점거하고 있던 학생들을 쫓아냈다. 3월 1일, 학생들이 건물 한 곳을 다시 점거하려 하자 경찰과 대격전—'발레 줄리아Valle Giulia 전투'[424]라고 불렸다—이 벌어졌다. 경찰은 약 1500명의 학생을 향해 경찰봉을 휘둘렀다. 학생들은 차량을 불태우며 이에 맞섰다. 결국

---

424)   The Battle of Valle Giulia(battaglia di Valle Giulia). 1968년 3월 1일 로마의 발레 줄리아에서 (좌우익을 모두 포함한) 이탈리아의 투사들과 경찰 사이에 벌어진 충돌을 가리킨다. 이 사건은 1968년의 저항 동안 벌어진 이탈리아의 학생 소요에서 최초의 폭력적 충돌로 기억되고 있다.

경찰 46명과 학생 수백 명이 다쳤다. 그때까지 학생운동은 비교적 평화적이었지만, 이 사건을 계기로 경찰과의 충돌은 이제 한결같이 폭력화했다. 하지만 학생들의 요구에 얼마간 양보하고 인기 없는 개혁 입법이 취소되면서 학생들에 대한 일반인들의 지지가 줄어들자, 갈등이 구체적으로 대학 내부 문제에 국한되면서 그 강도가 점차 약해졌다.

'발레 줄리아' 이후 학생운동은 성격이 변했다. 자발적인 저항은 조직적인 혁명적 선동으로 바뀌었다. 프랑스에서 진행된 노동자 이해와 학생 이해의 급속한 분열에서 교훈을 배운, 다양한 혁명 그룹에 속한 소수의 급진적 학생들은 이제 이탈리아의 산업 노동계급에서 불만을 동원하는 쪽으로 방향을 틀었다. 공장 노동자 중 많은 이들이 이탈리아의 빈곤한 남부 출신이었고 프롤레타리아 하위 계층을 형성했다. 그들은 임금이 열악했고, 생산 라인에서 작업량에 따라 급료를 받았다. 또 삭막한 노동환경과 권위주의적 경영에 노출되었고, 노동조합과 정당들의 규율에 익숙하지 않았다. 조리 있게 자기 생각을 표현할 줄 알았던 급진적 학생들은 공장으로 가서 노동자들에게 일어나 저항하라고 부추겼고, 자신들의 메시지가 곧잘 먹혀든다는 것을 알게 되었다.

1968년 후반기부터 1969년 가을까지 약 750만 명의 노동자가 주로 노동조합의 인정을 받지 않은 대략 3800건의 '비공인' 파업에 참여했다. 이것은 노동조합들을 행동에 나서게 했는데, 1969년 12월 이른바 '뜨거운 가을'이 끝날 무렵 노동조합들은 작업장을 크게 개선하는 데 성공하고 상당한 임금 인상도 얻어냈다. 이 임금 인상은 비슷한 수준으로 향상된 생산성을 따라잡지는 못했지만, 다음 몇 년에 걸쳐 다른 서유럽 산업국가들에서 이루어진 평균 인상분의 2배에 해당했다. 노동조합은 매우 강력해졌고, 이탈리아 노동계급의 상황을 개선하기 위해 전국에서 상당한 위력을 발휘할 수 있었다. 노동자들의 호전성은 이탈리아 생활의 일부가 되었다. 이탈리아는 유럽의 파업 중심지였다. 1972년에 450만 명의 노동자가 산업 분규에 참가했다. 1973년에는 600만 명이 넘었다. 그러나 노동조합은 유토피아적 정치사상이 아니라 구체적인 물질적 개선을 원했다. 그러므로 혁명적 동력을 원한 급진적 학생들의 희망은 어긋났다. 한편 정부는 비록 구성이 자주 바뀌긴 했지만 1969년부터 1971년 사이에 몇 가지 정치적·사회적 개혁—연금 인상, 약간의 사회적 주택 확대, 이혼할 권리를 부여하는 입법, 지방 자치의 도입—을 실시했다. 이 개혁들은 기껏해야 부분적인 개선책일 뿐이었지만, 사회적 불안이 혁명적 잠재력으로 발전하는 것을 막기에는 충분했다.

하지만 혁명에 대한 진심 어린 기대가 물거품처럼 사라지자 저항은 보기 흉하게 일그러졌다. 급진적 투사들은(좌익뿐 아니라 우익도) 이탈리아의 정치적·경제적 체제를 파괴하려고 이전의 학생과 경찰 사이의 갈등과는 차원이 다른 극단적 형태의 폭력에 호소하기 시작했다. 확실히 네오파시스트 우익 쪽 사람들의 목표는 물리력에 의한 질서를 강제하기 위해 권위주의 체제에 대한 요구를 가져올(그럼으로써 헌법을 파괴할) 상시적인 공포감을 조성하는 데 있었다. 어떤 사람은 그것을 '긴장의 전략strategia della tensione'이라고 불렀다. 누가 이름을 붙였는지는 분명하지 않지만, 그것은 정곡을 찔렀다.

1969년 4월, 밀라노에서 폭탄 2개가 터지면서 수십 명이 다쳤다. 8월에는 기차에 둔 폭탄으로 12명이 더 다쳤다. 그리고 12월에는 극악무도하게도 폭탄 4개(2개는 은행에, 1개는 폰타나 광장에 두었다)로 16명을 죽이고 87명을 다치게 했다. 30만 명으로 추산되는 군중이 이 잔학 행위의 희생자들을 애도하여 밀라노 도심에 모였다. 이는 대부분의 이탈리아인이 느낀 반감을 보여준다. 아나키스트들이 즉각 책임을 졌고, 이 사건 때문에 그중 몇 명이 체포되었다. 주세페 피넬리[425]라는 사람이 결코 만족스럽게 해명되지 않은 상황에서 밀라노 경찰청 4층에서 불가사의하게 떨어져 죽었다(나중에 그는 어떤 범죄에도 연루되지 않은 것으로 밝혀졌다). 그 후 아나키스트들이 아니라 충격적이게도 이탈리아 정보기관의 한 대령과 연줄이 있는 네오파시스트 그룹이 연루되어 있다는 매우 개연성 있는 증거가 나타났다. 기성 정치 세력과 사법 당국이 매우 미적대는 가운데 조사가 수년 동안 지체되었고, 사건은 결국 입증되지 않은 채로 종결되었다. 급진 우익 그룹들의 테러 공격(모두 약 6000건인데, 이 공격으로 186명이 죽고 572명이 다쳤다)은 1970년대 내내 계속되고 1980년대 초까지 이어졌다. 그중 최악의 공격은 85명이 죽고 200명 이상이 다친 1980년 8월의 볼로냐 기차역 폭탄 사건이었다.

테러리즘은 곧 우익뿐만 아니라 좌익 쪽에서도 모습을 드러냈다.

425)   Giuseppe Pinelli(1928~1969). 이탈리아의 철도 노동자, 아나키스트. 1969년 12월 15일 이탈리아 경찰청에 구금되어 있다가 사망했는데, 경찰에 살해당했다고 믿는 사람이 많았다.

1960년대 말의 저항운동에서 등장한 수많은 혁명 조직은 자본주의 국가를 파괴하겠다는 희망이 명확히 실패로 돌아가면서 동력을 잃고 있었다. 이 사실을 인식하면서 '붉은 여단Brigate Rosse'이 생겨났다. 이것은 남미의 도시 게릴라에 기반을 둔 무장투쟁으로 선동 활동을 대체한 소규모이지만 극도로 위험한 조직이었다. 붉은 여단은 1970년에 옛 학생 활동가들로서 헌신적인 반파시즘 공산주의 가문 출신인 레나토 쿠르초[426]와 마르게리타 카골,[427] 알베르토 프란체스키니,[428] 그리고 중간계급 우익 배경을 갖고 있고 1968년 학생 저항운동에 참여하지 않았던 마리오 모레티[429]가 창설했다. 붉은 여단은 곧 폭탄 테러, 암살, 납치를 실행했다. 1974년 말까지 극좌 테러리스트 그룹들은 336건의 공격(2명만 죽였지만)을 가한 것으로 추산된다. 최악의 사태는 아직 벌어지지 않았다. 1970년대를 떠들썩하게 했던 운동에서 붉은 여단이 저지른 가장 악명 높은 잔학 행위는 1978년 봄에 기독민주당 출신의 전직 총리 알도 모로[430]를 납치하여 44일 뒤 살해한 사

---

426) Renato Curcio(1941~). 이탈리아 극좌 조직인 붉은 여단의 지도자. 1976년 체포되어 1998년 석방되었다.

427) Margherita Cagol(1945~). 붉은 여단의 지도자로, 레나토 쿠르초와 결혼했다.

428) Alberto Franceschini(1947~). 이탈리아의 테러리스트로 붉은 여단의 지도자. 1974년에 체포되어 1992년 석방되었다.

429) Mario Moretti(1946~). 이탈리아의 테러리스트로 붉은 여단의 지도자. 1978년 기독민주당 당수이자 이탈리아 총리를 지낸 알도 모로 납치 사건을 일으킨 주역이었다. 1983년 종신형을 선고받고 복역하다가 1998년 사면되었다.

430) Aldo Moro(1916~1978). 이탈리아의 법학자이자 정치가. 기독민주당에 입당한 뒤 1948~1950년 외무차관, 1953~1955년 기독민주당 하원 원내총무,

건이었다. 이것은 정부를 자극해 더욱 강경하게 대응하게 했다. 엄중한 테러리즘 방지법과 특수경찰 창설로 1980년까지 대부분의 테러리스트가 체포되었다. 붉은 여단은 사회적으로 고립되면서 이제 불과 10여 명의 적극적인 회원밖에 없는 운동으로 확실히 쇠퇴했지만, 1980년대에도 계속 존재했다.

서독의 학생 시위는 이탈리아와 프랑스의 학생 시위와는 달리 어떤 폭넓은 소요도 일으키지 못했고, 산업 노동자들의 지지도 받지 못했다. 어떤 실제적인 의미에서도, 그것은 계급 갈등과 연관되지 않았다. 그럼에도 그것은 상당 정도로 나치 과거라는 부담의 틀에 갇히면서 어느 나라보다도 이념적인 색채를 띠었다. 훗날 한 여성 활동가는 이렇게 회고했다. "우리 세대 전체는 부모들이 지지했던 것에 대해 물론 불안해하고 분노했다." 아데나워 정부가 사실상 나치 시대는 끝난 일이니 더는 왈가왈부할 필요가 없다는 태도를 보이고, 히틀러 정권의 범죄에 깊이 연루된 많은 이들이 전후 서독의 자유민주주의 체제에서 번영을 구가한 사실은 비록 매우 잘못된 관점이긴 하지만 이 정치체제와 그것이 의지하고 있는 자본주의경제가 실제로 새로운 가면을 쓴 파시즘이 지속되고 있는 것이라는 견해를 부추겼다. 나치 정권

1955~1957년, 1957~1959년 법무장관과 교육장관, 1959~1963년 기독민주당 사무총장을 지냈다. 1963년 11월 기독민주당·사회당·사회민주당·공화당의 4당 연립에 의한 중도 좌파의 내각을 조각하고 1968년까지 총리를 맡았으며, 1969~1972년, 1973~1974년 외무장관직을 수행했다. 1970년에는 북대서양조약기구 이사회 의장으로 활약했고, 1974~1976년에는 다시 총리를 역임했다. 1978년 3월 극좌파인 '붉은 여단'에 납치되었다가 피살체로 발견되었다.

의 기둥이었고, 전쟁 이래로 새로 구성되긴 했지만 히틀러 시대의 강탈적 착취와 노예노동에서 이득을 본 거대 산업체 및 은행들의 존재가 이러한 해석을 강조하기 위해 거론되었다. 아데나워 스타일의 '총리 민주주의'에서 보이는 권위주의적 경향, 1962년 '슈피겔 사건'[431]에서 드러난 언론 자유 침해의 기도, 1930년대 초의 나치 독재로의 후퇴를 섬뜩하게 떠올리게 하는 비상사태를 위한 입법 계획 등 이 모든 것은 신좌파가 보기에 파시즘이 계속되고 있음을 가리키는 증거였다.

아이히만과 아우슈비츠 재판(389쪽 참조)은 나치의 무지막지한 비인도적 행위를 강조했다. 학생 저항운동의 한 활동가에게 이것은 공포와 수치의 감정과 함께 "우리가 비롯되었고, 우리가 성장했던 사회에 대한 순진한 기본적 신뢰의 상실"을 불러일으켰다. 그러나 홀로코스트 자체(이 용어는 아직 널리 쓰이지 않았다)에 초점을 맞추고 인종적 반유대주의를 나치 이념의 중심에 두는 일은 아직 이후의 세대를 기나려야 할 터였다. 지금으로서는 여전히 급진적인 학생들을 비롯하여 일반적으로 '신좌파'라고 불리게 될 운동의 추종자들은 '국가사회주의'를 대체로 자본주의의 가장 극단적인 현상으로 이해했다. (사실 신좌파는 '국가사회주의'라는 용어를 일관되게 비난했다. 왜냐하면 '사회주의'는

---

431)   Spiegel affair(Spiegel-Affäre). 서독의 정치 스캔들. 1962년 10월 8일 서독 주간지 《슈피겔》은 서독 방위 전략의 결함을 지적한 나토의 문서 〈팔렉스 62〉를 기사화했다. 서독 정부는 이에 대응하여 국가 기밀 누설 혐의로 사주인 루돌프 아우크슈타인과 저명한 언론인들을 체포했다. 그 후 이 사건은 서독 사회에 언론의 자유 문제를 본격적으로 제기하면서 결국 아데나워 정부에서 자유민주당, 기독민주연합/기독사회연합 소속 장관들의 사퇴를 가져오는 정치 스캔들로까지 비화했다.

순전히 긍정적인 측면에서만 생각해야지 제3제국이라는 악과 연관되어서는 안 되었기 때문이다. 그 대신 나치즘은 변함없이 '히틀러-파시즘' 혹은 간단하게 '파시즘'이라고 불렸다. 이는 곧 나치즘이 단지 자본주의에 불가분하게 뿌리박힌 국제적 현상이 독일에서 급진적으로 발현한 것일 뿐이라는 의미였다.)

나치 과거와의 연속성은 일찍이 1933년에 나치당에 가입하고 전쟁 중에 요제프 괴벨스[432]의 선전부에서 근무했던 전 나치 쿠르트 게오르크 키징거[433]가 1966년 12월 총리가 되었을 때 그 어느 때보다 확연해 보였다. 키징거는 기독민주연합, 자유민주당, 사회민주당의 '대연정'(그러므로 사실상 거국내각)을 이끌었는데, 이것은 아데나워 시대의 종결에 뒤이은 무척 불안한 정치적 상황의 산물이었다. 키징거는 사소한 경기후퇴와 약간의 실업 증가에서 비롯한 공포가 부풀려지면서 독일이 우려의 시기를 맞았을 때 총리직에 올랐다. 이 두려움과 불만 때문에 네오나치 정당인 독일민족민주당Nationaldemokratische Partei Deutschlands, NPD의 지지율이 높아졌다. 선거에서의 지지는 소수의 국민에 국한되었다. 그렇지만 독일민족민주당은 1966년 11월 헤센 지역 선거에서 투표의 거의 8퍼센트를 얻었고, 1968년 4월에는 바덴뷔르템베르크에서 거의 10퍼센트라는 최상의 결과를 얻는 등 1966년부터 1968년 사이에 지역 의회 일곱 곳에서 의석을 확보했다. 이는 독일이 어두운 과거로 회귀할지도 모른다는 좌파의 믿음에 더욱 힘을

---

432)　Joseph Goebbels(1897~1945). 나치 독일의 정치인으로, 히틀러의 최측근 인물이었다. 선전장관으로서 나치 선전과 미화를 책임졌다.
433)　Kurt Georg Kiesinger(1904~1988). 독일의 보수 정치인으로, 1966년 12월부터 1969년 10월까지 독일연방 총리를 지냈다.

실어 주었다.

신좌파가 보기에 의회 내의 모든 주요 정당을 대표하는 정부에 맞서는, 의미 있는 의회 반대파의 가능성은 없었다. 어쨌든 신좌파는 기꺼이 상호 연정에 참여할 수 있는 정당들 사이에는 실질적 차이가 전혀 없다고 생각했다. 이는 (1960년 사회민주당에서 제명된) '학생연합 Student Federation'이 이끄는 '원외반대파Ausserparlamentarische Opposition, APO'라고 불리는 조직의 창설을 자극했다. 원외반대파는 큰 논란을 불러일으키는 법을 공포하겠다는 정부의 선언 덕분에 많은 회원을 충원했다. 이 법은 국가적 비상 상황에서 국가의 행정권을 확대하고 시민권을 제한한다는 것이었다. 의회에서는 이제 법 제정에 필요한 3분의 2 다수파가 존재하는 상황이었다. 그 밖에도 미국—베트남에서 끔찍한 전쟁을 수행하고 신좌파에게는 자본주의 제국주의의 얼굴 그 자체인 미국의 보호 아래 있는 독일은 초강대국들 간의 대결이 벌어질 경우 핵 절멸의 주요 후보였다—과 연방공화국의 긴밀한 관계가 학생 저항을 동원하는 데 도움이 되었다.

1967년 6월 2일, 이란의 샤(국왕) 리자 팔레비[434]의 서베를린 방문이 일촉즉발의 위기를 낳았다. 이 지역에서 미국의 석유 이권을 확고히 하기 위해 CIA가 사주한 쿠데타로 1953년 팔레비가 권좌에 오른 이후, 샤는 야만적이고 억압적인 독재 체제를 유지했다. 샤가 베를린을 방문한 날 이미 항의 시위가 벌어졌다. 그날 밤 모차르트의 〈마

---

434) Rizā Pahlevī(1919~1980). 팔레비 왕조의 제2대 샤로, 이란의 마지막 군주다. 1941년 9월 16일 즉위해 1979년 2월 11일 이슬람 혁명으로 축출됐다.

술피리〉 공연을 보기 위해 그가 서베를린의 오페라 극장에 도착하기 전에는 긴장감이 가득했다. 샤를 맞이한 것은 마구 퍼붓는 욕설이었고, 그의 수행원들은 학생연합이 동원한 1000여 명의 시위 군중이 던지는 토마토 세례를 집중적으로 받아야 했다. 시위대에 강경 대처하라는 상관들의 격려를 받은 서베를린 경찰은 사정없이 시위대를 구타했다. 그런 뒤 군중들이 흩어지려고 할 때 총성이 울렸고, 급진 선동가가 아니라 구경꾼이었던 베노 오네조르크[435]라는 학생이 쓰러져 죽었다. 시위대는 이제 경찰의 총탄에 죽은 순교자를 갖게 되었다.

오랜 세월이 지난 뒤에야 총을 쏜 카를하인츠 쿠라스Karl-Heinz Kurras라는 경찰관이 동독의 국가 보안기관 슈타지의 정보원이라는 사실이 드러났다. 동독이 서독을 동요시키고자 쿠라스에게 시위자를 죽이라는 지시를 내렸다는 증거는 전혀 없었다(비록 수많은 서류가 그동안 없어지거나 파기되었지만). 총격을 가한 동기는 여전히 미스터리로 남아 있다. 그러나 어쨌든 총격은 학생 시위대가 추정하는 것처럼 파시스트 성향의 경찰관이 아니라 동독 체제의 헌신적 지지자가 가한 것이었다.

학생연합은 회원이 기껏해야 2500명 정도밖에 되지 않았다. 그러나 약 7000명의 학생과 교수가 오네조르크의 장례식에 참석했다. 저항은 이제 유사 파시즘으로 간주된 국가 내 모든 형태의 권위를 공

---

435) Benno Ohnesorg(1940~1967). 1967년 6월 2일 이란의 샤 방문에 반대하여 서베를린에서 벌어진 시위 과정에서 경찰에 살해당한 독일의 대학생. 그의 죽음은 루디 두치케 등의 학생 활동가들이 이끄는 좌파 독일 학생운동의 급성장을 가져왔다.

격하는 것이 되었다. 학생 공격의 중심 표적은 출판물 중에서도 특히 《빌트차이퉁Bild-Zeitung》의 발행사였던 신문 제국 악셀 슈프링어Axel Springer의 서베를린 본사였다. 당시 《빌트차이퉁》은 널리 읽히는 일간지로, 시위대를 좌익 돌격대라고 매도함으로써 일부러 나치 집권의 기억을 소환하고 있었다. 카리스마 있는 사회학도 루디 두치케가 주요 대변인이었던 학생연합은 슈프링어사의 몰수를 요구했고, 서베를린에서의 '테러'와 권위주의에 맞선 투쟁에서 '직접 행동'에 나설 것을 촉구했다. 그러나 마르크스주의 좌파와 의심할 여지 없이 비판적 의견이나 반대 의견을 조금도 용납하지 않았던, 점차 거세지던 학생 운동의 급진화를 비난하는 것이 슈프링어만은 아니었다. 많은 점에서 학생들에게 동조적이던 저명한 철학자이자 사회이론가 위르겐 하버마스[436] 역시 한층 강화되어가는 학생운동의 편협성을 '좌파 파시즘'으로 묘사했다.

그다음 몇 달에 걸쳐 두치케는 서독에서 대중 집회의 소용돌이 속에 '혁명적 의지'의 필요를 끊임없이 변호하며 일반인들의 이목을 끌지 않는 날이 거의 없는 미디어 스타 같은 사람이 되었다. 그러나

---

436)   Jürgen Habermas(1929~). 독일의 철학자, 사회학자, 심리학자, 언론인. 비판 이론과 실증주의, 북미 실용주의 분야를 연구했으며, 특히 의사소통 행위 이론에서 공공 영역 개념을 제시한 것으로 잘 알려져 있다. 1960년대의 실증주의 논쟁을 필두로 역사가 논쟁, 근대·탈근대 논쟁, 독일 통일 논쟁 등 제2차 세계대전 이후 독일 현대사에서 정치와 학문의 방향을 가르는 거의 모든 논쟁에 참여했다. 이런 활동은 독일의 민주주의적 정치 문화를 진작하는 데 크게 기여했다고 평가받는다. 주요 저서로 《의사소통 행위론》(1981), 《도덕의식과 의사소통 행위》(1983), 《근대성의 철학적 담론》(1985), 《구유럽, 신유럽, 핵심 유럽》(2005) 등이 있다.

1968년 4월 11일, 두치케는 한 젊은 네오나치의 공격을 받고 머리에 심각한 총상을 입었다. 두치케는 가까스로 살아남았지만, 학생 지도자이자 선동가로서 그의 활동은 종언을 고했다. 이 공격으로 폭력 사태가 급증했는데, 두치케에 대한 공격을 도발했다고 믿어진 슈프링어 언론사의 서베를린 본사가 주요 표적이 되었다. 혁명적 목표를 달성하기 위해 폭력을 써도 되느냐는 문제는 마르쿠제 사상의 영향을 받아 이미 논쟁의 중심 쟁점이 되어 있었다. 두치케 암살 기도가 있기 며칠 전에 서독 비즈니스의 신경중추인 프랑크푸르트암마인에서 백화점 2개가 '소비주의의 테러'에 반대하는 저항의 표시로서 불타올랐다. 방화범 중에는 안드레아스 바더Andreas Baader와 구드룬 엔슬린Gudrun Ensslin이 있었다. 이들은 나중에 자칭 '도시 게릴라'의 극단적 폭력을 전문으로 하는 조직인 '적군파'[437]의 지도적 인물이 되었다.

이와 같은 열띤 분위기에서 이전에는 부족했던 다수파의 지지를 이제 확신하게 된 서독 연방정부는 논란의 소지가 무척 큰 비상사태법을 공포할 준비를 했다. 1968년 5월 중순, (학생연합의 '유력한 용의자들'에 국한되지 않은) 수만 명의 사람들이 연방정부 수도인 본으로 향하는 행진에 참여했다. 하지만 프랑스와는 상황이 달라, 노동조합들

---

437)   Red Army Faction(Rote Armee Fraktion). 서독의 극좌파 무장 단체. 초기에는 바더마인호프 그룹으로도 불렸다. 안드레아스 바더, 구드룬 엔슬린, 호르스트 말러, 울리케 마인호프 등이 1970년에 결성했으며, 독일의 68 학생운동의 혁명적 사상에 뿌리를 두고 있다. 도시 게릴라를 표방한 반제국주의, 공산주의 무장투쟁 운동 집단을 자임했지만, 서독 정부는 이들을 테러리스트 집단으로 규정했다. 1998년, 공식적으로 해체를 선언했다.

은 보란 듯이 학생 시위와 거리를 두었고 도르트문트에서 따로 집회를 했다. 그러나 소용이 없었다. 5월 30일, 연방의원 4분의 3 이상이 이 법을 지지했다. 이 법에는 비상사태가 선포되면 우편 및 전화 통신의 비밀을 제한하는 것이 포함되었다.

비상사태법의 통과는 하나의 전환점인 것으로 밝혀졌다. 학생운동의 주변에 있던 사람들은 결정적으로 중요한 문제에서 무력한 것으로 드러난 원외반대파에 관심을 잃었다. 많은 이들에게 점차 불분명한 유토피아적 목표를 위해 궁극적 혁명을 지향하는 요령부득의 사명인 것처럼 보였던 일에서, 뭔가를 성취하고자 하는 핵심 세력의 계속된 노력은 점점 더 원하던 성과를 얻지 못하게 되었다. 경찰을 폭력적으로 공격하는 일이 더 있었고, 이는 지지할 수도 있었을 사람들이 등을 돌리게 하는 데 도움이 되었을 뿐이다. 그리고 인기 없는 대연정에서 보수적인 기독민주연합 파트너들과 거리를 둔 사회민주당이 학생들과 젊은 학자들 사이에서 상당한 지지를 얻기 시작하자 급진적 학생연합은 추종자들을 유지하려고 애를 썼지만, 다양한 분파로 분열한 다음 마침내 1970년 3월 해체되었다.

그 무렵 1969년 9월 총선거가 있고 난 뒤 (신임 총리가 된) 빌리 브란트라는 매력적인 인물이 1928년 이래 처음으로 정부—자유주의적인 자유민주당과만 연립한—를 구성할 수 있게 되었다. 그렇지만 브란트의 연정이 기독민주연합의 압력에 굴복하여 1972년에 '급진주의자 공직 금지령Radikalenerlass'을 도입하려는 의향을 드러냈을 때, 1960년대 말의 격동이 서독의 보수적인 중간계급에 흔적을 남겼음이 드러났다. 이것은 헌법에 대한 충성을 국가 고용의 전제 조건으로 삼았는

데, 이때 국가 고용은 공무원과 교사뿐 아니라 우체부와 철도노동자도 포함하는 폭넓은 범주였다. 고용될 가능성이 있는 후보 중 겨우 2퍼센트가 실제로 거부되었다. 그렇지만 그것은 국가가 자신의 시민을 신뢰하지 않는다는 침울한 신호를 보냈다. 이 법은 1976년 연방정부가 폐기했다(일부 주정부는 이후 단계에서야 철폐했지만). 그 무렵 서독의 맹렬했던 학생운동 시절은 완전히 끝났다.

그러나 이탈리아에서처럼 서독 학생 시위에서 주목할 만한 역할을 전혀 하지 않고 1968년 소요에서 등장한 극소수의 근본주의자들은 극단적인 폭력과 노골적인 테러리즘에 의지했다. 스스로를 적군파라고 부르지만 일반적으로 바더마인호프 그룹(가장 유명한 인물인 안드레아스 바더와 울리케 마인호프Ulrike Meinhof의 이름을 땄는데, 둘 모두 다른 유명한 회원들처럼 탄탄한 중간계급 가족 출신이었다)으로 더 잘 알려진 조직은 스스로를 '도시 게릴라' 운동의 일부로 보았고, 서유럽 등지의 다른 혁명 단체들과 중동의 반反시온주의[438] 조직들과도 연계를 맺었다. 1970년대부터 투사들은 자신들의 주장에 따르면 베트남에서 미국이 전쟁을 하는 것을 지지한 서독 국가에 반대하는 '반제국주의 투쟁'에 종사했다. 다음 몇 해에 걸쳐 그들은 수많은 강도 행각과 폭탄 사건을 자행했는데, 이 행동의 목표는 자신들이 보기에 억압적인 자본주의 파시즘 국가라는 것을 궁극적으로 전복하는 데 있었다.

---

438) Zionism. 팔레스타인 지역에 유대인 국가를 건설하는 것이 목적인 민족주의 운동. 19세기 말 시작되어 1948년 세계에서 유일한 현대 유대인 국가인 이스라엘을 건국하는 데 성공했다.

가끔 발생하지만 심각했던 폭력은 심지어 1972년에 바더와 마인호프를 비롯한 몇몇 적군파 지도자들이 체포·투옥된 뒤에도 계속되었다. 그것은 1977년 '독일의 가을'에서 절정에 다다랐다. 10월 13일 루프트한자 여객기가 팔레스타인해방인민전선[439]에 납치되어 소말리아의 모가디슈로 끌려갔다. 납치범들은 투옥된 적군파 지도자들의 석방을 요구했다. 하지만 비행기가 독일 대테러 특수부대의 습격을 받고 86명의 인질이 풀려났다. 연방공화국 내에서는 주요 산업가(전친위대원)인 한스마르틴 슐라이어[440]가 같은 달 납치되어 결국 살해되었는데, 이 사건은 그해에 앞서 발생했던 유명한 희생자들에 대한 총격 사건의 뒤를 잇는 것이었다. 바더마인호프 그룹의 지도자 자신들도 폭력적 최후를 맞았다. 마인호프는 1976년 5월 슈투트가르트의 슈탐하임 감옥의 감방에서 목을 매어 자살했다. 그리고 모가디슈의

---

439) Popular Front for the Liberation of Palestine. 팔레스타인의 아랍 사회주의 극좌 정당. 미국과 이스라엘을 제외한 많은 이슬람 국가가 팔레스타인해방인민전선의 반시온주의 투쟁을 응원하고 있다. 무장투쟁 노선을 취하는 하마스당과 비슷해 보이지만, 하마스는 이스라엘을 몰아내고 수니파 이슬람 국가를 건설하는 것이 목적이라면, 팔레스타인해방인민전선은 반시온주의적이고 세속주의적인 아랍 사회주의 국가를 건설하는 것이 목표라는 점에서 큰 차이가 있다. 이런 면에서 하마스를 극우로, 해방인민전선을 극좌로 분류하곤 한다. 한때 일본 적군파의 지원을 받기도 했다.

440) Hanns-Martin Schleyer(1915~1977). 독일의 기업인. 독일경영자연맹 회장을 지낸 데다 특히 기독민주연합 당원으로서 보수적인 반공산주의 견해를 적극 표명하고 나치 운동에 열성적으로 가담한 전력 때문에 1970년대 급진적 독일 학생운동의 표적이 되었다. 1977년 9월 5일 극좌 적군파에 납치되어 10월 18일 살해되었다.

공중 납치 인질들이 풀려났다는 소식이 전해진 1977년 10월 18일 밤에는 안드레아스 바더가 감방에서 총에 맞아 죽은 채로, 구드룬 엔슬린은 감방에서 목을 매어 자살한 채로 각각 발견되었다. 얀카를 라스페Jan-Carl Raspe(이 그룹의 또 다른 유명한 회원)는 이튿날 총상으로 사망했고, 네 번째 회원인 이름가르트 묄러Irmgard Möller는 심각한 자상을 입었지만 살아남았다. 공식 보고에 따르면, 의심하는 사람이 많긴 하지만, 자살하기로 약속을 했다는 것이었다.

이탈리아에서 그러했듯이, 1970년대에 전투적인 소집단들이 전개한 이 테러리스트 폭력은 기껏해야 학생 저항운동과 간접적으로 연관되어 있을 뿐이었다. 그렇지만 그것은 유럽의 폭넓은 젊은 세대가 서방 세계의 사회적 가치, 물질주의적 문화, 군사력에 대해 느꼈던 깊은 소외감의 가장 극단적인 표현으로서 나타났다. 여론조사에 따르면, 40세 이하 서독인의 약 4분의 1이 바더마인호프 그룹에 공감을 느꼈다고 한다. 하지만 서독 젊은이들도 대부분 다른 사회 구성원들과 마찬가지로 서독 국가를 변화시킬 수도 없고 실제로는 질서 유지 조치에 대한 인민의 지지를 굳건히 하는 것을 보장할 뿐이라고 생각한 무분별한 폭력에 역겨움을 느꼈다. 나이 든 독일인들은 대부분 아마도 일찍이 다양한 하위 중간계급 일을 전전하다가 이 무렵 연금으로 생활하던(1899년에 태어났다) 프란츠 필과 생각이 같았을 것이다. 필은 사회·정치 질서를 어지럽히거나 위협하지 않는 한 개인의 자유를 가치 있게 여겼다. 필은 적군파의 테러리스트들을 가혹하게 대우하는 데 찬성했다. 그는 일기에 다음과 같이 적었다. "마치 바이러스가 그들의 뇌에 침투해서 정상적인 사고를 막은 것 같다." 작가 하인리히 뵐은 별 무리 없는 과장을 하면서 적군파의 운동은 "6000만 명에 대한 6명의 전쟁"이라고 단언했다.

어쩌면 기묘하게도, 프랑스에서 일어난 1968년의 사건들은 어느 나라보다도 더 그해의 학생 봉기를 대중의 기억에서 거의 전설적인 상태로 고양했지만, 이탈리아와 서독에 버금가는 테러리스트 폭력의 유산을 전혀 남기지 않았다. 또한 '비시'는 서독 나치즘의 유산이 했던 역할은커녕 이탈리아 파시즘의 유산이 했던 역할 같은 것도 하지 않았다. 그러나 비시는 전면에는 없었지만 배경에는 존재했다. 비시 체제를 따랐거나 심지어 비시 체제에 공감하기까지 했던 부모 세대에 대한 적대감은 프랑스의 젊은 세대를 자극했던 지적 흥분의 일부였다. 그것은 레지스탕스에 대한 좀체 사라지지 않는 숭배, 파시즘을 격퇴하기 위한 싸움에 적극적으로 가담했던 사람들에 대한 남아 있는 찬양 열기와 뒤섞였다. 최근의 알제리 전쟁과는 좀 더 직접적으로 연결되었다. 한 학생은 훗날 다음과 같이 설명했다. "우리의 부모는 파시즘에 반대하여 즉각 궐기하지 않았다. (…) 우리는 파시즘이 알제리에 도착한 것을 보았다. (…) 우리는 즉시 싸웠고 우리를 단련한 사람들은 레지스탕스 세대였다." 여기에 더 추가될 요소는 샤를 드골의 대통령 독재 체제에 대한 깊은 적대감이었다. 1968년에는 불타오르기가 쉬운 분위기였다. 그해 5월의 학생 시위는, 매우 짧은 기간이기는 하지만, 어느 나라보다 더 국가권력을 훼손하는 지경으로까지 갔다.

프랑스의 '5월 사태'는 몇 년 동안 싹트고 있던 불만이 절정에 달했음을 보여주었다. 시위는 프랑스 수도 북서부의 사회적 편의 시설이라곤 거의 없는, 볼품없는 캠퍼스의 파리 낭트르 대학교에서 시작되었다. 낭트르 대학교는 최근 예술학부와 사회과학부를 위해 시설을 증축했는데, 학생들은 이 증축된 시설의 상태에 대해 불만을 터뜨렸다. 이에 대학 당국이 고압적으로 대응한 것이 시위가 폭발적으로 확산하는 계기가 되었다. 공장을 방불케 하는 건물들, 몹시 붐비는 계단식 강의실, 변화하는 젊은 세대의 태도에 눈감은 가부장적 당국은 낭트르 캠퍼스에서 급속히 늘어나는 학생들(3년 만에 거의 4배가 되었다)의 급진화 가능성에 일조했다. 학생들이 개혁을 요구한 것 중에는 학생 기숙사의 남녀 분리 정책 폐지도 있었다. 서독 학생운동의 시위 확산에 크게 영향을 받은 유대계 독일인 혈통의 사회학도로서 이러한 요구의 주요 대변인이었던 다니엘 콩방디는 퇴학시키겠다는 위협을 받았는데, 학생들이 수업을 거부하면서 퇴학 위협은 철회되었다. 그러나 낭트르의 문제는 계속되었다. 1968년 3월에는 학생들이 행정 건물들을 점거했고, 마침내 5월 초에는 캠퍼스가 일시적으로 폐쇄되었다. 이 무렵 파리가 소요의 중심지로 낭트르를 이어받고 있었다.

어쩌면 낭트르 교수들을 모욕했다고 고발된 8명의 학생에 대한 징계 청문회가 소르본에서 열리지 않았더라면, 소요는 낭트르에 국한되었을지도 모른다. 소동의 중심이 파리로 옮겨지자 학생과 경찰 사이에 폭력적 충돌이 벌어졌고, 그 결과 1968년 5월 3일 저녁 유구한 역사상 처음으로 소르본이 일시적으로 폐쇄되고 거의 600명의 학생이 체포되었다. 그다음 주 5월 10~11일 밤 동안 학생들은 파리의 카르티에라탱Le Quartier Latin에 바리케이드를 세웠다. 이 사태를 목격한 네덜란드계 미국인 소설가 한스 코닝[441]은 "흥분의 도가니", 공포가 아니라 의기양양한 분위기를 묘사했다. "학생들이 최루탄, 충격 수류탄, 야경봉, 권총, 헬멧, 면갑, 방패, 유탄 발사기, 유명한 납 망토로 무장한 경찰을 두려워하지 않는 광경을 지켜보는 것은 놀라운 일이었다. (…) 싸움은 너무나 불공평했고, 경찰은 너무나도 야만적이어서 여간 단호한 법과 질서의 수호자가 아니고서는 당국에 동조할 수 없을 것이다. (…) 새벽이 다가오자 마지막 바리케이드가 경찰의 수중에 떨어지고, 남아 있던 젊은 남자들과 일부 젊은 여자들은 곤봉으로 맞으며 경찰차로 끌려갔다." 또 다른 목격자는 한 젊은 여자애가 "거의 나체로 거리를 질주했고," 경찰은 그녀를 난폭하게 잡아다가 "부상당한 다른 학생들처럼 두드려 팼다"고 전했다. 일반인들의 공감은 학생들 쪽을 향했다. 노동자들, 특히 젊은 노동자들의 공감은 재빠르게 직접 행동으로 바뀌었다. 시위대에 대한 무자비한 공격은 노동조합들이 5월 13일에 연대의 뜻으로 24시간 전국 총파업을 선언하는 신호탄이 되었다. 이로써 그 즉시 프랑스의 소요는 학생 봉기를 넘어서게 되었다.

당국과의 충돌은 수년 동안 쌓여왔던 점증하는 분노, 좌절, 불만을 두드러지게 보여주었다. 이 모든 것은 학생이나 대학 개혁 문제에만 국한된 것이 아니었다. 소요는 직접 경영할 권리를 요구하는 수백

---

441) Hans Koning(1921~2007). 미국의 작가, 저널리스트. 《이집트의 뉴요커》, 《체 게바라의 미래》 등 40여 권의 저서를 남겼다. 60년 동안 《뉴욕 타임스》, 《네이션》, 《하퍼스》 등 여러 정기 간행물에 기고했다.

만 명의 노동자를 포괄하게 되면서 급속히 프랑스 전역을 휩쓰는 저항의 물결이 되었다.

1967년 경제가 일시적으로 침체하고 실업이 증가하면서 산업계의 불안이 고조되었다. 그러나 1968년의 노동자 행동은 조직적 혁명을 향한 움직임과는 거리가 멀었다. 그것은 좀 더 친숙한 산업 분규와도 다르고, 어떤 점에서는 1936년 인민전선⁴⁴²⁾ 정부를 구성할 때의 고양된 분위기를 생각나게 하는 자발성을 지녔다. 시위대의 궁극적인 목표는, 만일 그런 게 있었다면, 불분명했다. 그리고 학생들과 산업 노동자들의 이해는 당연히 달랐다. 일시적으로 그들을 뭉치게 한 것은 전통적 권위―의견을 묻기보다는 지시를 내리는 고용주와 경영자들의, 학생들을 그들의 자리에 그대로 머물게 하고 싶은 대학 행정가들의, 그리고 신성한 강의실에서 권력을 양보하지 않으려 하는 교수들의 권위―에 대한 거부였다. 여전히 모스크바와 긴밀한 관계를 맺고 있고 노동조합 운동에 대한 자신들의 통제력을 유지하고 싶어 하는 프랑스 공산당의 지도자들은 자신들이 혁명가 지망생으로 본 그룹

---

442)　Popular Front. 1936년 프랑스 제3공화국에서 사회주의 정당인 SFIO(노동자 인터내셔널 프랑스 지부)와 자유주의 정당인 급진당(Parti Radical), 프랑스 공산당(PCF)이 연합하여 수립된 정당들의 연합을 가리킨다. 그해 열린 총선에서 승리하여 집권에 성공했으며, SFIO의 당수인 레옹 블룸을 총리로 하는 연립 내각을 형성하게 되었다. 그러나 이상과 현실의 차이, 급진당과 공산당의 다툼으로 1938년 인민전선은 사실상 붕괴했으며, 우파에게 정권이 넘어가지 않게 하려고 좌파는 달라디에 총리와 급진당의 정권 독점을 용납했다. 그 후 1940년 나치 독일에 파리가 함락되고 비시 프랑스가 들어서면서 프랑스의 인민전선은 제3공화국과 함께 역사의 뒤안길로 사라지게 된다.

들—견고한 국가 권위를 거꾸러뜨리기는커녕 국가 권위에 도전하는 어떤 일관된 전략도 없는 잡다한 트로츠키주의자들, 마오쩌둥주의자들, 아나키스트들의 그룹—을 비웃었다.

그러나 짧은 기간 드골의 제5공화국은 흔들렸다. 시위, 폭동, 파업, 작업장 점거가 급증하면서 프랑스 국가의 안정이 잠시 위협받았다. 정치 질서는 위험에 빠진 것 같았다. 드골 본인은 거의 그달 말까지 소요로부터 거만하게 동떨어져 있었다. 꿈쩍도 하지 않는 듯 보이는 드골은 5월 14일 나흘간의 국빈 방문을 위해 루마니아로 떠나기까지 했다. 텔레비전은 프랑스가 대혼란을 피하려고 분투하고 있는 동안 드골이 민속춤을 구경하는 화면을 보여주었다. 하지만 드골은 5월 29일 몇 시간 동안 독일 국경을 가로질러 사라질 만큼—심지어 자신의 움직임에 대해 총리에게 알리지도 않고—충분히 의기소침해 있었다. 드골은 자신이 군대의 지지를 받고 있다는 점을 확실히 하기 위해 루마니아를 떠났던 것이다. 바덴바덴에서 드골의 결의는 서독 주둔 프랑스군의 수장이었던 자크 에밀 마슈 장군이 그가 군부의 지지를 받고 있다고 안심시키자 더욱 굳어졌다. 다시 활력을 되찾은 대통령은 이튿날 도전적인 라디오 방송을 통해 국민들에게 연설했다. 그는 새로운 선거를 발표했고, 신속하게 질서로 복귀하지 않으면 비상 대권을 장악하겠다고 위협했으며, 프랑스가 독재의 위험에 직면해 있다고 경고했다. 그 직후 50만 명의 드골 지지자로 이루어진 조직적 시위대가 파리 중심지를 행진했고, 드골 자신은 텔레비전 연설에서 공산주의의 위험에 대해 경고했다.

이러한 움직임은 단기간이기는 하지만 효력을 발휘했다. 전세가 역전되었다. 조르주 퐁피두 총리가 상당한 폭의 임금 인상을 비롯한 양보를 발표하자 노동자들은 대부분 일터로 돌아갔다(다음 달에 큰 파업들이 재발하고, 6월 마지막 2주 동안 공공 서비스가 거의 마비되었지만). 경찰은 대학 건물을 점거한 학생들을 해산했다. 그리고 학부 운영 참여를 넓히는 긴급한 대학 개혁을 도입하여 학생 시위의 근거가 되는 즉각적인 쟁점의 열기를 식혔다. 소요는 수그러들었다. 반란의 열띤 분위기는 사라졌다. 질서는 점차 회복되었다. 5월의 대부분 동안 지속되었던 폭발적 저항은 끝났다. 한 달 뒤 치른 선거에서 드골은 견고한 신임 표결을 받았다.

그것은 프랑스 대통령에게는 너무나 큰 희생을 치르고 얻은 승리였다. 드골은 국가의 탈집중화를 향한 조치로서 정부의 지방분권화를 제안했다. 그러나 이 조처는 역풍을 맞았다. 많은 사람은 그것을 의회를 희생하여 대통령의 위상을 강화하려는 시도로 해석했다. 1969년 4월 27일, 국민투표에서 시험대에 올라간 이 제안은 부결되었다. 드골은 즉각 사임했다. 하지만 드골이 패배할 경우 일부 사람들이 발생하리라고 예측했던 대혼란은 일어나지 않았다. 프랑스의 '구세주'로서 장군의 시간은 끝났다. 드골은 미래의 얼굴이 아니라 과거의 얼굴이었다.

'1968년'은 비록 소요의 이면에 놓인 세대적·문화적 반란은 다른 곳에서도 표현되었지만, 서유럽의 다른 어떤 곳에서도 이탈리아·서독·프랑스에서 경험된 수준 정도의 혼란은 낳지 못했다. 이미 1960년대 중반 무렵에 '대안 문화'—무척 반권위주의적이고 평등주의적이며, 기존의 사회적 도덕 기준에 반대하는—가 암스테르담의 젊은 세대 사이에서 거세게 나타났다. 그러나 그곳에서 대안 문화는 비폭력적이고 자유주의적인 색채를 띠고 있었다. 그것은 또 유토피아적인 정치적 변화를 교조적으로 밀고 나가기보다는 실질적인 사회적 개선, 예를 들어 암스테르담의 교통 문제에 대처하기 위해 일반인들이 무료로 사용할 수 있도록 시가 자전거를 제공한다든지 혹은 주택 문제를 해결하기 위해 빈집에 거주하는 일과 같은 개선을 위한 캠페인을 벌이는 데 맞춰져 있었다. 베트남전쟁은 네덜란드에서 학생들을 동원하는 데 큰 역할을 하지 않았다. 1968년도 특별히 다사다난한 해가 아니었다. 그럼에도 대학의 상황을 개선하기 위한 압력, 1969년 암스테르담 대학 건물들의 점거를 통해 가장 직접적으로 표현된 압력은 아마도 소요가 훨씬 컸던 프랑스·서독·이탈리아보다 더 구체적인 성과를 낳았던 것 같다. 정부는 압력에 재빨리 대응했고, 1970년에 네덜란드 대학들을 민주화하고 이전에 대학들을 지배했던 낡은 위계질서를 종식하는 법이 통과되었다.

영국도 1968년의 거대한 학생 주도 시위의 배경이 되었던 대학들 내의 극심한 소요를 거의 겪지 않았다. 비록 다른 나라와 마찬가지로 1960년대에 영국에서 학생 수가 급속히 늘어났지만, 여전히 비교적 적은 편이었고 제한적인 입학 제도 덕분에 유럽 대륙보다 훨씬 더 긴밀하게 규제되었다. 교수진 대비 학생 비율은 몹시 낮게 유지되었다. 옥스퍼드와 케임브리지의 학생들은 영국의 엘리트 사립학교 출신이 과도하게 많았던 학생들에게 특권적인 고등교육을 제공한 대학교에서 여전히 일대일 개별 지도를 향유했다. 하지만 다른 대학들에서도 강의와 세미나는 소규모였고, 학생과 교수들 사이의 접촉은 긴밀하고 빈번했다. 그러므로 대륙과는 달리 대중적 불만을 낳을 객관적 이유가 거의 존재하지 않았다. 농성, 대학 건물 점거, 이런저런 종류의 항의 시위들이 비록 대부분 유럽 대륙에서 일어나고 있는 사태의 사소한 여파에 불과했지만, 일부 대학(특히 런던정경대학과 아마도 더 이상하게는 새로 설립된 에식스 대학교)에서 발생했다. 젊은 강사들은 학부 운영 방식을 민주화하고 교수 권한을 약화하려는 학생들의 요구에 종종 동조했고, 이러한 면에서 항의 행동은 어느 정도 성공했다. 전반적으로 대학 내 소요의 규모는 작았고, 항의의 에너지는 곧 흩어져 버렸다.

항의가 한층 뚜렷하고 상당했던 곳은 정치 무대였다. 베트남전쟁에 대한 항의가 1965년부터 영국 전역의 대학에서 발생했다. (뚜렷하게 좌파 성향이고 정치경제학, 역사학, 사회학 연구로 국제적으로 유명한) 런던정경대학은 베트남전쟁에 저항하고 당시 '제3세계'로 불리던 지역의 해방운동을 지지하기 위해 학생들을 광범위하게 끌어들이는 자석 같은 역할을 했다.

하지만 베트남전쟁에 대한 저항은 학생 핵심 세력을 훨씬 뛰어넘는 것이었다. 그것은 학생, 종교 지도자, 노동단체, (대부분 좌파 성향인) 정치 활동가들을 단결시켰다. 1966년부터 트로츠키주의 냄새가 뚜렷하게 나는 '베트남 연대 운동'이 북베트남의 승리에 찬성하는 캠페인을 펼쳤다. 1968년, 대규모 항의 시위가 런던에서 벌어졌다. 3월에 수만 명이 런던 중심부에 모였다. 그중 수백 명의 시위자가 항의 행진에서 떨어져 나와 미국 대사관이 있는 그로스베너 광장으로 진입할 때까지 시위는 평화적이었다. 광장에서는 일부가 말을 탄 경찰

부대가 그들을 기다리고 있었다. 당시 열세 살 소년이었던 《타임스The Times》 칼럼니스트 데이비드 모리스 아로노비치[443]는 다음과 같이 회상했다. "그것은 내 인생에서 가장 흥분되는 순간이었다. 그러나 우리가 광장에 들어서자 그것은 신나는 일이 아니라 끔찍한 일이 되었다." 그 결과 일어난 충돌로 수백 명의 경찰과 시위대가 다쳤다. 이는 지난 수십 년 동안 런던 거리에서 발생한 폭력 사태 가운데 최악이었다. "떠나는 시위자들 사이에서는 온통 경찰의 야만적 행동에 대한 이야기뿐이었다. 사람들은 경찰봉으로 머리를 두들겨 맞았고, 말에 짓밟혔으며, 쇠붙이를 붙인 정식 경찰 부츠로 발길질을 당했다. 그러나 이튿날 신문은 구부정한 경찰관 사진으로 도배되었다. 그 경찰관의 얼굴은 편상화編上靴를 신은 시위자의 발에 맞는 바람에 일그러져 있었다." 1968년 10월 25만 명이 참가한 것으로 추산되는 시위를 비롯해 그 후 이어진 시위에서는 이와 같은 심각한 폭력이 되풀이되지 않았다. 전쟁에 대한 항의는 계속되었다. 그러나 1968년은 항의가 절정에 이른 해였다. 그리고 영국에서 폭력의 규모는 이탈리아, 서독, 프랑스보다 매우 작았다.

1968년의 지속적 의미

궁극적으로 서유럽에서 '1968년'은 무엇이었는가? 저항운동은 너무

---

443)   David Morris Aaronovitch(1954~). 영국의 저널리스트, 작가, 텔레비전 진행자. 《타임스》의 고정 칼럼니스트다. 2011년, 정치 저널리즘에 기여한 공로로 오웰상을 받았다. 주요 저서로 《부두교의 역사들: 근대사에서의 음모론의 역할》 등이 있다.

나 다면적이어서 그 영향을 분명하게 판단하기가 쉽지 않다.

　대학 관리 구조가 일부 개선되면서 약간의 민주화가 확실히 이루어졌다. 교수의 권한이 얼마간 감축되었다(매우 신기하게도 교수 권한은 유럽 대륙의 대다수 지역보다도 학생 시위가 크지 않았던 영국에서 더 줄었을 것이다). 과밀한 강의실과 도서관 상황을 완화하는 조치가 취해지면서 공부하는 사람들의 조건이 개선되었다. 학생들은 특히 캠퍼스에서 그들의 성 행동(프랑스에서 소요를 촉발하는 데 일조했던 문제다)과 관련하여 성인으로 대우받기 시작했다. 1960년대 말과 1970년대 초에 여러 유럽 국가에서 성년의 나이가 21세에서 18세로 낮아졌고, 이에 따라 대학은 학생들에 대해 도덕적 책임을 지는 것을 그만두었다.

　그러나 '1968년'의 드라마와 흥분과 기억은 주로 대학 내의 수수한 변화에서 나오는 것이 아니다. 세계, 혹은 적어도 자기 자신들의 사회를 변화시키는 것은 시위자들 뒤에 있는 수천 명의 사람들에게 활기를 불어넣었던 야망이었다. 생산수단의 노동자 소유, 공장 민주주의, 소외가 아니라 만족을 향한 노동, 자본주의경제의 필요가 아니라 성취감 때문에 배우는 교육, 그리고 무엇보다도 폭력이 아니라 평화에 대한 이야기가 있었다.

　성과는 이 고상한 목표에 턱없이 모자랐다. 시위대는 가는 곳마다 자신들이 기존 국가 체제의 복원력을 과소평가했다는 사실을 깨달아야 했다. 당대의 많은 이들은 '68 사람들'이 몽상가이고 순진한 낭만주의자나 다름없으며, 그들의 유토피아적 희망은 수포로 돌아갈 수밖에 없는 환상에 불과하다고 생각했다. 이와 같은 견해는 이해할 만하고 완전히 근거가 없는 것도 아니었지만 가혹했다. 1968년의 유산은 직접적이라기보다는 간접적이었다. 그럼에도 그것은 실제적이었다.

유럽에서 일어난 베트남전쟁에 대한 거대한 반대 물결은 미국에서 좀 더 큰 저항운동으로 확장되었다. 미국 행정부는 이 저항운동의 압박 속에 점점 더 인기 없고 이길 수 없는 전쟁에서 빠져나갈 출구를 모색하고자 했다. 좀 더 직접적이고 가시적인 의미에서, 유럽 내에서는 이탈리아와 프랑스(서독은 아니지만)의 학생 시위에서 비롯한 산업 분규의 결과 노동계급의 임금과 노동조건이 상당히 개선되었다. 이에 힘입어 노동조합의 힘도 강해졌다. '새로운 사회'의 건설에 관한 논의는 과장되었다. 그러나 각국 정부는 그들의 색깔이 무엇이든 경영진과 노동조합을 참여시키는 단체 협상 형식을 통해 산업 대결을 진정시키려고 했는데, 성공의 정도는 다양했다. 각국 정부는 또 경제적 근대화와 기술적 개선을 시민 대다수의 삶의 질을 개선할 (연금과 주택 개선 같은) 사회 개혁과 결합하려고도 했는데, 이 노력도 종종 제한적인 성공만을 거뒀을 뿐이었다.

시위와 파업에 참여했던 사람들에게 장엄한 영웅적 지위를 획득한 '1968'이라는 연도는 단 한 해의 사건들뿐만 아니라 변화하는 문화적 가치의 시대를 상징하게 되었다. 1968년의 실제 소요는 곧 잠잠해졌지만, 그것이 남긴 유산에는 최종 마감일이 없었다. '68 사람들'의 반권위주의적·평등주의적·자유지상주의적 태도는 지속적으로 영향을 미쳤다. 이 태도는 일부(전부는 아니지만) 조직이 뒤이은 시기에 경험했던 부분적 민주화에 반영되었다. 저항운동은 1968년 이전부터 존재했고, 이 드라마가 잠잠해진 뒤에도 오랫동안 계속되었던 세대적·해방적 충동을 포착하고 가속화했다. 그것은 덜 권위주의적인 교육으로 나아가는 움직임에 유용했다. 그것은 또 성평등을 위한 움직임도 열어젖혔다. 여성들은 여전히 학교와 작업장을 비롯한 대부분의 다른 사회적 교환의 영역에서 광범위한 차별에 직면해 있었다. 페미니즘 운동은 아직 걸음마 단계에 있었고, 여성해방은 1968년 저항에서 보조적인 역할만을 했을 뿐이었다. 그럼에도 여성과 소수 인종을 위한 (미국의 민권운동에 의존하는) 평등권과 (여성들의 낙태권을 포함하는) 성적 자유 및 동성애자의 권리를 요구하는 압력은 점진적으로(그리고 부분적으로)만 그 열매를 맺긴 했지만, '1968년'이 제공한 추동력으로부터 적지 않은 덕을 보았다.

평화운동—미국의 히피 구호인 '전쟁이 아니라 사랑을 하라'가 대서양을 건넜다—은 1968년 이후의 분위기에서 새로운 자양분을 얻었고, 1980년대에 다시 활성화된 반핵운동의 기초가 되었다. 1968년의 유산은 또 최근에 생겨나 20세기 후반 점차 환경보호에 열변을 토하게 될 '녹색운동'을 발전시키는 데 도움을 주었다. 일부 '68 사람들'은 심지어 녹색당의 저명한 당원이 되기까지 했다. 서독 경찰과의 시가전에 참여했던 학생 투사이자 공산혁명의 옹호자였던 요슈카 피셔[444]는 훗날 연방의회 녹색당 의원이 되었고, 놀랍게도 외무장관으로 출세하기까지 했다. 다니엘 콩방디('빨갱이 대니')는 훗날 유럽의회 의원이자 프랑스 녹색당의 지도자가 되었다.

---

444)   Joschka Fischer(1948~). 독일의 정치인이며, 헤센주의 환경장관(1985~ 1987, 1991~1994), 독일연방공화국의 부총리 겸 외무장관(1998~2005)을 역임하면서 1991년부터 2005년까지 독일 녹색당을 이끈 지도자였다. 현재 미국 프린스턴 대학교의 우드로 윌슨 국제대학원 초빙교수로 활동하고 있다.

'68 사람들'은 자신들이 기존 체제를 전복하고 있다고 생각했던 의기양양한 시절을 생생하게, 보통은 장밋빛으로 기억했다. 그들은 오랜 세월이 지난 뒤에도 여전히 자신들이 영웅적 투쟁에 참여했다고 생각했다. 그럼에도 그중 많은 이들은 극히 평범한 '모범' 시민이 되었고, (요슈카 피셔나 1960년대에 트로츠키주의자였다가 30년 뒤 프랑스 총리가 된 리오넬 조스팽[445]과 같은) 일부는 '주류'가 되기까지 했다. 그럼에도 1968년의 젊은 저항자들과 혁명가 지망생들은 나이를 먹어 가며 일상생활과 흔히 평범한 직업을 영위하게 되면서도 자신들의 가치를 계속 간직했다. 그해 젊은이들의 반란을 형성했던 태도는 지속적이고 지울 수 없는 영향을 미쳤다. 일부는 의식적으로 삶을 탈정치화해서 자신들의 급진적 과거로부터 스스로를 떼어 놓은 것이 사실이다. 혁명을 낳지 못한 혁명 운동에 대한 환멸은 흔한 일이었다. 그러나 다른 이들은 그들이 택한 전문직(때때로 언론인, 법률가, 인권활동가, 사회복지사로서)에서 개혁적 열정을 쏟아부음으로써 이런저런 식으로 '투쟁'을 계속하고자 했다. 초·중·고등학교의 교사가 된 사람들은 흔히 1968년에 자신들이 흡수했던 가치를 새로운 젊은 세대에 주

---

445)   Lionel Jospin(1937~). 프랑스의 정치가. 1997년부터 2002년까지 프랑스의 총리를 지냈다. 미테랑 정부에서 교육장관과 사회당 제1서기를 역임했으며, 1995년 대선에서 공화국 연합의 자크 시라크와 맞붙어 석패해 정계의 주목을 받았다. 이를 바탕으로 사회당 제1서기에 재취임한 후 1997년 총선에서는 1당을 차지하여 동거 정부를 구성하고 주 35시간 노동제 등 여러 정책을 시행했다. 2002년 대선에서 극우 성향의 장마리 르펜에게 밀려 2차 투표 진출에 실패하자 정계 은퇴를 선언했다.

입하곤 했다. 이들은 변화하는 가치가 저항운동 자체와 함께 죽지 않는다는 것을 확실히 보증한 번식자들이었다.

다른 1968년

한편 기존 질서에 대한 웅대한 도전(로마, 서베를린, 파리 등지보다 더 극적이고 크고 직접적인 중요성을 지닌 도전)이 중부 유럽의 소련 권력을 갉아먹을 조짐을 보였다. 그러나 "프라하의 봄(체코슬로바키아의 '1968년')"은 그해 서유럽에서 벌어졌던 학생운동의 물결과 거의 관계가 없었다. 그것은 원인과 성격, 결과가 전혀 달랐다.

그렇지만 철의 장막 너머로도 서방에서 벌어지고 있던 사태의 메아리가 들려왔다. 몇몇 나라에서 학생 시위가 일어났지만 그 강도는 서로 달랐다. 동구 블록에서 시위를 하는 데는 상당한 용기가 필요했다. 성공 가능성은 존재하지 않았고, 시위대는 국가의 가혹한 보복을 각오하지 않을 수 없었다. 체코슬로바키아처럼 상황이 비상한 경우가 아니라면 시위자들은 심각한 사회적 고립에도 직면했다. (당연히 체제의 앙심을 무릅쓰려 하지 않고 고용, 교육, 주택과 일상생활의 필수품을 국가에 의존하는) 주민들 대부분은 정치적 불복종을 보여주는 것을 꺼리거나, 어쨌든 지지하지 않았다. 저항의 동기도 서방의 동기와는 상당히 달랐다. 훗날 한 폴란드 활동가는 핵심적인 차이를 다음과 같이 간결하게 특징지었다. "우리에게 민주주의는 꿈이었지만, 그들에게 그것은 감옥이었다." 1968년에 학생 지도자였던 한 체코인은 나중에 다음과 같이 언급했다. "우리는 그냥 자유를 원했을 뿐이었다. (…) 그들은 다른 유형의 사회를 위해 싸웠다. (…) 나는 말하곤 했다. '오, 당신들의 빈곤, 그것이 우리의 빈곤에 어떻게 비할 바가 있을까요.'" 그리고 루디 두치케가 동베를린과 프라하의 활동가들을 방문했을 때, 그의 개인적 매력에도 불구하고 모두가 환영한 것은 아니었다. 1968년 8월 소련의 체코슬로바키아 침공에 항의했다는 혐의로 그해 체포된 독일민주공화국의 반체제 인사는 훗날 다음과 같이 썼다. "호의는 지속되었지만, 두치케의 문제는 그가 헛소리, 좌파적이고 우둔한 '68 사람들'의 헛소리만을 지껄였다는 것이었다." 어느 체코 활동가도 비슷한 곤란에 부딪혔다. "루디 두치케—개인적으로 나는 그를 좋아했다—는 (1968) 봄에 프라하를 방문했을 때 자유롭고 비제한적인 공산주의 사회라는 자신의 비전을 밝혔지만 크게 성공을 거두지 못했다. 프랑스 학생들의 주장과 그들이 내건 붉은 깃발은 우리 학생들을 들뜨게 하지 못했다."

활동가들은 1960년대 말에 놀랍도록 자주 동유럽을 찾았으며, 체코슬로바키아·헝가리·유고슬라비아의 공산주의 체제가 부분적으로 자유화되면서 적어도 반대 방향으로도 얼마간의 이동이 가능했다. 많은 학생을 포함해 거의 70만 명에 이르는 시민이 1968년과 1969년 초에 체코슬로바키아에서 서방으로 여행했다. 1960년대 중반부터 시행된 헝가리의 "서방으로 난 창" 정책은, 자본주의에 비판적인 것으로 보이는 한에서, 서방의 대중음악과 영화에 대한 노출을 허용했다. 독일민주공화국은 규제가 훨씬 더 심했다. 베를린장벽이 건설된 뒤 체제는 처음에는 상대적인 관용 정책을 실험했으나, 1965년에 그것이 잘못된 것이라고 판단하고 서방의 문화를 엄중히 단속했다.

대부분의 동독인은 서방으로 여행할 수 없었는데도 그 무렵 서방 텔레비전과 라디오 채널을 수신할 수 있었다. 많은 젊은이들은(1968년에 20만 명) 서방의 팝 음악을 듣거나 영화를 볼 기회가 있는, 좀 더 자유로운 분위기의 프라하로 여행했다. 1968년 3월, 슈타지는 일부 동독 젊은이들이 서방 스타일의 옷과 레코드, 출판물을 정기적으로 받아 친구들 사이에서 유통하는데, 그것은 "서베를린의 중개인들이 공급하고" 있다고 보고했다.

감시를 받던 무리의 일부 구성원들이 그해 말 소련의 체코슬로바키아 침공에 항의한 혐의로 체포되었다. 프랑스의 '5월 사태'나 서독과 이탈리아 대학들을 뒤흔든 소요의 실질적인 메아리가 아니라 바로 이것이 독일민주공화국에서 자발적인 항의의 분출을 촉발했다. 소책자들이 비밀리에 배포되었고, '체코슬로바키아의 자유'를 지지하고 소련을 공격하며 독일민주공화국의 지도부를 비판하는 구호로 벽이 도배되었다. 하지만 몇몇 다른 동구 블록 국가들과 비교하여 독일민주공화국에서 진행된 저항은 규모가 작았다. 시위대의 대부분이 젊었지만, 상대적으로 소수의 학생만이 시위에 참여했던 것 같다. 4분의 3이 30세 이하인 1189명의 동독인이 체코슬로바키아를 지지했다고 당국의 처벌을 받았다. 그러나 압도적인 다수는 젊은 노동자였다. 겨우 8.5퍼센트만이 대학생이나 중고생이었다. 그해 초에 서베를린에서 벌어졌던 학생 시위는 장벽의 다른 편에 이렇다 할 자국을 조금도 남기지 못했다. 국가 안보는 너무나 엄중했고, 억압도 극심했다. 그러나 이에 더하여 대부분의 동독 학생과 지식인들은 (출세의 기회를 노린) 기회주의적 동기에서든 헌신적 동기에서든 공개적으로 반체제에 가담하기에는 체제와 너무 긴밀히 묶여 있었다. 그리고 1953년에 체제가 봉착했던 훨씬 심각한 곤경과는 달리 이번에는 분산되고 고립된 저항이 조직적 반대로 비화할 조짐이 전혀 없었다. 무엇보다 중요한 것은 당 지도부 내에 어떤 분열도 없었다는 사실이다. 그냥 억압만 있었을 뿐이다.

폴란드에서는 사정이 달랐다. 폴란드 학생들과 지식인들은 서유럽의 저항 분위기와 체코슬로바키아에서 고조되는 체제 자유화 요구를 깨닫고는, 폴란드의 주요 작가들이 이미 표명한 바 있는 표현의 자유가 확대될 수 있으리라는 희망을 제기했다. 그들의 희망은 1968년 3월 소련 대사가 저명한 국민 시인 아담 베르나르트 미츠키에비치[446]의 연극 〈선조들의 밤Dziady〉을 공연하고 있던 바르샤바의 한 극장을 폐쇄할 것을 요구했을 때 단칼에 꺾여 버렸다. 이 연극은 19세기 초 러시아의 상황을 비판하는 내용이었다. 어색한 연기가 분노의 항의를 폭발시켰다. 그것은 1968년 3월 9일 절정에 다다랐다. 그날 2만 명의 학생이 바르샤바 시내를 행진하면서 "검열 중지", "체코슬로바키아 만세"를 외쳤는데, 경찰은 야만적으로 탄압했다. 이에 굴하지 않은 학생들은 이틀 후 중앙당사 앞에서 시위를 감행했다. 경찰이 물대포와 최루탄으로 대응하자 거리 전투가 벌어졌고, 이 싸움은 수 시간 동안 이어졌다. 시위는 다른 폴란드 대학들로 번졌다. 크라쿠프에서는

---

446)　Adam Bernard Mickiewicz(1798~1855). 폴란드의 낭만주의 시인이자 극작가. 지그문트 크라신스키, 율리우시 스워바츠키 등과 함께 가장 위대한 폴란드 시인으로 꼽힌다.

노동자들이 학생들에 대한 지지를 보여주다 경찰견들에 해산되었다. 그러나 결정적으로 학생들은 광범위한 노동자들의 지지를 얻는 데 실패했고, 체제의 언론기관들에 길든 여론은 적대적이었다. 탄압이 나머지 일을 모두 처리했다. 바르샤바 대학교의 일부가 경찰에 의해 폐쇄되었다. 몇몇 강좌가 끝났다. 체포된 2700명 중에서 4분의 1이 학생이었다(그 밖에도 교수가 10퍼센트를 차지했다). 수백 명의 학생이 강제 징집되었다. 해직된 학자 중 저명한 인사로는 이미 뛰어난(그 후 세계적으로 유명해진) 철학자이자 소련 정통 공산주의 이론에 대한 비판적 분석가였던 레셰크 코와코프스키[447]가 있었다.

4월 초에 큰 혼란은 수그러들었다. 소요의 한 가지 부수적 효과는 체제가 '시온주의자들'이 정치적으로 순진한 학생들의 저항을 부추겼다고 주장하면서 반시온주의 수사를 개시했다는 것이었다. 그 결과 반시온주의 운동의 압박 속에 약 1만 3000명의 유대인(수백 명의 지식인을 포함하여)—전후 폴란드에 여전히 남아 있던 유대인 대부분—이 사실상 강제로 이주되었다. 체제는 인접국 체코슬로바키아에서 일어난 사태의 도움을 받아 1968년 심각한 폴란드 소요를 진압

---

447) Leszek Kołakowski(1927~2009). 폴란드의 철학자이자 사상사가. 1953년 바르샤바 대학교에서 박사학위를 받고, 그 후 교수로 임용되어 철학·역사학부의 학장이 되었다. 처음엔 정통 마르크스주의자였지만 모스크바 방문 후 스탈린 체제에 환멸을 느꼈고 결국 소련식 마르크스주의에 반대하는 쪽으로 돌아섰다. 그 후 망명길에 올라 버클리 캘리포니아 대학교와 옥스퍼드 대학교에서 객원교수를 지냈다. 주저인 3권짜리 《마르크스주의의 주요 흐름》(1976) 외에도 수십 권의 저술을 남겼다.

했다. 소련이 무장 개입을 통해 프라하의 봄을 분쇄한 사실은 폴란드 사람들의 주의를 집중시켰다. 브와디스와프 고무우카는 당분간 자신의 권위를 다시 확고히 할 수 있었다. 그러나 폴란드의 문제들은 사라지지 않았다.

체코슬로바키아에서는 시위가 1967년 가을에 이미 일어났다. 그 것은 프라하 학생 기숙사의 형편없는 생활 조건에서 촉발했고, 경찰의 엄중한 보복을 불러왔다. 하지만 이곳에서도 저항은 체제의 민주주의와 자유 확대를 요구하는 광범위한 주민들의 압력과 뒤섞였다. 서유럽에서 그처럼 뚜렷한 역할을 했던 세대 반란은 체코슬로바키아에서는 훨씬 덜 중요했다. 체코슬로바키아의 시위는 주로 광범위한 경제적 불만으로 촉발했으며, 사회와 연령의 스펙트럼을 가로질러 지지를 끌어냈다. 1968년 4월 공산당의 자체 보고는 그 자신의 형편없는 성적에 대한 통렬한 고발이었다. 보고서에서는 "재앙과도 같은 주택 공급", 생활수준의 침체, 교통 부족, 물품과 서비스의 빈약한 품질을 비난했다. 계획경제는 심지어 기본 생필품 배급마저 잠담하게 실패했다. 이는 동구 블록에서 가장 선진적인 산업 경제들 가운데 하나에서 그런 것이었다.

가장 중요한 사실은 급진적 개혁 압력이 외부가 아니라 통치 정당인 공산당 내부로부터, 실제로는 공산당 중심부에서 가까운 곳으로부터 나왔다는 데 있었다. 변화 요구의 얼굴이 된 알렉산드르 둡체크[448]에게 개혁은 필수적이었다. 단순히, 심지어 대부분은(적어도 처음

---

448)   Alexander Dubček(1921~1992). 체코슬로바키아의 정치가. 1939년에 공

에는) 이상주의적 신념에서 비롯된 것이 아니었다. 둡체크는 점점 개혁이 당의 통제력 유지를 보장하는 유일한 길이라고 보았다. 서방의 시위대(적어도 그들의 가장 급진적인 대변자들)는 자본주의 사회를 전복하고 그것을 모종의 유토피아 공산주의로 대체하기를 원했다. 보통 자신들의 표현으로는 "실제로 존재하는 사회주의"에서 사는 동유럽 시위대는 대부분 그것을 대체하기보다는 개혁하기를 원했다. 거의 누구도 서방 자본주의를 좋아하지 않았다. 그들의 목표는 공산주의를 좀 더 민주주의적이고 자유주의적으로 만드는 것이었다. 프라하의 봄은 그와 같은 환상을 완전히 끝장내 버렸다. 프라하의 봄의 궁극적인 교훈은 자유주의적 자유와 민주주의가 공산주의 국가의 존재와 양립할 수 없다는 사실이었다. 자유주의적 자유와 민주주의가 통치 정당인 공산당의 권력을 위협하고, 그 결과 소련 블록의 단결을 위험에 빠트리는 곳에서 그것을 확산하려는 시도는 무력으로 분쇄될 것이었다.

프라하의 봄은 5년 전인 1963년에, 1960년의 중앙집권화한 헌법

산당에 입당하고 제2차 세계대전 때 슬로바키아의 반나치 저항운동에 참가했다. 1963년 슬로바키아 공산당 제1서기, 1968년 체코슬로바키아 공산당 제1서기를 역임했다. 그는 인사의 일신과 검열제 폐지 등 이른바 '프라하의 봄'의 개혁을 추진했으며, 스탈린주의 시대의 교조주의를 청산하고 '인간의 얼굴을 한 사회주의'를 표방하는 자유화와 민주화의 기수로서 민주사회주의 노선으로 방향 전환을 시도했다. 1969년의 '프라하의 봄' 이후 보수파인 후사크가 소련의 지지하에 집권하자 1970년 터키 대사로 좌천되었으며, 당적을 박탈당했다. 그러나 1989년 하반기에 일어난 민주화 시위로 공산당 정부가 붕괴했고, 신임 연방의회 의장으로 선출되어 정계로 복귀했다.

개정으로 체계적으로 감축되었던 슬로바키아의 자치권을 확대해 달라고 압박을 가한 데 그 배경이 있었다. 실제로 슬로바키아 공산당은 제1서기이자 1957년 이래 체코슬로바키아 대통령을 지냈던 베테랑 스탈린주의자 안토닌 노보트니가 통제하는 체코당에 종속되어 있었다. 노보트니는 소련에서 있었던 니키타 흐루쇼프의 탈스탈린화 조치를 따라 체코슬로바키아에서도 그에 상응하는 조처를 취하지 않으면 안 된다고 느꼈다. 방부 처리된 전임 지도자 클레멘트 고트발트의 시신을 제거하고(그 후 화장하고) 프라하 위로 높이 솟아 있는 엄청난 크기의 스탈린 동상을 파괴한 것이 바로 변화하는 분위기를 상징했다. 1963년 초 노보트니는 또 1950년대에 수행되었던 루돌프 슬란스키 등의 연출재판에 대한 조사위원회를 설치해야 한다고 생각했다. 위원회의 보고로 유죄판결을 받은 사람들이 복권되고, '부르주아 민족주의자'로 비난받은 슬로바키아 숙청 희생자들이 완전한 당원 자격을 회복한 것은 아니지만, 반역 혐의도 벗을 수 있었다. 하지만 위원회의 조사 결과는 노보트니에게 무언의 위협을 제기했다. 왜냐하면 위원회 위원인 알렉산드르 둡체크가 노보트니 자신이 사실은 연출재판을 지지했다는 것을 알았기 때문이다.

1963년 5월부터 슬로바키아 공산당 제1서기로 일했던 둡체크(모스크바에서 훈련받고 14년 동안 골수 당 지지자였다)는 이를 알고 있다는 사실을 활용해 슬로바키아에서 표현의 자유 확대를 도모하고 언론검열을 완화할 수 있었던 것으로 보인다. 둡체크는 변화를 이용해 프라하에 대한 슬로바키아의 불만을 공공연하게 이야기하고, 슬로바키아인 숙청 희생자들을 완전히 복권하는 것을 목표로 하는 새로운 위원회를 설치해 달라고 요구했다. 체코 작가들과 언론인들은 슬로바키아에서 통제가 완화되었다는 사실을 알아차렸고, 크게 악화되고 있던 경제 상황 때문에 압박을 받고 있던 노보트니는 체코인들을 위해서도 문화적 표현의 자유를 일부나마 제한적으로 양보했다. 슬로바키아의 불만을 계속 옹호하고 심지어 불만이 야기한 민족 감정을 암묵적으로 용인하기까지 하며 둡체크는 슬로바키아뿐 아니라 체코슬로바키아 전체에서 개혁의 필요성이 있다고 넌지시 비춤으로써 노보트니에게 계속 압박을 가했다. 이것이 추가로 함축하는 바는 둡체크야말로 개혁을 이끌 적임자라는 점이었다. 1967년까지 당 최고 관리들 사이에서 개혁가들과 변화에 반대하는 사람들 사이의 심연은 건널수 없는 것이 되어가고 있었다. 1967년 10월, 형편없는 기숙사 시설에 대해 프라하의 학생들이 시위를 벌인 것은 바로 이 시점이었다.

경찰이 학생들을 상대로 무력을 휘두른 데 대한 비판이 당원들 사이에 깊이 파고들었다. 이는 노보트니와 반동적 보수파를 한층 약화하는 한편 깨끗이 청소할 새 빗자루가 필요하다는 사실을 널리 알려주었다. 둡체크와 노보트니 사이에 권력투쟁이 심화하면서 당 지도부 내의 정파 분열이 확연해졌다. 소련 지도자 레오니트 브레즈네프가 지지를 거두자마자 노보트니의 운명은 정해졌다. 1968년 1월, 둡체크는 당 제1서기에서 그를 해임했다. 두 달 뒤 노보트니는 대통령직도 사임했다. 둡체크의 지명으로 전쟁 영웅이자 그 자신이 1950년대의 희생자로 인기 있었던 루드비크 스보보다[449]가 그의 뒤를 이었

---

449)   Ludvík Svoboda(1895~1979). 체코슬로바키아의 군인이자 정치가. 제1차

다. 이 무렵 프라하의 봄이 만개하고 있었다. 검열은 거의 존재하지 않았고, 모스크바와 소련 위성국가의 공산주의자들이 점점 더 소스라치게도 언론에서 당내의 지도적 인사들에 대한 공격이 급증했다.

1968년 4월 5일, 당 상임 간부회는 "인간의 얼굴을 한 사회주의"를 목표하는 '실행 프로그램'을 승인했는데, 여기서는 노보트니 시대의 실책을 신랄하게 고발했다. 그것은 이제부터 공산당은 "권리·자유·이해"를 보장할 것이며, 인민들의 요구를 충족하기 위해 지령과 결의를 수정할 준비가 되어 있다고 확언했다. 간단히 말하자면, 그와 같은 수준의 민주화는 '프롤레타리아독재'에 대한 정통 공산주의 믿음과 양립할 수 없었다. 이튿날 올드르지흐 체르니크[450]가 이끄는 새 정부가 수립되는 동시에, 둡체크와 그의 동료 개혁가들은 당과 국가의 모든 핵심 직책을 차지했다.

분위기가 들떴다. 20년 후 체코슬로바키아 대통령이 될 극작가 바츨라프 하벨[451]은 "갑자기 당신은 자유롭게 숨을 쉴 수가 있었고, 사

세계대전 중 러시아 전선에서 포로가 되었다가 귀국한 뒤 장교가 되었다. 1939년 소련에 망명하여 체코슬로바키아 연대를 결성했으며, 귀국하여 1945년 3월에 성립된 정부의 국방장관으로 취임했다. 1951년 부총리가 되었으나 스탈린주의의 희생자로 다음 해에 체포·투옥되었다. 1968년 3월 대통령에 취임했고, 8월에 소련이 군사 개입을 하여 친소 정권 수립을 요구했으나 거절했다. 1975년 병으로 사임했다.

450)　Oldřich Černík(1921~1994). 체코슬로바키아의 공산주의 정치가. 1968~1970년 체코슬로바키아 총리를 지냈다.

451)　Václav Havel(1936~2011). 체코의 극작가이자 정치가. 1968년 프라하의 봄 사건 동안 '독립 작가 클럽'과 '앙가주망 비당원 클럽'에서 활동했다. 1977년 '77 헌장'의 발기인 가운데 한 사람이었고, 1989년 11월에는 체코슬로바키아의 '벨벳 혁명'을 이끌었으며, 그 후 체코슬로바키아의 마지막 대통령과 체코공화국의 초대

람들은 자유롭게 어울릴 수 있었으며, 공포는 사라졌다"고 회상했다. 그해 프라하의 바츨라프 광장에서 있었던 메이데이 행진에서는 사람들이 꽃을 연단에 던졌다. 그곳에 있던 둡체크는 즐거이 그 광경을 지켜보며 둥그렇게 양손을 부여잡고 행운을 빌어 주는 행진자들에게 큰 소리로 인사를 했다. 당 기관지인 《루데 프라보Rudé právo》는 이튿날 다음과 같이 보도했다. "이것은 새로운 우리 삶의 봄이다."

하지만 (우유부단하고 머뭇대는 사람으로서 사회주의에 대한 인민의 지지가 실제로 어느 수준인지 확신이 없었던) 둡체크는 주로 자신이 나서 촉발했던 급진적 개혁의 압력을 더는 통제할 수 없었다. 둡체크는 당에서 시작하여 국민 대다수에게로 퍼져 나갔던 변화를 향한 열정의 물결에 몸을 실었다. 그는 인기가 있었지만, 그 인기 때문에 진퇴양난에 빠졌다. 둡체크는 개혁의 동력을 계속 살려 나가야 했다. 그와 동시에 그 개혁이 소련과 가까운 동맹국들의 이익을 위태롭게 하는 것으로 보이지 않도록 해야 했다. 한 나라에서 공산주의 통치를 약화하는 것은 쉽게 도미노 효과를 유발할 수 있었다.

이런 일이 일어날지도 모른다는 두려움은 체코 개혁가들에게 중대한 위험을 제기했다. 왜냐하면 그사이 소련과 독일민주공화국, 불가리아, 헝가리, 폴란드(바르샤바협정의 회원국들)의 지도자들이 체코슬로바키아에서 진행되고 있는 사태에 대해 점점 더 불안감을 드러내고 있었기 때문이다. 7월 중순에 그들은 프라하에 '사회주의 연방'을 위험에 빠트리는, 이른바 사회주의 체제에 맞선 '반혁명'을 종식할

대통령을 역임했다.

것을 요구하는 경고를 발표했다. 8월 초에는 검열을 재개하고 몇몇 중요한 개혁가들을 해임하며 전반적으로 체코슬로바키아 당을 정리하라는 브레즈네프의 요구가 '민주 집중제'를 복구하는 내키지 않는 몇몇 조치를 가져왔다. 둡체크는 독자적 태도로 모스크바와 관계가 불편했던 두 공산주의 국가인 유고슬라비아와 루마니아에 지지를 구했지만, 그렇다고 해서 바르샤바협정국들의 불안이 진정될 거라고 장담할 수는 없었다. 8월 17일, 소련 정치국은 중대한 조치를 취했다. 정치국은 '국제 프롤레타리아 연대'라는 이름으로 다른 사회주의국가의 내정에 군사적으로 개입하기로 결정했다. 1968년 8월 20~21일 밤 사이에 5개국 군으로 이루어진 최고 50만 병력의 바르샤바협정군이 7500대의 소련 탱크와 1000대의 항공기의 지원을 받아 체코슬로바키아 침공을 개시했다.

체코 정부의 명령으로 무장 저항은 없었다. 그러나 텔레비전과 라디오는 (방송국을 협조하게 만들 때까지) 침략자들에 저항하는 모습과 침공에 항의하여 프라하와 브라티슬라바에 모이기 시작한 엄청난 군중에서 곧 드러난 둡체크에 대한 대중적 지지를 생생하게 보도했다. 둡체크, 체르니크, 그리고 4명의 다른 당 지도자들이 구금되어 모스크바로 이송되었다(둡체크는 모스크바에서 신경쇠약을 겪었던 것 같다). 모스크바에서 그들과 합류한 스보보다 대통령 및 몇몇 지도적 인사들과 함께 그들은 자유화 프로그램을 비난하라는 집요한 압력에 시달렸다. 8월 26일, 결국 굴복한 그들은 점령군이 철수하는(거의 전 병력이 10월 말까지는 떠났다) 대가로 소련의 최후통첩을 받아들이는 동의서에 서명하고 '프라하의 봄' 개혁을 취소했다. 강압에 못 이겨 '형제적 관계'가 복원되었다. 이 동의는 나중에 '브레즈네프 독트린'[452]으로 알려지게 된, 불길한 새 전제하에서 이루어진 것이었다. 이것은 '반혁명 세력'에 맞서 사회주의국가들을 방어하는 '공동의 국제적 의무'를 제시했다. 이때부터 바르샤바협정국들은 어느 회원국이 대열을 이탈한 것으로 판단된 곳에는 개입할 분명한 의무가 있었다.

'정상화' 과정은 몇 개월이 걸렸다. 그러나 그것은 일방통행이었다. 모스크바에서 '협상'에 참여한 체코슬로바키아 대표단은 8월 26~27일 밤에 프라하로 돌아왔다. 일반인들은 '모스크바에서의 항복'으로 여겨진 이 '협상'에 실망했고, 둡체크는 (여전히 매우 인기가 있었던 다른 '프라하의 봄' 개혁가들처럼) 방송에 나와 흐느끼면서 피할 수 없는 '일시적이고 예외적인 조치'를 현실적으로 용인할 것을 호소하는 감동적인 연설로 이 실망감을 누그러뜨렸다. 하지만 정상화에 대한 압박이 냉혹하게 몰아쳤다. 프라하의 봄의 지도자들은 전부 점차 자리에서 쫓겨났다. 대중의 불만이 지속될 조짐이 보이자 이 과정은 더욱 빨라졌다. 프라하의 대학생 얀 팔라흐가 자유화의 취소에 항의하여 분신했을 때, 1969년 1월 25일 학생들이 조직한 장례식에 10만 명으

---

452) Brezhnev Doctrine. 소련 총서기 레오니트 브레즈네프가 1968년 11월 폴란드 공산당 제5차 대회의 연설에서 발표한 소련 대외 정책 원리로, '제한 주권론'이라고도 한다. 즉 공산주의에 적대적인 세력이 공산주의 국가를 자본주의로 바꾸려고 할 경우, 해당 국가뿐만 아니라 공산주의 진영 모두에 문제가 되므로 이를 막기 위해 해당 국가에 무력 개입할 수 있다는 것이다. 그해 8월에 벌어졌던 프라하의 봄을 진압하기 위해 소련이 체코슬로바키아를 침공한 일을 정당화하는 근거로 제시되었다.

로 추정되는 사람들이 참석했고 이들 외에도 20만 명이 도로에서 지켜보았다. 그리고 3월에는 체코슬로바키아 아이스하키 팀이 세계 챔피언십 경기에서 소련 팀을 물리치고 우승하자 엄청난 반소 시위가 발생했다. 이 소요는 곧바로 둡체크를 직책에서 확실히 제거하려던 (좀 더 유순한 또 다른 슬로바키아인 구스타프 후사크[453]가 그를 대신해 체코 공산당 제1서기직을 차지했다) 소련의 개입으로 이어졌다. 1970년 당에서 축출된 둡체크는 슬로바키아에서 삼림 담당 하급 관리가 되어 세상 사람들에게서 잊혔다. 프라하의 봄과 관련 있던 다른 이들도 점차 대체되었다. 1969년 9월부터 1970년 6월 사이에 당원들에 대한 세 차례의 포괄적인 숙청이 진행되었다. 수천 명의 노동조합 관리, 교사, 학자, 언론인, 그 밖의 대중매체와 문화 영역에서 일하던 사람들이 해임되었다.

이 과정이 끝나면서 체코슬로바키아는 정상화되었다. "러시아인들은 마침내 자신들이 정상화라고 부른 것, 즉 끔찍하고 야만적인 경찰국가를 달성했습니다." 체코 외과 의사 파울 잘루트Paul Zalud 박사가 1969년 정식으로 허가받아 서독을 방문한 동안 영국의 공산주의자

---

453)   Gustáv Husák(1913~1991). 슬로바키아의 정치가. 브라티슬라바 대학교 법학부를 졸업하고, 1934년 공산당에 입당했다. 1939년부터 나치 독일에 대한 저항 운동에 참가하여 1944년 체코슬로바키아 봉기를 지도했다. 1945년 체코슬로바키아 국민평의회 대표가 된 뒤 정부 요직을 두루 거쳤다. 슬로바키아 자치를 주장하다 1951년 체포되어 종신형이 선고되었으나, 1960년 석방되고 1963년 복당했다. 1968년 부총리가 되었으며, 소련군 침입 때 모스크바로 가 '정상화'에 노력했다. 1969년 둡체크를 대신하여 당 제1서기에 취임한 뒤 사태의 '정상화'를 추진하고, 1975년 대통령을 겸임했다. 1989년 민주화 운동에 밀려 대통령직을 사임했다.

레슬리 파커Leslie Parker에게 쓴 편지에서 내린 씁쓸한 평결이다. 질서는 복구되었다. 프라하의 봄이 이룩했던 진전은 취소되었다. 공산당의 검열, 여행 제한, 견고한 지배가 다시 강요되었다. 국민은 침울한 순종의 자세로 돌아갔다. 정치적 비협조는 줄어들었다. 극소수의 작가를 비롯한 지식인들은 다양한 방식으로 항의를 계속 이어나갔다. 하지만 그런 '반체제 인사들'(그들은 이런 용어로 불리게 되었다)은 프라하의 봄의 즉각적인 여파 속에서 체제를 성가시게 하는 가시에 지나지 않았다.

서방 쪽에서 보기에, '프라하의 봄'의 분쇄는 1956년의 헝가리 이후 소련과 '사회주의' 통치 체제의 위신에 대한 또 한 번의 심각한 타격이었다. 소련과 '사회주의' 통치 체제는 너무나 분명하게 드러났듯이, 다시 한번 군대에 의해서만 유지될 수 있었다. 서유럽의 많은 공산주의 지지자들이 보기에, 소련은 체코슬로바키아에서 보인 행동으로 모든 도덕적 권위를 포기했다. 이것은 결코 소련 지도부에 큰 문제가 되지 않았다. 그것은 사회주의국가들의 동맹을 온전하게 유지하기 위해 치른 작은 대가에 불과했다. 소련의 힘이 모든 것을 압도했다.

종잡을 수 없는 동유럽 상황

체코슬로바키아의 자유화 흐름에서 비롯한 위협이 사라지면서, 바르샤바협정국들의 통치 구조에 대한 근본적인 변화는 불가능해졌다. 협정국들의 국민들에게 이는 전반적이고 따분한 정치적 순응과 정치적 정통의 범위 내에서의 묵종, 그리고 감시 국가와 그 정보원 집단의 날카로운 눈길 너머 제한된 '틈'에서 이루어지는 사생활의 영역을 의미했다.

그렇기는 하지만 공산주의 국가 체제에도 움직임은 있었다. 어느 곳에서도 완전한 스탈린 체제로 돌아가는 것은 불가능했다. 소련 블록 안에서도 큰 차이가 계속 존재했다. 자유화에 대한 압력은 서방의 문화적 영향에 얼마간 노출되고, 상당한 규모의 지식인층이 존재하며, (자유로운 노동조합은 없더라도) 조직된 노동계급이 있는 산업 경제를 가진 국가에서 일반적으로 더 높았다. 프라하의 봄의 진압은 어떤 자유화도 긴밀하게 억제되어야 한다는 분명한 메시지를 보냈다. 그러나 소련 블록의 통합에 어떤 위협도(체코슬로바키아에서 그랬던 것처럼) 없는 한, 크레믈은 얼마간의 자유를 허용할 준비가 되어 있었다. 소련의 상당한 보조금이 필요했던 몇몇 동구 블록 국가들의 명령 경제에 명백한 문제점이 드러나면, 이는 모스크바가 체제 안에서 생산을 근대화하고자 하는 시도를 할 여지가 있음을 의미했다. 특히 좀 더 산업화한 경제들에서 스탈린주의적 명령 체제—물론 이 명령 체제는 원래 농업이 압도적이었던 소련에서 먼저 도입되었다—는 자본주의 서방의 급속한 경제적 진전과 경쟁하기는커녕 기본적인 소비 욕구를 만족시키는 데도 기이할 정도로 능력이 없었다. 그리하여 독점 정당의 통제를 받는 엄격한 정치체제와 경제적·사회적·지적 자원을 해방하는 데 필요한 혁신과 경쟁 사이에—얼마간 상이한 방식으로 이루어지며 성공의 정도는 갖가지인—일종의 불편한 균형이 유지되지 않으면 안 되었다.

소련에서 1960년대 말의 강력한 경제성장은 흐루쇼프 집권 말기에 발생했던 산업 분규와 광범위한 불만이 재발하지 않았다는 것을 의미했다. 체제의 장악력은 더욱 확고해졌고, 프라하의 봄의 뒤를 이어 이념적 정통이 강화되었다. 체코슬로바키아 침공 이후 소규모 무리가 붉은 광장에서 항의하자 회원들은 즉시 체포되어 3년간의 정치범 수용소 형을 받았다. 반체제는 계속되었고, 서방에서 소련의 체면을 한층 더 떨어뜨렸다. 그러나 그것은 시민들에 대한 체제의 확고한 장악력을 조금도 뒤흔들 수 없었다.

불가리아는 소련 위성국들 가운데 가장 가까웠다. 여하튼 불가리아는 경제적으로 긴밀하게 종속되어 모스크바 노선에서 크게 일탈하지 않을 것처럼 보였다. 경찰국가의 강압적 힘, 여전히 압도적인 농촌 인구, 작은 규모의 지식인층, 이 모든 것은 체코슬로바키아의 경우와는 달리 자유화 압력이 발생하는 데 불리하게 작용했다. 경제개혁에 대해 많은 말이 있었지만, 실제로 구체화된 것은 거의 없었다. 1960년대가 끝나갈 무렵에는 심지어 1960년대 전반에 도입되었던 제한된 경제개혁과 문화적 해빙으로부터 엄격한 네오스탈린주의적 정통으로 약간 후퇴하는 기색마저 있었다.

헝가리는 반대 방향으로 갔다. 야노시 카다르의 '굴라시 공산주의goulash communism'는 제한된 수준이나마 시장의 힘에 대한 노출을 허용했고, 덕분에 국민은 소련 블록에서 가장 높은 생활수준을 누렸다. 1968년 1월 1일에 도입된 '신경제 메커니즘New Economic Mechanism'은 소련 위성국들의 경제에서 진정한 혁신이었다. 중앙국가계획은 근본적으로 기본 필수품을 위한 장기적인 투자 프로젝트와 재정 정책, 가격 규제로 바뀌었다. 이 외에도 기업은 수익을 올리고 상업적으로 운용할 수 있었다. 서방과의 외국 무역이 증가했고, 농업 생산이 촉진되었으며, 소련 블록의 다른 국가들에서 만성적이었던 기본 필수품 부족 현상이 사라졌다. 카다르는 또 모스크바와 긴장을 일으킬 정도로 고삐를 느슨하게 풀지 않으면서도 얼마간 표현의 자유와 심지어 서방 팝 음악을 개방할 만큼 충분히 개화되어 있는—혹은 여하튼 1956년으로부터 교훈을 배울 준비가 충분히 되어 있는—모습도 보여주었다. 그 결과 1956년에 가장 반항적이었던 헝가리는 소련 위성국 중에서 정치적 반체제가 거의 없는 가장 만족스러운 나라가 되었다.

다른 한편으로, 폴란드는 브와디스와프 고무우카의 지도 아래 1956년에 개혁을 포용할 것 같은 상태에서 고집스러운 정통으로 굳어 버렸고, 그 과정에서 많은 국민을 소외시킨 체제의 고전적 사례가 되었다. 고무우카 체제는 반체제에 대한 엄격한 통제를 유지했고, 학생들의 저항을 가차 없이 짓밟았으며, 체코슬로바키아 침공을 열렬히 지지했다. 하지만 고무우카 체제는 급격히 악화하는 경제를 관장해야 했다. 이 체제는 크리스마스를 앞두고 식품 가격 12~30퍼센트 즉각 인상안을 발표하며 우둔하게 대응했는데, 인상안은 1970년 12월 13일 자로 효력이 발생했다. 이미 뿜어져 나오는 불만을 분노에 찬 저항의 급류로 쏟아붓는 격이었다. 그단스크, 슈체친, 그디니아의 발트해 조선소에서 시작했지만 바르샤바와 다른 도시들로 급속히 확산된 엄청난 규모의 시위가 다음 주에 발생했다. 노동자들을 그단스크 조선소로 데려가는 열차가 무장한 주 방위군의 공격을 받았을 때 순식간에 큰 혼란이 발생했다. 노동자들은 당사로 행진했다. 가게들은 약탈당했다. 발트해 연안 인근 스웁스크에 있던 방위군 훈련소가 불탔다. 방위군은 폭도에게 물리적 공격을 받았고, 일부는 살해되었다. 경찰과 큰 충돌이 벌어졌다. 탱크가 일부 시위자들을 깔아뭉갰다. 사망자는 45명에 이르렀고 거의 1200명이 다쳤으며, 300명이 체포되었다. 경찰이 그단스크에서 파업 중인 노동자들에게 발포했을 때 고무우카는 선을 넘었다. 그는 소요가 폭발한 지 일주일 뒤에 사임할 수밖에 없었다.

노동자들의 욕구를 잘 아는 전직 광부 에드바르트 기에레크[454]가 그의 후임으로 취임해 즉각 임금과 노동조건을 개선하고, 그 후 계속되는 파업의 와중에서 소련에 차관을 지원받아 12개월 동안 이전 수준으로 물가를 동결하겠다고 발표했다. 기에레크는 조선소를 방문하여 노동자들 앞에서 직설적으로 당의 잘못을 인정했다. 그는 농부들이 혐오하던 국가로의 강제 조달을 폐기하고 식량 구매 대금을 인상했다. 공무원이 아닌 사람들도 이제 무상 의료를 누릴 수 있게 되었다. 검열과 외국 여행 제한이 얼마간 완화되었다. 사기가 올라갔다. 기에레크 지도부의 제1기는 폴란드 공산주의 시대의 '아름다운 시절'

---

454)   Edward Gierek(1913~2001). 폴란드의 정치가. 프랑스의 광산에서 일했으며, 1931년에 프랑스 공산당에 가입했다. 1934년에 추방당했다 귀국했으나 1937년 다시 벨기에로 들어가 제1차 세계대전 동안 대독 저항운동을 지도했다. 1948년 귀국하여 통일노동자당에 가입했고, 1956년에 당 정치국원에 취임했다. 1970년 발트해 지역의 파업 뒤에 고무우카의 사임으로 당 제1서기에 취임하여, 노동자들과 대화 노선을 내걸었다. 그러나 서방 측으로부터 자본과 기술을 도입하여 고도성장을 지향하는 정책이 실패하여 1980년 여름의 총파업을 초래하게 되자, 그해 9월에 사임하고 1981년 7월 당에서 제명되었다. 1982년 2월 부패 혐의 등으로 야루젤스키 정권에 체포되었다.

로 기록되었다. 1971년, 소득이 11퍼센트 늘어났다. 대대적인 주택 프로그램으로 100만 채의 아파트를 더 이용할 수 있게 되었는데, 이는 충분하지는 않았지만 고무우카 시절에 비해 크게 개선된 것이었다. 실제로 경제 근대화가 이전 시기와는 달리 소비자 욕구에 맞춰짐에 따라 모든 사람이 생활수준 향상을 경험했다. 그러나 경제 문제가 없어진 것은 아니었다. 경제를 살리는 데 필수적인 자극을 일으키고 소련의 차관을 상환하기 위해 기에레크는 서방으로부터 무려 60억 달러를 빌렸다. 이는 당면한 문제를 돈으로 메꾸는 것이었다. 그러나 기에레크는 단지 미래에 나타날 골칫거리를 묻어 두고 있을 뿐이었다. 1973년 이후 석유 위기가 폴란드를 강타했고, 그에 대처하는 데 소련의 추가 지원이 필요했다. 1970년대 말에 심각한 문제들이 다시 한번 나타나기 시작했다.

독일민주공화국은 소련 블록 국가들 중에서 특별한 사례였다. 베를린장벽, 자본주의 이웃 국가와 경쟁하는 '실제로 존재하는 사회주의'의 이념적 진열장이라는 독일민주공화국의 의식, 그리고 각별히 강조된 반파시즘은 동독 사회에 독특한 분위기를 가져왔다. 1961년 장벽의 축조는 체제에 새로운 자신감을 주었고, 그 힘을 강화했다. '내부의 적'에 대한 이념적 투쟁이 고조되면서 체포 물결이 뒤를 이었다. 순응을 요구하는 협박, 억압, 압박은 독일민주공화국에서 이제 생활의 일부가 되었다. 하지만 그 지도자들이 인정했듯이 체제는 특히 1980년까지 서독을 경제적으로 추월하겠다는 공언된 목표를 달성하려면 억압만으로는 기능할 수가 없었다.

1963년에 도입된 '신경제체제New Economic System'는 10년 전을 생각나게 하는 부족 사태와 불만의 징후를 낳은 악화하는 경제 상황을 극복하려는 시도였다. 생산량을 늘리기 위한 분권화된 경영 및 인센티브와 나란히—비록 여전히 중앙에서 부과된 경제계획의 틀 안에서이긴 했지만—국민의 적극적인 지지를 동원하려는 선전 노력이 강화되었다. 국민의 교육 수준을 높이는 운동이 뒷받침되면서, 기술·지식·합리적 조직에 새로운 강조점을 두었다. 1951년에 학생의 불과 16퍼센트만이 8년 이상 학교에 다녔는데, 1970년에 이 비율은 최소 85퍼센트까지 치솟았다. 또한 고등교육의 기회가 확대되었고, 몇몇 새로운 대학교와 전문대학이 문을 열었다. 1964~1965년에 생산성은 7퍼센트, 국민소득은 5퍼센트 늘어났다. 생활수준도 비록 바라던 만큼 빠르지는 않고 서독에 한참 뒤처졌지만 상당히 높아지기 시작했다. 텔레비전, 세탁기, 냉장고는 더는 소수의 국민만을 위한 물품이 아니었다. 개선의 조짐은 어느 정도 문화적 이완을 수반했다. 스탈린 동상이 사라졌다. 1만 6000명의 정치범이 사면받았다.

하지만 당 지도자들은 경제에 대한 통제권을 일부라도 양보하는 것이 결코 즐겁지 않았는데, 여하튼 경제는 여전히 수많은 제약으로 방해를 받았고 본질적인 경쟁력 부족을 극복할 수 없었다. 그리고 흐루쇼프의 개혁 열정이 브레즈네프의 안정 강조로 대체되자마자 약간의 자유화로 나아가던 흐름은 중단되었다. 1965년 12월 문화 분야에 대한 통제가 더욱 엄격해졌고, 신경제체제는 같은 달에 수정되었다. 중앙집중적 계획을 다시 강조하면서 엄청난 재정이 전자, 화학 산업, 엔지니어링 쪽으로 돌려졌다. 또한 군대와 보안기관(슈타지)을 확대하기 위해 재원이 확대 공급되면서 소비재 산업은 다시 무시되었다.

프라하의 봄은 독일민주공화국 지도부에게 자신들이 정치적 불안만을 가져올 수도 있었을 문화적 자유화 경향을 억누른 것이 옳았다는 확신을 주었다. 그러나 국가 운영에 대해 완전한 권력을 가진 유일 정당의 지도를 받는 경제의 고유한 문제들이 드러났다. 서독에서는 당연시되고 밤에 텔레비전에서 볼 수 있었던 소비재는 고사하고 기본 생필품마저 잘 공급되지 않자 다시 한번 소요가 발생하기 시작했다. 당 지도자들은 발터 울브리히트의 지도력과, 먼 미래가 되어서야 열매를 맺을 기술 프로젝트를 지지하여 당장 필요한 소비재를 무시하는 것에 대해 점점 더 불편함을 느꼈다. 게다가 서독과 좀 더 긴밀하게 경제 협력을 하고자 하는 울브리히트의 희망은 모스크바의 바람과는 완전히 배치되었다. 울브리히트의 개인적 교만이 기름을 부었다. 1970년 말에 당 지도부의 다수파는 경제 노선 변화에 찬성 투표했다. 그 직후 그들은 브레즈네프에게 지도자인 울브리히트를 바꿔 달라고 요청했다. 브레즈네프는 부탁을 들어주었고, 울브리히트는 1971년 5월 3일 사임했다. 그의 후임인 에리히 호네커[455]는 오랫동안 복무해온 고위 관리였다. 히틀러 체제에서 공산주의 저항운동에 참가하고 나치 감옥에서 10년 동안 구금되었던 그의 반파시즘 경력은

---

455)   Erich Honecker(1912~1994). 독일의 정치가. 1931년 자르 지방 공산청년연맹 서기가 된 뒤 나치 정권에 체포되었다. 독일의 패전과 함께 석방되어 다시 공산당에 입당하고, 1946년 독일 사회주의통일당이 창립되자 당 지도부의 일원이 되어 1958년 이후 정치국원 및 서기를 지냈다. 1971~1989년 당 총서기와 국가방위평의회 의장, 1976~1989년 국가평의회 의장을 지냈다. 독일 통일 후 1993년 칠레로 망명했다.

흠잡을 데가 없었다. 호네커는 이제 경제 개편을 감독하면서 소비재 생산에 좀 더 큰 의미를 두었다. 하지만 그는 모스크바에 충성을 다하는 애완견의 태도에서 절대 벗어나지 않았다.

한편 발칸 국가들에서는 공산주의 통치가 다른 방식으로 발전하고 있었다. 중소 분열 이후 중국과 운명을 같이한 알바니아는 정치적 고립과 지독한 경제적 빈곤(동유럽에서 최악이었다)으로 가는, 이념적으로 스스로 결정한 길을 계속 유지했다. 소련의 원조를 받지 못한 알바니아는 중국과의 무역협정만으로 잃어버렸던 것을 만회할 수 없었다. 중국이 1960년대 중반에 견뎌내고 있던 '문화혁명'[456]의 알바니아판은 지식인과 교사, 종교적 신념에 대해 공격을 가했다. 소련과의 결별은 비록 사실상 오래전부터 명목상의 회원국에 불과했지만 알바니아가 체코슬로바키아 침공 이후 바르샤바협정을 떠났을 때 완성되었다. 모스크바와 단절했으나 거리상으로 중국으로부터 너무 멀리 떨어져 있어서 베이징과 긴밀한 관계를 발전시킬 수 없었던 알바니

---

456)   Cultural Revolution. 1966~1976년에 중화인민공화국에서 벌어졌던 사회적·문화적·정치적 소동을 일컫는다. 문화혁명의 표면적인 목적은 "전근대적 문화와 자본주의 문화를 비판하고 새로운 사회주의 문화를 창출하는" 것이었다. 이 운동은 1966년 5월 16일 마오쩌둥이 부르주아계급의 자본주의와 봉건주의, 관료주의 요소가 공산당과 중국 사회 곳곳을 지배하고 있으니 이를 제거해야 한다고 주장하면서 시작되었다. 이는 중국 전역에서 벌어진 홍위병의 움직임으로 구체화되었다. 한편, 마오쩌둥이 대약진운동에서 파멸적인 결과를 빚어 권력이 덩샤오핑과 류샤오치에게 넘어가자, 이를 만회하기 위해 시도한 것이라는 설도 있다. 1969년 마오쩌둥은 문화혁명이 끝났다고 선언했으나, 사실상 1976년 마오쩌둥의 죽음과 사인방의 체포까지 벌어졌던 혼돈과 변혁의 시기까지를 통틀어 문화혁명 기간이라고 지칭하는 것이 일반적이다.

아의 화석화된 체제는 그 자신이 만든 막다른 골목에 갇혀 버린 기이한 상태에 머물렀다.

바르샤바협정의 회원국이었던 루마니아도 모스크바와의 관계를 한계점까지 밀고 나가지 않도록 조심했지만, 점차 그 자신의 길을 갔다. 알바니아가 소련 대신 중국을 선택한 것은 간접적으로 루마니아에 이익을 주었다. 크레믈은 알바니아를 잃은 데다 유고슬라비아까지 독립했는데 거기에 루마니아를 더하여 발칸 지역에서 영향력을 더 줄일 수는 없다는 점을 깨달았다. 그리하여 루마니아는 반쯤 떨어져 나가는 것이 허용되었다. 1965년 잔혹한 스탈린주의자였던 공산당 당수 게오르게 게오르기우데지를 계승한(또 1974년에 루마니아 대통령이 된) 니콜라에 차우셰스쿠는 체코슬로바키아 침공에 반대하고 모스크바의 장단에 맞춰 춤추지 않을 것을 고집한 일종의 루마니아 '민족공산주의'—공산주의 틀 내에서의 민족주의—를 건설함으로써 서방에서 갈채를 받았다. 그는 중국과 소련 사이의 분열이 커지는 틈을 타 소련 노선에 반대하여 서독 및 이스라엘과 외교 관계를 수립할 수 있었다. 차우셰스쿠는 루마니아의 민족적 자부심을 배양했다. 그리고 경제성장을 통해 충분한 식료품과 필수품을 공급함으로써 초기에 인기를 유지했다. 처음에는 어느 정도 문화적 이완도 있었고, 이는 서방 미디어에 대한 접근을 약간은 허용했다.(이것은 그가 1971년 중국, 북한, 몽골, 북베트남을 방문한 후 바뀌었다. 차우셰스쿠는 돌아와서 그 자신의 문화혁명을 통해 이전에는 허용되었던 표현에 대해 엄격한 이념적 통제를 새롭게 실시했다.) 소련 정통에서 벗어나는 루마니아의 일탈은 계속 진행될 것이었다.

분권화와 기저의 산업 경영에 의존하는 유고슬라비아판 공산주의는 많은 서방 찬양자들에게 질식할 듯한 소련 체제에 매력적인 대안을 제공하는 것 같았다. 국민들은 동유럽의 다른 어떤 나라보다 더 많이 서방에 노출됨으로써 상당히 이득을 보았다. 달마티아식 해안은 1960년대에 관광 명소로 홍보되면서 국고를 수백만 달러 불려주었다. 이 경화는 필요한 수입품을 제공하고 비교적 높은 생활수준을 보장하는 데 도움을 주었다. 한편 50만 명의 유고슬라비아인들이 서독에서 '이주 노동자'로서 일자리를 찾았고, 가족들에게 돈을 송금하여 경제를 보조했다. 서방과 접촉이 빈번해지면서 이 나라는 그들의 문화적 영향력에 노출되었다. 유고슬라비아는 동유럽의 공산주의 국가 중에서 가장 자유로웠다. 하지만 1960년대 말에는 국가의 경제적 실패가 뻔히 눈에 보였다. 생산성은 평균 소득 증가에 훨씬 못 미쳤고, 인플레이션이 심화하고 있었으며, 국가 부채는 심각한 문제가 되고 있었다. 또 불평등이 심해지고 있었고, 실업이 급증하고 있었다. 이것은 유고슬라비아 국가에서 원심적 경향이 출현하는 배경이었다.

크로아티아는 유고슬라비아에서 가장 번영하는 지역이었다. 그러나 크로아티아인들은 외국인들의 관광에서 얻은 수입의 상당 부분이 나라의 덜 개발된 지역에 분배되는 데 분개했다. 자치 확대를 요구하는 크로아티아의 소요가 커지면서 민족주의가 다시 활기를 띠기 시작했다. 처음에는 1967년 학교에서 크로아티아어(그들이 보기에 국가가 강요한 세르보-크로아트어가 아니라)를 사용하게 해달라는 요구로 표출되었는데, 130명의 지식인이 이를 지지했다. 거꾸로 세르비아인들은 경제적 번영이 불균형적으로 크로아티아에 이득을 주었다고 생각했고, 강력한 파벌들이 보기에 자유화—크로아티아와 슬로베니아에서 가장 앞서 있던—는 너무 멀리 진행되었다. 하지만 학생들에게 그것은 충분히 진행된 것이 아니었다. 1968년 6월 초에 프랑스의 사태에 촉발되어 전쟁 이래 최초의 대중 시위가 베오그라드에서 발생했다. 학생들은 과밀 상태의 대학, 당 과두층의 특권, 소비주의의 확산, 그리고 많은 이들이 일자리를 찾아 나라를 떠나게 만들었던 경제 상황에 대해 항의했다. 소요를 억제하기를 간절히 바랐던 티토 원수는 학생들의 요구를 수용하겠다고 약속했다. 체코슬로바키아 침공(유고슬라비아 정부의 강력한 항의를 불러일으켰다) 이후 소련 개입 가능성에 대한 우려는 당국에 유리하게 작용했고, 소요는 가라앉았다. 1971년, 이번에는 자그레브에서 소요가 다시 불붙으며 유고슬라비아 국가의 통합에 더욱 심각한 위협을 제기했다.

'자그레브의 봄'으로 알려진 이 사태는 크로아티아의 자치를 확대해 달라는 민족주의적 요구에 바탕을 두었다. 크로아티아 당 지도자들, 언론계 인사들, 학생 대표들은 독립에 찬성했다. 그들은 민족 정체성이 위협받고 있다고 생각했는데, 민족 정체성은 수많은 크로아티아인들이 일자리를 찾아 외국으로 떠나고 세르비아인 등이 유입되면서 희석되고 있었다. 크로아티아 당 지도자 사브카 다브체비치쿠차르[457]는 1970년에 "크로아티아는 크로아티아인들의 집이라기보다는

---

457)　Savka Dabčević-Kučar(1923~2009). 크로아티아의 공산주의 정치가. '크로아티아의 봄' 동안 가장 영향력 있는 여성 정치인 중 한 명이었다. 1967~1969년

세르비아인 및 여타 소수민족의 집이 되었다"고 우려를 표했다. (훗날 독립한 크로아티아의 대통령이 될) 프라뇨 투지만[458]은 "크로아티아 인민의 존재"가 동화의 위협을 받고 있다고 주장했다. 크로아티아인들이 관료와 경찰, 군 장교에서 과소 대표되고 있고, 유고슬라비아의 다른 지역들이 크로아티아를 경제적으로 쥐어짜고 있으며, 크로아티아는 세르비아의 식민지 종속국이나 다름없다는 생각이 널리 퍼져 있었다.

1971년 7월, 그 자신이 크로아티아인인 티토는 크로아티아 지도자들을 베오그라드로 소환해서 민족주의의 부활을 허용했다고 그들을 질책했다. 티토는 소련의 개입을 불러일으킬지도 모를 내부 혼란의 위험을 간접적으로 경고했다. 하지만 민족주의 감정은 여전히 수그러들지 않았고, 11월에 학생들이 자그레브 대학 건물들을 점거해 수천 명이 "크로아티아 독립국가 만세!"라는 구호 아래 대규모 시위를 벌이며 총파업을 요구했다. 이번에는 티토가 수백 명을 당에서 축출하고 거의 200명을 체포하면서 자그레브와 베오그라드 양 도시에서 당 지도부를 숙청했다. 또한 슬로베니아, 마케도니아, 몬테네그로, 보스니아헤르체고비나에서 민족주의 성향을 띠고 있다고 의심되는 사람은 누구나 제거되었다. 숙청은 자유화의 확대에 찬성한 사람들도 포함했고, 1972년 새 법이 제정되어 언론의 자유를 좀 더 크게 제한했다.

크로아티아 행정위원회 의장(총리), 1969~1971년 크로아티아 공산주의자연맹 서기, 1990~1995년 크로아티아 인민당 의장을 역임했다.
458)   Franjo Tudjman(1922~1999). 크로아티아의 정치가. 크로아티아가 유고슬라비아 사회주의연방공화국에서 떨어져 나온 후 1992~1999년 크로아티아 대통령을 지냈다.

억압 조치 덕분에 상황은 진정되었지만, 티토는 억압으로 충분하지 않다는 것을 깨달았다. 1974년의 새 헌법은 더욱 균형 잡힌 연방을 수립하고 권력을 분산하며 더욱 큰 상대적 독립 정도를 여러 공화국에 이양함으로써 개혁적 요구를 수용하고자 했다. 하지만 사실상 새 헌법은 인종적 차이를 더욱 뚜렷이 하면서 민족주의적·분리주의적 경향을 약화하기보다는 조장했다. 티토의 엄청난 권위—전쟁 영웅, 민족 구세주, 그 후의 통합의 화신이라는 권위—는 금방이라도 무너질 듯한 유고슬라비아 국가의 토대를 계속 유지하는 데 단 하나의 가장 중요한 요소였다. 그러나 티토는 1972년에 여든 살이었다. 그가 죽은 후 유고슬라비아의 앞날은 어떻게 될 것인가?

서유럽의 사회민주주의 전진

1970년대 초까지 서유럽뿐 아니라 동유럽에서도 이전 몇 년 동안의 소요는 대부분 수그러들고 있었다. 소련 블록은 프라하의 봄의 격동 이후 다시 '정상화'되었다. 반체제는 존재했으나 쉽게 진압되었다. 공산주의 국가들에서 '실제로 존재하는 사회주의'는 무한정 지속될 운명인 것 같았다. 서유럽에서는 민주주의가 오직 군부의 명령으로만 존재하거나(터키) 전혀 존재하지 않는(1967년 이후의 그리스, 포르투갈, 스페인) 남부 벨트(제7장을 보라) 너머에서 정부 체제가 여전히 온전하게 그대로 남아 있었고, 일반적으로 회복이 빨랐다. 실제로 정치는 점점 더 불안정해졌다. 이탈리아의 붉은 여단과 서독의 바더마인호프 그룹뿐 아니라 북아일랜드의 민족주의자들과 바스크의 분리주의자들도 그들 운동의 고유한 일부로서 테러를 사용하고 있었다. 그러나 어느 곳에서도 혁명적 동력은 고사하고 급진적 동력도 없었다. 국민들의 복지를 보장하고 생활수준을 꾸준히 올린다는 국가의 중심적 역할에 관해 전후에 이루었던 근본적 합의는 본질적으로 여전히 유효했다.

실제로, 정부가 사회의 빈곤 부문을 위한 사회복지와 생활 조건 개선에 거액의 비용(과 세수)을 지출하는 '큰 국가'를 누구보다 확고하게 옹호했던 사회민주주의자들은 1960년대와 1970년대 초에 전반적으로 입지를 강화했다. 이런 일이 일어날 때는 가끔 다른 좌파 정당들도 함께 입지를 강화하곤 했고, 그 과정에서 보통은 보수주의 정당 및 교회와 제휴한 정당들이 희생되었다.

영국에서는 (영국판 사회민주주의를 대표하는) 노동당이 1964년 선거에서 가까스로 승리했고, 해럴드 윌슨의 노동당 정부는 1966년에 집권 다수 의석을 크게 늘렸다. 하지만 악화하는 경제 문제와 산업 분쟁으로 1970년 총선에서는 에드워드 히스의 보수당이 놀라운 승리를 거두었고, 훨씬 더 큰 어려움에 봉착하게 되었다(제7장을 보라).

이미 살펴보았듯이, 보수주의는 서독에서 1963년 오랜 아데나워 시대가 끝난 후 점점 높아지는 개혁의 기대 때문에 입지를 잃고 있었다. 기독민주연합은 1969년 총선 이후 연방공화국 건국 이래 처음으로 정권을 내놓았다. 그 대신 전후 시대의 위대한 인물이었던 빌리 브란트의 사회민주당이 이끄는 새로운 연립정부가 구성되었다. 멋진 개인적 매력을 지닌 빌리 브란트는 흠잡을 데 없는 사회주의자의 자격을 갖고 있었다. 헤르베르트 프람Herbert Frahm이라는 이름의 사생아로 태어난 그는 나치 시대 초기에 스칸디나비아로 도피했고, 그곳에서 히틀러 체제에 대한 노동계급의 저항에 가담했다(그 과정에서 이름을 바꿨다). 이렇듯 나치 출신의 쿠르트 게오르크 키징거가 이끄는 정부의 교체는 새로운 시대의 개시를 상징하는 것처럼 보였다. 1968년의 학생 시위와 소란스러운 정치 현장의 바로 뒤를 이어 등장한 브란트 연정은 퀴퀴한 냄새가 나는 방에서 들이마시는 약간의 신선한 공기 같았다. 분위기는 바뀌었다. 무엇보다도 특히 젊은이들 사이에 새로운 기대와 희망이 있었다.

인접국 오스트리아 역시 1960년대 말에 개혁적 사회민주주의 쪽으로 움직였다. 이 나라의 전후 역사에서 처음으로 보수적인 오스트리아 인민당이 절대다수를 얻었던 1966년의 선거 결과에서 앞으로 어떻게 될지 가늠케 하는 암시는 거의 없었다. 사회당 내의 분열과 사회당이 소규모 공산당과 함께 일할 준비가 되어 있을지도 모른다는 두려움은 보수주의가 승리한 배경의 일부였다. 그러나 사회당 지도부가 1967년 강력한 브루노 크라이스키[459]에게 넘어간 후 그가 원대한 사회적·경제적 개혁 프로그램을 추진하자 사회당은 입지를 얻기 시작했다. 사회당은 1970년 선거에서 최대 정당이 되었으며, 덕분에 크라이스키는 소수당 정부를 구성할 수 있었다. 이듬해 있었던 새 선거로 크라이스키의 당은 절대다수를 획득했고, 향후 10년 동안 오

---

459)   Bruno Kreisky(1911~1990). 오스트리아의 정치가. 1959~1966년 외무장관, 1970~1983년 총리를 역임했다. 흔히 오스트리아에서 가장 성공한 사회주의 정치가로 인정받고 있으며, 오스트리아를 약소국에서 세계 주요 국가로 탈바꿈시킨 인물로 여겨진다.

스트리아 정치를 지배한 안정된 사회민주 정부를 구성했다.

네덜란드에서 1960년대의 주요 변화는 전통적으로 네덜란드식 자유민주주의를 형성했던 '지주화支柱化'[460](수직적이고, 주로 교파별로 성립하는 하위문화들과 그것들의 정치적 대표)의 점진적인 쇠퇴였다. 세속화의 확대를 이어 가톨릭인민당에 대한 지지가 줄어드는 한편으로 사회 개혁에 대한 약속이 노동당이 입지를 넓히는 것을 도와주었다. 노동당은 1972년 선거에서 최대 정당으로 등장했고, 이듬해 그 지도자인 요프 덴 아윌[461]이 총리가 되어 연립정부를 이끌게 되었다. 벨기에 사회민주주의는 플랑드르와 왈롱 사이의 언어적·문화적 분열과 이 분열에 상응한 주요 정당들의 분열 때문에 더 큰 문제에 직면했다. 벨기에 정부들을 형성한 갈피를 잡지 못할 정도로 수많은 정당 중에서 사회당과 보수적인 기독인민당은 각각의 경우에 불과 국민투표의 4분의 1 정도만 지지를 받았지만 수월하게 최대 정당이 되었다. 그러나 광범위한 반보수적 정치 지향은 여기서도 존재했고, 그것은 1968년 이후 '녹색' 생태 정당들의 출현으로 나타났다.

사회민주주의는 제2차 세계대전 이후 스칸디나비아에서 정치적

---

460)   Pillarization(네덜란드어로는 verzuiling). 한 사회가 정치·교파별로 분리되는 현상, 혹은 한 사회가 종교나 정치적 신념에 따른 집단으로 분리되는 현상을 일컫는다. 이 사회는 '기둥(zuilen)'으로 알려진 2개 이상의 그룹으로 '수직적으로' 나뉘어 있다. 역사적으로 이런 현상은 네덜란드와 벨기에에서 가장 두드러지게 발생했다.

461)   Joop den Uyl(1919~1987). 네덜란드의 노동당 소속 정치가. 1950년대부터 1980년대까지 다섯 차례 하원의원을 지냈다. 1965~1966년 경제장관, 1973~1977년 총리를 역임했다.

안정과 복지 개혁의 기반이었다. 사회민주주의는 비록 노르웨이 노동당의 장기 지배가 1960년대 동안 우익 때문이 아니라 좌익의 사회주의인민당에 대한 지지도가 높아졌기 때문에 약화하긴 했지만, 스웨덴·덴마크·노르웨이에서 투표자의 약 40퍼센트에게 계속 지지를 받았다. 핀란드의 정치는 여느 때처럼 이웃 나라 소련과 여전히 합리적 관계를 맺을 필요가 있었기 때문에 복잡하게 진행되었다. 정부들은 변함없이 많은 정당을 끌어들인 연립정부였다. 사회민주주의자들(4분의 1을 조금 웃도는 표를 얻었다)이 가장 큰 정당을 형성했고, 더 급진적인 좌파 정당인 '핀란드 인민민주동맹(핀란드 공산주의자들이 지배했다)'이 크게 뒤처지지 않고 그 뒤를 따랐다. 그들은 비록 1968년 8월 프라하의 봄의 소멸이 민주동맹에 해를 끼치긴 했지만 함께 국민투표의 40퍼센트 이상을 얻었다. 프라하의 봄은 소련의 행동을 비난하고 서유럽에 좀 더 적절한 것으로 보이는 공산주의 사고와 조직 형태 쪽으로 움직인 사람들로부터 계속 소련을 지지한 사람들을 분리했다. 전자는 특히 이탈리아, 프랑스, 스페인에서 지지를 얻고 '유러코뮤니즘Eurocommunism'이라고 불리게 되었다.

이탈리아와 프랑스처럼 보수주의가 계속 정부를 지배하게 된 나라들에서조차 보수주의 정부는 실제로 그랬다기보다는, 말뿐이긴 했지만 좌파의 요구를 고려하지 않으면 안 되었다.

이탈리아 정치의 늪에서 원대한 개혁 약속과 실제로 시행된 개혁 사이에는 깊은 틈이 존재했다. 1960년대 말 고용법의 일부 개정, 의료 체계 개선, 연금 급여 확대는 좀 더 포괄적인 복지국가로 나아가는 조치였다. 그러나 훨씬 많은 것들이 계획 단계를 벗어나지 못했다.

좌익의 많은 이들, 네오마르크스주의 지식인들, 그리고 급속히 늘어나는 학생들에게 이루어진 것은 결코 충분치 않았다.

1963년 알도 모로 정부—그해 치러진 선거에서 최대 정당인 기독민주당의 득표율이 처음으로 40퍼센트 이하로 내려갔지만, 여느 때처럼 정부를 이끌었다—가 '좌익에 문호를 개방'할 때 사회당도 포함되었다. 사회당은 보수주의자들이 이끄는 정부에 참여할지를 두고 분열했다가, 그 후 1966년에 다시 통합되었다. 그러나 '좌익에 대한 개방'의 실질적인 수혜자는 모스크바에 비판적이며(특히 체코슬로바키아의 프라하의 봄 이후) 정부에서 배제됨으로써 이득을 얻고 혁명 정당이 아니라 개혁주의 정당으로 변신한 공산주의자들이었다. 1960년대 초에 쇠퇴를 경험한 후 공산당의 당원 수와 유권자의 지지율이 많이 증가하기 시작했다. 공산당의 국민투표 득표율은 1963년 25퍼센트에서 (사회당의 겨우 14퍼센트와 비교해) 1976년에는 34.4퍼센트로 올랐는데, 이는 기독민주당에 그리 뒤지지 않고 주요 야당으로서 사회당을 쉽게 앞지르는 것이었다.

프랑스는 1969년 민족 영웅 샤를 드골의 정치에서 벗어났고, 그는 이듬해 유명을 달리했다. 그렇다고 혼란이나 공백이 발생하지는 않았으며, 그의 후계자인 조르주 퐁피두가 보수적 지배를 계속했다. 드골 없는 드골주의는 심한 변화를 가져오지는 않았다. 그러나 1969년 대통령 선거에서 큰 승리를 거둔 퐁피두는 짧은 임기 동안(그는 1974년 4월, 너무 일찍 사망했다) 적어도 처음에는 대부분의 사람들이 기대한 것보다 더 개혁적이었다. 1968년 5월의 사건들은 프랑스, 특히 프랑스 보수주의에 충격으로 다가왔다. 소란이 진정되었을 때 그 자리에 남은 것은 사회 변화에 대한 강한 욕구였다. 여성의 권리를 확대하라는(정치적으로, 그리고 또 자신들의 몸에 대해서) 요구는 한 가지 지속적인 결과였다. 그러나 '새로운 사회'의 약속은 곧 대체로 허망한 것으로 드러났다. 보수주의자들의 반대가 너무 강했다. 퐁피두 치하의 근대화는 대체로 산업적·기술적 발전을 지향했고, 또한 막 꺼져 버릴 참이었던 지속적인 고도 경제성장률에 의존했다.

한편, 프랑스 좌파는 성격이 바뀌고 있었다. 수많은 마르크스주의 분파 그룹(주로 트로츠키주의나 마오쩌둥주의)이 '1968년'에서 등장했다. 변화를 위한 그들의 선동과 압박이 계속되었다. 그러나 그들은 심지어 좌익 쪽에서도 주류 바깥에 있었다. 전쟁 이후 유권자의 약 4분의 1의 지지를 받아왔고 모스크바와 긴밀하게 동맹을 맺었던 공산당은, 1968년 8월 소련의 체코슬로바키아 침공으로 치명적인 손상을 입었다. 혁명으로 권력을 홀로 획득할 수 없다는 것을 인정한 공산당은 장기적인 사회 변화를 꾀하면서 더욱 개혁적으로 변했다. 이는 추종자들 사이에서 환멸을 일으킬 수밖에 없었다. 그러나 공산당의 개혁주의로의 선회는 1969년 대통령 선거에서 참패한(사회당 후보 가스통 데페르[462]는 불과 5퍼센트만을 득표했을 뿐이다) 상처를 보듬고 있던 사회당의 욕구와 우연히 일치했다. 새로운 지도자 프랑수아 미테랑[463]

---

462) Gaston Defferre(1910~1986). 프랑스의 사회당 정치가. 1944~1945년, 1953~1986년 마르세유 시장을 지냈다. 1946년부터 사망한 1986년까지 해외프랑스장관, 국무장관, 내무장관 등 여러 차례 정부 고위직을 역임했다.

463) François Mitterrand(1916~1996). 프랑스의 정치가. 1971년 프랑스 사회당 제1서기가 되었고, 1981~1995년 프랑스 제21대 대통령을 지냈다.

아래에서 사회당은 분권화를 시행하고 국유화를 도모하며 국가 계획을 좀 더 민주적으로 만드는 프로그램을 제시하는 등 개혁주의 근대화 쪽으로 움직였다. 1972년, 사회당과 공산당은 사회의 심대한 변화로 가는 개혁주의의 길로서 제시된 '공동 정부 프로그램'을 제출했다. 그러나 바람은 미테랑의 사회당이 항해하는 데 유리하게 불고 있었고, 이제 주요 좌익 정당으로서 공산당은 쇠퇴하기 시작했다.

서유럽의 다원주의 정치 체제들은 1960년대 말과 1970년대 초에 어디서나 개혁의 압력을 수용해야 했다. 그들은 개별 국민국가 내부의 정치가 국내 현안에 심하게 좌우되었기 때문에 확실히 똑같은 방식으로 적응하지는 않았다. 그러나 분명한 다양성을 참작하더라도 유사한 패턴의 변화가 대부분의 서유럽 국가에 영향을 미쳤다. 그것은 결코 순수한 조화가 아니었다. 그럼에도 서유럽에는 광범위한 수준의 안정이 존재했으며, 번영이 계속되리라는 기대를 거의 모든 곳에서 볼 수 있었다.

●○●

심지어 국제 무대에서도 희망을 밝히는 빛이 존재했다. 1970년에 빌리 브란트는 동유럽에 대한 정책을 뒤집음으로써 나라를 새로운 방향으로 이끌었고, 이는 심대한 결과를 낳았다. 지금까지 서독은 독일 민주공화국을 인정하지 않으려 했고, 재통일될 경우 (1945년 이래 폴란드의 일부와 심지어 소련의 서쪽 끝을 구성했던, 오데르·나이세 선 너머에 있는 땅을 포함한) 독일 제국의 1937년 국경에 권리가 있다고 주장했다. 브란트의 과감한 주도적 행동은 1971년 그에게 노벨 평화상을 안겼다. 브란트가 실제로는 싫어한 용어였던 그의 '동방정책'은 처음에는 깊은 분열을 일으켰다. 좌파는 갈채를 보냈지만, 보수주의자들과 전쟁이 끝난 후 동유럽에서 추방된 사람들의 대표들은 격렬하게 반대했다. 브란트는 무엇보다도 독일민주공화국과의 관계에서 소원함을 협력으로 대체하고자 했다. 그는 동방정책은 서독이 나토에 여전히 확고하게 닻을 내리고 서유럽에 충분히 통합될 때에만 성공할 수 있다고 굳게 믿었다. 브란트 자신의 표현을 빌리면 "우리의 동방정책은 서방에서 시작해야 한다"는 것이었다. 국내외를 막론하고 동방정책이 소련 블록에 위험한 양보를 초래할 것이며, 궁극적으로 연방공화국을 서방의 계류장으로부터 떨어져 나가게 할 것이라는 우려가 있었다. 그러나 그것은 점차 인기를 얻어가는 정치적 돌파구인 것으로 밝혀졌다.

새로운 동방정책은 다음 3년에 걸쳐 독일민주공화국과 공식적인 관계를 수립했고, 체코슬로바키아와 관계를 정상화했으며, 1970년 바르샤바 조약[464]을 통해 오데르·나이세 선을 따른 폴란드 서부 국경의

---

464)   Treaty of Warsaw. 폴란드를 방문한 서독 총리 브란트와 폴란드 총리 치란키에비츠가 1970년 12월 7일 바르샤바의 라치빌 궁전에서 맺은 조약. 양국은 제2차 세계대전 후 25년 동안 외교 관계가 단절된 상태였다. 전문과 5개 항으로 구성된 조약에는 오데르·나이세 강을 양국의 국경선으로 삼는다고 명시했을 뿐만 아니라 영토 불가침, 주권 존중, 영토 요구 포기 등의 내용을 담고 있다. 폴란드 국경확정 문제는 전후 유럽 최대의 영토 문제를 해결함으로써 유럽의 긴장 완화를 향해 한 걸음 나아간 것으로 평가받는다.

현실을 인정했다. 조약이 받아들인 이 국경선은 무력으로 변경될 수 없었고, 그럼으로써 실제로는 독일의 이전 동부 주들의 영구적인 상실을 용인했다(오데르·나이세 선에서 독일-폴란드 국경을 최종적이고 무조건적으로 인정하는 일은 1990년 독일 통일 과정에서 비로소 이루어질 터였다). 획기적인 변화를 보여주는 상징적 사건은 1970년 12월 브란트가 바르샤바를 방문했을 때, 유대인 학살에 대한 개인적인 속죄를 보여주기 위해 1943년 4월과 5월의 게토 봉기 추념비에 자발적으로 무릎을 꿇은 것이었다.

서독 대외 정책에서 브란트가 시도한 방향 변화는 당시 유망한 것처럼 보였던 초강대국 관계의 변화에 상응하는 것이었다. 1972년 5월, 지난 3년간에 걸친 회담 후 리처드 밀하우스 닉슨[465] 미국 대통령과 레오니트 브레즈네프 소련 공산당 총서기는 '전략무기제한협상[466] I'이

---

465)   Richard Milhous Nixon(1913~1994). 미국의 정치가. 1953년 1월 아이젠하워 정권의 부통령으로 취임하고 1956년 재선했다. 1960년의 대통령 선거에 공화당 후보로 출마했으나 근소한 표차로 케네디에게 패했지만, 1968년 선거에서 제37대 대통령으로 당선해 정계에 복귀했다. 그러나 3대 공약인 베트남전쟁 조기 해결, 경제 회복, 국내 통합은 실현하지 못했다. 중국을 방문해 실질적으로 국교를 회복했고, 소련과의 데탕트를 추진했다. 1972년에 대통령에 재선했으나 '워터게이트 사건'으로 1974년 8월 사임했다.

466)   Strategic Arms Limitation Talks. 핵무기의 생산과 배치를 제한하는 문제를 논의하기 위해 1969년부터 1979년까지 열렸던 미국과 소련의 회담. SALT I 협정을 위한 회담은 1969년부터 1972년까지 헬싱키·빈·제네바 등지에서 열렸고, 1972년 5월 26일 모스크바에서 조인되었다. 이로써 미소 양국의 ABM(탄도탄 요격 미사일) 기지를 두 곳에서 한 곳으로 축소하고 수량도 100기로 제한하며, ICBM(대륙간 탄도미사일)과 SLBM(잠수함 발사 탄도미사일)은 미국이 1054기와

라고 알려진 협상에서 비롯한 협정에 서명했다. 전략무기제한협상 I
은 탄도탄 요격 미사일 시스템을 제한함으로써 상호 안전을 보장하
는 데 목표가 있었다. 그 뒤를 이어 이듬해에는 "핵전쟁의 위험과 핵
무기의 사용"을 완전히 근절한다는 야심 찬 목표를 가진 '핵전쟁방지
협정'[467]이 추가로 맺어졌다. 이 조처들은 두 주요 당사국, 즉 미국과
공산주의 중국의 관계 개선(1972년 2월 닉슨의 베이징 방문으로 확고해
졌다)을 우려하던 소련과 베트남전이 초래한 외교적 손상을 걱정하던
미국 두 나라를 모두 만족시켰다. 일반적으로 '데탕트'라고 알려진 정

710기까지, 소련이 1618기와 950기까지만 보유할 수 있게 되었다. SALT II 협정을
위한 회담은 1972년 11월부터 1979년까지 제네바에서 열렸으며, 1979년 6월 18
일 빈에서 조인되었다. 양측이 보유할 수 있는 ICBM, 전략 폭격기의 총수를 2250
기로 제한한다는 것과 MIRV(다탄두 각개 목표 설정 재돌입 비행체)화할 수 있는
운반수단은 1320기를 초과할 수 없다는 것, ICBM·SLBM은 1200기를 넘지 못한
다는 것, 이 중에서 MIRV화할 수 있는 ICBM은 820기를 초과하지 못한다는 것이
주요 내용이다. 하지만 이 협정은 결국 양측 모두 상내 정부를 믿지 못해 시 실상
유명무실해졌다. 1982년 6월부터 개시된 제3단계(SALT III) 교섭은 미국에서는
START(Strategic Arms Reduction Talks, 전략무기감축협상)라고 부른다. START는
1983~1985년에 중단되었다가 1986년에 재개되었고, 1991년 7월에 부시와 고르
바초프가 마침내 협정에 조인했다. 이 협정에 따라 소련과 미국은 핵탄두 무기와
폭탄을 각각 8000~1만 기(소련의 경우 약 28퍼센트), 1만~1만 2000기(미국의 경
우 약 15퍼센트)로 감축하게 되었다. 또 협정은 전략 미사일, 중폭격기, 이동 발사
대 등 양국이 보유할 수 있는 병기의 수를 제한함으로써 병기의 감축량을 구체적
으로 제시했다.

467)   Agreement on the Prevention of Nuclear War. 미국과 소련 사이에 핵전쟁의
위험을 줄이기 위해 맺어진 협정. 미국 국무장관 헨리 키신저가 1972년 모스크바
를 방문했을 때 제안했고, 이듬해 1973년 6월 22일 워싱턴에서 체결되었다. 그러
나 사실상 거의 영향력이 없었던 것으로 평가된다.

책은 초강대국 간의 긴장을 완화했고, 최대 핵 강대국들 사이의 관계가 지속적으로 개선될 수 있는, 매우 환영할 만한 가능성을 드러냈다. 유럽, 그리고 세계 전체는 조금 더 수월하게 숨을 쉬기 시작할 수 있었다. 그때는 1973년 석유 위기를 뒤이은 경제적·정치적 반향이 있기 전이었다.

7

선회

산업민주주의는 고실업, 지속적 인플레이션, 심각한 에너지 문제를 극복하기로 결정했다.

경제 협력에 관한 G7[468]의 선언, 1975년 11월

위기요? 무슨 위기요?

**영국 총리 제임스 캘러헌[469]을 잘못 인용한
《선The Sun》의 헤드라인, 1979년 1월 11일**

Roller Coaster

7

1973년의 석유 위기는 유럽의 전후 역사에서 하나의 전환점이었다. 그것은 정치적·경제적·사회적 구조에 깊은 흔적을 남긴 일련의 변화를 가져왔다. 1980년대 중반에 (전후 초기 몇 십 년의 호황이 끝나고 새로 뭔가가 나타나는 그야말로 패러다임의 변화에 해당하는) 이 변화는 대륙을 변모시키고 있었다. 이미 석유 위기에 앞서 오랫동안 지속되어온 호황이 끝나가고 있다는 분명한 신호가 있었다. 변화가 진행되고 있었다. 그러나 석유 위기는 강력한 촉진제였다. 아랍 산유국들이 시행한 공급 감축의 직접적 결과로서 1배럴당 석유 가격이 1년 만에 2.70달러에서 9.76달러로 급등했다. 1979년 제2차 석유 위기 후인 1980년에 가격은 1배럴당 거의 50달러로 치솟았다. 석유는 1950년에 서유럽 에너지 공급의 8.5퍼센트를 차지했다. 20년 후 이

---

468) Group of Seven. 보통 약자로 G7이라고 한다. IMF가 보고하는 7대 주요 선진 경제국인 프랑스, 미국, 영국, 독일, 캐나다, 이탈리아, 일본으로 이루어진다. G7 국가들은 전 세계 순국부의 60퍼센트 이상을 차지하는 것으로 알려져 있다.

469) Leonard James Callaghan(1912~2005). 영국의 정치가. 1976~1979년 총리, 1976~1980년 노동당 대표를 역임했다. 또한 1964~1967년 재무장관, 1967~1970년 내무장관, 1974~1976년 외무장관을 지냈다.

수치는 60퍼센트로 증가했다. 석유에 그토록 크게 의존하는 나라들에 위기의 심각성은 명백했다. 좋은 시절은 끝났다.

위기는 앞선 20년간의 특징이었던 낙관주의가 끝났음을 나타냈다. 지속적 성장이 가져다주었던 이전의 유익한 영향은 극도의 부정적인 경제적 상황으로 대체되었다. '경제 기적' 시대의 특성으로 생활수준이 계속 나아질 것이라는 가정은 갑자기 의문시되었다. 고도 인플레이션은 전쟁 직후 수십 년 동안 영원히 정복되었다고 생각하던 현상인 실업자 증가와 결합했는데, 이 연결은 새롭고 위험한 것이었다. 그 결과 전쟁 이후 대부분의 사람들이 경험했던 것보다도 더 근 경제적 불안이 생겨났다. 유럽이 제2차 세계대전에서 회복하면서 사람들이 안전하다는 의식을 갖게 되는 토대였던 복지국가 자체에 들이는 비용 수준을 유지하는 문제에 대해 오래지 않아 의혹이 제기되었다. 전쟁 이후 서유럽에서 정치경제학 형성을 주도했던 케인스의 이론에 의존하는 경제 모델은 이제 근본적으로 도전을 받았고, 점차 거부당했다. 경제적 분위기의 변화가 정치적 휘발성을 높인 한편으로, 북아일랜드·스페인·서독·이탈리아에서는 날카로운 갈등이 끔찍한 야만적 테러 행위를 초래했다. 동유럽과 서유럽의 정치체제들은 급변하는 상황에 어떻게 대응하고 적응했는가? 그들은 1930년대의 경제 위기 동안에는 무너졌던 반면에 지금은 과연 어떻게 무사히 살아남았는가?

석유 위기에 뒤따른 시기에 모든 것이 암울함과 비관만 불러일으킨 것은 아니었다. 위기 자체는 경제구조를 이미 쇠퇴하고 있는 옛 산업에서 벗어나도록 변화시킬 필요를 드러냈다. 치명적 수준의 인플레이션이 마침내(그리고 그 과정에서 심한 고통에 시달리며) 통제되었다. 생활양식과 소비주의의 개인적 선택이 사회적 순응주의를 잠식했다. 대륙의 서반부에서 독재 체제가 사라졌다. 몇 개월 사이에 포르투갈, 그리스, 스페인의 권위주의 체제가 연달아 무너졌다. 그것은 외부의 군사적 개입 없이 평화적으로 이루어졌다. 하지만 좀 더 긍정적인 궤도 위에 있는 것처럼 보였던 국제 관계가 가파르게 악화했다는 사실은 우려스러웠다. 핵무기에 관한 제한과 인권에 대한 국제적 존중을 가리키던 1970년대 전반의 데탕트는 1970년대를 넘기지 못했다. 1980년 무렵 유럽은 '제2차 냉전'이라고 빈번하게 언급되는 시기, 초강대국 대결의 새롭고 위험한 단계로 접어들고 있었다.

곤경에 빠진 경제

1973년의 석유 위기가 얼마나 날카로운 단절을 가져왔는지는 유럽의 경제성장률을 보면 분명히 드러난다. 1950년부터 1973년 사이에 평균 성장률은 서유럽과 동유럽 모두에서 4.7퍼센트였고, 뒤늦게 따라잡기 시작한 남유럽의 저개발 경제에서는 무려 6.3퍼센트나 되었다. 석유 위기 이후 20년 동안 성장률은 반 넘게 줄어들어서 남유럽에서는 3.1퍼센트, 서유럽에서는 2.2퍼센트로 떨어졌다. 동유럽에서는 0.4퍼센트에 머무르면서 심지어 마이너스로 추락해가고 있었다. 서유럽에서는 노르웨이·아일랜드(따라잡고 있는 또 하나의 후진 경제)·이탈리아·오스트리아·서독이 성장률이 가장 높았고, 네덜란드·영국·스웨덴·스위스가 가장 낮았다. 철의 장막 너머에서는 헝가리(1인당 국내총생산 증가로 서방에 대한 재정적 의존의 심화라는 문제를 숨기고 있던)가 가장 덜 악영향을 받았고, 루마니아가 최악이었다. 대륙 남부의 국가 중에서는 터키의 성장률(2.6퍼센트)이 비록 낮은 수준에서 시작했기 때문이긴 했지만 어느 나라보다 높았다. 국가적인 차이가 무엇이었든 모든 지역에서 일반적인 패턴은 분명했다.

20년간의 번영을 낳은 동력이 서서히 꺼져가고 있었다. 1971년까지 서방 세계의 경제는 1944년 7월 브레턴우즈 회의에서 합의된 달러—달러 자체는 금 가격에 (1934년 이래 불변의 고정된 가치로) 묶여 있었다—와의 고정태환통화환율에 의해 뒷받침되었다. 그와 같은 체제를 실행에 옮길 때 나타나는 복잡한 문제들은 브레턴우즈 체제가 1958년 12월이 되어서야 비로소 충분히 작동하기 시작했음을 의미했다. 그리고 10년 내에 브레턴우즈 체제는 어려움에 직면하고 있었다. 브레턴우즈는 본질적으로 미국과 영국이 생각해낸 합의였다. 그것은 국제 준비 통화로서 이전의 파운드화 우위 대신에 달러화의 전후 지배를 반영했다. 그 후로 서방 경제들은 훨씬 더 밀접히 연결되었고, 그와 동시에 그 세기가 매우 다양해졌다. 출렁이는 경제들과 고정환율을 조화시키는 것이 점점 어려워졌다. 통화 투기(그리고 이것이 초래한 재정적 불확실성)는 필연적이었다. 고정태환환율을 유지하는 데 있어 긴장이 고조되자 1970년의 '베르너 보고서'(보고서를 작성한 위원회 위원장인 룩셈부르크 총리 피에르 베르너[470]의 이름을 땄다)에서 유럽의

---

470)   Pierre Werner(1913~2002). 룩셈부르크의 기독사회인민당 소속 정치인. 1953~1959년 국방장관, 1953~1967년 법무장관, 1953~1974년 재무장관,

통화동맹을 향한 움직임이 처음 나타났다.(사실 프랑스인들은 일찍이 1964년에 서독에 통화동맹을 처음 제의했다. 이 움직임은 프랑스의 국제적 지위를 제고하고 미국에 대한 독일의 종속을 약화하려는 의도가 있었다. 이 제의는 본에서 소리소문 없이 무시되었다.) 그것은 아직 때가 되지 않은 아이디어였다. 이 제안은 곧 뒤이은 통화 폭풍으로 완전히 날아가 버렸다.

한때 강력했던 달러의 계속된 지배가 더는 당연히 여겨질 수 없었다. 미국 경제(브레턴우즈 체제 전체의 중심축)는 어려움에 빠져들고 있었다. 1960년대 말 미국은 국제수지 적자가 늘어나고 무역수지 적자도 치솟고 있었는데, 이는 유럽과 일본으로부터 수입이 증가하고 존슨 대통령 행정부에서 사회적 지출이 확대되었으며 특히 베트남전쟁의 확전으로 군비 지출이 물 쓰듯 늘어난 결과였다. 인플레이션은 억제하기가 힘든 것으로 드러나고 있었다. 미국의 무역수지가 계속 악화하고 인플레이션과 실업이 심화하자 달러가 과대평가된 것이 명백했다. 달러를 버리고 독일마르크와 일본 엔으로 투기가 이루어지는 것은 필연적인 결과였다. 1971년 5월 서독 정부는(오스트리아, 벨기에, 네덜란드, 스위스가 뒤를 이었다) 더는 기존에 견지하던 달러와의 등가성을 유지하지 않겠다고 결정했다. 이것은 마르크 가치의 대폭 상승과 달러로부터의 도피를 촉진했다. 브레턴우즈 체제는 1온스당 35달러라는 금의 고정 가격을 중심으로 구축되었다. 달러의 약화는 금

1964~1967년 외무장관, 1959~1974년, 1979~1984년 총리를 역임했다. 1970년 유럽경제공동체가 운용하는 경제 연합, 통화동맹의 청사진을 제시했다.

가격이 오를 것이라는 추측을 조장했다. 실제로 금 가격은 올랐다. 1960년대 말에 금은 공식 가격의 2배를 뛰어넘는 가격으로 팔리고 있었다. 브레턴우즈는 더 유지될 수 없었다. 1971년 8월 15일, 닉슨 대통령은 갑자기 미국 정책의 극적인 변경을 선언했다. 반인플레이션 조치가 쏟아지는 가운데 그는 달러의 금 태환을 중단했다.

이 조치와 함께 브레턴우즈 체제(전후 경제의 기반)는 사망했다. 변동환율이 미래였다. 그러나 변동환율은 국제 경제의 불확실성을 더욱더 수반했다. 그 불확실성을 어떻게 관리하느냐는 새로운 문제였고, 급속히 난관을 가져올 것이었다. 어떤 분명한 해결책도 찾을 수 없었다. 역경을 이겨내는 힘이 천차만별인 경제들과 특히 중심에 있는 미국 경제가 직면한 이 문제를 두고 나온 제안은 모두 실패했다. 이 제안들은 너무 가혹해서 성장을 훼손하고 실업률을 엄청나게 높일 것이며(그에 따른 모든 부수적인 사회적·정치적 결과와 더불어), 아마도 세계를 새로운 대공황으로 빠트릴 고전적인 디플레이션 조치들에 호소하지 않고 우려할 만한 인플레이션 증가와 싸운다는 것이었다.

그사이 유럽의 주요 산업국가들은 1971년 12월부터 작은 무리를 만들어 무리 내부에서는 각국의 통화가 이제 금으로부터 분리된 달러에 대해 변동이 가능한 쪽으로 움직였다. 이른바 이 '공동변동환율제'는 곧 실패로 드러났다. 상이한 수준의 유럽 경제들의 발전과, 인플레이션에 대처하고 정부 지출을 통제하기 위한 다양한 국가 전략을 고려하면 이 실패는 처음부터 거의 확실했다. 국가들은 일차적으로 그들 자신의 이익을 도모하고 국가정책을 통해 국내의 곤란과 싸우는 데 관심이 있었다. 영국, 아일랜드, 덴마크는 1972년까지 이미

'공동환율변동제'를 떠났다(덴마크는 곧 다시 가입했지만). 그리고 1973년
에는 이탈리아가, 1974년에는 프랑스가 탈퇴했다. '공동변동환율제'
는 사실상 독일마르크화가 지배하는 북서부 유럽 경제들의 더 작은
모임이 되었다. 오직 서독과 베네룩스 3국만이 끝까지 버텼다. 독일
정부와 프랑스 정부의 공동 주도로 불만족스러운 통화 '공동변동환
율제'는 1979년에 유럽통화체제[471]로 변환되었다. 독일마르크화는 훨
씬 더 확실하게 다른 유럽 통화들의 기준이 되었다.

 '공동변동환율제'의 문제들은 더 일반적인 변동통화로 움직임을
촉진했다. 그와 동시에 그 문제들은 유럽통화동맹의 궁극적인 달성이
라는, 1970년에 이미 숙고된 생각을 더욱 고무했다. 이것은 당분간은
몽상에 지나지 않았다. 서독의 경제적 지배(와 상당한 흑자)는 서독 경
제가 취약한 경제들을 훨씬 크게 앞지르고 서로 다른 통화들의 조정
을 극히 어렵게 만든다는 것을 의미했다. 고정환율보다는 변동통화
가 정치적으로 해로운 평가절하를 고려하지 않고 내부 조정을 할 수
있는 대부분의 나라에 점차 잘 들어맞게 되었다.

 본질적으로 괴로운 통화 문제는 심지어 석유 위기의 충격이 있기
전에도 서방 경제에 깊이 뿌리박혀 있던 문제들을 반영했다. 사실 산
업 생산은 1972~1973년에 약 10퍼센트 증가했다. 그러나 이것은 수
입된 1차 제품에 대한 수요가 커지고 있던 바로 그때 약간의 산업 과

---

471)   European Monetary System. 1979년 대부분의 '유럽경제공동체' 국가가 각
국의 통화가 서로에 대해 변동 폭이 너무 커지는 것을 막기 위해 '젱킨스 유럽위원
회'에서 수립한 통화제도를 일컫는다.

잉 생산 능력을 창출했다. 각국 경제는 과열되고 있었다. 통화 팽창, 저렴한 대출금리, 달러 약세에 뒤이은 국가 통화 공급량의 확대는 물가의 급등을 가져왔다. 석유 위기가 있기 바로 전 해에 에너지와 원자재 가격이 이미 치솟고 있는 가운데(단 한 해 동안 63퍼센트 인상되었다) 대다수 부유한 나라의 산업 부문은 쇠퇴하면서 대량 생산에 분명한 부담을 주고 있었다. 그리고 석유 위기 전에도 인플레이션은 우려할 만한 수준에 도달하고 있었다. 7퍼센트를 기록한 서독 사회는 1923년의 초인플레이션까지 거슬러 올라가는 뿌리 깊은 기억 때문에 인플레이션에 대해 극심한 피해망상에 시달리고 있었다.

수요를 자극하여 성장을 촉진한다는 케인스적 접근은 실제로 경제에 관한 전후의 모든 사고방식을 떠받치는 기초였다. 그것은 경제적 곤경, 불경기, 대량 실업의 확실히 믿을 수 있는 탈출구로 판명되었다. 그러나 이러한 해결법은 1970년대 초의 여건에는 맞지 않았다. 20년간의 고도성장은 완전고용을 낳았다. 이제 문제는 인플레이션이 가속화하고 있다는 것이었다. 경제에 돈을 쏟아붓는 것은 단지 인플레이션 압력을 더할 뿐이었다. 수요를 자극하는 것은 그저 임금 인상 주장을 자극할 뿐이었다. 생산성이 증가하지 않으면 그것은 그냥 인플레이션의 추가 촉진을 가져올 뿐이었다. 높은 비율의(그리고 여전히 상승하는) 노동자들이, 특히 확대된 공공 부문에서 노동조합에 가입했는데, 그 비율이 1970년에 스웨덴은 약 3분의 2, 영국은 절반, 서독은 3분의 1에 이르렀다(비록 프랑스는 5분의 1을 조금 넘었지만). 조합들은 사실상 완전고용과 노동력 부족을 이용하여 때로는 상응하는 생산성 증가 없이 극적인 임금 인상(1969년 이탈리아 산업의 경우 19퍼

9. 1962년 유럽을 순회공연 중인 리틀 리처드. 그는 1950년대 후반 유럽을 휩쓸었던 로큰롤 열풍의 스타였다. 이 순회에서 리틀 리처드는 당시 거의 알려져 있지 않은 그룹이지만 몇 달 내에 전 지구적 현상이 될 비틀스와 며칠 동안 함께 공연했다.

10. (위) 1960년대 중반 '경쾌한 런던'의 상징인 카너비 거리의 미니스커트. 세련된 부티크 옆 여성복 가게는 아직 최신 유행을 그다지 따라잡지 못했다.

11. 1960년대 중반 프랑스의 풍요로움. 파리 샹젤리제 거리의 한 쇼룸에 줄 지어 서 있는 시트로엥 데 에스 자동차들.

12. (아래) 1968년 5월의 파리. 거대한 항의 시위 동안 진압복을 입은 경찰들이 학생들과 대치하고 있다. 단시간에 소요가 확산되면서 정부의 안정에 위협을 제기하는 듯 보였다. 1968년에 학생들의 대규모 시위는 유럽에만 국한되지 않고 많은 나라에서 발생했다. 프랑스와 함께 이탈리아와 서독에서도 시위가 대대적으로 나타났다.

13. 1968년 8월 3일, 브라티슬라바에서 소련 지도자 레오니트 브레즈네프가 미소와 꽃으로 환영받고 있다. 루드비크 스보보다 체코공화국 대통령이 브레즈네프의 손을 움켜쥐고 있다. 미소를 짓고 있는 체코슬로바키아 공산당 제1서기 알렉산드르 둡체크(오른쪽)가 또 다른 꽃다발을 주려고 기다리고 있다. 소련 총리 알렉세이 코시긴(왼쪽), 최고소비에트간부회 의장 니콜라이 포드고르니(브레즈네프 뒤), 체코슬로바키아 총리 올드르지흐 체르니크(둡체크 뒤)가 두 번째 열에 서 있다.

14. 브라티슬라바에서 가짜로 친선을 과시한 지 채 3주 도 되지 않아 바르샤바협정군들이 1968년 8월 20~21 일 밤에 체코슬로바키아를 침공했다. 사진에서는 젊은 남성 둘이 프라하에서 버려진 소련 탱크 위에 올라가 깃발을 흔들고 있고, 옆에는 자동차 한 대가 맹렬하게 불타오르고 있다. 하지만 시위는 군사력으로 재빨리 진 압되었다.

15. (오른쪽) 서독 총리 빌리 브란트가 1970년 12월 7일 폴란드에 있으면서 1943년 게토 봉기 동안 나치에 학살 된 유대인 희생자들을 위한 바르샤바의 기념비에 무릎 을 꿇고 묵념하고 있다. 브란트는 동유럽의 국가들에 대 한 새로운 정책(동방정책)을 통해 서독과 옛 소련 블록 의 관계를 개선하고자 했다.

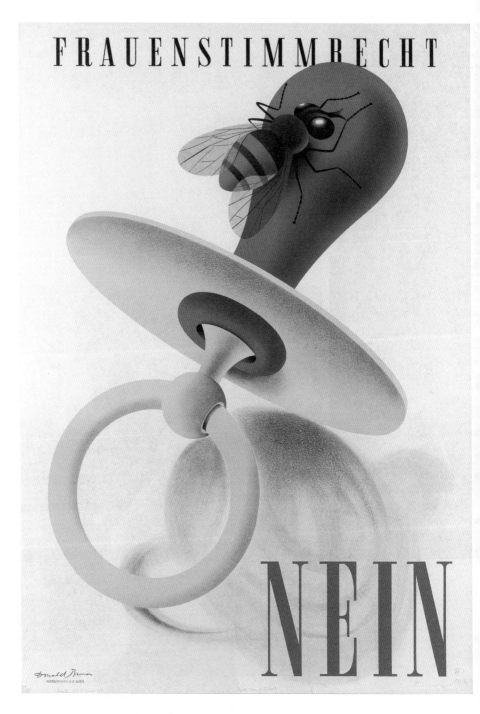

16. 여성의 투표권에 반대하는 스위스 포스터. 1971년 2월 7일에 실시된 국민투표로 연방 선거에서 여성들은 마침내 투표할 권리를 부여받았다. 하지만 마지막 주가 지역 문제에 관해 여성들에게 투표를 허용하기까지는 또 다른 20년이 필요할 터였다.

센트)에 성공했다. 각국 정부는 공공 지출 수준을, 특히 복지 부문에서 따라가기가 점점 힘들어진다는 것을 알게 되었다. 이것은 1970년대 초에 서방 국가들의 지출에서 40~50퍼센트를 차지했다. 이는 서유럽에서는 종전 이후 평균 4배가 늘어난 것이며, 이탈리아와 프랑스에서 특히 빠르게 증가하고 있었다. 이런 상황에서 케인스 이론은 어떤 해결책도 내놓지 못했다.

이미 악화하고 있던 경제 상황에서 1973년의 석유 위기가 서방 경제에 가한 충격은 엄청났다. 각국은 대체로 국가의 이해에 따라 대응했다. 프랑스는 이라크와, 영국은 이란 및 쿠웨이트와 특별히 협상하고자 했다. 최악의 석유 금수 조치[472]의 영향을 받은 네덜란드와는 달리 영국이나 프랑스는 악영향을 받지 않았다. 사실 금수 조치는 유럽공동체가 중동 갈등에서 아랍의 입장에 상대적으로 유리한 것으로 해석되는 성명을 발표한 후 1973년 11월까지는 유럽(미국은 아니지만)에서 이미 해제되었다. 그러나 상이한 국가 이해 때문에 조정

---

472) 1973년 10월 6일 이스라엘과 아랍 세계 국가 간의 제4차 중동전쟁(욤 키푸르 전쟁)이 발발하면서 이루어진 경제제재를 가리킨다. 전쟁이 시작되자 OPEC은 이스라엘을 지지하는 캐나다, 일본, 네덜란드, 영국, 미국을 제재하기 위해 가격을 인상한 데 뒤이어 추가로 포르투갈, 로디지아, 남아프리카공화국 등으로 제재의 폭을 넓혔다. 10월 16일에는 OPEC 회원 산유국 중 페르시아만 연안 6개국이 원유 공시 가격을 1배럴당 3.01달러에서 5.12달러로 70퍼센트 인상한다고 발표했다. 다음날 10월 17일에는 아랍석유수출국기구(OAPEC)가 원유 생산의 단계적 삭감을 결정했다. 또한 OAPEC 국가는 10월 20일 이후 이스라엘이 점령지에서 철수할 때까지 이스라엘 지지국에 대한 경제제재(석유 금수)를 잇달아 결정했다. 12월 23일에는 OPEC에 가입한 페르시아만 연안의 산유국 6개국이 1974년 1월부터 원유 가격을 5.12 달러에서 11.65 달러로 인상하기로 결정했다.

정책은 계속 어려움을 겪었다. 1974년 11월 미국과 다른 15개국이 무엇보다도 특히 새로운 비상 상황이 발생할 경우 석유 공유에 관한 긴급 대책을 만들기 위한 포럼으로서 여겨진 '국제에너지기구'[473]를 수립했을 때, 프랑스는 이 기구와 전혀 관계가 없을 터였다. 프랑스인들은 참가할 경우 OPEC과의 관계가 훼손될지 모른다고 판단했던 반면, 자체 해저 유전을 발견했던 영국과 노르웨이는 독자적인 행동을 취할 권리를 갖게 되었다.

석유 위기의 혹독한 충격은 동유럽에도 불어닥쳤는데, 그것은 오래도록 영향을 미쳤다. 주요 산유국이었던 소련은 사실 석유 가격의 전 지구적 상승의 수혜자였고, 동유럽 너머의 발전한 시장경제들에 수출하여 쏠쏠하게 재미를 보았다. 서부 시베리아 유전 지대에서 생산이 증가하면서 서방에서 수입한 물품의 대금을 치를 수 있었다. 기대치 않은 노다지는 한동안 소련 경제의 근본적인 취약성을 은폐했다. 철의 장막 너머 다른 사회주의경제들은 자체 석유 공급이 부족했던 루마니아는 제쳐 두더라도 훨씬 운이 좋지 않았다.(루마니아 자체의 석유 공급은 나라를 1973년 위기의 충격으로부터 보호했으나 1970년대 동안 3배로 늘어난 수요를 감당하기에는 불충분했다. 그러므로 여기서도 석유는 수입할 수밖에 없었고, 이는 1970년대 말 무렵 루마니아의 대외 부채를 크게 늘렸다.) 소련은 경화나 산업 완제품으로 대금을 치를 것을 고

---

473) International Energy Agency, IEA. 1974년 벨기에 브뤼셀에서 열린 석유 소비와 관련된 회의의 합의에 따라 같은 해에 발족한 국제적 석유 긴급 유통 계획 기구다. 현재 본부는 프랑스 파리에 있다. 회원국은 29개국이며, 우리나라는 2002년에 가입했다.

집하며 경제 블록(경제상호원조회의) 내의 회원국들에 판매하는 석유의 가격을 인상했다(세계시장 가치보다는 낮았지만). 소련으로부터 공급받는 석유는 확실히 위성국가들에 필수적이었다. 그것이 없었더라면 그들의 정치적 문제는 억제하기가 힘들었을 것이다. 그럼에도 석유 위기 때문에 사회주의국가들은 광범한 차관을 찾아 자본주의 서방을 기웃거릴 수밖에 없었다. 서방 국가들에 빚진 그들의 국가 부채가 빠져나갈 길 없는 소용돌이 속에서 놀랍도록 늘어나기 시작했다. 헝가리의 달러화 부채는 1970년대와 1980년대 동안 18배 늘어났고, 폴란드는 20배, 독일민주공화국은 40배 이상 늘었다. 1970년대 말에 경제성장은 이 지역 전체에 걸쳐 급격히 느려지거나 마이너스로 돌아섰다.

소련 블록 밖의 유고슬라비아도 유사한 문제를 겪었다. 국가 부채는 1973년부터 1981년 사이에 46억 달러에서 210억 달러로 늘어났다. 처음에는 평범한 시민들에게 곤경이 닥칠 조짐은 전혀 없었다. 성장이 계속되었다. 국가는 호텔과 스포츠 센터, 도로를 건설하느라 많은 돈을 썼다. 생활수준은 유지되었다. 그러나 다른 사회주의 국가들처럼 필수적인 경제적 변화와 경쟁의 심화가 이 시스템 내에서는 불가능한 것이나 다름없었다. 성장률이 떨어지고, 국가 부채가 늘어나고, 실업률이 올라가고, 인플레이션이 속도를 내기 시작했다. 1984년까지 생활수준은 30퍼센트 낮아졌다. 유고슬라비아 공화국 내의 경제적 격차가 커지면서(예를 들어 1970년대 말에 슬로베니아는 코소보보다 9배 더 부유했다) 인종 갈등의 가능성이 커졌다. 1980년 5월 티토의 죽음에 뒤이어 곧 코소보에서 알바니아인과 세르비아인들 사이의 인종 폭력이 분출한 것은 아마도 놀라운 일이 아닐 터인데, 이는 뒤따르를 최악의 사태를 미리 보여주는 전조였다.

서유럽에서는 석유 위기의 즉각적인 영향을 피할 도리가 없었다. 각국 정부는 소비를 줄이기 위해 가끔 석유와 난방유의 배급에 기대고, 꼭 필요하지 않은 차량 사용을 제한하고(특히 일요일에) 속도 제한을 실시하면서 석유 부족에 대처하는 비상조치를 강구했다(사람들은 석유에 돈을 덜 쓰려고 연료 효율적인 소형차를 구매하기 시작했다). 영국 정부는 국민들에게 추운 겨울에도 집에서 방 하나만 난방을 하라고 촉구했다. 네덜란드 정부는 시민들에게 할당된 전기 사용량을 초과하면 징역형에 처할 거라고 위협했다. 금수 조치가 해제되자마자 이 공포는 곧 수그러들었다.

그러나 석유 가격의 4배 폭등은 훨씬 많은 해를 끼쳤다. 1974년 후반에 그것은 심각한 경기후퇴를 가져왔고, 산업 생산량을 감소시켰으며, 국민총생산의 하락을 초래했다. 무역수지 문제는 석유 수입 가격의 극적인 인상으로 엄청나게 악화되었다. 물가는 유럽 전역에서 1974년에 13퍼센트 인상되었고, 이는 이미 상승하던 인플레이션을 더욱 부채질했다. 1950~1973년과 비교해 소비재 물가는 1973~1983년의 10년 동안 평균 2배 이상 높았고, 지중해 국가들에서는 4배 이상 더 높았다. 여느 때처럼 고정 수입이 있는 사람들은 인플레이션 때문에 특히 심각한 타격을 받았다. 물가 상승은 변함없이 소비자에게 전가되었고, 이는 더욱 높아진 생활비를 충족하기 위해 필연적으로 임금 인상 요구로 이어졌다. 그 요구가 충족되는—노동조합의 힘을 고려하면 보통은 충족되었다—곳에서는 인플레이션이 더욱 악화되었다. 그러나 고용 비용의 증가는 감원 조치로 이어졌다. 서유럽에서 700만 명 이상이 곧 해고되었다. 실업률은 1950년부터 1973년 사이에 연평균 2~4퍼센트였지만, 그 후 10년 동안 12퍼센트로 급등했다. 최악의 타격을 받은 곳은 오래된 노동 집약 산업들(광업, 철강, 조선, 섬유)이었는데, 이 분야에서는 생산성이 엄청나게 낮아졌고(이는 급속히 확대되는 일본 산업 생산과 경쟁이 심해지면서 더욱 악화되었다) 실업 수준이 높아졌다.

인플레이션의 심화와 함께 실업자가 늘어나는 것은 고전적 경제 분석을 혼란에 빠트리는 현상이었다. 수요를 북돋기 위한 경기 진흥책으로 경기하강과 싸우려는 초기의 시도들은 사태를 더욱 악화할 뿐이었다. 이른바 '스태그플레이션'은 경제력과 산업구조에 따라 양상이 다양했다. 경기가 가장 좋은 서독 경제는 비교적 성공적으로 대처했다. 인플레이션은 1973년부터 1981년 사이에 5퍼센트 이하, 실업률은 3퍼센트 이하로 유지되었다. 여전히 약 2퍼센트의 성장률을 기록하고 있던 서독 경제의 붕괴는 상대적으로 사소했다. 가장 크게 악영향을 받은 영국과 이탈리아에서 경제 붕괴는 더욱 혹독했다. 이탈리아 경제는 여전히 견실하게 성장하고 있었으나 인플레이션은 17.6퍼센트로 치솟았다. 영국은 1973년부터 1981년 사이에 겨우 0.5퍼센트라는 최악의 성장률을 기록했던 반면 인플레이션은 평균 약 15퍼센트에 이르렀다.

1970년대 초에 한때 세계의 산업 발전소였던 영국은 곤경에 처했다. 오랫동안 지속된 불충분한 투자, 낡은 노동조합 구조, 형편없는 경영, 경제 계획과 정책에서 일련의 정부들이 겪은 정치적 실패는 영국을 경제적·정치적으로 크게 약화했다. 노동조합을 개혁하고자 한 노동당 정부의 시도는 참담한 실패로 끝났다. 1970년 권좌에 오른 에드워드 히스의 보수당은 경제를 관리하고 산업 분규를 다루는 데 훨씬 더 솜씨가 없었다. 물가와 임금은 계속 급등하면서 인플레이션에 기름을 부었다. 1972년에 물가는 7퍼센트 상승했으나 산업 소득은 16퍼센트 올랐다.

1926년 이후 처음으로 전국 규모의 석탄 파업이 벌어졌던 그해, 광부들의 파업에 항복한 정부는 인플레이션 비율의 2배가 넘는 임금 인상을 허용했다. 한편 세금 감축을 통해 성장을 자극하는 정책이 도입되었다. 성장률은 급격히(그리고 일시적으로) 높아졌지만, 호황은 단지 인플레이션의 화염에 기름을 붓는 것일 뿐이었다. 그 후 정부는 임금 인상에 제한을 두어 통제하려 했지만 소용이 없었다. 그리고 이 모든 것은 석유파동 이전에 있던 일이었다.

1974년 '전국광부연합National Union of Mineworkers'—영국에서 가장 강력한 노동조합—이 보수당 정부가 최근 도입한 임금 제한 정책을 훌쩍 뛰어넘는 큰 폭의 임금 인상을 요구한 후, 경제가 치솟는 에너지 가격으로 인해 비틀거리면서 계속 심화하던 산업 관계의 위기가 정점에 다다랐다. 이것은 비상 상황과 전기 사용 배급제, 산업계의 주 3일 근무제를 낳았다. 사재기가 벌어졌다. 런던의 한 공장은 사람들이 전력 차단을 두려워하자 하루에 100만 개의 양초를 생산했다. 놀랍게도 제조업 생산량은 거의 줄어들지 않았는데, 이는 정상적인 주 5일 근무제가 생산성 저하의 원인임을 보여주었다. 결국 1974년 2월 총선거에서 정부와 노동조합 사이에 힘의 대결이 벌어졌는데, 특히 에

드워드 히스는 이를 일컬어 '누가 영국을 통치하는가?'라는 문제라고 했다. 유권자들은 답변했다. 영국을 통치하는 자는 정부가 아니었다.

해럴드 윌슨이 이끄는 새 노동당 행정부는 광부들의 임금 인상 요구를 즉각 들어주었다. 예상대로 임금이 폭발적으로 인상되었다. 1974년에 소득이 24퍼센트 늘어났다. 그러나 인플레이션은 27퍼센트에 이르렀고, 실업자는 100만을 넘어섰다(지난 20여 년 동안 어느 해와 비교하더라도 그해 수준의 2배에 달했다). 정부 지출은 공공 지출이 국내 총생산의 46퍼센트까지 치솟으면서 통제를 벗어났다. 국제수지 적자는 석유 위기가 시작된 이후 3배 이상 늘어나 기록적인 수준에 이르렀다. '영국은행'이 대출 금리를 인상했지만 파운드화에 불리한 투기가 지속되는 것을 막을 수가 없었다.

1976년 영국 정부는 IMF 역사상 가장 많은 39억 달러의 대출을 얻기 위해 IMF에 동냥 그릇을 들고 가야 하는 치욕을 당했다. 이제 노동당 재무장관 데니스 윈스턴 힐리[474]가 시행하고 주택과 교육 부문에서 심하게 단행된 불가피한 지출 삭감의 결과, 적자가 약간 줄어들고 인플레이션이 늦춰졌으며 국가의 조세 수입이 감소했다. 그러나 임금 인상을 생계비를 크게 밑도는 5퍼센트로 억제한 것은 특히 공공 부문에서 강력했던 노동조합들이 받아들일 준비가 되어 있지 않은 생활수준의 침해를 의미했다. 산업 분규로 상실한 노동 일

---

474)   Denis Winston Healey(1917~2015). 영국의 노동당 정치가. 육군 소령 출신으로 1952~1992년 40년 동안 하원의원을 지냈다. 1964~1970년 국방장관, 1974~1979년 재무장관, 1980~1983년 노동당 원내 부총무를 역임했다.

수는 1979년에 전후 절정에 도달했을 정도로 우려스러웠는데, 이 수준은 20세기의 어느 수준과 비교하더라도 좋지 않았다. 악명 높은 1978~1979년 '불만의 겨울'에는 무덤 파는 사람들이 파업에 돌입했기 때문에 시신이 매장되지 못했고, 쓰레기 수거인들이 파업을 했기 때문에 거리에 쓰레기가 쌓였다. 또 돌보미들이 파업에 들어갔기 때문에 아이들이 학교에 들어가지 못했고, 보조 노동자들이 파업했기 때문에 환자들이 병원에 입원하지 못했다.

이는 1979년 5월 3일 총선거에서 이제 마거릿 대처Margaret Thatcher가 이끄는 보수당이 대승을 거둔 배경이 되었다. 그것은 또 1970년대 동안 영국 정부를 극심하게 괴롭혔던 문제들에 근본적으로 다른 접근을 시사한 신자유주의로의 선회를 보여주는 것이기도 했다.

적어도 영국에서는 북해산 석유가 1975년에 생산되기 시작하여 1980년까지는 이란이나 쿠웨이트의 생산량을 초과하고 있었다. 그러나 이탈리아는 석유가 없었지만, 에너지 수요의 75퍼센트를 석유가 차지하는 처지였다. 영국과 나란히 이탈리아는 스칸디나비아, 서독, 오스트리아, 스위스, 네덜란드, 벨기에의 좀 더 공생적인 제도corporate system와는 대조적으로 산업 관계에서 적대적 전통을 갖고 있었다. 산업 갈등은 고질적이었다. 그리고 1970년대 초의 심각한 경제적 문제들은 붉은 여단과 그 밖의 전투적 파벌의 운동 과정에서 정치 폭력이 증가하는(제6장을 보라) 배경이 되었다. 높은 인플레이션이 계속되고 국제수지 적자가 급속히 늘어나는 와중에 이탈리아는 서독과 IMF로부터 거액의 대부를 받을 수밖에 없었고, 뒤이어 가혹한 디플레이션 조치와 화폐 공급 제한을 단행했다. 그 결과 경기가 후퇴하면서 생산이 침체하고 실업자가 늘어났다. 또 공공 지출은 1982년에 국내총생산의 55퍼센트까지 증가했다. 이는 다른 어떤 주요 서유럽 국가보다 높은 비율이었다. 이탈리아의 상당한 '지하경제'만이 쇠퇴의 심화를 막았을 뿐이다. 400만~700만 명의 이탈리아인이 국민경제 생활의 이 '비공식적' 부문으로부터 혜택을 본 것으로 생각되었는데, 이 비공식적 부문은 1979년에는 경제의 20퍼센트까지 차지했다.

영국과 이탈리아는 1970년대 후반에 여전히 침체 상태에 있었다. 그러나 전반적으로 최악의 위기로부터 더디고 미약하지만 회복하고 있었다. 강력한 유럽의 서독 및 스위스 경제, 그리고 유럽 밖에서는 일본의 경제가 이 회복에 박차를 가했다. 또한 그것은 흔히 사회간 접자본 시설이나 군사 무기의 주문을 통해 석유 자원이 풍부한 중동 국가에서 서방 경제로 흘러 들어간 '오일 달러'의 도움도 받았다.

1970년대 후반에 일시적으로 회복되긴 했지만, 그것은 1979년 제2차 석유 위기로 경제가 흔들리면서 곧 중단되었다. 제2차 석유 위기는 비밀경찰의 야만적인 행동조차 통제할 수 없었던 수개월 동안의 대규모 소요 이후 이란의 샤가 물러났던 그해 1월의 이란혁명[475]에 뒤이어 발생했다. 미국의 허수아비나 다름없던 샤는 민주적으로 선출

---

475) Iranian Revolution. 1979년 이란에서 입헌군주제인 팔레비 왕조를 무너뜨리고 이슬람 종교 지도자를 최고 권력자로 등극시킨 이슬람 혁명을 가리킨다. 미국이 지원하는 군주제에 반대하는 시민 저항운동은 1977년 10월에 시작되어 다양한 좌파와 이슬람 단체, 학생운동의 지지를 받았다. 1979년 1월 팔레비 샤가 국외로 망명하고 2월에 마침내 아야톨라 호메이니가 이끄는 이슬람 공화국으로 정부가 교체되었다.

된 정부를 퇴출시키려는 미국 CIA와 영국 비밀정보부[476]의 공작이 성공을 거둔 후 1953년 권좌에 올랐다. 국민 대부분이 그의 체제를 싫어했다. 샤를 반대하는 시아파의 망명한 정신적 지도자 아야톨라 호메이니[477]는 2월 1일 프랑스의 망명지에서 귀국하면서 테헤란의 군중들에게 열광적인 환영을 받았고, 이슬람 공화국을 선포했다. 이것은 이 지역뿐 아니라 세계 전역에서 새롭고 지속적인 거대한 정치적 혼란이 시작되었음을 알리는 것이었다.

이러한 격변의 한 가지 결과는 이란 석유 생산량의 급격한 감소였다. 비록 사우디아라비아가 생산량을 늘렸지만 이전 위기의 기억은 새로운 공포를 불러오기에 충분했다. 두 주요 산유국인 이란과 이라크가 1980년에 8년 동안 매우 격렬하게 지속될 전쟁을 개시함에 따라 양국의 생산량이 급감하면서 사태는 조금도 진정될 기미를 보이지 않았다. 석유 가격은 1979년부터 1981년 사이에 다시 3배가 되어 이제 1973년보다 10배 이상 높아졌다. 그것은 다시 한번 전 지구적인 위기였으며, 개발 도상 세계의 가난한 나라들이 최악의 충격을 느

---

476) Secret Intelligence Service, SIS 또는 MI6. 영국의 정보기관을 가리킨다. 외무부 소속이며, 1995년부터 런던의 템스강 남쪽 복스홀 크로스에 본부를 둔 것으로 알려졌다.

477) Sayyid Ruhollah Musavi Khomeini(1902~1989). 서방에는 아야톨라 호메이니로 알려져 있다. 이란의 시아파로서 샤 모하마드 리자 팔레비를 몰아낸 1979년의 이란 이슬람 혁명의 정치 지도자 겸 종교 지도자다. 1963년 팔레비 국왕의 토지개혁과 삼림 국유화, 여성 참정권 허용 정책 등에 반대하여 망명했다가 1979년 1월 16일 국왕이 퇴위한 뒤 2월 1일 귀국해 사망할 때까지 이란의 최고지도자로 군림했다.

겼다. 서유럽은 북해 석유가 상당량 생산되기 시작하고, 원자력 개발이 빨라지면서 사정이 나아졌다. 그러나 유럽 경제들은 1973년 위기가 시작되었을 때보다 덜 강했다. 따라서 제2차 석유 위기 이후의 경기후퇴는 어느 면에서 더 심각했다. 사기는 이미 떨어졌다. 우려가 고조되었다. 각국 정부는 '스태그플레이션' 문제의 해결책을 찾아낼 수 없었다. 제2차 세계대전이 끝난 뒤로 상황을 관리하던 케인스 규범을 폐기하는 새로운 경제철학이 출현하면서 문제와 싸우는 유일한 방법으로 받아들여졌다.

특히 미국과 영국에서 새로운 전향자들을 발견하기 시작한 이론적 저술은 1962년 시카고 경제학파의 지도적 인물인 저명한 경제학자 밀턴 프리드먼[478]의 《자본주의와 자유Capitalism and Freedom》였다. 그것은 케인스주의를 정면으로 거부하는 것이었다. 수요를 자극하기 위해 국가가 경제에 개입하는 일은 이러한 사고에서는 배제되었다. 재정 정책을 통한 국가의 시장규제도 그랬다. 그 대신 프리드먼은 자유 시장의 힘으로 스스로 규제되는 경제를 옹호했다. 그는 화폐 공급이 물가 수준을 결정한다고 주장했다. 화폐 공급이 국민총생산과 긴밀한 관계 속에서 이루어지면, 인플레이션은 더 이상 문제가 되지 않을 것이었다. 과거에는 화폐 공급이 생산을 크게 앞질렀다. 그러므로

---

478)   Milton Friedman(1912~2006). 미국의 경제학자. 자유주의 시장경제 옹호자로 거시경제학을 위시하여 미시경제학, 경제사, 경제통계학에 큰 업적을 남겼다. 1976년에 소비 분석, 통화의 이론과 역사, 안정화 정책의 복잡성에 관한 논증 등의 성과로 노벨 경제학상을 받았다. 주요 저서로 《자본주의와 자유》, 《선택의 자유》, 《화려한 약속, 우울한 성과》 등이 있다.

화폐 공급을 단단히 죄는 것은 실업자가 증가하더라도 인플레이션을 통제하는 필수적인 해결책이었다. 이 통화주의 철학은 '신자유주의 neo-liberalism'라고 널리 불리게 되는 이론의 핵심이었다(비록 '통화주의'가 이 이론을 위한 더 정확한 용어이며, 그 주창자들이 선호했지만).

'신자유주의'는 긴 지적 족보를 가졌다. 초기 주창자는 오스트리아 경제학자 루트비히 에들러 폰 미제스[479]와 프리드리히 아우구스트 폰 하이에크[480]였다. 특히 하이에크의 영향력은 상당했다. 하이에크는 1899년 오스트리아에서 태어났으나 1938년 영국으로 이주했고, 마침내 영국 시민권을 취득했다. 그는 대체로 1944년에 출간한《노예의 길The Road to Serfdom》때문에 뒤늦게 권위자의 지위를 얻었다. 이 책은 사회주의(그는 사회주의를 평등을 창출하는 데 목표를 둔 강제적 개입과 분리

---

479)　Ludwig Edler von Mises(1881~1973). 오스트리아의 경제학자. 빈 대학교의 경제학 교수, 제네바 국제학 대학원의 국제관계학 교수, 뉴욕 대학교의 객원교수를 지냈다. 오스트리아학파의 최고봉으로 소비자 민주주의 체제로서의 시장경제의 성격을 분명히 밝혔으며, 개성이 없는 무차별의 개인이 아니라 상이한 욕구를 가지고 합리적으로 행동하는 개인의 선호와 선택으로 이루어지는 교환 및 제휴가 시장경제를 만든다고 주장했다. 주요 저서로《화폐와 신용 이론》,《사회주의》,《인간 행동론》등이 있다.

480)　Friedrich August von Hayek(1899~1992). 오스트리아에서 태어난 영국의 경제학자이자 정치철학자. 1974년 화폐와 경제 변동에 관한 연구로 스웨덴의 경제학자 군나르 뮈르달과 더불어 노벨 경제학상을 받았다. 시카고 대학교 경제학 교수로 지내면서 화폐적 경기론과 중립적 화폐론을 전개했고, 자유주의의 입장에서 계획경제에 반대했다. 사회주의 및 전체주의, 좌파의 경제정책을 비판하고, 케인스의 이론에 대항하여 자유 시장 경제체제를 옹호했다. 신자유주의의 사상적 아버지로 불리고 있다. 주요 저서로《가격과 생산》,《법, 입법, 자유》,《노예의 길》등이 있다.

불가능한 것으로 보았다)와 국가 계획을 노예 상태와 연관시켰다. 오직 국가 통제에서 해방된 자유 시장의 경쟁력만이 민주주의적 자유와 양립할 수 있다고 하이에크는 주장했다. 그는 비단 다른 경제학자들만 이해할 수 있는 언어가 아닌 강력한 언어로 글을 썼다. 그 언어는 경제 이론을 완전히 성숙한 사회적·정치적 이념으로 변화시켰다. 이 것은 복지국가에 관한 전후 합의를 뒷받침했던 지침 전체에 대해 근본적인 도전을 제기할 터였다. 복지국가에 관한 합의는 높은 조세 수준과 부분적으로 국유화된 산업, 거대한 공공 부문에 의존하는 경제에 대한 중앙집중적 정부 통제를 상정하고 있었다.

각국 정부는 현실적으로 케인스주의의 일부를 통화주의와 계속 뒤섞을 것이었다. 그러나 영국과 미국 두 나라에서 새로운 정통 이론으로 통화주의를 공식적으로 인정하는 돌파구가 곧 열릴 것 같았다. 1980년 1월 로널드 레이건[481]이 미국 대통령으로 취임했다. 그의 경제 정책—곧 '레이거노믹스'라고 불리게 되었다—은 일종의 각색된 통화주의를 포함했다(비록 전문학적으로 증가한 군비와 3배로 늘어난 국가 부채에 관한 한, 신자유주의적 도그마는 무시되었지만).

---

481)   Ronald Reagan(1911~2004). 미국의 제40대 대통령(재임 1981~1989). 1966년 이후 캘리포니아 주지사를 지냈으며, 1980년 카터 대통령을 누르고 당선했다. 대소 강경 노선으로 군비를 확대하는 한편 사회복지 지출을 억제해 큰 폭의 감세를 실시하는 등 '레이건 혁명'을 달성해, 1984년 압도적인 표차로 재선했다. 임기 후반기에는 소련의 고르바초프 총서기와 중거리핵전력(INF) 폐기 조약을 조인하고 미소 간의 긴장 완화 노선을 확정함으로써 궁극적으로 냉전 체제 종결에 기여했다.

서유럽의 주요 경제들 중에서 오직 영국만이 일찍이 열광적으로 신자유주의 쪽으로 방향을 바꿨다. 사실상 모든 국가가 1970년대에 경제를 안정시키기 위해 점차 디플레이션 조치를 도입할 수밖에 없었다. 인플레이션이 급속도로 통제를 벗어날지도 모른다는 두려움이 정치를 지배하는 주제가 되었다. 그러나 디플레이션이 전략이었던 반면 신자유주의는 이념이었다. 사실 디플레이션은 보통 국가 지출과 부채를 줄이기 위해 전개하는 무기의 일부를 구성했지만, 신자유주의의 목표 자체는 아니었다. 오히려 신자유주의는 낮은 세금과 탈규제, 산업과 공공 서비스의 민영화, 공공 부문 규모의 감축을 통해 장기적인 성장을 도모하고자 했다. 전반적인 목표는 경제의 원동력과 통제력으로서 국가를 시장으로 대체하는 것이었다.

1970년대 초 영국의 심각한 경제 문제, 이를테면 정부를 크고 강력한 노동조합과 정면으로 충돌하게 만든 산업 관계의 악화, 미국의 경제적·사회적 자유주의 원리들에 대한 영국의 문화적 친근감, 그리고 특히 많은 반대를 무릅쓰고 새로운 경제적 어젠다를 밀고 나가는 데 있어 마거릿 대처의 개인적 역할은 영국이 예외적으로 신자유주의의 통화주의적 틀을 포용한 이유를 설명해 준다. 미국과 영국은 앞장서서 '신자유주의로 선회'했다. 이는 파급 효과가 점점 확대되며 수많은 평범한 시민의 삶에 큰 영향을 미칠 것이었다. 신자유주의는 서유럽의 나머지 국가에서는 저항을 받았다. 이 나라들에서는 전후에 매우 풍부한 수익을 낳았던 경제학과 정치학의 합의 기반을 유지하고, 가혹하고 급속한 구조조정의 매우 해로운 영향으로부터 중요한 국가 산업을 보호하고자 하는 훨씬 더 큰 시도가 있었다. 그러나

1980년대부터 민영화, 탈규제, 공공 부문 규모의 감축, 노동조합과 노동자들의 권리를 억제하려는 시도(항상 성공한 것은 아니었다)는 대다수 정부가 내세운 어젠다의 일부가 되었다.

불황의 정치학

1973년과 1979년 두 차례의 석유 위기에 뒤이은 두 번의 깊은 불황이 빚은 급변하는 경제적 상황은 필연적으로 철의 장막 양편에 있는 국가들의 정치체제에 충격을 가했다. 하지만 그들은 적응 능력에서 근본적인 차이가 있었다. 경제 관리는 서유럽 전역에서 1980년대 중반까지는 케인스주의에서 신자유주의로 이동했다. 이것은 고통스러운 결과를 가져왔다. 많은 사람은 수익성이 없는 산업 부문이 폐쇄되면서 생계가 파괴되거나 크게 훼손되는 것을 보았다. 수만 명이 실업자가 되었다. 갈등의 가능성이 커졌다. 그러나 자유민주주의 체제들은 더 큰 압박을 받더라도 대처 능력이 있었다.

동유럽 사회주의 블록의 국가들은 더 심각한 곤경에 부딪혔다. 국가가 경영하는 그들의 (비효율적이고 경쟁력이 없으며, 기술적으로 낡았고 중공업에 지나치게 의존하는) 경제는 유연성이 없었다. 그것은 자신들을 통제하는 정치체제와 그 정치체제를 결정하는 경직된 이념을 바꾸지 않고서는 근본적으로 변화할 수가 없었다. 마르크스·레닌주의 정체 기반 그 자체를 훼손하지 않고서는 변경의 여지가 거의 없었다. 공산주의 국가들은 큰 어려움을 겪으며 1970년대의 혼란을 극복했다. 다음 10년이 시작될 시점에 이렇게 혼란을 극복하는 일이 공산주의 국가들의 역사에서 마지막일 것이라는 의식이 전혀 없었다. 하지만 공산주의 국가들은 1970년대의 위기로부터 크게 약해진 채 빠져나왔다. 그들의 취약함은 소련 자체의 아킬레스건이었다. 블록 내의 한 국가가 무너지면 도미노 효과가 나타날 것이 불을 보듯 뻔했다. 폴란드는 흔히 그 사슬의 가장 약한 고리인 것처럼 보였다. 그리고 실제로 소련 블록 전체의 안전에 대한 가장 심각한 위협이 나타난 곳은 폴란드였다.

폴란드가 서방 국가에 진 빚은 1975년에는 5년 전보다 8배 더 많았다. 식품 가격은 과중한 국가 보조를 통해서만(인구의 거의 3분의 1이 여전히 농업에 종사하는 나라에서조차) 낮게 유지되었다. 1976년 식품 가격을 크게 인상해서(버터 50퍼센트, 육류 60퍼센트 이상, 설탕 2배) 급증하는 채무와 싸워 보려던 정부의 시도는 수만 명의 노동자가 참가하는 파업을 낳았고, 결국 정부는 가격 인상을 철회했다. 시위자들에 대한 가혹한 탄압이 뒤따랐다. 그러나 그로 말미암아 지식인들 사이에 저항 그룹이 형성되었다. 체포된 사람들을 법률적으로 대리하고 재판 보고서를 배포하는 데 목적을 둔 '노동자변호위원회Komitet Obrony Robotników, KOR'를 설립한 안토니 마치에레비치,[482] 그리고 공동 설립자 야체크 얀 쿠론[483]이 그들 중에서 특히 유명했다.

---

482)   Antoni Macierewicz(1948~). 폴란드의 학자, 인권활동가. 1991~1992년, 폴란드 내무장관, 2003~2004년 유럽의회 의원, 2006~2007년 폴란드 국방부 내 국무장관, 군 방첩부 부장 등을 역임했다.

483)   Jacek Jan Kuroń(1934~2004). 폴란드인민공화국의 대표적인 반대파 지도자. '폴란드 반대파의 대부'라고 통상 알려져 있다. 1989~2001년 폴란드공화국 하

체포된 노동자들의 석방을 요구한 가톨릭교회도 체제에 대한 전국적 저항의 더욱 중요한 목소리가 되어가고 있었다. 이것은 1978년 10월 크라쿠프의 대주교인 카롤 보이티와_Karol Wojtyła가 요한 바오로 2세[484]로 선출되면서 엄청난 힘을 받았다. 폴란드 지도자 에드바르트 기에레크는 바로 체제에 골칫거리가 될 거라고 예측했다. 그가 옳았다. 교황이 1979년 6월 감동적으로 고국을 방문했을 때 폴란드 인구의 3분의 1(약 1200만 명)이 그를 환영하려고 모습을 드러냈다. 크레믈은 그의 방문을 막으라고 권했지만 기에레크는 막을 수 없다고 생각했다. 기뻐서 어쩔 줄 모르는 군중의 모습을 보면 폴란드 국민에 대한 공산주의의 이념적 영향력이 이제 미약하기 짝이 없다는 것이 명확했다. 저명한 폴란드 작가이자 체제와 소원해질 때까지 공산당 당원이었던 카지미에시 브란디스[485]는 교황이 바르샤바에 왔을 때 사람들이 너무나 기뻐하던 광경을 목격했다. 브란디스는 일기에 다음과 같이 적었다. "나는 그 순간에 모든 사람이 요한 바오로 2세를 민족사의 영적 화신으로 여겼음이 틀림없다고 생각한다." 교황의 폴란드 방문은 그 후 몇 달 동안 체제를 뒤흔든 사태의 촉매제로 밝혀질

원의원을 지냈고, 그사이 1989~1990년, 1992~1993년 노동·사회정책장관으로 일했다.

484)　John Paul Ⅱ(1920~2005). 폴란드 출신의 제264대 교황으로 27년간 로마 가톨릭을 이끌었다(재위 1978~2005). 재위 중에 동유럽의 민주화 운동을 지원했고, 세계 평화와 반전을 호소했으며, 생명 윤리 등의 분야에서는 그리스도교의 전통적인 도덕관을 제시하는 등 종교의 범위를 넘어 세계 전체에 큰 영향을 끼쳤다.

485)　Kazimierz Brandys(1916~2000). 폴란드의 에세이 작가이자 시나리오 작가.

것이었다.

이듬해에 폴란드의 경제 위기는 더욱 심각해졌다. 수출로 벌어들이는 거의 모든 소득이 이제 계속 늘어나는 부채를 갚는 데 그냥 쓰이고 있을 뿐이었다. 배급제, 전력 감축 그리고 다시 한번 식품 가격 인상이 정부의 대응이었다. 그리고 다시 한번 폴란드 노동계급은 성난 반응을 보였고, 이제 나라 전역에서 대규모 파업이 조직적으로 발생했다. 1980년 8월 서른일곱 살 전기공 레흐 바웬사[486]가 이끄는 그단스크 조선소의 파업위원회는 자유 노조, 파업할 권리, 언론의 자유를 요구했다. 파업위원회는 또 독립적인 노동조합으로 노동계급의 '진정한' 이해를 대변하고자 했는데, 이는 공산당이 노동계급의 유일한 대표라는 가정에 직접적으로 도전하는 것이었다. 파업이 확산하면서 정부는 협상을 할 수밖에 없다고 느꼈고, 8월 31일 사실상 파업 노동자들의 요구를 전부 들어주었다. 9월 17일 독립적인 자유 노조들의 연합체가 결성되었고, 바웬사가 의장이 되었다. 이 연합체에는 그전 달에 파업 노동자들이 채택했던 '연대Solidarność'라는 이름이 붙

---

486)　Lech Wałęsa(1943~). 폴란드의 노조 지도자이자 정치가. 1966년에 그단스크의 레닌 조선소 전기공이 되었다. 1970년 식품 가격 인상 반대 파업 때 이 조선소의 파업위원회 의장이 되었고, 1976년 파업 무렵에 해고되었다. 1980년 파업 때 그단스크 지구 연합 파업위원회 의장이 되어, 정부와 '정부·노사 합의' 체결에 성공하여 동유럽에서 처음으로 공인된 자유 노조를 설립시켰다. 9월에는 '연대' 노조의 의장으로 선출되었다. 1981년 12월에 계엄령으로 구금되었고, 1982년 11월에 석방되었다. 그 후 동유럽의 민주화 물결을 타고 폴란드에서 사회주의로부터 탈피하는 자유화 물결을 일으켜 1983년에 노벨 평화상을 받았다. 폴란드 정치체제 변화 후, 1990년 12월 총선에서 대통령으로 당선해 1995년까지 재임했다.

었다. 연대는 수개월 만에 회원이 950만 명에 이르렀다. 공식 공산주의 조합은 그때까지 860만 명을 상실했다. 연대는 기존 체제를 전복하기보다는 기존 체제 안에서 개혁을 모색했다. 하지만 연대가 자신도 모르는 새 했던 일은 원칙의 문제로서 결사의 자유 권리를 도입하는 것이었는데, 이는 본질적으로 공산주의 국가 체제와 양립할 수 없었다.

이것이 장차 중대한 결과를 초래할 화근이라는 사실에 깜짝 놀란 일부 공산주의 지도자들(그중 유명한 인물로는 독일민주공화국의 수반인 에리히 호네커가 있었다)은 소련의 개입을 촉구했다. 브레즈네프는 망설였다. 그는 폴란드의 새 당 지도자인 스타니스와프 카니아[487]에게서(기에레크는 건강상의 이유로 9월 초에 사임했다) 12년 전의 체코슬로바키아 침공 같은 대응은 전국적 봉기를 불러일으킬 것이라는 경고를 받았다. 폴란드 지도부는 집안 단속을 하라는 권고를 받았다. 1981년 2월 트레이드마크인 검은 선글라스 뒤에서 다소 험상궂은 얼굴을 하고 있던 국방장관 보이치에흐 야루젤스키[488]를 총리로 승진시

487)　Stanisław Kania(1927~2020) 폴란드의 공산당 지도자. 1944년 반나치 저항운동에 참여했고, 1945년 독일군이 물러나고 공산주의 정권이 들어서자 폴란드 공산당에 입당하여 1968년 중앙위원회 위원, 1975년 정치국 위원이 되었으며, 1980~1981년 제1서기를 지냈다.
488)　Wojciech Jaruzelski(1923~2014). 폴란드의 군인이자 정치가. 1947년 노동자당에 입당했고, 1965년 참모총장, 1968년 국방장관을 맡았다. 1980년 이후 정치 위기가 계속되는 가운데 1981년 2월 총리에 취임(국방장관 겸임)했다. 10월에는 당의 제1서기를 겸임했고, 12월에는 계엄령을 선포하여 구국군사평의회 의장이 되었다. 1985년 11월 국가평의회 의장이 되었고, 1989년 7월 상·하 양원 합동

킨 것을 보면 폴란드 지도부는 바로 그렇게 할 준비가 되어 있는 듯 보였다. 식량 부족, 배급제와 텅 빈 상점에 대한 대규모 저항이 여름에 새롭게 일어나자, 야루젤스키는 모스크바로부터 행동에 돌입하라는 큰 압박에 시달렸다. 9월, 연대가 다른 사회주의국가들의 노동자에게 그들 자신의 자유 노조를 세우라는 호소문을 발표한 후 압력은 더욱 거세졌다. 야루젤스키는 약간 망설이다가 1981년 12월 13일 마침내 계엄령을 선포했다. 연대는 금지되었고 회원 약 1만 명이 체포되었으며(바웬사는 특권적인 구금이긴 했지만 1년 이상 감옥에 있었다), 주어졌던 자유는 취소되었고 가혹한 조치에 대한 최초의 사발적 시위자들은 폭력적인 탄압을 받았다. (미국이 주도하는) 서방은 비록 소련이 군사적으로 개입하지 않은 것을 보고 마음이 놓이긴 했지만 경제적 제재로 대응했다. 계엄령은 교황 요한 바오로 2세가 재차 폴란드를 방문하고 수백만 명의 폴란드인들에게 열광적인 찬양을 받은 뒤 1983년 7월 21일 마침내 해제되었고(첫 번째 단계는 1982년 12월에 있었다), 이어 서방의 제재도 끝났다. 연대는 여전히 금지되었지만, 일부는 CIA의 은밀한 지원을 받아 잠재적으로 여전히 거대한 반체제 운동으로서 비합법적으로 살아남았다. 연대의 시간은 아직 오지 않았다.

동구 블록의 다른 어느 나라에서도 폴란드 사태 같은 일은 일어나지 않았다. 허울뿐인 안정이 유지되었다. 외부 세계가 보기에 이 구

회의에서 신임 대통령에 당선했다. 그러나 1989년 6월 총선거에서 연대 노조가 압승하고, 8월에 연대가 주도하는 연립내각인 국민책임 정부가 탄생하자 대통령직 사임을 표명하고, 1991년 대통령 선거에는 출마하지 않았다.

체제는 변함없이 온전한 것 같았고, 앞으로도 무한정 지속될 듯했다. 저명한 반체제 인사들의 용기는 서방에서 대대적으로 찬양받았다. 그중에는 작가 알렉산드르 솔제니친(소련 시민권이 박탈되어 1974년 소련에서 서독으로 추방되었다), 핵물리학자이자 노벨상 수상자이며 인권활동가인 안드레이 사하로프(1980년 고리키시로 국내 추방을 당했다), 가수이자 작사가 겸 작곡가인 볼프 비어만[489](1976년 서독에서 콘서트 순회를 하는 동안 동독 시민권이 박탈되어 독일민주공화국에서 추방되었다), 그리고 체코슬로바키아에서는 극작가 바츨라프 하벨, 작가 밀란 쿤데라[490](1979년 체코 시민권이 박탈되었다)와 지식인 저항운동인 '77 헌장'[491]에 서명한 243명의 사람들이 포함되었다. 그들이 억압적인 공산주의 체제에서 받은 대우는 계속 맹렬한 비난의 소재가 되었다. 그러나 어떻게 보더라도 그들의 반대가 공산주의 체제들에는 그냥 조금

---

489)   Wolf Biermann(1936~). 1960년대부터 서독에서 공연하면서 동독의 반체제 인사가 되었고, 슈타지의 감시를 받았다. 1976년 서독 여행 중에 동독에서 추방되어 서독으로 이주했다.

490)   Milan Kundera(1929~). 체코슬로바키아의 소설가. 1968년 체코의 예술가이자 작가인 바츨라프 하벨과 함께 프라하의 봄에 참여한 후 프랑스로 망명했다. 주요 작품으로 《참을 수 없는 존재의 가벼움》, 《향수》, 《웃음과 망각에 관한 책》 등이 있다.

491)   Charta 77. 공산주의 정권 시절 체코슬로바키아에서 일어난 반체제 운동을 상징하는 문서로 헌장의 발기인은 바츨라프 하벨, 얀 파토츠카, 즈데네크 믈리나르시, 이르시 하예크, 파벨 코호우트다. 체코슬로바키아 정부가 헬싱키 협정의 인권 조항을 준수할 것을 촉구하는 내용을 골자로 한다. 1977년 1월 1일 발표되었으며, 같은 해 1월 7일 《르몽드》, 《프랑크푸르터 알게마이네 차이퉁》, 《타임스》, 《뉴욕 타임스》 등 서방 신문에 실리면서 전 세계에 알려졌다.

성가신 일 이상은 아닌 것 같았다. 무대 뒤에서 악화 일로에 있던 경제 문제가 훨씬 더 심각했다. 하지만 그 문제들이 얼마나 심각했는지는 외부에서 거의 파악할 수 없었다. 붉은 군대의 힘으로 뒷받침되는 딴딴한 거대 단일체라는 느낌 덕분에 서방 관찰자들 대부분이 동구 블록에서 통치 체제를 유지하는 문제가 심각해지고 있음을 거의 볼 수 없었다. 채찍과 당근을 적절히 사용함으로써 체제들은 권력을 유지할 수 있을 것 같았다. 당분간은 심지어 폴란드에서도 마치 체제에 대한 위험이 억제된 것처럼 보였다.

근본적인 변화는 맨 꼭대기로부터(소련 지도부로부터) 일어날 수 있을 뿐이었다. 1970년대 말에 그럴 가능성은 거의 없는 것 같았다. 구조적으로 화석화되고 개혁과 혁신을 할 수 없는 소련 경제는 삐걱거리고 있었으며, 일부 관찰자들의 눈에는 만성적인 쇠퇴에 직면해 있었다. 그러나 소련식 정부 체제의 존재를 위협하는 분명한 위험은 없는 것 같았다. 그것은 무한정 계속될 수 없을 것인가? 없다면, 변화는 어디서부터 올 것인가?

서유럽에서는 위기가 닥치기 전에 경제가 강할수록, 그리고 정치적 합의의 수준이 높을수록 정부가 어려움을 더욱더 잘 다룰 수 있다는 것이 일반적인 규칙이었다. 역으로 위기가 불안한 경제와 합의를 형성하지 못하는 정치를 덮치는 곳에서는 정부가 훨씬 힘든 과제를 떠안았다. 경제를 북돋우기 위해 케인스식 기법을 썼던 초기의 시도는 심지어 사회민주당 정부에서도 긴축과 디플레이션 방식으로 점점 대체되었다. 새로운 경제 노선이 필요하다는 공감대가 퍼지면서 심지어 좌파 정당 지지자들에게까지 이르렀다. 무엇보다도 민주주의가 제2차 세계대전 이래 최악의 위기에 처해 있는 동안에도 신축성이 있는 것으로 밝혀졌다는 사실은 의미심장했다. 민주주의는 1930년대 대공황 동안 참담한 위기에 빠졌지만 어느 곳에서도 위협받지 않았다.

그것은 어느 정도 대공황 중에는 너무나도 분명하게 결여되어 있었던 국제적 협력 덕분이다. 대공황 동안 각국은 자기 뜻대로 알아서 했고, 경제적 민족주의가 날로 심해지면서 결국 전쟁이 터지고 말았다. 하지만 1970년대에는 이와 대조적으로 함께 힘을 합쳐 위기에 대한 대응을 조율하려는 시도들이 있었다. 유럽이사회[492]는 1975년부터 유럽공동체 회원국의 정부 수반으로 이루어진 정기 회의를 열었다. 같은 해 프랑스와 서독의 합동 발기로 주요 6개 서방 공업국(서독, 프랑스, 영국, 이탈리아, 미국, 일본)의 국가 및 정부 수반이 경제 회복과 통화 안정을 위한 공동 작업을 모색하기 위해 G6로서(1976년 캐나다가 들어와 G7이 되었다) 북중부 프랑스의 랑부예 성에서 만났다. 정상회담은 그때부터 국제적인 경제 운영의 정규적인 구성 요소가 되었다. 그리고 가혹한 조건이 붙어 있었기 때문에 인기는 없었지만, IMF(물론 대공황 때는 존재하지 않았다)가 제공한 상당한 규모의 대부는 1970년

---

492)　European Council. 유럽연합(EU) 정상회의라고도 한다. 마스트리흐트 조약에 따라 설치된 기관으로서 유럽연합 회원국의 국가원수 또는 정부 장관(각료)과 유럽이사회 의장, 유럽위원회 위원장으로 구성된다. 이 기관은 1961년 유럽공동체에서 각국의 정상들이 비공식으로 회담을 시작한 일에 그 기원을 두고 있다. 이사회 회의에는 유럽연합 외교·안보 정책 대표도 참석하며, 이사회 의장이 의사진행을 맡는다. 입법 권한은 없지만 여기서 결정된 것은 유럽연합의 일반적인 정치 지침을 정하는 데 기본이 된다.

대가 끝나기 전에 허우적거리던 이탈리아, 영국, 포르투갈 경제를 구해 주었다.

국제 협력은 안정을 뒷받침하는 데 나름의 역할을 했다. 그렇지만 개별 국가는 국민적 잠재력과 전통에 기반하여 위기에 대체로 적응해야 했다. 사회민주당들은 지지를 유지하는 데 보통 곤란을 겪었다. 그들의 이념적 전제—복지국가에의 헌신, 국가에 의한 경제 규제, 평등을 구현하기 위한 재분배적 과세에 대한 믿음—는 이제 모두 의문시되었다.

오랫동안 사회민주당이 지배하던 스칸디나비아에서조차 사회민주당은 석유 위기 이후 압박을 받았다. 스웨덴에서 사회민주당은 1976년 중도 우파 연립정부가 집권함에 따라 40년 만에 처음으로 야당이 되었다. 노르웨이 노동당은 1973년 이후 소수파 정부에서 지지를 얻으려고 좌익 사회당에 의존했다. 덴마크(1984년에 보수당이 최고의 성과를 거둔 나라)와 핀란드에서도 사회민주당은 계속 집권하긴 했지만, 새로운 반대 정당들이 출현하여 안정된 연정 구성을 더욱 힘들게 하면서 문제들을 안게 되었다.

대체로 서유럽의 추세는 보수 우파를 향했다. 1960년대에 이르기까지 네덜란드와 벨기에의 특징이었던 '지주화'의 파편화가 계속 진행되었다. 이것은 몇몇 새로운 정당을 낳았으나 1980년대에는 이런저런 디플레이션 정치를 통해 경제 문제와 싸우는 데 집중하는 중도 우파 연립정부의 선출을 가져왔다.

오스트리아에서는 1983년 총선거에서 사회당이 절대다수를 상실하면서 브루노 크라이스키의 13년 총리 시절은 종언을 고했다. 경제가 안정되었지만 부패 스캔들이 당을 훼손했다. 사회당은 여전히 아주 작은 자유당Freiheitliche Partei Österreichs, FPÖ의 지원을 받는 소수파 행정부로 계속 집권했는데, 이 자유당은 곧 정치 스펙트럼의 극우 쪽으로 급격히 움직일 것이었다. 하지만 1983년 선거의 주요 승리자는 보수적인 오스트리아 인민당이었다.

스위스에서는 1970년대 위기 내내 주요 4개 정당(사회민주당, 자유민주당, 기독민주당, 스위스 인민당)의 연립으로 정부가 계속 구성되었다. 우익 쪽으로 향하는 경향은 비록 1983년의 연방 선거에서 1925년 이후 처음으로 사회민주당이 최대 정당으로 등장하는 데 실패했지만, 스위스의 지속적인 재정적 위력과 안정이 있는 상황에서 다른 어느 나라보다도 여기서는 덜 두드러졌다. 정치적 좌파(와 노동조합주의)의 사회적 지지 기반이 약해지면서 보수적인 중도 우파는 입지를 얻었고 시장의 힘은 영향력이 강화되었다.

우익으로 가장 급격하게 선회한 것은 영국이었다. 영국이 그곳에서 발생한 위기를 구체적으로 겪지 않았더라면, 1975년 2월 보수당 지도자로서 에드워드 히스를 대체한 마거릿 대처가 총리가 되었을 것 같지는 않다. 그의 전기작가 휴고 영Hugo Young이 말했듯이, "당이 그녀가 가장 편하게 생각하던 종류의 근본주의적 보수주의로 회귀할 준비가 되어 있을 때, 그녀가 지도부로 밀려들어 간 것은 행운이었다. 당은 믿을 수 있는 무언가를 원했고 그녀는 그것을 제공하는데 너무나 기쁠 뿐이었다." 영국의 첫 여성 총리(뚜렷하게 페미니스트는 아니었지만)는 전후의 다른 어느 총리도 하지 못했던 개인적 자국을 정부에 남겼다. 대처 여사는 1980년 11월에 절망적으로 무능한 인물로 널리 여겨진 새 지도자 마이클 매킨토시 푸트[493]하에서 왼쪽으로 급선회한 노동당 내의 취약함과 분열로부터 큰 도움을 받았다. 1981년, 당이 소수 국민의 마음밖에 끌 수 없는 마르크스주의가 주도하는 조직으로 전락할 위기에 빠졌다고 생각한 사람들 사이에서 한 분파가 떨어져 나와 '사회민주당'을 결성했다. 치명적으로 분열된 야당을 앞에 두고 대처 정부는 자신의 경제정책을 급진화할 이례적으로 폭넓은 기회를 얻게 되었다.

대처 여사는 일부 일반인들에게는 반향을 불러일으켰지만 많은 사람에게는 혐오감을 준 판단을 매우 단순 명료하게 내렸다. 그녀는 거의 똑같은 비율로 찬양을 받기도 하고 증오를 불러일으키기도 했다. 대처는 "1960년대, 저 삼류 10년간"의 자유 지상주의가 혐오스럽다는 것을 알았고, 고결한 '빅토리아 가치'로의 회귀를 추구했다. 경제에 관한 그녀의 견해는 다른 전후 보수당 지도자들의 '일국' 보수주의[494]보다는 19세기 자유주의의 냄새가 많이 났다. 그녀에게는 정

---

493) Michael Mackintosh Foot(1913~2010). 영국의 노동당 정치가. 1945~1955년, 1960~1992년 하원 의원, 1974~1976년 고용장관, 1980~1983년 노동당 대표 등을 지냈다.

494) one-nation conservatism. 온정주의적 형태의 영국 보수주의. 일국주의(one-nationalism) 혹은 토리 민주주의(Tory democracy)라고도 한다. 정치적 민주주의 내의 기존 제도와 전통적 원리를 지지하면서 동시에 평범한 사람들에게 유익한 사회적·경제적 프로그램을 옹호한다. 특권 엘리트층은 경영자뿐 아니라 노동자도 포함하여 모든 계급의 이익을 조화시킴으로써 하나의 통합된 국가를 건설하기 위해 노력해야 한다고 주장한다. 19세기 후반 디즈레일리가 주창했으며, 그 후 자유방임적 시장 경제주의와 함께 영국 보수주의의 두 축을 형성했다.

부의 개입과 통제가 아니라 자유무역과 시장의 규제력이 국가가 번영과 힘을 얻는 길이었다. 정부는 가정주부가 가계 예산을 관리해야 하듯이, 자신들의 수단 내에서 살아가야 했다. 대처 여사가 보기에 복지국가는 개인의 자립과 진취성을 감소시켰다. '사회' 같은 것은 없고 개인과 가족만 있을 뿐이라고 그녀는 단언했다. 그녀는 자신의 기존 성향에 맞는 사상에는 매우 적극적으로 반응하지만 처음부터 본능적으로 좋아하지 않는 사상에는 대체로 마음을 닫는, 토론에서 점점 극복하기가 힘든 전형적인 신념의 정치인이었다.

대처 경제학은 첫 몇 년 동안 큰 성공을 거두지 못했다. 인플레이션은 하락했다. 적자도 줄어들었다. 하지만 실업은 1983년까지 300만 명 이상으로 늘어났고, 그 대부분이 제조업 부문에서 발생했다. 영국 경제와 노동력의 특징이었던 많은 현상이 사라졌다. 공공 지출은 실제로 상승했다. 세금도 보수당의 희망처럼 줄어들기는커녕 늘어났다. 긴축은 1981년 영국 대도시 12곳에서 심각한 폭동이 발생한 배경이었다. 대처 여사는 노선 변경을 완강하게 거부했다. 《가디언The Guardian》은 이제 "대처주의의 부고"를 쓸 때가 왔다고 예측했다.

궁지에 몰린 대처는 1982년 4월 아르헨티나가 대서양 남쪽으로 멀리 떨어진 분쟁의 섬 포클랜드 제도(주민들이 압도적으로 영국과 연관되어 있지만 아르헨티나가 오랫동안 영유권을 주장해왔다)를 침공하자[495] 가

---

495) 포클랜드 전쟁(Falklands War). 1982년 4월 2일, 아르헨티나가 자국과 가까운 포클랜드섬(혹은 말비나스섬)을 '회복'하겠다고 선언하며 침공한 전쟁이다. 이 전쟁은 2개월 만에 아르헨티나군의 항복으로 끝났으며, 이로 인해 갈티에리의 군사독재 정권은 실각하게 된다. 아르헨티나에서는 말비나스 전쟁이라고 부른다.

까스로 한숨을 돌릴 수 있었다. 그것은 영국의 국민적 자부심에 대한 모욕이었다. 대처 여사는 많은 국민을 대변하여 이 무모한 공격에 굴복하기를 거부했다. 1982년 6월 중순, 유럽의 많은 나라를 몹시 당황하게 한 식민 시대식 원정의 마지막 시도로 영국군은 포클랜드 제도를 탈환했다. 대처에게 영국은 더는 쇠퇴하는 국가가 아니었다. 대처는 전쟁에서 지도력을 발휘하면서 새로운 자신감을 얻었다.

정치적으로 그녀와 정부의 지지율이 치솟았다. 비록 실업률은 여전히 고질적으로 높았지만 그사이에 불황은 끝났고, 성장률이 회복되었으며 인플레이션은 떨어졌다. 고비를 넘긴 것 같았다. 1983년 6월에 치러진 총선에서 보수당은 크게 확대된 다수파가 된 반면 노동당은 전국적으로 겨우 28퍼센트만 득표했다. 이는 1931년 이래 노동당이 얻은 최악의 결과였다. 대처주의는 큰 승리를 거뒀고, 승리주의자로서 행동했다. 대처가 생각하기에 영국의 위대함을 회복하는 데 결정적으로 중요한 것은 노동조합들의 힘을 깨부수는 일이었다. 그녀는 이제 가장 강력한 노조인 '전국광부연합'과 싸울 준비를 했다. 다시 한번 대처는 반대자들의 무능한 지도력에 크게 도움을 받았다. 전투적인 마르크스주의 지도자인 아서 스카길[496]과 마이클 맥가이[497]

---

496)   Arthur Scargill(1938~). 영국의 노동조합 지도자. 1982~2002년 '전국광부연합' 의장을 지냈다. 1984~1985년 대처의 보수당 정부에 맞서 광부 파업을 이끌었고, 현재 1996년에 창설된 '사회주의노동당'의 지도자다.

497)   Michael McGahey(1925~1999). 스코틀랜드의 광부 지도자이자 공산주의자. 영국 공산당 당원이었으며, 1967년 전국광부연합의 스코틀랜드 지부 의장, 1972년 전국광부연합 부의장이 되었다. 1972년, 1974년 광부 파업 때 주도적인 역

아래에서 광부 노조는 정부와의 대결에 목말라하고 있었다. 1984년 4월, 스카길은 이미 쇠퇴하고 있는 산업에서 탄광의 추가 폐쇄를 막기 위해 광부들에게 파업에 돌입할 것을 요청했다. 그러나 스카길은 파업에 대한 광부들의 찬반 투표는 거부했다. 영국의 일부 지역에서 광부들이 계속 일하는 쪽으로 표결하면서 조합은 분열했다. 두 번째 전술적 오류는 여름에, 그것도 정부가 석탄을 비축한 뒤에 파업을 시도한 것이었다. 파업은 이례적으로 격렬한 대결 양상을 띠었다. 파업 광부들과 경찰 사이에 벌어진 폭력의 규모는 20세기 영국에서 이전에는 볼 수 없던 수준으로 치열했다. 사우스요크셔주 올그리브의 코크스 공장에서는 1984년 6월 18일 경찰(나중에 폭력 수위가 지나쳤다고 인정했다)이 수천 명의 파업 노동자들 속으로 말을 타고 돌진하면서 대격전이 벌어졌다. 그날 텔레비전 뉴스는 경찰관들이 곤봉으로 광부들을 때리는 장면을 방영했지만 어떤 경찰도 과도하게 폭력을 사용한 데 대해 해명하라는 요구를 받지 않았다. 수십 명의 광부가 폭동을 일으킨 혐의로 체포되었다. 이 혐의는 나중에 경찰 증거를 신뢰할 수 없다는 이유로 기각되었다. 파업은 가족들이 봉급 없이 몇 달을 견뎌야 했던 까닭에 광부들이 다시 일터로 돌아갈 수밖에 없어 1985년 초에 흐지부지되기 시작했고, 3월에는 막을 내렸다. 모두 1만 1000명 이상 체포되었다. 파업은 경기회복을 방해했다. 그러나 정부가 보기에는 그만한 가치가 있었다. 전국광부연합은 회원을 절반 잃

할을 했으며, 1984~1985년의 광부 파업 때는 퇴임이 가까워 크게 활약하지는 못했다.

었다. 조합의 힘은 무너졌다. 광업은 급속도로 쇠퇴했다. 1980년에 영국에서는 23만 7000명의 광부가 일했지만, 10년 후에는 겨우 4만 9000명만이 일했다.

포클랜드 전쟁 이후 광부 파업은 대처 시대에서 두 번째로 주요한 이정표였다. 중간 지대는 없었다. 대처 여사는 국민을 양극화했는데, 이는 전후에 다른 어떤 총리도 하지 못한 일이었다. 그녀는 계급 갈등의 전통에 닻을 내린 영국의 깊은 사회적 분열을 명확히 표출했을 뿐만 아니라 반영했다. 그녀는 강렬하게 느껴지던 국가적 쇠퇴에 대한 중간계급의 좌절과 분노를 표현했다. 그러나 자신을 보수당의 계급 중심적 정치의 표적이라고 여긴 산업 노동계급의 많은 부분에서 엄청난 소외와 증오를 불러일으켰다. 비교적 부유한 잉글랜드 남부는 그녀에게 지지 기반이 되었다. 북부의 산업 지역인 스코틀랜드와 웨일스는 대체로 적대적인 지역이었다. 대처는 선거에서 심지어 투표자 중 절반의 지지 근처에도 가본 적이 없었다. 그리고 대부분은 그녀의 19세기 가치에 역겨움을 느꼈다. 가난한 사람들은 노력이 부족해서 그렇게 되었다는 인식은 압도적인 다수에게, 사실 1970년대보다도 1980년대에 더 많은 사람에게 거부되었다.

친구든 적이든, 대처가 놀라운 결단력뿐 아니라 개인적인 용기까지 발휘한 정치인이었다는 사실은 어느 누구도 부인하지 못한다. 결단력과 용기는, 1984년 10월 12일 장관들이 보수당 총회 동안 머무르고 있던 브라이턴의 그랜드호텔에서 아일랜드 공화국군[498]의 폭탄

---

498) Irish Republican Army, IRA. 영국 북아일랜드 가톨릭계의 과격파 조직. 이

이 터져 그녀와 많은 정부 인사가 거의 죽을 뻔하고 급기야 5명의 동료가 죽고 여럿이 불구가 되었던 날 그 어느 때보다 빛났다. 그런 참사에도 대처 여사는 총회를 보통 때처럼 진행하라고 고집했다.

아일랜드 공화국군의 테러 활동은 북아일랜드가 봉착한 복잡한 문제—다수파 개신교 주민 대부분이 원하는 대로 북아일랜드가 연합왕국의 일부로 계속 남아 있어야 하는지, 아니면 주로 가톨릭을 믿는 소수 공화파 민족주의자들이 주장하는 대로 통일 아일랜드의 일부가 되어야 하는지—의 가장 폭력적인 면모였다. 이른바 '북아일랜드 분쟁'[499]은 1960년대 말 다시 등장해 다음 10년 동안 양측의 준군사 부대가 저지르는 끔찍한 폭력이 간간이 끼어든 야만적인 이념적 비타협 상태로 빠져들었다. 브라이턴 폭탄 폭발이 있을 때까지 보수당 정

호칭은 이미 19세기 급진파 페니언에 의해 쓰였는데, 민족주의자 전체가 쓰기 시작한 것은 1916년 부활절 봉기 뒤부터이고 1919년 아일랜드국민의회 수립 이후 민족주의자들에 의해 공식 호칭이 되었다. 가톨릭계가 절대다수인 남쪽 아일랜드 공화국과의 합병 실현을 최종 목표로 한다. 1922년 아일랜드 자유국 성립과 함께 분열하여 자유국 → 에이레 → 공화국의 과정을 인정하지 않고 무력 투쟁을 계속하는 세력이 IRA 명칭을 계승했지만, 계속 분열을 반복하여 1970년 이후 잠정파 (Provisional)와 공식파(Official)로 나뉘었다. 최근까지 북아일랜드에서 무력투쟁을 계속한 주력은 잠정파 세력이었는데, 이 세력도 2005년 신페인당과 영국과의 협상을 통해 무장해제를 선언했다.

499) 아일랜드 공화국이 연합 왕국에서 독립할 당시 얼스터의 일부 지방이 영국에 남은 데서 비롯한 일련의 민족주의 분쟁을 말한다. 분쟁이 일어난 무대는 북아일랜드뿐 아니라 아일랜드 공화국, 영국, 유럽 대륙 본토에까지 이르렀다. 북아일랜드 문제는 1960년대 말에 시작되어 1998년 벨파스트 협정으로 마무리됐으나, 협정에 이르는 과정은 산발적 폭력으로 점철되었다. 국제적으로는 이 분쟁을 '북아일랜드 분쟁(Northern Ireland conflict)'이라고 불렀으며, 전쟁으로 간주된다.

부와 노동당 정부는 이 문제를 해결하거나 적어도 억누르려고 했으나 소용이 없었다. 그것은 대처 정부의 해결 노력도 번번이 좌절시켰다.

1980년대 중반까지 사회구조의 상당한 희생을 치르고 불평등이 확대되는 가운데 인플레이션이 통제되고 노동조합이 약해졌다. 대처의 신자유주의적 어젠다에 남아 있는 것은 국가 지출을 줄이고, 국유화된 산업들을 민영화하며, 복지 지출을 삭감하기 위한 십자군 전쟁이었다. 대처 여사의 대규모 의회 다수파는 그녀가 전략의 기본적인 목표, 즉 영국 경제의 균형을 다시 잡고 국가의 위신을 회복한다는 목표를 다루는 플랫폼을 제공했다.

영국 밖에서 경기 침체의 정치적 결과가 가장 심각한 국가는 이탈리아였다. 이탈리아는 경제 상황이 극적으로 악화하고, 정부 불안정이 만성화하고, 산업 분규가 끊이지 않고, 불만이 광범위하게 퍼졌으며, 혁명 운동 세력(특히 붉은 여단)이 온갖 테러를 자행했다. 공산당, 사회당, 기독민주당 사이의 '역사적 타협'을 이루려는 공산당 지도자 엔리코 베를링구에르[500]의 움직임 이면에는 파시스트 우익으로 후퇴

---

500)　Enrico Berlinguer(1922~1984). 이탈리아의 정치가. 사사리 대학교에 재학 중이던 1943년 공산당에 입당했다. 1945년 말 제5차 당대회에서 중앙위원, 1948년 제6차 당대회에서는 지도부원이 되었다. 1957년에는 사르데냐주 당 위원회 부서기가 되었고, 1969년 제12차 당대회에서는 당 부서기가 되었다. 1972년의 제13차 당대회 이래 총서기를 지냈다. 1973년 가을 칠레의 반혁명 교훈에서 배워, 좌익 세력과 가톨릭 세력의 제휴를 요구하는 역사적 타협 노선을 제창하여 당 내외에 반항을 불러일으켰다. 1969년 개최된 모스크바 공산당 회의에서는 주권 존중과 타국의 내정 불간섭 원칙을 주장하여 소련 공산당으로부터 자주독립을 요구하는 유러코뮤니즘의 선구자적인 역할을 했다.

할 수도 있다는 두려움이 존재했다. 그는 이와 같은 반파시즘 대동맹으로 나라가 고질적인 어려움을 극복하고 새롭게 출발할 수 있을 거라고 생각했다. 이러한 모험은 그 어떤 것이든 부분적으로는 공산주의자들이 변화된 시대에 얼마나 스스로 적응하느냐에 달려 있었다. 따라서 베를링구에르는 소련 모델도 거부하고 자본주의에 대한 사회민주당의 승인도 거부하는 새로운 스타일의(좀 모호하긴 하지만) '유러코뮤니즘'을 지지하면서 자신의 당을 모스크바에 등을 돌리는 쪽으로 이끌었다. 하지만 실제로 유러코뮤니즘은 사회주의사회로 가는 민주주의의 길을 도모하기 위해 자본주의 안에서 일할 필요를 암묵적으로 인정했다. 그것은 특히 북부 도시들에서 많은 사람에게 호소력 있는 메시지였다.

1976년, 이탈리아의 최대 정당이 되어가는 듯했던 공산당이 큰 승리를 거뒀다. 기독민주당은 중도 우파 정부의 가능성이 없었으므로 좌파 정당들을 고려할 수밖에 없었다. 베를링구에르 자신은 작은 사회당과 공산당 간의 좌익 연정이라는 관념을 일축했다. 왜냐하면 이것이 그가 제일 피하고 싶었던 바로 극우 쪽으로의 급선회를 자극할 수도 있었기 때문이다. 그는 또 이탈리아에서 공산주의의 전진을 우려하던 미국의 적대감을 초래할까 봐 조심스러웠다. 그러므로 베를링구에르는 기독민주당과 비공식적인 정치 동맹을 맺는 쪽을 선호했다. 이것은 본질적인 긴장에도 불구하고 1978년 5월 전 기독민주당 지도자이자 총리였던 알도 모로(그는 동맹에 찬성했다)가 붉은 여단에 살해될 때까지 계속되었다.

동맹 상태에서 경제는 최악의 상태가 끝난 조짐을 보여주기 시작했고(어느 정도는 고용주와 조합 사이의 협력 수준이 확대된 데 힘입어), 복지 급여에서 일부 중요한 개선이 이뤄졌으며, (이전의 파편화되고 체계적이지 못한 급여를 대체하는) 국가 의료 서비스의 틀이 실제로는 전혀 원활히 기능하지 못했지만 1978년에 제도화됐다. 특히 낙태가 합법화됐는데, 이는 가톨릭교회의 반대가 있는 상황에서 대단한 성과였다.

그러나 기독민주당과의 협력은 공산당에 별로 도움이 되지 못했다. 공산당은 1979년 선거에서 제2차 세계대전 이래 처음으로 크게 져서 야당으로 되돌아갔다. 기독민주당은 대신 좌파 성향의 삭은 공화당 및 사회당과 연정에 의존했는데, 최종적으로 사회당의 지도자 베니토 크락시[501]가 1983년 8월 총리가 되었다. 정부의 불안정은 여전히 이탈리아 정치의 특징으로 남을 것이었다. 그러나 크락시는 강력한 개성과 전술적 노련함으로 행정부를 4년 동안 이어 나갔는데, 이는 대부분의 행정부보다 긴 것이었다.

1980년대 중반에는 이탈리아의 '두 번째 경제 기적'이 진행 중이었다. 이는 인플레이션이 여전히 21퍼센트에 달하고 경제가 최소한도로 성장하는 상황에서 1980년대가 시작할 즈음에는 거의 있을 수 없는 일인 듯 보였다. 그러나 미국의 가파른 경기회복, 석유 가격 하락, 테러리즘의 쇠퇴, 크락시의 확고한 정부 덕분에 주목할 만한 전환이 시

---

501) Bettino Craxi(1934~2000). 이탈리아의 정치인으로, 1983년부터 1987년 까지 이탈리아의 총리를 지냈다. 이탈리아 사회당에서 배출한 첫 총리이며, 그가 이끌던 내각은 역대 공화국 내각 중에서 세 번째로 장수했다. 1992년 '마니 폴리테(깨끗한 손)' 운동이 시작되면서 불법 정치자금을 받았다는 혐의를 받자 튀니지로 망명했으며, 이탈리아 사법부는 그에게 징역형을 선고했다.

작되었다. 또 강력한 금속 노동조합이 1980년대에 대규모 파업을 끝내고 피아트사 고용주들의 공격적 전술에 굴복할 수밖에 없었던 뒤로 경기순환에서 느껴진 안전감도 이 전환에 상당한 역할을 했다. 경제성장이 다시 시작되었다. 국제적 호황이 확산되면서 수출이 호전되고, 사람들이 불황기 동안 '지하경제'로 마련했던 저축으로 국내 수요가 더욱 자극을 받음에 따라, 산업상의 손실은 흑자로 돌아섰다. 다른 국가와 마찬가지로 '신자유주의' 수칙들이 도입되었다. 수익을 못 내는 산업 분야의 민영화가 시작되었다. 광범위한 정리 해고를 통해 산업 구조 조정이 이루어지면서 노동비용이 줄어들었고, 기업심企業心의 분위기가 이전의 집산주의적 가치를 대체했다. 하지만 이탈리아의 국가 부채는 여전히 불건전할 정도로 높았고, 북부 이탈리아는 경제성장으로부터 엄청나게 혜택을 입으면서도 남부는 여느 때처럼 크게 뒤처져 있었다.

서유럽의 다른 두 최대 공업국인 서독과 프랑스의 정부는 영국이나 이탈리아보다 훨씬 적은 트라우마를 겪으며 경제적 폭풍우를 헤쳐나갔다. 그들은 에너지 가격이 치솟으면서 유사한 경제적 문제들에 직면했다. 그러나 그들은 이 문제들을 더 잘 다뤘다. 두 국가는 최악의 석유파동을 완충할 수 있는 강력한 경제 덕을 보았다. 그들의 정부는 또 매우 유능한 새 운영진이 이끌고 있었다. 브란트의 최측근 보좌관 귄터 기욤[502]이 동독 정보부를 위해 첩자 노릇을 하고 있었다

---

502)　Günter Guillaume(1927~1995). 독일민주공화국의 첩보원. 1956년 서독으로 이주한 뒤 독일연방공화국 총리 빌리 브란트의 비서로 일하다 1974년 동독

는 폭로가 있은 뒤 1974년 5월 16일 헬무트 슈미트[503]가 빌리 브란트를 계승했다. 겨우 사흘 뒤 중도 우파 '독립공화당'의 수장인 발레리 지스카르데스탱[504]이 프랑스 대통령 선거에서 프랑수아 미테랑을 가까스로 물리쳤다. 슈미트는 1972년과 1974년 사이에 브란트의 재무 장관으로서, 지스카르데스탱은 1962년과 1965년 사이에 드골의 재무장관으로서 경제 문제에 탄탄한 경험과 전문 지식을 갖고 있었다. (잘생기고 느긋하고 줄담배를 피우며 교만에 가까울 정도로 자신감이 넘치는) 슈미트는 냉철하고도 유능한 분위기를 발산했다. (품위 있고 텔레비전에 잘 맞으며 자신의 업무를 완벽히 장악하는 근대 기술 관료 이미지의) 지스카르데스탱은 샤를 드골과 그의 후임 조르주 퐁피두의 오랜 가부장적 시대가 끝난 후 미래의 얼굴을 보여주는 것 같았다.

서독 경제는 1976년부터 1979년 사이에 해마다 평균 거의 4퍼센트씩 인상적으로 성장했다. 하지만 구조적 문제가 점점 더 분명히 드

의 간첩이라는 사실이 밝혀졌으며, 이 '기욤 사건'으로 브란트는 총리직을 사임했다. 1975년 13년 형을 선고받고 복역 중에 동·서독 사이의 간첩 교환으로 풀려나 1981년 동독으로 돌아갔다.

503) Helmut Schmidt(1918~2015). 독일의 사회민주당 소속 정치가. 고향 함부르크에서 경제부와 교통부에 재직했다. 1974년부터 1982년까지 독일연방공화국 제5대 총리를 지냈다. 사임 후 1987년 정계에서 은퇴할 때까지 연방의회 의원으로 계속 활동했으며, 1983년부터는《디 차이트》의 공동 편집자를 역임했다.

504) Valéry Giscard d'Estaing(1926~). 프랑스의 중도 우파 정치가. 1974~1981년 프랑스 대통령을 지냈다. 1956년 하원의원 선거에서 당선하여 정계에 입문했다. 1962~1966년, 1969~1974년 재무장관을 역임하고, 1974년 대통령으로 선출되었다. 재임 중 유럽경제공동체를 강화하여 유럽연합으로 발전시키는 초석을 닦았으며, G7 창설에서도 주도적 역할을 했다.

572

러나고 있었다. 서독 경제는 그중 많은 문제를 다른 유럽 국가들과 공유하고 있었다. 엄청난 수의 노동자를 고용하는 탄광업과 철강 같은 옛 산업은 세계시장에서 경쟁력이 점점 떨어지고 있었다. 탄광과 철강 공장이 문을 닫으면서 대규모 정리 해고가 벌어졌다. 비록 담합적인 산업 관계의 전통, 정부와 건설적으로 함께 일하고자 하는 노동조합의 기꺼운 태도, 가장 심하게 고통받는 지역들의 사회적 결과를 완화하기 위해 제공되는 관대한 정부 보조금 덕분에 영국과 이탈리아에서 발생했던 치명적인 갈등을 피하기는 했지만 산업 지역에서 시위와 파업이 있었다.

수출 지향적 산업은 독일마르크화의 강세로 고통을 겪었다. 적응을 하는 한 가지 방법은 대량 생산에서 전문적 생산으로 방향을 트는 것이었다. 그러나 근대 기술은 숙련과 훈련에 기반을 둔 전문 지식을 높이 평가했다. 따라서 미숙련 노동자들은 자신들이 노동시장에서 엄청난 불이익을 당한다는 것을 알았다. 서유럽의 다른 나라들과 마찬가지로, 서비스 부문의 화이트칼라 노동에 사람들이 놀리는 탓에 산업 부문에서 부족한 인력을 충원할 수도 없었고 직업을 잃은 미숙련 피고용인들을 대부분 수용할 수도 없었다. 또한 정보기술과 같은 좀 더 새롭게 다가오면서 급속히 성장하는 경제 부문은 대규모 노동력이 필요 없었다. 실업자 증가는 필연적인 결과였고, 이는 1930년대를 여전히 생생히 기억하는 나이 든 독일인들에게 특히 걱정스러운 일이었다. 독일인들은 인플레이션에 대해 훨씬 더 큰 두려움을 갖고 있었다. 그리하여 1970년대 중반 인플레이션이 3배가 되어 연 6퍼센트 이상에 이르자, 비록 이 비율이 인접국들의 기준으로는 낮았지만, 사람들은 우려를 금치 못했다. 다른 나라와 마찬가지로 서독에서도 '스태그플레이션'을 다루는 합의된 처방이 없었다. 그러나 어떤 새로운 경제 모델도 명확하게 보이지는 않았지만 옛 케인스식 해결책이 낡았다는 사실만은 분명했다.

1979년의 두 번째 석유파동은 1973년의 첫 번째보다 서독 경제에 더 치명적이었다. 경제성장률은 1980년에 겨우 1.9퍼센트였고, 1981년에는 -0.2퍼센트, 1982년에는 -1.1퍼센트로 급감했다. 실업자는 1983년에 200만 명(노동력의 거의 10분의 1)이라는 전후 최고치에 도달했다. 1981년에 6.1퍼센트에 달한 인플레이션은 계속 매우 높은 상태를 유지했다. 여전히 일자리가 있는 사람들도 구매력이라는 면에서는 임금이 하락했다. 국가 지출이 늘어나고(어느 정도는 고실업의 대가이지만), 세수가 줄면서 국가 채무가 늘어났다. 1970년부터 1982년까지 국가 채무는 4배 이상 늘었다. 슈미트는 이즈음 당내 좌파로부터 압력을 받고 있었다. 가파른 경기 침체와 실업자의 증가 때문만은 아니었다. 훨씬 더 중요한 것은 1970년대에 석유를 대체하기 위해 널리 개발된 원자력을 두고 두려움이 퍼지고 환경을 훼손한다는 항의가 더욱 시끄러워지면서, 그리고 무엇보다도 초강대국 간의 긴장 재개가 데탕트의 종언과 '제2차 냉전'의 개시를 나타내면서 핵전쟁의 가능성에 대한 심각한 우려가 다시 고개를 들었다는 사실이다.

이러한 분위기에서 사회민주당의 (많은 산업 지도자를 대변했던) 연정 파트너들 사이에서 경제의 방향을 변경하자고, 그리고 정부를 일신하자고 요구하는 목소리가 점점 커졌다. 자유민주당이 사실상 신자유주의로 선회하자고 제안하는 분석을 발표했을 때 연정의 한계점이 왔다. 여기에는 실업수당과 연금을 축소하고, 세금을 감축하고, 규제를 완화하고 투자를 확대하는 한편 국가가 개입하기보다는 시장의 힘에 더 의존해야 한다는 내용이 포함되었다. 이는 여전히 국가 개입과 경제에 대한 긴밀한 정부 조종에 기반을 두었던 독일 사회민주당의 노동조합파와 충돌을 불러일으켰다. 연정은 명백히 생명을 다했다. 자유민주당의 지도자들은 연정 파트너를 바꾸기로 했다. 1982년 10월 1일, 인위적인 조치로 연방 총리 슈미트가 10년 동안 기독민주연합의 지도자였던 헬무트 콜로 대체되었다. 투표자들 사이에서 소수의 지지만을 얻었는데도 영원한 생존 정당인 자유민주당은 여전히 정부 안에 남았다.

서독—그리고 유럽—은 1970년대에 심각한 곤경에 빠져 있던 시절 "위기의 총리"(역사가 하인리히 아우구스트 빙클러[505]가 2015년 11월 슈미트가 사망한 뒤 그에게 바쳐진 멋진 헌사에서 그렇게 불렀다)인 헬무트 슈미트로 하여금 키를 잡게 한 것은 행운이었다. 기질적으로 냉철하고 실용적인 슈미트는 카리스마 넘치고 이상주의적이었던 전임 총리 빌리 브란트와 정반대였다. 그러나 1970년대 말의 석유파동과 격화하는 국제적 긴장을 다루는 데 슈미트의 전문적 식견과 판단이 매우 유용했는데, 이는 서독에만 그런 것이 아니었다.

정치체제는 사실 1970년대의 경제적 격변 동안 이례적으로 안정

---

505)   Heinrich August Winkler(1938~). 독일의 역사가. 베를린 자유대학, 프라이부르크 대학교를 거쳐 훔볼트 대학교에서 교수 생활을 했다. 1962년 이래 독일 사회민주당 당원이었으며, 주요 저서로는 《독일을 찾아서》, 《독일: 서방으로 가는 긴 길》(전 2권) 등이 있다.

적이었다. 두 주요 협력 정당인 사회민주당과 (쌍둥이 정당인 기독민주연합과 더 작은 바이에른 지부인 기독사회연합을 대표하는) 기독연합은 1970년대에 당원 수가 팽창했다. 그러나 1980년에 우파 총리 후보인 프란츠요제프 슈트라우스(가톨릭 보수주의의 바이에른주 요새에서는 매우 인기가 좋았지만 다른 곳에서는 확실히 인기가 덜했다)가 매력 없는 선택이라는 것을 알게 된, 환멸에 찬 기독연합 투표자들은 자유민주당으로 크게 쏠렸다. 자유민주당은 그해에 1976년의 7.9퍼센트에서 10.6퍼센트로 투표자들의 지지를 늘리면서 선거의 주요 수혜자가 되었다. 기독연합은 패배자가 되어 44.5%를 득표하는 데 그쳤고, 독일 사회민주당은 42.9퍼센트로 안정을 유지했다. 슈트라우스의 패배와 함께 좀 더 온건한 콜이 도전을 불허하는 야당 지도자로서 남았다. 그 결과는 콜이 2년 뒤 정부에 들어가는 데 필요한 기틀이 되었다.

헬무트 콜 정부는 제2차 석유 위기의 영향 아래에서 규제 완화, 좀 더 유연한 노동시장, 세금 인센티브, 민영화를 통해 경제적 경쟁력을 높이는 한편 정부 지출을 삭감하는(그리고 특히 사회 지출의 증가를 제한하는) 조치를 취함으로써 서유럽 정부들의 일반적인 노선을 따랐다. 이것은 당연히 좌파를 소외시키고 정치적 저항을 불러일으켰지만, 갑작스러운 노선 변경을 피하고 싶었던 정부는 어떤 예리한 급진적 방향 전환도 피하려 하지 않았다. 브란트와 슈미트 시대에 이루어진 사회적 개선을 되돌리거나 노동조합의 권리에 개입하려는 어떤 시도도 없었다. 살아남기 위해 분투하는 옛 산업들(가장 두드러진 산업으로는 탄광업과 철강이 있다)을 위한 국가 보조금은 보조금을 없애겠다는 정부의 공언에도 불구하고, 루르나 자를란트 같은 전통적인 거대 산업 지역에서 사회적 고통을 완화하기 위해 실제로는 늘어났다. 확실히 슈미트 정부 말기 단계와의 연속성이 어떤 급격한 단절보다도 더 뚜렷이 드러났다. 서독은 대처 정부가 영국에서 자극했던 뜨겁게 달아오른 사회적 갈등을 모면했다. 그리고 경제는 좋아지기 시작했는데, 이는 유가가 하락하고 미국 경제가 급속히 성장함에 따라 세계적인 개선이 이루어진 데 크게 힘입은 것이었다.

환경에 대한 거센 우려와 격심한 핵 공포가 결합하면서 유럽의 어느 나라보다 저항이 격렬하게 뒤섞였다. 이는 1980년대 초에 녹색당이 창설되는 계기가 되었다. 녹색당은 전후 서독에서 발생했던 최초의 주요한 새 정치 운동으로, 이미 1983년 총선거에서 이름을 떨치는 데 성공했다. 그들은 아무것도 아닌 존재였다가 투표의 5.6퍼센트를 얻어 연방의회에서 28석을 획득했다. 이제부터 이전의 3개 정당이 아니라 4개 정당이 정치권력을 겨루는 경연장의 선수가 되었다. 이보다 더 중요한 것은 많은 사람이 여전히 불안정하다고 느낀 서독 민주주의가 전혀 흔들리지 않고 최초의 큰 경기 침체를 통과했다는 사실이었다. 서독 민주주의는 괄목할 만한 전후의 성공 스토리였다.

'영광의 30년'이라는 이와 맞먹는 전후 프랑스의 성공 스토리는 첫 석유 위기가 닥쳤을 때 실패로 돌아갈 심각한 위험에 처한 것 같았다. 장기간 계속되는 호황은 정상적이고 영원해 보였다. 1974년 이후 다른 나라에서는 친숙했던 패턴이 시작되었다. 인플레이션은 15퍼센트로 상승했고, 실업은 2배로 늘어나 100만 명이 되었으며, 성장률은 -0.3퍼센트로 급락했다. 지스카르데스탱 대통령은 첫 사회 개혁(예를 들어, 낙태의 자유화 및 이혼법)을 1976년의 경제적 긴축과 결합했다. 그는 주요 경쟁자이자 점점 더 불만스러워하던 총리인 드골주의 지도자 자크 시라크[506](이듬해 파리 시장으로 선출되었다)를 숙련된 정치인이라기보다는 기술 관료지만 매우 노련한 경제학자 레몽 바르[507]로 대체했다. 바르의 업무는 예산의 균형을 잡고 경제를 근대화하는 것이었다. 바르는 프랑화를 안정시키고 정부 지출을 삭감하며, 노동비용을 줄이고 세수를 늘리는 조치를 취했다.

긴축 조치는 1972년의 '공동 프로그램'을 둘러싸고 여전히 대충 연합을 유지하고 있던 사회당과 공산당 좌파 쪽에서 당연히 분노를 불러일으켰다. 그러나 지스카르데스탱은 또 1976년에 시라크가 '공화국연합Rassemblement pour la République, RPR'으로 재정비한 우파 드골주의자들의 반대에도 봉착했다. 지스카르데스탱의 사회 개혁에 대한 보수주의적 반대가 있었다. 하지만 개인적인 경쟁의식과 정치적 격렬함이 지스카르데스탱이 다시 만든 중도 우파 그룹인 '프랑스 민주주의연합Union pour la Démocratie Française, UDF'과 드골주의자들 사이를 분리하는 데 이념적 분열보다도 더 중요했다. 드골주의자들과 프랑스 민주주의연합은 합쳐서 놀랍도록 큰 차이로 1978년 의회 선거에서 승리했다. 그들은 좌파의 새로운 분열에서 큰 도움을 받았다. 지방선거는 바르의 긴

---

506)   Jacques René Chirac(1932~2019). 프랑스의 정치가. 농림장관, 총리, 파리 시장 등 다양한 요직을 거쳐 1995년에 대통령이 되었고, 2002년에 재선하여 2007년까지 대통령직을 수행했다.

507)   Raymond Barre(1924~2007). 프랑스의 중도 우파 정치가, 경제학자. 대외무역장관, 경제·재무장관을 역임했으며, 1976~1981년 총리를 맡았고 1995~2001년에는 리옹 시장을 지냈다.

축 조치로 말미암은 악영향이 나타나기 시작하면서 좌파의 승리가 기대되고 있었다. 그러나 조르주 마르셰[508] 아래의 공산당은 자본주의 시장경제를 노골적으로 부정하기보다는 개혁주의 쪽으로 더 움직인 미테랑의 사회당에 인기 면에서 추월당할 것을 우려하여 더욱 강경한 마르크스주의로 후퇴했다. 사회당은 1978년 공산당(20퍼센트)보다 약간 더 득표(23퍼센트)했을 뿐이지만, 그들은 순풍을 타고 있었다. 이는 공산당이 그 후 격렬한 내분에 빠져들었기 때문에 더욱더 그랬다.

한편 바르의 개혁은 경제를 안정시키는 데 얼마간 효과를 발휘했다. 그러나 선거가 성공하면서 지스카르데스탱과 바르는 경제적 자유주의 쪽으로 더 움직일 용기를 얻었다. 경쟁, 가격 자유화, 자유 시장 노출이 권장되었다. 하지만 아직 주요 산업의 민영화로 향하는 큰 발걸음은 없었다. 프랑스의 오랜 전통인 국가의 경제 지휘는 유지되었다. 많은 국가 보조금은 항공, 전화망, 철도, 자동차 산업, 특히 원자력 발전소 건설 분야의 계획을 입안하는 데 계속 중요했다. 다른 서유럽 국가들처럼, 프랑스의 철강 산업은 생산비가 훨씬 저렴한 아시아와 동유럽 국가들에서 수입품이 쏟아져 들어와 경쟁력을 유지하기 위해 분투하고 있었다. 국가는 아주 수익성이 없는 철강 공장들을 폐쇄했고, 그 결과 북부와 로렌 지방의 고통받는 지역사회에서 엄청난 실직 사태와 강렬한 저항이 발생했지만, 철강 산업이 진 채무의

---

508) Georges Marchais(1920~1997). 프랑스의 정치가. 1972~1994년 프랑스 공산당 총서기를 지냈고, 1981년 대통령 선거에 공산당 후보로 나섰다.

일부를 떠맡고 재훈련 계획에 자금을 지원하기 위해 개입했다.

법인세 인하와 임금 삭감에 힘입어 사업 수익성이 회복되었다. 그러나 바르는 회복의 속도와 힘을 과대평가했다. 그리고 강한 프랑은 수출을 방해하는 장애물이었다. 여기에 1979년의 제2차 석유 위기로 디플레이션 프로그램이 완전히 빗나가 버렸다. 인플레이션은 다시 14퍼센트까지 상승했다. 실업자도 증가하여 1980년에 150만 명에 이르렀고, 계속 늘어났다. 일반인들은 최악의 영향을 받은 산업 지역들이 겪고 있는 고통에 대해 큰 동정심을 보였다. 바르는 어느 때보다도 인기가 없었다. 사회당과 공산당은 내부 분열에도 불구하고 일자리 창출과 경제를 자극하기 위해 국가가 개입하겠다는 약속으로 입지를 강화했다. 국가사회주의를 약화하기보다는 강화하는 것이 경제 회복으로 가는 길로 간주되었다.

점점 인기가 떨어지고 분열되어가던 연립정부의 통치를 수년 동안 거친 후에 이처럼 국가 혁신을 약속하자 프랑수아 미테랑은 1981년 4~5월의 대통령 선거에서 51퍼센트의 득표로 승리할 수 있었다. 23년 동안 계속 이어졌던 드골주의자들의 프랑스 정부 지배가 마침내 종언을 고했다. 좌파는 더할 나위 없이 기뻤다. 이 기쁨은 사회당이 미테랑이 승리한 지 불과 한 달 뒤 하원인 국민의회까지 지배하게 되었을 때 더욱 커졌다. 새 정부는 디플레이션 정책을 취소하기 위해 즉각적인 조치를 취했다. 케인스주의를 다시 선호하는 쪽으로 바뀌었다. 임금, 연금, 육아 수당이 올랐다. 퇴직 연령이 낮아졌다. 주 노동시간은 줄었다. 새 집을 짓고 15만 개의 일자리를 창출하는 데 자금이 투입되었다. 청년 고용 계획이 시행되었다. 매우 부유한 사람들의 세금이 늘어났다. 광범위한 국유화가 계획되었다. 수출 산업은 프랑화의 평가절하로 활기를 띠었다.

이러한 정책들은 완전히 실패로 돌아갔다. 기대보다 성장률이 훨씬 낮았다. 대외 수입이 늘어나면서 국제수지가 악화되었다. 인플레이션은 여전히 높았다(인플레이션이 떨어졌던 인접국 서독과 뚜렷이 대비되었다). 실업자는 계속 증가했다. 미테랑은 채 2년도 되지 않아 약속한 경제정책을 완전히 폐기할 수밖에 없었다. 1982년 6월 가격과 임금의 동결이 이미 시행되었다. 이듬해 3월 프랑화는 8개월 만에 세 번째로 평가절하되었다. 공공 지출(특히 사회보장에 대해) 삭감이 뒤따랐고, 국민의 대부분은 세금이 늘어났으나 기업은 줄어들었다. 또 처음으로 국유화된 산업들이 민영화에 들어갔다. 백팔십도 방향 전환의 결과는 수수했다. 2년 뒤 국제수지의 적자 폭이 줄어들었고, 인플레이션도 떨어졌다. 다른 한편 실업률은 여전히 노동인구의 10퍼센트 이상을 유지했고, 성장률은 1985년에 겨우 1.9퍼센트에 불과했다. 1986년 3월 드골주의자들이 정부로 돌아왔을 때, 그들은 사회주의 전임자들이 신자유주의를 향한 추가 조치를 취할 수 있도록 길을 닦아놓았음을 알았다.

서유럽 전역에서 계속 반복되는 대처주의의 주문은 경제에 관한 '대안은 없다'였다. 이것은 사실이었을까? 디플레이션은 두 차례의 석유 위기 이후 겪은 이중 불황을 고려하면 고통스럽지만 어디서나 필수적인 해결책이었다. 신자유주의적 경제학 형태로의 전환은 정부의 색깔이 무엇이든 1980년대 중반에 일반적이었다. 프랑스에서 미테랑의 실험은 옛 케인스식 처방이 스태그플레이션을 낳은 전 지구적 경기하강에 직면해 더는 작동하지 않는다는 것을 보여준 가장 명확한 증거였다. 미테랑의 백팔십도 변화는 한 세대의 모든 정치인들에게 국제 정세가 각국 정부의 경제적 선택을 심하게 좁혀 놓았다는 사실을 입증했다. 그리고 서독, 프랑스, 심지어 더 불안정한 이탈리아는 디플레이션 경제학과 불황의 정치학 안에서도 대처 정부에서만 채택된, 이념에 쫓기고 갈등에 찌든 극단적 신자유주의의 대안이 존재했음을 보여주었다.

민주주의가 승리하다

서유럽 민주주의 체제들이 석유 위기의 결과에 적응하느라 분투하는 동안 남유럽에서는 좋은 소식이 있었다. 그리스, 포르투갈, 스페인의 권위주의 체제들이 1974~1975년 연달아 몇 달 사이에 붕괴했다. 단순히 우연의 일치였을까? 아니면 이러한 변화를 초래한 더 깊은 원인이 있었을까?

제2차 세계대전 전에 다원주의적 의회민주주의는 북서유럽의 국가들을 제외하고는 강력한 (특히 군부) 엘리트들에 의해서도, 광범한 주민들에 의해서도 거부된, 도전받는 체제였다. 1980년대 초에 그것은 단지 서방 블록의 가장 주변적인 나라로서 군부가 정치에서 여전히 결정적 세력이었던 터키만 부분적으로 예외였을 뿐, 서유럽의 모든 곳에서 환영을 받았다. 이제 다원주의적 의회민주주의는 뚜렷하고 지속적인 변화로서 민주주의의 승리를 나타냈다.

서유럽의 많은 국가처럼 그리스의 정치는 1960년대 초에 왼쪽으로 움직이는 것처럼 보였다. 1946~1949년의 내전이 끝난 뒤 군부의 지지를 받아 허울뿐인 민주주의와 다를 바 없는 체제로 그리스를 운영하던 보수 우익은 점점 인기를 잃었고, 1963년 선거에서 축출되었다. 그러나 군부는 새 정부가 제안한 자유주의 개혁을 공산주의 복귀를 위한 트로이의 목마라고 보았다. 1965년 국왕 콘스탄티노스 2세[509]가 정부를 해산하자 헌정 위기가 발생하면서 인민은 더욱 동요했다. 1967년 5월 새로운 선거를 미리 방지하려고 게오르기오스 파파도풀로스[510] 대령이 이끄는 우익 장교들은 군을 민간 통제하에 두고, 지도부를 숙청하고, 군사 지출을 삭감하고, 그리스에서 미군 주둔을 끝내는 좌경 정부의 조치를 우려하여 4월 21일 군사 쿠데타를 감행했다.

국왕은 역쿠데타로 통제권을 되찾으려 했지만, 서투른 시도가 실패하면서 외국으로 도피했다. 이로써 그리스 군주정은 영원히 끝났다. 이른바 '대령들의 통치'는 재빠르게 확고히 자리 잡았다. 대령 12명으로 구성된 군사정부인 '혁명평의회'가 설치되었다. 하지만 파파도풀로스는 처음부터 우월한 인물이었는데, 최종적으로 총리직과 여타 핵심 장관직—특히 외무장관과 국방장관—을 겸임하면서 동시에 국왕의 역쿠데타 기도 이후 수립된 섭정도 수행했다. 정당이 해산되고 수천 명의 좌익 동조자가 체포되었으며(많은 이들이 감옥에서 고문을 당

509)　Constantine II(1940~), 그리스의 국왕(재위 1964~1973).

510)　Georgios Papadopoulos(1919~1999), 그리스의 군인이자 독재자. 극렬 반공주의자로 1967년 4월 21일 쿠데타를 일으켜, 1973년 11월 25일 또 다른 쿠데타로 실각할 때까지 그리스 군사정권의 지도자로 있었다.

했다), 시민권이 중단되었고 엄격한 언론 검열이 강제되는 가운데 수많은 반대자들이 외국으로 도피했다. 체제는 산업 지도자들과 긴밀히 협력했고, 농업을 지원했다. 관광업을 밀어 주었고, 몇몇 대규모 건설 프로젝트를 개시했다. 경제는 1970년대 초에 아주 약한 상태에서 시작하긴 했지만 처음에는 강한 성장세를 보였다. 체제의 인권 유린에 대한 비판이 고조되면서 외국에서 그리스를 보는 이미지가 나빠졌다. 그러나 끔찍한 인권 기록보다는 격렬한 반공주의에 더 관심이 있던 미국의 지지 덕분에 체제가 지탱되었다. 또한 서유럽 민주주의 국가들이 단합하여 이 체제를 반대하지도 않았다. 네덜란드와 스칸디나비아 국가들이 대놓고 적의를 보였던 반면, 영국과 서독은 이 체제의 야만적인 행태에 비판의 목소리를 냈지만 나토의 이해에 필수적이라고 판단한 이 나라를 암묵적으로 지지했다.

대령들의 통치가 점점 위기에 빠져드는 데 더욱 중요했던 것은 억압에도 굴하지 않고 목소리를 높였던 국내의 반대파였다. 자유민주주의 및 인권과 결합된 서유럽 국가들의 네트워크에서 네오파시즘 정권을 출범하려 하자 문제점들이 분명하게 드러나기 시작했다. 파파도폴로스가 (검열을 어느 정도 해제하고 일부 정치범을 석방하는 등) 미미한 자유화 조치를 도입하여 미온적으로 문제를 얼버무리려고 했을 때, 그는 단지 체제 내 강경파의 적대감을 불러일으키면서 반대파에게 용기를 불어넣는 데 성공했을 뿐이었다. 1973년 11월 중순 아테네 공과대학에서 체제에 반대하는 대규모 학생 시위를 진압하기 위해 군대가 투입되었고, 그 결과 몇몇 사망자와 많은 부상자가 발생했다. 하지만 이 소요에 자극을 받아 무서운 헌병대 수장이었던 디미트리오스 요안니디스[511] 준장이 며칠 뒤 파파도풀로스를 전복하고 계엄령을 다시 시행함으로써 질서를 회복하려 했다.

요안니디스의 통치 기간은 길지 않았다. 키프로스를 그리스로 합병시키려는(그리스 우파의 오랜 열망이었다) 목적으로 대통령인 마카리오스[512] 대주교를 무너뜨리고자 했던 키프로스 국민방위군의 서투른 기도를 후원한 후 그는 실각했다. 마카리오스는 가까스로 도피하여 최종적으로 영국으로 향했다. 그러나 실패한 쿠데타는 터키의 침공을 초래하여 1974년 7월 터키군이 북부 키프로스를 점령했고, 이 때문에 약 20만 명에 이르는 그리스계 키프로스인들은 남부로 도주하지 않으면 안 되었다. 그리스 군사정부는 군사 보복을 감행하려 했으나 군의 지지를 잃어버린 상태였기 때문에 허사로 돌아갔다. 대령들의 체제는 더 이상 결정적인 버팀목을 갖고 있지 못했다.

1967년 그리스에서 민주주의 체제를 전복했던 군부는 이제 그것을 회복시키는 조치를 취했다. 일단의 장교들이 요안니디스에 대한

---

511) Dimitrios Ioannidis(1923~2010). 그리스군 장교. 1967~1974년 그리스 군사정부의 지도자 중 한 사람이었다.
512) Makarios III(1913~1977). 키프로스의 주교, 정치가. 1948년 주교로 임명되고, 1950년 대주교가 되었다. 키프로스의 그리스 병합 운동을 비폭력 투쟁으로 이끌어 그리스계 사람들로부터 '민족의 아버지'로 존경받았다. 1959년 영국으로부터 독립하는 데 성공하고, 같은 해 4월 키프로스 임시정부 총리에 취임했다. 1960년 키프로스의 완전 독립과 함께 대통령에 당선하고, 1968년 재선했다. 하지만 키프로스에 살고 있는 터키계 주민들이 그리스 합병 운동에 반대하여 폭동을 일으켜 그리스와 터키 두 나라 정부 사이에 긴장이 발생하자 정책을 바꿔 그리스와의 합병에 반대하고 키프로스의 독립을 지키려 했다. 그러나 1974년 그리스와 합병을 원하는 에노시스 운동파의 군사 쿠데타로 대통령 자리에서 물러났다.

지지를 철회했다. 보수적인 전 총리 콘스탄티노스 카라만리스[513]가 파리의 망명지에서 호출되어 민간 민주주의 정부로 즉각 복귀하기 시작했다. 그의 연립정부는 1952년 헌법을 회복시켰고 정치범들을 석방했다. 10년 만에 처음 치러진 1974년 11월의 선거 결과 카라만리스가 이끄는 보수 정당인 '신민주당New Democracy'이 절대 다수당이 되었다. 대령들의 정권이 시행한 한 가지 조치가 그들의 붕괴를 이기고 살아남았다. 바로 1973년의 군주정 폐지였다. 1974년 12월 국민투표에서 군주정의 부활은 거부되었다. 그리스는 이제부터 (1975년에 제출한) 새 헌법과 민주주의적 정부 체제를 가진 공화국이었다. 과거와의 단절을 확인하는 조치로 군사정부의 지도자들이 나중에 재판에 넘겨져 장기 투옥형을 선고받았다.

하지만 그리스는 여전히 절망적으로 가난했고 경제는 몹시 비효율적이었으며, 권위주의적 정치체제는 부패로 가득했다. 이와 같은 분명한 취약점에도 불구하고 서유럽의 민주주의 지도자들은 언제든 권위주의 체제로 돌아갈 그 어떤 가능성도 막으려 했다. 그들은 그리스가 대령들의 통치 동안 떠났던 유럽평의회로 복귀하는 것을 재빨리 승인하는 쪽으로 움직였다. 대령들이 권력을 장악하기 전에 그리스는 유럽경제공동체의 준회원국이었고(군사정부 시절에 중지되었다), 경제를 근대화하기 위해 상당한 재정적 지원을 약속받았다. 권좌

---

513) Konstantinos Karamanlis(1907~1998). 그리스의 정치가. 1955~1963년, 1974~1980년 총리를 지낸 데 이어, 1980~1985년, 1990~1995년 대통령으로 재임했다.

로 복귀한 후 카라만리스는 그리스의 회원 가입을 위해 새로운 운동을 시작했다. 카라만리스는 이것을 나라의 번영에 필수적인 것으로 보았고, 그러한 번영으로 이제 민주주의를 확고히 하는 쪽으로 성큼 나아가게 될 것이었다. 유럽공동체 지도자들은 이 주장을 무겁게 받아들였다. 가입 협상이 이미 1976년에 시작되었다. 예상보다 이르게, 5년 만인 1981년 1월 1일 그리스는 열 번째 회원국이 되었다. 하지만 그리스는 다른 9개국보다 경제적으로 훨씬 약했다. 그리스 가입의 이면에는 경제적 중요성이 아니라 정치적 중요성이 있었다.

대령들의 통치가 남긴 기이함과 앞으로 드러나겠지만 해결할 수 없는 유산은 키프로스의 분단이었다. 상황은 급속히 교착상태에 빠졌다. 그리스는 터키의 침공을 비난하지 못한 데 대해 항의의 뜻으로 나토에서 탈퇴했다(결국 1980년에 복귀했다). 터키는 군대를 철수하라는 유엔의 요구를 거부했다. 마카리오스는 대통령으로서 섬의 그리스 지역으로 돌아왔지만, 물론 터키는 그를 인정하지 않았다. 섬의 더 작은 터키 지역은 이와는 반대로 터키에 의해서만 인정되었다. 유엔 평화유지군의 감독하에 '녹색 선'이 섬의 중앙을 가로지르는 가운데 키프로스의 분단은 20세기의 나머지에—그리고 그 이후로도—여전히 지속될 것이었다.

이베리아반도에서는 포르투갈(1926년 이래)과 스페인(1939년 이래)의 장기적인 독재 체제가 여전히 서유럽의 나머지 국가와는 반쯤 소원해 있었다. 그러나 그 나라들의 통치자는 늙고 허약했다. 포르투갈의 정치체제는 오랫동안 총리를 지낸 살라자르 치하에서 아무 변화도 없이 옛 모습 그대로 유지되었다. 포르투갈의 경제 또한 근대화되지 않았다. 1968년 이후 유럽자유무역연합의 일부로서 포르투갈은 무역 관계의 개선에서 얼마간 혜택을 보기 시작했으나 여전히 경제 적으로 후진적이었다. 스페인과는 달리 관광업은 여전히 주요한 사업 이 아니었다. 수많은 포르투갈인이 매년 집을 떠나 외국에서 일해야 했다(이들은 집으로 긴요한 보조금을 보내주었고, 이는 국내 경제를 뒷받침 했다). 그러나 무엇보다 경제를 고갈시킨 요소는 식민 제국이었다. 그 것은 정부 지출의 거의 절반이 군대에 투입될 만큼 값비싸고 시대착 오적인 시스템이었다. 또한 식민 제국은 젊은 포르투갈인들에게 앙 골라, 모잠비크, 기니비사우에서 전개되는 반식민 운동의 게릴라전 을 격퇴하는 데 필요한 인기 없는 군 복무도 강요했다. 식민 전쟁에 대한 반대가 커졌다. 심지어 가톨릭교회 쪽에서도 반대 목소리를 냈 다. 가톨릭교회는 전통적으로 권위주의 국가의 매우 충실한 동맹자 였지만, 이제는 제2차 바티칸 공의회(1962~1965년) 이래 발전되어온 좀 더 진보적인 입장을 반영했다.

1932년부터 계속 통치해온 살라자르가 1968년 치명적인 뇌출혈 을 겪고 2년 뒤 사망했을 때, 그것은 종말의 서막이었다. 삐걱거리는 체제가 예상보다 오래 존속하기는 했지만, 미미하게 자유화된 채로 그의 후임자인 마르셀루 카에타누[514] 치하에서 계속되었다. 주로 해외

---

514)   Marcelo Caetano(1906~1980). 포르투갈의 정치가. 1968년 36년간 집권하 던 살라자르 총리가 쓰러지자 후임 총리로 임명되었다. 민주화 요구를 부분적으로 수용했으나 경제정책의 실패 등으로 지지 기반을 잃었고, 아프리카의 식민지에 대 한 탄압을 계속하며 독립을 인정하지 않는 등 국제적 비난을 사면서 위기를 맞았 다. 1974년 군부 소장파가 일으킨 카네이션 혁명으로 실각했으며, 그 후 브라질로

차관 덕분에 맞이한 짧은 소비 호황은 곧 사그라졌다. 경제적 불안은 비단 형편없는 임금을 받는 노동자들 사이에서만 널리 퍼져 있는 것이 아니었다. 석유 위기에 이은 인플레이션은 1974년경에 무려 30퍼센트에 달했다. 체제에 무엇보다 위험한 일은 낮은 급료뿐 아니라 가망 없는 것이 분명한 목적을 위해 격렬하고 위험한 식민 전쟁을 치르는 데 분노한 젊은 장교들의 불만이었다. 군부는 1926년에 체제를 수립했고, 오랫동안 근본적인 받침목이었다. 1974년 4월 24~25일 밤에 있었던 반란에서 그랬던 것처럼, 일단 한 무리의 장교들이 정권에 반대하여 돌아서자 체제는 파멸할 운명이었다.

성공적인 쿠데타 이후 상황이 어떻게 될지는 분명하지 않았다. 다만 민주주의 체제가 의기양양하게 등장할 것 같지는 않았다. 처음에 반란 지도자인 안토니우 스피놀라[515]—前 군 부참모장—하에서 군사평의회인 '민족구원군사정부National Salvation Junta'가 통제권을 장악했다. 그러나 안정을 찾을 수는 없었다. 스피놀라는 결국 쫓겨나 스페인으로 도피했다. 군부 내부와 민간인들 사이에서 봉기가 확산되었다. 이른바 '카네이션 혁명'(반란자들의 군복과 총구에 꽂힌 꽃들의 이름을 땄다)에 대한 희열이 넘쳐났다. 영국의 정치인 주디스 하트[516]는 1975년 여

망명해 여생을 보냈다.

515)   António de Spínola(1910~1996). 포르투갈의 장교, 정치가. 1974년 포르투갈이 카네이션 혁명에 뒤이어 민주주의 체제로 이행할 때 중요한 역할을 했다. 1968~1973년 포르투갈령 기니 총독, 1974년 4~9월 민족구원군사정부 의장, 1974년 5~9월 포르투갈 대통령을 지냈다.

516)   Judith Hart(1924~1991). 영국의 노동당 정치가. 1959~1983년 하원의원을

름 포르투갈을 방문한 동안 "붉은 카네이션이 티셔츠와 안경을 장식하고 있다"고 언급했다. "자유와 민주주의, 인민의 권력을 선포하는 포스터가 어디나 붙어 있다." 격렬한 소란이 2년 동안 계속되었다. 임시정부가 여섯 번 나타났다 사라졌다. 한 번은 우익에서, 다른 한 번은 좌익에서 두 번의 쿠데타 기도가 있었다. 나라는 여전히 불안정에 빠져 있었다. 파업, 공장 점거, 토지 몰수, 자본 도피는 격렬한 정치적·이념적 분열의 현상이었다. 공산당은 가장 강력한 정치 세력인 것처럼 보였다. 하지만 1975년 4월의 제헌의회 선거는 공산주의에 대한 사람들의 지지가 실제로는 약했음을 보여주었다. 마리우 소아르스[517]가 이끄는 사회당이 38퍼센트를 득표해 가장 많은 지지를 얻었다. 자유당은 26퍼센트를 살짝 넘었다. 공산당은 겨우 12.5퍼센트의 득표로 뒤를 따랐다.

(수많은 파벌로 분열된) 군부 내의 좌익 급진주의자들은 권력에 대한 희망이 사라지자 1975년 11월 또 한 번 쿠데타를 기도했다. 이 쿠데타는 그들의 마지막 무대였다. 봉기는 안토니우 하말류 이아느스[518]

지냈으며, 그 사이 1960년대와 1970년대에 연방문제국무장관, 사회보장장관, 해외개발장관 등 여러 장관직을 맡았다.

517) Mário Soares(1924~2017). 포르투갈의 정치가. 리스본 대학교에서 역사와 철학을 전공했고, 1957년 대학교 강사가 되었다. 그러나 살라자르가 이끄는 독재정권에 저항하다가 여러 차례 투옥되었다. 1976~1978년, 1983~1985년 포르투갈 총리, 1986~1996년 대통령을 역임했다.

518) António Ramalho Eanes(1935~). 포르투갈의 군인 출신 정치가. 인도, 앙골라, 기니 등 포르투갈령 식민지에서 군 경력을 쌓았다. 1974년 카네이션 혁명에 가담했고, 1976년 대통령 선거에 무소속으로 출마해 61.59퍼센트의 득표로 당선

장군 휘하의 국가를 지지하는 군대에 진압되었다. 군 개혁이 재빨리 단행되었고, 군부의 권력은 억제되었다. 급진적 좌파는 군부에서 영향력을 잃었다. 한편 공산주의는 정치의 주변부로 밀려났다. 1976년 4월 새 헌법이 민간 정부의 틀을 세웠고, 그달 말에 선거를 치른 후 (사회당이 다시 승리했다) 어지러운 정치 현장을 진정하는 조치가 취해졌다. 지난 11월 반란 기도를 격퇴한 후 인기를 얻었던 이아느스 장군이 이제 권력에서 배제된 공산당을 제외한 모든 정당의 지지를 받아 대통령으로 선출되었다. 이아느스는 국민적 통합의 필수적인 상징이 되었다. 재정적으로 서독 사회민주당의 지원을 받은 소아르스는 포르투갈이 의회민주주의로 이행하는 초기 단계에서 핵심적인 정치 주역이었다. 그러나 그것은 여전히 가시밭길이었다.

포르투갈의 식민 제국은 '카네이션 혁명' 이듬해에 종식되었다. 이와 함께 유럽의 마지막 주요 식민 제국이 사라졌고, 식민 제국주의 시대가 마침내 끝났다. 그러나 그것은 피에 물든 종결이기도 했다. 포르투갈인들은 끔찍한 상태로 이전 속령을 떠났다. 원활한 탈식민화 과정은 없었다. 동티모르는 인도네시아가 장악했다. 앙골라는 내전으로 황폐해졌다. 모잠비크도 곧 내전으로 빠져든 한편 혁명 세력이 기니비사우를 식민 체제의 이전 지지자들에게 폭력적으로 보복한 일당 국가로 바꿔 놓았다. 아프리카 전역에서 수많은 포르투갈 식민 정착자들이 자신들이 소유한 것을 모두 남겨두고 본국으로 돌아갔다. 이는 포르투갈의 침체된 경제에 부담을 더했다.

했다. 1980년 재선에 성공했으며, 1986년 임기를 마치고 물러났다.

이미 토지 개혁이 단행되어서 혁명 이후 시행되었던 토지 수용이 취소되고 비효율적인 집단 농장들이 해체되기 시작했다. 그러나 1977~1978년에 계속되는 불안, 높은 실업, 과도한 국가 채무 속에서 1인당 평균 소득이 유럽공동체 국가 평균의 절반을 조금 넘는 가운데 포르투갈은 IMF로부터 재정적 원조를 구하지 않으면 안 되었다. 원조는 조건부로 제공되었다. 지출 삭감과 더욱 균형적인 예산을 통해 높은 국가 채무를 점차 줄이면서 긴축 조치가 도입되었으나, 그것은 고실업의 지속과 계속되는 나라의 경제적 후진성을 대가로 한 것이었다. 정부의 불안정이 계속되어 1976년부터 1983년 사이의 7년 동안 9개의 정부가 왔다가 사라졌다. 소아르스는 1978년에 축출되었다. 대통령직에 선출되었으나 여전히 군 총사령관이었던 이아느스 대통령이 국내 정치에 개입할 수 있는(이아느스는 실제로 자주 그렇게 했다) 실권이 1982년 헌법 개정으로 드디어 감축되었다. 1985~1986년 직접선거로 치러진 두 단계 선거에서 마리우 소아르스가 가까스로 승리함으로써 제한된 권력을 가진 진정한 민간 대통령 임기가 비로소 시작되었다. 바로 그 단계에 이르러서야 포르투갈에서 민주주의 체제가 탄탄한 기반을 마련한 것으로 보였다.

소아르스는 1977년에 유럽공동체에 접촉할 방법을 찾기 시작했고, 이는 이듬해 포르투갈의 가입에 관한 공식 협상으로 발전했다. 국가 경제의 문제 때문에 하룻밤 사이에 가입이 결정될 수는 없었고, 1984년까지 복잡한 협상이 이어졌다. 1986년, 마침내 조치가 취해졌다. 포르투갈은 주변부로부터 진입하여 유럽공동체의 회원국이 되었다. 이즈음에 포르투갈은 이미 서유럽의 안정적인 민주주의 체제였고, 장기 독재의 기억은 점점 희미해져 갔다.

프랑코 장군의 오랜 통치가 막을 내리면서 포르투갈의 인접국이 국경을 넘어 '카네이션 혁명'의 진전을 바싹 뒤쫓았다. 포르투갈의 격변, 특히 공산주의 좌파의 전진에 대해 장차 개혁가가 될 사람들 사이에 우려가 있었다.

1959년에 몹시 필요했던 개혁이 시행되었고, 이는 스페인의 후진 경제를 국제 시장에 개방하면서 1960년대 내내 연 7퍼센트 이상의 성장을 가져왔다. 체제의 등뼈인 스페인의 농촌이 도시나 급속히 성장하는 관광 휴양지로 노동력이 빠져나가면서 비어가기 시작했다. 또 성장에 뒤이어 팽창하는 산업들에서 임금을 인상하고 노동조건을 개선하라는 요구가 있었다. 특히 카탈루냐와 바스크 지방의 산업 지역에서 노동계급의 동요가 심해졌다. 노동조합은 여전히 금지되었고 파업은 불법이었지만, 그럼에도 노동자들은 항의와 파업, 시위를 조직할 집단 기구들을 결성했다. 그리고 그 수는 증가하고 있었다. 1970년에 1595건, 1974년에 2290건, 1975년에는 3156건의 파업이 있었다(그 결과 그해에 1450만 노동시간을 상실했다). 바스크 지방에서는 그러한 동요가 분리주의 정치에 반영되었고, 이는 1968년에 무장 민족주의 운동 '바스크 조국과 자유'[519]를 낳았다. 바스크 조국과 자유는 정권과 그 후임 정권에 맞서 장기간의 격렬한 테러리즘 운동을 시

---

519) Euskadi Ta Askatasuna, ETA. 바스크의 민족주의 분리주의 조직. 1959년에 창설되었는데, 처음에는 전통문화를 옹호하는 단체에서 시작하여 바스크의 독립을 요구하는 준군사 조직으로 발전했다. 2017년 4월 7일 모든 총기와 폭발물을 전부 반납하면서 비무장을 선언하고, 2018년 5월 2일 완전히 해산했다.

작했다.

프랑코 체제가 점점 심각해지고 해결책이 보이지 않는 도전에 눈에 띄게 봉착하면서 철권은 거의 유일한 대응이 되었다. 1974년에도 약 6000명의 스페인 사람이 정치적 혐의로 재판을 기다리면서 감옥에서 시들어가고 있었다. 감옥에서는 고문이 흔히 자행되었다. 죄수들은 법률적 지원을 박탈당했다. 또 군사적 탄압의 일환으로서 다시 사형을 시행했다. 스페인이 세계에 가장 좋은 인상을 주려고 하다 보니 1963년부터 1974년 사이에는 어떤 처형도 없었지만, 1975년 11월 프랑코가 사망하기 겨우 한 달 전에 다섯 건의 처형이 있었다.

한편 코스타 브라바의 해변에는 항상 햇볕이 내리쬐었고, 이미 1960년대에 저렴한 패키지 여행업이 매년 수백만 명의 관광객을 끌어모으기 시작했다. 이 여행업은 스페인 사람들을 가톨릭 스페인의 전통적 가치들과 필연적으로 충돌하는 외부의 문화적 영향에 노출했다. 이 가치들은 여하튼 제2차 바티칸 공의회의 여파 속에서 희미해지고 있었다. 사실 내전 이래 프랑코주의의 이념적 성채였던 가톨릭교회마저 체제에 등을 돌리고 있었다. 1970년 무렵 성직자들은 국가의 공식 팔랑헤당[520] 이념보다는 사회주의에 훨씬 더 많이 동조하

520) Falange. 완전한 명칭은 '국가생디칼리슴 공세평의회 스페인 팔랑헤 (Falange Española de las Juntas de Ofensiva Nacional-Sindicalista)'다. 1933년 호세 안토니오 프리모 데 리베라가 스페인에서 창립한 전체주의 정당으로서 스페인 내전 때 그가 사망한 뒤 카를로스주의 정당과 통합하여 프랑코 장군의 지도하에 들어갔다. '국민운동(Movimiento Nacional)'으로도 알려진 이 조직은 1975년 프랑코가 죽을 때까지 존속했다. 1975년부터 팔랑헤당원들은 팔랑헤주의 성향의 세력

고 있었고, 교계는 인권을 옹호하고 정치적 중립을 표방했다.

특히 젊은이들은 체제의 도덕적 경직성이 숨 막히게 한다는 것을 알았다. 1966년, 검열이 조금 완화되었지만 충분하지 않았다. 1968년에는 교육을 잘 받은 소수의 젊은이들이 권위주의 통치를 받아들일 준비가 되어 있지 않다는 것을 용감하게 보여주었다. 서유럽의 다른 지역들에서 벌어지고 있던 일에 고무되고 베트남전쟁과 스페인의 미군 기지에 대한 자신들의 강력한 반대에 자극을 받았으며 정치적 탄압에 의존하는 독재 체제에 적대적이었던, 마드리드를 비롯한 스페인 대학 도시들의 학생 시위대는 프랑코 정권의 노여움에 직면했다. 일부는 시위를 한 혐의로 장기 투옥형을 선고받았다. 억압적 국가와 자유화 및 민주화를 바라는 사회가 내건 요구 사이의 간극은 엄청났다.

사실 국가 관료들 가운데 일부는 자유화가 필수적이라는 것을 알고 있었다. 자유화는 유럽 경제공동체와 더욱 긴밀한 관계로 가는 문을 열 것이며, 이는 다시 후진국 스페인의 번영과 근대화 가능성을 확장해 줄 터였다. 작동 기제가 군부, 보안기관, 관료층과 재계의 견고한 과두층에 의존하는 프랑코 독재 체제는 그러한 움직임을 가로막고 있었다. 그러나 체제는 누가, 그리고 무엇이 프랑코 이후에 올 것인가라는 명백한 질문에 봉착했다. 1968년 12월 그의 측근 수행원들은 독재자가 화장실에 가기 위해 내각 회의를 중단시켰을 때 이를 독재자의 죽음이 임박한 징조로 간주했다. 이런 행동은 장시간의 회의가 끝없이 계속되는 동안 방광에 대한 통제력이 덜한 각료들의 불

이나 극우 성향의 세력으로 분화하여 오늘날까지 이른다.

편에는 아랑곳하지 않던 그에게는 결코 있을 수 없는 일이었다. 그것은 "배설 자제력이 없는 사람에 대한 배설 자제력이 있는 사람의 승리"였다고 훗날 그들 중 누군가가 빈정거렸다. 프랑코는 그의 오랜 생명이(그는 1972년 12월 여든 살 생일을 축하했으며, 건강이 좋지 않았다) 명백히 끝을 향해 다가가고 있었는데도 사실 7년을 더 버텼다.

프랑코는 1969년에 할 일 없는 왕가로 시선을 돌려 후안 카를로스[521] 왕자를 자신의 계승자로 지명함으로써—그리하여 후임자가 권위주의 체제를 이어받을 준비를 하는 동안 권력을 보유하면서—후계 문제를 제기했다. 1973년 6월에는 프랑코의 가장 오랜 완고한 지지자들 중에서 수중에 많은 권력의 지렛대를 보유한 루이스 카레로 블랑코[522] 제독이 총리로 임명되었는데, 이는 분명히 하나의 중간 기착지일 것으로 생각되었다. 블랑코는 권위주의 체제의 연속성을 보장할 것이라고 여겨졌다.

그러한 계획은 블랑코가 1973년 12월 20일 '바스크 조국과 자유'의 테러리스트들이 장착한 폭탄에 암살되었을 때 글자 그대로 연기

---

521) Juan Carlos I(1938~). 스페인의 국왕(재위 1975~2014). 1969년 7월 22일 스페인 총통 프란시스코 프랑코의 후계자(국가 원수직 계승자)로 낙점되어 1975년 10월 30일부터 같은 해 11월 20일 프랑코가 사망할 때까지 스페인의 대리청정으로 재임했다. 그 후 1975년 11월 22일부터 2014년 6월 19일까지 스페인 군주로 재위하다 아들 펠리페 6세에게 보위를 양위하고 퇴위했다.
522) Luis Carrero Blanco(1904~1973). 스페인의 군인, 정치가. 스페인 해군의 최고사령관이자 프란시스코 프랑코의 친구였으며, 1973년 프랑코의 후계자로 총리에 취임했지만 반년 후에 '바스크 조국과 자유' 단원의 차량 폭파 테러로 암살당했다.

처럼 사라져 버렸다. 그가 살아서 국가수반으로서 프랑코를 계승했다 하더라도 삐걱거리는 권위주의 체제가 훨씬 더 오래 살아남을 수 있었을까 의심스럽다. 실제로 프랑코와 그가 통치한 체제가 모두 최후의 몸부림을 치고 있었다. 블랑코가 암살된 뒤 뻔히 예상된 대로 노골적인 억압이 다시 시작되자, 따돌림받는 국가로서 스페인의 국제적 고립은 더욱 심해졌을 뿐이었다. 그리고 그사이 석유 위기에 따른 물가 상승으로 나라의 경제적 어려움은 더욱 깊어졌다. 언젠가는 죽을 수밖에 없는 프랑코만이 필연적 변화로 가는 길을 막고 있는 것 같았다.

닉슨의 국무장관인 헨리 키신저[523]는 1970년 마드리드를 방문해서는 스페인이 "유럽 역사에 다시 참여할 수 있도록 하나의 생명이 종결되기를 기다리고 있다"고 논평했다. 5년 후 그 기다림이 끝났다. 프랑코의 건강은 1975년에 급격히 악화하였고, 11월 20일 그때까지 육체적으로 만신창이가 되었던, 전쟁 전의 유럽 독재자들 중 마지막 인물이 마침내 숨을 거뒀다. 장례식에 참석한 유일한 국가수반은 칠레 독재자 아우구스토 피노체트 우가르테[524] 장군이었다(1973년에 대통령

---

523) Henry Kissinger(1923~). 독일 태생의 미국 정치가이자 외교관. 1969년 닉슨 행정부가 출범하자 대통령 안보 고문으로 합류하여, 1977년까지 현실 정치의 주창자로서 미국 외교정책에 뚜렷한 족적을 남겼다. 1973~1976년 미국의 56대 국무장관을 지냈다.

524) Augusto Pinochet Ugarte(1915~2006). 칠레의 군인이자 정치가. 1973년 육군 참모총장이 된 후 그해에 쿠데타를 일으켜 아옌데의 사회주의 정권을 붕괴시켰다. 정권을 장악한 뒤 철저한 군정을 실시했으며, 집권기에 인권침해 사례가 잇따라 발생해 국내외에서 많은 비판을 받았다. 1988년 국민투표와 1989년 대통령

으로 선출된 살바도르 아옌데[525]의 칠레 정부를 무너뜨린 후 그의 억압적 체제는 프랑코의 승인을 받았을 것이다). 하지만 나흘 뒤 외국의 고위 관리들은 후안 카를로스 국왕의 대관식에는 보란 듯이 참석했다. 피노체트는 이번에는 초청받지 못했다.

국왕의 대관식은 새로운 시대의 시작을 상징했다. 그러나 누구도 그것이 어떤 결과를 가져올지는 몰랐다. 국왕은 계속되는 모종의 권위주의 형태를 관장할 것인가? 또 다른 피바람이 불어닥칠 것인가? 아니면 민주주의를 도입하는 조치가 있을 것인가? 특히 체제의 권력을 지탱하는 중추이자 국왕을 의심하는 군은 독재자의 죽음에 어떻게 반응할 것인가? 많은 이들이 프랑코주의의 종언에 환호했다. 그러나 미래에 대한 두려움도 있었다. 최근에 갈기갈기 찢겼고, 지금도 그 결과들을 안고 살아가는 나라에서 미래는 불확실했다. 결정적으로, 누구도 예상치 못했지만 국왕은 처음에는 신중했으나 군주로서

선거에서 패배하여, 16년 동안의 군정이 종식되고 민간 정부로 정권이 이양되었다. 권좌에서 물러난 뒤 런던에서 요양하다가 2000년 영국 사법 당국에 체포되었다. 그 후 석방되어 칠레로 귀국했으나 칠레 사법부는 과거 청산의 일환으로 그를 기소했다. 그러나 2006년 갑작스럽게 사망하여 사법적 처벌은 받지 않았다.

525) Salvador Allende(1908~1973). 칠레의 정치가. 1933년 칠레 사회당 창당에 참여했으며, 1970년 선거에서 인민연합 후보로 출마하여 대통령으로 선출되었다. '반제국주의·반과두 세력'이라는 강령 아래 미국계의 광산을 비롯하여 국내외 주요 기업의 국유화와 본격적인 토지개혁을 실시했고, 대외적으로는 쿠바 및 중국과 국교를 수립했다. 이러한 개혁정책은 근로자나 저소득층의 강력한 지지를 받았으나, 칠레의 사회주의화를 두려워한 미국 정부와 국내의 보수 세력으로부터 끈질긴 저항과 압력을 받았다. 1973년 9월 군대와 경찰이 공모하여 일으킨 쿠데타에 자신도 무기를 들고 직접 투쟁하다가 죽었다.

자신의 대중적 정통성의 무게를 민주화를 추진하는 세력 편에 실어 주었다. 국왕은 본능적인 민주주의자가 아니었다. 그러나 바람이 어디로 불고 있는지를 깨달았다. 프랑코 사망의 즉각적인 여파로 발생했던 대규모 시위와 대중 파업을 본 그는 민주화가 유일한 성공의 길이라는 것을 확신했다. 포르투갈처럼 여전히 공식적으로는 금지되어 있었지만 정당과 분파, 운동이 모습을 드러내기 시작했다. 그러나 결정적인 변화는 구체제의 구조 내부에서 왔다. 프랑코주의 국가는 사실상 스스로 자신의 권력 구조를 서서히 해체했다.

국왕은 민주주의 세력을 지지했을 뿐 아니라 1976년 1월 강경 노선의 인기 없는 카를로스 아리아스 나바로[526] 총리를 해임하고 아돌포 수아레스[527]를 그 자리에 앉혔다. 갑작스럽게 민주주의의 투사로 변신한 것은 아니었다. 하지만 그것은 결정적인 선택으로 밝혀졌다. 프랑코 정부에서 몇몇 직위에 있었던 팔랑헤당 당원 수아레스는 예전에는 반동주의자로 여겨졌다. 하지만 그는 프랑코 체제 내의 개혁주의 그룹과 접촉하면서 스페인의 미래는 민주주의에 있으며, 왕가의 대중적 정통성과 후안 카를로스 자신의 헌신은 이 목표로 가는 가장 확실한 길이라고 확신했다. 체제와의 혁명적 단절은 내전의 재발을 무릅쓸 수도 있었다. 그것을 이행하려면 좌파와 협상해야 했다.

프랑코주의 기득권층이 대응하기 전에 신속하게 행동하는 것이 무

---

526)   Carlos Arias Navarro(1908~1989). 스페인의 정치가. 프랑코 총독 아래에서 마드리드 시장과 장관직을 역임하다 1973~1976년 총리를 지냈다.
527)   Adolfo Suárez(1932~2014). 스페인의 법률가, 정치가. 1976~1981년 프랑코 정권 붕괴 이후 최초의 민선 총리를 지냈다.

엇보다 중요했다. 수아레스는 1977년 6월까지 정치 개혁에 관한 국민투표와 선거를 실시하자고 제안했다. 그는 능숙하게 사회당의 비위를 맞추는 한편(사회당은 폭력 혁명이 아니라 입헌 정부가 체제의 잔재를 제거하는 가장 좋은 길이라는 것을 스스로 인정했다), 자신에 대한 국왕의 지지를 이용해 군 지도자들을 달래고 우익 온건파들을 중립화하며 강경 프랑코주의자들을 고립시켰다. 놀랍게도 수아레스는 재정적 유인과 미래의 출세에 대한 약속을 통해 스페인 의회에서 유일한 정당인 '국민운동'[528] 의원들을 설득해 심각한 갈등을 막는 유일한 방법으로서 개혁에 찬성 투표하게 했다. 이에 따라 희한하게도 크리스마스에 찬성 투표하는 칠면조처럼 의회 의원들은 투표를 통해 스스로 소멸했다.

1976년 12월 15일의 국민투표에서 투표자의 94퍼센트라는 압도적인 수가 변화를 지지했다. 1977년 6월 15일에 40여 년 만에 처음으로 다원주의적 선거가 스페인에서 치러졌다. 공산당을 비롯해 옛 좌파 정당들이 그사이에 합법화되었으며, 이 때문에 수아레스는 완고한 프랑코주의 보수파들의 적의를 얻었다. 수아레스의 '민주중도연합Unión de Centro Democrático'─은밀하고 빈틈없는 많은 거래로 대충 짜맞춰진 중도파와 개혁주의 우파의 연립─은 34퍼센트를 득표하여 승리한 것으로 밝혀졌지만, 사회당도 29퍼센트를 얻었다. 이 투표는 종합적으로 볼 때 입헌 의회민주주의를 강력하게 승인했다. 좌익과 우익의 급진적인 정당들은 성적이 좋지 않았다. 겨우 9퍼센트의 공산당

---

528)   National Movement(Movimiento Nacional). 스페인의 팔랑헤당을 가리킨다. 본문 594쪽의 520번 각주 참조.

은 기대보다 훨씬 적은 표를 얻었으며, 네오파시즘 급진 우익의 다양한 분파들은 투표의 2퍼센트 이하를 간신히 얻을 수 있었을 뿐이다. 1년이 좀 더 지난 1978년 10월 31일, 새로운 민주주의적 헌법이 의회에서 승인되었고 12월 6일 국민투표로 국민의 추인을 받았다.

그러나 수아레스에게 곧 문제점들이 보이기 시작했다. 1977년까지 수아레스는 걷잡을 수 없는 인플레이션과 급증하는 실업, 카탈루냐 및 바스크 지방의 격렬한 자치 요구(그보다는 덜 격렬했지만 다른 지역에서도 되풀이되었다)와 씨름해야 했다. 제한적으로 권력을 양도했지만, 이 요구는 절대 누그러지지 않았다. 특히 바스크인들은 마드리드로부터 독립을 추진했다. '바스크 조국과 자유'가 자행하는 테러 폭력 행위는 오랜 세월 계속되면서 스페인 국민 사이에서 공포와 혐오를 불러일으킬 것이었다.

거세지는 압력 속에 인기가 급락한 수아레스는 1981년 1월 25일 총리직을 사임했다. 한 달 뒤 이제 막 피어나기 시작한 스페인 민주주의는 그것을 탈선시키려는 강경 프랑코주의자들의 마지막 기도를 견뎌내야 했다. 2월 23일, 국가헌병대[529]의 중령 안토니오 테헤로[530]와 200명의 부하들이 의회를 급습하여 총구를 들이대고 의원들을 인질로 잡았다. 쿠데타는 후안 카를로스 국왕이 텔레비전에 나와 사람들에게 연설하며 헌법에 대한 지지를 선언하고 부대에 병영으로 돌아

---

529) Guardia Civil. 스페인의 준군사 조직으로 내무부와 국방부가 관리한다.
530) Antonio Tejero Molina(1932~). 스페인의 국가 헌병대 중령. 1981년 2월 23일 실패한 쿠데타의 주역이었다.

가라는 명령을 내린 후에야 허사로 돌아갔다. 쿠데타가 실패한 지 사흘 후—테헤로는 나중에 이 실패한 쿠데타에 참여한 죄로 군 감옥에서 15년을 복역했다—300만 명이 민주주의를 지지하며 스페인 도시들에서 시위를 벌였는데, 마드리드에서만 150만 명이 참가했다. 민주주의는 안전하게 지켜졌다.

1982년 선거 후 이전의 마르크스주의 강령에 등을 돌린 사회당이 1936년 이래 처음으로 스페인의 정치 권좌로 복귀했다. 사회당은 다음 14년 동안 계속 집권할 것이었다. 신임 사회주의자 총리인 펠리페 곤살레스 마르케스[531]는 공무원과 군부의 내부 구조 개혁을 추진했다. 그는 또 자신의 대중적인 지지와 의회 다수파 지위를 이용해 높은 인플레이션을 진정시키고 정부 지출에서 과도한 적자를 줄이기 위해 통화 및 재정 조치를 활용하는 경제적 긴축 프로그램을 시행했다. 임금은 인플레이션 수준 이하로 고정되었다. 노동시장의 유연성 확대가 권장되었다. 사회보장에 대한 지출이 삭감되었다. 비록 일관된 민영화 정책이 없고 공공 부문이 여전히 컸지만(사적 부문이 원하지 않는 많은 기업을 소유한 것이었지만), 국가 소유 산업의 민영화를 향한 일부 조치가 단행되었다. 그리하여 신자유주의의 요소들이 사회주의 정부의 프로그램에 포함되었다. 그것은 서유럽 전역에서 진행되고 있던 경제적 추세를 보여주는 또 하나의 조짐이었다.

---

531) Felipe González Márquez(1942~). 스페인의 정치가. 프랑코 통치 시절 불법이었던 스페인 사회노동당(PSOE)에 가입했고, 1974년 사무총장으로 선출되었다. 사회노동당이 합법 정당이 된 후 1977년 총선에 참여해 인기를 얻었으며, 제1야당을 이끌었다. 1982~1996년 스페인 총리를 지냈다.

정부는 1986년 3월 국민투표에서 다수 국민이 지지한 정책인 스페인의 미군 기지 감축을 고집하긴 했지만, 그전에 스페인의 나토 참여(1982년 5월에 가입했다)에 반대하던 사회당의 방침을 폐기했다. 그 직전인 1월 1일 스페인은 포르투갈과 함께 유럽공동체 가입이 승인되었는데, 이는 1977년에 시작했던 과정을 마무리 짓는 것이었다. 이 조치로 스페인은 마침내 유럽의 역사에 다시 합류했다.

그리스, 포르투갈, 스페인에서 등장한 새로운 민주주의 체제들은 전후에 서유럽 전역에서 민주주의적 다원주의 정부 체제가 승리하는 과정을 완결했다. 전술한 세 독재 체제 사이와 그리고 그들이 몰락한 방식 사이에는 분명히 중요한 차이가 있었다. 그리고 사실 의심할 여지 없이 우연히 일치한 요소도 있었다. 그리스의 대령들의 통치는 그리스 민주주의가 아무리 불완전했다 하더라도 최근에 다원주의 정부를 잠시(그 희생자들에게는 끝없는 것 같았지만) 중단시킨 것이었다. 그 몰락은 터키의 키프로스 침공이라는 외부 사태로 촉발되었다. 이와는 대조적으로 포르투갈과 스페인의 권위주의 체제는 수십 년에 걸쳐 구축되었고, 그리스 독재 체제보다 훨씬 뿌리가 깊었다. 두 체제의 운명은 그들의 오랜 통치자인 포르투갈의 살라자르와 스페인의 프랑코가 가진 개성, 이념과 긴밀하게 얽혀 있었다. 따라서 이 독재자들의 육체적 쇠락에 뒤이은 죽음이 체제의 해체를 이끈 것은 놀랍지 않다. 포르투갈의 체제는 그 문제가 식민 제국의 해방 투쟁과 긴밀히 연결된 유일한 체제였다. 포르투갈 체제의 몰락은 다른 두 국가보다 더 장기적인 격변을 낳았다. 그리고 세 체제 중에서 스페인만이 왕가를 부활시켰고, 이 왕가는 (얼마간 예상치 못하게) 민주주의를 탄탄히 하는 데 가장 필수적인 안정화 요인이 되었다.

하지만 우연한 일치와 우발적 요소를 넘어 매우 다른 세 독재 체제가 종식된 데는 좀 더 깊은 원인이 있었다. 결정적으로 이 권위주의 체제는 모두 1960년대 중반 이래 특히 젊은이들 사이에 급속히 확산한 국제주의적이고 자유 지상주의적이며 강력한 반군사주의적인 문화와 전혀 맞지 않았다. 젊은이들의 저항은 이 세 나라 모두에서 점점 확대되는 반권위주의의 중요한 모습이었다. 통치자들은 매력 없어 보이는 지나간 시절의 민족주의적인 문화적 가치들을 엄격한 억압적 시도로 유지해 보려 했지만, 비상하게 빠른 속도로 국경을 가로지르는 자유화 물결을 막을 수는 없었다.

또한 경제도 국가 경제 자립 사상에 기반을 둔 폐쇄 체제로는 더이상 운영할 수 없었다. 그리스, 포르투갈, 스페인은 서방 민주주의 국가처럼 지구적 자본주의의 예측할 수 없는 변동을 피할 수가 없었고, 그들의 경제는 석유 위기에 대처할 준비가 덜 되어 있었다. 사실 세 나라는 이미 근본적인 사회적·경제적 이행을 경험하고 있었다. 세 나라는 몰락하기 20년쯤 전에 급속히 진행된 산업화에 의해서—스페인은 대중적 관광업에 의해서도—부분적으로 변화를 겪었다. 이로써 농촌 인구는 크게 줄었고, 가족과 교회의 전통적 구조는 훼손되었다. 농촌은 일찍이 권위주의의 지지 기반에서 많은 부분을 차지했다. 경제의 근대화는 이 지지를 크게 약화하면서 이념적으로 사회주의와 공산주의에 압도적 기반을 둔 산업 노동계급을 강화했다. 이 산업 노동계급은 오랫동안 억압을 받았는데도 여전히 대중적 지지를 동원할 능력이 있었다. 특히 유럽공동체에서 서유럽 민주주의 국가들은 후진적 독재 체제에 대한 뚜렷하고 성공적인 대안—국제적 협력과 자유민주주의에 뿌리를 둔—을 제공했다. 그것은 그리스인, 포르투갈인, 스페인인들이 자신들의 권위주의 정권이 여전히 유지되고 있는 한 꿈만 꿀 수 있었던 번영을 유럽의 다른 국가들에 가져다주었다. 일단 권위주의 정권이 축출되자마자 민주주의 세력의 지도자들은 거의 제일 먼저 유럽공동체에 자신들의 가입 문제에 대해 교섭을 제의했다. 그리스는 1981년에, 포르투갈과 스페인은 5년 뒤에 가입했다. 이는 그들의 새 정부가 예견한 대로, 이전에는 상상도 할 수 없었던 번영과 자유화로 가는 티켓이었다.

문화적·경제적 변화는 군부의 지지에 지나치게 의존하는 독재 체제가 극도로 비인도적일 뿐만 아니라 낡고 고장 난 정부 형태임을 의미했다. 안정된 민주주의 체제가 대부분의 서유럽 국가에서 확고해지고, 이 지역에서 재래식 전쟁 가능성이 거의 사라지면서 사회는 점차 군사주의적 가치가 아니라 시민적 가치의 지배를 받게 되었다. 양차 세계대전 사이에 정치에서 대체로 너무나 사악한 세력이었고 변함없이 권위주의를 지지하는 군부는 이제 국내 정치에서 어떤 중심적 역할도 하지 못했다. (유럽의 주변부인 터키를 제외하고) 그리스와 이베리아 반도에서만 군부가 여전히 지배적인 정치 세력으로 남아 있었다. 그러나 군부의 힘은 권위주의 체제를 지탱하기 위해 이제 주로 국내 억압에 사용되었다. 스페인의 군부는 나라 밖에서는 어떤 역할도 없었고 포르투갈의 군부는 소모적인 식민 전쟁에 종사하는 데 점점 주저할 뿐이었으며, 그리스의 군부는 터키의 북키프로스 점령을 막을 능력이 없다는 것을 보여주었다. 각각의 경우에서 군부는 한때 자신들이 누리고 있던 위신을 대부분 상실했다. 많은 국민은 군부가 자유와 진보를 가로막는 억압적·반동적 세력에 불과하다고 타당하게 인식했다. 그리고 자유와 진보를 얻는 가장 좋은 보장책은 대부분의 사람이 인정했듯이 다원주의적 의회민주주의였다. 국내외의 적으로부터 국가를 방어하는 유일한 수단이라고 주장해온 일당 국가의 시대는 평화적이고 번영을 구가하며 자유주의적인 서유럽에서는 끝이 났다.

이 세 사례에서 독재 체제는 그 모든 진통에도 불구하고 단순히 파열하거나 증발하지 않았다. 또한 독재 체제는 경제적 문제가 심각하긴 했지만 단지 그것 때문에 청산되지도 않았다. 강력한 세력이 권위주의 통치를 지탱했다. 그들의 지배는 점점 커지던 사회적·문화적 압력이 체제의 명백한 취약성과 동시에 발생하면서 지배층 내에 개혁과 변화, 민주주의를 향한 진보를 지지할 준비가 되어 있는 세력을 발견했을 때 비로소 종식될 수 있었다. 정확히 이러한 배열이 1970년대 중반에 그리스, 포르투갈, 스페인에서 나타났다. 이 극적인 변화는 이 나라들이 유럽의 품에 안기면서 그 국민들의 전망을 영원히 바꿔 놓았다. 그즈음 단 몇 년 만에 이 세 나라의 민주주의는 확립되었고, 국민의 압도적 지지를 획득했다.

냉전이 돌아오다

1970년대에 동유럽과 서유럽 모두 경제 위기에 빠진 사이 국제무대는 역설적이게도 꽤 밝아졌다. 미국이 베트남에서 큰 희생을 요구하는 전쟁의 수렁에서 꼼짝 못하고(베트남전쟁은 1975년 4월 미군이 철수하고 북베트남군이 사이공에 입성하면서 끝날 것이었다) 소련이 미국과 중국 간의 화해가 진전되는 것을 막고 싶어 하는 가운데, 핵무기의 위험한 확산에 제동을 걸어 국제적 긴장을 완화할 가능성이 생겨났다. 1972~1973년에 도달한 미국과 소련의 합의는 하나의 시작이었다. 1975년 7월과 8월 1일에 헬싱키에서 열린 유럽안보협력회의[532]에서 국제 관계에 좀 더 확고한 기반을 제공하려는 시도도 그랬다. 초강대국들과 캐나다, 그리고 알바니아(참여를 거부했다)를 제외한 모든 유럽 국가를 포함하여 35개 국가가 대표를 보냈다. 소련은 동유럽의 전후 영토 합의에 대한 비준을 받을 희망으로 회의에 참가했다. 1975년의 헬싱키 최종의정서[533](헬싱키 협정)는 국제법에서 국경의 불가침성을 승인하고 영토의 합병을 금지했기 때문에 이 희망을 충분히 충족하지 못했다. 하지만 그것은 국경의 평화적인 변경을 허용했는데, 이는 소련의 외교적 승리로 널리 여겨졌다.

하지만 소련에게 결국 자살골로 드러난 것은 합의에 포함된, "인권과 기본적인 자유"를 존중하겠다는 약속이었다. 소련 지도자들은 이

---

532)　Conference on Security and Cooperation in Europe, CSCE. 1975년 8월 1일 헬싱키 협정에 의해 설립되었다. 1995년 1월 1일, 유럽안보협력기구(Organization for Security and Cooperation in Europe, OSCE)로 이름을 바꿨으며, 안보와 협력을 위해 유럽과 중앙아시아, 북아메리카 등의 57개 국가가 가입한 세계에서 가장 큰 정부 간 기구다.

533)　Helsinki Final Act. 1975년 8월 1일 나토와 바르샤바협정 35개국이 핀란드 헬싱키에서 개최된 '유럽안보협력회의'에 모여 분쟁의 평화적 해결, 내정 불간섭, 기본적 자유와 인권에 대한 존중 등 유럽의 기본적인 질서와 정치, 군사, 경제, 문화, 인권 등에 관해 체결한 포괄적 합의를 가리킨다.

약속을 냉소적으로 바라보았다. 그들은 이것이 소련 내에서 결국 무엇을 의미하는지 판단할 수 있었을 것이다. 소련 외무장관 안드레이 안드레예비치 그로미코[534]는 "우리는 우리 집에서 주인이다"라고 동료들에게 상기시켰다. 이것은 소련과 그 위성국들이 인권에 대해 입에 발린 소리를 하면서도 정작 자신들은 수천 명의 반체제 인사들을 계속 가둬 놓고 있는 상황에서 국제적으로 도덕적인 입지를 잃을 수밖에 없다는 사실을 과소평가한 것이었다. 그럼에도 소련의 정치적·군사적 위력은 도덕적 비난을 이겨낼 것이었다. 그리고 헬싱키 협정이 기여했던 국제적 긴장의 해소는 이 위력을 훼손하기보다는 강화했다.

하지만 데탕트는 불완전했다. 데탕트는 사실 초강대국들의 군사력을 가리는 무화과 잎사귀였고, 이 잎사귀 뒤에서 그들은 우위를 차지하려고 노력하면서 핵무기 프로그램을 계속 진행할 수 있었다. 지미 카터[535] 대통령은 1976년 선거 운동을 하는 동안 핵무기 감축을 모색하겠다고 약속했다. 그러나 카터가 인권을 강조하자(소련 반체제

---

534) Andrei Andreevich Gromyko(1909~1989). 소련의 외교관이자 정치가. 1939년에 외무부에서 일을 시작한 이래 1943년 미국 주재 대사가 되었다. 그 후 얄타회담 등 주요 국제회의에 출석했다. 1946년 국제연합 안전보장이사회의 소련 대표, 1952~1953년 영국 주재 대사를 지냈다. 그 후 1957~1985년 소련 외무장관, 1985~1988년 소련 최고소비에트간부회 의장을 역임했다.

535) James Earl Carter Jr.(1924~). 민주당 출신 제39대 미국 대통령(재임 1977~1981). 이집트와 이스라엘을 중재하여 중동 평화를 위한 캠프데이비드 협정을 체결하고, 소련과 제2차 전략무기제한 협상에도 조인했다. 국제적으로 인권을 지키기 위해 노력했으며, 취임 이후 계속해서 도덕정치를 내세웠다. 그러나 이란의 미국 대사관 인질 사건이 터지면서 1980년 대통령 선거에서 공화당의 레이건 후보에게 패해 결국 재선에 실패했다.

인사들의 백악관 방문을 환영한 일 등) 브레즈네프는 이에 자극을 받아 핵무기 제한에 관한 1972년의 전략무기제한협상 I의 본 합의에 따른 계획된 후속 조치를 지연했다. 종국적으로 카터와 브레즈네프는 핵무기를 감축하고 제한하려는 목적으로 1979년 6월 빈에서 화려한 의식을 거행하며 전략무기제한협상 II를 조인했다. 카터는 이를 두고 "세계 평화에 대한 역사적 기여"라고 선언했다. 그러나 그것은 처음부터 사문화된 것이었다. 미국 의회는 조약의 내용이 못마땅했다. 그 후 12월에 소련이 아프가니스탄을 침공하자 비준 희망은 완전히 산산조각 났다. 카터는 침공 소식을 듣고서는 "전략무기제한협상 II가 날아갑니다"라고 말했다. 그해 말까지 데탕트는 붕괴했다.

1977년에 소련은 새로운 중거리 SS-20 핵미사일을 국내뿐 아니라 동독에도 배치하기 시작했다. 사정거리가 5000킬로미터인 이 미사일들은 전략무기제한협상 합의의 기준에 들지 않았다. 그러나 이 미사일들은 서유럽에 명백하고 직접적인 위협을 제기했다. 서독 총리 헬무트 슈미트는 과감한 대응책을 생각해 냈다. (슈미트가 경멸감을 거의 숨길 수 없었던) 카터 대통령은 결국 독일의 압박에 굴복하기 전 처음에는 이 조치에 반대했다. 1979년 1월 서방 지도자들은 서유럽, 주로 서독에 미군의 중거리 미사일을 배치함으로써 이 위협에 대응하자는 슈미트의 제안에 동의했다. 12월에 나토는 주로 서독과 영국에 수백 기의 순항미사일과 퍼싱 II 미사일(10분 안에 모스크바에 도달할 수 있다)을 배치하는 한편으로 그와 동시에 핵무기 통제를 위해 소련과 계속 협력한다는 '이중 트랙 결정'을 내렸다.

이 무렵 이미 먹구름이 드리우고 있었다. 1979년 샤가 퇴위하고 아야톨라 호메이니가 귀국한 후 이슬람 혁명이 급속히 이란을 휩쓸었다. 혁명의 결과는 유럽과 세계 전역에서 20세기의 나머지 기간과 그 이후에 뚜렷이 감지될 것이었다.

이란혁명의 먼 파도가 몰아닥친 아프가니스탄에서 발생한 사태도 그럴 터였다. 1978년 4월 아프가니스탄 공산주의 지도자 무함마드 타라키[536]가 카불에서 권력을 장악하여 공산주의 정부를 수립했다. 타라키는 1979년 9월 경쟁자인 하피줄라 아민[537]에게 살해당했다. 그러나 공산주의 정권에 대한 지지는 미약했는데, 그것은 내체로 문맹인 국민 중 교육받은 소수의 부문에 어느 정도 한정되어 있었다. 아민의 통제력은 급속히 약해졌다. 이란에서 발생한 사태는 세속 교육과 여성의 인권을 비롯한 개혁 계획에 대한 아프가니스탄인들의 반대에 불을 지폈다. 부족별로 운영되고 근대화 세력이 뚫고 들어갈 수 없

536) Nur Muhammad Taraki(1917~1979). 아프가니스탄의 정치가. 1965년 1월 1일 바브라크 카르말 등과 함께 아프가니스탄 인민민주당을 창당했다. 1978년 4월 19일 카르말, 하피줄라 아민 등의 공산주의 추종자들이 무함마드 다우드 대통령에 맞서 쿠데타에 성공한 뒤 4월 30일 대통령으로 선출되었다. 인도, 이란, 터키, 체코슬로바키아, 유고슬라비아 등의 공산주의 국가들과 관계를 맺고 옛 정부의 주요 인사들을 숙청했다. 그러나 하피줄라 아민과 권력투쟁을 일으키다가 1979년 9월 16일 결국 아민이 다시 쿠데타를 일으켰고, 이 과정에서 살해당했다.
537) Hafizullah Amin(1929~1979). 아프가니스탄의 정치가. 타라키, 카르말과 함께 1978년 4월 사회주의 혁명(사우르 혁명)의 중심인물이었다. 쿠데타 후 외무장관, 총리를 지내다 1979년 9월 혁명평의회 의장(대통령)이던 타라키를 살해하고 그의 자리에 올랐다. 정적을 대규모로 숙청했으며, 혁명을 급진적으로 추진하려 했다. 민족주의자였으며 1979년 12월 소련의 지원을 받은 카르말의 쿠데타 과정에서 암살되었다.

는 낙후된 농촌 지역에서는 종교 지도자들이 "신앙심이 없는 사람"에 대한 저항을 부추기는 데 일조했다. 거의 내전에 가까운 사태가 벌어진 데다 소련이 공산주의 정권을 수립하는 데 도움을 준 상황에서 소련 지도자들은 질서를 회복하기 위해 개입을 고려했다. 소련의 남부 국경을 보호하고, 중앙아시아 공화국들에 거주하는 거대한 이슬람교도 소련 국민에 대한 이슬람 영향의 결과로 발생할 수 있는 국내 불안의 싹을 잘라 버리려면 이러한 조처가 필수적이라고 생각했다.

1979년 12월 병력을 파병하는 운명적인 결정이 내려졌다. 소련 지도자들은 군사 개입이 한 달 정도 지속될 것이라고 생각했다. 그들이 역사를 대충이라도 살펴보기만 했더라면 침략자들이 아프가니스탄의 다루기 힘든 지형에 얼마나 쉽게 한결같이 갇혀 버렸는지, 수세기 동안 어떻게 격퇴당했는지를 깨달았을 것이다. 지미 카터 대통령의 전 매파 국가안보 보좌관 즈비그뉴 브레진스키[538]가 훗날 언급한 바에 따르면, CIA는 1979년 7월부터 소련이 그들 자신의 '베트남'에 빠져들도록 비밀리에 저항을 조장해왔다고 한다. 실제로 그런 일이 일어났다. 소련은 다음 9년 동안 난국 속으로 점점 더 깊이 빠져들었다. 그것은 인력과 자원 면에서 값비쌌고, 국내에서는 점점 더 인

---

538)   Zbigniew Brzezinski(1928~). 폴란드계 미국인 정치학자. 폴란드 바르샤바에서 태어나 열 살 때 가족과 함께 캐나다로 이주했다. 1953년 하버드 대학교에서 철학박사 학위를 받고 1959년까지 하버드 대학교에서 정치학을 강의했으며, 그후 컬럼비아 대학교로 옮겼다. 카터 행정부에서 1977년부터 1981년까지 백악관 국가안보 자문관을 지내며 미국과 중국 간의 외교 관계 수립 등 미국의 대외 정책에서 큰 역할을 했다.

기를 잃었으며, 이길 수 없는 전쟁이었다. 그와 동시에 소련의 아프가니스탄 점령에 대한 저항이 알제리부터 파키스탄에 이르기까지 지하디스트[539]들을 끌어들임에 따라, 이후 발생할 참사의 씨앗이 뿌려졌다. 이 지하디스트들은 무자히딘[540]으로서 아프가니스탄 사람들과 함께 싸웠고, 주로 사우디아라비아에서 재정적 도움을 받았으며, 또한 CIA에서도 경제적·군사적 지원을 받았다.

미국은 냉전을 부활시키는 것으로 대응했다. 카터 대통령은 매우 과장된 어투로 아프가니스탄을 제2차 세계대전 이래 평화에 대한 가장 큰 위협이라고 부르면서 반소련 수사를 조금씩 강화했다. 첨단 기술을 비롯해 소련에 대한 수출품을 대상으로 부분적인 통상 금지 조치가 내려졌다. 전략무기제한협상 II 조약은 비준되지 않았다. 그리고 미국은 1980년의 모스크바 올림픽 대회를 거부했다. 이는 오랫동안 훈련해온 많은 운동선수에게 그들 경력의 절정이었을 순간을 경험하지 못하게 막은 것 말고는 대체로 의미 없는 조치였다. 실제로 대부분의 서유럽 국가는 이 보이콧을 무시했다. 통상 금지도 완전히

---

539) 지하디즘(지하디스트 극단주의, 지하디스트 운동의 총칭, Jihadism). 지하드(Jihad)와 주의(ism)의 합성어로 이슬람 근본주의를 바탕으로 한 무장투쟁을 의미한다. 지하드란 이슬람 용어로 무슬림의 종교적 의무를 가리키며 아랍어로는 투쟁이나 저항을 뜻한다. 지하드에 종사하는 사람을 무자히드라고 부르며, 여러 사람일 경우 무자히딘이라고 한다.

540) Mujahideen 혹은 Mujahedin. 무자히드의 복수이며, 성전(지하드)에서 싸우는 '전사'를 의미한다. 20세기 후반에 이슬람 이념에 따라 투쟁 단체에서 싸우는 의용군을 가리키는 말로 확립되었는데, 그들의 출현은 1979년 12월에 시작된 소련의 아프가니스탄 침공이 계기가 되었다.

성공하지는 못했다. 프랑스와 서독은 통상 금지에 함께하지 않았고, 실제로 미국인들이 남긴 무역의 틈으로부터 이익을 보았다. 그럼에도 한 가지 사실은 분명했다. 데탕트가 더는 남아 있지 않게 되었다는 것이다. '제2차 냉전'이 시작되었다.

다음 5년 동안 초강대국 간의 관계가 악화되었다. 카터의 대통령직 수행이 실패했다고 널리 평가받은 후 치러진 1980년 선거에서 이류 영화배우 출신으로 굳건한 보수주의 원리와 결합된 소탈한 태도가 승리 비결임이 밝혀진 신임 미국 대통령 로널드 레이건이 분위기를 조성했다. 레이건은 매우 적극적인 동맹자인 마거릿 대처의 열렬한 지지를 받았다. 베트남의 대실패 이후 위신을 회복할 한 가지 방법은 1983년까지 레이건이 '악의 축'이라고 묘사한 소련과 기꺼이 대결하려는 태도를 통해 미국의 위력을 보여주는 것이었다. 그해에 핵무기 경쟁이 확대되었다. 11월, 최초의 퍼싱 미사일이 서유럽에 배치되었다. 소련인들은 장거리 미사일에 관한 새로운 협상을 중단하는 것으로 이에 대응했다. 전략무기감축협상[541]—약자로 START라고 한다—은 시작도 하기 전에 중지되었다. 그해 일찍이 레이건은 '전략방

---

541) Strategic Arms Reduction Talks, START. 전략 핵무기의 감축을 위해 미국과 소련 사이에 체결된 협정으로서 소련이 해체된 뒤에는 소련의 모든 권리와 의무를 승계한 러시아연방에 의해 지속되었다. 1991년 7월 31일 조지 부시 미국 대통령과 미하일 고르바초프 소련 대통령 간의 서명을 시작으로 2010년의 NEW START까지 총 3회의 협정이 있었다. 과거 상호 간에 맺었던 전략무기제한협상(SALT)의 문제점을 개선하는 한편 핵무기의 '제한'을 넘어서 근본적인 '감축'을 시도한 것이라 할 수 있다. 516~517쪽의 466번 각주도 참조하라.

위구상Strategic Defence Initiative, SDI'이라는 새로운 핵 프로그램을 발표했다.
이 프로그램은 우주에 위치한 포괄적인 미사일 요격 방위 시스템을
목표로 했기 때문에 '스타워즈'라고 불렸다. 그것은 핵 균형을 결정적
으로 미국에 유리하게 기울게 하는 것 같았다. 소련은 그것에 대적할
자원이 없었다. 그러나 소련이 스타워즈에 관한 규제를 핵무기 제한
협상에 반드시 포함하려 하자 미국은 거부했다. '상호확증파괴'는 많
은 부분이 예전 그대로 남았다. 상호확증파괴는 일종의 뒤틀린, 독특
한 안전 보장 유형을 제공했다.

그렇다고 평범한 사람들이 안전히다고 여긴 것은 아니었다. 공포
가 되돌아왔다. 새로운 냉전은 핵 홀로코스트에 대한 우려를 새롭게
가져왔다. 이 우려는 1962년 10월의 쿠바 미사일 위기 동안 있었던
정도로 극에 달한 것은 아니었다. 그럼에도 그 우려는 진짜였고, 격
심했다. 특히 영국과 서독의 평화운동은 1950년대 때보다도 훨씬 큰
힘을 모았다. 1979년 회원 수가 5000명에 불과했던 영국의 '핵군축
운동'[542]은 1985년까지 회원 수가 20배로 늘어났다. 여성들은 잉글랜
드 남부 버크셔의 '영국 공군기지 그리넘 커먼Greenham Common' 외곽에
'평화 캠프'를 세웠는데, 이것은 영국 내에서뿐만 아니라 국제적으로
도 퍼싱 미사일과 순항미사일의 배치와 유럽에서 핵전쟁 위협의 고
조에 항의하는 새로운 운동의 상징이 되었다. 대부분의 미사일이 배

---

542)   Campaign for Nuclear Disarmament, CND. 1957년에 창설된 영국의 반핵
단체. 모든 대량 살상 무기와 영국의 원전 건설을 반대한다. 비핵화 단일 이슈 시
민단체로는 유럽 최대 규모이며, 유럽의 평화운동을 앞장서서 이끌고 있다.

치된 서독은 이 저항의 진원지였다. 250만 명이 1980년 11월에 작성된 '크레펠트 청원'에 서명했다. 이 청원은 유럽에서 핵무기를 없앨 것을 요구했다. 약 130만 명이 1983년 10월에 독일 도시들에서 미사일 배치에 반대하는 시위에 참여했다. 그럼에도 미사일 배치는 서독의 콜 정부와 영국의 대처 정부의 지지 속에 계속 진행되었다.

핵무기 경쟁의 확대는 상상도 할 수 없는 재정적 비용을 초래했다. 미국은 국가 부채가 하늘 높은 줄 모르고 치솟고 있었지만 나름대로 대처할 수 있었다. 그러나 소련에 그것은 훨씬 더 힘든 부담이었다. 미국의 약 6분의 1에 불과한 소련 국내총생산에서 15~17퍼센트쯤이 국방에 사용되었다고 추산된다. 이는 미국보다 약 3배 높은 것이었다. 이러한 수준의 군사 지출이 무한히 지속될 수는 없었다. 소련은 내부 붕괴 직전에 있지 않았다. 소련은 형편없는 경제 실적과 쇠약한 지도력, 위성국가들의 심각한 문제에도 불구하고 앞으로 오랫동안 느릿느릿 나아갈 수도 있었을 것이다. 그러나 소련은 당장 내부 개혁과 개편이 필요했다. 그리고 이러한 개혁을 실행할 통찰력 있는 지도력이 필요했다. 이 지도력이 어디서 올지 알기는 쉽지 않았다.

소련은 오랫동안 심각할 정도로 노쇠한 세 지도자를 거쳤다. 브레즈네프는 수년 동안 수면제(그는 중독되어 있었다)와 술 담배로 버텨왔다. 몇 번 뇌출혈을 겪은 그는 거의 움직일 수 없게 되었고, 발음도 눈에 띄게 불분명해졌다. 1982년 11월 그가 죽자 전 KGB 수장인 유리 블라디미로비치 안드로포프[543]가 당수가 되어 약간의 필요한 변화를

---

543) Yuri Vladimirovich Andropov(1914~1984). 소련의 정치가로 1982~1984년

도입했으나 근본적인 개혁의 희망을 주기에는 전통주의자 면모가 너무 강했다. 어쨌든 신장병 때문에 건강이 나빴던 그도 지도자에게는 필수적이었던 체력이 부족했다. 안드로포프는 1년 조금 넘게 가까스로 버티다가 1984년 2월에 사망했다. 총서기인 그를 대체한 사람은 나이가 더 많고 덜 유능하며 훨씬 허약한 사람이었는데, 그는 폐기종으로 크게 고생하고 있었다. 콘스탄틴 우스티노비치 체르넨코[544]는 자신들의 자리를 지키고 부패 조사 계획의 싹을 잘라 버리기를 간절히 바란 다른 늙은 정치인들에 의해 당 수장으로서 지지를 받았던, 단순히 임시방편에 불과한 별 볼일 없는 인물이었다. 그는 1985년 3월 10일에 죽었다. 당 고위층에서는 몹시 시급했던 소련의 내부 혁신과 대외적 힘이 비교적 젊고 열정적이며 지략이 풍부하고 역동적인 지도자에 달려 있다는 전반적인 합의가 존재했다.

바로 그런 사람이 차례를 기다리고 있었다. 차기 공산당 총서기로서 정치국이 만장일치로 선택한 미하일 고르바초프는 겨우 쉰네 살

제5대 소련 공산당 총서기를 지냈다. 1953~1975년 헝가리 주재 참사관과 대사, 1957~1962년 당 중앙위원회 연락부장, 이어 공산당 중앙위원을 역임했다. 1967년부터 KGB 의장을 거쳐 정치국원이 되었고, 1982년 당 중앙위원회 서기로 선출되었다. 같은 해 11월 레오니트 브레즈네프가 사망하자 그 후임으로 총서기가 되었다. 1983년 6월에는 최고소비에트간부회 의장으로도 선출되었으나, 이듬해 병으로 사망했다.

544)   Konstantin Ustinovich Chernenko(1911~1985). 소련의 정치가. 1984년 2월, 안드로포프가 사망한 후 총서기로 선출되었다. 재임 중 노동조합을 지원하고, 교육제도를 개편했으며, 관료정치를 개선했다. 또한 중화인민공화국과 무역협정을 위해 교섭했지만 에리히 호네커가 서독을 방문하는 것을 방해하는 등 냉전의 완화에는 크게 기여하지 못했다. 1985년 3월 건강이 악화하여 사망했다.

이었는데, 이는 이전의 세 지도자와 비교해보면 거의 청소년이라 할 만했다. 그는 안드로포프의 피후견인이었고, 체르넨코가 명목상 책임자였을 때 효율적으로 업무를 관리했다. 고르바초프는 대기 줄에서 나와 소련뿐 아니라 세계 문제에서도 중앙 무대로 막 진입하려는 참이었다.

8

동쪽에서 부는
변화의 바람

우리는 우리이 같이 힘들더는 것을 압니다. 하지만 선택은 이루어졌고,
우리는 페레스트로이카[545]를 위한 길을 닦았습니다.

미하일 고르바초프, 소련 국민들에게 한 신년 연설
1989년

우리는 지금 프랭크 시내트라[546] 독트린을 갖고 있습니다.
그는 〈내 뜻대로 했네〉라는 노래를 불렀습니다.
그리하여 모든 나라가 어떤 길을 갈지 스스로 결정합니다.

소련 외무부 대변인 겐나디 게라시모프[547]
1989년 10월

Roller Coaster

```
┌─────────┐
│         │
│    8    │
│         │
└─────────┘
```

　　동유럽에서든 서유럽에서든, 누구도 무슨 일이 벌어질지 예견하지 못했다. 명백히 화석화된 소련 블록 내에서 급진적 변화가 일어날 가능성은 생각할 수 없었다. 그 변화가 소련 내부로부터 올 거라는 상상도 할 수 없었다. 고르바초프도 1985년 3월 11일 소

---

545)　perestroika. '개편', '재편'의 뜻을 지닌 러시아어로, 미하일 고르바초프가 1985년 3월 소련 공산당 서기장에 취임한 후 실시한 개혁 정책을 가리킨다. 글라스노스트와 문화 면에서의 자유화, 복수 정당제, 공산당과 소비에트의 기능 분리 및 복수 입후보제 선거 등 정치체제의 민주화, 공산당으로부터 소비에트로의 권력 이양과 대통령 권력의 강화, 시장화를 통한 경제 재건, 군축 및 동서의 긴장 완화와 상호의존 체제 확립 등을 특징으로 한다. 고르바초프는 이 정책을 수행하면서 국내 정치 면에서는 급격한 정치 개혁을 실시했고, 대외 정책 면에서는 긴장 완화와 군축 정책을 실시하여 동구권의 체제 변혁과 냉전의 종식을 끌어냈다. 그러나 국내 경제 면에서는 기업의 자립화나 시장경제화가 진전을 보지 못해, 인플레이션과 함께 국민 생활이 어려워졌으며 민족 문제가 발생하는 계기가 되었다.
546)　Francis(Frank) Albert Sinatra(1915~1998). 미국의 가수, 영화배우. 1940년대부터 부드러운 크루닝 창법을 내세운 스탠더드 팝 음악을 구현했고, 20세기 미국 대중음악을 대표하는 아티스트로 꼽힌다.
547)　Gennady Gerasimov(1930~2010). 소련과 러시아의 정치가. 1990~1995년 포르투갈 주재 러시아 대사를 지냈다. 그전에는 미하일 고르바초프의 대외 문제 대변인이었고, 예두아르트 셰바르드나제의 언론 담당 비서였다.

련 공산당의 수장이 되었을 때 6년 뒤에 자신의 행동이 세계사를 완전히 바꿀 것이라는 사실을 몰랐다. 그는 소련을 개혁하고 싶었는데, 결국 파괴하게 되었다. 물론 고르바초프 혼자만이 한 일은 아니었다. 그러나 고르바초프가 없었다면 그런 일은 일어나지 않았을 것이다. 1985년 그의 집권과 1987년 봄 사이에 고르바초프 아래에서 동쪽으로부터 강한 변화의 바람이 불면서, 그것은 지나가는 길에 있는 모든 것을 파괴하고 마침내 동유럽에서 구질서의 뿌리를 갈아엎을 지경에 이를 때까지 점차 태풍의 위력을 모으고 있었다.

페레스트로이카

이 단어는 번역되지 않은 채로 전 세계를 돌아다녔다. 그것은 '개편'을 의미했고, 1985년 5월 신임 공산당 총서기 고르바초프가 레닌그라드에서 다음과 같이 선언했던 연설과 함께 널리 퍼지기 시작했다. "명백히 우리 모두는 개편을 수행해야 합니다. (…) 모든 사람이 새로운 접근을 채택해야 하며, 우리에게 다른 길은 없다는 것을 알아야 합니다." '개편'이 정확하게 무엇인지, 그 의미와 결과가 시간이 흐르면서 어떻게 바뀔 것인지, 그것이 직면할 저항의 수준이 어느 정도인지 모든 것이 불분명했다. '개편'이 처음에 고르바초프와 그에게 열광적 지지를 보낸 당내 인사들에게 의미한 바는, 그들이 1917년 혁명의 이상을 회복하는 데 필수적인 것으로 여긴 혁신과 새로운 활력이었다.

고르바초프는 내부자였다. 그는 체제 내에서 두각을 나타냈다. 고르바초프가 도입하려는 개혁이 무엇이었든, 그것이 그 체제—소련

내 권력 구조나 소련의 동유럽 지배—를 훼손할 거라고 상상할 필요는 없었다. 골수 공산주의자였던 고르바초프 자신은 그렇게 할 의향이 없었다. 소련은 비록 경제와 비러시아계 소수민족들과의 관계에서 점증하는 문제들에 직면했지만, 고르바초프가 집권할 당시에는 안정적이었다. 소련은 대외 부채가 낮은 수준이었고, 심각한 내부 혼란에 직면하지 않았으며, 군대와 보안기관의 충성에 의존할 수 있었다. 필수적인 개혁을 필수적인 것으로서 도입하기를 원하는 사람들(소수였지만) 사이에서든, 정치국 내의 지배적인 세력으로서 그 개혁을 중단하기를 원한 극단적 보수주의자들 사이에서든 정치적 불안정에 대한 우려는 없었다. 소련은 페레스트로이카의 해체적 역동성이 없었더라면 의심할 여지 없이 딱딱하게 굳은 채로 당분간은 당장 붕괴할 두려움 없이 비틀거리며 나아갈 수 있었을 것이다.

1931년 3월, 주로 러시아인들이 거주하지만 인종적으로 강하게 혼합된 지역인 북부 캅카스 스타브로폴의 농민 집안에서 태어난 미하일 고르바초프는 입당해 1980년까지 정치국원으로 급속히 상승하기 전에 스탈린 체제에서 가족의 빈곤과 박해를 경험했다. 그는 조직적 기량, 역동성, 과단성을 인정받았다. 고르바초프는 주목할 만한 신예로 여겨졌다. 그는 안드로포프가 지도하던 짧은 기간에 두각을 나타냈다. 안드로포프는 개혁의 필요성을 인식했고(좁은 테두리 내에서이긴 하지만), 몇몇 젊고 충직한 당원을 후원하고자 했다. 안드로포프는 고르바초프를 자신의 주요 피후견인으로 여겼고 경제의 많은 부문, 특히 농업에 대해 그에게 광범위한 책무를 부여했다. 고르바초프는 병든 안드로포프가 부재할 때 가끔 정치국 의장을 맡았다(이 임무는 보통 콘스탄틴 체르넨코에게 주어졌다). 1984년 2월 안드로포프가 사망한 뒤 보수파의 선택으로 이미 병든 체르넨코가 계승했지만, 이는 일시적인 후퇴에 불과한 것으로 드러났다.

체르넨코의 병환은 고르바초프가 대부분의 시간에 정치국과 당 서기국을 운영했음을 의미했다. 그는 이제 소련 지도부에서 이인자가 되었다. 1985년 3월 10일 저녁, 체르넨코가 사망하자 고르바초프는 그날 밤늦게 정치국 회의를 소집했는데, 여기서 이미 그를 다음날 반대 없이 총서기로 선출하기로 사실상 결정했다. 고르바초프가 선출된 것은 급진적인 개혁 사상을 갖고 있었기 때문이 아니었다. 그 자신은 정밀한 계획이 없었다. 그는 단순히 변화가 필수적이라고 생각했을 뿐이었다. 대체로 보수적인 고르바초프의 정치국 동료들은 자신들에게 보상과 특권을 보장해 준 체제를 위협할 수도 있는 광범위한 개혁에 확실히 관심이 없었다. 그들이 모두 고르바초프를 애지중지한 것은 결코 아니었다. 그러나 대안이 될 만한 후보가 눈에 띄지 않았다. 잇달아 3명의 노쇠한 지도자가 유명을 달리한 후 좀 더 젊고 역동적인 지도력이 매우 필수적이라는 생각이 있었다. 그리고 고르바초프의 에너지와 추진력은 인상적이었다.

그렇지만 고르바초프가 완전히 보수파에 둘러싸인 채 정치국 내에서 유일한 개혁가였을 때 어떻게 점차 급진적인 변화를 도입할 수 있었는지는 언뜻 보기에 분명하지 않다. 한 가지 설명은 고르바초프가 극도로 설득력과 과단성이 있었다는 것이다. 전임자들과 달리 고르바초프는 자기 직책의 권위가 아니라 논거의 힘에 의존했다. 정치국 회의는 이전보다 더 길게 진행되었다. 광범위한 토론이 벌어졌다.

때때로 고르바초프는 자신의 처음 입장을 수정하곤 했다. 그러나 고르바초프는 강렬한 주장과 개성의 힘을 통해 자신의 정책을 승인받는 데 능숙한 것으로 드러났다. 특히 초기 단계에서 그는 정치국 내의 보수파를 설득해 자신이 내놓은 조치에 동조하게 하고 싶어 했다.

고르바초프는 보수파가 개혁 대신에 내놓을 만한 명확한 대안적 전략이 없다는 사실에 크게 도움을 받았다. 그는 1970년대 말부터 1980년대 초까지 악화된 형편없는 경제 사정을 강조하는 데 어려움이 없었다. 경제성장이 느려지고, 예산은 대규모 적자를 보여주었다. 물자 부족 사태가 벌어졌고, 암시장이 번성했고, 생산성이 낮았고, 갈취와 부패가 횡행했으며, 생활수준은 심지어 사회주의 국가들 사이에서도 가장 낮았다. 여느 때처럼 군사비 지출은 그대로 유지되었으나 그 결과 생활수준은 낮아졌다. 고르바초프는 심각해지는 농업 문제를 직접 보았고, 산업 생산의 결함과 심각한 투자 부족을 제대로 깨닫고 있었으며, 늘어나는 대외 부채의 부담을 인식했다. 아마도 보수파는 변화를 원하지 않을 것이었다. 그러나 보수파는 단순히 사태를 그대로 방치함으로써 경제적 질식 상태를 깨트릴 방법을 찾을 수가 없었다. 그러므로 고르바초프는 변화를 밀고 나가는 데 유리했다. 명확한 대안이 없었던 것이다. 보수파는 처음부터 방어적이었다.

대외 정책도 마찬가지였다. 고르바초프는 미국과 기술 발전의 격차가 점점 벌어진다는 사실을 지적할 수 있었다. 이는 소련이 1983년에 발표된 레이건 대통령의 전략방위구상(스타워즈)과 씨름을 벌여야 함에 따라 더욱더 분명해졌다. 소련의 대응은 늘 그렇듯이 군사비를 증액하는 것이었다. 고르바초프도 처음에는 소련이 군사비를 크게 늘려야 하며, 이를 통해 미국을 따라잡고 특히 정보 기술의 결함을 극복할 수 있을 것이라고 생각했다. 그러나 그는 문제에 다른 식으로 접근하면 미국과의 국제 관계를 근본적으로 변화시킬 수 있다고 재빨리 이해했다. 고르바초프는 광범위한 핵 군축을 상정했다. 이것은 그들의 값비싼 전략방위구상이 전혀 필요 없다고 미국인들을 이해시킬 것이었다. 민간 경제가 이미 압박을 받는 상황에서 방위 예산의 대규모 증액이 소련 시민들의 생활수준을 개선할 가능성을 심각하게 제한할 것이라는 명백한 문제에 봉착하여 고르바초프는 정치국에 자신의 대안적 접근을 시도해 보라고 설득할 수 있었다. 보수파는 문제를 더욱 악화할 (시도하고 시험하고 실패했던) 정책들을 계속 진행하는 것 말고는 그의 주장에 대응할 방법이 전혀 없었다. 더구나 그들은 레이건이 소련에 기습 공격을 계획하고 있을까 봐 우려하면서, 불과 몇 년 전에 당시 KGB 수장이었던 안드로포프가 레이건의 무분별한 예측 불가능성이라고 강조했던 사실을 걱정했다. 보수파는 소련의 정보기관이 나토 군사훈련을 임박한 핵 공격의 징후로 오인했던(당시 은폐되긴 했지만 1962년의 쿠바 미사일 위기 이후 가장 위험했던 일촉즉발의 상황이었다) 1983년에 거의 패닉 상태가 되었다. 끝으로 그들은 동유럽에 SS-20 미사일을 배치한 일이 허사가 되었음을 깨달았다. 그것은―엄청난 비용은 제쳐 두더라도―서방이 더 우월한 퍼싱 II 미사일을 배치하는 보복에 나서도록 자극했을 뿐이었는데, 소련은 사실상 이 퍼싱 II 미사일에 대항할 방어 장치가 없었다. 그리하여 보수적 군사 체제는 변화의 여지가 있었다. 다시 한번 보수파의 약점은 고르바초프의 강점이 되었다.

유창한 설득력과 보수파의 허약함 외에도 고르바초프는 정치국과 다른 주요 당 기구에서 자신의 위상을 강화함으로써 개혁주의 어젠다를 추구할 수 있었다. 그는 자기처럼 개혁을 받아들이지 않는 정치국 내의 다수 세력에 항상 대처해야 했지만, 특히 외교 분야에서 자신의 영향력을 강화하는 인사이동을 재빨리 단행했다. 고르바초프는 나머지 보수파를 희생하면서 개혁에 찬성하는 안드로포프의 이전 동료 피후견인 몇 명을 승진시켰다. 여기에는 그가 총서기로 원활하게 선출되는 것을 보장하기 위해 막후에서 공작을 벌인 사람들도 포함되었다. 니콜라이 리시코프[548]는 경제를 책임졌고, 그 후 각료회의 의장이 되었다. 안드로포프 아래에서 당의 조직부를 다루었던 예고르 리가초프[549]는 정치국원으로 승진하여 서기국에서 이념 문제를 책임졌다. 급진적 개혁을 지지하는 중요한 동맹자는 이제 당 서기국으로 영입된 알렉산드르 니콜라예비치 야코블레프[550]였다. 변화가 필수적이라는 고르바초프의 생각을 열렬히 지지하는 그루지야(지금의

---

548) Nikolai Ryzhkov(1929~). 소련과 러시아의 고위 관리. 1982~1985년 소련 공산당 중앙위원회 경제부 부장, 1985~1991년 소련 각료회의 의장, 1995년 이후 러시아 국가두마 의원을 역임했다.

549) Yegor Ligachev(1920~). 소련의 정치가. 처음에는 고르바초프의 후원을 받았으나 그 후 그에게 도전했다. 1965~1983년 톰스크 지역 위원회 제1서기, 1983~1985년 소련 공산당 중앙위원회 조직-당무부 부장, 1985~1990년 소련 공산당 제2서기를 역임했다.

550) Aleksandr Nikolayevich Yakovlev(1923~2005). 러시아의 경제학자이자 정치가. 1973~1983년 캐나다 주재 특별전권 대사, 1983~1985년 '세계경제와 국제관계 연구소' 소장, 1987~1990년 정치국원을 지냈다. 고르바초프의 글라스노스트와 페레스트로이카의 이론적 배경을 제공했다.

조지아) 당 실력자인 예두아르트 암브로시예비치 셰바르드나제[551]가 외무장관으로 임명된 반면, 완고한 보수주의자인 안드레이 그로미코는 명목상으로 국가수반인 최고소비에트간부회 의장으로 승진함으로써 제거되었다. 리시코프와 리가초프는—또 스베르들롭스크(훗날 차르 시대 명칭인 예카테린부르크라는 이름을 되찾았다)의 당 지도자로서 이제 모스크바의 서기국 수장으로 임명된 보리스 니콜라예비치 옐친[552]도—훗날 고르바초프로부터 떨어져 나와 그의 비판자가 된 사람들 중에 있을 터였다. 하지만 개혁의 초기 단계에서 그들은 어떤 변화의 가능성에 대해서도 일부러 꾸물거리고자 했던 전통주의자들에 맞서 동맹을 맺은 중요한 동료였다. 좀 더 하위 수준에서도 고르바초프는 개혁에 동조할 당 관리들을 영입했다. 딱딱하게 굳어 버린

---

551)   Eduard Amvrosiyevich Shevardnadze(1918~2014). 소련과 조지아의 정치가. 1985~1990년 소련의 외무장관직을 수행하고 후에 독립국가연합(CIS)의 일원인 조지아 공화국에서 1995년부터 2003년 장미 혁명으로 물러날 때까지 대통령을 역임했다. 고르바초프에 의해 외무장관으로 발탁되어 그와 함께 냉전의 종식에 큰 역할을 했다. 1995년 조지아의 대통령이 된 뒤에는 러시아와 마찰을 빚으면서도 친미 노선을 추구했다. 하지만 2003년 11월 2일 부정 선거를 이유로 대규모 시위가 벌어지면서 대통령직에서 물러났다(장미 혁명).

552)   Boris Nikolayevich Yeltsin(1931~2007). 러시아연방 초대 대통령(재임 1991~1999). 1986년부터 1988년까지 소련 공산당 정치국 후보국원을 역임했으며, 1990년 러시아소비에트 연방사회주의공화국 최고회의 의장이 되었고, 그해 7월 12일 소련 공산당에서 탈당했다. 1991년 6월 12일에는 러시아 공화국 대통령에 당선됐고, 그해 8월에 보수파 공산주의자들이 일으킨 쿠데타를 저지했으며, 그해 12월 벨라루스·우크라이나의 지도자와 만나 소련의 해체와 독립국가연합(CIS)의 결성을 선언했다. 1996년에 대통령에 재선하여 8년간 대통령직을 맡고 있다가 1999년 12월 31일 블라디미르 푸틴에게 대통령 자리를 물려주었다.

브레즈네프 체제의 표면 아래에서는 교육을 잘 받은 새로운 경제 관리자와 기술 전문가 세력이 변화가 필수적임을 인식하게 되었다. 그들과 중간 간부급 당 관리들은 신중하게 발을 디뎌야 했다. 그러나 그중 많은 이들은 개혁주의 사상에 열려 있었고, 위로부터 누군가가 이끌기만 한다면 그 사상을 포용할 자세가 되어 있었다. 1986년 중반, 지방의 당 서기들 중 3분의 2가 새로 임명된 사람이었다.

끝으로, 고르바초프는 위상이 높아지면서 개혁에 관한 견해가 근본적으로 변했기 때문에 개혁주의 길을 점점 더 급진적인 방향으로 이끌 수 있었다. 고르바초프는 공산주의자로서 시작했다. 그러고는 서방 스타일의 사회민주주의자로서 끝났다. 고르바초프는 점점 개혁이 불충분하다는 것을 깨닫게 되었다. 1988년 무렵 그는 소련 체제가 정밀 검사를 철저히 받아 바뀌어야 한다고 인정하는 지경까지 이르렀다. 고르바초프는 개인적으로 탈바꿈하는 과정에서 소련 지도부를 데리고 갔다. 일부는 다른 사람보다 더 기꺼이 동참했고 일부는 질주하는 트럭을 멈추듯 제동을 걸려 했으나 소용이 없었다. 개혁이 속도를 내면서 고르바초프의 반대자들은 개혁을 취소하기는커녕 방해하기도 점점 힘들어졌다. 전국적 규모로 테러를 가한 스탈린의 방식에 호소하기에는 이미 때가 너무 늦었다. 극단적인 억압은 1930년대보다 시행하기가 훨씬 더 어려웠을 것이다. 소련 사회는 그 시절 이래로 변했다. 사람들은 대체로 고르바초프의 개혁을 좋아했다. 1985년부터 1990년 사이에 총서기는 엄청난 개인적 인기를 누렸다. 고르바초프는 지식인들 사이에서도 자신의 급진적 제안을 지지하는 이들을 많이 발견했다(지역 당 관리들은 종종 일부러 꾸물대곤 했지만).

시계를 지난 시절의 전면적인 명령 경제로 되돌릴 수도 없었다. 그와 같은 접근법으로는 소련의 심각한 경제 문제와 싸울 수 없었다. 그리고 그사이에 고삐를 더욱 죌 것이 아니라 느슨하게 해달라는 압력이 소련의 주변부에 거주하는 비러시아계 소수민족들 사이에 쌓여가고 있었다. 그리하여 개혁은 자체 동력을 발전시켰다. 나중에 고르바초프의 주장에 넘어간 것을 후회한 보수주의자 비탈리 이바노비치 보로트니코프[553]는 다음과 같이 한탄했다. "사이비 민주주의의 열차가 너무나 과속을 해서 열차를 정지시키는 일은 우리 힘으로는 불가능했다." 그가 옳았다. 고르바초프가 소련 지도자인 한 변화의 압력을 멈출 수가 없었다. 변화의 압력은 고르바초프도 같이 휩쓸고 갔다. 개혁을 멈출 것인가, 아니면 급진화할 것인가라는 질문에 직면하면 그의 대답은 예측 가능하고 일관되었다. "나는 전진할 수밖에 없는 운명이고, 오직 나아갈 뿐입니다. 그리고 물러선다면 나 자신이 죽을 것이고, 대의도 죽을 것입니다!" 그러나 '전진'이 수반하는 급진적 변화는 한 방향, 즉 소련 국가의 권력 구조를 잠식하고 궁극적으로, 그리고 총체적으로 훼손하는 방향으로 가차 없이 나아가는 것이었다.

고르바초프가 당 지도자가 되었을 때 소련의 문제들이 얼마나 심각했든, 그들은 향후 얼마 동안 버틸 수 있었을 것이다. 당시에도 그

---

553) Vitaly Ivanovich Vorotnikov(1926~2012). 소련의 정치가. 1983~1990년 정치국원을 지냈으며, 그사이인 1988~1990년에 러시아소비에트연방사회주의공화국 최고소비에트간부회 의장을 맡았다.

랬고 그 후에도 그랬지만, 실제로 소련이 1979년 덩샤오핑[554]의 지도 아래 중국에서 채택한 경제개혁과 강력한 권위주의적 정치 통제를 결합한 사례를 따랐더라면 성공할 수 있었을 것이라고 주장한 사람들이 있었다. 그들은 경제개혁을 실행하고 그런 다음에야 정치적 변화를 꾀하는 그와 같은 전략은 소련을 무한정 유지했을 것이라고 주장했다. 고르바초프는 이에 동의하지 않았다. 그는 그런 견해가 순진하다고 판단했다. 고르바초프는 주요한 정치적 변화를 수반하지 않는 소련의 경제개혁은 실패할 수밖에 없다고 생각했다(덩샤오핑으로서는 아무래도 고르바초프가 '바보'라고 생각했던 것 같다). 실제로 고르바초프는 구조적 문제 덕분에 급진적 변화를 위한 멈출 수 없는 동력을 점점 더 강화할 수 있었다. 그러나 고르바초프의 개인적인 의지, 즉 소련의 화석화된 권력 구조를 개혁하고자 하는 억누를 수 없고 점점 거세지는 그의 갈망이 없었더라면 그 동력은 출발도 하지 못했을 것이다. 변화에 대한 이 순수한 의지는 소련과 위성국들, 궁극적으로 유럽 전체의 변화 과정에서 결국 '고르바초프 요인'에 해당하는 것이었다.

비록 경제개혁이 총서기로서 고르바초프가 처음에 초점을 맞춘 분야인 것 같았지만, 몇 달 동안 몇몇 구체적인 조치가 그의 거창한 말을 뒤따랐다. 고르바초프의 출발점—상당 정도는 거의 전적으로

---

554) 鄧小平(1904~1997). 중화인민공화국의 정치가. 1978~1983년 중국인민정치협상회의 전국위원회 주석, 1981~1989년 중국공산당 중앙군사위원회 주석을 역임했다. 중국 공산당 제2세대의 가장 중요한 지도자다.

보수적인 정치국을 달래는 데 목적이 있는—은 사실 브레즈네프 치하에서 정해진 전략적 틀 안에서 개선을 위해 일하는 것이었다. 고르바초프는 총서기로서 선출된 후 처음 한 연설에서 자신의 정책은 "나라의 사회적·경제적 발전을 가속화하고 우리 사회생활의 모든 측면에서 개선을 모색하는" 것이라고 말했다. 그것은 의도를 매우 모호하게 표명한 것이었다. 고르바초프는 개혁이 절박하다고 확신했지만 명확한 계획을 염두에 두고 있지 않았다. 그는 경제 관리가 분권화되어야 한다고 보수파마저 설득할 수 있었다. 그러나 변화를 실행하고 의도의 표명을 실제적 현실로 바꾸면서 이 목표에 정확히 어떻게 다가갈지는 다른 문제였다. 고르바초프는 정치적 지뢰밭을 걷고 있었다. 그는 변화에 조급했지만, 그것은 하룻밤 사이에 이루어질 수가 없었다. 개혁 과정이 완전히 자리 잡고 속도를 내려면 그전 몇 달 동안 반드시 집요하게 설득하고, 완고한 보수파를 개혁에 개방적인 사람들로 대체하고, 변화의 분위기를 만들기 위해 과감하게 움직여야 했다. 그러는 동안 내내 고르바초프는 스스로 배우며 바뀌고 있었다. 그는 점점 급진적 개혁의 가능성에 대해 확신했다. 또 이미 자신이 자극했던 개혁의 흐름에도 몸을 맡기고 있었다.

고르바초프는 곧 정치적 혁신이 경제개혁을 뒤따르는 것이 아니라 선행해서 일어나야 경제개혁이 상당 정도로 이루어질 수 있다는 사실을 깨달았다. 따라서 그는 곧 **정치**개혁을 추진할 것이었다. 그리고 이것은 이후의 경제적·사회적 발판으로서 출발했지만 점차 목적 그 자체가 되었다. 고르바초프는 훗날 다음과 같이 인정했다. "정치 투쟁의 열기 속에서 우리는 경제를 보지 못하게 되었다."

1985년 여름 소련 각지를 방문하면서 고르바초프는 경제 상황을 가혹하게 평가할 수밖에 없었다. 그러나 그를 진실로 뒤흔들고 제한된 개혁과 행정적 조정을 시행해 봤자 적폐를 제거하기에는 충분하지 않을 거라고 어느 때보다도 확신케 한 것은, 1986년 4월 26일 키예프 북쪽으로 약 100킬로미터 떨어진 우크라이나의 체르노빌에서 발생한 끔찍한 핵 재난이었다. 핵발전소에서 과열된 원자로가 폭발하면서 대참사가 일어났다. 1945년 8월 핵폭탄이 히로시마와 나가사키를 괴멸한 후 일본의 두 도시에서 발생한 방사성 낙진보다 훨씬 유독한 낙진이 강풍을 타고 동유럽과 중부 유럽, 북유럽의 광범한 지역으로 퍼져 나갔다. 수백만 명이 방사능의 영향에 노출되면서, 소련만이 아니라 세계의 대재앙으로 즉각 인식되었다. 그것은 서유럽 국가들의 반핵·환경 운동에 큰 자취를 남겼다.

폭발 진원지 주변 지역의 우크라이나인들에게 그것은 재난 그 자체였다. 그러나 당국이 정확히 무슨 일이 발생했는지 지역민들에게 알려주지 않았기 때문에 재앙의 규모나 성격이 처음부터 바로 인식되지는 않았다. 화염과 싸웠으나 살아남지 못한 소방관의 임신한 부인은 자신이 목격한, 혼란에 빠진 공포의 현장을 다음과 같이 묘사했다.

엄청나게 높은 불길이 치솟았습니다. 수많은 검댕과 끔찍한 열기 (…) 그들은 불을 물리쳤지만 불은 앞으로 슬슬 뻗어나가면서 다시 위로 올라가기 시작했어요. (…) 그들은 소방복을 입지 않았고, 그냥 입고 있던 셔츠 차림이었습니다. 누구도 그들에게 경고하지 않았습니다. 그들은 평범한 불을 끄기 위해 호출을 받았던 겁니다. (…) 그는 내게 간절히 말했어요. "가! 가서 아기를 돌봐요!" (…) 어디나 병사들이 있었습니다. (…) 누구도 방사능에 대해 말하지 않았습니다. 방독면을 쓰고 있는 것은 병사들뿐이었어요. (…) 라디오에서 말했어요. "도시는 3~5일 동안 소개될 것입니다. 따뜻한 옷과 운동복을 가져가십시오. 여러분은 숲속 텐트 안에 머물 것입니다." (…)

적어도 20명이 죽었다. 폭발의 결과로 나중에 죽은 사람들의 수는 수만 명에 이르는 것으로 추산된다. 고수준의 방사능에 노출되어 생긴 건강 문제가 오랫동안 나타났다. 대기와 지상이 오염되었다. 사람이 살 수 없는 지역이 되었다. 약 13만 5000명의 시민이 강제로 이주되었다.

고르바초프에게 재앙은 낮은 기술 수준뿐 아니라 '구체제의 실패'도 드러내 보여주었다. 그는 훗날 다음과 같이 말했다. "체르노빌은 우리 체제 전체가 겪고 있는 질병 중 많은 것을 밝게 비추었다." 무능, 필수적인 정보를 숨기려는 시도, 나쁜 뉴스의 은폐, 무책임, 부주의, 널리 퍼진 폭음, 형편없는 정책 결정이 있었다. 그것은 "급진적 개혁에 찬성하는 설득력 있는 주장"을 또 하나 더 보태는 것이었다. "우리는 페레스트로이카를 진전시켜야 했다."

그 후 곧 글라스노스트('투명' 혹은 '개방')라는 두 번째 러시아 단어가 국제 어휘에 들어왔다. 글라스노스트는 자신이 도모하는 변화에 대한 공공 토론을 자극함으로써 그 변화의 인기를 확산시켜 되돌릴 수 없게 하려는 고르바초프 열망의 필수적인 구성 요소였다. 글라스노스트는 서방 스타일의 자유민주주의는 고사하고 무한정한 언론의 자유나 정보에 대한 자유로운 접근을 도입하려는 것이 아니었다. 그럼에도 소련의 조건에서 이 조치는 비상했고, 그 결과는 헤아릴 수도 없을 정도였다. 고르바초프는 1986년 12월 소련에서 가장 유명한 반체제 인사였던 핵물리학자 안드레이 사하로프를 고리키의 추방지에서 불러들여, 순종하지 않는 여론을 억압하는 일이 더는 없으리라는 것을 보여주었다.

이듬해에 개편에 관한 고르바초프의 아이디어는 더 진화했다. 1987년 6월 '국영기업법' 초안을 제시하며 그는 작업 관리자 선출, 일정 수준의 생산 민주화, 그리고 (1920년대 레닌의 신경제정책[555]을 연상케 하는) 서비스와 산업 분야에서 소규모 사적 부문의 존재를 상상했다. 처음에는 작았던 사적 부문이 2년 만에 여전히 작긴 했지만 상당히 확대되었다. 여전히 훨씬 큰 국영 부문에서는 노동자들을 정리 해고하고 손해를 보는 기업을 폐쇄하는 것이 가능해졌다. 국가가 통제하는 명령 경제에서 멀어지는 추가 조치로서 토지와 심지어 공공이

---

555)　New Economic Policy. 소련 당국이 전시 공산주의를 대신해 1921년 3월부터 1928년 5개년 계획 개시 때까지 채택했던 경제정책. 농민들의 수확물 자유 판매와 소규모 개인 기업, 자유 상거래 등 자본주의적 시장 제도를 어느 정도 인정했다. 신경제정책으로 소련의 경제는 급속도로 회복되었으나, 다른 한편으로 부농과 네프만(Nepman)이라고 불리던 상인들이 발생해 소련 당국은 1920년대 말 강력한 공업화 및 폭력적 농업집단화를 실시하면서 신경제정책 자체를 종결했다.

소유한 공장들이 최고 50년까지 사적으로 임대될 수 있게 했다. 그 사이에 고르바초프는 1987년 11월에 소련 사회의 기반으로서 법치와 새로운 정치 문화의 도입을 요구했다. 또한 놀랍게도 고르바초프는 다른 나라들과 "공통된 인간 가치"에 기반을 둔 대외 정책을 원했는데, 이는 레닌주의 계급 이념과 완전히 단절하는 것이었다.

고르바초프는 핵무기 경쟁을 끝내는 것이 소련에도 직접적으로 이익이 된다고 정치국 동료들을 설득하는 데 성공했던 국제 문제의 정책 변화에 맞춰, 합의를 구할 목적으로 레이건 대통령을 서둘러 만났다. 지난 해 집권하기 전 고르바초프가 영국에서 마음을 사로잡기 위해 '매력 공세'에 나섰을 때, 레이건의 주요 동맹인 마거릿 대처에게 긍정적인 인상을 이미 남긴 바 있었다. 고르바초프는 대처가 강경 반공주의자임을 잘 알고 있었지만, 그녀를 "워싱턴에 메시지를 보내는 지름길"로 여겼다. 1984년 12월 16일 고르바초프와 부인 라이사 Raisa가 영국 총리 관저인 체커즈에서 오찬을 가졌을 때, 고르바초프는 대처에게 "당신을 설득해 공산당에 가입시키라는 정치국의 지시를 받지 않았다"라고 안심시키며 어색한 분위기를 깼다. 대처 여사는 이 농담에 눈에 띄게 풀어져서 나중에 자문관의 말을 빌려 다음과 같이 말했다. "나는 고르바초프 씨를 좋아합니다. 우린 함께 일을 할 수가 있어요."

고르바초프와 레이건 역시 1985년 11월 제네바에서 만났을 때 개인적으로 좋은 관계를 맺었다. 1986년 10월 11~12일 아이슬란드 레이캬비크에서 열린 두 번째 정상회담에서 고르바초프는 양측이 소유한 전략 핵무기 중 50퍼센트 감축을 제안하고, 그런 후 미국인들이 주저하자 유럽에 배치된 중거리 미사일의 완전한 제거를 제안하여 레이건을 깜짝 놀라게 했다. 그러나 레이건이 전략방위구상 시험의 제한을 고려할 수 없다고 거부하면서 허사가 되었다. 1987년 12월 7일부터 10일 사이에 워싱턴에서 열린 세 번째 정상회담은 좀 더 성공적이었다. 고르바초프와 레이건은 이번에는 소련과 미국이 사정거리 500~5500킬로미터 내의 모든 지상 발사 미사일을 파괴하기로 약속하는 '중거리핵전력조약Intermediate Nuclear Forces Treaty, INF'에 서명했다. 고르바초프와 레이건은 1988년 5월 29일부터 6월 3일 사이에 모스크바에서 다시 만났는데, 그곳에서 그들은 인권과 4월에 발표된 소련군의 아프가니스탄 철군에 대해 상의했다(고르바초프는 소련의 '베트남'이 겪고 있는 처참한 이야기를 더는 논의할 필요가 없다고 했다). 아마도 가장 중요한 것은 이 회담에서 분위기의 변화가 감지되었다는 사실이었을 것이다(초강대국 사이의 관계가 크게 개선되었는데, 그것은 어느 정도 고르바초프와 레이건이 궁합이 잘 맞을 뿐 아니라 총서기가 주도적으로 핵분쟁 가능성을 줄이기 위해 과감하게 행동한 덕분이었다).

1988년 12월 7일 뉴욕의 유엔 총회에서 연설하면서 고르바초프는 소련군 50만 명을 일방적으로 감축하고 1991년까지 6개 기갑사단을 독일민주공화국, 체코슬로바키아, 헝가리에서 철수하겠다고 선언했다. 그는 평화적인 세계의 수립이라는 인류의 '공동 목표'에 대해 말했다. 계급투쟁은 언급하지 않았다. 고르바초프는 마르크스·레닌주의의 교리에 등을 돌리고 있었다. 그는 짧은 시간 동안 멀리 나아갔다.

하지만 그사이 소련에서는 문제가 우려스러울 정도로 증가하고 있었다. 사람들은 글라스노스트에 힘입어 특히 정부가 공개적으로 직접 비난했던 지역 관리들의 부패에 대해 터놓고 말할 수 있었다. 비러시아 공화국에서 이것은 쉽게 인종적 차원으로 넘어가면서, 지역민 대신 승진한 외부인으로 여겨진 러시아 관리들에 대한 분노로 나타났다. 카자흐스탄과 아제르바이잔에서 인종적 소요가 발생했으나, 분리민족주의 감정이 고조되며 좀 더 불길한 징조를 보인 곳은 모스크바로부터 자치를 모색하던 라트비아·리투아니아·에스토니아 등의 발트 공화국이었다. 고르바초프는 판도라의 상자를 열어젖혔다. 뚜껑을 다시 닫을 수는 없었다.

또한 1988년 말에는 경제가 실패하고 있다는 사실이 분명해졌다. 고르바초프의 개혁은 상황을 호전시키기보다는 악화했다. 모든 지표가 경제 실적이 급속히 악화하고 있음을 보여주었다. 소련의 재정 적자는 걱정스러울 만큼 증가하고 있었다. 보드카 판매는 위태로운 예산을 떠받치는 조세 수입에 필수적이었다. 수출(특히 석유와 가스)에서 생기는 수입이 감소하고 있었다. 그처럼 천연자원이 풍부한 거대한 나라가 서방으로 수출해 얻은 경화의 상당 부분을 식량 수입에 써야 한다는 것은 놀랄 일이었다. (육류와 설탕을 비롯한) 주요 식품의 배급이 1988년 말 무렵 광범위하게 시행되었다. 병원에서는 의약품이 부족하다고 보고했다. 1년 안에 수많은 일상 용품(우유, 차, 커피, 비누, 육류)이 가게에서 사라졌다. 당연히 무수한 일반인들의 분노가 뚜렷하게 감지되었다. 몇몇 지역에서는 파업이 발생했다. 심각해지는 경제 위기와 사람들의 거대한 불만 속에서 선거가 다가왔다.

'인민대표대회'(2250명의 대표로 구성된 새로운 기구로, 이전의 국가 최고 입법 기관이었던 '최고소비에트'를 대체했다)의 대표를 뽑는 1989년 3

월의 선거—소련 역사상 최초의 자유선거—는 충격적인 결과를 낳았다. 이것은 서방 민주주의 국가와는 달리 다당제 선거가 아니었다. 후보는 공산당원이어야 했다. 하지만 한 명 이상의 후보가 각 직책을 두고 경쟁할 수 있다는 사실은 새로웠다. 이것은 보수파를 달래기 위해 어쩔 수 없는 타협—계속되는 일당 국가 내의 약간의 선택의 자유—이었다. 그것은 불완전한 제도이긴 했지만 민주주의로 가는 중요한 움직임이었다. 충격적인 것은 당이 승인한 후보 중 약 20퍼센트가 유권자들에게 거부당했다는 사실이었다. 소련의 가장 큰 도시들(모스크바, 레닌그라드, 키예프)에서 당의 지지를 받는 후보들이 패배했다. 모스크바에서는 당 기구 전체가 반대하는 보리스 옐친(1987년에 정치국에서 사임했다)이 투표의 거의 90퍼센트를 얻었다.

그것은 1918년 이래 공산당이 선거에서 겪은 최악의 패배였으며, 정치적 혼란으로 가는 길을 열었다. 인민대표대회에서 약 300명의 개혁가들(그중 옐친이 가장 저명했다)은 민주화의 진전과 더욱 급진적인 변화를 밀고 나갔다. 그와 동시에 발트 공화국들은 더욱 단호하게 모스크바로부터의 자치를 요구하고 있었고, 그루지야에서는 민족 독립을 요구하는 시위가 유혈 사태를 낳고 있었다. 캅카스에서 폭동과 폭력을 연달아 가져온 반란적 태도와 인종 간 갈등은 비러시아 공화국들의 유대가 닳아 없어지고 있음을 드러냈다. 그리고 이 모든 것의 배경에는 계속 고조되는 경제 위기가 있었다. 고르바초프는 여전히 인기가 있었고, 그 인기는 1990년 여름까지 지속될 것이었다. 그러나 그의 인기와 권력은 정점에 도달해 있었고, 곧 기울기 시작할 터였다.

그러나 고르바초프 자신에게 후퇴는 있을 수 없는 일이었다. 점진적 개혁으로 시작했던 일이 눈에 띄게 혁명적 변화로 바뀌기 시작했다. 그리고 내부 붕괴는 소련에만 영향을 미치는 것이 아니었다. 그것은 엄연히 지금까지 동유럽에서 소련 제국을 형성했던 위성국들에도 중대한 의미를 지녔다.

변화의 동력

소련 블록의 붕괴에서 '고르바초프 요인'은 얼마나 중요했는가? 사회주의국가들을 고사시키고 있는 심각한 구조적 취약성에 비추어 볼 때 이 질문을 반드시 해야 한다. 그것은 다시 한번 매우 중요한 해석의 문제를 제기한다. 주요한 역사적 변화를 일으키는 데 개인의 역할은 얼마나 중대한가? 그리고 그 역할은 구조적 결정 요인들에 얼마나 좌우되는가?

소련의 각 위성국의 구조적 문제들이 1970년대의 석유 위기에 뒤이어 더욱 심각해졌다(제7장을 보라). 소련 블록과 서방 경제 사이의 성장 수준 격차가 줄어들지 않고 점점 벌어지고 있었다. 동유럽의 국가 채무는 1980년대 중반에 우려스러운 수준에 도달하고 있었다. 경화 수입의 대부분은 서방 은행들에 진 부채의 이자를 갚는 데 사용되고 있어서 악순환에서 빠져나오는 출구를 거의 찾을 수가 없었다. 고르바초프의 자문관들은 그에게 동유럽이 전략적으로 필수적인 것이 아니라 소련에 대한 경제적 부담이라고 말했다.

루마니아는 국가 채무에서 벗어나는 길이 전혀 없지는 않다는 것을 보여주었다. 하지만 마음을 끄는 길은 아니었다. IMF는 1982년에 엄청난(그리고 여전히 늘어나고 있는) 국가 채무의 상환 일정을 재조정하는 대가로 루마니아에 엄격한 조건을 부과했다. 이에 대응하여 니콜라에 차우셰스쿠는 채무를 매우 짧은 기간 내에 완전히 상환하는 급진적 전략을 채택했다. 실제로 채무는 1989년까지 모두 갚았다. 하지만 이는 소비자 지출을 매우 가혹하게 삭감해서 가능했던 것이다. (칼로리 섭취를 최고 15퍼센트까지 줄이는 '합리적 식사 프로그램'을 비롯해) 이러한 삭감으로 시민들의 삶은 극도로 비참해졌다. 수입은 급격히 줄어들어 가장 기본적인 식품마저 만성적으로 부족해졌다. 전력 소비는 1985년까지는 1979년 수준의 겨우 20퍼센트까지 떨어졌고, 1987년 겨울에 부쿠레슈티에서 가스를 소비할 수 있는 시간은 하루에 2시간으로 정해졌다.

루마니아인들이 기아와 추위에 시달리는 동안 차우셰스쿠는 점점 현대판 네로를 닮아갔다. 그는 뻔뻔할 정도로 호화롭고 사치스러운 생활을 영위하고(부인 엘레나Elena와 함께), 권위주의 체제의 기준에서 볼 때도 희귀한 노예 상태와 불합리의 극단을 보여준 개인숭배를 누렸다. 과대망상증의 징조는 오해의 여지가 없었다. 위신을 세우기 위한 웅장한 프로젝트들은 거액을 집어삼켰다. 약 4만 명의 주민이 스탈린주의 건축 양식의 최악의 과도함을 떠올리게 하는 부쿠레슈티의 '공화국궁전Casa Republicii'에 자리를 내주고 집에서 쫓겨났다. 1988년에 차우셰스쿠는 '농업·공업 복합단지'를 건설하기 위해 8000개의 마을을 파괴해야 하는 계획을 발표했다. 자신의 집을 파괴하지 않으려는 마을 사람들은 어떤 보상도 받지 못했다. 헝가리 소수민족은 '루마니아화'될 것이었다. 여성들은 피임과 낙태가 금지되고, 결혼 가능연령이 15세로 낮아지면서 엄청난 고통을 겪었다. 가난한 집 아이들 수만 명이 보육원으로 보내졌다.

차우셰스쿠 정권은 정말 기괴했다. 그러나 통치 엘리트들이 보이는 엄청난 규모의 정실 인사와 부패, '세쿠리타테'—아마도 수십만 명의 정보원으로 이루어진 엄청난 감시망이 뒷받침하는 무서운 국가 보안 조직(현역 장교는 2만 4000명으로 추산된다)—의 끔찍한 억압은 정권이 아무리 진정한 인기를 누리지 못했다 하더라도 무언의 저항만 있게 하는 데 크게 기여했다. 아직은 사적으로 비판적인 루마니아인들조차 차우셰스쿠의 통치를 벗어날 출구를 거의 생각할 수 없었다. 그러나 루마니아는 자신들이 추구한 공산주의의 구체적 성격이 무엇이든 공산주의 진영 전체에 영향을 미치기 시작하던 변화의 바람을 피할 수가 없었다.

루마니아의 전제적 폭정이 실제로 사회주의 블록의 다른 국가들보다 한층 두드러진 것은 분명하다. 바르샤바협정의 일원인데도 차우셰스쿠는 1968년 8월 체코슬로바키아 침공 이래 점점 자신만의 길을 갔다. 그가 일종의 루마니아 민족공산주의를 발전시키면서 소련으로부터 거리를 두고, 그 결과 바르샤바협정국들 내에 균열을 내자 서방 국가들은 이 혐오스러운 독재자에게 구애를 하기 시작했다. 1978년에 차우셰스쿠는 심지어 영국의 국빈 방문 초청을 받아 여왕 엘리자베스 2세와 식사를 하기까지 했다. 차우셰스쿠는 루마니아에 소련의 경제원조가 필요했기 때문에 고르바초프에게 제안했지만, 합의는 불가능했다. 사실 1987년 5월에 그들이 만나 회담을 했지만, 소련 지도자의 강한 비판만 초래했을 뿐이었다. 루마니아의 길과 소련의 길은 더욱더 갈라지기 시작했다. 그러나 고르바초프가 바르샤바협정국들 내에서 변화에 대한 자신의 급진적 접근을 분명히 하면 할수록, 루마니아에서 차우셰스쿠의 절대적인 통치는 점점 더 위태로워졌다.

다른 바르샤바협정국들은 고르바초프의 개혁에 대해 태도가 날카롭게 나뉘었다. 불가리아(전통적으로 흔들림 없이 모스크바에 충성을 다하는), 독일민주공화국, 체코슬로바키아의 정권은 소련에서 진행되고 있는 변화를 못마땅하고 우려스럽고 불길한 눈으로 바라보았다. 고르바초프 치하의 새로운 분위기에 저항하는 것은 그들의 권위가 의존하는 그 국가들의 권력 구조를 방어하는 것과 동일시되었다.

1954년 3월 이래 여전히 권좌에 앉아 있는 국가수반이자 불가리아 공산당 지도자인 토도르 집코프는 소련의 고르바초프 개혁에 깊은 인상을 받지 않았던 것 같았다. 1982년, 쇠약해지는 경제를 부양하고 특히 소비재 공급을 개선하려는 시도는 실패했다. 석유 수출로 빌이들이는 수입이 줄어드는 사태에 직면해 소련이 불가리아(와 다른 동유럽 위성국들)에 대한 석유 공급을 감축하자 나라의 경제 문제들이 악화되었다. 고르바초프는 불가리아 경제가 외국 자본의 "인공호흡"으로 살아 있다고 훗날 언급했다. 늘어나는 해외 부채와 "심장마비 직전"인 경제에 봉착한 집코프는 터키 소수민족(인구의 약 10분의 1)에 대한 차별을 강화하여 주의를 딴 데로 돌리려 했다. 소련에서 '재건'이 진행되면서 모스크바와의 관계는 더욱 껄끄러워졌다. 집코프는 1986년부터 1988년 사이에 도입된, 미적지근한 '불가리아판 페레스트로이카'에서 개혁에 대해 입발림 소리를 했다. 심지어 집코프는 불가리아에서 공산당의 권력 독점을 궁극적으로 위태롭게 할 수도 있는 노선을 채택하고 서방을 지향하는 자문관들로 그를 둘러쌌다고 고르바초프에게 적어도 표면상으로는 질책을 당하기까지 했다. 그러나 집코프의 태도는 꽤 위선적이었다. 권력 장악을 포기하기는커녕 약화할 의향도 전혀 없었기 때문이다. 1987년에 불가리아 공산당 정치국은 페레스트로이카를 불가리아에 적용할 수 없다고 분명히 거부했다.

에리히 호네커도 1971년 이래 자신이 이끌던 독일민주공화국에서 그런 식으로 행동했다. 서독에서 얻은 차관, 그리고 서베를린과 동베를린을 잇는 통행로를 이용한 데 대해 물린 비용으로 독일민주공화국은 적절한 생활수준—서유럽의 생활수준에는 크게 못 미치지만 동구 블록에서는 높은—을 유지할 수 있었지만, 여기서도 공식적 낙관주의 아래에서는 경제가 쇠퇴하고 있었고 국가 채무가 급격히 늘어나고 있었다. 정치적 반체제는 몇 년 전보다 더 폭넓게 확산되어 있었다. 정치적 반체제는 공공 토론을 제한하고 국가의 강제력을 동원해 끊임없는 처벌 위협을 가했지만, 서독에서처럼 '제2차 냉전'을 확대하는 과정에서 독일 영토에 핵무기를 배치한 데 자극받은 평화운동으로 나타났다. 1986년에 독일민주공화국에는 200개의 평화 그룹이 있는 것으로 추산되었다. 핵 문제에 대한 저항을 분명히 표현하고 특히 젊은이들 사이에 환경 훼손에 대한 강력한 감정을 유발하는 데 개신교 성직자들이 큰 역할을 했다. 이것은 체제의 안정을 존재론적으로 전혀 위협하지 못했는데, 체제는 항상 그래왔듯이 불만의 공공적 표출을 억압하기 위해 강력한 실력 행사에 나설 준비가 되어 있었다. 호네커는 노선을 바꿀 필요를 보지 못했다. 놀랄 것도 없이 고르바초프 아래의 소련에서 깨끗이 청소 중인 새 빗자루는 환영받지 못했다. 처음에는 허울뿐이라고 잘못 생각된 개혁은 독일민주공화국에서는 전혀 필요 없는 것으로 여겨졌다. 호네커는 1987년 1월에 페레스트로이카의 길이 동독에는 맞지 않는다고 명확히 단언했다. 체제의 주요 이념가인 쿠르트 하거[556]가 선언했듯이, "내 이웃이 벽지를 바꾸기로 결정했다고 해서 그것이 나도 벽지를 바꿔야 한다는 것을 의미하지는 않습니다"가 독일민주공화국의 태도였다.

체코슬로바키아에서는 독일민주공화국이나 불가리아(루마니아는 말할 것도 없고)의 경우보다 훨씬 더, 고르바초프의 출현이 체제와 대다수 국민(무엇보다도 지식인들) 사이의 심연을 열어젖혔다. 이 틈은 1968년 8월 프라하의 봄이 분쇄된 이래 공개적으로 드러나지는 않았지만, 결코 치유되지 못했던 것이었다. 그때 이래로 티머시 가턴 애시[557]의 적절한 비유를 빌리자면, 체코슬로바키아는 "두꺼운 얼음으로 영원히 덮인 호수" 같았다. 빙하의 표면 아래에는 움직임이 있었다. 사람들은 대부분 오랫동안 비교적 풍부한 상점의 물품에 매수당했다. 하지만 1980년대 중반에 경제성장이 중단되고, 국가 채무가 늘어났다. 경제적 진단은 우울한 읽을거리를 만들어냈다. 정치적 안정은 많은 사람의 의례적인 순응, 무자비한 억압, 소수의 반체제 인사

---

556) Kurt Hager(1912~1998). 동독의 정치가. 동독의 문화 정책이나 교육 정책을 결정해온 독일 사회주의통일당의 주요 이념가로 알려져 있다.
557) Timothy Garton Ash(1955~). 영국의 역사가이자 시사평론가. 옥스퍼드 대학교 유럽학 교수로 재직하고 있다. 중부 유럽과 동유럽 근현대사에 관한 저서를 다수 집필했다.

들에 대한 감시로 유지되었다. 그러나 탄압만으로는 이 반체제 인사들을 완전히 침묵하게 하는 데 실패했다. 사실 77 헌장의 서명자들은 자신들의 목표를 적극적인 저항이 아니라 단지 침묵하기를 거부함으로써 반체제 목소리를 유지하는 것으로 생각했다. 1980년대 중반까지 77 헌장 서명자들은 그 수가 원래의 243명에서 1200명으로 늘어났다. 수백 건의 불법 출판물이 나라 안팎에서 여전히 적긴 하지만 좀 더 폭넓은 독자층에 도달했다.

77 헌장의 지지자들과 다른 많은 체코슬로바키아 시민은 고르바초프를 신성한 공기의 호흡으로 여겼고, 소련 변화의 초기 조짐을 따뜻하게 환영했다. 소련 지도자는 1987년 4월 프라하를 방문했을 때 5만여 군중의 열광적인 환영을 받았다. '프라하의 봄' 이후 체코 지도자였던 구스타프 후사크와 지도부에게 그것은 1968년을 또 한 번 상기시키는, 깊은 우려를 자아내는 조짐이었다. 그들은 비록 후사크 총서기가 자신들의 권력 장악을 느슨하게 할 수 있는 어떤 변화에도 의심할 여지 없이 확고부동하게 반대했는데도, 고르바초프의 개혁 프로그램에 대해 미온적인 지지의 뜻을 넌지시 비쳤다. 1987년 12월 후사크가 당 지도자 자리에서 물러나면(그는 여전히 국가수반이었다) 실질적인 변화의 문이 열릴 거라는 희망은 재빨리 완전히 꺾였다. 그의 후임인 밀로시 야케시[558] 역시 강경론자였다.

고르바초프의 개혁에 대한 불가리아, 독일민주공화국, 체코슬로바

---

558) Miloš Jakeš(1922~2020). 체코의 정치가. 1987~1989년 체코슬로바키아 총서기를 지냈다. 1989년 11월 벨벳 혁명의 와중에 총서기직에서 물러났다.

키아의 태도는 폴란드와 헝가리의 상황과는 극명히 대비되었다. 두 나라는 이미 1950년대에 위성국 중에서 가장 덜 순종적인 나라라는 것을 보여주었다. 1956년 11월 소련의 야만적인 헝가리 개입과 폴란드에서 벌인 유사한 행동의 위협은 당시 두 나라로 하여금 소련에 강제로 보조를 맞추게 했다. 그러나 두 나라는 공산주의 통치의 국가 발전에서 제한적으로나마 이탈을 추구하며 모스크바에 대한 충성의 줄타기를 계속 이어나갔다. 특히 헝가리는 자신들의 '굴라시 공산주의'로 명령 경제의 무거운 속박에서 어느 정도 벗어났다. 1970년대 말에 폴란드에서 소요가 커지면서 독립적인 노동조합인 '연대'가 탄생했고, 1981년 12월 계엄령 실행으로 약속이 무위로 끝났고 말았지만 자유화의 가능성을 보여주는 조짐도 나타났다.

폴란드도 헝가리도 체제가 강제하는 순응 아래에서 이미 일종의 '시민사회'의 출현을 경험했다. 표면 바로 아래에서는 지적 담론이 무성했다. 독립적인 단체, 토론 그룹, 출판물들이 두 나라에서 지지를 얻었다. 1980년대 헝가리에서 그러한 수천 개의 움직임이 비 온 뒤의 버섯처럼 솟아올랐다. 폴란드에서도 훨씬 더하면 더했지, 마찬가지였다. 실제로 폴란드에서는 민주적 저항이 급성장하면서 헝가리에서 민주적 저항의 기반이었던 지식인 서클들을 크게 넘어 확대되었다. 연대 노조에 대한 노동자들의 지지는 1981년 12월에 선포된 계엄령하에서 억압당했지만 결코 파괴되지는 않았다. 수천 명이 체포되었지만 저항은 파업, 시위, 불법 출판물 배포를 비롯한 다양한 시민적 소요의 형태를 띠면서 계속 진행되었다(일부에서는 CIA의 자금 지원을 받았다). 그리고 가톨릭교회는 대중적 정당성과 충성이라는 면에서 정권에 대한 강력한 대안을 제시하며 국가에 대한 이념적 저항을 대표하게 된 제도를 제공했다.

폴란드에서 용감한 지식인들은 "당이 스스로 통치권을 포기했고, 누구도 이 상황을 변화시키기 위해 뭔가를 할 수 없다"는 말이 나올 정도로 계속 억압에 저항했다. 1982년, 정치범 수용소에서 작가이자 반체제 인사인 아담 미흐니크[559]는 (30년 전 공산주의 체제와 결별하고 서방에서 망명 생활을 하던) 소설가이며 시인인 체스와프 미워시[560]를 인용했다. 미워시는 억압을 쓸어버릴 눈사태는 "그것이 어떤 돌들 위에서 흘러내리는가에 달려 있다"고 말했다. 미흐니크는 다음과 같이 덧붙였다. "그리고 당신은 사태의 경로를 완전히 뒤바꿀 돌이기를 원한다."

양국의 현장에 고르바초프가 나타난 일은 이미 취약해진 체제의 리더십을 크게 훼손하면서 이제 개혁적 저항에 정당성을 부여했다. 두 나라에서 일어난 변화의 궤적은 서로 달랐다. 헝가리에서 개혁의 동력은 주로 위로부터, 공산당 내부로부터 왔다. 폴란드에서 체제의 리더십은 연대가 똑똑히 보여주었듯이 아래로부터의 압력, 개혁을 요구하는 대중운동의 압력하에서 발휘되었다. 두 나라에서 개혁 세력은 커지는 구조적 문제들에 대응하면서 형성되었다. 그러나 모스크

---

559)　Adam Michnik(1946~). 폴란드의 역사가, 폴란드 신문《가제타 비보르차》의 편집장. 1968년 이래 폴란드의 공산주의 체제에 반대하여 몇 차례 투옥되었다.
560)　Czesław Miłosz(1911~2004). 폴란드 출신 작가, 시인, 평론가. 1980년 노벨 문학상을 받았다. 1960년 미국으로 이주하여, 버클리의 캘리포니아 대학교에서 1980년까지 슬라브 언어와 문학을 강의했다.

바에서 부는 새로운 바람은 개혁적 경향을 점점 고양되고 궁극적으로는 억누를 수 없는, 체제 변화를 원하는 압력으로 전환하는 데 큰 역할을 했다.

헝가리에서는 국내적으로 경제적 제약을 느슨하게 하고 이념적으로 완화하는 것을 용인받는 대가로 모스크바와 바르샤바협정에 확고하게 충성을 다한다는 오랜 공식이 고르바초프가 소련에서 권력을 확고히 하자마자 필수적이지도 않게 되었고 적용할 수도 없게 되었다. 1980년대 중반부터 헝가리의 경제 문제들이 악화되고, 국가 부채가 1987년 소련 블록에서 가장 높은 수준에 이르자 정부의 인기가 시들해지기 시작했다. 모스크바에서 벌어지고 있던 사태에 고무된 당내의 개혁가들은 이전에 가능했던 것보다 더 급진적인 변화를 추진할 수 있는 가능성을 보았다. 1956년 봉기 이후 권력을 장악한 지 30년 동안이나 여전히 당 지도자였던 야노시 카다르는 내부 변화의 길로 나아갈 수 있도록 오랫동안 헝가리를 조심스럽게 이끌어왔다. 그러나 변화된 환경 속에서 카다르는 고르바초프가 추진하는 급진 개혁에 내포된 위험을 우려했다. 카다르의 건강 악화는 그가 변화를 포용하는 데 덜 주저하는 사람들에 의해 새로 만들어진—순전히 의례적인—'당 의장'직에 '등용'되었던 1988년 5월, 당 총서기직을 강제로 사임해야 했던 사정을 정당화하는 유용한 구실이 되었다. 당 지도자이자 이미 1987년 6월 이래 정부 수반이었던 그의 후임 카로이 그로스[561]는 경제의 자유화 개혁을 선호했지만 또한 공산주의 권력

---

561)   Károly Grósz(1930~1996). 헝가리의 정치가. 1988~1989년 헝가리 사회주

독점을 유지하는 데도 찬성한 실용적 보수주의자였다. 그로스는 오래가지 못했다. 그는 1988년 11월 다당제의 필요성을 선언했던 개혁주의 내각의 지지를 받은 미클로시 네메트[562]에 의해 정부 수반직에서 물러났다.

몇 달 전부터 저항 그룹들은 정치적 다원주의와 언론의 자유를 공개적으로 요구했다. 1987년 9월부터 1988년 3월 사이에 그들은 몇몇 단체—헝가리민주포럼Hungarian Democratic Forum, 자유계획네트워크Network of Free Initiatives, 청년민주주의자동맹FIDESZ—를 결성했다. 강조점은 달랐으나 각 단체는 진부 나원주의 정치, 시장 지향적 경제, 공공연한 국익 추구를 지지하면서 공산주의 일당 국가를 거부했다. 변화의 속도가 빨라졌다. 11월에 '자유계획네트워크'에서 비롯한 '자유민주주의자동맹Alliance of Free Democrats'이 정당으로 창설되었다. 일찍이 쓸모없어진 전쟁 전의 정당들—독립소자작농당Independent Smallholder Party(1988년 11월), 사회민주당Social Democratic Party(1989년 1월)—이 부활했다. 독립적인 노동조합 조직(소수의 노동자만이 지지했지만)이 1988년 12월에 설립되었다. 1989년 3월에는 뒤따라 '기독민주인민당Christian Democratic People's Party'이 창당되었다. 그 무렵 여당인 공산당은 1956년 봉기가 진정한 독립 투쟁, "국가의 위신을 떨어뜨렸던 과두제 통치에 맞선 인민들의 봉기"였음을 인정했는데, 이는 중요한 상징적 움직임이었다. 지

의노동자당의 총서기를 역임했다.

562) Miklós Németh(1948~). 헝가리의 정치가. 헝가리 인민공화국의 마지막 각료평의회 의장(1988~1989), 헝가리 공화국의 초대 총리(1989~1990)를 역임했다.

금까지 잘 진행되고 있던 바를 정당화하는 필수적인 조치가 몇 주 전인 1989년 1월에 이미 취해졌다. 헝가리가 다당제 국가가 될 것이며, 공산당이 공식적으로 일당 통치의 종식을 승인했다고 의회가 공표했던 것이다. 헝가리의 혁명은 결코 완결되지 않았다. 오히려 혁명은 1989년 첫 몇 달경에는 막을 수가 없게 되었다.

폴란드에서는 경제적 위상이 급속히 낮아졌기 때문에(1980년대 초에 헝가리의 제한된 시장경제 모델을 따르려던 시도가 실패로 돌아가면서 서방에 진 빚이 계속 늘어났고, 인플레이션은 여전히 높았으며 생활수준은 하락했다) 야루젤스키 장군의 체제는 1980년대 중반에 연대와 모종의 화해를 모색할 수밖에 없었다. 기꺼이 타협하겠다는 자세는 중대한 일촉즉발의 상황 때문에 더 절박해졌다. 그것은 1984년 10월 국가보안경찰들이 서른일곱 살의 예지 포피에우슈코[563]라는 가톨릭 성직자를 납치하여 살해한 일이었다. 노동조합의 저항에 공개적으로 지지를 표명한 그는 체제에 가시 같은 골칫덩어리였다. 포피에우슈코가 살해된 뒤 나라를 휩쓴 분노의 파도는 저항을 북돋웠고, 체제의 우려를 불러일으켰다. 연대 지도자 레흐 바웬사를 비롯해 25만으로 추산되는 사람이 11월 3일 있었던 포피에우슈코의 장례식에 참석했다. 침울하고 피상적인 평온의 시기가 이어졌다. 그러나 분위기는 여전히 긴박했다. 경찰국가의 촉수는 스탈린주의가 한창인 한 가만히 있었다. 하지만 체제는 일반 시민들의 분위기에 양보해야 한다는 것을 깨

---

563) Jerzy Popiełuszko(1947~1984). 폴란드의 가톨릭 성직자. 폴란드 공산주의 체제에서 연대 노조를 지지하다 1984년 폴란드 내무부 보안기관에 살해당했다.

달았다. 1985년 11월 연대 회원들이 일부 사면되었고, 뒤이어 1986년 7월에는 1981년 이후 체포된 정치범들에 대한 완전 사면이 있었다(계엄령 자체는 1983년 7월에 공식적으로 해제되었다). 석방된 사람들 중에는 연대를 위해 적극적으로 목소리를 높인 활동가이자 국제적으로 잘 알려진 지식인이었던 아담 미흐니크가 있었다. 하지만 정치 상황은 일시적이고 부분적으로만 안정을 찾았을 뿐이었다.

생활 조건은 계속 악화되었다. 1986년 초 정부는 1주당 노동시간을 늘리고, 식료품 가격을 인상할 수밖에 없었다. 체제의 여론조사에서는 정부에 대한 신뢰가 1950년대 이래 최하 수준으로 떨어졌다. 국가 지도부는 시간을 벌었다. 그들은 어느 때보다도 경제를 사기업에 개방하는 급진적 경제개혁을 시행함으로써 공산주의 통치를 지속하기를 바랐다. 하지만 1987년 11월 말에 실시된 국민투표에서는 이미 시행된 가격 인상에 대한 깊은 불만만 확인했을 뿐 개혁에 대한 지지는 충분히 얻지 못했다. 정부는 급속히 사태에 대한 통제력을 잃고 있었다.

1988년 봄과 여름에, 뒤이은 불안은 그단스크의 레닌 조선소와 광산 지역에서 또 다른 파업의 물결을 불러왔다. 이 파업 때문에 정부는 8월에 자신들이 '건설적인 반대파'라고 불렀던 세력과 대화에 나서지 않을 수 없었다. 연대의 지지자들은 양분되었다. 운동의 일부 부문은 정권과 협상하는 데 찬성했고 일부는 더 급진적인 자세를 취했다. 내부 분열은 이 시점에서 연대를 약화했고(여름 파업에 제한적으로 참여한 데서 알 수 있듯이), 연대를 정부와 타협하는 쪽으로 기울어지게 했다. 정부로서는 레흐 바웬사를 '개인' 자격으로 공식 노동조합 지도자인 알프레트 미오도비치[564]와의 텔레비전 토론에 초청했을 때 공개적인 망신을 면치 못했다. 바웬사는 이 토론에서 아주 쉽게 이겼다. 미디어에서 보인 이 대실패 이후 정부는 다시 연대 지도자와 대화에 나설 각오가 되어 있었다.

1988년 12월 18일, 바웬사는 정부에 민주화를 요구하는 압력을 조직하기 위해 '연대시민위원회'를 설립했다. 1989년 1월, 야루젤스키는 나라를 안정화하려면 연대와의 암묵적인 합의(고르바초프가 선호하는 조치였다)라는 새로운 기반이 필요하다는 것을 깨닫고 사임하겠다고 위협하면서 이 노동조합의 재합법화에 대한 승인을 받았다. 이것은 2월에 시작하는 공식적인 '원탁회의' 협상을 위한 길을 닦았다. 이 단계에서조차 내무장관 체스와프 키슈차크[565]는 텔레비전에 나와 폴란드 국민에게 "사회주의는 정부의 시스템으로 남아 있을 겁니다"라고 말했다. 이에 대한 응답으로 바웬사는 "인민에 대한 일당의 정치적·사회적 독점의 시대는 곧 끝날 것입니다"라고 선언했다. 4월의 원탁회의가 끝났을 때, 6월에 선거를 치르자는 합의가 이루어졌다. 이 선거에서 하원 의석의 35퍼센트는 독립 후보들에게 돌아갈 것이었다. 새로 만들어지지만 덜 중요한 상원을 위해 완전한 자유선거가 치

---

564)   Alfred Miodowicz(1929~). 폴란드의 정치가이자 노동조합 활동가. '폴란드 통합노동자당' 당원으로서 '전폴란드노동조합동맹'의 지도자였다.

565)   Czesław Kiszczak(1925~2015). 폴란드의 공산주의 시대 장군, 정치가. 폴란드 연합노동자당(PZPR) 소속으로, 1981년부터 1990년까지 폴란드 인민공화국의 내무장관, 1989년 잠시 폴란드 인민공화국의 총리를 지냈다. 1989년에 폴란드 원탁회의를 주선하여 폴란드 민주화에 기여했다.

러질 것이며, 국가수반으로서 대통령직—(지금까지는 폴란드 국가평의회 의장이었던) 야루젤스키가 그 자리에 앉을 것으로 추정되었다—이 부활했다. 심지어 그때도 정부는 공산주의 통제를 계속 보장할 것으로 생각하고 이 거래에 만족감을 느꼈다. 그것은 곧 또 한 번의 착각으로 판명되었다. 1989년 봄에 민주적 변화에 대한 고조되는 압력에 저항하려는 시도는 몰려오는 밀물을 막으려는 헛된 수고나 다름없었다.

야루젤스키 장군은 고르바초프 개혁의 강력한 지지자였다. 실제로 고르바초프는 심지어 1981년 이후 계엄령하에서도 폴란드가 소련에 훨씬 앞서 경제개혁을 향해 나아가고 있었다는 사실을 인정했다. 고르바초프처럼 야루젤스키도 개혁이 필수적이라고 보았으나 공산주의 통치를 파괴하기보다는 보존하기 위해 기존 체제 **내에서** 개혁이 수행되어야 한다고 생각했다. 고르바초프처럼 야루젤스키도 실질적인 개혁의 결과 체제의 가차 없는 잠식이 진행될 것이라고 예상하지 않았다. 하지만 개혁이 급진화하면서 자신의 목표도 진화한 고르바초프와 달리 야루젤스키는 자신과 체제에 강제된 정치적 변화를 받아들이는 데 크게 주저할 뿐이었다.

고르바초프가 1985년 3월 권좌에 올랐을 때 소련 블록의 모든 나라에서 구조적 위기는 손에 만져질 듯이 뚜렷했다. 각 위성국의 정권은 체제 안에서 악화 일로의 경제 상황을 근본적으로 극복할 능력을 갖고 있지 못하다는 사실이 분명해지자 정당성의 위기가 점점 커졌다. 이 정권들은 상이한 방식으로, 대부분은 (불가리아처럼) 가능한 한 적게 변화를 도입함으로써, 다른 일부는 (특히 폴란드와 헝가리처럼) 공산주의 통치의 본질을 여전히 그대로 놔두고 기꺼이 개혁에 나섬으로써 문제들에 대처했다. 그사이에 체제 내부로부터의 변화 압력은 특히 헝가리와 폴란드에서 크게 거세졌고, 지식인 집단 내에서(그리고 폴란드에서는 탄압받은 연대 운동 부문들 내부에서) 공산주의 권력 독점을 위협한 경제적 자유화뿐 아니라 정치적 자유화의 확대에 대한 급진적 요구를 불러왔다.

하지만 그 후 전개된 사태에 비추어 공산주의 국가들이 몰락할 수밖에 없었다는 불가피성을 과거로부터 추적하기는 쉽다. 내부 문제들이 얼마나 심각했든, 소련 블록은 고르바초프가 모스크바에서 권력을 차지했던 1985년 3월에 결코 몰락 지경에 이른 것처럼 보이지는 않았다. 예전이라면 소련 지도자들은 위성국들의 곤경에 당연히 매우 다르게 대응했을 것이다. 결국 철권이 1953년에 동독에서, 1956년 헝가리에서, 그리고 1968년 체코슬로바키아에서 대응책이었다. 모스크바는 지배 영역의 어떤 곳에서라도 체제의 토대 전체를 훼손할 가능성 있는 위협이 존재한다는 사실에 알레르기 반응을 보였다. '프라하의 봄'이 진압된 직후 정식화된 '브레즈네프 독트린'은 공식적으로 선언된 적은 없지만 개입의 이념적 근거를 규정했다. 브레즈네프 독트린은 "사회주의 연합을 구성하는 다른 국가들의 체제 내에 있는 사회주의국가는 이 연합의 공동 이익에서 자유로울 수 없다"고 단언했다. 달리 말해, 공동의 사회주의 이익은 그것을 위협하는 것은 무엇이든 진압하기 위해 군사적으로 개입하는 일을 정당화한다는 것이었다.

소련 위성국의 지도자들은 1980년대 초에도 여전히 군사 개입의 은근한 위협이 계속되고 있음을 아주 잘 깨닫고 있었다. 그들은 소련 지도부가 그러한 전략을 포기했다고 확신할 수 없었다. 오히려 일부 지도자는 이 가능성에서 위안을 얻었다. 실제로 야루젤스키 장군은 1981년 12월에 자신이 그와 같은 만일의 사태를 미연에 방지한다는 바로 그 이유로 계엄령을 선포했다고 나중에 정당화했다(비록 소련 정치국의 회의록은 당시 KGB 의장이었던 유리 안드로포프가 그 가능성을 일축하면서 설령 연대가 폴란드에서 권력을 장악하더라도 브레즈네프에게 개입하지 말라고 설득했다는 사실을 보여주고 있지만). 그러므로 고르바초프의 '브레즈네프 독트린' 포기는 극히 중대한 결정이었다.

고르바초프 총서기가 1985년 3월 콘스탄틴 체르넨코의 장례식 후 크레믈에서 처음으로 짧은 회의를 하며 참석한 바르샤바협정국의 지도자들에게 미래의 관계에서는 각국의 주권과 독립을 존중할 것이라고 알렸을 때, 그들이 고르바초프의 선언을 액면 그대로 받아들이기를 주저한 것은 이해할 만했다. 개입에 대한 두려움은 서서히 줄어들었다. 고르바초프는 한 달 뒤 폴란드에서 있은 바르샤바협정국 지도자들의 회의에서 자신의 메시지를 되풀이했다. 그의 다음과 같은 비공식적 발언은 더 널리 알려졌다. "누구에게도 강요하지 맙시다. 각국이 스스로 무엇을 해야 하는지 결정하게 합시다." 하지만 폴란드의 관찰자들은 앞으로 무슨 일이 벌어질지 전혀 알 수 없었다. 고르바초프 방문 의식은 이전 수십 년 동안의 의식과 다른 점이 전혀 없었다. 1986년 11월 모스크바에서 고르바초프는 동유럽 지도자들에게 '브레즈네프 독트린'이 폐기되었음을 좀 더 공식적으로 알려주었다. 1987년 4월 프라하에서는 소련이 사회주의 각국이 국익의 견지에서 자신의 미래를 결정할 권리가 있다는 것을 인정한다고 선언했다. 이듬해 그는 다시 소련 블록의 국가들은 '선택할 권리'가 있다고 확실히 말했다. 소련 외무부 대변인 겐나디 게라시모프는 '브레즈네프 독트린'이 '시내트라 독트린'으로 대체되었다고 훗날 재치 있게 말했는데, 요컨대 동유럽인들에게 스스로 알아서 하게 하라는 것이었다.

그리하여 앞으로는 동유럽에서 소련의 무력에 의지하는 일은 없을 터였다. 위성국의 지도자들은 국민의 요구를 만족시키는 데 실패하면 소련으로부터 어떤 구제책도 없을 것이라는 점을 인정해야 했다. 그들은 자신들의 권력이 국민이 여전히 소련이 개입할 수 있다고 계속 믿는 데 달려 있었기 때문에 이 메시지를 열성적으로 국민에 전달하려 하지는 않았다. 사실 고르바초프 자신은 1988년 6월 바르샤바에서 한 폴란드 지식인에게서 공개적으로 '브레즈네프 독트린'의 포기를 선언하라는 요구를 받았을 때 그렇게 하지 않았다. 평범한 사람들에게는 새벽이 서서히 밝아올 뿐이었다. 1989년에 마침내 새벽이 밝아오자, 공산주의 통치의 종식이 재빨리 뒤를 이었다.

이제 더는 어떤 희생을 치르더라도 한 나라를 사수하는 것을 절대적인 우선 사항으로 간주하지 않는, 소련과 동유럽 위성국의 관계에 대한 고르바초프의 완전히 새로운 접근은 민족 독립으로 평화적으로 진전하고 다원주의적 민주주의를 도입하기 위한 플랫폼을 수립하는 데 결정적이었다. 1985년 3월 고르바초프가 소련 공산당 총서기로 선출되었을 때 어느 누구도, 심지어 일반인들보다 동유럽 국가들 전체로 빠르게 확산되고 있던 구조적 위기에 대해 훨씬 잘 깨닫고 있던 전문가들조차 이 국가들이 5년 내에 붕괴할 것이라고 상상할 수 없었다. 고르바초프가 소련 지도자가 된 지 1년 반 이상 지난 1986년 10월에 중부 유럽에 관한 일류 전문가 티머시 가턴 애시는 "자유롭고 독립적인 국가들의 우호적인 공동체로서 민주적인 유럽"이라는 바츨라프 하벨의 장기적인 '이상'을 인용하면서 다음과 같이 논평했다. "그 이상에 이의를 제기하기는 힘들다. 하지만 그것의 달성을 상상하기는 훨씬 더 힘들다." 심지어 1989년 1월에도 애시는 유럽의 분열이 극복될 수 있을지에 대해서는 거의 회의적이었다. 그러나 그때부터 소련 블록 전체의 정치적 위기(더 이상 경제적 위기만은 아니었다)가 점점 속도를 내면서 통제를 벗어나기 시작하고 있었다.

비단 소련뿐 아니라 동유럽 전체에 걸친 극적인 변화에 고르바초프가 개인적으로 기여한 정도는 아무리 과장해도 지나치지 않다. 고르바초프는 실제로 사람들이 "자기 앞에 놓여 있는 상황에서"(그리고 덧붙이자면, 그들이 예견치 못한 결과를 낳으며) 그들 자신의 역사를 만든다는 카를 마르크스의 언명이 잘 실현된 고전적 사례다. 물론 고르바초프는 동유럽의 구조적 문제들이 매우 중대했기 때문에 그렇게 할 수 있었다. 그리고 물론 소련에서처럼 모든 나라에도(일부 나라에서는 다른 나라들보다 더 많이) 그의 개혁을 지지하고 더욱 급진적인 변화를 밀고 나갈 태세가 되어 있는 개혁가들이 있었다. 그러나 장애물이 무엇이든 변화를 포용하고자 하는 고르바초프의 비범한 준비가 없었다면 역사는 달라졌을 것이다. 어떻게 달라졌을지는 말하기 불가능하다. 아마도 어떤 단계에서 체제가 무너져 내렸을 것이다. 그러나 설령 붕괴했다 하더라도 다른 조건하에서라면 그런 일이 벌어지는 데 제법 시일이 걸렸을 것이다. 붕괴가 그토록 빨리, 그토록 단호하게, 그리고 거의 폭력과 유혈 사태가 수반되지 않고 일어났다는 것은 대부분 고르바초프의 개인적 성취다.

여느 때와 다름없이: 서유럽이 몰두하는 문제들

서유럽에서는 누구도 대륙의 동쪽 절반의 토대를 뒤흔들고 있는 중대한 변화를 충분히 깨닫고 있지 못했다. 철의 장막 뒤의 국가들 내에서 전개된 사태에 대한 긴밀한 관심은 지식인 집단을 크게 뛰어넘지 못했다. 하지만 '고르바초프'라는 이름은 서방에서 세계정세를 조금이라도 눈여겨보는 사람이라면 누구에게나 곧 친근해졌다. 소련 지도자는 실제로 자기 나라보다는 서유럽 전역에서 곧 더 인기를 누리게 되었다. 고르바초프의 변화가 동유럽과 소련 국민에게 더 큰 자유를 약속했다는 사실이 그가 누린 인기를 일부 설명해 주었다. 그러나 고르바초프가 인기 있었던 까닭은 무엇보다도 그가 냉전을 종식하기 위해—40년 동안 전 세계의 머리 위에 다모클레스의 칼처럼 매달린 핵 절멸의 위협을 종식하기 위해—끝까지 고수한 약속 때문이었다.

집권 첫 몇 년 동안 고르바초프가 서방 지도자들—로널드 레이건뿐 아니라 유럽 지도자들—과 했던 회담들은 그의 인기가 커지는 기반이 되었다. 그가 마거릿 대처와 맺은 친밀한 관계는 두 사람이 이념적으로 대척점에 있었는데도 처음 만났을 때 시작했던 긍정적인 경로를 따라 계속 발전했다. 새 크렘린 수장의 진정한 의향에 대해 서유럽 지도자들이 처음에 보였던 회의적 시각은 점차 누그러졌다. 고르바초프는 서유럽 지도자들의 염려를 포용하고 강한 개성을 발휘함으로써 자신이 핵군축을 진지하게 생각하며, 더 나아가 유럽이 동유럽과 서유럽의 '공동의 집'이라는 자신의 관념을 현실화하는 것에 대해서도 진지하다고 그들을 설득할 수 있었다. 미테랑 대통령과 대처 여사와의 초기 회담이 꼭 순조롭게 진행된 것만은 아니었다. 그러나 심각한 차이가 드러나긴 했지만, 그와 동시에 상호 공감과 이해(냉전의 동서 관계에서 새로운 현상)의 기반이 마련되었다.

더 나아가 고르바초프는 1986년 10월 레이캬비크 정상회담이 실패로 돌아간 뒤 나토 국가들(영국을 비롯해 덴마크, 네덜란드, 노르웨이, 아이슬란드, 이탈리아)의 지도적 인사들과 복잡한 군축 문제에 대한 회담을 통해 신뢰를 쌓았다. 1988년 10월 모스크바에서 서독 총리 헬무트 콜과 가진 첫 회담도 대단히 긍정적인 인상을 주었다. 콜은 고르바초프에게 범유럽의 평화를 위해 긴밀하게 협력하기를 열망한다고 말해 깊은 감명을 주었다. 경제적·과학적·문화적·환경적 협력에 관한 조약이 체결되었다. 두 지도자 사이의 좋은 개인적 관계는 건설적인 장기적 관계를 위한 플랫폼을 수립하는 데 결정적인 역할을 했다.

텔레비전 시대에 주요 정치 인사들 간의 회담은 시청자들에게 널리 전해졌다. 권좌에 오른 직후 고르바초프는 프랑스 텔레비전에서 생방송으로 일단의 서방 언론인들과 비판적인 인터뷰를 가졌는데, 이처럼 소련 지도자가 기꺼이 일반인들과 소통하려 한 것은 처음이었다. 고르바초프의 얼굴은 뉴스 방송을 통해 곧 서유럽 전역의 무수한 사람들에게 잘 알려지게 되었다. 사람들은 그의 개방적 성격을 좋아하기 시작했는데, 이전 소련 지도자들의 침울한 얼굴과는 전혀 달랐기 때문이다. 그들은 고르바초프가 평화, 핵군축, 유럽 통합을 강조하는 데도 긍정적으로 반응했다.

고르바초프와 부인 라이사가 1989년 4월 런던에 도착했을 때, 군중은 박수로 환영했다. 그해 6월 고르바초프가 본을 방문했을 때는 훨씬 더 열광적으로 환영했다. 만일 핵전쟁이 발발한다면 전쟁터가 될 서독 사람들은 고르바초프가 군축에 앞장서자 당연히 몹시 고무되었다. 고르바초프는 훗날 다음과 같이 썼다. "나는 시청 광장에서 본 시민들과 우리가 만난 일을 절대 잊지 않을 것이다. 우리는 선의와 우정의 표명에, 지지와 연대를 보여주는 환호하는 군중에 말 그대로 압도당했다."

이러한 지점에 도달하기까지는 시간이 걸렸다. 그들의 만남이 긍정적인 분위기를 자아내고 점차 상호 신뢰가 구축되었지만, 무엇보다도 특히 핵군축이라는 중심적인 문제에서 조화로운 관계로 가는 길을 가로막는 심각한 장애물들이 존재했다. 핵 토론의 핵심에 있는 3대 주요 서유럽 강대국은 고르바초프의 주도적 행동에 대응해 자신들의 국익을 직접 작동시켰다.(영국, 프랑스, 서독. 영국과 프랑스는 그 자신이 핵 강국이었으며, 서독은 유럽에서 벌어지는 핵 대결에서 최전선에 있는 나라였다.) 대처와 미테랑은 레이건의 '스타워즈' 프로그램을 싫어했다. 그들은 프로그램의 장기적인 효과에 회의적이었고, 프로그램이 핵 억지라는 관념 전반을 훼손할 것이라고 우려했다. 특히 뒤따를 어떤 핵군축도 매우 제한된 '핵클럽'의 회원으로서 자신들의 국제적 지위에 직접 영향을 미칠 것이었다.

1986년 10월 레이캬비크에서 열린 초강대국 정상회담에서는 유럽 땅에서 모든 준중거리 핵무기를 제거하는 문제를 논의했는데, 대처 여사에게는 잘 먹혀들지 않았다. 다음 달 워싱턴에서 레이건 대통령이 핵군축이라는 구상에 개방적 태도를 보이자, 대처는 이렇게 되면 영국에서 일방적 군축을 위한 로비가 활성화하지 않을까 걱정했다.

그녀는 다음과 같이 주장했다. "우리는 사람들이 핵무기가 사악하고 비도덕적이라는 둥, 방어 시스템이 발전하면서 곧 불필요해질 것이라는 둥 하는 말을 듣는 상황에 들어가서는 안 된다." 영국 자국의 핵무기를 현대화하는 것뿐 아니라 순항미사일과 퍼싱 미사일의 배치에 대한 유럽 인민의 지지를 유지하는 것도 중요했다. 그녀는 소련이 핵무기를 감축하지 않으면 '스타워즈' 프로그램을 진행할 것이라고 미국이 모스크바에 경고해야 한다고 역설했다. 대처는 나토의 억지 전략이 그대로 유지될 것이라는 보장을 얻었다.

미테랑의 생각은 본질적으로 대처와 다르지 않았다. '스타워즈'에 대한 콜의 반응도 비록 다른 시각에서 그런 것이긴 하지만 시원치 않았다. 콜은 그 시스템이 작동할 것이라고 확신하지 못했다. 그는 기술적으로나 재정적으로 과연 실현 가능할지 의심했다. 그리고 무엇보다도 특히 콜은 핵 방어망이 유럽은 핵 공격에 더 취약하게 놔두면서 실제로는 미국을 보호하기 위해 전개될 것이라고 우려했다. 이러한 걱정은 고르바초프와 레이건이 군축에 관해 한 발 더 나아갔는데도 충분히 누그러지지 않았다. 왜냐하면 그들이 1987년 12월 워싱턴에서 중거리 미사일에 관해 마침내 타결했던 합의가 그 자체는 중요한 돌파구였는데도, 사정거리 500킬로미터 이하의 전술 핵무기를 포함하지 않았기 때문이다. 이 핵무기들은 독일 땅에서 초강대국 사이에 전투가 벌어지면 사용될 것이 우려되는 바로 그런 유형의 무기였다.

그와 동시에 콜은 핵무기 경쟁을 끝내려는 고르바초프의 진심을 믿게 되었다. 콜은 처음에는 이런 태도를 보이지 않았다. 본 정부는 새 크레믈 수장의 진정한 목표에 대해 회의적이었다. 1986년 10월의 인터뷰에서 콜은 심지어 모욕적이게도(그리고 어리석게도) 고르바초프의 미디어 장악력을 나치 선전부 장관인 요제프 괴벨스의 미디어 장악력에 비유했다. 소련 언론은 당연히 이에 격분했다. 군축 회담이 민감한 초기 단계에 있던 서방에서도 콜의 서투른 행동은 난감했다. 하지만 무례함을 곱씹는 것은 본에도 모스크바에도 이익이 되지 않았다. 콜은 언론 탓을 하면서 고르바초프에게 사과했다. 고르바초프의 주도적 행동을 지지하는 것이 서독에 직접적으로 유리하다고 재빨리 깨달은, 노련하고 외교적으로 기민한 그의 외무장관 한스디트리히 겐셔[566]의 영향을 받아 콜은 긴밀한 협력을 위한 새로운 기회가 왔다고 확신하게 되었다. 1987년 10월, 서독 땅에서 퍼싱 미사일을 제거하겠다는 콜의 결정은 새로운 환경에 가능한 한 발 빠르게 적응하겠다는 독일의 자세를 보여주었다.

서방과 소련의 관계가 지속적으로 개선될 수 있다는 희망이 그 무렵 뚜렷하게 커졌다. 하지만 그때도 서유럽 지도자들은 앞으로 한 해 동안 사태가 얼마나 빠르게 진전될지 예상하거나 1989년 말에 냉전의 상징인 베를린장벽이 무너질 것이라고 믿을 수 없었다. 1987년 6월 12일 레이건 대통령이 서베를린의 브란덴부르크 문 앞에 서서 "고르바초프 씨, 이 장벽을 무너뜨리세요!"라고 요구했을 때, 이 의견은 갈채를 받았으나 요구 자체는 단지 수사적인 과장에 불과한 것 같았다. 장벽은 앞으로도 무기한 지속될 운명인 것처럼 보였고, 일부 주장에

---

566)　Hans-Dietrich Genscher(1927~2016). 독일의 자유민주당 정치가. 1974~1992년 독일 외무장관 겸 부총리를 지냈다.

따르면 사실 장벽은 '독일 문제'를 영구히 보류하는, 여전히 고마운 안정의 원천이었다. 한 달 뒤 깊은 인상을 주는 서독 대통령 리하르트 폰 바이츠제커[567]를 만난 자리에서 그가 머뭇거리며 독일 통일 문제를 제기했을 때, 고르바초프는 "역사가 100년 뒤에 무슨 일이 일어날지를 결정할 것입니다"라고 말했다.

국제 관계에서 진행된 희망찬 사태 전개의 이면에서 서유럽 국가들의 인민은 대체로 그들 자신의 관심사에 몰두하고 있었다. 그런데 이 관심사는 철의 장막 동쪽에서 일어나고 있는 극적인 변화와는 전혀 무관했다. 유럽은 여전히 두 부분으로 완전히 분리된 대륙이었다.

1970년대에 서유럽에서 확고히 진행되었던 사회적·경제적·문화적 이행은 그 후 10년 동안 더욱 거세졌다. 시대정신을 포착한 것처럼 보였던 용어는 '포스트모더니즘'이었다. 포스트모더니즘이 정확히 무엇을 뜻하는지는 누구도 정의할 수 없었다. 그것은 일반적으로 산업이 지배하는 사회로부터 정보기술이 형성한 컴퓨터화된 세계로, 서구화된 '고급' 문화에서 전 지구적인 대중문화로 이행하는 현상을 의미하는 것으로 받아들여졌다. 이 용어는 또 분열, 불일치, 해석의 다원성, 권위적 목소리나 문화적 우위·우월을 요구할 권리의 부재를 나타냈다. 아마도 개념의 모호함 자체가 호소력을 지니는 데 도움을 주었을 것이다. 철학에서 시각예술에 이르기까지, 문학비평에서 역사 이해에 이르기까지 이 개념은 회의론, 상대주의, 불확실성, 파편화라는 만연

---

567) Richard von Weizsäcker(1920~2015). 독일의 정치가. 1981~1984년 서베를린 시장, 1984~1994년 독일연방공화국 대통령을 지냈다.

한 의식을 표명했다. 진보, 합리성, 진실, 그리고 사회가 어디에서 와서 어디로 가는지를 이해하는 단일한 포괄적 방법이라는 관념은 포스트모더니즘 비평의 렌즈에서 증발해 버렸다. '객관적 현실'에 대한 부인은 문화적 해석을 어떤 것도 다른 것들에 대한 우월을 주장하지 않는 수많은 개인주의적·주관적 접근이나 '담론'으로 자잘하게 쪼개지도록 하는 데 도움을 주었다. 비록 문화적 통일은 언제나 현실적으로 불가능한 생각에 불과했지만, 1980년대와 그 후 포스트모더니즘이 지적 이해에 침투한 정도는 사회에서 집단적인 것의 해체가 심화하고 개인주의적인 것이 지배하는 현실을 간접적으로 반영했다.

집단적 관심과 책임으로서 사회라는 의식은 개인적 선택과 개인주의적 생활양식에 더욱더 초점이 맞춰짐에 따라 점점 더 쇠퇴했다. 광고회사, 그리고 상업 텔레비전이 확산하면서 밤마다 대다수 인구의 주의를 끄는 소비자 선택의 매력은 이러한 경향에서 큰 역할을 했다. 소비 지출은 1970년대의 경기하강 동안 심각하게 방해받지 않았다. 그리고 경제가 이전의 고통으로부터 회복됨에 따라 소비주의는 새로운 정점에 도달했다. 미국에서 수입된 쇼핑'몰'이 도심이나 도심 변두리에서 소비주의의 거대한 대성당으로서 솟아오르기 시작했다. 사람들은 무료 주차 시설, 그리고 그들에게 무엇을 구매했는지, 야단법석에 다시 합류하기 전에 무엇을 구매할 필요가 있는지를 생각할 잠깐의 휴식을 허락하는 카페들이 늘어서 있는 그곳에서 날씨와 상관없이 마음껏 쇼핑할 수 있었다. 신용카드 사용의 확산은 사람들에게 지금 당장 소비하고 나중에 갚으라고 부추겼다. '쇼핑'은 더 이상 일상의 필수품을 획득하는 문제가 아니었다. 쇼핑은 그 자체가 여가 활동, 최신의 특가품이나 패션을 찾는 즐거운 행위가 되었다. 일부 최신 패션에는 디자이너의 로고가 새겨졌는데, 그것은 옷을 입는 사람이 무료로 광고를 해주게 하는 멋진 방법이었다. 의복의 선택은 그 자체가 새로운 개인주의의 가장 두드러진 지표 중 하나가 되었다. 그것은 모든 사람에게 개인적 취향을 과시하고 패션 의식의 표지로서 의복 착용자를 강조하는 방법이었다.

여가도 더욱더 개인주의화했다. 퍼스널컴퓨터(대서양 저편에서 온 또 하나의 주요한 영향)가 유럽 사회로 들어왔다. 컴퓨터가 제공하는 내용은 여전히 제한적이긴 했지만, 이제 엄청나게 확대되고 있었다. 1980년대 동안 마이크로칩(1950년대의 발명품)이 비약적으로 발전하면서 아주 작게 집적된 전자회로에 점점 더 큰 메모리 용량을 집어넣을 수 있게 되었다. 1980년대 말에 마이크로칩 하나에는 100만 개 이상 상호 연결된 트랜지스터를 집어넣을 수 있었는데, 이로써 메모리가 엄청나게 확장되고 컴퓨터 기술이 점점 더 일상 용품에 적용되었다. 각국 정부는 컴퓨터 기술이 앞으로 긴요해질 것이라는 사실을 깨닫고 교실에 도입하기 시작했다. 하지만 젊은이들은 이제 거실에서 할 수 있는 전자 게임 때문에 가장 먼저 컴퓨터를 껴안았다. 가능한 한 많은 '외계 침입자'를 격추하는 것은 중독적이고 끝도 없이 혼자 할 수 있는 활동이었다. 미국 회사 아타리와 일본 기업 닌텐도, 영국에서 설립된 바이나톤이 1980년대에 전자 게임의 붐을 주도했다.

(가장 넓은 정의의) 대중음악 역시 파편화를 반영했다. 계속 엄청나게 확대되는 대중음악의 상업적 잠재력은 점점 더 다양한 혁신을 고취했다. 펑크록, 헤비메탈, 힙합 같은 대중음악의 하위문화가 1970년

대에 미국으로부터 확산되고 다음 10년에도 한참 동안 파생 음악을 낳으면서 열광적인 팬을 양산했다. 뉴웨이브,[568] 신스팝,[569] 댄스록[570]을 비롯한 다른 하위 장르도 젊은이들 사이에서 인기 경쟁을 벌였으며, 열광적인 추종자로 이루어진 자신들만의 팬을 확보했다. 당시 세계적으로 수많은 팬을 낳으면서 더욱 폭넓은 매력을 뽐낸 음악인으로는 듀란듀란,[571] 스팬다우발레,[572] 컬처클럽[573](스타 싱어인 보이 조지[574]는 독

---

568)　New Wave. 펑크 운동을 통해 대중음악 환경이 일변한 영국에서 포스트 펑크와 크라프트베르크 같은 전자음악 등 다양한 장르의 영향으로 성립한 록의 한 장르다. 1970년대 후반부터 1980년대 초반에 걸쳐 세계적으로 유행했다. 1983년경에는 상업화가 진행되고, 뉴로맨티시즘으로 많은 밴드가 미국으로 진출해 이를 '제2차 영국의 침공'이라고도 했다.

569)　Synthpop. 일렉트로팝(electropop), 테크노팝(technopop)으로도 잘 알려졌다. 1970년대 말부터 1980년대에 걸쳐 세계적으로 유행한 팝 음악의 스타일이다. 록에 전자음악을 도입한 크라프트베르크를 중심으로 하는 크라우트 록의 영향을 강하게 받으면서도, 더 유려하고 친숙한 멜로디를 내세우는 것이 특징으로 뉴웨이브의 중심적 운동으로서 시대를 석권했다. 그 후에 출현한 하우스 음악이나 테크노 등의 댄스 뮤직에도 많은 영향을 주었다.

570)　dance-rock. 댄서블 록(danceable rock)으로 불리기도 한다. 포스트디스코(post-disco) 문화 및 1980년대 뉴웨이브의 전통과 기타 위주의 록 음악을 결합했다. 가볍고 흥겨우며 날렵한 스타일을 지향했다.

571)　Duran Duran. 1978년 영국 버밍엄에서 결성된 팝 록밴드다. 1980년대 신스팝으로 선풍적인 인기를 이끌어 제2차 영국의 침공의 주역으로 자리 잡았다.

572)　Spandau Ballet. 영국의 뉴웨이브 음악 계열 팝 록밴드다. 1979년에 결성되었고, 1990년에 해체되었다가 2009년에 다시 활동을 재개했다.

573)　Culture Club. 1981년 런던에서 결성된 뉴웨이브 밴드다. 보이 조지(리드 보컬), 로이 헤이(기타와 키보드), 마이클 크레이그(베이스 기타) 그리고 존 모스(드럼)로 이루어졌다. 1980년대의 가장 대표적이고 영향력 있는 그룹 중 하나였다.

574)　Boy George(1961~　). 영국의 싱어송라이터, 패션 디자이너, 사진작가.

자적으로 유명해졌다) 같은 밴드와 엄청나게 재능 있고 창의적인 데이비드 보위[575] 같은 개별 아티스트, 혹은 오래전에 결성되었으나 여전히 인기를 구가하고 있는 서독 밴드 크라프트베르크[576]가 있었다. 컴퓨터 혁명은 음악적 실험, 그리고 전자 신시사이저의 급속한 발전에 힘입은 이들을 비롯한 많은 아티스트의 대중적 성공에 크게 기여했다. 대중음악 전문 텔레비전 채널인 MTV(급속히 확산된 케이블 및 위성 네트워크를 통해 이용할 수 있는 미국 채널)와 비디오 리코딩이 선사한 새로운 가능성 덕분에 이들과 여타 수많은 음악인이 거의 젊은이들로 이루어진 엄청난 수의 시청자들에게 다가갈 수 있게 되었다. 그러나 (라이브 콘서트를 제외하면) 음악을 듣는 일은 점차 개인적 경험이 되어갔다. 1970년대 말의 일본 발명품인 워크맨은 1980년대에 10대들의 상징적인 소지품이 되었다. 이 조그만 스테레오카세트 플레이어 덕분에 사람들은 어디를 가든 음악과 함께할 수 있게 되었다. 그들은 버스나 지하철, 자동차, 자기 방에서 세계로부터 차단된 채 헤드폰으로 오디오테이프를 들으며 음악에 몰두했다.

1980년대에 전성기를 누린 밴드 컬처클럽의 리드 싱어였다.

575) David Bowie(1947~2016). 영국의 싱어송라이터이자 배우. 본명은 데이비드 로버트 존스(David Robert Jones)다. 재창조와 시각 표현을 통해 대중음악에 지대한 영향을 끼쳤다. 1억 4000만 장의 음반을 팔아 세계에서 가장 많은 음반을 판 음악가로 기록되었다. 1996년 로큰롤 명예의 전당에 헌액되었다.

576) Kraftwerk. 1970년대 초에 결성된 독일의 전자음악 그룹으로 흔히 일본의 전자음악 그룹인 옐로 매직 오케스트라와 함께 신스팝 및 일렉트로니카 음악의 선구자로 불린다. 밴드명인 크라프트베르크는 독일어로 발전소를 뜻하며, 밴드의 음악은 거의 모두 로봇이나 그 밖의 현대 공업 기술에서 모티브를 따왔다.

젊은 세대는 1960년대 이래 그래 왔던 것처럼 사회적 가치의 제약을 푸는 최전선에 있었다. 여성의 평등한 권리가 적어도 일터에서는 여전히 성취하기 힘든 목표로 남아 있었지만, 남성과 여성 모두에게 페미니즘 가치관이 이전보다 훨씬 폭넓은 지지를 받았다. 성적 자유는 불과 몇 년 전보다 사회적으로 훨씬 더 용인되었다. 하지만 1980년대에 성적 자유가 확대되면서 끔찍하고 예상치 못한 측면이 드러났다. 1981년 미국에서 발견된 새로운 치명적 질병이 성적 접촉으로 확산된다고 확정되었다. 곧 에이즈AIDS라는 이름으로 널리 알려지게 된 '후천성 면역 결핍증'은 치료법이 없었다(시간이 흐르면서 의학적 치료를 통해, 그 이름이 함축하듯이 신체의 면역 체계를 활발히 공격하여 궁극적으로 파괴하는 이 질병의 진전을 늦출 수는 있었지만). 비록 에이즈는 동성 간의 성교뿐만 아니라 이성 간의 성교—또 아마도 병원에서의 단순한 수혈—로도 발병했지만, 그것은 1980년대에 동성애와 지나치게 결부되면서 이 지명직인 질병으로 휘청거리게 된 남성 동성애자들에 대한 차별과 불관용의 확산을 낳았다. 1990년대 중반에 에이즈와 관련해 사망했다고 보고된 사람은 유럽에서 1년에 거의 2만 명이라는 정점에 도달했다. 세계의 일부 다른 지역, 특히 아프리카 대륙은 훨씬 악영향을 받았다. 전 세계적으로 치료받지 않으면 에이즈를 초래하는 인체 면역 결핍 바이러스HIV가 1980년대 이후 약 3500만 명의 목숨을 앗아갔다고 추정되었다.

산업의 국가 소유가 쇠퇴하면서 1980년대에 급속히 가속화된 민영화는 어떤 점에서는 집단적 가치로부터 이탈하는 현상과도 부합했다. 1960년대와 1970년대에 간헐적으로 진행되었던 민영화는 이제 흔한 일이 되었다. 서유럽 국가들은 (적어도 단기적으로는) 1990년대 말까지 민영화에서 약 1500억 달러의 수익을 얻었다.

로널드 레이건 정부에서 크게 강화되었던, 탈규제화된 자본주의라는 미국의 이상에 가장 가까운 유럽 국가인 영국이 앞장을 섰다. 실제로 마거릿 대처는 규제 철폐에서 미국 대통령보다 외곬수였고, 민영화는 국가의 규모를 줄이고자 하는 대처의 결의에서 중심적 구성 요소였다. 1986년까지 영국의 재정 부문은 대체로 규제가 철폐되었다. 이로써 영국 경제에서 런던의 금융가가 최고의 우위를 갖게 되면서 영국은 유럽의 어느 나라보다 급격히 서비스, 특히 재정 부문에 지나치게 의존하게 되었다. 영국 제조업 기반의 급속한 위축은 동전의 또 다른 면이었다.

물론 노동운동은 민영화 정책에 강력히 저항했다. 그러나 노동당이 1983년과 1987년에 선거에서 완패한 데다 노동조합은 약화되고 회원들을 잃고 있었다. 열렬한 노동당 지지자를 제외하고, 노동계급 내의 많은 사람에게 사실 민영화는 인기가 있었다. 수천 명의 국영회사 종업원을 비롯하여 수백만 명이 국유 재산이 매각되면서 민영화된 회사들의 주주가 되었다. 물론 필연적으로 대부분의 주식은 대투자가들이 집어삼켰다. 결국 대투자가들 중에 많은 비영국인이 포함되었으며, 이들이 실제로 회사를 통제했다. 전통적으로 귀족적인 보수주의자들은 때때로 특히 신분 상승 중인 (좌파들이 경멸적으로 '여피족'[577]이라고 부른) 젊은 중간계급이 크게 환영한 이 경향에 대해 통

---

577) Yuppies. '젊은 도시 전문직(young urban professional)'의 약자로서 대도시

탄해 마지않았다. 이제 완전히 노인이 된 전 총리 해럴드 맥밀런이 자신의 후임인 대처 여사가 "당장의 이익을 위해 가보를 팔아치우고 있다"고 비판한 것은 유명하다. 이 비판은 아무 소용이 없었다. 가스나 통신처럼 매우 중요한 일부 산업 부문을 비롯해 한때 국가 소유였던 영국 산업체의 3분의 2가 1992년까지 개인들의 수중에 들어갔다.

민영화와 더불어 탈산업화도 진행되었다. 이것은 1970년대에 시작된 범유럽적 경향이었다. 그러나 탈산업화는 영국에서 가장 멀리, 가장 빠르게 진행되었다. 서독은 더 새로운 사업들을 보호하고 대규모 제조업 부문을 보존하며 고도의 기술적 숙련과 엔지니어링 기술을 유지할 뿐 아니라, 오랜 석탄 산업 및 철강 산업의 붕괴가 공동체에 가하는 타격을 완화하기 위해 많은 노력을 기울였다. 다른 한편 영국은 다음 10년 동안 오랜 제조업 기반의 많은 부분을 깜짝 놀랄 속도로 폐쇄했다. 석탄, 철강, 조선은 곧 영국에서 흘러간 산업이 되었다. 수만 명의 노동자가 주요 생계원을 잃어버렸지만, 사회적 피해를 완화할 조치가 거의 이루어지지 않았다. 한때 공동체 전체에 일자리를 제공했던 공장이 결국 문을 닫으면서 발생한 피해를 원활하거나 적절하게 대신 보상할 수 있는 다른 어떤 일자리도 찾을 수 없었다. 이제 경제적으로 존재할 이유가 전혀 없어진 도시들은 침체되었고, 도시의 지역적 제도들과 사회적 응집력은 훼손되었다. 영국의 전 지역

또는 그 인근을 거주지나 일터로 삼으면서 대학 수준의 학력을 갖추고 고소득 직업에 종사하는 젊은 성인들을 가리킨다. 이 용어는 1980년대 초부터 사용되기 시작했다.

(사우스웨일스, 스코틀랜드의 클라이드 밸리, 잉글랜드 북부의 산업 중심부들)이 정부 정책에서 소외되었다(그리고 앞으로도 기약 없이 계속 소외될 것이었다). 그들은 정부 정책을 오직 상업과 금융업, 특히 런던 금융가에만 유리한 것으로 여겼다.

영국의 산업 지역에서는 대처주의에 대한 적대감이 광범위하게 퍼져 있었지만, 노동계급의 많은 이들은 소유권을 사적 개인으로 재분배한 국가 정책을 이용해 이득을 볼 준비가 되어 있었다. 수십 년에 걸쳐 형편이 썩 좋지 않은 사람들을 위해 국가 비용으로 건설된 임대주택council house을 빌린 약 170만 명의 임차인들은 자신들이 사는 건물을 보조금을 많이 받고 구매하라는 정부의 제안을 받아들였다. 그것은 '재산 소유 민주주의property-owning democracy'로 가는 길이라고 찬양되었다. 이 거래로 정부는 240억 파운드의 국고를 늘렸고, 이로써 세금을 낮출 수 있게 되었다. 그러나 이것은 단 한 번의 수익이었다. 일단 팔린 임대주택은 국가가 다시 매각할 수 없었다. 그리고 국가가 임대주택을 계속 공급하지 않는다면(대처 정부가 그렇게 하는 데 관심이 없는 것은 확실했다) 그 결과 장기적으로 주택 부족 사태가 발생할 것이며, 임대 수익은 집주인 개인에게 이전될 것 같았다.

1980년대 영국에서 탈산업화와 민영화의 양상은 극단적이었다. 노동 입법으로 노동 관행의 변화는 더욱 어려워졌고, 이는 대륙의 피고용인들이 종종 영국보다 보호를 더 잘 받는다는 것을 의미했다. 산업의 현대화와 자본 및 훈련에 대한 투자는 특히 서독과 프랑스에서 훨씬 더 잘 수행되었다. 국가가 공공 서비스를 위해 역할을 수행하고 지원을 할 것이라는 믿음도 영국보다 강했다. 그러므로 핵심 공공 서비스가 위협받는다는 느낌이 널리 퍼지면서 민영화에 대한 저항이 상당히 커졌다. 그러나 영국 정부가 어려움을 무릅쓰고 두 팔을 걷어붙이고 기꺼이 민영화에 나서게 한 추동력을 제공한 경제적 힘은 모든 나라에 다양한 정도로 영향을 미쳤다. 사회주의자인 미테랑 대통령이 1986년에 보수적인 국민의회(그리고 드골주의자인 자크 시라크 총리)와 '동거'해야 했던 프랑스에서 은행과 산업 부문의 민영화는 영국에서처럼 평범한 사람들이 주주가 될 기회를 제공했다. 주식 수요가 공급을 능가했다는 사실을 보면 이 조치가 인기를 끌었음을 알 수 있다. 서독 역시 1980년대 중반에 금융 서비스, 에너지, 상업 텔레비전 및 라디오 채널의 규제를 철폐하는 중이었다. 1980년대 말에는 우편 서비스의 상업 부문이 민영화되었다. 가장 큰 유럽 경제들 중에서 이탈리아는 민영화가 1980년대에 부분적으로만 진전된 나라였다. 알파 로메오 같은 일부 대기업과 국가 소유 은행, 예컨대 상업 은행인 메디오반카는 실제로 공공 부문에서 사적 부문으로 이전되었다. 하지만 중공업의 대부분, 주요 은행 및 보험회사의 대다수, 라디오, 텔레비전, 의료 서비스는 (1990년대에 있었던 두 번째 민영화 물결 전에는) 여전히 공공 부문 안에 있었다. 그러나 일찍이 번창했던 이탈리아 경제는 이제 혁신이 결여되고 비효율적이며 인력이 지나치게 비대해지면서 점점 경쟁력을 잃어갔다.

산업에 고용된 사람들의 수가 줄어들면서(1979년부터 1994년 사이에 선진 경제들에서는 산업 일자리가 평균 5분의 1 이상 줄어들었다) 노동계급의 성격이 바뀌었고, 그와 함께 계급정치의 성격도 변했다. 유연성이 없는 종래의 산업들은 사라졌거나 사라지는 중이었다. 이 산업들이 낳았던 긴밀한 유대의 계급 정체성은 죽어가고 있었다. 노동계급 출신의 점점 더 많은 젊은이가 이전 세대는 갖지 못했던 개인적 이해와 활동을 갖게 되었다. 그들은 동일한 유형의 일, 유사한 사고방식과 생활방식을 공유한 데서 비롯한 집단적 이해를 거의 경험하지 못했다. 그들은 민영화와 함께 성장했거나, 아버지와 할아버지를 좇아 탄광이나 철강공장에서 일할 가능성(혹은 욕구)이 없거나, 종종 화이트칼라 직업을 찾아 죽어 버린 지역사회를 벗어나 좀 더 번창하는 지역으로(혹은 외국으로) 이주했다. 혹은 대학에서 공부할 기회가 급속히 확대된 덕분에 사회적 지위를 높일 수 있었다.

고용 구조의 변화와 사회적 문화의 점진적인 변화는 여성들에게 얼마간 새로운 가능성을 제공했다. 페미니즘 가치관은 불과 10년 전보다 특히 젊은 세대 사이에서 남성과 여성 모두에게 훨씬 더 폭넓은 지지를 받았다. 그러나 특히 일터나 취업 기회, 승진, 급여에서 여성의 평등한 권리는 여전히 성취하기 힘든 목표였지만, 그럼에도 여성들은 급변하는 상황에서 혜택을 볼 수 있었다. 수천 명이 더는 가정은 물론이고 근처의 사무실이나 시내의 일자리에 얽매이지 않았다. 관리·호텔·보건 업무·마케팅에서, 점증하는 소수의 대학 졸업자들은 전문직과 경영 분야에서 직장을 구하기 위해 나날이 확대되는 도시들로 이주할 수 있었다. 아이가 딸린 여성들은 불과 얼마 전보다도 훨씬 자주 노동시장에 진입하고 있었다. 고용에서 남성의 비율이 얼마간 줄어들면서 여성의 비율은 비록 대부분이 임시직 부문에서이긴 했지만 늘어났다. 평등을 위한 여성의 투쟁은 계속될 것이었다. 그러나 여성들의 삶과 기회를 바꾸고 있던 변화는 남성들에게 그랬던 것처럼, 여성들이 종래의 좀 더 집단적인 생활방식, 정체성, 이해로부터 떨어져 나와 자기주장을 확대하고 개인주의를 신장하는 데 기여했다.

이 과정에서 유럽의 사회민주당과 노동당의 근간이 약해졌다. 사회주의 전통은 사라져가고 있었다. 젊은이들, 심지어 좌파 젊은이들조차 사회민주주의가 내세운 복지국가의 기본이었던 높은 조세 부담을 별로 반기지 않았다. 세금을 낮춰 임금 가운데 개인의 취향에 따라 소비하는 데 쓸 액수를 극대화하는 방식이 점차 고율 과세를 통해 공공 서비스를 위한 자금을 조달하는 방식보다 선호되었다. 그러나 각국의 사회민주당은 널리 채택된 합리화 정책, 지구화된 시장에서의 경쟁력 제고, 민영화에 대한 실행 가능하고 지속 가능한 경제적 대안을 내놓지 못하는 상황에서, 많은 사람들—보통 지구화와 탈산업화로 빈곤해진 사람들—의 눈에 본질적으로 보수당이나 기독민주당과 다를 바 없는 정당으로 보이기 시작했다.

계급 기반 정당의 쇠퇴는 여전히 부분적이고 제한적일 뿐이었다. 사실 일부 국가에서는 거의 감지되지도 않았다. 그것은 이제 시작되고 있을 뿐이었다. 그러나 여전히 크게 중요한 것은 아니었지만, 민족적 정체성이나 지역적 정체성을 향한 추세는 일부 유럽 지역에서는 확실히 식별 가능했다. 민족주의 정당이 스코틀랜드, 카탈루냐, 플랑드르에서 지지를 얻기 시작했다. 각각의 경우에서 경제적 번영이 확대되면서(스코틀랜드에서는 계속 커지던 북해 유전과 주로 관련되었다) 사람들은 런던이든 마드리드든 브뤼셀이든 그곳에 기반을 둔 중앙 정부의 정책 때문에 자신들이 빈곤해졌다는 느낌을 강하게 갖게 되었다. 오스트리아에서는 종전 이후 오스트리아를 운영한 보수당과 사회민주당의 양당정치에 대한 불만으로 '오스트리아 자유당FPÖ'의 우익 민족주의적 강령에 대한 지지가 3배 늘어났다(1990년에 투표의 거의 17퍼센트를 차지했다). 오스트리아 자유당의 화려한 지도자 외르크 하이더[578]의 포퓰리즘은 제3제국에 대해 찬성하는 발언으로 물들어 있었다. 프랑스에서는 환멸을 느낀 보수적 중간계급 유권자들의 지지에 의존하고 또한 노동계급도 잠식해 들어간 '국민전선'이 1980년대의 선거들에서 프랑스 유권자 중 약 10퍼센트를 꾸준히 끌어들이는 한편, 포퓰리즘적이고 인종주의적인 당 지도자 장마리 르펜[579](알제리 전쟁의 퇴역 군인)은 미테랑과 사회당이 승리한 1988년 대통령 선거에서 무려 투표의 14.4퍼센트를 득표하기까지 했다.

산업과 현대 소비자의 수요에서 비롯한 환경 훼손에 대한 관심이

---

578)   Jörg Haider(1950~2008). 오스트리아의 극우 정치가. 젊은 시절 우파인 자유당 청년 조직에서 활동했으며, 케른텐주의 당 간부가 되었다. 1979년 케른텐주를 지역구로 국회의원으로 선출되었고, 1986년 자유당 당수가 되었으며, 1989년에는 케른텐주 주지사가 되었다. 그러나 이 무렵부터 나치와 히틀러를 찬양한다고 공공연하게 밝히는 등 극우적인 성향으로 문제가 되었고, 그 결과 1991년 연정이 붕괴하면서 주지사직에서 물러났다. 그 후 1999년 선거에서 최다 의석을 얻은 자유당이 독자적으로 주 정부를 구성함으로써 다시 주지사가 되었고, 2008년 사망할 때까지 재임했다.

579)   Jean-Marie Le Pen(1928~). 프랑스 극우 민족주의자로, 극우파 정당 '국민전선'의 창립자이며 전 총재였다. 프랑스 대통령 선거에 2002년을 포함해 다섯 차례 출마했다. 특히 2002년에는 1차 투표에서 2위를 차지하면서, 현직 총리였던 '프랑스 사회당'의 리오넬 조스팽을 3위로 밀어내고 결선투표에 진출하기까지 했다. 현재 그의 막내딸인 변호사 마린 르펜이 그의 뒤를 이어 국민전선의 총재를 맡고 있지만, 홀로코스트를 부정하는 발언이 문제가 되어 2015년 당에서 퇴출당했다.

변화하는 정치적 좌표에서 새로 떠오르는 요소가 되었다. 이는 전 지구적 우려 사항으로서, 지구화된 경제가 세계 전역에 가한 충격을 반영했다. 1971년 캐나다에서 설립된 국제 조직 그린피스[580]는 1980년 사흘 동안 라인강의 해운 활동을 막는 등 때때로 미디어의 주의를 끄는 현란한 행동을 통해 환경 파괴에 대한 세계적인 시선을 끌었다. 거대하고 아마도 돌이킬 수 없는 훼손이 환경에 가해지고 있다는 인식이 사람들의 의식 속에 더욱 깊숙이 스며들기 시작했다. 발생 중인 사태의 심각성은 부인할 수 없었다. 다양한 보고서가 예를 들어 냉장고, 헤어스프레이를 비롯한 가정용 에어로졸이 생산한 탄소가 (태양으로부터 방사되는 자외선을 걸러 주는) 오존층을 어떻게 훼손하는지를 보여주었다. 또 공업 화학물질이 쏟아져 나오면서 어떻게 어류가 중독되는지, 화학물질의 방출로 어떻게 식물의 생장이 파괴되고 수자원을 오염하는 산성비가 내리는지, 휘발유 속의 납이 얼마나 위험한지, 선진 세계를 위한 목재 생산으로 아마존의 열대우림이 어떻게 없어지는지, 좌초한 유조선에서 흘러나온 엄청난 기름(1989년 3월, 알래스카에서 엑손 발데즈호 사고[581]로 수천만 톤의 원유가 유출되면서 수많은 새

580) Greenpeace. 1970년에 결성된 반핵 단체 '해일을 일으키지 말라 위원회(Don't Make a Wave Committee)'를 모태로 하여 1971년 캐나다 밴쿠버 항구에서 캐나다와 미국의 반전운동가, 사회사업가, 대학생, 언론인 등 12명의 운동가가 모여 결성한 국제적인 환경보호 단체. 초기에는 핵실험 반대 운동이 중심이었지만 현재는 기후변화 방지, 원시림과 해양 보호, 고래잡이 방지, 유전자 조작 반대, 핵 위협 저지, 독성 물질의 제거 등 다양한 분야에서 활동을 지속하고 있다.
581) Exxon Valdez oil spill. 유조선 엑손 발데즈호가 좌초되면서 적하돼 있던 원유가 유출된 사고. 지금까지 해상에서 발생한 인위적 환경 파괴 중 최악의 사

가 죽었다)이 야생 생물에 어떻게 치명적인 해를 끼치는지 보여주었다. 서방 정부들은 이 경고를 언제까지나 무시할 수 없었다. 환경은 정치적 이슈가 되어가고 있었다.

환경 훼손에 대한 우려가 커지자 이를 반영하는 녹색당이 급속히 늘어나기 시작했다. 1980년대 중반에 대부분의 서유럽 국가에서 녹색당이 설립되었다. 서독을 제외하면(서독에서는 1980년에 녹색당이 결성되어 3년 뒤 연방의회에 진입할 정도로 충분한 표를 얻었다), 그들은 아직 정치권의 주류에 편입되지 못했다. 그렇지만 녹색당들은 진전을 이루고 있었다. 1984년에 녹색당원들이 유럽의회에 처음으로 선출되었다. 1986년 4월 체르노빌 원전 사고의 충격은 특히 북서부 유럽에서 환경정치를 크게 고무했다. 1981년에 설립된 스웨덴 녹색당은 1988년에 70년 만에 스웨덴 의회에 진입한 최초의 새로운 정당이 되었다. 핀란드에서는 1987년에 설립된 녹색당이 4년 후 의회에서 10개의 의석을 확보했다. 그 외의 나라에서 환경운동은 의회정치에서 여전히 주변에 머물렀으나 점차 전통적인 정당들에 영향을 주면서 생태 문제에 관심을 기울이게 할 수 있었다.

1980년대 동안 환경문제에 대한 인식이 점점 강해지면서, 그와 함께 인종주의 문제도 더욱 민감해졌다. 인구의 대다수는 네오파시즘 및 인종주의 정당과 단체들을 끔찍하게 여겼다. 인종적 관용은 일반

건으로 여겨진다. 헬기와 비행기, 보트로만 접근할 수 있는 프린스 윌리엄만의 원격지에서 발생했기 때문에 정부도 기업 측도 대응하기가 어려웠으며 기존 재해 복구 대책을 대폭 재검토할 필요성을 느끼게 했다. 이 사고로 수많은 바닷새, 해달, 수달, 물개, 독수리, 범고래 등 야생 생물이 희생되었다.

적으로 문명사회의 가장 확실한 증표로 여겨지고 있었다. 따라서 인종적 증오는 인간성의 모든 기준에 대한 절대적인 부정으로 여겨졌다. 물론 인종주의는 사라지지 않았다. 그러나 정치적·문화적·사회적으로 인종주의는 터부가 되었으며, 그것을 외적으로 표현하는 것은 용인될 수 없는 것으로 억제되었다. 대부분의 서유럽 국가에 이주민들이 점점 많이 들어오면서 각국 사회는 다문화주의의 도전에 적응하고자 애써야 했는데, 성공의 정도는 다양했다. 그러나 인종에 대한 민감성은 현재의 우려에만 달린 것이 아니었다.

과거의 유령들이 돌아와 현재를 따라다니며 괴롭히고 있었다. 1970년대 말까지 홀로코스트—이 용어는 독일이 유럽의 유대인들을 계획적으로 절멸한 사건을 나타내기 위해 막 보편적으로 사용되기 시작했다—에서 정점에 이르렀던 제2차 세계대전 동안의 끔찍한 사건들은 일반인들의 공공 의식 속에 아직 깊이 침투하지 않았다. 물론 역사가들은 홀로코스트에 대해 글을 써왔다. 그러나 그들의 학문적 분석은 일반인들에게 폭넓게 도달하지 않았다. 이것은 기본적으로 역사가들의 활동 덕분은 아니지만, 막 바뀌려 하고 있었다. 홀로코스트는 서유럽에서 역사의식의 시금석이 되려 하고 있었다.

이 변화는 부분적으로는 미국의 유대인 공동체 안에서 홀로코스트를 중심으로 정체성 의식을 촉진하려는 의식적 시도로부터 비롯했다. 그것은 중요하긴 했지만, 단순히 역사적 기억을 보존하는 문제인 것만은 아니었다. '도덕적인 자본'이 '집단적 기억'을 통일할 수 있으며, 이스라엘에 유리한 정책에 대한 지지를 뒷받침하는 데 도움을 줄 수 있다고 생각되었다. 분위기가 변하고 있음을 나타내는 징후는 1977년에 유명한 나치 추적자인 지몬 비젠탈[582](그 자신이 홀로코스트의 생존자였다)의 이름을 따 로스앤젤레스에 '지몬 비젠탈 센터'가 설립된 일이었다. 이와 함께 훨씬 더 중요했던 징후는 2년 후 워싱턴 D.C. 중심부에 '홀로코스트 기념관'을 설립하는 결정을 내린 일이었다. 홀로코스트 기념관과 기념일이 확산되기 시작했다. 미국의 학교와 대학교에서 홀로코스트에 관한 교육이 퍼져 나가기 시작했다. 1978년에 미국 시민들의 일반적 의식 속으로 들어간 주요한 돌파구는 텔레비전 황금 시간대에 단순히 〈홀로코스트Holocaust〉라고 명명된 4부짜리 시리즈물을 방영하면서 이루어졌는데, 거의 1억 명의 미국인이 이 시리즈물을 시청한 것으로 알려졌다. 홀로코스트의 완전한 공포에 노출된 한 유대인 가족의 삶을 추적한 픽션 드라마와 절멸 프로그램을 시행하면서 지도적인 지위로 올라선 한 친위대원은 학술적 문헌이 결코 할 수 없는 방식으로 상상력을 사로잡았다. 유대인 단체들은 유대인 공동체와 비유대인 공동체 모두에서 홀로코스트에 대한 관심을 더욱 확산하기 위해 이 시리즈물의 성공이 가져다준 뒤이은 홍보 기회를 적극적으로 이용했다.

---

582)　Simon Wiesenthal(1908~2005). 오스트리아의 유대인 학살 전쟁범죄(홀로코스트) 연구가다. 제2차 세계대전 동안 기술자로서 일했던 폴란드가 독일에 점령당하면서 여러 수용소를 전전했고, 친척과 가족 대부분도 홀로코스트에 희생되었다. 전쟁이 끝난 후 1947년에 오스트리아의 린츠에 전쟁범죄 자료 센터를 설립하면서 본격적으로 아돌프 아이히만을 비롯한 많은 유대인 학살자를 추적했다. 1977년에는 그의 이름을 기리는 지몬 비젠탈 센터가 미국의 로스앤젤레스에 개설되어 현재 홀로코스트 만행을 고발하는 역사 교육장으로 활용되고 있다.

1년 뒤 서독에서 이 시리즈물이 방영되어 센세이션을 일으켰다. 〈홀로코스트〉는 약 2000만 명(서독 시청자의 약 절반)이 시청했다. 이들은 개인적으로, 그리고 매우 감정적으로 박해와 절멸을 묘사한 것을 보고 그 자리에 얼어붙어 꼼짝할 수가 없었다. 사람들은 희생자들에 공감했고, 그 범죄의 비상한 성격이 전례가 없음을 인정했다. "민족 전체가 충격을 받았다." 이 영화의 충격에 대한 학문적 분석이 내린 판단이었다.

폭넓은 독자층을 확보한 주간지 《슈피겔》은 다음과 같이 논평했다. "〈홀로코스트〉는 독일 지식인들이 할 수 없었던 방식으로 히틀러 이후의 독일을 뒤흔들었다." 전쟁이 끝난 지 30년도 더 지난 지금 유대인 학살을 '연속극' 수준으로 떨어뜨렸다고 일각에서 비판받은 한 미국 영화가 전 국민을 죄책감에 휩싸이게 했다. 이듬해 연방의회는 전쟁범죄의 출소기한出訴期限을 폐지하여 홀로코스트 범법자들의 추가 기소를 가능케 했다. 이 영화는 이 결정을 내리는 데 상당한 역할을 한 것으로 널리 여겨졌다.

이 시점부터 일반인들의 관심뿐만 아니라 서독의 역사 서술도 전례 없이 홀로코스트에 초점을 맞췄다.● 1985년에 제2차 세계대전 종전 40주년(이전의 어떤 기념보다도 훨씬 더 광범위하게 대중매체에 보도되

● 나는 1979년에 독일 역사가와 영국 역사가들이 참가하는 나치 국가에 관한 대규모 학술회의에 참석했다. 놀랍게도 홀로코스트를 다루는 논문은 하나도 없었다. 불과 몇 년 뒤에는 그런 일은 생각할 수도 없었을 것이다. 특별히 홀로코스트를 다룬 최초의 서독 학술회의는 전쟁이 종결된 지 거의 40년이 지난 1984년에야 비로소 개최되었다.

었다)은 홀로코스트를 비롯한 독일의 전시 잔학 행위를 일반인들의 시야에 들어오게 했다. 서독 총리 헬무트 콜의 초청으로 1985년 5월 레이건 대통령이 종전 기념의 일환으로 비트부르크의 전몰자 묘지를 방문한 일은 묘지에 친위대원들의 무덤이 함께 있는 것으로 드러나면서 역풍을 일으켰다. 콜은 이즈음 홀로코스트에 대한 독일의 책임을 종전 이래 독일의 긍정적 변모를 강조하며 독일이 과거의 족쇄를 부숴 버렸음을 인정하려는 시도—연방공화국과 가장 중요한 동맹국인 미국 사이의 긍정적 관계를 보존하기 위해 중요한 것으로 여겨진—와 조화시키려 애쓰고 있었다.

이것은 1986년 몇 주 동안 서독 주요 신문들의 지면을 차지하면서 사실상 서독의 모든 지도적 역사가들이 참가한, 홀로코스트에 대한 적개심 가득한 논쟁에서 나름의 역할을 했다. 논쟁의 핵심에는 나치 과거, 그리고 무엇보다도 특히 홀로코스트에 대한 책임을 어떻게 현재와 미래의 서독 의식에 적절하게 끼워 맞출 것인가라는 질문이 있었다. 저명한 역사가이자 헬무트 콜의 연설문 작성자인 미하엘 슈튀르머[583]가 강력하게 주장했듯이, 나치즘의 범죄에 대한 죄책감은 좀 더 긍정적인 민족적 정체성 의식으로 대체되어야 하는가? 아니면 탁월한 사회철학자 위르겐 하버마스가 주장했듯이, 아우슈비츠는 서독의 정체성에 본질적이었는가? 홀로코스트는 스탈린 체제의 범

---

583) Michael Stürmer(1938~). 독일의 우파 역사가. 1980년대 독일에서 진행된 '역사가 논쟁'에서 독일의 역사를 민족적 자부심을 건설하는 방법으로서 긍정적으로 평가하자고 요구한 것으로 잘 알려졌다.

죄와 다를 바가 없었는가? 이와 같은 문제들, 특히 홀로코스트의 유일무이함이라는 문제가 1986년에 서독 지식인들을 사로잡았다. 많은 일반인들은 당연히 역사가들의 논쟁에 관심이 거의 없었다. 많은 사람에게 지금은 나치 과거에 집착하며 자신들은 어떤 역할도 하지 않았던 사건들에 대한 죄책감에 사로잡혀 있을 때가 아니었다. 그렇지만 논쟁의 반향은 홀로코스트가 서독 의식의 북극성이 되었음을 보여주었다.

이처럼 연속적으로 발생한 개별 사건들은 서독을 넘어 서유럽 전체와 서유럽 밖 일반인들의 상상력을 사로잡았고, 홀로코스트에 대한 국제적 관심을 끌었다. 희생자들의 목격자 증언을 바탕으로 한 혹독한 다큐멘터리로 1985년 영화관에서 방영된 클로드 란츠만[584]의 〈쇼아Shoah〉는 절멸 수용소의 공포를 생생하게 보여주었다. 리옹의 전 게슈타포 책임자였던 클라우스 바르비[585](1983년 볼리비아의 망명지에서 프랑스로 인도되었다)의 재판은 프랑스에서 홀로코스트를 일반인들의 눈에 들어오게 했다. 이 재판을 통해 바르비는 레지스탕스 영웅인

---

584) Claude Lanzmann(1925~2018). 프랑스의 영화제작자. 1985년 홀로코스트에 관한 9시간 30분짜리 구술사인 다큐멘터리 〈쇼아〉를 제작한 것으로 잘 알려져 있다.

585) Klaus Barbie(1913~1991). 친위대 대위이자 게슈타포 대원. '리옹의 도살자'라는 별명으로 잘 알려졌다. 1942년 비시 프랑스 치하의 디종과 리옹에서 지구 게슈타포 책임자가 된 후 1945년 진쟁이 끝날 때까지 프랑스의 저항운동을 탄압하고 수천 명의 포로를 고문하고 죽였다. 특히 프랑스 레지스탕스의 지도자 장 물랭을 살해하고 44명의 유대인 어린이와 이들의 교사 5명을 아우슈비츠 강제수용소로 추방한 행위로 악명 높다.

장 물랭[586]을 고문하고 200명 이상의 유대인을 추방하는 데 나름의 역할을 했음이 드러났다. 그리고 1986년 '발트하임 사건'은 나치 재앙에서 일정한 역할을 했음을 인정하기를 주저하는 오스트리아의 모습을 국제적으로 부각했다. 이 사건에서 오스트리아 대통령이자 전유엔 사무총장이었던 쿠르트 발트하임[587]은 자신이 전시에 유고슬라비아와 그리스에서 복무했으며, 자신의 부대가 그곳에서 심각한 잔혹 행위를 저질렀다는 사실을 은폐했음을 인정할 수밖에 없었다. 이런저런 식으로 홀로코스트는 이제 대중매체의 주의, 따라서 상당한 인구의 주의를 끌게 되었다. 사람들은 인종 정책과 동부 전선에서 저지른 나치의 잔혹 행위, 무엇보다도 특히 유대인 학살에 점점 더 강조점을 둔 다른 시각으로 제2차 세계대전을 바라보기 시작했다.

사회적·문화적 풍경이 어떻게 다시 빚어졌든, 서유럽은 1980년대 말에 경제적·정치적으로 여전히 안정적이었다. 이전 10년간의 경제적 혼란은 극복되었다. 정치적으로 많은 연속성이 있었다. 1986년 서독에서 헬무트 콜의 정부가, 이듬해에는 영국에서 마거릿 대처의 정

---

586)　Jean Moulin(1899~1943). 제2차 세계대전 시기 프랑스 레지스탕스를 상징하는 지도자. 1943년 정치적 이념에 따라 사분오열된 레지스탕스를 '전국저항평의회'라는 하나의 조직으로 통합하는 데 큰 역할을 했다.
587)　Kurt Waldheim(1918~2007). 오스트리아의 정치가이자 외교관. 1972~1981년 유엔 사무총장, 1986~1992년 오스트리아의 대통령을 지냈다. 유엔 사무총장으로서 소극적이라는 평가를 받았으며 중화인민공화국의 반대로 3선에 실패했다. 그 후 1986년 오스트리아 대통령 선거에 출마하여 당선했으나, 제2차 세계대전 시기에 나치 독일 육군 중위로 복무했다는 사실이 밝혀지면서 국제적인 논란을 낳았다.

부가 다시 선출되었으며, 프랑수아 미테랑(그의 경제정책은 이전의 사회주의 프로그램에서 크게 후퇴했다)은 1988년 프랑스 대통령으로서 두 번째 임기를 시작했다. 이탈리아에서는 1987년의 선거 결과 기독민주당이 복귀하여 사회당이 이끈 베티노 크락시의 행정부를 대체하며 정부를 이끌게 되었지만, 공산당의 득표는 저조했다. 1980년대 말은 장막 뒤에서는 우려할 정도로 부패가 심화하고 국가 채무가 늘어나고 있었지만, 이탈리아에서도 낙관주의의 시기인 것 같았다.

유럽공동체 역시 새로워진 낙관적 태도를 갖고 미래를 바라보았다. 이른바 '유럽경화증'[588]인 몇 년간의 침체를 겪은 후 1986년의 '단일유럽의정서'[589](1957년의 로마조약이 처음으로 크게 수정되었다)는 유럽공동체에 새 생명을 불어넣었다. 이 의정서는 1992년까지 국경이나 국가적 제약 없이 유럽공동체 경계 안에서 재화와 서비스, 자본, 사람의 자유로운 이동을 허용하는 단일 시장을 설립하는 데 목표를 두었다. 이 혁신의 추동력은 새로 임명된 역동적인 유럽위원회 위원장[590] 자

---

588)   Eurosclerosis. 1970년대 독일의 경제학자 헤르베르트 기르시(Herbert Giersch)가 고안한 용어. 정부의 과도한 규제와 지나친 사회보장 정책으로 인한 유럽의 경제적 침체를 뜻한다.

589)   Single European Act, SEA. 1957년 로마조약 이후 최초로 발효된 개정안. 1992년 12월 31일을 기해 단일 시장을 출범하려는 조처를 담았으며, 유럽연합의 '공동대외안보정책'의 전신인 '유럽정치협력'을 법제화했다. 1986년 2월 룩셈부르크와 헤이그에서 조인되어 1987년 7월 1일 자로 효력을 발휘했다.

590)   유럽연합의 산하 기관인 유럽위원회의 수반이다. 1958년 1월 1일에 신설되었으며, 임기는 5년이다. 유럽이사회, 유럽의회가 임명한다. 유럽연합의 직책 중에서 가장 강력한 권한을 갖고 있다.

크 들로르[591]였다. 그러나 들로르는 의정서를 **정치적** 통합을 달성하는 조처로서 활용하기를 원했다. 1988년 여름에 들로르는 10년 안에 '유럽 정부의 시작'을 보기를 원한다고 유럽의회에서 말했다. 이 때문에 그는 대처 여사와 대부분의 영국 국민과 정면충돌하는 길로 들어섰다. 사실 대처는 단일 시장을 추진하는 데 적지 않은 역할을 했다. 그러나 그녀는 영국의 정치 계층 대부분과 그들이 이끄는 대다수 국민이 생각했듯이 유럽연합을 하나의 경제적 실체, 자유무역 지대에 지나지 않는다고 보았다. 들로르와는 대조적으로, 대처는 유럽의 정치적 통합이라는 목표를 기본적으로 배제했다. 9월 20일 브뤼셀에서 영국 총리는 다음과 같이 일갈했다. "우리는 영국에서 국가의 경계를 뒤로 밀어내는 데 성공하지 못했고, 오히려 하나의 유럽 초국가가 브뤼셀로부터 새로운 권세를 행사하면서 그 경계가 유럽 수준에서 다시 강제되는 것을 보았을 뿐입니다." 이 연설은 영국에서 지속적인 '유럽회의주의'[592]—영국의 유럽공동체 가입에 반대하는 일—가 개시되었음을 나타냈는데, 대처 여사는 바로 이러한 태도를 위해 싸우는 투사였다(비록 그녀가 브루게에서 영국의 "운명은 유럽공동체의 일부로서 유럽에 있다"고 분명히 밝히긴 했지만). 1990년까지 '유럽'은 그녀의 당과

---

591) Jacques Delors(1925~). 프랑스의 경제학자이자 사회당 정치가. 미테랑 대통령 정부에서 1981~1983년 경제·재무장관, 1983~1984년 경제·재무·예산장관을 지냈고, 1985~1995년에는 유럽위원회 위원장으로 활동했다.

592) Euroscepticism. EU-scepticism으로도 알려져 있다. 유럽연합이나 유럽 통합에 비판적인 태도를 취하는 것을 뜻한다. 이와 반대되는 말은 친유럽주의(pro-Europeanism) 혹은 유럽연합주의(European Unionism)다.

그녀의 정부를 분열시키고 있었다. 그것은 1990년 11월 22일 대처의 총리직 사임에 뚜렷하게 기여했다. 그리고 그것은 영국 정치의 심장에 곪은 종기로서 남아 있을 것이었다. 그 밖에도 들로르와 대처의 충돌은 유럽연합 내의 결정적인 근본적 긴장, 즉 초국적 목표와 일국적 주권 사이의 긴장을 반영했다. 이 긴장은 이미 1950년에 장 모네가 미래의 유럽 통합에 관해 일찍이 숙고했던 이래로 계속 존재해왔으며, 앞으로도 유럽 정치를 계속 괴롭힐 이슈였다.

●○●

대처 여사가 실각할 무렵 유럽의 모습은 이미 변했다. 1980년대에 서유럽과 동유럽은 상이한 궤적을 계속 따라갔다. 1989년에 이것은 극적으로 바뀌었다. 그해 봄부터 서유럽은 이제는 태풍이 된 고르바초프의 변화의 바람이 40년 이상 자리 잡고 있던 공산주의 지배 구조를 뿌리째 뽑으면서 새로운 관심과 흥분, 놀라움을 갖고 철의 장막 동쪽에서 일어나고 있던 일을 바라보았다.

9

인민의 힘

누구도 아직 국유화된 재산, 계획경제, 민주적이고 다원주의적인
정치 구조를 가진 사회를 목격하지 못했다.

아담 미흐니크, 《감옥으로부터의 편지 및 다른 글들》, 1985

9

1991년 즈음에 냉전은 끝났고, 철의 장막은 과거의 일이 되었다. '한 시대의 종언'은 상투적인 문구다. 여기서, 용어는 정확하다. 1989년과 1991년 사이에 발생한 일은 다름 아닌 바로 유럽 혁명이었고, 놀랍게도 그것은 (대체로) 이전 혁명들과는 달리 유혈 사태를 일으키지 않았다. 그런 일이 어떻게 가능했을까?

미하일 고르바초프가 없었다면 그것은 불가능했을지도 모른다. 지금 되돌아보면 소련과 동유럽 위성국들의 붕괴 이면에는 구조적인 위기들이 있었다는 것을 알 수 있다. 그러나 고르바초프가 없었다면 붕괴가 일어났던 바로 그때 일어났을 거라든지, 붕괴가 따라갔던 바로 그 경로를 따라갔을 거라든지, 붕괴가 낳았던 그 결과를 낳았을 거라고 추정할 이유는 없다. 고르바초프의 역할은 필수 불가결했다.

그렇다 하더라도 동유럽에서 혁명을 일으키는 데는 또 다른 힘이 필수적이었다. 바로 인민의 힘이었다. 소련에서 진행되는 일에 용기를 얻은 동유럽의 인민은 40년 이상 자신들을 노예화하고 있던 공산주의 주인들에 맞서 반란을 일으켰다. 서막은 1980년 공산주의 통치에 대한 인민들의 저항이 '연대' 운동의 형성을 가져오고, 기존 체제를 완전히 흔들었던 폴란드에서 시작되었다. 하지만 이듬해 폴란드의 통치 세력은 반격을 가했다. 연대는 금지되었고 저항은 진압되었으며, 변화의 압력은 봉쇄되었다. 1980년대 말 소련에서 새로운 바람이 불자마자 연대는 다시 활기를 띠기 시작했다. 폴란드를 비롯한 어느 곳에서도 공산주의 통치가 빠르게 종식될 거라고 예상하지 못했다. 그러나 1989년 말 변화의 산사태 속에서 기존 정권들은 전복되었다. 모든 나라에서 인민은 자유를 추구하여 획득했다. 고르바초프가 부추긴 위로부터의 혁명은 사람들이 통치자들의 입지가 흔들리고 있다는 것을 깨달으면서 아래로부터의 혁명으로 바뀌었다. 한 나라씩 차례로 그들은 권력을 자신들의 수중으로 가져왔다. 최종적으로 동유럽에서 시작된 변화는 막을 수 없는 힘으로 소련을 다시 휩쓸었다. 거의 70년 동안 꿋꿋하게 서 있던 소련은 2년 만에 무너지고 말았다.

위성국들이 궤도에서 벗어나다

1980년 이래 그래 왔듯이, 폴란드가 앞장을 섰다. 1989년 6월 4일에 치른 선거는 이제 노동조합(사실 1980년보다 훨씬 약했다)에서 사실상 정당으로 탈바꿈한 연대에 엄청난 승리를 가져다주었다. 62퍼센트에 불과한 수수한 투표율은 아마도 많은 사람이 아무것도 바꾸지 못할 거라고 믿고 선거를 불신했다는 사실을 반영했을 것이다. 그러나 결과는 더할 수 없이 분명했다. 1차 선거에서 연대는 상원에서 100석 중 92석을, 하원에서는 연대에 개방된 161석 중 160석을 획득했다. 흥분과 두려움이 뒤섞였다. 선거가 있던 그날 오후에 텔레비전은 베이징의 톈안먼 광장으로 탱크가 진입하면서 민주주의를 위해 시위를 벌이고 있던 수백 명의 학생이 정부군에게 살육당하는 광경[593]을 보여주었다. 폴란드 정부가 반대파의 선거 승리에 어떻게 대응할 것인가? 사실, 정권은 인민의 판결을 수용했다. 40년 동안의 공산주의 지배는 끝났다. 그러나 거의 끝났지, 완전히 끝난 것은 아니었다.

정부는 여전히 공산주의자들의 수중에 있었고, 야루젤스키 장군은 적절하게 새로운 행정대통령Executive President직에 선출되었다. 하지만 6월 18일의 2차 투표는 공산주의 지배층의 궤멸을 확인해 주었다. 투표율은 겨우 25퍼센트로 형편없이 낮았지만, 약 65퍼센트가 연대에 투표했다. 야루젤스키는 연대에 대연정에 참여하라고 제안했지만 연대는 거부했다. 8월 7일 연대 지도자 레흐 바웬사는 이전에 공산당(이제 하원에서 소수파 정당으로 전락했다)의 허수아비에 불과했던 소규모 정당들의 지지를 받는, 연대가 이끄는 정부를 제의했다. 8월 24일, 공산주의자 대통령 야루젤스키가 임명하고 하원의 거의 모든 공산주의자 의원들이 승인함으로써 연대의 지도적인 인물인 타데우시 마조비에츠키[594]가 폴란드의 새로운 총리가 되었다. 그는 정치적 반체제 인사로서 오랜 이력을 지닌 지식인이었다. 다음 몇 달 동안 공산주의 국가의 토대가 체계적으로 해체되었다. 폴란드는 이제 인민공화국이

---

593)   1989년 6월 4일 베이징의 톈안먼(천안문) 광장에서 인민의 반정부 시위를 중국 정부가 유혈 진압한 사건을 가리킨다. 이 사건으로 적게는 수백 명, 많게는 수천 명의 민간인과 수십 명의 군인이 사망한 것으로 알려졌다.

594)   Tadeusz Mazowiecki(1927~2013). 폴란드의 언론인, 노동조합 운동가이자 폴란드 민주당 소속 정치가. 과거 연대 운동의 지도자 중 한 사람이었으며, 1989~1991년 총리를 지냈다.

아니라 단순히 공화국이 되었다. 경찰과 군대는 비정치화되었다. 헌법에서는 공산당의 지도적 역할이 삭제되었다. 당은 스스로 해산했다(1990년 1월, 사회민주당으로 다시 출현했다). 그러나 공동의 적이 사라지자 반대파의 단결도 사라졌다.

1990년에 야루젤스키 대통령의 사임을 요구하는 압력이 거세졌다. 그러나 그가 사임하자 연대의 지도자들은 운동의 이름이 거짓임을 보여주었다. 최근에 재선된 연대 의장 레흐 바웬사는 이전에 자신의 가장 가까운 자문관이었던 마조비에츠키에게 정면으로 도전하면서 대통령 입후보를 선언했다. 더 빠른 변화를 조급히 바라고 태도가 고압적이지만 그로 하여금 확산되는 불만을 특유의 언변으로 나타낼 수 있게 해준 안정된 포퓰리즘적 감성을 지닌 바웬사는, 마조비에츠키와 미흐니크 같은 연대 운동의 지식인들이 자신을 방해한다고 생각하고 그 방해 방식에 분노했다. 11월의 선거(12월에 2차 선거가 치러졌다) 결과 지식인이 패배하고 전기공이자 전 노동조합 지도자가 압도적으로 승리했다. 바웬사는 1990년 12월 22일 대통령 취임 선서를 했다. 이 무렵 연대는 분열하면서 새 폴란드 민주주의 체제에서 등장한 새로운 정당들에 지지를 빼앗겼다. 폴란드는 급속하게 뚜렷한 다원주의적 사회로 변모했다. 놀라운 정치적 이행이 극적으로 유혈 사태 없이 진행되었다.

경제적으로, 다원주의적 민주주의가 초기에 겪은 경험은 그다지 성공적이지 못했다. 신임 재무장관 레셰크 헨리크 발체로비치[595]의 이

---

595) Leszek Henryk Balcerowicz(1947~). 폴란드의 경제학자. 현재 바르샤바 경

름을 따 '발체로비치 계획'으로 알려진 '충격 요법'이 국가 통제 경제에 적용되었고, 이 국가 통제 경제는 1990년 초부터 갑자기 시장의 힘에 개방되었다. 광범위한 규제 철폐와 통화 평가절하의 결과 즉각적으로 물가가 급등했다. 다른 동유럽 국가들의 수출이 시들해지는 동안 폴란드의 수출은 늘어났다. 그러나 바웬사가 대통령으로 선출될 즈음 인플레이션은 거의 250퍼센트에 달했고, 상점에는 살 물건이 아무것도 없었다. 생산은 급격히 감소했고, 실업자가 급증했다. 평균 실질소득은 3분이 1이 줄어들었다. 많은 외채로 구제를 받고 가혹한 조건으로 IMF의 지원을 얻은 결과, 그 후 몇 년 동안 경제 회복을 위한 기반이 점차 형성되었다. 그때까지 폴란드 경제의 민영화는 순조롭게 진행되었다. 정치뿐만 아니라 경제에서도 폴란드는 '서방' 국가가 되는 법을 재빠르게 배우고 있었다.

폴란드에서 공산주의의 종언을 가져왔던 선거가 있은 지 2주일도 채 지나지 않은 1989년 6월 16일, 헝가리의 차례가 왔다. 약 20만 명에 달하는 엄청난 군중이 텔레비전으로 중계된, 1956년 봉기의 영웅 (1956년 웃음거리가 된 연출재판 후 공산주의 정권에 의해 교수형을 당한) 임레 너지를 재매장하는 의식에 참석하려고 부다페스트의 '영웅광장'에 모였다. 그전 해에 경찰은 너지의 처형 기념일을 기리는 시위를 폭력적으로 진압했다. 1년 뒤인 지금 영웅광장은 더 이상 망치와 낫깃발이 아니라 국기로 장식되었다. 너지의 추도사를 한 마지막 연사

제학대학에서 교수로 근무하고 있다. 1989~1991년, 1997~2000년 폴란드 재무장관이자 부총리, 2001~2007년 폴란드 국립은행 총재를 역임했다.

는 '청년민주당'의 빅토르 오르반[596]이었다. 오르반은 다음과 같이 선언하며 열광적인 갈채를 끌어냈다. "우리가 우리 자신의 영혼과 힘을 믿을 수 있다면 공산주의 독재를 종식할 수 있습니다." 공산주의 종식으로 가는 발걸음은 한 걸음씩 신속하게 이어졌다. 그리고 폴란드에서처럼 이 발걸음들은 평화롭게 진행되었다.

너지의 처형에 책임이 있던 야노시 카다르는 1989년 7월 6일 암으로 사망하여 자신이 아주 오랫동안 관장했던 국가의 붕괴를 살아서 보지는 못했다. 한 달 전 공산당은 3월에 설립된 반대파 그룹의 '원탁회의'와 대화하는 데 동의했다. 그러나 여름의 대부분은 반대파 그룹 내부의 의견 충돌로 소모되는 가운데 공산당(그들도 분열되었다)이 여전히 정부를 운영했다. 상황은 몹시 혼란스러웠지만, 그럼에도 경로는 분명했다. 비록 민주주의 이행의 다른 측면들, 특히 대통령 선거 전에 의회 선거를 치르는 문제가 여전히 반대파 그룹 사이에서 논란이 되고 있었지만, 9월 18일에 자유로운 의회 선거를 치르기로 합의했다. 다음 달 초 공산주의자들은 당을 해산하고 당명을 공식적으로 '헝가리 사회주의노동당'에서 단순히 '헝가리 사회당'으로 변경했다. 1956년 혁명 기념일인 10월 23일 (폴란드에서처럼 더 이상 '인민공화국'이 아닌) 새로운 헝가리 공화국이 부다페스트의 의사당 바깥에 모인 엄청난 수의 군중을 향해 선포되었다. 오랫동안 지체된 (다원주의 정

---

596)   Viktor Orbán(1963~). 헝가리의 정치가이자 법률가. 보수 정당인 피데스(Fiatal Demokraták Szövetsége, Fidesz, 청년민주주의자동맹)의 당대표다. 1998~2002년, 2010년부터 현재까지 헝가리의 총리직을 맡고 있다.

치로의 복귀를 나타내는) 의회 선거가 1990년 3월과 4월에 마침내 실시되었고, 주로 자유주의 정당들과 중도 우파 보수 정당들의 불편한 연정을 낳았다.

매우 무력한 여름이 이어졌고, 그동안 경제 상황이 급격히 나빠졌다. 비록 헝가리 경제가 다른 어느 소련 블록 국가보다도 제한된 형태의 사기업에 오랫동안 더 개방적이었고 최근에 이 방향으로 더 움직였다고 해도, 헝가리인들은 이제 시장의 예측할 수 없는 변화에 완전히 노출되어 서방 자본주의의 가혹한 현실로 끌어들여졌다. 그러나 더 이상 통제할 수 없을 것 같은 서방에 대한 지나친 채무와 인플레이션은 폴란드에서처럼 이행 과정이 아무리 힘들다 할지라도 서방의 지원을 모색하는 것 말고는 대안이 거의 없다는 것을 의미했다. IMF의 재정 지원은 1990년 7월에 새로운 긴축 조치가 시행된 이후에야 이루어지긴 했지만, 헝가리가 힘든 이행 과정을 극복하는 데 도움이 되었다. 또 그해 가을에 정부는 대규모 민영화 프로그램도 도입했다. 예전 소련 블록의 다른 국가들과 마찬가지로 주로 미국에서 들어온 신자유주의적 경제사상이 지배적이었다. 여론조사에 따르면, 그 무렵 일반인들은 이전 공산주의 행정부보다 최근 선출된 민주주의 정부를 덜 신뢰했다. 그사이 한때 약 10만 명에 달하던 소련 병력이 헝가리에서 철수하고 있었고, 1991년 3월에 마지막 병력이 철군했다. 이것은 헝가리가 사실상 바르샤바협정에서 빠져나와 서방으로 복귀하고 있다는 가장 가시적인 표시였다. 실제로 결정적인 순간은 이미 1989년 여름에 있었다.

그해 8월, 헝가리는 서독으로부터 상당한 지원을 받는 대가로 동독인들을 위해 오스트리아에 국경을 개방하는 데 동의했다. 이 단 한 번의 조치로 헝가리는 같은 블록의 사회주의 국가를 떠나려고 하는 어떤 사람이라도 본국으로 되돌려보내야 한다는 의무에 등을 돌린 것만은 아니었다. 그것은 철의 장막에 구멍을 내는 결정적인 조치였다. 9월 10~11일 밤 국경이 개방되자 수천 명의 동독 시민이 자발적으로 헝가리를 통해 오스트리아로 건너갔고, 처음에는 수용소에 잠시 갇혔다가 그런 다음 독일연방공화국으로 향했다. 10월 말까지 5만 명이 떠났다.

그들은 또 부다페스트, 프라하, 바르샤비에 있는 연방공화국 대사관으로도 피신했다. 1989년 9월 30일, 서독 외무장관 한스디트리히 겐셔는 텔레비전에서 자신이 모스크바 및 동베를린과 성공적으로 협상해서 6만 명의 독일민주공화국 시민을 연방공화국으로 이송하기로 했다고 발표했다. 기차역 승차장에 서 있던 수천 명과 텔레비전으로 이를 지켜보고 있던 수백만 명은 난민들을 서쪽으로 이송하는 봉인된 열차를 기쁨에 넘쳐 환영했다.

독일민주공화국의 노련한 관찰자들조차 이와 같은 급속하고 급진적인 변화를 예측하지 못했다. 독일민주공화국 지도자들은 확실히 이 사태에 대비하지 못했다. 동독 지도자 에리히 호네커는 최근에 베를린장벽이 100년 동안 끄떡없을 것으로 본다고 발언했다. 사실 여름 동안 정권에 대한 저항이 커졌는데, 많은 부분은 개신교 목사들이 표출한 것이었다. 그러나 폴란드와 헝가리의 지식인들과는 달리 동독의 지식인들은 대체로 정권에 휘둘리고 있었다. 이 시점에 이르기까지 정치적 비순응주의는 정권에 어떠한 위협도 제기하지 못했다. 정권의 지도자들로서는 양보할 의사를 전혀 보여주지 않았다. 1989년 5월의 지방선거는 뻔뻔하게 조작되었다. 당 강경파는 중국이 톈안먼 광장의 학생들을 학살한 것을 지지했다. 유감스럽지만 사회주의를 보호하는 데 필수적이었다는 것이 정당화의 대의였다. 그리고 슈타지(공포의 국가 보안기관)는 여전히 사회를 철저히 장악하고 있었다.

표면상으로 정권은 계속 자신감을 물씬 풍기고 있었다. 10월 7일에 선포된 독일민주공화국 창건 40주년 기념식 준비가 한창 진행되었다. 하지만 그 이면에서는 극심한 공포가 고조되고 있었다. 소련 지도자가 동베를린의 기념식에 참석했을 때 환호하는 군중이 고르바초프를 열광적으로 환영했다. 독일민주공화국 지도자들, 특히 몹시 완고했던 에리히 호네커는 그들을 고르바초프로부터 분리하는 거대한 심연을 잘못 볼 수가 없었다. 고르바초프가 동독 지도자들에게 비공식적으로 했던 말이 급속하게 일반에 알려졌다. "삶은 정치에서 뒤처져 있는 사람은 누구든지 혹독하게 벌합니다."

월요일 저녁마다 라이프치히의 '성 니콜라스 교회'에서 있었던 평화를 위한 기도에 자극받은 반체제 시위는 규모가 점점 커졌다. 1989년 9월 초에 수천 명이 참가한 시위대는 한 달 뒤에는 약 2만 명, 그리고 10월 9일 월요일에는 7만 명 정도로 늘어났다. 이틀 전 40주년 기념행사를 하는 동안 경찰은 여느 때처럼 시위대를 향해 야만적으로 행동한 바 있었다. 일반인들에게는 보안군이 라이프치히의 월요일 저녁 시위대에 맞서 무력을 행사할 것이라는 암시가 있었다(톈안먼 광장이 여전히 사람들의 마음속에 있었다). 정권이 무력으로 저항을 분쇄할 태세가 되어 있다는 소문이 나돌았다. 최후의 대결이 예상되었다. 국제적으로 유명한 라이프치히 게반트하우스 오케스트라 지휘자인 쿠르트 마주어[597]는 폭력을 피하자는 호소를 이끈 (3명의 지역 당 관리도 포함하는) 사람들 중 한 명이었다. 이 호소가 설득력을 보일지는 불확실했다. 호네커는 10월 8일 슈타지에 어떤 소요도 막으라고 지시했다. 이것은 불길하게 들렸다. 그러자 모스크바가 개입했다. 라이프치히에서는 어떤 유혈 사태도 있어서는 안 된다는 것이었다. 이 메시지는 라이프치히의 당과 경찰에 전해졌다. 그러나 시위대는 확신할 수 없었다. 그들은 경찰이 실탄을 사용할 가능성을 고려해야 했다. 그날 저녁 행진을 하는 데는 용기가 필요했다. 결국 시위는 평화적으로 진행되었다. 그것은 결정적인 순간이었다. 사람들은 경찰이 더 이상 개입하지 않을 것이며, 시위는 안전하다는 것을 깨달았다. 11월 4일, 약 50만 명의 시민이 동베를린 중심부에 있는 '알렉산더 광장'에서 텔레비전으로 생중계되는 가운데 대규모 시위에 참여했다. 그들은 자유선거, 표현의 자유, 정부 해산, 반대파 그룹의 합법화, 공산당의 국가 지도 권한 종식을 요구했다. 그들은 외쳤다. "우리가 인민이다!"

대중의 반란이 절정에 오르려 하고 있었다. 10월 3일 동독 난민들이 서방으로 도주하는 당혹스러운 광경에 속이 쓰렸던 독일민주공화국 당국은 비자 없이 체코슬로바키아를 여행하는 것을 금지했다.

---

597)   Kurt Masur(1927~2015). 독일의 지휘자. 라이프치히 게반트하우스 오케스트라의 지휘자로 오랫동안 일했으며, 뉴욕 필하모닉의 음악감독으로도 활동했다.

그래서 헝가리로 가는 루트가 폐쇄되었다. 그러나 체제에 대한 저항이 커지면서 사실상 국민 전체 주위에 담벼락을 세운 매우 인기 없는 이 조치를 계속하기는 불가능했다. 11월 1일 제한 조치는 철회되었다. 11월 3일과 5일 사이에 1만 명 이상이 체코 국경을 넘어 서독으로 들어갔다. 여권만 보여주고 서방으로 향하는 것을 허용하는 이 실질적인 조치로 베를린장벽은 사실상 의미가 없어졌다. 하지만 독일민주공화국을 떠나려면 여전히 여행의 이유를 설명하기 위해 번거로운 정식 절차를 밟아야 했다. 어쨌든 장벽은 그렇게 오랫동안은 아니겠지만, 여전히 그 자리에 서 있었다.

여행 제한은 불만의 주요 원인이었다. 11월 9일까지 체제는 어떠한 공식 수속도 없이 연방공화국과 서베를린으로 들어가는 모든 루트를 여행하는 것을 영구히 허용하는 법령을 준비했고, 이튿날 공표했다. 당의 신임 언론 담당자인 귄터 샤보브스키[598]는 11월 9일 그날 저녁 자신에게 막 전달된 새로운 지시의 내용을 명백히 소화하지도 못한 채 기자회견에서 낭독하게 되었다. 기자들이 지시가 언제부터 유효한지를 물었을 때 샤보브스키는 주저하지 않고 말했다. "즉시, 지체 없이요." 추가 질문을 받은 그는 이것이 베를린에도 적용된다고 말했다. 이에 점점 더 입을 다물지 못하고 텔레비전을 뚫어져라 쳐다보고 있던 수천 명의 독일민주공화국 시민은 자신들의 트라반트, 라

---

598)   Günter Schabowski(1929~2015). 독일 사회주의통일당의 관리. 1981~1990년 인민의회 의원을 지냈으며, 1985년 독일 사회주의통일당 동베를린 지부 제1서기에 임명되었다.

다, 바르트부르크 자동차에 올라타고 무턱대고 장벽으로 향했다. 저녁나절까지 모든 베를린 국경 횡단 지점에 엄청난 인파가 모여 서베를린에 들어가게 해달라고 압박을 가했다. 수십 년 동안 위협적인 존재였던 국경 경비병들은 어떤 변화도 통지받지 못한 채 처음에는 사람들이 떠나는 것을 막으려 했고, 그 뒤에는 여권 소지자가 독일민주공화국을 떠나 귀국하지 않을 것임을 나타내는 도장을 여권에 찍으려 했다. 그러나 완전히 압도당한 경비병들은 사람들이 자신들에게 기대하는 바가 무엇인지 궁금해하면서 곧 포기하고 말았다. 더러는 볼에 립스틱 자국이 남아 있고 모자도 삐딱하게 쓴 채로 경비병들은 대중에게 그냥 통과하라고 손을 흔들었다. "마침내 자유다"라고 누군가 소리쳤다.

서베를린 시민들도 미칠 듯이 환호하며 장벽으로 몰려들었다. 그들은 곧 노래하고 춤추고 모르는 사람들을 포옹하고, 행복감에 도취되어 있지만 여전히 어리둥절한 동쪽에서 온 같은 민족 독일인들에게 꽃과 초콜릿, 바나나(신선한 과일이 모두 그렇듯, 독일민주공화국에서는 쉽게 구할 수 없는)를 자꾸 주었다. 이튿날 국경 경비병들은 장벽 앞에 늘어섰다. 하지만 그들은 거의 30년 동안 분열과 억압의 상징이었던 장벽 위로 올라간 수천 명의 젊은이들로 곧 대체되었다.● 사람들

───────────────

● 1989~1990년에 내가 서베를린에 살았을 때 함께 지내던 두 아들 데이비드와 스티븐(당시 10대였다)도 그들 속에 있었다. 나는 전날 저녁의 이 세계사적 사건을 완전히 놓쳐 버렸다. 한 미국인 학생이 자신의 박사학위 논문에 대해 상의하기 위해 나를 만날 수 있는지 전화를 걸어왔다. 그래서 나는 11월 9일 저녁을 1.5킬로미터쯤 떨어진 서베를린의 한 술집에서 무슨 일이 벌어지고 있는지 알지도 못

은 끌로 장벽의 조각들을 뜯어냈다. 그것들은 기념품이기도 했지만 폭정의 가증스러운 상징이 파괴된 증거이기도 했다. 다음 며칠은 서베를린에서는 하나의 긴 파티였다. 동베를린에서 왔든 서베를린에서 왔든, 수많은 베를린 시민이 시내를 서성거렸다. 코카콜라사 지역 간부가 텔레비전에 엄청난 무료 광고가 될 것임을 확신해 서베를린으로 들어오는 동독인들에게 건네주기 위해 콜라 캔을 주문했다. 그는 그 직후 이 행동에 대한 보상으로 조기 승진했다. 지하철은 때때로 사람이 너무 많이 타서 전철이 서지 않고 바로 역을 통과하기도 했다. 은행들은 100독일마르크의 '환영비'를 나눠주기 위해 예외적으로 일요일 아침에 문을 열었다. 동독인들은 그것을 소비하는 데 어려움이 없었다. 너무나 오랫동안 서방 소비 제품에 굶주렸던 그들은 종종 바나나 송이나 오렌지 바구니와 함께 새로 산 휴대용 카세트 플레이어를 들고 있는 것이 목격되곤 했다.

한 채 보냈다. 아파트로 돌아오자 스티븐은 내게 장벽이 무너졌다고 말했다. 아들의 말에 따르면 엄마가 영국에서 전화를 해 BBC의 9시 뉴스에서 모든 것을 다 봤다고 했다. 11월 10일 아침에 한 서독 친구가 전화를 해서 동베를린에서 무슨 일이 진행되고 있는지, 그곳에 한번 가보지 않겠냐고 물었다. 우리는 여느 때처럼 여전히 기능하고 있는 프리드리히슈트라세의 엄격한 국경 통제를 통과하여 동베를린으로 갔지만 동베를린에서는 특별한 일이 일어나지 않고 있었다. 그래서 서베를린으로 돌아가기로 결정했다. 내가 동물원역(Bahnhof Zoo)에서 S반(S-Bahn, 도시고속철도)을 내려 서베를린으로 돌아왔을 때 한 남자가 내 쪽으로 달려와 힘찬 포옹을 하고는 "서베를린에 오신 것을 환영합니다. 어디서 오셨소?"라고 흥분해서 인사했다. 내가 "영국의 맨체스터요"라고 대답하자, 그는 마치 선페스트 환자를 만나기라도 한 것처럼 나를 얼른 떼어 놓고는 다음 도착한 사람에게 힘찬 포옹을 하려고 급하게 달려갔다.

그 무렵 동독 체제는 확실히 다 죽어가고 있었다. 장벽이 개방되었던 아수라장 같은 방식은 정부가 더는 통제력이 없다는 사실을 보여주었다. 시민에 맞서 군사력으로 권력을 유지하는 데 소련의 지지라는 선택지가 없는 체제는 사실상 무기력했다. 그리고 만일 정권이 무력을 사용했더라면 서독으로부터 재정 지원 가능성이 완전히 사라졌을 것이고, 재정 지원이 없다면 경제는 살아남기 위해 발버둥을 쳤을 것이다. 실제로 체제의 정치적 해체가 임박했다. 호네커는 이미 10월 18일에 공식적으로는 건강상의 이유로 모든 당과 국가 직책에서 물러나 있었다. 그러나 얼마간 음울한 인상을 풍기던 최고의 기관원으로서 그의 후임이었던 에곤 크렌츠[599]는 물러난 지도자의 긴밀한 조수였고, 톈안먼 광장 학살을 옹호하는 데 이르기까지 완전히 똑같은 부류였다. 신형 개혁가인 체하려는 그의 시도는 처음부터 실패할 것 같았다. 11월 초까지 슈타지 수장인 에리히 밀케[600]를 비롯한 다른 독일민주공화국 지도자들 대부분은 사라져 버렸다(슈타지의 조직 구조도 곧 해체되었다). 12월 2일, 독일민주공화국을 공산주의 사회주의통일당이 운영하는 사회주의국가라고 선언한 동독 헌법의 결정적으로 중요한 조항이 삭제되었다. 크렌츠와 당 정치국 및 중앙위원회의 나머지 인사들이 이틀 뒤 사임했다. 12월 6일 크렌츠는 국가수반직도

599)   Egon Krenz(1937~). 독일민주공화국의 정치가. 1989년 10월 18일부터 12월 3일까지 단기간 총서기로서 동독을 통치했다. 1997년 베를린장벽을 탈출하려던 동독인 4명을 살해한 혐의로 투옥되어 2003년 석방되었다.
600)   Erich Mielke(1907~2000). 동독의 공산주의 정치가. 1957~1989년 국가안전부(슈타지) 장관을 지냈다. 1990년 독일 통일 후 체포되어 6년 형을 선고받았다.

그만두었다. 인민의 힘은 그때까지 독일민주공화국이 다원주의적 민주주의를 완전히 포용하는 길로 순조롭게 나아가는—비록 그 경로는 몇 달 동안 여전히 혼란스럽게 남아 있을 것이었지만—것을 보장했다. 인민의 평화적인 혁명은—그들 자신의 용기 덕분이지만 또한 적지 않게 고르바초프의 외부 지지 덕분에—승리를 거뒀다.

1989년 여름과 가을 동안 갑자기 생겨났던 반대파 그룹들—'새로운 포럼New Forum', '민주적 각성Democratic Awakening', '지금 당장 민주주의Democracy Now' 등 많은 그룹(대부분은 약 20명 정도의 회원으로 이루어졌지만, 다 합치면 약 300~325명 정도 된다)—이 혁명의 선봉에 섰다. 그들은 모두 출발점으로서 자유선거를 비롯한 민주주의를 원했다. 그 밖에는 많은 이들이 지식인이거나 자신들의 원리를 개신교 신앙에 뿌리를 둔 이상주의자인 그들의 지도자들은 정확히 목표하는 바가—그들이 목표를 가지고 있는 한—당연히 자주 서로 달랐다. 놀랄 것도 없이 불확실성이 많이 존재했다. 그들은 자신들이 모두 경험한 억압적인 국가공산주의를 제거하기를 원했다. 그리고 늘어나는 그들의 지지자 대중 사이에는 사회주의적 평등을 설교했으나 사치품과 특권을 누렸던 지도자들의 부패에 대한 극심한 분노가 존재했다. 사치품과 특권은 권력을 극심하게 남용한 것이었고, 지도자들이 자신들을 믿었던 사람들에게 요구했던 희생을 배신하는 것이었다. '실제로 존재하는 사회주의'는 거짓으로 간주되었다. 그러나 당원이었던 일부 사람들을 포함하여 시위자들 사이에는 여전히 이상주의적 공산주의자가 많았다. 급진적 변화를 지지했던 사람 중 누구도 서방 자본주의를 모델로 바라보지 않았다. 또한 그들은 자본주의 서독과의 통일도 원하지 않았다.

이러한 시각은 동독에서 일반적이었다. 장벽 개방 직후 실시된 여론조사에 따르면, 동독인 중 86퍼센트는 "좀 더 개선되고 개혁된 사회주의로 가는 길"을 선호했다. 그들은 결국은 환상으로 드러날 "제3의 길"—1968년 프라하에서 소련군에 의해 분쇄된 "인간의 얼굴을 한 사회주의" 형태 같은 것—에 대한 희망을 품었다. 하지만 그들은 곧 자신들의 희망이 정확히 자신들이 처음에는 추구하지 않았던 것에 대한 급속히 늘어나는 평범한 사람들의 요구에 압도당했다는 사실을 발견할 것이었다. 그 요구는 서독과 통일을 이루고 사람들이 시 베를린에 잠깐 머무르면서 얼핏 보았던 소비 제품에 대한 욕구를 만족시켜 달라는 것이었다. 구호는 가을에 "우리가 인민이다!"였지만, 연말에는 "우리는 한 민족이다!"로 바뀌고 있었다. 훨씬 더 놀라운 것은 "통일된 독일 조국!"이라는 새롭게 유행하는 구호였다. 여론조사는 동독 인구의 80퍼센트 남짓이 이제 통일을 원하고 있음을 보여 주었다. 정치 지도자들 사이의 외교적 행동과 나란히 수개월 안에 독일 통일에서 절정에 오를 인민의 압력이 커지고 있었다.

베를린장벽의 개방은 세계에 소련 블록이 끝장났음을 알린 상징적인 순간이었다. 이미 다른 도미노들이 넘어지고 있었다. 체코슬로바키아, 불가리아, 루마니아에서 남아 있던 공산주의 체제들의 최후가—비록 각각의 경우에서 폴란드, 헝가리와는 달리 권좌에 있는 사람들이 정권을 내놓을 준비가 되어 있지 않았지만—신속하게 찾아왔다.

체코슬로바키아에서는 바츨라프 하벨이 이끌고 많은 학생이 지지한 지식인들이 수개월 동안 체제에 대한 반대 목소리를 소리 높여 외쳤다. 1989년 10월 28일, 1918년에 있었던 체코슬로바키아 건국 기념일에 약 1만 명이 시위에 나섰다. 민주적 권리의 도입을 모색하는 하벨(5월에 감옥에서 풀려났다)과 몇몇 지인들이 작성한 '몇 개의 문장'이라는 제목의 청원은 11월까지 약 3만 7000명의 서명을 받았다. 변화에 대한 압력이 급속히 거세졌다. 프라하 주재 서독 대사관에서 벌어진 극적인 사건들은 변화가 가능하며 진행 중임을 보여주었다. 장벽의 붕괴는 변화의 가장 눈부신 표현이었다. 그러나 체코슬로바키아 체제는 항복할 자세가 되어 있지 않았다. 곤봉을 휘두르는 폭동 진압 경찰이 11월 17일 학생 시위대를 야만적으로 공격했다. 경찰의 폭력은 시위대를 억제하기는커녕 훨씬 더 큰 시위를 불러일으켰다. 며칠 만에 공산주의 독재 종식을 요구하는 시위자의 수는 20만 명으로 불어났다. 11월 24일, 75만 명의 시위대가 바츨라프 광장에 모였다. 체코슬로바키아 노동자의 절반이 뒤이은 이틀 동안의 총파업을 지지했다. 그사이 반대파 그룹들은 11월 19일에 민주적 변화를 요구하기 위해 하벨이 이끄는 '시민 포럼Civic Forum'으로 결집했다. 프라하의 '환등기 극장' 안에 자리 잡은 시민 포럼 본부에서 토론은 보통 미숙하고 두서없고 혼란스럽게 벌어졌다. 그러나 엄청난 인민의 급등하는 저항을 자극하는 동시에 그 저항에 힘을 얻어 시민 포럼은, 공산주의 통치의 비틀거리는 잔재를 쓸어버리는 '벨벳 혁명velvet revolution'을 세심하게 조직했다.

11월이 다 가기 전 당 지도부 전체가 사임했고, 당의 우월한 지위 조항은 헌법에서 삭제되었다. 정부는 12월 3일 공산주의자들이 통제권을 계속 줄 수 있게 하려고 대대적인 개편을 단행했다. 그러기에는 너무 늦었다. 총파업의 위협 속에 대부분이 시민 포럼 출신인 새로운 내각이 12월 10일 선서를 하고 들어섰다. 1968년의 대단한 생존자이자 구체제의 전형인 구스타프 후사크 대통령이 마침내 패배를 인정하고 사임했다. 1989년 12월 29일, 중대한 사건으로 가득 찼던 한 해가 끝나기 직전 바츨라프 하벨은 새 국가수반으로서 선서를 했다. 매우 상징적인 조처로서 1968년의 영웅이었던 알렉산드르 둡체크는 하루 전 날 본질적으로 명예직인 연방의회 의장에 임명되었다. 소련군은 1990년 2월 말 체코슬로바키아에서 철수하기 시작했다. 1990년 6월에 치른 선거(그리고 다음 달 하벨의 대통령 재선)를 통해 체코슬로바키아가 자유민주주의로 이행하는 데 성공했음이 확실해졌다.

공산주의 통치의 빈틈 안에서 당의 권력 독점에 반대하여 스스로 다원주의적인 정치적 사고와 토론 형태를 발전시켰던 '시민사회'의 기반은 불가리아에는 거의 존재하지 않았다. 그리하여 돌파구는 아래로부터가 아니라 위로부터, 당 지도부 내의 쿠데타를 통해 찾아왔다. 민주주의를 위한 인민의 압력은 상부에서의 변화에 선행하기보다는 상부에서의 변화를 뒤따랐다.

1989년 11월 개혁을 포용한다고 주장함으로써 당 지도부 내의 자신에 대한 비판을 차단하려는 토도르 집코프의 뒤늦은 시도는 아무 소용이 없었다. 스탈린이 사망한 지 불과 1년 뒤에 권좌에 올랐던 동유럽의 가장 오랜 당 지도자는 내부로부터 타도되어 1989년 11월 10일 당과 국가 직책에서 물러났다. 하지만 비유적으로 말해 칼을 휘두르던 사람이자 당 보스로서 집코프의 후임이었던 페터르 믈라데노프[601]는 그 자신이 극단적 보수파의 일원이었으며 1971년 이래 외무 장관으로 일해왔는데, 나중에 밝혀졌듯이 1989년 12월에도 탱크로 시위대를 공격할 것을 고려하기까지 했다. 그는 1990년 7월 국가수 반직에서 쫓겨날 것이었다.

그럼에도 그전에 믈라데노프는 고르바초프가 처음에 소련에서 그 랬듯이, 공산주의 권력을 파괴하는 것이 아니라 유지하기 위해 (자신 이 희망하듯이) 이미 한참 늦은 조치로서 최초의 실질적인 개혁들을 시행했다. 믈라데노프는 1989년 12월 말에 몇몇이 그달 초에 '민주 세력동맹Union of Democratic Forces'을 결성한 반대파 그룹들과 개혁 프로그 램에 대해 협상에 나설 준비가 되어 있었다. 1990년 동안 국가의 변 화가 진행되었다. 그것은 다른 전 동구 블록 국가들보다 덜 극적이었 고, 더 힘들었으며, 더 단편적이었다. 그러나 변화를 더 이상은 막을 수가 없었다. 당과 국가는 1월에 공식적으로 분리되었다. 3월에는 파 업이 합법화되었다. 4월에는 공산당이 '불가리아 사회당'으로 변신했 다. 6월에 선거가 치러졌지만 전 공산당이 투표의 가장 큰 몫(47.2퍼 센트)을 획득했다. 광범위한 불안 속에서 심각하게 제기되는 경제 문 제들에 어떻게 대처할지를 둘러싸고 견해가 분열된 취약한 연립정 부는 1990년 후반기 내내 비틀거렸다. 1990년 12월 7일 무소속 법 률가인 디미타르 포포프[602]가 가장 큰 3대 정당이 이룩한 '민주적 사

---

601)   Petăr Mladenov(1936~2000). 불가리아의 외교관, 정치가. 1989년부터 1990년 2월 2일까지 불가리아 공산주의 정권의 마지막 지도자로 있었으며, 1990년 에는 짧은 기간 민주화된 불가리아의 초대 대통령을 지냈다.
602)   Dimitar Popov(1927~2015). 불가리아의 판사. 1990~1991년에 1946년 이

회로의 평화적 이행을 보장하는 합의'를 바탕으로 임시정부를 구성하는 데 동의한 후 비로소 끝이 보이기 시작했다. 비록 회복의 효과는 더디게 나타났지만, 결딴난 경제를 재건하는 일—다른 곳과 마찬가지로 IMF와 세계은행의 지원하에 시장 개혁과 민영화를 바탕으로 한—이 비로소 이제 본격적으로 진행될 수 있었다.

소련 블록의 6개 국가 중 5개 국가에서 1989년에 일어난 혁명은 놀랍도록 평화적이었다. 이 체제들은 처음에는 폭력적 수단을 사용하거나 적어도 사용하는 것을 고려했지만, 소련의 지지가 없을 것이라는 사실을 깨닫고 그만두었다. '고르바초프 요인'은 결정적이었다. 그 후 체제 지도자들은 실제로는 권력을 유지할 목적으로 때늦은 단편적 개혁을 시동함으로써 자국민들을 달래려고 했다. 그러나 저항에 나선 인민은 소련의 지지 없이는 자기 나라의 지도자들이 벌거벗은 황제나 마찬가지라는 것을 깨닫고 점차 과감하게 민주적 변화를 요구하기 시작했다. 인민의 힘은 1989년 가을에 기하급수적으로 커졌다. 공산주의 체제의 지도자들은 불신을 받았고, 폭로되었으며, 점점 무력해졌다.

그러나 평화적인 혁명이 정상적인 패턴이라면 한 나라에서는 체제가 폭력적으로 종언을 맞았다. 풍선이 날아가다가 어디선가 빵 하고 터졌다면, 루마니아에서 그럴 것 같다고 예측할 수 있었다. 니콜라에 차우셰스쿠의 기괴한 폭정에서는 다른 나라에서 있었던 것과 같은 협상이나 타협, 점진적 개혁, 평화적인 이행이 배제되었다. 고르바

래 처음으로 비공산당원으로서 불가리아 초대 총리를 지냈다.

초프가 개시한 변화의 분위기를 타고 활성화된 반대파가 확실히 표면 아래에서 꿈틀거리고 있었다. 그러나 반대파는 체제의 지속적이고 가혹한 억압과 야만적 행동에 직면하여 1989년 늦가을까지는 거의 영향력이 없었다. 인접국 헝가리에서 진행된 혁명적 변화는, 비록 체제는 헝가리 국경을 넘어가는 탈출(1987년 이래 2만 명이 떠났다)을 막기 위해 1989년 가을에 철조망을 세우는 것으로 대응하긴 했지만 루마니아의 반대파에게 용기를 불어넣어 주었다.

몇 주 동안 체제는 중부 유럽 전역을 휩쓸던 폭풍우를 헤쳐나가고 있는 것 같았다. 하지만 1989년 12월 12일 폭우가 불시에 루마니아를 덮치기 시작했다. 그날 무시무시한 비밀경찰인 세쿠리타테는 성직자 라슬로 퇴케시[603](몇 주 동안 체제 측에는 눈엣가시였다)를 루마니아 서부의 티미쇼아라시에서 헝가리 국경을 가로질러 추방하려고 했으나 자신들의 행동이 수백 명의 시위대에 가로막혔음을 알았다. 다음 며칠에 걸쳐 시위가 극적으로 확대되었다. 정권은 자신들이 가장 잘 아는 방식(극단적인 폭력에 호소하는 것)으로 대응했다. 12월 17일 군은 군중에게 발포했고, 시위 참가자 몇 명이 사망했다. 그러나 폭력에도 불구하고 이제 시위는 걷잡을 수 없는 동력을 얻어가고 있었다. 이란 방문에서 계획보다 일찍 돌아온 차우셰스쿠가 12월 21일 점심시간에 부쿠레슈티 도심의 한 집회에서 연설했을 때 텔레비전 방송이 갑자기 중단되어야 했다. 으레 그렇듯 준비된 박수부대의 열광적인 갈

---

603) László Tőkés(1952~). 루마니아 태생의 헝가리 성직자이자 정치가. 유럽의회 의원이며, 2010~2012년 유럽의회 부의장을 지냈다.

채 대신에 생각할 수 없는 일이 발생했다. '지도자'는 휘파람과 우우
하는 소리로 야유를 받았다. 그날 저녁 군과 경찰, 세쿠리타테는 엄
청난 수의 군중에 맞서 곤봉과 물대포, 실탄 사격으로 대응했으나
이제 본격적인 혁명으로 확대된 사태를 진압하는 데는 실패했다.

차우셰스쿠는 12월 22일 아침에 당사 발코니에서 연설하려고 했
으나 적대적인 군중 때문에 다시 물러날 수밖에 없었다. 군중이 건물
을 습격할 것을 두려워 한 차우셰스쿠와 부인 엘레나는 옥상으로 올
라가 헬기로 피신했다. 하지만 안전한 피난에 대한 그들의 희망은 얼
마 가지 못했다. 두 사람은 이제 그닐 저녁 부쿠레슈티에서 권력을
장악한 '국민구원전선National Salvation Front'의 지시에 반응하는 군부대에
의해 멀리 떨어지지 않은 루마니아 남부의 트르고비슈테에서 체포되
었다. 크리스마스 날에 차우셰스쿠는 급조된 군법회의에서 단호하게
사형 선고를 받고 외부로 끌려 나와 총살 집행대에 의해 처형되었다.
전체적으로 약 1만 명이 루마니아 혁명 동안 살해된 것으로 추산됐다.

루마니아에서는 민주주의로 신속하게 이행하지 못했다. 지식인과
중간계급의 규모가 작고(이들은 대체로 체제에 매수당했다), 몹시 억압적
인 경찰국가인 나라는 독재가 종언을 고할 때까지 심지어 은밀한 형
태로 작동하는 '시민사회'의 기반조차 전혀 건설할 수가 없었다. 폴란
드나 체코슬로바키아와는 달리 준비된 차기 정부도 없었다. 루마니아
의 임시정부에서 이제 권력을 휘두르는 사람들은 그 자신들이 대부
분 이전 여당의 구성원이었다. 그들은 12월의 대혼란 와중에 쫓겨난
독재자가 허둥지둥 떨어뜨린 고삐를 움켜쥘 기회를 잡았다.

임시 국가수반으로 지명된 그들의 우두머리는 일찍이 차우셰스쿠

정권의 저명한 일원이었던 이온 일리에스쿠[604]였다. 다원주의가 인정되었다. 그러나 그러한 양보의 많은 부분은 허울에 지나지 않았다. 지나치게 많은 정당이 새로 결성되었다. 일부 오래된 당은 다시 태어났다. 그러나 1990년 5월의 선거가 보여주었듯이, 국민구원전선의 신구보수파들이 권력의 지렛대를 완전히 틀어쥐었다. 세쿠리타테는 사회통제의 모든 중요한 수단에 침투했다. 저항은 반체제 인사, 반대자, '일탈자', 외국인으로 보이는 사람에 대해 정부가 고의로 선동한 폭도들의 폭력(경찰이 전혀 보이지 않는 가운데)에 봉착했다. 1990년에 걸쳐경제적 빈곤이 촉진한 불안이 계속된 루마니아에서 격렬한 소란이겨우 천천히 잠잠해지기 시작했다. 그해 말 루마니아는 마침내 널리승인된 민주적 헌법을 갖게 되었다. 경제의 국가 소유는 그즈음 민영화에 개방되기 시작했다. 그러나 작동하는 다원주의 정치체제와 자본주의 경제로의 이행은 여전히 더디게 진전되었다. 루마니아에서 민주주의는 계속 상기적이고 불완전하게 진행되었다.

독일 통일로 가는 예상치 못한 빠른 경로

폴란드, 헝가리, 체코슬로바키아, 불가리아, 루마니아에서 민주주의로의 이행은—물론 소련과의 유대를 느슨하게 하는 결코 무시할 수없는 요인이라는 사실은 제쳐 두고—본질적으로 이들 나라 시민들의

---

604) Ion Iliescu(1930~). 루마니아의 정치가. 공산당 정권이 붕괴한 후 1989~1996년, 2000~2004년 루마니아의 대통령을 지냈다.

욕구를 만족시키는 문제였다. 이러한 목적지로 가는 길은 구불구불하고 종종 가시로 가득 찼다. 그러나 그것은 확정된 국가 경계 안에서 일어났다. 체코슬로바키아를 제외한 모든 나라에서 이 국경들은 여전히 변하지 않았다. 그리고 그 후 체코슬로바키아가 체코공화국과 슬로바키아라는 두 국가로 분열되었던 1993년의 '벨벳 이혼' 이후에도 외부 국경들은 여전히 이전의 통합된 나라의 국경이었다. 여기서도 공산주의 체제에서 자유민주주의 체제로의 변모는 비록 극적이긴 했지만, 유럽의 지정학에 대한 큰 변화를 승인하고 확인할 세계 강대국들의 개입을 요구하는 어떤 문제도 제기하지 않았다. 제1차 세계대전과 제2차 세계대전 사이에 너무나 유독했던 종류의 영토적 권리 주장과 갈등—예를 들어, 독일과 폴란드 사이나 헝가리와 루마니아 사이의—이 전혀 부활하지 않았다는 사실은 중부 유럽의 국경이 1945년 이후 얼마나 확고하게 자리 잡았는지를 보여주었다.

독일민주공화국의 경우는 달랐다. 독일 민족 내의 두 국가 중 하나인 독일민주공화국이 존재할 수 있었던 것은 자신이 더 크고 부유한 자본주의 이웃 나라에 제공한 근본적인 대안 덕분이었다. 훨씬 더 결정적으로 중요한 것은 두 독일의 창조가 제2차 세계대전이 종전되었을 때 승리한 연합국들이 강제한 조건의 직접적인 산물이었다는 사실이다. 그러므로 독일민주공화국의 지위에 조금이라도 변화가 있으면 국제적으로 주요한 결과가 발생하게 되어 있었다.

장벽이 개방된 후 독일민주공화국, 무엇보다도 특히 베를린에서 일어나고 있는 변화의 속도를 따라잡기는 거의 불가능했다. 베를린은 전시 연합국들에 의해 여전히 공식적으로 분할되어 있었고, 여전히 공식적으로 통제되고 있었다. 하지만 실제로 베를린 사람들은 당시 실질적인 면에서 도시의 분할을 종식하는 변화를 목격하고 있었다. 억압적인 국경 통제는 재빨리 해체되었다(공식적으로 폐지된 것은 1990년 7월 1일이지만). 장벽에 대해 남아 있던 것이 급속히 사라지기 시작했다. 헬무트 콜이 브란덴부르크 문을 다시 개방하는 자리에서 연설할 때 기쁨에 넘친 엄청난 군중이 그에게 환호했던 1989년 12월 22일에 또 하나의 상징적인 순간이 찾아왔다. 한 세기의 4분이 1 이상이 흐른 후 처음으로 그때까지 장벽의 동쪽에 자리 잡고 '죽음의 띠'에 둘러싸인 채 도시의 분할을 전형적으로 보여주었던 베를린의 상징 브란덴부르크 문 아래를 걸어서 통과할 수 있게 되었다. 군중은 그날 밤 폭우를 맞으면서 브란덴부르크 문을 통과하여 축제를 즐기듯 아름다운 대로인 운터덴린덴을 따라 동베를린의 중심부로 들어갔다. 자본주의 서베를린이라면 수십 명의 거리 행상인들이 갑자기 나타나서 가판대를 설치하고 기꺼이 돈을 쓰려 하는 군중을 이용해 어떻게든 한몫 잡았을 것이다. 그러나 동베를린에서는 운터덴린덴 거리에 문을 연 가판대나 카페, 술집이 드물었다. 브란덴부르크 문 아래로 처음 걷는 축하 행사는 필연적으로 진지할 수밖에 없었다. 서베를린의 주요 쇼핑 거리인 쿠르퓌르스텐담에서 동베를린의 운터덴린덴으로 이동하는 것은 여전히 경제적으로 서로 다른 두 체제 사이를 이동하는 것이었다. 그러나 이것 역시 급속히 바뀌고 있었다.

한때 같은 나라였던 땅의 두 부분 사이에 존재한 경제적 불균형이 결정적인 요인이었다. 경제적 불균형은 장벽이 세워지기 전, 독일민주공화국의 인민들 주위로 담을 두르지 못해 번창하는 서독으로 노동력이 유출되는 것을 막을 수가 없었을 때 이미 존재했다. 그때까지 40년 동안 서방의 물질적 유혹은 서방 소비주의의 매력을 광고하는 서독 텔레비전 프로그램들에 대부분의 동독 주민들이 다가갈 수 있게 되면서 점차 가시화했지만, 손이 닿지 않는 곳에 있었다. 장벽의 개방은 이제 독일민주공화국의 시민들이 적어도 이론적으로는 서독의 훨씬 더 번창하는 경제를 이용하기 시작할 수 있게 되었음을 의미했다. 그리고 동독 시위대가 부르는 '독일, 통일된 조국'의 합창이 커진 것은 그들 대부분이 서독을 외국으로 보지 않으며, 또 (적어도 나이 든 시민들의) 살아 있는 기억 속에 하나의 나라였던 땅의 더 큰 서쪽 부분에 사는 인민들과 동질감도 느꼈음을 의미했다. 서독인들 사이에서 이 감정은 훨씬 더 강했다. 이미 1989년 11월 말의 여론조사에 따르면, 동독인은 60퍼센트, 서독인은 70퍼센트가 재통일에 찬성했다.

하지만 동독인들은 서방의 기준에서 보면 여전히 가난했다. 그들의 통화인 (동독)마르크로는 서방에서 거의 아무것도 살 수 없었다. 그리고 100(서독)마르크의 '환영비'는 곧 없어져 버렸다. 동독 통화의 가치가 그대로 불변인 한 주민의 생활수준을 개선하거나 쇠약해진 경제의 구조적 토대를 재건하는 것은 불가능할 터였다. 그러나 어떤 변화도 연방공화국과 독일민주공화국 사이의 관계에 달려 있었다. 정치적 변화가 경제적 개편에 선행해야 했다. 획기적인 결정이 필수적이었다. 그리고 이것은 전 전시 연합국들의 관여를 의미했다. 전후 초강대국인 미국과 소련(무엇보다도 특히 소련)의 태도는 매우 복잡한 등식에서 결정적으로 중요한 요소였다.

그러나 결정적인 역할을 한 것은 독일인 자신들이었다. 핵심적인 주도적 행동은 서독에서, 특히 서독 총리 헬무트 콜에게서 나왔다. 끊임없이 저평가되어 온 것 같은 콜은 실제로는 자신의 나라와 또 유럽의 변화에서 주요한 개인적 역할을 한 정치인이었다. 콜은 물론 어느 누구도 심지어 장벽이 개방된 후에도 통일을 신속히 이루려면 두 독일 국가 간의 새로운 관계 기반이 요구된다는 점을 생각하지 못했다. 또 일단 가능성이 나타나자 통일이 그토록 급속히 진행되리라고는 상상도 하지 못했다. 뒤이은 것은 예상치 못한 사태였다. 그것은 콜도 깜짝 놀라게 했다. 그러나 콜은 다른 사람들보다 더 빨리 기회를 보았고, 그에 따라 행동했다. 그는 사건들의 흐름에 떠밀렸다. 그러나 그는 이 조류를 타면서—때때로 무거운 충고를 거슬러—물길을 한 방향으로만 흐르는 수로 속으로 돌렸다.

동독 정부는 처음에 통일이라는 개념과는 거리를 두기를 바랐다. 일찍이 드레스덴 지구의 당 지도자로서 온건한 개혁가인 신임 총리 한스 모드로[605]는 자신이 1989년 11월 17일에 통일에 대한 "비현실적이고 위험한 억측"이라고 묘사한 것을 노골적으로 거부했다. 모드로는 자신이 두 독일 국가들 사이의 "계약 공동체"라고 부른 것을 선호했다. 그것이 무엇을 의미했든, 이 용어는 오래가지 않았다. 그것은 11월 28일 헬무트 콜이 연방의회의 연설에서 독일 통일로 가는 길을

---

605)   Hans Modrow(1928~). 독일의 정치가. 1989~1990년 독일민주공화국 각료회의 의장(총리), 1990~1994년 연방의회 의원, 1999~2004년 유럽의회 의원을 역임했다.

발전시키기 위해 '10개 조항 계획'의 개요를 설명하면서 사용한 '연방'이라는 새로운 용어에 포섭되었다. 콜은 자신이 무엇을 말할지 내각에 언급조차 하지 않았다. 그는 독일민주공화국의 민주화라는 전제조건에 기초하여 긴밀한 협력 분야를 보여주었다. 콜은 두 나라 간의 관계에서 어떤 근본적인 변화도 "유럽 전체의 미래 구조"에 맞아야 한다고 역설하면서, 연방정부의 정치적 목표는 여전히 '재통일'—독일의 단일국가 복귀—임을 언급하는 것으로 끝을 맺었다. 그러나 이는 독일이 분할된 이래 계속 서독의 열망이었던 것을 되풀이한 데 지나지 않았다. 콜은 12월 초에 자신의 '10개 조항'에서 말했던 '연방'조차도 성숙하는 데 오랜 시간이 걸릴 것이라고 여전히 은연중에 내비쳤다. 하지만 12월이 지나는 동안 서독과 동독 모두에서 인민의 압박 때문에 콜이 흔쾌히 이끄는 통일을 향한 과정이 급속도로 가속하고 있다는 사실이 점점 분명해졌다. 다른 유럽 지도자들은 이 과정을 막고 싶어도 거의 아무것도 할 수 없었다.

"나는 독일을 너무 사랑해서 독일이 2개 있는 것이 기쁘다." 프랑스 작가 프랑수아 모리아크[606]가 말했다고 알려진 이 격언은 당시 한 명 이상의 정치인들의 마음을 스쳐 지나갔음이 틀림없다. 어쨌든 통일의 가능성은 처음에 서유럽 지도자들 사이에서, 또 놀랄 것도 없이 모스크바에서 경악을 불러일으켰다. 1989년 로널드 레이건을 계

---

606) François Mauriac(1885~1970). 프랑스의 소설가. 주요 작품으로 《쇠사슬에 묶인 아이》, 《불의 강》, 《사랑의 사막》, 《검은 천사》, 《바리새 여인》 등이 있다. 1952년 노벨 문학상을 받았다.

승한 조지 부시[607] 대통령만이 새로운 통일독일이 나토 안에 남아 있는 한 조기 통일을 성취할 수 있다는 가능성에 대해 처음부터 긍정적으로 말했다. 그러나 바로 그와 같은 인식 때문에 모스크바는 경계를 하게 되었고, 처음에는 통일에 대한 어떤 구상도 단칼에 거부했다.

1989년 12월 2~3일에 몰타 연안의 풍랑이 거센 바다 위 소련 선박의 선상에서 열린 부시와 고르바초프의 정상회담은 두 초강대국 간의 선린 관계와 협력을 더욱 강화하는 매우 환영받는 합의를 낳았다. 초강대국 지도자들의 만남은 냉전의 상징적 종결을 획기적으로 나타내는 것이었다. 그러나 기자회견에서 어느 지도자도 독일 통일을 향한 움직임을 일찍 시작할 거라는 기대를 내보이지 않았다. 고르바초프는 통일 과정의 "어떤 인위적 가속화도" 동유럽의 변화를 방해할 것이라고 단언했다(1945년에 소련의 결정으로 확정된 오데르·나이세 선이 독일의 동부 국경으로 계속 남아야 하느냐는 문제, 즉 특히 한때는 동독 지역이었지만 그 후 폴란드의 일부가 된 땅에서 쫓겨난 사람들이 보기에 여전히 민감한 문제를 간접적으로 언급하며). 부시 자신으로서는 독일 통일을 비공식적으로는 수용했는데도 "영구적인 국경이라는 개념"이 여전히 존재한다고 암시했다. 이 발언은 해석을 달리할 수도 있었지만, 함의상 독일 내의 영토를 현 상태 그대로 유지하는 것을 시사하는 듯했다.

607)   George H. W. Bush(1924~2018). 미국의 정치가. 연방 하원의원, 유엔 주재 대사, CIA 국장 등 여러 공직을 거친 후 1980년 대통령 선거에서 로널드 레이건의 러닝메이트로 출마하여 1981~1989년 부통령을 지낸 데 이어, 1989~1993년 제41대 대통령으로 재임했다.

다음 며칠 동안 미테랑과 이탈리아 총리 줄리오 안드레오티,[608] 영국 총리 마거릿 대처(누구보다도 강경했다)는 네덜란드 총리 뤼돌퓌스 프란시스퀴스 마리 뤼버르스[609]처럼 독일 통일에 대한 반대 목소리를 계속 냈다. 1989년 9월 초에 대처와의 회담에서 미테랑은 통일 후에는 공동 통화를 가진 유럽연합만이, 확대되고 인구가 더욱 많아져서 다른 어느 서유럽 국가보다 실질적으로 큰 나라가 될 독일을 억제할 수 있다고 주장했다. 대처 여사는 독일이 통일과 단일 통화를 모두 가지면 "견딜 수가 없을" 것이라고 대꾸했다. 대처와 그의 세대의 몇몇 다른 영국 정치인들에게 제2차 세계대전은 강대국 독일을 파괴하기 위해 싸운 전쟁이었다. 통일은 그것을 부활시킬 위험이 있었다. 다른 유럽 지도자들은 기존 국경(독일 내부 국경을 제외하고)과 안보 대책이 보장되는 한 독일 통일의 가능성에 더 개방적이었다. 이러한 전제 아래 그들은 만일 민족 통일이 분단된 나라의 양 지역에 사는 인민이 자유롭게 결정한 의사라면 그것에 반대하기 힘들다는 견해를 취했다.

돌파구는 처음부터 유럽 통합을 향한 움직임의 핵심이었던 두 나

---

608)   Giulio Andreotti(1919~2013). 이탈리아의 정치가. 1972~1973년, 1976~1979년, 1989~1992년 총리, 1983~1989년 외무장관, 1991~1992년 문화·환경장관을 역임했다. 1970년대부터 마피아와 연루된 부패 혐의로 몇 차례 기소되어 2003년 24년 징역형을 선고받았으나 고령을 이유로 형 집행이 보류되었다.

609)   Rudolphus Franciscus Marie Lubbers(1939~2018). 네덜란드의 정치가. 1982~1994년 네덜란드 총리를 지냈고, 2000~2005년 유엔 난민고등판무관으로 활동했다.

라, 즉 프랑스와 서독 사이의 합의를 바탕으로 마련되었다. 이는 어떤 의미에서는 필수적인 것이었다. 1989년 12월 8~9일, 미테랑과 콜이 스트라스부르 유럽공동체 지도자회의에서 만났을 때는 합의가 이루어지지 않을 것 같았다. 콜은 겨우 1주일 여 전에 자신의 10개조 계획을 상의도 하지 않고 독단적으로 발표함으로써 다른 유럽 지도자들과 마찬가지로 미테랑을 깜짝 놀라게 했다. 통일은 민감한 주제였다. 유럽 지도자들 사이의 우려는 분명했다. 콜은 독일 통일이 유럽 통합을 향한 진전의 일부가 될 것임을 확인함으로써 상황을 진정시키기 위해 애를 썼다. 콜 총리는 유럽의 경제적 통합과 통화 통일을 향해 나아가고 싶어 하는 미테랑 대통령의 바람을 충족하기 위해, 1990년이 끝나기 전에 열린 정부 수반들의 회담에서 실질적인 조치를 취할 태세가 되어 있다고 선언했다. 1990년 4월에 미테랑과 콜은 유럽공동체를 1993년 1월 1일까지 정치적 동질성을 지닌 일종의 유럽연합으로 전환하는 야심 찬 계획에 합의하기까지 했다(비록 콜이 이루고자 했던 완전히 성숙한 정치적 연합에는 한참 못 미칠 것이지만).

미테랑은 독일을 통합된 서유럽으로 묶기를 간절히 바랐다. 아데나워의 진정한 사도였던 콜은 국제적 긴장도 완화하고 막 나타날 조짐을 보이는 독일의 민족주의적 수정주의 경향도 차단하려면 독일이 서방에 계속 묶여 있는 편이 명백히 낫다고 생각했다. 그 대가로서, 그리고 유럽의 통화 통합을 이루기 위해 콜은 심지어 서독의 전후 번영과 경제적 지위의 상징인 독일마르크화를 희생시킬 태세마저 되어 있었다.

이제 콜과 모드로, 주요 열강의 모든 지도자는 동쪽과 서쪽에서 발생한 사건들의 궤도 위에 올라탔고, 이 사건들은 곧 통일이 멀리 있는 꿈이 아니라 아주 가까운 목표라는 것을 확실히 해주었다. 콜이 1990년 12월 19일에 자신과 모드로가 연설하는 것을 듣기 위해 드레스덴 도심에 모인 엄청난 군중으로부터 받았던 떠들썩한 환영은 아래로부터 쌓여가는 압력을 상징적으로 보여주었다. 군중을 불붙게 한 것은 '계약 공동체'라는 모호한 구상이 아니었다. 그들을 불붙게 한 것은 통일의 가능성이었다. 군중은 서독 국기의 바다 속에서 '독일, 통일된 조국'을 외쳤다. 콜은 자신의 목표가 "역사적인 시간이 허용한다면 우리 민족의 통일"이라고 선언함으로써 이에 응답했다. 총리는 이 '역사적인 시간'이 이제 가까이 다가왔다고 확신하며 드레스덴을 떠났다.

이 무렵 독일민주공화국은 회복 불가능한 붕괴의 조짐을 분명히 보이기 시작했다. 12월 초 사회주의통일당(동독의 공산당)의 지도적 역할을 뒷받침하는 조항이 헌법에서 삭제되었다. 에리히 호네커와 한때 저명했던 정권의 인사들이 당에서 쫓겨났고(부패와 권력 남용으로 기소되었다), 정치국원들은 일제히 사임했으며, 명목상으로만 독립적인 부수적인 정당들은 서독의 기독연합 및 자유민주당과 제휴했다. 새로 결성된 동독 사회민주당도 이와 유사하게 서독의 자매 정당과 긴밀한 협력 관계에 들어갔다. 새로 설립된 다원주의적 의회를 위한 선거가 1991년 5월로 예정되었으나, 궁극적으로는 사건들의 압박을 받고 3월로 앞당겨졌다. 그사이 상당한 규모의 국민이 빈사지경에 이른 국가에서 탈주하고 있었다. 거의 12만 명의 동독인이 장벽이 개방된 때부터 1989년 말 사이에 서독으로 떠났다.

1990년 1월 말, 고르바초프는 모스크바에서 모드로와 회담을 한 후 독일 통일에 관해 마음을 바꿨다. 이것이 결정적이었다. 부시 대통령은 처음부터 본질적으로 통일에 찬성했다. 그러나 고르바초프는 통일독일의 손에 의해 최근에 너무나 큰 고통을 당했던 자신의 나라에서 이와는 다른 민감한 반응에 직면했다. 통일독일은 필연적으로 다시 한번 서유럽뿐만 아니라 동쪽도 바라볼 것이었다. 그리하여 소련 지도자에게 독일 통일이라는 구상을 포용하는 것은 정치적으로 용기 있는 행동이었다. 그렇지만 이제부터 고르바초프는 단일 국가로 뭉칠 동독인들과 서독인들의 권리를 인정했다. 고르바초프는 모드로에게서 동독 내부의 상황에 대한 보고를 듣고 생각을 바꿨다. 동독 지도자는 인구의 대다수가 그냥 더 이상은 2개의 독일 국가라는 구상을 지지하지 않는다고 고르바초프에게 말했다. 통일에 찬성하는 압력이 너무나 거세서 독일민주공화국을 보존하기는 불가능했다. 고르바초프는 모드로가 다음과 같이 말했다고 회고했다. "우리가 지금 선제적으로 행동하지 않는다면, 이 과정은 통제가 불가능해질 것이고, 우리는 사태 진행에 아무런 영향도 미칠 수 없을 것입니다." 고르바초프는 이에 동의했다. 고르바초프와 그의 최측근 자문관들도 이미 같은 결론에 도달했다. "독일 통일은 불가피하다고 생각해야 합니다."

　　이제 조기 통일의 가능성이 현실화하자 새로 통일된 독일이 나토에 속할 수 있느냐는, 누가 생각해도 분명한 문제가 다시 떠올랐다. 소련은 일찍이 이러한 생각을 드러내놓고 거부했다. 이것은 1990년 2월에 여전히 고르바초프의 태도였다. 그러나 상황은 급속히 변하고 있었다. 이것은 가장 중요한 단 한 가지 이슈였다. 그것은 그달에 진행된 외교 협상을 지배했다. 2+4 형식(두 독일 국가와 4개의 전 점령국)이 협상의 기반으로 합의되었다. 영국과 프랑스는 이 협상에서 다소 자리만 채우는 정도였다. 동독인들도 그랬다. 주요 국가는 연방공화국, 미국, 소련이었다. 핵심 주역은 콜과 고르바초프였고, 부시의 역할은 중요했지만 좀 작았다.

동독인들은 연방을 향해 나아가는 동안 독일 두 부분 모두가 군사적 중립을 지키기를 원했다. 이전 서방 점령국들이 보기에, 이에 대해서는 의문의 여지가 없었다. 처음에 서방 열강들은 나도가 지금처럼 연방공화국에 기지를 두겠지만 이전 독일민주공화국의 영토로 확장하지는 않을 것이라는 독일 외무장관 한스디트리히 겐셔가 먼저 내놓은 제안을 전반적으로 수용했다. 고르바초프의 회고에 따르면, 미 국무장관 제임스 베이커[610]는 2월 9일 모스크바를 방문했을 때 이것이 미국의 입장이라고 단호히 언명했다. 고르바초프는 여전히 이러한 조정마저 용인할 준비가 되어 있지 않았다. 하지만 2월 말에 미국인들은 방침을 바꿔(비록 그 방침이 미국인들이 처음부터 줄곧 원했던 것이었음이 거의 확실했는데도), 이제 (콜 총리와 의견이 일치해) 독일 전체의 안보가 보장된다면 결국 나토가 이전 독일민주공화국 영토로 확장되어야 한다고 주장했다. 나토를 확장하지 않겠다는 공식적인 약속

---

610) James Baker(1930~). 미국의 정치가. 1985~1989년 재무장관, 1989~1992년 국무장관을 역임했다. 국무장관에서 사임한 뒤에는 1993년까지 대통령 수석 보좌관으로 근무했다.

을 이전에 한 적이 전혀 없었던 것이 사실이지만, 그럼에도 이 변화는 모든 당사자가 이전에 양해한 바와 명확히 모순되었다. 그것은 이후 러시아에서(그리고 어느 정도는 서유럽에서도) 악감정—서방이 성실하게 행동하지 않았으며 약속을 저버렸다는 느낌—을 자극했다.

여하튼 현실은 바르샤바협정의 급속한 붕괴를 여전히 예상하지 못한 고르바초프가 완전히 압도당했다는 것이다. 1990년 5월, 고르바초프는 미국의 압력을 받고 통일독일이 어떤 동맹에 가입하기를 원하는지 스스로 선택해야 한다는 것을 인정했다. 그것은 고르바초프 전의 소련이라면 수용은커녕 생각도 하지 못했을 조치였다. 고르바초프가 이제 그렇게 한 것은 독일과 유럽의 변화 과정에 대한 그 자신의 독특한 기여뿐만 아니라 소련의 급속한 약화도 보여주는 것이었다. 소련 경제는 서방의 재정 지원이 당장 필요했다. 독일은 재통일에 소련이 협력하는 데 대한 보상으로 필요한 융자를 제공할 준비가 되어 있었다.

1990년 7월 콜이 모스크바를 방문했을 때, 통일독일이 나토에 속해도 좋을 것임이 확인되면서 공개적인 소련 정책이 되었다. 그 보답으로 독일은 소련에 영구히 핵무기와 생화학무기를 포기하고 37만명의 무장 병력만 보유할 것이라고 보장했다. 또한 소련 병력을 독일 민주공화국 영토에서 철수시켜 소련에 재배치하는 비용을 누가 부담하느냐는 사소한 문제도 있었다. 그것은 120억 독일마르크에다 추가로 30억 독일마르크의 융자가 필요한 값비싼 청구서였는데, 콜은 1990년 9월 전화상으로 고르바초프와 긴 입씨름을 벌인 끝에 마침내 지급하는 데 동의했다. 콜에게 그것은 불과 몇 달 전만 하더라도 거의 꿈도 꾸지 못했던 해결책이었다. 고르바초프에게 그것은 소련과 독일 사이의 장기적인 친선 관계를 공고히 하는 좋은 거래였고, 그는 이 친선 관계를 유럽의 미래에 결정적으로 중요한 것으로 여겼다. (그 수가 급증하고 있던) 고르바초프의 국내 적들에게 그것은 소련의 이해에 대한 용서할 수 없는 배신이었다.

2+4 협상에서 좀처럼 사라지지 않았던 다른 민감한 이슈는 동독 국경 문제였다. 연방공화국은 (전후 폴란드가 된 땅의 서쪽 부분을 포함하는) 1937년 국경으로 돌아간다는 궁극적인 목표—그것이 아무리 비현실적으로 되었다 할지라도—를 공식적으로 포기한 적이 없었다. 전쟁 종결 직전과 직후에 이 지역들로부터 도피할 수밖에 없었거나 추방당했던 인종적으로 독일인 계열 주민의 대표들은 주로 기독연합 정당들 내에서 무시할 수 없는 상당한 영향력을 갖고 있었다. 그리고 1919년과는 달리 전쟁을 공식적으로 종결하는, 그리하여 폴란드의 서부 국경을 확정하는 어떤 국제적인 조약도 없었다. 이미 1989년 7월에 서독 재무장관 테오도어 바이겔[611]은 슐레지엔 추방민들의 대규모 집회에서 자신이 보기에 오데르·나이세 선 너머의 상실한 동부 지역은 여전히 '독일 문제'의 일부라고 말했다. 이것은 작은 소수집단의 견해였다. 실제로는 이 단계에서 서독인들의 90퍼센트가 이 선을 영구적인 국경으로 받아들였다. 그러나 추방민들의 로비 활동을 진정

---

611) Theodor Waigel(1939~). 변호사로 일하다 독일 정계에 입문했다. 1989년 헬무트 콜 총리 정부에서 서독 재무장관으로 임명되어 1998년까지 재임했다. 독일 통일 이후에 유럽연합과 유로화의 출범 과정에서 적극적인 역할을 수행하며 '유로의 아버지'라는 별명을 얻기도 했다.

하기 위해 콜 자신은 1990년 봄까지 이 이슈를 여전히 회피했다. 마침내 겐셔의 주도로 3월 초 서독 의회인 연방의회가 이전 동부 지역에 대한 권리를 완전히 단념하고 오데르·나이세 선을 동독 국경으로 확인했을 때 이 문제가 제기되었다. 이 국경 획정은 나중에 폴란드와 독일 전체를 대표하는 정부 간의 조약에서 비준된다(그리고 1991년 10월에 종국적으로 성취된다).

통일은 이 무렵 임박한 가능성으로서 등장하고 있었다. 얼마 전까지만 하더라도 여전히 기껏해야 중간 정도의 가능성으로 여겨지던 기간이 사건들의 압력하에서 눈에 띄게 줄어들었다. 서독의 강점과 동독의 약점이 이제 너무나 분명하게 드러나고 있어서 궁극적인 결과는 더 이상 의심의 여지가 없었다. 연방공화국은 이미 끌어당기는 힘을 발휘하고 있었다. 그 힘은 공공연한 경제적 형태를 띠었다. 1990년 2월 중순, 연방공화국이 더 이상 독일민주공화국을 재정적으로 지원하지 않을 것임이 분명해졌다. 이미 빈사 상태인 데다 원조까지 받지 못하게 되자 동독 경제는 운이 다했다. 바로 그 무렵 콜은 자신의 정부를 설득해 독일민주공화국과의 통화동맹을 승인하게 했다. 달리 말해, 두 국가 사이에 경제력이 엄청나게 차이가 있다는 것이 명백했는데도 서독마르크화가 양국의 통화가 될 것이었다.

이러한 조건으로 이루어진 통화동맹은 자명한 위험 요소를 담고 있었고, 주요한 경제적 난점을 수반했다. 서독인들은 사실상 파산한 동독 경제를 계산할 수는 없지만 의심할 여지 없이 엄청난 비용을 들여 무한정 긴급 구제에 나설 것이었다. 반대 시각에서 보면 격렬한 경제적·사회적 효과가 있을 터였다. 많은 동독인이 완전히 비효율적인 국영 산업체들이 문을 닫으면서 직업을 잃을 것이었다(산업 생산은 실제로 1989년 8월부터 1990년 8월 사이에 놀랍게도 51퍼센트나 감소했다). 독일마르크화와 동독마르크를 1:1로 교환하는 후한 비율을 좋아한 사람들은 주로 사회민주당 당원과 노동조합 구성원이었다. 연방 은행과 콜의 재무장관 바이겔은 동독 경제의 경쟁력을 파괴하지 않고 서독 재정의 무거운 부담을 피하려면 2:1의 비율이 필수적이라고 전문적으로 충고했다. 콜은 처음에는 동의했다. 그러나 정치가 먼저였다. 가을에 선거가 어렴풋이 보이기 시작하고 자신의 인기가 연방공화국에서는 침체했으나 동부에서는 치솟으면서, 콜 총리는 1:1 비율에 동의하라는 압력에 무릎을 꿇는 편이 낫다고 생각하게 되었다.

서독은 이 무렵 앞으로 치고 나가고 있었다. 3월 8일, 정부는 통일독일을 위한 완전히 새로운 헌법을 만들기 전에 기본법(1949년의 연방헌법)을 폐기하는 데 반대하기로 결정했다. 기본법 제146조[612]는 사실 그와 같은 만일의 사태를 대비했다. 그 대신 독일민주공화국은 기본법 제23조하에서 5개의 새로운 주Länder로서 (1956년 자를란트가 그랬던 것처럼) 연방공화국으로 바로 편입될 것이라고 결정되었다. 이것은 의심할 여지 없이 가장 손쉽고 빠른 경로였다. 그러나 그것은 합병보다는 인수를 의미했다. 그리고 실제로 일단 통일과 관련해 사태가 진정되자 전 독일민주공화국이 마치 서독의 식민지처럼 취급당하고 있다

---

612) 기본법의 마지막 조항인 제146조는 다음과 같다. "독일의 통일과 자유가 달성된 이래 전체 독일 인민에게 적용되는 이 기본법은 독일 인민에 의해 자유롭게 채택된 헌법이 효력을 발휘하는 그날 더 이상 적용되지 않을 것이다."

는 볼멘소리가 들리기 시작했다. 이러한 감정은 아무리 정당화할 수 없다 할지라도 어떤 점에서는 이해할 만했다. 그것은 슈타지와 관련이 있거나 다른 방식으로 동독 체제에 너무 긴밀하게 연루되었다고 판결받은 전문직 중간계급의 교사, 과학 연구자, 대학 강사 등을 전면적으로 해임하면서, 또 서독인들이 정치 개편과 경제 재건을 감독하기 위해 들어왔을 때 더욱 뚜렷해졌다. 많은 동독인은 스스로를 자신의 나라에서 2등 시민으로 여기게 되었다.

하지만 1990년 3월 18일 동독의 '인민의회'(독일민주공화국 의회) 선거—원래 날짜인 5월 6일에서 앞당겨졌다—는 국민투표를 통해 서독의 주도성과 제23조에 근거해 통일로 가는 신속한 경로를 승인해주었다. 동독인들은 그들 자신의 국가를 폐지하는 데 찬성표를 던졌다. 독일마르크화의 매력이 결정적인 요인이었다. 서독 정치 지도자들(헬무트 콜, 빌리 브란트, 한스디트리히 겐셔)은 선거운동에서 주요한 역할을 했다. 특히 브란트는 엄청난 개인적 인기를 누렸다. 그럼에도 선거는 콜의 승리로 끝났다. 그것은 사실 독일마르크화의 승리였다. 독일마르크화의 도입과 신속한 통일을 약속한 보수적인 '독일을 위한 동맹Alliance for Germany'(사실상 새로 결성된 동독의 기독연합)이 48퍼센트의 득표(93.4퍼센트의 투표율에서)로 승리했다. 사회민주당은 21.9퍼센트로 뒤처졌다. 사회주의통일당(동독 공산당)의 후계 정당인 민주사회주의당PDS은 비록 옛 공산주의의 심장부인 동베를린에서는 인상적인 30.2퍼센트를 얻었지만, 전체적으로 16.4퍼센트를 득표하여 겨우 3위에 머물렀다.

이 결과로 지난가을 독일민주공화국에서 국가에 반대하여 인민

봉기를 주도했던 많은 지식인이 품은, 더 나은 사회주의로 가는 '제3의 길'에 대해 남아 있던 마지막 희망이 완전히 끝났다. 1989년 가을에 여러 종류의 저항운동에 앞장섰던 용감한 사람들은 이제 서독의 자본주의적 자유민주주의의 주류 정당들과 단체들에 무시당하고 있다고 느꼈다. "사회주의는 자신이 약속한 것을 이행하지 않았다." 이는 의심할 여지 없이 다수의 사람을 대변한 한 노동자의 간결하고 장중한 평결이었다. 사람들은 체제를 흔히 원망스럽게 되돌아보면서, 체제가 40년 동안 자신들의 희망을 저버렸다고 생각했다. 그를 비롯한 수많은 사람은 자신이 미래를 보았다고 생각했다. 그리고 그것은 그들이 동독에서 경험했던, 실패한 마르크스·레닌주의적 사회주의 시스템은 아니었다. 자유주의적 자유가 있고 무엇보다도 특히 성공적인 경제를 가진 번영한 서독은 매력적인 나라였다.

동독의 3월 선거부터 통일까지는 짧고 쭉 뻗어 있는 길이었다. 핵심 조치는 1990년 7월 1일 통화동맹을 설립하는 것이었는데, 이는 서독마르크화를 독일 양 지역의 유일한 법정통화로 도입하는 것을 의미했다. 1동독마르크 대 1독일마르크라는 합의된 환율(사실은 베를린 경계를 넘어갈 때 적용되던 의무적인 옛 공식 환율이었다)은 실제 환율은 훨씬 높았기 때문에—아마도 적어도 8:1(이전의 암시장 환율)—기이할 정도로 후한 조정이었다. 그것은 고용이나 연금 또는 저축 부문(60세 이상의 사람들에게는 최고 4000마르크 또는 6000마르크)에서 독일민주공화국 시민들에게 적용되었다. 훨씬 많은 액수의 저축과 회사 채무는 2:1의 비율로 교환되었다. 단기적으로, 저축이 있었던 사람들은 이제 해외여행을 가거나 이전에는 이용할 수 없었던 물건들을 살

수 있을 것이었다. 짧은 시간 안에 독일의 동부 지역에서 실제로 서방 생활의 화려한 물질적 겉치레가 새롭지만 점점 더 자주 볼 수 있는 광경이 되었다. 그러나 많은 사람에게 공산주의 체제가 제공하던 수수하지만 충격이 완화된 생활방식은 서독으로부터 대규모로 보조금이 지급되었는데도 이제 갑자기 종언을 맞이했다.

예를 들어 고용은 아무리 비생산적이었지만 공산주의 치하에서 보장되었다. 그러나 피고용인들과 그들의 가족은 이제 예상 밖의 시장 변화에 노출되었다. 1년 만에 300만 명의 동독인이 실업자가 되었다. 그리고 동독 경제는 거의 완전히 경쟁력을 잃었다. 1990년 5월 추산에 따르면(낙관적인 것으로 드러났다), 산업의 약 3분의 1만이 보조금 없이 생존 가능했다. 동독의 옛 국영 기업 수천 개가 다음 4년에 걸쳐 민영화되었다. 이 기업들은 처음에 민영화를 실행하기 위해 설립된 기구인 '신탁관리청Treuhand'으로 이전되었는데, 이 기구는 400만 명을 고용하는 1만 3000개 이상의 회사를 인수했다. 옛 국영 회사 대부분이 서독 기업들의 자회사가 되었다. 그러나 현재의 조건에서 많은 회사가 거의 가치가 없었다. 매각 가격은 그에 비례하여 낮았다. 회사의 수익성을 높이는 것은 서서히 진행될 수밖에 없는 일이었다. 신탁관리청은 결국 2500억 마르크 이상을 상실했다. 거의 전부를 서독이 실행하는 민간 투자는 부진했다. 그리고 민간 투자는 결코 충분하지 않았다. 서독 국가는 통일의 재정적 부담 중 많은 부분을 짊어져야 했다. 거대한 투자 프로그램이 요구되었다. (도로, 철도, 다리, 황폐해진 전화 시스템을 비롯해) 사회 기반시설은 급박하게 개보수가 필요했다. 더구나 실업 급여와 복지 서비스의 사회적 비용도 엄청났다. 서독 정부는 통일 후 3년 동안 3500억 마르크(당시 환율로 거의 1200억 파운드)로 추산되는 금액을 동독에 지출했다. 이것은 당연히 연방공화국의 국가 채무가 엄청나게 증가하고 차입금이 늘어나는 것을 의미했는데, 이는 독일에만 그런 것은 아니었다.

폴란드와 매우 비슷하게 동독에서의 체제 이행은 급격한 경제적 충격을 가져왔다. 통화동맹의 조건과 민영화의 규모 및 속도가 이러한 충격을 필연적으로 초래했다. 옛 동독 경제는 통일 후 옛 소련 블록 나라들 중에서 가장 급속하고 급진적인 자유화에 노출되었다. 그러나 적어도 동독인들은 다른 옛 소련 블록 나라의 시민들과는 달리, 훨씬 부유한 이웃 나라의 거대한 보조금에 의지할 수 있었다. 실제로 1991년부터 부분적으로 동독의 체제 이행을 재정적으로 돕는 '연대 보조금'이 서독의 봉급 봉투에서 공제되었다(연대 보조금에는 또 제1차 걸프 전쟁[613]의 비용에 대한 서독의 분담금도 포함되었고, 연방정부의 세수에 너무나 유용한 추가 세수가 되어서—최종적으로 1년에 총 약 150억 유로—무기한 유지되었는데, 이는 대부분의 국민을 점점 더 짜증 나게 했다).

통일의 경제적·사회적 복잡성은 심지어 통일이 이루어지기 전에도 진정으로 심각한 것으로 인식되었다. 적응의 심리적 문제는 시간이 흐르면서 아마도 훨씬 더 도전적인 것으로 밝혀질 것이었다. 그러나 되돌아가는 일은 있을 수가 없었다. 독일 내부에서도, 국제적으로

---

613)　The Gulf War. 1990년 8월 2일부터 1991년 1월 17일까지 이라크의 쿠웨이트 침공 및 병합에 반대하여 미국 주도의 34개국 다국적 연합군 병력에 의해 수행된 전쟁을 가리킨다. 페르시아만 전쟁, 제1차 걸프 전쟁, 쿠웨이트 전쟁, 제1차 이라크 전쟁 등으로 불리기도 한다.

도—파리와 런던의 우려에도 불구하고—그렇게 할 의지가 존재하지 않았다. 9월 말, 마지막 정치적 난관이 극복되었다. 통일과 관련된 법률적이고 행정적인 기술적 문제들을 해결하기 위한 두 독일 사이의 조약이 1990년 8월 31일 체결되어, 9월 20일 독일민주공화국의 인민의회와 연방의회에 의해 비준되었고 9월 29일 효력을 발휘했다. 9월 24일, 독일민주공화국은 소련의 동의하에 바르샤바협정을 탈퇴했다. 1주일 후 4개 점령국은 자신들의 오랜 권리와 책무를 끝냈다(40년 이상 늦긴 했지만 제2차 세계대전을 종결하는 조약에 가장 가까웠던 비준은 다음 몇 달 동안 단계적으로 이루어졌다). 1990년 10월 3일 시계가 자정을 알리자 베를린 거리에서 엄청난 축하 파티가 벌어지는 가운데 연방 대통령 리하르트 폰 바이츠제커는 독일의 통일과 통합된 유럽에서 지구적 평화를 위해 일하겠다는 독일의 희망을 선언했다. '통일 총리' 헬무트 콜에게 그것은 엄청난 승리였다.

그것은 의문의 여지 없이 독일뿐만 아니라 유럽 전체에, 그리고 함의상 더욱 일반적으로는 국제 관계에 유일무이하게 역사적으로 중요한 순간이었다. 그것은 독일 국민국가가 처음에 유럽에 상상할 수 없는 고통과 파괴를 가하고 그런 다음 40년 동안 분단되었다가 적어도 서쪽 부분에서는 평화와 번영, 안정에 기반을 둔 새로운 유럽의 토대를 건설하는 데 크게 기여했던 한 시대가 저물었음을 상징적으로 나타내는 것이었다. 미래가 무엇을 가져다줄지는 불확실했다. 하지만 우선은 (독일의 이웃 나라들 사이에서는 여전히 얼마간의 불길한 예감이 있었지만) 독일에서 기쁨이 넘쳐흘렀다.

소련의 긴 죽음의 고통

중부 유럽과 발칸 지역의 옛 위성국들에서 드라마가 펼쳐지는 동안 소련은 내부로부터 붕괴하고 있었다. 1985년 미하일 고르바초프가 (공산당 권력을 무너뜨리는 것이 아니라 계속 유지하게 할 의도였던) 구조적 개혁 프로그램을 개시했을 때 본질적으로 시작되었던 이 과정은 4년 동안 먹구름이 잔뜩 낀 거대한 대양의 폭풍처럼 힘을 더했다. 1989년 봄부터 다음 2년 넘게 이 폭풍은 거세게 날뛰었고, 마침내 소련을 날려 버린 1991년 여름에 허리게인급 위력에 도달했다.

그동안 고르바초프가 국제적으로 스타의 반열에 오른 사실은 그의 권력이 소련 내부에서는 썰물처럼 빠져나간 사실과 대조되었다. 1991년 여름까지 고르바초프는 여전히 의문의 여지 없이 소련 정치에서 위대한 인물이었다. 그러나 그는 자신이 시작했던 변화의 강풍에 점점 더 흔들렸다. 그는 사태를 더는 통제하지 못했다. 오히려 사태의 포로였다. 옛 위성국들에서 그랬던 것처럼 소련 내부에서는 인민의 힘이 존재감을 드러내고 있었는데, 이는 비러시아계 공화국들, 특히 발트 지역과 캅카스 지역에서 심각한 불안과 점점 더 날카로워진 민족주의적 독립 요구의 표출이 거세지는 데서 가장 분명하게 느껴졌다. 그러나 러시아에서도 1990년부터 한때 난공불락이었던 고르바초프의 인기가 무너지고 있었다. 그는 점점 더 한때 강력했던 소련을 괴롭히는 모든 문제―옛 위성국들의 상실, 국내의 생활수준 악화, 주변 공화국들의 분리주의적 압력, 최근까지 초강대국이었던 나라의 명백한 쇠퇴―의 원인으로 여겨졌다. 정치적으로 고르바초프는 자신을 소련의 위대함을 모조리 파괴한 데 책임이 있는 반역자로 여긴 강경한 반동주의자들은 물론 자신보다 더 멀리 더 빨리 나아가기를 원한 급진 개혁가들에게도 공격을 받았다.

후자 중에서 두드러진 인물은 고르바초프의 가장 위험한 반대자로 떠올라 궁극적으로 그를 대체할, 충동적이고 위압적이며 현란하고 예측할 수 없을 정도로 괴팍스럽지만 빈틈없는 유능함을 갖춘 정치 수완가 보리스 옐친이었다. 1980년대에 옐친은 모스크바 공산당 제1서기였으나 더딘 개혁 속도에 실망해 (전례 없는 조치로) 1987년 정치국에서 사임하고 고르바초프를 강력하게 비판했으며, 몇 주 뒤에는 모스크바의 당수직에서 해임되었다. 옐친은 고르바초프가 자신을 해임한 것을 결코 용서하지 않았다. 인민의 대중적인 지지를 받아 1989년 3월 '소련 인민대의원대회'에 무소속 대의원으로 선출된 옐친은 이 선출을 고르바초프를 대놓고 공격하는 새로운 연단으로 활용했다. 옐친의 폭음우 통제된 언론이 그를 비방할 기회를 제공했다. 그러나 이 공격으로도 그의 인기를 약화하지 못했다. 러시아인들에게는 고르바초프가 아니라 옐친이 미래의 희망을 주는 것 같았다. 그리고 이것은 점점 평범한 사람들에게 서방 사람들이 당연히 여기는 물건들에 대한 접근을 통해 자신들의 삶을 개선할 수 있는 기회를 의미했다. 다가올 사태를 보여주는 조짐은 1990년 1월 31일 모스크바에 최초의 맥도날드 패스트푸드점이 열린 일이었다. 그날 '빅맥'을 처음으로 맛보는 데 귀중한 루블을 쓸 태세가 되어 있던 수천 명의 모스크바 시민은 상점이 있는 거리 주위로 뱀처럼 길게 줄을 섰다. 한편 대부분의 비러시아인들에게 미래는 모스크바로부터의 독립에 있었다. 그들은 러시아가 지배하는 소련으로부터 전면적인 자치를 추구하는 민족주의 운동에 점점 더 기대를 걸게 되었다.

원심력은 이제 매우 중앙집중화된 소련 국가 시스템을 갈기갈기 찢어 버릴 듯했다. 주변이 중앙을 위태롭게 하고 있었다. 이 시스템은 외부로부터 잠식당하고 있었다. 1989년 4월 초, 경찰과 병사들이 그루지야 수도인 트빌리시에서 약 10만 명의 독립 지지자들이 모인 집회를 기습 공격해 19명의 민간인 시위자가 사망했을 때 분쟁이 발생했다. 유사한 시위를 차단하기 위해 에스토니아, 라트비아, 우즈베키스탄으로 병력이 파견되었다. 그러니 순전히 강압만으로는 자치 확대를 요구하는 압력을 더 이상 억누를 수가 없었다.

반소련 분위기는 특히 발트 지역에서 빠르게 퍼져 나갔다. 나이 많은 주민들은 1940년에 에스토니아, 라트비아, 리투아니아가 소련에 합병되기 전 독립을 누리고 있던 시절을 여전히 기억했다. 러시아 인종의 유입에 대한 분노가 존재했다. 그리고 스칸디나비아 텔레비전을 보고 사람들은 서방이 번영하고 있으며 자신들은 그것을 놓치고 있다는 느낌을 갖게 되었다. 발트 공화국들에서 1989년 3월 치러진 선거에서는 독립을 찬성하는 후보들에 대한 강력한 지지가 터져 나왔고, 이제 이들은 인민대의원대회에서 의석을 확보했다. 3월 11일, 리투아니아는 심지어 독립을 선언하기에 이르렀다. 옛 국기가 다시 도입되었고, 소련의 망치와 낫 국기는 하룻밤 사이에 사라져 버렸다. 모스크바는 리투아니아 선언을 무효라고 거부했다. 2주일 후 소련 탱크들이 들어와 빌뉴스에 있는 리투아니아 의사당을 덜컹거리며 지나갔다. 하지만 탱크들은 이 위협적인 무력시위 이후 발포하지 않고 몇

17. 1974년 5월 1일 리스본에서 일어난 엄청난 노동자 시위. 며칠 전인 4월 25일에는 '카네이션 혁명'이 포르투갈에서 일어나 거의 반세기 동안 지속되었던 권위주의 통치를 평화적으로 종식했다.

18. (위) 1980년 독일 북서부 루르 지구의 큰 강철
생산 도시인 뒤스부르크의 터키인들.
많은 터키인 초빙 노동자들이 1960년대에
경기가 호황을 맞으면서 부족한 노동력을
메꾸기 위해 서독으로 오기 시작했다.
그러나 그들이 궁극적으로 집으로 돌아갈
것이라는 초기의 예상은 빗나갔다. 유럽의 다른
지역 이주민들과 마찬가지로 초빙 노동자들은
특히 초기에 편견과 차별에 직면했다.

19. 1972년 7월 21일 아일랜드 공화국군(IRA)의
폭탄 공격 이후 한 여성이 걱정스러운 표정으로
북아일랜드 벨파스트 중심부의 잔해들을 밟으며
지나가고 있다. 그날 북아일랜드 공화국군은
벨파스트에서 최소 22개의 폭탄을 터뜨려
9명을 죽이고 130명을 다치게 했다.

20. 1979년 2월 6일 바르샤바에서 엄청난 군중이 교황 요한 바오로 2세가 고국 폴란드를 방문하여 집전한 미사에 참석하고 있다. 교황의 방문은 폴란드 국민 정체성과 가톨릭교 사이의 연결을 강화했고, 이 과정에서 공산주의 체제에 대한 충성을 상당히 약화시켰다.

21. (위) 1980년 8월, 그단스크 조선소에서
파업 중인 노동자들 사이의 레흐 바웬사.
이 행동은 자유 노동조합, 파업권,
언론 자유에 대한 요구를 지지하는
것이었다.

22. 프랑스 대통령 프랑수아
미테랑과 독일 총리 헬무트 콜이 1984년
9월 25일에 1916년의 베르됭 전투에서
쓰러진 사람들을 추념하는 두오몽의
기념비 앞에 경의를 표하려고 서 있다.
이는 두 나라 사이의 화해와 친선을
상징적으로 보여주는 것이었다.

23. 1987년 3월 말, 영국 총리 마거릿 대처가 모스크바를 방문한 동안 그녀와 의논하고 있는 소련 지도자 미하일 고르바초프. 이념적으로 달랐는데도 그들은 사이가 좋았고, 1984년 리스본에서 처음 만난 이후 좋은 업무 관계를 맺었다.

24. 베를린장벽이 무너지기 사흘 전인 1989년 11월 6일 라이프치히에서 수십 만 명이 비가 내리는 가운데 동독 체제에 반대해 시위를 벌이고 있다. 라이프치히의 월요 시위는 9월 초에 시작된 이래 엄청나게 커져서 급진적 변화를 위한 점점 더 거역할 수 없는 압력을 동독 체제에 가했다.

시간 뒤 철수했다. 1956년의 헝가리 사태 같은 비극은 되풀이되지 않을 것이었다. 그러나 리투아니아는 경제 봉쇄를 당했고, 한동안 석유 공급이 차단되었다. 리투아니아의 분리를 막기 위한 소련 정부의 시도는 여기서 끝나지 않았다.

그 밖의 지역에서도 소련은 우려할 만한 문제들에 봉착했다. 소련은 1920년대부터 러시아가 지배하지만 한 지역의 주요 인종을 중심으로 건설된, 명목상으로는 자치적인 공화국들의 연방이었다. 인종적 긴장은 이제 연방이라는 천이 해어졌음을 보여주는 것이었다. 수많은 우즈베크 젊은이들이 터키어를 말하는 메스케티 소수 인종을 습격했던 6월에 우즈베키스탄에서 심각한 소요가 불타올랐다. 공식 수치에 따르면 95명이 살해되었고 수백 명이 다쳤으며, 많은 재산이 파괴되었고 수천 명이 우즈베키스탄에서 도피하지 않으면 안 되었다. 여름 내내 중앙아시아 공화국들에서 폭력 사태가 추가로 발생했고, 그루지야에서 민족 독립에 찬성하는 시위도 벌어졌다. 또 7월에 서부 시베리아와 우크라이나에서 발생한 생활 조건을 둘러싼 광부들의 대대적인 파업(약 30만 명이 참가한 것으로 추산된다)도 소련 통치의 약화를 보여주었다. 이 파업은 10월에 최고소비에트에서 파업 권리를 인정하도록 만들었는데, 이는 공산당과 공식 노동조합만이 노동자들의 이익을 결정할 수 있다는 원리를 뒤집는 것이었다. 8월에 1940년 소련에 의한 합병에 선행한 1939년의 나치-소비에트 협정[614]에 항의하

---

614)   Nazi-soviet pact. 1939년에 나치 독일과 소련이 맺은 상호 불가침 조약을 가리킨다. 자세한 설명은 380쪽의 각주 329번을 참조하라.

여 에스토니아, 라트비아, 리투아니아를 관통하는 100만 명 이상의 엄청난 인간 사슬이 만들어졌다. 1989년 9월 우크라이나의 자치를 추구하는 운동인 '우크라이나인민전선Ukrainian Popular Front'이 키예프에서 창립대회를 개최했을 때, 해체의 조짐이 소련의 심장부에 더욱 가까이 다가갔다.

1990년에 소련군을 전개했지만 캅카스와 중앙아시아 공화국들에서 긴장과 폭력이 지속되는 것을 막을 수가 없었다. 1990년 1월 나고르노카라바흐[615] 분쟁 지역을 둘러싸고 아제르바이잔의 수도인 바쿠에서 아제르바이잔인들과 아르메니아인들 사이에 심각한 인종적 충돌이 있었고, 약 50명이 사망했다. 소련군이 소요를 진압하기 위해 파병되었을 때, 그들은 '아제르바이잔인민전선Azerbaijani Popular Front' 활동가들의 격렬한 저항에 봉착했다. 소련군이 질서를 회복할 때까지 약 130명의 민간인이 죽고, 수백 명이 다쳤다.

발트 지역에서도 소수 러시아 인종 주민들에 대한 적대감이 확산

---

615)　Nagorno-Karabakh. 남부 캅카스의 한 지역. 역사적으로 아르메니아와 아제르바이잔 사이에서 영유권을 둘러싸고 분쟁의 대상이 되어왔다. 1988년부터 본격화된 인종 갈등 속에서 1991년 12월 10일, 마침내 이곳의 아르메니아인들이 나고르노카라바흐와 고란보이구 남부 샤후만 지역이 '나고르노카라바흐 공화국'으로 독립한다고 선언했다. 전쟁을 치른 결과 나고르노카라바흐 공화국이 나고르노카라바흐 지역의 대부분과 아르메니아에 인접한 아제르바이잔의 일부 지역을 차지했으나, 나고르노카라바흐의 일부분은 아직도 아제르바이잔이 실효 지배하고 있어서 나고르노카라바흐 공화국은 나머지 나고르노카라바흐 지역에 대해서도 주권을 주장하고 있다. 반대로 아제르바이잔은 오히려 나고르노카라바흐 공화국이 실효 지배하고 있는 모든 영역에 대한 주권을 주장한다. 2017년 나고르노카라바흐 공화국은 국호를 아르차흐 공화국으로 개칭했다.

하는 조짐을 보이는 가운데 자치를 향한 동력이 떨어지지 않았다. 1990년 5월, 민족주의자들이 지배하는 에스토니아와 라트비아의 의회는 독립에 찬성 투표함으로써 1년여 전의 리투아니아 사례를 뒤따랐다. 여름 동안 소련의 많은 부분에서 자치를 향한 움직임이 발생했다. 훨씬 더 중요한 사실은 심지어 우크라이나와 러시아 자체가 주권을 선언하기까지 했다는 것이었다. 비록 당분간 그들은 주권을 선언하더라도 동시에 소련의 구성국으로서 계속 지위를 유지할 수 있다고 여겼지만 말이다. 하지만 소련이 여전히 생존하더라도 이제 생명 유지 장치에 의지하고 있다는 사실은 거의 의심의 여지가 없었다.

발트 공화국들의 독립 투쟁은 특히 첨예한 문제를 제기했다. 하지만 소련은 아직 패배를 인정할 준비가 되어 있지 않았다. 리투아니아와 라트비아의 수도인 빌뉴스와 리가에 주둔한 소련군은 1990년 1월 선출된 정부를 전복하고 독립 움직임을 분쇄하려고 했다. 그러나 소련군의 출현은 두 나라 모두에서 거대한 인민의 저항에 봉착했다. 유혈 사태가 벌어졌다. 소요가 이어지면서 14명의 리투아니아 민간인과 4명의 라트비아 민간인이 죽고, 수백 명이 다쳤다. 모스크바에서 폭력 사태에 대한 항의가 대대적으로 벌어졌다. 옐친은 자치 움직임을 공개적으로 지지했다. 폭력으로는 필연적인 사태를 막을 수 없었다. 90퍼센트 이상의 리투아니아인들이 2월 초에 치러진 국민투표에서 독립을 지지했다. 3월 초, 라트비아와 에스토니아에서 치러진 유사한 국민투표에서도 투표자의 4분의 3이 독립을 지지했다. 아마도 지난 시절의 소련 무력이라면 심지어 그러한 인민들의 압도적인 감정 표출도 분쇄했을 것이다. 그러나 1991년 무렵 소련은 거의 모든 인민의 의지를 거스르며 발트 국가들을 단순히 무력으로 억제할 준비가 더는 되어 있지 않았다.

그사이 체제의 부식이 소련 정치의 중심으로까지 확산하고 있었다. 독점 정당이 운영하는 국가가 장악력을 상실하면서 정파들이 자리를 차지하려고 서로 다투었다. 개혁가들과 반동주의자들 사이의 심연은 어느 때보다도 깊어졌다. 고르바초프는 소련을 해체하면서 그가 했던 것보다 훨씬 더 빠르게 멀리 나아가기를 원한 사람들에게는 결코 충분히 급진적이지 않았다. 개혁가들은 자신들의 목표들을 중심으로 단결하지 못했는데, 어쨌든 이 목표들은 여전히 미성숙한 상태였다. 일부는 자본주의 시장의 도입을 원했다. 다른 일부는 공화국의 권력 확대와 독립을 원한 민족주의자들이었다. 옐친 자신은 아직 자신이 어디에 서 있는지 명확히 밝히지 않은 채 양다리를 걸치고 있었다. 극단적인 반대편에 있던 고르바초프의 보수적 반대자들은 고르바초프와 그가 소련에 가했던 (그들이 보기에) 치명적인 변화의 재앙적인 경로를 지독하게 싫어했다. 하지만 그들은 고르바초프를 실각시킬 만큼 아직 힘이 세지는 않았다. 그렇지만 고르바초프는 신중하게 발을 디뎌야 했다. 그는 전술적으로 여전히 기민했다. 그러나 자신의 진지한 비판자들 어느 편도 만족시킬 수가 없었다. 실제로는 소련을 훼손한 정치적·경제적 변화를 용인하고 심지어 환영하면서도 소련의 통합을 유지하고 싶어 하는 그의 희망이 근본적인 약점이었다. 고르바초프는 실제로 자신의 최초 목표인 개혁된 공산주의를 여전히 원했는가? 아니면 서방식 사회민주주의와 자본주의 경제를 원했는가? 의문의 여지 없이 고르바초프는 후자 쪽으로 움직였다.

그러나 전술적인 면에서 공개적으로 밝히기에 바람직한 것이 무엇이 었는지와는 별개로, 그의 개인적인 태도가 완전히 분명한 것은 아니 었다. 고르바초프는 개혁가들이 그에게 공산당을 떠나라고 촉구할 때에도, 또 그가 선택한 정치적 선택이 사회민주주의자의 선택임이 더욱 분명해졌을 때에도 공산당 내에 머물렀고 여전히 공산당 총서 기였다. 고르바초프는 소련 체제의 정치적 구속복 내에서 근본적인 개혁을 시도한다는 모순을 여전히 직시하지 않았다. 그의 태도는 점 차 위험에 처했다. 고르바초프는 양측으로부터 위태로워졌다.

하지만 고르바초프는 1990년 봄에 어떠한 내부의 도전도 극복 할 만큼 여전히 힘이 충분히 셌고, 최고소비에트와 인민대의원대회 의 대규모 개혁 정파들의 지지에 의지할 수 있었다. 1990년 4월 대회 는 고르바초프가 2월에 최고소비에트에서 공산당의 정치적 독점을 폐기하고 다당제 정치를 인정하면서 성공적으로 꾀했던 극적인 헌법 상의 변화를 비준했다. 겉으로 보기에 고르바초프의 입지는 3월 중 순에 그가 신설된 소련 대통령직에 선출된 후 강화되기까지 하는 것 같았다. 최고소비에트 의장으로서 고르바초프는 이미 **사실상의** 국 가수반이었지만, 새로운 직책은 인민대의원대회가 정치국의 권력을 빼앗기로 결정했기 때문에 고르바초프의 집행 권한을 확대해 주었 다. 하지만 현실적으로 그의 지위는 특히 1990년 3월에 보리스 옐친 이 러시아 최고소비에트 의장—소련 전 영토의 4분의 3을 차지하면 서 소련 공화국들 중에서 의심할 여지 없이 가장 크고 가장 중요한 공화국의 수반—으로 선출되자마자 점점 더 큰 폭으로 취약해져 가 고 있었다. 옐친은 러시아의 이해를 소련의 이해보다 명확히 더 우위에 두었다. 소련 세수에 대한 러시아의 기여가 급격히 줄어들자 고르바초프의 위상은 크게 약해졌다. 옐친은 러시아 민족주의자들에게서 대중적인 지지를 얻었고, 자유 시장에 관한 신자유주의적 사고(와 대규모 미국 원조에 대한 희망)에 이끌린 경제학자들에게서 엘리트들의 지지도 확보했다. 러시아 민족주의자들은 주변부의 비슬라브계 존재인 다른 공화국들(벨라루스와 우크라이나는 제외하고)의 독립이 러시아 자체를 고양하고 강화할 것이라고 생각했다. 고르바초프의 인기가 자신이 개인적으로 책임이 있던 비참한 경제 상황 속에서 곤두박질치면서, 러시아 인민의 투사로서 옐친의 운세는 확실히 상승하고 있었다.

다음 몇 달 동안 점점 분명해지는 경제적 붕괴를 배경으로 소련의 해체가 진행되었다. 심지어 1990년—그 자체로 궁핍의 해—과 비교하더라도 1991년에 생산은 급격하게 감소했고, 재정 적자는 마찬가지로 우려할 만큼 증가했다. 소비재와 연료가 부족했다. 식품 가격은 2배가 되었다. 놀랄 것도 없이, 경제 회복 계획이 참담한 실패로 드러나면서 점점 더 불운해진 고르바초프로부터 대중적 지지가 빠져나갔다. 1990년 가을의 여론조사에 따르면, 소련 시민 중 절반을 훌쩍 넘는 사람들이 고르바초프 치하에서 삶이 나빠졌다고 말했고, 겨우 8퍼센트만이 나아졌다고 생각했다.

그사이 고르바초프의 극렬 보수주의 적들은 1990년 10월에 설립된 '동맹Soiuz'이라는 조직에 에너지를 결집하고 있었다. 그리고 고르바초프에 대한 가장 명백한 위협은 여전히 그해 여름 공산당을 떠나 이듬해 6월 치러진 선거에서 러시아 대통령에 당선되었던 옐친의 불길한 대두였다. 고르바초프가 점점 더 파손된 소련을 주관하는 패배자처럼 보이는 반면, 옐친은 러시아에서 난공불락의 지지 기반을 구축하고 있었다. 1991년 3월 거의 25만 명에 이르는 모스크바 시민이 보안경찰의 삼엄한 감시에도 불구하고 옐친을 지지하는 시위에 나섰다. 한때 강력했던 체제의 토대가 휘청거리는 와중에 그들은 러시아의 미래에 대한 믿음을 물씬 풍기는 말솜씨에 따뜻하게 반응했고, 그가 전달한 힘의 이미지를 마음에 들어 했다.

옐친은 아직 대권을 위해 고르바초프에게 도전할 위치에 있지 않았다. 1991년 봄에 옐친은 고르바초프와의 차이에도 불구하고, 고르바초프와 협력해서 표면적으로는 소련 공화국들의 권력을 확대하는 새로운 연합 조약을 옹호하는 것이 전술적으로 더 낫다고 생각했다. 8월 20일에 체결될 조약으로 창설되는 이 '주권국가연합Union of Sovereign States'에서는 경제정책과 군사 업무만이 소련의 권한으로 여전히 남아 있을 것이었다. 실제로 옐친은 러시아 자체의 권력을 강화하는 데, 그리고 그와 더불어 그 자신의 위상을 탄탄히 하는 데만 진정으로 관심이 있을 뿐이었다.

그사이에 고르바초프의 보수파 적들은 바쁘게 움직이고 있었다. 1991년 7월 23일, 12명의 저명한 소련 인사들—주로 고위급은 아니지만 당 관리들과 '동맹'의 지도자, 그리고 2명의 군 장성들—이 '국민에게 드리는 말씀'에 서명했다. 언론에 발표된 이 서한에서 그들은 다음과 같이 맹렬히 비난했다. "역사와 자연 그리고 영광스러운 조상들에 의해 우리에게 맡겨진, 그러나 지금 죽어가고 있고 해체되어 어둠과 망각 속으로 빠져들어 가고 있는 위대한 국가, 우리나라 모국에 전례 없는 엄청난 불운이 닥쳤다." 고르바초프의 다른 반대자들은 여전히 모습을 드러내지는 않았지만, 편지의 작성에 대해 거의 확실히 알고 있었고 편지 속에 담긴 정서를 지지했다. 미국인들은 6월에 그에게 반대하는 음모가 꾸며지고 있다고 고르바초프에게 경고했다. 그러나 고르바초프는 국내의 지도적 개혁가들로부터 그전에 이미 음모에 대해서 들은 상태였다. 의연했지만 위험을 매우 과소평가한 고르바초프는 일시적으로 옐친에게 모스크바의 책임을 맡겼고, 8월 초 크림반도로 절실했던 휴가를 떠났다.

음모를 꾸민 자들은 8월 18일 쿠데타를 개시했다. 휴양지의 다차(별장)에서 고르바초프는 전화 연결이 차단되어 있음을 발견했다. 음모에 가담한 사람들 중 3명이 나타나 고르바초프에게 일시적으로 부통령인 겐나디 야나예프[616]에게 권력을 이양하라고 권고했다. 고르바초프는 즉각 거부했다. 모스크바로 돌아온 쿠데타의 지도자들—블라디미르 크류치코프 연대장(소련 KGB 의장),[617] 보리스 푸고(내무장

---

616) Gennady Yanaev(1937~2010). 소련의 정치가. 1990년 7월부터 그 이듬해 1월까지 소련 공산당 정치국원을 지냈다. 또 1990년 12월부터 1991년 8월까지는 소련 부통령직에 있었다. 1991년 8월 쿠데타 중에 국가비상사태위원회 위원이자 미하일 고르바초프를 대신해 소련 임시 대통령이 되었다. 하지만 쿠데타가 실패한 뒤 기소되어 재판을 받았고, 1994년에 사면되어 풀려났다.

617) Vladimir Kryuchkov(1924~2007). 소련의 정치가. 1967년부터 KGB에서 일하기 시작하여 1974년 해외 정보를 담당하는 제1총국 국장이 되었다. 1978년에는 부의장으로, 1988년에는 의장으로 임명되었다. 1991년 부통령인 겐나디 야나예프 등 몇몇 보수파와 함께 쿠데타를 일으켜 고르바초프를 추방하고 권력을 장악했으나 소련 시민들의 반대로 실패하고 1994년까지 투옥되었다.

관),[618] 발렌틴 파블로프(총리),[619] 드미트리 야조프 원수(국방장관),[620] 부통령 야나예프—은 8월 19일 선포하기로 계획한 비상사태 이후 나라를 운영할 '국가위원회'를 구성했다.

사실, 그들은 쿠데타를 진행하면서 실제로 모든 일을 엉망으로 처리했다. 그들은 심지어 전화망을 막지도 않았고, 위성 텔레비전의 작동을 차단하지도 않았고, 옐친과 여전히 고르바초프에게 충성하는 사람들을 체포하지도 못했다. 더 나아가 그들은 소련 공수 지상군 사령관으로서 알고 보니 쿠데타의 지지자가 전혀 아니었던 파벨 그라초프[621]로 하여금 모스크바의 군사작전을 책임지게 하는 실수도 저질렀다. 그라초프의 암묵적인 지지를 받고 옐친은 8월 19일 아침에 지지 세력을 결집할 수 있었다. 용기와 과단성이 필요했다. 텔레비전으로 세계 전역에 신속하게 방송된 드라마의 가장 기억할 만한 순간에 옐친은 ('하얀 집'으로 알려진) 러시아 최고소비에트 본부 밖의 탱크 위에 올라가 쿠데타를 비난했다. 다음 날 하루와 그 후 반나절은

---

618) Boris Pugo(1937~1991). 소련의 정치가. 1984~1988년 라트비아 공산당 제1서기, 1988~1991년 소련 중앙통제위원회 의장, 1990~1991년 소련 내무장관을 역임했다. 1991년 8월 고르바초프에 반대하는 쿠데타에 참여했다.

619) Valentin Pavlov(1937~2003). 소련의 정치가. 1991년 1월~8월에 소련의 총리를 지냈다. 1991년 8월에 미하일 고르바초프를 상대로 일으킨 쿠데타의 주모자였다. 쿠데타 실패 후 투옥되었지만 몇 개월 후 석방되었으며, 1994년 사면받았다.

620) Dmitri Yazov(1924~2020). 소련의 군인. 1987~1990년 소련 국방장관을 지냈다. 1991년 8월 쿠데타 당시 개혁 노선에 반대하는 국가비상사태위원회에 가담했지만, 쿠데타가 실패하면서 체포되었고 1994년 사면받았다.

621) Pavel Grachev(1948~2012). 소련과 러시아의 군인이자 정치가. 1992~1996년 러시아연방의 초대 국방장관을 지냈다.

팽팽한 긴장의 시간이었다. 국가위원회는 포기하지 않았고, 탱크들에 하얀 집으로 밀고 들어가라고 명령했다. 그러나 다시 한번 인민의 힘이 중요한 역할을 했다. 그중 많은 이들이 젊은 모스크바 시민이었던 군중은 8월 20일 힘을 모았던 반쿠데타 시위에서 무력행사에 저항했다. 시위 참가자 3명이 죽었다. 하지만 그날 저녁 무렵 쿠데타는 허무하게 막을 내리고 있었다. 음모를 꾸민 자들은 행동 과정에서 분열되었고, 군사령관들은 그들의 명령을 거부했다. 8월 21일 이른 오후 무렵 쿠데타는 끝났다. 주모자들은 체포되었다. 그중 둘은 자살했다. 다음 날 아침 고르바초프가 크림반도에서 돌아왔다. 그는 위기 내내 단호한 태도를 유지했다. 그러나 고르비쵸프는 당연히 쿠데타 때문에 심각하게 약해졌다. 다가올 날들은 그의 권력이 얼마나 빨리 소멸하고 있는지를 명확히 보여줄 것이었다. 시대의 영웅은 보리스 옐친이었다.

소련의 종말은 신속하게 다가오고 있었다. 고르바초프가 상정한 새로운 조약을 통해 혁신을 수행할 가능성은 이제 완전히 죽어 버렸다. 1991년 8월 23일, 옐친은 러시아 내에서 소련 공산당의 활동을 중단시켰다(그 후 11월 6일, 공산당을 완전히 금지하게 된다). 그리고 옐친은 자신이 총리가 되는 새로운 내각을 발표했고, 이 내각은 자유주의적 시장경제의 원리에 입각한 포괄적인 경제개혁 프로그램을 시행할 것이었다.

그사이 다른 공화국들도 각자 독자적인 길을 걷고 있었다. 거의 모든 공화국이 쿠데타에 반대했다. 쿠데타가 실패하자마자 공화국들은 허둥대는 소련의 명백한 취약점을 이용하여 자신들의 독립 요구를 바짝 밀어붙였다. 발트 국가들이 이 일에 앞장섰다. 옐친은 8월 24일 러시아의 이름으로 그들의 독립을 인정했다. 다음 사흘에 걸쳐 우크라이나, 벨로루시야(지금은 벨라루스라고 부른다), 몰다비야, 아제르바이잔, 우즈베키스탄, 키르기스스탄이 모두 소련으로부터 독립을 선포했다. 몇몇 다른 공화국도 9월에 선례를 따랐다. 소련은 이제 러시아와 카자흐스탄만 구성국으로 남게 되었다. 관에 마지막 못질을 한 것은 우크라이나인들의 90퍼센트가 12월 1일의 국민투표에서 독립 선언을 지지했을 때였다. 1주일 뒤인 12월 8일 러시아, 우크라이나, 벨라루스는 소련을 해체하고, 겉보기에 통합 비슷한 게 있다면 경제적 문제와 군사적 문제에 국한된 느슨한 조직인 '독립국가연합Commonwealth of Independent States'을 구성하기로 합의했다. 12월 21일, 8개 공화국이 추가로 그들에 합류했다. 발트 3국과 이미 1990년 3월에 리투아니아처럼 독립을 선언했던 조지아[622]는 독자적인 길을 가기 위해 회원 가입 초청을 거절했다.

고르바초프는 8월 24일에 이미 스탈린 이래 소련에서 권력의 원천이었던 핵심 직책인 소련 공산당 총서기직을 사임했다. 고르바초프는 비록 대통령이라는 자리가 진정한 권력이나 용도가 없는 대체로 무의미한 직책에 불과했지만 당분간 대통령직을 유지했다. 12월 25일, 고르바초프는 텔레비전 연설에서 이 직책에서도 물러난다고 발표했다. 그날 저녁 고르바초프는 공식적으로 자신의 모든 권한을 러시아 대통령인 옐친에게 이양했고, 옐친은 이틀 후 아침 일찍 크레믈에 들어

---

622)   Georgia. 소련 시절에는 그루지야라고 불렀다.

가 위스키 한 병으로 최측근 지지자들과 함께 이를 축하했다.

국민에게 한 마지막 텔레비전 연설에서 고르바초프는 자신이 한 일들을 변호했다. 고르바초프는 자신의 개혁이 역사적으로 필연적이며 정당하다고 선언했다. 그는 그 개혁이 나라에 빈곤을 안긴 전체주의를 해체하고 민주적 변화와 진보적 자유에 대한 돌파구를 가져다주었다고 말했다. 그리고 냉전을 종결함으로써 또 다른 세계 전쟁의 위협이 제거되었다. 이 메시지는 죽어가는 소련 시민들보다도 서방에서 더 따뜻한 환영을 받았던 것 같다. 소련 시민들 사이에서 고르바초프는 여론을 날카롭게 분열시켰다. 고르바초프는 새로 얻은 그들의 독립과 민주적 다원주의, 자유를 위한 길을 닦았다. 이는 공산당이 권력을 독점하고 있는 한 진지하게 고려하기가 불가능한 것이었다. 그러나 민주적 원칙과 포부가 아무리 멋있었다 하더라도 그를 비판하는 사람들 중 많은 이들에게 고르바초프는 그들의 생활수준을 악화시킨 장본인이었다. 그리고 고르바초프는 오로지 서방에 무조건 항복하고 한때 강력한 초강대국이었던 나라를 굴욕적이고 열등한 나라로 쪼그라들게 함으로써 겨우 냉전을 끝냈다. 모스크바의 한 택시 운전사는 몇 년 뒤 비통하게 다음과 같이 회고했다. "우리는 그가 크레믈을 넘겨받았을 때 제국을 갖고 있었다. 6년 뒤 그가 떠났을 때 제국은 완전히 사라지고 없었다. 그는 서방에 우리를 팔아먹었다. 그는 그냥 항복해 버렸다." 고르바초프 자신은 소련의 붕괴에 대해 계속 엄청나게 비통해했다. 사태가 지나가고 오랜 후에 한 인터뷰 진행자에게 그는 이렇게 말했다. "나는 거대한 가능성과 자원을 가진 위대한 나라가 사라진 것을 애석하게 생각합니다. 내 의도는 언제나 결코 그것을 파괴하는 것이 아니라 개혁하는 것이었습니다."

1991년 12월 31일 건국된 지 69년, 소련의 창설을 가져온 러시아 혁명이 일어난 지 74년 만에 소련은 해체되었다. 팡파르도 없었고, 극적인 결말도 없었다. 마침내 소련은 사라져 버렸다. 그렇지만 1991년 12월 31일은 역사에서 매우 중요한 사건이 종언을 고하고 아마도 근대에 가장 주목할 만한 정치 실험이 실패로 돌아간, 시대의 한 획을 그은 날이었다. 소련은 제2차 세계대전의 끔찍한 유혈 사태에서 절정에 오른 파멸적인 갈등의 시대에 핵심적인 국가였다. 소련은 히틀러의 독일과 거대한 결전으로 엄청난 인명의 희생과 말로 다 할 수 없는 파괴를 당했는데도 승전국으로 등장한 이래 유럽의 동쪽 절반에 대한 지배권을 획득했고, 초강대국으로 발전했으며 유럽 문제는 물론이고 전 지구적 문제의 형성에도 지울 수 없는 영향을 미쳤다. 1917년 러시아혁명과 그 후 진행된 끔찍한 내전 동안 레닌과 추종자들의 폭력적 투쟁을 기반으로 구축된 체계는 평등과 정의를 바탕으로 건설된 유토피아의 도래를 약속했다.

하지만 그것은 거대한 미개발 국가 내에서만 작동할 수 있는—그렇다 하더라도 상상할 수 없을 정도로 엄청난 인적 희생을 치르고— 구조물로 판명되었다. 이 미개발 국가는 엄청난 수준의 강압을 통해서, 나치 독일에 맞선 끔찍한 전쟁을 견뎌내고 그 후 거대한 핵무기를 소유한 초강대국이 될 수 있는 강력한 세력으로 전환되었다. 이 모델은 전혀 다른 사회적·경제적·정치적·문화적 구조를 가진 유럽의 다른 부분으로 이전될 수 있는 것이 아니었다. 소련은 물론 중부유럽과 동유럽의 전후 위성국 어느 나라에서도 주민의 다수가 자유

선거에서 공산주의를 선택한 곳은 없었다. 비록 소련 통치는 공산주의를 이상주의적으로 참되게 믿는 많은 이들(시간이 흐르면서 그 수는 줄어들었다)과 숱한 기회주의적 길동무[623]들의 지지를 받았음에도, 극단적인 강압과 자유의 억압이라는 꽉 조인 죔쇠에 의해서만 점점 더 분명하게 공허해져간 약속들을 유지할 수 있는 것으로 밝혀졌다. 고르바초프는 이 죔쇠를 소련의 민족들이 소련을 완전히 산산조각 낼 수 있는 지점까지 느슨하게 풀었다. 그리고 이 죔쇠가 없어지자, 아무것도 남지 않게 되었다.

새로운 시대

일부 좌파는 소련의 종언을 슬퍼했다. 그들은 한때 자본주의의 치명적인 불평등의 대안으로서 미래의 낙관주의적인 얼굴처럼 보였던 체제의 실패를 아쉬워했다. 상실감은 체제의 이전 기관원들과 수혜자들에게만 국한된 것이 아니었고, 제국의 상실과 위대한 강대국의 몰락을 한탄한 사람들에게만 국한된 것도 아니었다. 젊을 때부터 확신에 찬 마르크스주의자였던 위대한 역사가 에릭 홉스봄은 소련 시스템의 체제적 결함을 인정하고 자신은 소련 시스템 아래에서 살기를 원하지 않았을 것임을 시인했지만, 좌익 지식인들 가운데 그 혼자만 여전히 소련의 붕괴를 한탄한 것은 결코 아니었다. 홉스봄은 고르바초프를 찬양했으나(비록 "덜 야심 차고 더 현실주의적인 개혁가"가 있었으

---

623)   fellow-traveler. 정치적 지지자, 특히 공산당의 동조자를 가리킨다.

758

면 좋았을 거라고 했지만), 소련 이후의 미래에 대해 비관적이었다. 소련이 무너지자 홉스봄은 다음과 같이 썼다. "중단기적으로 패배자들은 옛 소련의 인민들뿐만 아니라 세계의 가난한 사람들이었다."

하지만 아쉬움은 서방에서는 (심지어 서방 공산주의자들 사이에서도) 소련 체제의 우월성에 대한 믿음을 끝까지 고수한 시들어 버린 소수의 사람들을 넘어서 더 확산하지는 않았다. 자유주의자들과 사회민주주의자들은 눈물을 흘리지 않았고, 서유럽의 보수 우파는 냉전의 승리를 자축했다. 미국의 보수 우파는 훨씬 더 그랬다. 그들은 '스타워즈' 프로그램과 서방의 경제적 우월을 보여주고 소련의 취약함을 드러내는 수준의 군사비 지출이 옳았다는 생각을 맘껏 즐기며, 공산주의에 대해 레이건 대통령이 취했던 강경한 자세(그의 영국 시종이었던 '철의 여인' 마거릿 대처의 부추김을 받은)에 갈채를 보냈다. 그들은 국가사회주의에 대한 자유주의적 자본주의의 승리, 농노제에 대한 자유의 승리로 통했던 이 사태에서 승전의 감정을 숨기지 않았다.

그러나 대부분의 사람들은 노골적인 승리주의를 삼갔다. 안도감, 즉 냉전이 마침내 끝났고, 따라서 핵 충돌의 위험이 제거되었다는 안도감이 더 분명히 나타났다. 이것은 억압과 비자유 위에 구축된 체제가 붕괴했다는 만족감, 서방의 가치가 승리했다는 느낌과 뒤섞였다. 중부 유럽과 동유럽에서 이 안도감은 유사한 감정을 되풀이하는 것이긴 했지만 다른 분위기를 띠었다. 무엇보다도 이 지역의 사람들은 소련의 이해에 따라 작동하는 엄격한 공산주의 통치에 오랫동안 예속되어온 상태가 마침내 끝났다는 안도감을 느꼈다. 그들은 그들 자신의 민족 정체성에 대한 권리를 돌려달라는 요구를 시작할 수 있었다. 그리고 그들은 적절한 시기에 서유럽이 누렸던 번영으로부터 혜택을 받기를 바랄 수 있었다.

그렇지만 기쁨은 오래가지 못했다. 옛 소련 위성국들은 그들이 들어갔던 멋진 신세계에 적응하는 힘든 문제에 이미 노출되어 있었다. 잠깐 느꼈던 희열은 새로운 고통에 금방 누그러졌다. 그리고 서유럽의 인민들에게 소련의 붕괴는 오랜 이념적 적의 사망에 환희를 폭발시키기에는 너무 지연된 것이었고, 실제 종식은 전혀 극적이지도 않았다. 다른 문제들, 특히 이라크가 인접한 아랍 국가인 쿠웨이트를 침공함으로써 촉발된 위기에 뒤이은 1990~1991년의 페르시아만에서 벌어진 전쟁이 이미 주의를 끌고 있었다. 서방에서 공산주의의 몰락에 대해 희열을 느낀 진정한 순간은 베를린장벽이 무너졌던 1989년 11월에 이미 있었다. 그것은 동유럽을 옥죄던 소련의 죔쇠가 깨지는 상징적인 순간이었다. 그 뒤를 이은 것은 종결로 가는 긴 과정이었다.

그렇지만 소련의 죽음이 역사적인 휴지, 역사의 주요 전환점을 나타낸다는 폭넓은 인식이 존재했다. 전직 기자 마틴 울러콧Martin Woollacott은 1991년 12월 27일 《가디언》에 게재된 글에서 아주 흔한 감정을 그대로 되풀이했다. "20세기는 1991년 12월 25일 모스크바 시각으로 오후 7시에[고르바초프가 방송으로 소련 지도자 사임을 발표했던 때] 종언을 고했다. 마치 우리 세기의 일이 일정에 앞서 끝난 것 같다. 우리 세기의 특징이었던 두 가지 엄청난 갈등, 즉 자본주의와 공산주의 간의 갈등과 옛 제국과 새로운 강대국들 사이의 갈등—수십 년 동안 상호작용했던 투쟁들—이 종결되었다. 1918년에 윈스턴 처칠이 그래야 한다고 요구한 대로, '볼셰비즘이' 마침내 '자살했다.'"

3년 뒤 에릭 홉스봄도 유명한《극단의 시대Age of Extremes》에서 소련의 붕괴를 자본주의와 공산주의 간의 경쟁으로 규정되는 시대, 이미 막을 내린 시대, "단기 20세기"의 종언으로 묘사했다. 미국의 정치학자 프랜시스 후쿠야마[624]는 보수주의적 관점에서 소련의 죽음이 "역사의 종말"을 나타낸다고 주장하는 지경까지 이르렀다. 1992년에 출간한《역사의 종말과 최후의 인간The End of History and the Last Man》에서 후쿠야마는 3년 전 동유럽의 포괄적인 변화가 본격화되고 있을 즈음 발표한, 널리 읽히면서 논쟁을 불러일으킨 글에 바탕을 두었다. 그는 일부 비평가들이 순진하게 생각하듯이, 사태는 계속되지 않을 것이며 이런 의미에서 역사는 중단될 것이라는 명백히 어리석은 주장을 한 것이 아니었다. 오히려 그는 유명한 19세기 초 독일 철학자로서 프랑스혁명 후 확산된 자유와 평등이라는 원리의 승리를 역사의 최종 단계로 여긴 게오르크 빌헬름 프리드리히 헤겔[625]이 개략적으로 설명한 사상에 의거하여, 철학적인 면에서 주장을 펼치고 있었다. 후쿠야마는 유일하게 진지한 도전자였던 공산주의에 대해 자유민주주의가

---

624) Francis Fukuyama(1952~). 미국 스탠퍼드 대학교의 교수이며 철학자, 정치경제학자. 일본계 미국인이며 자유주의와 공산주의의 이념 대결은 자유주의의 승리로 끝났다고 주장한 저서《역사의 종말과 최후의 인간》으로 유명하다.

625) Georg Wilhelm Friedrich Hegel(1770~1831). 관념 철학을 대표하는 독일의 철학자. 칸트의 이념과 현실의 이원론을 극복하여 일원화하고, 정신이 변증법적 과정을 경유해서 자연·역사·사회·국가 등의 현실이 되어 자기 발전을 해나가는 체계를 종합했다. 주요 저서로《정신현상학》,《대논리학》,《법철학 강요》,《미학 강의》,《역사철학 강의》 등이 있다.

승리함으로써 이념적 발전이 그 절정에 도달했으며, 따라서 그와 함께 '역사History'는 종결되었다고 주장했다. 공산주의의 죽음 이후 "자유민주주의는 지구 전역의 상이한 지역과 문화를 포괄하는 유일하게 일관성 있는 정치적 열망으로 남아 있다"라고 후쿠야마는 썼다. "개인적 자유와 인민 주권의 교리"로서 자유민주주의는 "잠재적으로 보편적인 타당성을 지닌 이념으로서 시합에 참가한" 유일한 "선수"로 남았다. 이어진 거대한 토론에서 이 과감한 주장은 당연히 심각한 비판을 가져왔다. 그것은 단지 잘못된 주장으로 간주된 것만이 아니었다. 그것은 또한 승리주의적인 미국의 신보수주의를 반영하는 주장으로 널리 여겨졌다.

실제로 그 후 세계사가 걸어간 길은 후쿠야마의 주장을 거의 뒷받침하지 않았다. 세계 많은 지역의 자유민주주의 원리에 대한 문화적·정치적 거부는 '역사의 종말'이라는 목적론적 가정에 의문을 던진다. 중국에서 비상한 성장을 성공적으로 산출했던, 경제적 자유주의와 정치적 권위주의라는 중국 모델은 시장경제가 필연적으로 자유민주주의를 가져올 것이라고 오랫동안 가정해온 서방 사람들에게만 심각한 도전을 제기한 것이 아니었다. 미래는 헤겔이 '역사'가 끝에 도달했다고 처음 단정했을 때만큼이나 예측 불가능하다. 1989년부터 1991년 사이에 소련과 소련이 거의 한 세기의 4분의 3 동안 대표했던 자본주의적 자유민주주의 체제에 대한 대안의 붕괴에서 절정에 오른 유럽의 격변은 심지어 후쿠야마의 철학이라는 면에서도 '역사'의 종말에 해당하는 것은 아니었다. 그럼에도 이 격변은 전 세계에, 특히 유럽에 엄청난 결과를 가져온 정치적 지진이었다. 1991년 이후 유럽은 새로운 곳이 되었다.

새 유럽은 철의 장막으로 더는 양분되지 않았다. 그러나 수십 년 묵은 대륙의 분기가 끝났다는 사실이 통합이 다가오고 있음을 의미하지는 않았다. 오히려 유럽은 이제 식별 가능한 4개의 그룹으로 분열되었다. 사실 근본적인 이념적 분열은 더 이상 존재하지 않았지만, 그룹들 사이의 차이는 결코 무의미한 것이 아니었다.

첫 번째 그룹은 소련이 붕괴하던 마지막 날들에 형성된 '독립국가연합'의 나라들로 구성되었다(러시아, 우크라이나, 벨라루스, 그리고 8개의 다른 옛 소련 공화국). 이 나라들은 다원주의적 민주주의나 법률적 자율성, 혹은 나머지 여러 유럽 국가에서 시간이 흐르면서 국가 통제로부터 광범위한 영역의 시민적 자유를 낳았던 제도(교회, 노동조합, 독립 언론 등)를 위한 전통적인 기반이 없었다. 약 70년 동안 이 부분의 유럽을 지배했던 체제가 붕괴한 후 뒤따른 혼돈 속에서 이 옛 소련 공화국들이 표면적으로 질서를 유지하기 위해 대통령으로 러시아의 옐친이나 우크라이나의 레오니트 크라우추크[626] 혹은 1994년부터 벨라루스의 대통령을 맡고 있는 독재자 알렉산드르 루카셴코[627]

---

626) Leonid Kravchuk(1934~). 우크라이나의 정치가. 1991~1994년 우크라이나의 초대 대통령을 지냈다. 러시아의 보리스 옐친과 함께 소련 해체에 합의하여 소련의 붕괴에 결정적인 역할을 한 인물이다. 체제 변환기의 혼란을 제대로 수습하지 못해 악화되는 경제 상황 속에서 1994년의 선거 결과 레오니트 쿠치마에게 패해 대통령직에서 물러났다.

627) Aleksandr Lukashenko(1954~). 1994년부터 집권하고 있는 벨라루스의 현직 대통령.

같은 강력한 인물에 기대를 거는 것은 놀라운 일이 아니었다. 지리뿐만 아니라 역사도 이 부분의 유럽을 대륙의 나머지 대부분으로부터 분리했다. 이 지역은 별도의 길을 계속 걸어갈 터였다.

스펙트럼의 다른 한쪽 끝에는 서유럽 국가들이 있었다. 그들에게 독일 통일에 뒤이은 소련의 종언은 서유럽의 전통적인 경계와 유럽 공동체의 기존 범위를 넘는 유럽 통합의 가능성이 갑자기 열렸음을 의미했다. 유럽 통합 문제를 다시 생각해야 했다. 이것은 독일이 서방에 불가분하게 묶여 있음을 확실히 하기 위해서만이 아니라 소련 통제로부터 자유로워진 나라들의 열망을 고려하기 위해서도 필수적이었다(비록 통합이 러시아와 옛 소련의 다른 부분들로 확장될 것이라고 진지하게 상상된 적은 없었지만). 중부 유럽과 동유럽의 새롭지만 가난한 민주주의 체제들이 유럽 통합 프로젝트 내로 어떻게 편입될 수 있었는가? 그리고 새 유럽의 지정학적 함의는 무엇이었는가? 예를 들어, 서방의 방어 동맹인 나토는 얼마나 멀리 동유럽으로 뻗어나가야 하는가? 혹은 철의 장막과 (1990년에 해체된) 바르샤바협정이 더 이상 존재하지 않기 때문에 나토는 이제 심지어 불필요해졌는가?

세 번째 느슨한 그룹은 그들 자신은 결코 통일된 블록이 아닌데, 이전에 서방의 눈으로는 '동유럽'으로 함께 묶였던 나라들이었다. 그 중 일부 국가, 특히 폴란드·체코슬로바키아·헝가리는 뚜렷한 민족 정체성 의식이 존재했고, 그 의식이 아무리 다채로웠다고 하더라도 얼마간의 다원주의적 민주주의 경험을 포함했던 공산주의 이전의 과거를 되돌아볼 수 있었다. 그들은 또 심지어 공산주의 통치하에서도 국가의 촉수가 닿지 못했던 문화의 중요한 요소들을 창출하거나 육성했다. 더구나 체코슬로바키아와 헝가리, 그리고 좀 덜하게 폴란드는 자신들을 '동유럽'의 일부로 여긴 적이 없었다. 그들은 언제나 스스로를 지리적으로 모호한 실체이지만 오스트리아 및 독일과 강력한 문화적 연결—모스크바 쪽으로보다는 대체로 서쪽으로 연장된 연결—을 누린 **중부** 유럽의 핵심으로 간주했다. 그들은 이제 자신들의 민족적 정체성, 민주주의적 전통, 문화적 활력을 재건할 기회를 보았다. 경제적·문화적으로 중부 유럽의 나라들은 자신들이 오래전에 차단되었던 유럽에 다시 합류하고자 했다.

지리적으로 동유럽의 일부인 데다 양차 대전 사이에 존재했던 허약한 민주주의 체제들이 단기간에 그치고 말았지만, 발트 국가들(에스토니아, 라트비아, 리투아니아) 역시 중부 유럽 국가들과 오랜 민족 독립 전통을 공유했다. 그들은 1940년의 소련 합병에 대해 격렬한 분노를 가슴에 담았고, 꺼져가는 소련의 잔불 사이에서 다시 독립을 이룩하기 위해 맹렬하게 싸웠으며, 이제 앞으로 있을 수 있는 러시아의 침해에 맞선 서방(나토와 유럽공동체)의 보호와 자신들이 보기에 서방 민주주의 체제와 밀접히 관련이 있는 번영을 기대했다. 당연히 러시아인들은 나토의 범위가 그런 식으로 확장되는 것을 미심쩍은 눈길로 바라보았다.

남동부 유럽에서 포스트 소비에트 세계는 또 하나의 무리를 남겨놓았다. 불가리아와 루마니아에서 공산주의 통치의 붕괴는 허울뿐인 민주주의와 다름없는 체제로 대체되었다. 부패는 매우 극심했고 빈곤은 너무나 깊었으며, 원활하게 기능하는 자유민주주의로 순조롭게 이행하는 것을 허용하는 시민사회의 중재 구조는 거의 발전하지 않았다. 엄청난 격변 뒤 먼지가 내려앉기 시작했을 때 권력은 여전히 구체제의 일부였던 사람들의 수중에 불균형하게 놓여 있었다. 이 국가들 또한 유럽공동체의 번영을 부러워했다. 그러나 유럽공동체 가입은 기껏해야 멀리 있는 염원에 불과했다. 알바니아는 훨씬 더 그랬다. 알바니아에서 공산주의 체제는 1992년 3월에 마침내 몰락할 때까지 비틀거리고 있었지만, 유럽의 모든 옛 공산주의 국가 중 가장 가난한 이 나라에서 부패, 범죄, 수십 년 권위주의 통치의 유산은 진정으로 민주주의와 닮은 체제, 유럽공동체 합류라는 희망을 품을 수 있는 체제로의 이행이 긴 과정일 것임을 의미했다.

유고슬라비아는 소련 블록에 속한 적이 없었다. 이 나라에서는 1980년 5월 티토가 사망한 후 심각하고 커져가는 경제문제들 속에서 고조된 긴장 때문에, 대두하고 있던 인종 갈등이 더욱 악화했다. 그리고 1989년 유고슬라비아가 해체되기 시작하자 이 긴장은 끔찍한 결과를 낳았다.

끝으로 소련과 냉전의 종언은 유럽의 모습을 다시 빚기만 한 것이 아니었다. 그것은 전 세계의 정치도 변화시켰다. 미하일 고르바초프는 소련으로 하여금 마지막 몇 년 동안 미국과 협력하게 하여 오래전부터 아프리카 대륙을 괴롭히던 몇몇 (에티오피아, 모잠비크, 앙골라, 나미비아에서의) 격렬한 갈등을 확실히 완화했다. 고르바초프 덕분에 남아프리카의 '아프리카민족회의'[628] 역시 오랫동안 싸워왔던 지배적인

---

628)　African National Congress, ANC. 1912년 창설된 남아프리카공화국의 사회민주주의, 민주사회주의, 좌파 민족주의 정당이다. 원래는 아파르트헤이트 체제

아파르트헤이트 체제와 타협하고자 하는 태도를 갖게 되었다. 아파르트헤이트 남아프리카의 마지막 국가수반이었던 프레데리크 빌렘 데클레르크[629] 대통령도 아프리카민족회의가 더 이상 소련의 지지를 받지 않고, 그 결과 남아프리카에서 공산주의 혁명의 위협이 사라지자 아프리카민족회의와 협상할 태세가 되었다. 1990년 2월 11일 남아프리카의 인종주의적 아파르트헤이트 체제에 대한 저항의 얼굴로 국제적으로 찬양받던 넬슨 롤리랄라 만델라[630]가 27년 동안 갇혀 있던 감옥에서 풀려난 일은 미래에 대한 새로운 희망을 상징적으로 나타낸 순간이었다. 그러나 소련의 붕괴와 함께 몇몇 아프리카 국가들(그리고 라틴아메리카에서는 쿠바)은 (일종의) 보호자와 재정적 지원의 원천을 잃었다. 그들 앞에 기다리고 있던 길은 빠르게 꽃을 피우는 번영의 길이 아니라 급속히 팽창하는 지구화된 경제의 탐욕스러운 요구에 더욱 노출되는 길이었다.

특히 전후 세계의 두 초강대국 중 한편의 붕괴는 당분간은 현실이

와 남아프리카 국민당에 저항하기 위한 지하조직의 형태를 띠었으나, 아파르트헤이트 체제가 폐지되고 남아프리카공화국이 민주화되자 합법 정당이 되었다.

629)   Frederik Willem de Klerk(1936~). 남아프리카공화국의 정치가. 1989~1994년 남아프리카공화국의 대통령을 지냈으며, 아파르트헤이트 체제의 마지막 대통령인 동시에 넬슨 만델라와 대타협을 통해 아파르트헤이트 체제를 끝낸 인물이다.

630)   Nelson Rolihlahla Mandela(1918~2013). 남아프리카공화국에서 보통선거 실시 이후 선출된 최초의 흑인 대통령. 1994~1996년 남아프리카공화국의 제8대 대통령을 지냈다. 대통령으로 당선하기 전에는 아프리카민족회의 지도자로서 반아파르트헤이트 운동에 앞장섰다.

될 미국의 전 지구적 지배라는, 세계 문제에서의 단극적 힘의 가능성을 열어젖혔다. 시간이 흐르면서 중국이 소생하는 러시아처럼 그 지배에 도전하게 될 터였다. 하지만 그사이 미국의 신보수주의자들은 패권의 가능성에 환호했다. 즉 미국이 냉전에서 승리했으며, 팍스 아메리카나의 미래는 밝아 보였다. 새로운 포스트 소비에트 시대의 첫 몇 년은 곧 그런 주장을 시험에, 그것도 바로 유럽에서 들게 할 것이었다. 왜냐하면 전쟁이 유럽 대륙에 다시 막 찾아오려 했기 때문이다.

10

새로운 시작

나는 유럽이 유고슬라비아에서 폭력 사태가 발생할 가능성이 있고,
그것이 지금 언제라도 시작될 수 있다는 사실을 잘 깨닫고 있다고 생각하시 않습니다.

유고슬라비아 인권변호사 스르자 포포비치,[631] 1991년 6월

나는 폴란드 역사가 예지 예들리츠키[632]에게
역사상 폴란드가 언제 그렇게 자리를 잘 잡은 적이 있었는지를 물었다.
그는 주저하지 않고 "아마도 16세기 후반일 겁니다"라고 대답했다.

티머시 가턴 애시, 1995년 11월

10

냉전의 종결은 큰 기대를 불러일으켰다. 유럽에서 마침내 새롭게 뭔가를 시작할 수 있는 시간이 찾아왔다. 이것은 자유주의적 경제체제와 민주주의적 정부가 모습을 빚기 시작한 옛 공산주의 국가들에서 가장 분명하게 들어맞는 말이었다. 그러나 서유럽 역시 유럽연합의 설립과 공동 통화의 창설을 향한 움직임에서 중요한 새로운 출발을 보았다. 그사이 1991년 3월에 바르샤바협정의 군사 기구가 해체됨으로써 평화가 지속되리라는 희망이 더욱 고취되었다. 그리고 정치 지도자들이 유럽 통합을 강화하겠다는 의지를 보이면서 민주주의적 정부에 의해 지탱되고 번영의 공유에 의해 보장되는 평화에 대한 공통의 관심에 힘입어 유럽의 통합 가능성이 실현될 수

631) Srđa Popović(1973~). 세르비아의 사회운동가. 1998년 세르비아 독재자 밀로셰비치를 권좌에서 끌어내린 비폭력 저항운동 단체 '오트포르!'의 지도자였으며, 2003년 캔바스(CANVAS, 비폭력 행동주의와 전략 응용 센터)를 설립해 이집트, 시리아, 튀니지, 몰디브 외 여러 나라의 민주화 운동에 직접적인 도움을 주었다. 2001~2004년 세르비아 국회의원을 지냈으며, 그사이 세르비아 총리의 환경 문제 담당 자문관으로 근무했다.

632) Jerzy Jedlicki(1930~2018). 폴란드의 사상사가. 공산주의 시절의 폴란드에서 반대파 활동가였다.

있을 것 같았다. 중부 유럽과 동유럽의 인민들 사이에서는 공산주의가 붕괴한 뒤 자신들이 이미 대륙의 서쪽 절반에 널리 확산해 있는 번영을 곧 누리기 시작할 것이라는 희망이 다른 어느 지역보다도 높았다.

하지만 1990년대 전반부의 이행기는 처음에는 희열을 느꼈지만 사실 어느 누가 기대한 것보다도 더 힘든 것으로 드러날 터였다. 1990년대 중반 이후에야 비로소 상황은 희망적으로 보일 터였다. 그리고 1990년대 초에 인민들이 감히 더 나은 세계가 임박했다고 꿈꾸었을 때조차도 큰 그늘이 다시 한번 대륙에 드리우고 있었다. 1990년대가 시작하던 바로 그때 유럽에 전쟁이 다시 찾아왔다.

인종 전쟁

1991년부터 1995년까지 유고슬라비아에서 지속된 전쟁—아니, 일련의 전쟁들—은 새로운 유럽에 큰 충격을 가했다. '인종 청소'라는 끔찍한 용어가 전쟁의 성격을 한마디로 표현했다. 해체 중인 유고슬라비아를 인종적으로 더욱 동질적으로 만들기 위해 사람들을 강제로 추방하고 대량 학살하자 나머지 유럽은 몸서리를 쳤다. 유럽연합은 절망감에 손을 쥐어틀었지만 복잡한 문제를 해결하려는 유럽연합의 시도는 끔찍한 갈등을 멈추는 데 전혀 도움이 되지 않았다. 유엔은 평화유지군을 파병했으나 평화를 유지하는 데 실패했다. 궁극적으로 유럽은 유럽 땅에서 전쟁을 끝내며, 다시 한번 미국의 개입에 의존하지 않고 영속적인 전후 합의를 이룰 능력이 없는 것으로 재차 드러났다.

유고슬라비아의 인종 전쟁은 서방의 많은 사람이 아무 생각 없이 추정했듯이, 발칸인들이 그냥 본래 모습으로 되돌아간 것(아주 오래된 갈등의 근대적인 버전)이 아니었다. 그럼에도 그것은 최근의 배경이긴 하지만 결정적으로 중요한 역사적 배경을 갖고 있었다. 이는 유고슬라비아에서 1980년대 동안 커져가는 공산주의의 결함에 대한 불만을 인종민족주의로 돌리는 것이었다. 오랜 통치 기간에 티토(1980년 5월에 사망했다)는 복잡한 국가의 이해관계를 신중하게 균형 잡기 위해 철권과 강력한 개인적 권위를 동원해 유고슬라비아를 통치하면서 인종적 불만을 가차 없이 억눌렀다. 하지만 표면 아래에서는 불만이 (제2차 세계대전 이래 계속되어온 깊은 적의와 더불어) 들끓어왔고, 이는 공산주의가 점점 심해지는 전면적인 경제적·사회적 고통에 대한 해결책을 제시하는 데 실패함에 따라 더욱 강력하게 나타났다. 유고슬라비아의 인종적 분열은 이 나라의 비극이 펼쳐질 도가니가 되었다.

이 전후 공산주의 국가는 인구 규모가 다 다른 6개의 공화국(보스니아헤르체고비나, 크로아티아, 마케도니아, 몬테네그로, 세르비아, 슬로베니아)으로 구성되었다. 세르비아인들(거의 800만 명)은 크로아티아인들(두 번째로 큰 인종 집단으로 500만 명 이하)을 수적으로 크게 앞섰다. 다른 극단에서 몬테네그로의 인구는 겨우 60만 명에 불과했다. 인구의 분포는 대체로 유고슬라비아 구성 공화국들의 경계와 부합하지 않아서 서로 다른 문화적 전통, 언어, 종교를 반영하는 인종적 혼합을 남겨 놓았다. 북서부의 슬로베니아는 거의 완전히 단일 인종이었던 반면 연방 국가의 다른 부분에서는 세르비아인, 크로아티아인, 이슬람교도 및 다른 인종들이 경계를 통해 말끔하게 분리되지 않았다.

많은 크로아티아인이 세르비아에 살았다. 크로아티아에 세르비아인들이 거주하는 고립된 지역이 있었고, 보스니아헤르체고비나에서는 세르비아인과 크로아티아인들이 수백 년 동안 평화롭게 지내왔듯이, 200만 명의 이슬람교도와 나란히 살았다. 몬테네그로인, 마케도니아인, 알바니아인들은 다른 소수 인종들과 함께 유고슬라비아의 인종적 누비이불의 다른 조각 천을 이루었다. 티토가 단호하게 시행한 갈등 조정 정책은 각각의 공화국이 (똑같지는 않지만) 전후 수십 년 동안 급속히 성장하는 경제로부터 혜택을 받는 것을 보장했고, 그렇게 함으로써 저변의 인종적 긴장을 완화하는 데 일조했다.

하지만 1970년대의 경제적 침체 이후 고조되는 불만이 문화적 차이와 정체성이라는 측면에서 목소리를 높이기 시작했다. 이 측면은 유고슬라비아가 1980년대 중반에 전면적인 경제적 위기(상환할 수 없는 거액의 외채, 급락하는 생활수준, 치솟는 인플레이션과 대규모 실업)에 빠지면서 부유한 공화국과 가난한 공화국들 사이의 격차가 커지자 더욱 강조되었다. 인종적 렌즈로 보면 두 가지 왜곡이 있었다. 가난한 공화국들은 부유한 공화국들에 기생충으로 여겨졌고, 부유한 공화국들은 가난한 공화국들에 그들 자신의 이해에 봉사하기 위해 설립된 연방 시스템의 수혜자로 간주되었다.

이미 1980년대 초에 가장 서구화되고 문화적으로 관용적이며 경제적으로 앞선 공화국이었던 슬로베니아는 1989년경 경제적으로 발버둥 치는 유고슬라비아에서 단연코 가장 부유한 지역이었고, 좀 거리를 두고 그 뒤를 크로아티아가 뒤따랐다. 반대편 극단에는 보스니아헤르체고비나와 분명히 가장 가난한 코소보가 있었다. 벌어지는 사회적·경제적 격차는 불만을 조장했고, 이는 다시 인종적 편견과 적대감에 기름을 부었다. 슬로베니아인들과 크로아티아인들은 자신들의 상대적인 번영의 일부가 빨대로 빨아들여져 나라의 덜 생산적인 지역의 배를 불리고 있다는 데 더욱 분노하게 되었다. 세르비아인들은 크로아티아인들과 슬로베니아인들의 더 나은 생활수준을 부러운 눈으로 바라보았다. 코소보인들은 세르비아인들에게 알바니아인들의 차별로부터 자신들을 보호해 줄 것을 기대했다. 해외에서 일하거나 추방당했던 국외 거주 민족주의자들은 고국으로 돌아와 인종적 분노를 조장하는 데 일조했다.

소련 블록을 괴롭히는 트라우마를 분명히 깨닫고 있던 유고슬라비아인들도 변화를 원했다. 나라의 고민에 대한 어떤 치유책도 내놓을 수 없었던 공산주의 체제가 정당성을 잃어버리면서 정치적 위기가 찾아왔다. 1986년 무렵 무려 88퍼센트의 슬로베니아인과 70퍼센트의 크로아티아인이 공산당 가입을 꺼린다는 의견을 표명했다. 심지어 연방 국가에서 지배적인 공화국인 세르비아에서도 그 수치는 40퍼센트나 되었다. 공산주의 이념의 영향력이 약해지면서 종교적 믿음이 되살아났는데, 이 종교적 믿음은 정교도 세르비아인들, 가톨릭교도 크로아티아인들, 보스니아의 이슬람교도들이 종교를 인종적 정체성의 표시로 보기 시작하면서 분열적 요소가 되었다.

인종적 민족주의는 급속히 주요한 대체 이념이 되어가고 있었다. 1985년의 조사에 따르면 대부분의 젊은 성인은 (크로아티아인과 슬로베니아인은 좀 덜하지만) 여전히 자신들의 유고슬라비아 정체성을 인종적 정체성 앞에 두고 있었다. 그렇지만 다른 조사에서는 인종적 관계가 악화되고 있음이 드러났다. 민중 문화의 일부 요소들도 그랬다. 축구 팬들은 시합을 공격적인 인종적 경쟁을 상징적으로 과시하는 기회로 삼았다. 그들은 자신들의 인종적 정체성을 널리 알리기 위해 깃발을 흔들거나, 체트니크[633] 세르비아 민족주의자들의 옛 제2차 세계대전의 후렴구를 부르거나, 크로아티아 편에서는 이루 말할 수 없는 전시 범죄를 저지른 우스타샤[634]의 파시스트식 경례를 했다. 축구 훌리거니즘—1980년대 몇몇 유럽 국가(특히 영국)에서 일어난 양상—은 유고슬라비아에서 노골적으로 인종적 특성을 띠었다. 1990년 '디나모 자그레브' 팀이 '츠르베나 즈베즈다 베오그라드' 팀과 경기를 벌였을 때, 1500명의 크로아티아인과 세르비아인이 대격전을 벌였다. 츠르베나 즈베즈다 베오그라드 '울트라스'[635]의 지도자는 아르칸Arkan

---

633) Četnik. 정식 명칭은 '유고슬라비아 육군 체트니크 분견대'다. 제2차 세계대전 당시 드라자 미하일로비치가 이끈 세르비아 민족주의 유격대를 가리킨다. 본래 결성 목적은 추축국 및 추축국에 협력하는 크로아티아와 싸우는 것이었지만, 실제로는 요시프 브로즈 티토가 이끄는 공산주의 유격대와 항쟁하거나 크로아티아계 유격대인 '우스타샤'가 세르비아인들을 학살한 것에 대한 보복으로 크로아티아인들을 학살하는 일에 더 힘을 쏟았다. 종전 후 신생 유고슬라비아 사회주의 연방 공화국 건국 과정에서 배제되었으며, 미하일로비치를 비롯한 체트니크 간부들은 체포되어 처형되었다.
634) Ustaša-Hrvatski Revolucionarni Pokret(우스타샤-크로아티아 혁명운동). 크로아티아의 반유고슬라비아 분리주의 운동 조직이자 파시스트 조직으로, 제2차 세계대전 동안 70만여 명의 세르비아인과 정교도를 학살한 것으로 악명 높다.
635) Ultras. 열광적인 축구 팬을 가리킨다. 1960년대에 이탈리아에서 시작되어 그 후 유럽 각국, 남미 등 전 세계로 퍼져 나갔다.

이었는데, 이 이름은 폭력적 범죄자 젤리코 라즈나토비치[636]의 별명으로 그는 곧 매우 악명 높은 세르비아 준군사 조직의 선봉에 서게 될 것이었다.

역사는 대두하는 인종적 분열에 따라 재해석되었다. 1980년대 중반부터 시작된 좀 더 자유주의적인 분위기는 책, 문학, 영화, 대중매체에서 오랫동안 금기시되어왔던 주제들에 대한 공공적 토론을 허용했다. 제2차 세계대전은 파르티잔 군에 대한 유고슬라비아의 전통적인 격찬을 넘어 토론의 주제가 되었다. 티토 자신도 결코 비판으로부터 면제되지 않았다. 한때 건드릴 수 없는 국민 영웅이었던 티토는 점점 사치스러운 개인적 생활방식이 공언된 그의 사회주의적 원리와 날카롭게 대비되는 부패한 전제군주로 묘사되었다. 티토의 전시 역할은 오랫동안 공식적으로 군주주의자이자 반동분자(노골적인 파시스트는 아니지만)로 매도되어온 체트니크들이 세르비아인들에 의해 복권됨에 따라 수정되었다. 이것은 그 자체로 티토의 공산주의 파르티잔들이 수행한 역할을 축소하는 것이었다. 1990년대 초에 티토를 기리는 거리와 광장의 이름이 바뀌었다. 그의 영묘는 폐쇄되었다.

공격적이고 비관용적인 인종적 정치의식을 고취하면서 역사를 이용하고 남용하는 데 결정적으로 중요했던 요소가 제2차 세계대전 동안 '크로아티아독립국가'의 파시스트 민병대가 저지른 끔찍한 잔혹 행위를 둘러싸고 전개되었다. 우스타샤는 수십만 명의 (주로) 세르비

---

636) Željko Ražnatović(1952~2000). 세르비아의 악명 높은 범죄자이자 유고슬라비아 전쟁에서 활동한 준군사 조직 '세르비아 의용대'의 사령관이었다.

아인, 유대인, 집시를 흔히 야만적으로 살해했다. 하지만 살해된 사람들의 수를 두고 세르비아인들(엄청나게 과장했다)과 크로아티아인들(크게 축소했다)은 격렬하게 다투었다. 곧 크로아티아 대통령이 될 프라뇨 투지만은 우스타샤의 학살 규모를 크게 깎아내린 사람이었다(괴이하게도 그는 세르비아인들의 박해를 주로 유대인의 탓으로 돌렸고, 게다가 홀로코스트에서 살해된 유대인의 수가 몹시 과장되었다고도 주장했다). 크로아티아인들은 전쟁 말기에 크로아티아가 항복한 후 세르비아 파르티잔의 수중에서 겪은 극심한 고통을 강조했다. 다른 한편 우스타샤의 만행에 대한 세르비아인들의 집단 기억은 세르비아 국가를 세워야만 그런 위협이 재발하지 않을 것이라는, 급속히 확산되는 견해를 뒷받침했다.

고조되는 저변의 인종적 긴장을 초월할 수 있는 어떤 통합적 인물도 전쟁 영웅이자 국민 단합의 상징인 티토를 계승하지 못했다. 복잡해서 다루기 힘든 1974년 헌법은 분권화를 통해 유고슬라비아의 협치에 인종적 균형을 제공하려고 했지만, 단지 커져가는 나라의 원심적 경향과 정치적 문제들을 더욱 악화했을 뿐이었다. 건강이 악화되던 티토의 말년에 제도적 권력은 8명의 대통령(6개 공화국과 세르비아의 2개 주 보이보디나와 코소보의 대통령들)이 공유했고, 매년 돌아가면서 그중 한 명이 국가수반과 군 총사령관으로 복무할 것이었다. 유고슬라비아는 1개의 연방의회와 6개의 공화국 의회, 2개의 세르비아 주의회 그리고 10개의 공산당(유고슬라비아 전체를 위한 공산당과 군대를 위한 공산당을 포함하여)이 있었다. 놀랄 것도 없이 이 복잡한 균형 잡기에서는 지역 정당과 정부들이 연방 정당과 정부보다 더 중요해졌다. 주요한 예외는 여전히 연방의 통제를 받는 군대와 보안경찰이었다.

그러나 폭발이 임박한 조짐은 아직 없었다. 자신 있게 승진의 길을 따라 위로 올라가 세르비아 공산당의 지도자가 된 능숙한 정치적 책략가 슬로보단 밀로셰비치[637]가 공산주의의 주창이 아니라 인종적 민족주의의 이용이 자신의 권력과 세르비아의 권력을 강화하는 길임을 깨닫기 전까지는 그랬다.

밀로셰비치가 1987년 4월 24일 코소보에서 선동적인 연설을 했을 때, 인종 갈등을 확산할 불쏘시개가 될 종이에 불이 붙었다. 코소보에는 세르비아 신화에서 특별한 자리를 차지하는 장소가 있었다. 그곳은 1389년 튀르크인들과의 전투에서 패배한 세르비아 귀족들이 항복하기보다는 영웅적으로 죽음을 선택한 세르비아 민족의 요람으로 여겨졌다. 20세기 말에 세르비아인들은 코소보에서 깊은 분노를 품은 소수 주민—그들의 생각으로는 알바니아계 다수 주민(총 주민의 약 85퍼센트)에 의해 그들 자신의 땅에서 극심하게 박해를 받은—을 구성했다. 밀로셰비치는 고위 공산당 관리로서 코소보에 갔다가 유명한 민족주의자가 되어 돌아왔다. 밀로셰비치는 자신들이 알바니아계 코소보 경찰에게 공격당했다고 주장하는 분노한 세르비아 군중에 텔레비전 연설로 응답하면서 다음과 같이 말했다. "여기는 당신네들의 땅이고, 누구도 감히 당신들을 때려서는 안 된다." 이는 즉각 한

---

637)   Slobodan Milošević(1941~2006). 1989~1997년 세르비아 대통령, 1997~2000년 유고슬라비아연방 공화국 대통령을 역임했다. 1990년대 유고 내전 당시 세르비아인들이 보스니아인들에게 가한 집단 학살을 부추기는 등 전쟁범죄를 저지른 혐의로 체포되어 수감 중 감방에서 숨진 채 발견되었다.

밤중의 반알바니아 폭력 사태를 불러일으켰다. 밀로셰비치는 세르비아 민족주의의 불길에 기름을 퍼부었는데, 그것도 비단 코소보에서만 그런 것이 아니었다. 이는 또 밀로셰비치에게 그 직후 그가 세르비아 대통령이 될 때 성공적으로 활용했던 플랫폼도 제공했다. 그것은 유고슬라비아가 사망할 때 겪었던 긴 고통의 시작을 나타냈다.

밀로셰비치의 악의적인 코소보 연설이 있은 지 3년 후 사태는 더욱 악화되었다. 연방 국가는 경제가 붕괴하는 와중에 구성 지역들에 대한 장악력을 유지하기 위해 점점 더 발버둥 쳤다. 중부 유럽과 동유럽 전역에서 일어나고 있는 일을 반영하여 유고슬라비아 내에서 민주화와 사치에 내한 압박이 커졌다. 1990년에 유고슬라비아에서 공산주의는 종언을 고했다. 그러나 40여 년 만에 처음으로 그해 실시된 다원주의 선거에서 민족주의 정당들이 세르비아와 몬테네그로(세르비아의 허수아비나 다름없었다)만 제외하고 모든 곳에서 승리했다. 그리고 세르비아와 몬테네그로에서도 공산당은 이제 사실상 세르비아 민족주의의 수단이 되어가고 있었다. 유고슬라비아 연방 국가는 이미 생존을 위해 발버둥 치고 있었다.

1989년에 민족주의적인 '크로아티아 민주연합당'을 창당하고 이듬해 선거에서 크로아티아 대통령이 된 프라뇨 투지만은 이제 크로아티아 국경 안팎의 크로아티아 인종에게 단결을 호소하고 있었다. 불길하게도 투지만은 보스니아를 "크로아티아 민족의 민족국가"라고 언급했는데, 여기에서 이 국가 안의 이슬람교도는 단지 이슬람화된 크로아티아인으로 여겨졌을 뿐이다. 투지만의 당은 보스니아와 세르비아의 국경인 드리나강에서 크로아티아를 방어하는 것에 대해 이야기했다. 대통령으로서 투지만은 점점 더 크로아티아의 독립을 밀고 나갔다(처음에는 느슨한 유고슬라비아연방이라는 관념에 대해 입발림 소리를 하면서). 크로아티아의 단호한 민족적 주장은 유고슬라비아에서 두 번째로 큰 공화국에서 세르비아인 소수 인종에게 급속히 걱정거리가 되어갔다. 거의 밤새 많은 건물에서 펄럭이던 붉은색과 하얀색의 체크무늬 국기는 그들에게 무서운 우스타샤가 운영하던 전시 크로아티아 국가를 생각나게 했다. 크로아티아어는 행정기관에서 허용된 유일한 언어가 되었다. 세르비아인들이 쓰던 세르비아 키릴문자를 버리고 크로아티아 로마자만 사용하기 위해 부호가 바뀌었다.(베오그라드에서는 거꾸로였다. 로마자가 격하되어 모든 곳에서 세르비아 키릴문자로 대체되었다.) 세르비아인들이 해고되고 크로아티아인들로 대체되면서 국가 행정의 신중한 인종적 균형이 깨졌다. 최악의 사태는 세르비아인들이 경찰직에서도 제거되었다는 것이었다. 이는 영락없이 파시스트 우스타샤 복귀의 망령을 떠올리게 했다.

크로아티아에서 세르비아 소수 인종이 느낀 공포는 유고슬라비아에서 4년 동안 계속될 전쟁의 방아쇠를 당길 것이었다. 전쟁은 몇 단계로 나뉘어 진행되었는데, 양상이 너무 복잡해서 외부인들은 갈피를 잡을 수 없을 정도였다. 1991~1992년의 첫 단계 동안, 열흘간의 '전투 없는 전쟁'의 결과 슬로베니아가 유고슬라비아로부터 분리를 허용받은 후 크로아티아인들은 주로 세르비아인들이 거주하는 크로아티아 지역들에서 매우 야만적으로 쫓겨났다. 두 번째 단계는 전쟁의 핵심에 해당하는 충돌의 전반부였다. 세르비아인들과 크로아티아인들이 이슬람교도(무시무시하게 진행된 인종 청소의 주된 희생자들)에 맞서 인종 전쟁을 수행함에 따라, 보스니아에서 1992년부터 1995년까지 세르비아인, 크로아티아인, 이슬람교도 세 집단 사이에 잔혹한 갈등이 계속되었다. 이 시점에 세르비아인들은 최악의 행동을 통해 가장 많은 것을 얻었다. 하지만 세 번째 단계(보스니아 전쟁의 후반부)에서 군대를 증강한 크로아티아인들은 이슬람교도와 동맹을 맺는 것이 이익이 된다고 보았고, 이제 세르비아인들을 이전에 그들이 차지했던 지역에서 추방하는 등 세르비아인들을 극적으로 공격하기 시작했다. 이 마지막 단계에서는 세르비아인들이 주된 패배자로서, 크로아티아와 보스니아 이슬람교도가 벌인 광범위한 잔혹 행위의 희생자였다.

세르비아인들의 두려움은 처음에 세르비아인들이 주민의 약 12퍼센트를 차지한 크라이나(변경이나 국경을 가리키는 고대 단어로서 보스니아헤르체고비나의 서부 국경과 북부 국경의 긴 가장자리)에서 특히 뚜렷했다. 밀로셰비치는 '대大세르비아Greater Serbia'에서 그들의 보호 희망을 고무했고, 크로아티아인 이웃들을 향한 적대감이 불타오르게 했다. 1990년에 이미 심각한 분규가 끓어오르고 있었다. 1991년 6월 25일(슬로베니아가 독립을 선언한 그날), 크로아티아가 독립을 선언하자마자 분규는 끓어 넘치기 시작했다. 이 단계에서 핵심 행위자였던 밀로셰비치는 (약간의 사상자가 발생한 짧은 무력 충돌 후) 슬로베니아가 유고슬라비아에서 분리되는 것이 대세르비아를 건설하겠다는 그의 야심에 그리 큰 문제가 되지는 않는다고 여겼다. 밀로셰비치에게는 더 중요한 일이 있었다. 그는 이제 크로아티아 영토에 거주하는 세르비아인들의 문제로 주의를 돌릴 수 있었다.

밀로셰비치는 이미 1991년 3월에 "유고슬라비아는 끝났다"는 것을 인정했다. 무엇이 유고슬라비아를 대체할지는 불분명했다. 그러나 그달 말 밀로셰비치가 투지만을 만나 비밀 회담을 가졌을 때 크로아티아와 세르비아 모두 보스니아헤르체고비나의 분할로 이득을 보는 문제에 대한 논의가 있었다. 크로아티아와 세르비아의 확장이 둘 다 의제에 올랐다. 하지만 보스니아로 주의를 돌리기 전에 인종적으로 동질적인 크로아티아 국가를 수립하고자 하는 투지만의 야심과 밀로셰비치의 대세르비아 계획은 크로아티아 영토에 거주하는 상당한 소수 세르비아 인종 문제를 둘러싸고 서로 충돌할 수밖에 없었다.

영국 기자 미샤 글레니[638]는 심지어 크로아티아가 독립을 선언하기 전에도 크라이나를 여행할 때 목격했던 크로아티아인들과 세르비아인들 사이의 상호 증오 수준에 큰 충격을 받았다. 그는 다음과 같이 기록했다. "크로아티아인들과 세르비아인들은 왜 세르비아인과 크로아티아인이 각자 선천적인 괴물인지에 대해 나와 끝없이 논쟁했다. 그들은 역사, 종교, 교육, 생태를 이유로 들이대곤 했다." 이 본능적인 증오는 그에게 새로운 것 같은 느낌, 즉 유고슬라비아 공산주의 국가의 죽어가는 잔불 속에서 엄청난 민족주의의 고조가 낳은 산물—국가가 후원하는 베오그라드와 자그레브의 미디어는 이 불길을 고의로 부채질했다—같은 느낌을 주었다. 남성 우월주의에 젖은, 인종이 뒤섞인 지역과 국경 지역의 젊은이들은 준군사 부대로, 그리고 인종적

---

638) Misha Glenny(1958~). 영국의 기자. 특히 남동부 유럽, 범죄 조직, 사이버 보안 전문가로서《가디언》과 BBC의 특파원으로 활동했다.

증오가 고취되고 폭력이 찬양되는 한때 그곳에서 만연했던 분위기로 끌려 들어갔다. 오랜 두려움과 물려받은 기억이 이제 최근에 불붙은 증오에 깊숙이 파묻혔다. 크로아티아인들은 제2차 세계대전의 체트니크들이 돌아올까 봐 두려웠고, 세르비아인들은 우스타샤가 부활할까 봐 두려웠다. 폭력이 대응 폭력을 낳으면서 확산됨에 따라 잔혹한 사고방식이 이전에 평화를 사랑했던 주민들에게까지 널리 퍼졌다.

1991년 5월, 세르비아인들이 유고슬라비아 북동부의 부코바르 인근 마을에서 크로아티아 경찰관 몇 명을 살해하고 그 시신을 훼손했다. 이 사건은 크라이나 전역에서 폭력 사태를 폭발시킨 도화선에 불을 붙였다. 이 폭력 사태를 주로 자행한 쪽은 매우 유능한, 그리고 몹시 잔인한 라트코 믈라디치[639] 대령(곧 장군이 된다)의 지휘 아래 유고슬라비아연방(실제로는 주로 세르비아계) 군부대의 지원을 받는 세르비아 준군사 조직이었다. 1991년 8월부터 12월까지 약 8만 명의 크로아티아인이 세르비아인이 압도적으로 많은 지역으로부터 추방당하거나 도피하지 않으면 안 되었고, 그 후 몇 달 동안 훨씬 많은 사람이 마찬가지 운명을 겪었다. 폭력이 확산되면서 크라이나 밖의 지역들도 공격당했다. 한때 수많은 여행객이 찾았던 두브로브니크의 달

---

639) Ratko Mladić(1942~). 유고슬라비아 및 스릅스카 공화국의 군인. 1992~1995년 보스니아헤르체고비나의 세르비아계 자치 국가인 스릅스카 공화국의 참모총장을 지냈다. 1992년부터 1995년에 걸쳐 행해진 사라예보에 대한 포위 공격과 1995년 7월 11일에 스레브레니차에서 8000명 이상의 보스니아인이 살해된 학살 사건과 관련해 집단 학살, 전쟁 범죄, 반인도 죄 등의 혐의로 헤이그의 옛 유고슬라비아 국제형사재판소에 기소되었다.

마티아식 해안은 폭격당하고 포위되고 크게 파괴되었는데, 이러한 파괴는 군사적으로 볼 때 거의 합당한 이유가 없었다. 아드리아해의 스플리트 항구도 고통을 당했다. 이 모든 일은 기자들이 보고 텔레비전 카메라가 돌아가는 앞에서 벌어졌다. 최악의 사태는 수천 명의 민간인이 3개월 동안 포위와 폭격을 당했던 아름다운 도나우강변의 부코바르시에서 일어난 끔찍한 폭력이었다. 세계가 공포에 질려 지켜보는 가운데 1991년 11월 20일 세르비아인들에게 도시가 함락되면서 포위가 끝날 때까지 수백 명이 살해되고 훨씬 더 많은 사람이 부상당했다.

전쟁의 이 단계는 (유엔 특사 전 미 국무장관 사이러스 밴스[640]가 협상을 진행한 결과) 1992년 1월에 끝났다. 약 1만 2000명의 유엔 평화유지군이 감시할 휴전이 합의되었다. 하지만 추방된 크로아티아인들이 지정된 '보호 지역'으로 돌아올 만큼 안전하다고 느낄 수 있게 보장하거나 다음 몇 달 동안 철수할 유고슬라비아군이 세르비아 민병대와 보안군에 많은 무기를 남기고 떠나는 것을 막기 위해 할 수 있는 일은 아무것도 없었다. 크로아티아의 약 3분의 1이 그때까지 반란을 일으킨 세르비아인들의 통제 아래 떨어졌다.

---

640)　Cyrus Vance(1917~2002). 미국의 정치가. 1961년 존 F. 케네디 대통령이 국방부의 최고자문관으로 임명했고, 1962년 육군장관이 되었다. 1964년에는 린든 존슨 행정부에서 국방장관으로 임명되어 1967년 그리스와 터키 사이의 키프로스 분쟁을 안정시켰다. 1977~1980년에는 지미 카터 대통령 아래에서 국무장관을 맡아 미국과 중국 간의 외교 관계를 수립하고, 이집트와 이스라엘 간의 평화조약을 협상하는 데 도움을 주었다.

유고슬라비아 분규에 대한 총체적인 정치적 해결의 희망은 비록 희미하긴 했지만 전 영국 외무장관이자 그 후 나토 사무총장을 지낸 피터 캐링턴[641] 경의 노력에 달려 있었다. 그러나 독일이 (국내의 반세르비아 여론을 그대로 반영하여) 유럽공동체의 다른 나라들에 크로아티아 독립을 인정하라고 강력하게 압박을 가했을 때 그의 노력도 허사가 되었다. 이것은 보스니아헤르체고비나에 직접적인 결과를 낳았다.

이 유고슬라비아 중부의 공화국(인구 중 44퍼센트가 이슬람교도, 33퍼센트가 세르비아인, 17퍼센트가 크로아티아인)은 이제 난처한 선택에 직면했다. 독립을 선언하든지, 아니면 세르비아인들이 지배하는 유고슬라비아에 그대로 남든지 둘 중 하나를 선택하는 것이었다. 보스니아의 세르비아인들을 이끈 사람은 1980년대 중반에 횡령과 사기로 유죄선고를 받은 전직 정신과 의사 라도반 카라지치[642]였다. 전 세계의 텔레비전 시청자들은 곧 사자 갈기 같은 머리 때문에 그를 한눈에 알아볼 것이었다. 카라지치는 대세르비아 국가 안에서 모든 세르비아인을 통합한다는 목표와 완전히 배치되는 보스니아 독립을 진지하

---

641)　Peter Carington(1919~2018). 영국의 보수당 정치가. 1979~1982년 영국 외무장관, 1984~1988년 나토 사무총장을 역임했으며, 1941년 이래 영국의 종신 상원의원이었다.

642)　Radovan Karadžić(1945~　). 스릅스카 공화국의 전 대통령이자 시인, 정신과 의사. 1992~1996년 스릅스카 공화국의 초대 대통령을 지냈다. 보스니아 내전 당시 사라예보를 공격해 1만 2000명을 살해하고 1995년 스레브레니차에서 8000여 명의 이슬람교도를 학살하는 등 인종 청소를 자행해 네덜란드 헤이그에 있는 옛 유고슬라비아 국제형사재판소의 전쟁범죄자로 수배되었다. 2008년 7월 21일 베오그라드에서 체포되었고, 네덜란드로 이송되어 2016년 40년 형을 선고받았다.

게 고려하기를 거부했다. 카라지치와 그의 추종자들에게 보스니아의 독립 선언은 전쟁을 의미했다. 1992년 2월 29일과 3월 1일에 치러진 국민투표에서 투표자의 거의 3분의 2가 독립을 지지함에 따라, 3월 3일 공산주의에 대한 반대 때문에 감옥에서 5년 동안 복역했던 이슬람교도 법률가이자 지식인인 보스니아 대통령 알리야 이제트베고비치[643]가 바로 그 선언을 발표했다.

유럽공동체가 보스니아헤르체고비나 국가를 인정한 지 하루 뒤인 4월 7일 보스니아의 세르비아인들은 그들이 오래전에 스릅스카 공화국Republika Srpska이라고 부르던 지역에서 독립을 선언했다. 이미 이전 몇 주 동안 이슬람교도 민간인들이 보스니아 북동부에서 세르비아의 준군사 조직에 무자비하게 살해당하고 공격당했다. 4월 말, 보스니아헤르체고비나의 아름다운 고대 도시로서 수세기 동안 인종적·종교적으로 혼합된 주민들의 고향이었던 사라예보는 유고슬라비아 군대(압도적으로 세르비아인들)와 보스니아의 세르비아 경찰 및 준군사 조직의 수천 명 병력에 포위되었다. 열두 살 소녀인 즐라타 필리포비치[644]의 일기장에서 포위 중에 사라예보 시민들이 매일 겪었던 두려

---

643)　Alija Izetbegović(1925~2003). 보스니아의 변호사, 작가, 철학자, 정치가. 1990~1996년, 보스니아헤르체고비나의 초대 대통령을 지냈다.

644)　Zlata Filipović(1980~). 보스니아의 일기 작가. 보스니아 전쟁 동안 사라예보에서 어린 시절을 보내면서 1991년부터 1993년까지 일기를 적었다. 그의 일기는 《즐라타의 일기(Le Journal de Zlata)》라는 제목으로 1993년 프랑스어로 처음 출간된 뒤, 1994년 역시 《즐라타의 일기(Zlata's Diary)》라는 제목으로 영어로 번역되어 세계적인 베스트셀러가 되었다.

움을 엿볼 수 있다. "도시를 돌아다니는 것은 위험하다. 저격수들이 당신을 노리고 있기 때문에 우리 다리를 건너는 것은 특히 위험하다. 당신은 뛰어서 다리를 건너야 한다. (엄마가) 밖으로 나갈 때마다 아빠와 나는 창문으로 가서 엄마가 뛰어가는 것을 지켜본다. (…) 달리고, 달리고, 또 달린다. 다리는 끝나지 않는다." 포위는 거의 4년을 지속할 예정이었고, 수천 명의 민간인(1500명 이상이 어린이였다)을 포함하여 1만 4000명 가까이 목숨을 잃었고 5만 6000명(거의 1만 5000명이 어린이였다)이 다쳤다.

모두가 인종적 증오에 사로잡힌 것은 아니었다. 1993년 5월에 사라예보를 탈출하려다 살해된 스물나섯 살 동갑내기 연인은 학창 시절부터 애인이었다. 남자는 세르비아인이었고 여자는 이슬람교도였다. 그들은 점점 줄어들던 소수 인종이었다. 확대되는 인종 전쟁에서 끔찍한 잔혹 행위의 소용돌이가 지역 전체를 에워쌌기 때문이다. 밀로셰비치와 투지만은 각각 베오그라드와 자그레브에서 사태를 관망했다. 그들은 1991년 비밀 회담에서 인정했듯이, 서로 이득을 얻었다. 그들에게 전쟁은 합리적인 사업이었다.

각 측은 잔혹 행위를 저질렀다. 하지만 최악의 잔혹 행위는 이슬람교도에게 가해졌다. 살해, 강간, 구타, 강도, 재산(집, 상점, 모스크 및 여타 마을 건물들) 파괴는 모두 무엇보다도 이슬람교도 주민들을 그들의 집과 "인종적으로 청소된" 지역 전체에서 성공적으로 몰아낸 체계적인 테러 행위의 일부였다. 공포에 새파랗게 질린 이슬람교도 여성들과 아이들은 보스니아 북부의 바냐루카에서 기차에 태워져 반세기전 아우슈비츠로 강제 이송되었던 유대인들처럼 어디론가 보내졌다.

남자들은 체포되어 제2차 세계대전의 공포를 떠올리게 하는 현대의 집단수용소에 집어넣어졌다. 테러 행위를 피하기 위해 난민들이 줄을 지어 며칠 동안 도로와 산길을 걸었지만, 그들은 도피하면서 끔찍한 폭력(학대, 협박, 약탈과 종종 살해)에 시달렸다. 최소한 2만 명의 여성이 강간당한 것으로 추산되었다.

1995년 보스니아 전쟁이 끝났을 때, 가장 믿을 만한 계산에 따르면 사망자는 10만 명 이상을 헤아렸다. 그중 60퍼센트 이상이 보스니아의 이슬람교도였으며, 민간인 사망자 중 압도적인 다수도 이들이었다. 그들의 운명은 이슬람 세계에서 급진화 과정이 심화하는 데 기여했다. 세르비아인은 살해된 사람 중 25퍼센트, 크로아티아인은 8.3퍼센트를 차지했다. 약 220만 명이 살던 집을 버리고 도피하지 않으면 안 되었다. 제2차 세계대전 이후 어느 갈등도 그렇게 많은 사망자와 난민을 낳지는 않았다.

단일한 사건으로 최악의 잔혹 행위가 맨 마지막에 벌어졌다. 1993년까지 보스니아 동부의 스레브레니차시는 세르비아인이 통제하는 영토에서 이슬람교도의 고립된 섬이 되었고, 인근 마을에서 벌어진 잔혹한 인종 청소에서 도피한 난민으로 엄청나게 북적거렸다. 도시는 그해 4월 '안전 지역'으로서 유엔의 보호 아래 놓였다. 그럼에도 세르비아인들은 이 고립된 지역을 접수하기로 결정했다. 그들은 식량은 물론 의약품의 반입도 막았고, 이는 상황을 경악할 정도로 악화했다. 믈라디치 장군이 지휘하는, 거의 4배나 많은 수의 세르비아군이 1995년 7월 6일 도시를 접수하기 위해 공격을 개시했을 때 '안전 지역'을 방어하는 병력은 유엔 보호군의 일부였던, 400명이 채 안 되는 네덜란드 군인들밖에 없었다. 닷새 후 스레브레니차는 세르비아의 수중에 떨어졌다. 7월 12일부터 세르비아인들은 남자 성인과 아이들을 여자들로부터 떼어 놓기 시작했다(여자들은 강제로 보스니아 이슬람 영토로 수송되었다). 그중 약 8000명이 숲으로 끌려가 조직적으로 학살되었다. 그것은 이 음산한 전쟁 전체에서 가장 음산했던 사건으로 유럽 문명의 오점이었다. 유럽과 광범한 세계는 영원히 근절되었다고 생각한 공포를 떠올렸다. 마침내 서방은 갈등을 종결하려고 다 함께 노력을 기울이기 시작했다.

여러 차례 시도가 있었는데, 가장 유망한 것(한동안 그런 것 같았다)은 사이러스 밴스와 전 영국 외무상관 데이비드 오언[645]의 노력이었다. 그러나 영토 분할 제안은 이편이든 저편이든 교전 당사자들과 예외 없이 문제가 생겼다. 1995년까지 전쟁은 세르비아—유엔 제재에 심한 영향을 받고 국제적으로 고립되었으며, 유럽은 주저했지만 전쟁이 보스니아인들(그들의 곤경이 국제적으로 광범위한 동정심을 불러일으켰던)을 무장시킬 것이라는 미국의 위협하에 있던—에 역효과를 낳고 있었다. 더구나 보스니아의 이슬람교도와 크로아티아인들은 1994년 3월 서로 싸우기를 중단했다. 그리하여 세르비아는 우방도 없이 혼자가 되었다. 밀로셰비치는 세르비아 본토 밖에 사는 세르비아인들, 바로 대세르비아에 편입함으로써 보호하겠다고 약속했던 사람들을 희

645) David Owen(1938~). 영국의 정치가이자 외과 의사. 1974~1976년 영국 보건·사회보장장관, 1976~1979년 외무장관, 1982~1990년 사회민주당 대표를 역임했다.

생시키면서 자신이 가진 것을 고수할 때가 왔다고 판단했다. 그에게 고집스러운 보스니아의 세르비아인들은 걸림돌에 지나지 않았다.

　1995년, 두 가지 중요한 조치가 서로 연결되었다. 미국의 압력하에 보스니아의 이슬람교도에 대한 크로아티아의 공격을 끝내는 것과 유럽인들(과 유엔)이 찾지 못한 보스니아 전쟁의 영토적 해결책을 찾으려는 미국의 결심이 그것이었다. 유럽 일부에서 유럽인들이 지켜보는 가운데 엄청난 유혈 사태와 파괴가 발생했다. 스레브레니차에서 유엔의 네덜란드 병사들은 이슬람 남자 어른과 아이들이 끌려 나와 처형되는 동안 무기력하게 옆에 서 있었을 뿐이었다. 1995년 보스니아를 방문했던 티머시 가턴 애시는 "불과 4년 전만 하더라도 너무나 눈부시고 희망차 보였던 유럽이라고 불리는 것의 대외 정책"을 혹평했다. 1991년 "유럽의 시간이 밝았다"고 한 룩셈부르크 외무장관 자크 푸[646]의 오만한 주장은 피투성이가 된 4년 후에는 역겨운 농담처럼 들렸다.

　미국인들은 이제 평화협정 모색에 새로운 긴급성을 부여했다. 보스니아의 이슬람교도에 대한 적대 행위를 중지시키고 세르비아인들의 희생으로 영토를 획득하기 위해 자그레브와 워싱턴 간의 군사 협력이 투지만에게 미끼로 제공되었다. 당근에 어울리는 채찍은 크로아티아가 순순히 말을 듣지 않는다면 국제적 고립, 제재, 그리고 가장 가능성 있는 일로서 전쟁범죄 혐의로 크로아티아의 지도자들이

---

646)　Jacques Poos(1935~). 룩셈부르크의 사회노동자당 정치가. 1984~1999년에 룩셈부르크 부총리, 외무장관, 대외무역·개발장관 등을 역임했다.

기소당하는 사태에 직면하리라는 것이었다. 자신의 이익이 어디에 놓여 있는지를 깨달은 투지만은 순순히 따를 태세가 되어 있었다. 1995년 늦은 봄과 여름에 그사이 자신들의 군대를 증강한 크로아티아인들은 세르비아 지역의 인종 청소를 감행하면서 크라이나의 세르비아인들에게 반격을 가해 형세를 역전시켰다. 1990년에 달마티아식 해안에서 내륙으로 65킬로미터쯤 떨어진, 세르비아인들이 거주하는 크닌시에서 크로아티아 통치에 반대하는 세르비아인들의 봉기가 시작되었다. 1995년 무렵 '인종적으로 청소된' 도시는 크로아티아인의 것이 되었다. 한때 3만 7000명의 세르비아인이 살았던 도시는 고작 주민이 2000명밖에 없는 빈 조개껍데기로 쪼그라들었다.

힘의 균형은 이제 완전히 바뀌었다. 1991년에 패배자였던 투지만은 승리자임이 밝혀졌다. 전쟁 초에 의기양양했던 밀로셰비치는 이제 수세적 위치에 섰다. 그리고 무기 공급을 끊은 밀로셰비치의 지지 없이는 보스니아의 세르비아인들은 자신들이 얻었던 것을 모두 잃을 가능성에 직면했다. 갈등을 중지시킬 기회가 갈등이 시작된 이후 그 어느 때보다도 커졌다. 그러나 교전 당사자들이 유지할 수 있는 합의—모든 측에서 어쩔 수 없는 타협을 요구하는—에 도달하기까지는 여전히 가야 할 길이 더 남아 있었다.

가능성 있는 거래로 가는 가시밭길을 밟은 사람은 폭넓은 외교 경험을 가진 전 미 국무부 차관보로서 강인하고 허튼짓을 하지 않는 협상가 리처드 홀브룩[647]이었다. 1995년 9월 말 홀브룩은 투지만을,

647)   Richard Holbrooke(1941~2010). 미국의 외교관이자 작가. 1977~1981년 동

좀 더 마지못해서 이제트베고비치까지 압박해 보스니아헤르체고비나가 주권국가로 남아 있을 것이지만 보스니아의 세르비아인들이 절반 이하(스릅스카 공화국의 거의 모든 땅)의 지역을 통제하고 크로아티아인들이 약 5분의 1을 통제하는 연방으로 존재한다는 합의의 기초를 수용하게 했다. 이것은 1995년 11월 오하이오주의 데이턴에서 열린 회의에서 궁극적으로 합의된(그 후 12월 14일 파리에서 공식적으로 체결되었다) 협상의 본질이었다. 이 합의는 6만 명의 나토군 병력에 의해 수행될 것이었다. 그것은 불안정하고 깨지기 쉬운(모든 당사자가 인정했듯이 결코 완벽하지 않은) 협정이었다. 그러나 긴장은 지속되었는데도 실제적인 이 해결책은 놀랍도록 오래가는 것으로 밝혀졌다.

어떤 면에서는 갈등 전체를 촉발했던 코소보 문제는 여전히 미해결인 채로 남아 있었다. 심각하고 고질적인 인종 폭력이 끝나지 않았다. 폭력의 상당 부분은 '코소보 해방군Kosovo Liberation Army, KLA'이 저질렀다. 코소보 독립을 위해 무장투쟁에 의지했던 알바니아인들의 이 게릴라 조직은 대부분은 세르비아 경찰의 학대 때문에 급진화했지만, 대원 중에는 상습적인 범죄자도 있었다. 코소보인들이 '데이턴 협정'에서 끌어낸 교훈은 폭력이 대가를 치른다는 것이었다. 서방은 보스니아에서 무력의 현실은 받아들였으나 코소보에서 압도적으로 다수 인종인 알바니아인들의 자치 요구는 잊어버린 것 같았다. 폭력에

아시아·태평양 문제 국무부 차관보, 1993~1994년 독일 주재 미국 대사, 1994~1996년 유럽·캐나다 문제 국무부 차관보, 1999~2001년 유엔 주재 미국 대사, 2009~2010년 아프가니스탄·파키스탄 특사를 역임했다.

대한 밀로셰비치의 대응은 알바니아인들의 마을을 대상으로 세르비아인들의 인종 청소 작전을 개시하는 것이었다. 다음 2년에 걸쳐 1만 명으로 추산되는 알바니아인들이 살해당했고, 50만 명 이상이 인접국으로 도피했다. 게릴라군의 지지자들에 대한 세르비아의 야만적인 보복이 1998년에 확대되자, 이에 자극을 받아 (알바니아의 무기고에서 약탈한 무기로 무장한) 코소보인들이 무장봉기를 일으켰다. 1999년 1월 15일 코소보 수도 프리슈티나 남쪽의 한 마을에서 세르비아 경찰에게 희생당한 45명의 알바니아인의 시신을 찍은 사진이 배포된 일은 서방에 결정적으로 중요한 순간이었다. 그것은 스레브레니차를 상기시키면서 또 하나의 보스니아가 형성 중이라는 우려와 이번에는 너무 늦기 전에 행동해야 한다는 결심을 불러일으켰다.

보스니아 전쟁은 서방으로 하여금 이른바 자유주의적(혹은 인도주의적) 개입주의—서방 민주주의 국가들은 체제의 위협을 받는 사람들의 인권을 보호하기 위해 실정에 맞서 행동할 필요가 있다는 믿음—라는 것을 채택하도록 설득하는 데 도움을 주었다. 이전에 보스니아에서 협정을 모색했지만 성과가 없었던 '연락 그룹Contact Group'(스스로 이 이름으로 불렀다)—미국, 러시아, 영국, 프랑스, 독일—이 2월 6일 파리 인근 랑부예에서 다시 만났지만, 군사행동의 위협에도 불구하고 밀로셰비치는 세르비아 영토 내에 나토군을 배치한다는 조항이 포함되어 있다는 이유로 그들의 평화안을 거부했다. 3월 19일 회담이 마침내 결렬되고 그다음 날 유고슬라비아 군대—유고슬라비아는 이제 세르비아와 그 허수아비 몬테네그로로 축소되었다—는 코소보 북서부에서 심한 폭력이 수반된 공격을 개시했다. 밀로셰비치는 여전히 협상을 거부했다. 3월 24일, 유고슬라비아를 겨냥하여 미국이 주도하는 나토군의 대규모 공습이 시작되었다. 1000대 이상의 항공기가 수도 베오그라드의 많은 건물을 파괴하고 수백 명의 민간인을 죽이면서 기반시설에 심대한 타격을 가했다. 공습은 유엔 안보리의 지시 없이 수행되었고(러시아인과 중국인들은 거부권을 사용할 것을 내비쳤다), 그리하여 공습의 적법성이 의문시되었다. 서방의 많은 이들은 끔찍한 충격을 받았다. 하지만 서방의 새로운 인도주의적 개입 교리에 찬성하는 사람들은 인권이 짓밟히고 있으나 정치적 이해관계 때문에 안보리에서 거부권이 필히 행사되는 비상 상황에서는 더 높은 도덕성이 지배적이어야 한다고 주장했다. 과거—단지 유고슬라비아의 최근의 과거만이 아니라—의 교훈이 환기되었다. 독일인들은 코소보의 비인도적 행위를 히틀러의 범죄와 비교했다. 영국인들은 독재자를 달래는 것이 얼마나 위험할 수 있는지에 관해 이야기했다.

코소보의 세르비아군은 공습에 대한 보복 공격을 강화했다. 이제 75만 명 이상의 코소보인이 주로 알바니아와 마케도니아 쪽으로 도피했다. 밀로셰비치가 1999년 6월 9일 마침내 퇴각할 때까지 11주가 걸렸다. 이튿날, 공습이 중단되었다. 코소보는 나토 평화유지군의 보장을 받는, 유고슬라비아 내의 유엔 보호국이 되었다. 코소보의 최종 지위는 미해결인 채로 남겨졌다. 그러나 세르비아인들은 한때 자신들의 대변자였던 슬로보단 밀로셰비치를 더 이상 참지 못했다. (시비의 여지가 있던) 대통령 선거 이후 발생한 거대한 인민의 항의에 따라 밀로셰비치는 압력에 굴하여 2000년 12월 7일 세르비아 대통령직을 사임했고, 그를 대신하여 '세르비아 민주당'의 지도자인 법률가 보이슬라브 코슈투니차[648]가 대통령이 되었다. 1년 뒤 밀로셰비치는 유고슬라비아 전쟁 동안 저질러진 심각한 범죄의 가해자들을 기소하기 위해 1993년 네덜란드의 헤이그에 설치된 옛 유고슬라비아를 위한 '국제형사재판소'에 회부되었다.

코소보는 계속 비틀거렸고, 대체로 세르비아 소수 인종을 겨냥한 내부 폭력은 쉽게 끝나지 않았다. 2008년 세르비아의 반대 속에, 그리고 유엔의 지지 없이 코소보 의회는 일방적으로 독립을 선언했다. 이는 즉시 국제적인 인정을 얻었다. 2년 전 몬테네그로는 세르비아와의 통합을 종결하고, 그 자신이 충분히 독립적으로 되었다. 그와 함께 제1차 세계대전의 격변으로부터 생겨나 제2차 세계대전에서 살아남고 그 후 성공적으로 스탈린에게 저항했던 유고슬라비아 국가는 더 이상 존재하지 않게 되었다. 유고슬라비아 국가는 자체 내부 증오로 해체되었다.

사법적 심판은 아직 이루어지지 않았다. 슬로보단 밀로셰비치는 헤이그의 국제형사재판소에 기소된 161인 중 한 명이었다. 대부분은 장기 투옥형에 처해졌다. 밀로셰비치는 2006년 재판 도중 사망했다. 라도반 카라지치(10여 년 동안 숨어 지내다 뒤늦게 기소되었다)는 2016년 3월 최종적으로 40년 형을 선고받았다. 라트코 믈라디치 역시 오랫동안 재판을 피했다. 2017년 11월 마침내 그는 집단 학살, 전쟁범죄,

---

648) Vojislav Koštunica(1944~). 세르비아의 정치가. '세르비아 민주당'의 대표다. 슬로보단 밀로셰비치의 후임으로 2000~2003년 유고슬라비아연방공화국의 마지막 대통령을 지냈으며, 2004~2007년, 2007~2008년 세르비아의 총리를 두 차례 역임했다.

반인륜 범죄로 유죄를 선고받고 종신형에 처해졌다. 세계의 관심은 재판이 마무리되기 오래 전에 이미 다른 데로 넘어갔다. 생명을 잃은 300만 명과 4년 동안의 격렬한 전투 속에 사랑하는 사람들이 살해되거나 불구가 되는 것을 보았던 수십만 명에게 법정의 판결은 의심할 여지 없이 대부분에게는 환영을 받았지만 고뇌와 고통에 대한 보상으로는 턱없이 부족했다.

유고슬라비아의 붕괴는 새로운 유럽에서조차 무력이 법치를 여전히 짓밟을 수 있다는 것을 보여주었다. 폭력은 성공적이었다. 총의 힘은 다시 결정적인 것으로 드러났다. 보스니아와 크로아티아는 인종적으로 청소되었다. 유고슬라비아연방의 잔해에서 생겨난 새로운 국민국가들은 유럽의 20세기에서 하나의 패턴을 반영했다. 즉, 이 국민국가들은 높은 수준의 인종적 동질성에 기반을 둔 국경을 갖고 있었던 것이다. 유고슬라비아가 해체되면서 매일같이 참상을 전하는 텔레비전 뉴스에 완전히 넌더리가 난 대부분의 유럽인은 대륙의 또 다른 부분에서 실제로 일어나는 일을 자신들의 삶에서 완전히 배제해버렸다. 그렇다 하더라도 유고슬라비아는 과거가 여전히 유럽에 긴 그림자를 드리우고 있음을 상기시켰다. 공산주의의 사망 이후 단합과 평화가 대륙 전역에 확산할 것이라는 기대는 환상에 불과했다.

헛된 희망

유고슬라비아의 참상은 한때 동유럽과 중부 유럽의 많은 지역을 괴롭히던 인종적·영토적 갈등 유형으로 복귀한 매우 부정적인 사례였다. 그리고 유럽의 나머지 국가들이 이를 막지 못했다는 사실에 사람들은 몹시 암울해했다. 그럼에도 이 비극으로 처음에 실망하고 때때로 환멸을 느꼈다 하더라도 옛 소련 블록의 국가들이 이전 형태의 권위주의적 민족주의로 돌아가지 않았다는 사실을 간과해서는 안 된다. 민주주의와 법치의 원리를 반영하는 유럽연합의 견인력은 그와 같은 경향을 상쇄하며 균형을 잡아 주는 가장 강력한 요소였다.

1990년에 중부 유럽과 동유럽의 많은 주민이 느낀 희열은 너무나 커서 완전히 새로운 경제적·정치적 체제로 힘들게 이행한 초기 시절에 환멸이 뒤따라올 수밖에 없었다. 국가가 경제를 통제하는 공산주의 국가로부터 민주화된 정치적 구조와 자유화된 경제로 이중 이행이 진행되는 동안 인민의 삶에 닥친 거대한 혼란은 피할 도리가 없었다. 생활수준은 1990년대 후반기에 경제성장이 이루어지면서 크게 개선되기 시작했지만, 초기에는 종종 악화하곤 했다.

근본적인 경제 재편 과정에서 (수많은 변종을 갖고) 채택된 경로는 이제 정통 이론으로서 케인스주의를 거의 완전히 대체한 신자유주의 이론을 따랐다. 1989년 원래 라틴아메리카 국가들을 위해 고안된 '워싱턴 합의'[649]라고 불린 프로그램은 다 죽어가는 동유럽과 중부 유

---

649) Washington Consensus. 냉전 시대 이후 미 행정부와 IMF, 세계은행 등 워싱턴의 정책 결정자들 사이에서는 '위기에 처한 국가' 또는 '체제 이행 중인 국가'에 대해 사유재산권 보호, 정부 규제 축소, 국가 기간산업 민영화, 외국 자본에 대한 제한 철폐, 무역 자유화와 시장 개방, 경쟁력 있는 환율제도의 채용, 자본시장 자유화, 관세 인하와 과세 영역 확대, 정부 예산 삭감, 경제 효율화 등 미국식 시장경제를 이식하자는 모종의 합의가 이뤄졌다. 1989년 미국의 경제학자 존 윌리엄

럼 국가들의 국가 소유 경제를 변화시키는 가공할 만한 과제에서 성공의 길로 널리 간주되었다. 그것은 탈규제, 민영화, 시장의 자유 제한 완화를 통한 급속한 경제 자유화에 전적으로 우선권을 부여했다. 이는 시장 경쟁을 지지하여 가능한 한 빨리 국가 통제와 소유를 철폐하라고 요구했다. 옛 공산주의 국가들의 인민은 서방이 번영을 누리고 있는 햇살이 비치는 넓은 고지대에 당도하기 위해서 먼저 눈물의 계곡을 건너야 했다. 고지대의 다른 편에서 등장하고 있던 이 여행은—추정컨대—해볼 만한 가치가 있는 일로 판명되었을 것이다.

중부 유럽과 동유럽의 지도자들은 신자유주의적 접근을 자신의 나라를 최단기간에 경제적으로 선진적인 서유럽과 보조를 같이하게 하는 가장 좋은 방법으로 환영했다. 그러므로 서유럽을 따라 하는 것이 유럽에 '재합류'하는 열쇠라고 생각했다. 폴란드 재무장관 레셰크 발체로비치와 체코슬로바키아 재무장관(나중의 체코 총리) 바츨라프 클라우스[650]는 하버드 대학교 경제학자 제프리 색스[651]와 관련된 이른바 '충격 요법'을 가장 열렬하게 지지한 유럽 지도자였다. 그러나 이런저런 형태로 신자유주의는 사회주의경제를 자본주의경제로 가

슨은 이를 '워싱턴 합의'라고 불렀다.

650) Václav Klaus(1941~). 체코의 경제학자이자 정치가. 1992~1997년 체코슬로바키아 분리 직전의 마지막 체코 총리이자 슬로바키아 분리 직후의 첫 체코 총리를 맡았으며, 2003~2013년 대통령으로 재임했다.

651) Jeffrey Sachs(1954~). 미국의 경제학자. 경제개발과 빈곤 퇴치에 관해 세계적으로 유명한 전문가다. 하버드 대학교와 컬럼비아 대학교에서 가르치면서 1995~1999년 하버드 국제개발연구소 소장, 1999~2002년 국제개발센터 센터장, 2002~2016년 컬럼비아 대학교의 지구연구소 소장 등으로 활동했다.

능한 한 빠르고 철저하게 전환하는 전략을 지배했다.

사회주의 계획이라는 구속복이 제거되면서 새롭게 제정된 법률에 따라 경제에 대한 규제가 완화되었다. 시장가격이 가격통제를 대신했다. 통화를 태환할 수 있게 되었다. 재화와 자본의 자유로운 이동을 허용하기 위해 관세를 낮추거나 철폐함으로써 해외무역이 자유화했다. 은행, 증권거래소, 재정 관련 법률 전체가 신속하게 도입되어야 했다. 국가기업의 민영화가 가속화했다. 처음에 민영화는 애초에 대규모 해외투자를 유인하기 힘든 것으로 드러난 대기업보다는 작은 기업과 중간 규모의 기업들에 더 성공적이었다.

IMF는 비록 증여가 아니라 대부이긴 했지만 1997년까지 총 270억 달러를 제공하여 이 이행을 재정적으로 보조하는 데 도움을 주었다. 폴란드는 1993년까지 채무를 실질적으로 탕감받는 대단한 행운을 누렸는데, 이 행운은 폴란드가 '충격 요법'의 '진열창' 나라인 데 대한 보상 차원에서 누린 것이기도 하고 또 나라의 크기와 전략적 중요성 때문에 누린 것이기도 했다. 원조는 (곧 유럽연합으로 개명할) 유럽경제공동체에서도 왔다. 하지만 그 액수는 서유럽의 전후 재건에 너무나 중요했던 1947년의 마셜 플랜보다 상대적으로 훨씬 적었고, 또 규정도 덜 관대했다.

옛 소련 블록 국가들의 수많은 시민에게 첫 몇 년 동안 그와 같은 급속하고 가혹한 변모가 가져온 경제적 변화의 충격은 끔찍했다. 전독일민주공화국은 예외적으로 서독 재원에서 수십억 마르크의 후한 도움을 받았다. 그럼에도 다른 나라와 마찬가지로, 여기서도 실업률이 가파르게 상승하고 산업 생산량이 1988년의 겨우 4분의 1 수준으로 급락하면서 생활수준이 처음에는 떨어졌다. 적어도 동독인들은 일자리를 찾을 수 있는 자신들의 나라가 될 부유한 서독으로 가는 행렬에 대규모로 합류함으로써 반대 의사를 나타낼 수 있었고, 또 나타냈다. 약 60만 명(거의 인구의 4퍼센트)이 1989~1990년에 동독을 떠났다. 이 수는 그 후 약 절반으로 줄었다가, 1990년대 후반에 다시 늘어났다. 다른 어느 지역에서도 그런 선택지를 가진 사람들은 없었다. 또한 다른 지역에서는 생활수준에 드리운 어두운 그림자가 전반적으로 훨씬 더 가혹했다. 서유럽에서 소득이 증가하고 있을 때 중부 유럽과 동유럽에서는 20~30퍼센트 감소하고 있었다. 놀랄 것도 없이 불가리아, 체코공화국, 슬로바키아, 헝가리, 폴란드, 루마니아의 소수의 시민들만이 (1993~1994년의 여론조사에 따르면) 공산주의 몰락 이전보다 잘산다고 느꼈다.

국내총생산은 이행 초기에 모든 포스트 공산주의 국가에서 감소했다. 폴란드에서 산업 생산은 1990~1991년에 거의 3분의 1이, 국민총생산은 거의 5분의 1이 하락했다. 1992년에는 노동인구 13.5퍼센트(230만 명)의 일자리가 없었다. '연대' 노조의 발상지인 유명한 그단스크 조선소에서 1만 7000명이었던 종업원의 수는 1990년대 중반까지 3000명으로 떨어졌고, 재정적 손실은 감당할 수 없는 지경에 이르렀다. 이 패턴은 중부 유럽과 동유럽의 대부분 지역에서 유사했다. 1989년과 비교하여 알바니아의 산업 생산은 1993년까지 충격적이게도 77퍼센트나 감소했다. 루마니아에서 산업 생산은 1992년에만 22퍼센트 감소했다. 체코슬로바키아와 헝가리에서 1989년부터 1993년 사이의 감소는 3분의 1을 웃돌았다. 발트 국가들인 에스토니아, 라트비아, 리투아니아에서도 비슷했다. 각국에서 실업률이 치솟았고, 구매력은 폭등하는 인플레이션이 잡아먹어 버렸다. 농촌 지역 역시 심한 고통을 겪었다. 몇몇 나라에서 농업은 공산주의 몰락 이전 생산의 겨우 절반으로 급감했다. 농업 고용이 (비록 서유럽보다는 훨씬 높았지만, 특히 발트 국가들, 폴란드, 그리고 무엇보다도 발칸 국가들에서) 가파르게 줄어들었기 때문에 인구가 빠져나갔다. 옛 집단농장의 민영화는 소유권 분쟁과 자본 부족의 영향을 받아 더디고 단편적으로 진행되었다. 새로 나타난 대체로 작은 농장들은 기계화가 거의 이루어지지 않았고, 수익성이 없었다.

하지만 1990년내 중반까지, 폴란드에서는 이미 1992년에, 최악의 상황은 끝났다. 이 지역 전역에 걸쳐 평균적으로 거의 4퍼센트 가까이 성장하기 시작했다(훨씬 낮은 기저에서 시작했지만 서유럽보다 훨씬 빨랐다). 실업률도 인플레이션처럼 떨어지기 시작했다(여전히 심각한 곤란을 겪고 있던 불가리아와 루마니아의 경제는 아니었지만). 새 천 년이 도래할 무렵 전 지구적 성장에 힘입어 중부 유럽과 동유럽은 전체적으로 볼 때 거의 1989년 수준으로부터 회복했고, 이제 완전히 구조 조정된 경제를 갖고 있었다. 비록 물가가 처음에는 높았고 성공의 수준이 상당한 편차가 있었지만, 그들은 국가 독점을 종결하고 사적 소유를 확대하며 작동하는 자유화된 시장경제를 구축하는 쪽으로 큰 걸음을 내디뎠다. 1990년대 말에 옛 '동구 블록' 국가들에 전망은 훨씬 밝아 보였다.

사회주의에서 자본주의로 급작스럽게 이행할 때 겪었던 고통은 필연적이었는가? 이에 관해 당시 저명한 경제 전문가들의 견해는 달랐고, 지금도 계속 판이하다. '충격 요법'의 옹호자들은 여전히 쓴 약이 건전한 경제로 가는 가장 좋고 빠른 길로 안내했다고 확신한다. 비판자들은 약이 그렇게 메스꺼울 필요가 없었고, 경제 변화의 요구에 좀더 점진적으로 적응했다면 더 낫지는 않겠지만 유사한 결과를 얻을 수 있었을 것이라고 주장한다. 그들은 (근대화된) 국가 부문을 통해 시장의 힘을 조정하는 것에 더 큰 중요성을 부여한 좀 더 더딘 변화가 그 나라들이 처음에 그와 같은 격렬한 퇴보(그리고 그에 수반된 사회적 고통)를 반드시 겪지 않고도 성장을 달성했을 것이라고 역설한다.

공산주의가 몰락하기 상당히 오래 전에 경제의 부분적 자유화를 향한 발걸음을 이미 내디뎠던 헝가리는 보통 좀 더 점진적인 접근의 장점을 보여주는 사례로 강조된다. 하지만 1995년경 헝가리는 높은 수준의 대외 채무와 싸우는 데 정신이 없었고, IMF와 세계은행의 압력을 받고 가혹한 긴축정책을 시행하지 않으면 안 되었다. 그 결과 경제는 침체했고, 인구의 거의 3분의 1이 빈곤선 아래에 있는 것으로 분류되었다. 실업률 상승, 민영화의 충격, 국가 복지의 삭감에 대한 환멸감이 팽배했다. 더구나 성공적인 '충격 요법'의 전형적 사례인 폴란드는 곧 선택한 전략이 초래한 최악의 결과를 사실상 완화하는 조치를 취했다. 개혁의 속도를 늦추었고, 특히 민영화를 연기했다. 게다가 이미 언급한 대로 폴란드는 혼자 채무 면제의 혜택을 누렸다. '충격 요법'이라는 해결책의 또 다른 주요 사례인 체코공화국은 실제로는 여전히 대기업에 과중한 보조금을 주고 있었고, 어쨌든 1990년대 중반에 재정 위기를 피하지 못했다(정치적 방향을 두고 합의를 볼 수 없었던 옛 체코슬로바키아연방 국가의 두 절반은 1993년 합의 이혼하기로 결정하여 체코공화국과 슬로바키아라는 두 국가를 건국했다). 이를 설명하기 위한 토론은 여전히 미결인 상태다. 하지만 경제학자들 사이에 벌어지는 흔히 불가해한 토론 너머의 현실은 사회주의에서 자본주의로 가는 길은 전부 가시밭길이라는 것이었다. 뒤엉킨 덤불을 쉽게 통과하는 길은 없었다.

고통스러운 이행을 이루는 데 좋은 전제 조건을 가진 이 나라들은 가장 잘했다. 옛 소련 블록에서 (비정상적인 독일민주공화국은 제쳐두고) 폴란드, 헝가리, 체코공화국은 강력한 산업 기반, 급속히 발전하는 상업 부문, 상대적으로 양호한 운송 기반시설, 대두하는 시민 문화를 가졌고 서방의 투자를 끌어들이기에 많은 내력을 지녔다. 필시 가장 선진적인 유고슬라비아 공화국이었을 슬로베니아는 대체로 이런 패턴 속에 들어갔다. 거의 모든 면에서 발트 국가들도 그랬다. 다른 한편 루마니아, 불가리아, 알바니아는 모든 면에서 훨씬 뒤처졌고, 유고슬라비아의 많은 부분은 전쟁으로 소진되었다.

독한 신자유주의 처방이 적절한 약이었든 아니었든, 새로운 천 년이 도래할 무렵 서방 경제들과의 수렴 정도가 점점 커지고 있었다. 아주 오랫동안 철의 장막으로 분리되고 상이한 궤도를 따라갈 수밖에 없었던 사회들이 서로 합쳐지기 시작했다. 손쉬운 의사소통, 여행, 텔레비전, 대중 문화, 스포츠 모두가 여전히 최근까지 분열되어 있었던 것들을 통합하는 데 나름의 역할을 했다. 여행의 자유와 손쉬운 의사소통이라는 이점으로 가장 크게 혜택을 본 도시들이 가장 잘 해나갔다. 급속히 발전하는 도시의 대표적인 예가 프라하와 바르샤바였다. 하지만 멋진 진열장 같은 수도들과 팽창하는 광역 도시권으로 인구(특히 젊은이들)가 유출되는 상황을 지켜본 지방도시 및 농촌 지역 사이에 큰 격차가 있었다. 탈산업화로 불모지가 된 지역들도 뒤처졌다. 그러나 여기서도 일단 급격한 경제적 적응 과정에서 벌어진 최악의 상황이 극복되자마자 유럽연합 가입이 미래의 번영을 위한 희망을 주었다.

이 경로는 유럽의 소련 계승 국가들(러시아, 우크라이나, 벨라루스, 몰도바)에는 열려 있지 않았다. 이 국가들은 서방으로 선회하지 않았고, 할 수도 없었다. 이것은 동유럽에서 새로운 구분선이었다. 일반적으로 중부 유럽에 존재했던 고되지만 성공적이었던 이행의 전제 조건이 러시아가 지배하는 경제 지대에서는 완전히 결여되어 있었다. 상업화된 경제의 국가 규제에 대한 기반은 존재하지 않는 것이나 다름없었다. 대외 투자를 유치할 만한 매력이 거의 없었다. 사회 기반시설은 빈약했다. 그리고 법치, 다원적 민주주의, 국가로부터 독립한 시민문화의 전통도 없었다. 러시아에서 나타난 것은 악덕 자본주의였다. 고질적이고 거대한 규모의 부패는 석유와 가스로부터 나온 엄청난 수익을 비롯하여 많은 국가 재원을 파렴치한 올리가르흐[652]들의 수중으로 옮겨놓았다. 이들은 지중해의 고급 요트나 런던을 비롯한 서유

---

[652] oligarch(러시아어로는 oligarkh). 1991년 소련이 해체되는 혼란 속에서 정권과의 유착으로 등장한 신흥 부자들을 가리킨다. 이들은 소련 해체 후 옛 공산당 세력과 맞서 단기간에 구체제를 혁신하려는 보리스 옐친 대통령 정권(1990~1999)에 중요한 공생의 파트너였다. 이들은 옐친 정권이 화폐 개혁과 국가 기간산업 민영화를 통해 공산당 세력의 경제력을 제거한 뒤 자신들을 지지할 새로운 경제 엘리트를 형성하는 과정에서 석유, 가스, 광물 등 주로 천연자원 분야를 독점하고 엄청난 부를 축적했다.

럽 도시의 고래 등 같은 저택에서 이루 말할 수 없는 부를 호사스럽게 과시하면서 자신들의 엄청난 재산 중 상당 부분을 서방에 투자했다. 그사이 러시아의 산업 생산량은 급락했고 국가 채무도 급증했는데, 1990년대 말에 러시아연방이 거의 경제적 붕괴 상태에 있는 동안 많은 국민은 비참한 생활수준을 인내하지 않으면 안 되었다. 대부분의 사람들은 공산주의 치하에서 더 잘살았다고 생각했고, 소련을 해체한 결정을 통탄해 마지않았다.

동유럽에서 가장 비옥한 토지 중 일부를 지닌 우크라이나는 폭등하는 인플레이션과 깊은 불황을 경험하며 1990년대 내내 오랜 경제위기를 겪었다. 국내총생산은 공산주의가 몰락하기 전의 절반 이하로 떨어졌다. 수십만 명의 우크라이나인이 집에 있는 가족들에게 변변찮으나마 도움을 주기 위해 해외에서 일자리를 찾을 수밖에 없었다. 예를 들어, 리비우시는 사람들이 일자리를 찾아 다른 곳으로 떠나는 바람에 1990년대에 걸쳐 인구가 거의 5분의 1이 줄었다. 후진 농촌 지역의 빈곤 수준은 매우 비참했으며, 평균 소득은 예를 들자면 터키보다도 훨씬 낮았다.

우크라이나처럼 러시아에 매우 의존적이었던 벨라루스와 몰도바역시 1990년대에 길고 깊은 경제적 불황에 시달렸다. 벨라루스는 1994년 이후 가격과 외환 통제를 부활하고 사적 기업을 제한하는 것으로 대응했지만 경기하강을 멈출 수 없었다. 1992년 몰도바는 계획경제에서 자유화된 경제로 갑자기 선회했고, 이는 그처럼 급격한 변화를 감당할 사회 기반시설이 전혀 준비되어 있지 않은 상태에서 엄청난 인플레이션과 실업을 유발했다. 그리고 많은 국민이 빈곤에 시달리는 가운데 유럽에서 계속 가장 가난한 나라라는 신세를 면치 못했다. 우크라이나, 러시아와 함께 이 두 나라는 공산주의의 몰락에 수반된 경제적 충격에서 회복하는 데 10년이 걸렸다. 새 천 년이 시작된 후 (낮은 기저로부터) 고도성장이 이루어졌다. 그러나 부패는 뿌리 깊었고, 빈곤은 (중부 유럽 및 서유럽과 비교하여) 광범했으며, 경제적 불안은 견고했다.

러시아와 다른 소련 계승 국가들에서 정치는 사납게 날뛰었고 피상적으로만 민주적이었다. 강력한 집행 권한을 대통령에 귀속하는 쪽으로 추세가 진행되었다. 새로운 외피를 쓰고 있긴 했지만, 소련 유산의 중요한 요소들을 포함하는 권위주의의 부활이나 지속이 일반적이었다. 우크라이나를 지배한 인물은 레오니트 쿠치마[653]였는데, 그의 통치는 부패, 그리고 범죄와 연결된 강력한 올리가르흐들과의 긴밀한 관계로 얼룩졌다. 벨라루스에는 1994년부터 대통령직을 맡았던 알렉산드르 루카셴코가 곧 의회의 권한을 크게 줄이고 전제군주처럼 통치했다. 러시아에서는 엄청나게 술을 마시는 옐친 대통령이 술의 힘을 빌리지 않고서도 충동적이고 전제군주적인 경향을 보였는데, 이는 의회 안팎의 많은 적을 노골적으로 도발하는 것이었다. 하지만 옐친이 헌법상의 권한을 넘어 행동하자 1993년에 그를 전복하려는 기도가 발생했는데, 모스크바 중심지에서 유혈 사태가 벌어지는 가운데 실패로 돌아갔다.

---

653)   Leonid Kuchma(1938~). 우크라이나의 정치가. 1994~2005년, 우크라이나의 제2대 대통령을 지냈다.

그 결과 옐친은 비록 투표율이 낮은 데다 선거 조작이 강하게 의심되는 상황에서 그의 지위의 정당성이 취약하다는 사실이 드러나긴 했지만, 국민투표와 의회 선거에서 유권자의 지지를 받은 새로운 헌법에 의해 자신의 집행 권한을 강화하는 조치를 취했다. 옐친의 인기는 그 후 몇 년 동안 시도 때도 없이 발생하는 수치스러운 부패—그의 가족에까지 도달한—와 지속적인 참담한 재정 및 경제 상태 때문에 점점 내리막길을 걸었다. 1992년 경제를 자유화하고 가격 규제를 완화하는 조치를 급히 취한 결과 무수한 시민의 저축을 못 쓰게 만든 걷잡을 수 없는 인플레이션이 발생했다. 그리고 그해 민영화가 시작뇌년서 거대한 국가 자산이 원래 가치보다 훨씬 싼 값으로 새로 설립된 거대 사기업의 보스들인 소수의 엄청나게 부유한 올리가르흐들의 수중에 그냥 떨어졌다. 범죄조직원들은 엄청난 부의 민영화와 합병을 밀고 나가기 위해 강요와 공갈, 심지어 살인도 마다하지 않았다. 불과 몇 년 사이에 러시아는 범죄가 만연한 사회가 되었다.

당연히 옐친의 자유주의적 개혁 시도는 완전히 실패했을 뿐 아니라 가증스럽게도 국민경제를 파괴했다고 널리 비난받았다. 1990년대 말에 경제가 얼마간 회복되었다. 그러나 대다수 러시아인의 생활 형편은 여전히 비참했고, 엄청난 부패와 뻔뻔한 권력 남용이 너무나 분명히 드러났다. 많은 이들이 나라의 이전 영광에 눈을 돌린 것은 놀랄 일도 아니었다. 이른바 옐친의 친서방 경향은 '진정한' 러시아의 가치를 회복하고자 하는 열망을 자극했다.

옐친이 1993년 12월 31일 갑자기 사임을 발표했을 때, 미리 선택된 계승자는 소련 보안경찰인 KGB에서 경력을 시작한 뒤 8월부터 총리직을 수행하고 있던 블라디미르 블라디미로비치 푸틴[654]이었다. 이제 건강이 나빠진 옐친은—의심할 여지 없이 자신과 가족이 모든 부패 혐의로부터 보호될 것이라는 확약을 받고(실제로 푸틴이 집권한 날 그의 첫 대통령령을 통해 이 확약이 뒤따랐다)—확고한 충신으로 여긴 푸틴을 자신이 희망했던 후계자로 선택했다. 푸틴의 승계가 사악하게 획책되었다는 소문은 상당한 정황 증거가 있었는데, 쉽게 가라앉지 않았다. 이 주장에 따르면 1999년 9월에 모스크바에서 일련의 폭탄이 터지면서 수백 명이 죽고 다쳤는데, 이 사건은 체첸 테러리스트들의 소행으로 알려졌지만 사실은 '러시아연방보안국Federal Security Bureau, FSB'(KGB의 후신)의 작품이라는 것이었다. 목적은 푸틴이 감독할 체첸에서의 보복 전쟁에 대한 지지를 확보하는 데 있다고 추정되었는데, 요컨대 이 전쟁으로 새 대통령의 인기는 치솟을 터였다. 실제로 그렇게 되었다. 음모론이 맞든 틀리든, 확실히 러시아는 새로운 '강한 사람'—옐친처럼 분명한 결함이 없는—의 지휘를 받을 준비가 되어 있었다.

옛 소련 공화국들 너머의 중부 유럽과 동유럽의 문화적·정치적 국가 전통이 어떤 차이가 있었든, 자유민주주의로 이행하는 과정에

---

(654)　Vladimir Vladimirovich Putin(1952~). 러시아연방의 정치가. 1999년 러시아 대통령 보리스 옐친에 의해 총리로 지명되었으며, 그해 12월 31일 옐친이 사임하면서 총리로서 대통령직을 대행했다. 이듬해 3월 26일 열린 정식 대선에서 러시아의 대통령으로 당선하여 2008년까지 제2대 대통령직을 맡았다. 대통령직에서 물러난 뒤 드미트리 메드베데프 정권에서 총리직을 수행했고, 2012년 3월 대통령 선거에서 3선에 성공하여 다시 대통령직을 수행하게 되었다.

서 일반적인 특성이 얼마간 존재했다. 적응하는 데 엄청난 어려움이 있었지만, 일당 통치로 복귀하는 곳은 없었다. 1990년대에 다원주의적 정치 형태가 모든 곳에 자리 잡았다. 사람들은 공산주의 치하에서는 인정되지 않던 자유(표현의 자유, 여행의 자유, 체포의 두려움 없이 생활할 자유, 종교 활동의 자유)를 압도적으로 좋아했다. 다른 시민들에 대해 보고하거나 그들을 종종 밀고하는(보통은 얼마간의 물질적 이득을 얻거나 불이익을 모면하기 위해) 정보원들의 염탐 사회—모든 공산주의 국가들의 공통된 모습이었지만, 17만여 명의 '비공식적 협력자들'을 갖고서 어디서나 음산하게 존재한 슈타지의 독일민주공화국에서 고전직으로 나타난—를 송식한 일은 보편적으로 환영받았다. 민주주의 정부는 원리적으로도 수용되었고, 실제적으로도(흔히 변화가 심했지만) 수용되었다.

1993~1994년에 중부 유럽과 동유럽의 8개국에서 실시한 여론조사에 따르면 대부분의 시민은 몇 개의 정당이 정부 권력을 차지하기 위해 경쟁하는 **원리**에 찬성했다. 우크라이나, 러시아, 그리고 놀랍게도 폴란드는 40~49퍼센트라는 가장 낮은 비율을 기록했다. 에스토니아, 헝가리, 불가리아, 리투아니아는 51~57퍼센트라는 중간 범위에 걸쳐 있었다. 몹시 끔찍한 공산주의의 경험이라는 면에서 보면 완전히 놀라운 것은 아니지만, 주목할 만한 사실은 루마니아가 단연 가장 높은 찬성 비율—평균을 훨씬 웃도는 81퍼센트—을 기록했다는 것이었다. 원리적으로 반대한 사람들은 설문 대상의 약 5분의 1이었다(아마도 주로 헌신적인 전 공산주의자들이었을 것이다). 하지만 민주주의의 **실제**(그것이 무엇을 의미하는지는 정의되지 않은 채로 남았지만)에

관한 한 이야기는 달랐다. 긍정적인 태도를 가진 사람들의 가장 높은 비율은 놀랍게도 또다시 설문 대상의 약 30퍼센트가 인정했던 루마니아에서 나타났다(이것은 당연히 차우셰스쿠 정권의 가장 억압적인 조치들을 제거하기 위해 일리에스쿠의 포스트 공산주의 정부가 취한 초기 정책에 대한 승인을 반영했을 것이다). 여론조사를 한 다른 7개국에서 찬성 범위는 에스토니아의 29퍼센트에서 우크라이나의 겨우 12퍼센트까지 걸쳐 있었다. 실제에서 민주주의에 대한 이 정도의 불만 수준은 서유럽 국가들보다 높긴 했지만, 서유럽 국가들에서도 족히 3분이 1이나 되는 시민이 본질적으로 민주주의의 실제에 대해 부정적인 태도를 지녔다. 정당들은 거의 필요악에 지나지 않는다고 널리 간주되었다.

중부 유럽과 동유럽에서 민주주의의 실제에 대한 비뚤어진 견해는 이해할 만했다. 부패는 공산주의 체제에서는 어디서나 만연했다. 초기에 새 민주주의 체제는 무엇도 개선하지 못했다. 부패에서 자유로운 나라는 전혀 없었다. 그러나 일부 나라에서는 법치(진정한 민주주의의 기반)가 이예 거의 작동하지 않았다. 루마니아, 불가리아, 알바니아는 특히 민영화 과정에서 러시아에 크게 뒤처지지 않은 채 고질적인 부패와 후견주의의 선두에 서 있었다. 슬로바키아 역시 매우 부패했다. 경제적으로 좀 더 선진적인 체코공화국에서조차 민영화 과정에서 만연한 부패는 1997년 정부의 붕괴에 기여했다.

새로운 민주주의 정치가 도대체 무엇을 가리키는지 모호한 이유는 인적인 측면에서 이전 체제와 연속성을 갖고 있었기 때문이기도 했다. 공산주의를 혐오한(그리고 종종 공산주의 치하에서 고통당한) 사람들에게 공산주의 체제에 봉사했던 많은 이들이 민주주의자라는 다른 색깔로 정치적 '복귀'를 하는 모습을 보는 것은 종종 분통 터지는 일이었다.

이행의 초기 단계에서 옛 공산주의 관리들, 특히 보안경찰 구성원들의 행동에 대해서는 독일에서만 체계적으로 평가되었다. 물론 옛 동독은 이제 이미 잘 확립된 자유민주주의 속으로 편입되어 있었다. 그래서 옛 공산주의 체제의 제도적 틀이 급속히 해체되고 '슈타지-국가'의 정도를 알려주는 국가 보안 파일을 대부분 입수함으로써 철저한 평가가 가능했다. 그 밖의 나라에서는 그림이 훨씬 다채로웠다. 헝가리와 체코슬로바키아에서는 조사가 대체로 1956년과 1958년의 소련 침공에 대한 책임에 국한되었고, 폴란드에서는 1981년의 계엄령 시행에 한정되었다. 그와 달리 1968년과 그 여파에 대한 기억이 여전히 생생한 체코슬로바키아만 1991년에 모든 옛 공산주의 관리들을 고위 공직에서 배제하기 위해 이른바 '정화(청소)'라는 것을 실시했다. 6년이 더 지난 1991년에야 폴란드도 정화 법률을 시행하며 뒤를 따랐다.

사람들은 정치적 환멸과 경제적 고통 때문에 보통은 포스트 공산주의 후계 정당에 가입함으로써 정치 생활을 계속 영위하곤 했던 옛 공산주의 정치인들에게 점점 더 다시 기대려고 했다. 이제 민주주의적 다원주의 내에서 작동하는 새로운 사회민주당들의 당원으로서 그들은 1993년에 폴란드, 헝가리, 리투아니아, 불가리아에서 정부로 복귀했다. 아담 미흐니크는 폴란드에서 진행된 이 과정을 '벨벳 복고'라고 불렀다. 루마니아에서 1990년대에 지배적인 인물은 일찍이 저명한 공산주의자였던 이온 일리에스쿠였다(비록 그 자신은 차우셰스쿠 정권이 저지른 최악의 잔학 행위에서는 거리를 두었지만). 다른 많은 전 공산주의자들은 사회주의노동당뿐 아니라 그가 이끈 당인 루마니아 사회민주당에서도 자신들에게 어울리는 장소를 찾았다. 폴란드에서 공산주의에 대한 연대의 저항을 주도했던 위대한 영웅 레흐 바웬사(이제 좀 더 권위적이고 민족주의적인 경향을 띤 인물이 되었다)는 (외부 세계의 눈에) 매우 놀랍게도 1995년 대통령 선거에서 전 공산주의 장관인 알렉산데르 크바시니에프스키[655]에게 패했다.

비록 다원주의 정부 시스템은 일반적으로 안정적이었지만, 정부 자체는 그렇지 않았다. 1990년대 동안 중부 유럽과 동유럽 전역에서 생활수준에 대한 도전은 극심한 불안정을 낳았다. 수많은 사람이 일터에서 쫓겨났고, 고도 인플레이션과 통화가치 하락으로 저축이 무용지물이 되면서 사회적 긴장이 커졌다. 벅찬 경제적·사회적 문제들을 다루고자 한 정부는 하나같이 자신의 정책에 대한 불만을 불러왔다. 다원주의 선거를 추구하면서도, 많은 시민은 선거에 참여하여 투표하는 것이 의미 없다고 생각했다. 이는 어느 정도는 선거가 유일당 독재 체제에서 손뼉을 치거나 환호성을 질러 승인하던, 우습기 짝이 없는 발성 투표와 다름없던 공산주의 시절의 유산이었다. 그러나

---

655)   Aleksander Kwaśniewski(1954~). 폴란드의 정치가. 1995~2005년 폴란드 대통령을 지냈다. 공산주의 폴란드에서 1985~1987년 체육청소년장관을 지냈고, 후에 청소년 체육문화위원회 위원장이 되었다. 1990년 공산당이 붕괴하자 민주좌파연합을 결성하여 국회의원으로 선출된 후 민주좌파연합 지도자로 활동했다. 1995년 대통령 선거에서 현직 대통령 레흐 바웬사를 꺾고 당선했으며, 바웬사처럼 친서방 정책을 유지하면서 폴란드를 유럽연합과 나토에 가입시켰다.

그것은 또 공산주의를 대신한 체제에 대한 환멸도 반영했다. 그 결과 선거 참여자의 수는 감소했고, 보통 극도로 적었다. 인기 없는 정책이 나 그 정책을 변경하여 상당한 개선을 가져올 수 없었던 데 대해 책 임이 있던 정부들은 일반적으로 유권자의 분노에 직면하여 다음 선 거에서 전복되었다. 정부 수반들은 거의 대부분 오래가지 못했다. 옛 소련 블록에서 총리의 평균 임기는 2년 6개월을 넘지 못했다.

주요 정치인들은 떨어진 인기를 만회하기 위해 민족주의와 외국 인에 대한 반감에 의지했다. 광범위한 사회적 고통 속에서 외국인이 나 소수 인종 사이에서 희생양을 찾는 것은 쉬운 일이었다. 대중매체 를 엄격하게 통제하고 정치적 반대자들을 겁박하며 부패한 반半권위 주의 체제를 이끌던 체코슬로바키아 총리 블라디미르 메치아르[656]는 자치를 추진하면서 슬로바키아 민족 정체성과 문화라는 별도의 의 식을 환기했다. 반헝가리 감정(헝가리 소수 인종은 인구의 10분의 1을 조 금 넘었을 뿐이었다)을 자극하는 것은 그가 가진 정치적 무기고에서 꺼 내 쓸 수 있는 편리한 무기였다. 헝가리에서도 1990년대에 민족주의 감정과 소수 인종에 대한 적대감이 깊어졌다. 헝가리에서는 집시들 이 희생양이 되었고, 슬로바키아와 루마니아에서는 헝가리인들에 대 한 차별이 민족주의 감정을 뒷받침하는 데 이용되었다. 한때 자유주 의 운동이었던 '청년민주주의자동맹'은 강력한 지도자 빅토르 오르

---

656)   Vladimír Mečiar(1942~). 슬로바키아의 정치가. 1990년 슬로바키아 내무 장관, 1992년 6월~1994년 3월, 1994년 12월~1998년 10월 제1대, 제3대 슬로바키 아 총리를 역임했다.

반 아래에서 그 방향이 매우 민족적·보수적으로, 그리고 점점 더 권위주의적으로 되었다. 불가리아에서는 터키 소수 인종과 집시들이 배제되었다. 라트비아와 에스토니아에서는 상당한 규모의 러시아 소수 인종에 대한 법적 차별이 있었는데, 러시아인들이 인구에서 차지하는 비율이 적은 리투아니아에서는 차별이 덜했다.

얼마나 다양하고 심각한 결함이 있었든 간에, 중부 유럽의 새로운 민주주의는 양차 세계대전 사이에는 거의 모두 권위주의로 돌아설 만큼 허약한 모습을 보였던 것과는 달리, 초기의 참담한 경기하강에 뒤이은 상당한 경제적 성장에 힘입어 1990년대 말까지 꽤 확고히 자리를 잡았다. 안정된 민주주의와 경제적 번영으로 가는 길이 계속되는 것을 보장하는 데 크게 중요한 또 한 가지 요인은 유럽연합의 회원국이 될 가능성이었다. 민주주의 초기에 발생한 환멸감에도 불구하고 이 가능성은 미래에 대한 희망을 주었다. 1990년대 말에 이 희망은 중부 유럽과 발트 국가들에 실현 가능해지기 시작했다. 하지만 발칸 국가들은 여전히 절망적으로 가난했다. 1999년 부쿠레슈티를 방문한 네덜란드 작가 헤이르트 마크[657]는 수천 명의 집 없는 아이들(과 끝없는 무리의 떠돌이 개들)이 거리를 배회하고 있는 광경을 묘사했다. 경제적 후진성, 높은 수준의 부패, 부적절한 법치 기반, 공고화된 민주주의를 향한 제한된 진전은 루마니아가―그리고 불가리아 역

657)   Geert Mak(1946~). 네덜란드의 언론인이자 작가. 대표적 저서로 2004년 네덜란드에서 발간된 《유럽에서》가 있다. 우리나라에서는 2011년 《유럽사 산책: 20세기, 유럽을 걷다》(전2권)로 번역·출간되었다.

시—유럽연합에 가입을 고려하기 전에 오랜 기다림에 직면해야 한다는 것을 의미했다.

1991년 헝가리는 체코슬로바키아, 폴란드와 함께 헝가리의 비셰그라드시에서 상호 협력을 촉진하고 유럽 통합의 희망을 주창하는 데 목표를 둔 협정에 서명했다. 2년 후 체코공화국과 슬로바키아가 건국하면서 원래의 세 국가는 네 국가가 되었다. 1996년까지 이들은 모두 유럽연합 가입 신청서를 제출했다. 유럽연합으로 끌어들이는 유인력과 가입 기준을 충족해야 한다는 압력 덕분에 민주주의의 지배력과 법치를 심화하는 움직임이 빨라졌다. 예를 들어 "유럽에 재합류"할 가능성은 슬로바키아 유권자와 엘리트에게 1998년의 허울뿐인 메치아르의 민주주의를 거부하고 최악이었던 그의 통치를 종식하며 또 최악의 족벌주의를 억제하고 중요한 사법적·민주적·경제적 개혁을 시행케 하는 강력한 동기였다.

새 천 년이 시작될 때까지 중부 유럽과 동유럽의 시민들은 격동의 10년을 인내했다. 더 나은 서방의 자유민주주의 모델에 기반하여 삶의 질이 조기에 크게 개선될 수 있다는 꿈은 급속히 사라졌다. 그러나 새로운 희망이 점차 이 꿈을 대체했다. 그것은 머지않아 번영하는 유럽연합의 회원이 되면 새로운 혜택을 누릴 수 있을 것이라는 희망이었다.

통합의 희망

유고슬라비아는 붕괴하면서 학살과 폐허의 현장으로 바뀌었다. 중부 유럽과 동유럽 시민들은 자본주의로 냉혹하게 이행하면서 자신들의 삶이 엉망이 되는 모습을 지켜보았다. 이런 가운데 서유럽 국가의 지도자들이 "한층 더 가까워지는 연합"을 향한 추가 조치를 계획하기 위해 1991년 12월, 여전히 공산주의 몰락 이후 얼마간 자축하는 분위기에 젖어 있는 네덜란드의 마스트리흐트에 모였다. '단일 시장'[658](1993년 1월 1일에 출범할 것이었다)을 도입하는 쪽으로 논의가 진전했고, 이를 계기로 통합 프로세스를 촉진할 좋은 때가 온 것 같았다. 그리고 1991년의 여론조사에 따르면 점점 늘어나는 대다수 유럽인들은 유럽공동체를 호감을 갖고 바라보았고, 서유럽을 통합하고자 하는 노력을 지지했다.

토의는 결코 간단치 않았다. 그러나 1992년 2월 7일 12명의 유럽공동체 지도자가 이듬해 11월에 발효하는 선구적인 '마스트리흐트 조약'을 체결했다. 거기까지는 어렵지 않았지만, 통합을 추구하는 일은 온갖 난관이 기다리고 있었다. 사실 1990년대의 나머지 기간과 그 이후에 많은 것이 성취될 터였다. 차후 '유럽연합'이라고 불릴 제도의 달성은 특별한 의미가 있었고, 매우 중요했다. 그러나 뿌리 깊게 자리 잡은 민족적 이해를 극복하고 유럽 정체성에 대한 헌신으로 지지되는 진정한 정치적 연합을 창출하고 싶은 희망은 실현될 수가 없었다.

---

658)   European Single Market. 1993년 1월 1일에 설립되어 현재 28개 유럽연합 국가와 4개 비유럽연합 국가가 참여하는, 재화·자본·서비스·노동의 자유로운 역내 이동을 보장하는 하나의 통일된 시장을 일컫는다.

실제로 마스트리흐트 회의의 야심은 유럽에서 정치적 연합을 창출하려는 어떤 시도에도 한참 못 미쳤다. 정치적 연합은 여전히 기껏해야 먼 훗날의 모호한 전망으로만 남아 있었다. 헬무트 콜은 지난 몇 년 동안 정치적 연합을 가장 강력하게 주창한 사람 중 한 명이었다. 그의 외무장관 한스디트리히 겐셔도 그랬다. 그들에게 정치적 연합은 궁극적인 목표였다. 그러나 그것이 의미하는 바는 여전히 확정되지 않은 상태였다. 심지어 독일에서도 통화동맹이 정치적 연합을 앞서는 것이 아니라 **따라가야** 한다고 주장하는 강력한 목소리—가장 두드러지게는 연방은행 총재 한스 티트마이어[659]의 목소리—가 들렸다.

정치적 연합이라는 개념은 이 시점에도, 미래에도 명확히 정의되지 않았다. 실제로 그것은 수사적 장치에 지나지 않았다. 그것은 현실로 만들 시도가 없는 한 대부분의(전부는 아니지만) 유럽공동체 회원국들에 원칙적으로 수용될 수 있을 운동의 방향 같은 것을 나타냈다. 실제로는 정치적 연합이 유럽 규모로 확대된 독일—'유럽합중국' 같은 연방—처럼 보이는 것도 당연했다. 즉 일부 권한은 국민국가들에 있지만 결정적으로 중요한 권한은 유럽 중앙정부에 이양된 구조를 가졌다는 것이다. 공통의 가치를 기반으로 하여 국민국가의 주권 중 (경제·사회·안보 문제를 비롯해) 상당 부분을 유럽 수준에 두는 한편, 충분한 민주주의적 권리들의 대표성을 보장하는 의회가 주권을 옹호할 것이었다. 그러나 연방 독일은, 만일 그것이 실제로 모델로 작

---

659)   Hans Tietmeyer(1931~2016). 독일의 경제학자. 국제 재정 문제에서 가장 뛰어난 전문가로 손꼽혔다. 1993~1999년 독일 연방은행 총재를 지냈다.

용했다면, 동일한 역사·전통·문화를 공유한 구성 부분으로 이루어졌다. 그것의 가장 강력한 유대는 민족적이었다. 때때로 언급된 다른 모델인 미합중국도 마찬가지였다. 하지만 유럽의 수많은 국민국가가 지닌 판이한 역사, 전통, 문화, 언어를 버려 단일한 정치 연합을 만드는 일은 전혀 다른 문제였다. 훨씬 느슨한 국민국가들의 연합confederation을 대체하기 위해 진정한 정치적 연합을 창출하는 데 필수적인 주권의 광범위한 양도를 시행할 준비가 되어 있는 국민국가는 있다손 치더라도 거의 없었을 것이다. 1990년 이후 단연코 인구가 가장 많은 국가로서 독일이 아주 강력한 경제를 갖고 어떠한 미래의 정치적 연합도 지배하게 될 가능성 때문에 그러한 목표를 향한 움직임이 본질적으로 고취될 것 같지 않았다. 그리고 비록 가장 열정적으로 유럽 통합에 찬성하긴 했지만, 콜이 잘 깨닫고 있었듯이, 독일인들조차 브뤼셀에 기반을 둔 유럽 정부에 너무 많은 주권을 이양할 의사가 없었을 것이다.

상당 정도는 그 자체가 독일의 어두운 과거에 대한 반작용으로서, 깊은 구렁 속으로 이끌었던 민족주의적 악마를 영원히 배제하기 위한 콜의 개인적 노력이라고 할 수 있는 이 비전은 아무리 고상했다 할지라도 현실화할 가능성이 조금도 없었다. 콜 자신은 곧 기회가 지나갔음을 인정했다(실제로 그런 기회가 있었다면). 유럽의 정치적 연합이라는 구상을 포용하고자 하는 콜의 의지는 어느 정도는 통일을 위해 치른 대가라고 보아야 한다. 옛 서독처럼 새로운 독일을 기꺼이 서방의 자유주의적 가치와 민주주의적 구조에 결코 풀 수 없도록 단단히 묶어 버리려 했던 것이 바로 그 대가였다. 유럽공동체 건설에서 독일의 주요 파트너였던 프랑스나 국민 주권을 양도하는 어떤 정황에도 여전히 더욱 민감했던 영국은 고사하고, 다른 어떤 서유럽 국가도 서로 유사한 배경을 갖고 있지 않았고 또 콜이 상상한 정치적 연합을 곰곰이 생각할 수도 없었다. 실제로 프랑수아 미테랑에게 정치적 연합은 결코 우선 사항이 아니었다. 단일 시장 도입 이후 프랑스 대통령은 '유럽경제통화동맹'[660]을 유럽 통합의 동력을 유지하는 가장 유력한 수단으로 보았다. 하지만 미테랑은 특히 영국인들을 이 방향으로 너무 멀리 밀어붙이는 데 심한 어려움을 예견하면서, 정치적 연합의 길로 너무 빨리 나아가는 것에 대해 조심스러워했고 국내의 프랑스 민족주의자들에게 빌미를 주지 않으려 신경 썼다. 그러므로 독일 통일(프랑스인들은 그럴 가능성이 있다는 사실에 온갖 두려움을 느꼈다)이 금방이라도 확실히 실현될 듯하자 콜과 미테랑의 협상에서 유럽의 정치적 연합이라는 목표는 시야에서 사라졌다. 통화동맹—1970년에 룩셈부르크 총리였던 피에르 베르너가 제안한 계획으로까지 거슬러 올라가는 긴 전사가 있는 구상—은 정치적 연합을, 유럽을 묶어서 프랑스가 보기에 앞으로 어떠한 독일의 열강 야심도 억제한다는 더 달성 가능한 목표(와 비전)로 대체했다.

바로 이것이 마스트리흐트 회의에서 합의된 타협이었다. 아직 명칭이 없는 단일 통화가 도입될 것이었다(나중에 정해지길, 1999년 1월 1

---

660)　European Economic and Monetary Union, EMU. 유럽연합의 단일 통화인 유로에 관련한 연합체다. 모든 유럽연합 회원국은 이 기구에 참가하는 것이 의무이지만, 영국과 덴마크는 이에 동참하지 않고 있다. 2017년 현재 19개국이 유로화를 사용하고 있다.

일에). 새로운 통화를 위한 전략에서 상당 부분은 독일의 생각을 따랐다. 독일 재무장관 테오도어 바이겔은 1991년 12월 경제통화동맹에 관한 조약에는 "독일의 보증 마크가 찍혀 있다. 우리의 안정 정책은 미래의 유럽 화폐 질서를 위한 중심 사상이 되었다"라고 만족감을 표했다. 유럽중앙은행(1998년 6월에 최종적으로 설립되었다)이 화폐정책을 관리하고 물가를 감독할 것이었다. 단일 통화에 가입할 준비가 되어 있는 나라는 '수렴 조건'을 충족하고 통화가 계속 안정되고 서로 연결되어 있도록 '유럽환율조정장치'[661]에 참여해야 했다. 정부부채는 60퍼센트를 넘지 말아야 하고, 연간 적자는 국내총생산의 3퍼센트 이하여야 했다. 낮은 인플레이션과 이자율이 목표로 설정되었다.

정치적 연합이 없는 통화동맹은 하나의 리스크였다. 전에는 그것을 시도해 본 적이 없었다. 미국은 본질적으로 중앙정부를 가진 연방국민국가였기 때문에 어떤 모델도 보여주지 못했다. 역사적 선례 없이 유럽은 계획된 단일 통화를 위한 제도적 정비와 정치적 틀을 처음부터 구축해야 할 것이었다. 정치 지도자들은 성공이 보장되어 있지 않다는 점을 자각하고 있었다. 헬무트 콜은 유럽 지도자들이 마스트리흐트에서 만나기 불과 한 달 전에 독일 연방의회에서 연설하

---

(661)　European Exchange Rate Mechanism, ERM. 유럽의 환율 변동을 조정해서 통화의 안정성을 확보하는 것을 목적으로 만들어진 제도 혹은 체계다. 유럽공동체 집행위원회는 1979년 3월 유럽통화제도의 일환으로서 유럽환율조정장치를 도입해 유럽연합의 경제통화동맹이나 1999년 1월 1일의 단일 통화 유로의 도입에 대비했다.

면서 분명하게 그 리스크를 개괄적으로 설명했다. "정치적 연합 없이 장기적으로 경제·통화 동맹을 유지한다는 구상은 잘못된 것입니다." 그렇지만 그 자신의 명백한 우려와 수많은 독일 경제 전문가의 경고에도 불구하고 콜은 앞장을 섰다.

통화동맹에 관한 결정적으로 중요한 합의 외에도 마스트리흐트는 상당한 분야에서 유럽 통합을 강화하는 쪽으로 발걸음을 내디뎠다. 유럽경제공동체(그리고 원자력공동체와 석탄철강공동체)를 통합하고 정부 간 협력을 대외·안보·사법 정책 분야로 크게 확대하면서—비록 이 영역에서 협력의 정도가 중앙정부에는 여전히 크게 못 미치지만—새로운 법적 실체인 '유럽연합'이 결성되었다. 마스트리흐트 조약은 또 회원국의 시민권에 더하여 유럽연합의 시민권 지위도 도입했다.

마스트리흐트는 유럽 통합으로 가는 큰 발걸음이었다. 그러나 심지어 유럽 지도자들이 토의를 하는 중에도 분열은 명백했다. 단일 시장과 유럽연합 회원국의 확대를 강력히 옹호하는 나라였는데도 더욱 긴밀한 유럽 통합의 문제에서 여느 때처럼 서투른 '신병반新兵班'의 지도자였던 영국은 제안된 통화동맹으로부터 제외될 수 있는 권한, 즉 '선택적 이탈권'[662]을 협상하여 타결했다. 영국은 또 광범위한 사회

---

(662)   일반적으로 유럽 법이나 협약은 유럽연합 내의 28개 회원국에 모두 적용되지만, 일부 국가들은 선택적으로 이탈한다. 즉, 유럽연합 내에서 해당 회원국의 내부적·외부적 이해관계에 따라 선택적으로 정책을 거부하는 행위를 '선택적 이탈권' 또는 영어를 그대로 사용하여 '옵트아웃(Opt-out)'이라고 한다. 선택적 이탈권을 행사하고 있는 국가로는 현재 4개국(영국, 덴마크, 아일랜드, 폴란드)이 있으

정책을 통해 생활 조건과 노동조건을 개선하는 데 목표를 둔, 조약에 부가된 의정서('사회 헌장Social Chapter')로부터의 선택적 이탈권도 추가로 획득했다. 덴마크는 마스트리흐트 조항들을 수용하는 데 가장 주저한 나라였다. 비준 절차의 일부로서 네덜란드 사람들이 1992년 6월 2일 국민투표에서 마스트리흐트 조약을 거부했을 때, 그것은 유럽 주류 세력에 심각한 충격이었다. 이와 함께 조약은 효력을 발휘할 수가 없었다. 네덜란드인들이 1993년 5월 두 번째 국민투표에서 조약을 수용할 준비를 하기 전에 (방위와 안보 의무, 몇몇 측면의 국내 문제, 가장 두드러지게는 단일 통화의) 상당한 면제가 이루어져야 했다.

'유럽 프로젝트'에서 처음부터 핵심 주역 같았던 프랑스는 그전인 1992년 9월의 국민투표에서 아주 근소한 차이로 비준을 지지했다. 영국에서는 국민투표가 없었으나 보수당의 '마스트리흐트 반란자들'이 1992년 5월 '사회 헌장'에서 면제되는 것을 반대하는 노동당 의원들에 동조하는 바람에, 마스트리흐트 조약을 수용하는 법안이 마침내 의회의 승인을 얻기 전에 보수당 정부가 큰 곤경에 처했다. 특히 각별했던 유럽 국가였던 독일에서조차 전후 번영의 상징이었던 소중한 독일마르크화를 새로운 유럽 통화로 대체하는 결정에 반대가 컸다. 그리고 1993년 10월 연방헌법재판소는 마스트리흐트 조약의 조항들이 1949년의 '기본법Basic Law'(즉 헌법)에 규정된 독일의 민주주의적 권리들에 배치하지 않는다고 확정하는 결정을 내렸다.

자신들의 특별한 민족 문화와 역사는 영국, 프랑스, 덴마크 역시

며, 스웨덴도 사실상 선택적 이탈권을 행사하고 있다.

특히 주권을 추가로 양도하는 것을 회피하게 했다. 실제로 마스트리흐트의 조항들은 어디서나 보편적으로 환영받은 것은 아니었다. 하지만 다른 회원국들은 주권 문제에 대해 훨씬 적게 걱정했다. 이탈리아와 베네룩스 3국은 국민 주권의 요소들을 공유하는 것은 유럽의 평화와 번영, 안정에 필수적이라는 점을 오래전에 받아들였다. 스페인, 포르투갈, 그리스는 유럽공동체 가입을 번영으로 가는 길로서뿐만 아니라 독재로 퇴보하는 것을 막는 방벽으로도 여겼다. 그들은 주권의 제한된 통합이 이러한 목표를 달성하는 데 필수적이고 긍정적인 발걸음이라는 것을 받아들였다. 아일랜드 공화국은 유럽공동체에 가입함으로써 이미 상당한 경제적 혜택을 보았고, 영국 경제에 대한 의존도를 낮췄으며, 북아일랜드와의 골치 아픈 미해결 쟁점에 대해 민족주의적인 시각이 완화되었다. 그러므로 대부분의 유럽공동체 회원국들에 마스트리흐트는 좀 더 큰 통합을 향하여 논리적으로 한 걸음 진전된 일로서 환영을 받았다(비록 조약의 성격이 복잡하고 추상적이어서 인민들이 전면적으로 열광하기에는 한계가 있었지만).

이와 같은 산통을 겪은 후 마스트리흐트 조약은 1993년 11월 1일 마침내 효력을 발휘했다. 그 후 암스테르담 조약[663](1997년 10월)과 니

---

663) Amsterdam Treaty. 마스트리흐트 조약과 로마 조약 등 유럽연합의 기본 조약에서 큰 변화를 가져온 조약으로, 1997년 10월 2일에 체결되어 1999년 5월 1일에 발효되었다. 이 조약은 시민권과 개인의 권리를 존중하는 내용으로 구성되었으며, 유럽의회가 유럽연합의 정책 결정에 이전보다 더 관여할 수 있도록 해 민주적 통제를 강화했다. 고용 문제와 공동체의 자유·안보·사법 정책에 대해서, 또 공동의 외교 및 안전보장 정책(CFSP)의 강화와 유럽연합 확대에 대비한 기구 개혁에

스 조약[664](2001년 2월)으로 수정·개정·확대되었지만, 마스트리흐트는 결정적인 단계였다. 그것은 본질적으로 경제적인 실체인 유럽공동체를 유럽연합—사실 '유럽합중국' 같은 연방과는 멀리 떨어져 있는 기구였지만, 그럼에도 의심할 나위 없는 정치적 차원과 야심을 가진 구조물—으로 전환했다. 덴마크·프랑스·영국에서 마스트리흐트 조약이 힘겹게 비준된 데서 분명히 알 수 있듯이, 이 야심은 이 나라들에서 많은 적의를 불러일으켰다. 추가로 제안된 조직적 변화가 승인을 얻으려고 분투했던 다음 새 천 년 초에 반대는 더욱 날카로워질 것이었다.

하지만 1990년대 말에 마스트리흐트 조약 비준을 둘러싸고 일어났던 초기의 격동은 가라앉았다. 경제가 성장하면서 1990년대 중반부터 서유럽 대부분의 지역에 걸쳐 물질적으로 향상되어 행복하다는 의식이 강해졌다. 대륙의 서유럽 국가의 시민들 사이에서 유럽연합이 실질적인 혜택을 가져오고 있다는 느낌은 1995년에 사람들에게 국경 통제 없이 유럽의 많은 지역을 여행할 수 있게 해주는, 10년 전 룩셈부르크의 솅겐에서 처음 이르렀던 합의[665]가 시행되면서 더욱

대해서도 논했다.

664)　Treaty of Nice. 유럽연합의 확대 및 내부 기구 개혁, 유럽의회 의석의 재할당 등에 대해 규정한 조약이다. 2000년 12월에 프랑스 니스에서 열린 정상회담 결과로 체결되었다.

665)　솅겐 협정(Schengen agreement). 유럽 각국이 공통의 출입국 관리 정책을 사용하여 국경 시스템을 최소화하고 국가 간 통행에 제한이 없게 한다는 내용을 담은 협정이다. 벨기에, 프랑스, 독일, 룩셈부르크, 네덜란드 5개국이 1985년 6월 14일에 프랑스, 독일과 국경을 접하고 있는 룩셈부르크의 작은 마을 솅겐 근처 모

고무되었다. 회원국 중 영국과 아일랜드만이 여전히 이 합의가 적용되는 '솅겐 지역' 밖에 머물렀다.

그사이 예정된 유로(1995년에 합의한 대로, 이 단일 통화는 '유로'로 불릴 것이었다)의 시행에 대한 부정적 태도가 누그러졌다. 1999년 1월 1일 마침내 유로가 일단 환전 통화로―지폐와 동전은 2002년부터 비로소 유통될 것이었다―출범하는 데 성공했을 때, 통화동맹에는 11개국이 포함되었다(벨기에, 네덜란드, 룩셈부르크, 프랑스, 이탈리아, 독일, 아일랜드, 스페인, 포르투갈, 오스트리아, 핀란드). 그럼에도 분란을 미리 강력하게 예언하는 목소리가 있었다. 1998년 155명의 경제학자가 선언문을 발표하며, "유로가 너무 빨리 오고 있다"고 경고했다. 재정적 연합이나 정치적 연합 없이 개별 경제들 사이에 공동 통화를 유지하는 문제에 대한 우려는 합리적이었다. 좋은 분위기에서 출범했고, 하늘은 여전히 맑았다. 그러나 심각한 위기가 발생하면 유로는 어떻게 맞설 것인가? 그것은 여전히 해결되지 못한 문제였다. 결국 처음부터 유로는 무엇보다도 정치적 프로젝트였다. 특히 중요했던 것은 유럽 통합으로 가는 노력이었다.

이는 1990년대 초에 명백한 문제로 대두했다. 유럽연합을 확대하

젤강에 떠 있던 선박 프린세스 마리아스트리드호 선상에서 조인했다. 또한 5년 후에 서명한 솅겐 조약 시행 협정은 솅겐 조약을 보충하는 내용이며, 협정 참가국 사이의 국경을 철폐할 것을 규정했다. 솅겐 조약이라는 용어는 이 두 문서를 총칭하는 것으로도 사용된다. 아일랜드와 영국을 제외한 모든 유럽연합 가입국과 유럽연합 비가입국인 '유럽자유무역연합(EFTA)' 소속의 아이슬란드, 노르웨이, 스위스, 리히텐슈타인 등 총 26개국이 이 조약에 서명했다.

려면 무엇을 해야 할까? 주요 쟁점은 매우 다르게 조직된 경제를 가지고 최근까지 소련 블록에 속했으며 지금 자본주의와 자유민주주의로 전환하면서 엄청난 어려움을 겪고 있는 나라들을 어떻게 통합하느냐는 것이었다.

유럽연합을 확대하는 문제 전체는 결코 간단하지 않았다. 기존 구조를 먼저 심화한 다음에 확대해야 한다고 주장하는 사람들이 있었다. 미테랑 대통령 치하의 프랑스는 특히 서유럽의 결속을 더욱 심화하고 중부 유럽과 동유럽의 국가들에 완전한 회원 자격보다는 좀 더 느슨한 연맹confederation 자격을 주기를 원했다. 유럽연합을 동유럽으로 확장하면 궁극적으로 독일의 지위가 강화될 것이라는 우려는 미테랑의 사고에 적지 않은 영향을 미쳤다. 무엇보다도 독일, 영국, 덴마크가 개진한 설득력 있는 반론이 심화보다는 확대를 우선했다. 또다시 정치적 결정 요인이 승리했다. 1919년 베르사유조약[666] 이후 중부 유럽과 동유럽이 겪은 불행한 역사는 교훈이 분명했다. 파시즘과 권위주의로 돌아가는 재앙과도 같은 붕괴가 반복되는 상황은 무슨 일이 있어도 피해야 했다. 지정학 역시 작용했다. 서유럽과 러시아 세력권 사이에 끼여 있는 중부 유럽과 동유럽 국가들의 미래 안보 문제도 매우 중요했다. 정확히 이 단계에서 유고슬라비아가 전쟁으로 빠져들자 온 정신이 그쪽으로 쏠렸다.

---

666) Versailles Treaty. 제1차 세계대전 후 독일 제국과 연합국 사이에 맺어진 평화협정을 가리킨다. 파리강화회의 중에 완료되었고, 협정은 1919년 6월 28일 베르사유 궁전 거울의 방에서 서명되어 1920년 1월 10일 공포되었다. 이 조약에는 국제연맹 설립과 패전국 독일에 대한 제재를 규정하는 내용이 포함되었다.

따라서 1993년 6월 코펜하겐에서 민주주의, 법치, 인권 존중, 소수자 보호, 원활히 기능하는 자유 시장경제 등에 관한 엄격한 기준을 충족할 경우 중부 유럽과 동유럽에서 회원국이 새로 들어오는 것을 환영하는 결정이 내려졌다. 1994년에 헝가리가 궁극적으로 유럽연합 가입을 모색하는 국가들의 긴 줄에서 맨 앞에 섰다. 이미 코펜하겐 협정 전에 핀란드, 스웨덴, 노르웨이, 오스트리아를 회원국으로 받아들이는 협의가 진행 중이었다. 이 나라들은 기준을 충족하는 데 어려움이 없었고, 다수가 (1972년처럼) 1994년의 국민투표에서 가입에 반대했던 노르웨이를 제외하고 모두 1995년 1월 1일 자로 유럽연합의 회원국이 되었다. 하지만 중부 유럽과 동유럽 국가들은 유럽연합 회원국들과 명백한 경제적·정치적 격차를 보임에 따라 훨씬 더 오래 기다려야 했다.

유럽연합을 확대하는 이유는 설득력이 있었고, 가입 가능성은 중부 유럽과 동유럽 국가들의 안정과 민주화에 도움을 주었다. 그러나 서유럽보다 훨씬 덜 발달한 경제와 정치 문화를 가진 나라들에 사는 7000만 명 이상을 매끄럽게 통합하는 것은 쉬운 일이 아닐 터였다. 적절한 때에, 더 다루기 힘들고 결합력이 덜하며 경제적으로 덜 균형 잡힌 유럽연합은 대가를 치러야 할 것이었다.

맥 빠지는 서유럽에서의 협치

여론조사에 따르면 서유럽인 대다수는 유럽연합에 호의적이었지만, 유럽은 1990년대에 대부분의 시민들의 마음을 사로잡지 못했다. 보통 그들은 정곡을 찌르는 다른 관심사가 있었다. 그럼에도 그들이 직면한 문제 중 일부는 단순히 일국적 차원이 아니라 유럽적 차원의 문제였다. 이 문제들은 어느 정도는 1990년대 초기에 시작되었던 유럽의 (1990~1991년 미국의 경기하강과 중첩된) 경기하강에서 비롯했다. 통일 비용은 독일에 광범한 파문을 남겼다. 프랑스 대통령 미테랑처럼 온건한 정치적 좌파 쪽에 서 있든, 아니면 독일 총리 콜이나 대처 여사의 승계자인 영국 총리 존 메이저[667]처럼 보수적 우파 쪽에 서 있든, 그들이 직면해야 했던 문제는 유사했다. 바로 국민경제의 경쟁력, 사회적 지출에 대한 요구의 증가, 인플레이션의 통제, 실업 및 국가 채무 수준 같은 (어느 것도 새롭지 않았지만 어느 것도 극복되지 않은) 문제였다. 냉전이 종식된 후 변화한 조건 속에서 이 문제들과 싸우다 보면 보통 정치적으로 인기를 잃게 되고, 그 결과 종종 새로운 정부가 탄생하곤 했는데 이 정부도 여전히 옛 문제들과 씨름을 해야 했다. 물론 유럽 나라들에서 그 문제들이 어떤 충격을 가하는지에는 확연한 국가적 특색이 있었다. 그러나 불안감은 한 나라만의 문제가 아니었다.

독일에서는 통일의 부담이 가장 중요한 역할을 했다. 1990년에 콜은 3~4년 내에 동독에서 '화려한 풍경'이 있을 거라는 기대를 성급하게 불러일으켰다. 총리만 혼자 낡아빠진 사회 기반시설을 대체하고 경제를 완전히 재건하는 데 해야 할 일의 정도를 엄청나게 잘못 계산

---

667) John Major(1943~). 영국의 보수당 소속 정치가. 1964년 하원의원으로 정계에 입문했다. 1990~1997년 총리로 재직했다.

한 것이 아니었다.[•] 약속된 번영으로 신속히 나아가는 대신, 독일 전체는 1992년 무렵에 (동독 지역이 단연 가장 높은 대가를 치르긴 했지만) 1990년대의 대부분에 지속될 경제적 불안을 겪고 있었다. 1993년에 경기가 하강하면서 국내총생산이 2퍼센트 떨어졌는데, 이는 연방공화국의 역사에서 어느 때보다 가파른 하락이었다. 1995년에 독일 국가 부채는 1989년보다 2배 더 많았다(하지만 어느 정도는 사회 기반시설에 대한 정부 투자 때문이기도 했다).

경기 침체의 우려스러운 부작용으로 '망명 신청자들'에 대한 적대감이 나타났는데, 이는 유럽의 많은 지역에서 점점 커져가는 경향이 될 조짐을 보였다. 유럽연합에서 모든 '망명 신청자'의 4분의 3 이상은 관대한 망명법(그 자체가 나치 시대의 비인도성에 대한 반작용이었다) 때문에 독일을 찾았다. 1992년 유고슬라비아에서 일어난 전쟁 때문에 피난처를 구하는 사람은 43만 8000명에 달했다(실제로 정치적 박해를 피해 도피한 것으로 분류된 사람은 그중 5퍼센트도 되지 못했지만). 독일 동부 지역에서만 발생한 것은 아니지만 주로 그 지역에서 일어난, 일부 끔찍한 신나치주의자들의 이민자들에 대한 공격 사건은 독일인들과 외부 세계에 큰 충격을 주었다.

헬무트 콜은 경제가 침체했지만 1994년 10월에 총리로 재선했다. 국민건강보험 제도의 도입은 선거가 있던 해에 콜을 도왔다. 야당인

• 나는 1990년 5월 참석했던 서베를린의 한 회의에서 주요 은행가들과 사업가들이 동독의 경제 문제가 5년 안에 극복될 것이라는 확신을 표명했을 때 놀란 기억이 있다.

사회민주당의 분열도 그랬다. 그리고 독일을 통일한 총리에게 붙어 있는 잔광 같은 것이 여전히 남아 있었다. 그러나 독일의 경제적 불안은 다음 몇 년 동안 계속되었다. 실업자는 1996년까지 400만 명을 넘어섰고(이 수치는 다른 시대에는 독일 민주주의의 진동을 일으켰다), 경제는 높은 노동·복지 비용에 대처하며 계속 경쟁력을 유지할 수 있도록 애를 쓰고 있었다. 한때 미래의 희망이었던 콜은 동부 독일의 선거 집회에서 미몽에서 깨어난 투표자들에게 야유를 받았다. 정부는 기력을 다한 것 같았다. 민주주의 체제에서는 정부가 오랫동안 집권하면 때때로 그렇듯이, 그저 '바꿀 때다'라고 생각하는 사람이 많았다. 1998년 선거를 지배했던 쟁점은 거의 전적으로 국내 문제였다(무엇보다도 높은 실업 수준). 8년 전 콜의 미래에서 중심을 차지하고 있던 유럽 통합은 거의 중요하지 않았다. 개표 결과 콜은 사회민주당의 게르하르트 슈뢰더[668]에게 패해 16년 만에 독일 총리직을 내려놓게 되었다.

1990년대에 독일의 경제 문제는 서유럽의 다른 나라들에 영향을 주었다. 프랑스는 1993년에 실업자가 노동인구의 10퍼센트를 웃도는 300만 명이라는 기록적인 수치를 보였고, 사회복지 비용(국가 지출의 큰 부분)이 증가하여 재정 적자 폭이 훨씬 더 우려스러운 수준으로 커지고 있었다. 국가 지출을 억제하고 여러 경제 부분을 민영화하려는 시도는 예상대로 인기가 없었다. 인기 없는 정책을 도입한 정부들

---

668) Gerhard Schröder(1944~). 독일의 정치가. 1998~2005년 독일연방 총리를 지냈으며, 사회민주당 당원으로서 사회민주당과 녹색당의 연합정부를 이끌었다.

은 보통 투표에서 졌다. 프랑스도 예외가 아니었다. 정부의 중추인 사회당은 1993년 3월 국회의원 선거에서 대패했다. 자크 시라크가 이끄는 보수 우파 정당들이 승리했다. 2년 후 미테랑의 두 번째 임기가 끝날 즈음 사회당 후보 리오넬 조스팽을 꺾은 시라크가 (암에 걸린 데다 헌법에 따라 다시 출마할 수 없었던) 사회당 대통령의 뒤를 이어 대통령이 되었다. 프랑스 정치의 두 가지 특성이 유럽 전역에 널리 유포되었다. 하나는 재정적 배임 행위 혐의였고(전 총리 피에르 외젠 베레고부아[669]의 자살을 가져왔다), 또 하나는 이민에 대한 상당한 대중적 혐오였다(어느 정도는 '국민전선'의 영향력을 반영했는데, 그 지도자 장마리 르펜은 1995년 내동령 선거에서 15퍼센트의 표를 얻었다).

이탈리아에서는 이민이 아직 중요한 쟁점이 아니었다. 하지만 부패는 확실히 문제였다. 유럽에서 (독일, 프랑스, 영국 다음으로) 네 번째로 경제 규모가 큰 이탈리아는 이미 1990년대 초에 심각한 경제적 곤란에 직면했다. 일부 곤경은 독일 통일에서 간접적으로 비롯한 결과였다. 1992년, 독일 연방은행이 대출 금리를 급격히 올리자, 그것은 고도 인플레이션에 시달리는 취약한 경제들을 압박했다. 그 결과 9월에 이탈리아는 제한된 변동률 내에 묶여 있는(그리고 사실상 독일마르크화를 긴밀히 따라다니는) 통화의 환율조정장치에서 빠져나올 수밖에 없었다(리라화는 독일마르크화에 대해 즉각 24퍼센트의 가치를 상실했

---

669) Pierre Eugène Bérégovoy(1925~1993). 프랑스의 정치가. 1992~1993년 미테랑 정부 아래서 총리를 지냈으며, 재임 중 연루된 부패 혐의로 조사를 받다 스스로 목숨을 끊었다.

다). 이탈리아의 근본적인 문제는 국내총생산의 120퍼센트에 달하는 부채였는데, 이는 마스트리흐트 기준에서 허용된 수준보다 2배 높았다. 조세 수입의 거의 40퍼센트가 매년 그냥 부채 이자를 지급하는 데 쓰였다. 세금 인상, 공공 지출 삭감, 민영화는 기독민주당 지도자 줄리오 안드레오티가 이끄는 정부에 큰 인기를 가져다줄 것 같지 않은 해결책이었다.

그러나 전통적인 정치는 1992년 총선 직전 대규모 부패 스캔들— '탄젠토폴리Tangentopoli'(대충 '뇌물도시'라는 뜻이다)라는 별명이 붙은—이 적발되었을 때 무색해졌다. 모든 주요 정당의 최고위 정치인들(일부 대기업뿐만 아니라)이 연루되었다. 부패는 정치 시스템 전반에 만연했다. 모든 주요 정당은 2년 후 국회의원 총선에서 표를 잃었다. 그러나 이 거대한 정치인 및 공무원들의 부패와 범죄 네트워크에서 떨어진 낙진은 선거 패배로 끝나지 않았다.

1000명의 정치인과 거의 1500명의 공무원, 사업가가 뇌물 수수 혐의로 기소되었다. 안드레오티를 비롯해 일부는 마피아에 협력했다는 의심을 강하게 받았다. 전 사회당 총리 베티노 크락시는 나중에 궐석 재판을 받고(그는 1994년에 처벌을 피하려고 튀니지로 도망갔다) 28년 형을 선고받았다. 안드레오티는 (마피아가 저지른 살인에 공모한 혐의를 포함해) 10년간의 재판 후 마침내 2002년에 24년 형을 선고받았지만, 모든 혐의에 대한 항소심에서 최종적으로 무죄가 선고되었다. 이탈리아의 일반 대중은 지긋지긋했다. 이 스캔들은 제2차 세계대전 이후 나라의 운명을 좌우했던 정치적 주류를 무너뜨렸다. 거의 반세기 동안 이탈리아 정치의 지배 세력이었던 기독민주당은 1994년 3월에, 자유당은 2월에, 사회당은 11월에 해산했다. 사회민주당과 공화당은 미미한 세력으로 쪼그라들었다. 공산당은 이미 1991년에 해체되어 2개의 승계 정당으로 분열되었었는데, 그중 어느 당도 공산당만큼 인기를 누리지 못했다. 정당정치는 거의 새롭게 시작해야 했다. 냉전 시대의 낡은 좌파와 우파의 당 연합은 끝났다. 이탈리아는 서유럽 국가 가운데 처음으로 새로운 '포퓰리즘' 정치로 방향을 틀었다.

그 결과가 꼭 좋았던 것만은 아니었다. 진공 속으로 걸어 들어온 것은 현란한 언론 재벌 실비오 베를루스코니[670]였다. 그는 한때 크락시와 긴밀한 관계를 맺었고, 부패 혐의로 체포되는 것을 면하기 위해 정치에 입문한 것으로 소문이 났다. 베를루스코니가 1993년 11월 설립했던 당으로 그의 미디어 제국의 뒷받침을 받고 그의 강력한 개성에 크게 좌우되던 '포르차 이탈리아Forza Italia'는 이탈리아의 새로운 출발을 약속했다(당 지도자의 표현을 빌리면, "새로운 이탈리아의 기적"). 그 스타일은 포퓰리즘적이고 반주류였다. 베를루스코니는 자신을 낡고 부패한 정당정치의 때가 묻지 않은 '아웃사이더'로 묘사했다. 그는 자신을 엄청나게 성공한 사업가로 만든 재능을 이용해 이탈리아에 다시 활기를 불어넣을 것이었다. 포르차 이탈리아는 신자유주의적인

---

670) Silvio Berlusconi(1936~). 이탈리아의 기업가이자 정치가. 이탈리아 최대 미디어 그룹 미디어셋의 소유주이자 축구 클럽 AC 밀란의 구단주였다. 이러한 재력을 바탕으로 1994년 '포르차 이탈리아'를 창당하여 국민동맹, 북부연맹 등과 연정을 구축하고, 전후 최초의 우파 정권을 수립해 수십 년 동안 계속된 기독민주당 정권을 붕괴하는 데 성공했다. 1994~1995년, 2001~2006년, 2008~2011년 이탈리아의 총리를 지냈다.

경제적 목표를 가지고 있는 사업체처럼 설립되었다. 그러나 베를루스코니는 자신의 정치적 호소가 정치적 고향 없이 내버려진 우익 성향의 반공산주의적 투표자들로 이루어진 거대한 저수지로부터 지지를 받을 것이라고 확신했다. 하지만 그것은 새 병 속에 담긴 묵은 포도주 이상의 포도주로 판명될 것인가?

사실 정치적 우파는 심지어 탄젠토폴리 스캔들 이전에 이미 분열하기 시작했다. 공산주의 붕괴는 기독민주당에서 그 이념적 접합제를 빼앗았다. 그리고 새로운 형태의 정체성 정치가 나타났다. 북부 이탈리아에서 움베르토 보시[671]가 이끄는 '북부연맹Lega Nord'은 지역 자치와 가난한 남부에 지급하는 보조금을 중단하라고 요구했다. 남부 이탈리아에서는 잔프랑코 피니[672]가 이끄는 '국민동맹Alleanza Nazionale'이 네오파시스트들과 기독민주당의 잔재를 우익 보수주의 운동으로 결합했는데, 이 운동은 조직된 사회주의에 대한 반대로부터 여전히 생기를 끌어냈다. 베를루스코니, 보시, 피니는 힘을 합쳐 1994년 3월 선거에서 투표의 거의 43퍼센트를 획득했다. 이는 공산당을 승계한 두 정당으로 구성된 좌익 '진보파'에 돌아간 34퍼센트를 크게 앞지른 것이었다.

하지만 그들의 불안한 연립정부는 9개월 뒤 무너졌고, 베를루스코니는 총리직에서 물러났다. 그렇다고 베를루스코니의 정치 경력이

---

671) Umberto Bossi(1941~). 이탈리아의 정치가. 지역주의 정당인 북부연맹을 창당하여 이탈리아 북부를 독립시키려고 했다.

672) Gianfranco Fini(1952~). 이탈리아의 정치가. 보수적인 '국민동맹' 대표를 지냈고, 2008~2013년 하원의장을 맡았다.

끝난 것은 전혀 아니었으며, 그는 돌아와 두 차례 더 이탈리아 정부를 이끌게 될 터였다. 또한 그것으로 1948년 이래 평균 1년도 이어지지 못했던 이탈리아 정부들의 만성적인 불안정성이 끝난 것도 아니었다. 그리고 새로운 모습으로 때로 갈피를 못 잡을 만큼 수많은 변이를 보였지만 좌파와 우파, 북부와 남부 사이의 분열은 여전히 이탈리아 정치에서 주요한 단층선으로 남았다.

영국에서는 대처 여사의 후임으로 총리가 된 존 메이저가 훨씬 줄어든 다수파가 되긴 했지만, 1992년 4월 초의 총선에서 승리함으로써(보수당에는 연이은 네 번째의 선거 승리) 대부분의 예상을 뛰어넘었다. 그러나 메이저는 무엇보다도 특히 '유럽'(변화가 심한, 영국과 유럽연합의 관계를 가리키는 약칭)에 의해 찢긴 허약하고 분열된 정부를 이끌었다. 그의 행정부는 파운드화를 지탱하려고 금리를 급격히 올리고 30억 파운드 이상을 썼지만 아무 성과도 거두지 못한 후, 1992년 9월 16일(곧 '검은 수요일'이라고 일컬어졌다) 영국이 '유럽환율조정장치'에서 수치스럽게 철수했던 굴욕에서 결코 헤어나지 못했다.

그때부터 영국 경제는 경기후퇴에 맞서 싸웠고, 메이저는 상처 입은 총리가 되었다. 그는 당내에서 유럽연합 강화에 회의적인 사람들에게 시달리고, 대중매체에서 풍자의 대상이 되었으며, 저명한 보수당원들이 포함된 (이탈리아의 기준으로 보면 사소했지만) 재정적 스캔들로 타격을 받았다. 그는 정부 수반으로서 회복할 수 없을 정도로 약해졌다.

1990년대 중반, 영국의 경제는 힘차게 회복하기 시작했다. 그러나 메이저에게는 도움이 되지 못했다. 1994년 5월 노동당 대표로 선출된 토니 블레어[673]는 메이저의 회색 이미지와 가장 날카롭게 대비되는 이미지를 보여주었다. 매우 분명하고 항상 미소를 지으며 카리스마가 있는 블레어는 곧 '쿨 브리타니아'[674]라고 불리게 될 시대를 체현하는 것 같았다. 블레어는 새롭고 역동적인(외향적이고, 유럽연합을 지지하고, 근대적이고, 진보적이고, 관용적이고, 포용적인) 영국의 가능성을 보여주었다. 그는 전통적인 계급 장벽과 사회적 분열을 초월할 '제3의 길'이라는 비전을 제시했다. 이제 '신노동당'이라고 다시 명명된 그의 당은 1918년 이래 당헌에 기재된 경제의 국유화에 대한 약속을 거부하고 사회적 정의에 의해 완화된 시장의 힘을 포용하고자 했다.

1997년 5월 1일의 총선에서 보수당은 블레어—윌리엄 피트(소피트)[675] 이래 가장 젊은 마흔세 살의 총리—가 지금까지 노동당이 얻었

---

673) Anthony Charles Lynton 'Tony' Blair(1953~). 영국의 정치가. 1994년 7월부터 2007년 6월까지 노동당의 당수를 지냈다. 1997년 총선에서 승리하여 보수당의 18년 집권을 끝내면서, 존 메이저의 뒤를 이어 총리(재임 1997~2007)가 되었다.

674) Cool Britannia. 1990년대 들어 활기찬 모습을 보인 영국 문화를 가리키는 말로, 1960년대 '영국의 침공'으로 대표되는 브릿팝 문화에서 영감을 받아 생겨난 표현이다. 스파이스걸스, 블러, 오아시스로 대표되는 브릿팝의 흥행은 1970~1980년대 격동의 세월을 보냈던 영국 사회에 새로운 낙관론을 흘려보냈다. 1997년 '신노동당'을 표방하는 토니 블레어 정부가 출범한 후 영국이 낡은 이미지를 벗고 젊은 모습으로 나아간다는 국민운동으로 발전하는 데까지 이르렀다. 원래 이 표현은 영국의 준애국가인 '룰 브리타니아(Rule Britannia)'를 살짝 비튼 말장난이었다.

675) William Pitt the Younger(1759~1806). 영국의 정치가. 윌리엄 피트(대피트)의 둘째 아들로 아버지와 구분하기 위해 소(小)피트라고 불린다. 토리당, 즉 영국 보수당의 당수로서 1783년 스물네 살에 총리가 되었다.

던 의석 중에서 가장 많았던 179석을 얻어 압승을 거두자 완전히 으스러져 버렸다. 저명한 정치부 기자 앤드루 론슬리[676]가 표현했듯이, 그것은 보수당 정부 18년 만의 새로운 출발, '민족의 재탄생'인 것 같았다.

블레어는 1993년 조지 H. W. 부시를 이은 미국 대통령 빌 클린턴[677]에게서 영감을 받았다. 그리고 그는 일부 다른 유럽 지도자들이 따라 하고 싶어 하던 모델을 제공했다. 입 밖에 내지 않았지만 1997년 총리로 임명된 사회당의 리오넬 조스팽 치하의 프랑스에서 '제3의 길'이 작동 중인 것 같았다. 조스팽은 고전적인 사회주의 정책인 사회보장의 증진, 보건의료 제공, 사회 극빈층에 대한 재정 지원 확대, 정치에서 여성 대표성의 개선, 주 35시간 노동을 신자유주의와 관련된 정책인 감세 및 국영기업의 민영화와 연결했다. 독일도 곧 변형된 '제3의 길'을 따라갈 것이었다. 1998년 독일 선거에서 헬무트 콜을 꺾으며 1982년까지 거슬러 올라가는 보수주의 정부 시기를 끝낸, 텔레비전 방송에 알맞은 열정적인 사회민주당원 게르하르트 슈뢰더는 유럽 대륙에서 가장 저명한 블레어의 찬양자였다. 블레어처럼 슈뢰더도 사회민주당 정부의 근대적 이미지를 보여주었다. 보수주의는 1990년대 중반에 모든 곳에서 그런 것은 아니었지만 후퇴하고 있는 것 같았다.

------

676)   Andrew Rawnsley(1962~). 영국의 정치부 기자이자 방송인. 《옵서버》의 칼럼니스트이며, 정치평론가로 활동하면서 신노동당에 관한 책을 두 권 썼다.
677)   William Clinton(1946~). 미국의 민주당 정치가. 1993~2001년 미국의 제42대 대통령을 지냈다.

새로운 근대적 외피를 입은 (사회적 진보를 통합된 유럽연합 내의 지구화된 시장경제에서 얻는 이득과 결합한) 사회민주주의는 많은 유럽인에게 더 나은 미래라는 희망을 주는 것 같았다. 그러나 겨우 몇 년도 지나지 않아 사회민주주의는 도중에 주목할 만한 성과를 거두긴 했지만 광범한 실망과 환멸을 가져올 터였다. 1997년 선거에서 승리한 날 밤의 축하 분위기 속에서, 블레어는 "새로운 새벽이 밝았다"고 선언했다. 그것은 새로운 새벽이 아니라 유럽 사회민주주의의 긴 일몰의 시작으로 밝혀졌다.

보수주의 우파와 사회민주주의 좌파 모두에서 오랫동안 확실했던 것들이 산산조각 나고 있었다. 보통 민족주의 정당, 녹색당, 지역 정당이 대변하는 여러 저항운동이 점점 중요한 존재가 되어가던, 더욱 분열된 정치에서 한 가지 불편한 요소는 정치적 이슈로서 커지는 반反이민 호소였다. 1990년대 말에 장마리 르펜의 국민전선은 거의 500만 명의 프랑스 시민(유권자의 15퍼센트 이상)의 지지를 끌어냈다. 이는 1986년의 270만 명보다 크게 늘어난 것이었다. '덴마크 인민당 Dansk Folkeparti'은 인구의 12퍼센트 지지를 받아 덴마크에서 세 번째로 큰 원내 정당이 되었다. 스위스에서는 산업가 크리스토프 블로허[678]가 이끄는 '스위스 인민당'이 1999년 연방 선거에서 12.6퍼센트를 더 득표하여(스위스 선거 역사에서는 기록적인 결과였다) 총 22.6퍼센트의 투표를 얻고 최대 정당이 되었다. 오스트리아에서는 빠른 차에 대한

---

678) Christoph Blocher(1940~). 스위스의 정치가. 2004~2007년 스위스 연방 평의회의 일원으로서 법무·치안장관을 지냈다.

애호와 친나치 동정심을 암시하는 발언이 묘하게 어우러졌던 외르크 하이더 아래의 오스트리아 자유당이 1986년 투표에서는 10퍼센트에 못 미쳤지만 1999년에는 무려 27퍼센트로 상승했다. 다른 유럽 국가들에도 이와 비슷한 운동이 존재했는데, 이 모든 운동이 이처럼 성공을 거둘 수 있었던 데는 공통된 요소가 있었다. 그것은 바로 이민에 대한 단호한 반대였다. 유럽연합처럼 주류 정당들도 이민을 지지했기 때문에 반이민 민족주의 저항 역시 반주류와 유럽연합 적대 정치로 광고될 수 있었다. 반이민자 정당들의 핵심 지지 기반을 넘어서도 저항적인 부류가 상당하다는 것은 지지의 수준이 불안정하다는 것을 의미했다. 그럼에도 반이민자 정당들은 좌익과 우익의 주류 정당들의 프로그램에 영향을 미쳤을 뿐 아니라 이민이 앞으로 점점 더 정치적 어젠다가 되리라는 점을 분명히 했다.

1990년대는 서유럽에서 파란만장한 10년이었다. 빛나는 새 약속의 많은 부분이 환상에 불과한 것으로 드러났다. 1990년대 중반에는 많은 주민에게 실망과 불만의 감정이 뚜렷하게 존재했다. 유럽 통합으로 가는 발걸음은 그 자체가 중요한 성과였는데도 대부분의 사람에게는 그들의 일상생활과 여전히 동떨어진 문제였다. 그러나 경제가 다시 성장함에 따라 1990년대 후반기는 훨씬 밝아졌다. 1990년대 말에 놀랍게도 '쿨 브리타니아'가 이러한 추세를 선도하면서 유럽은(서유럽뿐 아니라 동유럽도) 더욱 생동하는 시대가 막 시작되려 하는 것 같았다. 유럽인들이 전 세계의 수십억 인구에 합류하여 새 천 년의 시작을 축하하던 2000년의 새해 기념행사에서 토니 블레어가 '신뢰와 낙관주의'를 병에 담아 영원히 간직할 수 있기를 바랐을 때, 그는 그 분위기를 정확히 포착했다.

● ○ ●

1990년 9월, 여전히 냉전 종식에 열중하던 조지 H. W. 부시 대통령
은 "테러의 위협으로부터 더 자유롭고, 정의를 더욱 강력히 추구하
며, 평화를 더욱 탄탄히 모색할" "새로운 세계 질서"의 시작을 선포했
다. 그것은 "세계의 국가들이 번영하고 조화롭게 살 수 있는 시대"일
것이었다. 그것은 멋진 말이었다. 그러나 이 비전은 너무나 빨리 환상
에 지나지 않은 것으로 밝혀졌다.

확실히 얼마간 사태가 고무적으로 전개되었다. 1991년 초에 쿠
웨이트를 침공한 이라크군이 미국이 주도하는 유엔의 거대한 다국
적 동맹군에 신속하고 결정적으로 패배하자, 이로써 중동에서 이라
크 지도자 사담 후세인[679]의 위협이 끝나는 듯했다. 1993년 1월 제2
차 전략무기감축협정START II에서 핵탄두 중 3분의 2를 해체하자는 미
국과 러시아의 합의는 핵전쟁 발발 위험을 더욱더 낮췄다. 격렬한 아
랍-이스라엘 갈등은 오랜 세월이 지난 후 '오슬로 평화 프로세스'[680]라

---

679)   Saddam Hussein(1937~2006). 이라크의 정치가. 1979~2003년 이라크 대
통령을 지냈다. 이라크 내 소수 종파인 수니파 출신으로, 세속적 범아랍주의와 아
랍 사회주의를 추구하는 바트당의 지도자였다. 2003년 미국이 유엔 안보리 결의
1441호를 근거로 이라크 전쟁을 개시한 후 3년 이상 은신했으나, 2006년 체포되
어 그해 12월 30일 사형이 집행되었다.
680)   Oslo Peace Process. 1993년 이스라엘과 팔레스타인해방기구 사이의 비밀

고 완곡하게 일컬어지던 과정에서 얼마간 관계가 개선되면서 진정한 최종적 해결의 가능성을 찾은 듯이 보였다(비록 심각한 폭력이 불길하게 계속되었지만). 그리고 유엔의 후원 아래(실제가 아니라 서류상으로만 그랬지만) 지구 전체의 미래를 위협하는 지구온난화와 환경 훼손을 초래하는 온실가스 방출을 시급하게 제한할 필요가 있다는 인식이 커졌다.

그러나 원장元帳에서 이러한 긍정적인 면들 맞은편에는 우울한 차변이 기재될 수밖에 없었다. 세계의 빈곤을 제거하고 보편적 인권을 지지하겠다는 세계 지도자들의 엄숙한 발언에도 불구하고 뚜렷한 개선은 거의 이루어지지 않았거나 전혀 이루어지지 않았다. 이미 혹독한 빈곤은 사하라사막 이남의 아프리카에서 개선되기는커녕 더 악화하고 있었다. 소말리아는 기근과 내전으로 고통받는 나라였으며, 거의 무정부 상태로 무너져 내리고 있었다. 세계의 많은 지역에서 냉혹한 경제적 이해뿐만 아니라 문화적·종교적 차이들까지 서로 결합하여 인권이 한 발짝도 나아갈 수 없도록 가로막았다. 무엇보다도 최악이었던 것은 유럽 국가들에서 홀로코스트에 대한 각성이 그 어느 때보다도 컸을 때, 또 다른 집단 학살이 르완다에서 맹위를 떨치며 단 석 달 만에 100만 명 이상의 인명을 앗아가고 있었다는 사실이다. 학살을 막기 위해 행동할 능력이 없던 불행한 '국제 공동체'는

회담으로 시작된 평화 프로세스. 2000년 캠프데이비드 정상회담이 실패하고 제2차 인티파다(이스라엘에 맞선 팔레스타인 민중 봉기)가 발발한 후 끝날 때까지 몇몇 합의를 도출했다.

자신들이 다시 한번 공허한 문구에 불과함을 보여주었다.

유럽인들은 텔레비전 뉴스로 밤마다 지구의 먼 지역에서 참상이 벌어지고 있는 것을 지켜볼 수 있었다. 그들은 자신들이 보았던 광경에 질겁했다. 그리고 많은 이들은 유니세프[681]나 적십자, 옥스팜,[682] 국경없는의사회 같은 자선 단체에 아낌없이 기부했다. 그러나 전반적인 무력감과 함께—끔찍한 고통을 끊임없이 상기시켜 줌으로써 사람들이 의식이 마비되어 무관심 속으로 빠져들지 않는 곳에서는—자신들의 삶과 직접적으로는 거의 관련이 없는 끔찍한 사건들이 저 멀리서 일어나고 있다는 느낌이 존재했다. 유럽이 처참했던 과거를 극복했고 이제 그러한 참상을 겪지 않아도 된다는 안도감은(편리하게도 유고슬라비아를 잊어버리면서) 보통 입 밖에 내지 않지만 빈번하게 느끼는 감정이었다.

이 안도감은 곧 산산조각 날 것이었다. 유럽이 점점 더 밀접하게 서로 연결되는 세계의 불가분한 일부라는 사실, 유럽이 지구의 불안

---

(681) 유엔아동기금(United Nations Children's Fund, UNICEF). 1946년 12월 11일에 개발도상국의 어린이와 여성을 돕기 위한 기금으로 설립되었다. 원래 이름은 유엔 국제아동긴급기금(United Nations International Children's Emergency Fund)이었으나 1953년 현재 이름으로 바뀌었는데, 지금도 예전 이름의 약자인 유니세프(UNICEF)로 널리 알려져 있다. 156개 빈곤 국가의 굶주리는 어린이를 위해 활동하면서 긴급 구호, 영양, 예방 접종, 식수 문제 및 환경 개선, 기초 교육 등과 관련된 일을 한다.

(682) Oxfam International. 14개 기구의 연합체로서, 100여 개국에서 3000여 개의 제휴 협력사와 함께 구호 활동을 펼치고 있는 단체다. 빈곤을 해결하고 불공정 무역에 대항하는 대표적인 기구다.

한 지역에서 흔하게 발생하는 테러로부터 완전히 고립될 수 없다는 사실, 이 테러가 유럽 자신의 제국주의 과거와 관계있다는 사실을 깨닫는 것은 냉혹하게 단 한 순간이면 충분했다. 그리고 그 깨달음은 유럽에서 일어난 사건이 아니라 5000킬로미터나 떨어진 뉴욕에서 일어난 사건에서 (문자 그대로 청천벽력처럼 느닷없이) 비롯했다. 2001년 (곧 일반적으로 간단하게 '9·11'이라고 알려지게 된 날짜인) 9월 11일 이른 오후(유럽 시각으로)에 공중 납치된 비행기 2기가 몇 분 간격으로 뉴욕의 '세계무역센터' 쌍둥이 빌딩으로 날아들었는데, 이는 신중하게 계획되고 조직된 극적인 테러 행위였다. 공중 납치된 세 번째 여객기는 펜타곤(미국 국방부 본부) 안으로 직행했고, 워싱턴 DC로 향하던 네 번째 비행기는 승객들이 용감하게 납치범들과 격투를 벌인 끝에 펜실베이니아의 한 들판으로 추락했다. 쌍둥이 빌딩이 산산이 무너져 내리는 이 대참사의 광경은 텔레비전 생방송으로 지켜보며 거의 상상할 수도 없는 공포를 느낀 수많은 사람의 마음속에 날카롭게 아로새겨졌다. (비행기 탑승객을 포함하여) 약 3000명이 이 야만적 행동으로 목숨을 잃었다. 희생자 중 많은 이들은 불타는 고층 건물에서 뛰어내리다 죽었다. 그리고 사망자의 2배 되는 사람이 상처를 입었다. 견딜 수 없을 정도로 가슴을 후벼 파는 마지막 메시지들이 휴대전화로 사랑하는 사람들에게 전해졌다. 범인들은 곧 이슬람 테러 조직인 알카에다의 회원들로 밝혀졌다. 유럽 커넥션이 있었다. 막후에서 이 공격을 지휘한 오사마 빈 라덴[683]은 테러에 연루된 사우디아

---

683)   Osama bin Laden(1957~2011). 사우디아라비아에서 태어난 석유 재벌로,

라비아 출신 테러리스트 15명 중 한 명이었는데, 아이러니하게도 사우디아라비아는 페르시아만에서 미국과 대다수 유럽 국가들의 가장 중요한 동맹국이었다. 게다가 이 음모는 독일 땅인 함부르크에서 탄생했다. 세계무역센터를 공격한 첫 번째 비행기의 조종사였던 이집트 출신 모하메드 아타Mohamed Atta를 비롯한 5명의 테러리스트는 이 함부르크에서 활동한 알카에다 세포의 일부였다.

뉴욕에 대한 이 파괴적인 공격(1941년 12월 진주만 공습 이후 외국이 미국 땅에 가한 최초의 공격)은 엄청난 충격이자 비극만은 아니었다. 그것은 정확하게 범인들이 의도한 대로 '서방'의 가치에 대한 정면 공격을 나타냈다. 유럽 지도자들은 그 가치를 방어하는 데 있어 즉각 미국과 연대를 선언했다. 며칠 뒤 조지 W. 부시[684] 대통령은 '테러와의 전쟁'을 선포했는데(그는 심지어 이를 '십자군 전쟁'이라고 불렀는데, 중동에서 이 말이 부정적인 울림을 가지고 있다는 사실은 염두에 두지도 않았다), 그렇다고 알카에다의 활동이 중단되지는 않을 것이었다. 테러와의 전쟁은 서방 문명을 파괴하는 데 착수한 이슬람 이념에 대해, 그것을 보호하려는 몸부림일 것이었다. 토니 블레어는 즉시 다른 어떤 서방

─────────────

이슬람 근본주의적 성향의 국제 테러리스트 조직 알카에다의 지도자였다. 2001년 9월 11일 뉴욕과 워싱턴 DC에서 약 3000명을 숨지게 한 9·11 테러의 배후로 꼽힌다. 제로니모 작전을 통해, 2011년 5월 1일(파키스탄 시각으로는 5월 2일)에 파키스탄의 아보타바드에서 미국 해군의 '데브그루'에 사살된 것으로 보도되었다.
684) George Walker Bush(1946~). 미국의 정치가. 1989~1993년 대통령으로 재직한 조지 H. W. 부시의 장남이다. 2000년 대통령 선거에 공화당 소속으로 출마하여 당선했다. 2001년부터 43번째 대통령으로 재직했으며(제54대), 2004년 선거에서 재선하여 2009년 1월 20일까지 재임했다(제55대).

지도자보다도 더 멀리 나아가 미국에 대한 영국의 무조건적인 지지를 표방했다.

9·11이라는 날짜는 1년 전인 2000년 1월 1일이라는 달력 날짜보다 더 새로운 세기의 진정한 시작을 나타냈다. 그 이전에 서방 세계는 점증하는 이슬람 근본주의라는 문제를 희미하게만 깨닫고 있었을 뿐이다. 하지만 그 후 몇 년 동안 영국을 비롯한 유럽 국가들은 이 떠오르는 세력과의 분쟁에 점점 더 휘말리게 될 터였다. 유럽의 군인들은 이슬람 국가들에서 이길 수 없는 전투를 치르고 있을 것이었다. 이슬람교도의 테러는 곧 유럽의 도시들에 상처를 남기고 다문화 관계에 영향을 미치며, 자유민주주의 체제에 자유와 안보를 조화시켜야 한다는 새로운 딜레마를 제기할 것이었다. 유럽은 외부 세계의 문제들을 차단하는 데 어느 때보다도 무능했다.

11

전 지구적 노출

이들과 이들의 테러리스트 동맹국 같은 국가들은
세계 평화를 위협할 태세를 갖춘 악의 축을 이룹니다.

**북한, 이란, 이라크를 언급하며
조지 W. 부시 대통령이 2002년에 발표한 연두 교서**

물론 유럽이 전 지구적 영향력에 노출된 것은 전혀 새로운 일이 아니었다. 중세 시대에 극동과 무역이 진행되었다. 16세기에 아메리카 대륙이 정복된 뒤 금을 비롯한 여러 물품이 대서양 저편으로 운송되었다. 발칸 지역과 헝가리 남부에 오스만 지배가 확립된 뒤 기독교 유럽에 대한 외국의 위협으로 여겨진 튀르크의 침공이 1565년 몰타에서, 그리고 1683년 빈 근처에서 격퇴되었다. 네덜란드인들은 17세기에 최종적으로 인도네시아가 될 지역에다 무역 기지를 세웠다. 동인도회사는 다음 세기에 인도를 영국의 식민지로 만드는 일에 착수했다. 18세기에는 카리브해에서 전쟁들이 벌어졌다. 한 세기 후에는 아프리카, 아시아 등 세계의 여러 부분으로 유럽의 제국주의가 팽창했다. 그리고 전신, 전화, 증기선, 철도 덕분에 세계의 모든 지역으로 무역이 엄청나게 확대되면서 흔히 '최초의 지구화'라고 언급되곤 하는 현상이 19세기 중반부터 시작되었다. 그 후 매우 야만적인 노출이 (20세기 전반기 동안 전 지구적인 경제적 침체에 의해 분리된 두 번의 세계대전에서) 찾아왔다. 1945년 이후 장기적인 전후 부흥이 이어지면서 서유럽뿐 아니라 궁극적으로는 중부 유럽과 동유럽도 미국 대외 정책의 이해와 대서양 저편에서 넘어오는 지배적인 경제적·

문화적 영향력에 그대로 노출되었다.

그렇지만 21세기 초에 있었던 유럽의 전 지구적 노출에는 뭔가 새로운 것이 있었고, 또 있다고 느껴졌다. 아마도 대다수의 평범한 유럽 사람들은 평화로웠던 그전 어느 때보다 더 지구의 나머지 지역이 자신들의 삶에 침투했음을 알아차렸을 것이다. 무엇보다도 특히 1990년대에 확산된 인터넷 덕분에 세계는 더 작아 보였다. 새로운 천 년이 시작되면서 유럽의 전 지구적 노출은 매우 두드러진 형태로 진행되었다. 그리고 한 가지 차이가 특히 중요했다. 이전 수백 년 동안, 특히 제국주의 시대에 유럽은 다른 대륙들에 폭력을 수출했다. 새 천 년의 첫 10년 동안 유럽은 폭력이 어떻게 반격을 가할 수 있는지를 처음으로 맛보았다.

2001년 9월 11일 뉴욕의 세계무역센터 공격은 이슬람 테러리즘이 미국에 파괴적으로 상륙했음을 보여주었을 뿐 아니라, 유럽에 하나의 중간 휴지休止를 나타내는 것이기도 했다. 그 후 몇 년간 대륙에 가한 충격이 엄청났다. 이것은 다시 이민과 다문화주의에 대한 태도(유럽으로 이주한 다른 문화의 사람들을 통합하려는 시도)에 큰 영향을 초래했는데, 이는 사회적 쟁점뿐 아니라 첨예한 정치적 쟁점이 되었다. 1990년대에 미국의 정치학자 새뮤얼 필립스 헌팅턴[685]이 예측했듯이, 서방의 가치와 이슬람의 가치 사이에 위험한 충돌이 일어날 가능성

---

(685) Samuel Phillips Huntington(1927~2008). 미국의 정치학자. 하버드 대학교에서 교수로 재직했으며, 냉전 이후의 세계 질서를 다룬 《문명의 충돌》의 저자로 유명하다.

이 더욱 크게 다가오는 것 같았다.

새롭거나 적어도 크게 변형된 형태의 두 번째 노출은 지구화된 경제와 그것이 일상생활에 스며들면서 미치는 영향에서 비롯했다. 비록 어느 정도는 이미 오래전부터 진행 중이던 추세가 강화된 것이었지만, 이 '두 번째 지구화'는 단지 잘 확립된 사태 전개가 계속되는 것 이상의 현상이었다. 컴퓨터 기술의 엄청나게 빠른 확산과 규제가 철폐된 재정 부문의 거대한 팽창에서 비롯한 통신 혁명은 충격의 규모와 깊이 면에서 양적 변화가 곧 질적 변화라는 것을 보장했다. 지구 전역에 걸친 연결은 더욱 쉬워졌을 뿐만 아니라 거의 순간적으로 이루어졌다. 모습이 변한 것은 사업만이 아니었다. 유럽은 세계의 나머지 지역과 마찬가지로 이전에는 결코 볼 수 없던 정도로 서로 연결되고 의존하게 되었다. 인터넷, 이동전화, 이메일이 사실상 사회의 모든 측면에 스며들었다. 반세기 전에는 생각할 수도 없었던 것이 이제 현실이 되었다.

'테러와의 전쟁'

뉴욕에 대한 공격이 있은 지 1주일여 지난 2001년 9월 20일 조지 W. 부시 대통령은 '전 지구적 범위의 모든 테러리스트 그룹'이 격퇴될 때 비로소 종결될 '테러와의 전쟁'을 선포했다. 역사적으로 국가는 다른 국가에 전쟁을 선포해왔다. 그런 경우 전쟁이 의미하는 바는 보통 분명했다. 한편, 추상적인 것에 대한 전쟁은 명확한 정의가 없다. 그러나 '테러와의 전쟁'의 수사적 가치에는 의문의 여지가 없었다. 그것은 야만적 행동의 직접적 여파 속에서 미국과 대부분의 서방 세계에 조성된 분위기를 포착했다. 바로 복수를 갈망하는 분위기였다.

미국에 대한 공격은 1989년 소련 점령군이 떠난 후 내전으로 황폐해진, 파괴되고 극단적으로 폭력적인 무법천지의 나라 아프가니스탄에서 계획되었다. 이전 10년 동안 미국은 아프가니스탄의 지역 군벌과 종족 지도자들인 무자히딘에 소련군에 맞서 싸우는 데 필요한 무기와 자금을 제공했다. 소련군이 철수하자마자 미국은 이 지역에 대한 관심을 거의 잃어버렸다. 그러나 파키스탄은 그렇지 않았고, 무자히딘은 이제 파키스탄의 후원 아래 계속 번성했다. 군벌들은 그들 자신의 영역을 통제했다. 군벌이 허락하지 않으면 카불 정부의 문서는 통하지 않았다. 그리고 무자히딘은 반소련적인 것만이 아니었다. 그들은 반서방적이기도 했다. 이는 서방, 직접적으로는 미국을 겨냥한 테러리즘의 씨앗이 싹틀 수 있는 토양이었다.

1988년 '성전'을 수행하기 위해 느슨한 알카에다 조직을 세웠던 엄청나게 부유한 사우디 가문의 자손 오사마 빈 라덴은 아프가니스탄에 근거지를 마련하고 1996년 수단에서 그곳으로 이주했다. 1993년에 뉴욕의 세계무역센터를 날려 버리려던 음모가 좌절되었을 때, 그 주모자 중 한 사람은 아프가니스탄의 알카에다 캠프에서 일부 훈련을 받았다. 매우 극단적이고 근본적인 형태의 이슬람을 공언하며, 아프가니스탄의 부패하고 매우 인기 없던 정부를 상대로 전투를 벌이면서 무수한 잔혹 행위를 저지른 데 대해 책임이 있던 탈리반[686]이

---

686) Taliban. 아프가니스탄 남부를 중심으로 거주하는 파슈툰족에 기반을 둔

1996년 수도 카불을 장악했다. 이들은 원래 파키스탄에서 형성되었고 처음에는 작은 전사 그룹일 뿐이었지만, 군사적으로 파키스탄 정보기관의 도움을 받았으며 사우디아라비아의 부자들에게 재정적 지원을 얻었다. 그들은 곧 자신들의 포악한 통치를 나라의 3분의 2 이상 지역으로 확대할 수 있었다. 아프가니스탄으로 이주한 뒤 빈 라덴은 탈리반 지도자 물라[687] 무하마드 오마르[688]와 세력을 연결하였고, 미국과 서방에 전쟁을 선포했다. 그는 1998년 아프리카에 있는 미 대사관 세 곳에 대한 공격의 배후였고, CIA가 클린턴 대통령에게 전달한 정보에 따르면 향후 미국 본토에서 공격을 계획하고 있었다.

그리하여 빈 라덴과 알카에다의 기지로서 아프가니스탄은 둘 다 2001년 9월 11일의 야만 행위 오래전에 워싱턴의 레이더망에 걸려든 상태였다. 끔찍한 일격이 가해지자마자 미국의 군사 보복이 신속히 뒤따를 것이 분명했다. 사흘 만에 의회는 대통령이 공격에 책임이

부족 단체에서 출발한 조직. 탈레브 혹은 탈리브는 전통식 이슬람 학교의 학생들을 가리키는 말이며, 탈리반은 탈리브의 복수형으로 '학생조직'이라는 뜻이다. 탈리반은 1990년대 중반 활동을 시작하여 지도자 무하마드 오마르를 중심으로 결속해 1997년에 정권을 장악했다. 그 후 2001년 미국의 공격으로 축출되기까지 극단적인 이슬람 근본주의를 바탕으로 아프가니스탄을 통치했다.

687)   Mullah. 이슬람교의 법과 교리에 정통한 사람을 일컬을 때 쓰는 존칭. 이란과 중앙아시아에서는 종교학자나 성직자에게 붙여주는 칭호로 사용되고, 터키에서는 재판관이라는 뜻으로도 쓰인다.

688)   Muhammad Omar(1960~2013). 아프가니스탄 일대에서 활동하는 테러 조직인 탈리반의 최고지도자. 1996년 아프가니스탄 이슬람국을 무력으로 전복한 후, 아프가니스탄 이슬람 토후국을 설립하고 아미르에 올라 국가 최고지도자가 되었다. 2001년 북부동맹이 수도 카불을 탈환하면서 실각했다.

있는 조직과 테러를 후원한 국가를 파괴하는 데 필요하다고 생각하는 무력은 무엇이든 사용할 수 있다고 승인했다. 그것은 탈리반 지도부가 빈 라덴을 미국에 인도하기를 거부한다면, 곧 알카에다 파괴와 (이 과정에서 빈 라덴을 사로잡거나 죽이면서) 탈리반 분쇄를 목표로 하는 아프가니스탄 침공이 있을 것임을 분명히 의미했다. 2001년 10월 7일, '항구적 자유 작전Operation Enduring Freedom'이라 불린 아프가니스탄 공격이 미군과 영국군의 폭격과 함께 개시되었다.

영국군의 참전은 처음부터 확실했다. 영국 총리 토니 블레어는 9월 11일의 잔학 행위에 대해 듣자마자 맨해튼의 쌍둥이 빌딩에 대한 공격을 "매우 실제적인 의미에서" 미국뿐 아니라 모든 문명 세계에 대한 알카에다의 "선전포고"라고 보았다(라고 나중에 썼다). 바로 그날 저녁 블레어가 텔레비전에 나와, 영국은 "이 비극의 시간에 미국 친구들과 서로 어깨를 맞댈 것이며, 우리도 그들처럼 우리 세계에서 이 악을 완전히 몰아낼 때까지 쉬지 않을 것"이라고 선언했다.

다른 유럽 지도자들은 좀 더 신중했다. 예를 들어, 독일은 11월 중순 연방의회의 표결에서 단 한 표 차이로 거의 4000명에 이르는 연방군을 아프가니스탄에 파병하기로 결정했다. 그럼에도 뉴욕이 공격당한 후 자국을 방어하는 미국의 목표와 권리에 대해 국제적 연대가 광범하게 이루어졌다. 프랑스, 이탈리아, 러시아는 미국에 적극적인 지원을 제공한 많은 국가들 사이에 있었다. 시라크 대통령은 모든 민주주의 체제에 대한 이 공격에 "프랑스는 방관하지 않을 것"이라고 선언했다. 그는 예언적으로 덧붙였다. "오늘 비극적인 공격을 당한 것은 뉴욕이지만, 내일은 파리나 베를린이나 런던일지도 모른다."

처음에 전쟁은 서방 연합군에 순조로이 진행되었다. 나라의 약 3분의 1을 통제하는 아프가니스탄의 (자신을 연합전선 혹은 아프가니스탄 북부동맹이라고 부르는) 반탈리반 세력이 지상전을 수행했고, 대규모 공습의 지원을 받으며 2001년 11월 카불을 탈환했다. 12월 초에 그들은 탈리반의 마지막 거점인 남부의 칸다하르에서 그들을 쫓아냈다. 12월 말에 카불을 방어하고, 미군과 영국군의 보호 아래 하미드 카르자이[689]가 이끄는 과도정부 수립을 돕기 위해 유엔의 지지를 받는 소규모 국제안보지원군[690]이 설립되었다.

2001년 12월쯤 최악의 상황은 끝난 것처럼 보였다. 그러나 사실상 그것은 시작에 불과했다. 탈리반은 퇴각했다. 그러나 그들은 결코 근절되지 않았고, 곧 자신들의 세력을 재건할 것이었다. 그리고 오사마 빈 라덴은 많은 최측근 지지자들과 상당한 알카에다 테러리스트 네트워크와 함께 파키스탄 서부의 오지 산악 지대로 도피할 수 있었다. 그리하여 서방 열강은 그들의 기본 목표 어느 것도 결코 달성할 수 없었다. 일단 서방 열강들이 탈리반을 격퇴하자마자 그들은 남아서 평화를 보장하는 어떤 분명한 계획도 없이, 불안정하고 부패한 체제를 지지하고 몹시 폭력적이고 제멋대로 날뛰는 큰 나라를 진정시키려

---

689) Hamid Karzai(1957~). 아프가니스탄의 정치가. 2001년부터 아프가니스탄 과도정부 수반을 지냈으며, 이듬해 6월 19일 과도정부 대통령에 취임했다. 2004년과 2009년 대선에 연달아 당선하여 두 번 더 대통령을 역임했다.

690) International Security Assistance Force, ISAF. 나토가 주도하는 아프가니스탄 내 치안 및 발전을 맡은 다국적 연합 군대로서, 2001년 12월 20일 유엔 안전보장이사회가 설립했다

했다. 2014년에 영국군이 전투를 중단하고, 미군이 잔류 부대를 제외한 모든 병력을 철수한다고 선언하며, (2003년에 아프가니스탄에 연루되었던) 나토가 아프가니스탄 정부에 책무를 이전하면서 빠져나갈 때까지, 또 다른 13년이라는 오랜 세월과 수십만 명—그중 연합군이 약 4000명을 차지했으며, 아프가니스탄 국민은 훨씬 더 많았다—의 희생이 필요할 터였다. 그 무렵 객관적인 관찰자라면 누구라도 서방 열강의 장기적인 아프가니스탄 주둔이 완전한 성공이었다고 주장할 수는 없었다. 사태는 이 비관적인 결론을 정당화할 것이었다. 즉 아프가니스탄 정부는 탈리반의 전진이 재개된 것을 중단시킬 능력이 없을 터였고, 이에 워싱턴은 2017년에 이전의 철수 결정을 번복하고 수천 명의 미군 병사를 아프가니스탄으로 보낼 것이라고 발표하게 된다.

일차적으로 미국의 보복으로 시작되었던 전쟁은 대부분 나토 회원국인 무려 43개국의 병력으로 이루어진 전 지구적 연합군을 전쟁에 끌어들였다. 유럽 국가들은 큰 폭으로 참여했다. 2011년 충돌이 절정에 이르렀을 때, 아프가니스탄에 주둔한 13만여 명의 외국 병력 중에서 약 9만 명이 미군이었다. 나머지 대부분은 유럽 병사들이었다. 가장 큰 유럽 군대는 약 9500명의 영국군이었으며, 꽤 큰 분견대가 또한 독일(약 5000명), 프랑스(4000명), 이탈리아(4000명)에서 파견되었다. 폴란드, 루마니아, 터키, 스페인은 나토군에 추가로 상당한 기여를 했던 반면 다른 여러 유럽 국가들은 소규모 분견대를 보냈다.

영국인들이 19세기에, 그리고 소련인들이 1980년대에 알게 되었듯이 아프가니스탄은 점령군에게 금지된 땅이었다. 이것은 21세기 초에 다시 한번 사실로 드러났다. 어느 정도는 아프가니스탄에서 전쟁의 전반적인 목표가 명확히 명시되지 않았기 때문일 수 있다. 단지 알카에다를 파괴하고 탈리반을 제거하는 것이 목표였는가? 어느 경우든, 처음에는 성공의 조짐이 있었다고 오해했던 그 목표들은 분명히 실패했다. 아니면 (블레어가 주장했듯이, 바로 아프가니스탄을 생존 가능한 민주주의로 재건한다는) 목표가 너무 광범위했는가? 훗날 블레어는 "우리는 국가 건설에 종사하고 있었다"라고 썼다. 물론 두 가지 목표는 서로 연결되어 있었다. 테러라는 큰 걱정거리를 없애기 위해 근대국가라는 확고한 기반이 아프가니스탄에서 실패한 국가를 대체해야 한다고 생각되었다.

그러나 9·11의 범인들에게 아주 신속하게 보복하고자 하는 이 이해할 만한 욕구 속에서, 더욱 광범위한 목표에 수반된 어려움은 심각하게 과소평가되었다. 그와 같은 불모의 땅에 서방식 자유민주주의를 심는 것은 생색도 나지 않는 대체로 불가능한 과제였다. 그것은 제1차 세계대전 후 유럽의 많은 지역에서 보통 실패한 것으로 판명되었다. 아프가니스탄에서 가능성은 훨씬 더 낮을 것 같았다. 그것은 가장 낙관적으로 보더라도 몇 년이 아니라 수 세대가 걸릴 과제였다. 그러나 탈리반과 알카에다를 파괴하기 위해 파견된 군은 일단 그곳에 도착하면 급속히 악화하는 상황에서 벗어날 수 있는 손쉬운 방법이 없었다. 테러가 생활의 일부가 되었음이(비단 아프가니스탄에서만이 아니라) 금방 분명해졌다.

이것은 아프가니스탄 전쟁에 착수하는 데 있어 두 번째로 큰 계산 착오였다. 미국과 유럽 동맹국들은 국제 테러리즘에서 그들이 직면했던 위협의 새로움, 성격, 규모, 위험성 자체를 과소평가했다. 이 현상은 완전히 새로운 것은 아니었다. 그것은 중동에 존재했고, 약 30년 동안 서방 정보기관에 알려졌다. 그리고 물론 몇몇 유럽 국가는 국내 테러리즘에 익숙했다. 아일랜드 공화국군의 폭력은 1960년대 말 이래 북아일랜드를(그리고 좀 덜한 정도로 영국 본토도) 심각하게 괴롭혔다. 스페인은 바스크의 분리주의 조직인 '바스크 조국과 자유'에 대해 같은 문제를 안고 있었다. 서독과 이탈리아 모두 1970년대에 심각한 자생 테러리즘과 싸워야 했다.

그러나 이렇게 나타난 테러가 광범위하게 사람들을 죽이고 불구로 만들었다지만, 21세기의 이슬람 테러리즘은 본질적으로 성격이 달랐고 훨씬 더 큰 위협을 제기했다. 이전의 테러리스트 조직은 목표가 제한적이었다. 그들은 국민국가를 겨냥했다. 그들은 민족 독립을 쟁취하거나('아일랜드 공화국군'과 '바스크 조국과 자유'처럼) 특정 국가의 자본주의를 공격하기를(서독의 '바더마인호프'와 이탈리아의 '붉은 여단'처럼) 원했다. 그들의 테러는 기본적으로 공격하고 있는 국가와 시스템의 대표자들(정치인, 군인, 경찰, 기업 경영자들)을 목표로 했다. 무고한 구경꾼들이 그들의 잔학 행위로 수없이 살해된 것이 확실하다. 그러나 사상자 수는 만일 폭탄 공격에 대한 (보통) 암호화된 경고가 없었더라면 훨씬 더 많았을 것이다. 더구나 테러리스트들은 자신들이 다른 사람들에게 가하고 있던 공포로부터 대체로 목숨을 부지하고자 도주하려 했다.

이슬람교도의 테러리즘과 함께 이 모든 것이 바뀌었다. 그것은 한 국가가 아니라 전 지구적으로 작동했다. 그것은 테러 요원과 대상, 무기 획득 그리고 자신의 선전을 퍼뜨리기 위한 근대적인 매스미디어 이용이라는 면에서 탈중심적이고 국제적이었다. 이슬람교도 테러리즘의 주창자들은 테러리즘 행위를 수행하는 데 있어 자신을 계시적 대의를 위한 순교자로 간주하면서 기꺼이 목숨을 버리거나 심지어 버리기를 열망했는데, 이는 이전에는 볼 수 없던 주요한 변화였다. 그리고 이 대의는 도무지 제한이 없었다. 즉 세계적 규모의 이슬람 혁명을 통해 서구적이고 자유주의적인 가치를 모두 파괴하고, 그것을 근본주의적인 이슬람의 '진정한' 가치로 대체하는 것이 대의였다. 파괴되어야 하는 문화는 미국과 그 동맹국들이 전형적으로 보여주었다. 또한 이스라엘과, 더 일반적으로는 (아주 오래된 음모론의 변종으로) 서방의 힘의 배후에 있다고 여겨진 유대인들도 파괴되기로 예정되었다. 이 천년왕국설과도 같은 목표를 달성하기 위해 이슬람교도의 테러리즘은 민간인 사상자들이 발생할 것이라는 사실을 그냥 받아들이는 정도가 아니었다. 그것은 살해된 무고한 민간인들의 수를 적극적으로 극대화하고자 했다. 사고방식은 다음과 같이 흘러갔다. 즉 충격이 크면 클수록 테러의 효과는 더 크게 느껴질 것이고, 서방의 힘은 더욱더 침식될 것이며, 테러의 목표는 점점 더 달성되리라는 것이었다.

유럽에서는 아프가니스탄에서 미국이 주도하는 전쟁을 이해하는 분위기가 광범위하게 존재했다. 확실히 초기 단계에는 그랬다. 탈리반과 알카에다를 파괴한다는 목표는 엄청나게 호평을 받았다. 2001년 이전에는 아프가니스탄의 수도 이름을 정확히 말해 보려면 애를 쓰지 않으면 안 되었을 유럽인이 많았다. 그러나 곧 텔레비전 뉴스 속보를 듣고 이제 많은 사람들이 칸다하르, 헬만드주, 힌두쿠시, 혹은 라슈카르가 같은 이름에 익숙해졌다. 서방 병사들이 전사했다는 애통한 소식이나 자살 폭탄 공격으로 죽거나 다친 무고한 희생자들의 수를 전하곤 하는 속보가 빈번했는데, 이는 그 자체로 전쟁이 끝없이 질질 늘어지고 있다는 사실을 분명히 했다. 이 속보들은 적이 결코 격퇴되지 않았음을 매우 명확하게 보여주었다. 그리고 점차, 그러나 사정없이 처음에 전쟁이 끌었던 대중적 인기는 물거품처럼 사라져 버렸다.

어쨌든 아프가니스탄에 대한 관심은 곧 두 번째 '테러와의 전쟁'에 압도당했다. 2003년 3월 다시 영국의 전폭적인 지지 속에 미국 주도의 군대에 의해 수행된 이라크 침공은 처음부터 열띤 반대에 부딪히고, 또 그 결과가 참담한 것으로 곧 밝혀지면서 아프가니스탄보다 훨씬 더 분열을 초래하는 쟁점이 되었다.

유럽인들에게 사담 후세인의 이라크에 대한 전쟁은 아프가니스탄의 알카에다와 탈리반을 뿌리 뽑고 파괴하기 위한 전쟁과는 전혀 다른 문제였다. 어떤 것도 미국을 공격한 빈 라덴의 음모와 사담을 연결하지 못했다. 그러므로 아프가니스탄과는 달리 보복의 이유가 없었다. 만일 여하튼 보복이 이루어진다면, 그것은 완전히 다른 근거에 바탕을 두어야 했다. 이 근거는 논란을 심하게 일으키는 것으로 드러날 터였다. 고려할 사항은 더 있지만, 무엇보다 이라크에 대한 어떤 공격도 법률적 정당성이라는 날카로운 문제를 제기했다. 그리고 이 공격이 초래할 폭넓은 파장은 헤아릴 수 없을 정도로 막대했다. 그것은 '테러와의 전쟁'을 위험하게 확장한 것일 터였다. 전쟁이 제기한 쟁점들은 유럽 전역의 나라에서 정부도 분열시켰고 가족도 분열시켰다.

사담이 그의 충직한 바트당[691]과 무시무시한 안보 기구의 뒷받침 속에서 혹독하게 이라크를 다스린 야만적인 독재자라는 사실을 의심하는 사람은 거의 없었다. 사담은 국민을 공포에 떨게 했고, (1990년 8월, 그의 쿠웨이트 침공이 가장 분명하게 보여주었듯이) 이 지역 전체를 위협하는 존재였다. 고문, 즉결 처형을 비롯한 심각한 인권침해는 그의 정권 아래에서는 흔해 빠진 일이었다. 사담은 이란 및 북부 이라크의 쿠르드족과 전쟁을 벌이면서 화학무기를 사용했다. 정치적·인종적·종파적 학살은(이 중 종파적 학살은 수니파가 지배하는 정부가 이라크의 시아파 다수 국민에 주로 자행했다) 1980년대의 대對이란 전쟁과 1991년의 걸프전으로 죽은 사람을 제외하고도 아마 25만 명이 넘는 희생자를 낳았을 것이다. 어느 정도는 쿠웨이트 침공 이후 1990년 유엔이 이라크에 강제하여 1990년대 내내 지속된 폭넓은 경제제재의 결과로서, 또 야만적인 억압으로도 사담은 한때 부유했던 나라의 국민 대부분을 빈곤의 나락으로 떨어뜨렸다. 그것은 혐오스러운 정권과 가증스러운 독재자의 끔찍한 기록이었다. 그러나 그것은 미국이 이끄는 서방 국가들에 사담을 권좌에서 몰아내는 군사적 행동을 취할 권리를 부여했는가?

이라크는 이미 1980년대에 미국의 정책 자문관들에 의해 '대량 살

---

(691)   Ba'ath party. 아랍 부흥 사회당. 속칭 바트당은 1940년 다마스쿠스에서 시리아의 지식인 미셸 아플라크가 창설한 정당이다. 본래 모든 아랍 국가를 하나의 나라로 통일하는 동시에 당시 아랍 지역을 지배하고 있었던 서구 식민 지배에 투쟁하기 위한 아랍 민족주의 및 세속주의 운동이었다. 아랍어로 '바트'라는 말은 '부흥' 또는 '재건'을 뜻한다.

상 무기'를 증강하려는 '불량 국가'로 분류되었다. 몇몇 저명한 '신보수주의자들'(그들은 이런 이름으로 불리게 될 것이었다)―팍스 아메리카나를 세계에 강제하기 위해 미국의 군사적 패권을 활용하는 데 이념적으로 몰두하고 훗날 부시 행정부에서 중요한 직책을 차지할―은 이미 1998년에 클린턴 대통령에게 사담을 무너뜨리기 위해 군사적 행동을 취하라고 촉구했다. 쌍둥이 빌딩을 공격하기 석 달 전인 2001년 7월에 강경 '네오콘'인 도널드 럼즈펠드[692]가 이끄는 국방부는 이미 이라크에 군사석으로 개입하기 위해 구체적인 계획을 준비한 상태였다. 뉴욕에서 그 운명적인 사태가 발생하고 바로 다음 날 부시 내각은 이 문제를 검토했다. 이 시점에 아프가니스탄은 명백히 우선적인 사항이었다. 그러나 그것은 곧 바뀔 것이었다.

부시 대통령은 탈리반을 물러나게 한 지 불과 한 달 후 아프가니스탄에서 최종 승리가 확실시되었던 2002년 1월 29일 의회에서 연설하면서, 이라크를 대량 살상 무기로 세계 평화를 위협하는 '악의 축' 중 하나로 손꼽았다. 미국의 주의가 '테러리즘과의 지구적 전쟁'의 다음 단계로서 이라크로 향하고 있음이 다음 몇 달 동안 명백해지고 있었다. 부시의 '악의 축' 연설은 미국에서 엄청난 인기를 끌었다. 9·11은 여론에 극단적으로 영향을 미쳤다. 여론은 지구적 테러의

---

692)   Donald Rumsfeld(1932~). 미국의 사업가, 정치가. 1963~1969년 일리노이주 하원의원, 1973~1974년 나토 주재 미국 대사, 1975~1977년 국방장관을 지냈다. 2001년에 조지 W. 부시 대통령 내각에서 다시 국방장관이 되어 그해 9월 11일 일어난 테러 사건에 대한 응징으로 일련의 군사 작전을 지휘했다. 2003년 발발한 이라크 전쟁의 군사작전에도 큰 도움을 주었고, 재임 중인 2006년 사임했다.

원천으로 여겨진 곳을 대통령이 전면적으로 공격하는 데 압도적으로 찬성했다. 또 행동에 대하여 정당을 넘어선 지지도 있었다. 이미 2001년 12월 공화당과 민주당 상원의원들은 공동으로 대통령에게, 그의 정책이 '정권 교체'이며, 그러려면 사담을 제거해야 한다고 상기시켰다. 이라크는 이제 미국의 어젠다에서 분명하게 상위권을 차지하게 되었다.

유럽의 정부 지도자들, 그리고 그 나라들의 시민들은 대체로 훨씬 더 머뭇거렸다. 그들은 이라크에서 전쟁이 일어날 가능성이 점점 커진다는 점과 그것이 몰고 올 결과를 걱정했다. 그들은 알카에다의 위협에 대해서는 생각이 같았지만, 그것과 이라크 사이의 어떤 연결 고리도 보지 못했다. 토니 블레어는 부시 대통령에게 민첩하게 영국의 지지를 보냈다는 점에서 완전히 예외였다. 블레어는 부시와 마찬가지로 대량 살상 무기를 소유하고 있는 이라크가 제기하고 있다고 생각한 심각한 국제적인 존재론적 위험을 무력으로 시급히 제거해야 한다고 감정적으로 열렬하게 확신했고, 처음부터 이 확신에 의해 마음이 움직였다. 블레어는 2002년 4월 부시 대통령을 만나러 텍사스 목장을 방문했을 즈음에, "사담을 제거하는 일은 세계에 그리고 매우 특별하게는 이라크 국민에게 도움이 될 것"이라고 이미 결론을 내린 상태였다. 그는 1999년 코소보의 주민들을 보호하는 데 서방의 개입이 효과적임을 보았고, 이듬해 영국군에게 (한때 영국의 식민지였던) 시에라리온의 내전에 개입하라고 명령을 내렸다(영국군은 또다시 성공적으로 임무를 수행했다). 최근 블레어는 아프가니스탄에서 탈리반이 쫓겨나는 것을 보았다(당시에는 영원히 쫓겨났다고 생각했다). 그리하여 거의 선교의 열정을 갖고 이라크의 '정권 교체'라는 목표를 승인했다. 하지만 미국에 대한 영국의 지지는 그가 인정했듯이, 아무리 환영받았을지라도 폭군인 사담의 파괴에 근거를 둘 수가 없었다. 그것은 국제법을 충족하지 못할 것이었다. 그리고 전쟁에 대한 영국민의 지지를 얻는 데도 충분하지 못할 터였다. 블레어는 결정적으로 중요한 쟁점은 대량 살상 무기의 보유라고 강조했다.

미국과 영국의 정보기관은 사담이 제1차 걸프전 이후 1991년에 유엔이 그에게 파괴하라고 강요한 생화학무기를 이라크에서 다시 증강하고 있다고 믿었다. 유엔 안보리 결의안 1441호에 따라 불이행할 경우 공격하겠다는 위협을 받고 사담은 크게 주저하며 스웨덴 외교관 한스 마르틴 블릭스[693]가 이끄는 유엔 무기사찰단이 2002년 11월 자신의 나라에 들어오는 것을 허용했다. 블릭스의 사찰단은 2003년 3월 7일 사찰 결과를 보고하면서 아무것도 발견하지 못했다고 언명할 것이었다. 하지만 당시 발견 여부는 부차적이었다. 미국 행정부는 이미 결심한 상태였다. 부시 대통령은 럼즈펠드와 국무장관 콜린 루서 파월[694]에게 두 달 전에 사담과 전쟁에 돌입하기로 했다고 말했다. 블레어 역시 오래전에 결심을 굳힌 상태였다. 그전 해 7월에 그는 부

---

693) Hans Martin Blix(1928~). 스웨덴의 외교관이자 자유인민당 소속 정치가. 1978~1979년 외무장관, 1981~1997년 국제원자력기구 사무총장, 2000~2003년 유엔 감시검증사찰단 집행위원장, 2006~2009년 유엔협회세계연맹 의장을 역임했다.
694) Colin Luther Powell(1937~) 미국의 군인, 정치가. 2001~2005년 미국에서 아프리카계 미국인 사상 최초로 국무장관을 지냈다.

시에게 비공식적인 비밀 메모를 보내 확약했다. "나는 무슨 일이 있어도 귀하와 함께할 겁니다."

원칙적으로 이미 전쟁에 돌입하기로 한 결정을 뒤이은 것은, 무기 사찰단의 부정적인 발견에도 불구하고 사담이 대량 살상 무기로 서방을 실제로 위협하고 있다고 미국과 영국의 일반인을 이해시키는 과정이었다. 부시 행정부도, 블레어 정부도 일반인들 사이에 회의론이 점점 확산했는데도 실제로는 매우 결함이 있는 주장을 공개적으로 제시하기 위해 불완전하고 근거 없으며 추측에 바탕을 둔 보고를 이용하여 결국은 무기를 찾아낼 것이라고 계속 주장했다. 파월 국무장관은 2003년 2월 5일 유엔 안보리 전체 회의에서 다음과 같이 말했다. "사담 후세인이 생물학무기를 갖고 있으며 더 많은, 훨씬 더 많은 무기를 급속히 생산할 능력을 갖추고 있음은 의심할 수가 없습니다." 블레어는 2002년 영국 일반인들에게 이라크에서는 정권 교체가 아니라 무장해제가 목표라고 계속 강조했다. 그러나 2002년 9월과 2003년 2월에 블레어 정부는 사담이 대량 살상 무기가 있고 핵 보유 능력을 구축하는 중이며 머지않아 45분 안에 런던을 공격할 능력을 갖추게 될 것이라고 주장하면서, 일반인들이 이라크에 대한 무력 개입을 각오하도록 관련 자료를 내놓았다. 그것은 우려스러운 시나리오였으나, 나중에 잘못된 것으로 밝혀진다.

그럼에도 그와 같은 정치 지도자들의 발언은 효과가 있었다. 2002년 11월, 의회는 부시에게 이라크에 맞서 미국의 안전을 방어하는 데 적절하다고 생각하는 대로 행동할 수 있는 자유재량권을 부여했다. 하원과 상원의 약 3분의 1(압도적으로 민주당원들)만이 지지를 철회했다. 군사행동에 반대하는 일반인들의 비율은 훨씬 낮았는데, 그들은 2003년 2월에 있었던 여론조사에 따르면 미국인의 4분의 1을 조금 넘는 데 불과했다. 대다수는 유엔의 명령으로 뒷받침되는 것을 선호하긴 했지만, 이라크에 맞선 행동이 정당하다고 생각했다. 일반인들은 대통령과 국무장관의 발언에 설득당한 것이 분명했다. 여론조사가 보여주었듯이, 실제로 대부분의 일반인은 이라크가 9·11의 배후에 있다는 믿음을 받아들였다.

2003년 3월 18일, 영국 하원은 미국 하원보다 훨씬 큰 표 차로(412표 대 149표) 이라크 침공을 지지했다. 단지 노동당 의원 중 4분의 1과 보수당 의원 2명만이 반대표를 던졌다. 여론은 미국보다 행동을 덜 지지했다. 54퍼센트가 행동을 지지하고 38퍼센트만이 반대했지만, 이 수치가 암시하는 바는 일반인들의 지지가 취약하며 금방이라도 시들해질 수 있다는 것이었다. 하지만 미국에서처럼 영국의 일반인들(그리고 의회)도 틀린 설명에 바탕을 둔 전쟁 찬성 논리에 설득당했다. 나중에 종종 주장되곤 했듯이, 부시와 블레어가 전쟁에 찬성하는 주장을 펼치면서 공공연하게 거짓말을 한 것은 사실이 아님이 거의 확실했다. 그러나 정치적 스펙트럼의 다른 양 끝(공화당 대통령과 노동당 총리)에서 그들 둘 다 국민을 오도했다. 그들은 사담이 실제로 대량 살상 무기를 갖고 있다는, 자신들의 확고부동한 믿음에(블릭스의 사찰단이 발견한 것이 무엇이었든 간에) 지나지 않는 주장에 최종적으로 의거하는 논거를 세우기 위해 검증되지 않고 결함이 있는 정보를 고의로 이용했다. 둘 다(부시보다 블레어가 더) 사담이 세계에 제기하는 임박한 위협을 제거할 필요 뒤에 '정권 교체'라는 동기를 숨겼는데도 이라크에서 이를 단행하기로 했다. 그리고 둘 다(이번에는 블레어보다 부시가 훨씬 더) 필요하다면 유엔의 인가 없이 행동할 태세가 되어 있었다.

그전 달에 영국과 유럽 전역에서 이라크전쟁에 반대하는 대중적 항의가 벌어졌다. 2003년 2월 15일, 약 100만 명이 참여한 영국 역사상 가장 큰 항의 집회가 런던에서 개최되었다. 또한 독일, 프랑스, 그리스, 헝가리, 아일랜드, 베네룩스 3국, 포르투갈을 비롯한 여타 유럽 국가에서도 거대한 반전시위가 벌어졌는데, 가장 큰 시위는 이탈리아(약 300만 명)와 스페인(150만 명)에서 있었다. 전 세계적으로 1000만 명 이상이 시위에 참여한 것으로 추산되었다.

이라크전쟁 가능성은 철의 장막이 드리운 이래 어느 때보다도 날카롭게 유럽을 양분했다. 아프가니스탄을 두고 그랬던 것처럼 영국이 "특별한 관계"를 맺고 있다는 인식은 블레어로 하여금 본능적이고 무비판적으로 부시 대통령과 "공동으로 보조를" 맞추도록 고무했던 반면, 시라크 대통령 치하의 프랑스는 정반대의 태도를 보였다. 물론 프랑스는 샤를 드골 때부터 강력한 반미적 요소를 대외 정책에 집어넣어 왔다. 그러나 이라크전쟁에 대한 시라크의 태도는 전통적인 프랑스 반미주의와 거의 관계가 없었다. 충분한 근거가 있는 그의 반대는 이라크에서 벌어질 전쟁은 이슬람교도의 반서방 정서만 불타오르게 할 거라는 데서 나왔다. 시라크는 2003년 1월 프랑스는 어떤 군사행동에도 가담하지 않을 것임을 명확히 했다. 독일의 사회민주당과 녹색당의 연립정부를 이끄는 게르하르트 슈뢰더 역시 단호하게 전쟁에 반대했다. 실제로 독일은 프랑스보다 훨씬 더 나아가, 유엔의 명령이 있더라도 독일은 참여하지 않을 것이라고 선언했다. 벨기에와 룩셈부르크는 프랑스와 독일 노선을 지지했다. 그러나 유럽연합 자체는 분열되었다. 네덜란드, 이탈리아, 스페인, 포르투갈, 덴마크, 그리고 한때 철의 장막 뒤에 있었던 모든 국가는 그 후 나토에 가입했고 유럽연합 가입을 준비하고 있었으며, 전쟁을 지지했다. 분열은 유럽연합만 관통한 것이 아니었다. 그것은 1949년 창설 이래 나토의 가장 심각한 위기였다. 일부 나토 국가들은 침공 연합군에 가담했고, 다른 국가들은 그러지 않았다. 나토 자체는 비록 나토군이 (이웃 나라인 이라크에 위협당한다고 생각한) 터키를 방어 차원에서 지원하긴 했지만 계획된 침공에 참여하지는 않았다.

미국인들이 군사적 개입을 지지할 준비가 되어 있는 나라들을 일컬었던 '의지의 동맹'은 (다른 나라에 대한 이라크의 분명한 침공을 막기 위한 정당한 개입이라고 일반적으로 여겨진) 1991년의 제1차 걸프전을 뒷받침했던 수준의 국제적 지지(특히 중동 내에서)를 전혀 누리지 못했다. 침공이 시작되었을 때 오직 영국과 소수 병력이긴 하지만 폴란드, 오스트레일리아만이 미국과 함께 전투부대를 파병했다.

미국의 신보수주의 우파는 미국에서 반유럽 감정을 자극함으로써 유럽의 깊은 분열에 대응했다. 국방장관 도널드 럼즈펠드는 '구유럽'의 대표인 프랑스와 독일을 비난했고, 이와는 대조적으로 미국과 영국 편을 들면서 '신유럽'을 구성했던 중부 유럽과 동유럽 국가들을 찬양했다. 프랑스는 특히 맹비난의 대상이었다. 이미 2002년의 언론 기사에서는 그들을 (1940년의 항복을 염두에 두면서) "치즈를 먹는 항복 원숭이들"이라고 험하게 매도했다. '프렌치 프라이'는 미국 의회의 구내식당에서 '프리덤 프라이'로 이름이 바뀌었다(비록 대부분의 미국인은 사실 이 제스처가 유치하다고 생각했고, 프랑스 대사관이 프렌치 프라이는 실제로는 벨기에에서 유래했다고 지적했는데도). 이 우스꽝스러운 행동 뒤에는 전쟁에 대한 미국의 접근과 유럽의 접근의 차이에 관한 어떤 진지한 성찰이 놓여 있었다. 2003년에 발간된 영향력 있는 책《파라다이스와 권력Paradise and Power》의 저자 로버트 케이건[695]은 이렇게 말했다. "오늘날 주요한 전략적·국제적 문제들에 대해 미국인들은 화성에서 왔고 유럽인들은 금성에서 왔다." 케이건은 다음과 같이 불길하게 결론지었다. "미국의 지도자들은 (…) 유럽이 실제로 미국을 억제할 능력이 없다는 사실을 깨달아야 한다."

2002년 11월의 안보리 결의안 제1441호는 사담 후세인에게 무기 사찰 요구에 응할 '마지막 기회'를 주었다. 그러나 응하지 않을 경우 군사행동이 있을 것이라는 위협은 명확히 언급되지 않고 암시되었을 뿐이었다. 또한 사담이 요구를 백 퍼센트 들어주지 않을지도 분명하지 않았다. 블릭스 자신은 2월에 더 많이 협조하고 있다고 지적했지만, 태도가 모호했다. 사담은 스스로 자신을 옹호하지도 않았다. 군사행동을 단념시키기 위해 그런 무기를 갖고 있다는 혐의를 단호히 부정하지도 않았다. 그것은 치명적인 실수였다. 블릭스는 대량 살상 무기를 전혀 찾지 못했다고 보고했다. 그러나 대량 살상 무기는 어딘

---

695) Robert Kagan(1958~). 미국의 신보수주의 역사가이자 대외 정책 비평가. 최근의 저서로 2018년에 출판된《정글이 다시 커져간다: 미국과 위험에 빠진 우리의 세계》가 있다.

가에 여전히 숨겨져 있지 않을까?

2003년 3월, 유엔 안보리가 이라크에서의 군사행동을 승인하기 위해 내놓을 어떤 추가 결의안도 프랑스와 러시아가 거부할 것이라는 점이 분명했다. 하지만 새로운 결의안이 꼭 필요했을까? 이 단계에서 명백히 유엔에 대해 조바심을 내던 미국은 결의안이 있든 없든 상관없이 이미 행동하기로 결정했다. 런던에서 법무장관 피터 헨리 골드스미스[696] 경이 정부에 제공한 매우 의심스러운 법률적 자문은 그 행동이 결의안 제1441호로 보장된다는 것이었다(비록 그는 처음에는 정반대 견해를 취했지만). 이로써 영국 정부는(사임한 외무장관 로빈 쿡[697]은 제외하고) 한배를 탔다. 전쟁은 유엔의 명령이 없더라도 진행될 것이었다. 따라서 그것은 국제적 적법성이 없었다. 미국은 국제법과 상관없이 언제 어떻게 전쟁을 수행할지를 사실상 스스로 결정했다.

2003년 3월 20일, 이라크 침공이 시작되었다. 사담의 군대는 (주로) 미국인들로 이루어진 침략군에 확실히 상대가 되지 않았고, 3주 후에 군사작전은 승리했다. 4월 12일, 바그다드가 점령되면서 전투는 끝났다. 연합군 사상자는 극히 적었다. 바그다드 중심부에서 군중이 사담의 동상을 넘어뜨리는 장면이 텔레비전 화면을 타고 전 세계로 중계되었다. 사담은 도주했지만, 사로잡히는 것은 시간문제라고 여겨졌다(실제로 그는 2003년 11월에 고향 티크리트 인근에서 발견되었고, 이라

---

696) Peter Henry Goldsmith(1950~). 영국의 변호사. 2001~2007년 법무장관을 지냈다.

697) Robin Cook(1946~2005). 영국의 정치가. 1997년부터 2001년까지 외무장관을 지냈으나 이라크전쟁 개입에 반대하면서 장관직에서 물러났다.

크 반인류 범죄 법정의 재판에서 사형선고를 받은 뒤 2006년 12월 30일 교수형에 처해졌다). 전쟁이 끝나고 독재 정권이 몰락하자 안심이 되는 마음도 있었고, 자축하는 기분도 있었다. 비행복을 입은 부시 대통령은 5월 1일 미국 항공모함 USS 에이브러햄 링컨호에 승선하여 매우 오만한 장면을 연출하며, '임무 완료'라고 적힌 현수막 아래에서 수병들(그리고 텔레비전으로 이를 지켜보는 전 세계 사람들)에게 연설했다. 실제로는 미국과 그 동맹국들에 지속적으로 영향을 미칠, 이라크에서의 장기간의 혼란과 끔찍한 유혈 사태로 빠져들어 가는 일이 이제 막 시작되고 있을 뿐이었다.

부시 대통령은 침공하기 전에 민주적인 이라크를 건설하는 문제에 대해 언급했다. 그러나 이라크는 1945년의 독일이 아니었다. 점령군은 그들이 마주하고 있는 문제들이나 이라크 문화와 정치의 민감성을 거의 자각하지 못했다. 바트당과 이라크군의 해체가 군정의 목표에 엄청난 타격을 가하는 등 미국 외교관 루이스 폴 브리머[698]가 이끄는, 피점령국 이라크에 대한 군정은 완전히 무능한 것으로 드러났다. 미국인들이 출범한 시아파 지배의 정부는 (지배 엘리트층이었다가 2등 시민으로 강등된) 수니 소수파를 노골적으로 차별함으로써 점점 심각해지는 종파 갈등을 더 격화하기까지 했다. 훨씬 더 나빴던 것은 아부 그라이브 교도소에서 미국의 체포자들이 이라크 죄수들을 고문하고 가혹 행위를 했다는 사실이다. 이 사건은 2004년 전 세계의

---

698)   Lewis Paul Bremer III(1941~). 미국의 정치가. 네덜란드 주재 미국 대사, 이라크 미 군정 최고행정관을 역임했다.

텔레비전 시청자들에게 드러났다. 미국의 명성은 테러리즘의 혐의를 받고 2002년 1월에 설립되었던 쿠바 관타나모만의 포로수용소에 재판 없이 구금되어 있던, 수백 명의 아프가니스탄 출신 죄수들에 대한 부당한 대우 때문에 이미 진흙탕에 굴러떨어져 있었다. 이제 명성은 완전히 바닥을 쳤다. 아부 그라이브는 미국(그리고 나머지 서방 세계)이 대변한다고 주장했던 인류와 정의의 가치를 비웃었다. 미국과 영국이 사담 후세인의 폭정을 끝내 준 데 대해 처음에 고마운 감정이 존재했다고 해도, 그 좋은 감정은 정치적 무정부 상태와 통제 불가능한 폭력이 일상의 특징이 되어가면서 이라크 점령군에 대한 광범위하고 점점 깊어지는 증오심으로 대체되었다. 사담은 끔찍했다. 그러나 그를 대체한 것은 많은 사람이 보기에 더 끔찍했다. 그것은 사담 이후의 질서에 대한 일관된 관념이라곤 조금도 없이 분별없고 형편없이 이루어진 점령 정책 때문이었다. 참담한 결과는 이라크 자체를 훨씬 뛰어넘었다.

침공과 정복자들이 이라크를 대하는 방식, 사담 후세인의 독재를 대체하지 못한 권력 공백은 국제적 지하드 테러리즘을 위한 선물이었다. 이라크전쟁 이후 1990년대 후반에 이미 늘어나고 있던 세계적 규모의 테러리즘 행위가 엄청나게 증가했다. 1996년 약 500건이던 테러리즘은 2003년에 1800건으로 늘어났고, 2006년에는 약 5000건에 달했다. 단연코 최악의 영향을 받은 지역은 중동 지역이었다. 2004년에 이라크에서만 2만 6500건으로 추산되는 테러 공격이 있었다. 점령에 저항하다가 죽거나 침공 이후 나라 안에서 살해된 이라크인의 수는 약 50만 명에 이르렀다. 서방 세계는 상대적으로 고통을 거의 겪지 않았다. 1998년부터 2006년 사이에 영국에서 지하드의 표적은 총 표적의 4퍼센트를 차지했고, 스페인이 2퍼센트, 터키가 4퍼센트, 러시아가 11퍼센트(주로 캅카스, 특히 체첸에서의 갈등과 관련된), 미국이 2퍼센트였다. 그럼에도 아프가니스탄 전쟁과 이라크전쟁 이후 유럽은 국제 테러리즘에 점점 더 노출되는 사태를 피할 수가 없었다.

미국의 가장 중요한 동맹(그리고 전 제국주의 열강)이었던 영국은 특히 위협을 받았다. 영국과 파키스탄의 긴밀한 관계는 지하드 사상과 파키스탄계 주민의 테러리즘 참여를 서로 강화할 수 있는 좋은 기회를 제공했다. 그러나 많은 경우 알카에다와 연결되어 있거나 알카에다에 고무된 지하디스트 네트워크는 독일, 프랑스, 이탈리아, 스페인, 네덜란드, 벨기에, 폴란드, 불가리아, 체코공화국을 비롯한 몇몇 다른 유럽 국가의 정보기관들에도 적발되었다. 인터넷이 확산되면서 유럽 안팎에서 지하디스트 세뇌 활동은 엄청나게 촉진되었다. 친테러리즘 웹사이트의 수가 1998년 약 12개에서 2005년에는 4700개 이상으로 증가했다.

공격 가능성에 대해 보안기관들이 모은 정보는 잔혹한 테러 행위를 방어하는 주요 수단이었다. 그러나 그것이 언제나 작동한 것은 아니었다. 2004년 3월 11일 아침에 마드리드에서 붐비는 통근 열차에 설치된 폭탄이 터지면서 192명이 죽고, 약 2000명이 다쳤다. 빈 라덴은 미국의 유럽 동맹국들에 보복하겠다고 위협했다. 스페인에서 호세 마리아 아스나르 로페스[699]의 보수적 인민당이 운영하는 정부는

---

699) José María Aznar López(1953~). 스페인의 정치가. 스페인의 우파 정당인

대부분의 스페인 사람들 사이에서 매우 인기가 없었는데도 전쟁을 지지했다. 마드리드에서 벌어진 잔인무도한 학살에는 직접적인 정치적 동기가 있었다. 폭탄이 터지고 사흘 후에 실시된 총선에서 아스나르는 대가를 치렀다. 조사에 따르면 많은 투표자가 폭탄 테러가 있고 난 후 전쟁에 반대한 사회당으로 지지를 옮겼다. 선거에서 승리하자 새 총리 호세 루이스 로드리게스 사파테로[700]는 즉각 이라크에서 스페인군을 철수했다.

1년 뒤 테러가 영국을 강타했다. 2005년 7월 7일, 이슬람 테러리스트들이 런던 지하철에서 폭탄 세 발을, 도시 중심부의 버스에서 네 번째 폭탄을 터뜨려 52명이 죽고 700명이 다쳤다. 자살 폭탄 테러범들은 전부 보안기관은 알지 못하는 영국 시민들이었다. 그들은 자신들이 이슬람 군인으로서 아프가니스탄, 이라크 등지에서 영국이 이슬람교도를 억압한 데 대한 보복으로 행동하고 있다고 주장했다. 영국은 이전에 한때 중동과 연결된 대규모 테러 공격을 경험한 바 있었다. 1988년 12월 미국 여객기에 설치된 리비아 폭탄이 런던에서 뉴욕으로 가는 도중 스코틀랜드의 로커비 상공에서 폭발하면서 259

인민당의 당수로 1996년 제76대 총리로 취임했다. 친미 일변도의 외교정책으로 조지 W. 부시 미국 대통령의 이라크전쟁을 적극 지지했던 것으로 유명하다. 그의 이라크전쟁 정책은 국내외에서 많은 비판을 받았다. 2004년 총선 직전에는 마드리드 열차 폭탄 테러 사건이 일어나 약 200명에 이르는 인명이 희생되었고, 그 결과 총선에서 패배하여 물러나게 되었다.

700)   José Luis Rodríguez Zapatero(1960~). 스페인의 민주화(입헌군주제 복고) 이후 사회노동당이 총선에서 승리하면서 2004년부터 2011년까지 총리를 지냈다.

명의 승무원과 승객 전원이 사망했던 것이다(비행기 잔해가 땅에 떨어지면서 11명이 추가로 희생되었다). 1980년대 미군의 리비아 공습에 대하여 미국에 보복한다는 것이 명백한 동기였다. 그러나 로커비와는 대조적으로 2005년 7월의 폭탄 테러는 수도 중심부에서 일어났고, 미국이 아니라 영국 자체를 직접 겨냥했다. 이슬람 국가들에서 벌어지는 전쟁들이 사실상 유럽으로 되돌아왔던 것이다.

그 후 이어진 시기에는 유럽의 어느 국가도 이슬람 테러리즘에서 안전하지 않을 터였다. 프랑스와 독일은 이라크전쟁에 반대했는데도 무사하지 못할 것이었다. 이슬람 근본주의는 가장 효과적인 곳에서 최대한 인명을 살상하고 가능한 한 널리 관심을 끌 수 있는 손쉬운 표적을 공격할 것이었다. 그것은 그 적들에 한정되지 않았다. 그것은 서방 문명 전체에 대한 공격이었다.

이슬람교도 정체성의 확대되는 원천으로서 이슬람의 부흥은 1970년대로 거슬러 올라가지만, 아프가니스탄 전쟁과 특히 이라크전쟁은 이 부흥에 엄청난 활력을 불어넣었다. 파멸적인 이라크 개입과 조기 점령 단계에서 완전히 부적절한 취급은 앞으로 서방을 따라다니며 괴롭힐 다수의 테러리스트 조직을 키웠다. 가장 치명적인 일부 조직들이 이라크전쟁 이후 가늠할 수 없을 정도로 확대된 종파 단층선을 따라 형성되었다. 수니파와 시아파의 깊은 분열이 이제 커져가는 이슬람 테러리즘 문제를 더욱 악화했다.

그것은 중동의 복잡한 지정학에 영향을 미쳤는데, 이 지정학은 이란이 시아파를 지지하고 사우디아라비아가 수니파를 지지함으로써 더욱 불안정해졌다. 이란이 러시아와 긴밀하게 연결되어 있던 반면 살라프파[701] 형태의 근본주의적 이슬람이 지배하던 사우디아라비아가 미국, 영국 및 여타 유럽 국가들의 주요한 동맹국이었던 까닭에 유럽은 확실하게 계속되는 중동의 트라우마에 여전히 크게 노출되어 있었다.

지구화, 그 야누스의 얼굴

공산주의의 종언은 지구화된 경제에 큰 활력을 불어넣었다. 1990년대 초에 (앞 장에서 지적했듯이) 옛 동구 블록 국가들은 공산주의 종언의 충격 속에서 분투했다. 그러나 1990년대 후반기에 이들은 서유럽처럼 지구적 경제성장에서 이득을 보기 시작했다. 1990년대 중반부터 2008년 성장이 돌연 중단될 때까지 유럽인들(동유럽인과 서유럽인 모두)은 경기 호황의 혜택을 입었다. 적어도 이들 대부분이 그랬다. 지구화는 이전 세대가 거의 상상하지도 못했을 물질적 이익을 선사했다. 새로운 경제적 활력이 있었다. 세계무역은 물품들이 이전에는 결코 볼 수 없던 정도로 국경을 넘나들며 번창했다. 21세기의 첫 10년이 끝날 무렵 무역은 양적으로 베를린장벽 붕괴 때보다 6배 더 많았다. 사실 세계경제에서 유럽이 차지하는 비중은 1920년대 이래 장기적으로 쇠퇴 중이었다. 즉 유럽의 경제는 규모가 커졌으나 세계의 다

---

701)　Salafism. 이슬람교의 율법이자 규범 체계인 샤리아가 지배하던 7세기 이전의 초기 이슬람 시대로 회귀할 것을 주장하는 수니파의 이슬람 근본주의. 살라피스트는 '살라프(salaf)를 따르는 사람'을 의미하며, '선조'라는 뜻을 가진 살라프는 이슬람교 창시자인 예언자 무함마드의 동료와 직계 제자들을 가리킨다.

른 지역들이 더 빨리 성장했다. 1980년에 유럽은 여전히 세계무역의 약 3분의 1을 차지했지만, 30년 뒤에는 대략 20퍼센트에 불과했다. 하지만 유럽에서 주요 무역 블록이 형성된 것은 매우 중요했다. 유럽 통합을 향한 발걸음이 없었더라면 상대적인 쇠퇴는 거의 확실히 더 컸을 것이다. 왜냐하면 확대된 유럽연합은 새 천 년이 도래할 무렵 수출품과 수입품의 양에서 미국과 중국을 앞지르고 세계에서 가장 큰 무역 블록이 되었기 때문이다.

물품의 생산과 분배는 최근에 유례없는 규모로 국제적이 되었다. 엄청나게 큰 다국적 기업들(그리고 점점 더 늘어나는 거대 기술 기업들)이 큰 수혜자였다. 자동차 생산을 위한 부품들은 점점 한 나라 이상의 나라들에서 만들어져서 또 다른 나라에서 조립되었다. 세계에서 가장 큰 자동차 생산국 중 하나인 일본은 몇몇 유럽 국가에 큰 부품 공장이 있었다. 토요타, 혼다, 닛산은 유럽의 도로에서 가장 인기 있는 자동차였다. 소비자들은 지구화를 당연시했다. 그들은 종종 놀랍도록 싼 가격으로 세계 전역에서 수입된 수많은 물건을 살 수 있었다. 소비 지출이 급증했다. 전자 제품, 어린이 장난감, 의류 등 무수한 물품이 전례 없이 높은 경제성장률을 보이던 동아시아 국가들—한국, 싱가포르, 타이완, 무엇보다도 미국 다음으로 가장 큰 경제를 갖고 등장하던 중국의 '호랑이 경제들'—로부터 흘러나왔다. 유럽은 급속히 성장하던 또 하나의 경제인 인도의 물품과 컴퓨터 소프트웨어 전문 지식에 팽창하는 시장을 제공했다. 유럽 슈퍼마켓의 선반은 지구 각지에서 온 놀랍도록 다양한 식료품으로 가득 찼다. 예전에는 특정한 계절에만 이용할 수 있었던 과일과 채소가 멀리 있는 따뜻한 나라에서 수입되었다. 수많은 지중해와 중동 요리, 무수한 종류의 파스타, 동양 향신료 등 식품들이 사실상 모든 이들의 입맛을 충족했다. 포도주는 유럽 전역에서뿐 아니라 오스트레일리아·뉴질랜드·캘리포니아·아르헨티나·칠레에서도 왔고, 한 세대 전에는 상상할 수도 없던 싼 가격으로 마실 수 있었다.

유럽 국가들에서 제조업이 장기적으로 쇠퇴하면서 거의 모든 곳에서 지배적인 경제 부문으로 서비스업이 제조업을 대체했다. 20세기 말에 서비스업은 대부분의 유럽 국가에서 피고용인의 3분의 2에서 4분의 3을 차지했다. 소수의 사람들만이 이제 농장이나 대규모 공장에서 일했다. 대부분의 피고용인은 생산물의 실제 제조가 아니라 생산 관리나 조직, 상업적 처리에 종사했다. 물류(세계 전역으로 상품의 유통을 조직하는 일)는 급속히 발전하는 산업과 상업 부문이 되었다. 초국적 기업의 수는 1990년부터 2008년 사이에 2배 이상 늘어났다. 자회사의 수는 훨씬 빨리 증가했다. 아웃소싱(생산물의 관리나 제조, 분배 등 사업의 일부를 때때로 해외에 기반을 둔 자회사에 도급을 주는 일)은 지구화된 경제의 핵심 요소가 되었다. 각국 정부는 국가 지출을 줄이려고 공공 서비스를 민간 기업에 아웃소싱했다. 그러나 대부분의 아웃소싱은 민간 기업에서 나왔다. 과세 비율이 낮은 나라로 이전함으로써 조세 부담을 줄일 수 있었다. 유럽 본사를 유지하면서 생산을 노동력이 값싼 외국으로 이전하면 이윤을 증대할 수 있었는데, 이 과정은 수십 년 동안 점점 강화되고 있었다. 예컨대 네덜란드의 다국적회사 노동력의 4분의 3은 1970년대에 이미 외국에서 고용되었다. 또한 아웃소싱은 종종 생산과 분배 사슬의 요소를 자영업에 종사하는 사람들에게 넘기는 것을 의미했고, 그럼으로써 기업들은 노동법에서 지켜야 하는 번거롭고 값비싼 의무를 피할 수 있었다. 비록 이것이 힘든 노동을 소규모 자영업자들에게 전가하는 것을 의미하곤 했지만 말이다.

커뮤니케이션과 초국적 관계는 21세기의 첫 10년 무렵 완전히 변했다. 특히 월드와이드웹(티머시 버너스리[702]가 1989년에 고안하여 20년 뒤 일반인들도 이용할 수 있게 되었다)이 만들어진 후 급속하게 확산된 인터넷은 예전에는 상상할 수도 없었던 방식으로 숨이 멎을 정도로 빠르게 커뮤니케이션의 가능성과 지식의 이용 가능성을 바꾸는 혁명의 선봉에 섰다. 그냥 컴퓨터 키보드를 누르기만 해도 외국에서 물건을 주문해 놀랍도록 빠르게 현관문 앞으로 배달할 수 있게 되었다. 사람들은 이메일로 순식간에 세계를 가로질러 서로 접촉할 수 있었다(그 과정에서 우편 서비스가 급격히 줄어들었다). 금융거래와 자본의 이동도 그만큼 빠르게 끝낼 수 있었다. 유럽이 해외에서 외국에 직접 투자한 총액은 제2차 세계대전 이후 처음으로 미국을 추월했다. 유럽 자체에서 외국에 투자한 총액은 세기말까지 미국의 거의 2배가 되었다. 2002년에 유로가 도입되자마자 유럽의 통화 거래는 크게 단순해졌다. 사업은 이득을 보았고, 외국인 여행객들도 그랬다.

여행객들은 매우 값싸게 항공 여행을 즐길 수 있었는데, 덕분에 사

---

702)   Timothy Berners-Lee(1955~). 영국의 컴퓨터과학자. 1989년 월드와이드웹의 하이퍼텍스트 시스템을 고안하여 개발했다. 인터넷의 기반을 닦은 공로로 웹의 아버지라고 불린다.

업이나 재미를 위해 멀리 떨어진 목적지에 손쉽게 접근할 수 있게 되었다. 심지어 9·11이 공항의 안전에 요새 같은 변모를 가지고 온 이후에도 외국 여행에 대한 갈망(그리고 손쉬운 외국 여행)은 거의 영향을 받지 않았다. 국제 관광은 큰 사업이었다. 사람들은 전에는 결코 볼 수 없었던 정도로 대륙에서 대륙으로 이동했다. 국제 회의와 사업 회의 참석차 여행하는 일이 늘었다. 유럽연합의 에라스뮈스 프로그램[703] 덕분에 학생들은 국경을 넘어 한 대학에서 다른 대학으로 자신들의 자격을 이전하며 외국에서 힘들이지 않고 공부할 수 있었다. 유럽 시민권을 갖고 한 나라에서 다른 나라로 직장이나 집을 옮기는 일 역시 훨씬 수월해졌다. 수백만 명의 유럽인이 이제 단지 경제적 필요 때문만이 아니라 자발적으로 자신들이 태어난 나라 밖에서 생활했다. 문화적으로 대륙 전역의 유럽인들은 이전에 자신들을 갈라놓았던 차이 가운데 많은 것을(확실히 전부는 아니지만) 잃어버렸다. 음악(팝과 클래식), 영화, 연극, 미술에서 국경을 초월하는 몹시 유사한 취향이 존재했다. 동유럽인과 서유럽인은 이제 그들이 입은 옷으로는 구분할 수 없게 되었다. 국제 뉴스 채널은 상당한 정도로 매우 비슷한 이야기(물론 국가적 혹은 지역적 경향을 갖고)를 실어 날랐다.

이런 방식으로, 그리고 많은 다른 방식으로 지구화는 사람들의 삶

---

703) Erasmus program(유럽 지역의 대학생 이동을 위한 행동 계획). 1987년 제정된 유럽연합의 학생 교환 프로그램. 1994년 유럽연합 집행위원회가 제정한 소크라테스 프로그램으로 통합되었으며, 소크라테스 프로그램은 2000년 1월 24일 소크라테스 프로그램 2로, 그리고 소크라테스 프로그램 2는 2007년 1월 평생학습 프로그램 2007~2013으로 대체되었다.

을 급속히 변모시키고(그리고 향상하고) 있었다. 지구화는 불과 50년 전만 하더라도 소수의 상대적으로 부유한 사회 부문만의 전유물이었던 물질적 안락을 평범한 시민들에게로 확대하며 무수한 면에서 엄청난 경제적 혜택을 가져다주었다. 지구화의 추세는 본질적으로 새로운 것은 아니었지만, 주로 엄청나게 가속화한 커뮤니케이션 혁명 덕분이었다. 그렇지만 거대한 혜택은 매우 큰 희생 위에서 가능했다. 지구화는 확실히 양면적이었는데, 일부는 좋고 일부는 부정적인 야누스의 얼굴을 가진 현상이었다. 하나가 없으면 다른 하나도 존재하기가 불가능했다.

지구화는 승자는 물론 패자도 많았다. 지구화가 가한 충격 중 하나는 소득과 부의 불균형이 급속히 확대되어가는 놀라운 양상이었다. 불평등은 전후 처음 20년 동안에는 줄어들었으나 그 후 다시 커지기 시작했는데, 이 경향은 20세기가 끝날 때까지 계속 강화되었다. 인구의 상위 10퍼센트, 훨씬 더 놀랍게는 상위 1퍼센트의 소득은 대부분의 나라에서 하위 10퍼센트의 소득보다 훨씬 빠르게 증가했다. 고등교육을 받고 기술적으로 고도로 숙련된 경영 계층은 지나치게 이득을 볼 수 있었는데, 사다리가 높을수록 불균형은 더욱더 커졌다. 보통 대기업과 금융기관의 고위 임원들이 받는 엄청난 봉급, 보너스, 주식 지분과 그러한 회사들의 대다수 피고용인이 받는 소득 사이의 격차가 터무니없이 커졌다. 금융시장을 활용하는 숙련된 기술이 있는 사람들이 하늘을 찌를 듯한 소득을 얻기에 가장 좋은 위치에 있었다.

스펙트럼의 다른 쪽 끝에는 불안정한 형태의 고용에서 형편없는 임금을 받는 새로운 프롤레타리아들이 있었다. 이들은 보통 기준 이하의 주거지에서 살면서 소득의 여분이 거의 없고 놀랄 것도 없이 너무나 쉽게 빚더미 위에 올라서는 경향이 있었다. 흔히 가족을 돌보는 일과 시간제 고용이나 불안정한 고용에서 나오는 볼품없는 수입을 함께 감당해야 했던 여성들이 특히 불리했다. 읽고 쓰는 능력이나 수리 능력에서 필요한 자격을 갖추지 못한, 미숙련 저학력 노동자들도 그랬다. 특히 불리한 사람들은 저임금의 불안정하고 좋지 않은 직업과 형편없는 주거 조건을 받아들일 수밖에 없었고, 또한 자주 노골적이거나 좀 더 은밀한 형태의 차별과 싸우지 않으면 안 되었던 이주 노동자나 계절노동자들이었다. 지구화가 팽창하는 수요를 맞추기 위해 이주 노동력이나 단기 노동력의 저수지를 공급함에 따라, 덜 양심적인 고용주들은 노동비용을 삭감할 수 있었다. 이것은 다시 노동조합과 노동조합이 대변하는 노동자들을 서로 이간질했다. 노동자들은 이주 노동자들이 자신들의 임금을 깎아 먹고 있다고 생각했다.

지구화는 대기업에 크게 유리하게 작동했던 반면, 소기업들은 보통 힘겹게 몸부림치지 않으면 안 되었다. 예를 들어, 큰 슈퍼마켓은 대량 매입으로 식품 시장을 통제할 수 있었다. 경쟁할 수 없었던 작은 식품 상점들은 줄지어 파산했다. 서적 판매 역시 대규모 사업에 유리한 부문이었다. 대규모 서점의 보유 규모나 마케팅 능력, 할인 가능성을 따라잡을 수 없었던 작은 서점들 가운데는 폐업하는 곳이 흔했다. 심지어 일부 대기업조차 1994년 미국에서 온라인 서점으로 시작한 아마존을 상대하면서 큰 난관에 직면했다. 아마존은 컴퓨터 기술을 이용해 책 이용과 배달 속도를 혁명화하면서(그리고 몇 년 내에 엄청나게 많은 다른 물품으로 상품을 다양화하면서) 유럽 전역으로 뻗어나갔다.

금융 규제 완화는 자본을 투자해 가장 높은 수익을 올릴 수 있는 지역으로 자본이 이전하도록 고무했다. '핫머니'는 거의 아무런 제약 없이 단숨에 국경을 가로지를 수 있었다. 금융시장은 지구적이었고, 더는 일국의 정부들이 강제하는 제약을 받지 않았다. 금융시장의 투기는 당장 엄청난 부를 가져다줄 수 있었다. 혹은 인터넷 부문의 급속한 성장을 이용하기 위해 설립된 새로운 기업들에 대한 거대하지만 위험한 투자에 뒤이어 2001년 '닷컴 버블'[704]의 붕괴를 따라 발생한 것과 같은 궤멸적인 손실을 가져오기도 했다. 새로 발견된 부를 축적하거나 그것을 물려받은 사람들은 매우 낮은 세율을 적용할 수 있는, 자신들이 거주하는 나라 밖의 은행에 안전하고 드러나지 않게 예치함으로써 그 부를 늘릴 수 있었다. 룩셈부르크, 스위스, 안도라, 채널제도, 맨 섬은 유럽 내에서 그와 같은 제도를 제공했다.

따라서 당연히 1990년대 중반부터 2008년 사이 지구화의 호황기 동안 소득뿐 아니라 부의 불균형도 급격히 확대되었다. 부동산 소유자들은 따로 노력하지 않아도 부동산 가격이 급등함에 따라 자신들의 부가 증가하는 것을 보았다. 많은 사람이 상대적으로 소득은 수수하지만 가치가 기하급수적으로 늘어난 집을 소유한 중간계급에

---

704) dot-com bubble. 인터넷 관련 분야가 성장하여 산업국가의 주식시장에서 지분 가격이 급속히 상승하면서 1995년부터 2000년에 걸쳐 발생했던 거품 경제 현상. IT 버블, TMT 버블, 인터넷 버블로 불리기도 한다. 이 시기는 흔히 닷컴 기업이라 불리는 인터넷 기반 기업이 설립되던 시기였으며 대부분 실패로 끝났다.

속했다. 일부 유럽의 대도시(런던은 매우 적절한 예다)에서는 부유한 외국인 투자가들이 가장 가치 있는 부동산 중 상당 부분을 매입했다. 하지만 평범한 시민 대다수는 가격이 너무 비싸 시장에서 배척당한 처지였다. 특히 부를 물려받지 못한 젊은이들은 심지어 가장 수수한 가정집을 살 만큼이라도 소득을 벌어들일 희망이 없었다. 당연히 분노가 부글부글 끓었다.

소득과 부의 지독한 불평등은 스칸디나비아 국가들에서는 덜했다. 이 나라들은 과세가 낮고 규제가 고도로 완화된 미국의 신자유주의적 경제 모델을 더 긴밀하게 따르는 데 목표가 있는 영국보다 전통적으로 더 높은 과세와 균등한 사회적 분배를 선호했다. 대륙의 대다수 서유럽 국가들(프랑스, 독일, 이탈리아, 베네룩스 3국이 그중에서도 두드러졌다)은 스칸디나비아 노선을 따르지 않았으나, 그럼에도 제2차 세계대전 이후 사회복지 정책으로 시장을 누그러뜨리는 강력한 정치적 전통을 발전시켰다. 이들 국가는 또 옛 동구 블록 국가들과 남유럽의 많은 국가에서 훨씬 더 뚜렷했던 소득 불평등의 심화를 서로 다른 정도로 완화하는 경향이 있었다. 1990년대 말과 2000년대 초의 '좋은 시절' 동안 커지던 불평등은 인식은 되었지만 대체로 무시되거나 그저 더욱 확대되는 지구화의 혜택에 치러야 할 대가로 여겨졌을 뿐이다. 하지만 '좋은 시절'이 끝난다면, 사회적 불안과 기존 체제에 대한 정치적 도전이 발생할 가능성은 분명했다.

경제성장과 소득의 증가는 자명하게 중요했지만, 사람들이 자신들의 '삶의 질'을 평가하는 방식과 완전히 일치한 것은 아니었다. 상이한 통계 지표들은 '삶의 질'이라는 확실히 복잡하고 고도로 주관적인 개념의 비교 지표에 도달하려고 애를 썼다. 그 기준에는 경제적 복지, 정치적 자유, 고용수준, 가족과 공동체의 안정이 포함되었다. '삶의 질'을 수량화하려는 시도에 어떤 경고가 붙든지 간에, 런던에 근거지를 둔 잡지인 《이코노미스트The Economist》가 2005년 실시한 가장 세련된 평가 중 하나에서 나온 결과는 세계 순위에서 유럽이 차지하는 위치에 대한 어떤 지표 같은 것을 제공했다. 이 순위표에서 1등은 의심의 여지 없이 생활수준에서 최근 이룩한 변화와 나라의 급속한 경제성장이 결정적이었던 아일랜드 공화국이었다. 서유럽 국가들은 일반적으로 순위가 높았다. 비록 프랑스, 독일, 영국은 얼마간 뒤처졌지만―이는 아마도 크고 복잡하고 다양한 경제에서는 '삶의 질'을 구축하여 유지하기가 쉽지 않다는 사실을 보여주는 것일 테다―세계 전역에서 조사된 상위 10개국 중 9개국이 서유럽에 있었다. 중부 유럽과 동유럽 국가들 대부분은 서유럽에 많이 뒤처졌고, 일부 국가(불가리아·루마니아·세르비아·보스니아 등)는 훨씬 더 뒤에 있었다. 반면 우크라이나·벨라루스·몰도바·러시아는 시리아보다 더 아래에 있었고, 이 명부의 제일 끝에 있는 나라들인 나이지리아·탄자니아·아이티·짐바브웨를 그리 앞서지도 않았다.

국가 간 부의 불균형뿐 아니라 지역적인 불균형도 유럽에 언제나 존재했다(아프리카나 남아메리카 같은 지구의 다른 부분과 유럽 사이는 말할 것도 없이). 그 불균형이 지구화에서 어떤 영향을 받았는지는 서로 달랐다. 정치적 안정, 기존의 사회 기반시설, 교육 시스템의 질, 유연한 사회적 가치는 지구화가 긍정적인 충격을 줄 것 같은 전제 조건이었다. 서유럽은 대부분 그와 같은 전제 조건을 갖췄다. 예전에 뒤처졌던 일부 지중해 국가들은 이제 따라잡기 위한 큰 발걸음을 내디뎠다. 스페인과 포르투갈은 서유럽의 핵심 국가들보다 더 높은 성장률을 기록했고, 예전에 너무나 후진적이었던 아일랜드는 서방의 '호랑이 경제'로 변모했다. 핀란드 역시 1990년대 초에 심각한 경기후퇴를 겪은 후 힘차게 회복하여 특히 1995년 유럽연합에 가입한 뒤 강력한 경제성장을 경험했으며, 급속히 확대하는 휴대폰 수요를 이용하면서 전자 장비의 일류 수출국으로 발전했다.

그러나 심지어 비교적 부유한 서유럽에도 지구화의 패배자는 있었다. 유럽연합의 '유럽지역개발기금'[705]에서 제공한 상당한 재정적 원조는 최악의 지역적 불균형 중 일부를 완화하는 데 일조했다. 그럼에도 일부 지역의 오랜 구조적 문제들은 극복할 수 없었다. 남부의 가난한 지역과 훨씬 부유한 이탈리아 북부 사이의 아주 오래된 불균형은 북부가 외국인 투자가들에게 훨씬 더 매력적인 것으로 드러나면서 더욱 커졌다. 심지어 부유한 독일에서도 급속히 발전하는 새로운 기술을 끌어들일 수 있고 자동차 생산의 중심지인 번창하는 남부의 바이에른 및 바덴뷔르템베르크와, 북서부의 오랜 루르 공업 지역이나 비교적 가난하고 대체로 농업 위주인 북동부의 메클렌부르크 사이에 주요한 경계가 있었다. 영국에서는 북동부와 북서부의 오랜 산업 지역인 스코틀랜드의 클라이드사이드와 웨일스 계곡이 주요 중공업

---

705) European Regional Development Fund, ERDF. 유럽연합 내의 기금. 부유한 지역에서 자금을 이전하여 저개발 지역의 사회 기반시설과 서비스에 투자하는 것이 목적이다.

의 장기적인 몰락을 만회할 수 없었던 반면, 시티오브런던City of London에서 금융 부문의 지배가 확대되면서 활력을 얻은 런던과 남동부는 번영을 구가했다. 북아일랜드는 지구적인 내부 투자와 번영의 전망에 정치적 안정이 얼마나 중요한지를 보여주었다. 30년간의 '북아일랜드 분쟁' 동안 시들었다가 1998년 수십 년간의 폭력 사태가 종식되면서 무척 시급했던 성장이 시작되었다.

정치적으로 불안하거나 사회 기반시설이 형편없던 나라들(예를 들어, 루마니아는 1995년에 주민 1000명당 5대의 PC가 있었던 데 비해 서유럽은 250대가 있었다)이나 부패가 만연하고 교육 수준이 낮은 국가들(다시 한번 루마니아가 논란의 여지가 없는 사례였다)은 지구화를 이용하려고 몸부림쳤다. 2000년 무렵 중부 유럽과 동유럽의 1인당 국민총생산은 여전히 서유럽의 절반에 불과했다. 중부 유럽 국가들은 발칸 지역의 국가들, 그리고 러시아와 밀접한 관계를 맺고 있는 국가들로부터 스스로 벗어나고 있었다. 정치적으로 안정되고 사회 기반시설을 개혁했다는 것은 곧 지구화, 즉 어느 정도는 낮은 노동비용을 이용할 수 있는 내부 투자를 통해 중부 유럽 국가들이 자신들의 경제적 지위를 개선하고 세기 초에 서유럽을 따라잡을 수 있는 쪽으로 얼마간 나아갈 수 있게 되었음을 의미했다. 러시아 역시 회복하기 시작했다. 높은 에너지 가격과 풍부한 석유 및 천연가스 자원 덕분에 러시아는 2000년부터 2008년 사이에 매년 7퍼센트씩 경제가 성장하면서 1990년대의 침체에서 벗어날 수 있었다. 푸틴 대통령 치하에서 강한 정부를 제공하고(가장 부패한 일부 올리가르흐들을 물러나게 하고 때로는 투옥하는 인기 있던 조치들이 보여주었듯이), 러시아 도둑정치의 일부 최악의 측면들을 제거하며 내부 투자를 권장할 뿐 아니라 중요한 경제 부분들에 대한 국가 통제와 규제를 회복하는 조치들은 이러한 활성화에 일조했다. 불평등은 어쨌든 더 확대되지는 않았지만 러시아에서 여전히 극심했다.

지구화에서 비롯한 거대한 경제적 자극은 오염과 지구온난화의 위험을 더욱 가중하면서 특히 환경을 훼손하고 있었다. 그러나 더 높은 생활수준에 대한 기대를 충족할 필요가 있었으므로 환경 보호는 보통 경제성장을 계속하는 것보다 우선순위가 낮았다. 성장 레이스에서 추월당할 수 있다는 공포가 나름의 역할을 했다. 지구화의 급속한 확대는 멈출 수 없었다. 지구화를 포용하고 가능한 한 빨리 그것에 적응하는 쪽으로 움직이지 않은 나라들은 뒤처져 버렸다.

1990년대 중반 이후 10년 넘게 역동적으로 경제가 성장하는 동안 어려움은 관리할 수 있는 것처럼 보였다. 그러나 지구화를 뒷받침하던 금융기관들이 갑자기 혼란에 빠진다면 지구화로부터 무슨 문제가 발생할 것인가? 어느 누구도 이 가능성을 깊이 고려하지 않았다. 1990년대 중반에 시작된 성장은 무한히 계속될 것 같았다. 영국 재무장관 고든 브라운[706]은 1997년 5월 노동당이 권력을 장악한 이후 몇 년 동안 자신이 영국 경제에 지속적인 안정을 만들어냈고, "호황과 불황이 교대로 나타나던 과거"로 되돌아가는 일은 없을 것이라고 거듭 주장했다. 이 말은 곧 그를 따라다니며 괴롭힐 것이었다. 그러나

---

706)   Gordon Brown(1951~). 영국의 노동당 소속 정치가. 1997~2007년 재무장관, 2007~2010년 총리를 지냈다.

브라운은 지구적 성장의 엔진 그 자체가 성장을 위협할 불안정을 재촉할 것이며, 지구화된 경제는 낭떠러지로 곧장 향하고 있다는 사실을 예측하지 못했지만, 결코 그 혼자만 그런 것은 아니었다.

지구화의 정치적 도전들

유럽의 각국 정부가 지구화의 도전에 어떻게 대처했는지는 국가적 상황에 크게 달려 있었다. 그러나 호황기에도 세 가지 일반적인 문제를 분명히 볼 수 있었다.

첫 번째 문제는 엄청나게 격화된 경제적 경쟁에서 비롯했다. 이것은 임금을 낮추고, 높은 고용률을 유지하고, 인플레이션을 낮추고(호황을 누리는 중국 경제에서 수입하는 저비용 제품의 도움을 받아), 조세 부담을 줄이라는 큰 압력을 낳았다. 자본이 세계의 어느 곳이든 쉽게 이동할 수 있었기 때문에 과거에 작동했던 높은 조세 체제와 보호주의 형태는 유지될 수 없었다. 각국 정부는 일국적 수준에서 지구화의 유해한 부작용과 싸울 방법을 찾으면서도 지구화를 이용해야 했다. 사회적 응집력을 유지하고, 유럽의 민주주의 체제들이 자신들의 정수 그 자체라고 여긴 문명화된 가치를 옹호하며, 커지는 기대와 늘어가는 인구에 직면하여 높은 사회복지 수준을 지속하는 것과 이 문제들 사이에서 어떻게 균형을 잡을 것인지는 모든 정부가 맞닥뜨린 주요한 도전이었다. 누구도 쉽거나 완전히 마음에 드는 해결책을 발견하지 못했다.

두 번째 문제는 가난한 경제에서 온 사람들이 활기찬 성장으로 노동에 대한 수요가 높아진 고임금 경제로 이동할 기회를 이용하면서, 늘어나는 이주가 본국 인구에 미친 영향이었다. 이것은 1986년 단일 시장을 창설할 때 예견할 수 없었던 이동의 규모였다. 다양한 방식으로 이주민을 통합하고 다문화 사회를 발전시키려는 시도는 빈번하게 사회적 긴장을 초래했고, 소수파 정당들이 대변한 '정체성 정치'의 매력을 확산시킴으로써 정치적 분열을 촉진했다. 결코 새로운 것이 아니었던 이 문제는 21세기의 두 번째 10년대에 더욱 심각해질 것이었다. 그러나 사람들은 종종 표면 아래에서는 상대적으로 경기가 좋고 지구적인 성장이 이루어진 시기에도 인구 이주와 다문화주의를 깊은 우려의 시선으로 바라보았다.

이라크전쟁과 마드리드 및 런던에서의 공격 이후 점점 더 중요해지던 세 번째 심각한 문제는 테러리즘의 위협이었다. 스페인과 영국은 지역화된 테러리즘을 다룬 오랜 경험이 있었다. '바스크 조국과 자유'와 '아일랜드 공화국군'의 테러리즘은 치명적이었고 장기간 계속되었다. 그러나 무장투쟁을 통해서는 자신들의 목표가 달성될 수 없다는 점을 조용히 인정하면서, 두 조직은 군사적 활동보다는 정치적 활동 쪽으로 조금씩 움직였다. 1998년 4월의 '성금요일 협정'[707]은 북아일랜드 역사에서 약 3500명의 죽음을 가져왔던 30년간의 비극적

---

707) Good Friday Agreement. 1998년 4월 10일 영국 북아일랜드의 벨파스트에서 영국과 아일랜드(아일랜드 공화국) 사이에 체결된 평화협정을 가리킨다. 벨파스트 협정이라고도 한다. 협정이 체결된 이후 아일랜드 공화국은 국민투표를 통해 북아일랜드에 있는 6개 주에 대한 영유권을 포기했다. 이 협정은 1999년 12월 2일을 기해 발효되었다.

단계를 마감하는 데 결정적인 전환점이었다. 스페인에서 진행된 바스크 분리주의 투쟁은 1960년대 이후 약 1000명의 목숨을 앗아갔다. 그러나 여기서도 테러리스트 폭력은 쇠퇴하고 있었다. 몇 차례의 휴전과 2006년 3월의 '영구적인' 정전이 겨우 12월까지만 지속되는 일시적인 것으로 드러난 후 바스크 조국과 자유는 2011년 1월 '무장 활동의 최종적인 중단'을 선언할 것이었다. 아일랜드 공화국군과 바스크 조국과 자유의 테러리즘은 치명적이긴 했지만(그리고 희생자 수가 21세기의 첫 10년 동안 서유럽에서 이슬람 테러리즘이 가져온 희생자 수와 비교해 매우 컸지만), 목표가 뚜렷했고 실행이 지역적이었다. 이슬람 테러리즘은 완전히 다른 문제였다. 이것은 21세기의 두 번째 10년 동안 더욱 첨예한 쟁점이 될 것이었다. 그러나 이슬람 테러리즘은 명백히 커지는 위협과 싸우기 위해 이미 개별 국가의 보안 활동을 강력히 요구하면서 이와 동시에 서방 세계 전역에 걸친 정보의 네트워킹을 통해 더욱 긴밀한 협력을 발전시킬 것도 요구했다.

1990년대 초에 유럽에서 경험된 극적인 변화는 서유럽 국가들에서 실질적인 개혁을 기꺼이 포용하고자 하는, 뭐라고 딱 꼬집어 말할 수 없는 태도에 반영되었다. 유럽 제도들의 주요한 구조적 개혁을 수행한다는 목표가 1992년의 마스트리흐트 조약의 뒤에 놓여 있었다. 개별 국가들 역시 상황의 변화에 적응해야 했다. '새 유럽'에서 '현대화'의 필요성은 정치적 주문이 되었다. 서유럽의 많은 국가에서 이것은 선거에서 사회민주주의 쪽으로 이동하는 데 유리하게 작용했다. 영국은 1997년에 압도적인 다수표로 블레어 정부를 선출했다. 게르하르트 슈뢰더는 이듬해 녹색당과 연정을 꾸리고 독일 총리가 되었다. 프랑스인들 역시 1997년 의회 선거에서 왼쪽으로 움직였다. 사회민주당은 1990년대 말에 네덜란드, 스웨덴, 덴마크, 오스트리아, 이탈리아, 포르투갈, 그리스의 연립정부에서 지배적인 세력을 형성했다. 이러한 추세는 예외가 있긴 했지만(예를 들어, 장기간의 사회주의 정부 이후 1996년에 보수주의 쪽으로 방향을 튼 스페인) 일반적이었다. 그러나 정치적 충성을 중도 좌파 쪽으로 장기간 확고하게 이동시키기는커녕, 사회민주주의는 인디언 서머[708]로 판명된 시기로 접어들었다. 사회민주주의는 21세기 초에 일반적으로 후퇴하고 있는 처지였다.

반대로 중도 우파 보수주의로 나아가는 추세가 곧 서유럽 유권자들 사이에서 변화된 분위기의 특징이 되었다. 2001년부터 2006년 사이에 사회민주당은 프랑스, 독일, 네덜란드, 포르투갈, 핀란드, 덴마크, 스웨덴에서 권력을 잃었다. 다시, 이 추세에 예외가 있었다. 2001년 입에 올리기도 황송한 베를루스코니가 우익 연정의 수반으로서 권좌로 되돌아왔던 이탈리아는 2006년 의회 선거에서 중도 좌파로 다시 움직였고, 스페인은 2년 전 마드리드 테러 공격 이후 사회주의 정부를 선출했다.

유럽이 21세기로 진입하면서 새로운 스타일의 사회민주주의를 전형적으로 보여준 두 국가는 영국과 독일이었다. 영국의 토니 블레어 정부도, 독일의 게르하르트 슈뢰더 정부도 초기에 전임 정부의 식상

---

708)   Indian summer. 북아메리카 대륙에서 발생하는 기상 현상을 일컫는 말로, 늦가을에서 겨울로 넘어가기 직전 일주일 정도 따뜻한 날이 계속되는 것을 말한다. 종종 서리가 내린 후에도 이런 현상이 생기기도 한다.

한 정책들에 대한 반가운 공세처럼 보였던 정책들을 내놓았다. 그러나 친시장 정책과 개조된 사회정의 관념들을 결합하려고 시도하면서 두 국가가 취한 개혁의 길은—특히 그들 당의 지지자들 사이에서—대단히 논란을 불러일으키는 것으로 드러났다. 2005년까지 영국의 노동당도, 독일의 사회민주당도 그들의 지지가 증발하는 것을 보고 있었다.

'신노동당'(블레어는 이제 자신의 당을 이렇게 불렀다) 아래에서 나라를 현대화하겠다는 블레어의 약속은 1997년에 수많은 투표권자에게 매력적으로 들렸다. 그러나 그해 블레어의 선거 대승은 부정적 요인 (투표자들이 분열하고, 무능한 존 메이저 보수당 정부에 등을 돌린 것)에 힘입은 바가 적지 않았다. 블레어와 자문관들은 전통적인 노동당 정책을 고수하여 충분한 선거 지지를 얻는 것이 더는 불가능하다는 사실을 깨달았다. 탈산업화는 노동계급에 근본적인 변화를 가져다주었다. 노동조합(노동당의 척추)은 대처 시대 이전보다 훨씬 약했다. 그리고 개인의 소비 습관과 생활방식이 계급 경계를 가로지름에 따라 지나간 시기의 계급 수사는 시대에 뒤떨어진 것 같았다. 그리하여 블레어는 '잉글랜드 중산층'[709]—노동당 핵심 지역을 크게 뛰어넘은 지역 출신의 중간계급 투표자들—을 끌어들이는 일에 착수했다.

블레어 정부의 프로그램은 사회민주주의를 신자유주의 경제학과 뒤섞으려고 했다. 블레어를 비판하는 사람들은 그것을 인간의 얼

---

709)　Middle England. 잉글랜드 중산층. 일반적으로 전통적인 보수주의나 우익 가치관을 지닌, 잉글랜드의 비도시 지역 중간 계층이나 하위 중간 계층을 가리킨다.

굴을 한 대처주의라고 비웃었다. 그것은 일부 오래된 노동당 전통 및 목표와 결별했고, 많은 골수 당원은 이 때문에 그를 절대 용서하지 않았다. 기회의 평등이 노동당의 목표였던 물질적 불평등의 제거를 대체했다. 1918년 이래 당 강령에 있던 경제의 국유화 약속은 폐기되었다. '비효율적인' 공공 소유 대신에 신노동당은 경쟁적 자유 시장경제의 부 창출을 통제하고 활용해서 사회정의를 위한 틀을 제공하기를 기대했다.

신노동당 아래에서 세찬 경제성장—1990년대 중반 보수당 아래에서 이미 시작했던(보수당 자신은 지구적 경제의 상승에서 득을 보았다)—이 이루어졌다. 추가 규제 완화에 힘입어 시티오브런던은 유럽의(그리고 어느 정도는 세계의) 금융 중심지로서 지위를 공고히 했다. 빈틈없는 고든 브라운 재무장관은 블레어 정부에 몹시 요구되는 일이었던 학교, 대학, 병원을 개선하는 데 필요한 자금을 이용하게 해주었다. 사회의 빈곤층 중에서 많은 이들이 확실히 혜택을 보았다. 세금과 복지 혜택의 변경으로 가장 빈곤한 계층의 소득이 10퍼센트 늘어났다. 아동 빈곤이 감소했다. 그리고 경제가 계속 번창함에 따라 많은 중간계급 사람들 사이에서 물질적으로 안락하다는 감정이 만연했다.

그러나 이는 상당 부분 소비 호황에 달려 있었는데, 이 소비 호황에 자금을 댄 것은 주로 이용 가능한 값싼 신용이었고, 이 값싼 신용은 다시 높은 수준의 개인 채무에 기름을 부었다. 부동산 가격의 인플레이션 역시 주택 소유자들을 기쁘게 했던 반면에, 부동산을 소유한 사람들과 부동산을 구입할 여유가 없던 많은 사람들 사이의 격차를 가차 없이 넓혀 놓았다. 신노동당 아래에서 부자는 더 부유해졌다. 이미지 제고를 위한 당의 쇄신을 막후에서 지휘한 피터 맨덜슨[710]은 1998년에 자신은 "사람들이 세금을 내는 한"(많은 사람이 세금 납부를 용케 피할 수 있었다) "대단히 부유해지는 것에 대해 극도로 너그럽다"고 말한 바 있다. 그러나 부가 사회적 사다리의 꼭대기에서 밑바닥으로 "조금씩 흘러내릴 것"이라는 헛된 희망은 잘못된 것으로 드러났다.

블레어가 남긴 유산에는 1998년 런던에서 스코틀랜드 의회와 웨일스 의회로 상당한 권력을 이양한 것이 있었다. 또 (이미 전임자인 존 메이저 아래에서 이루어진 실질적인 진전 위에 쌓은) 그의 가장 중요한 업적은 북아일랜드에서 공화파와 통합파 사이의 폭력적 갈등에 종지부를 찍은 1998년 4월의 성금요일 협정을 중재한 일이었다. 이 지속적인 성공에도 불구하고, 그리고 신노동당 아래의 경제성장에서 어떤 물질적 혜택이 있었든 간에, 이라크전쟁은 2003년 이후 블레어에게 깊은 그림자를 드리웠다.

이라크전쟁으로 신노동당은 확실히 수세에 몰렸다. 이라크전쟁으로 완전히 소원해진 중도 좌파의 많은 이들은 자유민주당으로 흘러간 반면, 일찍이 보수주의에서 등을 돌렸던 사람들은 자신들의 전통적인 서식지로 되돌아왔다. 그럼에도 블레어는 2005년 5월 연달아 세 번째 선거에서도 이겼는데, 이는 노동당에 유일무이한 기록이었

---

710)   Peter Mandelson(1953~). 영국의 노동당 정치가. 현재 국제 싱크탱크인 '정책 네트워크(Policy Network)' 의장이다. 1992~2004년 하원의원을 지냈고, 토니 블레어와 고든 브라운 총리 아래에서 몇몇 내각 직책을 역임했다. 2004~2008년에는 유럽연합의 통상위원을 지냈다.

다. 그만의 특유한 개인적 매력이 완전히 없어지지는 않았던 것이다. 더 중요한 것은 계속되는 영국 경제의 강세였다. 그러나 노동당에 긍정적인 이 결과로도 당의 인기가 식어가고 있다는 사실을 숨길 수는 없었다. 노동당은 국민투표의 35퍼센트만을 얻었을 뿐이었고(영국에서 다수파 정부가 지금까지 획득한 비율 중에서 가장 낮았다), 노동당의 원내 다수파는 거의 100석이나 줄어들었다.

2005년 7월 런던에서 벌어진 테러 공격은 이라크전쟁이 격화시켰던 영국에 대한 위험을 혹독하게 상기시켜 주었다. 블레어의 반응은 새로운 보안 조치를 내놓는 것이었다. 하지만 이 과정에서 그는 국민의 거센 저항에 부딪혔다. 많은 사람의 눈에 제안된 조치들은 영국의 자유를 훼손할 것처럼 보였다. 블레어 정부가 재판 없이 구금할 수 있는 기간을 14일에서 최장 90일로 늘린 새로운 테러 방지 법률을 추진했을 때, 1997년 집권한 이래 블레어에게 의회에서 처음으로 패배를 안긴 하원 다수파 중에는 노동당 의원이 49명이나 포함되어 있었다(최종적으로는 기소 없이 구금할 수 있는 기간을 28일로 늘리는 것으로 합의했다). 노동당의 중진들 내에서, 특히 고든 브라운의 지지자들 사이에서 블레어의 하야를 요구하는 압력이 높아졌다. 아니나 다를까 2007년 6월 노동당 선거 역사에서 가장 성공적이었던 지도자가 총리직에서 사임했고, 뒤이어 곧 의회도 떠났다. 이라크전쟁은 지속적으로 그의 명성을 더럽혔다. 그 결과 총리로서 블레어가 거뒀던 주목할 만한 업적은 크게 간과되거나 폄하되었다.

게르하르트 슈뢰더는 "최다 득표자를 당선시키는" 영국의 선거제도가 1997년에 블레어에게 안겨주었던 거대 다수파라는 사치를 누

리지 못했다. 사회민주당은 이듬해 독일 선거에서 승리했지만, 국민
투표에서 기독연합 정당들보다 아주 조금 더 득표했을 뿐이었다. 슈
뢰더가 녹색당(불과 6.7퍼센트의 유권자들에게만 지지를 받았다)과 함께
연립하여 구성할 수 있었던 정부는 그럼에도 야심 찬 사회 개혁 프
로그램에 착수했다. 이 사회 개혁에는 청정에너지를 우선시하는 세
제 변경, 동성애 차별을 종식하는 법률, 2000년에 인종이 아니라 주
거를 주요한 기준으로 만든 중요한 시민권 변경이 포함되었다. 그러
나 슈뢰더 정부가 물려받은 심각한 경제적 문제들은 큰 도전을 제기
했다.

독일은 불과 몇 년 뒤에 놀랄 정도로 변모할 테지만, 1999년 6월
《이코노미스트》는 이 나라를 "유럽의 병자"라고 묘사했다. 기사에서
는 경제성장은 새로 설립된 유로존의 나머지 국가보다 더 낮았고, 실
업률은 여전히 고질적으로 높았으며, 독일 수출은 아시아와 러시아
의 큰 시장이 붕괴함에 따라 쇠퇴했고, 계속된 통일 비용은 여전히
부담이었다고 썼다. 기업 지도자들의 의욕은 형편없었다. 그들은 새
로운 좌경 정부 때문에 최악의 상황이 도래할까 봐 두려워했다. 이
분석은 경제적으로 부흥하기 위해 구조적 수술이 필요한 근본적인
문제들을 개괄적으로 서술했다. 그것은 신자유주의적 치유법을 내놓
았다. 법인세의 수준이 너무나 높았고, 투자를 방해하고 있었다. 독
일 기업이 자신들의 활동을 중부 유럽과 동유럽으로 옮기는 사태를
막으려면(일부는 실제로 그렇게 하고 있었다) 과세 수준을 낮춰야 했다.
독일은 여전히 "규제 속에서 질식당하고" 있었다. 소비를 자극하기
위해 상업에 대한 규제가 완화되어야 했다. 무엇보다도 독일의 노동

비용은 생산된 것에 비해 너무 높았다. 복지 비용이 부풀어 올라 기업들은 노동자들을 해고했고, 따라서 실업자가 늘어날 수밖에 없었다. 이 기사에서는 독일은 "급진적인 구조 개혁"을 실행함으로써 "지구화에 대응하여 구조를 조정"해야 한다고 주장했다. 최고 세율에 이르는 법인세와 소득세를 삭감해야 하며, 또 혜택을 줄이고 개인연금 준비를 권장하며 서비스에 대한 규제를 완화하고 민영화를 촉진함으로써 "독일의 복지 시한폭탄도 해체"해야 했다. 기사에서는 이러한 구조 개혁이 시행되지 않는다면, "독일이 유럽의 병자라는 칭호를 곧 떼낼 것 같지는 않다"고 결론지었다.

달리 말해, 사회민주주의는 시민들을 보호하고 삶을 개선하기 위해 오랜 세월 구축되어 왔지만 이제 기업체에 값비싸고 구속적인 것으로 드러나고 있는 복지 급여를 훼손하지 않으면서도 경제의 세계 경쟁력을 높여야 했다. 슈뢰더가 찬양한 블레어 정부는 영국에서 이 쟁점을 자신의 방식으로 다루려 하고 있었다. 그러나 적어도 블레어는 슈뢰더에 비해, 이미 대처 정부가 수행했던 경제의 날카로운 변화(그리고 복지국가에 대한 침해)에 기반을 둘 수 있었다는 이점이 있었다. 독일에서는 이에 비견할 만한 것이 수행된 적이 없었다. 슈뢰더는 자기 당의 폭넓은 부분에서 당연히 인기가 없던 개혁을 도입하면서도 좌파를 단합시켜야 했다.

거의 즉시 슈뢰더의 현대화 목표는 재무장관이자 사회민주당 원내대표였던 오스카어 라퐁텐[711]과 문제를 빚었는데, 라퐁텐은 독일의

---

711)　Oskar Lafontaine(1943~). 독일의 정치가. 1985~1998년 자를란트주 주지

경제적 병폐에 대해 케인스식 치유법을 고려하는 전통적인 프로그램을 선호했다. 하지만 케인스식 치유법은 고임금과 사회적 지출 증가, 이자율 하락—이 모든 것은 공공 채무의 증가를 의미했을 것이다—을 통해 수요를 자극하라고 주장한다는 면에서 현재의 필요에 부합하지 않는 이전 시기의 해결책인 것 같았다. 1999년 3월, 라퐁텐은 정부와 당에서 물러났다. 슈뢰더는 자신의 권위와 정책 방향에 대한 내부 테스트의 확실한 승리자였다.

슈뢰더의 진짜 문제는 2003년에 '어젠다 2010'이라고 명명한 계획을 발표한 데서부터 비롯했다. 어젠다 2010은 실업을 줄이고 2002년 0.1퍼센트에 불과했던 경제성장률을 높이기 위해 노동관계와 사회복지를 개혁하고자 하는 프로그램이었다. 한편 고용주와 피고용인의 사회보장 부담은 평균 총급여의 40퍼센트 이상을 차지했다. 슈뢰더는 다음과 같이 선언했다. "우리가 현대화하든지, 아니면 제한받지 않는 시장의 힘에 우리가 현대화를 당하든지 둘 중 하나다." 어젠다 2010은 세계적으로 경쟁력이 있는 경제의 필요에 복지의 변화를 맞추려는 시도였고, 예상대로 인기가 전혀 없었다. 그것은 블레어(그 역시 미국의 클린턴 대통령 사례에서 영감을 받았다) 아래의 영국에서 일어나고 있는 일과 얼마간 닮은 구석이 있었다. 경제적 유연성의 확대와 경제적 경쟁력의 강화를 위해 실업 수당과 질병 급여, 국가 연금에 대한 조정(실제로는 삭감)이 이루어졌다. 기업들이 피고용인들을 정리 해

사, 1995~1999년 사회민주당 원내대표, 1998~1999년 재무장관, 2007~2010년 좌파당 원내대표를 지냈다.

고하기가 더 쉬워졌다. 이러한 변화는 반세기 이상 전에 '사회적 시장 경제'를 수립한 후 독일의 사회보장을 가장 크게 침해하는 것이었다.

이러한 변화는 기업과 자유·보수주의 우파의 환영을 받았다. 그러나 좌파는 그것을 매우 싫어했다. 점점 개혁은 실제로 어느 정도는 국내총생산에서 임금과 급여의 비율을 줄임으로써 독일 경제가 다시 활력을 찾는 데 도움을 주었다. 그러나 이러한 변화는 순수한 개선이 아니었다. 실업률은 곧 낮아지고 있었다. 하지만 영국을 비롯한 다른 나라에서도 그랬듯이, 여기서는 사람들이 사실상 수용할 수밖에 없었던 일시적인 시간제 고용 같은 형태의 불안정한 직업이 증가했다는 사실이 은폐되었다. 빈곤 인구가 늘어났다. 소득 불평등이 더욱 심해졌다. 임금과 연금은 억제되었지만, 최고경영자들의 급여는 폭등했다.

슈뢰더의 인기는 결코 회복되지 못했다. 2005년 9월 선거에서 패배하면서 그는 자신의 개혁 프로그램에 대가를 치렀다. 그렇지만 연합(기독민주연합과 그들의 바이에른 파트너인 기독사회연합)은 가까스로 이겼다. 좌파나 우파 그룹들로 연정을 구성하는 일은 불가능한 것으로 밝혀졌다. 남은 것은 연합과 사회민주당의 '대연정'이었다. 신임 기독민주연합 총리인 앙겔라 메르켈[712] 아래에서 정부는 슈뢰더가 정했

---

712)　Angela Merkel(1954~). 독일의 정치가. 2005년부터 독일의 제8대 연방총리를 역임하고 있다. 독일제국 성립 이후 최초로 연방총리직에 오른 여성이기도 하다. 동독에서 물리학자로 활동하다 통일 과정에서 정치에 참여하기 시작했으며, 이를 바탕으로 헬무트 콜 내각에서 환경장관을 지냈다. 2000년에 독일 기독민주연합의 의장직에 취임한 뒤 2005년 총선에서 제1당을 차지했으나 어느 세력도 과

던 경제 방향을 대체로 따랐다. 독일을 "유럽의 병자"라고 묘사한 것은 곧 기이해 보였다. 그러나 그사이에 독일의 사회민주주의는 점점 더 많은 유권자의 눈에 보수주의 연정 파트너들과 거의 구분될 수 없는 것처럼 보였다. 주요 정당들은 똑같아 보이기 시작했는데, 그것은 비단 독일에서만 그런 것도 아니었다. 장기적으로 그것은 민주주의에 좋은 일이 아니었다.

유럽연합의 도전

블레어와 슈뢰더는 각 국가에 미묘한 차이가 있긴 했지만, 지구화가 가속화하면서 생겨나고 유럽 전체에 영향을 미친 문제들과 싸우고 있었다. 유럽연합에 이것은 1990년대 초에 유로를 도입하고 유럽연합을 확대하여 중부 유럽과 동유럽 국가들을 편입하는 결정에서 비롯한 도전에 대처하기 위해 그 구조를 조정하는 것을 의미했다. 이 두 가지 결정은 새로운 곤란을 초래할 것이었다.

2004년 5월 1일, 10개국이 새로 가입하면서 유럽연합은 회원국을 15개국에서 25개국으로 늘렸다. 신입 국가 중 8개국(체코공화국, 에스토니아, 헝가리, 라트비아, 리투아니아, 폴란드, 슬로바키아, 슬로베니아)은 예전에 철의 장막 뒤에 있었다. 아홉 번째 국가인 키프로스는 1974년

반을 점하지 못한 헝 의회(hung parliament)가 발생하자 사회민주당과 대연정을 구성해 총리직에 올랐다. 2009년 총선에서는 우익 성향의 자유민주당과 연정을 했지만, 2013년 총선에서 다시 헝 의회가 발생하여 사회민주당과 대연정을 구성했다.

7월 터키군의 침공 이래 두 부분으로 나뉘어 있었는데도, 그리스가 옛 공산주의 국가들의 가입을 거부하겠다고 위협한 후 가입할 수 있었다. 키프로스의 정치적 문제는 해결되지 않은 채로 남았다. 몰타는 열 번째 신입 가입국이었는데, 국내총생산이 수수했고 노동당이 가입에 반대하는 등 정치적으로 분열된 작은 나라였다. 그러나 민족주의적인 자유·보수 정부 아래에서 유럽연합 가입이 가져다줄 경제적 이점으로 혜택을 보기를 간절히 바랐다.

지정학적인 면에서 이 확장은 환영을 받았다. 그러나 유럽연합의 경제적 불균형은 새로운 나라들이 기존 회원국들보다 훨씬 빈곤했기 때문에 이제 문제가 되었다. 2004년 신입 국가의 1인당 국내총생산은 기존 회원국의 절반 이하였다. 에스토니아와 슬로베니아는 옛 공산주의 국가 중에서 가장 나았다. 그러나 중부 유럽에서 가장 큰 국가인 폴란드는 국내총생산이 심지어 신입 국가들의 평균보다 낮았다. 슬로바키아는 훨씬 더 낮았다. 라트비아의 평균임금은 2004년 이전 회원국 평균의 8분의 1에 불과했다.

유럽연합 내의 경제적 차이는 2007년 1월 루마니아와 불가리아가 가입하자 훨씬 더 큰 문제가 되었다. 1인당 국내총생산은 기존 회원국 평균의 3분의 1에 불과했다(평균은 직전에 신입국들이 한꺼번에 가입하면서 이미 내려간 상태였다). 두 나라 중 어느 나라도 1993년 코펜하겐에서 합의되었던 가입 기준을 충족하지 못했다. 두 나라는 결코 자유민주주의나 법치의 모델이 아니었다. 부패와 조직범죄가 여전히 횡행했다. 옛 공산주의 관리들이 정치 무대를 지배하고, 보안기관을 운영했다. 경제적인 면에서도 두 나라는 모두 유럽연합 번영 성적표의 맨 밑바닥에서 활력을 잃고 시들어 있는 상태였다. 명백한 결점에도 불구하고 두 나라는 유럽연합의 스물여섯 번째와 스물일곱 번째 회원국이 되었다. 유고슬라비아 전쟁 이후 유럽의 '주변부'를 안정시키는 것이 급선무라고 생각되었다. 희망이 있다면, 일단 가입하면 정치적·경제적 개혁이 가속화하리라는 것이었다.

당연히 동유럽의 많은 사람이 부유한 서유럽 국가에서 일자리를 구해 자신과 가족의 생활수준을 개선하고자 했다. 마찬가지로 놀랄 것도 없이 서유럽 국가들, 특히 신입 국가들과 국경을 맞댄 독일과 오스트리아는 중부 유럽에서 값싼 노동력이 유입되면서 노동시장에 가한 충격에 대해 우려했다. 국경을 가로지르는 시민들의 자유로운 이동이라는 원리는 유럽연합이 대체로 비슷한 경제 발전 단계에 이른 나라로 이루어져 있었을 때는 중요한 쟁점이 아니었다. 이제 그것이 의문시되기 시작했다. 2001년에 유럽연합은 회원국들에 적응 기간을 주기 위해, 최장 7년에 이르는 과도기 동안 중부 유럽과 동유럽 국가들의 예상되는 이주민들이 노동시장에 접근하는 것을 제한할 수 있게 해주었다. 영국, 아일랜드, 스웨덴은 2004년에 그러한 제한을 도입하지 않은 몇몇 국가였다. 3년 뒤 루마니아와 불가리아가 가입했을 때는 스웨덴만이 유일하게 그렇게 하지 않았다.

2004년에 일자리를 찾아 중부 유럽과 동유럽에서 온 이주민의 수는 제한한 나라들에서조차 예상보다 많았다. 그러나 이 제한은 얼마간 억지력을 발휘했다. 이와는 대조적으로 어떤 제한도 하지 않은 국가들은 이주민들에게 특히 매력적이었다. 영국의 번창하는 경제는 영국을 자석으로 만들었다. 영국 정부는 새로운 회원국들로부터 연간 약 1만 5000명이 유입될 것으로 기대했다. 하지만 2004년 5월부터 2006년 6월 사이에 42만 7000건의 노동 신청이 승인되었는데, 그중 절반 이상이 폴란드 이주민들에게 돌아갔다. 2001년에 영국의 폴란드인들은 5만 8000명이었다. 10년 후 이 수치는 67만 6000명이 되었다. 아주 짧은 시간에 폴란드인들은 영국에서 가장 많은 외국인 시민이 되었다.

2004년부터 2007년 사이에 8개 옛 공산주의 회원국에서 영국으로 이주한 사람이 계속 증가했다. 그 후 이 추세는 많은—보통은 젊은—이주민이 본국으로 돌아갔던 그 후의 경제적 불황기 동안 얼마간 누그러졌다. 강제된 제한(2014년까지 계속될 예정이었다) 때문에 영국에서 노동 허가증이 주어진 루마니아인과 불가리아인의 수는, 비록 이들을 포함해 유럽 안팎으로부터의 이주가 계속 전반적으로 가파르게 증가하긴 했지만, 2007년 이후 1년에 평균 약 2만 5000명 정도에 지나지 않았다.

대부분의 분석은 이주 노동력의 유입이 영국 경제에 대체로 이익을 주었다는 데 의견이 일치했다. 계산의 근거에 따라 추산에는 상당히 편차가 있었지만, 일부 추산에 따르면 21세기의 첫 10년 동안 유럽 이민자들이 이런저런 형태로 영국 경제에 약 200억 파운드를 기여했다. 결정적으로 중요한 분야에서 그들은 필수 불가결했다. '국민건강보험'은 이주민들의 노동 없이는 거의 작동할 수 없었다. 국민건강보험이 고용한 사람들 중 거의 5분의 1이 영국 밖 출신이었다. 집에서 멀리 떨어진 일터로 온 압도적으로 젊고 흔히 교육을 잘 받은 이주민들은 보통 저숙련 직업에서 노동력 부족을 메꿨고, 상대적으로 복지 지원을 거의 요구하지도 않았다. 하지만 이주민들이 매우 집중되어 있는 분야에서는 임금 하락 압력과 주택 및 사회 서비스에서의 곤경에 대한 불만이 곧 생겨나 가라앉지 않았다. 인식은 자주 현실과 일치하지 않았다. 그러나 인식은 일종의 현실 자체가 되었다. 유럽연합에서 이주민이 유입하는 속도와 규모 때문에 유입 문제는 즉시 점점 더 중요해지는 정치적 쟁점이 되었다. 멈출 수 없을 것 같은 높은 수준의 이민에 대한 소리 높은 반대는 얼마간 얇은 베일에 가린 인종주의 색깔을 띠며 대체로 우익 미디어에 의해 조장되었는데, 더욱 시끄러워지면서 단지 정치적 극우 쪽에만 국한되지 않았다.

영국에서는 '이민'에 대해 (대부분의 유럽 국가들의 용어법과는 달리) 유럽연합에서 온 사람들과 유럽 밖에서(흔히 오래전부터 영국으로 이주해 온 나라들, 특히 파키스탄과 인도에서) 온 이주민들을 함께 묶어 생각했다. '이민'에는 또 유럽연합의 내부와 외부에서 공부하러 영국에 온, 점점 늘어나는 젊은이들도 포함되었다. 이들 중 4분의 3은 유럽연합 밖에서 왔다. 주로 비유럽연합 국가 출신의 시민인 그들 중 소수의 사람들은 공부를 끝낸 후에도 영국에 남아 일반적으로 매우 필요한 기술과 전문 지식을 제공했다.

유럽연합 내부에서 온 이민자 부류와 외부에서 온 이민자 부류 사이에는 결정적인 차이가 있었다. 이동의 자유는 곧 유럽연합 내부에서 온 이민자의 수에 대해서는 어떤 제한도 불가능하다는 것을 의미했다. 그런 나라에서 온 이민자들은 평균적으로 총 순이민(그 후 몇 년 사이에 연평균 30만 명에 가까워질 것이었다)의 거의 절반을 차지했다. 따라서 점점 심해지는 반이민 목소리라는 폭넓은 틀 안에서 유럽연합에서 온 이민은 특히 민감한 정치적 쟁점으로 떠올랐다.

이것은 유럽연합의 다른 나라에서는 일반적으로 보이지 않는 영국 이민의 특성이었다. 전 세계에서 광범위하게 영어가 사용되다 보니 영국은 독특하게 매력적으로 보였다. 하지만 이민은 모든 나라에서 현대적인 삶의 일부(지구화의 거침없는 산물)였다. 제2차 세계대전 이전에 특히 미국으로 사람들을 수출했던 이탈리아나 아일랜드 같은 유럽 국가는 이제 이민자를 받는 나라가 되었다. 예전보다 일자리를 찾아(혹은 선쟁과 폭정으로부터 피신처를 구해) 이동하기가 더 쉬워졌다. 더 나은 삶을 찾아서 이동하는 사람들의 모습은 유럽 전역에서 일반적인 현상이었다.

2010년에 유럽연합에는 자신들이 거주하는 나라 밖에서 태어난 사람이 4700만 명(인구의 9.4퍼센트)이었다. 독일, 프랑스, 영국, 스페인, 이탈리아, 네덜란드는 절대 수치로 보면 이 순서로 가장 많은 이민자가 있었다(가장 많은 독일은 640만 명, 가장 적은 네덜란드는 140만 명이었다). 총인구에서 차지하는 비중으로는 오스트리아(15.2퍼센트)와 그 뒤를 이은 스웨덴(14.3퍼센트)이 순위가 제일 높았다. 이 비율은 전통적인 이민의 대상국이었던 미국보다 훨씬 높았다. 벨기에를 (가까스로) 제외하면 비유럽연합 국가에서 태어난 사람의 비율은 유럽연합 나라 안에서 태어난 사람보다 더 높았다.

영국에서와 마찬가지로 이탈리아에서도 급속히 늘어나는 루마니아인들(2008년에는 7년 전보다 10배나 더 많았다)에 대해 매우 부정적인 태도가 만연했듯이, 이민자들은 자주 적대감에 봉착했다. 집시에 대한 오랜 인종주의적 태도가 루마니아 이민자들에 대해 혐오감을 보이는 데 적지 않은 역할을 했다. 이민을 제한하는 법률이 많이 제정되었는데도 이민이 계속 증가했던 오스트리아에서는 전통적으로 이민자 노동력의 가장 큰 원천이었던 옛 유고슬라비아와 터키에서 온 사람들에게 반감이 집중되었다.

적대감은 대부분 유럽연합 밖에서 온 이민자들, 특히 다른 문화권에서 온 사람들과 구체적으로는 (가족이 유럽에 정주한 지 수십 년이 지났고, 이제 때로는 3세대나 4세대가 된) 이슬람교도를 향했다. 특히 이슬람교도에 대한 관용은 (어느 정도는 이슬람 근본주의의 성장에 자극을 받아) 급격히 감소했다. 이를 반영한 것은 유럽의 이슬람교도 사이에서 아프가니스탄과 이라크의 전쟁으로 크게 나빠진 반서방 감정이었다. 특히 대도시에서는 젊은 이슬람교도 사이에서 깊은 분노가 커졌다. 차별 의식, 경제적 박탈감, 소외감, 그리고 중동의 이슬람교도에게 큰 고통을 안겨 주었던 서방 개입에 대해 결렬한 분노를 느낀 그들은 가정에서, 그들이 섞여 살고 있는 다수파 주민들의 정체성과는 다른, 자신만의 정체성을 찾고자 했다. 특히 불만에 찬 젊은이들 중 소수는 이슬람 대의의 매력에 이끌렸다. 상호 반감이 더욱 거세지면서 다문화주의와 통합을 촉진하려는 정치인과 공동체 지도자들의 고된 노력은 힘겨운 싸움에 직면했다. 공동체는 통합되기는커녕 갈수록 분열되는 것 같았다. 다문화주의는 점점 더 공동체를 실제로는 거의 해소할 수 없는 문화적 차이를 가진 것(통합되는 것이 아니라 단지 불편하게 나란히 존재하는 것)으로 묘사했다.

때때로 몇몇 가난한 영국 북부의 산업 도시에서 일어난 2001년의 반이슬람 폭동처럼 긴장이 폭력 사태로 비화하기도 했다. 좀 더 일반적으로는, 적대감이 표면 아래에서 부글부글 끓어올랐다. 프랑스에서는 북아프리카 출신 이슬람교도에 대한 적대감이 컸는데, 그중 많은 이들이 거의 반세기 전의 알제리 전쟁 이래 그곳에 살았고 그 가족들은 사실상 심지어 그보다 전에 이미 프랑스 시민이었다. 2005년 이민자 주민이 많았던, 사회적으로 박탈당한 프랑스 중소 도시 지역에서 심각한 폭동들이 발생하면서 반이슬람 감정을 고취했다. 네덜란드 같은 다른 유럽연합 국가들과 스위스 같은 비회원국에서도 적의는 커졌다. 공격적인 반이민(그리고 반이슬람) 정견을 채택한 우익 정당들이 많은 나라에서 지지를 모으고 있었다. 비록 그들은 아직 정치적 주류에 편승하지는 못했지만, 그들의 메시지는 때때로 이민을 제한하라는 주류 정당들의 요구 속에 포함되기도 했다.

이러한 분위기에서 앞으로 유럽연합을 야심 차게 확대하겠다는 어떤 계획도 이론적으로는 폐기되지 않았지만 실제로는 중단되었다. 2013년에는 예전 합의에 따라 크로아티아가 합류했다. 크로아티아의 국내총생산은 당시 기존의 일부 회원국들보다 많았다. 그렇지만 광범위한 조직적 부패와 범죄가 지속되고 있었는데도 가입이 허용되었다. 다시 한번 정치적 고려가 결정적이었다. 발칸 국가들에 고무적인 신호를 보내는 것이 중요하다고 생각되었다. 그러나 '가톨릭' 크로아티아는 오래전부터 다른 발칸 국가들보다 서구적이라고 여겨져 왔다. 이와는 대조적으로 알바니아, 마케도니아, 몬테네그로, 세르비아는 다소간 기약 없이 기다려야 할 판이었고, 코소보나 보스니아헤르체고비나(1990년대의 긴장은 수그러들었으나 결코 사라지지는 않은)가 가까운 미래에 가입할 가능성은 거의 없었다.

후보국 명부에 오른 가장 큰 국가는 터키였는데, 이 나라는 1949년 이래 유럽평의회의 회원국이었고, 1952년부터는 나토의 회원국이었으며, 1999년 이후 유럽연합 가입 후보국으로 인정되었다. 시민권과 정치적 자유를 제한적이나마 개선한 이후 터키는 실제로 2004년에 가입 기준을 충족했다는 말을 들었다. 2005년에 터키의 가입을 협상하는 과정이 개시되었는데, 이 과정은 키프로스 분할이라는 민감한 사안을 해결하는 데 실패하여 불과 1년 만에 중단되었다. 독일, 프랑스, 특히 영국은 주로 유럽과 중동을 잇는 다리로서 터키의 전략적 중요성 때문에 터키의 가입을 강력히 지지했다. 오스트리아, 네덜란드, 덴마크는 반대를 주도했다. 한 가지 반대 이유는 터키가 '문화적으로' 유럽에 속하지 않는다는 것이었다. 터키 가입을 비판하는 사람들은 수용 가능한 자유민주주의와 법치의 기준에 여전히 한참 뒤처져 있는, 인구 7000만 명의 그처럼 거대한 국가는 여전히 압도적으로(대체로 명목상이긴 하지만) 기독교적인 유럽연합의 성격과 힘의 균형을 가차 없이 바꿔 놓을 것이라고 주장했다. 또한 많은 터키 이민자들이 훨씬 더 부유한 서유럽 국가들에서 일자리를 구함으로써 이민자들을 흡수하고 사회적·정치적 응집력을 유지한다는 기존 문제가 크게 악화될 거라는 두려움도 컸다.

터키는 2006년 이후 가입을 기다리는 나라로 남았다. 실제로 그 가능성은 급속히 줄어들었고, 향후 몇 년 동안 훨씬 더 줄어들 것이었다. 그리고 가능성이 낮아지면서 그사이 터키는 무스타파 케말 파샤가 1923년 건국할 때 국가 정체성의 기초로 정했던 세속주의로부터 점차 벗어나 종교와 밀접히 결부된 이슬람 쪽으로 움직이고 있었다. 유럽연합의 터키 가입 거부가 이러한 움직임에 얼마나 기여했는지, 아니면 터키의 내적 발전이 가차 없이 그런 결과를 낳았는지는 불명확하다. 여하튼 결과는 터키가 유럽연합의 가입 후보로서는 부족하다고 여겨지게 되었다는 것이었다.

한편 유럽연합은 적잖게 확대의 결과였던 중요한 구조적 문제에 직면하고 있었다. 2002년 전 프랑스 대통령 발레리 지스카르데스탱이 이끄는 '유럽협의회European Convention'가 크게 확대되기 직전에 있던 유럽연합을 위해 새로운 헌정적 협정을 작성하고자 브뤼셀에서 개최되었다. 정확한 용어를 둘러싼 오랜 다툼 끝에 2004년 10월 29일 유럽 헌법을 제정하는 조약 문안에 이제 확대된 유럽연합의 25개 전 회원국이 서명했다. 헌법 초안에서는 가중다수결[713]을 위한 협정을 수정했으며, 집행위원회[714]가 유럽의회에 의해 선출되고, 선출된 유럽이사회 의장이 6개월마다 돌아가며 맡는 기존의 의장직을 대체할 수 있게 했다. 의회는 예산을 승인해야 했고, 이사회와 나란히 입법권을 가질 것이었다. 앞으로는 유럽 외무장관이 있을 터였다.

이러한 변화는 독일 외무장관 요슈카 피셔가 선호한 유럽 연방을

---

713)   Qualified Majority Voting. 유럽연합에서 입법권, 예산권, 협정 체결권을 가지고 있는 각료이사회의 의사 결정 방식. 한 나라가 1표를 행사하는 단순 다수결이 아니라 회원국의 인구나 경제력, 영향력 등을 고려하여 각각 다르게 배정된 표를 합산하여 가결 여부를 결정하는 방식이다.

714)   European Commission, EC. 유럽연합 집행위원회는 유럽연합 회원국 정부의 상호 동의에 따라 5년 임기로 임명되는 위원으로 구성된, 유럽연합의 보편적 이익을 대변하는 초국가적 기구다. 유럽연합의 집행기관으로서 공동체의 법령을 발의하는 권한을 갖는다.

향한 급진적 발걸음과는 거리가 멀었다. 그럼에도 그것은 일부 사람들에게는 너무 멀리 나아간 것이었다. 2005년 봄에 프랑스에서, 그다음으로는 네덜란드에서 투표자들은 이 제안을 거부했다. 이와 함께 헌법은 죽었다. 그럼에도 좀 더 중요한 변화 중 일부는 수정되거나 약화된 형태로 2007년의 리스본 조약[715]에 포함되었다. 이 조약은 아일랜드 투표자들이 처음에 거부했다가 그 후 아일랜드를 위한 몇몇 선택적 이탈권(이 조약이 과세, 가족 정책, 중립과 관련하여 아일랜드 주권을 침해하지 않을 것이라는)이 도입된 뒤 마침내 두 번째 국민투표에서 수용되고 최종적으로 비준되었다.

유럽연합 강화 지지자들에게 가해진 이와 같은 충격에도 불구하고 사실 유럽연합에 대해서는 대륙 전역에 걸쳐 긍정적인 감정이 많았다. 2000년에 실시한 '스탠더드 유로바로미터standard Eurobarometer' 조사에 따르면, 겨우 14퍼센트의 시민만이 자국의 유럽연합 가입에 반대한 반면 49퍼센트는 찬성했다(이 수치는 1991년의 72퍼센트에서 우려스러울 정도로 떨어진 것이었지만). 만족 비율이 가장 높은 나라는 아일랜드, 룩셈부르크, 네덜란드였고 가장 낮은 나라는 영국이었다. 47퍼센트의 유럽인이 자국이 유럽연합 가입으로 이득을 보았다고 생각했는데, 이 수치 역시 1990년대 초 이래로 크게 떨어진 것이었다. 아일랜

---

715)　Treaty of Lisbon. 유럽연합 27개 회원국 정상이 2007년 10월 18일부터 10월 19일까지 포르투갈의 수도 리스본에서 회담을 열어 합의하고 같은 해 12월 13일에 공식 서명한 조약. 2005년 프랑스와 네덜란드의 국민투표에서 부결된 유럽 헌법을 대체하기 위해 개정한 '미니 조약'이다. 유럽이사회 의장직과 외교안보정책 고위 대표직을 신설하는 내용 등을 담고 있다. 2009년 12월 1일 자로 발효되었다.

드와 그리스가 가장 높은 찬성률을 보였고, 스웨덴이 가장 낮았으며, 영국은 다시 순위의 바닥에 있었다.

많은 유럽인에게 유럽연합은 미로처럼 얽혀 있으며 헤치고 들어갈 수 없을 정도로 복잡하고 엘리트적인 것 같았는데, 말하자면 그들의 일상생활과는 동떨어진 관료 조직에 지나지 않았다. 각국 정부는 직접적이든 간접적이든 이 이미지를 강화했다. 예를 들어 그들은 유럽연합이 빈곤 지역을 위해 상당한 기금을 지원한다거나 사회 기반시설 프로젝트를 가동하는 것을 널리 알리기 위해 거의 아무 일도 하지 않았다. 이러한 재정 지원은 탈산업화의 황폐화로 크게 고통받는 예전의 번영 지역을 회복시키는 데 충분하지는 않았다. 그러나 현명하게 사용하면 변화를 일으킬 수는 있었다. 하지만 각국 정부는 아픈 데를 찌르는 실패로부터 주의를 돌리기 위해 '브뤼셀'과 유럽연합의 관료적 간섭을 편리하게 비난하는 한편, 경제적·정치적 성공은 너무 기쁜 나머지 그들 자신의 것으로 떠들썩하게 치켜세우는 데 열중할 뿐이었다.

이유가 무엇이든 간에 유럽연합은 회원국을 늘리고 폭넓고 긴밀한 통합을 향해 한층 더 노력하면서 많은 유럽인들과 접촉을 잃어가고 있었다. 1979년 이후 실시된 모든 유럽의회 선거를 보면 투표의 수고를 마다하지 않는 시민의 수는 점점 줄어들고 있었다. 1979년에 참여율은 62퍼센트였다. 2004년에 그것은 45.5퍼센트로 떨어졌다. 유럽연합이 새 헌법을 준비하고 한꺼번에 가장 큰 확대를 막 도모하려던, 경제성장의 해인 2004년에는 '유럽연합이 내일 붕괴한다면 어떤 기분이 들 것 같은가?'라는 질문을 받은 유럽인 중 43퍼센트가 관심 없다고 답했다. 심지어 13퍼센트는 '매우 다행'이라고 답하기까지 했다. 오직 39퍼센트만이 몹시 유감일 것이라는 의견을 내비쳤다. 여론조사에서 분명히 알 수 있는 것은 사람들이 속한 국가가 압도적으로 가장 강력한 정체성의 거점이라는 사실이었다. 이와는 대조적으로 유럽 정체성과의 감정적 연계는 극히 취약했다.

유럽연합은 그럼에도 상당한 성과를 거론할 수 있었다. 국제 협력의 틀, 법치 확대, 인권 옹호, 안전망 수립, 대다수 회원국을 위한 단일 통화 제정 등 이 모든 것은 번영을 확대하고 한때 유럽을 해쳤던 민족주의를 희석하며, 시민사회를 강화하고 탄탄한 민주주의의 토대를 구축하는 데 도움을 주었다.

유럽연합과 그것에 속하기를 열망한(그리고 그사이 확장된 나토의 일부가 된) 중부 유럽과 동유럽의 국가들을 넘어서면 이야기가 달라진다.

'푸틴 요인'

1990년대에 옐친 치하의 러시아는 서방 민주주의로 더욱 다가가고 있는 것처럼 보였다. 러시아는 1996년에 유럽인권보호조약에 서명하면서 유럽평의회의 회원국이 되었고, 이듬해 유럽연합과 동반자 관계 및 협력에 관한 협정을 체결했다. 러시아가 적절한 시기에 유럽연합의 정회원국이 될 것이라는 희망이 당시 모스크바에서 표명되었다.

하지만 더욱 긴밀한 통합으로 가는 길에는 방해물이 많았다. 인권 문제도 한 가지 걸림돌이었다. 1991년 독립을 이루려는 체첸의 시도 이후 러시아군은 1994년부터 1996년 사이에, 그리고 다시

1999~2000년에 심각한 인권침해를 자행했다. 또 다른 장애물은 나토가 동유럽 지역으로 팽창하는 것(그 자체가 러시아가 허약하다는 것을 분명히 보여주는 표시였다)에 대해 모스크바가 느끼는 깊은 비애였다. 분위기는 1999년 마지막 날에 푸틴이 옐친을 대신해 러시아연방 대통령이 되자마자 바뀌기 시작했다. 그때부터 러시아의 민족적 가치와 강대국으로서 러시아의 위상에 대한 환기가 끊임없이 강조되었다. 푸틴은 소련 붕괴 이후 나라의 입지가 급격히 좁아진 데 대한 광범위한 굴욕감을 끝내고, 국민에게 자랑스러운 러시아 정체성을 되돌려주며, 나라의 미래에 대한 믿음과 예전의 영광으로 복귀할 수 있다는 믿음을 심어 주기 시작했다.

특히 미국과의 국제적 교섭에서 러시아의 이익을 강력히 옹호하고, 필요하다면 기꺼이 군사력으로 그것을 지탱하겠다는 태도는 국내에서 푸틴의 명성을 드높였다. 2008년 8월 압하지야와 남오세티야 지역에서 독립을 모색하는 친러시아 반란 세력을 지원하기 위해 러시아군이 조지아(1991년 이후 독립했다)에 진입했을 때도 푸틴의 인기가 올라갔다.

권위주의로의 이동은 모스크바 지식인들을 괴롭혔지만, 먼 지방의 대중은 그렇지 않았다. 고르바초프 치하에서 몰락을, 옐친의 불안한 통치에서 민족적 허약함을 경험한 후 대다수 러시아인은 푸틴이 추진하는 강력한 국가 권위의 부활을 지지했다. 일부 사람들에게 그는 민족의 구세주나 다름없었다. 러시아 경제가 석유와 가스의 높은 시장가격에 편승하여 힘차게 회복할 수 있었던 덕분에 저변의 심각한 경제적 문제와 전체 인구 중 상당 부분의 상대적 빈곤이 전혀 극복되지 않았는데도 새로운 시작이라는 의식을 고양할 수 있었다. 부패는 여전히 고질적이었지만 대부분의 러시아인은 생활수준이 개선되고 있는 한 그것을 수용했다. 민주주의 체제의 외관이 유지되었다. 그러나 대통령의 권력이 다시 천명되었고, 옛 KGB 인사들에게 더 큰 정치적 영향력이 주어졌으며, 사법제도가 정치적 필요성에 종속되었다. 대중매체가 통제하에 들어갔고, 여론은 조작되었으며, 반대파의 힘은 제한되었고, 정치적 위협을 제기한다고 여겨지는 지나치게 강력한 올리가르흐들은 콧대가 꺾였다(반면에 푸틴과 가까운 인사들은 대규모 물질적 유인책으로 끌어들여졌다). 푸틴 자신의 지배는 중세 봉건제의 근대판에 좀 더 가까웠다. 푸틴은 국가 보안기관의 상층부와 국가 관료 수장들, 기업의 최고경영자들에게 권력과 승진과 부라는 장식물을 허용함으로써 그들을 계속 만족시켰다. 어떤 체계적인 이념적 교리도 '푸틴주의'를 뒷받침하지 않았다. 강대국으로서 러시아의 위상을 회복하는 것을 목표로 하는 강력한 국가와 효과적인 대외 정책으로 충분했다.

푸틴의 러시아가 보여주는 독단적 태도의 강화, 그리고 인권 위반, 사법적 독립에 대한 침해, 반민주주의 경향의 심화에 대한 유럽연합과 유럽평의회의 비판적 자세는 협력이 확대되기는커녕 상호 불화가 심해진다는 것을 의미했다. 1997년에 체결된 러시아와 유럽연합 사이의 '파트너십과 협력에 관한 협정Partnership and Cooperation Agreement'은 10년 후에 갱신되지 않았다. 푸틴은 "유럽 문명들의 역사적 특수성"을 강조하면서 서로에게 "인위적인 '기준'"을 강제하지 말라고 경고했다. 푸틴은 서방을 점점 더 동맹이 아니라 위협 세력으로 묘사하면서 불만을 서방에 대한 분노로 전환했다.

러시아가 여전히 자신의 '세력권'으로 생각하는 지역에 대한 서방의 침해는 깊은 우려를 자아냈다. 1990년대의 나토 확대에 뒤이어 2004년에는 유럽연합이 확장되었다. 예전에 소련의 일부였던 지역마저 유럽연합이 침투하는 위험을 무시할 수는 없었다. 2003년 (고르바초프의 긴밀한 동맹자이자 소련의 마지막 외무장관이었던) 셰바르드나제 대통령이 축출된 후 신임 대통령인 미하일 사카슈빌리[716] 치하에서 조지아 정부가 보인 진서방직 태도(특히 나토에 가입하려는 노력)는 마침내 러시아가 2008년 조지아에 군사적 개입을 단행하는 데 한 가지 배경이 되었다. 러시아가 보기에 서방의 영향력이 우크라이나로 확대될 가능성은 크게 우려스러웠다. 2004년 우크라이나에서 '오렌지 혁명'[717](시위대가 착용한 오렌지색 스카프 때문에 이런 이름이 붙었다)이 일어나자 이런 전망이 현실이 될 것 같았다.

우크라이나에서 레오니트 쿠치마 대통령의 매우 부패하고 무능하며 몹시 야만적인 체제에 대한 특히 젊은 우크라이나인들 사이의 저항은 2004년 10월 말 선거에서 표출될 기회를 얻었다. 쿠치마(1994년

---

716)　Mikheil Saakashvili(1967~). 우크라이나의 정치가. 2004~2013년에 조지아 대통령을 지냈으며, 2015년 5월부터 2016년까지 우크라이나 오데사의 주지사를 지냈다.

717)　Orange Revolution. 2004년 11~12월 우크라이나의 대통령 선거 결과에 항의하는 빅토르 유셴코의 지지자들이 이끈 정치적 시민 저항을 일컫는다. 재선거 결과 빅토르 유셴코가 빅토르 야누코비치를 물리치고 우크라이나의 세 번째 대통령이 되었다.

에 처음 선출되었다)는 두 임기 동안 집권했고, 합법적으로는 다시 출마할 수 없었다. 그래서 그는 자신의 총리 빅토르 야누코비치[718]를 지지했고, 야누코비치는 11월 21일 승리를 선언했다(푸틴은 이를 따뜻하게 축하했다). 결과가 조작된 것이 너무나 뻔해서—진짜 승자는 선거 직전 독살 시도(쿠치마의 보안기관이 자행한 것이 거의 분명했다)를 이겨낸, 인기 있던 정치인 빅토르 유셴코[719]임이 확실했다—수십만 명의 국민이 키예프로 가 혹한을 무릅쓰고 공정한 선거를 요구하는 평화적인 시위에 참여했다. 세계의 미디어가 지켜보는 가운데 이들은 철야 시위를 계속했고, 이 때문에 마침내 12월 26일 선거를 다시 하지 않으면 안 되었다. 재선거 결과 이번에는 논란의 여지 없이 유셴코가 승리했으며, 그는 다음 달에 대통령으로 취임했다.

　푸틴은 이 사태를 우려의 눈으로 지켜보았다. 오렌지 혁명이 전개될 때 크레믈과 좋은 관계를 맺고 있던 한 잡지는 다음과 같이 견해를 밝혔다. "러시아는 우크라이나를 위한 전투에서 패배를 허용할 여

---

718)　Viktor Yanukovych(1950~　). 우크라이나의 정치가. 2010~2014년 우크라이나의 제4대 대통령을 지냈다. 1997~2002년 도네츠크주 주지사를 지냈으며, 2002~2005년, 2006~2007년 총리로 재임했다. 2004년 총리 재임 당시 대통령 선거에 출마하여 공식적인 당선자로 발표되었으나, 부정선거 논란으로 재선거를 실시했고 그 결과 패배했다. 그 후 2010년 대통령 선거에 다시 출마해 당선하고 대통령직에 올랐다. 그러나 2013년 말부터 유럽연합과의 경제 협력 추진 백지화 정책 시행에 맞선 시민들의 시위인 유로마이단의 여파 속에 2014년 2월 22일 의회에서 탄핵이 가결되면서 대통령직을 상실했다.
719)　Viktor Yushchenko(1954~　). 우크라이나의 정치가. 1993~1999년 우크라이나 국립은행 총재, 1999~2001년 총리를 역임했다. 2004년 오렌지 혁명으로 대통령에 당선하여 2005년부터 2010년까지 재임했다.

유가 없다." 무엇보다 두려운 것은 서방식 민주주의가 러시아에도 퍼질 수 있다는 사실이었다. 크레믈은 야누코비치의 선출을 보장하려고 수억 달러를 썼다. 미국은 우크라이나의 유럽연합 가입을 신청하겠다고 공개적으로 선언한 유셴코를 지지하는 데 자금을 쏟아부었다. 푸틴은 이를 갈며 오렌지 혁명의 결과를 받아들일 수밖에 없었다. 그러나 향후 갈등의 잠재적인 선들이 그어졌다. 우크라이나는 자신의 미래를 위해 서유럽을 바라볼 것인가, 아니면 러시아를 바라볼 것인가?

1994년 쿠치마가 선출되었을 때, 그것이 우크라이나에 의미한 바는 러시아와 통합하라는 것이었다. 그에 대한 지지는 대부분 우크라이나의 동부 지역, 특히 러시아와 긴밀히 연계를 갖고 있는 사람들에게서 나왔다. 러시아인이 압도적으로 많은 크림반도보다 지지가 더 높게 나온 곳은 아무 데도 없었다. 크림반도는 40년 뒤 러시아 의회가 실제로 투표로 이 할양을 취소하긴 했지만(그렇다고 이 투표에 실질적인 결과가 있었던 것은 아니다), 1954년에 니키타 흐루쇼프가 우크라이나에 이양한 땅이었다. 1992년에 크림반도는 우크라이나 측으로부터 독립을 선언하는 의회 투표를 철회하라는 압력을 받았다. 크림반도는 지난 시절에 문화적으로 폴란드·리투아니아·오스트리아를 바라보았지만 지금은 미래를 위해 서유럽을 바라보는 서부 절반과 문화적으로 항상 러시아의 궤도 안에 있었던 동부 절반 사이에서 우크라이나를 관통하는 가장 날카로운 분할 지점이었다. 이 균열은 2004년 오렌지 혁명의 결과로도 치유되지 않았다. 그것은 계속 곪을 것이었다.

2008년까지 아프가니스탄과 이라크에서 벌어진 전쟁으로 초래되고, 7년 전 뉴욕에 대한 충격적인 테러 공격으로 부추겨진 트라우마는 유럽에서 희미해졌다. 그리고 베를린장벽의 붕괴가 대륙 분열의 종언을 상징적으로 보여준 이후 거의 20년에 걸쳐 동유럽과 서유럽은 서로 더욱 가까워졌다. 지구화는 새로운 수준의 경제적·정치적 수렴을 가져다주었다. 자본주의 경제로 이행하는 동안 중부 유럽과 동유럽 국가들이 겪은 거대한 경제적 문제들은 크게 줄어들었다. 상당한 어려움이 여전히 남아 있으며 생활수준이 번영하는 서유럽보다 뒤떨어진다고 해서, 공산주의 종식 이후 생활 형편이 대폭 개선되었다는 사실을 부인할 수 있는 것은 아니었다. 만일 선택권이 주어진다면, 거의 누구라도 그런 시절로 되돌아가는 데 투표하지는 않았을 것이다. 한편 유로는 1999년에 도입된 후(2002년부터는 실제 화폐로 통용되었다) 12개 서유럽 국가에서 국가 통화를 대체했다. 새 통화의 초기 시절은 고무적이었다. 그것은 더욱더 긴밀하게 연결되는 유럽의 중요한 표시였다.

정치적으로도 낙관주의의 근거가 있었다. 옛 동구 블록의 수많은 사람이 이제 40여 년 동안 그들에게 거부되었던 개인적 자유를 누리고 있었다. 확실히 적응의 문제가 있었지만, 그것이 무엇이었든 유럽연합과 그것을 뒷받침한 가치들은 2004년과 2007년에 새 회원국들이 가입함으로써 크게 확대되었다. 자유민주주의와 법치라는 서유럽 가치의 확산이 상대적으로 성공을 거둔 것은 러시아가 지배하는 지역의 조건들과 완전히 대비되었다. 미래는 밝아 보였다.

하지만 자기만족의 어떤 겉치장도 막 찢어지려 하고 있었다. 2007년 미국의 몇몇 거대 투자은행이 곤경에 처했다는 소식이 대서양을 가로질렀을 때, 크게 놀란 유럽인은 별로 없었다. 이 사태는 대규모 대부를 받은 구매자들이 상환에 어려움을 겪었을 수도 있는 '서브프라임'이라고 알려진 부동산 구매에 고위험의 융자를 지나치게 제공했기 때문에 발생했다. 일찍이 유럽에서 나타난 우려의 조짐은 2007년 9월 영국에서 예금주들이 서금을 찾기 위해 노던록빌닝소사이어티 Northern Rock Building Society의 지점 밖에 줄을 서고, 영국 정부가 2008년 2월에 비틀거리는 이 은행을 국유화하지 않으면 안 되었을 때 사람들이 보인 극심한 공포였다. 이 공포는 곧 수그러들었다. 그러나 투자와 신용의 네트워크가 전 지구적으로 너무 상호 의존적으로 되어 있어서 미국에서 발생한 위기는 다른 나라들의 은행 업무 및 금융과 세계경제에 영향을 미칠 수밖에 없었다.

위기가 전 지구적으로 몰아닥친 순간은 정확히 밝힐 수 있다. 그것은 2008년 9월 16일 미국의 거대 투자은행 리먼브라더스가 파산을 신청했을 때였다. 한 달 만에 유럽의 은행 시스템이 임박한 붕괴에 직면했다. 낙관주의는 끝났다. 위기에 시달리는 긴축의 시대가 막 밝아오려 하고 있었다. 금융 붕괴는 유럽에 변화된 대륙을 남겨 놓았다.

12

위기의 시대

한 나라의 자본 개발이 카지노 활동의 부산물이 될 때,
그 일은 부도덕하게 행해진 것 같다.

존 메이너드 케인스, 1936년

이민자들에 대한 공포는 급진적 이슬람 지하디스트들이
이민자들의 이동에 뒤섞여서 국경 없는 유럽으로 테러리즘을 갖고 들어올 것이라는
과장된 것 같은 공포와 결합되어왔다.
장기적이고 끝나지 않은 유로 위기와 함께
이 우려는 유럽에서 우익 포퓰리즘 정당들을 먹여 살리고 있고,
유럽연합의 신뢰를 훼손하고 있다. (…)

《뉴욕 타임스》, 2015년 8월 29일

12

2008년부터 위기들이 결합되면서 유럽의 토대를 뒤흔들었다. 1930년대 이래 최악의 금융 및 경제 위기가 유럽 국가들에 엄청난 부채를 지우며 유로존을 약화할 조짐을 보였다. 중동에서 전쟁을 피해 달아나는 거대한 난민의 흐름이 정치적 분열과 긴장을 가속했다. 유럽에서 테러 공격이 증가하면서 안전을 위협하는 위험이 더욱 심각해졌다. 우크라이나의 위기는 러시아와 서방 사이의 새로운 냉전 가능성을 열어젖혔다. 그리고 유럽연합은 회원국인 영국이 탈퇴하기로 표결함에 따라 존재의 위기에 직면했다. 오랫동안 온전하고 탄탄하다고 여겨졌던 것이 한꺼번에 무너져 내리고 있는 것 같았다. 유럽에서 이 다면적인 전반적 위기는 어떻게 발생했는가?

대폭락을 어떻게 피할 것인가

이른바 '대침체Great Recession'는 자발적인 유럽의 공범들과 함께이긴 했지만 미국에서 시작되었다. 그 뿌리는 폭락 전의 호황 동안 모든 책임감을 압도했던 금융 부문의 탐욕에 적잖게 놓여 있었다. 금융위기는 거의 모든 유럽 국가에서 더욱 광범위한 공공 재정의 위기를 부채질했다. 이것은 다시 경제를 장기간의 침체로 몰고 갔다. 유럽 국가들마다 지속 기간과 심각성의 정도가 달랐던, 경제 실적의 급격한 하락이 가져온 충격은 향후 몇 년 동안 느껴질 것이었다.

2008년 9월 미국 연방은행이 리먼브라더스를 구제하기 위해 국가 자금을 투입하기를 거부하자 폭락의 충격파가 전 지구적 금융위기를 촉발하리라는 사실이 분명해졌다. 은행들은 서로를 믿을 수 없었다. 대부 시스템이 작동을 멈췄다. 미국인들은 먹느냐 먹히느냐는 시장경제학의 논리에 따라 리먼브라더스를 파산하도록 내버려 두었다. 하지만 이어진 엄청난 타격의 결과 신자유주의 이념가들이 곤란하게도 유럽에서는 사람들이 병든 은행을 구제하고 금융적 아마겟돈을 막기 위해 국가가 개입해야 한다고 널리 인식하게 되었다. 불쾌한 진실은 유럽의 주요 은행들이 너무 커서 실패하도록 내버려 둘 수가 없다는 사실이었다. 2008년에 영국의 최고 4개 은행의 자산을 전부 합치면 영국 국내총생산의 거의 4배에 이르렀다. 몇몇 다른 유럽 국가에서도 편차는 있지만 상황이 비슷했다.

유럽에서 최악의 영향을 받은 나라들은 신자유주의의 바람이 부는 쪽으로 가장 잘 맞게 방향을 바꿈으로써 규제가 완화된 거대한 은행 부문에 가장 심하게 의존하게 된 나라들이었다. 영국은 특히 위험했다. 2008년 10월 6일, 아주 짧은 기간에 세계에서 가장 큰 은행 중 하나가 된 스코틀랜드 왕립은행은 몇 시간 안에 완전히 몰락할 수도 있는 상황이었다. 영국의 관리들은 영국과 은행의 국제적 활동을 고려하여 세계 전역의 경제적 대붕괴를 피하기 위해 거대한 구제금융 패키지를 만들려고 밤새 작업했다. 예금주들을 보호하고 은행 시스템의 안정화를 돕는 데 목표가 있는 이 패키지에는 총액 약 5000억 파운드에 이르는 공채가 포함되었다. 며칠 후 스코틀랜드 왕립은행은 영국 정부가 그 주식의 5분의 4 이상과 2개의 다른 은행인 큰 HBOS와 그보다 작은 로이즈 TSB의 주식 약 40퍼센트 이상을 구입함에 따라 사실상 국유화되었다.

프랑스, 독일, 이탈리아, 스페인, 스위스는 일반적인 면에서 취약한 은행들이 이용할 수 있는 자금을 만드는 데 영국 모델을 따른 유럽 국가들이었다. 중부 유럽과 동유럽의 10개 은행이 금융 지원을 받았다. 영국과 마찬가지로 많은 정부가 예금자들에게 지급 보장을 했다. 스위스, 포르투갈, 라트비아, 아일랜드의 정부는 몇몇 은행—스위스의 경우에는 지나치게 확장된 지구적 투자은행으로 변신한 거대한 UBS 은행—에서 지배 지분을 차지했다. 덴마크에서는 2008년 몰락에 직면한 로스킬레 은행이 덴마크 국립은행에 인수되지 않으면 안 되었다.

아이슬란드는 특히 어려움에 직면했다. 국가의 규모에 비례하여 2008년 금융위기가 유럽의 어느 나라보다도 심각했다. 아이슬란드는 2001년에 경제를 금융업으로 지나치게 기울어지게 하면서 규제를 완화했다. 아이슬란드의 3대 주요 은행인 쾨이프트힝그·란츠바웅키·글리트니르는 외채를 엄청나게 늘렸고, 은행들은 2008년경에는 투자자들의 신뢰가 무너지면서 더 이상 이 외채를 갚을 수 없게 되었다. 정부는 이 은행들을 구제할 재원이 없었다. 그래서 은행들은 사실상 청산되고, 이들을 대체하기 위해 정부에서 자금을 지원받는 새로운 은행들이 설립되었다. 국내 저축은 보장되었으나 외국 투자자들과 예금주들은(또 아이슬란드 은행들의 외국 자회사들에서도) 손실을 감수해야 했다. 아이슬란드 경제에 가한 충격은 심대해서 나라를 심각한 침체에 빠뜨렸는데, 회복을 알리는 반등은 2011년에야 처음 있었다. 2010년 4월 아이슬란드의 화산 폭발은 너무나 광범위하게 화산재 구름을 분출해서 며칠 동안 국제 항공 교통을 마비시킬 정도였는데, 이는 아이슬란드의 무분별하고 규제가 완화된 금융 시스템으로 초래된 손상을 상징적으로 보여주는 것 같았다.

금융 시스템을 구제하기 위한 정부의 대규모 개입은 곧 부가 납세자에서 은행으로 대량으로 이전되는 것을 의미했다. 사람들은 자신들의 돈이 안전할 것이라고 생각하며 은행에 저축하고 은행을 신뢰했다. 그러나 그들에게 돌아온 것은 은행들이 도박 카지노나 다름없이 작동하는 모습이었다. 당연히 은행에 대한 신뢰는 그 과정에서 사상 최저로 떨어졌다. 고만고만한 소득으로 수수하게 생활하는 사람들이 붕괴를 관장하던 사람들이 어떤 형사소송도 당하지 않고 오히려 엄청난 퇴직금을 받으며 떠나는 것을 지켜보았을 때, 분노와 불신은 뚜렷이 감지될 정도였고 충분히 이해할 만했다. 가장 뻔뻔했던 예를 보면, 스코틀랜드 왕립은행의 최고 책임자로서 엄청난 확장을 통해 은행을 곧바로 좌초시켰던 프레드 굿윈[720]은 마침내 겨우 연 30만 파운드로 **줄어든** 연금을 받기로 하고 회사를 떠날 수 있었다. 이 금액은 아마도 2004년에 '금융 산업에 대한 공헌'으로 받았던 기사 작

---

720) Frederick Anderson Goodwin(1958~). 스코틀랜드의 회계사로서 2001~ 2009년 스코틀랜드 왕립은행 그룹의 최고책임자를 지냈다.

위를 최종적으로 박탈당해야 했기 때문에 품위 있는 보상이었을 것이다.

공식 통계에 따르면, 2007년 유럽연합의 공공 재정은 수십 년 만에 가장 탄탄했다. 유럽연합 28개국의 평균 정부 부채는 57.5퍼센트로 마스트리흐트 조약이 제시한 60퍼센트 가이드라인 아래에 있었다. 그리스(103.1퍼센트), 이탈리아(99.8퍼센트), 벨기에(87퍼센트)만이 부채 수준이 과도하게 높았다. 2년 내에 유럽연합 28개국의 평균 정부 부채(다른 말로는 '국왕', '국민', '국가', 혹은 '공공' 부채라고 불렀다)는 국내총생산의 72.8퍼센트로 증가했고, 여전히 증가하고 있었다. 특히 그리스, 포르투갈, 아일랜드, 이탈리아는 우려스러울 정도로 높아졌다. 2009년 무렵 유럽연합 국가들에서 경제성장률이 평균 4.2퍼센트 낮아지면서 유럽은 깊은 침체에 빠졌다.

유로존은 특히 위상이 달랐다. 유로의 초기 시절은 전 지구적 경제성장에 힘입어 성공적이었다. 그러나 기압계가 험한 날씨를 가리키자 유로의 근본적인 구조적 문제가 분명하게 노출되었다. 정치 연합 없는 통화동맹은 장기적으로 유지될 수 없을 거라는, 1991년으로 거슬러 올라가는 콜 총리의 경고가 점점 더 선견지명이었던 것으로 보이기 시작했다. 경제력이 천차만별이었지만 단일 통화로 함께 묶인 유로존 국가들은 경제 위기가 닥치자 곤경에 처했다. 수출 경쟁력을 개선하기 위해 통화 평가절하를 단행하는 것은 회원국들에 불가능했다. 그러나 미국처럼 경제정책을 감독하고 유로존 전역의 조세를 규제하며 (유럽연합의 '지역개발기금'을 통해 제공되는 보조금을 제외하면) 허우적대는 침체 지역으로 필요한 자금을 이전할 중앙정부도 없었다.

유로존의 논리는 금융 연합과 경제적·정치적 연합의 확대를 가리켰는데, 이는 미국의 틀과 유사하게 국민국가들의 연방 내에서 재정 권한을 가진 중앙 연방정부를 암시하는 것이었다. 그러나 유럽 연방 국가를 향한 움직임에 사람들의 반대가 더욱 심해지면서 정확히 이 선택은 배제되었다. 그와 같은 목표를 적극적으로 추구하는 데 여념이 없는 어떤 국민정부도 투표장에서 즉각 거부를 불러왔을 것이다. 경제 침체가 더욱 가속화하면서 민족 정체성이라는 유럽의 유구한 역사적 유산은 약화되기보다는 강화되었다. 그리하여 유로존 국가들에는 경제적으로도 정치적으로도 극히 제한된 조정의 여지만 남겨졌다. 특히 단기적으로 생활수준에 재앙을 가져다줄 것 같았던 국가 통화로의 복귀는 소수의 국가만 바라는 바였다. 사태가 악화될지도 모른다는 두려움이 본질적으로 유로를 고수하는 동기였다. 그러나 가장 사정이 나쁜 나라들에서 붕괴를 피하는 길은 유럽중앙은행, IMF, 유럽연합 집행위원회(이들 중 어떤 것도 선출된 기관이 아니었다)가 동의하는, 매우 엄격하고 가혹한 조건이 딸린 구제금융에 의존하는 것이었다.

2010년 봄에 부채 위기는 일부 국가들을 위험한 바다로 밀어 넣었다. 아일랜드의 은행들은 부동산 구매 비용에 거액을 대고 있었지만, 부동산 거품이 터지고 채무 불이행이 증가하면서 부실 은행에 대한 정부 보장은 국가 부채를 엄청나게 늘렸다. 스페인 역시 주택 거품으로 큰 손실을 본 은행들에 긴급히 구제금융을 지원해야 했다. 포르투갈의 오랜 공공 기금 부실 관리와 팽창한 공공 부문은 2009년 경제가 급격히 침체하면서 나라에 치솟는 공공 부채를 남겨 놓았다. 상환 능력에 대한 의심이 커지고 그에 따라 이자율이 높아지자 정부들은 공공 지출의 대폭 삭감에 호소했는데, 이는 시민들의 생활수준에 명백히 해로운 결과를 가져왔고 조세 수입 감소와 부채 증가라는 악성 디플레이션을 초래했다.

이러한 곤경은 단순히 이들 나라만의 문제가 아니었다. 그들은 다 합쳐서 유로존의 전체 국내총생산의 6퍼센트에 불과했다. 그러나 통화동맹은 어렴풋이 떠오르는 그들의 지급불능 사태가 유로존 전체의 안정을 위협하는 것을 의미했다. 가장 큰 피해를 본 이 나라들은 유럽중앙은행과 IMF를 통해 전해지는 다른 나라들(무엇보다도 독일)의 대규모 원조 없이는 이 궤멸적인 재정적 곤란에서 빠져나올 방법이 없었다. 적어도 각국이 알아서 대공황에 대처하도록 사실상 내버려졌던 1930년대와는 대조적으로, 회원국들의 곤경에 대해 유로존 전체에 걸친 (가혹한 조건이 붙어 있긴 했지만) 국제적 지지 기반이 존재했다.

그리스는 특히 관심을 쏟은 나라였다. '스탠더드 & 푸어스'는 2010년 4월 그리스의 부채에 대해 '정크' 등급을 매겼다. 그리스는 부도 직전에 있었고, 국제 화폐시장에서 자금을 빌릴 수가 없었다. 그러므로 유럽연합과 IMF로부터 대규모 금융 지원을 요청해서 받은 첫 번째 나라가 되었다.

다음 몇 년에 걸쳐 몇몇 대규모 지원 패키지(즉 긴급 구제금융)가 연이어 그리스에 제공되었고, 이보다 작은 패키지가 아일랜드·포르투갈·스페인·키프로스·라트비아·루마니아에 제공되었다. 유럽재정안정기금European Financial Stability Facility, EFSF으로, 그다음에는 유럽재정안정화

기구_{European Financial Stabilisation Mechanism, EFSM}로 다소 어색하게 명명된 비상 구제 조치로서 긴급 구제금융 지원 협정들이 개시되었다. 그러나 이 협정들은 곧 유럽안정화기구_{European Stability Mechanism, ESM}라는 비슷한 이름의 좀 더 영구적인 긴급 구제금융으로 바뀌었다. 이것들은 근본적인 구조적 문제들을 해결하지 않고 위기를 완화했다.

그사이 유럽은 깊은 경기 침체(공식적으로는 재정 사분기 동안 연속으로 두 번 마이너스 성장을 기록했을 때로 정의되었다)에 빠져들었다. 2009년 5월에 2150만 명의 유럽연합 시민이 실직 상태에 있었는데, 그중 거의 4분의 1이 15~24세였다. 독일, 오스트리아, 네덜란드, 덴마크, 영국 및 몇몇 다른 나라에서는 실업률이 비교적 낮았다. 그 밖의 나라에서 상황은 보통 대단히 심각했다. 스페인, 그리스, 발트 국가들, 아일랜드는 가장 심한 타격을 받았다. 특히 젊은 노동자들 사이에 실업률이 극히 높았다. 스페인 사람 5명 중 거의 1명이 실업 상태에 있었는데, 젊은 노동자들 사이에서는 그 비율이 2배였다. 그리스 젊은 이들의 약 5분의 2가 직업이 없었다. 에스토니아에서 실업자의 수는 2008~2009년에 5배가 되었고, 라트비아와 리투아니아에서는 3배가 되었다. 다음 몇 년 동안 이들 나라에서 고실업은 일반화되었다. 유로존에서는 최초의 가파른 실업률 상승이 차츰 가라앉던 2011년에 두 번째 실업 급증이 발생했다.

2012년 초에 그리스인 3명 중 1명이 빈곤선 이하의 생활로 허덕였다. 임금은 연금처럼 삭감되었고(심지어 최저임금마저 22퍼센트 줄어들었다), 수천 명의 공공 부문 노동자들이 정리 해고당했다. 2만 명 이상이 노숙자가 되었다. 통계 뒤에는 무수한 개인의 비극이 놓여 있었다.

직업을 잃은 쉰다섯 살의 미장공은 실업자에서 어떻게 노숙자가 되었는지 그 과정을 개괄적으로 보여주었다. 2012년 2월, 그는 다음과 같이 이야기를 꺼냈다. "하루하루 경제 위기가 나를 공격했습니다. 갑자기 나는 어떤 보상도 없이 해고되었죠. (…) 두 달 뒤에는 집세를 낼 여유도 없었어요. 저축했던 돈은 죽은 아내의 치료비를 대느라 홀랑 날려 버렸죠." 그는 아파트에서 쫓겨나 넉 달 동안 자신의 고물 토요타에서 잤다. 그러다 차에 기름도 넣을 수 없는 형편이 되었다. 그는 노숙자를 위한 보호소에서 피난처를 구해야 했다. "그들에게 잠자리를 요청하는 것은 정말이지 용기가 필요한 일이었습니다. 몹시 창피했어요."

그리스만큼 암울하지는 않았지만, 유럽의 많은 지역에서 상황은 침울했다. 생산량이 거의 25퍼센트나 줄어들었던 이탈리아에서 경기 침체는 5년 이상 경제에 타격을 가했다(제2차 세계대전 이래 가장 긴 침체였다). 발트 국가들도 특히 심하게 타격을 받았다. 예전에 그들이 경험했던 높은 성장률은 하룻밤 사이에 급락했다. 라트비아는 2009년에 성장률이 -17.7퍼센트였다. 다른 동유럽 경제들(특히 리투아니아, 우크라이나, 에스토니아)도 이에 못지않았다. 2008년 수준으로 회복되려면 몇 년이 더 있어야 했다.

모든 지역이 경기 침체로 크게 고통을 받은 것은 아니었다. 앞선 호황기에 자신들의 경제를 사려 깊게 운영하고 튼튼한 사회 기반시설을 가졌던 나라들은 최소한의 타격만을 받으며 모든 것을 뒤흔드는 폭풍우를 견뎌냈고, 상당히 빨리 회복했다. 독일 경제는 곧 반등했다. 2010년까지는 성장률이 건전한 4퍼센트 이상으로 되돌아왔다.

몇 년 전 슈뢰더 정부가 도입한 개혁은 논란과 고통을 가져왔지만, 이제 열매를 맺고 있었다. 어떤 큰 신용 거품도 없었고, 국가 재정은 건전했다. 독일은 거대한 제조업 부문을 보유했다. 주요 수출 산업의 방향을 새로운 시장, 특히 중국으로 돌리고, 기업 경쟁력을 높이기 위해 법인세를 대폭 삭감한 데 힘입어 독일은 2011년 초에 국내총생산이 경기 침체 이전 수준으로 돌아갔다.

(경기하강에 상이한 정도로 영향을 받은) 북유럽 국가들 역시 아이슬란드만 빼고 비교적 빨리 회복했다. 덴마크는 금융위기에 심각한 영향을 받았지만, 일찍이 대규모 흑자 예산을 기록하고 있었다. 정부 부채가 유럽연합이 권고하는 국내총생산의 60퍼센트 이하였던 덴마크의 재정 상태는 근본적으로 건전했다. 그리고 네덜란드 정부는 금융 시스템을 안정화하는 조치를 즉각 도입했다. 2009년 무렵 경제는 다시 성장하기 시작했고, 2011년쯤에는 힘찬 회복세를 보였다. 노르웨이는 심지어 상당한 예산상의 흑자를 가져온 대규모 석유 수출의 도움을 받았다. 그러나 경기 침체가 있기 전에 노르웨이의 재정 운용 역시 건전했다. 북해 석유에서 나온 뜻밖의 횡재(오늘날의 가치로 족히 1600억 파운드 이상에 해당하는) 대부분을 국가 차입금을 줄이고 산업을 재편하며 세금을 감축하는 데 방탕하게 낭비했던 영국과는 달리, 노르웨이는 호황기에 그것을 별도의 투자기금에 신중하게 집어넣었고 시민들에게 여전히 극히 높은 생활수준을 제공하면서도 공공 지출을 감축했다.

스웨덴도 전 지구적 경기하강에서 빠르고 힘차게 회복했고, 2년 내에 (예를 들어, 당시 역시 회복 중이던 미국보다 2배) 높은 성장률을 기록할 수 있었다. 노르웨이처럼 스웨덴의 비교적 큰 공공 부문은 노동시장에 대한 지원을 통해 유지되었고, 사회 기반시설·교육·사회보장·보건·실업 지원에 대한 지출은 감소하기는커녕 증가했다. 더구나 스웨덴은 1990년대 초에 겪었던 금융위기에서 교훈을 배우며 탄력 있고 안정된 경제를 구축했는데, 이 경제는 좋은 시절에 건전한 예산상의 흑자를 창출하여 경기 침체기에 얼마간 교묘하게 행동할 수 있는 여지를 주었다. 스웨덴은 금리를 매우 낮은 수준으로 유지하고 대출을 하지 않는 은행을 처벌함으로써 수요를 북돋는 등 재정 문제를 재빠르게 처리했다.

점진적으로 도입된 변화는 유럽 대부분의 지역에서 시행된 변화—옛 국영 독점 기업들의 민영화, 예산 규제, 노동시장 유연성의 일부 확대, 후한 복지 급여(특히 연금)의 삭감—와 일치했다. 그러나 이 변화는 여전히 급진적이기보다는 온건했고, 시민들에게 높은 수준의 사회보장을 제공한다는 강력한 보증에 기반을 둔 국가라는 오랜 틀과 결별하지 않았다. 노르웨이처럼 스웨덴도 경세 전략을 짜고 그것을 실행함에 있어 정치적 분열을 가로지르는 높은 수준의 합의를 고려할 수 있었다. 하지만 1930년대에 그 기원이 있는 '스칸디나비아 모델'(여러 변이가 있는)은 정치적·사회적 분열이 훨씬 깊은, 규모가 훨씬 크고 훨씬 덜 동질적인 국가들에는 그대로 복제될 수가 없었다.

폴란드는 중부 유럽 국가 중에서 예외적으로 경기하강을 모면했다. 폴란드에서는 은행 대출이 적고 부동산 시장이 매우 작았으며, 정부가 부채를 쌓지 않았다. 게다가 다른 나라들이 경기 침체에 빠지고 노동조건이 악화되었을 때 200만 명의 이민 노동자들이 고국으로 돌아오면서 저축한 돈을 들고 왔다. 그리고 폴란드는 정부 지출을 늘리고 자국 통화를 평가절하할 수 있었는데, 이는 유로존이 사용할 수 없었던 개선책이었다. 그리하여 폴란드는 경기 침체를 벗어났다. 메치아르 시대에 부패의 수렁에 빠진 이후 경제를 철저하게 개혁하고 많은 외국 투자를 성공적으로 끌어들였던 슬로바키아 역시 폭풍우를 잘 헤쳐나갔다.

2012년 중반 무렵 전반적으로 최악의 상황은 끝났다. 유로존의 취약성은 많이 감소했다. 위기가 여전히 맹위를 떨치고 있는 가운데 2012년 7월 유럽중앙은행 총재 마리오 드라기[721]가 "유럽중앙은행은 유로를 보존하기 위해 할 수 있는 일은 무엇이든 할 준비가 되어 있다"고 선언했을 때 심리적으로 중요한 순간이 찾아왔다. '무제한 국채 매입'[722]이라고 명명된 계획하에서 유럽중앙은행은 긴급 구제금융이 지원되었으나 민간 대출 시장에 대한 접근을 다시 확보한 유로존 회원국들이 발행한 국채를 살 준비가 되어 있다고 발표했다. 이 계획은 유로존의 붕괴를 막겠다는 유럽중앙은행의 결정을 지지하는 데 심리적으로 추가적인 가치가 있었다. 사실상 그리스와 키프로스를 제외하고는 이 계획하에서 2013년 무렵 이래 어떤 요구도 없었고, 유로존

---

721) Mario Draghi(1947~). 이탈리아의 은행가이자 경제학자. 2006년부터 5년 동안 이탈리아 중앙은행의 총재를 지냈고, 2011년 11월 장클로드 트리셰의 후임으로 제3대 유럽중앙은행 총재에 취임했다.

722) Outright Monetary Transactions. 유럽중앙은행이 특정 조건 아래 유통 국채 시장에서 유로존 회원국이 발행한 채권을 매입하는 프로그램. 2012년 8월 도입이 발표되고 9월부터 시행되었다.

은 잠정적으로 회복되어갔다. 그때까지 족히 5000억 유로가 넘는 자금(가장 크고 부유한 유럽 국가들을 제외한 나머지 국가들의 연간 국내총생산보다 많았다)이 곤경에 빠진 경제들에 지급되었다. 이 자금의 약 5분의 1은 IMF에서, 나머지 대부분은 유럽중앙은행에서 나왔다. 가장 큰 몫은 그리스에 돌아갔다. 그러나 몇몇 국가는 2015년에도 우려스러울 정도로 높은 수준의 공공 부채를 여전히 안고 있었고 상당한 적자를 기록했다. 그리스는 최악의 곤경에 빠진 국가였는데, 국내총생산 대비 부채 비율은 177.4퍼센트에 달했고(유로존에서 이론적으로 허용 가능한 최대치는 60퍼센트였다), 앞으로 몇 년 동안 원조는 계속될 것이었다.

다른 나라들 역시—이탈리아(정부 부채가 국내총생산의 132.3퍼센트에 달하고 줄어들 기미가 보이지 않았다), 포르투갈(129퍼센트), 키프로스(107.5퍼센트), 벨기에(105.8퍼센트), 스페인(99.8퍼센트), 심지어 프랑스(96.2퍼센트로, 줄어들고 있지 않았다)도—여전히 우려스러운 점이 있었다. 국가 부채 위기는 이 무렵 겨우 서서히 개선되고 있을 뿐이었지만, 이전보다는 훨씬 덜 극심했다.

유로존은 손상을 전혀 입지 않고 근본적인 위기를 잘 극복했다. 그러나 유로존은 근본적으로 건전했는가? 유로존은 이탈리아와 같은 대규모 경제에서 금융위기를 초래할 가능성이 있는 또 다른 심각한 경제 충격이 온다면, 그것을 극복하고 살아남을 수 있을까? 사실 유로존은 처음부터 중앙 재정 당국의 부재라는 결함이 있는 계획이 아니었던가? 그리고 유로존의 구제책은 환자의 상태를 좋게 하는 것이 아니라 더 병들게 할 것 같지 않은가? 이러한 질문들에 대해 경제학자들은 의견이 갈렸다. 노벨상 수상자인 조지프 스티글리츠[723]는 유로존이 근본적인 구조적 개혁을 도입하지 않는 한 장기적인 미래는 있을 수 없다고 의심하는 경제학자들의 선두에 있었다. 그는 구조적 개혁으로서, 성장을 겨냥한 확장 정책으로 긴축 경제를 대체하고, 부채를 공동 부담하며, 흑자를 적자 국가들에 이익이 되도록 이동시킴으로써 경제들을 수렴하자고 제안했다. 또 유럽중앙은행이 확대된 신용기관들을 이용해 생산적 기업들에 투자하여 경제를 자극하자는 구상도 내놓았다. 지금까지도 그와 같은 변화를 도입할 정치적 의지는 부족하다.

실제로 유로존은 위기에 직면하자 스티글리츠가 주장한 방향과 반대 방향으로 나아갔다. 거대한 자금이 경제에 투입되었지만, 그 대부분은 회복을 직접 자극하기보다는 은행을 구제하는 데 쓰였다. 영국은행과 그 후 유럽중앙은행은 화폐 공급을 늘리기 위해 정부 채권을 매입하는 새로운 전자화폐를 창출하는 데('양적 완화'라고 알려진 방법) 엄청난 추가 자금(영국은행은 2009년부터 2012년 사이에 3750억 파운드, 유럽중앙은행은 2015~2016년에 1조 1000억 유로)을 썼다. 이것은 금리가 거의 제로 수준으로 떨어졌을 때의 통화정책에서 중심적 부분이었으며, 1930년대처럼 **디플레이션** 때문에 경기 침체가 재앙과도 같은 불황으로 치닫는 것을 막는 데 목표가 있었다. 이러한 목표에서

---

723) Joseph Stiglitz(1943~). 미국의 경제학자. 신케인스학파에 속한다. 예일 대학교 교수, 세계은행 부총재를 지냈으며, 현재 컬럼비아 대학교 경영국제관계학 교수로 재직하고 있다. 2001년 노벨 경제학상을 받았다.

이 방법은 성공적이었다고 주장할 수 있었다. 만일 이 방법을 쓰지 않았더라면 경기 침체는 훨씬 더 심해졌을 것이다. 그러나 그것은 대체로 은행들이 여전히 대출을 꺼리고, 경제에 대한 불안감으로 사람들이 대출받기를 주저했기 때문에 경제를 회복하는 데는 썩 성공적이지 못했다. 그리하여 자극의 대부분은 은행 부문 내에 머물렀고, 대다수 시민에게는 전달되지 않았다. 양적 완화는 기본적으로 은행을 돕는 것이긴 했지만, 일종의 신케인스주의였다. 그러나 신케인스주의 방식은 그 밖에는 거의 이어진 것이 없었다. 경기 침체가 시작되자마자 해결책은 대체로 신자유주의적 처방(확장보다는 축소)을 따랐다. 긴축을 통해 부채를 줄인다는 것이 주요 메시지였다.

이 때문에 경기 침체가 더욱 깊고 길어졌는지에 대해서는 경제학자들 사이에 많은 논란이 벌어졌고, 여전히 미해결인 채로 남아 있다. 긴축에도 불구하고 대부분의 나라는 실제로 경기 침체 동안 국내총생산에 비례하여 부채가 늘어나고 그런 다음 점진적으로만 줄어드는 것을 보았다. 그렇다면 대안이 있었는가? 진정으로 신케인스주의적인 접근은 확실히 단기적으로는 공공 지출과 부채를 늘렸을 것이다. 하지만 생산적 기업과 기술, 교육, 훈련에 대한 투자는 궁극적으로 더 빠른 성장과 지속적인 혜택을 가져올 수 있었을 것이다. 이와 같은 방법은 적어도 부분적으로 시행된 스웨덴, 노르웨이, 덴마크에서는 효과적이었다. 그러나 경기하강 전에 큰 흑자와 불가능한 것은 아니지만 다른 나라에서는 복제하기가 힘든 광범위한 정치적 합의를 누린 이 스칸디나비아 경제들에는 특별한 모습들이 있었다. 이 북유럽 국가들이 묘책을 발휘할 수 있던 여지는 다른 나라에서는 거의 존재하지 않았다.

그럼에도 일부 지도적인 경제학자들은 경제적 자극 대신에 지출을 줄이는 것은 수요를 억제하고 조세 수입을 감소시켜 추가 삭감을 불가피하게 하는 악순환을 영속화하는데, 이는 경기 침체를 더욱 악화하고 지연할 뿐이라고 강력하게 주장했다. 그러나 의지가 있다 하더라도 자금을 병든 경제로 쏟아붓는 것을 가로막는 장애물들이 있었다. 정부 부채와 적자의 허용 가능한 상한선에 관한 유럽연합의 합의된 규칙(비록 최악의 경기 침체 동안 대대적으로 위반했지만)은 유럽 대부분의 국가에서 확장주의적 경제정책을 채택하는 것을 방해하는 걸림돌이었다. 그리고 유럽연합의 중심 국가로서 여느 때처럼 인플레이션으로 인한 어떤 위험이든 피하고 싶었던 독일은 건전한 재정을 가장 강력하게 옹호했다. 가장 중요한 주장에 따르면, 독일은 몇 년 전 집안 단속을 하기 위해 필요한 구조적 개혁을 이미 도입했다. 독일은 다른 나라들이 유사한 구조적 개혁을 채택하기를 기대했다. 2012년 3월, 독일은 영국과 체코공화국만 제외하고 유럽연합의 모든 나라의 지도자가 서명한 '재정동맹조약Treaty of Fiscal Union'을 제안했다. 이 조약은 엄격한 예산 통제라는 독일의 재정 모델에 따라 국가 부채와 적자의 규모를 법적으로 엄밀하게 제한하는 데 목표가 있었다.

신케인스주의 정책을 도입하는 데는 이러한 제약 외에도 가공할 장애물이 또 있었다. 한 나라의 재정 상태를 평가하는 기관의 신뢰가 그것이었다. 미국에 기반을 둔 신용 평가 기관들(그중 가장 중요한 것은 스탠더드 & 푸어스와 무디스, 피치였다)은 신용도 평가를 조정하여 한 나라의 재정 상태에 엄청난 타격을 즉각 가할 수 있었다. 공공 지출의 확대를 통해 이미 높아진 공공 부채를 늘리는 것은 이들 평가 기관들의 노여움을 살 위험이 컸고, 그렇게 되면 국제 통화 시장에서 자금을 빌리기가 더욱 어려워져서 회복 가능성이 한층 낮아졌다. 그리하여 긴축을 통해 부채를 억제하는 방법이 거의 모든 정부 재정에서 승리했다.

긴축 정치

정치가들이 경기 침체 동안 벅찬 경제적·사회적 도전을 제어하느라 고군분투하는 사이에 정치는 더욱 불안정해졌다. 정치적 풍경이 새롭게 조성되기 시작했다. 각국에서 정치적 운명은 여느 때처럼 수많은 국가적 쟁점에 달려 있었다. 그러나 그 쟁점 중에서 사실상 모든 곳에서 부딪히고 있는 것은 정부가 어떻게 경기 침체를 다루고 있느냐는 문제였다. (예외가 있긴 했지만) 세 가지 **일반적인** 패턴이 나타났다. 첫 번째 패턴은 좌파든 우파든 집권 정당은 경기 침체가 시작되면 다음 선거에 패배하는 것 같다는 사실이었다. 두 번째 패턴은 주류 '기득권 세력' 밖의 저항운동은 정치 시스템에 대한 신뢰가 약해지면 지지를 얻는 듯하다는 것이었다. 수많은 사람이 경제를 부실하게 관리하는 그들 자신의 정부뿐 아니라 자신들에게 그런 고통을 가한 지구화된 금융자본주의의 얼굴 없는 힘에도 극심한 분노를 느꼈다. 흔히 그렇듯이 이것은 희생양을 찾는 것으로(보통은 이민자들 중에서 발견된다), 또 정체성 의식과 국제적 기구들에 넘겨주었던 통제권을 다시 획득할 수 있는 능력에 대한 믿음을 제공한 민족주의로 나타났다.

공통적으로 나타나는 세 번째 패턴은, 일부 예외가 있긴 하지만, 어떤 색깔의 정부도 긴축 조치를 취했다는 사실이다. 한 나라의 경제에 대한 정부의 자율성이 심각하게 제약되었다. 진정한 권력은 개별 국가를 넘어 익명의 국제금융 조작자들, 국채 소유자들, 평가기관들, 그리고 병든 경제들에 대한 지원 수준과 조건을 결정하는 IMF나 유럽중앙은행 같은 기관에 있는 것 같았다.

비록 경제 위기가 유럽의 모든 나라에 영향을 미쳤지만, 이미 튼튼한 경제 구조와 안정된 정치 체제를 전반적으로 갖고 있던 나라들은 정치적 대변동 없이(결함 있는 금융 시스템에 대한 과도한 의존이 영국의 아킬레스건이긴 했지만) 재빨리 경기 침체로부터 빠져나왔다. 이것은 독일, 오스트리아, 스위스, 네덜란드, 덴마크, 노르웨이, 스웨덴, (최근 유럽연합에 합류한 나라들 중에는) 폴란드, 슬로바키아에서 그랬다. 경제적 격변이 당연히 선거에서 선호도를 형성하는 데 어느 정도 역할을 하긴 했겠지만, 그것은 다른 요인들도 마찬가지였으며 이들 나라에서 결정적이지는 않았다. 실제로 이미 경기 침체 전에 정부들이 자신들의 경제 관리에 대한 얼마간의 승인을 확보했던 곳에서는 그 지도자들이 국민의 대부분에 의해 대대적인 불안을 잠재울 가장 좋은 보장책으로 여겨질 수 있었다. 유럽의 가장 중요한 경제인 독일에서 차분한 통제와 굳건한 자신감으로 강력한 인상을 남긴 앙겔라 메르켈 총리와 완고하지만 유능한 그녀의 재무장관으로서 경제적 탄탄함의 상징인 볼프강 쇼이블레[724]에 대한 계속된 지지는 이를 잘 보여

---

724) Wolfgang Schäuble(1942~). 독일 기독민주연합 정치인으로, 현재 제19대

주는 하나의 사례였다. 독일의 기독연합 같은 보수 정당들만이 계속 집권한 것이 아니었다. 예컨대 노르웨이에서는 노동당이 여전히 지배적인 정치 세력으로 남아 있었다.

심지어 정치적 안정이 확고한 곳에서도 새로운 정당이나 이전에 주변에 머물러 있던 오랜 급진 정당들은 인기를 더 많이 끌었다. 일부 사람들은 자신들이 신자유주의적 보수주의 사상으로 치부했던 경제정책을 사회민주주의가 채택한 데 배신감을 느끼고 좀 더 급진적인 좌익 쪽으로 향했다. 그러나 주요 승리자는 우익의 포퓰리즘 운동이었다. 독일에서는 인기 없는 슈뢰더의 개혁이 더 급진적인 좌익 정당인 '좌파당'[725]에 지지를 빼앗긴 사회민주당의 마음을 여전히 괴롭히고 있는 반면, 유로와 그리스에 대한 구제금융에 반대하는 우파의 새로운 정당인 '독일을 위한 대안'[726]이 곧 주목할 만한 지지를 얻

독일 연방의회 의장이다. 1984~1991년 헬무트 콜 내각에서 연방 특임장관, 총리실 장관, 내무장관을 맡았으며, 1991~2000년 독일 기독민주연합/바이에른 기독사회연합 연방의회 의원단장, 1998~2000년 독일 기독민주연합의 총재를 지냈다. 2005년부터 2009년까지 제1차 메르켈 행정부에서 다시 내무장관을, 2009년부터 2017년까지 제2·3차 메르켈 내각에서 재무 장관을 역임했다.

725) Die Linke. 독일의 민주사회주의 정당. 2007년 6월 16일 민주사회당, 노동과 사회정의를 위한 선거 대안의 통합으로 창당되었다. 현재 당대표는 카탸 키핑과 베른트 릭싱어다. 2009년 연방 선거에서 11.9퍼센트를 득표하여 독일 연방하원의 총 의석수 622석 중 76석을 차지함으로써 원내 4당이 되었다. 국제적으로는 유럽 좌파당의 일원이며, 유럽의회 교섭 단체인 유럽연합 좌파·북유럽 녹색 좌파에서 가장 많은 의석수를 가지고 있다.

726) Alternative für Deutschland, AfD. 2013년에 창당된 독일의 우익 정당. 2014년 유럽의회에서 7.1퍼센트의 득표율을 기록해, 독일에 배정된 96석 중 7석

기 시작했다.

핀란드에서 2011년 선거의 주요 특징은 '핀인당'[727]의 약진이었다. 핀인당은 포르투갈에 구제금융을 제공하는 데 반대하고 상당 정도는 유럽연합의 정치와 연관된 해로운 지구화와 싸우고자 하면서 지지를 얻은 민족주의 정당이었다. 아이슬란드의 금융위기는 광범한 대중적 저항을 초래했고, 그 결과 자유·보수주의 독립당[728]은 2009년 선거에서 지지의 3분의 1을 잃었고 18년간 통치하던 권좌에서 내려와야 했다. 벨기에에서는 경기하강이 부유한 플랑드르 지역과 한때 산업 지대였던 가난한 (프랑스어를 말하는) 왈론 지역 간의 유구한 언어적·문화적 차이를 악화하면서 정치적 분열이 심해져 2010~2011년의 거의 1년 동안 어떤 거국 정부도 전혀 구성할 수 없을 정도가 되었다.

중부 유럽에서는 일부 새 유럽연합 회원국들 사이에서 경기 침체가 우파든 좌파든 권위주의 형태로의 회귀를 조장했다. 헝가리에서 2010년 4월의 선거는 사회당에 큰 패배를 안겼다. 빅토르 오르반의 보수주의적 '청년민주주의자동맹'은 민족주의적 어젠다, 그리고 몇몇

을 확보했으며, '유럽 보수주의자와 개혁주의자들(European Conservatives and Reformists)'에 가입했지만 2016년 3월에 탈퇴했다. 현재 당대표는 외르크 모이텐이다.

727) Finns Party. 핀란드의 포퓰리즘·내셔널리즘 정당. 1995년 창당했으며, 현재 당대표는 유시 할라아호다.

728) Independence Party. 아이슬란드의 보수주의 정당. 1925년 보수당과 자유당이 재합당하면서 창당되었다. 2009년 총선에서는 사회민주동맹에 연립정부를 내주고 제2당이 되었지만, 2013년 총선에서는 19석을 획득하면서 진보당과 함께 다시 연립정부를 구성하는 데 성공했다.

진보적 자유를 제한하고 사법부의 독립을 침해하면서 오르반의 집권을 공고히 하는 개헌을 밀고 나가는 데 충분한 원내 다수파를 확보한 채 권좌로 복귀했다. 이에 수반된 우려스러운 일은 요비크[729]에 투표한 사람이 거의 17퍼센트로 늘어났다는 것이다. 이 당은 반유대주의와 집시에 대한 적대감이라는 면에서 파시즘 과거를 강력하게 떠올리게 한 극우 정당이다.

폴란드 역시 민족·보수주의 우파의 권위주의를 향해 움직이고 있었다. 유럽에서의 위기는 포스트 공산주의 이행으로까지 거슬러 올라가는 오랜 정치적 대결에 더욱 예리한 날카로움을 새롭게 부여했다. 2001년에 창당된 새로운 두 정당인 '시민연단'[730]과 '법과정의'[731]는 비록 어젠다가 매우 다르지만 '연대'의 유산으로부터 생겨났다. 자유주의적이고 자유 시장을 지향하며 유럽연합을 강력하게 지지하는 시민연단은 2007년 선거와 2011년 선거에서 가장 많은 표를 얻었다. 그러나 강력하게 민족·보수주의적이고 반자유주의적인 숙적 정당으

---

729)   Jobbik. 완전한 명칭은 Jobbik Magyarországért Mozgalom(더 나은 헝가리를 위한 운동)이다. 2003년 창당된 헝가리의 극우 정당이다. 현재 헝가리 의회에서는 전체 의석 199석 가운데 23석, 유럽의회에서는 헝가리에 배정된 전체 의석 21석 가운데 3석을 차지하고 있으며, 2006년 이래 보너 가보르가 당 대표를 맡고 있다.

730)   Civic Platform. 폴란드의 보수주의 중도 우파 정당. 유럽연합의 입법기관이자 유럽의회 소속의 유럽 인민당 회원으로 알려져 있다. 주로 자유·보수주의, 기독민주주의, 자유주의를 지향하며, 현재 당대표는 그제고시 스헤티나다.

731)   Law and Justice. 폴란드의 보수주의 정당. 2015년 폴란드 총선거 결과 폴란드의 제1당으로 부상했다. 현재 당대표는 야로스와프 카친스키다.

로서, 쌍둥이인 레흐 카친스키[732]와 야로스와프 카친스키[733]가 지배하는 법과정의는 2011년 반동적인 사회 프로그램으로 이전의 (특히 폴란드 동부에서 광범한) 지지 기반을 넓혔고, 2015년 총선에서는 승리자로 크게 전진했다. 베아타 마리아 시드워[734]가 신임 총리가 되었다.

음모론이 당의 성공에 기여했다. 2010년 4월, 당시 폴란드 대통령이던 레흐 카친스키가 70년 전 소련 비밀경찰에 2만 명 이상의 폴란드 장교들이 학살된 것을 추념하기 위해 러시아 서부의 스몰렌스크로 날아가는 도중 비행기 추락 사고로 사망했다. 기상 악화와 조종사 실수가 사고 원인이었다. 그러나 법과정의당은 대통령이 모호한 자유주의 세력이나 공산주의 세력 혹은 기괴한 두 이념의 연합 세력에 의해 계획적으로 살해당했다고 계속 주장했다. 이 주장은 폴란드의 자유주의자들에 대한 당의 공격 강화, 자유 시장 자본주의에 대한 적대, 유럽연합에 더욱 비판적인 태도(이 모든 것은 '진정한' 폴란드의 가치를 지나치게 강조한 데서 나왔다)로 구체화했다. 이민자 위기는 새로운 분위기에 잘 들어맞았다. 살아남은 다른 쌍둥이 형제로 법과정의당의 실력자인 야로스와프 카친스키는 2015년 선거 전에 이민자들이 콜레라를 유럽에 들여오고 '갖가지 기생충'을 확산할 위험에 관해

---

732) Lech Kaczyński(1949~2010). 폴란드의 법률가이자 정치가. 2002~2005년 바르샤바 시장, 2005~2010년 대통령을 역임했다.

733) Jarosław Kaczyński(1949~). 폴란드의 정치가이자 법률가. 현재 '법과정의' 당대표다. 2006~2007년 총리를 지냈다.

734) Beata Maria Szydło(1963~). 폴란드의 법과정의당 소속 정치가. 2015~2017년 총리를 지냈다. 2019년부터는 유럽의회 의원으로 활동하고 있다.

이야기했다. 권위주의 경향은 명명백백했다. 여당이 된 이후 법과정의는 언론의 자유를 축소하고 동성애 권리를 제한하며, 사법부에 대한 정치적 통제를 강화하는 조치를 취했다.

루마니아에서도 이 추세는 긴축정책에 대한 대대적인 항의와 긴축정책에 책임이 있는 보수주의 정부의 몰락 이후 비록 명목상으로는 사회민주주의적인 총리 빅토르비오렐 폰타[735] 치하의 좌파이긴 하지만 더욱 권위주의적인 정부 쪽을 향했다. 그의 지지 아래 헌법재판소의 권한은 약해졌고 법률 시스템은 더 확대된 정치적 영향력에 휘둘렸으며, 옛 보안기관 관리들이 중요한 직책을 계속 유지했고 부패가 조금도 수그러들지 않고 계속 만연했다. 불가리아에서 핵심 문제는 권위주의가 아니라 정부의 나약함이었는데, 긴축 정치와 부패의 횡행 및 조직범죄에 반대하는 대중 시위가 광범위하게 발생했다.

긴축을 관장하는 정당들은 유럽연합의 가장 큰 서부 국가들에서도 선거에서 패배할 것임을 예상할 수 있었다. 이탈리아에서 실비오 베를루스코니 정부는 2011년 가을에 공공 지출 삭감을 시도했으나 회복을 위한 일관된 프로그램 비슷한 어떤 것도 제공할 능력이 없는 것으로 드러났다. 11월에 베를루스코니가 사임했고, 금융 전문가이자 전 유럽연합 위원인 마리오 몬티[736] 아래의 '기술관료' 정부로 대체

---

735) Victor-Viorel Ponta(1972~). 루마니아의 정치가. 2012~2015년 세 차례 루마니아의 총리를 역임했다. 2014년 대선에 출마했으나 독일계인 클라우스 요하니스에게 패했다. 각종 부정부패 스캔들과 콜렉티브 나이트클럽 화재 사고에 대한 책임을 지고 2015년 12월 내각과 함께 사임했다.

736) Mario Monti(1943~). 이탈리아의 경제학자이자 정치가. 1995~2004년 유

되었다. 그는 급격한 지출 삭감과 세금 인상을 추가로 도입했다. 그러나 경제 상태는 악화했고, 대규모 저항(금융위기에 대한 미국인들의 저항으로 시작되었던 '월가를 점거하라'[737] 운동에 기반을 둔)이 확산되자 베를루스코니는 정치에 복귀하겠다고 선언했다. 몬티는 불과 1년 뒤인 2012년 12월에 사임했다. 몬티는 유럽연합의 지도자들과 IMF의 지지를 받았다. 유럽연합의 핵심 주역인 독일 정부 역시 몬티를 강력하게 지지했다. 이탈리아의 일반인들 사이에서는 이야기가 달랐다. 몬티는 새 정당인 '시민의선택'[738]을 이끌어 달라는 말에 설득되었지만, 2013년 2월의 선거에서 투표의 10퍼센트만을 얻었을 뿐이었다. 이로써 각광받던 그의 짧은 시절은 끝났다.

이 선거는 정치적 교착상태를 낳았고, 일부 이탈리아 논평가들은 나라가 통치 불가능하다고 언급했다. 선거의 가장 놀라운 양상은 코미디언 베페 그릴로[739]가 이끄는 완전히 새로운 저항 정당이 투표의 4분의 1을 모으며 갑자기 부상했다는 사실이다. 코미디언이 그와 같은 정치적 명성을 얻는 것은 이탈리아 정치에 어울리는 모습 같았다.

럽연합 집행위원, 2011~2013년 이탈리아의 총리를 지냈다.

737)   Occupy Wall Street. 2011년 9월 17일, 경제적 불평등에 반대하여 미국 뉴욕의 월가에서 시작된 대규모 시위. 그 후 보스턴, 워싱턴, 시카고, 로스앤젤레스, 샌프란시스코, 샌디에이고 등 미국의 다른 대도시와 나중에는 세계 각지로 확산하여 전 세계 1500여 개의 도시에서 유사한 운동이 벌어졌다.

738)   Civic Choice. 2013년 마리오 몬티가 창당한 이탈리아의 중도 자유주의 정당.

739)   Beppe Grillo(1948~). 이탈리아의 희극인, 배우, 정치가. 포퓰리즘 정당인 '오성운동'의 창립자이기도 하다.

긴 협상 끝에 긴축을 끝내고 성장 정책으로 복귀하기로 약속한 민주당의 엔리코 레타[740] 아래에서 불안정한 연립정부가 마침내 구성되었다. 내각이 취임 선서를 하던 날 총리 집무실을 겨냥한 총탄은 좋은 전조가 아니었다. 실비오 베를루스코니의 당인 '자유의인민'[741]은 2008년 선거에 비하면 크게 패했다.

그러나 자유의인민은 의회 양원에서 여전히 의석의 거의 3분의 1을 확보했다. 하지만 이번에는 이 위대한 생존자가 다시 복귀하는 일은 없을 것이었다. 2013년 8월 조세 포탈 혐의로 유죄판결을 받았지만, 베를루스코니는 고령이라는 이유로(당시 75세였다) 감옥에서 풀려났다. 그러나 그는 공직이 금지되었고, 상원에서 쫓겨났다. 베를루스코니의 시대가 마침내 끝났다.

프랑스도 위기에 책임이 있는 사람들이 권력에서 축출된다는 규칙에서 예외가 아니었다. 2008년부터 2012년 사이에 실업률은 우려스러울 정도로 치솟았고 빈곤이 심해졌으며, 무역 적자가 늘어남에 따라 부채가 계속 증가했다. 또한 성장은 거의 제로 수준에서 움직였고, 소비 지출은 하락했으며, 조세 수입은 감소했다. 경제적 침체 상태에서 벗어나지 못한 일은 2012년 대통령 선거에서 2007년 선출된 후 단 한 번의 임기만 채우고 버려진, 점점 더 분열을 일으키는 인물

---

740)　Enrico Letta(1966~). 이탈리아의 정치가. 2013~2014년 이탈리아의 총리로서 중도 좌파의 민주당과 중도 우파의 자유의인민당, 중도의 시민의선택당이 뭉친 연립정부를 이끌었다.

741)　People of Freedom. 이탈리아의 중도 우파 정당. 2007년 11월 18일, 실비오 베를루스코니가 창당했다. 자유국민당으로 번역하기도 한다.

이었던 니콜라 사르코지[742] 대통령이 얼마 안 되는 격차로 패배하는 데 주요한 원인으로 작용했다.

2012년 대통령 선거에서는 사회당 지도자 프랑수아 올랑드[743]가 승리했다. 이와 함께 2012년 5월 6일 제2차 투표에서 올랑드를 지지한 52퍼센트의 투표자들 사이에서는 그가 경제를 소생시킬 것이라는 낙관주의가 팽배했다. 한 달 뒤 치러진 의회 선거에서 사회당이 국민의회의 94석을 확보했을 때, 위기에 대한 새로운 접근이 확실히 이루어질 것 같았다. 그러나 경제를 촉진하려는 국가의 온건한 개입은 문제가 악화하는 것을 막는 데 아무 소용이 없었다. 연 100만 유로 이상의 소득에 대한 75퍼센트 부가세는 2년 뒤 폐기되었다. 그것으로는 거의 세수를 늘릴 수가 없어서 경제에 영향을 주지 못했지만, 프랑스가 필요로 하는 최고위 혁신가들과 기업가들을 소외시킨다는 비판을 받았다. 나중에 올랑드의 경제·산업장관이 된(2017년에는 대통령으로 선출될) 에마뉘엘 마크롱[744]은 그것이 프랑스를 '태양 없는 쿠바'로 만들 것이라고 경고했다.

---

742) Nicolas Sarkozy(1955~). 프랑스의 정치가. 하원의원, 정보통신장관, 내무장관, 경제장관 등을 역임하다 2007~2012년 프랑스의 대통령을 지냈다.

743) François Hollande(1954~). 프랑스의 정치가. 1997~2008년 프랑스 사회당의 제1서기를 지냈다. 2012년 프랑스 대통령 선거에서 니콜라 사르코지를 누르고 제24대 프랑스 대통령에 당선하여 2017년 5월까지 집권했다.

744) Emmanuel Macron(1977~). 프랑스의 제25대 대통령. 2014~2016년 경제·산업장관을 지내며 사회당 정부의 중도 우파적 정책을 실행하고자 했다. 2016년 정당 '레퓌블리크 앙 마르슈!'를 창당하고 당대표에 올랐으며, 2017년 프랑스 대통령 선거에 출마해 국민전선의 마린 르펜 후보를 누르고 당선했다.

그 무렵 올랑드는 사회당 전임자인 프랑수아 미테랑이 1980년대 초에 그랬던 것처럼, 자신의 경제 전략을 사실상 파기하면서 2014년 1월 노동비용을 줄이고 공공 지출을 삭감하는, 좀 더 기업 친화적이고 부분적으로 신자유주의적인 어젠다 쪽으로 움직였다. 그러나 그는 쪼그라드는 인기를 만회할 수도, 계속 악화하는 경제의 운명을 호전시킬 수도 없었다. 그의 불운한 대통령직 수행이 계속되고 나라의 곤경이 개선되지 않는 데 대한 분노가 고조되면서 올랑드는 제5공화국 역사상 가장 인기 없는 대통령이 되었다. 2016년 11월에 그의 지지율은 기록적으로 낮은 4퍼센트에 불과했다. 12월 1일, 그는 재선을 위한 선거에 입후보하지 않겠다고 선언한 첫 프랑스 대통령이 되었다.

그사이 프랑스 북부와 동부의 황폐한 옛 산업 지역과 남부의 가난한 지역에서 많은 투표자들이 마린 르펜[745]의 민족주의적이고 반브뤼셀적인 메시지에서 매력을 찾고 있었다. 그녀는 아버지 장마리 르펜의 인종주의적이고 네오파시즘적인 이미지를 탈피하려 노력했는데, 어느 정도 성공을 거뒀다. 그녀의 정당인 국민전선은 2014년 5월 유럽의회 선거에서 어떤 프랑스 정당보다도 높은(거의 25퍼센트) 득표율을 기록했다. 그것은 프랑스 정치가 계속 매우 불안정할 것이라는 징후였다.

---

745) Marine Le Pen(1968~). 프랑스의 정치가, 변호사. 2011년 1월 16일부터 극우파 정당인 국민전선의 총재를 맡고 있다. 2012년에 이어 2017년 다시 대통령 선거에 출마했으나 에마뉘엘 마크롱에게 패했다.

영국에서는 1997년 이래 집권 중이던 노동당이 금융 대실패를 주도한 대가를 치렀다. 금융 붕괴의 지속적인 결과는 분명했다. 그와 같은 심각한 경기 침체에서 회복하려면 오랜 세월이 필요하다는 사실에 직면한 영국에서는 위기의 원인이 일국적인 것이 아니라 명백히 전 지구적이었는데도 보수당이 이를 이용해 노동당을 비난했다. 그리고 국가 부채와 지출 적자 둘 다 위기 전에는 관리할 수 있는 수준이었다. 그러나 그 비난은 받아들여졌다. 또 다른 효과적인 비판은 노동당이 은행에 충분한 규제를 가하지 못했고, 그럼으로써 위기를 초래한 투기 거품을 조장했다는 것이었다. 이러한 비난은 상당한 실체가 있었다. 하지만 보수당은 노동당 정부보다 훨씬 더 규제 완화를 선호했고, 실제로 1986년에 시티오브런던을 세계 금융의 필수적인 중심지로 바꾸어 놓았던 이른바 '빅뱅'[746]을 통해 갑작스럽게 금융시장에 대한 규제를 완화한 바 있었다. 그리고 노동당과 마찬가지로 보수당도 예금자들을 보호하기 위해 은행들을 구제할 수밖에 없다고 생각했을 것이다.

그렇지만 붕괴가 노동당 정부 아래에서 발생했다는 사실은 부인할 수 없는 현실이었다. 그리고 최초의 금융 붕괴 이래 예산 적자는 2배가 되었고, 정부 부채 역시 급격히 증가했다. 고든 브라운 아래에서 점점 포위당한 노동당 정부는 2010년 5월 6일의 총선에서 패배했

---

746) Big Bang. 금융시장의 갑작스러운 규제 완화를 가리킨다. 1986년 영국의 마거릿 대처 총리는 고정 수수료 폐지, 런던 증권거래소에서 주식 매매업자와 브로커의 차별 철폐, 그리고 거래소에서 전자화면 중심 거래로의 전환 등을 시행하면서 금융시장에 대한 규제를 크게 완화했다.

고, 13년 만에 데이비드 캐머런[747]이 총리직을 맡은 보수당이 자유민주당 및 그들의 지도자 닉 클레그[748]와의 연립정부에서 주요 세력이 되어 권좌로 복귀했다. 재무장관 조지 오즈번[749]의 지휘 아래 새 정부는 즉각 적자와 정부 부채를 통제하기 위해 긴축에 착수했다. 적자는 비록 여전히 마스트리흐트의 지침을 크게 초과하긴 했지만, 다음 4년에 걸쳐 국내총생산의 10.8퍼센트에서 5.1퍼센트로 점점 계속 떨어졌다. 다른 한편 정부 부채는 2010년부터 2015년 사이에 매년 증가했는데, 2015년에는 국내총생산의 87.5퍼센트에 이르렀다.

회복은 몹시 더디게 이루어졌다. 경기 침체에 빠진 영국은 1980년대 이후 경제를 제조업에서 금융으로 너무 급격히 기울게 한 대가를 치르고 있었다. 유로존의 나라들과는 달리 영국은 통화에 대한 통제권을 갖고 있었다. 영국은 금융 완화 쪽으로 신속히 움직였다. 그러나 2009년부터 2013년 사이 파운드의 가치가 약 25퍼센트 절하되었는데, 수출은 여전히 부진했고 투자 수준도 낮았다. 실업률이 낮아졌지만, 이용 가능한 많은 일자리는 급료가 형편없고 불안정했다. 2010년 이후 영국은 큰 선진 경제들 중에서 가장 엄격하게 재정 건전화를

---

747) David Cameron(1966~). 영국의 정치가. 2010년 영국 총선거에서 보수당을 승리로 이끌면서, 마흔세 살의 젊은 나이에 총리직에 올랐다. 2016년 6월 24일, 영국의 유럽연합 탈퇴 여부를 묻는 국민투표에서 브렉시트(영국의 유럽연합 탈퇴)가 확정되자 책임을 지고 총리직에서 물러났다.
748) Nick Clegg(1967~). 영국의 자유민주당 소속 정치가. 2010~2015년 부총리를 지냈다.
749) George Osborne(1971~). 영국의 신문 편집인이자 보수당 정치가. 2001~2017년 하원의원, 2010~2016년 재무장관을 지냈다.

시행했으나 이탈리아를 제외하면 어느 경제보다도 회복하는 데 시간이 오래 걸렸다. 마침내 2013년 성장이 서서히 다시 시작되었을 때, 그것은 활황인 주택 시장과 소비 지출—상당 부분은 개인 채무의 증가에서 비롯했다—그리고 긴축에도 불구하고 정부가 처음 의도한 만큼 줄일 수는 없는 것으로 드러난 국가 지출에 적잖게 의존했다.

긴축 정치의 사회적 비용은 높았다. 비용의 대부분을 치른 것은 사회의 빈곤층이었다. 공공 서비스에서 재정 지원 감축은 대체로 지방 정부로 이전되어 사회적 통합을 유지시키는 청년 서비스, 아동 센터, 도서관 및 여타 중요한 시설의 폐쇄를 가져왔다. 경기 침체는 사회적 분열을 확대했다. 데이비드 캐머런과 조지 오즈번을 비롯한 몇몇 내각 구성원이 영국의 가장 비싼 일부 사립학교에서 교육을 받았다는 사실은 긴축의 악영향이 나타나기 시작하면서 보통 아등바등 돈을 벌어 겨우 먹고사는 평범한 사람들과는 한참 동떨어진 정치 엘리트 계층의 이미지를 한층 강화했다. 소득과 부의 격차는 더욱 커졌다. 총소득의 약 13퍼센트가 인구의 1퍼센트에게 돌아갔는데, 이는 예컨대 네덜란드 수준의 2배에 해당했다. 최고위 기업 임원들은 1998년에 직원들의 평균 소득보다 47배를 더 벌었다. 2014년에는 143배로 커졌다. 그리고 그들의 소득은 평균 소득자보다 4배 이상 빠르게 증가하고 있었다. 최고위 임원들의 평균 급여는 이제 연 440만 파운드에 달했다. 인구의 평균 소득은 연 2만 6000파운드였다. 구매력으로 측정한 가구 소득은 2013년에는 2010년에 비해 거의 6퍼센트나 낮았다. 가장 가난한 가구 20퍼센트의 평균 소득은 네덜란드, 프랑스, 독일보다 훨씬 뒤처졌다. 그러나 런던의 가장 매력적인 지역에서 부동산 가치는 연 20퍼센트 이상 상승하고 있었고, 호화로운 메이페어의 고급 주택 1주일 임대료는 대다수 사람들의 1년 수입보다 비쌌다.

더 적은 사람들만이 자기 집을 구입할 수 있었고, 그렇지 못한 사람들은 보통 양심 없는 집주인에게 거의 보호도 받지 못한 채 기준 이하의 집을 임대해 살지 않으면 안 되었다. 오랜 세월 정부들은 계속 주택 건설을 무시했는데(그리고 대처 시대 이래 매각된 기존 주택을 보충하는 어떤 사회적 주택 프로그램도 없었다), 이는 경기 침체기에 첨예하게 느껴졌다. 영국은 세계에서 가장 부유한 국가 중 하나였지만 점점 더 많은 시민이 자기 머리 위에 지붕조차 갖지 못하는 일이 벌어졌다. 런던의 경우 거리에서 잘 수밖에 없는 사람의 수가 2010년부터 2017년 사이에 2배 이상 늘어났고, 다른 대도시에서도 급격히 증가했다. 극빈자들에게 음식을 제공하는 푸드뱅크를 이용하는 사람은 같은 기간 1642퍼센트 폭증했다.

2011년 일부 도시에서 발생한 폭동은 황폐한 주택에서 사는 이민자 가족의 미래가 캄캄한 수많은 젊은이를 비롯해 가장 심하게 박탈당한 일부 사회계층 사이에 만연한 분노와 좌절—범죄로 기회를 잡으려는 태도뿐 아니라—을 반영했다. 그들은 사회적으로 극단적인 상태에 있었다. 그러나 경제적 상황이 악화하면서 태도가 단호해졌다. 희생양을 찾았다. 그중에 이민자들과 유럽연합이 있었다. 이민자들과 유럽연합은 교묘하게 결합되어 영국독립당[750]—본질적으로 민

---

750) United Kingdom Independence Party, UKIP. 영국의 우익 포퓰리즘 정당. 1993년 창당되었는데, 당규에서는 '민주적이고 자유 지상주의적인 정당'을 표방한

족주의적 반지구화 정당의 영국(실제로는 주로 **잉글랜드**) 형태였는데, 유럽의 많은 지역에서 유사한 정당을 찾을 수 있었다―쪽으로 방향을 튼 점점 늘어나는 사람들에게 기본 메시지를 제공했다. 소득은 매우 수수하지만 1997년 그녀와 남편이 구입한 이래 값이 거의 4배가 된 집을 갖고 있는 런던의 슈퍼마켓 감독관은 이렇게 말했다. "이 거리에 폴란드인들과 나이지리아인들이 이사 왔어요. 좋은 사람들이고, 열심히 일해서 집을 삽니다. 그러나 우리가 집과 일자리가 필요할 때 그들이 여기에 왜 있나요? 우리가 유럽연합에서 나간다면 그것을 중단시킬 수 있을 거예요." 바로 여기에 유럽연합에 대한 점증하는 적대의 싹이 있었다. 2005년에도 여전히 소수파의 견해였던 '유럽회의주의'는 노골적인 '유럽혐오증'으로 바뀌면서 확산하고 있었다.

대침체에 가장 심각하게 타격을 받은 나라들(포르투갈, 스페인, 아일랜드, 그리고 그 어느 나라보다도 더 그리스)에서 기성 정당들은 심각하게 고조되는 경제 위기와 싸움을 벌이며 버둥거렸다. 지출 삭감을 제안하고 구제금융을 시도했던 포르투갈의 사회당은 2011년 광범위한 분노와 대중 저항의 와중에 정부에서 축출되었다. 그러나 중도 우파 사회민주당이 이끄는 후임 정부는 포르투갈의 곤경이 더욱 악화하면서 그 자신의 극심한 긴축 조치를 단행했다. 이에 사회민주당은 2015

다. 영국의 유럽연합 탈퇴와 강력한 이민 규제 등을 주장한다. 여기서 독립이란 유럽연합에서의 독립(브렉시트)을 뜻한다. 2014년 5월 유럽의회 선거에서 27.5퍼센트의 득표율로 1위를 차지했다. 하지만 2017년 영국 총선에서 지지층이 보수당과 노동당으로 흩어지면서 2015년에 10퍼센트를 훌쩍 넘던 득표율이 1퍼센트대로 폭락했다.

년 10월 선거에서 대가를 치렀고, 사회당이 복귀하여 불안정한 소수당 정부를 이끌게 되었다. 스페인에서는 깊어가는 위기 때문에 재정적 자극을 주고자 했던 초기의 의도에도 불구하고 긴축정책을 시행할 수밖에 없었던 사회당이 2011년 11월 선거에서 지지자의 거의 5분의 4를 잃어버렸다. 훨씬 더 가혹하게 긴축을 단행하고 또 부패 스캔들에도 시달린 후임 보수당 정부는 2015년 선거에서 대가를 치르며 의석의 3분의 1을 잃었다. 그러나 사회당 역시 투표자들에게 거부당했다. 두 국외자 정당이었던 좌익 포데모스[751] 저항운동과 중도 '시민'[752]당이 그들 사이에서 국민투표의 3분의 1을 획득했는데, 이는 스페인의 두 주요 정당을 약화한 긴축 정치에 대한 분노를 보여주는 것이었다. 아일랜드는 2011년 2월 총선에서 나라의 재정적 곤경에 책임 있는 중도 우파 집권 여당 피어너 팔[753]이 1920년대 이래 최악의 패배를 당했을 때 그 자신의 정치적 지진을 경험했다. 그 주요 라이벌 정

751)   Podemos. 2014년 1월에 창당된 스페인의 극좌 정당. '우린 할 수 있다'라는 뜻이다. 2014년 5월의 유럽의회 선거에서는 7.98퍼센트를 득표하여 5석을 얻었다. 2019년 4월의 스페인 총선거에서는 14퍼센트를 득표해 350석 중 30석을 얻어 제4당을 차지했다.

752)   Ciudadanos. 스페인의 중도 우파 정당. 초기에는 사회민주주의, 사회자유주의를 표방하는 중도 좌파 정당이었으나, 2017년 2월 전후로 기존의 사민주의 강령을 상당수 포기했으며, 현재 인민당과 복스(Vox) 사이에서 중도 우파의 주도권을 두고 경쟁하는 중이다.

753)   Fianna Fáil. 아일랜드의 중도, 중도 우파 보수주의 성향의 당으로 현재 브라이언 카우언이 총리직을 맡고 있는 집권 여당이다. 피어너 팔은 아일랜드의 전사들이라는 뜻이다.

당인 자유·보수주의적 피네 게일[754]은 거의 80년 전까지 거슬러 올라가는 당 역사에서 처음으로 의회에서 가장 큰 정당이 되었다. 이두 정당의 장기적인 우위가 심각하게 약해졌음을 보여주는 것은 아일랜드 노동당[755]과 민족주의적인 신페인당 역시 상당한 표를 얻었다는 사실이었다.

그리스에서 발생한 정부 격변의 수준은 예외적으로 높았는데, 이는 경제적 재난의 규모를 반영하는 것이었다. 경제가 이미 급격히 수축하고 있던 2009년의 선거는 보수주의 집권 여당인 '신민주주의'[756]에 패배를 안겨 주었다. 수 주 내에 게오르기오스 파판드레우[757] 아래의 새로운 사회주의적 '범그리스 사회주의 운동'[758] 정부는 그리스의

---

754)   Fine Gael. 아일랜드의 중도 우파 정당. 피어너 팔과 거대 양당을 이루고 있으나 피어너 팔보다 좀 더 보수적인 성향으로 평가받는다. 스스로는 진보적 중도 정당이라고 밝히고 있으나, 유럽 대륙의 기독민주당 모델을 지향하는 것으로 알려져 있다. 2019년 현재 당대표는 리오 브래드커다. 피네 게일은 아일랜드의 가족(종족)이라는 뜻이다.

755)   Irish Labour Party. 아일랜드 공화국의 사회민주주의 정당. 1912년 제임스 코널리와 제임스 라킨, 윌리엄 오브라이언이 아일랜드 노총의 정치조직으로 창당했다. 현재 당대표는 브렌단 하울린이다.

756)   New Democracy. 자유보수주의 정당으로서 1974년에 이른바 대령들에 의한 군부독재가 종말을 고한 후 콘스탄티노스 카라만리스가 창립했다. 2019년 7월 7일의 총선에서 그리스 의회 전체 300석 가운데 158석을 차지하는 압승을 기록하여 집권 여당이 되었다. 키리아코스 미초타키스가 현재 당대표로서 그리스 총리를 맡고 있다.

757)   Georgios Papandreou(1952~). 그리스의 정치가. 2009~2011년 총리를 지냈다.

758)   PASOK(파넬리니오 소시알리스티코 키니마). 그리스의 사회민주주의 정

공공 부채가 예전에 인정된 것보다 훨씬 많다고 발표했다. 나라에는 만기가 되어가는 대출금을 상환할 재원이 없었다. 그러자 평가기관들은 그리스의 신용도를 크게 낮췄고, 이로써 대출기관에서 돈을 빌리기가 더욱 힘들어졌다. 정부는 가혹한 긴축정책을 시행하는 것으로 대응했다. 공무원들의 봉급이 삭감되었고, 국가 연금이 동결되었으며, 세금은 인상되었다. 그것만으로는 부족했다. 2010년 4월 파판드레우는 전 세계에 구제금융을 요청했는데, 이는 나중에 밝혀졌듯이 일련의 구제금융 중 첫 번째였다. 트로이카(IMF, 유럽중앙은행, 유럽연합 집행위원회의 대표들을 이렇게 불렀다)는 한 달 내에 더욱 엄격한 긴축 조치와 국가 재정의 구조조정이라는 조건이 붙긴 했지만 1100억 유로를 빌려주는 데 합의했다. 의회는 주저하며 이 조건에 동의했다.

아테네의 거리에서는 공공의 분노가 엄청난 시위로 표출되었다. 1년도 지나지 않아 '분노한 시민Indignados'의 반긴축 운동으로 아테네를 비롯한 여러 도시에서 조직적 시위가 확산했다. 야만적인 무력 과시로 시위에 대응한 경찰과 폭력적 충돌이 늘어났다. 일부 분노는 트로이카 뒤의 권력으로 여겨진 독일을 향했다. 터무니없긴 했지만 히틀러의 콧수염을 한 독일 총리 앙겔라 메르켈의 포스터가 등장해 적대감을 가시적으로 보여주었다.

주요 정당에 대한 지지도는 낮아졌다. 파판드레우는 2011년 11월

당. 군사정권 붕괴 이후 1974년 9월 3일 창당했으며, 1968년 망명 중 안드레아스 파판드레우가 창립한 '범그리스 해방운동(PAK)'에 뿌리를 두고 있다. 1981~1990년과 1993~2004년에 집권했다.

사임하지 않으면 안 되었고, 연립정부가 뒤이어 들어섰지만 불안정하고 무능했다. 2012년 5월 요령부득의 선거 이후 겨우 한 달이 지나 또 한 번 선거를 치러야 했다. 1970년대 이래 그리스의 집권 여당이었던 범그리스 사회주의 운동은 겨우 3위를 했을 뿐이었다. (새 연립정부를 이끈) 신민주주의에 이어 이제 2위를 차지한 것은 카리스마 넘치는 알렉시스 치프라스[759]가 이끄는 급진적인 좌익 정당 '급진좌파연합'[760]이었다. 불길하게도 극우 쪽에서는 신파시즘 정당인 '황금새벽'[761]이 의회에서 21석을 얻었다. 일부 국민이 자신들의 빈곤에 대한 희생양을 찾았기 때문에 황금새벽은 점점 늘어나는 이민자들에 대한 분노를 부추길 수 있었다. 이 이민자 중 상당수는 2000년대 중반 이후 주로 아프리카와 중동에서 불법으로 건너온 사람이었다.

2012년 2월 1300억 유로에 달하는 두 번째 구제금융이 합의된 이

759)　Alexis Tsipras(1974~). 그리스의 급진좌파연합(SYRIZA) 정치가. 2015~2019년 총리직을 맡았으며, 2018년 10월부터 2019년 7월까지는 외무장관도 겸임했다.

760)　SYRIZA. 그리스의 정당으로 반자본주의, 사회주의, 세속주의를 표방한다. 2004년 그리스의 좌파, 급진 좌파 정당들의 연합체로 시작했으며 2015년 1월 총선에서 승리해 집권당이 됐다. 당대표였던 알렉시스 치프라스는 총선 승리 이후 그리스의 총리에 취임했다.

761)　Golden Dawn. 그리스의 극우 정당. 정식 명칭은 '대중연합-황금새벽'이다. 황금새벽당은 1980년 니콜라오스 미할롤리아코스 당수가 극우 성향의 잡지 《황금새벽》을 창간한 데서 시작했다. 1993년 정당으로 등록한 뒤부터 정치 활동에 나서 2010년 지방선거에서 5.3퍼센트의 득표율로 아테네 시의회에 진출했다. 2012년에는 그리스 의회 선거에서 전국 7퍼센트의 득표율을 기록하면서 정원 300석 중 18석을 차지해 원내에 진출했다.

후에도 생활수준은 갈수록 악화되었다(가장 빈곤한 층의 생활수준이 압도적으로 악화되었다). 보건 예산은 21.7퍼센트가 삭감되었다(그래서 유아 사망률이 급격하게 높아졌다). 교육 예산은 위기 전보다 3분의 1 넘게 대폭 줄어들었다.

외부 원조에도 불구하고 그리스는 2012년 3월 부채를 상환하지 못했다. 국가 부채는 재조정되어 1070억 유로가 탕감되었다. 그러나 구제에 별로 도움이 되지 않았다. 실제로 구제금융 자금이 모두 기존 빚을 갚는 데 필요했으며, 새 빚을 졌을 뿐이었다. 계속 강화되는 긴축의 시기는 최종적으로는 위기가 시작되었을 때보다 더 많은 산더미 같은 빚을 낳았다.

시민들은 수십 년 동안 부실하게 운영되어온 정부에 대한 대가를 크게 치르고 있었다. 그리스는 오래전부터 공공 부문이 비대했고, 관료층은 엄청나게 비효율적이었으며, 조세 회피는 거의 국민적인 스포츠가 되어 있었다. 복지 수당 사기는 고질적이었다. 수천 명의 그리스인이 사망한 친척을 위한 연금을 요청할 수 있었다. 식당은 식사비로 현금만을 요구했다. 의사들은 소득의 상당 부분을 신고하지 않았다. 당연히 자산은 시야에서 은폐되었다. 국내총생산의 거의 3분의 1이 지하경제에서 비롯한 것으로 추산되었다. 그리고 연금에 들어가는 그리스의 지출은 독일이나 이탈리아보다 2배 이상 빠르게 증가했고, 대부분의 그리스인에게 조기 퇴직을 허용하면서 통제에서 벗어나고 있었다. 그리하여 그리스는 확실히 집안 단속을 해야 했다. 하지만 긴축이 너무 급격하고 가혹했던 탓에 정치적으로도 사회적으로도 거의 참을 수가 없었다.

그렇지만 2013년 또 한 번 긴축 조치가 시행되었다. 2013년에 수천 개의 공공 부문 일자리가 감축되었고, 임금도 더 삭감되었다. 2014년 초에 정부는 오랜만에 재정이 흑자라고 발표할 수 있었다. 이 뉴스는 그리스 시민들에게 큰 위안이 되지 못했다. 2015년 1월 선거에서 시민들은 정부를 다시 한번 내동댕이쳤다. 한때 강력했던 범그리스 사회주의 운동은 이제 겨우 투표의 4.7퍼센트만을 얻은 정당으로 쪼그라들었다. 좀 더 급진적인 좌파로 대대적으로 선회하면서 급진좌파연합에 승리가 돌아갔다. 치프라스는 새 정부를 이끌었다(민족주의적인 작은 '독립 그리스인'[762]당과 연정해야 했지만). 사람들의 지지를 받은 치프라스의 프로그램은 회복이 시작되었음을 보여주는 조짐이 있었는데도 트로이카가 필수적이라고 생각한 세 번째 긴급 금융(추가 삭감을 수반하는)을 전면적으로 거부하는 것이었다. 치프라스는 그리스의 부채를 근본적으로 재조정하고 긴축 정치를 종식하고자 했다. 새로운 구제금융을 기각하자는 그의 권고는 2015년 7월 국민투표에서 유권자들의 지지를 받았다.

외향적 성격 때문에 유럽 전역의 텔레비전 시청자들에게 잘 알려지게 된 치프라스의 재무장관 야니스 바루파키스[763]는 부채를 재조정

---

762)　Independent Greeks. 민족보수주의, 우익 포퓰리즘, 유럽회의주의를 지향하는 그리스의 우파 정당. 2012년 그리스 의회 선거에서 원내 정당이 되었으나, 2019년 총선에는 불참했다.

763)　Yanis Varoufakis(1961~). 그리스의 마르크스주의 경제학자. 그리스 급진좌파연합의 일원으로 2015년 1월 25일부터 2015년 9월 20일까지 그리스 의회 의원을 지냈으며, 그사이 2015년 1월 27일부터 2015년 7월 6일까지 그리스 재무장

하고(사실상 그리스의 채무 탕감을 의미한다), 얼마간 정당하게도 그가 자멸적인 긴축 사이클이라고 여긴 것에서 벗어나는 새로운 정책을 열렬히 주장했다. 그러나 국민투표 직후 치프라스는 입장을 번복하고, 세 번째 구제금융의 조건(820억에서 860억 유로 사이의 대출을 2018년까지 분할로 갚는다는 조건)을 주저하며 수용했다. 치프라스는 그것을 그리스가 성취할 수 있는 가장 좋은 거래라고 생각했다. 어떤 대안도 '자살'이었을 것이라고 그는 주장했다. 자기 생각에 반드시 해야 했던 변화를 실행할 수 없었던 바루파키스는 7월에 이미 사임한 상태였다. 인기가 자유낙하하고 당내의 반란에 직면한 치프라스의 사임이 8월에 뒤를 이었다.

대안 정부를 찾기가 불가능한 것으로 드러난 지 한 달 후 새로운 선거가 있었지만, 큰 상황 변화가 없었고 치프라스는 다시 한번 정부를 이끌어달라는 요청을 받았다. 2016년 5월 처음에 반긴축적이었던 총리는 새로운 긴축 조치를 도입할 수밖에 없었다. 그리스는 공식적으로 2014년에 경기 침체기를 끝냈다. 하지만 실제로는 나라의 재난이 계속될 것이었다.

난처한 상황에서 빠져나올 손쉬운 길이 있었다면, 그리스는 그 길을 갔을 것이다. 사실상 모든 출구가 차단되어 있었다. 바루파키스가 찾아냈듯이, (그리스의 궁극적 회복을 위해 반드시 필요했던) 근본적인 채무 탕감은 (미국과 나머지 유럽 국가들처럼) 대출을 해준 데 대한 책임을 회피했던 채권국들의 반대에 직면했다. '유로본드'를 만들어

관직을 수행했다.

부채를 공동 부담하자는 생각을 독일과 여러 나라는 확실히 거부했다. 독일인 저축가들은 이 구상을 용납하지 않았을 것이며, 여하튼 그것은 당연히 독일 헌법과 양립할 수 없다고 여겨졌을 것이다. 성장을 촉진하는 데 목표를 둔 케인스식의 정부 지출은 부채가 너무 많고 대출이 너무 값비싼 한 불가능했다. 그리고 유로존을 떠나 이전의 국가 통화인 드라크마화로 복귀하기 위해 질서 정연한 채무불이행을 단행하자는 주장은 일부 경제학자들이 옹호하긴 했지만 적어도 단기적으로는 대단히 파괴적인 경제적·정치적 결과를 초래할 위험이 있었다.

여론조사는 그리스인들이 유로를 유지하기를 원한다는 사실을 보여주었다. 이것은 거의 확실히 풍요로운 초기 이후 엄청난 국가적 빈곤과 동의어가 되었던 새로운 통화를 좋아해서가 아니라 대안이 의미할 수 있는 바에 대한 두려움 때문이었다.

그리스의 재난이 시작된 지 8년 후인 2017년 6월에 조건을 둘러싸고 6개월 이상 논쟁을 벌인 끝에 그리스 정부는 국가 채무불이행을 피하기 위해 85억 유로의 구제금융을 더 받기로 했다. 이 조건에는 일부 자유주의적 시장 개혁 도입이 포함되었다. 이 합의로 가장크게 충격을 받을 사람들은 빈곤한 연금 생활자였다. 위기가 시작된이래 12배 줄어들고, 2011년 이래 40퍼센트 감소한 연금은 2019년까지 18퍼센트를 더 삭감하기로 예정되었다. 파업, 시위, 정치적 격변이뒤따를 것으로 예상되었다. 길고 어두운 터널 끝에 보인 유일한 빛은마침내 대출자들 편에서 그리스의 산더미 같은 부채를 줄이고, 앞으로 그리스가 반드시 지속 가능할 수 있도록 필요한 조치를 취할 준비가 되었음을 표명한 것이었다. 그때서야 그리스는 침착하게 미래를 내다볼 수 있었다.

8년간의 최악의 경기 침체는 경제를 망가뜨리고 정부를 쓰러뜨렸으며, 유럽 대륙에 혼란을 가져왔다. 그러나 유럽은 비록 큰 희생을 치르고 많은 어려움을 겪었으며 어떤 취약성은 여전히 계속되고 있지만, 그것을 극복하고 살아남았다. 민주주의가 붕괴하지도 않았고, 파시즘과 권위주의로 기울지도 않았다(비록 중부 유럽의 일부 추세가 많은 우려를 낳고, 많은 나라에서 앞으로 주로 민족주의적이고 외국인 혐오증적인 우파 쪽에서 반反기성 포퓰리즘 정당들에 대한 지지가 모습을 드러낼 것이지만).

시민사회는 트라우마에도 불구하고 회복력이 있는 것으로 밝혀졌다. 그리고 정책상의 약점과 결점이 무엇이었든지 간에, 1930년대에는 볼 수 없었던 식으로 쇠약한 경제들의 문제와 싸우기 위해 기꺼이 협력할 의지가 있었다. 확실히 박수를 받을 여지는 없었다. 그러나 경제적인 측면에서 수년 내에 낙관주의의 조심스러운 근거가 회복되기 시작했다. 정치적으로는 여전히 폭발하기 쉬운 상태로 남을 것이었다. 그리고 경제 위기를 극복하기 전에, 아니 심지어 위기를 궁지에 몰아넣기도 전에 유럽은 이번에는 중동에서 발생한 사태가 파괴적으로 진행되면서 또 다른 위기들에 직면했다. 그리고 여기서 유럽은 초국적 협력의 한계에 재빨리 도달했다. 각국은 거의 완전히 자국의 이익만을 위해 행동했다.

이민자 위기

유엔에 따르면, "국제 이민자international migrant"는 "자신이 태어난 나라 이외의 나라에서 사는 사람"이다. 2015년 전 세계에 2억 4400만 명, 그중 유럽에 7600만 명의 이민자가 있는 것으로 추산되었다. 그들은 다양한 이유로(대부분은 합법적으로) 이주해서 재정착했다. 어떤 사람들은 갈등과 차별, 인권침해를 모면하려고, 어떤 사람들은 실업이나 가난, 기근을 피해 더 나은 삶을 찾아서, 또 어떤 사람들은 단순히 새로운 일자리 기회를 찾아서 이주했다. 이민자는 대부분 '난민'으로 분류되지 않는다. 난민의 총수는 훨씬 적어서 2014년에 전 세계적으로 약 1950만 명(이민자의 약 8퍼센트)이었다. 2015~2016년에 유럽으로 이주한 불확실한 수의 사람들은 오로지 혹은 주로 경제적 동기 때문에 움직였다. 그러나 유럽의 이민자 위기는 다른 무엇보다도 난민 위기였다. 이들은 전쟁이나 박해를 피해, 혹은 자신들의 집에서 강제로 뿌리 뽑혀 피난처를 찾아 유럽 국가들로 도피했다. 실제로 많은 이들은 유럽으로 떠나기 전에 이미 '난민' 지위를 획득한 상태였다. 따라서 난민 위기에 대한 보고서는 '피난처를 구하는 사람'과 '이민자'라는 용어를 뒤섞어 사용하는 경향이 있었다.

2006년 무렵 유럽연합에서 피난처를 구하는 사람의 수는 20만 명 이하로 떨어졌다. 그러나 2007년부터 그 수는 점차 늘어나서 연간 대략 총 130만 명에 달했던 2015년에 최악의 고비에 이르렀다. 피난처를 구하는 사람들의 절반 이상이 시리아, 아프가니스탄, 이라크 세 나라에서 왔는데, 이 나라들은 각각 (서방의 책임이 상당히 큰) 전쟁으로 말미암아 극심한 고통에 시달리고 있었다.

2011년 중동에서 권위주의 통치에 반대하여 일어난 민중 봉기(발빠르게 '아랍의 봄'[764]으로 명명되었다)가 세계에서 가장 요동치는 이 지역에 자유와 민주주의, 평화를 가져다줄 것이라는 엄청나게 부풀려진 서방의 희망은 재빨리 사라져 버렸다. 일부 강력한 통치자들—튀니지의 진 엘아비딘 벤 알리[765] 대통령, 리비아의 무아마르 알 가다피[766] 대령, 이집트의 무하마드 호스니 무바라크[767] 대통령—이 실제로 실각했다. 그러나 리비아는 오랜 정치적 혼란으로 빠져들었고, 이집트에서는 전 군 수장이었던 압둘팟타흐 시시[768] 아래에서 군부가 곧 복

---

764) Arab Spring. 2010년 12월부터 알제리, 바레인, 이집트, 이란, 요르단, 리비아, 모로코, 튀니지, 예멘, 이라크, 쿠웨이트, 모리타니, 오만, 사우디아라비아, 소말리아, 수단, 시리아 등 중동과 북아프리카에서 일어난 일련의 크고 작은 반정부 시위를 가리킨다.

765) Zine al-Abidine Ben Ali(1936~2019). 튀니지의 정치가이자 장군. 1987년 이전에는 하비브 부르기바 정권에서 단기간 총리를 지냈으며, 무혈 쿠데타로 1987년 11월 7일 대통령에 취임했다. 2011년 높은 실업률과 물가 상승에 따른 정권 퇴진 운동으로 대통령직을 사퇴하고 사우디아라비아로 망명했다.

766) Muammar al Gaddafi(1942~2011). 리비아의 군인, 정치가. 1969년 군사 쿠데타를 일으켜 왕정을 폐지하고 정권을 장악했다. 민족주의, 반미주의를 표방하며 독재자로 군림했으며, 2011년 아랍의 민주화 시위의 영향을 받아 그해 10월 고향 시르테에서 사살당했다.

767) Muhammad Hosni Mubarak(1928~2020). 이집트의 정치가, 군인. 1981~2011년 이집트의 대통령을 지냈다. 1981년 사다트 대통령이 암살된 뒤 이집트를 30년 동안 통치했다. 2011년 이집트 혁명의 여파로 그해 2월 대통령직을 사임했다.

768) Abdel Fattah el-Sisi(1954~). 이집트의 현 대통령. 2014년 육군 원수에서 전역한 뒤 대통령 선거에 출마하여 당선했다.

귀해 통제권을 장악했다. 한동안 다마스쿠스를 비롯한 시리아의 도시들에서 발생한 거대한 시위가 (2000년 국가수반으로서 아버지 하페즈 알아사드[769]를 계승한) 바샤르 알아사드[770] 대통령 정권의 몰락을 초래할 것 같았다. 서방은 한동안 당연히 아사드가 축출될 것이라고 여겼다. 그러나 그가 이끈 정권은 결코 금방 허물어질 것 같지는 않았다. 그리고 그사이 2003년 서방의 이라크 침공에 뒤이어 사담 후세인이 몰락한 후 미국이 나라를 잘못 관리함으로써 촉진된 전면적인 폭력 사태가 대혼란 속에 발생했고, 이 와중에 매우 야만적인 테러 조직 다에시Daesh가 등장했다. 다에시는 서방에서는 '이라크시리아이슬람국가'[771]로 알려져 있으며, 2015년까지 이라크와 시리아의 상당 지역에서 무시무시한 통치를 확장한 전례 없이 야만적인 전 지구적 지하디즘 운동이었다. 수많은 사람이 공포를 피해 도망갔다. 대부분은 인접국(터키, 레바논, 요르단)의 임시 수용소에서 피난처를 찾았다. 그러나 밀려드는 난민들은 이제 유럽을 향해 길고 종종 위험한 여행

---

769) Hafez al-Assad(1930~2006). 시리아의 정치가. 1966~1972년 국방장관, 1970~1971년 총리, 1971~2000년 대통령을 역임했다.

770) Bashar al-Assad(1965~). 2000년 이래 시리아의 대통령으로, 전 대통령인 하페즈 알아사드의 아들이다.

771) Islamic State of Iraq and Syria, ISIS. 보통은 더 짧게 IS라 부른다. 2014년부터 2017년까지 이라크 북부와 시리아 동부를 점령하고 국가를 자처했던 극단적인 수니파 이슬람 원리주의 무장 단체. 시아파 세속주의 정권이 집권하고 있는 시리아와 이라크의 영토를 무력으로 정복하여 수니파 이슬람 근본주의 국가를 건설하는 것을 목표로 한다. '다에시', '이라크레반트이슬람국가'라고도 한다. '다에시'는 테러리즘 단체가 국가를 참칭하는 것을 용납하지 않겠다는 뜻에서 미국, 러시아, 이란, 이라크, 시리아 등이 경멸적으로 부르는 명칭이다.

에 나서기도 했다. 2015년 말에 이런저런 식으로 유럽에 도달한 사람들의 수는 전년도보다 2배 이상 많았다.

대부분의 난민은 동지중해 및 발칸 국가들이나 북아프리카를 거쳐 지나갔다. 많은 이들은 위험할 정도로 붐비는 조잡한 배로 지중해를 건너 그리스와 이탈리아로 자신들을 실어 나른 비양심적인 악덕 브로커들에게 마지막 한 푼까지 갖다 바쳤다. 그중에서 네 자녀와 함께 이라크를 빠져나온 알리는 자신들을 그리스의 안전한 장소로 데리고 갈 원양 항해용 큰 요트에 다섯 자리를 마련하는 비용으로 터키의 인간 밀수업자들에게 총 8000유로를 치렀다. 하지만 그들이 외딴 해변에 나타났을 때 멋진 요트는 전혀 보이지 않았다. 그 대신 그들은 총구 앞에서 이미 11명의 사람으로 가득 찬 작은 보트에 올라탈 수밖에 없었다. 그리스의 코스섬으로 건너가는 도중에 엔진이 멈췄고, 선내로 물이 들어오면서 마침내 보트는 가라앉아 버렸다. 그리스 해안경비대가 배에 탄 사람들 중 일부를 구조할 수 있었다. 그러나 생존자 중에 알리의 두 자녀는 없었다. 알리는 캄캄한 에게해 속으로 아이들이 사라지는 것을 그냥 지켜볼 수밖에 없었다. 이것은 난민 위기의 수많은 인간 비극 중 하나일 뿐이었다. 2015년에만 최소한 3600명에 이르는 이민자들이 유럽으로 가려다가 빠져 죽었다. 그리고 지중해와 에게해의 드넓은 바다에서 인간 밀수업자들은 변함없이 치안 활동보다 한 걸음 앞서 있었다.

보트로 유럽에 도착하려 한 시리아인들은 전쟁으로 갈가리 찢긴 아프리카 지역에서 온 수많은 이민자와 방글라데시의 빈곤에서 빠져나오려 한 수천 명의 경제적 난민에 합류했다. 이들은 리비아(이민자 밀수업자 네트워크가 무정부적 통제 실종 상태를 이용해 리비아의 항구들을 통제할 수 있었던)를 거쳐 북아프리카로부터 이탈리아와 그리스로 건너갔다. 2015년에 이 두 나라(그리스는 경제 위기의 충격으로 여전히 극심한 고통을 겪고 있었다)는 100만 명에 가까운 이민자가 해안에 상륙하는 것을 보았다. 이 엄청난 숫자를 고려하면 난민 지위를 주장하는 사람들의 적법성을 체계적으로 검사할 방법이 없었다. 대부분의 이민자는 북쪽으로 향하기를 원했다. 독일과 스웨덴은 그들이 가장 선호하는 종착지였다. 그러나 이민자들은 도중에 엄청난 장벽이 있음을 곧 알게 될 것이었다.

멀리 1980년대에 '솅겐 지역'이 창출된 이후 유럽의 대부분에서 해체되었던 국경 통제가 (적어도 일시적으로나마) 유럽으로 되돌아왔다. 2015년 가을 발칸 국가에서 이주하는 사람들의 주요 길목이었던 중부 유럽에서 오스트리아가 헝가리 및 슬로베니아와의 국경에 통제소를 설치했으며, 헝가리는 세르비아와의 국경을 따라 높은 담장을 건설하기 시작했고 또 크로아티아와의 국경도 차단했다. 슬로베니아 역시 이민자들이 크로아티아로부터 자기 나라에 입국하는 것을 막으려 했지만 소용이 없음을 깨달은 후 담장을 설치했다. 슬로바키아는 헝가리 및 오스트리아와의 국경에, 독일은 오스트리아와의 국경에, 네덜란드는 독일과의 국경에 임시 국경 통제소를 설치했다. 북유럽에서도 국경 통제소가 다시 도입되었다. 덴마크는 독일과의 국경에, 스웨덴은 덴마크와의 국경에 통제소를 세웠다. 2003년 영국해협의 프랑스 쪽에서 검문을 실시하기로 한 프랑스와 영국 간의 협정 이후 솅겐 지역을 통과하여 영국으로 가려 한 약 7000명의 피난처 신청자들은 칼레 인근의 '정글'이라고 불린 이민자 수용소에 구금되어 불결하고 비위생적이며 비인간적인 처지에 놓였다. '정글'의 끔찍한 생활과 때때로 목숨을 잃는 결과를 감수하면서까지 영국으로 건너가는 트럭에 올라타려는 필사적인 시도를 보도하는 참혹한 뉴스가 매일같이 텔레비전으로 방송되었다. 프랑스 당국은 2016년 10월 마침내 수용소를 폐쇄하고 나머지 이민자들을 프랑스 내의 다른 곳들로 흩어 버렸다. 그러나 2017년 여름에 1000명 이상의 이민자가 또 한 번 칼레로 향했고, 화장실이나 상수도, 보호소 없이 그곳에서 살면서 다시 큰 위험을 무릅쓰고 영국으로 갈 준비를 했다.

'정글'은 피난처에 관한 유럽연합의 정책(리스본 조약에서 합의했다)에 구속되지 않은 영국을 난민 문제로부터 보호하는 데 크게 기여했다. 이민 문제의 첨예한 민감성을 깨달은(그리고 미디어와 공공 의식 속에서 이민과 피난처는 쉽게 부풀려졌다) 영국 정부는 난민들에게 영국 내의 피난처를 제공하기보다는 시리아 인근의 안전지대에서 인도주의적 원조를 제공하는 데 상당 액수의 돈(2012년 이래 11억 파운드에 달한다고 주장되었다)을 지출하고 싶어 했다. 2011년부터 2016년 사이에 겨우 5000명 정도의 시리안 난민에게만 영국에서 피난처가 주어졌다. 영국 정부는 2020년까지 2만 명을 추가로 받는 데 동의했다. 그것은 위기의 규모를 생각하면 관대한 대응이 아니었다.

헝가리의 태도는 특히 완고했다. 헝가리는 2015년 8월 (대부분이 독일로 가는 것을 목표로 두었지만) 약 5만 명의 이민자가 도착했을 때, 폭풍의 눈에 있다고 느꼈다. 빅토르 오르반 총리는 국민 대다수가 공감하던 견해인 기독교 문화에 대한 '이슬람의 위협'에 대해 경고했다.

9월 초 오스트리아와의 국경과 부다페스트의 기차역에서 발생한 혼란스러운 광경을 보고 독일과 오스트리아의 정부 수반인 앙겔라 메르켈과 베르너 파이만[772]은 사전 경고 없이 자신들의 나라에 난민들이 자유롭게 들어오는 것을 허용하겠다고 발표했다. 메르켈은 독일이 그해 말까지 약 80만 명(실제 수치는 110만 명에 달했다)의 난민을 수용할 것임을 이미 내비쳤고, (유럽의 다른 지역에서 크게 놀랍게도) 상한선은 없다고 말한 바 있었다. 그러나 그녀는 상기된 목소리로 자신 있는 메시지를 전했다. "우리는 그걸 감당할 겁니다."

사실 초기의 반응은 매우 고무적이었다. 난민에 호의를 보인 오스트리아 사람들은 빈과 잘츠부르크의 기차역에 음식과 옷, 물을 가져다주었다. 군중은 뮌헨의 중앙역에 도착한 열차에서 난민이 쏟아져 나오자 그들을 성원하며 기운을 북돋웠다. 독일은 급히 임시 숙소를 마련하고 난민들에게 약간의 돈을 지급하며, 그들이 독일어를 배울 수 있게 준비에 착수했다. 이러한 따뜻한 환영은 어느 정도는 난민들이 고국에서 그리고 끔찍한 전쟁에서 도피하는 과정에 겪었던 가슴이 미어지는 많은 이야기에서 유발된 것이었다. 오스트리아 국경에서 71구의 난민 시신이 들어 있는 트럭이 발견되거나 터키 해안에서 물에 씻긴 작은 시리아 소년의 시신 사진이 세계 언론을 타고 유포되었을 때 인도주의적 본능이 깨어났다. 그러나 독일 과거의 긴 그림자 역시 나치 시대의 파멸적이고 비인도적인 행동을 낳았던 가치들을 완

---

772)   Werner Faymann(1960~). 오스트리아의 사회민주당 정치가. 2008~2016년 오스트리아 연방 총리를 지냈다.

전히 전복한 이러한 나라의 반응을 결정하는 데 일조했다.

사실상 하룻밤 사이에 그처럼 거대한 난민의 유입에 문을 개방하는 일은 감당 능력을 넘어선 당국이 더 영구적인 통합을 조직하는 것은 고사하고 비상조치라도 제공하려고 분투하면서 엄청난 문제를 가져올 수밖에 없었다. 그것은 확실히 독일 내의 많은 사람을 화나게 했을 뿐 아니라 다른 유럽 국가들의 지도자들도 소외감을 느끼게 했다. 유럽 국가들의 지도자들은 자신들 역시 상의 없이 이루어진 메르켈의 일방적 조치 때문에 난민 위기에서 강한 압력을 받게 되었다고 생각했다. 독일 내에서 가장 강력한 비난은 메르켈의 기독민주연합의 자매 정당으로서 더 보수적이고 가톨릭적 색채를 강하게 띤 바이에른의 기독사회연합으로부터 나왔다. 바이에른에는 약 2만 5000명의 난민이 주말에 도착한 상태였다. 당대표인 호르스트 제호퍼[773]는 어떤 사회도 장기적으로 독일이 받아들이고 있는 난민 수를 감당할 수 없다고 말하며, 그토록 많은 난민을 수용하는 독단적 결정을 격렬하게 비판했다. 아니나 다를까 난민의 첫 물결을 환영했던 최초의 따뜻한 감정은 일부 국민, 특히 나이 많은 세대 사이에서 냉대와 종종 노골적인 적대감으로 바뀌었다. 이민자들이 숙박하고 있던 호스텔을 겨냥한 222건의 방화 공격을 비롯해 이민자들에 대한 폭력적인 공격이 급격히 늘어났다.

---

773) Horst Seehofer(1949~). 독일의 정치가. 2012년 2월 17일 크리스티안 불프가 대통령직에서 물러난 후 2012년 3월 18일까지 권한대행으로 대통령직을 수행했다. 2008년 이후 바이에른의 기독사회연합 총재이자 주지사를 맡고 있다.

2015년 12월 31일 새해 전날 쾰른에서 일부가 시리아, 이라크, 아프가니스탄에서 갓 도착했던 상당수의 젊은이가 파티를 즐기고 있던 여성들을 희롱하고 성적으로 학대하면서 발생한 사건들이 반이민 정서와 이를 이용할 준비가 되어 있는 극우를 고무했다. 이 소동에 자극을 받아 인터넷상에서 터져 나온 엄청난 욕설이 보여주었듯이, 이민자들에 대한 적대가 순식간에 타올랐다. 그리고 우파에서는 파멸을 경고하는 특유의 목소리들이 있었다. '독일을 위한 대안'은 우려하는 목소리로 사건들이 "우리 나라의 임박한 문화적·문명적 붕괴의 전조"를 보여준다고 말했다. (그날 밤 쾰른의 치안을 잘못 관리했던) 당국은 범죄적 소란의 재발을 막기 위한 조치를 급히 취했다. 극적인 사건은 수그러들고 일반적으로 관용(우익 집단 밖에서)이 유지됐지만, 이 일화는 유럽 사회에 단단히 뿌리박힌 것처럼 보였던 자유주의적 가치들이 얼마나 깊이가 없는지, 또 이민자들에 대한 편견과 적대가 얼마나 빨리 (비단 독일에서뿐만 아니라) 드러날 수 있는지를 보여주었다.

난민을 공평하게 배당하자는 유럽연합의 제안에 시큰둥한 태도를 보인 일은 난민 위기를 다루는 데 유럽의 연대가 가진 한계를 보여주었다. 2015년 9월 위기가 고조되었을 때 유럽연합 집행위원회 위원장 장클로드 융커[774]는 인구의 상대적 크기에 따라 난민을 할당하는 시스템을 갖추자는 안을 제출했다. 그러나 비셰그라드 그룹[775]의

---

774)   Jean-Claude Juncker(1954~). 룩셈부르크의 정치가. 1995~2003년 총리를 지냈다. 2014년부터는 유럽연합 집행위원회 위원장을 맡았다.

775)   Visegrád group. 중부 유럽에 위치한 폴란드, 체코, 슬로바키아, 헝가리 4개국의 지역 협력체다. 1991년에 창설되었으며, 2005년 5월 1일 유럽연합에 가입했다.

국가들(헝가리, 폴란드, 슬로바키아, 체코공화국)은 그것을 거들떠보지 않았고, 1년도 지나지 않아 할당 시스템 제안은 없던 일이 되었다. 또 시리아 갈등에 휩쓸린 사람들을 돕기 위해 기금을 모으는 문제가 제기되었을 때도 연대의 폭은 별로 크지 않았다. 유럽연합 집행위원회는 난민 위기를 다루는 데 92억 유로를 쓸 준비가 되어 있다고 발표했다. 회원국들은 자신들의 국가 예산에서 이 기금에 충당할 대응 자금을 내놓기로 약속했다. 소수의 국가만이 그렇게 했다. 시리아 전쟁으로 쫓겨난 수많은 사람(2011년 이후 1200만 명이 넘는 것으로 추산되었다)을 돕기 위해 90억 달러를 모으자는 유엔의 호소 역시 잘 먹혀들지 않았다.

메르켈이 2015년 9월에 차지했던 높은 도덕적 입지는 그녀의 '문호 개방' 정책에 대한 강력한 비판과 난민 유입을 저지하라는 요구에 압박을 받아 다음 달 터키 대통령 레제프 타이이프 에르도안[776]을 만나 유럽연합과 터키—유럽연합의 어떤 나라보다도 시리아 출신 난민을 훨씬 더 많이 받아들인 나라—사이의 거래를 중개하기 위해 앙카라로 갔을 때 곧 약해졌다. 협정의 요지는 터키가 유럽연합에서 돌아올 이민자들을 수용하면 그 보상으로 30억 유로의 현금을 지급하고 터키 시민들의 무비자 여행을 보장하며, 터키의 유럽연합 가입을 위해 적극적인 조치를 취한다는 것이었다. 뒤이은 '공동실행계획Joint

---

776)   Recep Tayyip Erdoğan(1954~). 터키의 전 총리이자 현 대통령. 2003년 3월 14일에 총리가 되었으며, 2014년 터키 역사상 최초로 치러진 직선제 선거에서 대통령으로 당선했다. 2018년 7월 9일 재선에 성공했다.

Action Plan'은 2016년 3월 협정을 낳았다. 이제부터 터키를 거쳐 그리스의 섬으로 건너오는 '비정상적인' 이민자들은 터키로 돌려보내질 것이며, 터키는 유럽연합으로 들어가기를 바라는 이민자들이 이용 가능한 해상 루트나 육상 루트를 봉쇄하기 위해 할 수 있는 바는 무엇이든 할 것이었다. 그리스의 섬에서 터키로 돌아가는 시리아인 한 명당 다른 시리아인 한 명이 유럽연합에 정착할 것이었다. 그리고 최초의 30억 유로 외에도 2018년이 지나기 전에 30억 유로가 추가로 제공될 터였다.

유럽연합 내에서 기대되는 인권 기준과 법적 보호에 한참 못 미치는 나라를 매수하여 유럽에 대한 압력을 완화하는 거래에는 위선의 악취를 넘어서는 무언가가 있었다. 1년 뒤 수만 명의 이민자가 그리스의 섬이나 본토에 있는 수용소의 끔찍하고 비인도적인 조건 속에서 여전히 시들어가고 있었다. 자선단체들은 점점 더 많은 수의 난민이 시리아 내에서 혹은 도피하는 과정에서 겪었던 경험에 기인하는 트라우마뿐만 아니라 우울, 극심한 불안, 심지어 자살 충동에 시달린다고 기록했다. 그때까지 터키에 있던 약 300만 명의 난민 중에서 3500명만이 유럽연합으로 이송되었다. 유럽연합의 관점에서 볼 때, 그것은 터키와의 거래가 성공적이었음을 의미했다.

2016년에는 유럽 국가들로 가려는 이민자의 수가 2015년의 정점에서 약간 내려갔을 뿐이었다. 선택의 종착지로서 독일의 매력은 여전히 줄어들지 않았다. 유럽연합에서 피난처를 구하는 사람들의 60퍼센트가 그곳을 향했는데, 이는 사실 2015년보다 약간 더 높았다. 그러나 몇몇 다른 국가들―그중에서도 스웨덴, 핀란드, 덴마크, 헝가리, 오스트리아, 저지대 국가들—은 53퍼센트부터 86퍼센트 사이에 이르는 큰 감소를 보았다. 이민자 위기는 독일에서도 완화되기 시작했다. 하지만 리비아에서 이탈리아로 건너가는 사람의 수는 2017년 여름 밀수업자들에 대한 이탈리아와 리비아의 더욱 강경한 자세와 구조 단체들에 대한 덜 자유주의적인 접근이 도입된 이후 급격히 줄어들긴 했지만 여전히 많았다. 아마도 난민 위기의 최악의 상태는 끝났을 것이었다. 그렇지만 유럽 국가들은 대규모 이주—2015~2016년만큼 위태롭고 제어되지 않는 정도는 아닐지라도—가 삶의 일부가 되었음을 인정하지 않으면 안 되었다. 이것은 유럽이 전쟁과 파괴적인 정치 폭력으로 삶이 황폐해진 사람들에게 평화로운 피난처이기 때문만은 아니었다. 그것은 또한 지구화의 과정에서 점점 더 눈에 띄게 분명해진 극심한 경제적 격차 그 자체가 가난한 나라들로부터 노동력이 필요하고 출생률이 낮거나 심지어 떨어지기까지 하는 부유한 나라들로 인구 이동을 보장했기 때문이다.

유럽연합이 터키와의 거래를 위해 치러야 했던 대가는 유럽연합이 시리아의 지하디스트들을 돕는 데 나름의 역할을 했고, 인권과 법치에 대해 의심스러운 기록을 갖고 있으며(2016년 에르도안 대통령에 반대하는 군사 쿠데타 기도 이후 수만 명의 시민이 대규모로 체포된 사태가 증명하듯이), 더 권위주의적이고 점점 더 이슬람화하는 나라에 불건전하게 의존하게 되었다는 사실이다. 2016년 동안 유럽연합과 터키의 관계가 악화하면서(쿠데타 기도 이후 벌어진 체포와 언론의 자유 침해 때문에 터키에 경제적 제재를 가하고 유럽연합 가입 협상을 중단하겠다는 이야기가 있었다), 에르도안은 난민들이 유럽으로 갈 수 있도록 국경을 개방하겠다고 위협했다. 그런 일은 일어나지 않았고, 비록 터키가 이론적으로는 유럽연합에 최종적인 가입 후보국으로 남았다지만 그 목적으로 오랫동안 끌어온 협상은 실제로 교착상태에 빠졌다. 그렇지만 난민 위기는 터키의 지위를 강화했고, 유럽의 위상을 약화했다.

테러리즘의 위협

매일 저녁 뉴스 채널을 가득 채운 시리아의 일상적 공포는 서유럽 이슬람 공동체들 내의 소외되고 불만 깊은 소수자들 사이에서, 자신들이 극도로 거부하는 가치를 가지고 있으며 자신들이 보기에 이슬람 세계에 그토록 심한 해를 가한 사회들에 대해 보복하고 싶다는 갈망을 강화했다. 서방이 이스라엘은 일관되게 지원하는 반면(대부분의 국제 공동체가 보기에 이스라엘 정주 정책이 불법적인데도) 팔레스타인 사람들에 대한 지지는 부족하다 보니, 끝이 없는 갈등에서 오랫동안 소외감이 깊어졌다. 최근 있었던 아프가니스탄과 이라크의 침공으로 소외감은 한층 더 깊어졌다. 그런 다음 리비아에 대한 개입이 있었다. 이 모든 것에 시리아 전쟁이 더해졌다. 인터넷은 증오 메시지를 확산하는 강력한 수단이 되었다. 일부 잠재력 있는 지하디스트들이 시리아로 가서 테러 공격을 실행할 준비가 되어 있거나 유순한 사람들에게 자신들을 위해 일하라고 세뇌할 소양을 갖춘 불굴의 베테랑이 되어 돌아왔다. 걱정스러운 목소리들이 재빨리 그 숫자를 과장하긴 했지만, 그중 일부가 유럽으로 가는 길을 찾는 난민들 사이에 뒤섞였다.

그러나 테러 공격을 실행할 사람들의 대다수는 국내에서 자라며 종종 대도시 교외의 가난한 지역에서의 경험으로 급진화된 사람들이었다. 이들은 보통 자신들의 영원한 고향이 된 나라에서 수십 년 동안 차별을 참아온 이민자 가족의 일원이었다. 테러 공격의 기본적 동기는 대체로 정확하게 진단하기가 불가능했다. 그것은 공포를 주입하고, 서방 자유주의 사회의 토대를 훼손할 '문명의 충돌'을 조장하기 위해 상호 증오 속에 공동체들을 서로 등 돌리게 하려 한다는 뻔한 의도를 넘어서는 것이었다. 가해자들은 자신들의 무시무시한 행동을 '신자들'과 '무신론자들' 사이에 벌어진 이른바 우주적 투쟁의 일부로 보았다. 비뚤어진 논리 속에 그들은 무고한 행인들, 심지어 어린아이들을 살해하는 일을 중동에서 전쟁 중에 이슬람교도들이 서방 무기에 무고하게 희생된 것에 대한 보복이라고 판단할 수 있었다.

프랑스는 서유럽의 어떤 나라보다도 극심하게 시달렸다. 알제리 전쟁은 지속적인 분열과 차별의 상처를 남겼다. 그리고 프랑스는 공화국의 세속화된 가치들을 지킬 것을 비타협적으로 고집하여 많은 이슬람교도를 특히 자극했다. 2011년 공공장소에서 얼굴을 가리는 것을 금지한 일은, 이슬람교도에게만 국한되지는 않았지만 이슬람 여성들에게 현저하게 영향을 미쳤다. 그리하여 프랑스에는 다른 나라에는 해당되지 않는 특정한 분노의 근거가 있었다. 게다가 파리를 비롯한 대도시의 사회적으로 박탈된 교외 지역은 상당히 많은 국민의 감추기 힘든 인종주의가 낳은 증오가 싹트는 데 비옥한 토양이 되었다. 이러한 사회적 불만 외에도 중동에서의 파멸적인 사태 경과는 증오를 키우는 거름 역할을 했다.

2015년 1월 7일, 알카에다의 예멘 지부에서 온 2명의 총기 소지자가 파리에 있는 풍자 잡지 《샤를리 에브도Charlie Hebdo》의 건물에 들어와 자동소총을 발사해 (편집장 스테판 샤르보니에[777]를 포함하여) 12명을 죽이고 11명을 다치게 했다. 알제리 이민자 부모를 둔 파리 출생의 범인들은 경찰에 사살되었지만, 그들은 죽기 전에 최초 공격의 여파 속에서 4명을 더 살해하고 몇 명에게 더 상처를 입힐 수 있었다. 2015년 11월 13일 저녁에는 계획적인 테러 공격이 파리의 카페와 식당에서, 그리고 스타드 드 프랑스 축구 경기장 바깥에서 자행되었다. 자살 폭탄 공격과 총기 난사로 파리의 바타클랑 극장에서 열린 록 콘서트에 참석했다가 죽은 89명을 비롯해 130명이 죽고 수백 명이 다쳤다. 2016년 7월 14일 니스에서 군중이 프랑스혁명 기념일을 축하하는 사이에 육중한 대형 트럭이 고의로 그들을 향해 돌진해 86명을 죽이고 434명을 다치게 했을 때, 프랑스는 새로운 종류의 공포를 경험했다. 7월 26일 화요일 아침에는 또 다른 끔찍한 공격이 가해졌다. 이날 테러리스트 2명이 프랑스 북부 루앙 근교의 조용한 가톨릭 성당에 난입해 큰 소리로 알라를 찬양하면서 미사를 집전하던 여든다섯 살 사제의 목을 잘랐다. 이 공격에서 비롯한 충격의 물결은 대륙 전체—그리고 더욱 광범위한 서방 세계—로 퍼져 나갔다.

프랑스를 테러리즘에 노출한 특정한 요인이 무엇이었든지 간에, 위협은 일반적이었다. 브뤼셀은 2016년 3월 22일 아침에 공항과 지하

---

777) Stéphane Charbonnier(1967~2015). 샤르브(Charb)라는 필명으로 잘 알려진 프랑스의 만화가. 2009~2015년, 프랑스의 풍자 잡지 《샤를리 에브도》의 편집장으로 일했다.

철역에서 끔찍한 공격을 당했다. 32명의 무고한 사람들(그리고 3명의 자살 폭탄 테러범)이 죽고 340명이 다쳤다. 2016년 12월에는 브뤼셀의 크리스마스 시장을 즐기던 방문객들이 무차별 공격에 희생되었다. 대형 트럭이 고속으로 군중 속으로 돌진하여 12명을 죽이고 56명을 다치게 한 이 공격에서 사람들은 여름에 니스에서 발생한 참변을 떠올렸다. 스톡홀름에서도 이와 비슷하게 조잡한 방식으로 2017년 4월 7일 대형 트럭이 쇼핑을 하던 군중 속으로 돌진하여 5명을 죽이고 15명을 다치게 했다. 우즈베키스탄 출신인 범인은 피난처를 구했지만 거절당한 사람으로, IS의 동조자였다.

국경을 긴밀하게 통제하는 영국은 유럽 대륙의 나라들보다 외국에서 들어오는 테러리스트들에게 덜 개방적이었다. 그러나 2005년 7월 치명적인 폭탄 테러가 내부로부터 발생했다. 2017년 3월 22일 런던의 의사당 근처에서 일어난 파괴적인 공격도 마찬가지였다. 그날 차량 한 대가 보행자들 속으로 돌진해 5명을 죽이고 50명을 다치게 했다. 의회를 경비하는 비무장 경찰들에게 치명적으로 칼을 휘두르기도 했던 이 범인은 영국인이었다. 그는 여러 개의 신분으로 살았고 폭력 범죄 때문에 감옥에 갇히기도 했으며, 사우디아라비아에서 잠시 일했고 어느 시점에 이슬람으로 개종한 52세의 남자였다. 비록 IS가 자신들이 저지른 일이라고 주장했지만, 경찰은 그의 단독 범행이라고 믿었다. 2017년 5월 22일에는 최대한의 사상자를 낼 의도로 나사못과 볼트를 가득 채운 수제 폭탄이 맨체스터에서 있었던 팝 콘서트가 끝날 무렵 폭발하여 (자살 폭탄 테러범을 포함하여) 22명이 죽고 59명이 다쳤다. 사상자 중 많은 사람이 청소년과 아이였다. 이는

2005년 이후 영국에서 발생한 테러 중 가장 악랄하고 야만적인 행위였다. 범인은 리비아 출신의 젊은 맨체스터 남자였다. 그는 가다피 이후의 혼란에서 번성한 테러리스트 조직과 연결되어 리비아를 방문한 동안 최근 지하디즘으로 개종한 것이 분명했다. 그리고 채 석 달도 되지 않아 영국에서 세 번째 테러 공격이 발생했다. 이번에는 런던 동부 출신 젊은이 3명이 6월 3일 저녁 런던 브리지에서 밴을 몰고 보행자 속으로 돌진했고, 그런 다음 근처에서 칼로 몇 명을 찔러 7명을 죽이고 수십 명을 다치게 했다. 보도에 따르면, "이것은 알라를 위한 것이다"라고 고함을 쳤다고 한다.

차량을 행인들 속으로 고의로 돌진시킨다는 단순하지만 치명적인 방법은 2017년 8월 17일에 다시 한번 이용되었다. 이날 밴 한 대가 바르셀로나의 가장 인기 있는 관광 거리를 제멋대로 달려서 카탈루냐의 주도에서 13명을 죽이고(또 한 명의 희생자가 해안 도시 캄브릴스에서 있었던 연이은 공격으로 사망했다) 130여 명을 다치게 했다. 경찰 보고에 따르면 테러리스트들은 처음에는 더 큰 공격을 준비했는데, 뜻하지 않게 폭약 뭉치를 터뜨리는 바람에 단념했다고 한다.

2014년 이후에는 유럽에서 테러 사건이 훨씬 더 자주 일어났다. 어떤 나라도 야만적인 테러 행동의 가능성에서 자유롭지 않았다. 모든 테러리즘이 중동에서 발생한 참사와 관련된 것은 아니었다. 또 모든 테러 공격을 이슬람교도가 저지른 것도 아니었다. 2011년에 77명의 젊은 노르웨이인의 목숨을 앗아간 끔찍한 테러가 자유주의적이고 평화적인 노르웨이에서 발생했다. 희생자 대부분은 여름 청년 캠프를 진행하던 젊은이들이었다. 가증스러운 학살을 저지른 사람은 정신 나간 파시스트이자 인종주의자인 아네르스 베링 브레이비크[778] 였다. 러시아에서 발생한 많은 테러 공격은 체첸 전쟁에 기원이 있는 데, 그중 2004년까지 거슬러 올라가는 최악의 테러는 체첸 분리주의자들이 북캅카스의 베슬란에 있는 한 학교에서 330명의 인질(절반 이상이 아이들이었다)을 학살한 사건이었다. 하지만 좀 더 근래인 2017년 4월 3일 상트페테르부르크 지하철에서 15명을 죽이고 45명을 다치게 한 자살 폭탄 테러의 범인은 중앙아시아의 키르기스스탄에서 온 러시아 시민이었다. 그는 지하드 조직과 연계를 맺고 있었고, 시리아에서 시간을 보낸 것으로 전해졌다.

수많은 테러 공격 계획이 때맞춘 경찰의 저지로 좌절되거나 보안 기관의 감시로 예방되었다. 인터넷 통신은 새로운 테러리즘에서 필수적인 부분이었다. 그것은 모방 공격을 유발하고 유럽의 각기 다른 지역에 사는 개인이나 그룹이 행동을 조율할 수 있도록 해주었다. 유럽의 많은 부분에서 국경이 개방되어 있었기 때문에 공격(그리고 때로는 공격 이후 다른 나라로의 도피) 대상으로 선정된 장소로 쉽게 이동할 수 있었다. 그리고 실제로 IS나 알카에다와 접촉이 있었든 없었든, 이 조직들은 보통의 테러리스트들이 공격을 수행하는 데 자극제 역할을 했다. 또 그 후 지하디스트 그룹의 이 공격들을 활용해 공격자가 명령을 받지 않고 단독으로 행동하고 있는 경우에도 대개 자신들이 한

---

778)　Anders Behring Breivik(1979~). 노르웨이의 연쇄 살인범이자 극우파 테러리스트. 2011년 7월 22일 테러 및 총기 난사를 자행해 77명을 죽인 혐의로 체포되어 2012년 징역 21년형을 선고받았다.

짓이라고 주장하며 위력을 과시했다. 대규모 테러 공격은 끔찍하고 충격적이긴 했지만, 서방 문명을 파괴할 가능성이 전혀 없었다. 그럼에도 이 공격들은 이민자 위기 동안 확산되었던 문화적 불안 의식에다 신체적 불안감을 더하면서 유럽에 깊은 흔적을 남겼다. 유럽에 있는 상당수의 사람들이 자신들이 거주하는 평화적인 공동체를 파괴하기를 원한다는 사실은 경악스러운 생각이었다. 영국 보안기관인 군사정보총국 제5과ₘᵢ₅⁷⁷⁹⁾의 추산에 따르면, 영국에만 최소 2만 3000명의 지하디스트 동조자들이 있었다. 공격 가능성이 없는 곳은 어디에도 없다고 느껴졌다.

실제로 대규모 잔학 행위는 드물었다(비록 이라크나 시리아의 일부 지역에서는 거의 매일같이 발생하고 있었지만). 통계를 보면, 테러리즘 행동으로 죽은 사람은 1990년부터 2015년까지보다 1970년부터 1990년 사이에 더 많았다(비록 특히 이슬람 극단주의 폭력과 관련된 숫자는 2011년부터 증가하고 있었지만). 그리하여 수치상으로는 유럽이 테러 공격으로부터 덜 안전한 것이 아니라 더 안전해졌다. 하지만 느낌은 그렇지 않았다. (흔히 군중이 그냥 놀기 위해 모여든 곳에서 일어나는) 파괴적인 공격의 무작위적 성격은 불안감을 높이기 위해 의도되었고, 그 의도는 실제로 적중했다. 테러 공격은 큰 사건이 일어나기만 하면 대중매

---

779) 군사정보총국 제5과(Military Intelligence Section 5, MI5). 영국 정보청 보안부(Security Service, SS)를 가리킨다. 영국의 국내 방첩 활동과 보안기관을 맡은 정보기관이며, 대외 위협 문제를 맡은 영국 비밀정보청(SIS, MI6), 정부통신본부(GCHQ), 정보참모부(Defence Intelligence, DI)와 함께 영국의 핵심 국가 보안기관이다.

체와 소셜 미디어가 며칠 동안 지나칠 정도로 오래 그 사건에 몰두하면서 엄청난 충격을 가했다. 보안기관과 정치인들은 이 위협을 강조하는 남다른 이유가 있었다. 위협을 과소평가해서 파괴적인 공격을 당하는 것보다 위협을 과장하는 것이 정치적으로 더 영악한 짓이었다. 그리하여 미래의 어느 순간 그냥 부적절한 시간에 부적절한 장소에 모여 있는 사람들 사이에 있을 수 있다는 공포감이 실제로 테러 공격의 희생자가 될 가능성보다 더 컸다. 그렇지만 '위협 피로감' 때문이든, 보안기관의 끔찍한 시나리오에 대한 회의 때문이든, 아니면 단순히 '현재를 즐기자'는 숙명론 때문이든, 민간인들은 테러 공격의 순간적인 충격에서 재빨리 회복했고 일상생활은 놀랍도록 신속하게 정상으로 돌아갔다. 그리고 자유롭고 개방적인 사회에서는 테러 행동에 맞서 완벽한 안전을 제공하기가 불가능하다는 불편한 진실을 마주해야 했다. 가까운 장래에 지구화된 사회들에서는 테러리즘이 자유를 위해 치러야 할 대가의 일부일 것이었다.

이민자 위기와 고조된 테러 위협이 낳은 두 가지 결과는 지속적으로 중요했다. 첫 번째 결과는 보안의 강화가 시민의 자유를 축소했다는 것이었다. 어떤 장소를 방문하거나 물건들을 보거나 혹은 자유롭게 이동할 자유는 다양한 방식으로 훼손되었다. 보안 대비, 경고, 어느 곳에서나 볼 수 있는 감시카메라, 혹은 언제든 차량이 들이박을 수 있는 공공건물 외부의 보기 흉한 콘크리트 블록 같은 물리적 형태는 일상적으로 경험하는 평범한 것이 되었다. 공항의 보안 검색대나 여권 심사대에 늘어선 긴 줄은 안전한 여행을 보장하기 위해 치러야 할 불편하지만 필수적인 대가로 받아들여졌다. 큰 공공 행사에 참석하거나 심지어 박물관을 방문하는 일조차 보안 심사대를 통과하는 절차를 견뎌야 했다. 모든 예방책은 용납될 수 있었다. 자유는 파괴된 것이 아니라 제한되었다. 그러나 생활은 훨씬 덜 즐거워졌다.

두 번째 주요한 결과는 극우 정당들이 신선한 맞바람을 맞았다는 것이었다. 이민자들이 지나가는 것을 가장 뚜렷하게 볼 수 있는 중부 유럽(특히 오스트리아와 헝가리)에서 이슬람의 이주로 민족 문화가 위협당한다는 인식은 우익에 이점을 가져다주었다. 그러나 이민에 대한 반대는 또한 북유럽과 서유럽의 많은 부분들에서도 민족주의 정당들에 대한 지지가 늘어나는 데 잠재력 있는 요인이기도 했다. 영국 독립당은 2014년 유럽의회 선거에서 영국 투표의 26.6퍼센트를 얻었는데, 이는 어떤 당보다도 높은 득표율이었다(영국독립당은 이듬해 영국 총선에서는 훨씬 덜 성공적이었는데, 투표의 12.6퍼센트만을 얻음으로써 최다 득표자를 당선시키는 선거제도에서 단 1개의 의석을 획득했을 뿐이었다). 국민전선은 프랑스 투표자들 중에서 약 3분의 1의 지지를 받았다. 독일을 위한 대안(2012년에야 창당되었고, 처음에는 유럽회의주의를 표방하다 반이민자 정당으로 변신했다)은 2016년에 있었던 몇 차례의 국가 선거에서 자신들에 대한 지지가 20퍼센트 이상으로 늘어나는 것을 보았다. 네덜란드에서는 국내에서 코란을 금지하려 하고 자신이 '네덜란드의 이슬람화'라고 일컫는 것에 반대하는 운동을 벌인 헤이르트 빌더르스[780]가 이끄는 자유당이 이민 위기 동안 국내에서 가장

---

780) Geert Wilders(1963~). 네덜란드의 정치가. 네덜란드에서 세 번째로 큰 정당인 자유당(Partij voor de Vrijheid, PVV)의 대표다. 네덜란드 하원에서는 자유당

인기 있는 정당이 되었다. 서유럽의 다른 국가인 덴마크, 스웨덴, 오스트리아, 스위스는 민족 문화에 대한 이른바 이슬람의 위협에 초점을 맞추는 정당들에 대한 지지가 뚜렷이 상승하는 것을 지켜보았다. 민족주의 정당이 투표자 중 다수의 지지를 획득한 나라는 전혀 없었다. 그러나 그들의 외국인 혐오증적 수사가 더 많은 주류 정당에 영향을 미치지 않은 것은 아니었다. 난민 위기와 고조된 테러리즘의 충격 속에서 유럽은 의문의 여지 없이 정치적으로 우익을 향해 움직이고 있었다.

대륙은 변하고 있었다. 오랜 자유주의의 가치는 점점 더 의문시되고 있었다. 이전 반세기 넘게 관용의 확대로 가는, 겉보기에는 거침이 없던 진전은 뒤집힐 위험에 처했다. 어떤 상반된 태도, 아니 심지어 완전히 모순된 태도가 존재했다. 한편으로 사람들은 유럽의 위기에 대처하기 위해 집단적·초국적으로 행동해야 할 필요를 보았다. 예를 들어 여론 조사에 따르면, 압도적인 비율의 사람들은 인도주의적 원조를 제공하는 데 유럽연합이 하는 역할을 승인했고 개별 국가들이 비상 상황에 적절하게 대응할 재원이 없다고 생각했다. 다른 한편 이민자 위기와 테러리즘의 위협이 유럽연합에 대한 부정적 태도를 강화하는 데 기여하면서 시민들은 보통 자신들의 국민정부에 보호를 기대했다. (유럽 프로젝트의 핵심에 있는 자유를 상징하지만, 이민자들이 대륙의 많은 지역을 아무 지장 없이 다닐 수 있게 해주는) 개방된 국경

의 교섭단체 지도자를 맡고 있으며, 이슬람교와 이슬람교의 경전인 코란에 대한 혐오 발언으로 유명하다.

은 이제 많은 이들에게 축복이 아니라 저주로 여겨졌다. 유럽연합은 통합, 국제적 연대, 관용, 협력을 의미했다. 그러나 이민자 위기를 다루면서 연대, 단합 혹은 효과적인 전략이 결여된 것으로 인식된 유럽연합은 많은 사람에게 존재 이유를 잃어가고 있는 것 같았다.

푸틴의 공세

유럽이 이민자 유입에 대처하기 위해 발버둥 치고 그와 동시에 증가하는 테러 공격의 위협에 직면해 있는 동안, 대륙의 동쪽에서 다른 위기가 등장하고 있었다. 2014년 3월 18일, 푸틴 대통령은 러시아의 크림반도 합병을 발표했고, 사흘 후 러시아 의회인 두마는 이를 승인했다. 1974년 터키군이 키프로스 북부를 침공하여 점령한 것을 제외하면, 이것은 제2차 세계대전 이후 유일하게 유럽에서 발생한 영토 합병 사건이었다. 이것은 러시아와 우크라이나 사이의 말썽 많은 관계가 심각하게 악화했음을 나타낸 것만은 아니었다. 그것은 러시아를 서방의 나토 열강과 직접적으로 대치하는 상황으로 몰고 갔다. 러시아의 이웃 국가들, 특히 발트 국가들 사이에서 러시아가 더욱더 팽창에 열중하고 있다는 우려가 확산했다. 새로운(혹은 훨씬 더 무서운) 냉전의 유령이 나타났다. 공포가 다시 한번 동유럽과 중부 유럽에서 뚜렷이 손에 잡힐 듯 다가왔다.

크림반도 합병은 우크라이나에서 발생했던 한층 더 심각한 불안정에 뒤이은 것이었다. 1991년 전에는 독립을 몰랐고 명백한 민족 정체성 의식이 없던 나라에서 일어난 분열과 갈등은 2004년의 '오렌지 혁명'으로도 결코 해소되지 않았다. 6년 전 논란을 일으킨 대통령 선거의 승리자였던 빅토르 유셴코는 파벌 갈등과 정치적 분쟁, 심각한 부패 혐의로 2010년까지 사실상 모든 지지를 잃어버렸다. 그러나 새 대통령 빅토르 야누코비치 아래에서 우크라이나의 만성적인 부패와 정실주의는 악화하기까지 했다. 러시아에서처럼 몇몇 올리가르흐들은 종종 뇌물이나 위협, 폭력으로 끌어모은 재산으로 엄청난 부를 일구었다. 야누코비치의 아들 올렉산드르는 막대한 벼락 수익을 낸 사람들 중 한 명이었다. 대외 관계에서 야누코비치는 유럽연합과 러시아 사이에서 줄타기를 했다. 하지만 모스크바는 우크라이나를 유럽연합에 편입시키겠다는 야누코비치의 공식적 야심을 좋게 보지 않았다. 그것은 우크라이나의 공언된 장기적 목표였다. 그리고 러시아의 반대는 가볍게 넘길 수가 없었다. 왜냐하면 우크라이나는 가스 수급에서 강력한 이 이웃 나라에 의존하고 있었기 때문이다. 2013년 11월 야누코비치는 계획된 우크라이나와 유럽연합의 제휴협정[781]을 돌연 취소하고 대신 러시아, 벨라루스, 카자흐스탄과 함께 유라시아 관세동맹[782]에 가입하는 쪽을 지지했다. 그가 러시아의 압력 없이 이

---

781)   European Union Association Agreement. 정치, 통상, 사회, 문화, 안보 분야의 협력을 위한 틀을 제공하기 위해 유럽연합과 회원국 혹은 비회원국 사이에 맺는 조약을 일컫는다.

782)   Eurasian Customs Union. '유라시아경제연합'의 모든 회원국으로 이루어진 관세동맹을 일컫는다. 유라시아경제연합은 유라시아에 위치한 국가 간의 경제 연합체로 2014년에 러시아, 벨라루스, 카자흐스탄 3개국으로 시작하여 그 후 아르메니아, 키르기스스탄이 추가로 합류했다.

조치를 취했다고 상상하기는 힘들다. 그것은 치명적인 행동임이 드러났다. 그것은 특히 키예프의 마이단(독립 광장)에서 수십만 명이 참여하는 거대한 시위를 불러일으켰다. 2월 21일 서방의 압박을 받고 야누코비치가 무너졌고, 새로운 임시정부가 출범했으며 대통령 선거가 앞당겨 치러졌다. 야누코비치는 헬기를 타고 우크라이나 동부로 가서 그곳에서 러시아로 도피했다.

푸틴이 납작 엎드려서 그런 수모를 당할 것 같지는 않았다. 크림반도는 러시아의 위력을 보여주는 편리한 대상을 제공했다. 크림반도는 1954년부터 비로소 우크라이나의 일부가 되었다. 러시아인들은 인종적으로 뒤섞인 주민의 다수를 차지했다. 크림반도는 러시아 흑해 함대의 주둔지였는데, 세바스토폴의 항구는 우크라이나에서 임차된 것이었다. 크림반도에 대한 개입은 반러시아 태도를 취하는 우크라이나 지도자들을 응징하는 동시에 러시아에서 푸틴에게 민족주의적 갈채를 가져다줄 것이었다. 서방이 크림반도 때문에 세계 전쟁을 각오할 것 같지는 않았다. 불가피한 경제적 제재는 감당할 수 있는 대가였다. 바로 그것이 푸틴의 계산이었다.

(모스크바에서는 여전히 우크라이나의 정당한 대통령으로 여겨지지만 이제 푸틴과의 관계가 초라해진) 야누코비치가 물러나고 며칠 후 무장 병력(국적을 표시하는 기장은 없었지만)이 심페로폴의 지역 의사당 건물을 점령했다. 러시아에 크림반도의 러시아 시민들을 보호해 달라는 요청이 적절하게 뒤따랐고, 모스크바는 이 요청을 받아들였다. 다음 며칠에 걸쳐 러시아군이 크림반도에 진입했다. 지역 의회는 크림반도의 독립을 선포했고, 그런 후 3월 6일 러시아 연방에 가입하고 싶다는

바람을 표명했다. 2014년 3월 16일에 치러진 국민투표에서 투표자의 거의 97퍼센트가 이를 지지했다고 주장되었다. 다음 날 의회는 모스크바에 형식적으로 이를 요청했고, 푸틴은 3월 18일 크림반도를 러시아 연방에 편입하겠다고 발표함으로써 이 요청에 부응했다.

크림반도의 위기에 대해 정치적 해결책을 찾으려는 서방 지도자들의 외교적 노력은 예상대로 무위로 돌아갔다. 유엔의 비난도 러시아를 단념시키지 못했다. 상상도 할 수 없는 핵전쟁으로 확전되지 않는 한 유일하게 남은 방법은 분명한 국제법 위반에 대한 보복으로서 제재에 호소하는 것이었다. 러시아인들의 해외 계좌가 동결되었고 여행이 금지되었지만, 유럽연합은 러시아의 가스와 석탄에 대한 의존 때문에 행동이 제한되었다. 푸틴은 제재 때문에 심하게 괴로워하는 것 같지 않았다. 그리고 푸틴은 러시아가 세계 지도자들의 G8[783] 그룹에서 배제되더라도 충분히 견딜 수 있었다. 러시아는 고립되었다. 그러나 크림반도가 다시 러시아에서 분리될 가능성은 없었다. 국내에서 푸틴의 인기는 치솟았다. 러시아 미디어는 크림의 '반환'을 국가적 대승리로 자랑스럽게 알렸다. 미하일 고르바초프조차 같은 입장에 있

---

783)   주요 8개국 정상회담(통칭 G8, Group of Eight). 세계 정치와 경제를 주도하는 주요 8개국(미국, 일본, 독일, 영국, 프랑스, 이탈리아, 캐나다, 러시아)의 모임. 1975년 미국, 일본, 서독, 영국, 프랑스 서방 선진 5개국의 모임으로 출범했으며, 이듬해 이탈리아와 캐나다가 추가되어 서방 선진 7개국 정상회담(G7)으로 매년 개최되었다. 1997년 러시아가 합류하면서 주요 8개국 정상회담(G8)이 되었다가 2014년 우크라이나 크림반도의 합병 문제로 러시아가 퇴출당하면서 다시 G7으로 불리게 되었다.

었더라면 푸틴과 다르게 행동하지 않았을 것이라고 말했다. 옛 시절의 흔적인 푸틴의 힘의 정치는 성공했다.

그사이 폭력 사태가 (돈바스 산업 지역을 중심으로) 우크라이나 동부와 남부로 확산했다. 이 지역은 19세기 이래로 탄광에서 일하려고 모스크바 지역에서 대거 이주했던 러시아 인종들이 주민의 대부분을 구성한 곳이었다. 평판 있는 국제 여론조사 기관들이 수행한 조사에 따르면, 이 지역들에서는 서부 우크라이나보다 친러시아 감정이 의문의 여지 없이 강했지만 소수의 주민들만이 분리주의를 지지한 반면 대다수는 통합된 우크라이나 국가를 선호했다. 심지어 우크라이나 동부와 남부의 대다수 여론과 러시아어를 말하는 사람들 대다수도 러시아의 돈바스 개입에 반대했다. 그러나 모스크바가 우크라이나 동부의 분리주의자들에게 무장 지원을 제공할 준비를 할 때 여론은 거의 고려 대상이 아니었다. 그리고 의문의 여지 없이 돈바스의 지역 사회에는 자신들의 지역을 키예프에서 떼어내 러시아로 편입시키려고 싸울 준비가 되어 있는 활동가들이 **존재했다.** 반란자들은 단순히 푸틴의 실에 따라 춤추는 꼭두각시가 아니었다.

친러시아 항의 시위는 2014년 3월부터 급속히 확대되어 점점 더 러시아 무기로 무장하고 준군사 조직의 지원을 받는 분리주의 반란자들과 우크라이나 정부 사이의 무장 충돌로 발전했다. 폭력 사태는 모스크바의 지지를 받는 한 멈출 수가 없었다. 분리주의자들은 정부 건물을 습격해서 점령했다. 도네츠크 공항에 포탄이 떨어졌다. 중포重砲, 로켓 발사대, 헬기, 무장 차량이 전투에 등장하면서 이미 가을까지 수백 명의 목숨이 희생되었다. 7월 17일 전투와 관련하여 말레이

시아 항공기가 러시아제 미사일에 격추당하는 끔찍한 비극이 발생했다. 이것은 항공기를 우크라이나 군용기로 오인한 반란자들의 짓이 거의 분명했는데, 탑승자 298명 전원이 사망했다.

미국·유럽연합·유럽안보협력기구[784]가 참여하고, 독일과 프랑스의 지도자들, 그리고 신임 우크라이나 대통령 페트로 포로셴코[785]—우크라이나에서 가장 부유한 올리가르흐 중 한 명—까지 포함하여 갈등을 끝내려는 수많은 국제적 시도가 있었지만 중요한 돌파구를 마련하지 못했다. 2014년부터 2017년 사이에 전부 11차례 휴전협정이 있었는데, 어느 것도 장기적이지 못했다. 가장 중요한 시도인 2014년 9월 5일의 민스크 의정서는 일시적으로 전투를 약화했지만 몇 주도 되지 않아 거의 즉각적인 휴전 위반이 발생하여 사문화되었다.

2015년 2월 11일 우크라이나, 러시아, 프랑스, 독일 지도자들 사이의 회담 이후 합의되었던 두 번째 민스크 휴전도 그다지 나은 것이 없었다. 때때로 희망의 불빛이 반짝였지만, 우크라이나에 보인 자신의 입장에 대한 국내의 지지를 확신한 푸틴은 대체로 계속 뻣뻣한 태도를 유지했고, 겉으로 보기에 우크라이나 전체를 불안정하게 만들

---

784) Organization for Security and Co-operation in Europe, OSCE. 안보 협력을 위해 유럽과 중앙아시아, 북아메리카 등의 57개 국가가 가입해 있는 세계에서 가장 큰 정부 간 협력 기구다. 1975년 8월 1일 헬싱키 협정에 따라 유럽안보협력회의로 설립되었으며, 1995년 1월 1일 지금과 같은 이름으로 변경되었다.

785) Petro Poroshenko(1965~). 우크라이나의 사업가. 2007~2012년 우크라이나 국립은행 총재, 2012년 경제발전통상장관을 역임하다 2014~2019년에는 우크라이나 대통령을 지냈다.

어 우크라이나가 서방의 궤도로 끌려들어 가는 것을 기어코 막으려 했다.

포로셴코의 목표는 정확히 반대 방향을 향했다. 우크라이나의 유럽연합 가입이라는 그의 희망은 가까운 장래에 절대 이루어지지 않을 것 같았다. 우크라이나의 부패 수준, 경제적·정치적 부실 관리, 가입을 꿈꾸기 전에 대대적인 개혁을 할 필요가 너무 컸기 때문이다. 그러나 불씨가 다시 살아나 (비록 2년 뒤에 발효되기로 예정되었지만) 2014년 9월 16일 우크라이나와 유럽연합 사이에 맺어진 제휴 협정은 우크라이나를 러시아에 더욱 가까이 끌어들이려는 푸틴의 전략이 역효과를 낳았음을 드러냈다.

우크라이나 내에서 서로 싸우는 세력들은 곧 견고하게 자리를 잡았다. 양측은 꿋꿋이 버텼다. 2014년 9월, 우크라이나 의회는 민족주의적 반대에도 불구하고 돈바스에 거의 자치에 가까운 권리를 부여함으로써 현실에 굴복했다. 2014년 10월 26일, 우크라이나 대부분의 지역에서 치러진 선거는 친서방 방침을 가진 정당들에 승리를 가져다주었으나 11월 2일 돈바스에서 있었던 별도의 선거(러시아만 인정한)는 놀랄 것도 없이 친러시아 분리주의에 대한 압도적인 지지를 낳았다. 가까운 장래에 우크라이나의 영토적 분단을 극복할 분명한 방법이 없었다.

그러나 푸틴은 물러서려 하지 않았고, 아마도 물러설 수도 없었을 것이다. 푸틴은 당연히 러시아 미디어가 우크라이나 동부의 분리주의자들에 대한 지지를 국가적 위신의 문제로서 제기한 국내에서 자신의 입지를 위태롭게 할 수가 없었다. 여하튼 우크라이나 동부에서 러시아가 지지하는 분리주의 폭력 사태라는 판도라의 상자는 한 번 열리자 (푸틴이 닫고 싶어 했다고 하더라도) 닫기가 불가능한 것으로 드러났다. 우크라이나에서 러시아가 더욱더 비타협적인 태도를 보일 때마다 점점 강화된 유럽연합의 제재는 계좌 차단, 여행 금지뿐 아니라 금융, 에너지, 군비로까지 확장되었다.

이 제재는 2014년 9월 이후 악영향이 나타나기 시작하여 러시아 경제의 악화에 기여했지만, 처음에는 어떠한 충격도 주지 못했다. 서방의 유일한 다른 선택은 중부 유럽과 동유럽에서 나토의 주둔을 강화하는 것이었다. 폴란드와 발트 국가들에서 병력이 증가했고, 2016년에 폴란드에서 군사훈련이 실시되었다. 러시아도 군사훈련을 실시하면서(국경 내에서이긴 하지만) 러시아와 서방의 관계는 냉전이 종식된 이후 어느 때보다도 날카로워졌다.

2017년 3월까지 거의 1만 명에 이르는 사람이 살해되었고(그중 4분의 1이 민간인이었다) 수천 명이 다쳤으며, 100만 명 이상이 전쟁 때문에 살던 곳을 떠나야 했다. 격렬한 선전전 속에서 진실은 명백한 참사였다. 그러나 러시아가 이 갈등의 주된 선동자였다는 데는 거의 의심의 여지가 없는 것 같았다. 그리고 러시아의 지지가 없었더라면(비록 그 규모를 노골적으로 숨기려고 했지만) 분리주의자들은 무장 투쟁을 계속할 수가 없었을 것이다. 그럼에도 푸틴에게는 갈등이 결코 완벽한 성공은 아니었다. 돈바스가 대체로 자치 지역이 된 것은 사실이었다. 그러나 푸틴은 우크라이나의 대부분을 서유럽으로부터 멀리 떼어낸 것이 아니라 서유럽 쪽으로 몰고 갔으며, 그 과정에서 우크라이나의 민족 감정을 강화했다. 우크라이나 없이 '유라시아경제연합'786)('유라시아관세동맹'이 발전한 것으로 유럽연합의 대응 조직으로 의도되었다)은 거의 아무것도 아니었다. 러시아의 경제는 그사이 제재(그리고 유가 하락)로 심각하게 고통을 받고 있었다. 그리고 푸틴은 아마도 러시아와 서방의 관계를 돌이킬 수 없이 손상했을 것이다. 그렇다면 푸틴은 왜 크림반도를 합병한 데 더하여 우크라이나에서 전쟁까지 조장했는가? 그의 전략적 목표는 무엇이었는가?

가장 간단한 설명이 가장 그럴싸하다. 본질적으로 푸틴은 강대국으로서 러시아가 잃어버린 위신과 위상을 되찾으려 했다. 한때 KGB 관리였던 푸틴은 소련의 붕괴를 20세기의 가장 큰 지정학적 재난이라고 말했다. 푸틴이 보기에(그리고 많은 러시아 국민이 보기에) 소련의 몰락으로 세계에서 러시아의 지위와 강대국의 자부심은 급격하게 쪼그라들었다. 러시아의 지도자들은 옛 소련 공화국들을 계속 러시아 세력권의 일부로 여겼다. 그러나 공산주의의 몰락은 많은 이들이 보기에 한때 힘이 셌던 강대국에 수치를 안겨 주었다. 미국이 유일하게 남은 초강대국으로서 세계를 지배하고 있는 반면, 러시아는 크로이소스787)의 부를 즐기지만 대부분의 러시아인은 붕괴 직전의 경제 때

---

786)   Eurasian Economic Union, EAEU. 유라시아에 위치한 국가 간의 경제 연합. 2014년 5월 29일에 카자흐스탄의 아스타나에서 러시아, 벨라루스, 카자흐스탄 3개국이 창설 조약을 체결했고 2015년 1월 1일에 출범했다.

787)   Kroisos(기원전 595~기원전 547?). 리디아의 마지막 왕. 기원전 547년 페르시아제국을 상대로 전쟁을 일으켰다가 패하여 떠돌이가 되었다. 엄청난 부를 쌓은 것으로도 잘 알려져 있어, 그리스어와 페르시아어에서 '크로이소스'라는 이름은 '부자'와 동의어가 되었다. 또 현대 유럽계 언어에서 '크로이소스'는 큰 부자의 대명사이고, 영어에서는 '크로이소스만큼이나 부유한(rich as Croesus)' 또는 '크로

문에 고통을 받는, 강력한 올리가르흐들이 운영하는 마피아 국가로 전락했다. 러시아는 너무 허약해져서 나토가 소련의 세력권이었던 지역, 심지어 러시아의 문간인 발트 국가들로까지 확장하는 것을 막을 수가 없었다. 비록 서방이 보기에는 나토가 온화한 조직이었지만, 러시아인들은 나토를 위험한 존재로 보았다. 1999년 서방에서는 인도주의적 행동으로 여겨진 나토의 코소보 개입이 회원국을 보호하기 위한 방어 조직으로 규정된 나토의 역할을 남용한 것이라고 본 모스크바에서 분노를 불러일으켰다. 그러나 러시아는 개입을 중단시킬 수가 없었다. 요컨대 러시아는 1990년대 내내 깊은 국가적 굴욕감에 시달리는 옛 강대국이었다.

푸틴은 국가적 자부심과 내부의 힘을 확실히 회복했다. 그는 언제 어디서나 민족주의를 의식적으로 환기함으로써 탄탄한 민중적 지지 기반을 확보했는데, 이는 광범한 경제적 불만을 희석하는 평형추였다. 18세기 이후 러시아제국의 일부였던 우크라이나와 크림반도는 강대국으로서 러시아의 지위에 필수 불가결했고, 나중에는 소련 세력권의 결정적인 구성 요소가 되었다. 푸틴은 2012년에 포스트 소비에트 공간을 재통합하는 과제에 대해 말했다. 그러나 2014년 야누코비치의 퇴임은 러시아에 대한 우크라이나의 종속을 굳건히 한다는 목표에 해가 되었다. 이에 대한 대응책은 우크라이나 동부와 남부, 그리고 궁극적으로 우크라이나 전체를 흔든다는 좀 더 광범위한 목표의 일부로서 크림반도를 러시아에 '반환'한다는 결정이었다. 좀 더 폭

이소스보다 더 부자인(richer than Croesus)'이라는 관용구가 있다.

넓은 이 목표에서 푸틴은 계산을 잘못했다. 푸틴은 분명한 출구 없이 자신이 우크라이나 동부에서 촉발했던 힘들과 자기 자신을 묶어 버렸다. 진퇴양난에 빠진 푸틴은 러시아를 우크라이나 동부의 수렁에 빠뜨렸고, 이런 상황은 언제 끝날지 알 수도 없었다. 그렇지만 푸틴이 밤에 잠을 못 이루는 일은 거의 없었을 것이다. 그는 적어도 우크라이나 동부가 모스크바에 통제되는 한 유럽연합과 나토 가입을 모색할 수도 있는 통일된 우크라이나 국민국가는 없을 것이라는 데 만족할 수 있었다.

국내에서 푸틴은 서방과의 대결에 대해 갈채를 받았다. 시리아 전쟁은 그에게 세계 무대에서 러시아의 지배적인 역할을 재확립할 기회를 추가로 부여했다. 2015년 공산주의 종식 이후 옛 소련의 국경 밖에서 처음으로 이루어진 러시아의 군사 개입은 끔찍한 시리아 갈등에서 결정적인 조치였을 뿐 아니라 푸틴이 세계 강대국으로서 러시아 지위의 회복을 시도하는 새로운 단계이기도 했다.

크림반도와 우크라이나를 둘러싼 러시아와 서방의 대결은 중부 유럽과 동유럽을 관통하여 흐르는 어두운 과거로 돌아갈지도 모른다는 공포를 안겨 주었다. 그것은 세계대전으로 비화할 것인가? 러시아는 동유럽의 다른 부분들, 아니 아마도 그 너머 지역들까지 합병할 것인가? 특히 소련의 합병을 생생히 기억하고 있는 발트 국가들에서 이 두려움은 아마도 과장되었겠지만 충분히 이해할 만했다. 크림반도와 우크라이나는 푸틴이 두 손으로 가질 수 있는 것 이상을 움켜쥐게 했다. 그렇다면 매우 확연한 민족 정체성 의식이 상당 정도 러시아에 대한 반대에 추동되는(우크라이나 동부와는 달리) 발트 국가들을 무력으로 합병하고 억제하려 함으로써 자신의 문제들을 키우기를 왜 푸틴이 바라겠는가? 또 푸틴이 자신이 이미 수행한 것을 넘어서서 유럽에서 더 광범위한 팽창주의 계획들을 가지고 있다는 증거는 전혀 없었다. 한편 시리아에 대한 개입은 푸틴이 미국 정책의 약점을 이용해 러시아의 전통적인 동맹국인 시리아와 이란을 지지함으로써 국제 무대에서 러시아의 위력과 영향력을 과시하려는 경우였다. 그러나 러시아가 세계에서 소련에 버금가는 역할을 하겠다는 야심을 품고 있었다는 징조는 없다. 러시아의 재원만으로는 그렇게 하기에 충분하지 않을 것이었다. 그리고 러시아의 국력을 회복한다는 것은 비러시아인들에게 매력적일 것 같은 이념적 목표가 아니었다.

한편 우크라이나의 위기는 불안감을 주는 교착상태로 수그러들었으나 세계 평화나 유럽의 폭넓은 안정에 어떤 중요한 위협도 제기하지 않았다. 하지만 오랫동안 이 안정이 본질적인 기둥이었던 유럽연합이 과연 유지될 수 있을지는 대륙의 전반적인 위기를 초래한 또 하나의 사태의 결과 바로 의문시되었다. 그것은 '브렉시트', 즉 유럽연합을 떠나겠다는 영국의 결정이었다.

브렉시트

2016년 6월 23일의 운명적인 국민투표는 물론 영국에 주요한 영향을 미쳤다. 그러나 (사상 초유의 일이었던) 회원국의 임박한 탈퇴는 이미 경제, 이민자, 테러리즘의 위기를 겪는 한편 러시아와의 긴장 관계에서 압박을 받고 있던 유럽연합의 진전 과정에서 결정적으로 중요한 순간을 나타냈다.

'유럽'은 20년 이상 영국 정치에서 고름이 흐르는 종기였고, 영국은 오래전부터 유럽연합의 가장 어색한 회원국이었다. 그렇긴 하지만 브렉시트로 가는 길은 짧았다. 금융위기로부터 긴축 정치와 난민 및 테러리즘 위기를 거쳐 브렉시트로 가는 직선을 그을 수 있다.

2014년부터 2016년 사이에 매월 조사한 여론에는 변동이 있긴 했지만 평균 44.7퍼센트의 응답자가 유럽연합 회원국 지위를 유지하는 데 찬성했고 42.9퍼센트는 반대했다. 영국은 (다행스럽게도) 유로존의 회원이 아닌데도, 유로존의 위기에 따라 2010년부터 반대 목소리가 급격히 높아졌다. 그리고 영국의 많은 이들이 금융위기 이후 자신들의 생활수준이 정체되거나 심지어 떨어진다고 여김에 따라, 영국독립당은 지구화 때문에 '뒤처진다'고 느낀 백인 노동계급의 경제적 어려움을 유럽연합으로부터의 '통제할 수 없는' 이주와 연결함으로써 완고한 노동당 지역에서조차 점점 더 지지를 얻을 수 있었다. 2015년 말에 나온 영국은행의 분석으로, 이민이 저숙련 영국 노동자의 임금을 떨어뜨릴 수 있다는 영국독립당의 주장에 얼마간 신빙성이 더해졌다.

이 위에 난민 위기가 닥쳤다. 대부분의 영국 투표자들은 정부가 이민을 통제할 수 있어야 하고 정부들은 계속 그렇게 하는 데 실패했다고 느꼈다. 이러한 태도는 앙겔라 메르켈이 100만 명 이상의 난민에게 독일의(따라서 유럽연합의) 문호를 개방하자 뚜렷하게 확고해졌다. 그리고 이민 문제를 이용해 국가 안보에 대한 우려를 불러일으키는 일은 쉬웠다. 난민과 함께 유럽을 돌아다니는 테러리스트들이

2015년 11월 파리에서 있었던 끔찍한 공격의 범인 중에 있었다고 전해졌다. 영국독립당의 지도자인 나이절 폴 패라지[788]는 "IS가 유럽을 지하디스트들로 넘쳐나게 할 것이라고 장담하고 있기" 때문에 영국이 계속 유럽연합 회원국 자격을 유지하면 국가 안보가 위협을 받는다고 경고했다. 국민투표 운동 기간에 영국독립당의 한 포스터에는 "유럽연합은 우리 모두를 실망시켰다"라는 구호와 함께 시리아 난민들이 영국으로 가는 도중에 슬로베니아 국경에 길게 늘어서 있는 광경이 그려져 있었다. 이것은 확실히 '탈퇴' 선전의 끝판이었다. 그러나 그것이 영향을 미치지 못한 것은 아니었다. 국민의 거의 절반이 영국이 유럽연합에 남아 있다면 테러리즘의 위험이 더 클 것이라는 데 동의했다. 한편 이민 통제는 영국독립당 지지자들을 넘어 훨씬 폭넓은 유권자들에게 가장 먼저 할 일로 여겨졌다.

그리하여 국민투표 운동이 시작되면서 극히 중요한 쟁점은 유럽연합에서 오는 이민을 줄이는 문제였다. 무려 69퍼센트나 되는 영국인이 유럽연합에서 오는 이민이 '너무 많다'고 생각했다. 이민은 곧 이민자들에게 제공되는 복지 혜택을 제한해야 한다는 바람을 동반했다. 유럽연합을 반대하는 사람들이 가장 귀중하게 여기는 영국의 제도인 국가 보건 서비스에 대한 고조되는 압력과 이민을 연결하는 것도 어렵지 않았다. 그들의 주장에 따르면, 국가 보건 서비스는 "보건

---

788)　Nigel Paul Farage(1964~　). 영국의 정치가. 2010년부터 2016년까지 영국독립당 대표를 지냈다. 2014년에는 유럽의회의 정당인 '자유와 직접민주주의 유럽'의 대표를 맡기도 했다.

관광객들"에 의해 재원이 "쥐어짜 내어지고" 있고, 유지할 수 없는 현재의 이민 유입 수준이 누르는 "중압하에서 삐걱거리고" 있었다.

이것은 보수당이 2015년 선거 이후 다수당 정부를 구성한다면 영국의 유럽연합 회원국 유지에 관한 국민투표를 치르겠다는, 영국 총리 데이비드 캐머런이 내놓은 무분별한 약속의 불길한 배경이었다. 캐머런은 기본적으로 당내 반유럽연합 세력의 예봉을 꺾고 귀에 거슬리도록 유럽연합 혐오적인 영국독립당으로 지지가 유출되는 것을 중단시키기를 원했다. 캐머런은 아마도 선거 후 지속될 것 같은 연립 정부에서 강력하게 유럽연합을 지지하는 자유민주당이 국민투표 실시를 막을 것이라고 생각했던 것 같다. 하지만 2015년 선거에서 보수당이 획득했던 예상치 않은 절대다수는 캐머런이 약속한 국민투표를 밀고 나갈 수밖에 없음을 의미했다. 정당정치의 전술이 국가의 장래를 건 도박이 되어 버렸다.

자신의 설득 능력을 너무 과신한 캐머런이 이길 것이라고 확고히 믿었던 것은 도박이었다. 그는 스코틀랜드 독립에 관한 2014년 9월의 국민투표(스코틀랜드 투표자들은 55퍼센트 대 45퍼센트로 스코틀랜드의 독립을 거부했다)에서처럼 유권자들이 궁극적으로 현상 유지를 선택할 것이라고 확신했다. 전문가들은 대부분 동의했다. 캐머런은 영국의 회원국 조건을 재협상한 결과에 많은 것을 걸었다. 그러나 대부분의 영국 투표자들에게 2016년 2월에 캐머런이 다른 27개국의 지도자들과 진행한 논의의 결과는 명백하게 실망스러웠다. 사람들은 이 협상이 특히 결정적으로 중요한 이민 문제에 대해 영국의 회원국 조건에 "상당한 변화"를 가져왔다는 캐머런의 주장을 재빨리 간파했다. 유럽연합은 개인의 이동의 자유라는 핵심적인 원칙을 완강하게 지지했다. 캐머런은 직장 내 복지 혜택에 대한 접근은 최장 4년으로, 그것도 7년 기한 내에만 할 수 있다는 양보를 얻어냈을 뿐이었다. 그 것은 최소한이었다. 많은 독자층이 있는 타블로이드판 신문 《선Sun》 은 이 흥정에 대해 다음과 같이 판결을 내렸다. "냄새가 아주 고약 하다."

하원의원의 4분의 3이 유럽연합 잔류에 찬성했다. 캐머런은 '잔류' 캠페인을 지원하는 데 전력을 다했다. 그러나 그의 내각의 중요한 구 성원들에게는 '탈퇴'를 지지할 수 있는 무제한의 자유가 주어졌다. 그 중 저명한 이는 법무장관 마이클 고브[789]와 전 런던 시장 보리스 존 슨[790]이었다. 특히 존슨은 제멋대로 휘날리는 금발 머리 덕분에 즉시 누군지 알아볼 수 있고 또 익살과 능란한 말솜씨를 매우 적절하게 뒤섞을 줄 아는 서민 냄새가 나는 상류층 인사였는데, 이는 영국의 가장 특권적인 계층만 다니는 사립학교 중 한 곳(이튼)을 나온 그를 나라에서 가장 인기 있는 정치인(몹시 분열을 초래하는 인물이긴 하지만) 으로 만들었다. 존슨은 치열한 싸움의 저울을 '탈퇴'의 승리 쪽으로 기울게 하는 데 적잖은 역할을 할 것이었다. 보수당의 '브렉시트파'는 주권의 회복과 브뤼셀로부터 영국으로 민주적 권리의 반환을 강조했 다. 영국독립당의 한 가지 곡조는 이민에 대한 포퓰리즘적 후렴이었

---

789)   Michael Gove(1967~). 영국의 전 법무장관이자 하원의원. 브렉시트 찬성 론을 주도했다.

790)   Boris Johnson(1964~). 영국의 정치가. 2019년 7월 24일, 영국 보수당 대 표 겸 제58대 영국 총리에 취임했다.

다. 그러나 주권과 이민은 브렉시트 운동의 양면이었다. 이 주장들은 같은 방향으로 돌진했다.

극소수의 노동당 정치인만이 유럽연합 탈퇴에 적극적으로 찬성했다. 그러나 자신들의 선거구민 중 많은 이들이 '탈퇴' 지지자라는 것을 잘 아는 당내의 '잔류파'는 보통 조심스럽게 발걸음을 내디뎠다. 그리고 노동당 캠페인의 큰 약점은 당 지도자인 제러미 코빈[791]—오랫동안 유럽연합에 대해 미적지근했을 뿐인—이 '잔류'를 지지하는 데 말이 없는 것은 아니지만 확실히 열성이 없다는 사실이었다.

나라의 분위기는 상당히 균등하게 나뉘었다. '잔류' 측은 유럽연합을 떠나면 발생할 수 있는 부정적인 경제적 효과와 그것이 평범한 시민들의 생활수준에 미칠 결과에 관해 거의 모든 것을 상정했다. 영국독립당을 제외하고 경제 전문가, 기업 지도자, 은행가, 모든 정당 정치인들의 엄청난 무리들이 브렉시트가 영국 경제에 미칠 충격을 암울하게 그렸다. 재무장관 조지 오즈번은 탈퇴 표결이 이루어질 경우 확실시되는 경제적 붕괴와 싸우기 위해 극단적인 조치가 필요할 것이라는 느낌을 전했다. 그러나 '탈퇴' 측이 적절하게 이름 붙였던 이 '공포 프로젝트'는 거의 효과가 없었다. 많은 사람은 단순히 그것을 믿지 않거나 과장된 선전이라고 여겼다. 마이클 고브가 텔레비전 인터뷰를 하면서 사람들은 무엇이 최선인지 안다고 주장하지만 "일관되

---

791)   Jeremy Corbyn(1949~). 영국의 정치가. 1983년부터 런던 이즐링턴 북부 선거구의 하원의원이며, 2015~2020년 노동당 대표를 맡았다. 당내에서는 좌파로 분류되며 성향은 사회민주주의다.

게 틀린" "전문가들에게 질렸다"고 말했을 때, 그들의 회의주의는 한층 고무되었다. '잔류' 진영이 유럽연합에 있을 때 어떤 혜택이 있는지를 결코 보여주려고 하지 않았던 것은 많은 사람이 유럽연합을 얼마나 하찮게 생각하는지를 알 수 있는 척도였다. 가장 결정적으로 중요한 것은 '탈퇴' 주장의 핵심 요소인, 유럽연합에서 이민자가 유입되는 것을 어떻게 통제할 것인가라는 문제와 싸울 수사적 무기가 '잔류' 캠페인에 없었다는 사실이었다.

'탈퇴' 캠페인이 강조한 '통제권을 회수하자Take Back Control'라는 구호는 단순하고도 강력한 메시지를 주었다. 그것은 부정적인 것만은 아니었다. 유럽연합의 완전한 거부와 함께 이 구호는 더 밝은 미래를 함축했다. 그것은 세 단어 속에 국가 주권의 회복 및 민주주의의 일신이라는 비전을 원하지 않는 이민을 중단할 수 있는 힘과 결합했다.

'탈퇴' 캠페인은 영국으로 들어올 것 같은 난민의 수, 테러리즘의 위협, 국민 정체성의 상실, 공공 서비스에 손상을 끼치는 압박 문제를 두고 공포 전술에 호소했다. 그 주장 중 일부는 뻔뻔한 거짓말이었다. 예컨대 영국은 브뤼셀에 1주일에 3억 5000만 파운드를 보내고 있는데 이 돈은 유럽 회원국 자격이 종료되면 국가 보건 서비스에 투입될 수 있다는 등, 터키가 2020년까지 유럽연합에 가입할 것이고 그 결과 500만 명 이상이 더 영국에 들어올 것이라는 등 하는 것이 그런 주장이었다. 공정함을 보이려고 애쓰는 BBC도, 대부분의 반유럽연합 언론도 이 거짓말을 적극적으로 반박하려고 나서지 않았다.

표를 세고 그 결과가 2016년 6월 24일 발표되었을 때, 영국은 유럽연합의 출구를 향하고 있었다. 투표하러 간 72.2퍼센트의 사람 중에

서 51.9퍼센트가 영국의 회원국 자격을 끝내는 데 표를 던졌고, 48.1
퍼센트만이 잔류하는 데 표를 던졌다. 스코틀랜드와 북아일랜드는
잔류하기로 표결했다. 웨일스, 그리고 가장 큰 표 차로 잉글랜드는 떠
나기로 결정했다. 나이 많고 덜 교육을 받은 투표자들은 압도적으로
유럽연합을 떠나는 데 찬성했던 반면 젊고 교육을 잘 받은 투표자들
은 남기를 원했다. 자신을 "백인 영국인"으로 묘사한 사람들 대다수
와 소수 인종 유권자의 4분의 1은 떠나는 데 투표했다. 런던은 압도
적으로 남는 데 찬성했다. 큰 대학 도시들(버밍엄과 셰필드는 제외하고)
도 그랬다. 그러나 보수당 의회 선거구민 중 거의 4분의 3과 노동당
선거구민의 63퍼센트가 브렉시트에 찬성 투표했다. 대도시들 밖의
잉글랜드는 브렉시트 나라였다.

국민투표의 즉각적인 여파로 데이비드 캐머런은 총리직을 사임했
다. 보수당 최고위층 내의 짧은 권력투쟁 이후 테리사 메이[792]가 새
총리로 등장했다. 그녀는 6년 동안 내무장관이었고 그 때문에 이민
에 책임이 있었는데, 요컨대 그것은 메이에게 여전히 핵심적으로 중
요한 문제였다. 메이는 '잔류'를 진심으로라기보다는 소극적으로 지지
했다. 총리직에 오르자 그녀는 전향자의 열정을 재빨리 보여주었다.
그녀는 자신의 과제가 "인민의 의지"를 시행하는 것이라고 간추려 말
했다. "브렉시트는 브렉시트를 의미한다"가 그녀의 공허한 주문이었
다. 주요한 브렉시트 지지자 셋이 탈퇴 협상의 발판을 마련하는 책임

792)   Theresa May(1956~). 영국의 보수당 정치가. 2016~2019년, 제57대 총리
를 지냈다.

을 지게 되었다. 많은 이들에게 놀랍게도 보리스 존슨이 외무장관(한때 거의 누구도 새 지명자가 갖고 있다고 여기지 않은 모범적인 외교술에 어울리는 고위직)으로 영전했다. 오랫동안 유럽연합을 전투적으로 반대하고 신자유주의적 자유무역을 강력하게 옹호해온 리엄 폭스[793]에게는 유럽연합(단연코 영국의 가장 큰 무역 파트너)과의 무역 감소로 초래될 수 있는 결과를 보충하기 위해 전 세계적으로 새로운 무역 협정을 체결하는 소관이 주어졌다. 그리고 이전에 허세를 부리며 보수당 당권 경쟁에 뛰어들었던 도전자이자 '탈퇴' 캠페인의 강력한 지지자였던 데이비드 데이비스[794]는 유럽연합탈퇴장관에 임명되어 탈퇴 협정을 협상할 주요한 책임이 주어졌다.

2017년 1월, 테리사 메이는 영국의 탈퇴에 관한 기본 뼈대를 발표했다. 그것은 단일 시장(대처 여사의 정부가 설립하려고 갖은 애를 썼던)과 아마도 관세동맹도 떠나는 것을 포함할 터였다. 2017년 3월 29일, 메이 총리는 유럽이사회 의장 도날트 투스크[795]에게 유럽연합을 떠나고자 하는 영국의 의향을 공식적으로 통고했다. 그것은 영국의 탈퇴 조건에 관해 다른 27개 회원국과 긴 협상을 벌이는 것을 의미했다. 중립적인 시사 해설자들은 대부분 그 결과가 영국에 타격을 줄 것

793) Liam Fox(1961~). 영국의 보수당 정치가. 2010~2011년 국방장관, 2016~2019년 국제무역장관을 역임했다.
794) David Davis(1948~). 영국의 보수당 정치가. 2016~2017년 유럽연합 탈퇴 수석 협상가, 2016~2018년 유럽연합탈퇴장관을 역임했다.
795) Donald Tusk(1957~). 폴란드의 정치가. 2007~2014년 폴란드의 총리를 지냈으며, 2014년 12월 1일 제2대 유럽이사회 의장으로 취임했다.

같다고 생각했다. '그레이트브리튼과 북아일랜드 연합'의 장래도 위태로웠다. 스코틀랜드의 행정 수반 니컬라 스터전[796]은 브렉시트에 반대했던 나라에 브렉시트가 강요되는 데 분노하여 1707년 이래 존재해왔던 잉글랜드와의 연합을 깨뜨릴 수도 있는 또 다른 독립 국민투표의 가능성을 제기했다. 그리고 아일랜드 공화국(유럽연합 회원국)과 북아일랜드(유럽연합을 막 떠나려 하는) 사이의 국경 문제는 아일랜드 섬 전역에 걸쳐 골치 아픈 민족 문제를 다시 들쑤실 가능성이 있는 곤혹스러운 것이었다.

영국의 탈퇴 결정에 유럽연합 전체가 충격과 슬픔을 표명했다. 그러나 단순한 유감보다 훨씬 많은 것이 걸려 있었다. 가장 중요한 회원국 중 하나가 떠나는 것은 유럽연합에서 진지하게 자기 성찰이 필요하다는 것을 의미했다. 무엇이 잘못되었는가? 영국의 탈퇴 표결은 유럽연합 내의 깊은 결함을 반영한 것이었는가? 유럽의 다른 지역 시민들도 소외시키고 있는 중앙 집중적 정책과 엄격한 원리들이 적어도 어느 정도는 영국을 출구 쪽으로 밀어붙였는가? 그토록 많은 관찰자가 유럽연합의 장기적인 생존과 양호한 건강에 필수적이라고 본 근본적인 구조적 개혁은 회원국들의 상이하고 종종 경쟁하는 다양한 이해관계들이 존재하는 상황에서 만일 그렇게 하기로 하더라도 실행은 고사하고 어떻게 궁리해낼 수 있을 것인가? 브렉시트는 영국뿐만 아니라 나머지 유럽연합에도 막연하긴 하나 너무나 뻔한 결과를 낳

---

796) Nicola Sturgeon(1970~). 스코틀랜드의 정치가. 스코틀랜드 국민당 대표로서 2014년부터 행정수반을 맡았다.

왔다. 영국은 때때로 유럽 파트너들 사이에서 어떤 짜증을 초래했든 간에, 40여 년 동안 가장 주요한 무역 파트너였고 유럽연합의 재정에 중요하게 기여한 나라였다. 게다가 유럽연합은 자신감과 안정을 훼손했던, 2008년 이후 벌어졌던 주요한 위기들 때문에 크게 동요하면서 결코 건전한 상태가 아니었다.

영국의 결정을 마지못해 인정하면서 결정적으로 필요한 것은 유럽연합의 연대와 단결을 강화하는 것이었다. 영국에 대한 '응징'은 없을 터였다(일부 유럽연합 혐오적인 영국 언론이 주장하는 것과는 달리). 그러나 유럽연합 전체의 이해는 어떤 희생을 치르더라도 옹호될 것임은 분명했다. 유럽연합은 영국의 탈퇴로 약화되는 것이 아니라 강화되어야 했다. 유럽연합의 미래는 브렉시트를 훨씬 뛰어넘는 위기들(존립 자체의 위기를 비롯하여)에 대처하기 위해서 정비되어야 했다. 데이비드 데이비스가 협상 팀을 이끄는 영국과 그리고 수석 협상가인 미셸 바르니에[797]가 유럽연합 집행위원회와 프랑스 장관을 오랫동안 경험했던 유럽연합이 2017년 여름에 그들의 복잡한 작업을 개시할 준비를 함에 따라, 양측 모두에게 불확실성의 긴 시기가 손짓을 했다.

---

797) Michel Barnier(1951~). 프랑스의 정치가. 2004~2005년 외무장관, 2007~2009년 농수산장관, 2010~2014년 유럽연합 내부 시장과 서비스 집행위원을 역임하고, 2016년 12월부터는 유럽연합의 브렉시트 수석 협상가를 맡고 있다.

경제 위기, 이민, 테러리즘은 특별히 유럽만의 문제가 아니라 전 지구적인 문제였다. 우크라이나 위기는 국제적인 반향을 초래했다. 브렉시트도 영국이 자신의 전 지구적인 무역 관계를 재구성하려 함에 따라 단지 영국만의 관심사에 불과한 것은 고사하고 그저 유럽적인 것만도 결코 아니었다. 거의 10년에 걸친 집단적 위기들은 유럽 문명의 토대를 (파괴하지는 않았지만) 뒤흔들었다. 2017년 여름까지 유럽은 위기들을 헤쳐나갔다. 위기들은 저지되었다. 그러나 그것들은 극복되지는 않았다. 위기들은 극복될 수도 없었다. 위기들은 유럽이 이전 30년 동안 너무나 급격히 가속화해온 과정인 지구화의 모든 현상에 노출된 사실에 내재해 있었기 때문에, 위기들이 유럽에 제기한 위협을 말끔하게 끝내거나 제한적으로라도 끝내는 일은 있을 수가 없었다. 경제 회복은 결코 활기차게 진행되지 않았고, 높은 수준의 이민은 필연적이었으며, 첨예한 테러리즘 문제에 대한 분명한 해결책은 없었고, 강대국 충돌의 가능성은 2016년 11월 충동적이고 예측 불가능한 도널드 존 트럼프[798]가 미국 대통령으로 선출된 이래 고조되었다. 유럽의 전 지구적 격변에의 노출은 다가올 오랜 시절 동안, 아니 몇 세대 동안 계속될 것이 확실했다.

---

798)   Donald John Trump(1946~). 미국의 제45대 대통령. 2016년 11월 8일 대통령 선거에 공화당 후보로 나서 힐러리 클린턴 민주당 후보를 꺾고 당선했으며, 이듬해 1월 미국 대통령으로서 임기를 시작했다.

2008년 이래 근대 유럽에서 당연하게 여겨지던 것 가운데 많은 것이 의문시되었다. 수십 년의 성과였던 안정, 번영, 심지어 평화도 더는 보장되지 않았다. 제2차 세계대전 이래 서유럽에(그리고 1990년부터는 동유럽 대부분에) 너무나 필수적이었던 미국과의 유대는 버락 오바마[799] 대통령 치하에서 이미 느슨해지고 있었고, 그의 후임 대통령 치하에서는 곧바로 의문시되었다. 오랫동안 지키기 위해 싸워왔던 자유주의적·민주주의적 가치들은 도전을 받았다. 2017년에 유럽은 지속적인 불확실성과 불안(전쟁의 여파 이래 어느 때보다도 더 컸던)에 직면하면서 취약한 상태에 있었다. 유럽은 더 나은 시대로 가는 길을 발견할까? 아니면, 과거의 유령들이 돌아와 대륙을 계속 괴롭히지 않을까?

---

799) Barack Obama(1961~). 미국의 민주당 정치가. 2009~2017년 제44대 미국 대통령을 지냈다.

새로운 불안의 시대

일찍이 뒤틀린 인간성을 가지고 올바른 일을 성취한 예는 없다.

이마누엘 칸트, [800] 1784

제2차 세계대전이 종결된 이후 유럽의 역사는 최근의 위기들이 선명하게 보여주었듯이 위대한 성취, 혹독한 좌절, 심지어 재난이 격렬하게 뒤섞인 역사였다. 그것은 많은 점에서 사실 롤러코스터처럼 오르락내리락했는데, 1970년대부터 속도를 올렸다가 1990년 이후에는 급격히 가속했고 새로운 세기에는 거의 통제를 벗어나 제멋대로 달렸다. 냉전 초기의 불안으로부터 지난 10년간 유럽을 사로잡았던 다면적인 위기의 불안 사이를 통과하는 구불구불한 길에는 긍정적인 것도 많았고 부정적인 것도 많았다. 그리하여 무엇이 지난 70년에 걸친 유럽 역사의 대차대조표를 구성할 것인가?

충분한 경고와 함께, 합리적인 평가라면 무엇이든 확실히 엄청

---

800)   Immanuel Kant(1724~1804). 독일 관념철학의 기반을 확립하고 근대 계몽주의를 정점에 올려놓은 프로이센의 철학자. 저서로 《순수이성 비판》, 《실천이성 비판》, 《판단력 비판》 등이 있다.

난 진전이 이루어졌다는 사실을 강조할 것이다. 20세기 전반기의 유럽—제국주의 강대국과 제국주의 강대국이 되려고 하는 나라들이 패권을 다투면서 전쟁과 대량 학살에 의해 물리적·도덕적으로 갈가리 찢긴 대륙—을 흘낏 쳐다보기만 하더라도, 유럽이 그 이후로 얼마나 멀리 왔는지를 알 수 있다. 유럽인은 대부분 지금 평화와 자유, 그리고 법치하에서 상대적인 번영을 누리며 살고 있다. 인종주의적 태도는 결코 근절되지 않았지만, 인종주의를 공공연하게 드러내는 것은 불법이다. 남성과 평등한 여성의 권리는 실제로는 종종 무시되곤 하지만 원칙적으로는 수용되고 있다. 동성애 남성과 여성들은 오랜 편견이 여간해서 사라지지는 않았지만, 더는 공식적인 차별을 받지 않고 있다. 무슨 단서를 달든 이것들을 비롯한 여러 문화적 변화는 중대한 진전에 해당한다.

영국의 뛰어난 역사가 피터 펄저[801]—1938년 나치가 오스트리아를 점령할 때 빈에서 살던 아이였는데, 이듬해 가족들과 함께 영국으로 도피했다—는 이렇게 말했다. "경찰국가에서 살아 본 적이 있는 사람들만이 경찰국가에서 살지 않는 것이 어떤 것인지를 알 수 있다." 심지어 전쟁 전인 당시에 적어도 유럽인 중 3분의 2가 권위주의 통치 아래에서 경찰의 자의적 권력에 종속된 채 살았다. 전쟁 후 40년 동안 철의 장막 너머의 유럽인은 공산주의 통치하의 경찰국가에서 삶을 경험했다. 권위주의 통치는 옛 소련 지역에서 여전히 존재한다. 터

---

801)   Peter Pulzer(1929~). 영국의 역사가. 독일 근현대사를 전공했으며 옥스퍼드 대학교 교수를 지냈다.

키는 권위주의로 돌아서고 있다. 헝가리와 폴란드는 민주주의 형식을 이용해 민주주의 내용을 훼손하고 있다. 그러나 대부분의 유럽인은 오늘날 자유와 민주주의, 그리고 법치하에서 살고 있다. 오늘날 수많은 유럽인이 더는 경찰국가의 폭정을 두려워할 필요가 없다는 것은 엄청난 진전이다.

피터 펄저의 논평에 절대적 빈곤을 경험한 사람들만이 가난하지 않다는 것이 어떤 것인지를 진정으로 평가하고, 전쟁의 공포를 직접 목격한 사람들만이 평화롭게 산다는 것이 무엇을 의미하는지 충분히 이해한다고 덧붙일 수 있을 것이다.

유럽 대륙은 오늘날 전에 없이 번영을 구가하고 있다. 물질적 복지는(자유 및 상대적인 안전과 함께) 유럽 대륙을 세계의 다른 지역들에 만연한 전쟁과 극단적인 빈곤으로부터 그토록 많은 이민자를 불러들이는 아주 강력한 자석으로 만들었다. 물론 유럽의 번영은 결코 균등하게 퍼져 있지 않다. 부자와 가난한 사람 간의 격차는 좁혀지기는커녕 심지어 넓어지기까지 했다. 일부 국가들이나 혹은 국가들의 일부 지역은 여전히 상대적으로 가난하다. 심지어 부유한 국가들 안에서도 가난은 존재한다. 부유한 서유럽 국가들의 극빈자들을 위한 푸드뱅크는 수치스러운 일이다. 그렇지만 전쟁 전의 유럽이 경험했던 지독하고 광범위한 가난은 더는 존재하지 않는다.

전시 세대에게 전후 유럽의 가장 놀랄 만한 발전은 지속적인 평화였다. 오늘날 이것은 흔히 당연한 것으로 여겨지곤 한다. 특히 전후 초기 몇 십 년 동안 평화의 유지는 훨씬 덜 확실한 것 같았다. 물론 모든 지역이 평화롭지 않았다는 것은 말할 필요도 없다. 유고슬라비아는 1990년대에 전쟁으로 갈가리 찢겼다. 캅카스에서는 극단적인 폭력 사태가 있었다. 그리고 최근에 우크라이나 동부는 무력 충돌에 시달렸다. 게다가 내부로부터의 테러 폭력이 때로 북아일랜드, 스페인, 서독, 이탈리아에 짙은 그림자를 드리웠다. 더구나 유럽은 전반적으로 평화로웠지만, 유럽 국가들이 제국에서 후퇴하면서 필연적으로 예컨대 알제리, 케냐, 앙골라에서 폭력의 흔적이 남았다. 그리고 유럽 무기 수출은 세계의 다른 지역들을 지옥으로 만드는 데 적잖게 기여했다. 그러나 20세기 전반기 동안 한 세대 내에 대륙을 두 번 파괴했던 것과 같은 전반적인 유럽 전쟁은 없었다. 바로 그것이 전후의 유럽인들에게 무엇보다도 큰 축복이었다.

그리하여 다음과 같은 일반화는 타당성이 있다. 바로 지난 70년에 걸친 급속하고 심원한 변화는 오늘날의 유럽이 자신의 오랜 역사에서 어느 때보다도 평화롭고, 번창하며, 자유롭다는 것을 의미한다는 사실이다. 지구화와 기술적 변화는 오늘날의 유럽인들이 느끼는 물질적 혜택에 크게 기여했다. 그러나 이 책의 앞선 장들이 보여주었듯이 상당히 부정적인 결과들도 있었다. 지구화는 터보자본주의[802]를 위한 길을 닦았다. 지구적 투자은행, 거대 기업체, 정보·기술 대기업이 국민국가들의 통제 너머에서 자신들의 권력을 확립했고, 2007~2008년에 비대하고 무책임한 금융 부문은 국제적 재정 시스

---

802) turbo-capitalism. 사회를 균형 있게 유지하고 사회 불안을 방지하려는 조치가 부족한 자본주의의 한 형태로 금융 규제 완화, 민영화, 고소득층의 낮은 세금이 특징이다.

템을 붕괴 직전까지 몰고 갔다. 미숙련인 데다 보통 이민자이기도 한 노동자들로 이루어진 새로운 '프레카리아트'[803]가 등장하여 수준 이하의 숙박만을 감당할 수 있는 형편없이 낮은 임금의 직업을 차지하고 끊임없는 물질적 불확실성과 함께 살았다. 신체적 불안 의식 역시 특히 이슬람 테러리즘(상당 정도는 중동에서 벌어진 전쟁에 대한 유럽의 관여와 유럽 제국주의 과거의 유산이다) 사건이 증가하면서 강화되었다. 외국에서 발생한 일이 국내의 일상생활과 더는 분리될 수 없다는 점이 점점 분명해졌다.

그렇지만 상당한 부정적인 면에도 불구하고 지난 70년간에 걸친 유럽의 변화가 대체로 긍정적이었다면, 그것은 적잖게 나토와 유럽공동체라는 두 가지 전후 발전에서 비롯한 것이다. 세 번째 요소(핵무기의 '상호확증파괴')는 아마도 유럽에서 또 다른 전쟁으로 비화하는 것을 억제하는 데 가장 중요했을 것이다.

나토의 방어 체계와 미국의 적극적 관여는 서유럽에서 전후 질서를 보장하는 데 필수적이었다. 특히 베트남전쟁 이후 유럽에서는 미국의 대외 정책에 대한 광범위한 (보통은 정당한) 적대감이 존재했다. 외국에서 미국의 이미지는 흔히 자유의 국제 호위병으로서 자유로운 사람들의 나라라는 관대한 미국의 자화상과 충돌하곤 했다. 그러

---

803) precariat. 저임금·저숙련 노동에 시달리는 불안정한 노동계급을 가리키는 신조어다. 이탈리아어로 '불안정한'이라는 뜻의 프레카리오(precario)와 노동계급을 뜻하는 독일어 프롤레타리아트(proletariat)의 합성어다. 이 용어는 2004년 유로메이데이 행사에서 처음 등장했으며, 이탈리아 밀라노를 시작으로 여러 지역의 노동운동 속으로 퍼져 나갔다.

나 반미주의가 성장했다고 해서 무엇보다도 전후 첫 수십 년 동안 유럽에서 강력한 군사적 주둔을 유지하는 데 미국이 행한 필수 불가결한 역할이 훼손된 것은 아니다. 군사적 주둔이 없었더라면 대륙의 서쪽 절반은 덜 안정되었을 것이고, 자유민주주의는 덜 공고했을 것이며, 평화의 지속은 더 위태로웠을 것이다.

두 번째 필수적인 구성 요소는 시간이 흐르면서 유럽연합이 될 제도의 설립이었다. 유럽연합의 복잡한 전사는 전략적 설계라기보다는 대체로 예측할 수 없었던 사건으로 촉발된 즉흥적인 부가와 조정 속에서 전개되었다. 매우 빠른 속도로 성장한 조직적 미로, 자주 (특히 농업 보조금을 둘러싸고) 불화를 일으키는 것으로 드러난 복잡한 경제 협정들은 분열을 일으키는 것으로 드러났다. 초국적 국가를 건설하려는 야망이 커져가는 데 대한 두려움에 비판이 쏟아져 나왔으며, 적개심도 깊어졌다. 그러나 결함과 실수, 약점이 무엇이었든 유럽석탄철강공동체와 그 후의 유럽경제공동체는 정치적 안정을 뒷받침하는, 급속히 팽창하는 번영의 틀을 제공한 것만은 아니었다. 그것들은 또한 결정적으로 프랑스-독일의 친선 관계를 확고히 하고, 그럼으로써 두 번의 전쟁을 촉발하는 데 적잖은 역할을 했던 불치의 원한을 제거하는 길을 닦았다. 유럽 통합의 추구가 그리스, 포르투갈, 스페인의 옛 독재 체제들과 그 후 1990년까지 철의 장막 뒤에 있던 나라들을 포함하는 것으로 확대되면서 유럽연합은 민주주의 원리, 법치, 국제 협력의 틀을 남유럽, 중부 유럽, 동유럽의 많은 국가로 확장했다. 오랫동안 유럽에서 가장 가난한 축에 속했지만 이제 상당한 물질적 진보를 경험할 수 있었고, 수십 년 동안 독재적 통치하에서 살아왔으나 이제 다원주의적 민주주의 체제를 발전시킬 수 있었던 이 지역들의 나라에 이것은 엄청난 진전이었다.

유럽연합이 달성할 수 없었던 것은 진정한 유럽 정체성 의식의 창출이다. 각각이 개별적인 정체성 의식, 문화, 역사를 갖고 있고 60개 이상의 언어를 품고 있는 40여 개국으로 이루어진 대륙에 이것은 본질적으로 놀라운 일이 아니다. 아마도 일부 유럽연합 이상주의자들에게 그것은 실망스러웠을 것이다. 그러나 사실 국민국가의 부고는 너무 일찍 작성되었다. 정치적 이상주의보다는 경제적 실용주의에 입각한(한동안 이 두 가지는 가지런히 함께했지만) 유럽공동체는 앨런 밀워드[804]가 설득력 있게 주장했듯이, "국민국가의" 붕괴가 아니라 "구제"를 결과했다. 민족 정체성은 어떠한 유럽 정체성 의식도 계속 대체했고, 최근 수십 년 동안에는 거의 감소하기보다는 강화되기까지 했다고 주장할 수 있다. 그렇다 하더라도 결정적으로는 두 차례의 세계대전을 낳았던 위험할 정도로 공격적이고 배외주의적인 민족주의는 더는 거의 존재하지 않는다. 그것은 초국적 협력과 상호 의존의 점진적인 증가로 희석되고 저지되었다.

유럽 정체성 의식이 대체로 현실보다는 이상과 염원에 머물러 있었다 하더라도, 그럼에도 그것은 일종의 정치적 내용을 획득했다. 대부분의 유럽 시민이 보기에 '유럽'은 대체로 유럽연합과 동의어(긍정적이든 부정적이든)가 되었다. '유럽'은 서로 뒤섞여 있는 민족들의 공동

---

804)   Alan Milward(1935~2010). 영국의 경제사가. 1986~1996년 런던 정경대학 교수를 지냈다.

체로서 유럽연합의 국가들을 유럽연합 밖에 있는 유럽 대륙의 나라들(주로 러시아와 옛 소련의 구성 공화국들)로부터 구별한다. 이 '유럽'은 샤를 드골(그리고 다른 사람들)이 선호했던 "조국들의 유럽"도 아니고, 자크 들로르와 연관된 초국적 실체도 아니다. 오히려 그것은 독특한 실체로서 그 사이 어딘가에 서 있다. 일부는 점점 확대되는 '유럽'이 유토피아 미래로서 유럽 연방 국가로 통합될 것이라고 계속 생각한다. 그 수가 늘어나고 있는 다른 일부는 거리와 심지어 적대감을 갖고 '유럽'을 국민국가로서 그들의 주권과 통일성에 악영향을 미치는 이물질로 여긴다. 전후 첫 몇 십 년 동안 또 다른 전쟁의 가능성을 막을 필요는, 대두하는 유럽공동체의 중심적 야심이었다. 그럼에도 이 메시지는 시간이 지나면서 필연적으로 점점 희미해졌다. 이것은 많은 유럽 시민이 보기에 유럽연합의 '유럽'을 대다수 사람들의 삶에 영향을 미치지만 그들의 적극적인 정치적 관여 능력을 넘어서는 규칙과 법규를 구현한 불투명하고 소원한 조직에 지나지 않는 것으로 내버려 두게 했다. 그것은 유럽연합은 구축하는 것이 불가능한 감정적 애착을 불러일으킬 수 있는 민족주의 운동과 분리주의 운동의 정치에 문을 열었다. 그리하여 '유럽'은 대부분의 유럽 시민에게 그들이 좋아할 수도 있고 좋아하지 않을 수도 있는 유럽연합을 의미한다. 그러나 현실적으로 그들의 주된 감정적 헌신의 대상은 '유럽'이 아니라 여전히 그들의 국민국가나 지역(혹은 일부 경우에는 앞으로 독립적 국민국가가 되려고 하는 무엇)이다.

의미 있는 유럽 정체성을 창출하려는 어떤 시도도 계속되는 극복 불가능한 장애물에 직면할 운명에 처해 있는 것 같다. 종교적 충성의 쇠퇴와 이민 소수자들의 증가는 유럽이 더는 기독교(어쨌든 수 세기 동안 진정한 통합을 가져오기보다는 불화를 일으켜왔던)와 동일시될 수 없음을 뜻한다. 역사 역시 통합적 역할보다는 분열적 역할을 할 것이다. 다문화 사회들은 유럽이 자기 민족들 모두에 공통적인 역사적 이해가 없음을 뜻한다. 어쨌든 어떠한 **유럽** 역사 이해(혹은 신화)도 결코 없었다. 역사 이해는 변함없이 민족적이었고, 심지어 그런 경우에도 (스페인 내전이 시작된 후 80년이 지났고 프랑코가 사망한 이래 40년이나 되었는데도, 오랫동안 이어지는 스페인 내전의 깊은 유산이 생생하게 보여주듯이) 인구의 상이한 부분들은 보통 역사 이해를 두고 서로 다퉜다. 제2차 세계대전(제1차 세계대전보다 훨씬 더)과 홀로코스트는 시간이 지나면서 최근 역사에 대한 공공 의식을 지배했다. 하지만 둘 중 어느 쪽을 기념하는 것도 공통의 유럽 정체성 의식에 이바지하지 못한다. 아마도 환상에 불과한, 유럽 정체성 찾기는 여하튼 유럽 국민국가들의 시민이 개별 국가에서 평화, 자유, 다원주의적 민주주의, 법치라는 공통의 핵심적 유럽 원리를 옹호하는 데 헌신하는 한, 또한 이 헌신을 뒷받침하는 물질적 복지 수준을 유지하고, 가능한 곳마다 초국적 협력과 친선의 유대를 강화하려고 애쓰는 데 헌신하는 한, 필요가 없다.

그러나 이 시점에 유럽의 최근 과거에 대한 평가는 제한된 결말에 도달한다. 남아 있는 것은 유럽의 미래에 대한 문제들이다. 유럽은 앞으로 큰 도전들에 어떻게 대처할 것인가? 과거의 진전은 그 후의 쇠퇴에 선행하는 대체로 긍정적인 일화로 간주될 것인가? 최근 유럽연합의 인기가 상승하기보다는 하락할 때 '점점 더 긴밀해지는 연합'이라는 프로젝트는 얼마나 멀리 진행되어야 하는가? 그리고 유럽연합의 경계 너머에 있고 수 세기 동안 결코 스스로를 '유럽'과 충분히 동일시해 본(혹은 외부 관찰자들에 의해 동일시되어 본) 적이 없는 유럽의 지역들—러시아와 그 후원 아래 있는 나라들, 터키, 발칸 국가들—은 '핵심 유럽'으로부터 더욱더 멀리 떨어져 나갈 운명에 있는가? 특히 유럽연합은 현재의 어려움을 극복하고, 한때 존재했지만 너무나 큰 정도로 증발해 버린 '유럽 프로젝트'에 대한 열정을 새롭게 자극하기 위해 스스로를 '혁신'할 수 있는가? 이 도전들은 엄청나다.

● ○ ●

"과거에서 배워라." 공자의 이 충고는 워싱턴의 국립문서고 건물의 입구 중 하나를 장식하고 있다. 다른 입구에 새겨져 있는 "지나간 것은 서두에 불과하다"라는 문구는 셰익스피어의 《템페스트The Tempest》에서 인용했다. 과거를 공부하는 역사가들은 빈번하게 요동치는 유럽의 궤적을 따라 현재에 이를 수 있다. 그러나 과거는 무엇에 대한 서두인가? 엄밀한 의미에서 현재는 없고 오직 과거와 미래만이 있을 뿐이다. 과거는 상당히 밝게 비춰진 길(어두운 덤불 속으로 들어가는 수많은 캄캄한 모퉁이와 우회로를 갖고 있긴 하지만)이며, 이 길은 그 후 '미래'라고 표시된 크고 으스스한 대문으로 막혀 있다. 대문에 있는 몇 개의 작은 구멍을 통해 땅거미 속으로 이어지면서 급속히 사라져 버리는 몇 갈래의 희미하게 빛나는 길을 힐끗 엿볼 수 있다. 아마도 그 길 중 하나는 다른 길보다 조금 더 넓고 더 나아갈 것 같다. 그러나 그것은 확실하지 않다. 정확히 알 수가 없다. 어쨌든 그 길 역시 조금 있다가 앞이 안 보이는 어둠 속으로 이어질 뿐이다.

거기서부터 도착지는 불분명하다. 과거 발전의 구조적 패턴(예를 들어, 인구 변동이나 사회경제적 추세)은 일반적인 면에서 다가올 수십 년이 어떻게 형성될지를 보여주는 부정확한 지표를 제공할 수 있다. 그러나 미래는 언제나 열려 있다. 역사는 예측될 수 없는 것에 아주 흐릿한 안내만을 제공한다. 비단 장기적인 구조적 과정뿐 아니라 예측할 수 없는 사건들도 중차대한 변화를 낳을 수 있다. 역사적 변화에서 우연성의 역할을 과소평가하기는 쉽다. 그러나 역사는 극적인 충격을 가하나 우연성(예를 들어 전투의 결과, 예기치 않은 정치적 격변, 통치자의 개성)에 달린 쟁점으로 가득 차 있다. 한 기자가 정부가 직면한 가장 큰 곤란이 무엇인지를 묻자 전 영국 총리 해럴드 맥밀런이 했다고 하는 대답(아마도 사실이 아닐 것이다)—"사건들, 이 사람아, 사건들이라네"—은 미래의 예측 불가능성과 과거를 해석하여 미래를 추측하는 데서 역사가들이 겪는(누구나 그렇듯이) 어려움을 간결하게 요약했다.

이 책의 내용이 끝나는 해인 2017년에 유럽은 이 미지의 영역으로 들어서고 있었다. 대륙은 제2차 세계대전의 여파 이래 어느 때보다도 큰 불확실과 불안에 직면했다. 금융 시스템의 안정과 또 다른 붕괴의 가능성에 대해 우려가 계속되었다. 그리스의 경제는 아직도 위태로운 상태였다. 독일의 무역 흑자는 여전히 유로존을 불균형하게 내버려 두었다. 프랑스는 자신의 경제를 더 경쟁력 있게 만들기 위해 도전적이고 아마도 인기가 없을 조치를 취해야 할 판이었다. 폴란드와 헝가리는 우려스럽게도 권위주의로 돌아섰다. 영국은 대단히 복잡한 유럽연합 탈퇴 협상에 몰두했다. 이민자 위기는 2015~2016년의 정점에서 약화했으나 끝나지 않았고, 특히 이탈리아와 그리스에 큰 부담을 지우고 있었다. 이것은 유럽의 해결 능력을 훨씬 넘어서는 전 지구적인 정치 문제들(이 중 가장 뚜렷한 것은 시리아에서 일어난 끔찍한 전쟁의 유산이었다)의 한 가지 중요한 가닥이었다. 유럽에서는 테러 공격이 증가하고 있었고, 민주적 자유를 특히 중요시하는 개방 사회에서는 결코 완전히 막을 수가 없었다. 국제 관계는 걱정스러웠다. 중동은 언제라도 터져 버릴 것 같은 화약통이었다. 독단적인 러시아와의 관계는 1991년 이후 어느 때보다도 껄끄러웠다. (시리아 전쟁에 깊이 연루된) 터키는 유럽이 계속되는 이민자 위기를 관리하는 데 결정적이었으나 유럽 자유민주주의 원리와 자신의 세속주의 뿌리에서 벗어나 권위주의 국가가 되어가고 있었다. 그리고 중국의 힘은 유럽의 미래와 외부 세계의 관계 등식에서 여전히 예측할 수 없는 요인으로 대두했다.

2008년 이후 유로존과 유럽연합의 종결이 시작될 것이고, 경쟁하는 국민국가들의 대륙으로 전환될 것이며, 1930년대 파시즘으로 복귀할 것이고, 유럽의 어두운 과거의 정신이 다시 깨어날 것임을 예언하는 카산드라[805]의 목소리들이 들렸다. 또한 카산드라는 부활한 러

---

805) Cassandra. 아폴로 신에게서 예지력을 받은 고대 그리스 신화 속의 공주. 후에 아폴로 신을 속인 벌로 사람들은 공주를 믿지 않게 되었다. 일반적으로 특히 사람들의 믿음을 얻지 못하면서 불길한 일을 예언하는 사람을 가리킨다.

시아의 힘은 위험할 것이고, 세계에서 유럽의 영향력이 쇠퇴할 것이며, 평화와 번영이 종언을 고할 것이고, 심지어 핵전쟁이 일어날 수도 있다고 예언했다. 2016년 11월 도널드 트럼프가 예상을 깨고 미국 대통령으로 당선되면서 충동적이고 예측 불가능한 인물이 백악관에 입성했다. 게다가 그는 유럽과 유럽의 지배적인 가치들로부터 거리를 두고 있다는 것을 숨기지 않았다. 트럼프가 대통령직을 수행한 첫 몇 달은 대단히 불안했는데, 이는 비단 유럽인들에게만 그런 것이 아니었다. 매우 적극적인 '미국 제일주의' 정책에 뒤따른 보호주의와 심지어 무역 전쟁으로의 회귀 가능성은 우려스러운 경제적 혼란의 전망을 제기했다. 그러나 유럽의 우려는 더욱더 나아갔다. 제2차 세계대전 이후 미국은 특히 나토에 대한 헌신을 통해 서유럽이, 그리고 공산주의 몰락 이후에는 대륙의 대다수 국가들이 누리는 자유를 보증하는 국가였다. 비록 트럼프는 선거운동 동안 나토를 '폐물'로 묘사한 (유럽인들이 보기에는 너무 놀라웠지만) 데서 한 발 물러서긴 했지만, 전쟁 이후의 어떤 미국 대통령보다 유럽 방어 정책의 결정적인 틀에 대해 여전히 훨씬 더 모호한 태도를 취했다. 그 결과 1940년대 말부터 지속되었던 전후 질서에서 유럽이 차지하는 위상은 불확실해졌다.

트럼프의 당선은 또한 유럽 전역에서 민족주의자들과 우익 포퓰리스트들을 고무했다. 그들의 호소력은 근대 유럽 문명의 정수로서 확고히 뿌리내린 것 같았던 가치들에 위협을 제기하면서 확실히 자유주의 유럽인들에게 깊은 우려를 자아내는 문제였다. 그러나 트럼프의 대통령 지위는 그와 같은 걱정을 넘어서는 근심을 불러일으켰다. 아마도 가장 유해했던 것은 지구온난화의 압도적인 과학적 증거를 정말 믿기 힘들게도 무시한 것일 터인데, 이는 비단 유럽에만 해로운 것이 아니었다. 탄소 배출로 환경을 돌이킬 수 없이 훼손함으로써 스스로를 파괴하는 것으로부터 지구를 어떻게 보호할 것인가는 미래 세대들이 직면한 유일하게 가장 중요한 문제였다(그리고 여전히 문제다). 문제들 중에서도 가장 심각한 이 문제는 유럽이 나머지 세계와 공유한 것이다. 그러나 돈키호테처럼 미국의 탄소 배출 산업을 보호하고 재건하겠다고 결정하면서, 트럼프는 2017년 6월 1일 불과 2년 전 오랜 힘든 협상 끝에 거의 200개 국가가 합의한 기후 통제에 관한 파리협정[806]에서 (이산화탄소 배출에서 중국 다음인) 미국이 탈퇴한다고 발표했다. 잠재적으로 환경보호에서 주요한 돌파구였던 이 국제조약을 트럼프가 망쳐 버렸다.

그러나 2017년 여름에 '미래'라고 표시된 대문의 구멍을 통해 눈여겨보면 앞으로 난 좁은 길들이 완전히 깊은 어둠 속에 휩싸여 있는 것 같지는 않았다. 빛이 조금 깜빡거렸다. 미국의 선거 이후 몇 달 동안 유럽도 몇몇 극히 중요한 선거의 현장이었다. 이 선거들은 포퓰리스트 우익에서 제기된, 오랫동안 자리 잡은 자유민주주의적 가치들에 대한 위협이 정점을 지났다는 희망을 불러일으켰다(결국 단명하고 말았지만). 예상과 달리 오스트리아는 2016년 12월에 (선거 부정을 이유로 5월의 선거가 무효가 되어 다시 실시한 선거에서) 강력한 유럽연합

806) Paris Agreement. 2015년 12월 유엔 기후변화 회의에서 채택된 조약. 2016년 11월 4일부터 포괄적으로 적용되는 국제법으로서 발효되었다. 2017년 6월 미국의 탈퇴 선언에도 불구하고, 여전히 세계 탄소 배출의 87퍼센트를 차지하는 200여 국가가 협정을 이행 중이다.

지지자인 전 녹색당 지도자 알렉산더 판데어벨렌[807]을 선출하고 극우 후보인 자유당의 노르베르트 호퍼[808] 후보를 거부했다. 2017년 3월 15일 네덜란드 총선에서 극우 반이슬람·이민자 후보인 헤이르트 빌더스가, 비록 그의 당이 투표의 13퍼센트를 획득하고, 이민자 쟁점에 관한 강력한 감정 때문에 현 총리 마르크 뤼터[809] 역시 빌더르스의 지지를 끌어내기 위해 반이민자 수사를 적극적으로 활용할 수밖에 없었지만, 예상보다 잘하지는 못했다. 지극히 중요했던 프랑스 대통령 선거(2017년 4월 23일~5월 7일의 제2차 선거)에서 국가 주권의 회복, 이민 통제, 유로존 탈퇴라는 자신의 프로그램에 대해 강력한 지지를 받았던 극우 국민전선의 지도자 마린 르펜은 완전히 패배했다. 승리는 열렬한 친유럽연합 중도주의자인 에마뉘엘 마크롱에게 돌아갔는데, 그는 프랑스—그리고 유럽—정치를 위한 새로운 출발을 나타냈다. 마크롱이 맨 처음부터 창설했던 당인 '레퓌블리크 앙 마르슈!'는 그가 대통령으로 선출될 때까지도 여전히 배아 형태에 불과했지만, 그 후 6월의 프랑스 국민의회 선거에서 놀랍게도 절대다수를 획득했다.

---

807)   Alexander Van der Bellen(1944~). 오스트리아의 정치가, 경제학자. 1997년부터 2008년까지 녹색·녹색대안 대표를 지냈고, 2016년 12월 오스트리아 대통령으로 당선했다.
808)   Norbert Hofer(1971~). 오스트리아의 자유당 소속 정치가. 2013년 10월 오스트리아 국민의회 부부의장에 취임했으며, 2019년 5월부터는 자유당 대표도 맡고 있다.
809)   Mark Rutte(1967~). 네덜란드의 정치가. 자유민주국민당(VVD) 소속으로 연정을 구성하여 2010년 10월부터 총리로 재직 중이다.

25. 1989년 12월, 한 남자가 한가운데의 공산주의 상징을 도려내 버린 루마니아 깃발을 들고 부쿠레슈티 궁정 광장의 발코니에 서 있다. 광장의 탱크들을 보면 루마니아에서는 1989년 혁명이 결코 평화적이지 않았음을 알 수 있다.

26. 1992년 프로방스에서의 마스트리흐트 조약에 대한 반대. 9월의 국민투표에서 프랑스인들은 아슬아슬한 차이로 조약을 비준했다.

27. 1992년 6월 6일 세르비아군의 포탄이 사라예보 근교에 있는 주택들을 때리고 있다. 4월에 시작되어 거의 4년 동안 지속된 사라예보 포위 동안 수천 명의 민간인이 죽고 다쳤다.

28. (왼쪽) 1999년 12월 31일, 크레믈에서 열린 퇴임식에서 러시아 총리 블라디미르 푸틴(왼쪽)이 보리스 옐친 대통령에게 꽃다발을 건네고 있다. 옐친은 갑자기 즉각적인 사임을 발표하고 2000년 3월 선거 때까지 대통령 직무를 대행할 사람으로 푸틴을 지명했다. 푸틴은 옐친과 그의 가족이 어떤 부패 혐의로도 기소되지 않을 것이라는 법령을 재빨리 공포했다.

29. 2004년 3월 13일, 마드리드에서 엄청난 군중이 스페인 정부가 거의 200명이 죽고 약 200명이 다친 이틀 전의 통근 열차에 대한 공격을 바스크 분리주의자들이 아니라 알카에다의 소행으로 돌리지 못한 데 대해 항의 시위를 벌이고 있다. 평화를 요구하는 현수막은 스페인을 이라크 전쟁으로 끌고 간 보수주의 정부를 겨냥했다. 이튿날 치러진 총선은 이 정부에 패배를 안겨 주었다. 4월이 끝나기 전에 사회당이 이끄는 새 정부는 이라크에서 스페인군을 철수시켰다.

30. (아래) 2010년 2월 24일 아테네에서 1일 총파업 동안 경찰과 분노한 시위대 사이에 있었던 폭력적 충돌. 파업은 그리스의 극심한 금융위기를 억제하고 경제적 붕괴를 피하기 위해 정부가 도입한 가혹한 긴축 조치에 항의하여 벌어졌다.

31. 2013년 12월 31일, 키예프의 독립 광장에서 있었던 대규모 시위에서 20만 명으로 추산되는 우크라이나인들이 계획된 유럽연합과의 제휴 협정을 취소하는 정부의 결정에 항의하며 전등과 휴대폰을 켜고 있다.

32. 이민자들을 태운 보트가 그리스의 코스섬으로 가는 도중 침몰한 뒤, 한 터키 경찰관이 2015년 9월 2일 터키 남부 보드룸의 앞바다에서 시리아의 세 살배기 아일란 셰누의 시신을 조심스럽게 안아 올리고 있다. 세계 전역에서 이 사진은 난민 위기의 끔찍한 인간 비극을 상징하는 것으로 보였다.

프랑스는 중도파의 혁명이라는 거의 불가능한 일을 달성했던 것처럼 보였다. 유럽연합의 근본적인 개혁을 목적으로 독일 총리 앙겔라 메르켈과 긴밀한 유대를 형성하려는 마크롱의 초기 움직임은 갑자기 위기에 찌든 이전 시기로부터의 탈출구와 유럽 미래의 약속이라는 새로운 희망을 제공했다. 초기의 약속이 지켜질지는 그저 시간이 흐르면서 분명해질 것이다. 조짐이 꼭 고무적인 것만은 아니다.

2017년 6월 8일의 영국 선거는 그 자체가 중요한 유럽적 함의를 지녔다. 보수당 의석의 예상치 않은 상실과 노동당의 강력한 의석 획득은 테리사 메이 정부가 유럽연합과 매우 급진적인 형태로 단절하려던 기회를 약화했다(비록 그것은 일부 보수당원들이 열렬히 바라는 가능성으로 남아 있긴 했지만). 그와 동시에 정부(혹은 야당인 노동당)가 6월 19일에 시작한 복잡한 협상에서 이상적으로 정확히 무엇이 나타나기를 원하는지는 불분명해졌다. 영국독립당은 자신들이 내세운 우익 포퓰리즘의 거품이 터져 버리는 유탄을 맞았다. 3년 전 유럽 선거에서 영국 최대 당이었던 영국독립당은 영국의 새 의회에서 1석도 얻지 못했다. 유럽연합을 탈퇴하기로 한 표결은 영국독립당의 존재 이유 중 많은 부분을 없애 버렸다. 하지만 영국 국민은 유럽연합 회원국 자격 문제를 둘러싸고 여전히 철저히 분열되어 있었다. 아마도 최소한의 이민(어쨌든 이민의 상당 부분은 경제적으로 이롭다) 감축을 얻어내려고 나라를 더욱 빈곤하게 만들고 국제적 지위를 약화할 것이 거의 분명하다는 합리적 주장(실제로는 결코 명백하지 않은)은 점점 의문시되고 있는 것 같았다. 유럽연합의 나머지 국가들은 흔히 전례 없는 국가적 자해의 사례로 여겨지는 것을 점점 더 당혹해하면서 지켜보았다. 그러나 탈퇴에 대한 지지는 여전히 강력했다. 영국민들 사이와 통치 엘리트들 내에 그와 같은 깊은 분열이 있는 상황에서, 영국과 유럽연합의 가장 바람직한 관계에 대한 협상이 어떻게 전개될지는 예측하기가 불가능했다.

2017년 여름에 유럽이 위기에 찌든 지난 10년으로부터 빠져나오고 있다는 조심스러운 조짐들이 있었다. 유럽연합의 역사적 기반이었던 프랑스-독일 축은 프랑스에서 에마뉘엘 마크롱의 승리와 불확실성의 시대에 확실성의 기둥으로 널리 간주된 앙겔라 메르켈의 재선 가능성의 결과 새로운 탄력을 얻은 것 같았다. 유럽연합의 개혁 전망은 그전보다도 좋아 보였다. 한편 유로존은 드디어 상당히 인상적인 수준의 경제성장을 다시 한번 기록하고 있었다. 다행히도 유럽은 여전히 밝은 미래를 향해 나아갈 수 있는 듯이 보였다.

하지만 2017년 9월 24일의 중요한 독일 선거는 기대를 꺾어 버리고, 정치적 전망이 얼마나 빨리 바뀔 수 있는지를 또다시 날카롭게 상기시켰다. 메르켈 여사는 예상대로 재선했으나 (유럽 전역에 걸친 추세를 반영하는) 선거의 가장 놀라운 모습은 기성 정당들이 투표자들을 잃었던 반면 '비주류' 정당인 독일을 위한 대안이 상당한 지지를 얻었다는 사실이었다. 이전의 연립정부에 참가한 정당들(기독민주연합, 그것의 바이에른 자매 정당인 기독사회연합, 독일 사회민주당)은 모두 합쳐 연방의회에서 105석을 잃었다. 기독민주연합/기독사회연합의 득표는 투표의 33퍼센트로까지 떨어졌는데, 이는 2013년보다 8퍼센트 낮았고 1949년 이래 가장 낮은 것이었다. 득표율이 5퍼센트 떨어져 겨우 20.5퍼센트에 불과했던 독일 사회민주당 또한 전쟁 이후 최악의 결과를 얻었다. '주류' 정당인 친기업 자유민주당은 투표의 5.9 퍼센트를 획득해 연방의회로 복귀했다. 그리고 녹색당과 사회주의 정당인 좌파당도 조금 표를 얻었다.

그러나 돌풍은 우익 반이민자 정당인 독일을 위한 대안이 만든 돌파구였다. 이 당은 일찍이 여름에 지지를 잃은 것처럼 보였으나 총선에서 투표의 13퍼센트를 얻어 연방의회에서 94석을 획득했다. 연방의회에서 노골적으로 민족주의적인 정당이 의석을 획득한 것은 60여 년 만에 처음이었다. 독일을 위한 대안의 성공은 상당 정도는 2015~2016년의 난민 위기 동안 정부 정책에 대해 일부 유권자들이 보여준 부정적 반응의 표시였다. 그 결과가 몇 달 전 마크롱의 당선이 열어젖혔던 유로존(좀 더 폭넓게는 유럽연합) 개혁의 가능성에 어떤 영향을 미칠 것인지는 여전히 두고 볼 일이었다. 그 가능성을 높일 것 같지는 않았다.

2017년의 마지막 주요 유럽 선거였던 10월 15일의 오스트리아 총선은 우익을 향한 추세가 계속되고 있음을 또 한 번 드러냈다. 또한 독일의 경우보다 심하게 선거에서 주요 주제를 형성했던 이민자 쟁점의 지속적 충격을 반영했다. 이 점에서 오스트리아는 독일보다는 동쪽 인접국인 헝가리 및 중부 유럽의 다른 나라들을 닮았다. 선거에서 가장 큰 부분은 우파 정당들에 돌아갔는데, 보수적인 오스트리아 인민당이 투표의 31.5퍼센트를 얻었고 극우 자유당은 26퍼센트를 획득했다. 그들의 득표율은 모두 합쳐 13퍼센트 증가했다. 두 정당은 선거운동 기간에 발칸 국가들에서 오는 이민자 유입을 강력하게 비판했다. 텔레비전 방송에 잘 맞고 카리스마가 있는, 유럽에서 가장 젊은 31세의 당대표 제바스티안 쿠르츠[810]가 이끄는 인민당은 '정치적 이슬람'을 공격하고 불법 이민을 근절하겠다고 약속하면서 오른쪽으로 움직이며 이민자 문제를 제기했다. 자유당의 수사는 철저하게 비타협적이었다. 자유당 지도자 하인츠크리스티안 슈트라헤[811]는 "모국의 이슬람화"를 원치 않는다고 선언했다. 12월 18일 쿠르츠와 슈트라헤는 우익 연립정부를 구성한다는 합의에 도달했다. 저항은 약해졌다. 오스트리아는 유럽의 많은 지역에 공통되었던 반이민자 우익으로 향하는 경향에 발을 맞추고 있었다.

물론 모든 국가의 선거는 각자 특유의 양상을 띤다. 그러나 2017년이 끝나가면서 독일 선거와 오스트리아 선거는 자신만의 독특한 방식으로 유럽 전역과 미국의 도널드 트럼프 당선에서 볼 수 있었던 패턴에 부합했다. 미래의 사회적·정치적 안정에 우려스러운 이 패턴은 (주로 우익의) 포퓰리즘적 '비주류' 운동의 대두였다. 그것들은 광범위한 투표자들이 무기력하거나 부적절하거나 때로는 부패한 주류 정당들이라고 여긴 것들에 대해 그들이 느끼는 분노를 이용할 수 있었다. '기성' 정당들에 대한 이 심각한 도전이 지속적으로 정치적 풍경을

---

810) Sebastian Kurz(1986~). 오스트리아의 인민당 소속 정치가. 2009년 인민당 청년 대표로 정치를 시작했으며, 2013~2017년 베르너 파이만이 이끄는 대연정 내각에서 외무장관을 지냈다. 2017년 인민당 대표직에 오른 후 같은 해 치러진 총선에서 인민당을 11년 만에 제1당 자리에 올렸다. 그 후 오스트리아 자유당과 연정을 맺고 만 31세에 오스트리아 총리로 취임했는데, 이는 공화국 사상 최연소 기록이다.
811) Heinz-Christian Strache(1969~). 오스트리아의 정치가. 2005~2019년 우익 포퓰리즘, 민족 보수주의 정당인 오스트리아 자유당의 대표를 지냈다.

바꿀지, 아니면 경제적 여건이 좋아진다면 점차 수그러들지는 불분명하다.

● ○ ●

잠시 헤드라인을 장식하는 선거는 보통 일시적으로만 중요한 것으로 밝혀지기도 한다. 남아서 권좌에 오른 어떤 정치인이든, 그를 사로잡고 필연적으로 미래의 유럽 세대에 중대한 영향을 미치는 것은 유럽의 최근 과거와 좀 더 폭넓은 전 지구적 사태 전개의 유산인 서로 얽혀 있는 장기적 추세들의 결과다. 이 추세들은 새로운 불안의 시대가 앞으로 오랜 시간 지속할 수 있음을 암시한다.

단지 유럽 수준만이 아니라 전 지구적인 수준에서이긴 하지만 가장 큰 도전은 거의 틀림없이 기후변화의 자기파괴를 멈추는 것이다. 2015년의 파리협정에서는 마침내 잠재적으로 대단히 파괴적인 결과를 가져올 추가적인 장기적 손상을 늦추고 궁극적으로 저지하는 일(몇 세대가 걸리는 과제)에 관하여 국제적 단결에 근접하는 의견의 일치를 보았는데, 2년 뒤 트럼프 대통령이 이를 방해했다. 트럼프의 대통령 임기가 끝나고 너무나 필수적인 파트너인 미국이 기후 통제에 관한 협약에 복귀하여 환경을 보호하는 데 주요한 역할을 할 때에야 가능하겠지만, 아마도 결국 이성이 지배할 것이다. 미국의 참여 없이도 (더디 가더라도) 거의 틀림없이 미국이 남겨 놓은 진공으로부터 중국이 이득을 보는 가운데 진전은 이루어질 것이다. 부유한 유럽 국가들은 이미 기후변화를 저지하려는 노력의 최전선에 서 있다. 그들은 확실히 재생에너지에서 발전을 도모하기(그리고 경제적으로 이득을 얻기) 위해 더 많은 일을 할 것이다. 저탄소 경제로 가는 이행은 선택이 아니다. 그것은 미래의 사회 안녕을 위해 반드시 해야 할 일이다. 그러나 다가올 세대를 위해 대륙(그리고 지구)에 추가 손상을 막는 것은 서둘러야 하는 시간과의 싸움이다.

재생에너지의 원천이 신속하게 개발되지 않는다면, 에너지 문제는 유럽 정부들에 점점 더 커지는 문제가 될 것이며 갈등을 초래할 가능성도 있다. 산업혁명의 주요 자원이었던 석탄은 지금 대부분의 유럽 국가의 에너지 공급에서 사소한 역할만을 할 뿐이다. 그러나 석유는 세계에서 가장 심하게 전쟁에 짓밟히고 불안정한 지역 중 하나인 중동에서 생산하는 양에 지나치게 의존하고 있다. 끔찍한 인권 상황과 테러리즘의 돈줄 역할에도 불구하고 서방이 사우디아라비아를 계속 지지하는 까닭은 대체로 이 나라—파괴적인 국내 혼란을 아직 겪지 않은(이 상황은 변할 수 있다) 중동의 소수 국가 중의 하나—가 석유의 지구적 분배에 결정적이기 때문이다. (독일을 포함한) 유럽의 일부 국가가 사용하는 석유와 가스는 건전하지 못하게도 러시아의 의심스러운 선의에 기초하고 있다. 1980년대의 체르노빌에서, 더 최근에는 2011년 3월 일본의 후쿠시마에서 발생한 대재앙 이후 원자력은 초기에 보여준 매력의 상당 부분을 상실했고 일부 주요 유럽 국가의 시민들은 원자력을 전면적으로 거부하고 있다. 한편 좀 더 근래에는 지구 표면의 깊숙한 곳에 있는 셰일 암석에서 가스와 석유를 추출하기 위해 수압파쇄법을 사용하는 것은 (미국에서 이 방법을 개발한 뒤로) 환경을 훼손하고 지진 발생 가능성을 높이기 때문에 극심한 논란을 불러일으키고 있다. 유럽 국가들은 국가의 우선순위에 따라 상이한 방식으로 에너지 정책을 진행하고 있다. 그러나 개별적·집단적으로 유럽 국가들은 모두 오랜 에너지원이 끊어지거나 정치적으로 배제될 경우 미래 에너지 공급을 어떻게 보장할 것이냐는 문제에 직면해 있으며, 재생에너지의 새로운 원천을 찾아내 급속히 활성화하지 못하고 있다. 그것은 유럽이 당면한 가장 긴급한 미래 과제 중 하나다.

인구 변동은 모든 나라에 영향을 미치지만, 정부의 통제를 받지는 않는다. 인구 변동은 막을 수가 없고, 관리되어야 한다. 그러나 그것은 미래에 큰 문제들을 제기한다. 수십 년 동안의 낮거나 감소하는 출산율은 유럽의 대부분 지역에서 경제성장에 필요한 인구 수준이 이민을 통해서만 유지될 수 있음을 의미해왔다. 사람들이 더 오래 살고 더 긴 기간 은퇴 생활을 누리게 되면서, 복지국가가 세워질 때 처음 상정한 것보다 훨씬 더 오랫동안 국가 연금을 지급하는 데 필요한 조세 수입을 유지하기 위해서는 젊은 노동력이 필수적이다. 최근 수십 년 동안 의학의 눈부신 발전 덕분에 기대 수명이 늘어났으며, 2003년 유전자 지도 분석이 완성되어 아마도 조기 사망을 일으키는 훨씬 더 많은 원인을 조만간 제거할 수 있게 될 것이다. 하지만 인구가 늙어가므로 보건과 사회복지 서비스에 대한 요구가 더욱 늘어날 것이고, 이 때문에 점점 더 비용이 늘어나면서 국가 재정 부담도 커질 것이다. 국가들이 정부 지출을 억제하는 방법을 모색하면서, 공공 서비스는 악화하고 사회적 불만이나 불안이 확대될 원인이 생겨났다.

특히 1990년 이후 공산주의의 몰락과 크게 강화된 지구화를 뒤따라, 경제적인 이유로 주로 가난한 남부와 동부로부터 부유한 북부와 서부로 향하는 이주가 최근 수십 년 동안 기하급수적으로 증가했다. 중동과 아프리카 지역에서 전쟁을 피해 떠나는 난민의 수가 특히 리비아에 대한 잘못된 나토 개입 때문에 최근 수년 동안 급증했다. 부와 생활수준의 불균형이 극심하고 대륙을 가로지르는 이동이 훨씬 쉬워진 상황에서 이주가 미래 세대들에 대한 도전으로서 그 중요성이 줄어들 것 같지는 않다. 실제로 세계의 가난한 지역에서 인구가 늘어나고 유럽 원주민들이 상대적으로 줄어들면서 이주 압력은 앞으로 몇 십 년 동안 크게 강해질 것 같다. 확실히 그것은 유럽 사회들의 응집력에 대한 가장 심각한 도전으로 드러날 것이다.

다문화주의가 1990년 새뮤얼 헌팅턴이 논란 속에 예측한 위험한 '문명의 충돌'을 반드시 초래할 것 같지는 않다. 그러나 다음 몇 십 년에 걸쳐 어쨌든 불안을 일으키는 문명의 충돌 가능성이 배제될 수는 없다. 좀 더 근래에 이반 크라스테프[812]는 2015~2016년 너무나 강력하게 닥쳐왔던 이주 위기가 유럽연합을 해체하는 결과를 가져올 조짐을 보인다고 말했다. 그는 이주 위기에 뒤이어 "유럽은 기독교 유산과 계몽주의 유산이 더 이상 확고하지 않은 정체성 위기를 겪고 있다"고 주장한다. 이 주장이 얼마나 현실적이든, 역사적으로 뿌리 깊은 유럽 정체성(그리고 유럽 내에서는 개별 국민국가들의 정체성) 의식에 대한 이주로부터의 도전은 헤아리기 어려울 정도로 커질 것 같다. 특히 다른 피부색과 문화를 가진 사람들에 대한 불관용의 정도도 커질

---

812)　Ivan Krastev(1965~). 불가리아의 정치학자. 소피아의 '자유주의 전략 센터' 센터장, 빈의 '인문학연구소' 선임 연구원으로 활동하고 있다.

것 같다. 그 결과 사회적 조화와 단합은 덜 희망적으로 보일 것이다.

유럽 사회들은 부와 소득 불균형의 엄청난 확대라는 문제에 새로이 직면했는데, 이 크나큰 도전에 대처하지 않으면 사회적 불안의 가능성도 커질 것이다. 모든 지표가 최근 수십 년 동안 소득 격차가 확대되어 왔음을 증명한다. 지구화로부터 주어진 보상은 막대했다. 그러나 그 보상은 균등하지도 않았고, 별로 확산되지도 않았다. 가장 뚜렷하게는 금융 부문에서 일부는 자신들의 소득을 엄청나게 늘릴 수 있었던 반면, 특히 미숙련 노동자들은 이익을 보는 데 필요한 능력이나 기술 혹은 재능이 없는, 점점 늘어나는 사람들로 이루어진 무리의 밑바닥으로 굴러떨어졌다. 그리고 경제적 성공을 거두기 위해 경쟁이 더욱 치열해지면서 사회는 덜 유복한 사람들에 대한 집단적 책임감을 잃어가고 있었다. 대체로 금융위기의 악영향에 대가를 치르기 위해 경제적 경쟁력을 높이고, 국가의 역할을 감축하려 애쓰며, 공공 지출을 삭감한 일은 모두 전후 초기 몇 십 년 동안 더욱 일반적이었던 공동체적 경험과 책임, 소유의식을 손상하는 데 기여했다.

지구화는 1970년대부터 벌써 진행되기 시작했던 추세인 개인주의를 널리 확산했다. 구입할 상품, 지출 패턴, 생활방식에서 개인적 선택은 헤아릴 수 없을 정도로 확대되었다. 많은 점에서 (세련된 광고에 의한 소비자 취향의 조작과 구매의 여지를 고려하지 않는다면) 이것은 크게 환영받아야 한다. 그러나 개인을 넘어선 공동체에 대한 책임의식은 이 과정에서 약해졌다. 이 추세가 역전될 가능성은 전혀 없다. 산업 노동 및 생산과 관련된 전통적인 형태의 계급사회는 더는 거의 존재하지 않는다. 유럽이 제2차 세계대전에서 회복하면서 사람들을 서로 떨어지게 하기보다는 뭉치게 했던, 빈한하거나 평범한 **일반적** 생활수준도 더는 존재하지 않는다. 산업화 이후의 개인주의에는 (특히 사태가 나쁘게 돌아갈 때는) 여전히 국가가 많이 필요하다. 그와 동시에 그것은 국가의 역할을 축소하기를 원하며, 일반적으로 더 높은 수준의 과세를 통해 덜 유복한 사람들에게 보조금을 지급하기보다는 세금을 줄이는 것을 선호한다. 오직 스칸디나비아(가장 안정되고 만족스러운 사회들 중 일부가 있는)만이 높은 소득세와 광범위한 재분배 모델을 폭넓게 고수하고 있다. 그것은 스칸디나비아 국가들에서 성공을 거두긴 했지만, 분명히 다른 지역에서는 잘 돌아가지 않는 모델이다.

미래의 사회적 응집력 문제는 앞으로 몇 십 년 동안 유럽이 봉착한 다른 심각한 쟁점 중 많은 것들에 영향을 미치는, 자동화의 확산이라는 추가적인 큰 도전 때문에 거의 틀림없이 악화될 것이다. 컴퓨터 기술은 특히 지난 4반세기여 동안 (세계의 다른 지역에서도 그러했듯이) 유럽에 혁명적 충격을 가했다. 그것은 대체로 사회에 상상할 수도 없는 혜택을 가져다주었다. 그러나 대부분의 고용 형태에서 그것은 인간 노동을 적어도 어느 정도는 불필요하게 만드는 쪽으로 크게 진행되었다. 경제의 모든 부문에서 지구화가 촉진한 경쟁의 강화는 자동화의 활용을 통해 비용을 삭감하도록 이끈다. 자동화는 금융, 건설, 제조업에서 그렇듯이 1970년대 이후 아주 크게 팽창했던 서비스 부문에도 적용된다. 예를 들어 은행을 보면, 컴퓨터화된 현금인출기와 온라인 뱅킹 서비스 덕분에 한때 시내 중심가에서 너무나도 쉽게 볼 수 있었던 지점들의 존재 이유가 크게 사라졌기 때문에 종업원 수를 급격하게 줄일 수 있다. 공항에서는 컴퓨터 기술로 승객들의 탑

승권을 확인하고 화물을 검사할 수 있게 되면서 직원이 필요한 자리가 줄어들 수 있다. 자동차 산업에서는 한때 수만 명을 고용한 공장이 있었다. 그러나 현대의 자동차는 기술 혁명과 로봇공학 덕분에 이전에 필요했던 노동력의 일부만으로도 생산할 수 있다. 이와 같은 사례는 앞으로 더욱 크게 늘어날 것이다. 경제의 많은 영역에서 더 저렴한 로봇은 인간을 대체할 것이다. 인구의 대부분을 고용하면서도 어떻게 수익을 낼 것인지는 앞으로 수십 년 동안 주요한 정치적·사회적·경제적 문제로 등장할 것 같다. 더 적은 시간을 일하고 더 오래 살며 감소된 사회적 서비스에 더 큰 요구를 하는 인구를 유지하기 위해 생산성이 상당히 늘어나야 할 것이다. 정치인들은 이 특별히 불가능해 보이는 일을 어떻게 해야 할지 아직 심사숙고조차 시작하지 않았다.

　최근 몇 해 동안 점점 더 크게 등장하고 있는 마지막 엄청난 도전은 안보 문제다. 국가 안보는 한때 거의 온전히 **국가적** 관심사였다. 국민국가의 제1 과제는 시민을 보호하는 것이었다. 그러나 지구화, 손쉬운 여행, 빠른 교통, 그리고 무엇보다도 컴퓨터 기술은 국가 안보를 **초국적으로** 가장 중요한 문제로 바꿔 놓았다. 국경은 국제 테러리즘에 어떤 장벽도 되지 못했다. 그리하여 안보 조치는 마찬가지로 국민국가들의 국경을 가로질러야 한다. 사실 국제적 수준에서 범죄와 싸우는 것은 새로운 일이 아니다. 그것은 1920년대에 인터폴(전쟁이 끝날 무렵 재설립되어 현재 거의 200개 회원국이 있는)의 창설과 함께 본격적으로 시작되었다. 그러나 국제적 범죄와 테러리즘 네트워크가 확산하고 그들의 방법이 지나칠 정도로 더욱 정교해지면서 인터폴 활동의 강화뿐만 아니라 정보기관들 사이의 정기적인 안보 데이터 이동이 매우 긴요해졌다. 인터넷을 매개로 사회적 미디어를 통해 테러 공격을 조율하는 일은 모든 유럽 국가에서 정보기관의 중심적 문제가 되었다. 또 다른 것은 에너지 네트워크나 보건 시스템 같은 필수적인 설비를 막거나 폐쇄하거나 파괴함으로써 혹은 고도로 민감한 군사 보안 데이터 파일에 침투함으로써 문명의 기반을 위험에 빠뜨리는 사이버 공격이 점점 더 확산하고 있다는 사실이다. 종류가 무엇이든 사이버 범죄는 전례 없는 수준의 정보 공유에 관한 국제적 협력으로만 방지하거나 막을 수 있다.

안보 공포는 필연적으로 정보 네트워크로 평범한 시민을 감시하는 일을 엄청나게 확대했다. 자유 사회에서는 시민을 보호하는 데 필요한 안보 정도와 불쑥 끼어 들어오는 식의 감시 방법으로 시민들의 은밀한 사생활을 침해하는 일 사이에 명백한 긴장이 존재한다. 불필요하게 수집되거나 오용되거나 혹은 범죄자들에게 해킹되지 않도록 데이터를 어떻게 보호할지, 그리고 자신들이 어디에 있는지, 친구가 누구인지, 어떤 생활방식을 선택하는지를 추적할 수 있는 컴퓨터 알고리듬으로부터 개인들이 스스로를 어떻게 보호할 수 있는지는 자유가 근대국가—그리고 컴퓨터 대기업—의 감시 기술과 맞닥뜨리는 주요한 문제들이다. 모든 사람이 안전을 원한다. 그러나 사회는 그것을 위해 사생활의 상실이라는 대가를 어느 정도 치를 준비가 되어 있는가? 이런저런 식으로 조지 오웰의 《1984》에 나오는 빅브라더 감시 사회는 훨씬 더 가까이 다가왔다.

●○●

유럽은 이 엄중한 문제들의 집중포화에 얼마나 대처할 준비가 되어 있는가? 이러한 의미에서 '유럽'은 본질적으로 유럽연합을 의미한다. 러시아와 터키는 그들 자신의 우선 사항이 있고 독자적인 정책을 추구할 것이다. 영국은 좋든 나쁘든(거의 확실히 나빠질 것이다) 제 길을 막 가려 하고 있다. 유럽연합 밖의 다른 국가들, 예를 들어 발칸 지역의 국가들은 주요한 국제적 지원 네트워크 없이 이 문제들에 직면할 것이다. 거대한 도전 각각은 높은 수준의 국제적 협력을 통한 대응을 요구한다. 19세기로부터 의기양양하게 등장했고 20세기 전반기에 거의 스스로를 파괴할 뻔했던 정치 형태인 국민국가는 개별 수준에서 이 문제들을 관리할 능력이 없다. 그러나 협력, 통합, 단합을 확대할 필요가 있음을 인식하면서 점점 나타난 유럽연합은 그 자체가 여전히 진행 중인 과업(확실히 주요한 성과이지만 많은 결함과 약점이 있는 제도)이다. 2017년 말 현재 상황에서 그것은 앞으로 닥칠 주요한 도전들에 대처하는 데 최상의 조건에 있지는 않다. 하지만 적어도 프랑스와 독일이 주요한 구조적 개혁을 시행하는 데 필수적인 동력을 제공할 것이라는 희망은 있다. 그리고 영국의 임박한 탈퇴는 다른 회원국들이 탈퇴 결정이 아무리 유감스럽다는 것을 알게 되더라도 실제로는 유럽연합을 더욱 확고히 하고 개혁을 가속하는 효과를 낳을 수도 있다.

그러나 개혁은 어떤 모습을 취할 것인가? 거대한 '타협 공장'의 플라이휠과 크랭크축이 서서히 돌아가고 있다. 이 시스템은 속도나 활력을 위해 만들어진 것이 아니다. 그것은 어떠한 단일한 힘도 지배적이 되는 것을 막도록 설계되어 있다. 독일은 자연스럽게 지도자 지위로 올라갔으나 지도하기를 꺼리고 있다. 작은 나라들은 권력을 독일에 이양하는 데 의혹을 품고 있으며, 프랑스-독일 최강 그룹의 부활 가능성을 약간의 불편함을 갖고 바라보고 있다. 1974년 회원국들의 정부나 국가의 수반들로 이루어진 유럽이사회가 창설된 이후, 국민국가의 대표자들은 그들의 원심적 경향이 집행위원회와 의회의 중앙 집중적 성향에 의해 억제되긴 했지만 유럽연합에서 가장 강력한 기구가 되었다. 유럽연합이 27개 회원국의 종종 모순적인 요구를 만족시키면서도 앞으로 닥칠 도전에 대비하게끔 하는 해법을 찾는 데 만만찮은 어려움이 존재한다.

이론적으로 가능성 있는 해법은 오랫동안 논의돼왔으나 결코 현실적인 것 같지는 않았던 방법일 것이다. 중앙정부와 의회, 자체 국방 및 대외 정책, 완전한 예산 및 재정 권한을 가진 미합중국의 제도와 유사한 유럽합중국이라는 연방이 그것이다. 하지만 그것은 확실히 가까운 미래는 물론이고 아마도 영원히 실현될 것 같지 않다. 유럽 국가들은 단순히 미국에서 연방을 구성하는 주와는 다르다. 유럽 각국은 결국 (완전히 모순되는 것은 거의 아니지만) 자신들의 유럽주의보다 그 자신의 국익과 국가적 정체성을 더 소중히 여긴다. 이것은 유럽연합에서 가장 강력하고 영향력 있는 나라인 독일에도 그대로 해당한다. 유럽연합과 그 핵심인 유로존은 현재의 형식이라는 면에서 독일과 매우 잘 들어맞는다. 독일은 다른 어떤 나라보다도 유로존으로 혜택을 받았다. 그리고 독일은 유럽연합의 복잡한 정치에서 지배적으로 활동하는 나라다. 2008년 금융위기가 시작한 이래 개혁이 매우 필요하다는 논의가 점점 거세졌지만, 독일이 진정으로 근본적인 개혁을 모색하는지, 그리고 다양하고 종종 충돌하는 회원국들의 이해관계가 존재하는 상황에서 어쨌든 이 개혁이 가능한 것인지 의심이 든다.

과거의 유산(전쟁, 점령, 홀로코스트의 기억이 여전히 압도적이다)은 미국에는 이에 맞먹는 것이 없을 정도로 국가적 정체성을 형성하는 데 결정적인 역할을 한다. 그리하여 유럽연합은 아마도 앞으로도 기한 없이 느슨한 형태의 정치적 조직으로 남아야 할 것이지만, 그럼에도 불구하고 즉각적인 위기와 장기적인 위기 모두에 대처하기 위해 더 큰 집단적 권한과 정책 결정의 속도를 발전시켜야 할 것이다. 아마도 종종 주장돼왔듯이 이단 변속 혹은 다단 변속 유럽,[813] 즉 비록 그런 제안이 그 자신의 벅찬 실행 문제에 봉착함에도 불구하고 상이한 수준의 통합으로 이루어진 동심원들의 유럽연합이 궁극적으로 모습을 갖추게 될 것이다. 다음 10년, 아마도 더 오랜 시간에 걸쳐 유럽연합은 본질적으로 현재의 모습과 상당히 흡사하리라는 것이 합리적인 추측이다.

유럽연합을 둘러싼 외부적 압력 때문에 대외 문제와 국방 문제에서 더 긴밀히 통합하고 행동의 속도를 맞추는 것이 특히 중요해졌다. 독일 총리 앙겔라 메르켈은 2017년 5월 말 트럼프 대통령이 참석했던 G7 주요 산업국 회의가 끝난 뒤 다음과 같이 말했을 때 이를 넌

---

813) Two-speed Europe 혹은 Multi-speed Europe. 유럽연합의 상이한 부분들을 개별 국가의 정치적 상황에 따라 상이한 수준과 속도로 통합해야 한다는 구상.

지시 내비쳤다. "우리 유럽인들은 진정으로 우리의 운명을 우리 자신의 손으로 다루어야 한다. 우리가 다른 사람들에게 완전히 의존할 수 있었던 시대는 어느 정도 끝났다." 비록 신중하게 표현되긴 했지만, 이것은 대외 정책과 국방 정책에서 통합을 확대할 필요를 가리키는 것이다. 유럽 방어에서 나토의 지속적 역할을 보완하기로 하는, 유럽의 합동 군사력을 부활하려는 시도(이전에 '유럽방위공동체' 계획이 제안되었지만 그 후 프랑스가 거부한 후 50여 년이 지났다)가 조심스럽게 이루어지고 있다. 그 뒤를 이어 현재 '유럽연합 외교문제·안보정책 고위대표'[814](그의 소관은 실제로는 대외 정책이 개별 회원국들에 의해 빈틈없이 감시되고 있기 때문에 제한적이다)가 소유하고 있는 권한보다 더 큰 권한을 가진 유럽 외무장관이 아마도 때맞춰 나타날 것이다.

제2차 세계대전의 유산은 전후 결정적으로 중요했던 수십 년 동안 미국 군사력으로 서유럽에 보장되었던 수십 년간의 평화 및 번영의 경험과 함께 유럽을 본질적으로 평화로운 대륙으로 만들었다. 옛 제국주의 강대국이었던 영국과 프랑스는 해외의 갈등에 관여할 준비가 가장 잘 되어 있는 나라다(비록 양국 모두 최근 군대를 상당히 감축하여 다국적 작전에 참여할 능력만 있지만). 대부분의 다른 국가는 군사력 사용을 고려하는 데 극히 느리고 또 주저하고 있다. 이것은 매우 환영받은 상황이었다. 누구도 유럽 민주주의 국가들 사이에 큰 전쟁

---

814)   High Representative of the Union for Foreign Affairs and Security Policy. 유럽연합의 외교·안보 정책 조정을 담당하는 직책이다. 1999년 암스테르담 조약 발효와 함께 신설되었으며, 2009년 리스본 조약 발효와 함께 확대되었다. 현재는 이탈리아 출신의 페데리카 모게리니가 맡고 있다.

이 발발하는 것을 마음속에 그리지 않는다. 시민적 가치들이 군사주의적 가치들을 대체했다. 두 차례의 재앙 같은 세계대전을 일으킨 유럽 내의 호전적 태도와 공격적 태도로 돌아가는 일은 오늘날 상상할 수가 없다. 그러므로 우크라이나 동부에서 발발한 군사적 폭력의 충격은 훨씬 더 컸다. 그것은 전쟁이 결코 유럽연합을 구성하는 국가들 내로부터 유럽에 찾아올 것 같지는 않지만, 외부로부터 올 수는 있다는 사실을 상기시켰다. 포스트 냉전 시대에 초강대국들의 경쟁이 어떻게 전개될지는 알 수 없다. 그러나 미국, 중국, 러시아 사이의 미래 관계는 갈등의 가능성, 심지어 어느 시점에서인가 아마도 유럽을 휩싸이게 할지도 모를 핵전쟁의 가능성마저 품고 있다. 최초의 냉전 대결이 발생했던 한반도가 미래의 지구적 갈등의 발화점이 될 수도 있다. 최소한 유럽연합은 발생할 수도 있는 외부 위험에 대해 신속하게 일치단결하여 대응할 능력을 개발할 필요가 있다.

개별 회원국의 역사적으로 뿌리 깊은 기득권이 유럽연합 내의 심원한 구조적 변화를 허용할지는 두고 봐야 알 일이다. '더 많은 유럽'—즉 정치적 연합의 확대를 향한 움직임—은 논리적으로 필요한 일일 것이다. 그것이 정치적으로 실현 가능한 것이냐는 또 다른 문제다. 유럽의 정책 결정은 그 어느 때보다도 대중의 관심과는 상관없는 엘리트들의 일로 간주되어왔다. 부패 스캔들은 정치인들에 대한 신뢰를 훼손하는 데 도움을 주었다. 아동 학대 스캔들은 기독교 및 다른 제도들에 대한 신뢰를 잠식했다. 경찰이 연루된 은폐 스캔들은 법 집행 기관에 대한 신뢰에 타격을 가했다. 놀랄 것도 없이 권위 있는 직책에 있는 사람들에 대한 존중심도 줄어들었다. 민주주의적 삶의 주요 기둥에 대한 신뢰는 아마도 사상 최하일 것이다. 소셜 미디어가 확산하면서 '기성 체제'나 '시스템'에 대해 사람들이 분노를 표출하는 유력한 수단이 되었다. 민주주의(그리고 민주주의가 의존하는 권력 분립)는 이 과정에서 위험에 처했다. 정부에 훨씬 더 강력한 집행 권력을 부여하는 움직임은(예를 들어, 헝가리, 폴란드, 터키에서 보이듯이) 다원주의적 민주주의 자체를 활용해 민주주의적 토대를 훼손하고 있다. 정책을 결정하기 위해 국민투표를 이용하는 것은 그 자체가 대의 민주주의를 벗어나 국민투표 민주주의를 향하는 추세를 반영하는 것이다. 그렇게 함으로써 조작의 여지, 합리성보다 감정에 대한 호소의 여지가 크게 강화했다.

민족주의적인 외국인 혐오 정당이나 지역적 분리주의 정당의 대두는 상당 정도 제도적 '엘리트' 정치로부터 민초들의 정치적 동원으로의 이동을 반영한다. 그것은 또 1980년대 이래 유럽에서 점점 더 눈에 띄는 특성인 정체성 정치의 증가도 나타낸다. 2008년 금융 붕괴 이후 탄력이 붙었던 이 현상은 중요성이 줄어들 것 같지는 않다. 그것의 표현은 상당 부분이 좌익에서 나온 스코틀랜드 독립에 대한 민주주의적 지지와 2017년 가을 카탈루냐 독립에 찬성하는 투표(스페인 정부 등이 불법으로 규정한)가 보여주었듯이, 우익 정당들에만 국한되지 않는다. 이 경우들에서 오래전이기는 하지만 독립적 국민국가들의 역사적 존재는 민족주의적 정치인들이 경제적 이득을 바라며 자치를 추진하는 데 이용할 수 있는 정체성의 기반을 제공한다. 금융위기의 정치적·경제적 결과는 이 기회를 강화했다. 그렇지만 대체로 정체성 정치는 우파의 전유물이다. 극단적인 민족주의적 지지의 저수지는 여전히 넓다. 인종적 증오와 매일 인터넷상에 쏟아져 나오는 가증스러운 외국인 혐오증적 콘텐츠에 촉발된 범죄가 증가하고 있다는 것은, 소수 인구의 사고방식이긴 하지만 그럼에도 불구하고 근대 민주주의가 최근 수십 년 동안 의존해온 자유주의적 가치들에 대한 위협을 제기하는 사고방식이 만연해 있음을 보여주는 증거다.

유럽은 제2차 세계대전 이후 70년 동안 극적으로 변했다. 유럽은 비록 일부가 권위주의 형태를 위한 겉치레에 지나지 않음을 인정하더라도 민주주의 체제들의 대륙이 되었다. 그것은 20세기 전반기와 완전히 대비되면서 군부가 국내 정치에 거의 역할을 하지 않는(민주주의적 안정의 가능성을 크게 제고하며) 시민사회들의 대륙으로 바뀌었다. 유럽은 어떤 어려움과 긴장과 좌절이 있었든 간에 문제를 해결하기 위해 무력에 호소하지 않고 협력하고 협상하는 법을 배웠다. 그리고 유럽은 그 중심에 가장 강력하고 영향력 있는 나라로서 평화적이고 국제주의적인 독일—1930년대와 1940년대에 인권을 짓밟고 유럽 문명을 거의 파괴했던 독일과 상상도 못할 정도로 가장 극명하게 대비되는 나라—을 갖고 있다. 유럽은 자유를 위해 싸웠고, 자유를 획득했다. 유럽은 세계 대부분의 국가가 부러워하는 번영을 이룩했다. 유럽이 단합과 분명한 정체성 의식을 찾는 일은 지금도 계속되고 있다.

다가올 몇 십 년 동안 무슨 일이 벌어질지를 아는 것은 불가능하다. 유일하게 확실한 사실은 불확실성이다. 불안은 근대적 삶의 특징으로 여전히 남아 있을 것이다. 자신의 역사를 특징 지었던 유럽의 파란만장과 우여곡절은 확실히 계속될 것이다.

이 책《유럽 1950-2017: 롤러코스터를 타다》는 앞서 2015년에 발간된《유럽 1914-1949: 죽다 겨우 살아나다》를 뒤잇는 것으로, 20세기 이후 유럽의 역사를 개괄하고자 하는 그의 야심 찬 프로젝트의 제2권에 해당한다. 저자 이언 커쇼는 잘 알려져 있듯이 저명한 영국의 역사가로 특히 나치 독일의 역사에 정통한 세계적인 학자다. 우리나라에서도 10여 년 전, 2권으로 이루어진 그의 히틀러 전기《히틀러 Hitler》가 완역·출간되면서 학계의 연구자들을 비롯하여 일반 독자들의 시선을 널리 모은 바 있다.

책의 원제에서 드러나듯이, 커쇼가 제2차 세계대전 이후의 유럽 역사를 바라보는 기본적인 틀은 유럽이 지난 70년에 가까운 기간 동안 심한 오르내림과 좌우 흔들림, 느리게 나아가다 갑자기 빨라지는 속도 등을 특징으로 하는 놀이공원의 롤러코스터처럼 거의 정신을 못 차릴 정도로 극단적인 변화를 겪어왔다는 사실이다. 그러면서도 유럽은 궤도를 이탈해 완전히 붕괴하는 일 없이 제2차 세계대전 후의 여러 도전을 이겨내면서 결국 살아남았고 그 과정에서 번영과 평화, 민주주의라는 기본 가치들이 흔들림 없이 확고하게 뿌리내리게 하는 데 성공했다.

커쇼는 이러한 기본적인 시각을 견지하는 가운데 전부 12개의 장으로 이루어진 본문에서 전후 유럽이 겪었던 갖가지 어려움과 그 어려움 속에서도 꾸준히 발전해온 긍정적인 모습들을 정치, 경제, 사회, 문화 등 여러 측면에 걸쳐 연대순에 따라 교차적으로 보여준다.

먼저, 커쇼는 20세기 후반 이후 유럽이 맞닥뜨린 곤경 중에서 가장 지배적인 양상으로 우리가 일반적으로 '냉전'이라고 부르는 동유럽과 서유럽 사이의 전면적인 긴장을 든다. 1989년부터 동유럽의 공산당 정권들이 붕괴하기 시작하고 1991년 소련이 몰락함으로써 궁극적으로 해소된 이 동서 갈등은 20세기 후반의 유럽 역사를 대부분 규정하고 있으며, 심지어 1990년대 이후의 중부 유럽과 동유럽의 역사는 러시아를 제외한 대부분의 나라가 냉전 이후 서유럽과 다시 한배를 타고자 하는 갈등의 뒤처리 과정이라고 보아도 크게 틀리지 않다.

하지만 충분히 짐작할 수 있듯이, 유럽의 재통합 과정은 결코 순탄하지 않았다. 냉전 시대 동안 중부 유럽과 동유럽에서는 소련에 종속된 공산당 정권들이 그들 나라의 유럽인들을 통치하고 있었으며, 이들은 1953년의 동독과 1956년의 헝가리, 1968년의 체코슬로바키아, 1981년의 폴란드에서처럼 종종 대규모 폭력을 동원해 자국민들의 저항을 억눌러야 했다. 또 동서 간의 긴장은 1961년 베를린장벽 건설 직후에 벌어졌던 찰리 검문소의 탱크 대치 사건처럼 전쟁으로 치달을지도 모르는 일촉즉발의 위기를 불러일으키기도 했다. 1년 뒤에는 저 멀리 쿠바에서 미사일 위기가 발생하여 다시 한번 유럽의 안보가 위협을 받았다.

이 시기 동안 유럽 국가들의 국내 정치도 어느 때보다도 불확실성과 불안정을 노정했다. 예를 들어 프랑스의 경우 샤를 드골이 들어서기 전에 프랑스의 정부는 불안정하기 짝이 없어서 몇 주 동안 정부 없는 마비 상태를 가끔 경험했으며, 이탈리아도 그에 못지않게 불안해 1945년부터 1970년까지 정부의 존속 기간이 평균 1년이 되지 않았다. 더 나아가 1960년대 후반에는 잘 알려져 있듯이 특히 독일과 프랑스, 이탈리아 등지에서 '68운동'으로 알려진 젊은이들의 대대적인 저항이 거세게 분출했다. 이 저항은 체코슬로바키아와 폴란드에서 개혁을 요구하는 시민들의 저항과 함께, 1960년대 말 동안 유럽 전역을 뿌리부터 뒤흔들기에 충분했다.

한편 커쇼에 따르면, 20세기 후반 이후 유럽의 일부 강대국들은 탈식민화도 겪지 않으면 안 되었다. 그 과정에서 비록 영국은 비교적 평온하게 자신의 오랜 제국 권력을 해체하는 데 성공했지만, 프랑스와 포르투갈은 인도차이나와 알제리, 앙골라와 모잠비크에서 각각 독립을 요구하는 현지인들과 값비싼 전쟁을 치러야 했다. 더구나 유럽은 이 시기 동안 국내에서 격렬한 폭력 사태도 겪었다. 이탈리아에서는 붉은 여단이, 서독에서는 바더마인호프 그룹이 도시 게릴라 양상의 무장투쟁에 호소하면서 체제를 전면적으로 부정하는 극좌 테러 활동에 돌입했고, 특히 이탈리아의 경우에는 급진 우익 그룹들의 테러 공격도 광범하게 진행되었다. 그리고 북아일랜드의 민족주의자들과 바스크 지방의 분리주의자들도 자신들의 목적을 달성하기 위해 폭력에 기댔다.

경제적인 측면에서는 1973년의 오일쇼크와 2008년의 금융위기가 오랫동안 지속했던 성장을 중단시키면서 유럽의 경제 활동을 파탄시 컸다. 유럽은 경제 붕괴로부터 빠져나오기 위해 긴축 재정이나 민영화를 비롯한 여러 가지 정책적 변화를 시도했고, 이 과정에서 빈부 격차가 크게 벌어지면서 저소득층을 비롯한 많은 유럽인이 고통의 수렁으로 빠져들었다. 심지어 냉전이 종결된 후인 1990년대에는 발칸 지역에서 이념과 인종, 종교가 복잡하게 뒤얽히면서 제2차 세계대전 이후 처음으로 유럽 내에서 본격적인 전쟁이 벌어졌고, 이 전쟁은 때로 '인종 청소'의 양상을 띠며 특정 인종의 대량 학살로 이어지기도 했다.

한편 1990년대 이후 급속하게 유럽 통합과 '지구화'가 진행되면서 동유럽이나 유럽 외 지역으로부터 수많은 사람이 정치적 피난처를 찾거나 새로운 경제적 기회를 구하여 영국과 독일, 프랑스를 비롯한 서유럽 국가들로 밀려들어 왔다. 이는 이민에 반대하여 '유럽인들만의 유럽'을 지키려는 포퓰리즘 운동을 불러일으켰고, 운동의 일부 세력은 점점 더 유력한 정치집단으로 성장하여 정치권력을 장악하는 데 성공하기까지 했다. 하지만 지구화 과정에서 소외된 일부 이슬람 근본주의자들이 지하디스트 테러리즘에 기대면서 그들이 주도하는 폭력은 2000년 이후 유럽 사회의 상시적인 불안 요소로 자리 잡았다.

하지만 커쇼에 따르면, 1950년부터 2017년까지 유럽이 정치적·경제적·사회적 위기만 경험한 것은 아니었다. 유럽은 붕괴와 파탄, 갈등과 반목을 겪는 와중에도 지금까지 자신을 긍정적으로 변화시켜온 몇 가지 장기적인 긍정적 흐름을 발전시키는 데 성공했는데, 이는 제2차 세계대전 직후 유럽이 처했던 상황과 비교해 볼 때 거의 '기적'에 가까운 성취였다.

무엇보다도, 이 흐름들 중에서 가장 중요한 것은 지난 70년 동안 유럽인들은 어느 때보다도 평화롭게 살게 되었다는 사실이다. 이는 20세기 전반기에 벌어졌던 두 번의 세계대전을 상기해 보면 너무나 자명한 일이었다. 비록 1990년대에 유고슬라비아와 캅카스에서 전쟁이 벌어졌고, 일부 유럽 국가들이 미국이 주도한 1990년의 걸프 전쟁이나 2001년의 아프가니스탄 침공, 2003년의 이라크 전쟁에 가담하긴 했지만, 전쟁 자체는 평범한 유럽인들의 삶에는 거의 영향을 미치지 못했다. 또 2000년 이후 본격화된 이슬람교도의 테러는 순간순간 유럽인들을 공포에 떨게 했지만, 유럽 사회의 안전을 근본적으로 뒤흔드는 데 실패했다.

두 번째 흐름은 부분적으로는 첫 번째 성취의 결과이기도 한데, 유럽인들이 역사상 그 어느 때보다도 경제적으로 부유한 삶을 누리게 되었다는 사실이다. 커쇼의 평가에 따르면, 특히 1950년부터 1973년 사이에 유럽인들은 '경제 기적'이라고 부를 수 있는 괄목할 만한 성장을 경험했다. 이 시기 동안 대륙의 서쪽에서는 '황금시대'라고 일컬을 수 있을 정도의 고도성장이 있었고, 심지어 공산주의 치하의 동쪽에서도 그 정도는 아니었지만 '백은시대'라고 칭할 수 있을 만큼의 경제 발전이 꾸준히 진행되었다. 그 결과 유럽은 소비주의가 만개하면서 세계 어느 지역보다도 물질적으로 풍요로워졌다. 물론 1973년의 오일쇼크, 1991년 이후 동유럽에서의 경제 붕괴, 2008년의 금융위기 등으로 도중에 크고작은 경제 침체가 있기는 했지만 유럽인들의 지속적 번영을 근본적으로 방해하지는 못했다. 유럽이 이렇게 번영을 구가할 수 있었던 것은 북대서양조약기구라는 군사동맹을 통해 미국이 유럽의 안보를 사실상 책임져온 현실 덕분이기도 했다.

셋째, 유럽은 20세기 후반 이후 거의 모든 국가가 민주주의를 포용하는 지역이 되었다는 사실이다. 1960년대까지만 해도 굳건해 보이던 그리스와 포르투갈, 스페인의 권위주의 체제는 오일쇼크 직후인 1974~1975년에 연달아 붕괴했고, 그 후 민주주의 국가로 변신했다. 동유럽의 공산주의 독재국가들도 1989년 소련 블록의 붕괴 이후 적어도 표면적으로는 다원주의적 의회민주주의 체제를 채택했다. 비록 러시아와 터키, 벨라루스 등지에서 다시 권위주의 체제가 강화되고 있는 모습이 보이긴 하지만 민주주의는 유럽에서 더 이상 흔들릴 수 없는 대세가 되었다. 결론적으로 커쇼의 표현에 따르면 "오늘날의 유럽은 자신의 오랜 역사에서 어느 때보다도 평화롭고, 번창하며, 자유로워졌다." 게다가 이러한 소중한 성취들은 유럽연합의 설립과 유로화의 통용에서 보이듯이 유럽 국가들 사이의 협력이 강화되면서 더욱 확고해졌다.

이러한 긍정적 추세들은 미래에도 계속 진행될 것인가? 브렉시트로 말미암은 유럽연합의 약화, 트럼프의 '미국 제일주의'에 따른 유럽으로부터 미국의 후퇴, 외국인 혐오 정당들의 지속적인 대두, 상존하는 국제 테러리즘의 위협, 난민 유입으로 말미암은 유럽 사회의 분열 등은 여전히 미해결인 채로 남아 있다. 여기에 최근에는 예상보다 훨씬 빠른 기후변화와 예기치 않은 코로나바이러스감염증-19의 창궐 같은, 지금까지 유럽인들이 직면해왔던 것과는 차원이 완전히 다른 엄청난 도전들이 유럽에 깊은 그림자를 더하고 있다. 유럽은 이 모든 문제를 극복하고 20세기 전반기에 두 차례의 거대 전쟁을 이겨내고 살아남았듯이 계속 살아남을 것인가?

이러한 질문에 대해 커쇼는 다음과 같이 대답하고 있으며, 그 대답은 2020년인 지금도 여전히 유효할 것이다. "다가올 몇십 년 동안 무슨 일이 벌어질지를 아는 것은 불가능하다. 유일하게 확실한 사실은 불확실성이다. 불안은 근대적 삶의 특징으로 여전히 남아 있을 것이다. 자신의 역사를 특징지었던 유럽의 파란만장과 우여곡절은 확실히 계속될 것이다."

이런 유의 학술 작업이 늘 그렇듯이, 이 방대한 책을 번역·출간하기까지 여러 사람의 도움이 필수적이었다. 무엇보다도 서양현대사 동학 연구자로서 번역 과정에서 부딪히는 갖가지 문제들을 언제나 쾌활하게 함께 의논한 상명대학교의 류한수 교수에게 고맙다는 인사를 해야겠다. 그는 《유럽 1914-1949: 죽다 겨우 살아나다》의 번역자이기도 하다. 또 책의 중요성을 한눈에 알아보고 선뜻 출간을 결정해 준 이데아출판사에도 감사의 마음을 전한다. 번역 원고를 꼼꼼하게 검토해 독자들이 한결 수월하게 읽을 수 있도록 틀렸거나 어색하게 표현된 문장들을 일일이 고쳐 준 편집자에게도 감사의 마음을 표하는 것을 빼놓을 수 없다. 출판사의 노고가 없었더라면 아마도 이 책은 적절한 모습으로 세상에 나오지 못했을 것이다.

끝으로 번역하는 과정에서 부딪혔던 난점 한 가지만 더 언급하고자 한다. 그것은 외래어 표기법 문제다. 눈 밝은 독자들은 책을 읽으면서 우크라이나어, 그리스어, 포르투갈어, 조지아어, 슬로바키아어

등 일부 외래어 인명들이 현지 발음과 맞지 않는다고 생각할지도 모르겠다. 가령 본문에 나오는 알렉산드르 둡체크는 알렉산데르 둡체크로, 구스타프 후사크는 구스타우 후사크로, 게오르기오스 파판드레우는 예오르요스 파판드레우로, 레오니트 쿠치마는 레오니드 쿠치마로, 미하일 사카슈빌리는 미헤일 사카슈빌리로 적어야 현지 발음에 더 가깝다고 주장할 수 있을 것이다. 하지만 외래어에 관한 출판사의 편집 원칙이 국립국어원 외래어 표기법의 용례찾기에 기준을 둔 이상, 역자는 그 방침을 그대로 따를 수밖에 없었다. 독자들의 너른 양해를 바란다.

2020년 가을 김남섭

이 책에서는 《유럽 1914-1949: 죽다 겨우 살아나다》의 참고문헌을 위
해 채택했던 접근법을 따른다. 나는 이 목록을 이 책을 쓰는 데 도움
이 되었던 저작들에 국한했다. 일부 예외를 제외하고 전문적인 연구
단행본, 학술지 논문, 그리고 소설 작품은 생략했다. 별표는 내가 간
략하게 인용한 저작을 가리킨다.

*Aaronovitch, David, *Party Animals: My Family and Other Communists*, London,
　　2016.

Abelshauser, Werner, *Wirtschaftsgeschichte der Bundesrepublik Deutschland 1945-1980*,
　　Frankfurt am Main, 1983.

Acemoglu, Daron and Robinson, James A., *Why Nations Fail: The Origins of Power,
　　Prosperity and Poverty*, London, 2013.

Adenauer, Konrad, *Erinnerungen,* 4 vols, Stuttgart, 1965-8.

Ahonen, Pertti, *After the Expulsion: West Germany and Eastern Europe 1945-1990*,
　　Oxford, 2003.

*Ahonen, Pertti, *Death at the Berlin Wall*, Oxford, 2011.

Aldcroft, Derek, *The European Economy 1914-2000*, London (1978), 2001.

Aldcroft, Derek and Morewood, Steven, *Economic Change in Eastern Europe since
　　1918*, Aldershot, 1995.

*Alexievich, Svetlana, *Chernobyl Prayer*, London (1997), 2013.

Anderson, Perry, *The New Old World*, London, 2009.

Annan, Noel, *Our Age: Portrait of a Generation*, London, 1990.

*Applebaum, Anne, *Iron Curtain: The Crushing of Eastern Europe, 1944-1956*, London, 2012.

Arblaster, Paul, *A History of the Low Countries*, Basingstoke (2006), 2012.

Aron, Raymond, *Mémoires*, Paris, 1983.

Arrighi, Giovanni, *The Long Twentieth Century: Money, Power and the Origins of our Times*, London (1994), 2010.

Ascherson, Neal, *The Struggles for Poland*, London, 1987.

Aust, Stefan, *The Baader-Meinhof Complex*, London, 2008.

Aust, Stefan and Spörl, Gerhard (eds), *Die Gegenwart der Vergangenheit. Der lange Schatten des Dritten Reichs*, Munich, 2004.

Bakewell, Sarah, *At the Existentialist Café*, London, 2016.

Baring, Arnulf, *Im Anfang war Adenauer. Die Entstehung der Kanzler-demokratie*, Munich, 1971.

Bark, Dennis L. and Gress, David R., *A History of West Germany, 1945-1988*, 2 vols, Oxford, 1989.

Barzun, Jacques, *From Dawn to Decadence: 500 Years of Western Cultural Life: 1500 to the Present*, London, 2000.

Bayly, Christopher and Harper, Tim, *Forgotten Wars: The End of Britain's Asian Empire*, London, 2007.

Beck, Ulrich, *What is Globalization?*, Cambridge, 2000.

Beck, Ulrich, *World at Risk*, Cambridge, 2009.

Behm, Margarete, *So oder so ist das Leben. Eine Jahrhundertfrau erzählt*, Reinbek bei Hamburg, 2004.

*Békés, Csaba, Byrne, Malcolm and Rainer, János M. (eds), *The 1956 Hungarian Revolution: A History in Documents*, Budapest and New York, 2002.

Bell, Daniel, *The End of Ideology: On the Exhaustion of Political Ideas in the Fifties*, Glencoe, IL, 1960.

Bell, P. M. H., *The World Since 1945: An International History*, London, 2001.

Bell, P. M. H., *Twentieth-Century Europe: Unity and Division*, London, 2006.

*Berend, Ivan T., *Central and Eastern Europe 1944-1993: Detour from the Per- iphery to the Periphery*, Cambridge, 1996.

Berend, Ivan T., *An Economic History of Twentieth-Century Europe*, Cambridge, 2006.

Berend, Ivan T., *From the Soviet Bloc to the European Union: The Economic and Social Transformation of Central and Eastern Europe since 1973*, Cambridge, 2009.

Berend, Ivan T., *Europe Since 1980*, Cambridge, 2010.

Berg, Nicolas, *Der Holocaust und die westdeutschen Historiker. Erforschung und Erinnerung*, Göttingen, 2003.

Berghahn, Volker R., *Modern Germany: Society, Economy and Politics in the Twentieth Century*, Cambridge, 1982.

Berghahn, Volker R., *The Americanisation of West German Industry 1945-1973*, Leamington Spa, 1986.

Bergin, Joseph, *A History of France*, London, 2015.

Bernstein, Serge and Milza, Pierre, *Histoire de la France au xxe siècle, vol. 3, 1958 à nos jours*, Paris (1992), 2009.

Bittner, Stephen V., *The Many Lives of Khrushchev's Thaw: Experience and Memory in Moscow's Arbat*, Ithaca, NY, and London, 2008.

*Blair, Tony, *A Journey*, London, 2010.

Blanning, T. C. W. (ed.), *The Oxford Illustrated History of Modern Europe*, Oxford, 1996.

Blyth, Mark, *Austerity: The History of a Dangerous Idea*, Oxford, 2015.

*Bobbitt, Philip, *Terror and Consent: The Wars for the Twenty-First Century*, London, 2009.

Borodziej, Włodzimierz, *Geschichte Polens im 20. Jahrhundert*, Munich, 2010.

Bosworth, R. J. B., *The Italian Dictatorship: Problems and Perspective in the Interpretation of Mussolini and Fascism*, London, 1998.

Bracher, Karl Dietrich, *Die Auflösung der Weimarer Republik*, Stuttgart/Düs- seldorf, 1955.

Bracher, Karl Dietrich, *The German Dilemma: The Throes of Political Emanci-pation*, London, 1974.

*Brandt, Willy, *Erinnerungen*, Frankfurt am Main, 1994.

* Brandys, Kazimierz, *Warschauer Tagebuch. Die Monate davor 1978-1981*, Frankfurt am Main, 1984.

*Brendon, Piers, *The Decline and Fall of the British Empire 1781-1997*, London, 2007.

*Brennan, Gerald, *The Face of Spain*, Harmondsworth (1950), 1987.

Brenner, Michael, *Nachkriegsland. Eine Spurensuche,* Hamburg, 2015.

Broadberry, Stephen and O'Rourke, Kevin H. (eds), *The Cambridge Economic History of Modern Europe. Vol. 2: 1870 to the Present*, Cambridge, 2010.

*Brown, Archie, *The Gorbachev Factor*, Oxford, 1997.

*Brown, Archie, *Seven Years that Changed the World: Perestroika in Perspective*, Oxford, 2008.

*Brown, Archie, *The Myth of the Strong Leader: Political Leadership in the Modern Age*, London, 2014.

Brown, Gordon, *Beyond the Crash: Overcoming the First Crisis of Globalisation*, London, 2010.

Brown, James Franklin, *The End of Communist Rule in Eastern Europe*, Twickenham, 1991.

Brüggemeier, Franz-Joseph, *Geschichte Grossbritanniens im 20. Jahrhundert*, Munich, 2010.

Brüggemeier, Franz-Joseph, *Schranken der Natur. Umwelt, Gesellschaft, Experimente 1750 bis heute*, Essen, 2014.

*Bruhns, Wibke, *Nachrichtenzeit. Meine unfertigen Erinnerungen*, Munich, 2012.

Buchanan, Tom, *Europe's Troubled Peace 1945-2000*, Oxford, 2006.

Bulliet, Richard W. (ed.), *The Columbia History of the 20th Century*, New York, 1998.

Burg, Steven L. and Shoup, Paul S., *The War in Bosnia-Herzogovina: Ethnic Conflict and International Intervention*, New York, 2000.

Burke, Jason, *The New Threat from Islamic Militancy*, London, 2016.

Burleigh, Michael, *Sacred Causes: Religion and Politics from the European Dictators to Al Qaeda*, London, 2006.

Butler, Michael, Pender, Malcolm and Charnley, Joy (eds), *The Making of Modern Switzerland, 1848-1998*, Basingstoke, 2000.

Calic, Marie-Janine, *Geschichte Jugoslawiens im 20. Jahrhundert*, Munich, 2010.

Cannadine, David, *Ornamentalism: How the British Saw their Empire*, London, 2002.

Cannadine, David, *Margaret Thatcher: A Life and Legacy*, Oxford, 2017.

Clark, Martin, *Modern Italy 1971-1982*, London, 1984.

*Clarke, Harold D., Goodwin, Matthew and Whiteley, Paul, *Brexit: Why Britain*

Voted to Leave the European Union, Cambridge, 2017.

*Clarke, Peter, *Hope and Glory: Britain 1900-1990*, London, 1996.

Clogg, Richard, *A Concise History of Greece*, 3rd edn, Cambridge, 2013.

Clogg, Richard and Yannopoulos, George (eds), *Greece under Military Rule*, London, 1972.

Cockburn, Patrick, *The Rise of Islamic State: Isis and the New Sunni Revolution*, London, 2015.

Cohen, Stephen F., Rabinowitch, Alexander and Sharlet, Robert (eds), *The Soviet Union since Stalin*, Bloomington, IN, and London, 1980.

Conan, Eric and Rousso, Henry, *Vichy, un passé qui ne passe pas*, Paris, 1996.

Conway, Martin, 'Democracy in Postwar Western Europe: The Triumph of a Political Model', *European History Quarterly*, 32/1 (2002), 59-84.

Conze, Ekart, Frei, Norbert, Hayes, Peter and Zimmermann, Moshe, *Das Amt und die Vergangenheit. Deutsche Diplomaten im Dritten Reich und in der Bundesrepublik*, Munich, 2010.

Coppolaro, Lucia and Lains, Pedro, 'Portugal and European Integration, 1947-1992: an essay on protected openness in the European Periphery', *e-journal of Portuguese History*, 11/1 (2013), 61-81.

Costa Pinto, António (ed.), *Modern Portugal*, Palo Alto, CA, 1998.

Couloumbis, Theodore A., Kariotis, Theodore and Bellou, Fotini (eds), *Greece in the Twentieth Century*, London, 2003.

Crampton, Richard J., *A Short History of Modern Bulgaria*, Cambridge, 1987.

Crampton, Richard J., *Eastern Europe in the Twentieth Century – and After*, London, 1997.

Crouch, Colin, *Social Change in Western Europe*, Oxford, 1999.

*Dąbrowska, Maria, *Tagebücher 1914-1965*, Frankfurt am Main, 1989.

Dahrendorf, Ralf, *Society and Democracy in Germany*, London, 1968.

Darling, Alistair, *Back from the Brink: 1,000 Days at Number 11*, London, 2011.

Darnton, Robert, *Berlin Journal 1989-1990*, New York, 1991.

*Davies, Norman, *God's Playground. Vol. 2: A History of Poland*, Oxford, 1981.

Davies, Norman, *Europe: A History*, Oxford, 1996.

Deletant, Dennis, *Ceaușescu and the Securitate: Coercion and Dissent in Romania, 1965-*

1989, London, 1995.

Deletant, Dennis, *Communist Terror in Romania: Gheorghiu-Dej and the Police State*, London, 1999.

Dobson, Miriam, *Khrushchev's Cold Summer: Gulag Returnees, Crime and the Fate of Reform after Stalin*, Ithaca, NY, and London, 2009.

Dobson, Miriam, 'The Post-Stalin Era: De-Stalinization, Daily Life and Dissent', *Kritika: Explorations in Russian and Eurasian History*, 12/4 (2011), 905-24.

Doering-Manteuffel, Anselm, 'Nach dem Boom. Brüche und Kontinuitäten seit 1970', *Vierteljahrshefte für Zeitgeschichte*, 55/4 (2007), 559-81.

Doering-Manteuffel, Anselm and Raphael, Lutz, *Nach dem Boom. Perspektiven auf die Zeitgeschichte seit 1970*, Göttingen (2008), 2012.

Doering-Manteuffel, Anselm, Raphael, Lutz and Schlemmer, Thomas (eds), *Vorgeschichte der Gegenwart. Dimensionen des Strukturbruchs nach dem Boom*, Göttingen, 2016.

Dols, Chris and Ziemann, Benjamin, 'Progressive Participation and Transnational Activism in the Catholic Church after Vatican II: The Dutch and West German Examples', *Journal of Contemporary History*, 50/3 (2015), 465-85.

Duchêne, François, *Jean Monnet: The First Statesman of Interdependence*, New York, 1994.

Duggan, Christopher, *The Force of Destiny: A History of Italy since 1796*, London, 2008.

Dülffer, Jost, *Europa im Ost-West-Konflikt 1945-1990*, Munich, 2004.

Dyson, Kenneth and Featherstone, Kevin, *The Road to Maastricht: Negotiating Economic and Monetary Union*, Oxford, 1999.

Eder, Jacob S., *Holocaust Angst: The Federal Republic of Germany and American Holocaust Memory since the 1970s*, New York, 2016.

Eichengreen, Barry, *The European Economy since 1945*, Princeton, NJ, 2007.

Eichengreen, Barry, *Hall of Mirrors: The Great Depression, the Great Recession and the Uses – and Misuses – of History*, Oxford, 2015.

Eichengreen, Barry, Landesmann, Michael and Stiefel, Dieter (eds), *The European Economy in an American Mirror*, Abingdon, 2008.

Eley, Geoff, 'Nazism, Politics and the Image of the Past: Thoughts on the West

German *Historikerstreit 1986-1987', Past and Present*, 121 (1988), 171-208.

Eley, Geoff, *Forging Democracy: The History of the Left in Europe 1850-2000*, New York, 2002.

Ellwood, David W., *Rebuilding Europe: Western Europe, America and Postwar Reconstruction*, London, 1992.

Engelhardt, Marc (ed.), *Die Flüchtlingsrevolution. Wie die neue Völkerwanderung die ganze Welt verändert*, Munich, 2016.

Espinosa-Maestre, Francisco, *Shoot the Messenger? Spanish Democracy and the Crimes of Francoism*, Eastbourne, 2013.

Evans, Richard J., *In Hitler's Shadow: West German Historians and the Attempt to Escape from the Nazi Past*, New York, 1989.

Fanon, Frantz, *The Wretched of the Earth*, Harmondsworth (1961), 1967.

Fäßler, Peter E., *Globalisierung. Ein historisches Kompendium*, Cologne, 2007.

Ferguson, Niall, *The Cash Nexus: Money and Power in the Modern World 1700-2000*, London, 2002.

Ferguson, Niall, *Empire: How Britain Made the Modern World*, London, 2003.

Ferguson, Niall, *The Great Degeneration: How Institutions Decay and Economies Die*, London, 2012.

Ferguson, Niall et al. (eds), *The Shock of the Global: The 1970s in Perspective*, Cambridge, MA, 2010.

*Figes, Orlando, *The Whisperers: Private Life in Stalin's Russia*, London, 2008.

Fink, Carole K., *Cold War: An International History*, 2nd edn, Boulder, CO, 2017.

Fischer-Galati, Stephen, *Twentieth-Century Rumania*, New York, 1970.

Fitzmaurice, John, *The Politics of Belgium: Crisis and Compromise in a Plural Society*, London, 1988.

*Flanner, Janet (Genêt), *Paris Journal 1944-1965*, New York, 1965.

Flora, Peter (ed.), *State, Society and Economy in Western Europe, 1815-1975*, 2 vols, Frankfurt, 1983.

Foster, R. F., *Modern Ireland 1600-1972*, London, 1989.

*Fox, Robert (ed.), *We Were There: An Eyewitness History of the Twentieth Century*, London, 2010.

Frei, Norbert, *Adenauer's Germany and the Nazi Past: The Politics of Amnesty and*

Integration, New York, 2002.

Frei, Norbert, *1945 und wir. Das Dritte Reich im Bewußtsein der Deutschen*, Munich, 2005.

Frei, Norbert, *1968. Jugendrevolte und globaler Protest*, Munich, 2008.

Frei, Norbert et al., *Karrieren im Zwielicht. Hitlers Eliten nach 1945*, Frankfurt and New York, 2001.

Frei, Norbert and Süß, Dietmar (eds), *Privatisierung. Idee und Praxis seit den 1970er Jahren*, Göttingen, 2012.

Frevert, Ute, *Eurovisionen. Ansichten guter Europäer im 19. und 20. Jahrhundert*, Frankfurt am Main, 2003.

Friedrich, Jörg, *Die kalte Amnestie. NS-Täter in der Bundesrepublik*, Frankfurt am Main, 1984.

Friedrich, Jörg, *Yalu. An den Ufern des dritten Weltkriegs*, Berlin, 2007.

*Fritzsche, Peter (ed.), *The Turbulent World of Franz Göll: An Ordinary Berliner Writes the Twentieth Century*, Cambridge MA, 2011.

*Fukuyama, Francis, *The End of History and the Last Man*, London, 1992.

Fukuyama, Francis, 'The End of History?', *The National Interest* (Summer 1989), 3-18.

Fukuyama, Francis, *Political Order and Political Decay: From the Industrial Revolution to the Globalisation of Democracy*, London, 2015.

Fulbrook Mary, *Anatomy of a Dictatorship: Inside the GDR 1949-1989*, Oxford, 1995.

Fulbrook, Mary, *Interpretations of the Two Germanies, 1945-1990*, London, 2000.

Fulbrook, Mary, *History of Germany 1918-2000: The Divided Nation*, Oxford (1991), 2002.

Fulbrook Mary, *The People's State: East German Society from Hitler to Honecker*, Oxford, 2005.

Fulbrook, Mary, *Dissonant Lives: Generations and Violence through the German Dictatorships*, Oxford, 2011.

Fulbrook, Mary (ed.), *Europe since 1945*, Oxford, 2001.

Funder, Anna, *Stasiland*, London, 2003.

Furet, François, *The Passing of an Illusion: The Idea of Communism in the Twentieth Century*, Chicago, IL, and London, 1999.

Gaddis, John Lewis, *We Now Know: Rethinking Cold War History*, Oxford, 1997.

Gaddis, John Lewis, *The Cold War*, London, 2005.

Gallant, Thomas W., *Modern Greece: From the War of Independence to the Present*, London (2001), 2016.

Garton Ash, Timothy, *The Polish Revolution: Solidarity*, London (1983), 1999.

*Garton Ash, Timothy, *The Uses of Adversity: Essays on the Fate of Central Europe*, London (1989), 1999.

*Garton Ash, Timothy, *We the People: The Revolution of '89 Witnessed in Warsaw, Budapest, Berlin and Prague*, London (1990), 1999.

*Garton Ash, Timothy, *History of the Present: Essays, Sketches and Despatches from Europe in the 1990s*, London, 1999.

*Garton Ash, Timothy, *Facts are Subversive: Political Writing from a Decade without a Name*, London, 2009.

Garton Ash, Timothy, *The File: A Personal History*, London (1997), 2009.

Gassert, Philipp and Steinweis, Alan E. (eds), *Coping with the Nazi Past: West German Debates on Nazism and Generational Conflict, 1955-1975*, New York, 2007.

Gehler, Michael, *Europa. Ideen, Institutionen*, Vereinigung, Munich, 2010.

Geiselberger, Heinrich (ed.), *Die große Regression. Eine internationale Debatte über die gestige Situation der Zeit*, Berlin, 2017.

Genscher Hans-Dietrich and Winkler, Heinrich August, *Europas Zukunft – in bester Verfassung?*, Freiburg im Breisgau, 2013.

Giddens, Anthony, *Europe in the Global Age*, Cambridge, 2007.

Gilbert, Felix, *The End of the European Era, 1890 to the Present*, New York (1970), 1984.

Gilbert, Martin, *Challenge to Civilization: A History of the Twentieth Century, Vol. 3: 1952-1999*, London, 1999.

Gildea, Robert, *The Past in French History*, New Haven, CT, and London, 1994.

Gildea, Robert, *France since 1945*, Oxford, 2002.

*Gildea, Robert, Mark, James, Warring, Anette (eds), *Europe's 1968: Voices of Revolt*, Oxford, 2013.

Gillingham, John, *European Integration, 1950-2003: Superstate or New Market Economy?*, Cambridge, 2003.

Gillingham, John, *The EU: An Obituary*, London, 2016.

Gilmour, David, *The Pursuit of Italy: A History of a Land, its Regions and their Peoples*, London, 2011.

Ginsborg, Paul, *A History of Contemporary Italy 1943-1980*, London, 1990.

*Ginsborg, Paul, *Italy and its Discontents, 1980-2001*, London, 2003.

*Glenny, Misha, *The Fall of Yugoslavia*, London (1992), 1996.

Glenny, Misha, *The Balkans, 1804-1999: Nationalism, War and the Great Powers*, London, 1999.

Golan, Galia, *Reform Rule in Czechoslovakia: The Dubček Era, 1968-1969*, Cambridge, 1973.

*Goltz, Anna von der (ed.), *'Talkin' 'bout my generation': Conflicts of Generation Building and Europe's '1968'*, Göttingen, 2011.

Goltz, Anna von der, 'Generations of 68ers: Age-Related Constructions of Identity and Germany's "1968"', *Cultural and Social History*, 8/4 (2011), 473-90.

*Gorbachev, Mikhail, *Memoirs*, London, 1997.

Graham, Helen (ed.), *Interrogating Francoism: History and Dictatorship in Twentieth-Century Spain*, London, 2016.

Grant, Matthew and Ziemann, Benjamin (eds), *Understanding the Imaginary War: Culture, Thought and Nuclear Conflict, 1945-90*, Manchester, 2016.

Grenville, J. A. S., *A History of the World from the 20th to the 21st Century*, Abingdon (1994), 2005.

Grimm, Dieter, *Europa ja – aber welches? Zur Verfassung der europäischen Demokratie*, Munich, 2016.

Grob-Fitzgibbon, Benjamin, *Continental Drift: Britain and Europe from the End of Empire to the Rise of Euroscepticism*, Cambridge, 2016.

Guirao, Fernando, Lynch France M. B., and Pérez, Sigfrido M. Ramínez (eds), *Alan S. Milward and a Century of European Change*, New Yor and Abingdon, 2012.

*Hanhimakäki, Jussi M. and Westad, Odd Arne (eds), *The Cold War: A History in Documents and Eyewitness Accounts*, Oxford, 2004.

Hall, Simon, *1956: The World in Revolt*, London, 2016.

Hanrieder, Wolfram, *Germany, America, Europe: Forty Years of German Foreign Policy*, New Haven, CT, and London, 1989.

Harper, John Lamberton, *The Cold War*, Oxford, 2011.

Harrison, Joseph, *An Economic History of Spain*, Manchester, 1978.

Harrison, Joseph, *The Spanish Economy in the Twentieth Century*, London, 1985.

Harrison, Joseph, *The Spanish Economy: From the Civil War to the European Community*, Cambridge, 1995.

Haslam, Jonathan, *Russia's Cold War*, New Haven, CT, and London, 2011.

Havel, Václav et al., *The Power of the Powerless: Citizens against the State in Central-Eastern Europe*, London, 1985.

Hayek, F. A. *The Road to Serfdom*, Abingdon (1944), 2001.

Hayman, Ronald, *Brecht: A Biography*, London, 1983.

*Heffer, Simon, *Like the Roman: The Life of Enoch Powell*, London, 1998.

*Heimann, Mary, *Czechoslovakia: The State that Failed*, New Haven, CT, and London, 2009.

*Hennessy, Peter, *Never Again: Britain 1945-1951*, New York, 1993.

*Hennessy, Peter, *Muddling Through: Power, Politics and the Quality of Government in Postwar Britain*, London, 1996.

*Hennessy, Peter, *Having it so Good: Britain in the Fifties*, London, 2006.

Herbert, Ulrich, *Geschichte Deutschlands im 20. Jahrhundert*, Munich, 2014.

Herbert, Ulrich, 'Europe in High Modernity: Reflections on a Theory of the 20th Century', *Journal of Modern European History*, 5/1 (2007), 5-20.

Herbert, Ulrich and Groehler, Olaf, *Zweierlei Bewältigung. Vier Beiträge über den Umgang mit der NS-Vergangenheit in den beiden deutschen Staaten,* Hamburg, 1992.

Hewison, Robert, *In Anger: British Culture in the Cold War, 1945-60*, London, 1981.

Hewitt, Gavin, *The Lost Continent*, London, 2013.

Hildermeier, Manfred, *Geschichte der Sowjetunion 1917-1991*, Munich, 1998.

Hillebrand, Ernst and Kellner, Anna Maria (eds), *Für ein anderes Europa. Beiträge zu einer notwendigen Debatte*, Bonn, 2014.

Hobsbawm, Eric, *Age of Extremes: The Short Twentieth Century 1914-1991*, London, 1994.

*Hobsbawm, Eric, *Interesting Times: A Twentieth-Century Life*, London, 2002.

Hobsbawm, Eric, *Fractured Times: Culture and Society in the Twentieth Century*,

London, 2013.

Hobsbawm, Eric with Polito, Antonio, *The New Century*, London, 2000.

*Hoggart, Richard, *The Uses of Literacy: Aspects of Working-Class Life*, London (1957), 2009.

Hoggart, Richard and Johnson, Douglas, *An Idea of Europe*, London, 1987.

Hopkins, A. G., 'Rethinking Decolonization', *Past and Present*, 200 (2008), 211-47.

*Hosking, Geoffrey, *A History of the Soviet Union*, London, 1985.

Hosking, Geoffrey, 'Why has Hationalism Revived in Europe? The Symbolic Attractions and Fiscal Capabilities of the Nation-State', *Nations and Nationalism*, 22/2 (2016), 210-21.

Howard, Michael and Louis, Wm. Roger (eds), *The Oxford History of the Twentieth Century*, Oxford, 1998.

Hughes, H. Stuart, *Sophisticated Rebels: The Political Culture of European Dissent 1968-1987*, Cambridge MA, 1988.

Huntington, Samuel P., *The Clash of Civilizations and the Remaking of World Order*, London (1996), 2002.

Huskey, Eugene, 'Authoritarian Leadership in the Post-Communist World', *Daedalus*, 145/3 (2016), 69-82.

Ilic, Melanie and Smith, Jeremy (eds), *Soviet State and Society under Nikita Khrushchev*, London, 2009.

Isaacs, Jeremy and Downing, Taylor, *Cold War*, London (1998), 2008.

Jäckel, Eberhard, *Das deutsche Jahrhundert. Eine historische Bilanz*, Stuttgart, 1996.

Jackson, Julian, *Charles de Gaulle*, London, 1990.

James, Harold, *Rambouillet, 15. November 1975. Die Globalisierung der Wirtschaft*, Munich, 1997.

James, Harold, *Europe Reborn: A History, 1914-2000*, London, 2003.

James, Harold, *Finanzmarkt macht Geschichte. Lehren aus den Wirtschaftskrisen*, Göttingen, 2014.

*James, Harold and Stone, Marla (eds), *When the Wall Came Down: Reactions to German Unification*, London, 1992.

James, Lawrence, *The Rise and Fall of the British Empire*, London, 1994.

James, Lawrence, *Raj: The Making and Unmaking of British India*, New York, 1997.

Jarausch, Konrad H., *After Hitler: Recivilizing Germans, 1945-1995*, New York, 2006.

Jarausch, Konrad H., *Out of Ashes: A New History of Europe in the Twentieth Century*, Princeton, NJ, 2015.

Jarausch, Konrad H. (ed.), *Das Ende der Zuversicht? Die siebziger Jahre als Geschichte*, Göttingen, 2008.

Jelavich, Barbara, *History of the Balkans: Twentieth Century*, Cambridge, 1983.

Jelavich, Barbara, *Modern Austria, 1815-1986*, Cambridge, 1987.

Jerram, Leif, *Streetlife: The Untold History of Europe's Twentieth Century*, Oxford, 2013.

Jones, Polly (ed.), *The Dilemmas of De-Stalinization: Negotiating Cultural and Social Change in the Khrushchev Era*, London, 2006.

Judt, Tony, *Past Imperfect: French Intellectuals, 1944-1956*, Berkeley, CA, 1992.

Judt, Tony, *A Grand Illusion? An Essay on Europe*, London, 1997.

Judt, Tony, *The Burden of Responsibility: Blum, Camus, Aron and the French Twentieth Century*, Chicago, IL, and London, 1998.

*Judt, Tony, *Postwar: A History of Europe since 1945*, London, 2005.

Judt, Tony, *Reappraisals: Reflections on the Forgotten Twentieth Century*, London, 2009.

Judt, Tony, *Ill Fares the Land*, London, 2010.

Judt, Tony, *When the Facts Change: Essays 1995-2010*, London, 2015.

Judt, Tony, with Snyder, Timothy, *Thinking the Twentieth Century: Intellectuals and Politics in the Twentieth Century*, London, 2012.

Kaelble, Hartmut, *A Social History of Western Europe 1880-1980*, Dublin, 1989.

Kaelble, Hartmut, *Sozialgeschichte Europas 1945 bis zur Gegenwart*, Munich, 2007.

Kaelble, Hartmut, *The 1970s in Europe: A Period of Disillusionment or Promise?*, German Historical Institute, London, Annual Lecture, 2009, London, 2010.

Kaelble, Hartmut, *Kalter Krieg und Wohlfahrtsstaat. Europa 1945-1989*, Munich, 2011.

*Kagan, Robert, *Paradise and Power: America and Europe in the New World Order*, London, 2003.

Karlauf, Thomas, *Helmut Schmidt. Die späten Jahre*, Munich, 2016.

Keane, John, *Václav Havel: A Political Tragedy in Six Acts*, London, 1999.

Kedward, Rod, *La Vie en Bleu: France and the French since 1900*, London, 2006.

Kendall, Bridget, *The Cold War: A New Oral History of Life Between East and West*, London, 2017.

*Khrushchev, Nikita, *Khrushchev Remembers*, London, 1971.

King, Stephen D., *Grave New World: The End of Globalization, the Return of History*, New Haven, CT, and London, 2017.

Király, Béla K. and Jónas, Paul (eds), *The Hungarian Revolution of 1956 in Retrospect*, Boulder, CO, 1978.

Kleine-Ahlbrandt, W. Laird, *Europe Since 1945: From Conflict to Community*, Minneapolis-Saint Paul, MN, 1993.

Kocka, Jürgen, *Capitalism: A Short History*, Princeton, NJ, 2016.

*Koning, Hans, *Nineteen Sixty-Eight: A Personal Report*, New York, 1987.

Köhler, Henning, *Helmut Kohl. Ein Leben für die Politik*, Cologne, 2014.

König, Helmut, Schmidt, Julia and Sicking, Manfred (eds), *Europas Gedächtnis. Das neue Europa zwischen nationalen Erinnerungen und gemeinsamer Identität*, Bielefeld, 2008.

Kotkin, Stephen, *Armageddon Averted: The Soviet Collapse, 1970-2000*, Oxford, 2001.

*Kovály, Heda Margolius, *Under a Cruel Star: A Life in Prague 1941-1968*, London (1986), 2012.

Kozlov, Vladimir A., *Mass Uprisings in the USSR: Protest and Rebellion in the Post-Stalin Years*, New York, 2002.

Kramer, Alan, *The West Germany Economy 1945-1955*, New York and Oxford, 1991.

*Kramer, Mark, 'The Soviet Union and the 1956 Crises in Hungary and Poland: Reassessments and New Findings', *Journal of Contemporary History*, 33/2 (1998), 163-214.

*Krastev, Ivan, *After Europe*, Philadelphia, PA, 2017.

Krusche, Dieter (ed.), *Reclams Filmführer*, Stuttgart, 2000.

Kühnhardt, Ludger (ed.), *Crises in European Integration: Challenge and Response, 1945-2005*, New York and Oxford, 2008.

Kuper, Leo, *Genocide: Its Political Use in the Twentieth Century*, Harmondsworth, 1981.

Kuzio, Taras, *Putin's War Against Ukraine: Revolution, Nationalism and Crime*, Toronto, 2017.

Kyle, Keith, *Suez: Britain's End of Empire in the Middle East*, London (1991), 2003.

*Kynaston, David, *Family Britain 1951-57*, London, 2010.

Lacouture, Jean, *De Gaulle. Vol. 2, Le Politique*, Paris, 1985.

*Lange, Peter and Roß, Sabine (eds), 17. *Juni 1953 – Zeitzeugen berichten. Protokoll eines Aufstands*, Münster, 2004.

Langguth, Gerd, *The Green Factor in German Politics: From Protest Movement to Political Party*, Boulder, CO, and London, 1984.

Lanzmann, Claude, *Shoah*, Paris, 1985; German edn, Munich, 1988.

*Laqueur, Walter, *Europe Since Hitler*, Harmondsworth, 1970.

Larkin, Maurice, *France since the Popular Front: Government and People, 1936-1986*, Oxford, 1988.

*Lasky, Melvin J. (ed.), *The Hungarian Revolution*, London, 1957.

Ledeen, Michael A., 'Renzo de Felice and the Controversy over Italian Fascism', *Journal of Contemporary History*, 11 (1976), 269-83.

Leffler, Melvyn P. and Westad, Odd Arne (eds), *The Cambridge History of the Cold War*, 3 vols, Cambridge, 2010.

Leggewie, Claus, *Der Kampf um die europäische Erinnerung. Ein Schlachtfeld wird besichtigt*, Munich, 2011.

Lever, Paul, *Berlin Rules: Europe and the German Way*, London, 2017.

Lewin, Moshe, *The Soviet Century*, London, 2005.

Lewis, Michael, *The Big Short: Inside the Doomsday Machine*, New York, 2010.

Lewis Michael, *Flash Boys*, New York, 2014.

Linz, Juan J. and Stephan, Alfred, *Problems of Democratic Transition and Consolidation: Southern Europe, South America and Post-Communist Europe*, Baltimore, MD, 1996.

*Lomax, Bill, *Hungary 1956*, London, 1976.

Loth, Wilfried, 'Helmut Kohl und die Währungsunion', *Vierteljahrshefte für Zeitgeschichte*, 61/4 (2013), 455-79.

Lüders, Michael, *Wer den Wind sät. Was westliche Politik im Orient anrichtet*, Munich, 2015.

Lüders, Michael, *Die den Sturm ernten. Wie der Westen Syrien ins Chaos stürzte*, Munich, 2017.

Luther, Kurt Richard and Pulzer, Peter (eds), *Austria 1945-95*, Aldershot, 1998.

Lynch, Frances M. B., *France and the International Economy: From Vichy to the Treaty of Rome*, London, 1997.

*MacCulloch, Diarmaid, *A History of Christianity*, London, 2009.

Madden, Thomas, *Istanbul: City of Majesty at the Crossroads of the World*, New York, 2016.

Maddison, Angus, *Monitoring the World Economy 1820-1992*, Paris, 1995.

Maddison, Angus, *The World Economy: A Millennial Perspective*, Paris, 2001.

Maier, Charles S., *The Unmasterable Past: History, Holocaust and German National Identity*, Cambridge, MA, 1988.

*Maier, Charles S. (ed.), *The Cold War in Europe: Era of a Divided Continent*, New York, 1991.

Mak, Geert, *In Europe: Travels through the Twentieth Century*, London, 2008.

Mak, Geert, *Was, wenn Europa scheitert*, Munich, 2012.

*Malcolmson, Patricia and Robert (eds), *Nella Last in the 1950s*, London, 2010.

Mann, Michael, *The Dark Side of Democracy: Explaining Ethnic Cleansing*, Cambridge, 2005.

Mann, Michael, *Power in the 21st Century: Conversations with John A. Hall*, Cambridge, 2011.

Mann, Michael, *The Sources of Social Power, Vol. 4: Globalizations, 1945-2011*, Cambridge, 2013.

*Marsh, David, *The Euro: The Battle for the New Global Currency*, New Haven, CT, and London, 2011.

Märtesheimer, Peter and Frenzel, Ivo (eds), *Im Kreuzfeuer: Der Fernsehfilm 'Holocaust'. Eine Nation ist betroffen*, Frankfurt am Main, 1979.

*Marwick, Arthur, *The Sixties: Cultural Revolution in Britain, France, Italy and the United States, c.1958-c.1974*, Oxford, 1998.

Mazower, Mark, *Dark Continent: Europe's Twentieth Century*, London, 1998.

Mazower, Mark, *The Balkans: From the End of Byzantium to the Present Day*, London, 2000.

McFaul, Michael and Stoner-Weiss, Kathryn, *After the Collapse of Communism: Comparative Lessons of Transition*, Cambridge, 2004.

McMillan, James, *Twentieth-Century France: Politics and Society 1898-1991*, London, 1992.

Menon, Rajan and Rumer, Eugene, *Conflict in Ukraine: The Unwinding of the Post-Cold*

War Order, Cambridge, MA, 2015.

Meray, Tibor, *Thirteen Days that Shook the Kremlin*, New York, 1959.

*Merridale, Catherine, *Night of Stone: Death and Memory in Russia*, London, 2000.

Merridale, Catherine and Ward, Chris (eds), *Perestroika: The Historical Perspective*, London, 1991.

Merriman, John, *A History of Modern Europe: From the Renaissance to the Present*, New York, 1996.

Merseburger, Peter, *Willy Brandt 1913-1992. Visionär und Realist*, Stuttgart- Munich, 2002.

*Michnik, Adam, *Letters from Prison and Other Essays*, Berkeley, CA, 1985.

*Middelaar, Luuk van, *The Passage to Europe: How a Continent became a Union*, New Haven, CT, and London, 2014.

Millington, Barry (ed.), *The Wagner Compendium: A Guide to Wagner's Life and Music*, New York, 1992.

Milward, Alan S., *The Reconstruction of Western Europe 1945-1951*, London, 1984.

Milward, Alan S., *The European Rescue of the Nation-State*, London, 1992.

Mitscherlich, Alexander and Margarete, *Die Unfähigkeit zu Trauern*, Munich (1967), 1988.

Mommsen, Margareta, *Wer herrscht in Rußland? Der Kreml und die Schatten der Macht*, Munich, 2004.

Mommsen, Margareta, *Das Putin-Syndikat. Russland im Griff der Geheimdienstler*, Munich, 2017.

Mommsen, Margareta and Nußberger, *Angelika, Das System Putin*, Munich, 2007.

Monaco, James, *Film verstehen*, Reinbek bei Hamburg, 1980

Montefiore, Simon Sebag, *Stalin: The Court of the Red Tsar*, London, 2003.

*Moore, Charles, *Margaret Thatcher: The Authorized Biography. Vol. 2: Everything She Wants*, London, 2015.

Morgan, Kenneth O., *Labour in Power 1945-1951*, Oxford, 1985.

Münkler, Herfried, *The New Wars*, Cambridge, 2005.

Naimark, Norman M., *Fires of Hatred: Ethnic Cleansing in Twentieth-Century Europe*, Cambridge, MA, 2001.

Natoli, Claudio, 'Widerstand gegen Nationalsozialismus und Faschismus: Deutsche und italienische Forschungstendenzen im Vergleich', in Klaus- Dietmar Henke and Claudio Natoli (eds), *Mit dem Pathos der Nüchternheit*, Frankfurt and New York, 1991.

Nehring, Holger, *Politics of Security: British and West German Protest Movements and the Early Cold War, 1945-1970*, Oxford, 2013.

Nehring, Holger, 'National Internationalists: British and West German Protests against Nuclear Weapons, the Politics of Transnational Communications and the Social History of the Cold War, 1957-1964', *Contemporary European History*, 14/4 (2005), 559-82.

*Nicholson, Virginia, *Perfect Wives in Ideal Homes: The Story of Women in the 1950s*, London, 2015.

Noelle, Elisabeth and Neumann, Erich (eds), *The Germans: Public Opinion Polls 1947-1966*, Allensbach and Bonn, 1967.

Nora, Pierre, *Realms of Memory: Rethinking the French Past*, ed. Lawrence D. Kritzmann, New York, 1996.

*Novick, Peter, *The Holocaust and Collective Memory*, London, 2001.

Outhwaite, William, *Europe since 1989*, London, 2016.

Pakier, Małgorzata and Stråth, Bo (eds), *A European Memory? Contested Histories and Politics of Remembrance*, New York and Oxford, 2010.

*Parker, David (ed.), *Letters of Solidarity and Friendship: Czechoslovakia 1968-71*, Holmfirth, 2017.

Parker, Stephen, *Bertolt Brecht: A Literary Life*, London, 2014.

Paxton, Robert, *Vichy France: Old Guard and New Order 1940-1944*, New York, 1972.

Petersdorff, Dirk von, *Literaturgeschichte der Bundesrepublik Deutschland. Von 1945 bis zur Gegenwart*, Munich, 2011.

*Pevsner, Nikoaus, *An Outline of European Architecture*, Harmondsworth (1943), 1963.

Piketty, Thomas, *Capital in the Twenty-First Century*, Cambridge, MA, 2014.

Piketty, Thomas, *Chronicles on our Troubled Times*, London, 2016.

Pleshakov, Constantine, *The Crimean Nexus: Putin's War and the Clash of Civilizations*, New Haven, CT, and London, 2017.

Plokhy, Serhii, *The Gates of Europe: A History of Ukraine*, London, 2015.

Preston, Paul, *The Triumph of Democracy in Spain*, London, 1987.

*Preston, Paul, *Franco*, London, 1993.

Priestland, David, *Merchant, Soldier, Sage: A New History of Power*, London, 2012.

Radisch, Iris, *Camus. Das Ideal der Einfachheit. Eine Biographie*, Reinbek bei Hamburg, 2013.

Rawnsley, Andrew, *The End of the Party: The Rise and Fall of New Labour*, London, 2010.

Reisman, Michael, 'Why Regime Change is (almost always) a Bad Idea', *The American Journal of International Law*, 98 (2004), 516-25.

Reitmayer, Morten and Schlemmer, Thomas (eds), *Die Anfänge der Gegenwart. Umbrüche in Westeuropa nach dem Boom*, Munich, 2014.

*Reynolds, David, *One World Divisible: A Global History Since 1945*, New York, 1999.

Reynolds, David, *In Command of History: Churchill Fighting and Writing the Second World War*, London, 2004.

Reynolds, David, *The Long Shadow: The Great War and the Twentieth Century*, London, 2013.

Richards, Steve, *The Rise of the Outsiders: How Mainstream Politics Lost its Way*, London, 2017.

Roberts, J. M., *Twentieth Century: A History of the World 1901 to the Present*, London, 1999.

*Rödder, Andreas, *21.0. Eine kurze Geschichte der Gegenwart*, Munich, 2015.

Rogel, Carole, *The Breakup of Yugoslavia and the War in Bosnia*, Westport, CT, 1998.

Rose, Richard, *What is Europe?*, New York, 1996.

Rose, Richard, *Representing Europeans: A Pragmatic Approach*, Oxford, 2013.

Rosh, Lea and Jäckel, Eberhard, *'Der Tod ist ein Meister aus Deutschland.' Deportation und Ermordung der Juden. Kollaboration und Verweigerung in Europa*, Hamburg, 1990.

Rousso, Henry, *Le syndrome de Vichy de 1944 à nos jours*, Paris, 1990.

Rousso, Henry, *Vichy. L'événement, la mémoire, l'histoire*, Paris, 2001.

Rousso, Henry, *Frankreich und die 'dunklen Jahre'. Das Regime von Vichy in Geschichte und Gegenwart*, Göttingen, 2010.

Ruane, Kevin, *The Rise and Fall of the European Defence Community*, Basingstoke,

2000.

*Ruhl, Klaus-Jörg (ed.), *'Mein Gott, was soll aus Deutschland werden?' Die Adenauer-Ära 1949-1963*, Munich, 1985.

Runciman, David, *The Confidence Trap: A History of Democracy in Crisis from World War I to the Present*, Princeton, NY, 2015.

Ruzza, Carolo and Fella, Stefano, *Re-inventing the Italian Right: Territorial Politics, Populism and 'Post-Fascism'*, London, 2009.

Sabrow, Martin, 'A Myth of Unity? German Unification as a Challenge in Contemporary History', *Bulletin of the German Historical Institute London*, 38/2 (2016), 46-62.

Sabrow, Martin, '1990: An Epochal Break in German History?', *Bulletin of the German Historical Institute Washington DC*, 60 (2017), 31-42.

Sachs, Jeffrey, *Poland's Jump to the Market Economy*, Cambridge, MA, 1993.

Sakwa, Richard, *Frontline Ukraine: Crisis in the Borderlands*, London, 2016.

*Sandbrook, Dominic, *Never Had It So Good: A History of Britain from Suez to the Beatles*, London, 2005.

Sandbrook, Dominic, *White Heat: A History of Britain in the Swinging Sixties*, London, 2006.

Sandbrook, Dominic, *State of Emergency: The Way We Were: Britain, 1970-1974*, London, 2010.

Sandbrook, Dominic, *Seasons in the Sun: The Battle for Britain, 1974-1979*, London, 2012.

*Sassoon, Donald, *The Culture of the Europeans: From 1800 to the Present*, London, 2006.

Schabowski, Günter, *Das Politbüro. Ende eines Mythos*, Reinbek bei Hamburg, 1990.

Scharsach, Hans-Henning and Kuch, Kurt, *Haider. Schatten über Europa*, Cologne, 2000.

Schick, Jack M., *The Berlin Crisis, 1958-1962*, Philadelphia, PA, 1971.

Schildt, Axel and Siegfried, Detlef, *Deutsche Kulturgeschichte. Die Bun- desrepublik 1945 bis zur Gegenwart*, Munich, 2009.

Schlögel, Karl, *Grenzland Europa. Unterwegs auf einem neuen Kontinent*, Munich, 2013.

Schmidt, Helmut, *Globalisierung. Politische, ökonomische und kulturelle Heraus-*

orderungen, Stuttgart, 1998.

Schmidt, Helmut and Stern, Fritz, *Unser Jahrhundert. Ein Gespräch*, Munich, 2010.

Schöllgen, Gregor, *Gerhard Schröder. Die Biographie*, Munich, 2016.

Schwarz, Hans-Peter, *Adenauer*, 2 vols, Munich, 1994.

Schwarz, Hans-Peter, *Das Gesicht des Jahrhunderts*, Berlin, 1998.

Schwarz, Hans-Peter, *Helmut Kohl. Eine politische Biographie*, Munich, 2012.

*Schwarz, Hans-Peter, 'Fragen an das 20. Jahrhundert', *Vierteljahrshefte für Zeitgeschichte*, 48 (2000), 1-36.

Seldon, Anthony with Baston, Lewis, *Major: A Political Life*, London, 1998.

Seldon, Anthony with Snowdon, Peter and Collings, Daniel, *Blair Unbound*, London, 2007.

*Service, Robert, *A History of Twentieth-Century Russia*, London, 1998.

*Service, Robert, *Stalin: A Biography*, London, 2004.

Sheehan, James, *The Monopoly of Violence: Why Europeans Hate Going to War*, London, 2007.

Shipman, Tim, *All Out War: The Full Story of How Brexit Sank Britain's Political Class*, London, 2016.

Shipway, Martin, *Decolonization and its Impact: A Comparative Approach to the End of the Colonial Empires*, Oxford, 2008.

Shore, Marci, *Caviar and Ashes: A Warsaw Generation's Life and Death in Marxism, 1918-1969*, New Haven, CT, and London, 2006.

Shore, Marci, *The Taste of Ashes: The Afterlife of Totalitarianism in Eastern Europe*, London, 2013.

Siegfried, André, *De la IVe à la Ve République au jour de jour*, Paris, 1958.

*Silber, Laura and Little, Allan, *The Death of Yugoslavia*, London, 1996.

Simms, Brendan, *Europe: The Struggle for Supremacy, 1453 to the Present*, London, 2013.

Simms, Brendan, *Britain's Europe: A Thousand Years of Conflict and Cooperation*, London, 2016.

Simpson, John, *Unreliable Sources: How the 20th Century was Reported*, London, 2010.

*Sittner, Gernot, *Helmut Kohl und der Mantel der Geschichte*, Munich, 2016.

Skidelsky, Robert, *Britain since 1900: A Success Story?*, London, 2014.

Sontheimer, Kurt, *Antidemokratisches Denken in der Weimarer Republik*, Munich (1962), 1992.

Spohr, Kristina, *The Global Chancellor: Helmut Schmidt and the Reshaping of the International Order*, Oxford, 2016.

Spohr, Kristina and Reynolds, David (eds), *Transcending the Cold War: Summits, Statecraft, and the Dissolution of Bipolarity in Europe, 1970-1990*, Oxford, 2016.

Stahl, Walter (ed.), *The Politics of Postwar Germany*, New York, 1963.

Staritz, Dietrich, *Geschichte der DDR*, Frankfurt am Main, 1996.

Steinberg, Jonathan, *Why Switzerland?*, Cambridge, 1976.

Steininger, Rolf, *Eine Chance zur Wiedervereinigung? Die Stalin-Note vom 10. März 1952*, Bonn, 1985.

Stern, Fritz, *Dreams and Delusions: National Socialism in the Drama of the German Past*, New York, 1989.

Stern, Fritz, *Fünf Deutschland und ein Leben. Erinnerungen*, Munich, 2007.

Stern, Fritz, *Der Westen im 20. Jahrhundert. Selbstzerstörung, Wiederaufbau, Gefährdungen der Gegenwart*, Göttingen, 2009.

Stiglitz, Joseph E., *The Euro and its Threat to the Future of Europe*, London, 2016.

Stokes, Gale, *The Walls Came Tumbling Down: The Collapse of Communism in Eastern Europe*, New York, 1993.

Stone, Dan, *Goodbye to all that? The Story of Europe since 1945*, Oxford, 2014.

Stone, Dan (ed.), *The Oxford Handbook of Postwar European History*, Oxford, 2014.

Streeck, Wolfgang, *Buying Time: The Delayed Crisis of Democratic Capitalism*, London, 2014.

Streeck, Wolfgang, *How Will Capitalism End?*, London, 2016.

Stöver, Bernd, *Der Kalte Krieg*, Munich, 2003.

Suny, Ronald Grigor, *The Soviet Experiment*, New York, 1998.

Suny, Ronald Grigor (ed.), *The Cambridge History of Russia. Vol. 3, The Twentieth Century*, Cambridge, 2006.

*Swain, Geoffrey and Swain, Nigel, *Eastern Europe since 1945*, Basingstoke (1993), 2009.

Tanner, Jakob, *Geschichte der Schweiz im 20. Jahrhundert*, Munich, 2015.

*Taubman, William, *Khrushchev: The Man and his Era*, New York, 2003.

*Taubman, William, *Gorbachev: His Life and Times*, New York, 2017.

Taubman, William, Khrushchev, Sergei and Gleason, Abbott (eds), *Nikita Khrushchev*, New Haven, CT, and London, 2000.

*Taylor, A. J. P., *The Origins of the Second World War*, London (1961), 1964.

Taylor, Richard and Pritchard, Colin, *The Protest Makers: The British Nuclear Disarmament Movement of 1958-1965 Twenty Years On*, Oxford, 1980.

Thatcher, Margaret, *The Downing Street Years*, London, 1995.

Ther, Philipp, *Europe since 1989: A History*, Princeton, NJ, 2016.

Therborn, Göran, *European Modernity and Beyond: The Trajectory of European Societies 1945-2000*, London, 1995.

Thränhardt, Dietrich, *Geschichte der Bundesrepublik Deutschland*, Frankfurt am Main, 1986.

Timmermann, Brigitte, *The Third Man's Vienna: Celebrating a Film Classic*, Vienna, 2005.

Tismaneanu, Vladimir, *Fantasies of Salvation*, Princeton, NJ, 1998.

Tismaneanu, Vladimir (ed.), *The Revolutions of 1989*, London, 1999.

Todorov, Tzvetan, *Hope and Memory: Reflections on the Twentieth Century*, London, 2003.

Tombs, Robert, *The English and their History*, London, 2014.

Tombs, Robert and Tombs, Isabelle, *That Sweet Enemy: The French and the British from the Sun King to the Present*, London, 2006.

Tomka, Béla, *A Social History of Twentieth-Century Europe*, Abingdon, 2013.

*Toynbee, Polly and Walker, David, *Cameron's Coup: How the Tories took Britain to the Brink*, London, 2015.

Trentmann, Frank, *Empire of Things: How We Became a World of Consumers, from the Fifteenth Century to the Twenty-First*, New York, 2016.

Urwin, Derek W., *Western Europe Since 1945: A Political History*, London, 1989.

Vachudova, Milada Anna, *Europe Undivided: Democracy, Leverage, and Integration after Communism*, Oxford, 2005.

Vadney, T. E., *The World Since 1945*, Harmondsworth, 1987.

Varoufakis, Yanis, *And the Weak Suffer What They Must? Europe, Austerity and the Threat to Global Stability*, London, 2016.

Vincent, Mary, *Spain 1833-2002: People and State*, Oxford, 2007.

Vinen, Richard, *A History in Fragments: Europe in the Twentieth Century*, London, 2000.

Wakeman, Rosemary (ed.), *Themes in Modern European History since 1945*, London, 2003.

Waller, Philip and Rowell, John (eds), *Chronology of the 20th Century*, Oxford, 1995.

Wapshott, Nicholas, *Keynes-Hayek: The Clash that Defined Modern Economics*, New York, 2011.

Wasserstein, Bernard, *Barbarism and Civilization: A History of Europe in Our Time*, Oxford, 2009.

Watson, Derek, *Molotov: A Biography*, Basingstoke, 2005.

Weber, Hermann, *Geschichte der DDR*, Munich, 1985.

*Weber, Hermann (ed.), *DDR. Dokumente zur Geschichte der Deutschen Demokratischen Republik 1945-1985*, Munich, 1986.

Wee, Hermann van der, *Prosperity and Upheaval: The World Economy 1945-1980*, Harmondsworth, 1987.

Wehler, Hans-Ulrich, *Deutsche Gesellschaftsgeschichte. Vol. 5: Bundesrepublik und DDR 1949-1990*, Munich, 2008.

Wehler, Hans-Ulrich, *Land ohne Unterschichten. Neue Essays zur deutschen Geschichte*, Munich, 2010.

Wehler, Hans-Ulrich, *Die neue Umverteilung. Soziale Ungleicheit in Deutschland*, Munich, 2013.

Wehler, Hans-Ulrich, *Die Deutschen und der Kapitalismus. Essays zur Geschichte*, Munich, 2014.

*Werth, Alexander, *France 1940-1955*, London, 1956.

*Weyrauch, Wolfgang (ed.), *Ich lebe in der Bundesrepublik. Fünfzehn Deutsche über Deutschland*, Munich, 1960.

*White, Charles, *The Adventures of the Sons of Neptune*, Scarborough, 2011.

Wiegrefe, Klaus, *Das Zerwürfnis. Helmut Schmidt, Jimmz Carter und die Krise der deutsch-amerikanischen Beziehungen*, Berlin, 2005.

Wilford, Hugh, *The CIA, the British Left and the Cold War: Calling the Tune?*, London, 2003.

Williams, Allan (ed.), *Southern Europe Transformed: Political and Economic Change in Greece, Italy, Portugal and Spain*, London, 1984.

Winkler, Heinrich August, *Auf ewig in Hitlers Schatten? Anmerkungen zur deutschen Geschichte*, Munich, 2007.

Winkler, Heinrich August, *Germany: The Long Road West. Vol. 2: 1933-1990*, Oxford, 2007.

*Winkler, Heinrich August, *Geschichte des Westens. Vol. 3: Vom Kalten Krieg zum Mauerfall*, Munich, 2014.

*Winkler, Heinrich August, *Geschichte des Westens. Vol. 4: Die Zeit der Gegenwart*, Munich, 2015.

Winkler, Heinrich August, *Zerreißproben. Deutschland, Europa und der Westen. Interventionen 1990-2015*, Munich, 2015.

Winkler, Heinrich August, *Zerbricht der Westen? Über die gegenwärtige Krise in Europa und Amerika*, Munich, 2017.

Winter, Martin, *Das Ende einer Illusion. Europa zwischen Anspruch, Wunsch und Wirklichkeit*, Munich, 2015.

Wirsching, Andreas, *Der Preis der Freiheit. Geschichte Europas in unserer Zeit*, Munich, 2012.

Wirsching, Andreas, *Demokratie und Globalisierung. Europa seit 1989*, Munich, 2015.

Wirsching Andreas (ed.), 'European Responses to the Crisis of the 1970s and 1980', *Journal of Modern European History*, 9/2 (2011).

*Wise, Audrey, *Eyewitness in Revolutionary Portugal*, Nottingham, 1975.

Wittner, Lawrence S., *The Struggle against the Bomb, Vol. 1: One World or None: A History of the World Nuclear Disarmament Movement Through 1963*, Stanford, CA, 1993.

Wittner, Lawrence S., *The Struggle against the Bomb. Vol. 2: Resisting the Bomb: A History of the World Nuclear Disarmament Movement 1954-1970*, Stanford, CA, 1997.

*Wolff, Jochen (ed.), *Der Aufstand. Juni '53 – Augenzeugen berichten*, Berlin, 2003.

Wolfrum, Edgar, *Die Bundesrepublik Deutschland 1949-1990*, Stuttgart, 2005.

Woller, Hans, *Geschichte Italiens im 20. Jahrhundert*, Munich, 2010.

Wright, Vincent (ed.), *Privatization in Western Europe: Pressures, Problems and*

Paradoxes, London, 1994.

Yekelchyk, Serhy, *The Conflict in Ukraine: What Everyone Needs to Know*, Oxford, 2015.

*Young, Hugo, *One of Us: A Biography of Margaret Thatcher*, London, 1990.

Young, John W. and Kent, John, *International Relations since 1945: A Global History*, Oxford, 2004.

*Ziemann, Benjamin, *Encounters with Modernity: The Catholic Church in West Germany, 1956-1975*, New York and Oxford, 2014.

Ziemann, Benjamin (ed.), *Peace Movements in Western Europe, Japan and the USA during the Cold War*, Essen, 2007.

Ziemann, Benjamin, 'The Code of Protest: Images of Peace in the West German Peace Movements, 1945-1990', *Contemporary European History*, 17/2 (2008), 237-61.

Ziemann, Benjamin, 'A Quantum of Solace? European Peace Movements during the Cold War and their Elective Affinities', *Archiv für Sozialgeschichte*, 49 (2009), 351-89.

Zöchling, Christa, *Haider. Licht und Schatten einer Karriere*, Vienna, 1999.

Zürcher, Erik J., *Turkey: A Modern History*, London (1993), 2004.

삽화 목록

1. 올더마스턴 행진, 1958년 4월 (Bentley Archive/Popperfoto/Getty Images)
2. 찰리검문소, 베를린, 1953년 (PhotoQuest/Getty Images)
3. 콘라트 아데나워와 로베르 슈망, 1951년 (AFP/Getty Images)
4. 스탈린 장례식 때의 군중들, 1953년 (Keystone-France/Gamma Keystone via Getty Images)
5. 베오그라드에서의 티토 대통령과 니키타 흐루쇼프, 1963년 (Keystone/Hulton Archive/Getty Images)
6. 1956년 헝가리 봉기 때의 파괴된 소련 탱크 (Sovfoto/UIG/Getty Images)
7. 프랑스에 도착한 알제리인 하르키들, 1962년 (STF/AFP/Getty Images)
8. 로마에서의 시몬 드 보부아르와 장-폴 사르트르, 1963년 (Keystone-France/Gamma Keystone via Getty Images)
9. 독일에서 순회공연 중인 리틀 리처드, 1962년 (Siegfried Loch – K & K/Getty Images)
10. 카너비 거리, 런던 (Jean-Philippe Charbonnier/Gamma-Rapho/Getty Images)
11. 시트로엥 전시실, 파리 (Charles Edridge/Getty Images)
12. 파리에서의 학생과 경찰, 1968년 5월 (Hulton-Deutsch/Corbis via Getty Images)
13. 브라티슬라바에서의 레오니트 브레즈네프와 알렉산드르 둡체크, 1968년 (Keystone-France/Gamma Keystone via Getty Images)
14. 체코슬로바키아 침공, 1968년 (Popperfoto/Getty Images)
15. 바르샤바에서의 빌리 브란트, 1970년 (Bettmann/Getty Images)
16. 스위스의 반여성 투표 포스터, 1971년 (Swiss National Museum, Zürich)
17. 노동자들의 시위, 리스본, 1974년 5월 (Hervé Gloaguen/Gamma-Rapho via Getty Images)
18. 뒤스부르크의 터키인들, 1980년 (Henning Christoph/Ullstein Bild via Getty Images)
19. 벨파스트에서의 아일랜드공화국군(IRA)의 폭탄 테러, 1972년 (Bettmann/Getty Images)

20. 바르샤바에서의 교황 요한 바오로 2세, 1979년 (Bettmann/Getty Images)
21. 그단스크 조선소에서의 레흐 바웬사, 1980년 (Jean-Louis Atlan/Sygma via Getty Images)
22. 프랑수아 미테랑과 헬무트 콜, 1984년 (Régis Bossu/Sygmavia Getty Images)
23. 모스크바에서의 마거릿 대처와 미하일 고르바초프, 1987년 (Georges de Keerle/Hulton Archive/Getty Images)
24. 라이프치히 시위, 1989년 (Georges Merillon/Gamma-Rapho via Getty Images)
25. 루마니아의 시위 참가자, 부쿠레슈티, 1989년 (Peter Turnley/Corbas/VCG via Getty Images)
26. 반마스트리흐트 펼침막, 프로방스, 1992년 (Philippe Giraud/Sygma via Getty Images)
27. 사라예보 포격, 1992년 (Georges Gobet/AFP/Getty Images)
28. 보리스 옐친과 블라디미르 푸틴, 1999년 (AFP/Getty Images)
29. 마드리드 열차 폭탄 테러의 여파, 2004년 (Pool Almagro/Duclos/Vandeville/Gamma-Rapho via Getty Images)
30. 아테네에서의 총파업, 2010년 (Milos Bicanski/Getty Images)
31. 우크라이나에서의 친유럽 시위, 신년 전날, 2013/14년 (Sergei Supinsky/AFP/Getty Images)
32. 아일란 셰누의 시신을 들고 있는 터키 경찰관, 2015년 (Nilufer Demir/Dogan News Agency/AFP/Getty Images)

지도 목록

2018년의 유럽

유럽 1950-2017 롤러코스터를 타다

초판 1쇄 발행 | 2020년 12월 28일
초판 3쇄 발행 | 2023년 1월 9일

지은이 | 이언 커쇼
옮긴이 | 김남섭

펴낸이 | 한성근
펴낸곳 | 이데아
출판등록 | 2014년 10월 15일 제2015-000133호
주   소 | 서울 마포구 월드컵로28길 6, 3층 (성산동)
전자우편 | idea_book@naver.com
페이스북 | facebook.com/idea.libri
전화번호 | 070-4208-7212
팩   스 | 050-5320-7212

ISBN 979-11-89143-21-3 93920

이 도서의 국립중앙도서관 출판예정도서목록(CIP)은 서지정보유통지원시스템
홈페이지(http://seoji.nl.go.kr)와 국가자료종합목록 구축시스템(http://kolis-net.
nl.go.kr)에서 이용하실 수 있습니다.
(CIP 제어번호: CIP2020051327)

책값은 뒤표지에 있습니다. 잘못된 책은 구입하신 곳에서 바꿔드립니다.